阳泉市矿区工会志

YANGQUANSHI KUANGQU GONGHUIZHI

《阳泉市矿区工会志》编纂委员会

方志出版社
Publishing House of Local Records

图书在版编目(CIP)数据

阳泉市矿区工会志 / 《阳泉市矿区工会志》编纂委员会编. -- 北京：方志出版社，2016.5

ISBN 978-7-5144-1994-8

Ⅰ.①阳… Ⅱ. ①阳… Ⅲ. ①煤矿—矿区—工会工作—概况—阳泉市 Ⅳ.①D412.825.3

中国版本图书馆 CIP 数据核字(2016)第 102601 号

阳泉市矿区工会志

编　　者：《阳泉市矿区工会志》编纂委员会
责任编辑：李志瑜

出 版 人：方志出版社
地址　北京市朝阳区潘家园东里 9 号(国家方志馆 4 层)
邮编　100021
网址　http://www.fzph.org
发　　行：方志出版社发行中心
电话　(010) 67110500
经　　销：各地新华书店
印　　刷：阳泉市正达彩色印刷有限责任公司

开　　本：889 x 1194　1/16
印　　张：44.75
字　　数：1021 千字
版　　次：2016 年 5 月第 1 版　2016 年 5 月第 1 次印刷
印　　数：0001~1000 册

ISBN 978-7-5144-1994-8　**定价：**298.00 元

《阳泉市矿区工会志》编纂委员会

主　　任	史豪强				
副主任	张红梅	任叔博	孟德玉		
委　　员	胡朴来	徐　双	史锦丽	李晓燕	石　华
	李　涛	王俊英	翟瑞红	张汉东	刘　建
	王永刚	张志军	张贵军	韩晋明	刘新桥
	苗存祥				
顾　　问	孟宏儒	任佟苏			
主　　编	宋崇魁				
副主编	韩利敏				
编　　辑	李云霄	胡志坚			
工作人员	黄萍萍	赵　星	李曦雅		

资料提供人员（按姓氏笔画排序）：

门春花	王永平	王 杨	王国平	王晓蕾	王海燕	王盛爱
王维彬	王慧霞	勾燕玲	田怡娟	史红军	白林森	吕翰林
刘增军	苏禄芬	李亚梅	李俊芳	杨彦青	杨淑平	吴 江
张玉珍	张秀秀	张宝娥	张春红	张哲峰	张海霞	张银贵
张燕琴	陈建军	罗 巍	岳 军	单 月	赵晓平	荆变珍
郗慧萍	祖占景	秦思达	贾巧林	贾俊杰	郭冬梅	龚晋宝
梁青燕	韩雅卿	程利斌	蔡延田	樊红霞	魏 东	

摄　影： 徐 双　李 涛

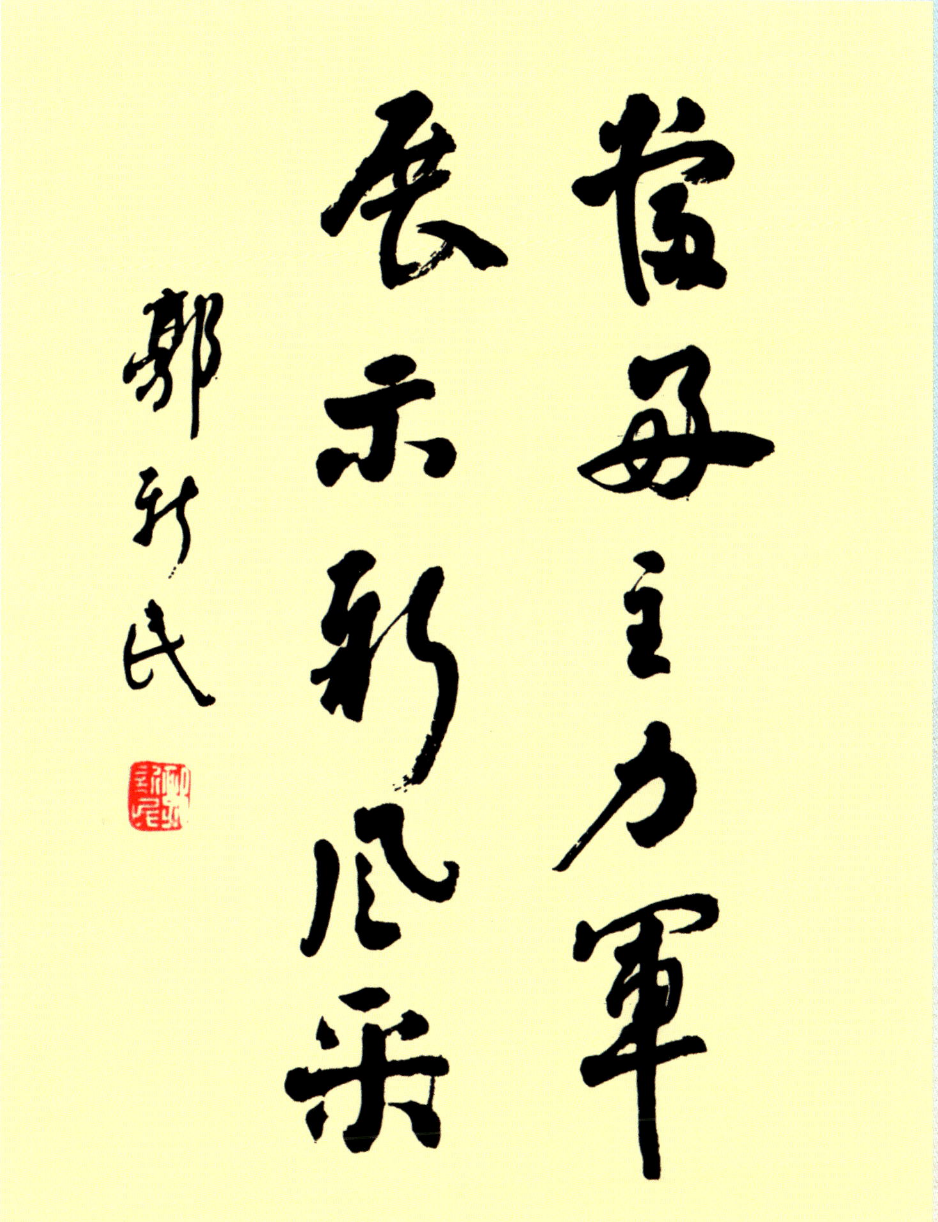

山西省总工会党组书记、常务副主席郭新明为《阳泉市矿区工会志》题词

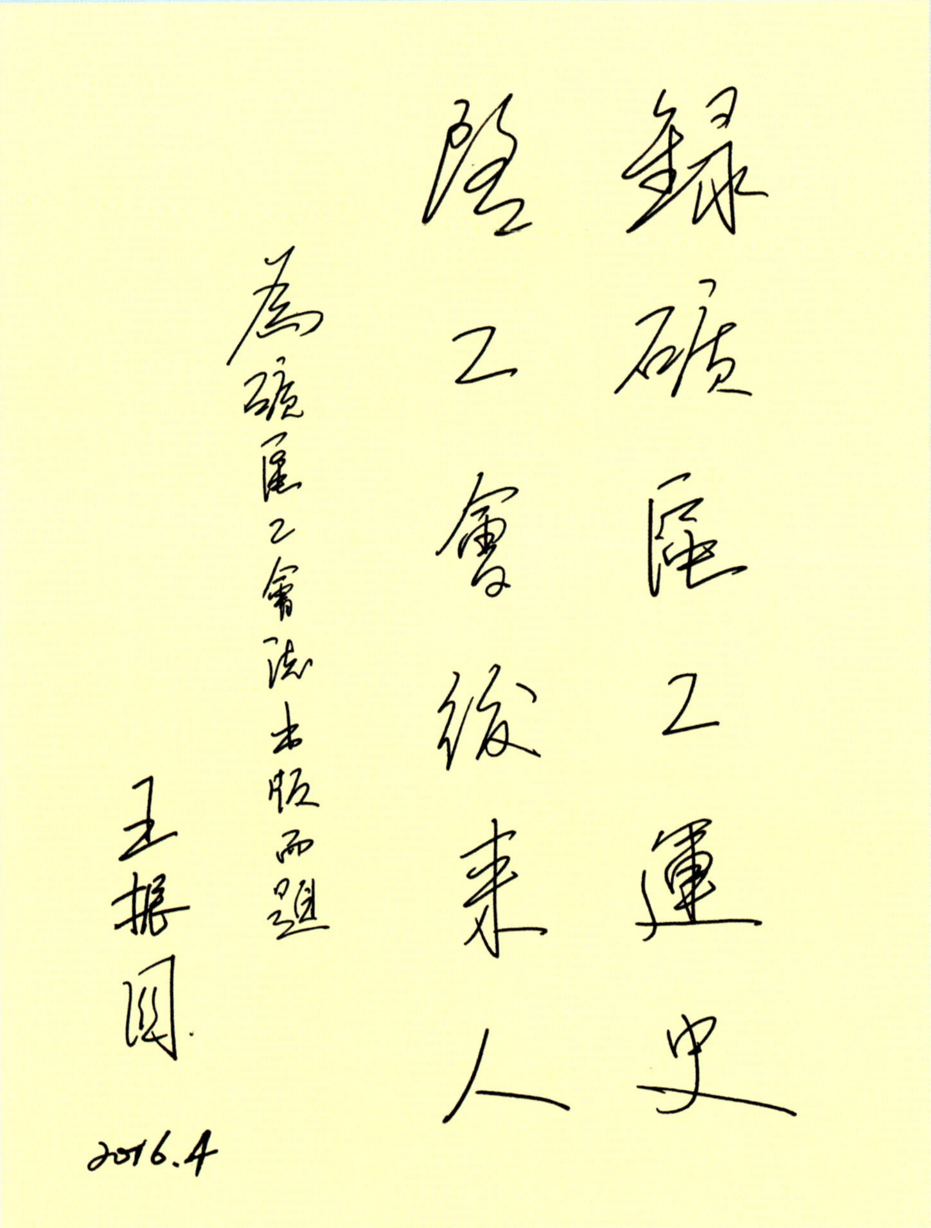

阳泉市人大常委会副主任、阳泉市总工会主席王振国为《阳泉市矿区工会志》题词

维护合法权益
发挥积极作用

梁志勇
二〇一六年四月十二日

中共阳泉市矿区区委书记梁志勇为《阳泉市矿区工会志》题词

依法维护职工合法权益

促進礦区经济社会发展

劉乙佑書於丙申年四月

中共阳泉市矿区区委副书记、区长刘乙佑为《阳泉市矿区工会志》题词

记载工会发展史
弘扬工会正能量

侯彦军
二〇一六.四.二十

阳泉市矿区人大常委会主任侯彦军为《阳泉市矿区工会志》题词

强化工会维权职能

维护职工合法权益

王贵平

二〇一六年四月二十五日

阳泉市矿区政协主席王贵平为《阳泉市矿区工会志》题词

2016年1月5日，全国总工会党组书记、副主席、书记处第一书记李玉赋（右一），全国总工会副主席、书记处书记、党组副书记刘国中（左二）带领全国总工会慰问团到阳泉市矿区，慰问部分困难职工和劳动模范。图为慰问阳煤集团退休职工、新中国首位女采煤队长苏景云（右二）

2015年12月2日，山西省委副书记楼阳生（左三）到阳泉市矿区调研。阳泉市委书记陈永奇（左二），市委副书记、市长董一兵（右二），矿区区委书记梁志勇（左四）陪同调研

2016年1月12日，全国人大常委会原副委员长、中国关心下一代工作委员会主任顾秀莲（前排中）到阳泉市矿区调研

2015年3月，全国总工会组织部部长张茂华（左）在阳泉市调研工会工作时与矿区人大常委会副主任、区总工会主席史豪强（右）合影

山西省总工会党组书记、常务副主席郭新民（右）与矿区人大常委会副主任、区总工会主席史豪强（左）合影

2015年8月29日，阳泉市委副书记、市长陈永奇（左二）到矿区调研，矿区区委书记梁志勇（右一），区委副书记、区长刘乙佑（右二），副区长雷永平（左一）陪同调研

2009年1月，阳泉市人大常委会副主任、市总工会主席王振国（左）与矿区区委书记董仙桃（右）为“阳泉市矿区困难职工帮扶中心”揭牌

山西省总工会财务部部长朱红升（左）与矿区人大常委会副主任、区总工会主席史豪强（右）合影

1983年2月，矿区工会第一届代表大会会场

1983年2月，矿区工会第一届代表大会主席台

1992年6月，矿区总工会第三次代表大会会场

2006年11月，矿区工会第五次代表大会全体代表合影

2006年11月，矿区总工会第五届两委委员合影

2009年3月，矿区总工会召开第五届第四次全委（扩大）会议

2011年3月，矿区总工会召开第五届第六次全委（扩大）会议

2013年5月17日，矿区工会第六次代表大会会场

2013年5月17日，矿区总工会第六届委员会委员合影

2006年6月24日，矿区社会私营医疗机构联合工会第一次会员代表大会暨第一届职工代表大会代表合影

2012年4月，矿区平潭街街道总工会召开第二次代表大会

2014年4月，矿区桥头街道总工会召开二届一次会员代表大会

2006年4月，矿区日潭家具城举行签订集体合同仪式

2006年5月，阳泉市天利集团公司召开第一届三次职工代表大会

2006年5月，阳泉市天利集团公司召开职工代表大会，签订集体劳动合同、工资集体合同和职工劳动合同

2013年3月，矿区平潭街街道总工会举行区域性集体合同签约仪式

2013年1月，阳泉市自来水公司召开第六轮《集体合同》平等协商会议

2013年1月，阳泉市自来水公司举行第六轮《集体合同》签订仪式

2016年3月，阳泉市元承建业工程公司召开第七届第一次职工代表大会

1991年3月，矿区区委、区政府领导与区劳动模范代表合影

1994年3月，矿区1993年度劳模“双先”表彰大会会场

1996年4月，矿区区委、区政府领导与1995年度区劳模“双先”表彰大会代表合影

2003年5月，矿区2002年度劳模“双先”表彰大会会场

2004年4月，矿区2003年度劳模、红旗单位代表合影

2008年4月，矿区召开劳模“双先”表彰大会

2008年4月，矿区区委、区政府领导与区劳模“双先”表彰大会代表合影

2010年5月，矿区区委、区政府领导与区劳动模范表彰大会代表合影

2010年5月，矿区劳动模范表彰大会会场

2011年9月，矿区总工会召开迎国庆“双先”代表座谈会

2012年4月，矿区劳动模范表彰大会代表合影

全国“五一劳动奖章”称号获得者、矿区环卫工人赵泉祥正在清掏污水井

马金良 摄

全国志愿者、矿区个体修鞋匠张明（右二）走进军营，义务为战士修鞋

马金良 摄

全国优秀教师称号获得者、矿区洪城河小学教师陈肖琳在上课

山西省特级劳动模范、山西省“五一”劳动奖章获得者、矿区东山社区工会主席荆素俭（右）在集体合同上签字

2011年4月，矿区人大常委会副主任、工会主席史豪强（右二）在就业招聘会上接待群众就业咨询

2009年2月，矿区总工会、矿区劳动局联合举办“春风送岗”就业招聘会

2009年2月，矿区总工会、矿区劳动局联合举办“春风送岗”就业招聘会

2011年4月，矿区总工会举办就业再就业招聘会

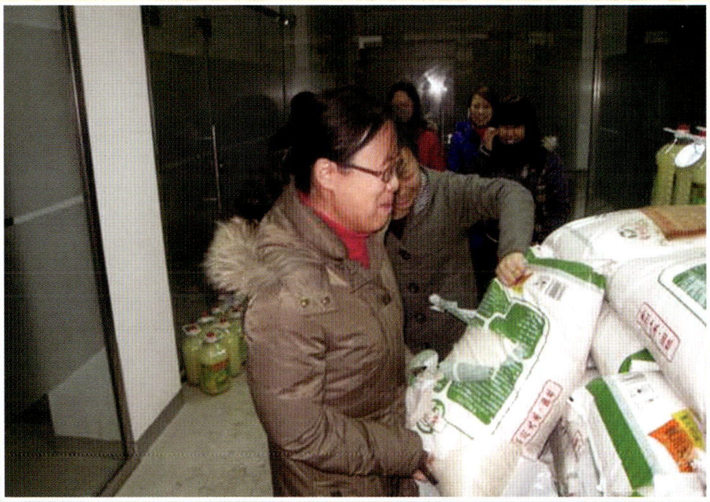

2012年12月，矿区总工会副主席张红梅到桥头社区为困难职工发放米面油等救助物品

2008年12月，矿区蔡洼街道工会为困难职工发放米面油等救助物品

2009年6月，矿区总工会举办农民工餐饮服务技能培训班

2010年11月，矿区总工会与桥头社区工会联合会联合举办第三期美发技能培训班

2009年9月，矿区职工教育培训学校、矿区职工就业培训中心和桥头社区新址举行揭牌仪式

2014年7月，矿区总工会主席史豪强（右四）、副主席张红梅（右二）、副主席任叔博（右一）在赛鱼社区进行“依法维权年”宣传

2011年9月，矿区组织工会干部业务学习培训

2012年8月，矿区平潭街街道总工会组织工会干部业务培训

2000年1月，矿区平潭街街道马家坪社区商业一条街工会举办职工拔河比赛

2008年4月，矿区总工会与平潭街街道工会

2001年7月，矿区总工会举办纪念中国共产党成立80周年歌咏比赛

2009年5月，矿区举行“五一”表彰颁奖仪式暨第二届职工卡拉OK比赛颁奖仪式

▼ 2010年1月 阳泉市自来水公司工会举办“新起点·新梦想”迎春慰问演出

▲ 2009年6月26日，矿区“迎国庆、促和谐”第五届职工运动会开幕式在马家坪小学举行

文体活动

2010年5月，矿区平潭街街道总工会举行职工拔河比赛

2011年7月，矿区东山社区工会举办第四届文化艺术节趣味接力赛

2011年6月，矿区桥头街道总工会组队参加矿区首届职工全健排舞大赛

2013年9月，矿区工会发展促进会举办首届职工美术、书法、摄影作品展

2013年2月，矿区蔡洼街道工会组织元宵节街头文艺表演

2014年4月，阳泉十一中工会组队参加市教育工会组织的全健排舞大赛

1999年10月，矿区工会召开第二次女职工代表大会

2009年3月，矿区工会召开第三次女职工代表大会暨“三八”表彰大会

2010年12月，矿区桥头街道桥西社区工会女职工到所辖煤矿为矿工缝补衣服

2011年4月，矿区总工会与计生局联合举办女职工爱心健康知识讲座

经审工作

1992年6月，矿区工会第三届委员会召开经费审查委员会第一次全体会议

2010年11月，省总工会检查矿区平潭街街道工会财务工作

2013年4月，全市工会经费审查工作现场会在矿区召开

2014年8月，省总工会检查矿区总工会财务工作

全国工会职工法律援助维权服务
示范单位
中华全国总工会
二○一二年十二月
集体一等功
山西省劳动竞赛委员会
二○○七年一月
山西省“五五”普法工作
先进单位
山西省总工会
二○一○年十二月
阳泉市矿区总工会
组织开展“关爱员工，实现双赢”活动
先进单位
山西省总工会
山西省工商业联合会
二○一一年十二月
全省推进女职工权益保护专项集体合同工作
先进单位
山西省总工会女职工委员会
二○一一年
山西省先进女职工组织
山西省总工会
二○一○年三月
全省工会帮扶工作“三比三看”竞赛活动
先进单位
山西省总工会
二○一○年十二月
2011年山西省“工会组建月”活动
优胜县(区)总工会
山西省总工会
二○一一年七月
★★★★★
困难职工帮扶中心
山西省总工会
扶贫济困送温暖
先进集体
1997.12
授予
模范县(区)工会
阳泉市总工会
二○○六年一月
阳泉市女职工专项集体合同
先进单位
阳泉市总工会
二○一二年三月
阳泉市女职工组织规范化建设
先进单位
阳泉市总工会
二○一二年三月
文明单位
二○一○年度工会财务工作竞赛
一等奖
阳泉市总工会
二○一一年四月
欢乐祥和新矿区巾帼风采卡拉OK比赛
优秀组织奖
矿区妇女联合会
二○一二年三月
矿区二○一一年度目标责任考核
优秀单位
中共阳泉市矿区委员会
阳泉市矿区人民政府
二○一二年四月
2013年度人口和计划生育工作
先进集体
中共阳泉市矿区委员会
阳泉市矿区人民政府
二○一四年四月

矿区人大常委会副主任、总工会主席史豪强（中）、总工会副主席张红梅（右）、总工会副主席任叔博（左）一起合影

矿区总工会全体人员合影

序　言

矿区人大常委会副主任、矿区总工会主席　史豪强

隔代修史，当代修志。在市总工会和矿区区委、区政府的关心和指导下，凝结着全区人民智慧、各级工会干部实绩和编纂人员辛劳的《阳泉市矿区工会志》，即将付梓与读者见面，粗读样本，不禁思绪奔涌。

编纂志书，旨在以史为鉴，面向未来。《阳泉市矿区工会志》以大量丰富翔实的资料数据，详细深刻地记述矿区境内工人运动的发展历史，全面系统地回顾矿区工会30多年来所走过的光辉历程，精辟深入地总结矿区工会工作的基本思路、工作特点和宝贵经验，全方位展示矿区工会在协助党委、政府推动发展、化解矛盾、维护稳定、建设和谐矿区所做出的重要贡献和艰苦努力，集中展示矿区广大工人阶级在实现全区跨越式发展进程中所取得的可喜成绩，为工人运动事业和工会工作的发展积存有益的经验，为工会积极发挥联系职工群众的桥梁和纽带作用提供有价值的借鉴和参考。

回顾历史，成就辉煌。矿区因煤而生，因矿而建。矿区的地下蕴藏着大量的煤炭资源，早在1907年随着保晋公司的成立，矿区的工人运动活动就开始了。矿区工会的发展历史，最早可以追溯到1925年11月30日成立的蒙村工会，矿区工会志反映矿区工会的历史离不开矿区工人运动的发展历史。新中国成立以前，矿区工人阶级与帝国主义、封建主义和官僚资本主义的斗争异常激烈，在中国共产党的领导下，矿区工人阶级英勇奋斗、不怕牺牲，散发出璀璨夺目的光芒。《阳泉市矿区工会志》根据大量史实，单独设立《境内工人运动简述》一编，从鸦片战争说起，中间经历山西保矿运动、中国共产党建党初期的工人运动、抗日战争时期的斗争、解放初期的斗争。客观地记述矿区工人运动波澜壮阔的发展历史以及在阳泉矿区工会历史上的地位和作用。

诞生于改革开放大潮中的矿区工会，始终与矿区经济社会的快速发展同呼吸、共命运，始终与迅速崛起的矿区光辉荣耀相伴相生、荣辱与共。30多年来，在历届区委、区政府的领导下，矿区的社会主义现代化建设事业取得前所未有的快速发展和显著进步，经济实现历史性突破式跨越式发展，综合实力显著提升，改革开放取得重大进展，社会事业全面进步，人民生活水平显著改善。30多年来，矿区工会工作始终与区委、区政府的中心工作紧密相连，始终把围绕中心、服务大局作为工作中心和工作重点，始终做到与区委、区政府同心、同步、同力、同向，始终坚持“组织起来，切实维权”

的工作方针,以建设维权型、服务型、创新型工会组织为目标,加强理论武装,突出维权服务,夯实基层基础,强化作风建设,扎实推进工会各项工作,在推进矿区经济和社会事业快速发展中发挥很好的桥梁纽带作用。一届又一届的工会工作者,殚精竭虑,勤奋工作,做出许多令人难忘的卓越成绩;一批又一批的工会会员,履行职责,无私奉献,谱写出许多感人至深的动人篇章。

立足当今,使命重大。矿区总工会在区委和上级工会的正确领导下,坚定不移地走中国特色社会主义工会发展道路,按照“紧扣中心,切实履职,维权维稳,和谐帮扶,突出重点,整体推进”的工作思路,团结动员广大职工群众,攻坚克难,创新发展。加大工会组织建设力度,全面实施二次覆盖;围绕矿区经济结构调整大局,持久开展群众性技术创新活动;建立平等协商和集体合同制度,积极推进维权体制建设;帮扶困难职工家庭,完善生活救助体系。在全面建设小康社会,建设现代化城市,实现矿区经济社会新腾飞的伟大进程中,矿区工会肩负着贯彻落实全心全意依靠工人阶级的方针,充分发挥工人阶级主力军作用, 激发广大职工群众参与全面建成小康社会的劳动热情和创新活力, 凝聚工人阶级和社会各阶层加快全区转型跨越发展的高智慧和正能量的重大使命,工会工作发挥着不可替代的积极作用。

历史是一面镜子,通过研究昨天、审视今天,我们就可以更好地把握明天。历史需要我们牢记,也需要我们研究、挖掘和整理。区总工会高度重视工会志书的编纂工作,专门成立编纂委员会,设置编辑办公室,聘请几位有修志经验的人员,同时,对各级工会干部和相关人员进行认真的培训。《阳泉市矿区工会志》的编纂工作,得到区委、区政府的全面指导,得到区各级各部门和社会各个方面的大力支持,同时,还得到省内外有关各方人士的真情帮助,得到阳煤集团、阳泉市自来水公司、阳泉市元承建业工程有限公司等驻区单位的积极配合。编纂人员本着对工会高度负责、对工人高度负责、对历史高度负责的精神,不辞辛苦、呕心沥血、兢兢业业、严谨求实,广泛征集资料,精心编写,终于完成编纂矿区工会志这项浩大的历史文化工程。在此,谨向为《阳泉市矿区工会志》付出辛勤与汗水的编辑人员、各级工会工作人员和所有关心、支持、帮助修志工作的人员和单位表示衷心的感谢!

展望未来,任重道远。中共十八大以来,以习近平同志为总书记的中共中央提出并形成了“四个全面”战略布局,而全面深化改革是这个布局中具有突破性和先导性的关键环节。面对新形势新任务,矿区广大工人阶级和工会干部要以马列主义、毛泽东思想、邓小平理论、“三个代表”重要思想和科学发展观为指导,深入学习贯彻习近平总书记系列重要讲话精神,着力落实《中共中央关于加强和改进党的群团工作的意见》,自觉运用改革精神谋划推进工会工作,创新组织体制、运行机制、活动方式、工作方法,进一步振奋精神,与时代同行,用创新、坚韧、勤奋、进取的精神书写无愧于这个伟大时代的华美篇章。

2016 年 1 月

凡　例

一、《阳泉市矿区工会志》以马克思列宁主义、毛泽东思想、邓小平理论、"三个代表"重要思想和科学发展观为指导,深入贯彻习近平总书记系列重要讲话精神,坚持辩证唯物主义和历史唯物主义的观点，实事求是地记述阳泉矿区工人运动和工会工作的发展历史与现状。

二、志书遵循详今略古、寓观点于记述之中的原则,重点记述中共十一届三中全会以后,特别是进入21世纪以来矿区的工会工作。为完整记述矿区工人运动历史,专设《境内工人运动简述》。

三、志书记事时限,上溯自事物的发端,下限至2014年12月(图片有突破)。

四、志书体裁,以志为主体,兼用述、记、传、图、表、录,设编、章、节、目四个层次。志前置概述、大事记,志末为附录。

五、志书纪年,1949年10月1日中华人民共和国成立前,使用历史纪年并括注公元纪年，中华民国纪年使用阿拉伯数字并括注公元纪年（相同年号每目只括注一次);中华人民共和国成立后,采用公元纪年。

六、标点符号、数字遵循国家标准（GB/T 15834-2011)《标点符号用法》,(GB/T 15835—2011)《出版物上数字用法》的规定。

七、计量单位采用国务院1984年2月发布的中华人民共和国法定计量单位。

八、志书行文均以中国地方志指导小组印发的《地方志书质量规定》和山西省人民政府印发的《山西省第二轮修志行文规定》为准。

九、人物称谓,一律直书姓名,必要时在姓名前冠以职务,不加褒贬。

十、名词术语第一次出现时用全称,以后酌情使用简称。

目　录

表　目

概　述

阳泉市矿区是山西省阳泉市的县级建制区，位于阳泉市西南部，地处山西省会太原市与河北省会石家庄市的中点，有着连接京、津、唐、豫、冀、晋的枢纽地位，是全国最大的无烟煤生产基地，煤炭、铝冶、磁材为区域三大支柱产业。矿区物华天宝，矿藏丰富，素有“全国无烟煤基地”之称，得天独厚的地理条件，使矿区采煤业发展迅速，北宋时已有居民靠采煤为生，元、明、清各代采煤业进一步发展。到清光绪三十二年（1906年），为方便晋煤外运，正太铁路（现石太铁路）通车到阳泉，自鸦片战争起，在旧中国时的矿区，广大矿工长期遭到帝国主义、封建主义和官僚资本主义的压迫和剥削，陷于水深火热的困境，阶级矛盾十分尖锐，由此掀起一系列工人运动。

1905年，英福公司派人到阳泉绘图占界，查封民间小煤窑，激起阳泉人民和三晋义士对其蛮横行为的愤慨，掀起轰轰烈烈的保矿运动，经过三年的抗争，英福公司被迫从各矿点撤走。矿区煤矿的发展史也是矿区工人运动的发展史。清光绪三十四年（1908年），山西商办全省保晋矿务有限总公司（简称保晋公司）在境内投资办矿，揭开矿区近代民族工业的序幕。抗日战争时期，日本侵略者侵占阳泉，保晋公司开办的煤矿被日本侵略者强占后，大肆掠夺煤炭资源。中共山西省特委派何英才抵矿区开展工作，秘密发展党员，建立工会组织，发动工人罢工，组建工人武装，谱写阳泉工人运动的新篇章。1945年8月，日军无条件投降，煤矿被阎锡山政权接收，成为官僚资本主义企业。1947年5月，阳泉解放后，煤矿才真正回到人民怀抱。1950年，在今矿区辖区组建阳泉矿务局，较早建立工会组织。

阳泉市矿区成立以后，经矿区区委研究决定和市总工会批准，于1982年4月，成立矿区工会筹备领导组，到2014年，矿区各级工会组织和职工队伍，随着各个历史时期的进展，不断发展壮大。在区委的领导下，按照“扩大覆盖面，增强凝聚力”的要求和“组织起来，切实维权”的工作方针，全面履行职责，发扬主人翁精神，在各个历史时期，发挥重要作用。

一、宣传筹备时期（1981年～1983年）

改革开放初期，矿区各厂没有组建工会，广大职工对工会缺乏足够的认识和了解。区属的几个企业和平潭街小学校原有的工会组织在1981年移交矿区后，因系统领导中断，加之原先基础比较薄弱，也基本处于工作停顿状态。针对这种情况，矿区工会筹备组首先从宣传教育入手，在各有关单位的支持帮助下，组织职工认真学习工会章程，同时利用板报、专栏等各种形式广泛宣传，使广大职工了解工会的性质和任务、工会会员的条件、权利和义务等工会基本知识，澄清原先存在的一些模糊观念，提高认识,从而使工会筹建工作有一个良好开端。在宣传筹备期间,区属各厂先后建立工会筹备小组,开始基层工会的筹建工作。区属各厂广大职工在提高思想认识的基础保护上,纷纷报名申请,积极要求参加工会,工会按照关于发展工会会员的有关规定,认真履行入会手续,先后发展259名工会会员。1983年2月,区属3个厂和平潭街小学78%的职工加入工会,矿区的工会队伍已基本形成。经过会员的充分酝酿,民主协商,以差额选举办法、无记名投票方式,选举产生基层工会委员会。建会初期,4个基层工会领导班子14名成员平均年龄42岁,其中,有中共党员5人、共青团员2人、女职工8人,反映工会组织的面貌,基本符合革命化、年轻化、知识化、专业化的要求。

二、工会成立初期(1983年~1987年)

在该时期,正值中共十一届三中全会之后,工会进一步巩固和发展安定团结的大好局面,开展"双增双节"运动。工会重点解决面临的"人员新、没经验、队伍少"三大问题,针对该种状况,区工会专门抽出一部分经费,购买一部分有关工会方面的书籍及刊物,并对所属基层工会干部举办2次短期培训,使工会干部素质不断提高,工会队伍不断壮大。到1987年7月,基层工会组织发展到15个,区属企业组建工会达到100%,街道企业达到95%,教育系统达100%,共发展会员1456人,占到职工总数的85%以上。区工会分别于1985年下半年和1986年上半年对基层工会组织进行整顿,选拔一些德才兼备、年富力强、群众拥护、热心工会工作的人员走上工会领导岗位,各基层工会领导班子的年龄结构和知识结构得到改善,工会干部的政治、业务素质有了较大提高,平均年龄由上届的48岁下降到36岁,文化程度初高中以上由原来的8人增加到36人。同时,工会对基层班组建设也进行整顿。如矿区社会福利厂,在刚建立工会时,为走形式,全厂123名职工中只发展33名会员,通过整顿,该厂工会干部端正思想,积极主动地开展工作,不怕碰硬,并对个别不称职的委员和小组长进行调整,使工会会员由原来的33人发展到104人。

中共十一届三中全会以来,街道企业发展速度迅速,已经成为矿区经济建设的一支重要力量。全区有街道企业54个(含区劳动服务公司所辖的38个),共有职工1200多人,年产值占全区工业总产值一半以上。区工会根据《中国工会章程》有关规定和区委安排,首先在桥头钢窗厂、平潭建材厂开展街道企业建立工会试点工作。同时,区工会向区委提出《关于在办事处一级建立工会组织的请示》,拟定"街道办事处一级组建工会的方法和步骤"。1987年7月,桥头、平潭街、沙坪、赛鱼、蔡洼5个街道办事处都相继建立工会组织,全区初步形成工会组织的网络。

为进一步夯实"职工之家"建设工作,区工会成立"验收组",对全区的"职工之家"按照"六条标准"进行验收。1985年年底,区五金电器厂、钢窗厂、平潭街小学工会按照市总工会的要求,验收全部合格,但是,合格的仅占区属企业、学校的30%。为加快"职工之家"建设步伐,区工会制定一套整顿验收"职工之家"竞赛奖励办法,专门召开会议布置安排,在明确任务的基础上,抓紧职工代表大会制度的完善工作,促进"职工之家"建设工作的顺利开展。1986年10月、11月,又有弹簧厂、工艺美术厂等5个单位工会的“职工之家”验收合格，总数占应建单位的80%（不包括街道办事处工会）。五金电器厂工会被评为市先进“职工之家”。在“整组建家”过程中，各级党政领导高度重视和支持，亲自挂帅，经常过问具体工作，并给予指导，从而形成党、政、工同唱一台戏，同建一个家的生动局面。

随着城市经济体制改革的深入发展和安定团结政治局面的进一步巩固，矿区社会主义劳动竞赛也从理论到实践有新的发展。区工会根据矿区实际情况，制定劳动竞赛方案，采用百分评比法，进行半年总结，年终评比表彰，逐步完善竞赛的形式和内容，在全区范围内形成一个有人抓、有制度、有措施、形式多样、有声有色的社会主义劳动竞赛热潮。区五金电器厂、钢窗厂、弹簧厂3个集体和张满哲等5人受到省、市表彰。1985年，全区表彰工业企业，商业、服务行业先进集体18个，先进个人119人；1986年，表彰全区各条战线先进集体42个，先进个人135人。在抓企业物质文明建设的同时，矿区工会首先通过各种渠道向广大职工进行思想道德教育，开展读书活动。基层工会参加读书活动的职工达520人次，各单位对青年职工进行《近代史》《科学社会主义》和《工人阶级常识》及其他书籍的学习，收到较好的效果。在总结经验，表彰先进的过程中，全区被评为出席市的先进读书小组1个，自学成才个人1人，读书活动积极分子2人。其次是开展青壮年职工“双补”（文化补课和技术补课）工作，多数单位领导高度重视，建立机构，制定规章制度，使“双补”工作顺利进行。弹簧厂领导把职工文化技术素质的提高提升至事关企业生死存亡的高度，舍得投资，花大力气去抓，采用“送出去、请进来”的方法培训职工，送出去学习的职工4人；请进教师讲课20多个课时，培训青年职工共46人。1987年，全区文化补课应补人数为180人，领取合格证书121人，占应补总数的70%。

三、稳步推进时期（1988年～1992年）

各级工会组织为适应新形势，加强自身建设，在企业内部积极推行和完善工作代表大会制度，使企业职工在改革中贡献自己的智慧和才能，克服前进中预料不到的困难和问题。在区税务局、工商局、法院、检察院、司法局、人武部、卫生局、贵石沟街道办事处、环卫处、区直机关等单位建立工会组织，使基层工会数由上届的15个，增加到26个，会员由上届的1456人，发展到2069人。为及时宣传中国共产党的路线、方针、政策，反映群众呼声，沟通信息，交流经验，区总工会于1990年创立《工运信息》，不定期印发，报道各种活动，介绍经验，宣传先进及上级工会精神，发挥良好的桥梁纽带作用。

在1989年春夏之交的政治风波中，各级工会在区委的领导下，工作重点立即转到稳定大局、稳定经济、稳定职工队伍上。全区各级工会在政治上、思想上、行动上与中共中央保持高度一致，坚决维护社会稳定，团结带领职工群众坚定不移地坚持四项基本原则，严守岗位，坚持生产，为维护全区社会安定团结，促进经济持续稳定发展做出重大贡献。

20世纪90年代，各级工会围绕经济建设中心，发挥群众生产工作优势，广泛开展各种形式的社会主义劳动竞赛和“双增双节”活动。开展“质量、品种、效益、安全、管理”为主要内容的“奉献杯”社会主义劳动竞赛，开展创先、创新、创优、创汇、创最佳经济效益、为四化立功竞赛，服务行业开展“十城市、十行业、十大员”优质服务立功竞赛。全区共实现“双增双节”总价值487.55万元，其中，双增353万元，双节134.55万元。同时，广泛开展合理化建议和技术革新活动，组织车工、焊工、喷漆等工种的技术比武、技术练兵活动32次，参加人数达1260人次，提合理化建议1358条，采纳实施851条，创造价值达80余万元。在此基础上，推行双保合同制度。双保合同制度使工会工作和完成生产相结合，使工会工作和维护职工利益、改善职工劳动条件、提高职工生活福利相结合，因此，得到党政领导的支持和广大职工的拥护。双保合同制度首先在矿区钢木制品厂和泰康食品厂进行试点，区总工会在泰康食品厂召开现场会后，双保合同制度很快在全区推广。

随着改革的不断深入，各级工会的监督保证作用得到进一步发挥，广大工会干部、工会积极分子、职工代表的参政议政能力得到进一步提高，职工代表大会的五项职权逐步得到落实，多数单位都做到坚持定期召开职工代表大会或职工大会制度，关系到企业生产经营、劳保福利、奖惩制度等重大问题的决策都经过职工代表大会或职工大会讨论通过，落实全心全意依靠工人阶级的指导思想，充分发挥工人阶级主力军作用，调动职工的生产积极性。具体表现：第一，加强职工代表大会制度建设。各企业工会组织认真落实《中华人民共和国全民所有制工业企业法》和参照《全民所有制工业企业职代会条例》，切实落实职代会的五项职权，积极参政议政，80%的企业建立健全职代会或职工大会制度。1991年，分别在平潭街街道办事处、弹簧厂举办培训班，有1个街道办事处、4个直属单位的80多名职工代表参加培训，经考核，统一颁发职工代表证书。第二，开展民主评议承包人工作。1989年初，制定民主评议办法，先后对弹簧厂、矿灯厂、五金电器厂、建筑公司等单位承包人进行民主评议。通过民主评议，对职工反映强烈、民主意识差、企业亏损大的原矿灯厂、弹簧厂承包人在征得区委、区政府同意后解除合同，使承包人和广大职工受到一次深刻的主人翁教育，增强企业的凝聚力，密切承包人与职工的关系。矿区总工会的民主评议工作，在全市民主管理经验交流会上介绍经验，受到市委、市政府和有关部门的肯定，为企业实行承包经营责任制，更好地发挥职代会的评议监督权带好头。第三，积极参与企业承包与兑现。各级工会组织积极参与企业的承包兑现工作和第二轮承包的考察、论证签字工作。各基层工会针对本单位实际情况分别对企业承包方案、企业经营者的选定以及企业内部分配等重大问题，组织召开职代会审议，充分听取群众意见，基本上做到凡不经过职代会或职工大会审议，不最后拍板，凡不经过职代会审查同意，不轻易表决，职代会提出的合理化建议优先采纳，职代会否决的方案重新修订，职代会通过的决议认真执行，充分发挥职代会的作用。第四，为发挥工会维护和监督职能，工会制定《女职工劳动保护规定细则》。对职工物价监督队伍进行多次调整，使职工物价监督员的素质得到提高，广大职工物价监督员注重宣传国家物价政策，不吃请、不收礼、坚持文明检查，不徇私情，共出动1516人次，检查集体企业、个体工商户1463家，罚没款1.44万余元，全部上交区财政，有效地发挥了社会监督职能。

四、改革发展时期(1993年~2002年)

该时期是改革不断深化，开放逐步扩大，经济持续快速增长，各项社会事业全面进步的一个时期，也是矿区工会发展史上不寻常的时期。该时期各级工会组织自觉地接受中国共产党的领导，高举邓小平理论伟大旗帜，认真贯彻落实《中华人民共和国工会法》和工会工作的总体思路，全面履行四项职能，积极主动、独立自主、扎实有效，创造性地开展工作，有力地促进工会全心全意依靠工人阶级方针的贯彻落实，工会领域进一步扩大，社会作用进一步增强，与职工群众的联系进一步密切，为深化改革，扩大开放，促进发展，保持稳定做出积极贡献。

坚持以经济建设为中心，广泛开展以"一基四本"(即企业基础管理和以人为本、降低成本、质量为本、资本经营)为主要内容的社会主义劳动竞赛。面对改革开放和建立社会主义市场经济体制的新形势，始终把推动矿区经济上新台阶放在中心位置，从提高劳动者素质入手，先后开展"学双良、赶大良、当主人、比贡献"活动；开展以人为本，降低成本的"双本"竞赛和"一基四本"为主要内容的竞赛以及"奉献杯""安健杯"等劳动竞赛活动；开展合理化建议、技术协作、技术比武活动。每年参加活动的职工达800余人，全区各个行业涌现出技术能手240人。1992年~1997年全区"双本"竞赛成果345万元，先后有1109名职工合理化建议2860条，创造经济价值314万元，累计"双增双节"总价值408万元，"一基四本"竞赛价值263万元。在阳泉市"奉献杯"劳动竞赛中，成绩突出，获单项奖和组织奖，在市第二届职工技术大赛中，矿区派出5个队参赛，获得2个团体第二名，1个团体第三名。各行各业涌现出一大批先进集体和模范人物，受到市以上表彰。矿区公安分局被省劳动竞赛委员会记集体三等功；区财政局史豪强、区招生办阎润花被省劳动竞赛委员会记个人二等功，区环卫处工人赵泉祥、潘建平、个体协会张翠兰被省劳动竞赛委员会记个人三等功。立功竞赛活动的开展，在各个行业树立一大批先进典型，有效地激发和调动广大职工的主人翁精神。

积极支持改革、参与改革、加强民主管理。工会通过学习、宣传、贯彻《中华人民共和国劳动法》《中华人民共和国工会法》《中华人民共和国全民所有制工业企业法》和《中华人民共和国教师法》，各企业事业单位建立和完善职工代表大会和职工大会制度，使职代会的"五项职权"较好地得到落实。中共十五大以后，改革进入攻坚阶段，为加快矿区企业改制的步伐，区总工会及时出台《关于在企业改制中加强职工思想政治工作的通知》。随后，区委办公室转发区总工会《关于基层工会参与全区企业改制工作的意见》，为促进矿区企业改革健康发展发挥积极作用。开展职代会评干部和职工代表巡察活动，建立厂长经理业务招待费向职代会报告制度，健全内部政策机制。

关心职工生活，维护职工权益，积极实施"送温暖工程"，推行平等协商和集体合同制度。矿区各级工会在教育和引导职工维护总体利益的同时，努力维护职工群众的具体利益，密切关注困难企业和特困企业的具体状况、积极提出解决问题的意见和建议，建立困难职工档案，使40名特困职工享受到定期定额困难补贴，先后与7个困难企业和40名困难职工结成帮扶对象。《中华人民共和国劳动法》颁布之后，工会会同区劳动局开展宣传活动，采取答卷知识竞赛等形式进行学习贯彻。1996年，把平等协商和签订集体合同工作作为全年工作的“重中之重”，领导挂帅、分片包干、超额完成市领导组下达的指标，受到市领导组的表彰。集体合同的签订，有效地维护职工的合法权益，截至1997年年底，全区签订集体合同的企业19家，签订率达95%，完成市下达数的150%。随着企业的改制，合同内容不断地得到补充和完善。

深入开展职工思想政治工作，以职业道德建设为主要内容，加强科学文化技术教育，努力建设“四有”职工队伍。开展以“爱国主义，集体主义，社会主义”为主要内容的“三热爱”主题系列活动，开展“心系祖国、奉献在岗”活动，开展以思想道德建设和文化建设为重点的“讲文明、树新风”活动。特别是在迎接香港回归和中共十五大召开期间，组织职工开展唱革命歌曲，参加美术书法、作品画展等庆祝活动，激发职工热爱中国共产党、热爱社会主义的热情。通过上述活动，涌现出一批爱岗敬业、乐于奉献的先进职工，受到省、市、区表彰，其中，矿区法院刘林珍被省政府、省高院授予“全省政法先进个人”荣誉称号并记省三等功、被市劳动竞赛委员会记二等功、被区人大常委会命名为“人民的好法官”；平潭街小学陆秀荣、区党史办张瑞铭、新蕾幼儿园赵素英被评为市职业道德岗位标兵。工会会同有关部门组织职工进行“三五”普法教育，举办《工会法》培训班，有2000余名职工参加《工会法》知识答卷活动。

以建家活动为载体，深入开展创建“五好工会小组”“六好基层工会”“七好县（区）工会”等建设职工之家活动。基层工会组织到2002年发展到80个，会员增加到3036人。全区企业、机关、事业单位和街道都依法建立工会组织。“职工之家”“职工小家”的建设进一步深化，1998年，合格职工之家已达到19个，被省、市命名的“模范职工之家”“职工小家”已达3个，工会干部队伍建设得到进一步加强。

五、全面发展时期（2003年～2012年）

进入21世纪，矿区工会面临新的发展机遇与挑战。全区各级工会组织充分发挥工会组织、引导、服务职工和维护职工合法权益的作用，广泛开展群众性技术创新和建功立业活动，积极加强工会组织建设，不断完善社会化维权机制，切实维护全区职工的合法权益，取得显著成绩。

1.主动参与国有企业改革改制，加大非公企业建会力度。在做好国有、集体企业改制后工会组织整顿工作的同时，重点加快街道工会和非公有制企业工会的组建步伐。工会组织不断发展壮大，本着“哪里有职工、哪里就有工会组织”的原则，加大私营企业工会、改制企业工会、机关事业单位工会和社区工会的组建力度，形成“党建带工建、工建促党建”的工作格局。以街道办事处为依托，以联合会为形式，广泛吸纳私营企业、个体工商户、社区职工入会，2006年，组建矿区药品经营企业联合工会和社会私营医疗卫生机构联合工会，从而进一步扩大工会的群众基础。2008年，4个街道分别成立街道总工会；2009年，社区工会联合会达到15个，覆盖500人以上的社区工会联合会有14个，商业一条街工会联合会4个；2010年，推行工会基层组织建设“双措并举、二次覆盖”工作方法，在各个行业全部建立工会组织，与企业存在事实劳动关系的职工全部入会；2012 年，在社区层级组建 26 个非公企业联合工会、4 个街道组建非公企业工会联合会，6 个劳务派遣企业，会员入会 322 人，全区基层工会组织发展到 190 个，会员总数 1.97 万余人。

2.紧紧围绕矿区经济结构调整大局，深入持久地开展群众性经济技术创新活动。各级工会组织以“一基五本”劳动竞赛为载体，组织职工深入开展合理化建议、技术革新、技术协作、发明创造、岗位练兵和技术比武活动。具体表现为：一是创建职工培训新机制，提升职工学习力。广泛开展“创建学习型班组，争当知识型职工”活动，大力推广技术技能培训，不断提高广大职工的创新能力和技术素质，打造了一支新型“四有”职工队伍。2003 年～2010 年，共举办各类培训 200 多期，受培训人数累计 6000 余人次，大大提高广大职工的自身素质。二是创建技能比赛新机制，提升职工竞争力。在全市开展的“争创工人先锋号，争当首席员工”和职工技术“大练兵、大培训、大比武”活动中，各基层单位以班组（科室）为单位制定了岗位练兵计划，组织职工进行岗位练兵、岗位比武、岗位创新，极大地提高职工素质。各单位举办各种比赛 110 余场，参赛职工 5000 余人，评选各类技术尖子 230 余人。积极组织职工参加市第三届、第四届职工技术大赛，有 10 人分别获市二、三等功和“技术能手”称号，区总工会获得优秀组织奖和团体优胜奖。区新鑫科技研究所有限责任公司 2003 年推出的“矿物防坠损装置”，该技术项目填补了阳泉市一项生产中的技术空白。三是创建技术推广新机制，提升职工影响力。为使先进技术得到最广泛的推广和应用，积极创建技术推广新机制，在各单位开展“传、帮、带”活动，有力地促进学先进、当先进的氛围。如教育工会开展“向教学能手看齐”活动，激发教师提高教学能力的积极性。四是创建文体活动新载体，提升文化感染力。组织篮球、乒乓球、华牌、卡拉 OK 等比赛；组织参加全市“南煤杯”乒乓球职工大赛，并获单项奖、团体奖；各街道社区工会组织元旦、元宵节街头文艺演出、“八一”拥军文艺演出等活动；组织参加全市首届非公有制经济文化活动周活动，200 余名职工参加活动，区总工会获优秀组织奖，充分展示矿区广大职工蓬勃向上的精神风貌。五是创建劳动模范管理新机制，提升劳模的感召力。区总工会按照区委、区政府制定出台的《阳泉市矿区劳动模范管理办法》，发放省、市、区各级劳模津贴 6 万元。对困难劳动模范进行慰问，组织劳动模范体检，在全区形成“关爱劳模、学习劳模”的氛围。2003 年~2012 年，全区涌现出出席省、市、区的模范先进集体 369 个，赵泉祥等模范先进个人 1000 余人。

3.突出重点，分类指导，维权机制有力推进。各级工会认真做好立法源头参与及法律法规宣传贯彻工作，促进工会与同级政府联席会议制度、劳动关系三方协商机制、工会与政府部门联系沟通机制、劳动关系预警与调处机制、企业欠薪报告制度以及领导接访、法律援助等机制进一步建立健全，突破性地建立矿区政府与工会的联席会议制度，工会维权的载体更加丰富、渠道更加通畅、作用更加明显。大力推进职代会制度、厂务公开制度、规范劳动合同和平等协商集体合同制度、女职工特殊权益保护专项集体合同制度建设，依法保障职工的政治民主权利和经济权益。

突出职代会在国有集体企业中的职能。在全区8个区直企业改制过程中，区总工会积极参与成立企业破产改制领导组，督促企业严格按照规定的程序召开职代会，最大限度地维护职工的合法权益。同时，督促企业做到“三必须”，即集体合同(工资协议)必须经过集体协商、必须经过职代会审议、履行情况必须向职代会报告。正常生产经营的企业都相继续签集体合同，并相继开展工资集体协商工作，签订工资协商集体合同。职工养老保险问题达成协议，深受职工好评。私营企业民主管理制度逐步走向规范化。根据私营企业的特点，广泛推行民主恳谈会制度和区域性、行业性职工代表大会制度，并结合实际，建立平等协商和集体合同制度，将涉及面广的“大合同”转化为针对性较强的“小合同”，突出维护职工获得劳动报酬的权益，指导企业主与工会主席或联合工会主席签订区域性工资集体合同。同时根据私营企业职工人数的多少、规模的大小分类建立多种形式的职工代表大会制度。截至2011年，全区工资集体协商签订企业已达建会企业总数的90%以上，共签订工资专项集体合同47份，覆盖企业126家，个体用工单位1236户，覆盖职工1.36万人，其中，25人以上的企业单独签订工资专项集体合同15家，覆盖职工1176人，签订区域性工资专项集体合同34份，覆盖企业122家，个体用工单位1225户，覆盖职工1.25万余人。

4.创新机制，加强帮扶，救助体系日益完善。困难职工家庭生活救助机制得到创新和完善。区总工会为1218名困难职工和困难劳模发放救济金20.6万元，帮助160名特困职工申请办理低保，先后对24名遇到大病、子女上大学等问题的特困职工实施救助。在严格标准、规范程序、认真审核的基础上，帮助162名特困职工申报市级特困职工证，使他们按时足额领到扶贫济困救助金，享受到市有关部门提供的水、电、气、暖、医以及子女上学等方面的减免政策。同时，积极组织动员全区职工参加大病医疗互助活动。2005年，全区1352名职工缴纳互助金4.9万元，11名大病职工享受到大病医疗互助金11万余元，返还率达200%；2012年，全区6680名职工缴纳互助金32.23万元，从而提高职工抵御大病重病的能力。工会不断健全工会帮扶救助体系，大力推进企业对口帮扶、党政工领导干部结对帮扶制度并取得明显成效。工会的属性决定了维护职工合法权益、为职工群众排忧解难是工会组织安身立命之所在。2009年，建立阳泉市矿区困难职工帮扶中心，并设立援助大厅，建立相关援助制度，为困难职工提供信访接待、法律援助、困难救助、技能培训、职业介绍等“一站式”服务功能，从而使特困职工援助工作经常化、规范化。针对困难职工生活难及其子女上大学难的“两难”问题，区总工会大力实施救助，在资金筹措方面，建立政府支持、社会捐助、经费补充的资金保障长效机制，形成市、区、街道、社区联合救助网络，有力地解决“两难”问题。建立困难职工援助长效捐赠机制，2009年，共筹集援助资金14万余元。其中，职工献爱心捐款共4万余元，财政拨付援助基金10万余元，捐物4000余件，为困难职工援助工作奠定坚实基础。就业帮扶机制得到创新，区总工会积极与市总工会和区劳动保障机构联系，掌握就业信息，在街道社区举办就业招聘活动，仅2006年，就帮助47名下岗失业职工寻找到再就业岗位。2008年12月，矿区总工会困难职工帮扶中心获山西省五星级困难职工帮扶中心称号。

5.注重引导，强化教育，思想道德长抓不懈。工会以改革创新精神加强自身建设，大力推动工会思想建设、组织建设、作风建设和干部队伍建设，工会组织吸引力和凝聚力进一步增强。组织学习贯彻中共十七大、十八大会议精神，开展学习宣传实践中国特色社会主义工会发展道路，进一步激发广大职工投身全面建设小康社会伟大事业的积极性。开展职工思想状况专项调查和职业道德标兵“双十佳”创建活动，实施“心系祖国，奉献在岗”主题教育活动。矿区涌现出一批先进职工，顺达出租汽车公司成立的“共产党员车队”，通过优质热情的服务，评选出“形象大使”4人，“服务标兵”6人，增强职工爱岗敬业的服务意识，提升企业形象。为提升基础工会干部的素质，矿区总工会邀请上海市工会干部管理学院培训中心主任、教授王连祥做题为《国内经济形势和转型时期的工会工作》的报告，矿区四套班子领导和基层工会干部近180人参加报告会。2010年，中华全国总工会授予矿区总工会全国工会系统“五五”普法先进单位称号。

6.狠抓建设，与时俱进，能力水平明显提高。在市总工会和矿区委的重视下，2003年，矿区人大常委会副主任史豪强担任区总工会主席，实现高配置。2004年6月，区委专门召开工会工作会议，研究出台《关于进一步加强工会工作的意见》，并且每年召开区总工会与区政府联席会议，研究工会工作，解决实际问题，为工会的组织建设、思想建设、作风建设提供有力保障。工会财务和经费审查工作取得新的进步，2006年，开始实施由地税统一代征工会经费，经费收入大幅增长。工会工作得到长足发展，信息、女职工等工作等进一步加强，分别获得省、市级工会的表彰。

职工群众从来都是经济社会发展的主力军，区总工会围绕中心、服务大局，积极搭建成才舞台，广泛开展各种劳动竞赛，持续推进全区职工素质建设工程，并通过选树和关爱劳模先进，进一步在全区唱响“劳动光荣、工人伟大”的主旋律，工人阶级主力军作用进一步发挥。不仅涌现出28名省级劳动模范，还培养出全国“五一劳动奖章”获得者赵泉祥等先进典型，扩大矿区工会工作在全国的影响。2005年，被市总工会授予“模范县区工会”荣誉称号；2009年，获全省五星级困难职工帮扶中心称号；2010年，获全省工会帮扶工作人员“三比三看”先进单位称号；2011年，获全省推进女职工权益保护专项集体合同工作先进单位称号；2012年，获全国职工法律援助维权服务示范单位称号、全省“关爱职工，实现双赢”活动先进单位称号、全省工资集体协商“建制扩面提质年”先进单位称号；2011年、2012年连续两年区总工会在全省“工会组建年”活动中获优胜县（区）总工会称号。

六、创新发展时期（2013年～2014年）

在市场经济改革与政治体制改革日益深化的新形势下，矿区总工会坚持与时俱进，不断创新工作思路、创新工作方法、创新工作成效，从而实现工会工作的创新发展。

1.建立工会组织网格化管理平台。按照“扩大覆盖面，增强凝聚力”的要求，2013

年，在“工会组建攻坚月”活动中，层层落实责任，与工商、税务部门联合，推进商业网点、餐饮、旅馆等服务行业和工业园区工会组织建设，重点发展劳务派遣工和农民工入会。两年新建工会组织22个，发展新会员280人，使全区工会组织达到200个，会员达到1.99万余人。积极建立工会组织网格化管理平台，按照管辖地域、管辖范围共划分为6个一级网格，40个二级网格，277个三级网格，通过网格化管理平台，实现管理区域、管理对象、管理环节和管理时限全覆盖，形成全覆盖、无缝隙、动态化“三级管理”工会组织网格化管理机制。按照“一条例五规范”标准要求，累计投入10多万元，为9个基层工会和社区工会配备电脑等各类办公设施。努力创建星级工会，对基层工会工作实行目标考核，每年年初制定《工会工作目标及考核评分标准》，对基层工会进行量化考核，推动基层工会工作的扎实开展；深入开展“创星级工会、建职工之家”活动，2013年~2014年，沙坪街道总工会、贵石沟街道工会联合会、蔡洼街道工会联合会被评为山西省五星级乡镇（街道）工会。

为适应区域经济的发展需要，与阳煤集团工会以及驻区其他工会组织共同建立的矿区工会发展促进会，发展成员单位61家。促进会开展形式多样的活动，邀请全国著名教授前来讲解新时期工会工作、组织成员单位外出学习考察、举办论文征集活动，加强成员单位间的感情交流与沟通，实现“资源共享、优势互补、互利共赢、共同发展”的目标。2013年，矿区总工会进一步整合资源，将内设机构调整为“一室四部”的格局，即办公室、财务部、综合一部、综合二部和综合三部，进一步理顺体制机制，增强发展动力。

2.切实维护职工合法权益。区总工会把建立和谐稳定的社会主义新型劳动关系作为促进“三区”建设的切入点，大力营造和谐稳定的劳动关系。一是进一步创新服务理念，始终把保持与职工群众的密切联系作为工会工作的生命线。为更好地服务群众，总工会先后选派100多名工会干部和职工代表参加全国总工会、省总工会、市总工会组织的平等协商、签订集体合同等专业培训学习，聘任6名工资集体协商指导员、43名工资集体协商具体操作员，为推进集体合同和劳动合同协商签订工作的深入开展奠定扎实的基础。二是创新规范服务工作程序，做到事事有着落，管理精细化。利用“建制扩面提质年”活动的开展，工资集体协商签订工作取得突破性进展，工资集体协商签订在全区实现动态全覆盖，2014年，全区487家企业有409家通过工资集体协商签订工资专项合同，覆盖职工3394人，签订率为84%，新签订企业71家。三是表达和维护广大职工群众的利益，更加关注弱势群体，不断推进女职工专项集体合同，重点抓行业性、区域性女职工权益专项集体合同工作，2013年，签订女职工专项集体合同78份，其中，企事业单位签订专项合同58份，覆盖女职工3982人，签订区域性专项合同18份，覆盖女职工7103人，签订行业性专项合同3份，涵盖女职工56人，共覆盖女职工1.11万余人。四是工会组织把职工群众的事情作为头等大事，认认真真、竭尽全力去做实、做细、做好。组织全区企事业单位积极开展创建劳动关系和谐企业活动，先后有阳泉市顺达出租汽车有限公司、山西天恒会计师事务所获山西省模范劳动关系和谐企业称号；新泉公司、桥头街道办事处、沙坪街道秋沟社区获市创建劳动关系和谐模范单位称号。五是大力开展星级职代会竞赛活动。不断建立、完善职代会制度，规范职代会工作程序，提高职代会工作质量。通过职代会竞赛活动的开展，进一步增强企业经营者的民主意识。经阳泉市总工会考核，小南坑小学校、红岭湾小学校荣获市五星级职代会、省四星级职代会称号，获市四星级职代会6家，获市三星级职代会20家。工会在服务于职工群众的同时，定时定期地组织职工群众学习相关法律、法规，一方面让职工群众懂得用法律来维护自己的权益；另一方面维护职工群众的学习权、受教育权，形成维护、协调、服务三位一体的大维护格局，得到群众的普遍认可。

3.不断拓展帮扶工作领域。充分发挥困难职工帮扶中心的桥梁和纽带作用，建立完整、规范的困难职工电子档案。深入开展“春送岗位、夏送清凉、秋送助学、冬送温暖”等帮扶救助活动。2009年～2014年，共救助困难职工、农民工、困难劳模等3800多人次，发放慰问金、慰问品价值累计133.1万余元；“金秋助学”活动救助困难职工子女59人，发放助学金累计23.6万元；开展“每人捐赠一本书、一件衣服、10元钱”的“三个一”献爱心捐赠活动，共收到捐赠图书8563本，衣服8876件，捐款9.45万元；开展职工大病医疗互助活动，截至2014年，累计4.6万余人次参加活动，共缴纳互助金203.94万元，受益539人次，受益金额179.14万元。

建立再就业培训基地，为解决职工再就业提供服务。2009年以来，组建阳泉市矿区职工就业培训中心和职工素质教育学校，至2014年，共免费开办美容美发、餐饮服务、电脑培训班7期，累计培训人数达643人。联合区人社部门多次举办再就业招聘活动，提供招聘岗位信息3650余条，帮助困难职工实现就业再就业572人次，为15名下岗职工送去价值5万元的再就业帮扶用具，为他们走上创业就业道路创造条件。扎实开展“面对面、心贴心、实打实服务职工在基层”活动，深入所联系企业进行了解、沟通52人次，努力为企业和职工协调解决生产、生活困难，并取得一定效果。积极帮助困难企业丰鑫丰工贸中心解决融资难问题；抓住春分时节帮助顺达出租汽车有限责任公司下属科技开发公司上山植树造林；为困难企业送去慰问金1万元，并在基层工会召开职工代表座谈会。

4.努力提升职工整体素质。以开展“争创工人先锋号，争当首席员工”活动和“安康杯”劳动竞赛活动为工会参与和投身经济建设的着力点，积极引导和组织广大职工通过技能比赛、劳动竞赛、岗位练兵、技术比武等活动，不断提高广大职工的业务能力。2013年，与区安监局、区卫生局联合开展以“弘扬企业安全文化，加强班组安全管理”为主题的“安康杯”竞赛活动，全区共有80家企事业单位（其中非公企业11家），265个班组参加活动，参赛人数达1.39万人。2013年2月，在优秀安全企业、车间、班组创建活动中，矿区马家坪小学政教处、阳泉市天利购物广场经营二部、矿区环境卫生管理处清洁中心被评为“阳泉市第二十三批优秀安全班组（科室）”。2014年，参赛职工人数达到1.4万人次，参赛单位达到272个。

大力弘扬新时期劳模精神，提升劳模感召力。通过召开劳模“双先”表彰大会和“双先”代表座谈会，表彰奖励劳动模范、先进集体和个人，为有功单位集体和个人记功表彰。充分利用新闻媒体、事迹报告会等多种形式宣传、弘扬劳模的时代风采和主人翁精神，激发广大职工投身改革开放和经济建设的积极性，在全区形成学先进、赶先进、争做先进的浓厚氛围。

组织开展丰富多彩的文体活动，2007 年 ~ 2014 年，相继举办矿区第五届职工运动会、篮球赛、职工卡拉 OK 歌手大赛和第八套广播体操比赛、拔河、象棋、扑克等不同形式的文体活动，累计有 158 家单位参加活动，2540 余人次参赛；举办职工游泳培训班 13 期，参加人数达 1500 人次；参加市总组织的女职工“全健排舞”比赛、市女职工之歌合唱节比赛、矿区首届“全健排舞”大赛和女职工节能减排“三个一”活动；组织参加市总工会开展的书法、美术、摄影作品展和读书征文活动；每年开展“百场电影进社区”活动，并配合区计生局、司法局放映计划，为广大职工免费放映电影和计划生育、法律法规等知识宣教片 320 部。工会组织的群团文艺活动走上正轨，“春之声”合唱团风起云涌，表演走出矿区，并走向全国。

5.加强工会自身建设。加强工会经费收缴、审查力度，规范经费管理。完善地税代收与财政划拨相结合的工会经费收缴机制，建立健全工会经费收缴管理台账，实行电算化管理。加强对基层工会经费审查审计力度，对审查审计中发现的问题及时予以纠正，促进基层工会经费合理使用；区总工会经费审查委员会顺利通过省总工会经审检查组检查验收，并得到高度评价，获全市工会优秀审计项目一等奖。积极探索集中支付工作模式，成立工会经费集中支付中心，制定经费集中支付财务管理制度。创新工会经费的收、管、用体制，保证工会经费的合理使用，为基层工会组织开展各项活动提供保障。

加强工会队伍自身建设，打造工会高效团队。不断完善机关工会内部管理制度，建立部门考核激励制度和学习制度。坚持“每周一下午集中学习，每月一次学习交流活动”，累计组织集中学习 150 余次，撰写学习心得体会 70 余篇，通过学习，使全体工会干部的政治素质、理论素质和业务素质普遍得到提高，有 3 人提拔到新的工作岗位。工会凝聚职工，目标明确，工作扎实，取得一个又一个丰硕成果。

三十多年来，伴随着矿区经济和社会的发展进程，矿区总工会从小到大，由弱到强，迅速、改革、全面、创新发展。仅 2005 年 ~ 2014 年，矿区总工会获市级、省级乃至全国的各种荣誉奖励称号达 50 多项。各级工会组织不断解放思想，勇于开拓，创造性地开展工作，坚持走中国特色社会主义工会发展道路，在矿区经济和社会发展中做出重大贡献。

大 事 记

清

光绪三十一年(1905年)

7月 英国福公司借正(定)太(原)铁路开通之际,插足阳泉,占山绘图,强行开矿。

9月 在英国福公司的策动下,英国驻华大使向清政府外务部发出照会,要求清政府饬令山西巡抚,一律禁止平定等府州开办煤矿。由此激起阳泉人民、山西各界人士和海外留学生以及开明官吏的极大愤慨。一场历时三年之久震惊中外的保护晋矿运动在阳泉首先爆发。

光绪三十二年(1906年)

9月 正太铁路振头(石家庄)至阳泉平潭段建成通车,在境内设赛鱼站。

10月13日 山西阳高籍留日学生李培仁为抗议清廷辱卖山西矿权,于东京湾八重桥下蹈海身亡。该事件将山西保矿运动推向高潮。10月23日,李培仁灵柩返乡途径平潭时,平潭乡民和煤矿工人搭灵棚路祭,吊祭者达上千人。

光绪三十四年(1908年)

1月20日 山西代表与英国福公司签订《赎回开矿制铁及转运合同》十三条,以白银275万两的代价赎回矿权,历时三年的山西保矿运动结束。

光绪三十四年(1908年)

7月1日 山西最大的民族资本企业——山西商办全省保晋矿务有限总公司(简称保晋公司)在太原成立。

中华民国

民国元年(1912年)

9月21日 已于4月1日卸任中华民国临时大总统的国民党理事长孙中山,应山西各界邀请,于9月17日到太原视察。视察结束从太原返回北京途径阳泉镇时,在原平潭火车站下车,与随行人员一起徒步视察了铁炉沟煤矿(保晋公司平定第一矿厂)和平潭人牛惇伦开办的聚源窑。孙中山向劳工们询问工作生活情况,并对随行人员说:“以平定煤冶(一说铸)太行铁,将来可操全国实业界的牛耳。”

民国 5 年(1916 年)

山西商办全省保晋矿务有限总公司从太原海子边迁至阳泉火车站西北端，并把平定(阳泉)分公司所辖各矿厂变更为总公司直接管理。

民国 8 年(1919 年)

保晋总公司第五次股东会议决定,将阳泉煤矿区划分为 6 个矿厂(包括 7 个矿区)。

民国 10 年(1921 年)

7 月 23 日　中国共产党第一次全国代表大会在上海召开。大会通过的《中国共产党的第一个决议》中提出开展工人运动的任务、方针和要求。

民国 11 年(1922 年)

6 月　正太铁路总工会阳泉铁路工人分会成立。

12 月 15 日　正太铁路总工会举行全线大罢工，赛鱼火车站铁路工人全部参加了罢工斗争。

民国 12 年(1923 年)

2 月 5 日　正太铁路总工会阳泉铁路工人分会举行声援京汉铁路工人大罢工游行示威。

民国 14 年(1925 年)

11 月 30 日　保晋公司第三矿厂（贾地沟煤矿)600 多名煤矿工人自发地组织阳泉煤矿工人的第一个工会组织,推选矿工荆山胜为工会主席、乔布领为秘书。因工会成立地点在蒙村,工人习惯称之为蒙村工会。到民国 15 年(1926)12 月,自行解散。

民国 15 年(1926 年)

中共太原地方委员会派地下工作人员马林(原名赵秉彝,又名彭令)到阳泉矿区秘密开展革命活动,并在矿区发展党员。

民国 16 年(1927 年)

2 月 7 日　阳泉煤矿区第一个中共组织——中国共产党阳泉支部成立。保晋公司一矿厂樊琪任支部书记,保晋公司铁厂侯富山任组织委员、窦玉瑞任宣传委员。

3 月 4 日　刚成立的阳泉煤矿工会组织保晋公司第三矿厂 700 余名矿工举行罢工,要求矿方还清拖欠工人 3 个月的工资,罢工规模盛大,目的明确,罢工进行到第三天,矿方被迫答应工人的要求。

3 月　阳泉煤矿工会成立。

民国 17 年(1928 年)

2 月　保晋公司二矿厂 400 名工人为维护工人权益,手持镐头、木棒、炭块冲击八角楼(保晋公司二矿厂办公楼),取得胜利。

民国 22 年(1933 年)

8 月　中共山西省特委派何英才(原名杨高梧)到阳泉煤矿区开展工作。

民国 23 年(1934 年)

6 月　经何英才介绍,保晋公司二矿厂工人王凤山(焦岐峰)及其母亲张秀坤加入中国共产党，时年57岁的张秀坤成为阳泉矿区的第一位女共产党员。3人组成保晋公司矿区第一个党小组，开始组织发动矿区工人组织和工人运动。

夏季 阳泉矿区总工会正式成立，何英才任总工会主席，一年内发展基层工会组织18个，会员1000余人。

是年 平记煤矿工人张采年等人联络36名矿工，结拜为兄弟，自称“三十六友”，自发地同资方进行要求提高工人工资的罢工斗争。

民国24年（1935年）

3月 保晋公司第二矿厂（燕子沟煤矿）和第四矿厂（先生沟煤矿）的工人，在中共党员、阳泉矿区总工会主席何英才和中共党员、矿区总工会委员王凤山的领导下，举行联合大罢工，迫使资方提高工资。

民国25年（1936年）

2月 中共外围群众性组织——阳泉矿工武术团成立，中共党员王凤山担任团长。以业余表演为名，进行革命宣传，推动抗日救亡运动的开展。

冬季 中共保晋公司第二矿厂、第四矿厂和第一矿厂支部先后建立。

民国26年（1937年）

春季 中共保晋公司铁厂支部和建昌煤矿支部建立。

春季 山西牺牲救国同盟会（牺盟会）委派特派员毛铎到平定开展工作，在阳泉煤矿区发展会员。阳泉矿工武术团集体参加牺盟会。

4月 经中共山西工委批准，中共阳泉矿区委员会（中共阳泉工人特别委员会）成立，成为阳泉历史上第一个县级党组织，何英才担任第一任党委书记，王凤山任组织部长，杨风歧任委员。

8月 中共阳泉矿区委员会依据抗日救国的原则和路线，以矿工中的山西牺牲救国同盟会会员为骨干，建立由400多人组成的煤矿工人护矿队。

9月 以矿区牺盟会会员为骨干，组成阳泉煤矿工人武装抗日游击队，共有队员500多人，王凤山任大队长，何英才任政委。10月，开赴太行山抗日根据地。

10月30日 日本侵略军占领阳泉镇和阳泉煤矿区。

民国27年（1938年）

阳泉煤矿工人武装抗日游击队沉重打击日本侵略军，受到《新华日报》（华北版）赞扬。

民国28年（1939年）

11月 阳泉煤矿四矿地下工作人员梁禄銮作为向导，平定（路北）县大队夜袭日本侵略军在阳泉西营盘的军火库，夺走一批武器弹药。

民国29年（1940年）

8月20日 八路军发动的百团大战爆发，阳泉矿区煤矿工人积极支援。

12月 蔡洼发电厂第一台发电机组正式投产。

民国 31 年(1942 年)

10 月 阳泉二矿井下发生一起瓦斯爆炸,死伤矿工 140 余人。

民国 33 年(1944 年)

3 月 19 日 阳泉二矿井下发生瓦斯爆炸,遇难矿工 44 人,重伤 6 人。

民国 34 年(1945 年)

8 月 15 日 日本侵略军无条件投降。

8 月末 矿工组织千人大示威,要求日军补发在阳泉采矿所欠工人的工资。

9 月 26 日 "山西人民公营事业督理委员会"首席督理阎锡山委派代表梁上椿接管阳泉煤矿,改称阳泉矿厂。

民国 36 年(1947 年)

5 月 2 日 中国人民解放军晋察冀军区第三纵队奉命挺进阳泉,阳泉宣告解放。

5 月 3 日 中国人民解放军晋察冀军区指示工矿交通管理委员会成立阳泉工矿交通管理局,同时决定军事接管阳泉矿厂和蔡洼发电厂,并将煤矿设备转移晋察冀和晋冀鲁豫两解放区以支援人民解放战争。

5 月 4 日 中共阳泉市委和阳泉市人民政府成立,同时,组建阳泉市职工会。

5 月 21 日 阳泉市职工会派工会干部到民族资本经营的平记煤矿,组织在矿工人集股合作生产,平记煤矿遂改称裕公矿。

5 月 阳泉市职工会派出工会干部和工作人员,到煤矿和发电厂发动工人,组建工会。

7 月 晋察冀军区工矿交通管理委员会指示停止拆运阳泉煤矿设备,阳泉煤矿、阳泉发电厂逐步移交阳泉市人民政府管理。

民国 37 年(1948 年)

1 月 在阳泉市人民政府领导下,国营阳泉煤矿公司(也称煤业公司)正式成立。开始恢复原阳泉矿厂先生沟坑的生产,先生沟坑改称国营四矿。

2 月 4 日 ~7 日 阳泉市首届工人代表大会召开,选举产生阳泉市工会委员会,刘杰当选为工会委员会主任。

3 月 14 日 国营四矿工会成立,王三才任工会主任。

3 月 晋察冀边区工业局决定设立阳泉办事处,国营阳泉煤矿公司、阳泉发电厂属其管辖。经中共中央华北局同意,国营阳泉煤矿公司工会成立。

7 月 国营煤矿公司购买收回裕公矿,并将其改称为国营裕公矿。国营裕公矿工会成立。

11 月 阳泉办事处及其所属国营阳泉煤矿公司、阳泉发电厂划归华北人民政府公营企业部第二工程处管辖。

12 月 华北人民政府公营企业部指令撤销阳泉办事处,国营阳泉煤矿公司与河北省井陉煤矿公司合并为井阳煤业公司,阳泉发电厂也属其管辖。

民国 38 年(1949 年)

2 月 阳泉发电厂建立工会组织,冯翠任工会秘书。

6 月 井阳煤业公司总工会成立。国营四矿工会、国营裕公矿工会归属井阳煤业公司总工会领导。

9 月 华北煤矿管理总局成立。井阳煤业公司奉命改组为井阳矿务局,并归属华北煤矿管理总局管辖。

中华人民共和国

1949 年

10 月 1 日 中华人民共和国成立,阳泉工矿区各界人民群众欢庆新中国诞生。

10 月 10 日 可容纳职工 400 人的国营四矿职工俱乐部建成,为境内首个职工俱乐部。

是年 井阳煤业公司总工会改称井阳矿务局工会委员会。

1950 年

1 月 7 日 井阳矿务局奉华北煤矿管理总局命令,分组为井陉、阳泉两个矿务局。阳泉矿务局成立。

3 月 21 日 《人民日报》头版头条发表记者调查报告《阳泉国营煤矿存在严重问题,封建把头剥削工人,生产计划屡遭失败》。阳泉矿务局由此开始反把头运动。

5 月 19 日 阳泉工矿区召开成立中国煤矿工会阳泉矿区工会委员会准备会议,国营、公营、公私合营、私营煤矿 12 名负责人参加会议。会议决定成立筹备委员会,并通过 5 项决议。

6 月 1 日 中国煤矿工会阳泉矿区工会筹备委员会正式成立,统一领导工矿区国营、公营、公私合营和私营各煤矿的工会组织。同时,创办机关报《阳泉矿工报》,4 开 4 版,是阳泉第一张群众团体自办的报纸。

6 月 29 日 中央人民政府主席毛泽东签署发布《中华人民共和国工会法》。

8 月 1 日 中共阳泉煤矿委员会成立,领导阳泉矿务局和矿区其他公私营煤矿党组织。

9 月 25 日～10 月 2 日 全国工农兵劳动模范代表会议在北京召开,阳泉矿务局四矿采煤工人、全国劳动模范王四毛出席会议。他是阳泉地区第一位全国劳动模范。

10 月 5 日 中国煤矿工会阳泉矿区工会筹备委员会召开阳泉矿区首届工人代表大会筹备会,会议讨论通过代表大会的各项议程,决定组成大会秘书处,统一领导大会期间的各项工作。

10 月 9 日 召开阳泉矿区首届工人代表大会预备会议,通过大会主席团(共 25 人)名单、代表审查委员会与大会主要议程等数项决定。

10 月 10 日 ~ 13 日　中国煤矿工会阳泉矿区工会首届工人代表大会召开。正式选举产生中国煤矿工会阳泉矿区工会执行委员、经费审查委员、矿务局管委会委员和出席中国煤矿工人代表大会的代表。中国煤矿工会阳泉矿区工会委员会正式成立。全体执行委员民主选举申梦华为主席,巨茂德为副主席。

11 月 1 日　中国煤矿工会阳泉矿区工会召开首届委员会第一次全委会。会议决定工会领导班子的分工,并决定组成私营煤矿工作委员会。

11 月 6 日　中华全国总工会发表宣言,号召全国工人阶级开展抗美援朝保家卫国运动。

12 月　阳泉矿务局职工响应全国总工会号召，开展抗美援朝保家卫国运动,同月,捐献飞机大炮款 17 亿元(旧币),并派出 60 名优秀青年职工,参加中国人民志愿军铁道兵团。

1951 年

2 月 26 日　政务院颁布《中华人民共和国劳动保险条例》,从 3 月 1 日起,阳泉矿务局职工开始享受劳动保险待遇。

4 月 20 日　全国总工会发出为拥护坚决镇压反革命告全国工人书,号召全国工人阶级协助政府进行肃清特务反革命的工作。

6 月 5 日　中共山西省委书记、山西省人民政府主席赖若愚为阳泉矿务局题写《阳泉矿工报》报头。

6 月 9 日　中国煤矿工会阳泉矿区工会委员会发出号召，开展爱国主义增产运动,响应捐献“阳泉矿工号”飞机一架,切实执行爱国公约,做好优军工作。

1952 年

2 月　阳泉发电厂工会在车间一级设立工会分会。

9 月　阳泉煤矿职工养老院落成，由中国煤矿工会阳泉矿区工会投资小米 5000 公斤、人民币 14.8 万余元,由阳泉矿务局主持兴建。占地 4.4 万平方米,是全国煤炭系统第一座职工养老院。1960 年,被阳泉市人民政府收回,改建为宾馆。

1953 年

2 月　阳泉矿务局举办第一届职工春节文艺会演。

1954 年

3 月　阳泉矿务局开展以技术革新为内容的增产节约劳动竞赛运动。

5 月 1 日 ~ 15 日　阳泉矿务局举办第一届职工体育运动会。

1955 年

11 月　阳泉矿务局选派张正明等首批 9 名职工到北戴河煤矿工人疗养院疗养。

12 月 9 日　阳泉市地方国营和公私合营煤矿工会统归矿区工会领导。

1956 年

4 月　阳泉矿务局、阳泉发电厂等企业进行工资改革,废除工资分薪制,实行货币工资制。

4月30～5月10日 全国先进生产者代表会议在北京召开。全国先进集体阳泉发电厂汽机一班青年代表梁珪和阳泉矿务局三矿采煤队女副队长全国先进生产者苏景云出席大会。

10月 中国煤矿工会阳泉矿区工会第三届委员会誉于资本主义工商业社会主义改造胜利，决定撤销私营煤矿工作委员会。

1957年

1月 阳泉发电厂召开首届职工代表大会。

5月8日～14日 中国煤矿工会阳泉矿区工会委员会召开第四次职工代表大会，因与阳泉矿务局首次职工代表大会合并召开，故会议名称为第四次职工代表大会。从此阳泉矿务局以职工代表大会形式，实行职工民主管理企业的制度。

12月2日～12日 中国工会第八次全国代表大会在北京召开，大会通过《中国工会章程》等决议。新的工会章程，将工会的组织原则，由原来规定的产业原则改为产业和地方相结合的原则。不久，中国煤矿工会阳泉矿区工会委员会改称阳泉矿务局工会。

1958年

4月 中国煤矿工会阳泉矿区委员会随着人民公社化运动被撤销，其所属基层工会组织直属阳泉市工会联合会领导。

10月 阳泉电石厂工会成立。

1959年

8月 阳泉矿务局工会恢复组织机构，下属基层工会65个，会员18709人。

11月 全国工业、交通运输、基本建设、财贸方面，社会主义建设先进集体和先进生产者代表大会（简称群英会）在北京召开。阳泉矿务局机关幼儿园作为全国“三八红旗先进集体”，三矿机电科工人张世祯作为全国劳动模范，出席全国群英会。

1960年

1月4日～9日 山西省选拔出席全国煤矿工种标兵比武大会，在阳泉矿务局举行。

8月 山西省体育先进单位现场会在阳泉矿务局三矿召开。

1961年

6月 中共阳泉市委决定，工业企业职工家属食堂解散，矿区各企业单位职工家属回家起灶。

1962年

12月 阳泉矿务局工会对生活最困难职工进行及时救助。

1964年

12月 阳泉矿务局二矿工人王永顺创作的歌曲《石圪节矿风实在好》在中央人民广播电台播出，并灌制唱片。

1965年

阳泉市粮食局矿区管理所工会成立。

1966 年

8 月 中共八届十一中全会召开，会议通过《中国共产党中央委员会关于无产阶级文化大革命的决定》（简称《十六条》），“文化大革命”在全国展开。随后，阳泉矿务局等企业工会组织遭到冲击，工会工作陷于瘫痪。

1968 年

8 月 阳泉矿务局职工代表联合会（简称工代会）成立。工代会取代工会组织。

1969 年

4 月 阳泉矿务局四矿工人王体出席中共第九次全国代表大会，当选为中共中央候补委员；1973 年 8 月，再次当选为候补中央委员。

1973 年

4 月 阳泉市金属制品厂工会组建。

5 月 11 日 ~ 12 日 阳泉矿务局召开第八次工会会员代表大会，该局各级工会组织相继恢复。

是年 阳泉电石厂恢复工会组织，召开工会第二次会员代表大会；阳泉市商业局召开第四次工会会员代表大会，所属各级工会组织相继恢复。

1974 年

10 月 文化部、中国美术馆在北京举办“上海、阳泉、旅大工人画展览”，阳泉工人画入选 33 件 46 幅。

1975 年

1 月 ~7 月 “上海、阳泉、旅大工人画展览”作品先后在南昌、桂林、长沙、西安、太原、沈阳等一些大城市巡回展出。同年，人民美术出版社出版《上海、阳泉、旅大工人画展》一书。

8 月 7 日 阳泉矿务局七·二一工人大学开学，该校设采煤、机电和综合机械化 3 个专业。

10 月 30 日 阳泉矿务局三矿裕公井采煤二队在全国煤炭采掘队长会议上，被树为全国“十面红旗”之一，命名为“严细成风的硬骨头采煤队”。

1976 年

10 月 27 日 阳泉矿务局各级工会组织隆重集会，庆祝粉碎江青反革命集团的胜利，“文化大革命”宣告结束。

1977 年

1 月 阳泉矿务局在全国煤炭“工业学大庆、赶开滦”会议上，被煤炭工业部授予“煤炭工业战线大庆式企业”称号。

1978 年

7 月 阳泉市金属制品厂工会改名为阳泉市五金工具二厂工会。

12 月 18 日 ~ 22 日 中共十一届三中全会在北京召开。随后，各级工会组织学习贯彻全会精神，开展关于真理标准问题的大讨论，逐步进行拨乱反正。

1979 年

8 月 阳泉矿务局技工学校成立。

是年 阳泉市金属回收公司工会成立。

1980 年

8 月 中共阳泉矿务局委员会下发文件,确定局、矿、车间三级工会组织机构设置和定员编制。

9 月 1 日 阳泉市矿区人民政府成立。

10 月 经山西省人民政府批准,阳泉矿务局职工大学成立。

1981 年

5 月 2 日~3 日 中共中央政治局委员、国务院副总理余秋里在阳泉矿务局视察期间,同该局部分劳动模范进行座谈。

10 月 中国煤炭地质工会全国委员会和煤炭工业部在阳泉矿务局联合召开全国煤炭班中餐工作座谈会。

11 月 阳泉市建筑工程一公司工会成立。

1982 年

4 月 经中共阳泉市矿区委员会、市总工会批准,矿区工会筹备领导组成立。

12 月 25 日 《阳泉日报》发表题为《他图的是共产主义——记二矿工会副主席、共产党员葛德林》的通讯报道。

12 月 矿区弹簧厂、矿区钢木制品厂、矿区五金电机厂和矿区平潭街小学分别召开工会会员大会,选举产生工会委员会。

1983 年

2 月 3 日~4 日 矿区工会第一届会员代表大会召开,大会选举产生矿区工会第一届委员会,郭佐荣当选为工会主席。

10 月 在全国总工会第十次代表大会上,矿务局二矿小南坑一队三组被全国总工会命名为“先进工会小组”,葛德林等 9 名工会干部和积极分子受到命名表彰。会议期间,葛德林受到全国人大常委会委员长叶剑英接见。

是年 全国总工会与山西省总工会, 分别授予矿务局二矿和工程处 2 单位职工俱乐部先进俱乐部称号。

1984 年

7 月 矿区桥头、平潭街、沙坪、赛鱼、蔡洼 5 个街道办事处建立工会组织。

8 月 矿区工会举办首届职工篮球比赛。

8 月 10 日 矿区工会委员会制定《在城镇街道集体企业建立工会组织的工作方案》,经矿区区委批准,在街道集体企业建立工会组织。同年 11 月 5 日,阳泉市总工会以 56 号文件将该《工作方案》转发至全市各县(区)工会、企业工会、市直各基层工会参照执行。

12 月 矿区工会召开一届三次全委会议,补选陶河川为矿区第一届工会委员会主席。

是年 矿区工会确定建立工会试点单位为：平潭街街道办事处建材厂、桥头街道办事处钢窗厂；同时，建立工会组织的单位有：蔡洼街道办事处锻压厂、赛鱼街道办事处铸造厂、冰糕厂、沙坪街道办事处锻压厂、区属车辆厂和矿区中学。

1985 年

2 月 举办首届矿区妇女运动会。

4 月 20 日 在重庆召开的全国煤矿职工生活福利经验交流会议上，阳泉矿务局被命名为全国煤矿职工生活福利管理标准化局。

5 月 12 日 举办矿区首届职工田径运动会。

6 月 24 日 山西广播电视大学阳泉分校召开第一次工会会员大会，选举产生第一届工会委员会。

12 月 3 日 《山西工人报》刊登长篇通讯《他和工人心贴心》，详细介绍阳泉矿务局二矿工会代主席葛德林生前全心全意为矿工服务的事迹。

12 月 7 日 阳泉市总工会做出《关于向模范工会干部葛德林同志学习的决定》。

12 月 13 日 山西省总工会做出《关于开展学习葛德林，做“职工之友”活动的决定》。

12 月 20 日 中共阳泉市委做出《关于向优秀共产党员、模范政工干部、二矿工会代主席葛德林同志学习的决定》。

1986 年

1 月 5 日 矿务局工会召开历届劳动模范联欢会，230 名劳动模范参加。

1 月 11 日 《工人日报》发表题为《全心全意为职工群众服务》的评论员署名文章，介绍工会干部葛德林的模范事迹。

3 月 1 日 《全国煤炭报》发表介绍葛德林模范事迹的文章，题为《共产党员要用行动为党争光》。

3 月 16 日～4 月 30 日 山西省总工会、山西省煤矿地质工会和阳泉矿务局工会共同组织葛德林事迹报告团，历时 45 天，行程 2500 千米，先后在 8 个地（市）和 8 个矿务局巡回报告 22 场，连同现场直播、录像收看和广播收听的听众达 20 万余人。

3 月 矿区各条战线评选先进集体（即车间、班组、科、室）共 42 个，劳动模范 15 人、先进工作（生产）者 118 人，由区委、区政府召开会议进行表彰。

7 月 4 日 《人民日报》第八版以《山西阳泉煤矿工人版画》为题，刊登阳泉矿务局职工赵荣纪创作的《一路飘香》、王永惠创作的《小憩》等作品。

8 月 6 日 在山西省劳动模范表彰大会上，葛德林被追认为 1985 年度山西省劳动模范。

1987 年

1 月 21 日 阳泉市总工会、市委宣传部、市委企业政治部在矿务局机厂联合召开全市加强职业道德经验交流会。

3月14日 矿区区委、区政府召开劳动模范、先进集体、先进工作者表彰大会，授予桥头街道办事处等10个单位模范集体称号，刘改花等17人劳动模范称号；授予矿区财政局等32个单位先进集体称号，王玉田等118人先进生产（工作）者称号。

7月8日~9日 矿区工会召开第二次代表大会，大会选举产生矿区工会第二届委员会，陶河川当选为工会主席。

7月14日 经阳泉市总工会批准，矿区工会改称矿区总工会。

9月中旬 山西省劳动保护工作会议在矿务局三矿召开，省总工会授予阳泉市总工会劳动保护工作地市级竞赛三连冠锦旗。

11月 矿区总工会在矿区弹簧厂试行职工直接民主选举工会主席取得成功，此后，在基层工会进行选举时逐步推行。

12月25日 阳泉市总工会在矿务局召开全市工会职工思想政治工作经验交流会。

1988年

1月1日 矿区组织职工参加阳泉市职工元旦越野赛，获得阳泉市职工元旦越野赛团体第六名。

3月1日 中国共产党中央顾问委员会委员王谦、池必卿、马兴元等人，在阳泉市政府秘书长杜汉舟陪同下，晚上到矿务局一矿观看元宵节花灯会。

3月16日 矿区区委、区政府召开劳动模范、先进集体、先进工作者表彰大会。授予矿区人民武装部等20个单位先进集体称号；授予矿区蔡洼锻压厂等7个单位“双增双节”先进集体称号；授予沙坪街道办事处桥南园居民委员会等12个单位先进居民委员会称号；授予李荣华等55人先进工作者称号。

7月 阳泉市总工会在矿区召开直接民主选举基层工会主席经验交流会。之后，矿区的经验在全市推广。

9月 矿区中老年迪斯科健身健美操代表队，在阳泉市总工会举办的大赛中，获得团体二等奖。

11月22日 矿区总工会出台《关于区机关建立工会组织的方法与步骤》。

1989年

2月28日 阳泉市总工会召开1988年度先进集体和先进个人表彰大会，矿区钢木制品厂工会被评为信赖职工之家；矿区弹簧厂卷簧组工会小组被评为先进工会小组；矿区钢窗厂工会被评为劳动保护工作单项先进集体；马成被评为优秀工会工作者；有4人被评为优秀工会积极分子。

3月 矿区区委、区政府召开劳动模范、先进集体、先进工作者表彰大会。表彰奖励劳动模范14人、先进集体42个、先进工作者142人。

4月 矿区总工会召开工会积极分子表彰会议，对工会先进集体和先进个人进行表彰。

12月15日 山西省总工会第八次会员代表大会在太原召开，矿区总工会主席陶河川作为阳泉市矿区代表出席大会。

12月27日 阳泉市总工会在南庄煤矿召开全市企业民主管理经验交流会，矿区总工会在会上做经验介绍。

1990年

3月13日 全国总工会组织部副部长杨磊一行3人在省、市总工会领导的陪同下到矿务局一矿进行调研。

3月19日 矿区区委、区政府召开1989年度劳动模范、先进集体、先进工作者表彰大会，表彰劳动模范21人、先进集体43个、先进工作者143人。

5月29日 矿区总工会召开矿区推行“双包合同”经验交流大会，会议对推行“双包合同”先进单位钢木制品厂、泰康食品厂给予荣誉和奖励。

7月 矿区总工会召开二届六次全委会议，补选王庭兰为矿区总工会第二届委员会副主席。

8月28日 矿区总工会召开基层工会工作会议。

9月 在阳泉市首届职工话剧小品比赛中，矿区总工会选送的《十分钟的收获》获得二等奖。

11月上旬 矿务局的小品《中秋月》，参加全国总工会在北京举办的全国职工戏剧小品比赛，获得优秀节目奖。

1991年

3月 矿区区委、区政府召开表彰大会，对全区8个红旗单位、22名劳动模范，36个先进集体、147名先进工作者进行表彰奖励。

4月 矿区总工会举办矿区第二届职工运动会，300多名职工分别参加拔河、篮球、乒乓球、中国象棋等项目的比赛。

10月19日 矿区职工技术协会召开第一届代表大会，大会通过《矿区职工技协工作条例》，选举产生矿区职工技协第一届委员会。

11月21日~2日 阳泉市总工会在矿务局一矿召开全市民主管理经验交流暨表彰会议。

1992年

3月5日 矿区区委、区政府召开劳模“双先”表彰大会，表彰奖励红旗单位10个、劳动模范11人，先进集体43个、先进工作(生产)者153人。

5月9日 矿区总工会召开第二次工会积极分子代表会议，对工会12个先进集体和66名先进个人进行表彰。

6月29日 矿区总工会召开第三次代表大会，大会选举产生矿区总工会第三届委员会，陶河川当选为工会主席。

9月 矿区钢窗厂工会被山西省总工会授予模范职工之家荣誉称号；矿区弹簧厂弹簧车间修簧工会小组被山西省总工会授予五好工会小组称号。

是年 矿区总工会组织各基层工会普遍开展以“一基四本”(即企业基础管理和

以人为本、降低成本、质量为本、资本经营)为主要内容的社会主义劳动竞赛活动。

1993 年

2 月 26 日 矿区区委、区政府召开劳模“双先”表彰大会,表彰奖励红旗单位 10 个、劳动模范 28 人,先进集体 44 个、先进工作(生产)者 155 人。

4 月 矿务局制定出台《合理化建议和技术改进管理实施办法》,同时,对全局 1992 年度优秀合理化建议和技术改进项目给予表彰奖励。

12 月 矿区总工会与团区委、区妇联联合举办矿区干部职工纪念毛泽东诞辰 100 周年大合唱比赛,共有 18 个单位 700 余人参加比赛。

9 月 矿区总工会举办股份制与职工民主管理培训班。

1994 年

3 月 24 日 矿区区委、区政府召开 1993 年度劳模“双先”表彰大会,表彰奖励红旗单位 9 个、劳动模范 21 人,先进集体 38 个、先进工作(生产)者 124 人。

3 月 28 日 矿区总工会召开三届四次全委(扩大)会议,会议补选工会第三届委员会委员,与基层工会签订“奉献杯”竞赛目标责任状。

4 月 28 日 矿区总工会召开第三次工会积极分子代表大会,对工会 15 个先进集体和 56 名先进个人进行表彰。

8 月 13 日 阳泉市总工会在矿务局召开工会职工教育现场会。

1995 年

3 月 23 日 矿区区委、区政府召开劳模“双先”表彰大会,表彰奖励红旗单位 10 个、劳动模范 20 人,先进集体 46 个、先进生产(工作)者 128 人。

4 月 29 日 ~ 5 月 2 日 矿务局四矿综采二队队长赵宝玉与全市其余 4 名全国劳动模范一同赴北京参加全国劳动模范、先进工作者表彰大会。

4 月 ~ 6 月 矿区总工会举办第三届职工运动会,400 多名职工分别参加田径、篮球、乒乓球、中国象棋等项目的比赛。

5 月 ~ 7 月 矿区总工会组织开展以“心系祖国,奉献在岗”为主题的教育活动,活动包括劳模事迹宣传、优质服务竞赛、演讲、文艺会演、技术比武等。

1996 年

4 月 8 日 矿区区委、区政府召开 1995 年度劳模“双先”表彰大会,表彰奖励红旗单位 10 个、劳动模范 10 人,先进集体 36 个、先进生产者 114 人。

1997 年

1 月 16 日 ~ 17 日 山西省委书记胡富国到矿区视察指导工作,看望贫困职工家庭和工残职工。

3 月 24 日 矿区区委、区政府召开劳模“双先”表彰大会,表彰奖励红旗单位 9 个、劳动模范 21 人,先进集体 38 个、先进工作(生产)者 124 人。

9 月 5 日 矿区总工会召开三届九次全委会议,补选贾启福为矿区总工会第三届委员会主席。

9月～10月 矿区总工会举办第四届职工运动会,400多名职工分别参加广播体操、篮球、乒乓球、中国象棋、华牌等项目比赛。

是年 矿区环卫工人赵泉祥被山西省劳动竞赛委员会记个人三等功。

1998年

4月2日 矿区区委、区政府召开劳模“双先”表彰大会,表彰奖励红旗单位10个、劳动模范10人,先进集体33个、先进生产(工作)者99人。

11月30日 矿区教育工会筹备组成立。

12月8日 矿区总工会召开三届十次全委会议,会议补选赵振华、张焕青为矿区总工会第三届委员会副主席。

12月14日～15日 矿区总工会召开第四次代表大会,大会选举产生矿区总工会第四届委员会,贾启福当选为工会主席。

1999年

4月20日 矿区区委、区政府下发《在全区企业中推行“企务公开、民主监督”制度的实施方案》。

4月27日 矿区区委、区政府召开劳模“双先”表彰大会,表彰奖励10个红旗单位、10名劳动模范,33个先进集体、45名先进生产(工作)者。

10月28日 矿区总工会第二次女职工代表大会召开,选举产生9名委员组成矿区总工会第二届女职工委员会。

10月 矿区财政局工会成立。

10月 矿区总工会举办全区职工篮球比赛和乒乓球比赛。同时,组建职工游泳队,代表矿区参加阳泉市第三届职工游泳锦标赛。

12月28日 阳泉市顺达出租汽车有限公司工会委员会成立。

是年 成立矿区私营企业工会联合会筹备组。

是年 在“双增双节”“一基四本”劳动竞赛活动中,矿区公安分局山西省劳动竞赛委员会记集体三等功。

2000年

1月25日 矿区私营企业工会联合会成立。

4月26日 矿区区委、区政府召开表彰大会,表彰奖励10个红旗单位、10名劳动模范,32个先进集体、95名先进生产(工作)者。

8月10日 矿区总工会召开四届四次全委会,会议补选翟爱华、郝毅为矿区总工会四届委员会委员、常委。

10月 矿区机关事务管理局工会成立。

11月 阳泉市侨联绿色保健鞋业有限公司、阳泉市现代包装有限公司、阳泉市中旭经贸发展有限公司、阳泉市蓝天环保型煤有限公司相继建立工会组织。

12月 沙坪、赛鱼、蔡洼、桥头、平潭街、贵石沟6个街道办事处分别成立私营企业工会联合会。

2001 年

4 月 27 日 矿区区委、区政府召开劳动模范表彰大会，表彰奖励 11 个红旗单位、11 名劳动模范，30 个先进集体、96 名先进工作(生产)者。

4 月 29 日 获全国劳动模范称号的矿务局一矿北头咀井机电队工人邢军与全市其余 3 名全国劳动模范一同赴京参加全国劳动模范、先进工作者表彰大会。

7 月 1 日 矿区总工会组织矿区百人合唱团，参加市总工会纪念中国共产党成立 80 周年歌咏比赛。

7 月 10 日 矿区总工会举办全区纪念中国共产党成立 80 周年歌咏比赛。

10 月 25 日～26 日 矿区总工会举办矿区工会干部培训班。

2002 年

3 月 20 日 全市职工民主评议企务公开现场会在阳煤集团召开。

4 月 28 日 矿区区委、区政府召开劳模“双先”表彰大会，表彰奖励 10 个红旗单位、10 名劳动模范，31 个先进集体、105 名先进生产(工作)者。

7 月 15 日 矿区总工会召开全区非公有制企业民主恳谈现场观摩会。

10 月 矿区政府和矿区总工会召开第一次联席会议，研究矿区特困职工援助中心人员编制、经费和场所等方面需要落实的问题，并初步达成一致意见。

2003 年

3 月 11 日 矿区总工会召开四届六次全委会议，会议补选李军平为矿区总工会第四届委员会委员；补选李新、蒋海涛为经费审查委员会委员。

5 月 18 日 矿区区委、区政府召开 2002 年度劳动模范表彰大会，表彰奖励红旗单位 10 个、劳动模范 11 人，先进集体 31 个、先进工作(生产)者 105 人。

5 月 矿区总工会组织干部职工，开展“防非典、献爱心”募捐活动，机关、企事业单位的 933 名职工共捐款 2.22 万余元。

8 月 27 日 矿区总工会召开四届七次全委会，矿人大常委会副主任史豪强当选为矿区总工会第四届委员会常委、主席。

11 月 在全国首届职工职业技能大赛中，代表山西省参赛的阳煤集团华越公司职工杨立斌荣获钳工比赛第六名。

2004 年

4 月 19 日 阳泉市天利集团工会正式成立。

4 月 25 日 矿区区委、区政府召开表彰大会，表彰奖励 10 个红旗单位、15 名劳动模范，40 个先进集体、93 名先进生产(工作)者。

5 月 矿区政府和矿区总工会召开第二次联席会议，会议做出为矿区特困职工援助中心增加 4 名编制和设立特困职工援助大厅的决定。

6 月 3 日 矿区特困职工援助中心建立，编制 4 人，为全额事业单位。

6 月 25 日 矿区区委下发《关于进一步加强工会工作的意见》。同日，区委办公室、区政府办公室下发《关于印发〈矿区劳动模范管理办法〉的通知》。

2005年

10月8日 矿区召开劳模“双先”代表座谈会，表彰集体一等功5个、集体二等功10个，个人一等功10人、个人二等功20人；先进集体30个、先进个人67人。

11月 矿区总工会组织开展捐款捐物活动，全区职工共捐款2万余元，捐物1000余件。

12月29日 矿区政府与矿区总工会召开第三次联席会议，出台《阳泉市矿区人民政府办公室关于印发〈加强职工继续教育管理实施意见〉的通知》。

2006年

1月 矿区总工会获阳泉市模范县(区)工会称号。

4月 举办矿区“城管杯”职工篮球赛、矿区首届职工卡拉OK歌手大赛，参赛职工达到500余人。

4月25日 矿区区委、区政府召开劳模“双先”表彰大会，授予红旗单位称号10个、劳动模范称号20人，授予先进集体称号25个、先进工作(生产)者称号85人。

6月 矿区药品经营企业联合工会和社会私营医疗机构联合工会成立。

11月17日 矿区总工会召开第五次代表大会，大会选举产生矿区总工会第五届委员会，史豪强当选为工会主席。

11月中旬 矿区政府与矿区总工会召开第四次联席会议，协商解决街道工会配备专职工会干部有关事宜。

2007年

6月29日 矿区总工会召开2006年度先进集体、先进个人座谈会。

10月 矿区召开劳模“双先”代表座谈会，表彰集体一等功10个、集体二等功10个，个人一等功10人、个人二等功10人；先进集体21个、先进个人68人。

11月 矿区总工会举办“金麒利”杯职工乒乓球、华牌、象棋比赛，全区91支代表队，300多名职工参加比赛。

是年 矿区总工会下发《关于继续推行女职工特殊权益保护专项合同的通知》。

2008年

4月3日 矿区总工会召开五届三次全委(扩大)会议，会议补选张红梅为矿区总工会第五届委员会委员、常委、副主席；补选宋美芳为第五届委员会常委。

4月27日 矿区区委、区政府召开劳模“双先”表彰大会，表彰奖励模范单位10个、劳动模范20人，先进集体36个、先进个人84人。

7月 矿区总工会举办机关职工篮球比赛，20个单位200余名职工参赛。

8月7日 矿区总工会组织开展“送清凉”活动，到日潭小区环卫站，为环卫工人送去价值2000余元的防暑慰问品。

8月 矿区总工会举行2008年度困难职工子女“金秋助学”资助金发放仪式。资助困难职工子女11人，共发放助学金2.48万元。

11月7日 矿区总工会在平潭街街道办事处大院社区筹建第一个基本符合要

求的"职工书屋"并举行挂牌仪式。

12月23日　矿区总工会困难职工帮扶中心被山西省总工会授予五星级困难职工帮扶中心称号。

12月31日　矿区政府与矿区总工会召开联席会议，研究充实区困难职工帮扶中心人员、车辆等相关事宜。

2009年

3月30日　矿区总工会召开五届四次全委(扩大)会议,会议补选刘建、李素青、李雅妹、张少华、张贵军、张秀科、高爱英、韩晋明、翟瑞红为矿区总工会第五届委员会委员;补选翟瑞红、张秀科、杨翠萍为第五届委员会常委。

3月　矿区总工会召开第三次女职工代表大会，大会选举产生第三届女职工委员会。

3月　矿区总工会女职工委员会获"山西省先进女职工组织"称号。

5月　矿区召开2008年度先进集体和先进个人"五一"表彰大会,表彰集体一等功10个、集体二等功10个,个人一等功10人、个人二等功10人;先进集体33个、先进个人82人。

5月　矿区总工会举办第二届职工"卡拉OK"大赛,共有131名职工参赛。

6月~7月　矿区总工会举办"迎国庆、促和谐"第五届职工运动会。全区共有97支代表队、800余名运动员参加了田径、乒乓球、篮球3个大项、26个小项的比赛,共产生集体奖36个,个人奖144个。

8月　矿区总工会举行2009年度困难职工子女"金秋助学"资助金发放仪式。资助困难职工子女12人,共发放助学金2.52万元。

9月　矿区职工教育培训学校、矿区职工就业培训中心和桥头社区办公新址举行揭牌仪式。

10月19日　经矿区编制委员会会议研究决定,将"阳泉市矿区特困职工援助中心"更名为"阳泉市矿区困难职工帮扶中心"。

10月　矿区蔡洼街道工会联合会、矿区贵石沟街道工会联合会被山西省总工会评为山西省乡镇(街道)工会标兵单位;矿区桥头社区工会联合会被评为山西省基层工会联合会标兵单位。

2010年

1月25日　矿区区域工会联谊会筹备会议召开。

2月23日　矿区区域工会联谊会成立,成为矿区工会发展促进会的前身。

3月　矿区总工会女职工委员会荣获山西省总工会"山西省先进女职工组织"称号。

4月　矿区总工会对40个社区工会组织统一进行换届工作。

5月　矿区区委、区政府召开劳模"双先"表彰大会,评选表彰模范单位12个、劳动模范12人,表彰先进集体34个、先进个人100人。

8月 矿区总工会举行2010年度困难职工子女“金秋助学”活动助学金发放仪式。资助困难职工子女11人，共发放助学金2.84万元。

9月 矿区总工会举办报告会，邀请上海市工会干部管理学院培训中心主任、教授王连祥做题为《国内经济形势和转型时期的工会工作》的报告。矿区四套班子领导和基层工会干部近180人参加报告会。

12月3日 矿区总工会与桥头社区工会联合会联合举办美容美发技能培训班，140余人参加培训。

12月17日 市人大常委会副主任、市总工会主席王振国带领市总工会考核组到矿区就2010年度工会重点工作进行考核。区委副书记姚丽出席汇报会。区人大常委会副主任、区总工会主席史豪强陪同考核。考核组分三组分别到平潭街街道办事处、天利商厦、桥头街道办事处、小南坑小学、秋沟社区、刘家垴社区和区法院，就街道工会工作、非公企业工会工作、女职工工作、“职工书屋”建设、星级职代会建设等内容进行检查。随后，考核组集体听取区总工会的工作汇报，并就矿区总工会今后工作给予指导。

12月 矿区总工会被山西省总工会评为山西省“五五”普法工作先进单位；被山西省总工会评为全省工会帮扶工作“三比三看”竞赛活动先进单位。

12月 中华全国总工会授予阳泉市矿区总工会全国工会系统“五五”普法先进单位称号。

是年 矿区总工会女职工委员会获市妇联“先进基层妇女组织”荣誉称号。

2011年

2月 矿区平潭街街道总工会被评为山西省五星级乡镇(街道)工会和山西省先进集体；矿区平潭街街道总工会主席张贵军被评为山西省“十佳”乡镇(街道)工会主席。

4月 矿区环卫处职工赵泉祥获全国“五一劳动奖章”。矿区平潭街街道东山社区主任荆素俭获山西省“五一劳动奖章”，矿区蓝天科技公司杜志刚、阳泉市桥泰商贸有限责任公司彭桂香分别被山西省劳动竞赛委员会记一等功、二等功。

5月 矿区总工会以“弘扬劳模时代精神，争当科学发展先锋”为主题，开展“工人阶级宣传月”活动，集中宣传报道全国“五一劳动奖章”获得者赵泉祥、山西省“五一劳动奖章”获得者荆素俭的先进事迹。

7月29日 中国广播网发表题为《城市美容师，山城时传祥》的人物通讯，报道山西省特级劳动模范、阳泉市矿区环卫处掏粪工人赵泉祥的先进事迹。

7月 矿区总工会获山西省2011年“工会组建月活动”优胜县(区)总工会称号。

8月23日 矿区总工会举行2011年度困难职工子女“金秋助学”活动助学金发放仪式。资助困难职工子女12人，共发放助学金3.1万元。

9月 矿区总工会召开迎国庆“双先”代表座谈会，全国“五一劳动奖章”获得者赵泉祥、山西省“五一劳动奖章”获得者荆素俭等代表在会上发言。会上，为平潭街街道办事处等10个单位记一等功，为民政局等10个单位记二等功；为彭桂香等10人记一等功，为李兆婷等10人记二等功；授予阳泉市公安局矿区分局巡警大队等20个单位先进集体称号，授予郝爱清等78人先进个人称号。

11月30日 矿区工会发展促进会召开一届一次会议。

12月 矿区赛鱼街道总工会被山西省总工会评为山西省五星级乡镇(街道)工会。

12月 矿区总工会被省总工会、省工商联评为组织开展“关爱员工，实现双赢”活动先进单位。

是年 矿区总工会获全省推进女职工权益保护专项集体合同工作先进单位称号。

2012年

2月 矿区桥头街道总工会被省总工会评为山西省五星级乡镇(街道)工会。

3月 矿区总工会被市总工会评为“阳泉市女职工专项集体合同先进单位”和“阳泉市女职工组织规范化建设先进单位”。

4月23日 矿区区委、区政府召开先进集体、劳动模范表彰大会。授予阳泉市公安局矿区分局等22个单位模范单位称号、仇怀俊等22人劳动模范称号；授予矿区人力资源和社会保障局等36个单位先进集体称号、荆素俭等93人先进个人称号。

6月 矿区总工会经费集中支付中心成立。

7月 矿区总工会开展“送清凉”防暑慰问活动，为奋战在一线的环卫处、建筑工地、绿化工作业处、交警支队一大队的100多名室外高温作业人员送去价值1万余元的防暑降温用品。

7月 矿区总工会获山西省2012年“工会组建月活动”优胜县(区)总工会称号。

8月 矿区总工会举行2012年度困难职工子女“金秋助学”资助金发放仪式。资助困难职工子女11人，共发放助学金3.38万元。

12月 矿区总工会被中华全国总工会授予“全国职工法律援助维权服务示范单位”称号。

是年 矿区总工会获全省工资集体协商“建制扩面提质年”先进单位称号。

2013年

1月29日 矿区小南坑小学校召开工会会员代表大会和教职工代表大会进行换届，矿区总工会组织矿区机关工会、各学校、街道工会负责人70余人组成观摩团现场观摩。市总工会民管部部长侯泉生、区人大常委会副主任、总工会主席史豪强等领导参加观摩会。

1月 矿区总工会主席史豪强获山西省十佳县(区)工会主席称号。

2月1日 矿区总工会召开五届八次全委(扩大)会议，会议补选王永刚、王俊英、张汉东为矿区总工会第五届委员会委员、常委。

3月中旬 矿区总工会女职委在市总工会女职工委员会举办的女职工“提素建功”竞赛成果PPT展示比赛中获二等奖。

3月11日 矿区总工会召开五届九次全委会议，会议补选任叔博为矿区总工会第五届委员会委员、常委、副主席,第四届经费审查委员会委员。

3月 矿区女职工委员会荣获阳泉市女职工“三八”主题宣传教育月活动优秀组织奖。

4月 矿区总工会举办女职工健康卫生知识讲座,邀请陕西省妇幼保健院妇产科副主任医师、教授杨本行主讲,各基层工会女职工160余人聆听讲座。

5月17日 矿区总工会召开第六次代表大会,大会选举产生矿区总工会第六届委员会,史豪强当选为工会主席。

5月21日 经矿区总工会主席办公会议研究,决定将区总工会内设机构调整为:办公室、财务部(经费集中支付中心)、综合一部、综合二部和综合三部。

7月23日 矿区区委政法委书记侯彦军、区人大常委会副主任、区总工会主席史豪强、区政府副区长杨志强带领区总工会工作人员,看望慰问烈日下奋战在第一线的环卫工人、交警职工、长富房地产工地农民工100多人,将防暑用品送到他们手中。

8月26日 矿区总工会举行2013年度困难职工子女“金秋助学”助学金发放仪式。资助困难职工子女15人,共发放助学金3.28万元。

9月24日 矿区总工会举办基层工会干部培训班,邀请市总工会常委、生活保障部部长毛湘宁、市总工会常委、女工部部长葛玉琴、市总工会组织人事部副部长史雪松就工会保障工作、女工工作及基层工会组织工作的相关知识进行培训,各基层工会干部、社会化工会工作者以及区总工会机关全体干部职工共计115人参加培训。

9月27日 矿区总工会召开迎国庆“双先”代表座谈会。会上,为记一等功的10个集体和10名个人,授予先进集体的32个单位和先进个人的88人,颁发荣誉证书。获先进集体、先进个人的8名代表在会上发言。

11月6日 由市人大常委会副主任、总工会主席王振国带队,市总工会副主席、各部部长和各县区总工会主席组成的市总工会典型培育和重点工作进展情况观摩团一行20余人到矿区赛鱼社区、小南坑小学及蔡洼街道社会服务管理中心调研工会工作,详细了解工会组织建设、民主管理等相关工作情况。矿区人大常委会副主任、区总工会主席史豪强参加观摩。

11月 矿区教育系统工会联合会举办矿区第二届中小学教师信息技术应用能力竞赛活动,活动分教育博客展示和利用网络环境备课讲课两个环节,共有41名教师参加。

是年 矿区总工会联合矿区安监局、卫生局开展以“弘扬企业安全文化,加强班组安全管理”为主题的“安康杯”竞赛活动,全区共有80家企事业单位(其中非公企业11家),265个班组参加比赛,参赛人数达1.39万余人。

是年 矿区总工会女职工委员会分别获阳泉市“先进女职工委员会”和2013年度信息工作先进集体奖。

是年 山西省总工会授予矿区沙坪街道总工会、贵石沟街道工会联合会“山西省五星级乡镇(街道)工会”称号。

2014年

3月12日　矿区总工会、区就业指导中心、团区委，在矿区文化广场开展“春风送岗”活动。70余家招聘企业共提供就业岗位500余个，涉及家政服务业、销售管理、电子维修等几十个工种，招聘会共达成意向110余个。

3月　矿区总工会举办“中国梦·劳动美——女职工在行动”主题教育月活动。开展普法宣传、“巾帼风采”座谈会、“社区居民包饺子”联谊、书画摄影比赛、手工制作、棋类、球类、扭秧歌、健美操、跳绳、趣味运动会、美丽女人演讲、“我爱妈妈”主题的演讲、“三八”健康专题讲座、“阳光女性·幸福中国”读书征文、“女职工特病保险”等多项活动。

3月　矿区总工会女职工委员会被阳泉市总工会授予先进女职工委员会。

4月1日　矿区总工会召开六届二次全委（扩大）会议，会议补选张志军为矿区总工会第六届委员会委员。

4月30日　矿区洋嘴巴幼儿园开展“入会宣誓，维权宣讲”活动。

5月9日　矿区区委、区政府召开劳动模范表彰大会。授予矿区人民法院等11个单位模范单位称号、阳泉市公安局矿区分局治安大队等10个单位模范集体称号、侯明华等22人劳动模范称号；授予矿区国税局纳税科等30个单位先进集体称号、党美芳等75人先进个人称号。

5月　矿区总工会女职工委员会在实施“女职工健康工程”工作中成绩显著荣获优秀组织奖。

6月19日　矿区总工会举办“依法维权年”工资集体协商专职指导员培训班，邀请市总工会法工部部长王有生，区总工会原常务副主席、区工资集体协商专职指导员胡朴来作专题辅导。会上，矿区人大常委会副主任、区总工会主席史豪强为6名基层工会主席颁发工资集体协商专职指导员聘任书。

8月　矿区总工会举行“金秋助学”助学金发放仪式，为16名困难职工子女发放助学金2.32万元。

9月24日　矿区总工会女职工部举办工会女职工干部培训班。

9月　矿区总工会与区文体局、区直机关工委联合举办矿区“迎国庆”机关职工篮球比赛，共有16支篮球队参加比赛。

10月21日　市总工会第二督查组对矿区“依法维权年”行动和典型培育选树工作进行督查。市总工会党组副书记、常务副主席杨日祥，市总工会党组成员、副主席张建军，矿区人大常委会副主任、总工会主席史豪强及各县（区）总工会负责人、市总工会相关部门负责人参加督查。督查组到平潭街街道东山社区、洋嘴巴幼儿园和红岭湾小学，通过听取汇报、查阅资料、现场观摩等方式，对集体合同签订、困难职工帮扶、星级工会创建和典型培育选树等工作进行督查和指导，在对基层工会工作中的亮点给予高度评价的同时对工会工作提出具体要求。

11月7日　矿区工会发展促进会召开一届四次会议，矿区人大常委会副主任、总工会主席、发展促进会常务副会长史豪强，阳煤集团工会副主席、发展促进会副会长孟德玉等工会发展促进会各成员单位领导参加会议。会议听取矿区工会发展促进会2014年工作报告，对矿区工会发展促进会主办的践行中国共产党群众路线教育百题知识竞赛活动的优秀单位和个人进行表彰。

11月13日 矿区总工会在平潭街街道东社区举办《山西省企业工资集体协商条例》培训班。邀请市总工会法工部部长王有生主讲，各基层工会主席、副主席和社区工会主席及女职工干部共50余人参加。

11月 矿区总工会开展冬季“送温暖、献爱心”捐助活动，各基层工会共71个单位募捐“爱心衣物”1712件，以帮助困难职工群众温暖过冬。

12月 矿区蔡洼街道工会联合会被省总工会评为山西省五星级乡镇（街道）工会。

是年 矿区总工会女职工委员会在信息工作中，获市先进集体称号；矿区总工会女职工部在2014年度女职工工作目标管理考核中，获市优秀单位称号；在2014年度“三八”书香读书活动中，获市优秀组织单位称号。

第一编　组织机构

1982年4月，阳泉市矿区工会筹备组成立，开始组织工会活动，并着手在区直企业中筹建工会组织。1983年2月，矿区工会第一次代表大会召开，选举产生矿区第一届工会委员会。1984年，根据山西省总工会《关于在城镇集体企业、事业单位建立工会组织的通知》精神，开始在街道企业和事业单位建立工会组织，到1987年，全区共建立基层工会组织15个，发展会员1456人，占到职工总数的85%以上。1987年7月，经阳泉市总工会批准，阳泉市矿区工会改称为阳泉市矿区总工会。1987年7月，在矿区工会召开的第二次代表大会上，选举产生矿区工会第一届经费审查委员会。1990年11月，矿区总工会第一届女职工委员会成立。截至2014年，矿区总工会组织机构不断健全和完善，内设职能部门为一室四部，即办公室、财务部、综合一部、综合二部和综合三部，以及1个直属事业单位困难职工帮扶中心，为全区工会工作的开展奠定组织基础。

矿区总工会根据《中华人民共和国工会法》和《中国工会章程》中关于“县级以上工会代表大会，每五年召开一次”的规定，在1983年至2014年间，分别于1983年2月、1987年7月、1992年6月、1998年12月、2006年11月、2013年5月先后共召开6次工会代表大会，全面回顾总结前一阶段工作，提出下一阶段目标任务，并通过重要决议，决定中心工作，为完成每一个历史时期的工作任务，明确目标，制定措施。

第一章 机构沿革

从1982年4月矿区工会筹备组成立至2014年12月,矿区总工会共选举产生六届委员会。30多年来,矿区工会组织机构不断发展和完善,为全区工运事业和工会工作的开展提供组织保障。

第一节 概况

一、矿区工会的筹备和成立

1980年9月1日,阳泉市矿区人民政府成立。到1982年4月,矿区区委决定,并经阳泉市总工会批准成立矿区工会筹备领导组,着手筹建矿区工会组织。

矿区工会筹备领导组,经过一年的筹备工作,分别在区属弹簧厂、钢木制品厂、电机厂建立工会筹备小组,按《中国工会章程》规定,发展会员,恢复因隶属关系改变而停顿的矿区平潭街小学工会的活动。而后在上述4个单位分别召开会员大会,先后选举产生基层工会委员会,发展会员259名。在此基础上,由矿区区委领导、矿区工会筹备领导组于1983年2月3日~4日,召开阳泉市矿区工会第一次会员代表大会,出席大会正式代表56人,其中,女代表42人。大会听取和审议矿区工会筹备领导组《加强工会建设,团结全区职工,为开创矿区社会主义现代化建设新局面做贡献》的工作报告;选举产生矿区第一届工会委员会,委员会由5名委员(其中,女委员2名)组成,郭佐荣当选为工会主席。

矿区工会机关工作人员编制4人,办公地址设在阳泉市北大西街矿区人民政府一号办公楼。

二、矿区总工会的成立

1987年7月8日~9日,矿区工会召开第二次会员代表大会,选举产生第二届矿区工会委员会,陶河川当选为工会主席。1987年7月14日,经阳泉市总工会批准,阳泉市矿区工会委员会改称为阳泉市矿区总工会委员会。

第二节 内设机构

一、沿革

1983年矿区工会成立后,内设机构有办公室、财务室,并设立工会经费专户。1987年,根据工作分工,设立二室一部,即办公室、财务室、妇女工作部。2004年,增设直属单位矿区特困职工援助中心。2006 年，调整内设机构为：办公室、女工部、财务部和直属事业单位矿区特困职工援助中心（2009 年改为矿区困难职工帮扶中心）。2012 年 6 月，成立矿区总工会经费集中支付中心。2013 年 5 月，内设机构重新调整为一室四部，即办公室、财务部、综合一部、综合二部、综合三部，以及 1 个直属事业单位矿区困难职工帮扶中心。

二、工作职责

（一）办公室

主任：徐双；成员：王雁芳、靳建军、郗春芳（女）。

主要工作职责：负责文秘、档案、保密和信息等工作。各种会议、活动的安排、组织工作；起草文件及各种文字材料；综合反映区总工会工作和职工队伍的重要情况、动态和信息；及时完成区委办公室、区政府办公室及市总工会办公室交办的各项工作任务。

（二）财务部

部长：史锦丽（女）；成员：赵星（女）、李光娟（女）。

主要工作职责：负责指导基层工会开展财务管理；负责工会经费的收缴和上解，管理区总工会本级经费和工会资产；负责组织工会经费收支预算、决算编审工作；及时完成市总工会、区总工会交办的各项工作任务。

（三）综合一部

部长：李晓燕（女）；成员：黄萍萍（女）。

主要工作职责：负责组织建设、女职工工作、生活保障，以及困难职工帮扶等工作。指导基层工会组织建设，负责各级先进工会组织、优秀工会工作者及“职工之家”推荐、评选、表彰管理工作；组织女职工“关爱行动”，建立健全服务女职工长效机制，不断推动女职工工作创新发展；做好全区困难职工调查、摸底、建档工作，加强困难职工帮扶中心建设；对困难职工实施生活、医疗、子女入学、就业、法律援助；指导基层工会困难职工帮扶工作；按照有关规定，为困难职工提供生活救助、应急救助、助学帮扶、工伤探视、职业介绍、职业培训、法律援助、信访调处等；及时完成市总工会、区总工会交办的各项工作任务。

（四）综合二部

部长：张秋祥；成员：石华（女）。

主要工作职责：负责组织和指导基层工会开展劳动竞赛和“安康杯”竞赛工作；做好各级劳动模范和“五一劳动奖章”“五一劳动奖状”的推荐、评选和管理工作；不断提高企务公开、职代会建制率；推进企务公开民主管理制度化、规范化建设；发挥企务公开民主管理工作在协调关系、化解矛盾、促进和谐中的重要作用；加强对辖区各类企业、各区域、各行业的工资集体协商工作的指导；全面指导全区非公经济组织的工会工作；及时完成市总工会、区总工会交办的各项工作任务。

（五）综合三部

部长：李涛；成员：杨洁（女）。

主要工作职责:负责宣教、文体、经费审查、新闻办、后勤保障等工作;指导基层工会抓好职工思想政治工作;制定和组织有影响力的宣传、文体活动;负责落实工会报刊的订阅工作及职工法制宣传教育工作;搞好职工书屋建设;及时完成市总工会、区总工会交办的各项工作任务。

第三节　中共矿区工青妇联合支部委员会

一、概况

矿区总工会、共青团矿区委员会、妇女联合会联合党支部(简称工青妇联合党支部)成立于 1987 年 11 月 12 日,隶属于矿区区直机关工委。第一届支部委员会由刘春玲、阎昌、郝明达 3 人组成,刘春玲任党支部书记。1993 年 11 月 10 日,联合党支部召开支部大会,选举王庭兰为第二届党支部书记。2003 年 8 月,史豪强任第三届党支部书记,王庭兰任组织委员,王颖任宣传委员。2008 年 3 月,王庭兰当选第四届党支部书记,王颖任组织委员,胡朴来任宣传委员。2010 年 8 月,选举胡朴来任第五届党支部书记,阎宏荣任组织委员,高运晨任宣传委员。2013 年 6 月,阎宏荣当选第六届党支部书记,高运晨任组织委员,张红梅任宣传委员。到 2014 年 12 月,联合党支部共有党员 11 人,其中,女党员 6 人。

二、主要工作

工青妇党支部成立后,经常组织党员认真学习中国共产党的路线、方针、政策,努力提高党员和干部职工的政治素质,使党员在各项工会工作中起到模范带头作用,积极培养和吸纳新党员,不断增强党支部的战斗力和凝聚力。

2000 年以前,联合党支部组织的活动主要有:1987 年,学习贯彻中共十三大会议精神,组织党员开展坚持四项基本原则,反对资产阶级自由化的政治教育活动。1989 年春夏之交,学习和宣传《人民日报》的《必须旗帜鲜明地反对动乱》和《维护大局,维护稳定》两篇社论,在行动上和中共中央保持一致。1992 年,学习贯彻中共十四大会议精神。1997 年,学习贯彻中共十五大会议精神。

2000 年,开展“讲学习、讲政治、讲正气”三讲教育活动;同年,开展“三个代表”重要思想学习和教育活动。2001 年,组织开展党的作风建设调研活动。2002 年,学习贯彻党的十六大会议精神。2005 年,开展“保持共产党员先进性”教育活动,党支部制定了《开展“保持共产党员先进性”教育活动方案》,认真学习中共中央总书记胡锦涛提出的保持共产党员先进性六个方面的基本要求,教育党员要深化认识,统一思想,时刻保持共产党员先进性。2007 年,开展学习贯彻中共十七大会议精神,组织党员干部开展“作风建设年、狠抓落实年”活动;培养和发展 1 名入党积极分子加入党组织。2008 年,新发展党员 1 人。2009 年,开展深入学习实践科学发展观活动,制定《学习科学发展观实践活动实施意见》;吸纳 1 名入党积极分子加入党组织。2010 年,开展“创先争优”活动。2011 年,组织党员开展“长富杯”演讲比赛活动;开展进社区“六个一”

活动；开展全区纪律整顿集中教育月活动。2012 年，组织党员开展保持党的纯洁性教育活动。2013 年，组织党员学习贯彻中共十八大会议精神，开展党的群众路线教育实践活动；培养和吸纳 1 人加入党组织。2014 年，参加全区第二批党的群众路线教育实践活动，通过支部集中学习与自学结合的方式，学习中共十八大会议精神、中共中央总书记习近平系列讲话精神和省委、市委的有关规定；观看《周恩来的四个昼夜》等廉政建设系列教育专题片，撰写心得体会 6 篇。活动期间，深入基层调研 6 次，召开座谈会 4 次，参加人数共计 40 余人次，征求意见建议 18 条，上报各类简报信息 9 期。通过开展活动，"四风"问题得到明显遏制，全体党员干部自律意识得到明显增强，自觉遵守各项规定，自觉纠正和规范在用车、住房、接待、福利待遇等方面行为。

矿区工青妇联合党支部不断加强中国共产党的思想建设、组织建设、作风建设和廉政建设，充分发挥基层党组织的战斗堡垒作用和党员的先锋模范作用。2014 年，被评为矿区先进基层党组织。

第四节　矿区困难职工帮扶中心

一、概况

2004 年 6 月 3 日，经矿区区委、区政府批准，区编委批复成立矿区特困职工援助中心，隶属于矿区总工会，为全额事业单位，编制 4 人（其中主任定为副科级）。办公地址设在矿区桃北中街西河口。

2004 年 5 月，矿区政府与矿区总工会召开第二次联席会议，区政府按照市政府办公厅阳政发（2002）94 号文件的要求，对区援助中心工作予以高度重视，提供 50 平米的援助中心大厅和办公场所，拨付 2 万元作为援助中心专项经费。从 2004 年起，区财政每年为援助中心预算安排专项经费 2 万元，并以此为基数，按每年 20%的比例逐年增长。

2009 年，根据山西省总工会《关于统一全省工会帮扶中心名称的通知》（晋工发〔2009〕67 号）精神，经矿区编制委员会 2009 年 10 月 19 日会议研究决定，将"阳泉市矿区特困职工援助中心"正式更名为"阳泉市矿区困难职工帮扶中心"。

2009 年 1 月，矿区举行"阳泉市矿区困难职工帮扶中心"揭牌仪式

2014 年，矿区困难职工帮扶中心有在编工作人员 7 人。内设信访接待、生活救

助、法律援助、就业帮扶、大病互助、金秋助学等 8 类工作的 4 个服务窗口。2008 年 12 月，被山西省总工会评为“五星级困难职工帮扶中心”。

2014 年，矿区有困难职工 1124 人。所有困难职工基本情况全部录入全国总工会困难职工帮扶系统，做到随时更新、随时调整，实行动态化管理。建立健全三级网络立体帮扶体系。矿区 6 个街道工会都相应建立困难职工帮扶站，40 个社区工会建立困难职工帮扶点，完善的三级网络立体帮扶体系，实现矿区职工小困难不出社区，大困难联合帮扶的新型帮扶模式。

二、主要工作

困难职工帮扶中心的主要工作有 5 项。即信访接待、法律援助、生活救助、就业帮扶、职工大病医疗互助。

（一）信访接待工作：1.困难职工来信来访，做到热情接待，耐心服务，细心解答，尽心办理。2.对来信来访情况进行登记档案管理，及时联系相关部门了解落实处理。3.热情服务与坚持原则相结合，倾听意见与宣传政策相结合，解决问题与思想疏导相结合。4.建立信访联系、通报、督办制度，对困难职工来信来访登记、上级转办信访等事项，要协调、督促有关部门解决，做到件件有落实，事事有回音。5.接待集体上访，耐心倾听职工代表反映意见，做好政策解释和疏导工作，同时报告领导和上级部门防止事态扩大。6.严格执行信访条例有关规定，对困难职工举报、控告的内容要严格保守秘密。

（二）法律援助工作：1.负责困难职工提出的法律、法规、政策解释，做到准确无误。2.宣传有关涉及困难职工切身利益的相关法律、法规、政策、规定，引导困难职工依法行事。3.对下岗失业、困难职工因工资、福利、养老金、最低生活保障金、抚恤金、医疗待遇、工伤待遇、劳动保护发生的劳动争议给予法律援助咨询。4.帮助困难职工实施劳动仲裁、法律诉讼。5.劳动争议案件的调解、仲裁、诉讼或其他诉讼案件，受困难职工的委托，担当代理人。

（三）生活救助工作：1.对下岗、失业、经济性裁员、放长假的困难职工，按有关规定上报的困难职工，在进行调查、了解、审核后，符合条件的给予一次性生活救助。2.因家庭遭遇意外灾害、患大病生活极度困难造成子女上学难的，市级以上劳模、享受政府津贴的困难职工，认真予以调查落实后给予一次性救助。3.对有劳动能力的而又无岗位的困难职工，在帮扶中心审核后，给予一次性物质救助，帮助其再就业。4.建立健全困难职工电子档案，实行动态管理，做到对困难职工了如指掌。5.救助困难职工的各项资金，严格按照程序审批办理。

（四）就业帮助工作：1.建立健全全市各类企事业用工信息库，免费为下岗失业人员、农民工、大中专毕业生、困难职工咨询服务。2.深入全市各类用人单位，寻求更多就业岗位，并经常发布用工信息，供下岗失业人员、困难职工选择。3.坚持求职职工登记制度。凡下岗失业人员、困难职工寻求就业岗位时，应及时进行登记，并提供用工信息，如一时无岗位，待有岗位时及时予以联系。4.优先帮助市级以上困难劳模、享受政府津贴的困难专业人员寻求再就业岗位。5.积极引导下岗失业人员、困难职工转变择业观念，选择多渠道就业方式，鼓励他们把自主择业和政府促进就业有机结合起来。

（五）职工大病医疗互助工作：1.积极组织、动员职工参加大病医疗互助、耐心解释有关补偿比例规定和实施细则。2.负责全区互助金的收缴。3.负责职工大病医疗互助的登记、审批。4.严格执行帮扶中心的各项规章制度。

第五节　矿区工会发展促进会

一、概况

阳泉市矿区工会发展促进会的前身是阳泉市矿区区域工会联谊会，为社团组织。2010 年 1 月 25 日，召开筹备组成员工作会议，讨论拟定《阳泉市矿区区域工会联谊会章程》，并通过成立阳泉市矿区区域工会联谊会组织机构、成员单位、召开成立会议时间以及有关事宜。于 2 月 23 日，联谊会召开一届一次会议。2011 年 7 月，经区民政部门审核批准，确定将原阳泉市矿区区域工会联谊会正式更名为阳泉市矿区工会发展促进会，并于 11 月 30 日，召开一届一次会议。

工会发展促进会的主要任务是：集思广益研究和提出解决矿区区域企业（事业）单位在推进"转型发展、安全发展、和谐发展"中的对策和措施；研究探索在新形势下工运事业的重大课题，增进各基层工会组织的团结协作。

工会发展促进会由多个基层工会包括驻区单位工会和区属工会的 57 个工会组织组成。设有名誉会长 1 人，顾问 2 人，会长 1 人，第一副会长 1 人，常务副会长 1 人，副会长若干人。下设有秘书处，设秘书长 1 人，副秘书长若干人，由秘书处具体负责安排和落实全年工作任务。

2010 年 2 月 23 日，矿区区域工会联谊会召开一届一次会议，讨论通过《章程》和《选举办法》；选举矿区区委副书记姚丽为名誉会长，阳泉市总工会副主席、阳煤集团总工会主席王炳俊为会长，矿区人大常委会副主任、总工会主席史豪强为常务副会长，阳煤集团工会副主席王自学，矿区总工会常务副主席胡朴来，阳煤集团二矿工会主席陆海空，阳泉市自来水公司纪检书记、工会主席李国辉为副会长，胡朴来兼任秘书长。

2011 年 11 月 30 日，矿区工会发展促进会召开工作会议

2011 年 11 月 30 日，矿区工会发展促进会召开一届一次会议，会议选举矿区区委副书记郭爱聪为名誉会长；阳煤集团副董事长、总经理张巨海，阳泉市总工会党组成员、市文化宫主任马文林为顾问；阳煤集团寿阳分公司党组书记王炳俊为会长；阳泉市总工会副主席、阳煤集团工会主席张建起为第一副会长；矿区人大常委会副主任、区总工会主席

史豪强为常务副会长；阳煤集团工会副主席张新民、阳煤集团工会副主席孟德玉、阳煤集团工会副主席张秀云、矿区总工会常务副主席胡朴来、矿区总工会副主席张红梅、阳泉市自来水公司纪检书记、工会主席李国辉为副会长；胡朴来为秘书长。会议总结2010年和2011年所做的各项工作。2012年11月6日，召开矿区工会发展促进会一届二次会议，会议总结2012年所做的各项工作；表彰为迎接中共十八大胜利召开所征集的优秀论文获奖者，其中一等奖2篇、二等奖3篇、三等奖5篇、鼓励奖20篇。2013年12月26日，召开矿区工会发展促进会一届三次会议，会议总结2013年所做的各项工作；表彰开展首届美术、书法、摄影作品展的优秀作品，其中有五佳美术作品、十佳书法作品、十佳摄影作品、十佳优秀组织成员单位。2014年11月7日，召开矿区工会发展促进会一届四次会议，会议总结2014年所做的各项工作；表彰开展践行中国共产党群众路线教育实践活动百题知识竞赛活动优胜者，一等奖、二等奖、三等奖各1人。

二、主要工作

2010年3月~4月，工会发展促进会到38个成员单位开展调研。9月26日，举办各成员单位工会主席培训班，邀请上海市总工会教授王连祥主讲《新时期工会工作论坛》，有150余人参加培训学习，同时，购买100册由教授王连祥撰写的著作《走进工会》，发放给各成员单位工会主席。10月中旬，组织部分成员单位进行为期10天外出考察学习，先后到桂林、玉林、凭祥，参观广西柳林集团和在玉林举办的中国第七届中小企业商机博览会。10月~11月，工会发展促进会秘书处深入到阳煤集团晋南公司、晋东公司、寿阳公司及一矿、二矿、三矿、五矿等地就企业在岗职工要求达到国家要求学历的培训情况进行调查。

2012年2月中旬，工会发展促进会下发举办“迎接中国共产党十八大胜利召开”主题论文征集活动通知，截至9月底，共收到论文30余篇，经评委评审，评出一等奖2篇、二等奖3篇、三等奖5篇，并在《新矿区》报纸刊登。6月~11月，深入基层工会5次走访联谊70人次。

2013年3月，工会发展促进会举办首届职工美术、书法、摄影作品展活动，历时5个月完成，9月25日~29日，在区政府1号楼6楼大会议室举办展出活动，随后经评选，选出五佳集体作品、十佳书法作品、十佳摄影作品进行表彰。11月，工会发展促进会由常务副会长、矿区总工会主席史豪强带队，深入到阳煤集团晋南公司进行考察调研。

2014年，开展践行中国共产党群众路线教育实践活动百题知识竞赛活动。5月9日《新矿区》报纸刊登知识竞赛题，截至6月30日，共有39个成员单位的172名工会主席和工会干部参加答题活动，经阅审评选，表彰优秀个人一等奖10人、二等奖10人、三等奖10人和优秀组织单位10个。

第二章 会情简况

会情简况概要记述矿区工会历次会员代表大会召开情况，包括历次工会会员代表大会、历届总工会委员会和历届总工会常委会概况。

第一节 会员代表大会

一、第一次会员代表大会

(一)概况

1983 年 2 月 3 日～4 日，召开第一次会员代表大会。出席会议正式代表 56 人，其中，女代表 42 人。会议听取和审议矿区工会筹备领导组的《加强工会建设，团结全区职工，为开创矿区社会主义现代化建设新局面做贡献》的工作报告；采取等额选举办法，以无记名投票方式，选举产生矿区第一届工会委员会。

(二)第一届会员代表

代表 56 人(其中，女代表 42 人)

第一代表团(弹簧厂工会 28 人)

团　长：宋天有

副团长：高素金

成　员：李希英(女)　李春蕊(女)　官桂林(女)　尹美莲(女)
王建林(女)　王春兰(女)　朱素芬(女)　许富娥(女)
康秀芳(女)　魏淑春(女)　王庆芳(女)　岳新芳
张转梅(女)　赵风英(女)　赵　薇(女)　李金兰(女)
秦春岭　韩兴荣(女)　张玉明　王艾林(女)
冀玉连(女)　杨翠英(女)　崔　红(女)　翟秀兰(女)
刘阜瑞(女)　郭佐荣

列席代表：阎占胜　曹喜鱼

第二代表团(钢木制品厂工会 12 人)

团　长：许海林

副团长：谷桂珍(女)

成　员：张清萍(女)　徐菊花(女)　郭俊萍(女)　赵荣珍(女)
张国玉(女)　张清亮　张泉生　王翠英(女)
王忠梅(女)　荆玉兰(女)

列席代表：张其海　　李寿增　　王守纲　　温存寿

第三代表团（五金电机修理厂工会、平潭街小学工会 16 人）

团　长：孙瑞芳（女）

副团长：米秀莲（女）

成　员：穆翠娥（女）　赵贵云　李风喜　赵久明
张春花（女）　李乃仁　贾常义　薛素琴（女）
王庭兰（女）　潘成林　树　英（女）　阎荣花（女）
贾素珍（女）　毕月茹（女）

列席代表：王振林　　史亨礼　　班　瑜　　梁怀玉

二、第二次会员代表大会

（一）概况

1987 年 7 月 8 日 ~ 9 日，召开第二次会员代表大会。出席会议代表 81 人，其中，女代表 49 人。矿区区委、区人大、区政府、区政协、区纪检委、区人武部领导出席会议，市总工会领导、城区总工会领导和阳泉矿务局工会负责人到会祝贺。会议听取和审议陶河川代表矿区工会第一届委员会所做的题为《全区工人阶级动员起来，为四化立功，当改革主力，为建设安定团结文明优美的新矿区而奋斗》的工作报告，并做出相应决议；听取和审议矿区工会第一届委员会所做的《关于财务工作的报告》；采取等额选举办法，以无记名投票方式，选举产生矿区工会第二届委员会和矿区工会第一届经费审查委员会，新产生的第二届委员会和第一届经费审查委员会并分别召开第一次会议，选举产生第二届委员会常委 5 人、主席 1 人、副主席 1 人，以及经费审查委员会主任 1 人。

（二）第二届会员代表

代表 81 人（其中女代表 49 人）

第一代表团（17 人）

团　长：荆根红

副团长：赵联庆

成　员：赵文平　高　智　巨艾仙（女）　高计荣（女）
韩　伟　王素平（女）　王文彦　戎瑞银（女）
王吉祥（女）　王英磊　霍根银　郑世英（女）
赵桃莲（女）　赵　龙　刘明华

第二代表团（16 人）

团　长：王千锁

副团长：刘计花（女）

成　员：王捧秀（女）　赵来鱼（女）　闫爱莲（女）　侯焕英（女）
任福梅（女）　王翠英（女）　周俊华　曹玉莲（女）
张艾荣（女）　武秀忠（女）　胡杏琴（女）　王风君（女）

王振林　高捧清(女)

第三代表团(17 人)

团　长:李和平

副团长:王艾珍(女)

成　员:王俊明(女)　王怀新　李　林　刘栓良
郭荣升　荆喜生　张喜荣　李智仙(女)
陶河川　马　成　康继成　龙海燕(女)
吴秀荣　李素花(女)　牛淑萍(女)

第四代表团(15 人)

团　长:李琪敏

副团长:王玉昌

成　员:阎润娥(女)　张爱生(女)　赵久明　李风英(女)
张忠彬(女)　陈忠俭　马晋一　杨建萍(女)
郝明达　刘素华(女)　王庭兰(女)　牛莲芝(女)
吴素田

第五代表团(16 人)

团　长:张全福

副团长:魏淑春(女)

成　员:宋米惠(女)　王福珍(女)　杨银祥　王庆芳(女)
张素琴(女)　赵秋梅(女)　荆桂莲(女)　梁永芳(女)
毕映兰(女)　孟秀英(女)　宋秀兰(女)　赵桂芳(女)
王淑华(女)　曹新英(女)

三、第三次会员代表大会

(一)概况

1992 年 6 月 29 日 ~ 30 日，召开第三次会员代表大会。出席大会正式代表 100 人,其中。女代表 52 人,特邀代表 13 人、列席代表 14 人。矿区区委、区人大、区政府、区政协、区纪检委和区人武部负责人出席会议。大会讨论通过工会主席陶河川代表矿区总工会第二届委员会所做的题为《贯彻党的方针,依据法律精神,动员全区职工,争当改革主人,为繁荣矿区经济、实现“八五”计划而努力奋斗》的工作报告和财务工作报告;选举产生矿区总工会第三届委员会和第二届经费审查委员会。新选出的第三届委员会举行第一次会议,选举产生常委 7 人、主席 1 人、副主席 1 人。新选出的经费审查委员会,选出主任 1 人。

(二)第三届会员代表(100 人)

第一代表团(21 人)

团　长:单贵明

副团长:夏先贵

成　员:荆风梅(女)　李峰山　荆喜生　张素芝(女)
王素芬(女)　李智仙(女)　张海林　郭拉梅(女)
冯玉瑾　李秀花(女)　王素花(女)　高建平
贾巧生(女)　张茂荣(女)　李秀海　岳新芳(女)
梁志书(女)　牛淑萍(女)　许素珍(女)
列席代表:单永贵　魏淑春(女)　杨翠竹(女)　王玉昌
王爱珍(女)　韩清英(女)
特邀代表:栾进喜　王千牛　王保忠
第二代表团(20人)
团　长:乔仁计
副团长:王千锁
成　员:王晓燕(女)　刘玉林(女)　王彦林(女)　李佩仙(女)
周色珍(女)　祁英芝(女)　王翠英(女)　贺小青(女)
刘计花(女)　孙春荣(女)　田常红(女)　智志伟(女)
康翠英(女)　王捧秀(女)　宋桂英(女)　王秀玲(女)
关志萍(女)　潘玉莲(女)
列席代表:孟秀英(女)　张永琴(女)
特邀代表:郝明达　薛金龙
第三代表团(20人)
团　长:张　龙
副团长:李和平　荆根红
成　员:高英凤(女)　董和平　王　霞(女)　任美玲(女)
彭桂香(女)　王建忠　王文彦　张　亮
胡秀莲(女)　康喜存(女)　王巨平　赵秀卿(女)
高千红(女)　郭梅香(女)　王秀兰(女)　黄栓计(女)
高丽萍(女)
列席代表:翟爱华(女)　李琪敏
特邀代表:武秀忠(女)　梁月亮　张全福
第四代表团(17人)
团　长:段俊富
副团长:张海珠　张德鹏
成　员:梁富印　李健全　张光建　高宝忠
陈京楼　陶河川　张加贞　郭沛霖
邓俊华　阎思水　周荷莲(女)　李变玲(女)
孙忠义　杨述民
列席代表:姚忠信　王银堂
特邀代表:赵联庆　孙爱重

第五代表团(22人)

团　长:梁兰芳(女)

副团长:王珍林

成　员:王庭兰(女)　马　成　兰凤琴(女)　康银柱
王家骥　姚炳煜　张金良　刘华玲(女)
韩守国　刘　恒　张秉寿　王晋杰(女)
任建平　王计平　王保和　刘希英(女)
吴守恩　徐金善(女)　刘锦萍　任文祥

列席代表:毕映兰(女)　赵素英(女)

特邀代表:荆玉堂　李秉成　杨玉珍(女)

四、第四次会员代表大会

(一)概况

1998年12月14日~15日,第四次会员代表大会召开。市总工会,区委、区人大、区政府、区政协、区纪委的领导及阳煤集团工会主席,盂县、平定、郊区、城区、开发区工会的领导均出席大会开幕式。出席大会正式代表100人,特邀代表18人,列席代表11人。实到正式代表92人,特邀代表18人,列席代表11人。会议审议并通过贾启福代表矿区总工会第三届委员会所做的《高举邓小平理论伟大旗帜,落实全国总工会十三大精神,努力开创矿区工会工作的新局面》工作报告,审议并通过矿区总工会经费审查工作报告和财务工作报告;选举产生矿区总工会第四届委员会和第三届经费审查委员会。新选举的工会第四届委员会举行第一次会议,选举产生常委7人、主席1人、副主席1人。新选出的第三届经费审查委员会,选举主任1人。

(二)第四届会员代表(100人)

第一代表团(平潭街、贵石沟、弹簧厂、得必发饮料厂、经贸公司、电器厂、聚丰贸易公司代表20人,其中,女代表13人)

团　长:唐晓东

副团长:冯玉瑾　李新宇

成　员:陶河川　刘　宏(女)　王素芬(女)　荆凤梅(女)
刘丽萍(女)　荆桂莲(女)　张海林　冯兰芳(女)
赵　青　胡亚萍(女)　姚庆芳(女)　毕秀花(女)
张秀菊(女)　张　莉(女)　王　华(女)　耿　林
赵桃莲(女)

特邀代表:韩玉龙　吴爱民　宋坤亮　王　泉

列席代表:陈宝庆　杨宝生

第二代表团(沙坪、赛鱼、钢木厂、华夏公司、矿灯厂、保安公司代表20人,其中,女代表14人)

团　长:马　成

副团长:李志清　徐建社

成　员:赵振华　周色珍(女)　孙彦玲(女)　王彦玲(女)

黄喜江　张焕青(女)　杨莲香(女)　周拉弟(女)

武凤萍(女)　薛秀英(女)　郑彦珍　潘继林(女)

吕慧芳(女)　佘锁梅(女)　郭梅香(女)　贾巧生(女)

王翠英(女)

特邀代表:白瑞斌　康银柱　刘计花(女)

列席代表:张全福　李贵宝　王贵平

第三代表团(桥头、蔡洼、钢窗厂、环卫处、房地产公司代表 20 人,其中,女代表 6 人)

团　长:张惠英(女)

副团长:张海斌

成　员:陈树民　武春文　贾启福　贾金明

梁玉英(女)　王　军　高玉娟(女)　张少华

史俊梅(女)　王文彦　李建英(女)　张金花(女)

杨述民　赵泉祥　孙益平　高　贵

李小军　杨云峰

特邀代表:唐　鲁　王前进　高海明

列席代表:贾　录　张德鹏

第四代表团(区直机关、地税局、国税局、计生委代表 20 人,其中,女代表 10 人)

团　长:高秀英(女)

副团长:仇惠琴(女)

成　员:王文明　王生荣　王晓萍(女)　兰凤琴(女)

冯丽花(女)　任建平　刘　恒　李晓燕(女)

陈桂萍(女)　张金良　张贵平(女)　梁振文

姚炳煜　蒋文平　张光建　田卫东

马锦绣(女)　刘华玲(女)

特邀代表:娄志华(女)　朱俊英(女)　贾希平　荆荀祥

列席代表:曹万北　任建民

第五代表团(检察院、法院、司法局、卫生局、建管局、包装厂、工商局、中学、小学、幼儿园、教委代表 20 人,其中,女代表 7 人)

团　长:王银堂

副团长:阎思水　韩守国

成　员:郭沛霖　冯敦江　张存久　杨子华

孙忠义　冯先云(女)　王治文　王秀兰(女)

高宝忠　李彩云(女)　鄯爱德　张素芳(女)

任春娥(女) 张素林 赵素英(女) 徐金善(女)
杨明生

特邀代表:王庭兰(女) 刘林珍 贾常义 张继寿

列席代表:史豪强 胡 雪

五、第五次会员代表大会

(一)概况

2006 年 11 月 17 日,第五次会员代表大会召开。市总工会,区委、区人大、区政府、区政协、区纪委的领导及阳煤集团工会主席,盂县、平定、郊区、城区、开发区工会的领导均出席大会开幕式。出席大会代表 120 人,其中,女职工代表 60 人。大会审议并通过矿区总工会主席史豪强代表第四届委员会所做的《扩大覆盖面,增强凝聚力,为构建和谐矿区努力奋斗》工作报告,审议通过经费审查工作报告和财务工作报告;选举产生矿区总工会第五届委员会和第四届经费审查委员会。新产生的第五届委员会召开第一次会议,选举产生常委 9 人、主席 1 人、常务副主席 1 人、副主席 1 人;新选出的第四届经费审查委员会选出主任 1 人。

(二)第五届会员代表(正式代表 120 人,其中女代表 60 人,列席代表 10 人)

第一代表团(沙坪、赛鱼、桥头正式代表 22 人,其中,女代表 11 人,列席人员 2 人)

召集人:韩瑞辉 邓小琴(女) 郝 毅

成 员:王晓燕(女) 宇志红(女) 杨瑞雪(女) 谢爱青(女)
侯明非 王瑞芳(女) 王建萍(女) 崔保成
余锁梅(女) 李素青(女) 李玉宏 徐建社
史忠庆 李秀红(女) 王文彦 彭桂香(女)
王玉龙 涂庆福 胡朴来

列席代表:弓 萍(女) 周旭明

第二代表团(平潭街、蔡洼、贵石沟正式代表 26 人,其中,女代表 17 人,列席人员 2 人)

召集人:李志清 杨翠萍(女) 刘新桥

成 员:向永碧(女) 李晓东 李丽清(女) 郝翠萍(女)
周慧军(女) 王香云(女) 穆小静(女) 张志荃(女)
郭福兰(女) 李竞枝(女) 白雪松 陆纯亮
黄拴计(女) 魏爱萍(女) 张 治 程占军
董月英(女) 刘姝红(女) 王 军 武玉清(女)
赵怀香(女) 王存华(女) 梁振文

列席人员:张卫东 杨宏涛

第三代表团(区直机关、政法系统正式代表 21 人,其中,女代表 10 人,列席人员 2 人)

召集人:翟爱华(女) 吴学华 王彦刚

成　员：张素仙(女)　赵振华　毋维民　张金良
安德茂　王　卓　张宏亮　李彦华
杨连香(女)　张慧珠(女)　张贵平(女)　王俊英(女)
周桂琴(女)　檀秀川(女)　张小英(女)　韩彤春
蒋文平　王海丽(女)

列席人员：曹万北　王千锁

第四代表团(教育系统正式代表 29 人,其中,女代表 11 人,列席人员 2 人)

召集人：杨明生　吕翰林　李宝德

成　员：陈民书　陈喜修　郭秀玲(女)　常先梅(女)
李俊芳(女)　刘保栓　鄯爱德　吕慧萍(女)
田彗星　刘根栋　岳　军　赵玉梅(女)
程万生　白林森　高素琴(女)　郗慧林(女)
赵桂元　郭世花(女)　温振青　赵爱英(女)
韩雅卿　王先梅(女)　冯元智　张秋祥
李晓燕(女)　史豪强

列席人员：王银堂　李连兆

第五代表团(财税、工商、卫生系统正式代表 22 人,其中,女代表 11 人,列席人员 2 人)

召集人：闫永红　孙忠义　蒋海涛

成　员：刘克勤　耿虎娥(女)　任计明　周彦君(女)
张俊英(女)　李彩云(女)　马锦绣(女)　赵泉祥
王世林　温慧慧(女)　葛丽萍(女)　王智慧
李小梅(女)　张　刚　高亚男(女)　曹彦青
高　倩(女)　董爱宾　史锦丽(女)

列席人员：丁立人(女)　张　群(女)

六、第六次会员代表大会

(一)概况

2013 年 5 月 17 日，第六次会员代表大会召开。出席会议的应到代表 110 人,实到代表 106 人,其中,女代表 62 人。会议听取矿区区委书记刘德跃的讲话;听取和审议胡朴来代表矿区总工会第五届委员会所做的工作报告；听取和审议任叔博代表矿区总工会第四届经费审查委员会所做的经费审查工作报告和财务工作报告；选举产生矿区总工会第六届委员会和矿区总工会第五届经费审查委员会。新选举的第六届委员会召开第一次会议,选举产生常委 8 人、主席 1 人、副主席 2 人;第五届经费审查委员会,选举产生主任 1 人。

(二)第六届会员代表(110 人,其中,女代表 62 人)

第一代表团(37 人,其中,女代表 22 人)

团　长:张贵军

副团长:向永碧(女)

成　员:

冯香芬(女)	曹国华(女)	王香云(女)	邢志芳(女)
高伟伟(女)	曹晓梅(女)	李雅妹(女)	高　炜
郝翠萍(女)	董月英(女)	王永刚	张哲峰
韩晓华(女)	王军义	李晓燕(女)	董六菊(女)
李晓光	武有军	梁建英(女)	王金凰(女)
张红梅(女)	张汉东	勾燕玲(女)	赵振华
张素仙(女)	翟根柱	和靖亮	吕会杰
许丽萍(女)	仇怀俊	韩晋明	王盛爱(女)
刘淑红(女)	张丽华(女)	许　双	

第二代表团(35人,其中,女代表18人)

团　长:张金良

副团长:程建刚

成　员:

史豪强	王俊英(女)	贾完根	余利民
胡园生	葛丽萍(女)	曹彦青	蔡延田
张玉珍(女)	高爱英(女)	张慧英(女)	张　刚
冯秀玲(女)	段　鑫	史建刚	蔡志英(女)
魏素林(女)	王希田	宛志军(女)	张少华
苏禄芬(女)	李　涛	杨　珺(女)	涂庆福
李彩英(女)	史瑞青(女)	任红梅(女)	穆素红(女)
王淑英(女)	刘新桥	史锦丽(女)	杨长安
赵海芳(女)			

第三代表团(38人,其中,女代表22人)

团　　长:杨明生

副团长:翟瑞红(女)

成　员:

张爱青(女)	谷志琴(女)	张彦红(女)	吕慧萍(女)
田慧星	贾俊杰(女)	白林森	郑巧艾(女)
张燕琴(女)	任志刚	岳　军	袁　静(女)
刘宝栓	刘增军	吕翰林	梁青燕(女)
高素琴(女)	刘建东	程　伟	郭冬梅(女)
郗慧林(女)	陈新丽(女)	程利斌	杨淑平(女)
苏　娜(女)	杨如银	任叔博	张宏亮
刘　建	李晓云(女)	张便云(女)	党美芳(女)
柴志艳(女)	许捧林(女)	高艳君(女)	张秋祥

第二节 总工会委员会

一、工会筹备领导组

组　长:董义琦

副组长:邢廷荣

成　员:王庭兰　孙瑞芳(女)　宋天有　杨永茂

二、历届总工会委员会

(一)第一届(5人)

米秀莲(女)　许海林　孙瑞芳(女)　宋天有　郭佐荣

陶河川(补选)

(二)第二届(14人)

王千锁　王玉昌　王爱珍(女)　王庭兰(女)　刘计花(女)

李琪敏　李和平　张全福　武秀忠　郝明达

赵联庆　荆根红　陶河川　魏淑春(女)　王庭兰(女,补选)

(三)第三届(17人)

马　成　王庭兰(女)　王文彦　王千锁　王珍林

刘计花(女)　乔仁计　李秀海　张　龙　张海珠　张茂荣(女)

单贵明　段俊富　夏先贵　陶河川　梁富印　梁兰芳(女)

王　泉(补选)　赵振华(补选)　张焕青(女,补选)

(四)第四届(15人)

马　成　王文彦　王银堂　冯玉瑾　李志清　李新宇

张焕青(女)　张惠英(女)　赵泉祥　赵振华　贾启福　徐建社

高秀英(女)　唐晓东　鄯爱德　翟爱华(女,补选)　郝　毅(补选)

史豪强(补选)　李军平(补选)

(五)第五届(21人)

史豪强　胡朴来　梁振文　翟爱华(女)　赵振华　王世林

张金良　王海丽(女)　史锦丽(女)　王彦刚　吴学华　韩瑞辉

李志清　邓小琴(女)　郝　毅　杨翠萍(女)　闫永红　刘新桥

孙忠义　杨明生　陆纯亮　张红梅(女,补选)　宋美芳(女,补选)

翟瑞红(女,补选)　张秀科(补选)　刘　建(补选)　张少华(补选)

张贵军(补选)　李素青(女,补选)　李雅妹(女,补选)

高爱英(女,补选)　韩晋明(补选)　王永刚(补选)　王俊英(女,补选)

张汉东(补选)　任叔博(补选)

(六)第六届(19人)

王永刚　王俊英(女)　史锦丽(女)　史豪强　向永碧(女)

任叔博 刘　建 刘新桥 张少华 张汉东 张红梅(女)
张贵军 张秋祥 李　涛 李晓燕(女) 李雅妹(女)
徐　双 韩晋明 翟瑞红(女) 张志军(补选)

三、历届总工会全委会议

第一届全委会议

表 1-1

届　次	会 议 时 间	主 要 议 题
一届一次全委会议	1983 年 2 月 4 日	选举产生第一届委员会主席、常委。郭佐荣当选为工会主席，郭佐荣、米秀莲、许海林、孙瑞芳、宋天有当选为常委
一届三次全委会议	1984 年 12 月	陶河川补选为第一届委员会主席

第二届全委会议

表 1-2

届　次	会 议 时 间	主 要 议 题
二届一次全委会议	1987 年 7 月 9 日	选举产生第二届委员会主席、副主席、常委和第一届经费审查委员会主任。陶河川当选为主席，郝明达当选为副主席，李和平当选为经费审查委员会主任，陶河川、郝明达、刘计花、李和平、
二届四次全委(扩大)会议	1989 年 10 月 28 日	传达贯彻阳泉市总工会十届五次全委会议精神，安排后一个时期的工会工作
二届六次全委会议	1990 年 7 月	补选选王庭兰为第二届委员会副主席
二届七次全委(扩大)会议	1991 年 4 月 4 日	贯彻落实省总工会八届二次全委会议和市总工会十届七次全委(扩大)会议精神，传达学习市委副书记贾银环在市总工会十届七次全委（扩大)会议上的讲话精神；区总工会主席陶河川做《总工会委员会工作报告》；区委副书记李忠做讲话
二届八次全委(扩大)会议	1992 年 3 月 30 日	贯彻落实区委三届四次全委(扩大)会议和省总工会八届三次全委(扩大)会议以及市总工会十届八次全委(扩大)会议精神，回顾总结 1991 年工会工作，研究部署 1992 年主要工作任务

第三届全委会议

表 1-3

届　次	会议时间	主要议题
三届一次全委会议	1992 年 6 月 30 日	选举产生第三届委员会主席、副主席、常委和第二届经费审查委员会主任。陶河川当选为主席，王庭兰当选为副主席，李和平当选为经费审查委员会主任，马成等 7 人当选为常委
三届二次全委会议	1992 年 10 月 18 日	学习宣传贯彻中共十四大精神和区委三届五次全委（扩大）会议精神，安排部署基层工会组织职工学习贯彻十四大及区委会议精神
三届四次全委(扩大)会议	1994 年 3 月 28 日	工会主席陶河川传达全国总工会、省总工会、市总工会会议精神；区委副书记刘昌珍作重要讲话；副区长栾进喜做矿区经济形势报告；工会副主席王庭兰安排 1994 年工会工作；补选第三届委员会委员；与基层工会签订 1994 年工会工作及“奉献杯”竞赛目标责任状
三届十次全委会议	1998 年 12 月 8 日	补选赵振华、张焕青为第三届委员会副主席

第四届全委会议

表 1-4

届　次	会议时间	主要议题
四届一次全委会议	1998 年 12 月 15 日	选举产生第四届委员会主席、副主席、常委和第三届经费审查委员会主任。贾启福当选为主席，赵振华、张焕青当选为副主席，张海斌当选为经费审查委员会主任，马成、高秀英等 7 人当选为常委
四届二次全委(扩大)会议	1999 年 3 月 12 日	贯彻传达省总工会九届五次全委会议、市总工会十二届二次全委(扩大)会议精神和传达省委常委会听取省总汇报“全国总工会十三大”精神时的重要指示；区总工会主席贾启福对 1998 年工会工作进行总结，对 1999 年工会工作做出安排；区委常委、区纪委书记王梦贺参加会议并做讲话
四届三次全委会议	2000 年 3 月 15 日	学习中共十五届四中、五中全会精神，贯彻落实区委五届三次全委(扩大)会议精神，总结 1999 年工会工作，安排 2000 年工会工作任务
四届四次全委会议	2000 年 8 月 10 日	补选翟爱华、郝毅为第四届委员会委员、常委
四届六次全委会议	2003 年 3 月 11 日	总结 2002 年工会工作，研究确定 2003 年工会工作目标任务；补选李军平为第四届委员会委员，李新、蒋海涛为经费审查委员会委员
四届七次全委会议	2003 年 8 月 26 日	补选史豪强为第四届委员会委员、常委、主席
四届八次全委(扩大)会议	2004 年 3 月 16 日	总结 2003 年工会工作，安排 2004 年工会工作目标任务
四届九次全委(扩大)会议	2005 年 3 月 24 日	总结 2004 年工会工作，安排 2005 年工会工作目标任务
四届十次全委(扩大)会议	2006 年 3 月 7 日	传达省总工会第十一次代表大会精神；总结 2005 年工会主要工作，安排 2006 年工会工作目标任务；表彰 2005 年度工会先进集体和先进个人

第五届全委会议

表 1–5

届 次	会议时间	主要议题
五届一次全委会议	2006 年 11 月 18 日	选举产生第五届委员会主席、副主席、常委和第四届经费审查委员会主任。史豪强当选为主席,胡朴来当选为常务副主席、梁振文当选为副主席,梁振文当选为经费审查委员会主任,赵振华等 9 人当选为常委
五届二次全委(扩大)会议	2007 年 3 月 23 日	总结 2006 年工会主要工作，部署 2007 年工会工作任务；表彰工会系统 2006 年度先进基层工会、优秀工会主席、优秀工会工作者
五届三次全委(扩大)会议	2008 年 4 月 3 日	审议通过《总工会五届常委会工作报告》《经费审查工作报告》和《财务工作报告》;补选张红梅为第五届委员会委员、常委、副主席,补选宋美芳为常委;对 10 个基层工会、15 名优秀工会工作者进行表彰
五届四次全委(扩大)会议	2009 年 3 月 30 日	总结 2008 年工会主要工作，部署 2009 年工会工作任务；补选刘建、李素青、李雅妹、张少华、张贵军、张秀科、高爱英、韩晋明、翟瑞红为第五届委员会委员;补选翟瑞红、张秀科、杨翠萍为常委;与基层工会签订 2009 年工会工作目标责任状;表彰工会系统先进集体、优秀工会干部和优秀工会工作者
五届五次全委(扩大)会议	2010 年 3 月 18 日	总结 2009 年工会主要工作，部署 2010 年工会工作任务；表彰工会系统先进集体、优秀工会干部和先进工会工作者
五届六次全委(扩大)会议	2011 年 3 月 22 日	总结 2010 年工会主要工作，部署 2011 年工会工作任务；与基层工会签订 2011 年度工会工作目标责任状；表彰工会系统先进集体、优秀工会干部和优秀工会工作者
五届七次全委(扩大)会议	2012 年 3 月 16 日	总结 2011 年工会工作,部署 2012 年工作任务;与基层工会签订 2012 年度工作目标责任状；表彰工会系统先进集体、优秀工会干部和优秀工会工作者
五届八次全委(扩大)会议	2013 年 2 月 1 日	总结 2012 年工会工作,部署 2013 年工作任务;补选王永刚、王俊英、张汉东为第五届委员会委员、常委;表彰 2012 年度工会系统先进集体、优秀工会干部和优秀工会工作者。市总工会党组副书记杨日祥,区委副书记冉志伟,副区长杨志强出席会议。矿区人大常委会副主任、总工会主席史豪强主持会议
五届九次全委会议	2013 年 3 月 11 日	补选任叔博为第五届委员会委员、常委、副主席,第四届经费审查委员会委员
五届十次全委会议	2013 年 5 月 17 日	宣读并通过《关于召开矿区总工会第六届代表大会的决议》;审议通过《矿区总工会第五届委员会工作报告》《矿区总工会第五届经费审查委员会工作报告》

第六届全委会议

表 1-6

届　次	会 议 时 间	主 要 议 题
六届一次全委会议	2013 年 5 月 18 日	选举产生第六届委员会主席、副主席、常委和第五届经费审查委员会主任。史豪强当选为主席，张红梅、任叔博当选为副主席，任叔博当选为经费审查委员会主任，史锦丽等 8 人当选为常委
六届二次全委(扩大)会议	2014 年 4 月 1 日	矿区人大常委会副主任、总工会主席史豪强主持会议，区委副书记冉志伟、副区长王希田出席会议。会议总结 2013 年工会工作，部署 2014 年工会工作。会议审议通过《总工会经费审查委员会工作报告》《总工会常务委员会工作报告》及有关补选张志军为第六届委员会委员的人事事项，表彰 2013 年度先进单位和优秀工会工作者

第三节　总工会常务委员会

一、历届总工会常委会

(一)第一届(5 人)

主　　席：郭佐荣　陶河川(补选)

常务委员：米秀莲(女)　许海林　孙瑞芳(女)　宋天有　郭佐荣　陶河川(补选)

(二)第二届(5 人)

主　　席：陶河川

副 主 席：郝明达　王庭兰(女，补选)

常务委员：陶河川　郝明达　刘计花(女)　李和平　荆根红　王庭兰(女，补选)

(三)第三届(7 人)

主　　席：陶河川

副 主 席：王庭兰(女)　王　泉(补选)　赵振华(补选)　张焕青(女，补选)

常务委员：马　成　王庭兰(女)　刘计花(女)　张　龙　陶河川　梁兰芳(女)　乔仁计　王　泉(补选)　赵振华(补选)　张焕青(女，补选)

(四)第四届(7 人)

主　　席：贾启福　史豪强(补选)

副 主 席：赵振华　张焕青(女)

常务委员：贾启福　赵振华　张焕青(女)　马　成　高秀英(女)

王银堂 徐建社 翟爱华(女,补选) 郝 毅(补选)
史豪强(补选)

(五)第五届(9人)

主 席:史豪强

常务副主席:胡朴来

副 主 席:梁振文 张红梅(女,补选) 任叔博(补选)

常 务 委 员:史豪强 胡朴来 梁振文 翟爱华(女) 赵振华
王世林 张金良 王海丽(女) 史锦丽(女)
张红梅(女,补选)
宋美芳(女,补选) 翟瑞红(女,补选) 张秀科(补选)
杨翠萍(女,补选) 王永刚(补选) 王俊英(女,补选)
张汉东(补选) 任叔博(补选)

(六)第六届(8人)

主 席:史豪强

副 主 席:张红梅(女) 任叔博

常务委员:史锦丽(女) 史豪强 任叔博 张红梅(女)
张秋祥 李 涛 李晓燕(女) 徐 双

二、历届总工会主要领导

矿区历届总工会主要领导名表

表 1–7

届 次	姓 名	性别	职 务	任 期	备 注
第一届(1983.2 ~ 1987.7)	郭佐荣	男	主 席	1983.2 ~ 1984.12	1984 年 12 月一届三次全委会议补选陶河川为工会第一届委员会主席。无工会副主席
	陶河川	男		1984.12 ~ 1987.7	
第二届(1987.7 ~ 1992.6)	陶河川	男	主 席	1987.7 ~ 1992.7	1990 年 7 月二届六次全委会议补选王庭兰为第二届委员会副主席
	郝明达	男	副主席	1987.7 ~ 1990.7	
	王庭兰	女		1990.7 ~ 1992.7	
第三届(1992.6 ~ 1998.12)	陶河川	男	主 席	1992.7 ~ 1998.12	1998 年 12 月 8 日三届十次全委会议补选赵振华、张焕青为第三届委员会副主席
	王庭兰	女	副主席	1992.6 ~ 1998.12	
	王 泉	男		1995.9 ~ 1998.12	
	赵振华	男		1998.12 ~ 1998.12	
	张焕青	女		1998.12 ~ 1998.12	

续表 1–7

届　次	姓 名	性别	职 务	任　期	备　注
第四届（1998.12 ~ 2006.11）	贾启福	男	主 席	1998.12 ~ 2003.8	2003 年 8 月 26 日四届七次全委会议补选矿区人大常委会副主任史豪强为总工会第四届委员会委员、常委、主席
	史豪强	男		2003.8 ~ 2006.10	
	赵振华	男	副主席	1998.12 ~ 2003.8	
	张焕青	女		1998.12 ~ 2006.10	
	梁振文	男		2004.5 ~ 2006.10	
第五届（2006.11 ~ 2013.5）	史豪强	男	主 席	2006.11 ~ 2013.5	2008 年 4 月 3 日五届三次全委(扩大)会议，补选张红梅为第五届委员会委员、常委、副主席 2013 年 3 月 11 日五届九次全委会议补选任叔博为第五届委员会委员、常委、副主席，第四届经费审查委员会委员
	胡朴来	男	常务副主席	2006.11 ~ 2013.5	
	梁振文	男	副主席	2006.11 ~ 2013.5	
	张红梅	女		2008.3 ~ 2013.5	
	任叔博	男		2013.3 ~ 2013.5	
第六届（2013.5 ~ ）	史豪强	男	主 席	2013.5 ~	—
	张红梅	女	副主席	2013.5 ~	
	任叔博	男		2013.5 ~	

第二编　主要工作

在矿区区委和上级工会的领导下，矿区工会在各个历史时期，围绕中国共产党和国家的中心工作任务，积极开展工会工作。1983年，区工会成立初期，积极进行组织建设和发展工作，深入开展“整组建家”活动，全区工会组织得到迅速发展。2000年以后，区总工会根据中共中央提出的“扩大覆盖面，增强凝聚力”要求，按照“组织起来，切实维权”的工作方针，坚定不移地走中国特色社会主义工会发展道路，全面履行组织建设、维护权益、生产技术、生活保障、宣传教育、文体活动、女职工工作、财务管理及经费审查等职责，大力进行典型培育，在实践中开展“面对面、心贴心、实打实、服务职工在基层”活动，在探索中开拓前进，在创新中锐意进取，工运事业和工会工作得到深入发展。

第一章 组织建设

第一节 基层组织建设

1983 年 2 月,矿区工会一成立,就积极进行基层工会组织建设工作。针对工会干部新、素质差和业务生疏的状况,专门抽出一部分经费购买有关工会工作的理论书刊,举办两次短期培训班,对专、兼职工会干部进行工运理论、工运历史和马克思主义基础理论的学习教育。同时,进行组织建设理论教育,并且深入基层结合建设基层工会的实践,提高他们的组织工作业务能力。区工会的 4 名专兼职干部,当时已有两人参加过山西省总工会组织的短期培训班学习。

1984 年 3 月,市总工会转发省总工会《关于在城镇集体企业、事业单位建立工会组织的通知》。依据上述文件精神,区工会结合实际,决定在一些条件比较好、工人比较固定、生产搞得较好、一般能完成上级下达的产值、税收计划的街道、区属企业、事业单位,先建立工会组织,发展会员。3 月 10 日,制定《在城镇街道集体企业建立工会组织的工作方案》(简称《工作方案》)。决定先搞试点取得经验再向面上推广,分期分批进行。试点确定为平潭街道办事处的建材厂、桥头街道办事处的钢窗厂。区工会在街道企业组建工会组织的过程中,向区委提出《关于在办事处一级建立工会组织的请示报告》并拟定《街道办事处一级组建工会的方法和步骤》,街道办事处组建工会工作全面展开。

从 1985 年 6 月开始,矿区工会根据全国总工会《关于整顿工会组织、开展建设"职工之家"活动的决定》精神,开展为期 3 年的"整组建家"活动。按照"整组建家"6 条标准的第一条,首先从工会领导班子建设做起,建设一个符合"四化"(革命化、专业化、知识化、年轻化)要求,密切联系群众的领导班子和一支热心为群众服务的工会积极分子队伍。在对 15 个基层工会领导班子的建设中,特别注意选拔德才兼备、年富力强、群众拥护、热心工会工作的会员走上领导岗位。到 1987 年,各基层工会领导班子的年龄结构和知识结构得到改善。据统计,平均年龄由 48 岁下降到 36 岁;文化程度初高中以上的由原来的 8 人增加到 36 人。在基层工会整顿中,发现矿区社会福利厂工会组建时,没有按照区工会下发的《工作方案》规定,集中一段时间向广大职工进行《中国工会章程》的宣传教育,造成部分职工对工会的性质、地位、作用以及什么人可以加入工会,会员的权利和义务等都不太了解,因而,在全厂 132 名职工中,只发展了 33 名会员。通过宣传教育和整顿,提高职工群众对工会组织的认识,之前没有入会的职工主动递交入会申请书。同时,对个别不称职的委员和小组长做了调整,调动工会干部的积极性,工会会员很快地发展到104人。到1987年,桥头街道、平潭街街道、沙坪街道、赛鱼街道、蔡洼街道5个街道办事处都建立工会组织。区属企业工会组建率达到100%,街道企业组建率达到95%,教育事业单位组建率达到100%。全区共建立基层工会委员会15个,发展会员1456人,占到职工总数的85%以上。

1987年,矿区工会根据中国工会九大会议在组织建设中贯彻民主集中制,健全民主生活和民主制度的精神,向区委提出试行直接民主选举基层工会主席的请示。区委根据中共十三大会议有关改革干部人事制度的精神予以批准,并成立领导组,组长由区委分管组织工作的副书记担任, 成员为区委组织部副部长和区工会分管组织工作的副主席组成。同年11月,区工会确定当时空缺工会主席的矿区弹簧厂工会作为直接民主选举工会主席的试点,取得经验后,再向全区各基层工会推广。

矿区弹簧厂工会试行直接民主选举工会主席的工作,按照规定程序,经过一系列的工作步骤,取得成功。直接民主选举的办法,改革工会干部委派制,提高工会干部的责任心,使职工群众能有效地对工会干部实行民主监督。在此之后,于1988年3月,对矿区工艺美术厂工会的换届选举,同样采取直接民主选举工会主席的办法。此后,区委做出明确的规定,凡届满进行换届选举的基层工会,一律由基层工会会员大会或会员代表大会直接民主选举工会主席。不是直接民主选举的工会主席,区总工会和区委组织部均不予承认,并不能享受同级副职政治、经济待遇。工会干部的调动,必须经区委组织部和区总工会双方同意后方可调动。该规定的做出,保证工会干部的相对稳定。矿区总工会对基层工会干部采取直接民主选举的组织建设方法,得到市总工会的肯定。1988年7月,市总工会在矿区召开阳泉市工会直接民主选举基层工会主席经验交流会,将矿区总工会的经验向全市各工会组织推广。到1990年8月,区总工会下属22个基层工会中,就有20个基层工会进行直接民主选举工会主席。

1988年11月22日,区工会制定出台《关于机关建立工会的方法与步骤》,并以阳矿工〔1988〕8号文件下发矿区党政机关和各事业单位,开始组建机关事业单位工会组织。到1991年12月,矿区政府机关、文教局、卫生局、矿区检察院、矿区法院、司法局、工商分局、税务局、矿区公安分局、矿区武装部等机关均建立工会委员会或工会直属小组。区总工会直属工会委员会达到26个,直属工会小组79个,发展会员1773人,占到职工总数的90.46%。在1988年度阳泉市总工会表彰工会系统先进集体、积极分子会议上,矿区钢木制品厂工会、矿区弹簧厂卷簧组工会小组被评为先进集体;马成等27人,被评为模范工会工作者和优秀(先进)工作者;158人被评为优秀工会积极分子。1989年12月,省总工会授予矿区总工会马成为优秀工会干部。

1992年,区总工会基层工会26个(其中,区直企业工会8个、街道办事处工会6个、文教工会3个、政法系统工会3个、机关及其他工会6个),会员发展到2069人,占职工总数的97.23%。1998年,区总工会有基层工会33个,会员发展到1951人;有工会小组142个,工会积极分子发展到627人。

1999 年,由于市场疲软、资金短缺、管理落后等原因,部分区属企业处于停产、半停产状态。与此同时,私营企业迅速发展。区总工会与工商行政管理部门等单位密切配合,积极开展在私营企业中组建区工会组织的工作,成立矿区私营企业工会联合会筹备组。私营企业肥牛火锅城工会成立、顺达出租有限公司工会成立。2000 年 1 月 25 日,矿区私营企业工会联合会第一次会员代表大会召开。11 月 7 日,区委、区政府召开全区新建企业组建工会工作会议,出台《矿区关于进一步加强新建企业工会组建工作的实施意见》,规范新建企业工会组建工作的具体操作程序。全区 6 个街道办事处相继成立私营企业联合工会,25 人以上的私营企业工会有 5 个,共有 47 个新建企业工会,涵盖私营企业职工 703 人。同年,矿区将全区 150 个居民区调整为 39 个社区,各社区建立居民委员会,同时建立工会组织。

2001 年 ~ 2002 年,区总工会在做好国有、集体企业改制后工会组织整顿工作的同时,把在非公有制企业中组建工会工作作为重点。到 2003 年,矿区 52 家私营企业,除天利购物广场、亚昊经贸有限公司等 5 家新建企业正在筹备之中,其余全部建立工会组织,建会率达 90%。矿区总工会获得市新建企业工会组建工作先进单位。区总工会在私营企业工会组建过程中,对已投产开业的私营企业逐步进行登记造册,建立企业档案。包括职工花名册、会员花名册、建会申请报告、选举结果报告等。建立私营企业工会、街道私营企业联合工会和区私营企业工会联合会三级档案。区总工会根据《山西省县(区)总工会工作规范》,制定《矿区总工会工作规范实施细则》,完善 15 项规章制度,并明确落实岗位职责及目标考核责任制,加大民主测评和平时考核力度。

2004 年,区总工会把工会组织建设作为全年工作的重中之重。6 月,区委专门召开工会工作会议,出台《关于进一步加强工会工作的意见》。区总工会加大新建企业工会的组建力度,根据工商部门注册登记了解和掌握矿区范围内新建企业情况,逐家进行核实,要求所有 20 人以上的新建企业单独成立工会组织,20 人以下的以街道办事处为单位,吸收到街道私营企业联合工会。到年底,在非公有制企业中单独成立工会组织的有 12 个,其余 74 个企业职工被分别吸收到 6 个街道办事处私营企业联合工会,建会率达 100%,职工入会率达 95%以上。随着企业改革进一步深化和市场经济体制逐步建立完善,以及城市管理重心不断向社区转移,个体工商户、非公有制企业职工、国有企业职工以及外来务工人员等社区各类劳动者的管理问题日益突出,为适应社区建设的新形势,拓展工会工作的新领域,区总工会出台《关于在社区组建工会和加强工会建设的意见》,并召开会议,对社区工会组建工作进行安排,在区总工会和街道工会的指导帮助下,全区 40 个社区全部建立工会组织,并把社区内的各类劳动者吸收到工会组织中。到 2004 年年底,全区 54 个行政事业单位、8 个国有集体企业和 12 个街道企业、86 个非公有制企业、40 个社区全部建立工会组织,全区共有基层工会组织 90 个,会员 3298 人,职工入会率达 97.95%。

2005 年,针对个体从业人员大都是下岗职工、失业人员、外来务工人员、农民工及待业青年等弱势群体的现状,区总工会以街道为依托,以社区和市场为载体,以联合工会为模式,在全区1700余个个体工商户中组建工会,把900名从业人员吸纳到工会组织中。社区、市场的个体工商户联合工会专门编制《工会组织管理手册》,规范其对会员的管理。2005年,沙坪街道工会被市总工会评为模范乡镇(街道)工会;矿区地税局工会被市总工会授予“模范职工之家”称号;矿区总工会被市总工会授予“模范县(区)工会”称号。

2006年,区总工会在街道办事处成立工会联合会。以街道办事处为依托,以联合会为形式,广泛吸纳私营企业、个体工商户、社区职工加入工会组织。组建药品经营企业联合工会和社会私营医疗机构联合工会。到11月,矿区5个街道工会联合会覆盖国有、私营企业、个体工商户518个(其中单独建会企业14个,新建社区工会40个),覆盖职工2175人,会员2100人,职工入会率达96%;2个行业工会覆盖个体经济组织42个,职工117人,职工入会率达100%;机关、事业单位工会组织42个,覆盖职工3886人,职工入会率达100%。矿区工会组织达到103个,会员突破6000人。

2007年,进一步完善工会组织建设实名制登记工作。区总工会在3月23日召开的五届二次全委会上,与各街道工会联合会签订责任状。针对各街道工会在实名制登记工作中存在不实的现象,以及在市场经济体制下企业随时倒闭随时建立的动态变化,依据市总工会提供的各县(区)、各产业工会法人单位名册,要求各街道工会“抓大不放小”,不放过任何小的单位,通过发动社区进行审查核实,进行实名制登记,并建立完善各种档案,从而最大限度地将广大职工包括临时工在内的职工吸收入会。3月份,各街道工会联合会所辖40个社区工会通过直选方式进行换届,产生新的工会干部,部分学校工会到届也通过直选方式进行换届。天利集团公司工会在市总工会、区总工会帮助下,召开职代会,以替补形式产生新一任工会主席,创建矿区最大私营企业“职工之家”。区总工会贯彻落实“一条例三规范”,下发《关于贯彻落实“一条例三规范”,开展县、乡镇(街道)基层工会竞赛活动的通知》。积极开展创建模范县(区)工会、模范乡镇街道工会、模范职工之家竞赛活动。同时,区总工会筹资5万余元,按照标准化建设要求,为6个街道工会配备电脑、电脑桌、档案柜等办公设施,为12个社区工会配备文件柜、档案盒等办公用品。从而为基层工会基础建设提供物质保障。2007年底,全区有基层工会108个,建会率达到100%;会员8717人,入会率达到100%。

2008年,区总工会贯彻落实“一条例三规范”,大力推进基层工会标准化建设。工会会员实名制登记人数达到14449人,并全部填写入会申请表,加入工会组织。在基层工会组织规范化建设中,合格3个、先进24个、模范28个、标兵1个。12月,根据上级工会“职工在3000人以上的乡镇(街道)成立总工会”的要求,沙坪、赛鱼、桥头、平潭街4个街道分别成立街道总工会。

2009年,通过直选方式相继成立教育系统工会联合会、政法系统工会联合会和区直机关工会联合会。社区工会联合会达到15个,覆盖500人以上的社区工会联合会有14个,商业一条街工会联合会4个。会员实名制登记人数达到17906人。

2010年,区总工会积极推行工会基层组织建设“双措并举、二次覆盖”工作方法。

根据省、市总工会安排，6 月，开展“工会组建月”活动，打响工会组建工作攻坚战，在全区各个行业全部建立工会组织，与企业存在事实劳动关系的职工全部入会，通过开展“工会组建月”活动，新增会员 1400 人，建立健全各级工会组织和工会会员实名制登记档案，完成全国、省、市级工会组织建设信息管理系统数据录入工作。同时，不断加强基层工会组织的规范化建设。4 月，对基层 40 个社区工会组织进行统一换届工作，配齐各级工会领导班子，对基层新任工会主席、工会干部进行培训。5 月初，对基层工会进行组织建设情况摸底调查。7 月，为 6 个街道工会配备牌匾、文件夹、档案盒和档案分类目录，进一步规范基层工会的组织建设。按照创建星级工会建设标准，开展“创星级工会、建职工之家”活动。平潭街街道总工会被评为山西省五星级乡镇（街道）工会和山西省双“十佳”工会，平潭街街道总工会主席张贵军被评为山西省“十佳”乡镇（街道）工会主席。矿区区直机关工会联合会主席杨翠萍被评为 2010 年山西省优秀工会积极分子。

2011 年，区总工会按照市总工会《关于开展 2011 年工会组建攻坚月活动的通知》精神，在全区扎实开展“工会组建攻坚月”活动。在工作重点上做到“三着力”，即着力抓好应建未建工会企业的组建工作，着力规范提高已建工会组建水平，着力充分发挥已建企业工会作用。在工作效果上做到“三确保”，即确保自查总结过关，确保统一验收过关，确保市总工会考核过关。根据矿区企业现状，确定两种组建方式。第一是单独组建，凡依法登记注册、职工人数 25 人以上、已开业投产的生产加工企业，依法建立独立基层工会委员会。如赛鱼太旧博特有限责任公司工会委员会、芙蓉酒楼工会委员会、桥头社区羊上树酒家工会委员会。第二是联合组建，凡职工不足 25 人的企业，按照地域相邻、行业相近的要求，依照联合制、代表制的原则，大力推进区域性基层工会联合建设。如赛鱼井沟社区工会联合会。通过开展“工会组建攻坚月”活动，全区新增基层工会组织 14 个，新增会员 400 人。到 2011 年年底，全区基层工会组织达到 130 个，会员总数为 1.97 万人。矿区总工会在参加全省工会组建月活动的 119 个县区中列全省前十名，被省总工会授予 2011 年全省“工会组建月活动”优胜县（区）总工会称号。李涛获得全省非公企业优秀数据录入员称号。

2012 年，工会组织建设，继续按照“组织起来、切实维权”的要求和“两个普遍”工作方针，以“一条例五规范”建家竞赛活动为载体，广泛开展星级工会创建活动。赛鱼街道总工会被市总工会评为五星级乡镇（街道）工会，桥头街道桥头社区工会联合会、平潭街街道平东社区工会联合会、平潭街街道东山社区工会联合会、赛鱼街道虎尾沟社区工会联合会被市总工会评为五星级村（社区）工会；蔡洼街道工会联合会、贵石沟街道工会联合会被市总工会评为四星级乡镇（街道）工会。在 2012 年“工会组建攻坚月”活动中，区总工会制定工作方案，分解指标任务，明确行动范围和重点。深入开展“广普查、深组建、全覆盖”集中行动，多措并举、扎实推进。根据区总工会制定的具体目标，借助街道各个行政部门的力量，深入摸底，对辖区内的非公企业、劳务派遣企业进行全面排查。因企制宜，创新组建方式。根据企业现状，确定单独组建和联合组建两种组建方式。在社区层级组建26个非公企业联合工会、4个街道组建非公企业工会联合会,6个劳务派遣企业,会员入会322人,并在女职工10人以上单位同步组建工会女职工委员会100个。全区基层工会组织发展到190个,会员总数1.97万人。同时完成全省工会组织和工会干部管理数据库、全国非公企业数据库的信息录入工作。在2012年"工会组建月"活动中,矿区总工会获全省优胜县(区)工会称号,李晓燕获全省优秀县级工会录入员称号。根据市总工会《关于在全市企业工会开展"双亮、双争、双评"活动意见》精神,区总工会成立"双亮双争双评"活动领导小组,制定活动实施方案,召开全区动员大会,以"面对面、心贴心、实打实服务职工在基层"活动为主线,在全区企业工会开展"工会组织亮牌子、工会干部亮身份;工会组织争创五星级基层工会(模范职工之家)、工会干部争当优秀职工之友;会员民主评会(会员评家)、上级工会评比表彰高星级基层工会(模范职工之家)、优秀职工之友"活动。街道工会作为实施"双亮双争双评"活动的责任主体,召开动员会议,成立相应机构,加强组织领导,明确责任和要求,并集中相应时间、组织专门人员具体推动落实。赛鱼街道总工会、平潭街道总工会作为"三双"活动示范点在市总工会组织工作会议上进行经验交流。

2013年,根据市总工会下达的工会组建和会员发展任务,区总工会将工会组建工作与发展会员任务层层落实到各基层工会,班子成员督查落实到人、到基层;同时,与区工商管理局、地税局等部门联合,全面核查,继续推进商业网点、餐饮、旅馆等服务业和工业园区、劳务派遣企业工会组建工作,最大限度地把劳务派遣工、农民工和流动性较强的职工吸收到工会中。全年新建工会组织12个,发展新会员80人,会员总数达到1.98万人。区总工会结合实际,开展工会组织网格化管理工作。工会组织网格按照管辖地域、管辖范围共划分为6个一级网格,40个二级网格,277个三级网格,通过网格化管理平台,实现管理区域、管理对象、管理环节和管理时限全覆盖,形成全覆盖、无缝隙、动态化"三级管理"工会组织网格化管理机制。继续做好"双亮双评双争"活动,扩大"三双"活动的影响力,切实增强基层工会的凝聚力和吸引力。培育选树赛鱼街道总工会、赛鱼社区工会联合会两个"三双"活动示范典型单位作为规范化建设试点,争当全市"三双"标兵单位。广泛开展星级工会创建活动,申报3家五星级、4家四星级社区工会、1家五星级教育基层工会。赛鱼街道总工会被市总工会评为"十佳"街道工会;平潭街街道东山社区工会联合会被市总工会评为"十佳"社区工会;桥头街道党工委副书记、总工会主席张少华被市总工会评为"十佳"工会主席。

2014年,区总工会召开工会组织建设工作会议,成立"工会组建月"活动领导组,确立2014年工会组织工作总体思路,明确目标责任,积极与工商、税务等部门联合,全面核查辖区各类新建企业、新社会组织作为建会重点领域,摸清底数,把劳务派遣工、农民工作为入会重点对象。顺利完成新建工会组织10个,发展新会员200人,全区基层工会组织达到200个,会员总数达到1.99万余人。推进质量建会,推行"三告知、两报告、一宣誓"标准建会程序。全区新增建会企业中,100%的企业能够严格按照"三告知、两报告、一宣誓"标准建会程序组建工会和吸纳会员。4月,组织非公企业矿区洋嘴巴幼儿园开展“入会宣誓，维权宣讲”活动，40 名职工参加会员入会宣誓仪式，会员代表表态发言，区总工会领导向新会员进行维权知识宣讲，并为新会员颁发会员证。

矿区星级工会创建情况统计表

表 2-1

序号	单 位 名 称	获得时间	级 别	星 级	性 质
1	平潭街道总工会	2011 年 1 月	省 级	五星级	机 关
2	桥头街道总工会	2012 年 1 月	省 级	五星级	机 关
3	赛鱼街道总工会	2012 年 1 月	省 级	五星级	机 关
4	沙坪街道总工会	2013 年 1 月	省 级	五星级	机 关
5	贵石沟街道工会联合会	2013 年 1 月	省 级	五星级	机 关
6	蔡洼街道工会联合会	2014 年 1 月	省 级	五星级	机 关
7	桥头街道桥头社区工会联合会	2012 年 3 月	市 级	五星级	社会团体
8	平潭街道平东社区工会联合会	2012 年 3 月	市 级	五星级	社会团体
9	虎尾沟社区工会联合会	2012 年 3 月	市 级	五星级	社会团体
10	东山社区工会联合会	2012 年 3 月	市 级	五星级	社会团体
11	赛鱼街道赛鱼社区工会联合会	2013 年 1 月	市 级	五星级	社会团体
12	井沟社区工会联合会	2013 年 1 月	市 级	五星级	社会团体
13	刘家塔社区工会联合会	2013 年 1 月	市 级	五星级	社会团体
14	平潭街道马家坪社区工会联合会	2013 年 1 月	市 级	五星级	社会团体
15	平潭街道西社区工会联合会	2013 年 1 月	市 级	五星级	社会团体
16	沙沟社区工会联合会	2014 年 1 月	市 级	五星级	社会团体
17	蔡洼街道小南坑社区工会委员会	2014 年 1 月	市 级	四星级	社会团体
18	蔡洼街道东四尺社区工会委员会	2014 年 1 月	市 级	四星级	社会团体
19	桥头街道段北沟社区工会联合会	2014 年 1 月	市 级	四星级	社会团体
20	贵石沟街道水滩社区工会委员会	2014 年 1 月	市 级	四星级	社会团体
21	矿区小南坑小学	2013 年 1 月	市 级	五星级	事业单位
22	矿区红岭湾小学	2014 年 1 月	市 级	五星级	事业单位
23	矿区赛鱼小学	2013 年 1 月	区 级	三星级	事业单位
24	桥头街道桥西社区工会联合会	2013 年 1 月	区 级	三星级	社会团体
25	平潭街道洪城河社区工会联合会	2012 年 1 月	区 级	三星级	社会团体
26	沙坪街道里沙坪社区工会委员会	2012 年 1 月	区 级	三星级	社会团体
27	沙坪街道中沙坪社区工会联合会	2012 年 1 月	区 级	三星级	社会团体
28	贵石沟街道小河滩社区工会委员会	2012 年 1 月	区 级	三星级	社会团体
29	贵石沟街道苏村社区工会委员会	2013 年 1 月	区 级	三星级	社会团体
30	大垴沟社区工会联合会	2013 年 1 月	区 级	三星级	社会团体

第二节 干部队伍建设

一、社会化工会干部的聘用

为适应社会经济发展变化，矿区总工会从 2003 年开始，主动进行工会干部社会化、职业化探索与创新，对于切实维护职工利益，推进和谐劳动关系建设，践行中国特色社会主义工会维权观，构建和谐社会产生重要作用。

(一)选聘社会化工会工作者

随着全区基层工会联合会(联合工会)的广泛建立，全区各基层工会组织数量与会员数量迅速增长。然而，基层工会干部，尤其是企业工会以及各类基层工会联合会工作人员不仅紧缺，而且严重透支，工会专职干部锐减，工会基层组织建设受到严重制约。如何破解"有人干"的问题，成为摆在矿区总工会面前紧迫的实际问题。

全国总工会明确指出，"要着眼于增强基层工会活力，健全基层工会的工作制度、组织制度、民主制度，探索基层工会干部职业化、社会化途径"。"要创新建会思路、组建形式和入会方式，大力推进非公有制企业尤其是外商投资企业建立工会，加强县以下区域性、行业性工会建设。""把抓组建和抓规范结合起来，发展会员与发挥作用结合起来，充分发挥基层工会组织服务职能、推动发展、促进和谐的作用。"区总工会积极响应号召，在区委和上级工会的领导下，结合自身实际，招聘工会联络员(社会化工会工作者)，做到了程序、标准、待遇"三到位"。在选聘中，坚持组织推荐、群众举荐、个人自荐与考试、考察相结合的"三荐两考"程序，坚持"三注重"选人用人标准，即注重选聘既懂业务、又讲政治的干部；注重选聘热爱工会工作且经验丰富的退休干部；注重选聘敢于为职工说话办事的大学毕业生或下岗职工，定期考核，择优上岗，按需选用，不搞终身制，使干部来源呈现多元化发展趋势。该选拔机制使得工会组织可以从更广泛的范围选拔合适的人员从事工会工作，有利于提高工会干部队伍素质。该选拔机制也进一步扩大工会组织的影响力，增强工会干部的使命感和责任感。

在待遇上，社会化工会工作者工资按照省政府规定的矿区最低工资标准支付，为其缴纳各种社会保险；兼职工会干部和工会联络员每人每月补贴 80 元 ~150 元。先后为区、街道、社区招聘 88 名专、兼职工会联络员，使工会干部以专职带兼职、专兼职并行，走向职业化、社会化，最大限度地调动工会干部工作的积极性和主动性，为全区工会工作奠定坚实的队伍基础。

选聘的社会化工会工作者发挥担当组织员、指导员、宣传员、维权员、帮扶员、调研员等多种角色的作用，他们在工作实践中充分发挥自己的主观能动性，深入企业、社区，宣讲国家的有关法律法规，参与建会、发展会员，扩大基层工会组织的覆盖面；直接面向劳动者，重点围绕劳动者关心的问题积极开展维权，组织开展帮扶救困，增强工会的凝聚力和战斗力；贯彻工会组织建设要求，积极参与基层工会组织建设，推动街道、社区工会组织建设迈上新台阶。实践证明，社会化工会工作者在工会各项工作中发挥不可替代的作用。

(二)社会化工会工作者的管理与考核

矿区总工会高度重视制度建设,创新社会化工会工作者的管理机制。设立专职部门与管理人员负责社会化工会工作者的管理工作,加强对社会化工会工作者的领导;建立直接管理、定期交流等形式的信息沟通机制,强化对社会化工会工作者的业务指导;社会化工会工作者的工资福利、社会保险等待遇由工会组织负责解决,减少对企业的经济依赖,从经济上为开展维权工作提供保障;注重对社会化工会工作者的培训教育,每年为街道、社区社会化工会工作者订阅《工人日报》《山西工人报》《山西工运》《阳泉工人》《工会工作信息》等报刊300余份。2010年,区总工会制定《关于推行基层工会干部职业化、社会化工作的意见》和《基层职业化、社会化工会干部管理办法(试行)》,加强对基层职业化、社会化工会干部的考核与管理。按照考核细则,重点从德、能、勤、绩四个方面,对社会化工会工作者进行年度工作量化考核。考核分为称职、基本称职、不称职三个档次。经考核,不称职的予以免职,不再续聘;对工作成绩突出或有特殊贡献的予以奖励。同时,坚持"请进来"与"走出去"相结合的方式,定期举办各类培训班,邀请专家讲课,先后派出社会化工会工作者和工会主席,参加省总工会"十二五"工会干部轮训和"工会社会化招聘工会干部培训班"等,采取以会代训、现场交流、会议点评、兑现补贴等激励办法,形成相互学习、相互激励、积极进取的工作氛围。培养一支政治立场坚定、业务水平专业的社会化职业化工会工作者队伍。

矿区总工会社会化工会干部量化考核表

表2-2

序号	考核内容	考 核 标 准	应得分	实得分
(一)	德	1.努力学习马列主义、毛泽东思想、邓小平理论,认真践行"三个代表"重要思想和科学发展观(2分)	18	
		2.热爱党,对工会工作有强烈的事业心和责任感(2分)		
		3.工作务实、吃苦耐劳、乐于奉献、努力提高自身素质(2分)		
		4.服从上级领导,既分工又协作(2分)		
		5.尊敬、团结同志(2分)		
		6.举止文明,以身作则,为人师表(2分)		
		7.严守纪律,自觉执行准则,无违法违纪(2分)		
		8.勤政廉洁,坚持真理,修正错误(2分)		
		9.求真务实,不搞花架子,不搞形式主义(2分)		
(二)	能	1.有一定的计划、决策能力和基层组织工作能力(3分)	37	
		2.有一定的创造能力、能用新的方法,创造性完成工会工作(3分)		
		3.有一定的组织能力,调动多方积极性,出色完成工作任务(3分)		
		4.有较强的组织协调能力;协调各方面人员,发挥他们的作用(2分)		

续表 2-2

序号	考核内容	考 核 标 准	应得分	实得分
（二）	能	5.有较高的工作业务能力和管理能力，认真圆满完成上级交办的各项任务（3 分）	37	
		6.认真学习经济、法律和工会业务知识，有较高的政策水平（3 分）		
		7.忠于职守，勤奋工作（2 分）		
		8.敢于为职工群众说话办事，依法维护职工的合法权益（3 分）		
		9.身体健康，具有较好的现代办公技能、能熟练操作电脑，有较好的文字写作和语言表达能力（5 分）		
		10.坚持实事求是、认真调查研究、如实反映职工的意见、意愿和要求（2 分）		
		11.工作有计划、有目标、有措施、有明显成效（5 分）		
		12.勇于承担责任、善于出谋划策、协助领导做好工会各项工作（2 分）		
		13.作风民主、联系群众、自觉接受职工群众的批评和监督（1 分）		
（三）	勤	1.模范遵守工会各项规章制度（3 分）	15	
		2.工作勤恳，任劳任怨，能起表率作用（3 分）		
		3.出色地完成本职工作（3 分）		
		4.能听取和接受群众的正确意见（3 分）		
		5.有锐意改革、开拓创新的精神（3 分）		
（四）	绩	1.分管工作成绩突出，有创新（5 分）	30	
		2.对本职工作效果显著，关心爱护同事，办实事（5 分）		
		3.办事效率高，无重大失误（5 分）		
		4.工作业务与各类档案管理井然有序（5 分）		
		5.积极配合上级工会，认真负责，成绩显著（5 分）		
		6.分管工作在上级主管部门的检查中受到好评（5 分）		
合 计		—	100	

二、工会干部的管理和培训

矿区总工会始终坚持“党管干部”的原则，积极协助各级党委，始终把对基层工会干部的管理作为全区工会组织建设的首要任务。

（一）工会干部管理

1983 年，矿区工会成立时，区属工会只有 3 个厂和平潭街小学 4 个基层工会组织。经过会员充分酝酿，民主协商，以差额选举办法和无记名投票方式，选举产生基层工会委员会。把那些拥护中国共产党领导、政治立场坚定、年富力强、受群众欢迎的人员选入工会领导班子。4 个基层工会领导班子共 14 名干部，其中，有中共党员 5 人、共青团员 2 人、女职工 8 人。工会干部队伍基本符合“革命化、年轻化、知识化、专业化”的要求。根据市总工会安排，区工会分别于 1985 年下半年和 1986 年上半年又对基层工会组织、工会干部队伍进行整顿，注重选拔一批德才兼备、年富力强、群众拥护、热心工会工作的人员走上工会领导岗位。各基层工会领导班子的年龄结构和知识结构得到改善，基层工会领导班子得到加强，工会干部的政治、业务素质有较大提高。平均年龄由上届的48岁下降到36岁，初高中以上文化程度由原来的8人增加到36人。1986年，通过开展“整组建家”活动和深入开展学习葛德林，争当“职工之友”活动，进一步加强全区基层工会干部队伍建设。1987年，由区总工会提出请示，经区委批准，试行直接民主选举基层工会主席的办法，经试点成功后在全区推行。对直接民主选举的工会主席，由区总工会和区委组织部共同考察、共同任免、共同管理，在其任职期间享受同级党政副职待遇。

1992年~1998年，矿区进一步加强工会干部队伍建设。1995年9月，区委为区总工会增配1名副主席，充实总工会领导班子。1997年，根据省委组织部、省总工会《关于进一步加强工会领导班子建设的意见》，加强各级工会领导班子建设和工会干部的培养教育，进一步加强学习制度、会议制度、工作报告制度等各项制度建设，使工会干部素质得到明显提高，各级基层工会干部队伍基本稳定。

1999年~2006年，矿区工会干部队伍建设得到进一步加强。2002年，市委专门召开工会工作会议，制定《中共阳泉市委关于进一步加强工会工作的意见》。《意见》第15条明确要求：“各级党委要高度重视各级工会领导班子建设，要帮助和指导工会组建一个团结、务实、高效、廉洁的领导班子，特别是配好配强一把手。”2003年，区委、区总工会认真贯彻市委《关于进一步加强工会工作的意见》精神，将区总工会主席进入区人大常委会领导班子，任区人大常委会副主任，实现高配备。2004年6月，区委召开常委会议，专题研究工会工作，出台《关于进一步加强工会工作的意见》。《意见》强调，各级党组织要高度重视工会领导班子建设，配齐配强工会干部，纠正基层工会干部兼职过多的现象。街道工会主席由街道党工委副书记兼任，并配备一名工会专职工作人员。要坚持各级行政与同级工会的联席会议制度，协商研究解决当前职工群众特别是困难职工群众关心的热点、难点问题，联席会议原则上每年召开1~2次。2005年，区总工会向社会公开招聘行业系统工会联络员。为卫生系统、教育系统、个体工商系统、外来务工人员等4个规模较大的系统工会选聘工会联络员。联络员联系、协助区总工会开展工会组建、建立工会会员实名档案等工作。2006年，区总工会按照上级工会要求，为新建立的街道工会联合会配备由街道党工委副书记兼任主席。11月中旬，区政府与区总工会召开第四次联席会议，协商解决街道工会配备专职工会干部等事宜。

2007年~2014年，区总工会先后选派100多名基层工会干部和职工代表参加全国、省、市总工会组织的平等协商、签订集体合同、工会组织建设、工会工作理论等专业培训学习与理论研讨，为推进集体合同和劳动合同协商签订、基层工会组织建设等工会工作的深入开展奠定坚实的组织保障。2010年4月，对基层工会的40个社区工会组织进行统一换届工作，做到配齐、配强、配好各级工会领导班子，并抓好基层新任工会主席、工会干部的培养、培训和教育工作。为加强对社会化工会工作者的管理，区总工会探索性地制定《关于推行基层工会干部职业化、社会化工作的意见》，同时，拟定《基层职业化、社会化工会干部管理办法(试行)》《矿区工会联络员目标管理考核细则》《矿区工会联络员例会制度》等管理办法和规章制度。2011 年，区总工会为做好社会化、职业化工会干部的调研和选聘工作，制定《矿区职业化、社会化工会干部选聘工作意见》《矿区工会干部管理试行办法》，形成一套较为规范有序的社会化工会工作者管理体系。全年共申报社会化、职业化工会干部 88 人。区总工会下发《关于对基层工会工作量化考核、机关工会工作人员年度考核的通知》，对基层工会工作目标任务完成及区总工会机关工作人员工作情况进行年度考核评比，对完成目标任务的 9 个基层工会组织进行考核兑现，对其他基层优秀工会组织和基层优秀工会工作者进行表彰。共表彰受奖单位 46 个，先进工会主席、先进工会工作者 34 人。2014 年 8 月 6 日，区总工会下发《关于对基层工会工作年度考核办法的通知》，对基层工会工作目标任务，特别是工会干部队伍建设进行百分量化考核。为加大工会干部社会化的力度，重点抓好较大非公企业选派工会干部工作，积极组织基层工会干部参加各级举办的各类专业培训学习，着力打造一支“政治上靠得住、维权上有本事、作风上过得硬、职工群众信得过”的高素质工会干部队伍。

(二)工会干部培训

1983 年，区工会成立后，为解决基层工会干部“人员新、素质差”的问题，区工会专门拿出一部分经费，购买有关工会工作的书籍及刊物，并对所属基层工会干部举办 2 次短期培训班。通过培训，提高工会干部对工会工作的认识和自身素质。经过全体工会干部的辛勤工作，矿区工会工作出现了四大变化：一是广大工会干部和职工明确方向，振奋精神；二是工会组织增强为工人说话办事的自觉性和主动性；三是工会工作得到各级党组织的重视和支持；四是增强工会干部深入基层联系群众的作风。

1986 年，根据全国总工会在全国工会干部教育工作会议上颁布的《全国工会干部培训规划要点》，区总工会建立以专业培训为主、长短结合的干部教育制度和体系，组织全体工会干部提高文化水平，并认真学习马克思主义基本原理，迅速提高广大工会干部的理论水平、工会专业知识和经济管理知识水平。1988 年，区总工会根据全国总工会下发的《关于进一步加强和改革工会干部教育工作的意见》，把岗位培训、专业培训、学历培训和继续教育有机结合起来，有计划、有步骤地开展岗位培训。

从 1992 年开始，区总工会在全区工会系统落实目标责任制管理制度，把工会干部教育培训列入各级工会的目标责任制，工会干部教育培训工作逐步实现经常化。1995 年，区总工会对 80 名工会干部进行以《中华人民共和国劳动法》为主要内容的培训，使广大工会干部真正树立起为职工群众服务、为基层服务的观念。

2001 年 10 月 25 日 ~ 26 日，区总工会举办基层工会干部培训班，重点学习中共十五届六中全会精神和中共中央总书记江泽民“七一”讲话、《中华人民共和国工会法》、职工民主管理、职代会基本知识、工会财务法规和财务知识。全区各基层工会主席、工会骨干、工会积极分子、工会财务人员参加培训。

同时,区总工会先后选派 14 名新任工会主席参加省总工会和市总工会组织的培训,采取脱产和以会代训的方式对单独成立工会委员会的企业工会主席进行培训。组织一期 50 人参加的《中华人民共和国工会法》业务学习培训班。到 2005 年,区总工会采取现场观摩、经验介绍、学习交流等多种形式,对全区工会干部进行以民主管理、工会理论知识、劳动法律法规为主要内容的培训教育,使广大工会干部在业务水平、工会理论、工作能力等方面得到进一步提高。

2006 年,区总工会向社会公开招聘工会联络员 10 人,经专业培训后,分配到各街道工会联合会、行业联合工会和规模较大的企业工会开展工作。同时,将单独成立工会的企业,按辖区划分到各街道工会联合会。各街道党工委把工会干部的教育培训工作纳入党建目标体系,定期或不定期开展培训工作。2007 年,区总工会针对性开展多次培训,采取“走出去、请进来”的方式,对全区基层工会主席、社区工会干部进行业务培训。5 月,组织 100 名街道社区工会干部到城区参观学习;6 月,举办工会财务人员培训班,对全区 68 名工会财务人员进行工会财务知识培训。2008 年,对全区基层工会主席、社区工会干部和工会财务人员 60 余人举办业务培训。2009 年,组织开展工会干部培训,共培训工会干部 60 余人。

2010 年 4 月,对统一换届后的 40 个社区的全体工会干部进行培训,开展“建立学习型组织、争做知识型职工”活动,制定周一学习制度。9 月,区总工会邀请上海市工会干部管理学院培训中心主任王连祥做题为《国内经济形势和转型时期的工会工作》的报告,基层工会干部和区域工会联谊会成员单位近 180 人听取报告,同时,特别邀请区四套班子领导参加。2011 年,在“创建学习型组织、争做知识型职工”活动中,选送 3 名基层专职工会干部参加由省总工会组织的工会理论知识、劳动法律法规的培训;组织工会干部专题研讨 3 次。12 月 16 日,组织机关全体人员及 9 个基层工会主席到城区总工会进行参观学习。2012 年, 区总工会举办 4 期工会干部培训班,同时,采用“走出去”的办法,组织各成员单位工会主席、副主席以及财会工作人员 55 人外出培训考察学习。

2013 年～2014 年,继续开展“创建学习型组织、争做知识型职工”活动,采取多种形式,多种途径,实施全区工会“十二五”干部培训规划。选派 8 名工会工作者参加市总工会组织的工会知识培训;组织区总工会机关和基层工会干部 32 人对集中学习内容进行考试,将学习和考试成绩纳入年终考核内容。2013 年 9 月,为切实提高工会干部履职能力,区总工会举办基层工会干部知识培训班,邀请市总工会常委、生活保障部部长毛湘宁、市总工会常委、女工部部长葛玉琴、市总工会组织人事部副部长史雪松,就工会保障工作、女工工作及基层工会组织工作的相关知识进行培训,各基层工会干部、社会化工会工作者以及区总工会机关全体干部职工共计 115 人参加培训。

三、工会积极分子的培养和表彰

矿区各级工会组织,主要通过三项工作做好工会积极分子的培养和表彰:一是结合劳动生产竞赛、开展技术创新等工会组织的各项活动发现工会积极分子;二是举办各类培训班培养教育工会积极分子; 三是组织基层工会开展评选活动表彰工会积极分子。

1983年区工会成立后,动员工会积极分子、广大工会工作者积极参政议政,维护自身合法权益,参与企业民主管理、技术改革与创新等重要工作。同时,加大对工会积极分子培养和培训力度, 将工会积极分子培养工作列入各级工会组织的日常工作之中。逐步建立健全工会系统对工会积极分子的培训、教育工作制度,使全区工会积极分子培养教育工作逐步规范。1984年~1986年,区工会举办基层工会积极分子培训班2次,培训工会积极分子110余人次。到1986年年底,评选表彰工会积极分子135人。区总工会一般每3年评选一次工会积极分子。1989年4月,区总工会召开工会积极分子表彰会议,表彰工会先进集体12个(先进职工之家3个、先进集体9个)、先进工会干部13人、特邀工会积极分子10人、先进工会积极分子37人。到1991年年底,工会积极分子发展到452人。1992年5月9日,区总工会召开第二次工会积极分子代表大会,对12个工会先进集体和66名工会积极分子进行表彰。1994年4月,区总工会召开第三次工会积极分子代表大会, 对15个工会先进集体和56名工会积极分子进行表彰。

到1998年,区总工会基层组织进一步建立健全,工会自身建设取得突破性进展,建立网络化的工会机构,培养和造就一大批工会积极分子和骨干队伍,对工会积极分子的培养、教育和管理工作进一步加强。到1998年年底,工会积极分子由上一届的452人发展到627人。1998年~2000年,由于企业试行经济承包经营制度、停产半停产、区直企业、集体企业产权多元化转移等诸多原因,区总工会工会积极分子的评选表彰活动未能继续开展。

2003年,区总工会根据社会主义市场经济条件下工会组织建设整体思路,强化全区各级工会组织对工会积极分子的培养。结合社会主义市场经济条件下工会工作的新特点, 注重对非公有制经济企业工会积极分子的培养和教育。2006年11月17日,区总工会第五次代表大会召开,根据大会确定的工会工作指导思想,进一步强化工会组织对工会积极分子的培养和教育,开展评选与表彰活动,加大对非公有制经济企业工会干部的选拔任用、工会积极分子的培养、教育和表彰力度。

2006年~2014年,共召开工会积极分子表彰会议9次,表彰先进基层工会组织159个,优秀工会干部、工会积极分子共157人。全区各级工会共举办各类培训班200余期,受训人数累计5700余人次,其中,培训工会干部、工会积极分子1200余人次。

附:省、市、区工会先进集体、先进个人、积极分子表彰名单

山西省总工会表彰

1992 年

模范“职工之家”(1 个) 区钢窗厂工会

“五好”工会小组(1 个) 弹簧厂弹簧车间修簧小组

工会积极分子(1 人) 王玉昌

阳泉市总工会表彰

1992 年 9 月

模范“职工之家”(1 个) 区钢窗厂工会

“五好”工会小组(1 个) 弹簧厂弹簧车间修簧小组

荣誉工会积极分子(2 人) 刘昌珍 王克恭

模范工会工作者(1 人) 任文祥

模范工会积极分子(2 人) 梁富印 王玉昌

1994 年 12 月

模范“职工之家”(1 个) 区直机关工会

模范“职工小家”(1 个) 沙坪针织服装厂工会小组

荣誉工会积极分子(1 人) 刘昌珍

优秀工会工作者(1 人) 任文祥

优秀工会积极分子(2 人) 陈宝庆 杨子华

矿区总工会表彰

1989 年 4 月，矿区总工会召开工会积极分子表彰会议，对工会先进集体和先进个人进行表彰,表彰名单如下:

先进职工之家(3 个)

区钢窗厂工会、平潭街小学工会、平潭街街道办事处工会

先进集体(9 个)

钢木制品厂工会、弹簧厂卷簧组工会小组、五金电器厂五金车间工会小组、矿区中学初一工会小组、赛鱼利民服装厂工会小组、蔡洼锻压厂工会、泰康食品厂工会、桥头服务商店工会小组、区建材厂升平饭店工会小组

先进工会干部(13 人)

张全福(沙坪街道办事处) 王千锁(赛鱼街道办事处)

王素萍(矿区钢窗厂) 荆喜生(平潭建材厂)

李和平(平潭街街道办事处) 李琪敏(蔡洼街道办事处)

刘计花(钢木制品厂) 王千牛(矿区弹簧厂)

王玉昌(五金电器厂) 韩清英(工艺制品厂)

孙春荣(肉类加工厂)
任春娥(平潭街小学)
荆根红(桥头街道办事处)

特邀工会积极分子(10人)

张丰功(沙坪街道办事处)
赵富才(赛鱼街道办事处)
王玉栓(桥头街道办事处)
王　敬(蔡洼街道办事处)
王海珠(矿区钢窗厂)
王茂德(平潭街街道办事处)
冯宝成(钢木制品厂)
赵久明(五金电器厂)
王艾珍(工艺制品厂)
谷桂珍(肉类加工厂)

先进工会积极分子(37人)

张梦莲(沙坪街道办事处商店)
孟秀英(沙坪锻压厂)
苏玉华(沙坪针织服装厂)
王捧秀(赛鱼街道办事处铸造厂)
阎艾莲(赛鱼街道办事处服装厂)
荆凤英(赛鱼街道办事处收废组)
崔新明(赛鱼糖果冷饮厂)
戎瑞银(桥头企业办公室)
王变琴(泰康食品厂)
张建凤(桥头机械厂)
李明瑞(矿区钢窗厂)
任美玲(桥头铸锻厂)
张艳萍(平潭街街道办事处)
李凤莲(平潭服装厂)
郭寿田(平潭街街道办事处橡塑厂)
李峰山(平潭建材厂)
南　翔(蔡洼百货商店)
奕计清(蔡洼锻压厂)
徐建社(钢木制品厂)
王翠英(钢木制品厂)
杨翠竹(矿区弹簧厂)
周桂荣(矿区弹簧厂)
魏淑春(矿区弹簧厂)
张海林(矿区弹簧厂)
张桂梅(五金电器厂)
许春明(五金电器厂)
李卫东(工艺制品厂)
王艾萍(工艺制品厂)
孙秀琴(矿区矿灯厂)
张会荣(矿区矿灯厂)
唐明友(矿区预制厂)
马玉华(肉类加工厂)
赵　源(矿区中学)
鄯爱德(矿区中学)
刘秋荣(平潭街小学)
徐金善(新蕾幼儿园)
郭永恒(建筑工程公司)

1992年5月,矿区总工会召开第二次工会积极分子代表会议,对工会先进集体和先进个人进行表彰,表彰名单如下:

先进职工之家(3个)

区弹簧厂工会、区钢木制品厂工会、区钢窗厂工会

先进工会小组(5个)

平潭理发馆工会小组、蔡洼锻压厂机加工车间工会小组、五金电器厂五金车间工会小组、豆制品厂缝纫车间工会小组、矿区中学初二年级工会小组

单项先进集体(4 个)

沙坪办事处职代会、平潭街小学工会财务、新蕾幼儿园女职工委员会、赛鱼办事处陶粒砂厂劳保工作

优秀工会工作者(12 人)

刘计花(钢木制品厂)　张茂荣(矿灯厂)
牛运芳(豆制品厂)　王玉昌(五金电器厂)
夏先贵(弹簧厂)　王千锁(赛鱼街道办事处)
张　龙(桥头街道办事处)　梁兰芳(区机关工会)
李琪敏(蔡洼街道办事处)　吴守恩(平潭街小学)
张颜萍(平潭街街道办事处)　李佩仙(沙坪街道办事处)

优秀工会积极分子(47 人)

梁富印(税务局)　周文燕(税务局)
李彩云(工商局)　康翠英(赛鱼利民服装厂)
侯焕英(赛鱼第三食品厂)　聂莉英(赛鱼服务公司)
李长命(桥头蓄电池厂)　余秋红(桥头泰康食品厂)
李　军(桥头钢窗厂)　康喜存(蔡洼锻压厂)
任翠香(蔡洼劳务站)　吕万明(平潭升平饭店)
荆秋生(平潭京联服装厂)　荆喜生(平潭建材厂)
高丽萍(贵石沟街道办事处)　赵桃莲(贵石沟造纸厂)
李海录(矿区检察院)　张勤文(矿区法院)
刘美蓉(矿区司法局)　张德鹏(矿区武装部)
王　卓(区机关党委)　王玉玲(矿区民政局)
任文祥(矿区总工会)　张秉寿(劳动服务公司)
潘玉莲(建筑公司)　杨子华(矿区防疫站)
胡丽雅(矿区中学)　崔素英(平潭街小学)
毕映兰(新蕾幼儿园)　樊丽萍(工商局)
王怀英(矿灯厂)　牛淑萍(豆制品厂)
李秀海(五金电器厂)　张云玲(五金电器厂)
王丽芳(弹簧厂)　崔　红(弹簧厂)
李秀花(弹簧厂)　孙春荣(肉类厂)
袁小梅(肉类厂)　张淑香(钢木厂)
王翠英(钢木厂)　王风君(包装厂)
李桂英(包装厂)　姚季莲(木器厂)
刘玉林(沙坪锻压厂)　周色珍(沙坪街道办事处)
赵富财(沙坪街道办事处)

荣誉工会积极分子(7人)

张丰功(赛鱼街道办事处) 张铁柱(沙坪街道办事处)
王 璟(平潭街街道办事处) 曹万北(桥头街道办事处)
王千牛(五金电器厂) 魏淑春(弹簧厂)
冯宝成(钢木制品厂)

1994年4月,矿区总工会召开第三次工会积极分子代表大会,对工会先进集体和先进个人进行表彰,表彰名单如下:

先进职工之家(5个)

桥头钢窗厂工会、钢木厂工会、机关工会、税务局工会、卫生局工会

先进工会小组(10个)

沙坪针织服装厂工会小组、赛鱼铸造厂工会小组、桥头商场工会小组、蔡洼办事处日杂商店、平潭办事处机关工会小组、钢木厂制架工会小组、弹簧厂业务工会小组、电器厂冲压车间工会小组、矿灯厂综合经营部工会小组、废金属回收公司工会小组

优秀工会工作者(13人)

马 成(沙坪街道办事处) 王贵平(赛鱼街道办事处)
武春文(桥头街道办事处) 王前进(蔡洼街道办事处)
冯锐英(平潭街街道办事处) 崔 红(弹簧厂)
张茂荣(矿灯厂) 黄拴计(包装厂)
任春娥(平潭街小学) 高秀英(机关工会)
梁富印(税务局) 张加贞(检察院)
闫思水(司法局)

优秀工会积极分子(36人)

孙彦林(沙坪街道办事处) 智志伟(赛鱼服装公司)
侯焕英(赛鱼第三食品厂) 王文彦(桥头钢窗厂)
贾金明(桥头街道办事处) 任翠香(蔡洼街道办事处)
刘秋荣(平潭街小学) 张艳萍(平潭街街道办事处)
荆喜生(平潭建材厂) 王素芬(平潭京联服装厂)
杨宝生(贵石沟) 冯保成(钢木厂)
李美清(华夏实业公司) 冯玉瑾(弹簧厂)
魏淑春(弹簧厂) 杨秉玉(电器厂)
韩俊林(矿灯厂) 于建庭(豆制品厂)
荆占年(包装厂) 兰文忠(工程公司)
杜丽芳(矿区中学) 史豪强(机关工会)
梁振文(机关工会) 任建平(机关工会)
高宝忠(工商局) 田维东(税务局)

郝俊菊(检察院)
李新华(法院)
张德鹏(武装部)
史拉才(卫生局)
任海梅(废金属回收公司)
李润清(新蕾幼儿园)
荆建文(司法局)
杨子华(防疫站)
高建平(文教局)
杨述民(环卫处)

荣誉工会积极分子(7人)

籍林祥(沙坪街道办事处)
曹万北(桥头街道办事处)
王　璟(平潭街街道办事处)
荆玉堂(机关党委)
赵富才(赛鱼街道办事处)
郭小青(蔡洼街道办事处)
石怀武(贵石沟街道办事处)

2006年2月,矿区总工会对2005年度工会工作先进集体和先进个人表彰如下:

模范工会(5个)

赛鱼街道工会、平潭街街道工会、矿区中学工会、阳泉市顺达出租汽车有限公司工会、区财政局工会

先进工会工作者(10人)

邓小琴(沙坪街道工会主席)
郝　毅(桥头街道工会主席)
李志清(蔡洼街道工会主席)
王世林(阳泉市天利集团公司副经理)
翟爱华(机关工委工会主席)
张金良(机关事务管理局工会主席)
蒋海涛(环境卫生管理处工会主席)
赵振华(人民检察院工会主席)
张慧光(地方税务局工会主席)
王彦刚(矿区人民法院工会主席)

2007年3月,矿区总工会对2006年度先进基层工会、优秀工会主席、优秀工会工作者表彰如下:

先进职工之家(3个)

矿区环卫处工会(工会主席:蒋海涛)
阳泉十六中学工会(工会主席:常先梅)
矿区公安分局工会(工会主席:吴学华)

帮扶先进单位(3个)

矿区检察院工会(工会主席:赵振华)
小南坑小学工会(工会主席:岳军)

平潭街街道平潭西社区工会(工会主席:郝志利)

先进基层工会(3个)

赛鱼街道工会联合会(工会主席:韩瑞辉)

沙坪街道工会联合会(工会主席:邓小琴)

蔡洼街道工会联合会(工会主席:李志清)

维权先进工会(1个)

平潭街街道工会联合会(工会主席:杨翠萍)

工会先进工作者(10人)

翟爱华(区直机关工会主席)

杨明生(教育系统工会副主席)

曹彦青(建设局工会主席)

孙忠义(卫生局工会主席)

张金良(机关事务管理局工会主席)

康秋籽(国税局工会主席)

张慧光(地税局工会主席)

张秋祥(平潭街小学工会主席)

陈喜修(阳泉十三中学工会主席)

郝　毅(桥头街道工会联合会主席)

2008年3月,矿区总工会对2007年度优秀基层工会和优秀工会工作者表彰如下:

优秀工会联合会(2个)

平潭街街道工会联合会、沙坪街道工会委员会

优秀基层工会(8个)

红岭湾小学工会、刘家垴小学工会、马家坪小学工会、桥头小学工会、阳泉十三中工会、阳泉十五中工会、城市管理行政执法局工会、天利集团工会

优秀工会工作者(15人)

韩瑞辉(赛鱼街道工会联合会主席)

李志清(蔡洼街道工会联合会主席)

郝　毅(桥头街道工会联合会主席)

刘新桥(贵石沟街道工会联合会主席)

翟爱华(区直机关工会主席)

吴学华(矿区公安分局工会主席)

赵振华(矿区检察院工会主席)

王彦刚(矿区法院工会主席)

赵玉梅(南楼小学工会主席)

郗慧林(段家背小学工会主席)

王先梅（桃南路小学工会主席）
冯元智（亚美小学工会主席）
陈民书（阳泉十二中学校工会主席）
吕翰林（阳泉十四中学校工会主席）
常先梅（阳泉十六中学校工会主席）
优秀工会经审干部（1人）
张　刚（区经审委副主任）
优秀工会新闻联络员（2人）
韩雅卿　　李雅娟

2009年3月，矿区总工会对2008年度优秀基层工会和优秀工会工作者表彰如下：

优秀工会组织（17个）

沙坪街道总工会、赛鱼街道总工会、平潭街街道总工会、蔡洼街道工会联合会、桥头街道总工会、桥头社区工会联合会、贵石沟工会联合会、平潭街街道东社区工会联合会、阳泉十八中学工会、阳泉十六中学工会、阳泉十七中学工会、阳泉十三中学工会、刘家垴小学工会、马家坪小学工会、沙台小学工会、西河路小学工会、小南坑小学工会

优秀工会工作者（19人）

邓小琴　韩瑞辉　杨翠萍　李志清　刘新桥　涂庆福　李连兆　高素琴
赵爱英　白林森　李宝德　岳　军　刘保栓　常先梅　李俊芳　陈喜修
韩雅卿　李雅娟　任戎祥

2010年3月，矿区总工会对2009年度优秀基层工会、优秀工会干部表彰如下：

先进基层工会（5个）

区检察院工会、小南坑小学工会、红岭湾小学工会、区卫生局工会、平潭街街道总工会

维权先进集体（5个）

西河路小学工会、阳泉十七中学工会、桥头社区工会、天恒会计师事务所工会、区环卫处工会

帮扶先进集体（5个）

区公安分局工会、沙台小学工会、阳泉十二中学工会、区直机关工会、平东社区工会

先进职工之家（5个）

区法院工会、桃南路小学工会、马家坪小学工会、区地税局工会、阳泉顺达出租汽车公司工会

先进工会主席(22人)

赵振华 王彦刚 程利斌 郗慧林 梁青燕 冯元智 田慧星 高爱英
翟瑞红 杨翠萍 张贵军 刘新桥 张少华 刘 建 李素青 韩晋明
翟爱华 张金良 曹彦青 张玉珍 李雅妹 袁 静

先进工会工作者(7人)

韩雅卿 李雅娟 任戎祥 李晓燕 冯双玉 赵 星 祁先丽

2011年3月,矿区总工会对2010年度优秀基层工会、优秀工会干部表彰如下:

先进基层工会(12个)

赛鱼社区工会、菜市社区工会、小南坑小学工会、刘家垴小学工会、阳泉十七中学工会、公安局分局工会、桥南园社区工会、财政局工会小组、水滩社区工会、桥头社区工会联合会、马家坪社区工会联合会、日潭红太阳家具城工会

维权先进集体(10个)

大垴沟社区工会联合会、东四尺社区工会、沙台小学工会、矿区法院刑庭工会小组、段北沟社区工会联合会、中沙坪社区工会联合会、天恒会计师事务所工会、机关事务管理局工会、枣岭山社区工会、平东社区工会联合会

帮扶先进集体(12个)

如意庄社区工会联合会、小南坑社区工会、红岭湾小学工会、西河路小学工会、公安局分局工会、段西沟社区工会联合会、桥南园社区工会、环卫处工会、顺达出租公司工会、小河滩社区工会联合会、西山社区工会联合会、天利集团工会

先进职工之家(12个)

虎尾沟社区工会联合会、南台社区工会、矿区法院工会、刘家垴社区工会联合会、桃南路小学工会、阳泉十二中学工会、亚美小学工会、秋沟社区工会联合会、矿区卫生局工会、地税局工会、苏村社区工会、平西社区工会联合会

先进工会主席(22人)

史珍林 樊建英 冯晋梅 岳 军 刘根栋 程立斌 田慧星 韩雅卿
梁庆梅 王彦刚 赵振华 刘新桥 张少华 李彩英 翟爱华 曹彦青
胡园生 刘晋岳 宇志红 高艳君 向永碧 荆素俭

先进工会工作者(12人)

张俊华 杨庆枝 宋 博 和靖亮 申树梅 苏禄芬 张建萍 余利民
高 炜 张秋祥 史锦丽 李雅娟

2012年3月,矿区总工会对2011年度工会工作先进单位和优秀工会工作者表彰如下:

优秀基层工会组织(10个)

区人民检察院工会、区卫生局工会、沙坪街道沙沟社区工会联合会、贵石沟街道

水滩社区工会、桥头街道段北沟社区工会联合会、蔡洼街道东四尺社区工会联合会、赛鱼街道井沟社区工会联合会、平潭街街道西山社区工会联合会、平潭街街道苹果园社区工会联合会、段家背小学工会

先进职工书屋(2个)

矿区赛鱼街道赛鱼社区职工书屋、矿区沙坪街道秋沟社区职工书屋

先进困难职工帮扶站(点)(2个)

矿区平潭街街道东社区、矿区赛鱼街道虎尾沟社区

工人先锋号(2个)

矿区环卫处清洁中心、阳泉市亨嘉商贸有限公司铝箔画工艺组

优秀基层工会主席(5个)

杨翠萍(矿区机关工会联合会主席)

张少华(矿区桥头街道总工会主席)

张贵军(矿区平潭街街道总工会主席)

刘新桥(矿区贵石沟街道工会联合会主席)

刘　建(矿区沙坪街道总工会主席)

优秀基层工会工作者(5个)

侯哲明(阳泉市公安局矿区分局工会主席)

韩丽萍(矿区蔡洼街道小南坑社区工会主席)

王香孩(矿区赛鱼街道虎尾沟社区工会主席)

常先梅(阳泉市第十六中学校工会主席)

徐　双(矿区总工会办公室主任)

支持工会工作好领导(5个)

郭爱聪(矿区区委副书记)

周拉娣(矿区平潭街街道党工委书记)

彭　平(矿区沙坪街道办事处主任)

郝金柱(矿区南楼小学校校长)

张栓敏(阳泉市天利时尚购物广场有限公司副经理)

2013年2月,矿区总工会对2012年度全区工会工作先进单位和优秀工会工作者表彰如下:

优秀基层工会组织(9个)

平潭街街道东社区工会联合会、桥泰商贸有限责任公司工会委员会、贵石沟街道工会联合会、山西天恒会计师事务所工会委员会、沙坪街道总工会、阳泉市第十五中学校工会委员会、赛鱼街道大垴沟社区工会联合会、区人民法院工会委员会、蔡洼街道东四尺社区工会委员会

推进工资集体协商活动先进单位(2个)
矿区平潭街街道总工会
矿区赛鱼街道井沟社区工会联合会
推进职代会建设先进集体(3个)
矿区红岭湾小学校工会委员会
矿区小南坑小学校工会委员会
矿区平潭街街道东山社区工会联合会
先进帮扶站(点)(2个)
矿区沙坪街道里沙坪社区工会委员会
矿区平潭街街道马家坪社区工会联合会
工人先锋号(2个)
矿区环卫处清掏组
阳泉市宏丰建筑安装有限责任公司第四项目部
职工书屋建设先进单位(2个)
矿区贵石沟街道水滩社区工会委员会
矿区赛鱼街道虎尾沟社区工会联合会
优秀基层工会主席(5人)
韩晋明(矿区蔡洼街道工会联合会主席)
翟瑞红(矿区教育系统工会联合会主席)
赵振华(矿区检察院工会主席)
任红梅(矿区桥头街道段南沟社区工会联合会主席)
蔡延田(阳泉市顺达出租车汽车有限责任公司工会主席)
优秀基层工会工作者(5人)
李晓燕(矿区总工会综合一部部长)
苏禄芬(矿区桥头街道总工会专职副主席)
王盛爱(矿区蔡洼街道工会联合会专职副主席)
潘　红(矿区沙坪街道总工会联络员)
梁　静(矿区平潭街街道大院社区联合工会副主席)

2014年4月,矿区总工会对2013年度全区工会工作先进单位和优秀工会工作者表彰如下:

工会工作先进单位(15个)

平潭街街道东山社区工会联合会、平潭街街道洪城河社区工会联合会、沙坪街道中沙坪社区工会联合会、沙坪街道秋沟社区工会联合会、赛鱼街道虎尾沟社区工会联合会、赛鱼街道赛鱼社区工会联合会、桥头刘家垴社区工会联合会、贵石沟街道苏村社区工会委员会、蔡洼街道蔡东社区工会委员会、蔡洼街道蔡西社区工会委员会、区卫生局工会委员会、阳泉市第十六中学校工会委员会、矿区沙台小学工会委员会、桃南路小学工会委员会、阳泉市公安局交通警察支队一大队工会委员会

优秀工会工作者(15 人)

郝翠萍(矿区平潭街东社区工会联合会副主席)

高俊峰(矿区平潭街街道马家坪社区工会联合会主席)

宇志红(矿区沙坪街道桥南园社区工会委员会主席)

孙海霞(矿区沙坪街道黄石板社区工会委员会副主席)

张哲峰(矿区赛鱼街道总工会专职副主席)

史珍林(矿区赛鱼街道大垴沟社区工会联合会主席)

苏禄芬(矿区桥头街道总工会专职副主席)

翟玉珊(矿区贵石沟街道苏村社区工会委员会主席)

王盛爱(矿区蔡洼街道工会联合会专职副主席)

蔡延田(阳泉市顺达出租汽车有限公司工会主席)

谷志琴(矿区大井小学工会主席)

刘保栓(阳泉市十八中学工会主席)

任志刚(阳泉市外国语学校工会主席)

张素仙(矿区司法局工会主席)

徐　双(矿区总工会办公室主任)

第三节　工会会员

一、会员发展

1982 年,矿区工会筹备组成立后,在矿区弹簧厂、五金电器厂、钢木制品厂、肉类加工厂等区直企业建立工会组织,发展工会会员 259 人。第一届代表大会以后,随着经济建设的发展,全区职工队伍不断壮大,工会会员不断增加,1984 年 7 月,先后在桥头、平潭、沙坪、赛鱼、蔡洼 5 个街道办事处建立工会小组,在街道集体企业建立工会组织 15 个。到 1984 年 12 月,全区企业全部建立工会,会员发展到 1456 人,并建立会员档案,发放会员证。

1986 年 12 月,矿区工会根据省总工会的有关精神,开始在平潭街街道办事处试点组建街道工会委员会。1987 年 5 月 ~ 9 月,沙坪街道办事处、蔡洼街道办事处、赛鱼街道办事处、桥头街道办事处也先后组建街道工会委员会。1988 年,区总工会本着“成熟一个,巩固一个”的精神,在街道企业发展工会会员,到 1988 年年底新发展会员 76 人。全区 6 个街道办事处机关有 5 个建立工会组织,街道直属的 12 个企业单位建立工会组织, 共建立基层工会组织 17 个, 会员发展到 1532 人, 占职工总数的 92.23%。

1991 年，区总工会直属工会委员会发展到 26 个，直属工会小组 79 个；发展会员 1773 人，占到职工总数的 90.46%。

1998 年，区总工会除在已经建立工会的企事业单位中开展工作外，开始在私营企业中组建工会，区保安公司、翔达复合材料厂等单位在区总工会帮助下建立工会组织。全区基层工会委员会发展到 33 个，发展会员 1951 人，占到职工总数的 91.3%。

2004 年，区总工会加大对社区、非公企业和个体工商户工会组建和会员发展工作力度，全区 54 个行政事业单位、8 个国有集体企业和 12 个街道企业、86 个非公有制企业、40 个社区全部建立工会组织。全区共有基层工会组织 90 个，会员 3298 人，职工入会率达 97.95%。

2007 年，区总工会以“组织建会攻坚月”活动为抓手，以农民工、外来务工人员为重点对象，采取有力措施，扎实推进基层工会组织建设和会员发展工作，实现工会组建率和职工入会率两个 100%。2008 年，全区工会会员实名制登记人数达到 1.44 万余人。2009 年，会员实名制登记人数达到 1.79 万人，并全部填写入会申请表。

2010 年，区总工会通过开展“工会组建月”活动，新增会员 1400 人，完成市总工会下达的基层工会组建和工会会员发展任务，全区会员总数达到 1.93 万人。2011 年，新增基层工会组织 14 个，新增会员 400 人，全区基层工会组织达到 116 个，会员总数 1.97 万人。2012 年，在街道层级组建 4 个非公企业工会联合会、社区层级组建 26 个非公企业联合工会、6 个劳务派遣企业工会，新发展会员 322 人，全区基层工会组织达到 190 个，会员总数 1.97 万余人。

2013 年，新建工会组织 12 个，新发展会员 80 人，会员总数达到 1.98 万人。2014 年，顺利完成新建工会组织 10 个，新发展会员 200 人，到 2014 年年底，全区共有基层工会组织 200 个，发展工会会员 1.99 万余人，职工入会率连续 5 年达到职工动态的 100%。

矿区总工会会员发展基本情况统计表

表 2–3

年　份	基层工会数(个)	职工人数(人)	职工人数(人)	入会率(%)
1983	4	330	259	78.48%
1984	15	1713	1456	85.00%
1985	13	1722	1468	85.25%
1986	14	1796	1473	82.02%
1987	15	1713	1456	85.00%
1988	17	1661	1532	92.23%
1989	19	1799	1584	88.05%
1990	22	1800	1617	89.83%
1991	26	1960	1773	90.46%
1992	26	2128	2069	97.23%

续表 2-3

年 份	基层工会数(个)	职工人数(人)	职工人数(人)	入会率(%)
1993	29	2114	1929	91.25%
1994	29	2187	2001	91.50%
1995	32	2146	1973	91.94%
1996	32	2140	2011	93.97%
1997	33	2245	1810	80.62%
1998	33	2137	1951	91.30%
1999	55	2063	1989	96.41%
2000	67	2924	2837	97.02%
2001	72	3067	2993	97.59%
2002	80	3114	3036	97.50%
2003	88	3165	3100	97.95%
2004	90	3367	3298	97.95%
2005	91	4344	4298	98.94%
2006	104	6125	6061	98.96%
2007	108	8717	8717	100.00%
2008	102	14743	14449	98.01%
2009	103	18271	17906	98.00%
2010	116	19306	19306	100.00%
2011	130	19706	19706	100.00%
2012	190	19706	19706	100.00%
2013	190	19786	19786	100.00%
2014	200	19987	19987	100.00%

二、省市会员代表

(一)出席省总工会代表大会代表

1984 年 12 月 9 日 ~ 13 日,省总工会召开第七次代表大会,矿区出席大会的代表是郭佐荣。

1989 年 12 月 12 日 ~ 16 日,省总工会召开第八次代表大会,矿区出席大会的代表是陶河川。

1994 年 12 月 4 日 ~ 7 日,省总工会召开第九次代表大会,矿区出席大会的代表是陶河川。

2000 年 7 月 17 日 ~ 20 日,省总工会召开第十次代表大会,矿区出席大会的代表是贾启福。

2006年2月25日~28日,省总工会召开第十一次代表大会,矿区出席大会的代表是史豪强。

2011年4月27日~29日,省总工会召开第十二次代表大会,矿区出席大会的代表是史豪强、张贵军。

(二)出席市总工会代表大会代表

1987年7月28日~30日,市总工会召开第十次代表大会,矿区出席大会的代表是陶河川。

1992年9月4日~6日,市总工会召开第十一次代表大会,矿区出席大会的代表是陶河川。

1998年6月15日~17日,市总工会召开第十二次代表大会,矿区出席大会的代表是贾启福、王庭兰、王军。

2003年9月18日~19日,市总工会召开第十三次代表大会,矿区出席大会的代表是史豪强、张焕青、李军平、唐晓东、张金良、葛丽萍、吕慧芳、赵全祥、鄗爱德、刘建华。

2008年9月24日~25日,市总工会召开第十四次代表大会,矿区出席大会的代表是史豪强、胡朴来、张红梅、王彦刚、韩瑞辉、邓小琴、郗佩、陈喜修、韩雅卿、杨翠萍、涂庆福、郝丽珍、魏惠芬、杜志刚。

2013年6月25日~27日,市总工会召开第十五次代表大会,矿区出席大会的代表是史豪强、张红梅、任叔博、韩晋明、张少华、张汉东、张贵军、翟瑞红、刘建、刘新桥、王俊英、王永刚、李晓燕、韩全生。

第二章 职工权益维护

维护职工群众的合法权益是工会一切工作的出发点和落脚点。矿区总工会成立后，围绕区委、区政府和广大职工群众普遍关注的重大问题，积极组织职工参与民主管理和民主监督，通过职工代表大会制度建设、企(厂)务公开制度建设、平等协商和集体合同制度建设，有效地维护职工的合法权益。

第一节 劳动保护与安全监督

20世纪80年代，是矿区区属企业的起步时期，成立不久的矿区工会就把劳动保护工作作为健全组织、开展活动的主要抓手，重点在区属企业和街道办企业弹簧厂、钢木制品厂、五金电器厂、工艺制品厂、钢窗厂、泰康食品厂等企业实施技术改造，加强培训教育，提高广大职工的工艺技术水平和抗灾能力，全面提升企业的安全生产水平。

矿区街道企业中的女职工，大部分是阳泉矿务局的矿工家属。区工会从1985年下半年开始，积极配合该局工会组织齐抓共管，搞好安全联保工作，在女工家属中开展“一保证、二管住、三询问、四嘱咐”活动。1986年，与矿务局工会女工部联合发出号召，号召女工家属行动起来，开展安全生产竞赛，坚决做到亲人身边无事故，安全生产创水平。到1990年，共建立10个联保领导组、236个安全联保分会，共有安全联保员2417人，联保井下职工13878户，联保集体宿舍井下职工9536人，签订联保合同1.68万份。贵石沟街道工会一直把安全联保当作首要工作来抓，并且形成经常化、制度化。

中共十一届三中全会后，随着全区企业改革的不断深入，第三产业的不断发展，区总工会着力加强职工劳动安全保护工作的管理，定期对企业安全生产工作进行监督检查。1987年~1990年，区总工会进一步强化企业劳动保护委员职责，加强女职工特殊权益保护工作。制定《企业劳动保护工作工会主席责任制》和《劳动保护工作竞赛规则》，制定《女职工五期保护工作措施》，举办劳动保护工作培训班，积极组织开展劳动保护工作的竞赛活动，使职工劳动生产条件得到有效改善，职工劳动强度不断降低，工作时间合理缩短。

20世纪90年代，矿区先后建立和发展电器、日用化工、食品饮料、文化用品、服装加工、机电维修等一系列服务型企业，基本形成以轻工、食品、机械为“龙头”，商业、物资供应、房地产等第三产业协调发展的经济体系。工会劳动保护工作得到进一步强化，群众安全监督网络进一步健全，群众监督制度进一步完善。

1992 年，为认真贯彻落实全国总工会颁布的工会劳动保护监督检查的“三个条例”，发挥工会在劳动保护“三结合”管理体制中的应有作用，确实加强劳动保护工作，区总工会组织开展以“班组安全建设，科学安全管理”为主要内容的劳动保护工作“安健杯”竞赛活动。5 月，举办单位、班组、车间群众安全监督员安全监督检查培训班，发给安全监督员“群监员证”。

1993 年 ~ 1997 年，在全区企业中，继续开展劳动保护工作“安健杯”竞赛活动，进一步加强职工的安全教育，强化职工的安全意识，落实安全技术措施，杜绝一切事故的发生。与区安全委员会等有关部门协作，每年定期或不定期对企业安全生产、劳动保护进行监督检查，以保障职工的人身安全，保证生产顺利进行。

1998 年，全国总工会和国家经贸委在总结内蒙古自治区开展“安康杯”竞赛活动经验的基础上，在全国范围内逐步展开“安康杯”竞赛活动。按照市总工会的统一安排，区总工会把工会系统开展的“安健杯”竞赛和优秀安全企业、车间、班组创建活动统一纳入“安康杯”竞赛范围。通过抓教育、建队伍、重检查等措施，不断加强劳动安全保护工作。

2001 年 ~ 2003 年，重点在区属企事业单位开展“安康杯”竞赛，建立安全卫生联络员、群众安全监督员、劳动保护检查员、安全检查员等队伍，完善区、街道、社区、企业四级网络安全监督体系。2004 年以后，以法律宣传、征文、安全知识竞赛、举办职工安全知识培训、文艺演出、演讲比赛等形式，深入开展“安全生产宣传月”活动，努力营造劳动保护、安全生产的舆论氛围和社会环境。

2006 年，“安康杯”竞赛活动的主题是“全面树立以人为本思想，切实加强安全生产教育”。区总工会不断扩大事业单位参赛范围，将“安康杯”竞赛活动延伸到教育系统工会。2007 年 7 月，区总工会、区安监局、区卫生局联合下文安排开展“安康杯”竞赛活动，报名参赛单位 17 个，涉及职工人数 4098 人。按照“安康杯”竞赛内容要求，参赛单位积极的创新，加强宣传，建立制度，职工安全意识进一步增强。2008 年，组织基层工会继续开展以“提高安全健康整体素质，实现安全健康科学发展”为主题的“安康杯”竞赛活动，全区有 34 家基层工会组织 4000 余名职工参加活动。

2010 年 2 月，在优秀安全企业、车间、班组创建活动中，矿区小南坑小学政教处、阳泉市交警支队一大队二中队、阳泉市天利集团公司经营部、阳泉市顺达出租汽车有限公司共产党员车队被市总工会、市安全生产监督管理局评为“阳泉市第二十批优秀安全班组（科室）”。2010 年，各街道、社区工会的劳动安全保护工作实现由生产领域向生活领域、人身安全向身心健康、职工本人向职工家属的扩展。建立工会与劳动、安检、卫生等部门联动机制，不定期开展综合性的安全生产大检查。3 月，区总工会、区安监局、区卫生局联合下文安排开展“安康杯”竞赛活动。6 月，区教育系统工会联合会邀请市总工会领导对学校、幼儿园工会主席就学校“安康杯”竞赛活动和三级网络建设工作、学校职工代表大会建设等内容进行培训。2011 年，坚持“安全第一，预防为主,综合治理”方针,积极开展以“抓班组,提高管理水平;重教育,推进安全文化”为主题的“安康杯”竞赛活动。6 月 12 日,举办“安全生产宣传咨询日”活动,共发放宣传单 2000 余份,增强职工安全生产、健康工作的安全意识。矿区刘家垴小学和桥头羊上树餐厅分别获得 2008 年 ~ 2010 年全市“安康杯”竞赛先进集体称号。

2012 年 2 月,在优秀安全企业、车间、班组创建活动中,矿区南楼小学政教处、阳泉市第十二中学政教处、矿区红岭湾小学政教处被评为“阳泉市第二十二批优秀安全班组(科室)”。2012 年,联合区安监局、区卫生局下发“安康杯”竞赛活动通知,以“弘扬企业安全文化,加强班组安全管理”为主题,以煤矿、建筑、交通等高危行业为重点,以非公有制企业、机关事业单位为扩大范围,以加强安全文化建设为手段,吸纳更多的单位和职工(特别是农民工)参加竞赛活动。各类企事业和机关单位在竞赛活动中,广泛开展形式多样的安全文化活动;继续深入开展班组安全建设和达标创优活动,加强班组安全建设成果交流;健全企事业单位职业安全卫生群众监督检查体系,开展群众性事故隐患和职业危害排查活动;举办职工安全健康知识培训和普及教育活动,开展职工安全卫生知识学习和竞赛。6 月,各级工会开展安全生产宣传教育活动,大力宣传安全生产方针政策、法律法规和“安康杯”竞赛活动的目的、表彰形式和竞赛活动特点。活动期间,共发放宣传单 1000 余份、主办宣传展板 10 块、悬挂条幅 2 条。矿区总工会荣获 2011 年度阳泉市“安康杯”竞赛优秀组织单位称号。8 月,在天利购物广场举办大型《女职工劳动保护特别规定》宣传月活动,向女职工宣传新颁布的《女职工劳动保护特别规定》实施内容和法律咨询活动,共发放《女职工劳动保护特别规定》、法律知识读本、女职工自我保健和优生优育小知识等资料 3000 多份,并现场为女职工释疑解惑;组织基层工会参加《女职工劳动保护特别规定》知识竞赛答题活动,获一、二、三等奖各 3 名,矿区总工会获《女职工劳动保护特别规定》知识竞赛优秀组织奖。

2013 年 2 月,在优秀安全企业、车间、班组创建活动中,矿区马家坪小学政教处、阳泉市天利购物广场经营二部、矿区环境卫生管理处清洁中心被评为“阳泉市第二十三批优秀安全班组(科室)”。2013 年,联合区安监局、区卫生局开展以“弘扬企业安全文化,加强班组安全管理”为主题的“安康杯”竞赛活动,全区共有 80 家企事业单位(其中非公企业 11 家),265 个班组参加活动,参赛人数达 1.39 万人。6 月,组织基层工会继续开展以“科学发展、安全发展”为主题的安全生产宣传月教育活动,共发放宣传单 2000 余份、主办宣传展板 10 块、悬挂条幅 2 条,通过宣传活动,丰富群众的安全生产知识,有效地推动“安康杯”竞赛活动的开展。组织开展《妇女权益保障法》《女职工劳动保护规定》落实情况调研,全年上报调研报告 15 篇。在 2012 ~ 2013 年度全市“安康杯”竞赛中,阳泉市第十四中学校、矿区蔡洼街道东窑房社区被授予“市优胜单位(含分厂、车间、工会组织)”称号;矿区赛鱼街道办事处副主任兼工会副主席韩晓华、矿区安监局陈莉卿、矿区总工会综合二部部长张秋祥、矿区平潭街小学校马永强被授予“市先进个人”称号。

2014年,以“依法维权年”活动为统领,开展“安康杯”竞赛活动,竞赛主题是“广泛发动提质量,文化引领强基础”。全区共有82个企事业单位(其中,非公企业13个)、272个班组参加比赛,参赛人数达1.4万人次。2014年2月,在优秀安全企业、车间、班组创建活动中,矿区桥头小学少先队大队部被市总工会、市安监局命名为“阳泉市第二十四批优秀安全班组(科室)”。

第二节 民主管理

民主管理是职工依法直接或间接参与管理所在单位的内部事务,体现劳动者当家做主的大事。矿区总工会民主管理工作主要体现在加强职工代表大会制度建设、依法落实职代会职权、使职代会成为调整劳动关系的重要机制诸方面。

一、职工代表大会制度建设

矿区区属工业企业和街道办事处所办的工业企业,都是小型集体所有制企业。1983年区工会成立后,先后在集体所有制企业里,建立基层工会组织。区工会按照宪法规定“集体经济组织依照法律规定,实行民主管理,由它的全体劳动者选举和罢免管理人员,决定经营管理的重大问题”,就基层工会如何按照中国工会章程的规定“为职工说话、办事,维护职工的合法权益”,如何依靠工人阶级,发扬主人翁精神,对集体所有制企业实行民主管理进行了探索。区工会依照1986年国务院颁布的《全民所有制工业企业职工代表大会条例》,经区委批准,首先在桥头街道办事处钢窗厂进行职工代表大会制度试点工作,该厂工会组织在桥头街道办事处党委的支持下,很快建立职工代表大会制,并由工会委员会承担职工代表大会的日常工作任务,主持民主管理工作。试点工作在取得经验之后,区工会制定《职工代表大会有关民主程序》,并在区属工业企业推行该项民主管理制度。1988年4月,《中华人民共和国全民所有制工业企业法》(以下简称《企业法》)颁布施行后,区总工会在全区集体所有制工业企业贯彻执行,落实《企业法》第51条和52条规定的职工代表大会的五项职权,使职工大会或职工代表大会制度健全起来,企业民主管理日趋完善。随之,集体所有制企业职工民主管理的权力更大,职工大会或职工代表大会是企业的最高权力机构,它有权决定企业的一切重大问题,直至任免企业厂长经理。在企业实行经济承包中,工会组织紧紧围绕企业承包,通过签订双保合同,开展“双评”活动,实施职工民主管理。在区直企业二轮承包中,100%签订双保合同。其间,根据省总工会、市总工会的要求,区总工会举办民主管理培训班,培训职工代表、工会积极分子150多名;还在区直企业中开展评选“知心书记、开明厂长(经理)、信赖工会主席”的活动,为进一步加强民主管理,促进基层的民主建设奠定坚实的基础。到1990年,32个区办、街道办工业企业都建立起职工大会或职工代表大会制度,区属各企业提交职工或职工代表大会审议各项决策60余件,审议通过或同意的议案50余件,否决或建议撤销的10件。

1992年~1998年,区总工会积极支持改革,参与改革,加强对企业实行民主管理，努力落实全心全意依靠工人阶级的指导方针，充分发挥中国共产党和政府联系职工群众的民主渠道的作用。通过贯彻《中华人民共和国劳动法》（简称《劳动法》）《中华人民共和国工会法》（简称《工会法》）《企业法》《中华人民共和国教师法》（简称《教师法》），在全区企业、事业单位建立和完善职工代表大会或职工大会制度，使职代会的“五项职权”较好地得到落实，进一步推动民主管理。各级工会在参与制定企业生产经营目标、参与企业的改制、制定各项重大决策，以及职工福利方面都发挥积极有效的作用。中共十五大以后，改革进入攻坚阶段。为加快矿区企业改制的步伐，区总工会及时出台《在矿区企业改制中加强职工思想政治工作的意见》，随后，区委办公室又转发区总工会《关于基层工会参与全区企业改制工作的意见》，为促进全区企业改制健康发展发挥积极作用。在企业中，积极开展职代会评议干部和职工代表巡察活动，建立厂长经理业务招待费向职代会报告制度，开展评选依靠职工办企业的优秀党政工干部和好厂长、好经理、好书记、好工会主席活动，完善争先创优的内部激励机制。保护和调动广大职工参与管理、参与改革的主动性和积极性。

2000 年～2004 年，工会通过依法行使参与权、交涉权和监督权，代表职工参与国家和社会事务的管理，组织职工民主参与企事业管理，通过平等协商和签订集体合同以及履行民主监督的职责，依法维护职工的合法权益，协调关系。在社会方面，工会发挥桥梁纽带作用，不断沟通党委政府与职工群众之间的联系，一方面，通过源头参与把职工的意见和要求反映上来；另一方面，通过教育、宣传等手段，把中国共产党的方针政策及政府的主张及时向职工群众传达和沟通。工会在劳动关系中发挥协调作用，就是以职工代表特殊身份解决劳动过程中出现的矛盾和问题，维护劳动者的利益，保护劳动者的积极性，有助于企业的发展和社会的稳定。总工会根据参与、合作、协商、相互支持的原则和依法享有的参与权、交涉权、监督权的指导思想开展工会工作。在“两个机制”建设推进中，形成以天利集团工会、顺达出租汽车公司工会、外国语学校工会、赛鱼街道工会等为代表的特色典型。通过区域性职代会制度的推行，区域性集体合同的签订，在众多小企业中，有力地维护职工的合法权益，提升工会的地位，增强企业经营者对职工的民主意识，协调稳定企业劳动关系，实现企业经营者与职工的“双赢”。此外，通过开展星级职代会竞赛活动，不断建立、完善职代会制度，规范职代会工作程序，提高职代会工作质量，进一步增强企业经营者的民主意识。经过严格考评，全区有 5 个基层工会达到区三星级职代会标准，2 个基层工会达到区四星级职代会标准。经市总工会对矿区基层工会职代会工作进行考核，矿区小南坑小学校、红岭湾小学校分别获市五星级职代会、省四星级职代会称号；矿区共有 6 个基层工会获市四星级职代会，获市三星级职代会 20 个。

2005 年，突出职代会在国有企业、集体企业中的职能。在区直企业改制过程中，区总工会积极参与企业破产改制，督促企业严格按照规定程序召开职代会，最大限度地维护职工的合法权益。同时，督促企业做到“三必须”，即集体合同（工资协议）必须经过集体协商，必须经过职代会审议，履行情况必须向职代会报告。正常生产经营的企业都相继续签集体合同,并相继开展工资集体协商工作,签订工资集体协议。同时,还为平潭汽修厂20余名职工解决了养老保险问题,并达成协议。2006年,在全区8个区直企业改制过程中,区总工会参与成立企业破产改制领导组,督促企业严格按照规定程序召开职代会,最大限度地维护职工的合法权益。正常生产经营的企业都相继续签集体合同,并相继开展工资集体协商工作,签订工资协商集体合同。大胆探索民主管理形式,建立和完善非公企业民主管理制度。制定下发《实施民主管理制度试行办法》,到2006年年底,全区有24家非公企业建立民主协商制度。企业工会每年与经营者就职工权益和谋求企业发展等问题召开2至3次民主协商会议。

2007年,继续在全区企事业单位开展星级职代会竞赛活动。全区17家国有及控股企业,全部建立职工代表大会制度和厂务公开制度,35个事业单位建立职工代表大会制度和校务、所务、院务公开制度。区总工会按照《阳泉市职工代表大会评估考核细则》,对各单位职工代表大会标准化建设进行全面评估考核。经过严格考评,天利集团公司工会等8个单位达到三星级职代会标准;市十三中学工会等10个单位申报四星级职代会。2008年,有9个基层工会组织达到三星级职代会,有8个基层工会组织申报四星级职代会,有2个基层工会组织申报五星级职代会。2009年,在全区企事业单位中有21家基层工会参加星级竞赛活动,其中,经市总工会、区总工会验收4家达四星级标准,11家全部达到三星级标准。职代会制度的完善,进一步维护职工的民主参与权、民主决策权、知情权、监督权,维护职工的劳动权利和经济利益。2012年,为充分调动广大职工参与企事业民主管理的积极性,有力发挥职代会提案制度在推进企事业单位改革发展中的积极作用,组织辖区单位开展优秀职代会提案评选活动,共上报职代会提案10件,市十七中学、矿区小南坑小学提案获三等奖,矿区赛鱼小学、矿区东四尺小学提案获优秀奖。通过开展职代会星级竞赛活动,有力地推进职工(代表)大会的规范化、制度化、标准化建设,切实保障职工民主政治权益。矿区红岭湾小学教职工代表大会获市五星级职代会,平潭街道东山社区、平东社区、矿区平潭街小学、矿区赛鱼小学、矿区南楼小学、矿区大井小学教职工大会获市四星级职代会。

二、企(厂)务公开制度建设

1983年2月,区工会成立后,在区委和市总工会的领导下,结合矿区发展实际,始终把维护职工合法权益当作主要工作职责。为职工说话办事,依法维护职工群众的合法权益。

1988年,矿区各企业实行企业租赁、承包经营责任制后,区总工会按照《企业法》规定的职工代表大会职权,于12月10日下发《职工大会民主评议干部的实施方案》。1989年,先后在弹簧厂、电器厂、建筑工程公司和矿灯厂,指导厂工会委员会开展通过职工大会或职工代表大会,民主评议承包人的工作。通过民主评议,承包人与广大职工达成共识。职工积极参与技术改造、新产品开发和"双增双节"活动。建材厂采纳职工意见,把烧砖用的烟煤改为无烟煤,提高经济效益8万元。弹簧厂采纳职工提出的自制设备等5条合理化建议,一年节约资金11万元。同年12月,在市总工会召开全市民主管理经验交流会上，矿区总工会介绍关于民主评议承包人的经验并得到市总工会充分肯定。到1991年,20家企业的厂级领导受到表彰奖励;对职工反映强烈、民主意识差、甚至违纪违法的5个企业厂长解除承包合同并免去职务。

1991年12月21日,在市总工会召开的阳泉市企业民主管理经验交流会上,矿区钢窗厂工会主席就如何发挥职工代表大会作用,搞活企业介绍经验。同时,矿区钢窗厂作为先进集体和有2名先进职工代表大会干部、3名先进职工代表,受到大会表彰。

1999年,在区委、区政府的领导下,区总工会积极推行企(厂)务公开、民主监督制度,依照"先行试点、梯次推进、精心指导、严格规范"的工作思路,加强领导,认真组织,逐步在全区建立和完善该项制度。4月20日,区委、区政府制定下发《关于在全区企业中推行企务公开、民主监督制度的实施方案》。区总工会根据实施方案,结合全区企业现状,制定《关于推行企务公开、民主监督实施方案的具体工作步骤》,并拟定全区企务公开百分考核办法。

2000年,区总工会对从1999年推行企(厂)务公开制度以来,全区企业现状进行认真调查与分析,发现在12个区直企业和26个街道办企业中,停产半停产的企业有24个。针对实际情况,在要求全部企业进行企(厂)务公开的同时,重点对正常经营的14个企业进行规范,其中,国有企业3个,区直集体企业4个,街道办企业7个。确定重点公开的6项内容:(1)年度计划;(2)厂领导班子工资奖金;(3)企业业务招待费;(4)大宗物资采购;(5)经济指标完成情况;(6)工程承包情况。先从容易引发矛盾,群众关注的热点、难点、疑点问题入手开展,然后不断充实完善。在企(厂)务公开的过程中,坚持以职代会为主要公开形式,坚持职代会制度,落实职代会职权,发挥职代会作用,促进职工民主管理的经常化、制度化。为保证各项工作的顺利开展,坚持先搞试点,取得经验,梯次推进的原则,领导组成员分片包点,将区房地产开发公司、聚丰贸易公司作为企(厂)务公开典型进行推广。10月20日,全市大宗原材料采购公开推进会议后,区委对企务公开领导组成员进行调整,并召开企业领导、工会主席会议,要求在"扩面、延伸、提质"的同时,在巩固、深化、求实上下功夫,提出"四个深化":第一,在内容上，由一般性问题向深层次问题深化。在起初确定的6项必须公开内容的基础上,各公开单位根据实际情况扩大公开内容,引申公开涉及企业深层次的生产经营管理的重点、职工关心的热点、廉政建设的焦点、企业改革的难点等关键性问题。第二,在公开程序上,由公开办事结果向公开办事过程深化。即公开企业重大问题的决策,以及管理工作的各个环节,鼓励职工参与,激励职工的主人翁意识。第三,在公开时间上,由阶段性公开向经常性公开深化。针对公开栏长期不更换,应付检查变为重大事项、职代会上每半年公开一次,长期工作分阶段公开,常规性工作经常公开,热点问题及时公开。第四,在公开形式上由单一公开形式向多样化公开形式深化。即由原来的公开栏向职代会、经济分析会、班组会、党政工联席扩大会、厂情发布会公开深化。11月,区总工会对全区开展企(厂)务公开的单位进行检查,在14个企(厂)务公开的企业中有10个企业规范运作。

2001 年～2005 年，矿区经济结构逐渐呈现多元化状况，企业改制全面进行，民营企业迅速增加。区总工会面对新形势，采取新举措，不断推进企业民主管理。在改制企业和民营企业中及时建立工会组织，推行职工大会或职工代表大会制度，开展企（厂）务公开活动，按照《中华人民共和国公司法》规定，在企业中推行职工董事监事制度，使广大职工关心企业、参与企业决策，协调劳资关系，维护职工利益，促进企业发展。

2009 年，区总工会以“法制型”工会建设为基础，不断推进“企（厂）务公开民主管理”上水平。2012 年，在采取公示栏等传统企（厂）务公开方式的基础上，区、街道、社区以区政府网站、街道网站、区总工会网站为依托，在互联网上与各社区、企业电子网络建立链接，开通集信息整合、社会监督、互动交流等功能于一体的企（厂）务公开电子平台。真正让企（厂）务公开突破区域和时间的局限，敢于“上网曝光”，敢于接受职工及社会各界的监督。矿区小南坑小学校《民主管理在博客圈》项目被市总工会授予“2012 年度企（厂）务公开民主管理特色创新工作成果”荣誉称号。矿区总工会被评为 2013 年度“山西省厂务公开、民主管理工作先进组织单位”。

2014 年，区总工会进一步完善和充实企（厂）务公开工作制度》，实行大公开。凡是职工群众普遍关心关注的内容全部进行公开。建立完善企（厂）务公开热线、电子邮箱，聘请 80 名企（厂）务公开监督员和 45 名信息员，在全区工会主席和党员中开展“亮党员身份、亮工会主席身份、亮工作职责”三亮活动和做好党员活动，为广大职工群众有效行使知情权、参与权、表达权、监督权搭建良好平台。各基层工会充分利用企（厂）务公开栏、公示栏、电子网络等及时、准确、全面地对职工关注的大事进行公开，做到各项工作透明化。

第三节 法律援助

一、法律知识普及

中共十一届三中全会召开后，区工会结合生产和职工思想实际，加强职工的思想政治工作，发动和组织广大职工学习贯彻十一届三中全会和全国人大五届二次会议以及全总工会九大会议精神，对职工进行四个现代化建设伟大意义及四项基本原则的教育。自 1983 年矿区工会成立起，到 20 世纪 90 年代，通过开展一系列教育活动，引导职工克服派性、无政府主义和极端民主化，自觉地维护生产秩序、工作秩序、社会秩序，促进安定团结，从而调动广大工会干部和职工群众大干社会主义四个现代化的积极性。

1992 年 4 月 21 日，区人大常委会主持召开新《中华人民共和国工会法》（以下简称《工会法》）学习交流座谈会，区人大常委、区委、区政府有关部委领导、区总工会负责人、部分企业、机关工会主席、劳动模范代表共计 30 多人参加座谈会。1994 年，区总工会为引申《工会法》的学习宣传，组织工会知识百题竞赛活动。1995 年～2000 年，区总工会按照《阳泉市职工代表巡察制度的暂行规定》实施细则，推动落实《中华人民共和国宪法》《企业法》《工会法》《教师法》《中华人民共和国城镇集体企业条例》等有关法律法规，充分发挥职工代表的各项职权，有效激发广大职工参政议政的积极性，进一步促进基层民主制度的建设，保证两个文明建设的顺利进行。

2001 年 10 月，新修订的《工会法》颁布后，区总工会根据市总工会的安排进行认真的宣传贯彻。11 月 11 日 ~ 13 日，举办基层工会主席学习宣传贯彻《工会法》培训班，学习内容贯彻到车间班组，使在职职工知晓率达到 100%。11 月 25 日 ~ 12 月 4 日，区总工会采取多种形式，开展《工会法》集中宣传活动，共发放宣传资料 1000 余份，张贴宣传标语 300 余条，设立宣传咨询点 7 个，主办板报 40 块，出动宣传车 3 辆。

2004 年，在《中华人民共和国劳动法》（以下简称《劳动法》）颁布 10 周年之际，区总工会举办大型的《劳动法》《集体合同规定》等法律法规宣传活动。在“安全活动月”中，配合区安委进行形式多样的《中华人民共和国安全法》宣传活动，强化广大职工的安全意识和法律意识。指导企业工会定期开展《中华人民共和国安全生产法》《中华人民共和国职业病防治法》和《劳动法》等法律法规的宣传培训。2005 年，区总工会开展“送法进社区、送法进企业、送法到员工”活动，共发放宣传资料 1000 余份，受教育员工达 3000 余人。2007 年 3 月，开展“集体合同和平等协商月”宣传活动。各街道工会、行业工会和企业工会组织签订集体合同、劳动合同，组织职工代表与企业主就劳动报酬、劳动时间、劳动保护等进行平等协商，在企业方和职工方开展宣传，提高企业方和职工对集体合同和平等协商的认识，推进企（厂）务公开和民主管理，有效维护职工合法权益。

2011 年，区总工会广泛开展以《劳动法》《工会法》为主题的宣传活动，印发学习资料 1000 份，宣传单 15000 份。开展多渠道、多层次的培训活动，先后选派 100 多名基层工会干部和职工代表参加全国、省、市总工会组织的培训学习，提高工会干部的素质，为推行平等协商和集体合同制度，确保工作质量夯实基础。3 月，区总工会举办职代会制度暨集体合同培训班，邀请市总工会民管部部长侯泉生、法工部部长徐超，对职代会制度、如何开好职工代表大会、平等协商、签订集体合同和工资集体协商等内容进行培训，基层工会近 120 人参加培训；在平潭街街道总工会举办矿区工资集体协商工作指导员培训班，培训内容包括开展工资集体协商工作的目的意义、操作程序和方法、政策法规等，基层工会主席和工会干部 50 余人参加培训。培训后向 15 名兼职基层工会工资集体协商指导员颁发聘书。8 月，在全区企业开展加强企业工会建设、推进集体协商“百日攻坚行动”，全区共有 66 家企业开展了推进集体协商“百日攻坚行动”，市总工会领导到矿区平潭街街道总工会就集体合同签订进行调研。

2012 年，区总工会认真做好“六五”普法安排，成立领导组，明确分工。按照普法工作的要求，制定具体实施措施和工作计划，做到有计划安排，有检查落实，有学习重点，有工作程序，促进普法工作的顺利完成。同时，开展“科普日”“法制宣传日”活动，联合多部门在市民、农民工聚集广场，宣传《宪法》《工会法》《劳动合同法》等法律法规。通过开展普法活动，增强职工的法律意识，逐步提高职工学法、知法、守法的自觉性。2013 年,区总工会在平潭街街道东社区举办区域性职代会、工资集体协商培训班,系统地学习职代会制度和集体合同两方面知识。协助各基层工会组织召开区域性职代会,重新修订区域性集体合同文本,续签区域性集体合同 14 份,覆盖企业 80 家。

2014 年,区总工会积极开展各种法律知识普及活动,举办由企业法人及工会主席参加的工资集体协商百题知识竞赛有奖活动;组织企业法人举办知识讲座,提高认识;11 月,开展《山西省企业工资集体协商条例》培训学习,结合案例详细解读内容,通过学习深刻领会《条例》精神实质,熟练掌握《条例》主要内容,提高协商能力水平,并对培训内容进行考试,使工会干部对工资集体协商更加重视;年终召开普法经验交流会。

二、平等协商和集体合同制度建设

1996 年,矿区总工会在区委、区政府领导下,把平等协商和签订集体合同工作作为工会工作的重点,领导挂帅,分片包干,超额完成市领导组下达的任务指标,受到市领导组的表彰。8 月,经多方协商准备,区劳动局在区总工会参与下,与矿区所属的钢窗厂、聚丰贸易公司、房地产公司、华厦实业公司、钢木厂、弹簧厂、经贸公司以及沙坪、蔡洼、平潭街、赛鱼、桥头 5 个街道办事处的街办企业首次签订集体合同。至 1997 年年底,全区共有 19 家企业签订集体合同,签订率达到 95%,完成市下达目标任务的 150%。随着企业改制,合同内容不断地得到补充和完善。19 家签订集体合同企业中,有 14 家企业能够全面履行或大多数条款得以履行,占到总数的 73.6%。

1996 年 ~ 1999 年,在 8 个区直企业改制过程中,区总工会参与成立企业破产改制领导组,督促企业严格按照规定的程序召开职代会,最大限度地维护职工的合法权益。同时,督促企业做到“三必须”,即集体合同(工资协议)必须经过集体协商、必须经过职代会审议、履行情况必须向职代会报告。正常生产经营的企业也都相继续签集体合同,并相继开展工资集体协商工作,签订工资协商集体合同。对于职工的养老保险问题也达成协议,深受职工好评。

1999 年 11 月和 2002 年 10 月,进行两次续签。根据集体合同签订在全区开展的不平衡, 一些企业平等协商流于形式, 集体合同得不到全面落实的情况,2002 年 10 月,区劳动和社会保障局、区总工会按照《中华人民共和国劳动法》和新修订的《中华人民共和国工会法》有关集体合同规定、《山西省企业集体合同条例》等法律法规以及省劳动和社会保障厅、省总工会出台的《关于进一步推行平等协商和集体合同制度的意见》精神,制定下发《关于实行平等协商集体合同、续签集体合同的实施意见》,进一步加强规范全区平等协商和集体合同制度。对于新建企业,区总工会主动督促指导企业建立工会组织,实行职工代表大会制度,并与区劳动和社会保障局联合,及时与企业开展平等协商签订集体合同。2003 年 3 月,全市私营企业区域性工资集体协商现场观摩会在矿区召开,全区有 110 余家私营企业进行工资协商。

2005 年,区总工会根据私营企业的特点,广泛推行民主恳谈会制度和区域性、行业性职工代表大会制度,并结合实际,建立平等协商集体合同制度,将涉及面广的“大合同”转化为针对性较强的“小合同”，突出维护职工获得劳动报酬的权益，指导企业主与工会主席或联合工会主席签订(区域性)工资集体合同。同时，根据私营企业职工人数多少、规模大小分类建立多种形式的职工代表大会制度。具体为：各街道工会和各街道私营企业工会建立区域性职代会制度，街办企业区域性职代会建立平等协商制度，签订集体合同，街道私营企业联合工会建立平等协商制度，签订区域性工资集体合同，使私营企业民主管理制度逐步走向规范化、制度化。区总工会在各基层单位中继续大力实施《矿区区域性职代会(试行)办法》，对区域性职代会的工作机构、职责职权、组织制度等方面认真督促检查，并制定下发职代会实施细则。区总工会有关领导专门深入到街道私营企业工会联合会进行检查指导，及时发现和纠正存在的不足和问题。

2006 年，区总工会依托三级工会组织网络，在企业调解劳动争议、协调劳动关系中，围绕“及时发现、有效控制、妥善处理”三个环节建章立制，开展工作。抓好员工劳动合同和集体合同的签订工作，把做好该项工作作为维护员工合法权益、协调劳动关系的前提和基础。1 月～12 月，全区续签劳动合同 38 份，签订率 90%。2006 年年底，全区共有各类企业 124 家，区域性集体合同覆盖企业 119 家，签订工资专项协议的企业 78 家，签约率为 80%以上，履行率为 70%～90%，达到最低工资标准(520 元/月)的职工数约占 60%。2007 年底，全区区域性集体合同覆盖企业 119 家，签订工资专项协议的企业 78 家，签约率为 80%以上，履行率为 70%～90%，达到最低工资标准(610 元/月)的职工数约占 60%。

2007 年，区总工会按照市总工会的安排，年初下发《关于继续推行女职工特殊权益保护专项合同的通知》，要求全区各企事业单位签订女职工保护专项合同。其中，矿区最大的私营企业天利集团公司工会于 5 月 17 日召开的第一届二次职代会上签订《女职工特殊权益保护专项集体合同》，5 个街道工会联合会也于 8 月，分别与所辖 40 个社区签订《区域性女职工特殊权益保护专项集体合同》。区总工会在 11 月下旬与 27 所中小学校签订《女职工特殊权益保护专项集体合同》，全区企事业单位的签约率达到 95%以上。

2008 年，区总工会与区劳动和社会保障局联合开展“推行平等协商、集体合同制度和工资协商月、女职工权益保护专项集体合同”活动。在活动月期间，签订集体合同企业达 147 家，签约率占已建工会企业的 98%，覆盖职工 4000 余人。共签订女职工权益保护专项集体合同 54 份，覆盖女职工 3000 余人。天利集团公司在区总工会督促下，于 4 月 15 日召开第一届三次职工代表大会，企业工会主席代表 318 名职工与企业签订集体合同、平等协商工资集体合同和职工劳动合同。2009 年，在企事业单位中，共签订集体合同达 28 家。面对全球金融危机，开展“共同约定行动”活动，共有 32 家单位开展活动。签订《区域性女职工特殊权益保护专项集体合同》，覆盖个体工商户 503 家，涉及 2000 余人，全区企事业单位的签约率达到 95%以上。

2010 年，区总工会进一步强化基层劳动争议调解工作，开展“集体合同和劳动合同管理年”活动。广泛开展以《劳动法》《工会法》为主题的宣传活动，印发学习资料1000份，宣传资料1.5万份，取得明显成效。各基层工会代表职工与辖区企业签订区域性集体合同17份。4个商业一条街联合工会、66家企业工会代表职工与企业主签订工资专项合同17份，签订女职工专项集体合同71份。开展“共同约定行动”以来，全区与职工签订共同约定书的企业有154个，开展创建和谐劳动关系的企业有148家，覆盖职工5263人，覆盖率达95.6%。在全区企事业单位开展创建劳动关系和谐活动中，阳泉市顺达出租汽车有限公司、山西天恒会计师事务所先后获省模范劳动关系和谐企业称号；新泉公司、桥头街道办事处、沙坪街道秋沟社区获市创建劳动关系和谐模范单位称号。

2011年，区总工会开展工资协商要约和回复行动，努力推进协议合同的有效落实。参加企业平等协商活动，阳泉市顺达出租汽车有限公司企业工会向老板提出为解决女职工每月卫生费和2名职工最低工资问题，天恒会计师事务所工会提出为2名困难临时工调整工资到1700元以上的问题都得到解决。通过“六个一”行动的开展，工资集体协商工作取得新进展，全区工资集体协商签订企业已达建会企业总数的90%以上，共签订工资专项集体合同47份，覆盖企业126家，个体用工单位1236户，覆盖职工1.36万人，其中，25人以上的企业单独签订工资专项集体合同15家，覆盖职工1176人，签订区域性工资专项集体合同34份，覆盖企业122家，个体用工单位1225户，覆盖职工1.25万余人。2012年，区总工会针对辖区内非公有制企业规模小、分布广、数量多的特点，进一步推进区域性工资集体合同制度建设，同时，不断推进女职工专项集体合同的签订，重点抓行业性、区域性女职工权益专项集体合同工作，共签订女职工专项集体合同67份，其中，企事业单位签订专项合同56份，涵盖女职工3875人，签订区域性专项合同16份，涵盖女职工6894人，签订行业性专项合同2份，涵盖女职工43人，共覆盖女职工人数1.11万余人。

2013年，区总工会继续推行区域性工资集体合同制度，参加各基层工会、企业、社区集体合同签约仪式。全区共签订工资专项集体合同48份，覆盖企业137家，个体用工单位1254户，覆盖职工1.37万人，其中，25人以上的企业单独签订工资专项集体合同18家，覆盖职工1478人，签订区域性工资专项集体合同40份。同步推进女职工专项集体合同制度，共签订女职工专项集体合同78份，其中，企事业单位签订专项合同58份，涵盖女职工3982人，签订区域性专项合同18份，涵盖女职工7103人，签订行业性专项合同3份，涵盖女职工56人。共覆盖女职工人数1.12万人，女职工专项集体合同签订率达到100%。

2014年，按照工资集体协商工作的整体安排，成立矿区开展工资集体协商工作领导组，由工会、工商、税务、经信、工商联等部门负责人和律师为成员。建立区、街道、社区工资集体协商三级工作网络，聘任6名工资集体协商指导员，43名工资集体协商工作具体操作员。制定工资集体协商专(兼)职指导员、具体操作员学习培训制度、工作制度和管理措施。全区487家企业有409家通过工资集体协商签订工资专项合同，覆盖职工 3394 人，签订率为 84%，新签订企业数为 71 家。

三、职工物价监督与法律维权

（一）职工物价监督

1986 年，随着改革开放的深入，国家先后几次调整和放开农副产品和一部分工业产品的价格，初步改革不合理的价格体系和价格管理制度。但是，几次调整中有时步子迈得大了点，加上宏观控制不够，引起物价上涨。特别有一些经营思想不端正的工商企业和个体商贩，趁机乱涨价、变相涨价，坑害国家和消费者。为宣传价格体系和价格管理体制的改革，保证物价基本稳定，矿区工会于 1986 年 10 月成立矿区职工物价监督站。聘任一批退休老干部和退休职工担任职工物价监督检查员，对市场物价进行监督检查。在区工商管理部门和物价局的指导下，按照省职工物价监督总站《关于在全省职工物价监督中开展"创先进、争模范、做贡献"活动的通知》精神，1986 年 10 月 ~1987 年上半年，区职工物价监督站共组织集体活动 18 次，检查摊点 157 个，没收不合格秤 14 杆，罚没款 2400 元，查处各种乱涨价、变相涨价和违纪行为，对制止乱涨价、变相涨价的歪风，维护市场物价平稳和维护消费者利益起到重要作用。1987 年，矿区职工物价监督站被评为出席市"先进职工物价监督站"，有 5 名业余物价监督员受到市物价监督总站的表彰。同年 7 月，区职工物价监督站被评为省先进职工物价监督站，站长王庭兰被评为先进个人。

1988 年 ~ 1992 年，区总工会对区职工物价监督队伍进行多次调整充实，使职工物价监督员的素质得到提高。广大监督员注重宣传国家物价政策，不吃请、不收礼、坚持文明检查，不徇私情。共出动 1516 人次，检查集体、个体 1463 家，罚没款 1.44 万余元，全部上交区财政，有效地发挥了社会监督职能。

1992 年 ~ 1998 年，区总工会注重职工劳动法律监督、劳动争议处理工作，先后共接待职工来访 160 多人次，妥善地处理一些具体问题，在维护职工合法权益、参与社会治安综合治理，维护社会稳定、协调社会矛盾等方面，发挥重要的作用。矿区总工会连续三年被评为市社会治安综合治理先进单位。

（二）法律维权

2007 年，按照省总工会、省司法厅、省劳动和社会保障厅下发《关于加强职工法律援助工作，推动构建和谐社会劳动关系的意见》和市总工会法工部 2007 工作重点中提出的"各基层工会要尽快建立职工法律援助工作站"要求，积极筹备成立矿区职工法律援助工作站。按照全国总工会、省总工会、市总工会和矿区关于对"黑砖窑"专项整治要求，区总工会成立专项整治领导组，建立值班制度和"一日一报"制度，下发《山西省农民工权益保护条例》宣传资料 1000 余份。同时，多次召集基层工会主席及联络员会议，部署排查工作，要求各基层工会组织特别是街道工会组织及社区工会干部认真对小作坊、饭店、私营企业、商店等进行认真排查，重点是对非法雇佣农民工和使用童工进行排查，并将排查结果按"一日一报"制度，准时在每日下午 3 点半前报区总工会。同时，按照市总工会和区整治非法用工和打击黑砖窑专项行动领导组部署，对辖区进行排查。7月，四川籍农民工刘培言遇到劳动纠纷，包工头拖欠工资，在区总工会的帮助下，他不仅被安排好食宿，而且在第二天就讨回包工头拖欠的1200元工资。

2009年，区总工会积极维护农民工合法权益，坚持以贯彻实施《中华人民共和国劳动合同法》为契机，与劳动和社会保障局等部门，广泛开展创建劳动关系和谐企业活动。加大力度做好维护困难职工和农民工权益的工作。召开基层工会主席及联络员会议，安排各基层工会，特别是街道工会及社区工会干部随时了解外省农民工的劳动合同签订、工资拖欠、减员、减薪等情况，并就发现的问题提出整改意见，及时予以解决，最大限度地维护农民工的合法权益。2010年，区总工会狠抓创建"劳动关系和谐企业"工作的落实，广泛开展创建"劳动关系和谐企业"活动。在做好维护困难职工和农民工权益的工作中，取得一定成效。

2013年，在省总工会确定的"依法维权年"活动中，区总工会积极维护广大职工、农民工的合法权益，争取区政府拨付10万元资金，建立农民工工资应急周转金。3月，挂牌成立矿区农民工维权服务站，地点设在矿区困难职工帮扶中心，设立专门投诉举报接待室。4月，聘请2名专职律师，为职工群众、农民工提供法律宣传、法律咨询、法律调查以及法律援助服务。悬挂"农民工有困难找工会，拿不到工资找工会"的标语，公布24小时值班电话、地址，指派专人负责接待劳动者投诉、举报，保障农民工权益，帮助农民工运用法律武器帮助维权。

2014年，区总工会积极开展法律援助工作，加大广大职工、农民工的维权力度。6月，建立区总工会领导接待来访制度，接待时间为每月第二周的周二上午，地点在矿区困难职工帮扶中心，直接听取职工群众的意愿和呼声，帮助职工群众排忧解难。7月，在区困难职工帮扶中心设立矿区职工心理咨询辅导站，聘请2位心理咨询保健师，为有需求的职工开展职工心理咨询、疏导和保健工作。全年共受理法律咨询、法律援助39件。其中，特困职工法律咨询2件，农民工拖欠工资问题给予法律咨询13件，合同工劳动纠纷咨询17件，工伤纠纷法律咨询7件。

第三章 生产技术

矿区总工会成立后，积极组织职工群众开展劳动竞赛活动，提合理化建议，组织技术创新，开展技术协作，参加技术比武，引导职工群众树立学文化、学知识、学技术的思想，积极开展职工培训，努力提高职工素质。重视劳模管理工作，以开展培养劳模、评选劳模、表彰劳模、宣传劳模等活动，激发广大职工投身改革开放和经济建设的积极性和主动性，营造学先进、赶先进、争先进的浓厚氛围。

第一节 劳动竞赛

矿区工会成立以后，就把组织职工群众参加社会主义劳动竞赛列入工会工作议事日程，区委成立矿区社会主义劳动竞赛委员会，劳动竞赛委员会办公室设在区总工会。

1986 年，区劳动竞赛委员会围绕矿区中心工作，开展先进集体和先进工作者竞赛评选活动，制定具体的评选条件，促进矿区物质文明和精神文明的建设。1986 年，矿区完成工业产值 801 万元，比 1985 年增长 24.1%；商业和服务行业营业额达到 303.28 万元，比 1985 年增长 7.61%。财政收入超额完成。为此，根据评选条件，评选出区各条战线的先进集体（包括车间、班组、商店、科、室）42 个，劳动模范 15 人，先进生产（工作）者 118 人。

1987 年，区劳动竞赛委员会和区总工会围绕区委、区政府关于矿区工业企业人均节约 100 元、人均增产增收 100 元的增产节约、增收节支（简称"双增双节"）的部署，开展"双增双节"劳动竞赛活动。8 月 22 日，区劳动竞赛委员会和区总工会联合颁发《阳泉市矿区 1987 年度工业企业"双增双节"劳动竞赛评比方案》。9 月 25 日，以简报形式介绍沙坪街道办事处锻压厂精打细算节约基建投资 2 万元的经验，指导活动的开展。据 11 月 10 日"双增双节"劳动竞赛通报统计，1 月～7 月，"双增双节"成果额达 63.86 万元。其中"双增"44.99 万元、"双节"18.87 万元，人均 466.82 元。区劳动竞赛委员会根据竞赛评比方案规定的条件，评选出"双增双节"先进集体 7 个，积极分子 37 人，出席阳泉市劳动模范 8 人。

1988 年，区总工会围绕区委、区政府制定的认真贯彻中共第十三次全国代表大会精神，坚持以经济建设为中心，狠抓物质文明和精神文明建设，实行承包责任制，加强企业管理，促进技术进步和生产力发展，治理经济环境，整顿经济秩序，开展各条战线的社会主义劳动竞赛。到 1988 年年底，全区完成工业总产值 1022.02 万元，比 1987 年增长 15.7%；商业和服务行业营业额达到 471.93 万元，比 1987 年增长 30.83 万元；财政、税收都超额完成市政府下达的任务。经区委、区政府批准，区劳动竞赛委员会制定各条战线评选表彰劳动模范、先进集体和先进工作者实施原则和条件。1989 年 3 月，评选推荐 1988 年度出席市劳动模范 8 人，市模范企业、模范集体 3 个；评选区劳动模范 14 人，区先进集体 42 个，区先进工作者 142 人。

1989 年，全区广大干部职工群众旗帜鲜明地反对资产阶级自由化，坚持以经济建设为中心，把保持稳定放在压倒一切的位置，坚持改革开放，推进治理整顿，开展了以"双增双节"为主要内容的社会主义劳动竞赛活动，工业总产值完成 1205.1 万元，为年计划的 100.4%，比 1988 年增长 17.0%；商业、服务业、建筑业完成营业额 600.97 万元，为年计划的 117.84%，比 1988 年增长 27.53%；财政税收完成 734.54 万元，为年计划的 142.62%，比 1988 年增长 47.85%。为此，区委、区政府于 1990 年 3 月 19 日召开 1989 年度劳动模范、先进集体、先进工作者表彰大会，各条战线涌现出出席区的劳动模范 21 人，先进集体 44 个，先进工作者 150 人。

1990 年，区总工会与区劳动竞赛委员会围绕完善企业承包责任制，努力推行集体合同制度的中心工作，深入开展"双增双节"活动，开展学习（李）双良，赶（曹）大良，为"四化"立功劳动竞赛，调动广大干部职工群众的生产积极性，当年完成工业总产值 334.28 万元，比上年增长 10.7%；商业、服务行业完成营业额 650.9 万元，比上年增长 8.3%；工商税收完成 861.1 万元，超额完成阳泉市下达的各项任务。经过评比各条战线涌现出 8 个红旗单位、22 名劳动模范，36 个先进集体、147 名先进工作者。

1991 年，组织全区各企业开展以"质量、品种、效益、管理、安全"为主要内容的"奉献杯"社会主义劳动竞赛，各单位开展多种形式的竞赛活动。如沙坪办事处的"五讲四比"活动、赛鱼办事处的管理年活动、五金电器厂的"振兴电器厂，人人献计策"活动等。以抓点带面，推动全局，在弹簧厂搞"竞赛台"试点，成功总结出以班组建立竞赛台，以成绩贡献大小插红旗，"两个文明"一起抓的经验，推动全区竞赛活动的开展。

1992 年，围绕经济建设中心，搞好"三项活动"，开展"四项竞赛"，努力提高企业的整体素质和企业整体技术水平。进一步开展职工的技术革新，技术协作、技术比武活动，继续开展以"质量、品种、效益、管理、安全"为主要内容的"奉献杯"劳动竞赛，在企业之间开展"抓生产、抓一线、比效益、比贡献"的"两抓两比"竞赛活动，在车间、班组开展"建小家"竞赛活动。在服务行业机关事业单位开展优质服务立功竞赛活动。

1988 年～1992 年，区各级工会组织，以经济建设为中心，组织动员广大职工积极开展各种形式的劳动竞赛，促进矿区的生产发展，推动技术进步，提高企业经济效益。区各级工会组织广泛开展"双增双节"并重，以节约促生产和"十个一"节约活动；开展"质量、品种、效益、安全、管理"为主要内容的"奉献杯"社会主义劳动竞赛；开展创先、创新、创优、创汇、创最佳经济效益、为“四化”立功竞赛；服务行业开展“十城市、十行业、十大员”优质服务立功竞赛。通过开展竞赛，有效地提高企业劳动生产率，促进新产品开发，提高产品质量和企业经济效益，取得显著成绩。据统计，全区共实现“双增双节”总价值487.55万元，其中双增353万元，双节134.55万元。

1993年~1998年，区总工会坚持以经济建设为中心，面对改革开放和建立社会主义市场经济体制的新形势，始终把推动矿区经济上新台阶放在中心位置，先后开展“学双良，赶大良，当主人，比贡献”活动；“以人为本，降低成本”的“双本”竞赛和“一基四本”（即企业基础管理和以人为本、降低成本、质量为本、资本经营）为主要内容的社会主义劳动竞赛以及“奉献杯”“安健杯”竞赛活动。1993年~1997年，全区“双本”竞赛获得经济成果达到345万元。“一基四本”竞赛获得经济价值263万元。在阳泉市“奉献杯”劳动竞赛活动中，成绩突出，获得单项奖和优秀组织奖。矿区环卫处工人赵泉祥、潘建平、个体协会张翠兰被省劳动竞赛委员会记三等功。

1999年~2000年，区委对劳动竞赛委员会进行充实调整，区总工会围绕以经济建设为中心，深入开展“一基四本”“双增双节”、提合理化建议等活动。在完善竞赛工作制度的基础上，面向基层，在厂矿企业中开展班组劳动竞赛。如矿区环卫处开展班组劳动达标竞赛，制定各项考核制度，设立班组竞赛流动红旗，使班组建设走上良性发展轨道，从个人到班组、到车间、到科室形成一种人人比、人人赛，工作中争先恐后的局面。在劳动竞赛活动中，涌现出一批先进典型，如矿区公安分局被省劳动竞赛委员会记集体三等功，区财政局史豪强、区招生办阎润花被省劳动竞赛委员会记个人二等功；区房地产公司被记市集体二等功，外国语学校郑天才获阳泉市“五一劳动奖章”，区环卫处工人赵泉祥被记市个人一等功，区拆迁办胡书来、洪城河小学王继兰被记市个人二等功，顺达出租汽车有限公司韩全生被记市个人三等功。

2001年，深入开展以“一基四本”为主要内容的社会主义劳动竞赛，最大限度地保护、调动、发挥广大职工投身矿区赶超战略的积极性和创造性。组织开展以“创新、奉献、发展”为主题的“十五”创新立功活动。在全区职工中广泛开展创优“两个工程”（经济技术创新优质工程、“心系祖国，奉献在岗”铸魂优质工程）、“三创三赛”（创新立功竞赛、优质服务竞赛、重点工程竞赛）活动。组织职工开展“学技术、搞革新、开发新产品、创造操作法、推广新技术成果”竞赛活动，在全区掀起群众性的技术创新热潮。全区参加竞赛活动的企业23个，参加职工1200余人，创造经济价值36万元。全区职工提合理化建议150项，采纳22项，实施完成6项，创造价值20万元。2002年，以“一基四本”为龙头，继续大力开展群众性劳动竞赛活动。全区参加竞赛活动单位达35个，参加职工人数达1200余人次，主要经济价值30余万元，发动职工提合理化建议86条，被采纳4条，创造经济价值20余万元。

2003年~2008年，区总工会积极组织辖区各企业、事业单位职工开展多种多样的竞赛活动。把以开展“争创工人先锋号，争当首席员工”活动和职工技术“大培训、大练兵、大比武、大创新、大竞赛”活动，作为工会参与和投身经济建设的着力点，积极引导和组织广大职工通过技能比赛、劳动竞赛、岗位练兵、技术比武等活动，不断提高广大职工的业务能力。在全市开展的“大练兵、大培训、大比武”活动中，各基层单位以班组（科室）为单位制定岗位练兵计划，组织职工进行岗位练兵、岗位比武、岗位创新，极大地提高职工素质。全区各单位共举办各种比赛80余场，参赛职工3000余人，评选各类技术尖子150余人。

2009年，区环卫处开展百日技能竞赛活动，参加阳泉市环卫行业技能比武大赛，取得团体总分第一的成绩，在个人清扫、清洗比赛项目中，获得一等奖2人、二等奖2人、三等奖1人；参加省级环卫工人技能大赛，1名职工获省级“城市美容师”称号，1名职工记省劳动竞赛二等功，区环卫处清掏组记省三等功；区教育局组织教师参加市教育局和市总工会联合组织的教学赛讲、教师计算机应用技能大赛等活动，3名教职工被市劳动竞赛委员会记二等功；区卫生局组织开展社区卫生服务技能比武活动，共有30名基层医疗工作人员参加比武，通过比赛进一步提高社区卫生服务机构医护人员的综合素质。

2011年，动员全区广大职工广泛开展“当好主力军、打好转型跨越攻坚战”为主题的劳动竞赛活动，把提高职工技术素质、开展岗位技能竞赛作为职工经济技术创新工程的核心内容来抓，充分发挥了工人阶级主力军作用。开展“争创工人先锋号”“争当首席员工”活动，区环卫处组织一线职工400余人开展岗位技术大比武，通过活动进一步推动职工的业务水平和操作技能。

2012年，围绕转型综改实验区建设目标，团结动员广大职工继续开展以“争创工人先锋号、争当首席员工”为主题的劳动竞赛活动。全区开展劳动竞赛企业达到90%，参赛职工1万余人。区总工会联合区教育局教研室开展“主体型课堂教学模式”大赛，全区25所中小学2400名教师参加比赛，展示独特的教学模式，如市十二中的“导学案”模式、市十六中的“三六三”模式、市十八中的“先学后教、当堂训练”模式、沙台小学的“问题引领、自主探究”模式等。经过比赛推荐4个集体参加市级比赛，有9名教师获市记功表彰，市第十二中学立中学组集体一等功。组织区环卫处参加市第三届环卫行业技能比武大赛，经过对环卫职工为期一个月的刻苦训练，选派的8名选手在激烈的技能大赛中，取得团体总分第一，并在个人清扫、清洗项目中，获得一等奖2人、二等奖2人、三等奖1人，展现环卫职工过硬的技术和良好的环卫形象。在全区职工中开展以“爱岗敬业、诚实守信、办事公道、服务群众、奉献社会”为主要内容的职业道德建设活动，在抓班组、抓竞赛、抓规范、抓素质等方面取得明显成效。

2013年3月中旬，区总工会女职工部参加由市总女职工部举办的女职工提素建功竞赛成果PPT展示比赛，区总工会女职委获得二等奖；为进一步促进信息技术手段在教育教学中的有效应用，提高全区中小学教师信息技术与学科教学的整合能力，优化课堂教学，区教育系统工会联合会举办矿区第二届中小学教师信息技术应用能力竞赛活动，活动分教育博客展示和利用网络环境备课讲课两个环节，教育博客展示活动从11月底开始,共有41名教师参加。

2014年,组织开展以“争创工人先锋号、争当首席员工”活动为载体的劳动竞赛,在全区掀起了岗位练兵、技术比武的热潮。7月,区总工会联合卫生局、计生局举办“2014年矿区妇幼健康技能竞赛”,成立区妇幼健康技能竞赛领导组,各部门明确职责、密切配合、互相协作、齐抓共管,为此项活动的开展提供组织保障。聘请市级专家从笔试、现场操作、知识竞答等环节层层把关,确保竞赛的公平、公正。全区共选拔出20余名妇幼保健专业技术人员组成的7支代表队,分别参加“儿童保健”“妇女保健”“围产保健”3个项目的综合笔试、技能操作、知识竞答3个环节的竞赛,评出团体一、二、三等奖各1名,个人一、二、三等奖各3人,并推荐参加全市职工技能竞赛。

第二节 职工技术创新与技术比武

20世纪80年代,区工会成立后,就组织和发动职工大搞技术创新。从挖潜、革新、改造入手,将技术创新与企业调整、整顿紧密结合起来,重点放在节约能源、节约原材料上,放在短线产品的扩大生产、增加品种和提高质量上,发动职工群众大力开展群众性的技术革新、技术协作和合理化建议活动。

1991年,按照全国总工会《关于加强工会基层职工技协工作的通知》精神,区总工会多次召集有关方面协调、研究,成立矿区职工技术协作委员会(简称矿区职工技协),并且发展32名会员。根据《中国职工技术协作组织章程》规定,区总工会于1991年10月19日,召开矿区职工技协第一次会员大会,采取民主协商、举手表决的选举办法,选举产生第一届委员会委员8人。推选区政府副区长赵德华为名誉主任,区科委主任薛金龙为顾问,区总工会副主席王庭兰为主任,马成、丁伟高为副主任。与会全体会员一致通过《阳泉市矿区职工技协工作条例(试行)》。

1991年,区总工会、区职工技协广泛开展合理化建议和技术革新活动。各基层工会把开展职工技术革新、技术比武和合理化建议活动列入重要议事议程,共组织车工、焊工、喷漆等工种技术比武、技术练兵活动32次,参加人数达1260余人,共提合理化建议1358条,采纳实施851条,创造价值达80余万元。1991年12月29日至30日,矿区钢窗厂组织全厂职工进行技术大比武,全厂57名职工有45人参加3个工种16道工序的技术比赛,共评比产生一等奖3人,二等奖6人,三等奖6人。

1992年~1998年,区总工会在全区各行业开展社会主义劳动竞赛活动中,积极发挥职工技协的主导作用,在广大职工之间开展提合理化建议、技术协作、职工技术创新和技术大比武活动,参加职工每年达800余人次,各个行业涌现出各类技术能手240人,先后有1109名职工提合理化建议2860条,创造经济价值314万元,累计“双增双节”总价值408万。在市第二届职工技术大赛中,矿区派出5支队伍参加比赛,取得2个团体第二名,一个团体第三名的成绩。矿区计生委被省劳动竞赛委员会记集体三等功,环卫处工人赵泉祥、潘建平和钢窗厂厂长王海珠、区个体协会张翠兰被省劳动竞赛委员会记个人三等功。

1999年~2006年,区总工会、各基层工会组织以经济建设为中心,围绕矿区经济结构调整的大局,深入持久地开展群众性经济技术创新活动。以“一基四本”“一基五本”劳动竞赛为载体,组织职工深入开展合理化建议、技术革新、技术协作、发明创造、岗位练兵和技术比武活动。在全市开展的“大练兵、大培训、大比武”活动中,各基层单位以班组(科室)为单位制定岗位练兵计划,组织职工进行岗位练兵、岗位比武、岗位创新,极大地提高职工素质。全区各单位共举办各种比赛80余场,参赛职工3000余人,评选各类技术尖子150余人。组织职工参加市第三届、第四届职工技术大赛,有10人分别获二、三等功和“技术能手”称号,矿区总工会获优秀组织奖和团体优胜奖。矿区新鑫科技研究所有限责任公司2003年研制的技术项目“矿物防坠损装置”,填补阳泉市一项生产技术空白。

2001年,全区9个行业,26个企业的21个工种,开展职工技术创新、岗位练兵技术比武比赛活动,参加职工达到600余人,在市总工会职工技术协会的帮助下,全区开展万人创造学习活动,组织5次创造学习培训班,培训学习骨干40余名,到8个单位进行宣传演讲。2002年,区总工会组织9个代表队参加市第三届职工技术大赛5个行业9个工种的比赛,其中,有2个私营企业代表队参加比赛。外国语学校语文课堂教学和计算机多媒体制作2个工种分别获得全市团体金奖;外国语学校英语技能和中心酒家中式面点2个工种分别获得全市铜奖;外国语学校郝丽萍获得语文课堂教学全市个人金奖,省劳动竞赛委员会记个人一等功;外国语学校李瑞忠获得计算机多媒体制作全市个人银奖,省劳动竞赛委员会记个人二等功;外国语学校赵玫获得语文课堂教学全市个人铜奖,省劳动竞赛委员会记个人三等功;郑天才、赵虹林、李瑞忠、王秉瑞、冯旭、陈军朋等6人获得全市技术能手称号。2005年,在全市第四届职工技术大赛中,矿区组织3个队30余名职工参加4个行业5个工种的技术比赛,取得较好成绩。大众汽修厂职工白小健在汽车维修技能比赛中获得技术能手称号。2006年,为使先进技术得到最广泛的推广和应用,积极创建技术推广新机制,在各单位开展“传、帮、带”活动,有力地促进学先进、当先进的氛围。如教育工会开展“向教学能手看齐”活动,激发教师提高教学能力的积极性。矿区同达有限责任公司推出的“600V逆变直流弧焊机”项目,获得市“十五”期间职工优秀技术创新成果二等奖。2007年,区总工会积极组织和帮助企业开展劳动竞赛、合理化建议、技术创新、群众性安全生产活动。7月,财政审计工会举办“会计电算化”竞赛成为全区开展群众性经济技术创新活动的一面旗帜。7名选手在比赛中立个人一等功和二等功。全区各企业共举办各种比赛20余场,参赛职工1000余人,评选各类技术尖子50余人。2008年,在市第五届职工技术大赛中,洪城河小学教师周广华获计算机网页制作项目第三名。

2009年,在开展“争创工人先锋号,争当首席员工”活动和职工技术“大培训、大练兵、大比武、大创新、大竞赛”活动中,矿区共选树技术、创新能手5个单位,即天利购物广场、矿区环境卫生管理处、顺达出租汽车有限公司共产党员车队、恒汇液压设备有限责任公司、第十二中学初二年级组。其中,天利购物广场经营二部获市"工人先锋号"称号,顺达出租汽车有限公司共产党员车队、小南坑小学政教处、交警支队一大队二中队分别获得市优秀安全班组称号。矿区沙坪街道秋沟社区、桥头街道办事处、新泉运输有限责任公司获得市创建和谐劳动关系单位模范称号。

2011 年 12 月，区总工会与卫生局工会联合开展社区卫生服务技能比武活动，共有 30 名基层医护工作人员参加比赛,贵石沟社区卫生服务中心徐亚萍、赛鱼社区卫生服务中心刘文艳获一等奖,邓丽珍、胡小利等 10 人分获二、三等奖。通过举办技能比武活动,进一步提高社区卫生服务机构医护人员综合素质,增强服务技能,提升职业素养,在全体医务人员中营造学知识、练本领、强技术、夯基础的浓厚氛围。2013 年 5 月,天利购物广场组织商场、超市收银员 54 人开展业务技能比武大赛,进一步提高商场、超市收银员基本业务技能,强化综合素质。

第三节 职工技术培训

1983 年~1986 年,矿区工会成立后,十分注重职工的政治思想教育和科学文化教育,坚持物质文明和精神文明一起抓,开展政治思想和文化教育建设,进一步提高职工队伍的素质。在抓企业的物质文明建设的同时,通过各种渠道向广大职工进行政治思想工作,为进一步提高职工思想觉悟和文化素质,首先,组织职工读书活动。基层工会开展读书活动参加职工达 520 人次。各单位组织青年职工进行《近代史》《科学社会主义》和《工人阶级常识》及其他书籍的学习,收到比较好的效果。全区评选市先进读书小组 1 个,自学成才个人 1 人,读书活动积极分子 2 人。其次,开展青年职工"双补"工作。多数单位领导重视,建立机构,制定规章制度,使"双补"工作顺利进行。弹簧厂领导把职工文化技术素质提高提升至事关企业生死存亡的高度,舍得投资,花大力气去抓,采用"送出去、请进来"的方法培训职工,送出去学习的职工 4 人，请进教师讲课 20 多个课时，培训青工 46 人。全区文化补课应补人数为 180 人,领取合格证书 121 人,占应补总数的 70%。

1987 年~1991 年,在开展爱中国共产党、爱祖国、爱社会主义的"三热爱"活动和基本国情、基本国策的"双基"教育中,区各级工会组织积极配合各级党政开展形势政策教育、爱国主义教育和双基教育,取得明显效果。各级工会 5 年共办墙报、板报 1254 期,标语 1130 条,召开座谈会、报告会、职工大会等各种会议 395 次。全区共培训理论骨干 150 名,开展"三热爱"和"双基"教育演讲赛等 20 多场,参加培训职工达到 1650 人次,80%的职工受到一次深刻的社会主义教育。

1992 年~1998 年,矿区各级工会围绕提高职工队伍整体素质,建设"四有"职工队伍的目标,发挥工会的教育职能,坚持不懈地对广大职工进行建设有中国特色社会主义理论的教育;开展以"爱国主义、集体主义、社会主义"为主要内容的"三热爱"

主题系列教育活动。开展“心系祖国、奉献在岗”活动，开展以思想道德建设和文化建设为重点讲文明树新风活动，特别是在迎接香港回归和中共十五大召开期间，组织职工开展唱革命歌曲，参加美术书法、作品画展等庆祝活动，激发职工热爱中国共产党、热爱社会主义的热情。通过活动，涌现出一些爱岗敬业、乐于奉献的先进职工，有16人受到省、市、区表彰。为适应改革和现代化建设需要，从提高职工文化技术入手，开展职工读书自学活动，全区涌现出一大批自学成才的职工。会同有关部门组织职工进行“三五”普法教育，举办《工会法》培训班，有2000余名职工参加《中华人民共和国工会法》知识答卷活动，进一步扩大工会的影响。同时，订阅200余份工会杂志、报纸，供职工阅读学习。

1998年~2006年，区总工会组织各企事业单位职工广泛开展“创建学习型班组，争当知识型职工”活动，开展推广技术技能培训，不断提高广大职工的创新能力和技术素质。区总工会支出职工继续教育经费5万元，各基层工会用于职工培训资金达4万余元。全区共举办各类培训200多期，受培训人数累计5000余人次，大大提高广大职工的自身素质。

2007年~2013年，区总工会在基层工会中开展“职工书屋”创建和星级竞赛活动。创建“职工书屋”21家，有7家达到市三星级标准，14家达到市二星级标准；区总工会创建面积约60平方米，内设图书室、阅览室，共藏书6000余册，价值10万余元，涉及26类图书的区级“职工书屋”，并达到市三星级标准；开展各类职工培训180期，受训职工5700余人次，通过培训不断提高企业职工和农民工的整体素质。

2014年，全区共举办各类培训20多期，受培训职工累计1000余人次。2009年~2014年，矿区职工就业培训中心和职工素质教育学校，共免费举办美容美发、餐饮服务、电脑培训班7期，累计培训人数达643人，联合区劳动部门多次举办再就业招聘活动，提供招聘岗位信息3650余条，帮助困难职工实现就业再就业573人次，为15名下岗职工送去价值5万元的再就业帮扶用具，为他们走上创业就业道路创造条件。

第四节 劳动模范评选表彰与管理

劳动模范和先进工作者是时代潮流发展中涌现出来的建设者、改革者和创造者，应当受到全社会广泛的称赞和敬佩，是人们学习的榜样。

1983年，矿区工会成立后，逐步把劳模评比管理工作与社会主义劳动竞赛活动紧密结合起来，各单位制定竞赛评比方案，定期进行总结评比。

1986年3月，评选出全区各条战线的先进集体（即车间、班组、科、室）共42个、劳动模范15人、先进工作（生产）者118人，由区委、区政府召开会议进行表彰奖励。

1987年3月14日，区委、区政府召开劳动模范、先进集体、先进工作者表彰大会。授予桥头街道办事处、矿区公安分局等10个单位模范集体称号，授予刘改花、王海珠等 17 人劳动模范称号；授予矿区财政局、沙坪街道办事处等 32 个单位先进集体称号，授予王玉田、蔡素珍等 118 人先进生产（工作）者称号。

1988 年 3 月 16 日，区委、区政府召开劳动模范、先进集体、先进工作者表彰大会。授予矿区人民武装部、桥头街道办事处等 20 个单位先进集体称号；授予矿区蔡洼锻压厂、矿区钢木制品厂等 7 个单位“双增双节”先进集体称号；授予沙坪桥南园居民委员会、桥头办事处桥东区居民委员会等 12 个单位先进居民委员会称号；授予李荣华、李兰等 55 人先进工作者称号。

1989 年 3 月，区委、区政府召开 1988 年度劳动模范、先进集体、先进工作者表彰大会。授予郝俊菊、李玉兰等 14 人劳动模范称号；授予矿区财政局、桥头街道办事处等 42 个单位先进集体称号，授予张先来、李桂珍等 142 人先进产生（工作）者称号。

1990 年 3 月 19 日，区委、区政府召开 1989 年度劳动模范、先进集体、先进工作者表彰大会。授予冯宝成、张杰录等 21 人劳动模范称号；授予沙坪街道办事处、矿区税务局等 43 个单位先进集体称号，授予张丰功、王丽华等 143 人先进生产（工作）者称号。

1991 年 3 月，区委、区政府召开劳模“双先”表彰大会，表彰奖励矿区钢窗厂、沙坪街道办事处等 8 个红旗单位，苏玉华、杨素莲等 22 名劳动模范；矿区建材厂、矿区政府办公室等 36 个先进集体；张玉福、王瑞英等 147 名先进生产（工作）者。

1992 年 3 月 5 日，区委、区政府召开劳模“双先”表彰大会，表彰奖励矿区钢木制品厂等 10 个红旗单位，王海珠等 11 名劳动模范；沙坪街道办事处等 43 个先进集体，张丰功、姚传杰等 153 名先进生产（工作）者。

1993 年 2 月 26 日，区委、区政府召开 1992 年度劳模“双先”表彰大会，表彰奖励平潭街街道办事处、矿区税务局等 10 个红旗单位，李康、王海珠等 28 名劳动模范；桥头街道办事处、钢木制品厂等 44 个先进集体，王千锁、史俊梅、王瑞英、陈贵萍等 155 名先进生产（工作）者。

1994 年 3 月 24 日，区委、区政府召开 1993 年度劳模“双先”表彰大会，表彰奖励平潭街街道办事处、矿区税务局等 9 个红旗单位，王治国、冯保成等 21 名劳动模范；桥头街道办事处、华厦实业公司等 38 个先进集体，工璟、工祥泉、张茂荣、黄金富等 124 名先进工作（生产）者。

1995 年 3 月 23 日，区委、区政府召开 1994 年度劳模“双先”表彰大会，表彰奖励矿区国税局、赛鱼街道办事处等 10 个红旗单位，张瑞铭、冯保成等 20 名劳动模范；沙坪街道办事处、聚丰贸易公司等 46 个先进集体，姚传杰、王贵平、张桂梅等 128 名先进工作（生产）者。

1996 年 4 月 8 日，区委、区政府召开 1995 年度劳模“双先”表彰大会，表彰奖励矿区地税局、聚丰贸易公司等 10 个红旗单位，刘林珍、冯宝成等 10 名劳动模范；矿区财政局、沙坪街道办事处等 36 个先进集体，姚传杰、王前进等 114 名先进工作（生产）者。

1997年3月24日，区委、区政府召开劳模“双先”表彰大会，表彰奖励蔡洼街道办事处、房地产开发公司等10个红旗单位，李健全、黄志明等10名劳动模范；赛鱼街道办事处、翔达复合材料公司等31个先进集体，王前进、杜三俗等93名先进工作（生产）者。

1998年4月2日，区委、区政府召开劳模“双先”表彰大会，表彰奖励赛鱼街道办事处、聚丰贸易公司等10个红旗单位，李健全、冯保成等10名劳动模范；平潭街道办事处、房地产开发公司等33个先进集体，姚传杰、杨计元等99名先进工作（生产）者。

1999年4月27日，区委、区政府召开劳模“双先”表彰大会，表彰奖励区委组织部、聚丰股份合作公司等10个红旗单位，冯俊明、李善生等10名劳动模范；矿区钢窗厂等33个先进集体，曹喜生、杨计元等95名先进工作（生产）者。

2000年4月26日，区委、区政府召开劳模“双先”表彰大会，表彰奖励蔡洼街道办事处、区委办公室等10个红旗单位，王冬平等10名劳动模范；区委组织部等27个先进集体，王贵平等118名先进工作（生产）者。

2001年4月27日，区委、区政府召开劳模“双先”表彰大会，表彰奖励矿区区委组织部等11个红旗单位，冯俊明等11名劳动模范；区委办公室等30个先进集体，庞香英等96名先进工作（生产）者。

2002年4月28日，区委、区政府召开2001年度劳模“双先”表彰大会，表彰奖励区委组织部等10个红旗单位，王艳强等10名劳动模范；赛鱼街道办事处等31个先进集体，张继寿等105名先进工作（生产）者。

2003年5月18日，区委、区政府召开2002年度劳模“双先”表彰大会，表彰奖励矿区劳动和社会保障局等10个红旗单位，张勤文等11名劳动模范；沙坪街道办事处等31个先进集体，赵美华等105名先进工作（生产）者。

2004年4月25日，区委、区政府召开劳模“双先”表彰大会，表彰奖励矿区赛鱼街道办事处等10个红旗单位，段义锁等15名劳动模范；矿区经济贸易局等40个先进集体，董向东等93名先进生产（工作）者。

2004年6月25日，矿区区委办公室、区政府办公室下发《关于印发〈矿区劳动模范管理办法〉的通知》，《管理办法》对劳动模范的管理工作做出全面具体的规定，随之，劳动模范的奖励津贴和其他待遇都得到兑现。

2005年10月8日，矿区召开劳模先进代表座谈会。为矿区平潭街街道办事处等5个单位记集体一等功，为矿区蔡洼街道办事处等10个单位记集体二等功；为赵泉祥等10人记个人一等功，为张东巧等20人记个人二等功；授予矿区沙坪街道办事处中沙坪社区等30个单位先进集体称号，授予李业君等67人先进生产（工作）者称号。随后，发放省、市、区各级劳模津贴1.49万元。先后对2名困难劳模进行慰问，组织劳动模范进行体检。

2006年4月25日，区委、区政府召开劳模“双先”表彰大会，表彰奖励矿区公安分局等10个红旗单位,李志林等20名劳动模范;矿区卫生局等25个先进集体,刘海斌等85名先进生产(工作)者。

2007年6月26日,召开区劳动模范表彰座谈会。为矿区平潭街街道办事处等10个单位记集体一等功,为矿区赛鱼街道办事处麻地巷社区等10个单位记集体二等功;为涂庆福等10人记个人一等功,为王建萍等10人记个人二等功;授予矿区蔡洼街道办事处蔡东社区等21个单位先进集体称号,授予王俊瑞等68人先进个人称号。

2008年4月27日,矿区在区政府会议室召开劳模“双先”表彰大会

2008年4月27日,区委、区政府召开区劳模“双先”表彰大会,表彰奖励矿区平潭街街道办事处等10个模范单位,王建平等20名劳动模范;沙坪街道办事处秋沟社区等36个先进单位,张宏亮等84名先进个人。

2009年5月,区委、区政府召开区2008年度先进集体和先进个人“五一”表彰大会。为矿区沙坪街道办事处秋沟社区等10个单位记一等功,为矿区新闻办公室等10个单位记二等功;授予矿区赛鱼街道办事处麻地巷社区等33个单位先进集体称号;为王保银等10人记一等功,为杨素生等10人记二等功;授予吕耀红等82人先进个人称号。

2010年5月,区委、区政府召开劳动模范表彰大会。表彰奖励矿区地税局第五税务所等12个模范单位;黄丽娜等12名劳动模范;矿区沙坪街道办事处秋沟社区等34个先进集体;郭俊青等100名先进个人。

2011年9月,区委、区政府召开区先进集体、劳动模范表彰大会。为矿区平潭街街道办事处等10个单位记一等功,为矿区民政局等10个单位记二等功;授予阳泉市公安局矿区分局巡警大队等20个单位先进集体称号;为彭桂香等10人荣记一等功,为李兆婷等10人荣记二等功;授予郝爱清等78人先进个人称号。

2012年4月23日,区委、区政府召开劳动模范表彰大会。区委副书记郭爱聪宣读区委、区政府《关于表彰全区模范单位、劳动模范、先进集体和先进个人的决定》,矿区公安分局等22个模范单位、仇怀俊等22名劳动模范、矿区人社局等36个先进集体、荆素俭等93名先进个人受到表彰奖励。

2013年9月27日,区总工会召开迎国庆“双先”代表座谈会。区委副书记冉志伟、区政府副区长雷永平出席会议,区人大常委会副主任、总工会主席史豪强主持会议。副区长雷永平宣读《关于表彰2012年度先进集体、先进个人的决定》,随后,为记一等功的矿区贵石沟街道水滩社区等10个单位、授予先进集体称号的矿区绿化养护大队等32个单位、记一等功的刘海明等10人；授予先进个人称号的杜天等88人颁发荣誉证书。会上，获先进集体和先进个人的8名代表先后发言。

2014年5月9日，区委、区政府召开劳动模范表彰大会，对2012~2013年度各行各业涌现出的劳动模范、先进集体和个人进行表彰。会议宣读《关于表彰全区模范单位、模范集体、劳动模范、先进集体和先进个人的决定》，授予矿区人民法院等11个单位模范单位称号；授予阳泉市公安局矿区分局治安大队等10个单位模范集体称号；授予侯明华等22人劳动模范称号；授予矿区国税局纳税科等30个单位先进集体称号；授予党美芳等75人先进个人称号。出席会议的矿区四套班子领导向模范集体代表、劳动模范和先进个人代表颁发奖牌和荣誉证书。

区总工会成立以来，一贯重视劳模管理工作，关心劳模生活和工作情况，在评选、培养劳模中严格把关、层层推荐，选树表彰名副其实的劳模先进。区总工会多次慰问困难劳模，组织劳模学习休养，出资为省劳模赵泉祥、向永碧办理补充养老保险。区总工会先后为省、市、区劳模发放津贴6.67万余元；充分利用新闻媒体、事迹报告会等多种形式宣传、弘扬劳模的时代风采和主人翁精神，激发广大职工投身改革开放和经济建设的积极性，在全区形成学先进、赶先进、争先进的浓厚氛围。

第四章　生活保障

生活保障工作是工会工作的重要内容。做好生活保障工作，对于改善职工生活，稳定职工队伍，密切职工群众的关系，提高工会社会地位，树立工会良好形象，维护职工切身利益，调动和发挥广大职工群众的劳动积极性和创造性，具有非常重要的意义和作用。

第一节　送温暖工程

基层工会组织早期一般都设有职工互助储蓄基金，用于救助困难职工，使不少工会会员受惠。矿区工会成立后，一直把援助困难职工当作一项重要工作职责，每年支出一定经费用于救助困难职工。有职工身患重病，工会派人探望并送去慰问品、救济金；职工本人或家属去世，工会前去送花圈吊唁；职工家庭困难子女难以就学，工会给予救济，使职工子女能够继续就学；过年过节，工会开展“送温暖”活动，普遍救助困难职工，使困难职工家庭平安度过节日。

1984 年～1986 年，矿区工会积极组织各基层工会开展互助互济活动，对伤、老、病，残职工和确有特殊困难的职工，给予经济帮助。全区给予经济帮助职工 12 人，支付现金 540 元，看望病伤残职工 24 人。到 1987 年年底，全区共建立储金会 8 个，储金总额 3250 元，参加储金会的职工人数达到 1242 人。

1992 年～1998 年，区总工会在教育和引导职工维护总体利益的同时，努力维护职工群众的具体利益，密切关注困难企业和特困企业的具体状况，积极提出解决问题的意见和建议，建立困难职工档案，使 20 名特困职工享受到定期定额困难补助，先后与 7 个困难企业和 40 名困难职工结成帮扶对象。每年元旦、春节期间，各级工会坚持开展送温暖活动。区财政支出 2.8 万元，区总工会筹集资金 4.34 万元，救助特困企业和特困职工。同时，区总工会每年在全区干部职工中开展一次“送温暖、献爱心”捐款捐物活动，所捐款物全部用于救助困难职工。至 1999 年年末，累计收到捐款 3 万余元、衣物 8000 余件。

2000 年，区委、区政府下发《关于建立矿区困难职工长效援助机制的意见》，区总工会进行认真摸底调查，建立全区困难职工档案，及时准确掌握困难职工现状，成立“送温暖”工作领导小组，建立健全困难职工援助工作制度，开展对下岗职工、特困职工的援助、救济、帮扶脱贫的“送温暖”工程。及时为特困职工申报办理市总工会发放的特困职工证，区总工会与区民政局协调，为符合条件的困难职工按规定享受低保待遇。

2001 年 3 月 ~ 6 月，区总工会开展困难职工群体调研摸底工作，向全区 49 个企业的 1279 名职工发放调查表，通过逐级汇总，进行系统分析，写出综合调研报告，并提出具体意见和建议。对全区特困、贫困户进行填表统计，并立卷归档。“两节”期间共筹集资金 2.4 万元，慰问救济 145 户困难职工。

2003 年，全区共有困难职工 239 人，其中，特困职工 118 人。区总工会及时提供困难职工名单，协助区委组织部开展党员与特困职工结对子活动，为 31 名特困职工办理特困职工证，享受到每季度 120 元的定期特困补助，同时享受到减免水、电、煤气及暖气费用，减免子女上学的杂费，减免就医挂号费和床位费等 3 大类 16 种优惠政策；为 14 名困难女职工干部和困难女职工办理特大病保险；资助特困职工子女上学。2003 年，在防治“非典”期间，区总工会下发《关于认真做好非典型肺炎防治工作，切实维护我区职工队伍稳定的通知》，并深入到第一线，慰问战斗在防“非典”第一线的卫生系统工作人员和社区干部，同时，组织开展“防非典、献爱心、捐一天工资”活动，全区 25 个机关、企业事业单位 933 名职工共捐款 2.22 万元。

2004 年 6 月，正式挂牌成立矿区特困职工援助中心（2009 年改为矿区困难职工帮扶中心）。协助区委、区政府做好职工群众最关心、最直接、最现实的利益问题。全年，为 47 名特困职工办理特困职工证。“两节”期间，开展以“心系职工情，温暖进万家”为主题的送温暖活动。市、区领导深入基层，慰问困难职工、劳动模范、工会离退休干部职工和工会历任老领导。共慰问困难职工 400 人次，发放救济金 4.61 万余元。特别是针对困难职工看病难、子女上学难的问题，积极开展各种形式的献爱心救助活动，帮助解决职工的实际困难。区房地产公司职工王富昌一家三口都得了重病，家庭生活十分困难，区总工会除逢年过节去慰问以外，还在经费紧张的情况下，拿出 1000 元予以资助，并协助申请办理低保。区总工会对同年考入大学的 3 名品学兼优的学子每人资助 1500 元，使他们感受到中国共产党和政府的关怀。阳泉市天利集团工会于店庆之际，发动员工为残疾学生捐款，仅一天时间就捐款 1899.80 元。

2005 年，针对困难职工生活困难及其子女上大学难的问题，区总工会大力实施救助，在资金筹措方面，建立政府支持、社会捐助、经费挤出的资金保障长效机制，解决“两难”问题。区财政拨出专款 2.4 万元用于困难职工援助，并明确规定逐年增加 2%。先后对 300 余名困难职工和 2 名特困职工子女进行救助，救助资金达 5 万余元。同时，积极动员全区 1352 名职工参加大病医疗互助活动，逐步建立健全医疗保障体系，提高广大职工特别是困难职工抵御大病重病的能力，同年，有 4 名职工享受到医疗互助金。11 月，区总工会在全区掀起捐款捐物高潮，全区职工共捐款 2 万余元，捐物 1000 余件。

2006 年，区总工会为 30 名特困职工办理特困职工证，为 230 名困难职工和困难劳模发放救济金 4 万元，先后对 28 名遇到大病、子女上大学等问题的特困职工实施救助。并享受有关部门提供的水、电、气、暖、医以及子女上学等方面的减免政策。教师节前，出资 5000 元对部分学校教职工进行慰问，出资 6000 元开展对外来务工人员中秋节慰问活动。针对困难职工生活难及其子女上大学难的问题,区总工会共筹集援助资金 15.7 万元。其中,职工“献爱心”捐款共 10.9 万余元,财政拨付援助基金 2.8 万元,上级工会拨款 2 万元,捐物 2000 余件,该项款物作为专项资金全部用于困难职工及困难企业的救济救助。

2007 年,建立区困难职工援助中心、街道援助站、社区援助点的三级援助网络。完善工作制度,建立困难企业和困难职工档案,对困难职工实行动态管理,及时给予帮扶。为 23 名困难职工申请领取特困职工证。区财政拨出专款用于送温暖工程,区总工会年底组织动员“送温暖、献爱心”捐款,开展送温暖活动。“两节”期间,共支出 10 万余元对 350 名困难职工给予救助,严格程序,现场发放钱物;对环卫工人进行慰问;对区创建园林城市办公室、建设景观大道和外来务工人员进行慰问;教师节慰问部分学校教师;9 月,区总工会在教育部门和各基层工会的配合下,对考入大专院校的特困职工子女给予资助。按照省总工会、省司法厅、省劳动和社会保障厅下发的《关于加强职工法律援助工作,推动构建和谐社会劳动关系的意见》和市总法工部 2007 工作重点中提出的“各基层工会要尽快建立职工法律援助工作站”的要求,积极筹备成立矿区职工法律援助工作站。

2008 年,为 28 名困难职工申请领取特困职工证。组织开展“两节”慰问救助困难职工活动和日常救助活动。区总工会在“两节”共支出近 10 万元对 350 余名困难职工给予救助。10 月,对 125 名困难职工实施秋季救助活动;积极组织开展抗震救灾献爱心活动,号召全区广大工会会员,迅速行动起来,开展为四川灾区献爱心活动,共捐款 7.6 万余元。12 月,区困难职工帮扶中心经过省总工会验收,被评为山西省五星级帮扶中心。

2009 年,为 15 名困难职工申请办理特困职工证。在“两节”期间,共投入 12 万余元,对 523 户困难职工进行慰问。9 月,对 8 位困难职工给予每人 2000 元的生活救助金,共计 1.6 万元。在迎接新中国成立 60 周年和中秋节之际,组织开展“迎国庆,庆中秋”慰问活动,看望并慰问省级困难劳模向永碧、赵泉祥及困难职工靳书田,送去米、面、油及慰问金各 300 元。10 月,号召全区广大干部职工大力弘扬中华民族“互助互爱、扶贫救困,乐善好施”的传统美德。开展“每人捐赠一本书,每人捐赠一件衣服,每人捐赠 10 元钱”的“三个一”献爱心活动。共收到捐赠书 3800 余本,衣服 4000 余件,现金 4.7 万余元。

2010 年 1 月初,省、市总工会领导看望慰问辖区困难企业华厦公司职工,并带去 1 万元慰问金。1 月,筹措资金近 20 余万元,对 698 名困难职工进行慰问。“六一”儿童节,与市总工会领导一同慰问新蕾幼儿园及下岗女职工自办幼儿园——康蕾幼儿园,并分别给予 2000 元慰问金;慰问 3 个单亲特困女职工,分别给予 1100 元慰问金;9 月,对 100 名困难职工给予生活救助、医疗救助共 3.9 万元。为 15 名困难职工申请办理特困职工证。

2011 年,建立健全困难职工档案,对困难职工实行动态管理。健全完善困难职工信息数据库，详细掌握全区1120户困难职工家庭的基本情况，实现社区、街道办事处、工会三级建档。对每户困难职工家庭做到"九知"，即家庭住址、生活状况、贫困原因、患病用药、低保、子女就学、子女就业需求、住房、救助措施情况，不断加大对困难职工帮扶工作力度，努力实现困难职工帮扶全覆盖。2011年"两节"期间，开展"心系职工、情暖万家"为主题的送温暖活动，对576户困难职工进行慰问，累计发放慰问金、慰问品折合人民币共计25万元；1月26日，与矿区青年志愿者，在平定县古贝村进行帮扶用品转赠活动，为村民送去300余件冬衣，并为几位特困村民送去面、油，帮他们度过一个欢乐祥和的春节；"六一"国际儿童节，与市总工会领导一同到蔡洼街道下岗女工自办幼儿园——成功幼儿园慰问，并送去慰问金5000元；到区南楼小学、区赛鱼小学慰问8名贫困留守儿童，并送去慰问金1600元；7月26日，开展"一线看职工，炎夏送清凉"活动，为在炎炎烈日下工作的环卫工人和交警职工送去绿豆、白糖、毛巾等价值7000余元的防暑降温用品；10月，开展"秋季慰问困难职工活动"，共慰问困难职工164人，发放慰问金3.28万元。

2012年"两节"期间，启动"暖冬行动"暨"两节"送温暖活动。1月，在区困难职工帮扶中心和区桥头社区帮扶站、区赛鱼社区帮扶站等发放点为800名困难职工发放了近17万元的慰问金和白面、食用油等慰问品；"三八"妇女节，在全区女职工中开展"女职工特病保险"活动，全区参保人数达到117人，投保127份，特病保险费达到2540元；"六一"儿童节，到区赛鱼街道虎尾沟社区下岗女职工自办幼儿园进行慰问，送去慰问金2000元，慰问3名单亲特困女职工，为她们送去慰问金每人1500元；开展"关爱职工、平安度夏"为主题的送清凉活动，到区环卫处、交警队四矿桥头岗、赛鱼岗和区重点工程项目工地慰问，为炎炎酷暑中坚持在一线工作的职工送去绿豆、白糖、矿泉水等防暑慰问品；在中秋节、国庆节举办"两节"慰问金发放仪式，为100名困难职工发放生活救助、医疗救助金4万元；组织开展"女职工健康工程"，为67名困难女职工给予生活救助和助学救助，共支出救济款2.05万元。2012年年底，配合市总工会女职工部对区25位单亲特困女职工进行生活救助，为45名单亲特困女职工进行"两癌"普查普治工作；联合区计生局等部门开展全区行政事业单位干部职工健康体检活动，为967名干部职工进行体检。

2012年7月，矿区人大常委会副主任、区总工会主席史豪强（右二）带领区总工会工作人员慰问交警职工

2013年，区总工会不断完善全国总工会困难职工帮扶系统建设，以完善服务功

能和提升服务水平为重点，加强困难职工帮扶中心网络平台建设。4 月，组织对 9 个基层进行帮扶系统升级材料培训，指导基层工会完善困难职工档案，把困难职工资料全部上报市总工会，并有序地上报保存新增困难职工资料。困难职工帮扶系统共有困难职工 1043 人。“两节”期间，开展“解忧帮困惠民生，温暖职工进万家”为主题的送温暖活动，区总工会共筹集近 50 万元，为 554 名困难职工发放慰问金和米、面、油；“六一”国际儿童节，联合区教育系统工会联合会到段家背小学、小河滩小学、黄石板小学、东四尺小学和新蕾幼儿园进行慰问，共送去慰问金 2 万元，为孩子们送去节日的祝福。7 月，组织慰问烈日下奋战在一线的环卫工人、交警职工、长富房地产工地的 100 多名室外高温作业工人，为他们送去绿豆、白糖、矿泉水；开展“女职工特病保险”活动，参保人数达 198 人，投保 209 份，缴纳特病保险费 4180 元。矿区赛鱼街道赛鱼社区困难职工帮扶站被授予首批“阳泉市困难职工帮扶示范点”称号。

2014 年，开展以“解忧帮困惠民生，温暖职工进万家”为主题的“两节”送温暖活动，1 月，为 742 名困难职工发放价值 40 多万元的慰问金和慰问品，其中，包括 127 名单亲特困女职工，还为困难企业送去慰问金 5000 元；参加市总工会组织赠送公交卡活动，为区 17 名特困职工解决出行难问题；“六一”前夕，慰问段家背小学学前班儿童王铭正、新苑幼儿园儿童范昂，分别送去 600 元慰问金，同时，慰问南楼小学、马家坪小学、洪城河小学、桥头小学、大井小学、沙台小学，并给予每所学校 3000 元的慰问金；7 月，看望慰问烈日下奋战在一线的环卫处、建筑工地、绿化工作业处、交警一队等 100 多名室外高温作业职工，为他们送去价值 1 万余元的白糖、绿豆、茶叶、矿泉水、毛巾等防暑用品；9 月，开展困难职工癌症、尿毒症患者专项救助活动，18 名两癌、尿毒症患者得到市总工会救助，缓解他们的医疗困难，减轻他们的生活压力；建立银行卡发放帮扶资金管理制度，共发放晋工龙卡 854 人，发放特困职工证 17 人；教师节前夕，慰问亚美小学、刘家垴小学、市十二中学、市十四中学、市十七中学，给予每校 4000 元慰问金，共计 2 万元。11 月，开展以“送温暖、献爱心”为主题的捐助活动，各基层工会共 71 个单位参加捐助活动，收到捐助衣物 1712 件。

2005 年～2014 年矿区总工会春节慰问情况统计表

表 2-4

年　度	慰问户数(户)	慰问金额(万元)	年　度	慰问户数(户)	慰问金额(万元)
2005	251	7.50	2010	413	20.66
2006	159	4.78	2011	451	22.58
2007	408	12.23	2012	418	20.87
2008	537	16.12	2013	568	28.35
2009	314	9.42	2014	1162	81.33

第二节　再就业工程

再就业工程是充分发挥政府、企业、劳动者和社会各方面的积极性，综合运用政策扶持和各种就业服务手段，实行企业安置、个人自谋职业和社会帮助安置相结合，努力帮助下岗职工、失业人员和企业富余人员实现再就业的民生工程。再就业工程是工会组织的工作重点之一。

2004年6月，矿区特困职工援助中心成立后，对困难职工开展就业援助、生活援助、培训援助和法律援助。为下岗职工联系就业安置，为刚成立的矿区粮贸中心安置下岗职工15人，同时，协助政府做好低保工作，使企业困难职工做到应保尽保，从而维护职工队伍的稳定。

2009年7月，矿区总工会举办夏季就业招聘日

2006年，针对矿区下岗失业人员较多、就业空间偏小的状况，区总工会积极与市总工会和区劳动保障机构联合，掌握就业信息，在街道和社区举办就业招聘活动。9月，市总工会与区总工会在沙坪街道办事处和赛鱼街道办事处联合举办就业招聘会，共帮助47名下岗失业人员找到再就业岗位。街道、社区工会之间加强相互联系，利用各自优势资源，加以互补，为弱势群体拓展再就业渠道。2007年，区总工会在沙坪街道等多个街道和社区，举办再就业招聘洽谈会3期，提供就业岗位50个，为下岗失业人员安置再就业82人。2008年，继续加大就业信息的搜集工作，充分利用工会信息栏提供就业信息1000余条，为下岗职工解决再就业岗位60余个。2009年，立足以创业带动就业，积极举办就业招聘活动，为下岗失业人员提供就业信息。2月和6月，区总工会和区劳动保障部门举办2次就业帮扶招聘活动，分别发放《劳动合同法实施条例》《中华人民共和国促进就业法》等宣传资料上千份。共有160余家招聘单位，提供就业岗位2300余个，有274人签订就业意向，其中，200人与用人单位签订就业合同。同年，矿区组建职工就业培训中心，在各街道工会的积极配合下，免费开办2期美容美发培训班和1期餐饮服务培训班，共培训人数186人。区总工会整合、利用社会资源，依托驻区企业，建立10余家再就业培训基地，为下岗职工、失业人员提供免费技能培训，并按需安置就业。2009年，仅就业基地就吸纳再就业人员35人。另外，在街道发放5套价值3万余元的再就业帮扶用具，为15名下岗职工提供创业就业机会，以创业带动就业。

2010 年 4 月 26 日，举办“春风送岗位”就业帮扶招聘会，有 65 家用人单位提供就业岗位 300 余个，应聘者达 100 余人次。同时，举办 2 期美容美发培训，共培训 190 余人；举办 1 期电脑培训班，培训 148 人。2011 年，免费组织举办 1 期美容美发培训班、1 期电脑培训班，1 期厨师培训班，培训人数共计 224 人，由相关部门颁发资格证书和等级证书；联合区人力资源和社会保障局、区工商局共举办 2 次就业和再就业招聘活动，共有 94 家招聘单位提供 1200 多个就业岗位，发放宣传资料 2000 份，涉及一线工人、服务人员、管理人员等各类岗位，1900 多人参加招聘就业活动，达成就业意向 239 人。2012 年，区总工会与劳动培训中心联合，举办 2 期电脑技能培训班，有 192 名农民工、下岗职工参加培训学习，并取得合格证书。7 月，在区政府门前举办夏季再就业招聘会，共有 65 家单位提供就业岗位 700 余个，发放就业政策宣传资料 1000 余份，共有 109 人填写招聘岗位登记表并达成就业意向。

2013 年 3 月和 7 月，区总工会与区人力资源和社会保障局、区就业服务指导中心和团区委等部门，联合举办“春风送岗”“夏季就业招聘会”2 次就业招聘活动。共有 117 家信誉好、实力强的招聘企业，提供就业岗位 900 余个，涉及家政服务业、销售管理、电子维修等几十个工种，共达成意向 240 多人。发放就业政策宣传资料 1500 余份，并为他们讲解《中华人民共和国劳动合同法》《中华人民共和国就业促进法》等法律法规，现场解答群众提出的劳动维权、法律法规问题。积极联系具有职工再就业技能培训资质的培训机构举办为期 1 个月的计算机培训班，共有 130 人参加培训，并获得再就业技能培训证书。2014 年 3 月、4 月、9 月，分别举办 3 场就业招聘会，共有 82 家企业提供 600 余个岗位，发放宣传资料 800 多份，登记求职人员 120 多人，就业意向涉及制造业、家政服务业、电子工程、医药等几十个工种。

第三节 “金秋助学”活动

“金秋助学”活动是工会创立的定向资助建档困难职工和农民工子女完成大学学业的公益品牌活动。在资助对象上，由资助困难职工子女向困难农民工子女拓展；在帮扶内容上，由出资助学向职业规划和就业培训拓展。矿区总工会十分注重助学活动的公平性和实效性，做到规范操作、实名制发放、专款专用、公开透明。工会“金秋助学”活动已经形成常态化、制度化的社会公益活动。

“金秋助学”的范围：1.凡区属困难职工家庭子女参加当年全国统一高考，并被教育部批准的具有高等学历招生资格的高等院校录取为一本、二本 B 类以上的本科生，均可申请助学；2.区属困难职工家庭子女在读高中的，可申请助学。“金秋助学”的条件：1.持有特困职工证或低保证的困难职工家庭；2.家庭人均收入略高于当地最低生活保障线，但因家庭成员患大病、残疾或遭遇突发性灾害等特殊困难的低保边缘职工；3.因下岗失业造成生活困难的职工；4.生活困难、无力支付学费且加入工会组织的困难农民工；5.凡被救助的学生家长，必须是被录入工会帮扶工作系统的困难职工和农民工，符合国家计划生育政策。“金秋助学”资助标准为：大学 1000 元 / 年，高中 600 元 / 年。“金秋助学”申报时间及方法：当年 8 月 15 日前，困难职工持本人户口簿原件（复印件）、身份证原件（复印件）、助学申请和子女大学录取通知书原件（复印件），在读高中生持所在学校证明，困难职工家庭困难情况材料由所在单位确认后盖章，到所在单位工会登记申请，由基层工会将有关资料报区总工会困难职工帮扶中心，并领取填写助学审批表，由区总工会认真调查审核确定。“金秋助学”助学原则：1.坚持实事求是原则。即对助学对象要层层把关，认真审核，做到符合条件，符合程序；2.坚持公开透明原则。即将助学条件和助学对象在区总工会（基层工会）楼前或醒目位置公示，接受社会和职工群众监督；3.与团区委、区民政局、区教育局、区妇联等单位保持联系，互通信息，避免重复救助。

2010 年 8 月，矿区总工会在矿区困难职工帮扶中心举行“金秋助学”助学金发放仪式

从 2008 年开始到 2014 年，区总工会连续 7 年开展“金秋助学”活动，累计救助困难职工子女 88 人，发放助学金累计 19.92 万元。

2008 年，在市总工会救助 3 名困难职工家庭子女的同时，区总工会支出 2.48 万元，救助 11 名因子女上学难的困难家庭。使受助学生范围由区属困难企业职工扩大到生活困难的农民工子女；由应届大学生拓展到中学在校困难学生。2009 年 8 月，开展“金秋助学”活动，共帮扶特困职工子女 12 人，分别发放 400 元～4000 元不等的助学金，共计 2.52 万元。2010 年 8 月，举行“金秋助学”助学金发放仪式，为 11 名受助学生发放助学金 2.84 万元。2011 年 8 月，开展“金秋助学”活动，共有 12 名困难职工子女得到 3.1 万元的资助，其中，7 名大学生每人获得 4000 元的资助，5 名高中生每人获得 600 元的资助。2012 年 8 月，为 11 名困难职工子女发放助学金 3.38 万元。2013 年 8 月，为 15 名困难职工子女发放助学金 3.28 万元。2014 年 8 月，举行“金秋助学”助学金发放仪式，为 16 名困难职工子女发放助学金 2.32 万元。

2008 年～2014 年矿区总工会"金秋助学"活动统计表

表 2–5

年　度	大　学　生		高　中　生		合计(元)
	人数(人)	金额(元)	人数(人)	金额(元)	
2008	7	23000	4	1800	24800
2009	6	22000	6	3200	25200
2010	7	26000	4	2400	28400
2011	7	28000	5	3000	31000
2012	8	32000	3	1800	33800
2013	7	28000	8	4800	32800
2014	4	16000	12	7200	23200

第四节　职工大病医疗互助

职工大病医疗互助是职工基本医疗保险制度的重要补充，也是社会救助体系的重要组成部分，是发扬工人阶级团结友爱、互助互济优良传统的具体体现，通过职工之间的互相调剂，"聚小钱、办大事"，实现"无病我帮人、有病人帮我"，从而解决职工因患病住院导致生活水平下降或因病致贫的问题，使全区干部职工医疗保障水平从整体上得到提高。根据有关政策和上级工会的要求，区总工会在全区职工中开展大病医疗互助活动。

2005 年 8 月 17 日，市总工会召开全市职工大病医疗互助工作动员大会。会后，区总工会根据《阳泉市职工大病医疗互助活动实施方案》的总体部署，在全区开始实施该项工作。职工大病医疗互助工作得到区委、区政府的高度重视和支持。随即成立矿区职工大病医疗互助工作领导组，区总工会主席史豪强担任组长，由区困难职工帮扶中心具体负责实施。8 月 26 日，召开全区职工大病医疗互助活动动员大会，全区各厂矿、企业、机关事业单位工会负责人参加会议。

职工大病医疗互助金规定为：每人每年缴纳 36.5 元。互助补偿金起付标准：一次性住院费在 5000 元～1 万元的补偿总费用的 10%；1 万元～2 万元的补偿比例为 13%；2 万元～3 万元补偿比例为 15%；3 万元～5 万元的补偿比例为 17%；5 万元～7 万元的补偿比例为 20%；7 万元～9 万元补偿比例为 25%；9 万元以上的补偿比例为 30%。患病职工是工会会员的，在对本人实际补偿金基础上再增加 2%。2009 年，对职工大病医疗互助金收缴以及互助补偿标准作了新的调整。新规定标准：每人每年缴纳 50 元。互助补偿金起付标准：(1)一次性住院费在 1 万元(含 1 万元)以上的补偿总费用的 8%，最高补偿额不得超过 3 万元；(2)慢性病互助补偿金的起付标准为 1 万元，补偿标准为：慢性病门诊费用或门诊费用累计和住院交叉治疗费用达 1 万元(含 1 万元)以上的补偿总费用的8%,最高补偿额不得超过1.5万元,是工会会员的,在对本人实际补偿金的基础上再增加2%。

2006年,为扩大职工大病医疗互助范围,区总工会领导干部和职工到基层企业、厂矿和广大职工中,宣传职工大病医疗互助的重要性和迫切性。利用《新矿区》等新闻媒体进行连载,宣传《阳泉市职工大病医疗互助实施办法》,基层工会组织在街头发放《职工大病医疗互助知识手册》和知识问答宣传资料,广泛宣传发动,从而使广大职工认识到这是一件惠及职工自身利益的好事、实事,组织动员广大职工积极参加到职工大病医疗互助活动中。

截至2014年年底,共办理9期大病医疗互助工作,共有139个单位,累计职工4.6万余人次参加职工大病医疗互助,收缴互助金额203.94万余元,共计职工大病医疗互助补偿539人次,发放补偿金179.14万元。

矿区职工大病医疗互助情况一览表

表2-6

期　数	参加单位(个)	参加职工人数(人)	其中企业困难职工人数(人)	缴纳互助金(元)	享受互助职工人数(人)	受益金额(元)	互助金比例%
第一期	—	1352	—	49348	9	90682	183.76
第二期	—	4444	—	155507	46	274949	176.81
第三期	98	4808	273	170162	47	236796	139.16
第四期	98	4769	186	170834	80	228776	133.92
第五期	102	5139	243	261090	47	118285	45.30
第六期	137	5820	542	280640	64	178597	63.64
第七期	137	6423	559	309970	75	194650	62.80
第八期	139	6680	586	322280	76	204901	63.58
第九期	139	6613	540	319850	95	263717	82.50

第五章 宣传教育与文体活动

第一节 思想道德教育

1983年矿区工会成立以后，围绕中心任务，针对职工思想实际，开展思想政治、职业道德教育工作。以培养有理想、有道德、有文化、有纪律“四有”新人为目标，在职工中广泛深入地进行坚持四项基本原则教育和改革开放教育；开展理想和人生观教育；开展社会主义民主和法制教育；开展职业责任、职业道德、职业纪律、职工技能“四职”教育；开展中国特色社会主义理论、“三个代表”重要思想和科学发展观教育等，从而使广大职工的思想政治觉悟不断得到提高。

1983年～1985年，组织职工开展“五讲四美”（讲文明、讲道德、讲秩序、讲礼貌、讲卫生和语言美、行为美、心灵美、环境美）活动。全区各企业、单位通过学习中共十一届六中全会文件，特别是中共中央《关于建国以来党的若干历史问题的决议》，结合各自实际，开展“四个整顿”，教育职工树立共产主义的理想、信念、道德和情操，提高主人翁责任感，树立勤俭建国、爱厂如家的思想，做好本职工作。为贯彻中共十二大和全国职工政治工作会议精神，开展学习雷锋、树立目标活动，推动全区“四有”职工队伍的建设。根据中共中央批准的《国营企业职工思想政治工作纲要（试行）》规定，组织全区青年职工学习《中国近代史》《科学社会主义常识》《中国工人阶级》等课程，联系职工思想实际，进行热爱祖国、热爱社会主义、热爱中国共产党的“三热爱”教育。

1986年～1991年，区总工会对职工思想政治、职业道德教育工作，始终坚持尊重人、理解人、关心人、激励人的原则，以中国共产党在社会主义初级阶段的基本路线教育为主题，坚持正面教育为主，发扬积极因素，把理论灌输与自我教育，把解决思想问题同为群众办实事结合起来，在职工中深入进行坚持四项基本原则、坚持改革开放、反对资产阶级自由化的教育。在1989年春夏之交的政治风波中，区总工会在区委领导下，组织职工群众认真学习《人民日报》“四·二六”社论，中共中央、国务院领导人的“五·一九”讲话和邓小平一系列重要讲话精神，明辨是非，站稳立场，旗帜鲜明地反对动乱。工作生产在第一线的职工，坚守工作岗位，思想上、政治上、行动上与中共中央保持一致，不信谣、不传谣，自觉维护生产、社会和工作秩序的稳定，全区没有出现一个工厂停工、一名职工上街游行的现象。同时，努力生产，加倍工作，以实际行动维护稳定大局。6月，工业生产形势喜人，6个街道办事处所属的工厂和4个区直属工业企业超额完成当月生产任务，全区超额32.1%完成月计划。1989年，矿区自身工业生产稳步增长，工业总产值完成 1205.1 万元，为年计划的 100.4%，比往年增长 17.9%。显示工会坚持职工思想政治工作宣传教育的优越性。

1991 年夏季，南方地区遭受特大洪涝灾害，全区职工共向灾区捐款 1.25 万元，充分体现工人阶级的主人翁精神和奉献风尚。为克服对思想政治工作可多可少、可紧可松、可干可不干的偏见和错误认识，真正搞活、搞实思想政治工作，区总工会采取了两项措施：一是把思想政治工作作为建设“职工之家”验收标准之一；二是推行经济承包签订“双保合同”作为对基层考核条件的硬指标。使思想政治工作落实到基层，做到责任化。1991 年 10 月 22 日，在市总工会召开的阳泉市职工思想政治工作和第五届职工读书自学成才活动经验交流暨表彰会上，矿区弹簧厂修簧小组被评为职工思想政治工作先进集体；矿区钢窗厂王文彦被评为先进职工思想政治工作者，受到表彰。

在“三热爱”教育和基本国情、基本路线的“双基”教育中，矿区各级工会组织积极配合各级党政开展形势政策教育、爱国主义教育和“双基”教育，取得明显效果。全区共培训理论骨干 150 人，开展“三热爱”和“双基”教育演讲赛 20 多场，参加培训职工达到 1650 人次，80%的职工受到一次深刻的社会主义教育。区总工会组织职工群众参加市总工会、市职工思想政治研究会主办的“双基”知识百题竞赛，答卷 400 余份，体现职工政治学习的积极性。基层各级工会，还通过讲身边的小道理，看制度的优势，坚定社会主义信仰；讲身边的小事例，看中国共产党的优良传统，坚定对中国共产党的信任；讲身边的小环境，看困难与机遇，坚定克服困难，搞好治理整顿的信心。因而极大地激发职工爱中国共产党、爱国、爱社会主义的信念，调动职工的积极性。

1992 年～1998 年，全区各级工会以职业道德建设为主要内容，深入开展职工思想政治工作，坚持对广大职工进行建设有中国特色社会主义理论教育。1992 年，以学习宣传新修订的《中华人民共和国工会法》为契机，增强广大干部职工的法律意识。10 月，举办“矿区总工会百题知识竞赛”活动，发出答卷 2000 份，收回 1850 份。1994 年，在全区职工中开展以“爱国主义、集体主义、社会主义”为主要内容的“三热爱”主题系列教育活动。1995 年，全区各级工会组织利用庆祝全国总工会成立 70 周年之际，通过各种形式，宣传劳模和弘扬劳模精神。开展“心系祖国、奉献在岗”和以思想道德建设和文化建设为重点的“讲文明、树新风”活动。1997 年，在迎接香港回归和中共十五大召开期间，组织职工开展唱革命歌曲、参加美术书法作品画展等庆祝活动，涌现出一批爱岗敬业、乐于奉献的先进职工，有 16 人受到省、市、区各级表彰。其中，矿区法院刘林珍被省政府、省高院授予“全省政法系统先进个人”荣誉称号，并记省三等功，被市劳动竞赛委员会记二等功，被区人大常委会命名为“人民好法官”；平潭街小学陆秀荣、区党史办张瑞铭、新蕾幼儿园赵素英，被评为市职业道德岗位标兵。

1999 年，区总工会对区直工业企业职工思想状况进行深入细致的调查研究，写出调查报告。8 月，在全市职工学习邓小平理论知识竞赛活动中，矿区总工会获得优秀组织奖。2000 年，全区各级工会组织在学习中共中央总书记江泽民在中央思想政治工作会议上的讲话、中共十五届五中全会精神的同时，在广大职工中，开展“三个代表”理论的学习宣传教育工作。组织理论骨干到企业、车间、班组进行宣讲。同时,开展职工思想状况专项调查和职业道德标兵“双十佳”创建活动,实施“心系祖国,奉献在岗”主题教育活动。全区涌现出一批先进职工。在阳泉市顺达出租汽车有限公司“共产党员车队”中,评选出“形象大使”4人、“服务标兵”6人,增强职工爱岗敬业的服务意识,提升企业形象。

2001年~2010年,区总工会开展“三个代表”重要思想学习教育活动和全区中国共产党的作风建设调研活动。把“三个代表”重要思想教育同引导职工自我教育相结合,形成一套职工自我教育的新机制。2003年,在“非典”传播的过程中,各级工会及时宣传“非典”预防知识和卫生科普知识,增强职工的防病防御意识,缓解职工的心里压力。同年,开展“双评双爱”活动,制定《关于在私营企业中广泛开展“双评双爱”活动的实施细则》。在活动中,教育职工遵守劳动纪律,严格执行劳动安全卫生规章制度,爱厂如爱家,爱岗敬业,促进企业经济效益的提高,增强工会的凝聚力。在活动中,评出先进私营企业联合工会2个、先进集体2个、爱职工优秀经营者3人、爱企业优秀职工5人、优秀工作者8人。2004年,在全区职工中深入开展中国共产党基本理论、基本路线、基本纲领教育和日常思想政治教育,大力推进社会主义民主法治教育,提高职工的思想政治素质和科学文化素质。2005年,组织全区各基层工会,开展以“三个代表”重要思想为主要内容的保持共产党员先进性教育活动,不断提高广大工会干部为职工服务的觉悟和本领。根据《关于在全市开展“创建学习型组织,争做知识型职工”活动的实施意见》精神,开展主题鲜明的职工教育活动,为职工成才构筑学习平台。2006年和2007年,区总工会组织广大干部职工,学习贯彻中共十六大、十六届五中、六中全会和市总工会十三届四次全委会议、区七次党代会精神,各基层工会,“积极发展和谐劳动关系”,推动各项工作的发展。2008年~2009年,区各级工会组织以“三个代表”重要思想为指导,在职工中开展以实践科学发展观为主要内容的思想道德教育,组织广大职工开展“爱读书、多读书、读好书”活动。在市总工会“读书明志、感悟人生”征文活动中,基层工会共撰写征文47篇,其中,获市二等奖3篇、三等奖5篇、优秀奖4篇,区总工会获优秀组织单位奖。2010年,开展以《中华人民共和国劳动法》为主题的宣传教育活动,印发学习资料1000份、宣传资料1.5万份。同时,深入开展“创先争优”活动,激发全区干部职工的创业热情,营造干事创业的良好环境。2011年,组织开展“创建学习型组织、争做知识型职工”活动,组织学习省总工会十二大会议精神,坚持机关每周一下午集中学习制度,并通过考核促进工会干部整体素质的提高。建立“读书月”,开展读书知识竞赛、主题征文等活动,引导职工多读书、读好书,开展职工本(专)科学历提升教育工作,不断提高职工队伍的文化素质。

2012年,按照省、市总工会的统一部署,加大学习宣传实践中国特色社会主义工会发展道路,举办系列专题报告会。各基层工会组织宣讲员进企业、进车间、进班组,广泛开展宣讲活动。全年共举办专题报告会15场,参加听讲人数630余人。为迎接中共十八大胜利召开,开展“感恩·奉献·永远跟党走”感言征集活动,各基层工会运用网络平台（论坛、空间、博客、微博等）进行撰写和发布。在中共十八大胜利召开后，召开工会工作人员和各基层工会主席专题学习会议，认真学习贯彻十八大会议精神，统一思想、凝聚力量，团结带领广大职工，坚定不移地走中国特色社会主义道路。2013年，各级工会结合学习贯彻全国总工会十六大和市总工会十五大会议精神，开展学习活动，推动中共十八大精神进基层、进班组，引导广大职工把“个人梦”与“中国梦”紧密联系起来，推进“五大”创新，努力构建“五新”格局。组织广大职工学习全国劳模贾向东先进事迹，开展“劳模精神在一线，转型跨越勇争先”活动。2014年，区总工会积极参加矿区第二批中国共产党的群众路线教育实践活动，认真学习中共十八大精神和中共中央总书记习近平系列重要讲话精神，以及省委、市委有关规定。开展活动期间，区总工会深入基层调研6次，召开座谈会4次，密切联系职工群众，征求群众意见建议，积极为广大职工特别是困难职工解决生产、生活中的实际问题。通过一系列教育活动，广大职工社会责任感普遍增强，团队意识和集体意识进一步增强，自觉投身到构建和谐社会和矿区经济建设转型发展的实践中。

第二节　文娱体育活动

矿区工会成立后，依据《中华人民共和国工会法》《中国工会章程》赋予的权利和义务，组织和带领全区职工积极开展形式多样、丰富多彩、健康向上的文娱和体育活动。从1984年8月举办矿区首届职工篮球比赛开始，每年都有计划地举办各项体育比赛活动，到1988年连续举办4届职工篮球比赛；到1990年连续举办4届职工象棋比赛。1985年2月，举办矿区首届妇女运动会。1985年5月，举办矿区首届职工田径运动会。之后，在每年春节前后都要组织职工进行越野比赛。在阳泉市1988年元旦职工越野比赛中，矿区代表队获得团体第六名。1988年9月，矿区中老年健身操代表队，在市总工会举行的中老年迪斯科健身健美操竞赛中，获得二等奖。1991年4月，举办第二届职工运动会，300多名职工分别参加拔河、篮球、乒乓球、中国象棋等项目的比赛。矿区总工会在组织职工体育活动的同时，开展职工文娱比赛活动。1989年7月，在市职工歌咏比赛中获得优秀组织奖，1989年9月，在市总工会举办的摄影大赛中获得优秀组织奖。1990年9月，在市职工首届话剧小品展演比赛中，矿区总工会选送的《十分钟的收获》获得二等奖。1991年，在市总工会举办的锣鼓大赛中获得优秀奖。

1992年～1998年，矿区总工会会同区委宣传部、团区委、区妇联等单位组织大型歌咏比赛2次，共有38个代表队、1940余人参加，其中，5个代表队代表矿区参加市总工会庆“五一”庆“七一”、迎国庆歌咏比赛。各级工会组织职工开展篮球比赛、乒乓球赛、拔河赛、象棋、扑克比赛、中老年迪斯科、元旦联欢会等各种文体活动30余次，参加人数达5000多人次，丰富广大职工文化生活，提高职工文化素质。1995年4月至6月，举办第三届职工运动会，400多名职工分别参加田径、篮球、乒乓球、中国象棋等项目的比赛。

2001 年 7 月，矿区举办纪念中国共产党成立 80 周年歌咏比赛

1999 年～2004 年，为满足广大职工精神文化生活需求，经常性举办各类喜闻乐见的群众文化体育活动，增强工会组织的凝聚力和吸引力。1999 年 10 月，举办第四届职工运动会，400 多名职工分别参加广播体操、篮球、乒乓球、中国象棋、华牌等项目比赛。同时，在国庆 50 周年之际，举办职工歌咏比赛。2001 年，在纪念中国共产党成立 80 周年期间，区总工会联合区文体局举办职工歌咏比赛和职工专题演讲比赛等一系列丰富多彩的活动。2004 年，组织参加全市首届职工艺术节活动，项目包括职工书法绘画摄影、健美操、职工风采大赛和职业装展示 4 大类。区总工会精心安排、认真筹备，选拔 50 余名选手参赛。经过比赛，职业装展示获二等奖；健美操比赛三等奖；书法、绘画、摄影个人参赛获二、三等奖；矿区总工会获优秀组织奖。

2005 年，各街道、社区工会开展丰富多彩的文体活动。组织由 20 多个队 300 多名选手参加的篮球、乒乓球、华牌比赛；组织元旦、元宵节街头文艺演出、“八一”拥军文艺演出等活动；区总工会组织 2 个队、10 余名运动员参加全市组织的“南煤杯”职工乒乓球赛，并获单项奖、团体奖；7 月 4 日～11 日，组织 200 余名职工参加全市首届非公有制经济企业职工文化活动周活动，矿区总工会获得优秀组织奖。2006 年 4 月，区总工会先后组织“城管杯”职工篮球赛、矿区首届职工卡拉 OK 歌手大赛，参赛职工达到 500 余人，有效地活跃了职工的文化生活，组织参加全市职工运动会，获得女子篮球比赛冠军、华牌比赛团体第三名，获得华牌“体育道德风尚奖”、健美操比赛优秀奖。各街道社区工会组织元旦、元宵节街头文艺演出、“八一”拥军文艺演出等活动。7 月～8 月，区总工会与区直机关工会联合举办 2 期游泳培训班，参加培训学员有 200 余人。2007 年 11 月，区总工会举办“金麒利”杯职工乒乓球、华牌、象棋比赛，全区 91 支代表队，300 多名职工参加比赛。进一步丰富广大职工的业余文化生活。2008 年，举办职工游泳培训班 4 期，有 236 名职工参加培训。组建一支由 40 余人组成的业余晋剧艺术团。投入 10 万元购置数码电影放映机一部。“七一”前夕，开展“庆七一、迎国庆”为期一周的晋剧演出和电影放映文艺宣传活动。组织机关职工篮球比赛，参赛单位 20 余家，参赛职工有 200 余人。

2009 年，举办“迎国庆、促和谐”矿区第五届职工运动会。全区共有 97 支代表队、800 余名运动员参加田径、乒乓球、篮球 3 个大项、26 个小项的比赛，共产生集体奖 36 个，个人奖 144 个。区教育系统工会联合会、区政法系统工会联合会、区直机关工会联合会、赛鱼街道总工会、蔡洼街道总工会获得优秀组织奖；区公安分局、平潭街小学校、市十二中获得道德风尚奖。3月，矿区7支队伍参加市总工会主办的全市女职工全健排舞比赛，区女职工委员会获“特别组织奖”，区直机关获二等奖，区南楼小学校获三等奖。组织举办职工游泳培训班，有100余名职工参加游泳培训，举办消夏电影放映活动、晋剧专场演出。5月，组织举办矿区第二届职工“卡拉OK”大赛，全区131名职工积极报名参赛。

2010年3月，在“阳泉市首届女职工之歌合唱节”比赛中，区总工会选送的南楼小学工会合唱队获金奖，区直机关工会联合会合唱队获银奖和最佳服饰风采奖，区总工会获得优秀组织奖，区平潭街小学程利斌获优秀指挥奖。5月，区总工会与区直机关工会联合会、矿区文化体育旅游局联合举办区直机关第八套广播体操比赛，区直机关14支代表队332名运动员参加比赛。区总工会联合市交警一队举办“迎国庆、庆建区30周年”第六届职工“交警杯”篮球大赛，阳泉市交警一大队获得冠军，赛鱼街道总工会、区直机关联队、区公安分局分获二、三、四名。各基层工会积极开展各类文体活动，如：趣味运动会、乒乓球、拔河比赛、手工剪纸、大合唱等多项活动。组织职工参加市总工会组织的“五一文化奖”、“五一新闻奖”书法、美术、摄影作品，共选送64幅作品，5篇新闻。其中，书法、摄影类获得银奖2名，书法、美术类获得铜奖3名、优秀奖获得5名。

2011年6月，区总工会与区文体局在二矿体育馆联合举办健排舞比赛，共有17支代表队参加比赛，马家坪小学获第一名，区直机关、大井小学获第二名，西河路小学、新蕾幼儿园、桥头小学获第三名。6月23日，举办“我心中的歌”红歌演唱会；6月30日，组织举办纪念中国共产党成立90周年红歌会，全区160名机关党员干部、职工组成机关方阵参加红歌会；6月~8月与区委宣传部联合开展“庆祝中国共产党成立90周年百部红色经典电影进社区”活动；同时，各基层工会都以多种形式广泛开展群众性文体活动。

2012年“三八”国际劳动妇女节，区总工会与区妇联联合举办庆“三八”女职工卡拉OK比赛，共有43名选手参赛，近200人观看比赛，李铁花获一等奖；白涛、杜钰获二等奖；焦学峰、张晓华、张宝兰、荆晶获三等奖。与区委宣传部、文化馆等部门联合举办矿区百姓健康舞大赛，有8支代表队240多人参加比赛，桥头代表队获得一等奖。在国庆节期间，与区文体局联合举办“庆国庆、喜迎十八大”职工羽毛球、乒乓球比赛。经过基层工会的层层筛选，共有24支队伍，94人参加比赛。由矿区工会发展促进会主办，阳煤集团工会和矿区总工会承办的首届矿区职工美术、书法、摄影作品展，历时5个多月，征集全区各级工会组织选送作品126幅，其中，展美术作品7幅、书法作品38幅、摄影作品81幅，共有500余名职工参观欣赏。

2013年，区总工会与区妇联联合举办迎“三八”“健康、知性、和谐、进取”大型文艺晚会，基层工会及28家企事业单位参加活动。各基层工会分别开展“三八”表彰会、“巾帼风采”座谈会、“社区居民包饺子”联谊活动、征文书画摄影比赛、手工制作以及棋类、球类、扭秧歌、健美操、美丽女人演讲、跳绳、趣味运动会等各类文体娱乐活动。区总工会女职委获阳泉市女职工“三八”主题宣传教育月活动优秀组织奖。区总工会组织 11 名单身男女职工参加阳泉市职工“牵手玫瑰缘”,相约金秋十月大型公益相亲会,为适龄单身男女职工提供一个真实、安全、便捷、诚信的交流平台。

2014 年,投入资金 40 多万元维修矿区职工文体活动中心,设有 2 个羽球场地、2 个乒乓球场地和各种棋牌娱乐设施,于 4 月正式对外开放;区总工会与矿区文体局、区直机关工委联合举办“迎国庆”机关职工篮球比赛,共有 16 支队伍参加,评出男子、女子篮球队一、二、三等奖各 1 名;参加市总工会全健排舞文艺骨干的培训,并组队参加全市职工全健排舞大赛,取得二等奖。

第三节　工运理论研究及宣传

一、概况

2003 年 ~ 2014 年,区总工会积极开展理论研究,组织基层工会报送工会工作重要活动、成就和经验的各类理论稿件,广泛宣传新时期工人阶级的精神面貌和时代风采,有效地发挥工会自身宣传阵地的作用。2011 年开始,区总工会组织全区广大工会干部和职工群众,进一步加大中国特色社会主义工会发展道路理论学习与研究力度,每年都组织开展征集工会工作的理论研究论文、新闻报道、调研报告、工会信息等活动,发动各级工会干部和工会积极分子结合自身工作实际,开展理论探讨,撰写工运理论文章,分别在《山西日报》《山西工人报》《阳泉日报》《阳泉矿区》以及阳泉市广播电视台等媒体发表或播发。

2008 年,在《阳泉矿区》发表工会工作稿件 36 篇,《阳泉日报》发表稿件 18 篇,在《工人日报》和《山西日报》发表稿件 4 篇,在阳泉广播电视台播发 10 余次。

2009 年,在《阳泉矿区》发表稿件 30 篇,《阳泉日报》发表稿件 18 篇,在《山西日报》《山西工人报》发表稿件 5 篇,《中国工运》发稿 8 篇,在阳泉广播电视台播发工会新闻、短篇 15 次,编发工会信息 58 篇。区基层工会组织撰写的 47 篇征文中,获市二等奖 3 名、三等奖 5 名、优秀奖 4 名,优秀组织者 1 名,区总工会获得优秀组织单位奖。

2010 年,共撰写工会信息 66 期,工会工作调研报告 15 篇,其中,获得市级优秀调研成果奖 5 篇,《阳泉矿区》发表稿件 16 篇,《阳泉日报》发表稿件 10 篇,反映工会方面图片报道《山西工人报》2 篇,《山西日报》2 篇。

2011 年,积极组织基层工会报送工会工作动态、成就和经验的各类稿件,共报送“五一新闻奖”稿件 10 篇,撰写工会信息 52 篇、调研报告 32 篇,有 13 篇稿件发表在《阳泉矿区》,8 篇稿件发表在《阳泉日报》,3 篇稿件发表在《山西工人报》《山西日报》,20 次在阳泉广播电视台播发工会新闻、专题片,获得阳泉市“五一新闻奖”三等奖 2 名、优秀奖 1 名。

2012 年,举办系列专题报告会,组织各基层工会宣讲员进企业、进车间、进班组,广泛开展宣讲活动,在全区工会系统掀起学习宣传实践中国特色社会主义工会发展道路的热潮,全年共举办专题报告会 15 场,参与人数 530 余人,共上报学习心得体会、论文30篇,矿区获优秀奖3篇。

2013年,开展“五一新闻奖”作品报送活动,上报市总工会作品10篇;组织开展《中华人民共和国妇女权益保障法》《女职工劳动保护规定》宣传调研工作,全年上报调研报告15篇,上报有关地税代征工会经费论文1篇。矿区总工会女职工委员会开展女职工劳动保护情况调研以及工会女职工组织建设状况调研活动。共撰写调研报告13篇。

2014年,矿区总工会女职工委员会组织参加以“阳光女性?幸福中国”为主题的市第二届书香“三八”读书征文活动,共收到各类文章12篇。

二、文章选编

浅谈工会在构建和谐社会中的作用

矿区人大常委会副主任、矿区总工会主席　史豪强

构建社会主义和谐社会是党从全面建设小康社会,开创中国特色社会主义事业新局面的全局出发提出的一项重大任务,也是广大人民群众的根本利益和共同愿望的体现。社会主义和谐社会是民主法治、公平正义、诚信友爱、充满活力、安全有序、人与自然和谐相处的社会。工会作为党联系职工群众的桥梁和纽带,作为职工合法权益的代表者和维护者,工会的性质决定了在促进和谐社会建设中发挥着不可替代的作用。

一、增强职工主人翁意识,优化构建和谐社会的政治环境

构建社会主义和谐社会,是把人作为社会的主体,体现了科学发展观的基本要求,贯穿了以人为本的思想理念。和谐社会强调人与人之间、人与社会之间、人与自然之间、人自身物质与精神之间的关系的和谐,也就是利益的均衡、机会的公平、心态的平和。和谐社会中职工的需求更加多样,层次更高,领域更宽,不仅是经济利益的需求,还包括政治、精神文化层次的需求,还有发展层次的需求等。这无疑是对工会工作提出了新的和更高的要求。工会组织无疑也是必然要适应这一发展趋势,主动融入社会,在构建和谐社会中发挥应有作用。首先,必须尽快适应和谐社会建设的必然要求,全面提高自身综合素质,不仅要有单位意识、企业意识,更要树立社会意识,强化社会责任感。其次,是要畅通信息渠道,及时反映和表达职工群众的意愿和要求,组织和代表职工作好群众监督,保护和调动职工参与建设和谐社会的积极性、创造性,推动社会主义社会文明的建设。职工不仅是经济人,还是社会人,不仅有劳动权利和民主政治权利需要维护,还有社会权利需要维护。既要高度关注职工的经济、政治、文化权利,还要重视和关注他们的社会权利,努力提高他们的社会地位,落实他们的社会权利。

和谐社会就是建立一个祥和、安全有序的社会,是政治、经济文化综合作用的结果,是一个动态发展的过程。其中最重要的是发展社会主义先进文化,因为这是构建

社会主义和谐社会必不可少的智力支持、精神动力和思想保证。工会要切实加强职工思想政治工作，引导职工树立正确的世界观、人生观、价值观，加强对职工的形势政策教育、法制教育和纪律教育，多做理顺情绪，化解矛盾的工作，要教育职工识大体，顾大局，正确对待改革中的利益调整，支持和参与改革，维护单位安定团结。在职业道德建设中，要以开展诚信教育为重点，通过争创文明单位、文明职工等活动，培养职工良好的职业道德风尚，促进形成诚实守信、平等友爱、与人为善、融洽相处的和谐局面。同时还要创造条件，让职工学好科学文化知识，帮助职工在实践中充实自己，在竞争中提高自己，在奋斗中完善自己，加快实现职工队伍知识化进程。

二、围绕中心工作，发挥和谐社会建设的作用

发展是硬道理，实现经济社会和人的全面和谐发展，是中国共产党执政兴国的第一要务，也是科学发展观全面、协调、可持续发展的基本内容。工会组织一是要摆正服务中心，保障中心位置不动摇，积极响应、支持矿区党委的各项举措和决策，从矿区的实际出发，动员和组织职工群众奋发努力，积极投身和服务于中心工作，创造上下同心、共谋发展的良好氛围；二是扎实推进职工群众性技术创新，确立创新项目，推动各工种、各专业的技能创新、合理化建议和劳动竞赛、技术比武活动取得成效；三是深入开展创建学习型组织，争做知识型职工活动，以创建学习型组织，带动学习型单位的建立，不断深化学习活动，提高职工队伍素质和企业综合竞争力。工会工作必须紧紧围绕经济建设这个中心，广泛动员组织干部职工，充分调动职工的积极性、主动性和创造性，在构建和谐社会中发挥主力军的作用。

三、加强民主建设，达到和谐的民主政治

社会的和谐，离不开民主政治的和谐，保证职工依法行使民主权利，使职工的积极性、主动性、创造性更好地发挥出来，是构建和谐社会的重要保证。发挥工会组织密切联系群众的优势，通过开展多形式、多渠道的民主管理活动，吸引和组织职工参加民主管理，不断提高职工的参与管理意识。一要保障职工的参与权，工会通过加强源头参与反映职工的呼声和要求，是保证职工行使民主权利的重要途径。要进一步拓宽和疏通源头参与的渠道，使党的决策充分反映职工的意愿，使职工的合理要求得到充分体现。二要落实职工的知情权，只有让职工知情，才能将职工当家做主的民主权利落到实处。要继续深入地推行政务公开制度，突出公开重点，规范公开形式，提高公开质量，增强透明度，促使各项工作规范运作。三要强化职工的监督权，职工的监督是最基层、最直接的监督，要通过政务公开、民主评议领导干部等形式，落实职工的监督权，使一切工作都处于职工的监督之中。从而达到和谐的民主政治。

四、关爱职工，培养情感，共谋发展

要以岗位练兵、技术比武、劳动竞赛为载体，在职工中广泛开展爱岗敬业的教育活动，鼓励和引导职工积极参与矿区建设，增强对企业的认同感。积极开展文化体育系列活动，用先进文化思想占领矿区的职工文化阵地。以“歌颂改革开放三十年”为主题，以“展示企业文化”为亮点，通过开展职工群众喜闻乐见的文化活动，激发职工爱场如家的精神，培养职工的团队意识，增强工会的活力和凝聚力。工会要引导经营者切实承担自己的社会责任，关爱职工，切实改善职工的生产劳动环境、提高工资待遇、增加福利，在矿区营造相互尊重、团结友爱的氛围，促进矿区发展，共同构建和保持和谐稳定的劳动关系。

五、加强队伍建设，发挥主力军作用

职工不仅是物质文明、政治文明、精神文明建设的主力军，也是构建和谐社会的主导力量。工会是党的群众工作的重要组成部分，充分发挥工会群众工作的优势，提高履行职能建设，团结广大职工为构建社会主义和谐社会多做贡献。当前，随着社会发展，工人阶级成分的构成、分布发生了明显变化，工会应与时俱进，适应变化，为构建和谐社会凝聚力量。把广大职工团结在党的周围，把广大职工的智慧凝聚到构建和谐社会建设中去，不断提高动员、组织、凝聚职工的能力，壮大工人队伍，才能在构建和谐社会中更好地发挥桥梁作用，发挥职工利益的代表者、维护者作用。

工会要紧紧围绕党的中心任务，勇于创新。组织和动员广大职工爱岗敬业，为改革发展和经济建设献计出力，为构建和谐社会打好物质基础。工会只有这样才能做到有为有位，才能在构建社会主义和谐社会中发挥更大的作用。

（该文发表于《阳泉日报》2012 年 10 月 12 日第三版）

关于加强县级工会基础设施建设的思考与建议

矿区人大常委会副主任、矿区总工会主席　史豪强

工会是工人自愿组成的群众组织，是会员和职工利益的代表。县级工会是工会组织的一个基层单位，下面还有很多的基层工会，是整个工会组织体系中承上启下的中间环节和重要层次，直接担负着推动基层工会建设的重要职责。县级工会作用发挥得好坏，直接影响到党的政策是否能及时被职工获悉，职工的意愿诉求是否得到及时反映。近年来，随着社会经济的迅速发展和建设和谐社会进程的不断深入，县级工会工作内容日益增多，因此在新形势、新任务下，县级工会办公条件与配套设施的不足成了严重制约县级工会进一步推进各项社会事业发展的瓶颈，探索研究新形势下工会基础设施建设、切实发挥县级工会作用这一课题，对夯实工会工作基础，壮大县域经济乃至社会的和谐稳定具有重要的意义。

加强县级工会基础设施建设，是为了更好地给干部职工提供工作学习、增进情感交流、开展各项活动场所，搞好基础设施建设对于县级工会工作意义深远。只有加强县级工会基础设施建设，县级工会才能围绕全面建设小康社会总目标、落实“组织起来、切实维权”工作方针，县级工会的作用才能得到充分发挥，地位才能得到进一步巩固。为了探索研究新时期如何加强县级工会基础设施建设的新思路、新措施，笔者走

访了山西省多个兄弟县区工会，进行了深入的实地调研。现将此次调研县级工会基础设施建设现状、存在问题及如何加强县级工会基础设施建设的建议报告如下。

一、全省县级工会基础设施现状

1.全省 119 个县(区)级工会组织有独立办公场所(楼房、小院)的占一半以上。但还有将近一半的县级工会没有独立的办公场所，他们大多数在县委(县政府)的综合办公楼内办公，多的占用十几间房屋，少的占用几间房。全省的市级开发区工会基本上都在开发区管委会楼内办公。

2.全省 119 个县(区)级工会有工会独立的文化、体育活动场所(文化宫、体育馆)的不足三分之一，大多数组织活动都是借(租)用别人的场所。全省市级开发区基本没有独立的文化活动场所。

3.全省 119 个县(区)级工会都建立了帮扶活动中心，帮扶中心建设都达到五星级帮扶中心要求，并获得五星级帮扶中心牌匾。全省的市级开发区工会的帮扶中心也都达到五星级帮扶中心标准。

二、全省县级工会基础设施存在问题

通过走访调研，发现除少数县(区)工会在基础设施上条件不错外，绝大多数县级工会在办公场所、文化活动场所和困难职工帮扶中心建设上都存在着一定的不足。

1.各县级工会办公场所问题：朔州市 6 个县级工会，除山阴县总工会有自己独立的办公场所外，其余几家工会都与政府其他单位在综合办公楼里办公，办公场所比较拥挤；大同市 11 个县级工会，只有不到一半的县级工会有自己独立的办公场所，广灵、灵丘、南郊、天镇、浑源县总工会基础设施比较好；忻州市 14 个县级工会，除偏关县总工会基础设施较好外，其余大多数的工会办公都在政府综合办公楼办公；临汾市 17 个县级工会，不少工会都是在县委、县政府的综合办公楼办公；运城市 12 个县级工会，有自己独立的办公场所的县级工会较少；晋城市 6 个县级工会，全部都有自己独立的办公场所，其中高平市总工会最好；长治市 13 个县级工会，大多数的县级工会都自己的办公场地，个别工会在政府综合办公楼办公；吕梁市 13 个县级工会，大多数都有自己独立的办公场所，其中柳林、孝义、汾阳工会条件最好，个别县区工会在县委、县政府办公楼办公；晋中市 12 个县级工会，有一半的工会有自己独立的办公场所；太原市 10 个县级工会，有独立办公场所的占三分之一，其余县级工会也都在政府综合办公楼办公；阳泉市 5 个县级工会，盂县、平定、郊区有自己独立的办公场所，城区、矿区总工会都在区委、区政府综合办公楼工作。

2.各县级工会文化活动场所问题：朔州市右玉县总工会职工活动中心建设的非常好，他们有自己的职工活动俱乐部，经常性地开展职工文体活动；大同市灵丘县、左云县工会有职工活动礼堂；忻州市大多数县级工会没有自己的文化活动场所；晋城市高平市工会有供职工文化体育活动的场所；长治市部分县级工会也都有文化、体育活动场所供职工开展文体活动；吕梁市大部分县级工会也有文化活动场所；太原市小店区总工会职工文化活动场所比较好，其他县区工会的职工文化活动场所普遍较差。

3.各县级工会困难职工帮扶中心问题：全省119个县(区)级工会都建立了困难职工帮扶中心，并都符合五星级困难职工帮扶中心标准，但多数帮扶中心办公场所是租用外单位办公场地。

阳泉市矿区总工会多年来在市总工会和区委、区政府的正确领导下，深入贯彻落实科学发展观，坚定不移地走中国特色社会主义工会发展道路，紧紧围绕全区中心工作，以服务发展为目标，以强化维权、改善民生为重点开拓创新，巩固成果，各项工作取得长足发展，各项工作成效明显。但是，由于办公场所和配套服务设施规范化建设不够，或多或少还是影响了工会的工作开展与创新。矿区总工会是正科级群团参公单位，下设一个事业单位困难职工帮扶中心，工会在政府办公一号楼六层，共有办公用房4间，实有在编干部、借调、临时职工共计10人，工会办公用房面积共52平方米，领导用房26平方米，一般工作人员用房26平方米；矿区困难职工帮扶中心设编制人数6人，实有在编、借调、临时职工共计8人，因无独立办公场所，困难职工帮扶中心只能租用外单位80平方米房屋作为服务大厅，这使得工会经费严重不足的问题更是雪上加霜。长期以来，区总工会办公条件与配套设施严重不足，在一定程度上制约了工会各项日常事务与社会服务性工作的正常开展，制约了工会职能和作用的发挥。

三、关于加强县级工会基础设施建设的建议

1.学习先进经验制定适合的建设标准。湖北省县级以上工会帮扶中心全部转型升级为职工服务中心，集职工信访接待、困难职工帮扶、就业创业服务、劳动权益维护、劳动争议调处、职工综合服务、行政服务等于一身，为职工提供维权、困难帮扶、文体活动、生产生活、普惠等服务功能；广西壮族自治区总工会开展县级工会标准化建设，制定统一的标准，按照标准在各地区党政领导的高度重视和大力支持下，各县级工会逐步解决无独立办公地点和活动场所的问题。山西省也可以学习借鉴这两个省工会工作先进经验，努力提高县级工会基础设施建设，更好地为职工服务。

2.加大县级政府扶持力度，从选址、占地、立项、审批、施工、验收等各个环节为县级工会基础设施建设提供政策支持，畅通县级工会基础设施建设渠道。把县级工会基础设施建设正式列入县级政府经济发展规划，财政预算中单列用于县级工会基础设施建设的专项资金，保证县级政府投入的计划性和经常性，提高资金的综合效益，分期分批解决县级工会基础设施建设资金，确保政策落实到位，明确监督落实部门。

3.想方设法筹措资金补助县级工会基础设施建设。县级工会要千方百计争取县级工会规范化建设专项资金，力争县级政府实施等额配套资金或配套等额实物，多方筹措县级工会基础设施建设资金，建设拥有属于自己的办公场所、干部职工培训基地等，只有这样，县级工会组织才能真正成为“职工之家”，才能凝聚职工力量，为实现中国梦贡献县级工会之力量。

4.全国总工会、省总工会、市总工会要加大对县级工会基础设施建设的扶持力度，集中财力加强县级工会的硬件、软件和自身建设，促进县级工会基础设施建设工作不断发展，力争3年～5年内全省县级工会能够拥有自己独立的办公场所、文化体育活动场所和符合标准的困难职工帮扶中心，更好地发挥县级工会在经济社会发展中的重要作用。

面对新形势新任务，加强县级工会基础设施建设是加快县级工会发展的最佳载体，是进一步履行好县级工会职能的有效途径，是不断提高县级工会工作水平的重要保证，对于密切党和职工群众的联系，贯彻落实党的全心全意依靠工人阶级根本指导方针，保护、调动和发挥好广县级工会干部职工群众的积极性和创造性，具有十分重要的意义。县级工会只有把加强县级工会基础设施建设工作摆上重要议事日程，明确县级工会基础设施建设工作的目标，紧密结合实际，统筹安排，扎实推进县级工会基础设施建设，才能增强工会组织的吸引力和凝聚力，充分调动县级工会干部职工积极性，才能不断推进县级工会工作水平，维护干部职工队伍和社会稳定，才能发挥县级工会作为国家政权重要社会支柱的作用，使县级工会工作的重要性更加凸显。

（该文于 2013 年 9 月获阳泉市工会大调研成果二等奖）

创新帮扶机制　做好送温暖工程

矿区总工会副主席　张红梅

近年来，工会困难职工帮扶中心建设取得长足发展，逐步成为各级工会服务困难职工（农民工）、协调劳动关系矛盾、维护社会稳定的重要载体，为进一步推进帮扶中心规范化建设，确保帮扶中心工作科学、真实，对健全完善困难职工帮扶工作做出了探索性思考。

中国共产党十七大提出了构建“全体人民各尽其能，各尽其所而又和谐相处”的社会主义和谐社会的战略任务。实现好、维护好、发展好包括职工在内的广大人民群众的根本利益是构建和谐社会的本质要求。困难职工帮扶中心作为服务困难职工的窗口、维护困难职工合法权益的阵地、实施送温暖工程的载体，在推动发展、促进改革、保持稳定、构建和谐社会中发挥了重要作用。为进一步增强帮扶中心的实力，扩大帮扶中心的社会影响力，矿区工会对帮扶中心长效机制建设，探索出一套适合矿区困难职工帮扶中心发展的新机制。

一、矿区困难职工帮扶中心建设现状

矿区困难职工帮扶中心成立于 2004 年 6 月，按照全总的标准建立，并通过了市总的合格验收。在管理体制上，中心主任由区总工会副主席兼任，设副主任一名，设 1 个“职工法律援助中心”，每月定期向党组汇报一次工作情况。在人员配备上，目前中心共有专职工作人员 6 人，全部大专以上学历，且经过专门的业务培训，同时中心还长期聘请具有相关专业知识人员作指导。在设施建设上，中心现有电子显示屏一台，联想纯平电脑 4 台，激光打印机、传真机、电话各 1 部，并开辟了工会自己的网站，可

及时、方便、快捷、有效地为职工服务，接受职工监督。在职能设置上，中心共设立了信访接待、法律援助、困难救助、职业介绍、技能培训、职工维权等窗口，对困难职工实行“六位一体”的直面式服务，专设了职工热线电话，开展“一站式”服务，全方位对困难职工进行帮扶。截至目前，困难职工帮扶中心制定了《困难职工档案管理办法》《困难救助办法》《信访接待办法》《法律援助办法》《专项资金管理办法》等规章制度，共接待职工3000人次，实施帮扶1万余人次，有效地促进了矿区的经济发展和社会稳定。

二、建立健全困难职工帮扶工作长效机制

（一）建立健全帮扶工作协调机制

目前，困难职工问题涉及的人数多、范围广、工作领域宽、政策性强、原因复杂、解决起来难度较大，需要动员社会方方面面的力量齐抓共管。一是要不断拓宽与政府有关部门协调解决困难职工问题的渠道，建立定期联系、沟通和共同解决问题的制度，积极争取有关方面的政策支持、资金支持、信息支持。二是重点协调好各职能部门，按照“各级工会组织积极主动、三级帮扶网络上下互动、政府相关职能部门一齐联动”的格局，建立社会化较高的工作运行机制，齐抓共管，合力帮扶。区委、区政府、区财政从2004年起，每年为帮扶中心预算安排专款2万元，并按每年20%的比例逐年增长。三是认真落实困难职工长效捐赠机制，进一步为帮扶工作奠定物质基础。近两年，共收到各界捐款10万余元。四是要注重社会联动，举全社会之力，最大限度维护困难职工的权益，逐步实现信息交流联动、信访接待处置联动、司法援助联动、困难职工救助联动、就业再就业帮扶联动、劳动仲裁联动、子女上学救助联动和职工医疗互助联动，努力提高帮扶工作的社会参与率，真正把帮扶中心打造成充满爱心、充满阳光的困难职工之家。

（二）健全帮扶资金保障机制

一是建立“行政拨一点、工会出一点、职工捐一点、社会筹一点”的资金保障机制。努力协调区级财政资金支持，加大各级工会组织及其职工对困难职工的帮扶力度，积极争取社会各界对困难职工的关爱，不断拓宽帮扶资金筹集渠道。二是调整资金使用结构。最大限度地发挥资金的使用效益，把宝贵的资金用在刀刃上。加大对技能培训、创业指导、职业介绍等“造血性”帮扶的投入，凸显工会帮扶的特色。三是提高帮扶资金标准。认真分析困难职工群体困难程度的层次性，制定出科学的帮扶标准，实行分类分层帮扶，开展项目性帮扶，坚决摒弃广覆盖、低标准的做法，把工会帮扶工作的特色体现出来。

（三）健全监督管理机制

推行“阳光帮扶”，建立“个人申请，逐级申报、分类审批、公开透明”的帮扶工作监管机制。程序规范，加强对帮扶对象的登记核查，严格按照“四坚持”即坚持本人申请、单位（居委会）初审、帮扶中心集体研究、领导审批，做到“四不准”（不准暗箱操作、不准厚此薄彼，不准平摊指标，不准敷衍塞责）。审核严格，做到“三不纳入”即家庭居住条件较好，有隐性收入不纳入；无小组评议，没张榜公布者不纳入；有自救能力但好逸恶劣者不纳入。同时做好“三复查”,即对帮扶对象有疑点、有分歧、有举报的开展复查。让真正困难的职工真正感受到党政工的温暖及社会关爱。

(四)建立了档案管理机制,实行动态管理

为了全面掌握全区困难职工的情况, 从2008年起开展了全覆盖的调查摸底,对困难职工及其家庭成员的自然情况、经济收入、就业状况、劳动技能、身体状况、困难原因及程度等基本情况进行登记,建立健全了困难职工档案管理制度,做到“一人一底一策”,动态管理。目前,全区2010年建档困难职工共有1180人,特困职工184人。

(五)建立了就业救助机制,搭建就业平台

再就业是困难职工脱困解贫的根本,因此我们采取措施,加大力度,多方位、多层次、多渠道帮助困难职工再就业。建立基地深化再就业。通过创办下岗职工再就业基地,广泛开发再就业岗位,吸纳下岗职工重新就业。帮扶中心共建立了个“下岗职工再就业基地”,集中帮助人重新上岗。开展培训服务再就业。帮扶中心充分发挥工会组织的网络优势,建立职业培训基地,制定培训计划,面对下岗、失业职工,积极开展多层次、多形式、多行业的职业技能培训,以培训促进再就业。开展活动促进再就业。一是开展集中就业帮助。每年联合区劳动和社会保障局等单位举办大型企业用工洽谈会,既服务了企业也促进了就业。二是开展职业技能培训。充分发挥工会组织的网络优势,举办职业培训班,制定培训计划,面对下岗、失业职工,积极开展多层次、多形式、多行业的职业技能培训,以培训促进再就业。2009年以来,共举办电脑培训、理发和家政服务等职业培训班4期,共培训下岗失业人员和农民工400余人次;张贴就业服务信息500余条;开展春风送岗再就业招聘会24场,参加招聘企业200余家,提供就业岗位近2400余个,签订就业意向300余人,发放帮扶再就业用具7套,推动以创业带动就业,实现再就业30余人次,有力地推动了就业再就业工作落实,多次受到区委、区政府表彰。三是开展共同约定行动。针对金融危机对企业的影响,举行“同舟共济共渡难关”座谈会,企业代表表态,力求企业不减员、不减薪,签订了责任状和约定书,维护职工的合法权益。

(六)建立了送温暖机制,温暖困难职工

积极做好走访慰问工作,每逢元旦、春节、端午、“五一”、中秋和国庆六大节日,中心都要开展“送温暖”活动,区级领导带头走访慰问,为困难职工送政策、送物资、送信息、送项目,切实解决实际困难。近年来,共投入近70万余元资金对2000余名困难职工进行了救助。共为特困职工发放特困证40个。同时,在每年的7、8月还开展夏季送清凉活动,累计为高温一线职工送去了价值4万余元的防暑降温物品。

(七)建立了就学救助机制,资助贫困学子

子女上学是困难职工的心病,工会将解决子女上学问题作为治本的一项措施,组织社会各界进行帮扶。中心广泛开展“金秋助学”活动,拓展资助学生条件和范围,为困难职工子女圆大学梦、高中梦送上及时雨。因此,截至目前,共为30余名困难职工子女发放助学金10万余元。

（八）建立了医疗救助机制，缓解就医难题

为切实减轻困难职工家庭就医负担，充分发挥帮扶中心工作，积极配合市总工会搞好职工大病医疗互助工作。近年来，前六期共有400余个单位的2.65人次缴纳108.76万元互助金，2006年至今，全区有229名患病职工享受到医疗互助金近94.95万元，广大职工对此项工作给予了充分的肯定。

（九）建立了法律援助机制，维护合法权益

维护职工合法权益和特殊利益，协助党和政府做好企业改制中的遗留问题，针对部分企业违法用工导致职工困难的，工会以法律为武器，联合法律部门依法维护职工尤其是困难职工的合法权益。工会聘请专职律师，无偿提供法律咨询和法律援助。累计为60名困难职工开展了法律援助。

三、困难职工帮扶中心工作存在的问题

在实践工作中，困难职工帮扶还存在一些问题，主要表现在以下几个方面：

一是资金筹措难到位。资金是困难职工帮扶中心开展工作的物质基础，也是建立工会帮扶长效机制的基石。但是现在帮扶中心面临的一个重要问题就是经济基础薄弱，缺乏持久经济支撑，没有稳定的金来源渠道，制约了工会帮扶工作的进一步深化。

二是定位不准确。困难职工帮扶是政府部门救助工作应有之义，还是工会组织内部的自我救助，说法不尽相同。在实践中，有些政府部门把自身职责范围内的事情，也推到帮扶中心。而帮扶中心很难做到像行政服务中心那样“统”的功能。

三是范围不全面。困难职工的需求目前已从救急转为治本，而目前困难职工帮扶的手段单一，主要体现在物质生活上的救助。至于解决困难职工的就业岗位、劳动环境、民主权利、安全卫生等问题则缺乏系统的、有效的措施。

四是内力不集中。困难职工帮扶作为工会的重要工作不容置疑。但实际工作中，困难职工帮扶只是保障工作的一部分，只有保障部门在唱“独角戏”，其他部门的触角还没有伸展到困难职工帮扶中心。如何整合工会有效资源，利用好帮扶中心这个平台，是今后帮扶工作必须考虑的问题。

五是外协不通畅。工会作为群众团体，不是执法主体，也没有执法手段，困难职工利益受到侵害时，工会组织只能作为第一知情人、第一报告人和全过程协调人。解决问题必须依靠政府有关部门。截至目前，阳泉市的困难职工帮扶中心未与政府有关部门建立沟通协调制度，仍然没有冲出工会自身运作的“围城”。在实践中我们感觉困难职工帮扶外协工作难度大，更多是靠私人感情做工作。

四、几点思考

一是关于相关政策法规问题。困难职工是社会群体中的一个部分，在目前看，将在一个较长的时间内存在。工会要搞好困难职工帮扶工作，必须有法律的支撑。当前，中国社会保障体系正在建立和完善之际，工会组织应及时向立法机关和政府呼吁，以法律法规形式把困难职工帮扶工作的对象、手段、主体、运作模式和经费来源进行明确。

二是关于帮扶整体格局问题。帮扶工作是政府职责，工会行为。要从根本上解决困难职工问题，工会无能为力，必须依靠政府出台政策和具体措施。要建立大帮扶的组织体系，坚持党委领导，行政主导，工会运作的工作格局。多年来，工会开展帮扶困难职工的工作实践表明，工会关心帮扶特困职工必须与党政各级部门通力合作，齐抓共管。建议在省级工会率先从制度上理顺同劳动、财政、司法等部门的协调关系，建立信息采用、帮扶联动、结果共享的具有可操作性的工作规则。

三是关于源头维权问题。从困难职工成因看，深层次的帮扶需要从法律和政策层面上来解决。当前，压在困难职工身上的三座大山，养老、医疗和子女上学，都需要国家宏观政策的支持。因此，工会帮扶工作应从源头参与抓起。凡是涉及职工切身利益的重大决策和重大事项，工会组织都要参与进去，充分表达困难职工的愿望，从源头上实现对困难职工合法权益的维护。要大力促进建立与完善各级工会与同级政府及其相关部门联席会议制度，就政策措施出台中涉及职工权益的关键点，职工关注的焦点和热点问题，进行协商沟通、交换意见，反映职工的呼声，提出建议和意见，从源头上维护职工合法权益，特别是维护好困难职工的利益。

四是关于整合内部资源问题。维权是工会的基本职责，帮扶是维权工作的重要方面。帮扶中心的发展方向应是成为工会组织为广大职工排忧解难，维护职工合法权益的有效载体和平台。工会组织内部要有规范性文件，明确各职能部门在帮扶工作中的具体职责和应承担的工作。要举全会之力共同打造维权平台。

五是关于帮扶人才问题。帮扶中心是工会维权的窗口，中心工作人员代表着工会的形象。帮扶中心工作千头万绪，政策性很强，一般人员很难胜任。建议要按照一定的素质要求，在省级工会层面上培养一批既懂工会业务知识，又熟悉法律法规；既能把握大局，又热心为职工服务的专门帮扶人才，通过考试充实到各级帮扶中心。

六是关于帮扶工作未来发展方向问题。随着国有企业困难职工人数的不断减少，工会帮扶工作的重点也应发生转移。新时期困难职工的形成也有新特点，如这次金融风暴造成很多企业停产，企业裁员现象比较严重，许多职工因此陷入困境，针对这些情况，工会要未雨绸缪，及时做好预案。困难职工帮扶中心不应也不能成为仅是“救济粮”的发放场所，要研究国家形势的变化和困难职工的要求，使帮扶工作在创新中不断发展。

随着改革的不断深化和利益结构的深层次调整，如何维护好困难职工的合法权益已成为工会工作者必须面对的重大课题。困难职工帮扶中心的建立是在改革和发展形势下工会为困难职工排忧解难的一个有效载体。

（该文入选山西省总工会于2011年11月编辑出版的山西工会开展送温暖活动20年帮扶中心建设10年征文选辑《温暖路上的回响》）

在转型跨越发展中展现女职工组织新作为

矿区总工会副主席　张红梅

山西正处于改革发展的关键时期，发展是第一要务，以转型发展为主线，以赶超发展为战略，以跨越发展为目标，推动又好又快发展。面对"山西大发展"这一重大命题，工会组织必须要主动融入，准确切入，在转型发展跨越发展中展现工会作为，做出工会应有的贡献。女职工工作是工会工作的重要组成部分，在转型发展跨越发展中，要认清形势，明确任务，进一步增强做好女职工工作的责任感、使命感。把推进女职工工作规范化建设和建立健全女职工维权机制作为重点，深入实施女职工素质提升建功立业工程，大力推进女职工组织和女职工专项集体合同的全覆盖，积极开展爱心帮扶活动，进一步激发女职工组织的活力，不断提高做好新形势下女职工工作的能力和水平，在当前转型发展时期以围绕中心，服务大局、彰显特色发挥应有的作用。

一、以三项措施为抓手，大力推进女职工组织规范化建设

一是规范女职工组织建设。贯彻落实《关于加强基层工会女职工组织与工会组织建设同步组建的实施意见》，始终坚持"三同步"原则，将组建重点放在非公企业、农民工等重点领域和行业，全区工会女工组织组建率不断巩固和提高。目前，我区已建立女职工组织 100 个，组建率达 9.2%，女职工 11167 万人(女农民工 54 人)，专职女工干部 6 人，兼职女工干部 217 人。全区上下已基本形成哪里有女职工，哪里就有女职工组织的网络体系。

二是层层签订责任书、明确任务职责。明确规定女职工工作的内容和标准，分别与各级女工组织签订责任书，细化考核细则，按照年初早安排、年中有检查、年底有考核，"三八""六一"重点推进的步骤，狠抓责任书落实、将责任书完成情况纳入年终总体考核，建立考核奖励机制，以此为抓手全面推进女职工组织规范化建设，女职工基础工作得到进一步夯实，女职工组织作用得到进一步发挥。

三是努力维护女职工权益。加强对女职工劳动保护工作的督导检查，广泛普及女职工安全卫生、劳动保护知识，提高女职工的法律意识和自我保护能力。同步推进女职工专项集体合同，重点抓行业性、区域性女职工权益专项集体合同工作，截至目前，共签订女职工专项集体合同 78 份，其中企事业单位签订专项合同 58 份，涵盖女职工 3982 人，签订区域性专项合同 18 份，涵盖女职工 7103 人，签订行业性专项合同 2 份，涵盖女职工 56 人。共覆盖女职工人数 11141 人。

二、广泛开展女职工建功立业活动，激发广大女职工积极性和创造性

组织全区女职工积极投入"同舟共济保增长，建功立业促发展"竞赛活动，结合各自行业、岗位特点，深入开展"女职工建功立业"活动。围绕转型跨越的新形势，以自主创新、节能减排、优质高效、自主创业和创意产业为支柱的现代科技服务业等内容，组织女职工开展各类创新创业创意活动。近年来,组织参加“安康杯”竞赛职工人数达12098人(次),参赛单位由20多个逐步增加到272个。阳泉市顺达出租汽车有限公司共产党员车队、小南坑小学政教处、交警支队一大队二中队荣获市优秀安全班组称号;刘家垴小学和桥头羊上树餐厅荣获全市“安康杯”竞赛先进集体称号。深入开展群众性安全生产监督检查和安全生产宣传活动,通过不断创新活动内容和形式,极大地提高了全区各单位安全生产管理水平和广大职工的安全意识。这些竞赛活动得到了女职工的积极响应,有力激发和调动了女职工立足本职、建功立业、争创一流的积极性、主动性和创造性。利用重大节庆活动契机,开展女职工各项文化娱乐活动,充分展现女职工风采。先后组织开展了全区“激情飞扬展示活力”迎“五一”女职工健美操大赛、教师赛讲大赛,读书征文比赛、提合理化建议等系列活动,有力地彰显了女职工在经济社会发展中的重要作用。

三、以各类主题教育活动为内容,大力实施女职工素质提升工程

不断深化“女性维权”“女性形象”“女性健康”“和谐家庭”四大主题实践活动,发挥女职工素质教育专家讲师团的作用,组织企业、社区、学校听取专家讲“女性素质提升”等为主要内容的各种素质提升大讲堂专题讲座活动。深受广大女职工的欢迎。矿区职工培训示范学校聘请了美容美发学校专业毕业的、长期从事美容美发教育的高级美容美发师授课。三年来,分四期,共免费开办美容美发、餐饮服务、电脑培训班二期,培训女职工人数达641余人。聘请中国结编织专业人员对参加手工艺编织的人员分两批进行培训共100余人次。学校培训80多人次进行手工“福”字布贴工艺品的制作,共完成了200余件工艺品。举办课堂教学模式改革培训活动2000余人,骨干教师培训321人次。举办“女性爱心健康知识教育”“完美、知性”女性职场礼仪专题讲座。参加培训人数达315人。阳煤集团党委组织部离休老干部贾冬至就其研究创作的易拉罐铝箔工艺画进行收购并创新发展职工培训的模式,使职工培训工作内容更加广泛、更加深入,受到上级的肯定与表彰及社会的赞誉,品牌效应初步形成。

四、做好帮扶工作,为困难女职工排忧解难

一是注重源头参与。扎实开展“面对面、心贴心、实打实服务职工在基层”活动,及时深入到女职工中,对关系女职工劳动就业、劳动报酬、社会保障、禁忌劳动范围、“四期”保护等问题进行调研,帮助企业和广大女职工解决具体困难。先后组织开展了《妇女权益保障法》《劳动法》《女职工劳动保护规定》、《女职工从事禁忌劳动范围》的情况调研。

二是健全完善维权机制。各级工会女工组织通过与政府、行政的联席会议、与协调劳动关系三方各部门的会议、每季度召开一次的职工诉求研判会、每半年到一年必须召开一次的职代会、企业劳动争议调解组织以及区总法律服务中心等机构建立健全女职工维权机制,努力畅通信息沟通和诉求渠道,积极参与重大侵权案件的调查处理,为女职工伸张正义。区总工会坚持开展法律、法规宣传咨询服务活动,及时有效地调解、查处涉及女职工劳动争议、法律纠纷等案件。

三是女职工互助保障工作有新突破。开展女职工健康互助计划。量化目标考核，召开推进会进行重点宣传指导，开展“女职工健康援助行动”。组织为困难企业女职工、单亲特困女职工、女农民工、女劳模进行免费妇女病普查活动、为患大病的62名女职工提供了互助金。为122名单亲特困女职工免费进行“两癌”妇科疾病体检、女职工特病保险活动，全方位地帮助她们解决实际困难。在“女职工关爱行动月”来临之际，区总工会在全区女职工中开展了“女职工特病保险”活动，参保人数达到117人，投保127份，特病保险费达到2540元。开展帮扶送教活动，举办“手拉手，献爱心”情系农民工子女活动，对单亲特困女职工子女助学慰问。

四是关心帮助女职工。参与了由市总工会女职委举办的“进基层、送关爱、搭鹊桥、找伴侣”大型公益活动“走进春天的爱”相亲会，矿区有17名单身男女职工参加了此项活动。此次相亲会是开展“面对面、心贴心、实打实服务职工在基层”活动的一项内容。活动的开展为广大单身职工搭建了一个真实、安全、便捷、诚信的交友平台，为各位单身职工筑造美好家庭提供帮助，推动全市平安、和谐、幸福家庭的构建，牵手爱人共度美好人生。

工会女工委按照“围绕中心，服务大局，找准定位，彰显特色”的工作方针，着力抓好各项工作的落实，紧紧围绕开展“面对面、心贴心、实打实服务职工在基层”这一主题，以促进女职工建功立业为主线，以宣传、贯彻《女职工劳动保护特别规定》为重点，进一步深化女职工建功立业、素质提升、维权帮扶等重点工作，不断增强女工组织的凝聚力和战斗力，突出特色，彰显作为，在促进山西转型跨越发展中更好地发挥女职工组织作用。

（该文于2013年6月获阳泉市女职工优秀论文征集活动一等奖）

关于选聘社会化工会工作者有关情况的调研报告

矿区总工会综合一部部长　李晓燕

根据全国总工会组织部《关于地方工会选聘社会化工会工作者有关情况调研的通知》精神，矿区总工会深入基层多次调研分析，结合在发展社会主义市场经济和构建社会主义和谐社会的新形势，主要围绕“两个普遍”重点工作的落实，就实行选聘社会化工会工作者的有关情况调研报告如下。

一、选聘社会化工会工作者情况

为了进一步加强工会组织的管理，有效推进“双措并举、二次覆盖”工作，提高服务职工群众能力，矿区总工会十分注重建会质量，选优配强工会干部，拓宽工会干部的来源和渠道，通过现有专职编制人员、社会化职业化聘用人员和党工共建指导员队伍，形成“三位一体”用人新机制，做到工会联合会工作有人管，有人做。现在矿区共选聘社会化工会工作 88 个。

二、采取多种形式选配好社会化工会干部

抓住本地区提供公益性岗位、选聘社会工作者等有利时机，聘用社会化工会工作者。建立健全职业化、社会化工会干部招聘选用程序、工作职责、考核标准、福利待遇等制度。在实际工作中，选聘采取委派、选聘、招聘等方式、对于社会化工会工作者要建立完善的管理制度，特别是年度考核制度和奖惩制度。强化岗位培训，经考试合格取得岗位培训合格证书后，方可上岗。重点把握好三个方面：一是把好人选关。要适应工会工作的需要，优先选聘一些具有相关工作经历、社会经验丰富、综合素质较高、热爱工会工作的优秀人才进入职业化干部队伍。二是把好选聘关。在公开选聘工会干部中，要注重运用媒体功能，加强宣传造势，扩大社会影响，本着公开、公平、公正的原则，严格选聘程序，确保择优录人、公正选人。三是把好配备关。要适应乡镇、街道工会工作越来越繁重、服务基层最直接的需要，充分利用村、社区有关人员等资源，配好配强村、社区工会干部队伍。

三、健全规章制度，提供工作保障

为了保证工作规范有序地运行，重点从人员管理、工作方法、开展活动等方面制定若干规章制度，使职业工作者工作有章可循，管理有序，绩效有评价。对聘任的工会干部由区、街双重管理，由区总工会负责指导具体工作。对聘用的人员正式签订《聘用合同书》，给予适当的补助，为他们提供各项必需的生活保障。

四、拓宽渠道解决好经费难题

近年来，矿区工会工作要拿出大量资金推动这项工作仍有困难。因此需大力争取地方政府和上级工会的支持，推进工会干部职业化、社会化。抓住矿区选派青年干部充实社区、提供公益性岗位等有利时机，积极推进社会化工会招聘工作进程。力争将部分职业化、社会化工会工作者岗位纳入社会公益岗位，多渠道解决社会化工会工作者的工资福利问题。

五、选聘社会化工会工作者面临的主要问题

1.人员编制问题。争取人员编制问题难，对于选聘的社会化工会工作者，不能进行妥善的安排。

2.工资、福利问题。区工会基础薄弱，资金紧张，对选聘的社会化工会工作者工资和福利不能得到有效的落实。

3.在选聘的社会化工会工作者工资方面。区总工会根据工作者的工作业绩和年度考核情况在工作经费、生活补助等方面给予适当的补贴。目前，矿区聘用的工会工作者都是从所在乡镇(街道)原有人员中调剂、聘用的，其工资和福利待遇大部分由所在乡镇（街道）工会的原有渠道列支。如果全部由县（区）总工会支付，以目前的财力，显然难于承受。

4.作用发挥参差不齐。由于工会组织员的文化水平高低不同，政治理论、工会专业素质和工作能力存在一定的差别，在领会精神实质、吃透政策、协调工作和指导帮助基层工会开展工作方面表现不一，在发挥自身作用上参差不齐。从工作能力看，大部分完成较好，个别尚有欠缺。

六、选聘社会化工会工作者的意见和建议

招聘工会工作者是实现工会干部职业化、社会化的一个有益尝试，也是一种有效途径，既是工会自身改革和建设的前提和基础，又是工会适应新形势、新任务的必然要求。为此，要进一步完善工会组织员聘、管、用的各项配套措施，进一步提高他们的业务素质，为他们提供确实有力的权益保障。

1.加强经费扶持力度。针对矿区工会财力相对困难的现状，希望省总工会解决工会组织员人头经费问题，以利于面向社会公开招聘工会工作者。

2.建立相对稳定的用人机制。加大对招聘工会工作者的业务培训，提高素质，组织外出考察学习，促进队伍稳定。

3.加强工会组织员细化管理。由上级工会制订《社会化工会工作者管理和考核细则》，建立工会细化管理的配套办法，加强管理和考核；对年度或任期考核优秀的社会化工会工作者，给予工资等奖励，提高经济待遇。

（该文于2011年3月获阳泉市总工会专题调研活动论文二等奖）

第六章 女职工工作

女职工工作是工会工作的一项重要内容。工会女职工工作的基本职责是代表和维护女职工合法权益及特殊权益,督促、检查女职工的劳动保护,代表和组织女职工依法参加本单位的民主管理和民主监督,加强对女职工进行思想政治教育和业务技能培训,全面提高女职工的思想道德、科学文化、业务技能和健康素质,开展女职工劳动竞赛,团结动员和组织女职工发扬工人阶级主人翁精神,积极投身改革开放和社会主义现代化建设,在全面建设小康社会、构建社会主义和谐社会中建功立业,使女职工充分发挥"半边天"的作用,成为工人阶级队伍中的一支重要力量。

第一节 组织建设

一、历次女职工代表大会

(一)第一次女职工代表大会

1990年11月26日,召开矿区总工会第一次女职工代表大会,选举产生区总工会第一届女职工委员会。

矿区总工会第一届女职工委员会:

主　任:王庭兰

副主任:魏淑春

委　员:王庭兰　王爱珍　张永琴　孟秀英　赵秀英　翟爱华　魏淑春

(二)第二次女职工代表大会

1999年10月28日,召开矿区总工会第二次女职工代表大会,选举产生区总工会第二届女职工委员会。

矿区总工会第二届女职工委员会:

主　任:张焕青

副主任:魏淑春

委　员:王翠和　吕慧芳　刘　灵　李风婵　张焕青　张惠英　范海平　郭月琴　魏淑春

(三)第三次女职工代表大会

2009年3月,召开矿区总工会第三次女职工代表大会,选举产生区总工会第三届女职工委员会。

矿区总工会第三届女职工委员会:

主　任：张红梅

副主任：祁先丽

委　员：张红梅　祁先丽　李晓燕　杨翠萍　刘　灵　付兰英　李素青
　　　葛玉珍　翟瑞红　王丽萍　赵计萍　高　倩　李雅妹　高爱英

(四)第四次女职工代表大会

2013年5月17日，召开矿区总工会第四次女职工代表大会，选举产生区总工会第四届女职工委员会。

矿区总工会第四届女职工委员会：

主　任：张红梅

副主任：李晓燕

委　员：张红梅　李晓燕　勾燕玲　史锦丽　张爱青

二、女职工组织建设

1983年，第一届会员代表大会召开时，出席会议女代表42人，占代表总数的75%；在第一届工会委员会中，有女委员2人、女常委2人。1987年第二次会员代表大会召开时，出席会议女代表49人，占代表总数的60%；在第二届工会委员会中，有女委员5人、女常委1人；1990年7月，又补选1名女常委担任副主席。1992年第三次会员代表大会召开时，有45名女代表，占代表总数的49%；在第三届工会委员会中，有女委员4人、女常委3人。1998年第四次会员代表大会召开时，有42名女代表，占代表总数的45%；在第四届工会委员会中，有女委员3人、女常委2人。2006年第五次会员代表大会召开时，有女代表60人，占代表总数的50%；在工会委员会中，有女委员5人、女常委4人。2013年第六次会员代表大会召开时，有女代表62人，占代表总数的56.4%；在工会委员会中，有女委员7人、女常委3人。

1990年11月26日，矿区总工会第一次女职工代表大会召开，第一届女职工委员会正式成立。委员会由7人组成，主任由区总工会副主席王庭兰担任，副主任由魏淑春担任，委员会下设女工部负责日常工作，部长由王庭兰兼任。根据《中国工会章程》《工会女职工委员会条例》规定，各基层工会相继成立基层女职工委员会，到1991年年底，全区共有30个基层工会建立女职工委员会，共有女委员66人，涵盖女职工1235人，女职工占职工总数的60.75%；工会女会员950人，占会员总数的63%；专兼职女职工干部30人。

1999年10月28日，矿区总工会第二次女职工代表大会召开，选举产生9名委员，组成矿区总工会第二届女职工委员会。随着全区工运事业的不断发展，工会组织不断壮大，女职工组织也由过去以国有、集体企业为主要组建目标，逐步向文教卫生部门、机关事业单位、街道企业、社区组织以及迅速崛起的私营企业、民营企业延伸。2009年3月，召开矿区总工会第三次女职工代表大会，选举产生第三届女职工委员会，对全区女职工先进集体和先进个人进行隆重表彰，有5个单位获“女职工先进集体”称号、5个基层工会女职工委员会获“先进女职工委员会”称号、20名女职工获“女职工先进个人”称号、10 名工会女主席和女工委主任获“先进女职工工作者”称号。2010 年，矿区总工会女职工组织建设做到“三同时”，即凡是建工会的单位女职工组织同时筹备、同时成立、同时换届。女工工作取得明显的成绩和探索性的经验，并获得各种荣誉。在市总工会女工工作表彰中，矿区基层工会组织获“女职工五一巾帼标兵岗”“文明和谐家庭” 荣誉称号各 1 个，“女职工五一巾帼标兵”“女职工先进工作者”“维护女职工权益贡献”荣誉称号各 1 名，区总工会女工委获得市妇联“先进基层妇女组织”和“山西省先进女职工组织”荣誉称号。2011 年，贯彻落实《关于加强基层工会女职工组织与工会组织建设同步组建的实施意见》，始终坚持“三同时”原则，完善运行机制，不断加强女职工组织的规范化建设。截至年底，矿区基层工会有女职工委员会 97 个，女会员 11167 人，全年共签订女职工专项集体合同 78 份，覆盖女职工 8026 人。2012 年，全区在女职工 10 人以上单位同步组建工会女职工委员会。到 2012 年年底，全区共建立女职工组织 100 个，组建率达 92%，女职工 11167 人（女农民工 54 人），专职女工干部 6 人，兼职女工干部 217 人。形成“哪里有女职工，哪里就有女职工组织”的网络体系。2012 年，区总工会女工委获“阳泉市女职工组织规范化建设先进单位”称号。

2013 年 5 月 17 日，矿区总工会召开第六次会员代表大会，同时，召开矿区总工会第四次女职工代表大会，选举产生 5 名委员，组成矿区总工会第四届女职工委员会。

第二节　建功立业活动

矿区总工会以及所属基层工会女职工委员会成立后，积极履行职责，组织开展建功立业活动，在各个时期、各方面发挥出积极作用。各级女职工委员会采取多层次、多渠道、多形式，教育女职工树立主人翁责任感，关心改革，支持改革，与男职工一起参与改革。鼓励广大女职工在矿区经济建设和社会发展中，做出自己应有的贡献。

矿区街道企业中的女职工，大部分是阳泉矿务局的矿工家属。从 1985 年下半年开始，区工会积极配合该局工会组织齐抓共管，搞好安全联保工作，在女工家属中开展“一保证、二管住、三询问、四嘱咐”活动。1986 年，与该局工会女工部联合发出号召，号召女工家属行动起来，开展安全生产竞赛，坚决做到亲人身边无事故，安全生产创水平。到 1990 年，共建立 10 个联保领导组，236 个安全联保分会，共有安全联保员 2417 人，联保井下职工 1.39 万户，联保集体宿舍井下职工 9536 人，签订联保合同 1.68 万份。

为提高女职工技术素质，组织女职工开展岗位练兵、技术比武活动，使女职工在各项生产工作中发挥出重要作用，1990 年初，区弹簧厂弹簧车间 40 名女职工以过硬的技术超额完成任务，使修簧合格率达到 99%。老女工张兰英，在完成本职工作的前提下，培养新入厂的青年工人，教学生产技术，使她们在较短的时间内掌握了全部技术。1991 年 4 月，该车间 1 个月完成产值 8 万元，创历史最好水平。1991 年 1 月 ~ 5

月，平潭理发馆在经理李智仙的带领下，通过17名女职工的共同努力，营业额超额63%，利润增加10%，取得较好的经济效益。同时，动员女职工参与企业民主管理，做企业的主人翁。1991年12月，在市总工会召开的企业民主管理经验交流会上，矿区有4名女职工杨翠竹、智志伟、刘计花、董如秀当选市先进职工代表、先进工会干部。

区总工会为全面加强女工的自身教育，激发女工爱岗位、当主人的责任感，充分发挥她们的积极性和自强精神，坚持开展“双增双节”活动。区女职工委员会提出“学先进、比贡献”的口号，开展“胡兰杯”竞赛活动。区钢木制品厂女工在该项活动中，在厂工会主席刘计花的带领下，40余名女工在1991年5月9日和10日，利用午休时间义务清洁厂区卫生，共清理垃圾20多吨，使厂容焕然一新。该厂11名后勤人员中有7名女工，她们和男职工一样，没有装卸工时，就充任其职近一个月，且没有休息过一个中午，受到厂职工的好评。区工会在参加全省女职工中开展的“双增双节”一百元、储蓄一百元、提一条合理化建议(或创造发明)、做一件好事、学先进、生产(工作)创一流的“五个一”活动中，矿区女职工共捐衣物10961件，弹簧厂女职工郭红梅捐新棉被2套。同时，矿区总工会女职工委员会和所属基层工会女职工委员会在女职工就业、评选先进、女职工劳动保护、困难女职工援助等方面做了大量工作，为维护女职工的合法权益起到积极的作用。

2001年~2012年，积极组织女职工开展献爱心扶贫活动，组织开展婚姻法宣传活动，举办女职工卫生健康知识讲座，在维护女职工的合法权益中发挥积极作用。组织开展女职工建功立业活动，激发广大女职工的积极性和创造性。深入开展“创建学习型组织、争做知识型职工”活动，各基层工会女职工组织，积极开展以岗位练兵、技术比武、发明创造、技术革新、合理化建议为内容的女职工建功立业活动，并不断赋予其新的内涵，为女职工施展才华搭建平台。积极开展争创“女职工建功立业标兵”和“工人先锋号”活动，广泛开展群众性科技创新、节能减排、技能竞赛、岗位练兵、技术比武、合理化建议等立功竞赛活动，引导女职工学习业务、钻研技术，努力提高自身技术技能水平。

2013年，利用重大节庆活动契机，开展女职工各项文化娱乐活动，充分展现女职工风采。先后组织开展全区“激情飞扬展示活力”迎“五一”女职工健美操大赛、庆“三八”女职工卡拉OK比赛系列活动，彰显女职工在经济社会发展中的重要作用。在女职工中倡导符合先进文化要求的社会公德、职业道德、家庭美德，倡导健康文明的生活方式。通过“文明家庭”“和谐家庭”的创建，评选表彰“贤内助”“比翼双飞”等活动，倡导健康向上、文明和谐的社会新风尚，把表彰女职工先进集体、先进个人作为一项重要工作来抓，并通过电视、报刊、网络等新闻媒体和工会宣传阵地，广泛宣传女职工素质提升先进工作经验和先进事迹，营造“学先进、争先进、赶先进”的浓厚氛围。组织全区女职工积极开展以“争创工人先锋号、争当首席员工”活动为载体的劳动竞赛，在全区掀起岗位练兵、技术比武的热潮。通过各种竞赛活动的开展，充分激发广大女工的劳动热情，发挥女职工的创造活力，为推动“三区”建设做出积极贡献。

在市总工会女职工委员会举行的四届四次全委(扩大)会议暨“三八”表彰大会上,矿区总工会女职工委员会分别获“阳泉市女职工组织规范化建设先进单位”和“阳泉市女职工专项集体合同先进单位”荣誉称号。3月14日~15日,矿区女职工部在市总工会女职工部举办的女职工提素建功竞赛成果PPT展示比赛中获得二等奖。同年,矿区总工会女职委获阳泉市“女职工健康工程”优秀组织奖;区地税局办税服务大厅获阳泉市“五一”巾帼标兵岗;区人大常委会副主任、区总工会主席史豪强获维护女职工权益贡献奖;区文明办主任冯秀玲被评为阳泉市“十大”杰出女职工,并被市劳动竞赛委员会记一等功;区会计核算中心主任赵计萍、区委党校副校长张慧珠被评为市“五一”巾帼标兵;区总工会女工干部李晓燕获阳泉市先进女职工工作者称号;区总工会史锦丽获阳泉市文明和谐家庭称号。

第三节 维护女职工特殊权益

矿区女职工人数约占职工总数的55.74%。在深化改革、扩大开放、加快社会主义现代化建设中,组织动员广大女职工发挥“半边天”的作用,维护好女职工合法权益,保护女职工的特殊权益,是工会工作不可忽视的重要组成部分。《女职工保健工作暂行规定》《女职工劳动保护规定》《女职工权益保护规定》的颁布实施,为保障女职工的合法权益和特殊利益提供了可靠的法律依据。区总工会女工部以此为契机,在全区女职工中广泛开展宣传落实和教育培训工作。

一、组织学习

组织女职工学习既是女职工特殊权利的享受,也是工会的维权行动。一是组织女职工学习邓小平理论、“三个代表”重要思想和科学发展观,开展爱国主义、集体主义、社会主义教育活动,帮助女职工树立正确的人生观、世界观和价值观,增强自尊、自信、自立、自强精神,发扬爱国、爱厂、爱岗的敬业精神。二是组织女职工学习《工会法》《劳动法》《企业法》《女职工劳动保护条例》《婚姻法》《妇女权益保障法》等法律法规,参加普法知识竞赛,增强法制观念,增强法律意识,学会依法规范自己的行为和依法维护自己的合法权益。三是组织女职工学习贯彻《中共中央关于社会主义精神文明建设若干重要问题的决议》《爱国主义教育实施纲要》《公民道德建设实施纲要》等文件精神,加强对女职工的精神文明教育,强化对女职工的科学文化和业务、技能培训。

二、提升素质

一是狠抓各级工会女职工干部队伍建设。号召街道、社区、企业女职工干部学习《妇女权益保护法》《女职工劳动保护规定》等法律法规,交流女职工工作经验,从理论、实践两个方面,提高工会女工工作整体水平和能力。二是充分发挥女职工在节能减排,构建和谐社会中的重要作用,积极开展“提一条节能减排合理化建议,做一件节能减排实事,制订一项家庭节能减排计划”的女职工节能减排“三个一”活动,并收到良好效果。三是大力开展女职工教育培训工作。按照全国总工会《关于充分发挥工会

“大学校”作用，提高职工队伍整体素质的决议》《关于全面实施职工素质建设工程的意见》的总体部署和要求，省总工会选树矿区职工教育培训学校为工会女职工培训示范学校、天利亨运商厦有限责任公司为矿区女职工工作联系点。区总工会女职工部开展系列文化教育、下岗职工就业技能培训、心理疏导和读书活动，为女职工提供法律法规、女性健康、心理咨询、心理疏导、素质提升、礼仪情感等方面的培训和服务，参加培训人数累计达 2850 余人。举办“女性爱心健康知识教育”和“完美、知性”女性职场礼仪专题讲座，区直机关单位、各街道办事处（社区）及全区各单位女职工共计 315 人聆听讲座。参加省总工会组织的女共干部培训 110 人次。

三、维护权益

2007 年，按照市总工会女工部的安排，矿区总工会于年初下发《关于继续推行女职工特殊权益保护专项合同的通知》，要求全区各企事业单位签订女职工保护专项合同。其中，辖区最大的私营企业天利集团公司工会在 5 月 17 日召开的第一届二次职代会上签订《女职工特殊权益保护专项集体合同》，6 个街道工会也于 8 月分别与所辖 40 个社区签订《区域性女职工特殊权益保护专项集体合同》，覆盖个体工商户 503 家 2000 余人。11 月下旬，区总工会在与 27 所中小学校签订《女职工特殊权益保护专项集体合同》，从而使全区企事业单位的签约率达到 95%以上。矿区签订《女职工特殊权益保护专项集体合同》工作，受到省、市总工会的表彰。在市总工会女工部举办的“庆三八、促和谐、展风采”演讲比赛中，矿区王丽坤等 3 名女职工分别获三等奖和优秀奖，区总工会被授予“优秀组织奖”。

2008 年~2010 年，在全区各街道及企事业单位推进签订《区域性女职工特殊权益保护专项集体合同》工作，全区企事业单位的签约率达到 96%以上。2011 年，开展“女职工健康工程”。组织女职工参加特病保险，有 16 名女职工参加特病保险；举办关爱女性健康知识讲座，普及女性健康知识，增强女职工的自我保护意识，有 200 余名女职工参加讲座；组织全区 122 名 45 岁～55 岁的特困单亲女职工参加由市总工会女工部组织的女职工“关爱行动”——“两癌”普查活动，并为接受普查的女职工建立“一人一档”体检档案；同时，建立困难女职工、包括女农民工健康档案 603 份，并将困难女职工、单亲特困女职工、女农民工的资料全部输入计算机，实施动态化管理。

2012 年，区总工会与区妇联联合举办“完美、知性”女性职场礼仪专题讲座，区直机关单位、各街道、社区及全区各单位女职工共计 100 余人听讲。通过理论讲解、现场问答和互动等方式，深入讲解职场女性在社交及公共场合涉及的礼仪知识，为提升职业女性素质，在职场中展现更亮丽形象起到积极作用。组织全区 17 名单身男女职工参加市总工会举办的“进基层、送关爱、搭鹊桥、找伴侣”和“走进春天的爱”大型公益活动，为广大单身职工搭建真实、安全、便捷、诚信的交友平台，为单身职工筑造美好家庭提供帮助。在天利购物广场举办大型《女职工劳动保护特别规定》宣传月活动，向女职工宣传新颁布的《女职工劳动保护特别规定》并提供法律咨询，共发放《女职工劳动保护特别规定》法律知识读本、女职工自我保健和优生优育小知识等资料 3000 多份，现场为女职工释疑解惑。组织基层工会参加市总工会举办的《女职工劳动保护特别规定》知识竞赛答题活动，获一、二、三等奖各 3 名，区总工会获《女职工劳动保护特别规定》知识竞赛优秀组织奖。区总工会女工部深入基层调研，组织各基层工会女职工开展“面对面、心贴心、实打实服务职工在基层”活动，在女职工较多的企业建立联系点，了解女职工所思所想，帮助解决困难，掌握生产经营困难的企业工会女职工组织建设及发挥作用情况、女职工禁忌劳动范围标准执行等方面的情况，大力宣传新颁布的《女职工劳动保护特别规定》的政策法规。组织女职工参与撰写“山西转型跨越发展与女职工的责任和使命”征文活动，征文获一等奖 1 名、二等奖 2 名、三等奖 3 名、优秀奖 2 名，区总工会获征文活动优秀组织奖。2012 年，区总工会女职工委员会在组织开展女职工权益保护专项集体合同中成效突出，被评为全省推进女职工权益保护专项集体合同工作先进单位。

2013 年，在“三八”国际劳动妇女节前夕，区总工会女职工委员会举办“魅力来自沟通”专题讲座，邀请市委党校副教授李志华，从自我沟通、服饰沟通、体态沟通、语言沟通、职场沟通等不同层面对沟通进行系统讲述。4 月，举办女职工健康卫生知识讲座，邀请陕西省妇幼保健院妇产科副主任医师、教授杨本行主讲，基层工会女职工 160 余人聆听讲座。杨教授以丰富的临床经验和通俗易懂的语言，对妇科常见的疾病的预防与保健、女性心理健康、女性婚姻健康与营养保健知识等方面进行细致讲解。开展“女职工特病保险”活动，参保人数达 198 人，投保 209 份，缴纳特病保险费 4180 元。

加强对女职工劳动保护工作的督导检查，广泛普及女职工安全卫生、劳动保护知识，提高女职工的法律意识和自我保护能力。同步推进行业性、区域性女职工权益专项集体合同工作，建立机制，不断夯实女职工专项集体合同工作。截至 2013 年，共签订女职工专项集体合同 78 份，其中，企事业单位签订专项合同 58 份，涵盖女职工 3982 人；签订区域性专项合同 18 份，涵盖女职工 7103 人；签订行业性专项合同 2 份，涵盖女职工 56 人。共覆盖女职工人数 11141 人。

2014 年，组织参加全国总工会开展的以“阳光女性·幸福中国”为主题的第二届书香“三八”读书征文活动，征文活动共收到各类文章 12 篇，矿区总工会女职工部获市优秀组织单位奖；举办“三八”妇女节健康专题讲座，全区女职工 156 人到会听讲。5 月，区总工会女工委在实施“女职工健康工程”工作中成绩显著，获市优秀组织奖；开展“女职工特病保险”活动，参保人数达到 166 人，投保 171 份，特病保险费达到 3420 元。

按照《山西省工会“依法维权年”活动实施方案》《阳泉市工会“依法维权年”行动计划》的部署和要求，区总工会女职工委员会充分利用各种阵地，采取多种形式，开展“十个一”真情维权活动。在全区各基层工会建立女职工维权接待日制度，要求各基层女职工委员会尤其是社区女职工委员会要举办女职工“维权接待日”活动启动仪式，建立女职工维权热线电话、女职工维权信箱、女职工法律宣传视窗、女职工维权服务站、巾帼志愿者服务队、女职工维权专业机构，创办女职工婚恋服务站，开辟女职工维权绿色通道，设立女职工维权接待日，接待时间为每月第一周和第三周的周一上午。

在接待大厅，悬挂维权宣传标语，发放宣传职工法律法规维权资料，认真做好女职工来信来访工作。最大限度地保护好女职工的合法权益和特殊利益，全面展示工会女职工维权工作的特色和实绩，展示女职工干部维权的能力和水平。矿区总工会女职工部在全市 2014 年度女职工工作目标管理考核中获优秀单位奖。

1985 年～2014 年矿区总工会女职工委员会发展情况一览表

表 2-7

年 份	女职工委员会数(个)	女职工数(人)	女会员数(人)	入会率(%)
1985	—	899	728	80.98%
1986	—	920	754	81.96%
1987	—	962	788	81.91%
1988	—	962	788	81.91%
1989	—	982	815	82.99%
1990	30	1003	842	83.95%
1991	30	1105	950	85.97%
1992	31	1254	1122	89.47%
1993	33	1375	1258	91.49%
1994	34	1497	1377	91.98%
1995	36	1585	1466	92.01%
1996	38	1630	1546	94.85%
1997	44	1641	1558	94.94%
1998	46	1651	1568	94.97%
1999	52	1801	1729	96.00%
2000	53	2311	2216	95.89%
2001	58	2623	2408	91.80%
2002	62	2629	2524	96.00%
2003	66	2810	2700	96.09%
2004	72	3011	2921	97.01%
2005	73	3855	3740	97.02%
2006	83	5822	5721	98.27%
2007	88	7221	7113	98.50%
2008	90	8921	8831	98.99%
2009	90	9817	9755	99.37%
2010	92	10067	10067	100%
2011	97	11167	11167	100%
2012	100	11167	11167	100%
2013	100	11167	11167	100%
2014	100	11167	11167	100%

附：省、市、区女职工先进集体、优秀女职工表彰名单

一、山西省总工会表彰

先进集体（1个）

2011年，矿区总工会在组织开展女职工权益保护专项集体合同工作中，成效显著，被评为全省推进女职工权益保护专项集体合同工作先进单位。

二、阳泉市总工会表彰

2010年

先进集体（1个）

阳泉市“五一”巾帼标兵岗	矿区妇幼保健院

先进个人（6名）

阳泉市“五一”巾帼标兵	张慧珠（矿区区委党校）
阳泉市“五一”巾帼标兵	王红莲（矿区红岭湾小学）
阳泉市“五一”巾帼标兵	刘华岭（矿区医院）
阳泉市先进女职工工作者	张红梅（矿区总工会）
阳泉市文明和谐家庭	李　荣（矿区人民法院）
阳泉市维护女职工权益贡献奖	董仙桃（矿区区委）

2012年

先进集体（4个）

阳泉市女职工“五一”巾帼标兵岗	矿区地税局直属一分局
阳泉市先进女职工委员会	矿区总工会
阳泉市女职工组织规范化建设先进单位	矿区总工会
阳泉市女职工专项集体合同先进单位	矿区总工会

先进个人（5名）

阳泉市十大杰出女职工	冯秀玲（矿区精神文明办）
阳泉市女职工“五一”巾帼标兵	赵计萍（矿区会计核算中心）
阳泉市先进女职工工作者	李晓燕（矿区总工会）
阳泉市文明和谐家庭	史锦丽（矿区总工会）
阳泉市维护女职工权益贡献奖	史豪强（矿区总工会）

2014年

先进集体（2个）

阳泉市先进女职工委员会	矿区总工会
阳泉市“五一”巾帼标兵岗	矿区赛鱼街道虎尾沟社区服务管理中心

先进个人（5名）

阳泉市十大杰出女职工	赵丽军（矿区人民检察院）

阳泉市"五一"巾帼标兵　王爱弟(阳泉市十五中)
阳泉市"五一"巾帼标兵　王水英(矿区医保中心)
阳泉市先进女职工工作者　李晓燕(矿区总工会)
阳泉市文明和谐家庭　张红梅(矿区总工会)

三、矿区总工会表彰

2009年

先进集体(5个)

矿区马家坪小学、矿区公安分局、环卫处日潭环卫管理站、矿区医院、矿区计划生育服务站

先进女职工委员会(5个)

区直机关女工委员会、区段家背小学女工委员会、区小南坑小学女工委员会、区沙台小学女工委员会、区桥头街道蒙北社区女工委员会

先进工作者(10名)

赵燕珍、李秀瑞、郭秀玲、李俊芳、吕慧萍、勾燕玲、仇慧琴、续展霞、李素青、苏晓转

先进个人(20名)

李雅妹、黄洁瑞、胡钟英、刘晓霞、李秀红、胡志芳、武玉清、史锦丽、李建丽、苗翠娥、姚慧文、王德珍、苏桃芝、盛金萍、李素平、魏香云、王桂玲、张小英、孙艾英、史俊梅

2011年

女职工建功立业标兵岗(5个)

区会计核算中心、区人民法院立案庭、区南楼小学综合教研组、市十六中学初三年级数学组、区段家背小学办公室

先进女职工委员会(10个)

区大垴沟社区工会联合会女职工委员会、秋沟社区工会联合会女职工委员会、区洪城河社区工会联合会女职工委员会、区地税分局工会女职工委员会、区直机关工会女职工委员会、区人民检察院工会女职工委员会、市外国语学校工会女职工委员会、市十三中学工会女职工委员会、市十八中学工会女职工委员会、区桥头街道总工会女职工委员会

女职工建功立业标兵(10名)

张慧珠(矿区区委党校副校长)
张素敏(矿区妇幼保健院院长)
张玉珍(山西天恒会计师事务所工会主席)
赵巧珍(矿区公安分局政工监督室副主任)
赵丽军(矿区人民检察院公诉科长)
张　雁(公安局交警支队一大队交警中队长)
梁青燕(矿区南楼小学教师)
袁　静(矿区马家坪小学教师)

杨淑萍(矿区新蕾幼儿园教师)

谷志琴(矿区大井小学教师)

先进女职工工作者(20名)

姜树珍(矿区赛鱼街道总工会女职委委员)

王金凰(矿区赛鱼街道总工会经审委主任)

吕耀红(矿区秋沟社区工会联合会主席)

张便云(矿区沙沟社区工会联合会主席)

高　伟(矿区平潭街街道总工会联络员)

郝翠萍(矿区平东社区工会联合会女职委主任)

赵跃红(矿区东窑房社区工会委员会主席)

李晓燕(区直机关工会联合会女工委员)

李丽清(区直机关工会联合会女工委员)

魏香云(区直机关工会联合会女工干部)

郭　振(矿区贵石沟街道工会联合会女工干部)

郗凤萍(矿区法院工会经审委主任)

张素仙(矿区司法局工会主席)

贾　婕(公安局交警支队一大队工会女工委员)

张丽花(矿区桥头小学工会女工委员)

邓美林(矿区小河滩小学工会女工委员)

魏春弟(阳泉市十四中工会女工主任)

董建华(矿区赛鱼小学工会女工主任)

苏禄芬(矿区桥头街道总工会联络员)

任红梅(矿区刘家垴社区工会联合会主席)

2014年

先进女职工委员会(10名)

区小南坑社区工会女职工委员会、区检察院工会女职工委员会、区桥头街道总工会女职工委员会、区小河滩社区工会女职工委员会、区井沟社区工会联合会女职工委员会、区沙沟社区工会女职工委员会、区苹果园社区工会女职工委员会、区刘家垴小学工会女职工委员会、区平潭街小学工会女职工委员会、区直机关工会联合会女职工委员会

“五一”巾帼标兵岗(10个)

区蔡东社区社会服务管理中心、市公安局矿区分局指挥中心、区刘家垴社区社会服务管理中心、区水滩社区社会服务管理中心、区黄石板社区社会服务管理中心、区平潭街街道总工会女职工委员会、区大垴沟社区社会服务管理中心、区赛鱼小学四年级教研组、区民政局婚姻登记窗口、区妇幼保健院儿童保健科

十大杰出女职工(10 名)
王香孩(矿区虎尾沟社区工会主席)
李晓云(矿区蒙北社区书记兼主任)
王香云(矿区西山社区书记兼主任、工会主席)
刘改花(阳泉市第十二中学教师)
杨　芳(矿区洪城河小学教师)
赵海芳(矿区水滩社区书记兼主任)
檀秀川(矿区残疾人联合会主席)
葛宜华(矿区人民法院刑事审判庭庭长)
王海丽(矿区蔡洼街道办事处副主任)
穆素红(矿区段北沟社区常务副主任兼工会副主席)
“五一”巾帼标兵(10 名)
王德珍(矿区贵石沟街道书记)
张建瑾(矿区蔡洼街道办事处副主任)
姚　曜(矿区司法局沙坪司法所所长)
董树琴(阳泉市桥泰商贸有限责任公司董事长)
马美萍(矿区华美幼儿园园长)
张便云(矿区沙沟社区书记、主任、工会主席)
李雅妹(天利时尚购物广场办公室主任兼工会主席)
李时茂(阳泉市十三中学教师)
范利梅(矿区平潭街街道党务工作者、统战联络员)
蔡志英(矿区组织部副部长)
先进女职工工作者(10 名)
王盛爱(矿区蔡洼街道工会联合会专职副主席)
勾燕玲(矿区政法系统工会联合会常务副主席)
苏禄芬(矿区桥头街道总工会专职副主席)
张宝娥(矿区水滩社区副书记、工会主席)
李　洁(矿区赛鱼社区副书记兼工会主席、女工委主任)
王馥莹(矿区黄石板社区主任兼工会主席)
高　炜(矿区平潭街街道办事处计生助理员)
张爱青(矿区教育系统工会联合会常务副主席)
张玉珍(山西天恒会计师事务所工会主席)
张慧英(矿区环卫处工会主席)

第七章　财务管理

工会财务工作包括财务管理与会计核算，是以资金运作为对象，以提高经济效益为目的的管理活动。工会财务工作的任务就是要收好、管好、用好工会经费，保证各项工作的顺利进行。

第一节　经费管理

一、经费来源

一是工会会员缴纳的会费，"工会会员按月基本工资千分之五缴纳个人会费"；二是建立工会组织的企业、机关、事业单位按每月全部职工工资总额的2%向工会拨缴的经费；三是工会所属的企业、事业单位上缴的收入；四是人民政府的补助；五是其他收入。

矿区总工会积极协调区财政部门预算和划拨工会经费，主动协调区企事业单位工会拨缴工会经费，做到应收尽收。随着工会组织队伍的不断壮大，工会经费的收缴成为工会工作的一个重点。到2005年年底，区总工会下属基层工会组织达到91个，工会会员发展到4298人，工会经费收缴额突破16万元。针对所属87个非公企业工会经费收缴难及收缴体制不顺的问题，区总工会按照省总工会、省地税局联合下发的晋工发〔2005〕32号、晋税发〔2005〕6号文件精神，于2005年3月，制定《关于全区企事业单位工会经费由区地税部门代收的实施办法》。确定从2006年起由矿区地税局代征工会经费，区总工会财务人员主动与地税局沟通协调，共同努力，使工会经费收缴工作出现良好进展，提高基层工会上缴工会经费的自觉性。加强对基层企业经费拨缴的规范化管理，经基层工会核实后按比例及时拨付工会经费。2011年，区总工会积极宣传《中华人民共和国工会法》和有关工会经费管理规定，使广大职工理解工会经费的意义和作用，认识到缴纳个人会费是会员应尽的义务。到2014年，矿区工会经费收缴额达到178.5万元。

2008年~2014年矿区总工会经费收入情况一览表

表2-8　　单位:万元

年　度	总收入	年增长率%	拨　缴　经　费			上级补助	政府及行政补助	其他收入
			小　计	地税代征	地税代征			
2008	214.22	13.80	189.61	146.10	43.50	24.10	—	0.51
2009	237.20	9.60	191.55	180.05	11.50	36.77	6.95	1.92
2010	78.58	—	25.34	12.95	11.25	49.38	—	3.84
2011	139.18	—	60.13	19.13	37.50	75.75	—	3.30
2012	177.51	—	59.56	16.39	40.00	114.10	—	3.83
2013	186.80	—	79.99	37.43	42.50	104.44	—	2.37
2014	178.50	—	85.76	40.51	42.50	80.67	10.00	2.10

二、日常管理

1983年,矿区工会成立后,有基层工会组织4个,工会会员259人。4月,矿区工会委员会同时建立财务机构,各基层工会也开始建立向工会拨缴经费的制度,工会财务经费管理制度和财务工作制度也随之逐步建立起来。

1985年,矿区工会委员会独立开设工会财务账户,成立财务室。区工会经费是按照现行工会财务体制,在财务管理上,实行"统一领导、分级管理"的原则,进行管理和使用。行政方面拨缴的经费,按照有关规定,基层工会留用60%,区工会留用20%,上解市总工会20%。

1986年,矿区工会把改善职工生活福利列为工会工作的一项重要内容。各基层工会的职工生活福利事业逐步得到改善。区所属各单位建起3个职工食堂,有条件的单位积极开办浴池、托儿所、更衣室、休息室、存车棚、厕所等集体福利事业。组织各基层工会积极开展互助互济活动,对伤、老、病,残职工和确有特殊困难的职工,给予经济帮助。全区给予经济帮助的职工达12人,支付现金540元,看望病伤残职工24人。

1983年~1986年,矿区工会经费总收入15.25万元,其中,1983年收入1.9万元,1984年收入1.25万元,1985年收入3.1万元,1986年收入4.3万元,其他收入4.7万元。工会经费总支出13.06万元,其中,行政人事费支出4.3万元,上解经费4.2万元,文体活动费支出1万元,行政设备费支出1.86万元,业务公务及其他支出1.7万元。

1987年1月,矿区总工会财务依据有关精神,对行政拨缴工会经费的管理使用比例进行调整:基层工会留用60%,区工会留用25%,上解市总工会15%,工会会员缴纳的会费全部留用在基层使用。各基层工会对工会经费基本做到"收好、管好、用好"。到1987年年底,全区共建立职工互助储蓄基金会8个,储金总额3250元,参加储金会的职工数达到了1242人。1986年,矿区工会财务工作被阳泉市总工会评为财务工作先进集体二等奖。

1987年~1991年,矿区总工会财务工作,坚持以"收好为基础、管严为措施、用好为目的"为指导思想,坚持"为职工群众服务、为工会建设服务、为两个文明建设服务"

的“三服务”方针。主要服务于以下四方面工作：一是各种文体娱乐活动，区共举办文艺会演、歌咏比赛、职工篮球、拔河、越野赛等各种活动30余次。二是举办“双基”教育，工会干部、民主管理、财务会计、女工干部培训班和各种演讲比赛、知识竞赛等活动20余场次。三是职工文体设施（文化室、职工活动室、文体器材等）、生活福利事业（小澡堂、小食堂、休息室）有了新的改善，为职工办实事、排忧解难。四是在各基层工会开展多种形式的财务工作、业务知识竞赛活动，每年组织一次工会财务检查工作，严肃财务纪律，提高财务会计人员的业务素质，促进各单位工会经费的收缴和管理使用。

1987年～1991年，矿区总工会工会经费总收入15.21万元，其中，拨缴经费收入5.07万元，市总工会补助（包括回拨经费）收入6.18万元，区政府补助收入3.25万元，其他收入0.33万元，上解结余工会经费0.38万元。区总工会总支出12.45万元。其中，事业费支出1.88万元，干部培训费支出0.16万元，工会会议费支出1.33万元，专项业务费（包括竞赛活动费）支出2.27万元，工会行政费支出4万元，补助下级支出0.07万元，其他支出0.74万元，上解市总工会经费2万元。到1991年年底，经费结余2.68万元。

1992年，新修订的《中华人民共和国工会法》颁布以后，矿区总工会就有关工会经费收缴比例、管理程序、使用原则等规定，组织工会干部和工会财务人员进行认真学习和广泛宣传，并举办《工会法》知识竞赛，增强工会依法拨缴工会经费的意识，保证工会经费的正常收缴。

1993年，区总工会根据市总工会有关文件精神，由原来的按比例回拨补助经费，变更为按比例留成使用的办法管理，区总工会上解市总工会15%，留用25%。同时，按照市总工会的统一安排，开展工会财务工作竞赛活动，激发广大工会财务工作人员的积极性。

1992年～1997年矿区总工会着重在五个方面加强财务管理。一是抓整顿，加强财务人员队伍建设，各级工会对财务人员进行必要的充实和调整，把德才兼备、爱岗敬业的人员配备到财务工作岗位。二是抓培训，不断提高财务人员业务素质。共举办财务会计培训班8期，220人次参加系统的财务专业培训。三是抓竞赛活动，引进激励机制，激发财务人员工作积极性。四是抓制度建设，促进工会财务工作规范化。以法律和工会财务纪律为依据，制定和建立健全资金、财产、现金收付等多项管理制度，使区工会财务工作有法可依、有章可循。五是抓落实强管理，提高财务工作质量。每年召开两次财务工作会议，贯彻上级工会的有关政策和规定，督促基层财务人员依法办事，照章作业。

1992年～1997年，矿区总工会共收入工会经费66.35万元，其中，基层工会上缴区工会经费14.95万元，事业活动（工会经济实体）收入4.46万元，上级补助收入7.16万元，财政补助收入35.75万元，其他收入1.35万元，上解结余工会经费2.68万元。区总工会总支出63.95万元，其中，事业活动费支出5.59万元，干部培训费支出1.03万元，会议费支出2.49万元，专项业务费支出35.63万元，工会行政费支出4.04万元,补助下级工会支出1.37万元,其他支出3.64万元,上解市总工会经费4.56万元,投资(扶持企业借款)5.6万元。经费结余2.35万元。

2000年,矿区区委常委会召开第十六次会议,专门就有关工会经费收缴工作做出明确规定:“由区财政负责代扣区各部门、各单位应上缴的工会会费,逐月拨付区总工会,而后由区总工会按比例拨付各基层工会组织,实行专款专用。”同年12月,区总工会、区财政局联合下发《关于行政事业单位工会经费划拨的通知》,规定从2001年1月起,财政拨款的行政事业单位,其工会经费按全部职工工资总额的2%列入年度财政预算。采取财政代扣,直接划拨给区总工会的方式,逐月或按季度直接划拨区总工会,由区总工会按规定数额下拨各基层工会并分款项逐月向财政报表。企业单位工会经费的拨缴要与税收和职工工资的发放同步进行。贯彻落实财政部《行政事业性收费和政府性基金票据管理规定》,进一步规范工会系统通用票据,根据省总工会、市总工会要求,矿区总工会启用“山西省工会系统会费收款收据”“山西省工会系统行政事业性收款收据”和“山西省工会系统内部结算收款收据”。

2001年,区总工会按照区统计局提供的数据,检查基层工会财务上缴经费情况,保证工会经费的足额上解。同年,区总工会启用“工会经费拨缴款专用收据”和基层工会三合一账簿。2003年,针对系统工会经费管理体制不理顺等遗留问题,矿区总工会制定并下发《关于工会经费分级管理的实施意见》,对工会经费分配、拨缴等问题做出新的规定,保证把有限的经费更好地运用于为基层职工群众服务。区总工会对2003年工会财务工作先进集体、先进个人和基层工会积极分子进行表彰。其中,表彰财务先进个人8人。

2004年,矿区区委下发《关于进一步加强工会工作的意见》,大力支持工会依法收缴工会会费,要求各级党政要采取有力措施,积极帮助工会抓好工会经费的收缴、管理和使用工作。

2005年,区总工会财务人员参加省总工会举办的会计电算化操作软件培训班,基本掌握工会会计电算化操作程序。结合市总工会财务部提倡各县区财务工作进行会计电算化操作的要求,第一时间向上级部门提出申请,要求使用会计电算化进行日常财务处理,在市总工会财务部的支持与帮助下,经过一年的手工、电脑同时记账过程,熟练掌握会计电算化知识,脱离传统的手工记账,从而将财务人员从烦琐、陈旧的记账方式中解脱出来,有效地促进财务工作的规范化。根据市总工会《关于印发〈阳泉市工会会计基础工作规范化单位考核管理办法(试行)〉的通知》,区总工会财务工作从单纯的提高基层工会经费拨缴开始向财务会计工作规范化操作、制度化建设方面转移。全区工会财务人员全部做到持证(珠算证、会计证、电算化证)上岗。同年,区总工会通过财政代扣工会经费10万元。

1998年~2005年,矿区总工会工会经费总收入120.2万元,其中,市总工会补助收入为25.3万元,占总收入的21.1%;财政补助收入为26.5万元,占总收入的22.1%;基层工会上解的工会经费收入为67.1万元,占总收入的55.8%;其他收入1.3万元,占总收入的 1%。工会经费总支出 110.7 万元，其中，上解市总工会经费支出 25.1 万元，占总支出的 22.7%；用于职工群众活动支出 7.9 万元，占总支出的 7.2%；用于工会专项资金支出 9 万元，占总支出的 8%；自身建设支出 28.9 万元，占总支出的 26.1%；工会行政费支出 37.8 万元，占总支出的 34.2%；补助下级支出 1.8 万元，占总支出的 1.6%；其他支出 0.2 万元，占总支出的 0.2%。经费收支相抵，共结余经费 9.5 万元。

2006 年，成立矿区总工会财务部。按照省总工会、省地税局联合下发的晋工发〔2005〕32 号、晋税发〔2005〕6 号文件精神，从 2006 年起，将矿区所有企业的工会经费统一由地税部门代征，政府机关及部分事业单位的工会经费统一由区财政部门代扣，各基层学校实现经费自行上解。逐步建立工会经费地税代征、财政代扣和自行上解"三位一体"的新体制。基层划拨工会经费按职工工资总额的 2%比例提取，区总工会按比例逐级上解。对未建立工会组织的企事业单位代征工会筹备金，工会筹备金按工资总额的 2%计算，全部向地税部门申请缴纳。同年，区总工会通过地税代征工会经费 20.25 万元。

2007 年，根据省总工会"地税代征工会经费工作纳入微机管理"的要求，使用省总工会和省地税局研制开发的地税代征工会经费应用软件系统。区总工会积极配合区地税部门对全区地税代征工会经费的所有单位全部纳入微机管理系统，并一律用电脑软件系统打印收款票据，之前使用的代收发票停止使用并做缴销处理。6 月，举办工会财务工作人员培训班，对全区 68 名工会财务人员进行工会财务知识培训。7 月，区财政审计工会举办"会计电算化"知识竞赛活动，7 名选手在比赛中获个人一等功和二等功。11 月，区总工会分别制定《2007 年街道工会工作目标及考核评分标准》和《2007 年机关企事业单位工会工作目标及考核评分标准》，将基层工会财务工作列入考核内容。

2008 年，按照省总工会《关于进一步加强工会经费收、管、用监督工作的意见》，区总工会针对工会各项工作发展迅速，工会财务工作量不断加大，人手不够等问题，改变以往"体制内循环"的惯例，创新选人用人机制，通过社会化招聘联络员的渠道，经过业务培训，选用对财务业务有能力、有工作经验的人员，充实财务岗位，使财务人员实现配置齐全。同时，区总工会重点对 2006 年至 2007 年地税代征工会经费的基层工会进行财务检查。全年区总工会通过地税代征工会经费 146.1 万元，通过财政代扣工会经费 43.5 万元。

2009 年，区总工会按照《关于对工会财务进行检查的通知》精神，对基层工会财务工作进行检查，检查的重点项目：1.是否按工资总额足额上解工会经费；2.是否严格执行工会经费独立管理原则，工会经费支出由工会主席一支笔审批；3.是否使用"工会经费拨缴款专用收据""山西省工会系统内部往来收据"和"山西省工会系统会费收据"；4.各基层工会是否按固定资产管理办法的要求对固定资产进行管理；5.各基层工会是否按会计档案管理办法的要求，对会计档案进行归档管理。2010 年，区总工会按照市总工会、市财政局、市地税局联合下发《关于认真贯彻落实在全省开展收缴工会经费竞赛活动的通知》精神，在各基层工会中，广泛开展竞赛活动。规定竞赛单位和人员范围是:全区各级工会收缴工会经费的工会、财政、地税岗位的全部工作人员。竞赛内容为:一是地税代收工会经费工作。二是财政划拨工会经费工作。三是区总工会经费收缴工作。对奖励和处罚做出明确规定。年末,区总工会对在工会经费收缴工作中涌现出的代征工会经费先进个人、优秀工会干部进行表彰奖励。

从 2010 年开始,区总工会对财务工作重点,从经费收缴转移到经费管理与使用。进一步加强基层工会会计基础工作规范化建设,开展对基层工会日常账务处理全过程(工会经费收缴、管理、使用以及相关制度的建立和完善、财务票据报表、会计档案)管理等为主要内容的百分制考核。全区基层工会财务工作从单纯的保证经费按比例上缴逐步走向规范化运作。同年,区总工会通过地税代征工会经费收入 12.95 万元,通过财政代扣工会经费收入 11.25 万元。组织全区财务人员参加阳泉市总工会组织的业务知识培训。11 月,区总工会举办基层工会财务人员新《会计制度》培训班。年底,召开财会工作先进表彰会,对 6 名地税系统、12 名财政、核算中心系统、8 名基层工会系统的先进个人进行表彰。

2011 年,根据上级文件要求开始正式启用“工会经费收入专用收据”,原使用的“工会经费拔缴款专用收据”“山西省工会系统内部往来收据”和“山西省工会系统会费收据”被同时作废。为切实掌握财政部新出台的《工会会计制度》,规范工会会计核算,6 月,举办基层工会财务人员培训班。同年,区总工会财务工作的重点,放在全区基层工会财务工作规范化建设。重点检查 2010 年度基层财务规范化建设情况,对全区独立开设工会账户的基层工会进行工会经费的收、管、用相关制度的建立完善、财务档案管理等规范化运作情况进行检查。检查结束后,召开 2010 年度矿区总工会财务工作会议,对财务工作考核优秀的财务人员以及优秀工会干部进行表彰奖励。同时,进一步建立和完善各项财务规章制度,包括《财务会计分析制度》《工会财务管理制度》《会计档案管理制度》《会计电算化管理制度》《会计人员岗位责任制》《收据管理制度》以及《固定资产管理办法》。2011 年,经市总工会财务部检查验收,区总工会会计基础工作规范化管理成为达标单位。同年,区总工会通过地税代征工会经费收入 19.13 万元,通过财政代扣工会经费收入 37.5 万元。

2012 年 6 月,区总工会成立经费集中支付中心,逐步将基层工会财务工作集中到区总工会财务部集中支付,有 5 个基层工会采取集中支付办法。在各基层工会经费使用权、财务收支自主权、审批权、会计核算不变的原则上,采取“集中管理、统一开户、分户核算”的办法,既简化手续,节省费用,又激发基层工会主席的热情,提高基层工会的地位,防止出现挪用和不合理开支现象,更好地保证工会经费的合理使用,提高工会经费的利用率。同时,区总工会财务部开展基层工会经费收缴情况及基本信息的调查研究工作,对工会经费收缴的发展目标及实现目标所采取的对策、措施做出完整的规划,并上报相关调研报告和有关地税代征工会经费论文 1 篇。同年,区总工会通过地税代征工会经费收入 16.39 万元,通过财政代扣工会经费收入 40 万元。

2013 年,区总工会在 9 个基层工会实行经费集中支付。同年,区总工会通过地税代征工会经费收入 37.43 万元,通过财政代扣工会经费收入 42.5 万元。2014 年,矿区总工会 9 个基层工会财务、28 所学校工会财务全部交接矿区总工会经费集中支付中心,实行工会经费统一审核、集中支付,统一管理。通过地税代征工会经费收入 40.51 万元,通过财政代扣工会经费收入 42.5 万元。从 2006 年开始,实行工会经费按单位工资总额 2%全额代征到 2014 年,不仅保证经费来源,也把基层工会留用的部分通过地税机关代征后逐级返拨给基层工会,从源头上杜绝单位只交地方总工会,使企业工会经费上缴足额到位。基层工会收到经费后,科学编制预算,把有效的资金真正合理使用到工会各项工作当中,确保工会工作的正常运转。

2008 年,矿区总工会财务部被评为阳泉市工会财务工作先进集体;2010 年,被评为阳泉市工会财务工作竞赛集体一等奖; 财务部部长史锦丽被山西省总工会授予 2005 ~ 2010 年全省工会财务工作先进个人荣誉称号;2012 年, 矿区总工会财务部被评为阳泉市工会财务工作先进集体。

三、经费使用

工会经费来之于民,用之于民,矿区总工会本着“统筹兼顾、量入为出、收支平衡、略有结余”的原则,始终坚持三个服务向导:一是为职工身心健康服务,使职工健康生活,快乐工作;二是为基层工会组织建设服务,有计划地对基层工会开展活动进行补助;三是为工会工作凝心聚力服务。把资金的重点用在促进工会工作和谐发展、维护职工合法权益,开展好职工各项活动,为基层服务,为职工办实事等方面。做到“收缴吃紧、储存管紧、支出卡紧”,严格遵守财务制度,避免少收、漏缴和截留挪用,严禁挥霍浪费,预防腐败现象滋生。

工会经费主要用于职工活动费,包括组织职工开展文化、体育、教育、宣传等活动经费, 对基层工会的回拨经费和专项补助经费等; 工会业务费包括组织工会干部培训,召开工会各种会议,基层调研及工会表彰等经费;工会行政经费用于日常办公经费、人员经费、办公设备的购置、交通工具等费用。

2008 年 ~ 2014 年矿区总工会经费支出情况一览表

表 2-9　　单位:万元

年　度	总支出	比上年增加%	职工活动经费	维权支出	工会业务经费	工会行政经费	资本性支　出	专项资金	补助下级	上解经费	其他支出
2008	218.23	13.00	7.71	—	12.84	8.87	—	—	8.65	158.81	21.35
2009	236.82	18.58	12.21	—	24.48	18.81	—	3.29	11.91	165.70	0.42
2010	59.69	—	4.92	9.65	18.26	10.22	7.65	—	—	—	8.99
2011	100.32	40.63	4.78	22.58	10.65	7.45	0.19	—	35.40	—	19.27
2012	77.24	—	1.26	20.86	11.82	9.80	—	—	20.00	—	13.44
2013	86.26	9.02	5.20	28.36	11.57	18.58	1.85	—	4.00	—	16.73
2014	128.37	42.10	2.48	102.98	6.37	15.30	0.57	—	—	—	0.65

第二节 固定资产管理

工会财产是在开展职工活动,发展工运事业,保障工会经费审查和兴办工会事业不可缺少的物质基础。《中华人民共和国工会法》第39条规定:“工会的财产、经费和国家拨给的工会使用的不动产,任何组织和个人不得侵占、挪用和任意调拨。”企业依照《工会法》向工会拨缴的经费和财产,拨缴以后,所有权随之变更,由工会依照有关规定独立使用和开支。

矿区总工会固定资产的管理起步于20世纪90年代初期。1993年,根据全国总工会财务部有关文件精神,提高固定资产会计核算起点:使用年限一年以上,一般设备单价在500元以上,专用设备单价在800元以上,并在使用过程中基本保持原来的物质形态;单位价值虽达不到规定标准,但使用年限在一年以上的大批同类物资,也按固定资产管理核算。

2004年,全国总工会办公厅《关于依法做好工会经费独立核算工作的通知》,强调根据《中华人民共和国工会法》第46条关于“工会的财产、经费和国家拨给工会使用的不动产,任何组织和个人不得侵占、挪用和任意调拨”的规定,区总工会固定资产的管理开始纳入法制化轨道。

2007年,随着区总工会各基层工会组织网络的建设,社区工会固定资产不断增加,为加强对工会资产的监管措施,减少工会资产的毁损和流失,区总工会制定《阳泉市矿区工会固定资产管理办法》,并下发到各基层街道、社区。《管理办法》针对社区工会的特殊性首次明确提出:矿区总工会拥有配备给各社区工会固定资产的所有权和处置权,社区工会只拥有使用权和管理权,该办法避免社区工会对工会资产的任意处置,防止工会资产的流失。同时,区总工会统一调配社区工会的固定资产,避免工会固定资产的闲置,提高使用效率。《管理办法》还明确规定区、街道、社区各级工会都应设立社区固定资产管理机构,通过规范规定资产的购置、管理、使用等流程,使其规范化、合理化、制度化。

2009年,区总工会建立固定资产管理卡片,完善固定资产管理账册。由区总工会统一制作工会会徽贴纸,对于配备给社区工会的各类固定资产全部张贴,使属于工会的固定资产一目了然,便于日常管理和使用;另外,区总工会在固定资产管理总账的基础上,又单独设立各街道、社区固定资产管理分账,做到各街道、社区工会固定资产数字明确、数量准确,便于每年的账实核对、账账核对;最后,制作社区固定资产管理卡片,通过卡片式管理,各街道、社区可以明确各自管理固定资产的基本情况,做到账实相符,心中有数。

2013年,区总工会针对矿区各基层社区换届情况,下发《关于在社区换届中做好工会固定资产档案资料等交接工作的通知》,有效保证社区工会工作的顺利交替,确保社区工会固定资产的安全完整。2014年,区总工会对全区各街道、社区的固定资产进行一次全面清查，清查结束后，按照固定资产管理办法规定，对全区各街道、社区报损的固定资产进行集中核销。

附：矿区总工会财务工作表彰名单

2003 年度

先进财务工作者

宋忠义（矿区卫生局）　王水英（矿区卫生局）
马锦绣（矿区国税局）　徐建社（矿区钢木厂）
陆纯亮（阳泉市顺达出租汽车公司）　刘　江（矿区蓝天公司）
王文彦（矿区钢窗厂）　吕慧芳（矿区钢窗厂）

2008 年度

先进财务干部

张　涌（矿区地税局）　曹　涛（矿区地税局）
张栗平（矿区财政局）　孙海芬（矿区财政局）
赵计萍（矿区会计核算中心）

先进财务工作者

翟文斌（矿区地税局直属分局）　边进龙（矿区地税局第五税务所）
白建峰（矿区地方税务局）　王计平（矿区地方税务局）
冯秀玲（矿区财政局）　陈贵萍（矿区财政局）
高丽霞（矿区会计核算中心）　苏润林（平潭街小学工会）
李丽清（矿区平潭街街道总工会）　魏黎红（矿区会计核算中心）
郭少玮（矿区沙台小学工会）　郭月琴（矿区教育局机关工会）
刘晓霞（矿区检察院工会）

2010 年度

地税先进财务干部、工作者

张　涌（矿区地税局）　曹　涛（矿区地税局）
王计平（矿区地税局第三税务所）　武海珍（矿区地税局）
刘　妍（矿区地税局）　李燕卫（矿区地税局）

财政局先进财务干部、工作者

张栗平（矿区财政局）　孙海芬（矿区财政局）
高锋光（矿区财政局）　郭丽萍（矿区财政局）
赵计萍（矿区会计核算中心）　黄洁瑞（矿区财政局办公室）
任建玲（矿区财政局监督股）　陈贵萍（矿区财政局行政股）
刘文燕（矿区财政局国库股）　冯秀玲（矿区财政局预算股）

吴志坚（矿区财政局文教股）
梁晓花（矿区财政局社保股）

基层工会先进财务干部、工作者

高丽霞（矿区会计核算中心）
丁　丽（矿区会计核算中心）
李丽清（矿区平潭街街道总工会）
宋　博（矿区教育局机关工会）
郗风萍（矿区法院）
张　刚（矿区审计局）
史锦丽（矿区总工会财务部）
赵　星（矿区总工会财务部）

2011 年度

财政局先进财务干部、工作者

张栗平（矿区财政局）
孙海芬（矿区财政局）
高峰光（矿区财政局）
赵计萍（矿区财政局）
郭丽萍（矿区财政局）
黄洁瑞（矿区财政局）
任建玲（矿区财政局监督股）
史建刚（矿区财政局行财股）
张茂林（矿区财政局会管股）
冯秀玲（矿区财政局预算股）
吴志坚（矿区财政局文教股）
梁晓花（矿区财政局社保股）

地税先进财务干部、工作者

李惠平（矿区地税局）
曹　涛（矿区地税局）
张慧光（矿区地税局）
张　芸（矿区地税局税政科）
王永辉（矿区地税局第五税务所）
王继莲（矿区地税局第四税务所）

基层工会先进财务干部、工作者

高丽霞（矿区会计核算中心）
陈贵萍（矿区平潭街街道总工会）
李丽清（矿区区直机关工会联合会）
宋　博（矿区教育局机关工会）
张　刚（矿区审计局）
史锦丽（矿区总工会财务部）
赵　星（矿区总工会财务部）
李　瑛（阳泉市天利集团工会）

2012 年度

地税先进财务干部、工作者

李惠平（矿区地税局）
曹　涛（矿区地税局）
张慧光（矿区地税局）
翟文斌（矿区地税局）
贾完根（矿区地税局）
张　芸（矿区地税局税政管理科）
李燕卫（矿区地税局第四税务所）
边进龙（矿区地税局第五税务所）
杨有体（矿区地税局直属二分局）

财政局先进财务干部、工作者

张栗平（矿区财政局）
石富科（矿区财政局）
孙海芬（矿区财政局）
王鸿津（矿区财政局）
高峰光（矿区财政局）
郭丽萍（矿区财政局）
黄洁瑞（矿区财政局办公室）
冯秀玲（矿区财政局预算股）
吴志坚（矿区财政局文教股）
梁晓花（矿区财政局社保股）

史建刚（矿区财政局行财股）
任建玲（矿区财政局监督股）
张淑珍（矿区财政局国库股）
张茂林（矿区财政局会管股）

基层工会先进财务干部、工作者

赵计萍（矿区会计核算中心）
高丽霞（矿区会计核算中心）
张红梅（矿区总工会经审委）
孙海霞（矿区总工会经审委）
张　刚（矿区审计局）
张贵萍（矿区政法系统工会联合会）
史锦丽（矿区总工会财务部）
赵　星（矿区总工会财务部）

第八章　经费审查监督

工会经费审查监督是工会全局工作的一项重要内容，是对工会组织的工会经费收支、财务管理、各种经济活动进行审查监督。通过审核检查工会经费,做出评价、验证和建议,促进收好、管好、用好工会经费,在深化工会账务改革、强化工会财务管理、完善各项规章制度、严格执行财经纪律、促进工会廉政建设等方面发挥重要作用。

第一节　经费审查组织与职责

工会经费审查委员会是工会内部设立的经费审查监督机构，由同级工会代表大会选举产生，依法独立行使经费审查监督职权，对同级工会代表大会负责并报告工作。大会闭会期间,对同级工会委员会负责并报告工作。并接受上级工会经费审查委员会的业务指导、督促和检查。

一、经费审查组织

1987 年 7 月 9 日,在矿区总工会召开的第二次会员代表大会上,选举产生矿区总工会第一届经费审查委员会。第一届经费审查委员会由李和平、马晋一、牛莲芝、王珍林、吴秀云 5 人组成。李和平任经审委主任。1992 年 6 月 30 日,召开矿区总工会第三次会员代表大会,选举产生区总工会第二届经费审查委员会。第二届经费审查委员会由任文祥、陶思水、李和平、吴守恩、周贺莲、荆根红 6 人组成,任文祥为主任。在工会经费独立核算的情况下,工会经费审查逐步走上轨道。按照“百人以上基层工会成立财务委员会,百人以下设财务委员,50 人以上基层工会成立经费审查委员会,50 人以下基层工会选举工会经费审查小组”的要求,逐步建立基层工会经费审查组织。各级工会组织认真贯彻全国总工会《关于印发〈基层工会经费审查委员会工作条例〉的通知》精神,“凡建立一级工会财务管理的基层工会组织,必须在选举工会基层委员会的同时,选举产生经费审查委员会”。到 1998 年 12 月,共建立基层工会经费审查组织 10 个。1998 年 12 月 14 日 ~ 15 日,区总工会召开第四次会员代表大会。选举产生区总工会第三届经费审查委员会,委员会由 5 人组成,张海斌任主任,委员为马锦秀、吕慧芳、张存久、杨述民。2003 年 3 月,替补李新、蒋海涛为经费审查委员会委员。

2006 年 11 月 17 日，区总工会召开第五次会员代表大会，选举产生第四届经费审查委员会。经审委员会由 5 人组成,主任为梁振文,副主任为张刚,委员为鄯爱德、高亚男、徐建社。5 名经审委员,4 人达到大专以上学历,3 人具有会计专业资格证书,具备从业资格的专业人员占委员总数的 80%。2008 年 4 月,张红梅补选为经费审查委员会主任，2013 年 3 月，任叔博补选为经费审查委员会委员。矿区总工会高度重视工会经审工作，着力推进经审工作的组织建设、队伍建设和制度建设，设立经审办公室，配备 1 名专职工作人员从事经审工作。

区总工会经费审查组织网络不断健全，全区各级工会组织始终遵循“三同时”原则，即坚持经审委员会换届与工会委员会同时考察、同时报批、同时选举产生。至 2012 年，全区基层工会应建经费审查委员会 52 个，已建 52 个，组建率达到 100%，各级工会经审组织专兼职经审干部 150 人，基层经审委员人数均占同级工会委员会人数的 20% 以上，区总工会本级经审委员会委员具有从业资格的专业人员占委员总数的 57.14%，形成组织健全、上下协调的经审组织网络，促进经审工作的有效开展。

2013 年 5 月 17 日，区总工会召开第六次会员代表大会，选举产生区总工会第六届工会委员会，同时选举产生区总工会第五届经费审查委员会。经审委员会由 5 人组成。主任为任叔博，副主任为张刚，委员为冯秀玲、史建刚、段鑫。同时，积极推进基层工会经审组织建设，共建立基层经审委员会 52 个，实现全区经审组织网络的全覆盖。

矿区总工会历届经费审查委员会主要领导名表

表 2-10

届　次	姓　名	性别	职　务	任职时间	备　　注
第一届	李和平	男	主　任	1987.7 ~ 1992.6	—
第二届	任文祥	男	主　任	1992.7 ~ 1998.12	总工会
第三届	张海斌	男	主　任	1998.12 ~ 2006.11	蔡洼街道副主任兼工会主席
第四届	梁振文	男	主　任	2006.11 ~ 2008.3	总工会副主席
	张红梅	女	主　任	2008.4 ~ 2013.5	补选，总工会副主席
	张　刚	男	副主任	2006.11 ~ 2013.5	审计局副局长
第五届	任叔博	男	主　任	2013.5 ~	总工会副主席
	张　刚	男	副主任	2013.5 ~	审计局副局长

二、经费审查职责

矿区工会第一届经费审查委员会，按照《中华人民共和国审计法》《中华人民共和国工会法》《中国工会章程》《基层工会经费审查委员会工作条例》等规定，制定区总工会经费审查委员会的主要职责，并在经审实践工作中不断加以充实和完善。具体职责是：(1)检查在财务工作中贯彻执行党委、政府和上级工会有关方针、政策、指示、决议的贯彻落实情况；(2)审查是否按规定向会员公布账目和在会员代表大会上报告财务收支情况；(3)审查工会预算、决算的编制是否正确合理、使用是否妥善，以及是否坚持执行各项财务管理制度；(4)检查是否有违犯财务纪律的情况，如发现有贪污、铺张浪费等违反财务纪律的行为，要及时向工会委员会和上级工会报告；(5)在工会组织机构变动和财务人员调动时，负责监督有关工作人员办理交接工作。

区总工会经费审查委员会在履行上述职责任务的同时，对基层工会的财务进行指导和监督检查，充分发挥审查、帮助、督促的作用。

第二节　经费审查监督工作

工会经费审查委员会的职责是通过对同级和下级工会及所属事业单位的经费收支和与经费有关的经济活动的审查，监督其贯彻执行中国共产党和国家的财经政策、纪律、法律法规和工会财务工作的方针、规章制度，从而协助工会组织收好、管好、用好工会各级经费，管理工会财产，严肃财经纪律，使工会经费得到合理、有效的使用。

1987 年 7 月，区总工会第一届经费审查委员会成立后，积极贯彻全国总工会《各级工会经费审查委员会组织通则》和《基层工会经费审查委员会工作条例》等规定，进一步加强对工会经审工作的领导，实行预决算制度。至 1991 年，每年对经费收支预决算进行审查，使工会经费在使用上始终坚持为职工群众服务，为工会建设服务，为工会事业服务，使有限的资金发挥了较好的经济效益。

1992 年 ~ 1998 年，随着区总工会经费收入的明显增长，区总工会经费审查委员会立足于“抓基层、打基础、抓实际、上水平”，在经费的审、帮、促方面采取一系列改革措施，运用有效的制度和办法，认真开展对本级工会经费情况的审查和一年一度的财务检查，使全区工会经审工作有新的发展。主要做三方面工作：一是认真学习，加强宣传，提高对经审工作重要性的认识。通过学习《工会法》，特别是学习贯彻《各级工会经费审查委员会组织通则》和《基层工会经费审查委员会工作条例》等法律法规，进一步提高思想认识，推动全区工会经审工作的发展。二是加强本级经费的审查监督和对下级经审工作的指导服务。年初召开经费审查委员会全体会议，对区总工会本级经费上年度收支决算和本年度收支预算进行全面审查，并提出审查意见和建议，真正使有限的经费用在实处。三是加强经审组织自身的业务建设，通过以会代训等方式进行多方面的业务培训学习，从整体上提高经审队伍的政治和业务水平。

1999 年 ~ 2003 年，区总工会经审委在工作中贯彻“全面审计、突出重点”的工作方针，不断加大审计工作力度。以预算执行审计为重点，充分发挥经审委的审查监督职能。年初，根据年度工作计划，在同级工会财务部制定年度经费收支预算，认真对预算编制的规范性、合理性进行审查，同时，对财务部编制的上一年度财务决算的合法性、真实性进行审查。经审委员采取核对账、表，抽查财务凭证等审计方法，对工会经费预决算控制指标执行情况、执行过程和结果、财务核算情况进行监督和评价，及时提出意见和建议，促进财务管理的规范化，提高工会经费使用效益。

2004 ~ 2006 年，区总工会经审委积极贯彻《中华全国总工会关于加强工会经费审查监督工作的意见》，把制度建设作为建立健全工会经费审查监督机制的一项根本措施来抓，进一步加强经审工作制度建设。根据市总工会经审委印发的《阳泉市总工会经费审查工作“四规范”等级标准考核办法》，制定《矿区总工会经费审查工作考核细则》,并根据考核细则狠抓落实。为进一步完善制度,区总工会先后制定《矿区总工会经审委年度经费预算执行情况审计监督暂行办法》《矿区总工会经审委对下级工会经费审计监督暂行办法》《矿区总工会经审委对工会领导干部离任审计执行办法》和《矿区总工会经审工作规范化建设百分考核办法》等规定,立足矿区实际,着眼工作实效,建立和完善《经费审查委员会工作管理制度》《经费审查委员会工作职责》《工会经审干部廉洁自律制度》《经审工作档案管理制度》,使矿区经审工作走上经常化、制度化、科学化的轨道。

2007 年 ~ 2008 年, 区总工会经审委在切实加强对工会经费预决算审查审计、对下级工会经费收支情况审计监督的同时,突出抓好重点审计工作,确保工会经费资产的安全完整。根据《关于对基层工会经费审计监督的通知》精神,依据《工会法》《会计法》《工会预算管理办法》《工会会计制度》和《基层工会经费使用管理办法》等规定,重点审计经费收入是否真实、是否合理合法、是否及时足额提取上缴、有无截留或转移收入及漏欠应解经费的现象;工会财务经费审查监督及收控制度是否健全;经费开支是否符合法律法规和工会有关规定;工会资产管理制度是否健全;有无工会资产流失和随意处置现象;上级工会补助资金和救济、帮困送温暖等专项资金有无被挪用或改变用途;政府(行政)拨缴补助资金是否符合拨款用途的规定等。经审委在履行职责审计中,尤其强化对预算决算和专项经费审计,对执行预算决算过程中存在的问题,及时向工会全委会和工会常委会做专题报告,并建议及时整改,从而确保工会经费的收缴、管理和使用依法有序。2006 年,工会经费实行地税代征办法,完善地税代征与财政划拨相结合的工会经费收缴机制,经费收缴难的局面得到改善,建立健全工会经费收缴管理台账,实行电算化管理,制定电算化会计制度;加强对基层工会经费审查审计力度,对审计中发现的问题及时给予纠正,促进基层工会经费的合理使用;区总工会经审工作顺利通过省总工会经审工作的检查验收。

2009 年 ~ 2010 年,区总工会经审委遵循全面审计,突出重点的原则,进一步加大对工会专项资金的审计监督力度。区总工会经审委员会对“两节”期间“送温暖”资金的发放进行严格的监督审查。按照《矿区特困职工援助基金管理制度和使用办法》,逐项审查,保证专项资金能及时足额发放到困难职工手中。在帮扶资金的管理上,设立“援助中心账目”进行专户管理,在专款使用上,做到“用得合理、群众满意”。坚持“统筹兼顾、保证重点、量入为出、收支平衡”的原则,实行专款专用、专账管理。坚持一支笔审批制度,做到账、物、现金相符。在中央财政专项帮扶资金和省市配套资金的管理和使用上,严格按照专项资金的使用办法,进行专项审查监督,确保专项资金及时、安全、有效使用。在对下级基层工会经费例行审计时,各级工会主席、财务人员都能较好地做到自动介绍情况,积极给予配合,认真听取反馈意见和建议,及时纠正违规行为,保证工会经费的合理有效使用。

2011 年,区总工会经审委全面贯彻落实《中国工会审计条例》《中华全国总工会关于加强县级工会经费审查审计监督工作的意见》和山西省县级工会经审工作推进会议精神，全面落实“工会组织建到哪里，经审组织就建到哪里，工会工作开展到哪里，经审工作就延伸到哪里，工会经济活动运行到哪里，经审就监督到哪里”的要求，实现经审工作的全覆盖。区总工会经审委按照《山西省总工会开展创建“星级工会经审会”活动实施办法（试行）》的通知》精神，先后制定《矿区总工会经审委工作制度》《矿区总工会经审委职责》《矿区总工会经审委对本级年度经费预算执行情况审计监督制度》和《矿区总工会经审委对下级年度经费预算执行情况审计监督制度》等各项制度，形成比较完善的内部经审工作操作体系，为全区开展创建“星级工会经审委”活动奠定良好基础。积极开展对基层一级工会经费收支情况进行审查监督，下达审计通知书和整改报告，促进各级工会收好、管好、用好工会经费。2011 年，区总工会经审委对本级和基层工会共 9 家单位进行审查审计，在审计过程中纠正个别工会在支出账务处理中出现的报账单据不规范、审批报账手续不完善等问题，下发审计通知 9 份，审计意见书 9 份，提出审计意见和建议 27 条，各基层工会对提出的意见和建议进行认真整改，审计整改率达 100%。同时，重点对中央财政帮扶资金，如困难职工和特困企业帮扶款、“金秋助学”助学金、再就业帮扶款等专项资金实施跟踪审计监督，全方位、全过程监督专项资金的使用情况，保障专项资金的正确使用。区总工会经审委组织不同内容、不同层次的学习培训班共 5 期，参加培训人员 40 余人次，组织 20 余人次参加省总工会、市总工会的各种经审干部培训。

2012 年，区总工会经审委对本级和基层工会共 12 个单位进行审查审计，共下发审计通知 12 份，审计意见书 12 份，提出审计意见 30 条，各基层工会对提出的意见和建议进行了认真整改，审计整改率达到 100%。在监督审查中对受检工会的资产管理和经费使用方向、使用比例进行指导。2012 年，区总工会经审委认真履行职责，取得一定的成绩，在全省经审工作现场观摩会中作为市总工会的典型单位受到省、市总工会的一致好评。

2013 年 3 月，在区总工会五届九次全委会上，增选一名经审委委员，内设经审办，并配备 1 名专职经审工作人员从事经审工作。区总工会经审委对困难职工和特困企业帮扶救助款、“金秋助学”助学金等专款，实施从源头、过程到结果的全过程监督，确保专款专用。区总工会经审委在对区级工会经费收支情况进行审查监督过程中，经审定，2006 年至 2012 年，区总工会经费收支情况为：总收入 913.88 万元。其中包括拨缴经费收入 664.89 万元，上级补助收入 225.50 万元，政府补助收入 11.96 万元，其他收入 11.53 万元。总支出为 866.08 万元。其中包括上解市总工会经费 481.08 万元，占总支出的 55.57%；用于职工活动费 35.08 万元，占总支出的 4.05%；用于工会业务费 96.83 万元，占总支出的 11.19%；用于工会行政费 57.29 万元，占总支出的 6.61%；用于专项资金 43.35 万元，占总支出的 5.1%；用于补助下级 66.02 万元，占总支出的 7.62%；用于其他支出 86.43 万元，占总支出的 9.86%。本期结余 47.80 万元，历年结余 10.66 万元，滚存结余 58.46 万元。

2014 年，区总工会经审委对 9 个基层工会组织，就上年度和 2014 年度专项资金进行审查审计。及时下发整改通知书，提出意见和建议 32 条，对整改不及时、不主动、不到位的提出通报批评，要求在规定时间内认真整改。经复审，各基层工会对提出的意见和建议进行认真整改，整改率达 100%。同时，对区总工会本年度工会经费收支及预算执行情况进行审计，审计组听取工会负责人有关 2014 年度工会经费收支情况介绍，审查工会经费收支决算报告、会计凭证、账簿、报表等财务资料。

2014 年度各项经费收入 178.51 万元。(1)拨缴经费收入 85.76 万元，其中，地税代征工会经费收入 40.52 万元，占拨缴经费收入的 47.24%；财政代扣工会经费收入 42.50 万元，占拨缴经费收入的 49.56%；天恒会计师事务所、西城公安分局等 2.74 万元，占拨缴经费收入的 3.2%；(2)上级补助收入 80.68 万元，其中，回拨补助 36.48 万元，占上级补助收入的 45.21%；专项补助 1.20 万元，占上级补助收入的 1.49%；帮扶补助 36 万元(其中包括中央财政资金 30 万元，省财政资金 6 万元)，占上级补助收入的 44.62%；送温暖补助 7 万元，占上级补助收入的 8.68%；(3)政府补助收入 10 万元，主要用于农民工讨薪应急救助资金；(4)其他收入 2.10 万元。

2014 年度各项经费总支出 128.37 万元。(1)职工活动费支出 2.48 万元，主要用于职工学习资料、职工业余生活组织的拔河比赛、篮球友谊赛；开展工资集体协商宣传、进行百题知识竞赛等活动；(2)维权支出 102.98 万元，其中，中央财政发放金秋助学资金 2.32 万元，对困难职工生活救助 44.43 万元；省财政对困难职工生活救助 18.76 万元，对困难职工医疗救助 2.30 万元，春节对困难职工送温暖 13.52 万元；夏季送清凉 1.66 万元；预提 20 万元作为农民工讨薪维权应急救助金；(3)业务支出 6.38 万元，主要用于对基层工会干部培训、聘用工资集体协商专职指导员、基层工会目标责任状考核兑现等支出；(4)行政支出 15.30 万元，主要用于聘用职工工资、保险支出，职工差旅费，办公用品，电话费，公务用车汽修燃，银行手续费等支出；(5)资本性支出 0.58 万元，主要用于办公桌椅的更换；(6)其他支出 0.65 万元，主要用于看望困难职工、劳模，"六一"关爱儿童等支出。

2014 年度经费总收入 178.51 万元，总支出 128.37 万元，2014 年度结余 50.14 万元。2014 年，滚存经费结余 327.10 万元。

在 2009 年度全市工会经审工作规范化建设活动中，矿区总工会经审工作获二等奖；在 2011 年度、2012 年度，在全市工会优秀审计项目评选活动中，矿区总工会经审委"关于对本级及各基层工会经费收支管理的审计"项目连续两年获一等奖。

第三编　基层工会

1983年2月,矿区工会成立后,不断致力于基层工会组织建设。2014年,区总工会下辖3个系统工会、6个街道工会、38个社区工会和152个非公企业工会组织。

3个系统工会分别是:区直机关工会联合会、政法系统工会联合会和教育系统工会联合会。

6个街道工会分别是:沙坪街道总工会、赛鱼街道总工会、桥头街道总工会、平潭街街道总工会,蔡洼街道工会联合会、贵石沟街道工会联合会。

38个社区工会分别是:沙坪街道中沙坪社区工会联合会、沙坪街道秋沟社区工会联合会、沙坪街道沙沟社区工会联合会,沙坪街道里沙坪社区工会委员会、沙坪街道桥南园社区工会委员会、沙坪街道蒙北社区工会委员会、沙坪街道黄石板社区工会委员会;赛鱼街道大堖沟社区工会联合会、赛鱼街道赛鱼社区工会联合会、赛鱼街道井沟社区工会联合会、赛鱼街道虎尾沟社区工会联合会,赛鱼街道麻地巷社区工会委员会、赛鱼街道如意庄社区工会委员会、赛鱼街道南楼社区工会委员会;桥头街道桥头社区工会联合会、桥头街道桥西社区工会联合会、桥头街道刘家堖社区工会联合会、桥头街道段北沟社区工会联合会,桥头街道段南沟社区联合工会;平潭街街道平潭街东社区工会联合会、平潭街街道平潭街西社区工会联合会、平潭街街道马家坪社区工会联合会、平潭街街道洪城河社区工会联合会、平潭街街道东山社区工会联合会,平潭街街道大院社区联合工会、平潭街街道苹果园社区联合工会、平潭街街道西山社区联合工会;蔡洼街道小南坑社区工会委员会、蔡洼街道菜市社区工会委员会、蔡洼街道南台社区工会委员会、蔡洼街道东四尺社区工会委员会、蔡洼街道蔡东社区工会委员会、蔡洼街道蔡西社区工会委员会、蔡洼街道东窑房社区工会委员会;贵石沟街道水滩社区工会委员会、贵石沟街道苏村社区工会委员会、贵石沟街道小河滩社区工会委员会、贵石沟街道枣岭山社区工会委员会。

第一章 系统工会

矿区有3个系统工会,分别是区直机关工会联合会、政法系统工会联合会和教育系统工会联合会。政法系统工会联合会成立于2009年1月,区直机关工会联合会和教育系统工会联合会分别成立于2009年3月。系统工会共有工会会员5148人,其中,女会员2807人。

第一节 区直机关工会联合会

一、概况

矿区区直机关工会成立于1991年3月,2009年3月, 区直机关工会联合会成立。2014年,区直机关工会联合会有基层工会14个,分别为区机关工会、卫生局工会、机关事务管理局工会、财政审计工会、国家税务局工会、地方税务局工会、阳泉市工商行政管理局矿区分局工会、住房保障和城乡建设管理局工会、阳泉市城市管理行政执法局矿区分局工会、环境卫生管理处工会、山西天恒会计师事务所工会、阳泉市顺达出租汽车有限公司工会、个体医疗行业联合工会、食品药品行业联合工会,有基层工会会员1494人,其中,女会员697人。

二、组织沿革

1991年1月,矿区机关工会筹备组成立,组长荆玉堂。同年3月,召开第一次会员代表大会,正式成立工会委员会,选举梁兰芳为工会主席。随后,区住建局工会、区卫生局工会等下属工会相继通过民主选举产生工会领导机构。1993年4月,召开第二次代表大会,选举高秀英任工会主席。1999年9月,召开第三次代表大会,选举翟爱华为工会主席。2009年3月,成立区直机关工会联合会,召开第一次代表大会,选举杨翠萍为主席。2012年12月,召开第二次代表大会,选举王俊英为主席。

矿区区直机关工会历届工会主席、副主席名表

表3-1

届 次	姓 名	性别	职务	任 职 时 间	备 注
第一届工会委员会	梁兰芳	女	主席	1991.3 ~ 1993.4	—
第二届工会委员会	高秀英	女	主席	1993.4 ~ 1999.9	区直机关工委副书记
第三届工会委员会	翟爱华	女	主席	1999.9 ~ 2009.3	区直机关工委副书记
第一届工会联合会	杨翠萍	女	主席	2009.3 ~ 2012.12	区直机关工委书记
第二届工会联合会	王俊英	女	主席	2012.12 ~	区直机关工委副书记

2014 年矿区区直机关工会联合会基层工会组织建设情况一览表

表 3-2

工　会　名　称	建会时间	工会主席	职工人数		会员人数	
			总数（人）	女职工数（人）	总数（人）	女职工数（人）
矿区机关工会委员会	1991.3	翟爱华	492	245	492	245
矿区卫生局工会委员会	1991.11	高爱英	92	65	92	65
矿区机关事务管理局工会委员会	2000.10	张金良	68	12	68	12
山西天恒会计师事务所工会委员会	2004.4	张玉珍	76	38	76	38
阳泉市顺达出租汽车有限公司工会委员会	1999.12	蔡延田	234	40	234	40
矿区财政局工会委员会	1999.10	高锋光	77	56	77	56
矿区国家税务局工会委员会	1994.8	李　强	54	25	54	25
矿区地方税务局工会委员会	1997.4	贾完根	76	42	76	42
阳泉市工商行政管理局矿区分局工会委员会	1989.5	胡园生	90	47	90	47
矿区住房保障和城乡建设管理局工会委员会	1991.5	曹彦青	16	4	16	4
阳泉市城市管理行政执法局矿区分局工会委员会	2006.12	程建刚	78	13	78	13
矿区环境卫生管理处工会委员会	1994.3	张惠英	620	470	138	110
矿区个体医疗行业联合工会	2006.6	任计明	206	168	206	168
矿区食品药品行业联合工会	2006.6	刘克勤	300	172	300	172
合　　计	—	—	2479	1327	1997	967

三、主要工作

强化组织建设，坚持“哪里有职工，哪里就要依法建立工会组织”的原则，充分尊重职工依法参加和组织工会的权利，职工在自愿的基础上，最广泛地把职工群众组织到工会中来，开展基层工会职工、会员实名制登记工作。以帮扶困难职工为责任，完善区直机关困难职工档案，并实行动态管理。参与阳泉市职工大病医疗救助活动，职工参与率达到 100%。

注重提升职工素质，通过开展岗位竞赛、业务比武、创新工作等活动，不断提升职工的学习能力、实践能力、创新能力，不断提高职工的思想道德素质和业务水平。开展形式多样的文体活动，先后组织职工健排舞、篮球、乒乓球、羽毛球比赛、女职工合唱比赛、职工拔河比赛、职工才艺比赛等职工喜闻乐见的各项活动，活跃机关气氛，锻炼职工身体，在机关营造良好的工作氛围。

四、区直机关工会选介

（一）矿区财政局工会委员会

矿区财政局工会委员会成立于 1999 年 10 月，由矿区财政系统、审计系统人员组合而成。1999 年 10 月，王反林任第一届工会委员会主席。2001 年 7 月，王智慧任第二届工会委员会主席。2014 年 10 月，高锋光任第三届工会委员会主席。2014 年，有工会会员 77 人，其中，女会员 56 人。

区财政局工会及时足额上缴工会经费，全部用于职工自身建设，为职工购置羽毛球、乒乓球等健身器材和大量图书，每年组织职工体检，动员职工参加职工大病医疗互助。开展“送温暖、献爱心”“博爱一日捐”活动，先后为困难职工，马家坪社区、虎尾沟社区、里沙坪社区、蒙北社区的困难家庭送去米、面、油、文具和慰问金，切实帮助困难弱势群众度过难关。先后组织开展乒乓球、篮球、登山、拔河、棋牌、书法、剪纸、摄影等丰富多彩的活动和比赛，激发广大干部职工的工作热情，形成比、学、赶、帮、超的工作氛围。

（二）矿区地方税务局工会委员会

矿区地方税务局成立于 1994 年 8 月，是主管矿区地方税收工作的行政机构。下辖稽查局、直属一分局和直属二分局、第一税务所、第二税务所、第三税务所、第四税务所、第五税务所 8 个基层部门。担负着全区所有企业和个体纳税人的税收管理工作。2012 年至 2013 年，被评为省级文明单位；2014 年 8 月，被授予全省税务系统先进集体荣誉称号；第三税务所、第五税务所被评为省级“青年文明号”，直属一分局被评为省级巾帼文明岗。

矿区地方税务局工会委员会成立于 1997 年 4 月，历任工会主席为仇慧琴、张慧光、贾完根。2014 年，有工会会员 76 人，其中，女会员 42 人。

矿区地税局工会成立后，积极开展岗位练兵活动，努力提升职工自身素质。2002 年，开展“假如我是纳税人”演讲比赛；2004 年，举办心理健康知识讲座；2005 年，开展“青年文明号文化节”，为职工发放《论语》等 10 余本图书，组织“读书创优”活动，开展“魅力工会，最美职工”活动；2008 年，开展“读好书”活动，为妇女职工举办知识讲座；2009 年，开展“服务明星”评选活动；2011 年，开展“最美地税人”演讲比赛；2012 年，组织职工进行礼仪培训、拓展训练，开展学习宣传“我身边的好税官”先进事迹活动，开展全员读书活动，为干部职工购置图书资料，创办内部刊物《书海》；2013 年，建立“职工书屋”，举办“读好书、学先进”演讲活动；2014 年，开展“书香税苑”征文活动。

举办多种文体活动，丰富职工文化生活。1998 年，举办“大团圆”迎元宵节联欢会；2000 年，开展趣味运动会，进行羽毛球、乒乓球、长跑等项目比赛；2002 年，组织长跑运动会，举办“贺新春·新气象”联欢会；2003 年，开展“唱红歌?咏地税”活动；2005 年，组织多项职工文体比赛；2006 年，举办庆元宵节晚会；2007 年，举办“庆三八”文体活动；2008 年，举办职工篮球运动会；2009 年，举办乒乓球比赛和“迎新春联欢活动”；2010 年，举办狮脑山长跑运动会；2011 年，地税局工会的大合唱在矿区纪念建党 90 周年红歌演唱会中被评为“优秀节目奖”；2012 年，举办地税文化长廊，制作文化版面 38 块，10 月，在全市“建设五个地税，服务转型跨越”文艺会演中获得“优秀节目奖”；2013 年，组织长跑运动会；2014 年，举办干部职工羽毛球比赛和书画摄影展，李海霞的作品《藏族姑娘》获得全省地税系统建党 93 周年书画摄影展绘画作品二等奖。

维护职工权益，关心职工生活。1997 年，举办“献爱心?我先行”活动，为 3 户困难职工家庭捐助4000元；1998年，举办“最美家庭”评选活动，重阳节为退休干部职工开展送温暖等活动；2003年“三八”节，组织女职工进行体检；2008年，举办以“税苑巾帼建功，美丽健康同行”为主题的女性保健知识讲座；2010年，举办职工健康知识讲座3次；2003年～2011年，每年定期组织全体干部职工进行体检；2012年，开展“真情助困送温暖，爱心奉献促和谐”活动，为困难职工家庭捐款8000多元；2013年，开展慰问困难职工活动，捐款5000元；2014年，开展助困送温暖活动，慰问困难干部职工，捐款8000元。

开展“扶贫济困送温暖”活动。1998年，组织职工进社区，帮助空巢老人打扫卫生，向贫困学生捐赠3000元的文具；2000年，开展“六一”献爱心活动，为平潭街小学赠送书籍200册；2002年，组织开展献爱心活动，为福利院儿童捐赠衣物320余件；2003年，参加“爱心助学行动”，向贫困学生捐赠4000元；2004年，参加区政府送温暖捐赠活动，捐赠衣物50余件；2005年，向贫困地区捐赠衣物150余件；2006年，参加“捐赠优秀贫困大学生，共同构建和谐社会”活动，向优秀贫困大学生捐赠3000元；2007年，向贫困学生捐赠5000元；2008年，向贫困地区和地震灾区捐赠2.2万元；2010年，为贫困大学生捐赠5000元；2013年，慰问学校和贫困儿童捐赠1500元；2014年5月，为平潭街东社区捐赠1000元；慰问井沟社区老党员，并送去2500元慰问金。

2005年，矿区地税局工会被市总工会授予“模范职工之家”称号；2007年9月，矿区地方税务局工会被市实施希望工作领导小组和共青团阳泉市委授予阳泉市希望工程圆梦行动爱心集体。

（三）矿区卫生局工会委员会

矿区卫生局系矿区人民政府职能工作部门，于1984年3月成立。行政编制6名，内设二室四科，即办公室、应急办公室、医政科、疾控妇幼科、食品安全综合协调科、卫生监督科。直属事业单位有矿区疾病预防控制中心、矿区卫生局卫生监督所、矿区妇幼保健院、矿区医院、矿区社区卫生服务管理中心。

矿区卫生局工会组织成立于1991年11月，先后由周荷莲、孙忠义、高爱英任工会主席。2014年，有会员92人，其中，女会员65人。

区卫生局工会举办各种文体活动，丰富职工生活。组织职工到西柏坡进行参观学习，每年举办迎新年棋牌活动和迎新年联欢会。2013年10月，举办迎国庆登山比赛。2014年5月，建立职工活动室，并购买文体用品，在年底举办丰富多彩的踢毽、跳绳、乒乓球等比赛活动。积极组织职工参加市、区总工会举办的女职工全健排舞比赛、“先锋杯”职工登山比赛、职工运动会等活动。

举办知识竞赛、技术比武，提升业务技能。2006年5月，举办“卫生知识竞赛”活动，2009年7月，举办“爱岗敬业”演讲比赛，2010年5月，组织区疾控中心专业技术人员参加全市疾病预防控制工作技能比武。2011年12月，举办“阳泉市矿区护理技能大赛”。2014年11月，举办埃博拉知识培训暨演练，开展送温暖，献爱心活动。每年组织职工进行体检，节日期间慰问退休老职工和困难职工。职工参加市职工大病医疗互助率为 100%。积极号召职工献爱心，组织博爱一日捐、扶贫济困送温暖、为灾区献爱心等捐款捐物活动。2010 年 6 月，在世界无偿献血日之际，积极组织全局卫生工作者开展无偿献血活动。

（四）矿区住房保障和城乡建设管理局工会委员会

矿区住建局前身为矿区城市建设环境保护局，1997 年 4 月，更名为矿区建设管理局。1998 年 6 月，更名为矿区建设局。2010 年 1 月，再次更名为矿区住房保障和城乡建设管理局，简称住建局。2014 年，在编职工 17 人。

矿区住建局工会委员会成立于 1991 年 5 月，历任工会主席为韩守国、王家骥、曹彦青。

住建局工会组织自组建以来，立足自身工作实际，组织参加各项活动，切实维护职工合法权益，努力服务于住建工作大局，得到上级的肯定和职工的理解与支持。2008 年 5 月，组织职工参加区总工会组织的篮球比赛。2013 年 6 月，参加区直机关工会联合会组织的篮球比赛。

开展“扶贫济困送温暖”集中募捐活动。2006 年 11 月，开展“献爱心”捐款活动，积极捐款、捐书、捐物，共计捐款 540 元。2011 年 4 月，组织全体职工为血液病患者捐款的活动，共计捐款 800 元。到 2014 年底，动员全体职工连续 9 期参加阳泉市职工大病医疗互助，有 3 名职工得到大病医疗互助补偿。同时，健全完善档案管理，建立会员实名制档案，在职职工全部入会，全部发放会员证。

（五）矿区环境卫生管理处工会委员会

矿区环境卫生管理处成立于 1990 年 3 月，现隶属于矿区人民政府直接管理，属于财政全额拨款事业单位。环卫处共设有办公室、工会、财务科、劳资科、安全科、管理科、供应科、维修科、收费科、清洁中心、清运中心、垃圾转运站、桃北管理站、桃南管理站、日潭管理站、洪城河管理站、赛鱼管理站 17 个环境卫生管理部门和绿化养护大队。

矿区环卫处工会委员会成立于 1994 年 3 月，首届工会主席为杨述民。2002 年 3 月，工会换届，选举蒋海涛担任第二任工会主席。2010 年 6 月，第三次工会换届，选举张惠英担任第三任工会主席。2014 年，工会下设 7 个工会小组，有会员 138 人，其中，女会员 110 人。

区环卫处工会深入贯彻以职工为中心的指导思想，充分发挥工会组织在本单位职工队伍建设的作用，坚持为单位职工服务、为基层服务，认真履行工会的“维护”“建设”“参与”和“帮扶”等职能。

区环卫处工会致力于提升工会组织的凝聚力和战斗力，在春节、“三八”妇女节、环卫节等重大节日，积极开展形式多样的活动，深入基层群众职工当中，帮扶职工群众，丰富职工生活，关心职工家庭，使广大职工能够时刻心系组织，心系单位。截至 2014 年，工会共计捐赠衣物已达到 500 余件，捐款已达到 4 万余元。同时，工会积极参与到职工的日常业务培训工作，为环卫事业的良性发展奠定基础。

第二节　政法系统工会联合会

一、概况

矿区政法系统工会联合会是矿区总工会所属系统工会之一，工会联合会办公室设在区委政法委，包括区委政法委机关工会、区公安局工会、区人民法院工会、区人民检察院工会、区司法局工会等7个基层工会，有工会会员630人，其中，女会员131人。

二、组织建设

矿区政法系统工会联合会成立于2009年1月13日，有7个基层工会，有会员630人。7个基层工会各设兼职工会主席1人，届期一般为3~5年，在区总工会和系统工会联合会的领导下，独立开展工作。

矿区政法系统工会历届工会主席、副主席名表

表3-3

届　次	姓　名	性别	职　务	任　职　时　间	备　注
第一届工会联合会	张秀科	男	主　席	2009.1~2012.5	政法委政治处主任
	赵振华	男	副主席	2009.1~2012.5	检察院纪检组长
	王彦刚	男	副主席	2009.1~2012.5	法院副院长
第二届工会联合会	张汉东	男	主　席	2012.5~	政法系统党工委副书记
	勾燕玲	女	副主席	2012.5~	政法委主任科员
	赵振华	男	副主席	2012.5~	检察院纪检组长

2014年矿区政法系统工会联合会基层工会组织建设情况一览表

表3-4

工　会　名　称	建会时间	工会主席	职工人数		会员人数	
			总数（人）	女职工数（人）	总数（人）	女职工数（人）
区政法委工会委员会	2009.1	张汉东	14	5	14	5
阳泉市公安局矿区分局工会委员会	2004.2	徐丽萍	201	31	201	31
区人民检察院工会委员会	1989.2	赵振华	60	22	60	22
区人民法院工会委员会	—	翟根柱	66	24	66	24
区司法局工会委员会	1982	张素仙	29	19	29	19
阳泉市公安局交警支队一大队工会委员会	2002	和靖良	140	18	140	18
阳泉市公安局西城分局工会委员会	2002	吕会杰	120	12	120	12
合　计	—	—	630	131	630	131

三、会员代表大会

2009 年 1 月，召开区政法系统工会联合会第一次会员代表大会，参会代表 44 人，选举张秀科兼任工会联合会主席，王彦刚、赵振华兼任副主席，委员 9 人，张贵平为经审委主任，经审委委员 3 人。2012 年 5 月，召开第二次会员代表大会，参会代表 45 人，选举张汉东连任工会联合会主席，勾燕玲、赵振华兼任副主席，委员 9 人，袁晋梅为经审委主任，经审委委员 3 人。2014 年，下辖 7 个基层工会，有工会会员 630 人，其中，女会员 131 人。

四、主要工作

开展政法干警核心价值观教育实践活动和“千名干警联千村、法律服务到基层”活动。各基层工会组织把中国特色社会主义理论体系、社会主义法治理念、中央领导关于开展“忠诚、为民、公正、廉洁”为主要内容的政法干警核心价值观教育实践活动重要讲话和重要论述等作为核心价值观教育实践活动的重要学习内容，采取讲座、讨论会、学习会、观看专题片等形式，深入学习和深刻领会政法干警核心价值观的本质要求。同时，针对政法队伍的实际情况，区别不同对象，突出重点，加强对干警的廉洁从政、职业道德、纪律作风等方面的教育。扎实开展“大教育、大培训”，打造过硬队伍。各基层工会组织把教育培训贯穿活动始终，建立健全长效机制，不断提高政法队伍的政治素质和业务能力。清明节，全体干警参加市委政法委统一组织的狮脑山革命烈士陵园清明节公祭仪式。干警们在纪念碑前向革命先烈庄严宣誓，并重温入党誓词，表达政法干警践行政法干警核心价值观的决心。组织干警赴革命圣地，重温中国共产党的光荣历史和奋斗历程，使干警继承优良传统，时刻牢记宗旨使命。组织干警参加全省政法干警核心价值观教育实践活动英模事迹报告会，聆听英模的感人事迹，激发广大干警工作热情和为民服务的热情。组织干警参加全市政法系统核心价值观知识考试，提高干警的政治理论和业务素质。组织干警参加全区政法系统核心价值观教育演讲比赛。矿区公安分局举办“学习侯明华同志亲民爱民无私奉献精神，扎实推进人民警察核心价值观教育实践活动”先进事迹报告会，矿区人民法院民三庭副庭长仇怀俊，被中共阳泉市委政法委树立为法院干警学习实践司法核心价值观的典型。

大力帮扶困难职工，实施送温暖工程。深入基层调查摸底，实施动态管理，对已建立的困难职工档案，坚持做到随着职工家庭经济变化而及时调整，完善各基层工会困难职工档案。组织安排送温暖活动，对员工生病住院的，工会亲自上门探望，送去慰问品，同时在精神上给予安慰。看望走访离退休干部职工，并亲自为他们送去慰问品，把中国共产党的温暖和工会组织的关心送到他们家中。

开展女职工“创造新业绩、创造新生活”为主题的女职工建功立业活动，调动广大女职工参与社会管理创新的积极性和创造性。矿区司法局局张凤翔获得山西省“五一劳动奖章”；平潭街司法所所长刘冬花被司法部授予全国人民调解能手荣誉称号；矿区检察院赵丽军被评为建功立业标兵。

深入开展“安康杯”安全生产竞赛活动，确保安全生产工作顺利进行。2012 年，工会以"全面树立以人为本思想，切实加强以安全生产教育"为主题的"安康杯"安全生产竞赛活动。在竞赛活动中，认真贯彻"安全第一、预防为主、综合治理"的方针，建立安全生产组织机构，落实安全生产责任制，完善各项规章制度，加强隐患治理，提高安全生产管理水平，对控制和减少各类伤害事故、确保员工的安全与健康起到积极的作用。市交警一大队荣获省治理超载工作"优秀源头管理单位"称号。

五、基层工会选介

（一）矿区司法局工会委员会

1982年，成立矿区司法局。同年，成立矿区司法局工会。2000年，张素仙担任工会主席。2014年，有工会会员29人，其中，女会员19人。

司法局工会始终坚持为职工服务，为司法行政工作发展服务的信念，在上级工会的领导下，完成各项工作任务，获得多项荣誉。2012年，矿区司法局被市劳动竞赛委员会记一等功，同年，被市政法委授予"执法为民十佳"集体，局长张凤翔获得山西省劳动模范称号；2013年，姚曜获得全国模范人民调解员称号；2014年，沙坪司法所被市政法委授予执法为民"十佳"集体。

组织职工进行政治理论和业务知识学习，引导职工树立正确的人生观、世界观和价值观，丰富职工的司法业务知识，提高职工的政治理论水平和业务素质，为完成司法行政各项工作奠定坚实的基础。注重调动职工主观能动性，切实帮助职工解决实际困难，把工会办成真正的职工之家。组织全局职工进行体检，为女职工进行妇科疾病普查。凡单位职工有病或家中有事，都要前去慰问，把温暖送到每位职工的心上。为让职工的业余生活丰富多彩，又高雅不俗，积极组织并带头参加市、区各部门组织的篮球比赛、乒乓球比赛、书画展览等文体活动，丰富职工的业余生活，提高队伍的综合素质。同时，响应工会号召，组织单位职工为贫困群众捐款捐物。

（二）阳泉市公安局矿区分局工会委员会

公安分局概况　矿区公安分局成立于1973年6月，下辖办公室、政保、治安科和沙坪、蔡洼、赛鱼、桥头、平潭街5个派出所，直属市公安局管理，1984年10月，移交矿区主管。2004年10月，区公安分局移交市公安局直管。2014年，分局下设指挥中心、政工监督室、法制大队、警务保障室；国保大队、治安大队、刑警大队、巡警大队、禁毒大队、网监大队；红岭湾派出所、蔡洼派出所、赛鱼派出所、桥头派出所、贵石沟派出所、马家坪派出所。共有在编民警164人、职员24人、工人5人、户籍协管员8人，共201人。

组织沿革　2004年2月，公安分局成立第一届工会，吴学华任工会主席，常建忠任副主席。2010年12月，公安分局召开第二届工会代表大会，选举侯哲明任工会主席，郭莉清、陈晓艳、毋维民任副主席。2013年1月，公安分局工会改选，徐丽萍任工会主席。2014年，有工会会员201人，其中，女会员31人。

阳泉市公安局矿区分局历届工会主席、副主席名表

表 3-5

届　次	姓　名	性别	职　务	任　职　时　间	备　注
第一届工会委员会	吴学华	男	主　席	2004.2～2010.12	公安分局政工科科长
	常建忠	男	副主席	2004.2～2010.12	—
第二届工会委员会	侯哲明	男	主　席	2010.12～2013.1	公安分局政工监督室主任
	徐丽萍	女	主　席	2013.1～	公安分局政工监督室主任
	郭莉清	女	副主席	2010.12～	公安分局政工监督室副主任
	陈晓艳	女	副主席	2010.12～	—
	毌维民	男	副主席	2010.12～	公安分局桥头派出所所长

主要工作　分局工会成立后，围绕“组织、引领、服务民警职工，全力投入中国特色社会主义建设，积极维护民警职工合法权益”的工会职责，大力发挥联系群众桥梁纽带作用，为分局各项公安工作和队伍建设跨越发展做出显著成绩。

完善基层工会组织建设　分局在各所、队、室中，都建立工会小组，发展每名民警职工入会，实现组织建会和民警职工入会无空白、全覆盖。分局建立完善民警职工代表大会制度，实行民主管理。重要工作事项、重大财务支出、先进评选奖励，都要经过工会代表或全体会员民主审议。

民警职工素质提升　以大力提升民警职工素质为抓手，相继组织开展了学习实践科学发展观、创先争优、“三基”工程建设、社会主义法制理念教育、中国共产党的群众路线教育和先进性教育、作风建设等活动，增强民警职工思想政治素质。采取岗位“大练兵”、参加山西省在职干部在线教育学习和公安部组织的公安民警网上在线学习，提高民警的法律和专业业务素质，有效地促进各项公安工作的开展，有力地推进全局队伍正规化建设。2008 年，分局被评为全省优秀公安局。2012 年，分局再次被评为全省、全国优秀公安局称号。马家坪派出所社区民警侯明华，坚持 20 多年如一日，默默无闻关爱帮扶 30 多名孤寡老人和弱势群众，塑造新形势下公安民警的良好形象，为公安机关和人民警察增添光彩，其感人事迹被《山西日报》、山西电视台和《人民公安报》等多家新闻媒体报道。2013 年，侯明华获“山西省第四届道德模范”提名奖，被山西省劳动竞赛委员会记二等功；同年，获全国公安机关深入开展学雷锋活动先进个人称号；2014 年 1 月，入选“感动山西十大人物”并被公安部评为“全国百姓口碑警察”；同年 5 月，侯明华一家被中华全国妇女联合会评为全国第九届“五好家庭”。

开展帮扶和维权工作　发挥工会服务民警职工的职责，建立困难民警和职工档案，健全和完善困难职工帮扶体系，对困难职工开展生活救助。2004 年～2014 年，共救助困难民警职工 80 余人次，救助金额 5 万余元。2011 年 10 月，分局工会组织全局民警职工为身患癌症的全国公安机关优秀民警、红岭湾派出所所长赵云平捐款 2.94 万元。2013 年，为因公牺牲的赛鱼派出所民警周新堂办理优抚金和遗属补助、年抚恤

金。在民警职工权益保障维护方面，建立从优待警长效机制，落实民警职工的休假、体检、意外伤害保险、大病统筹。聘请职业心理医生和组建兼职心理健康辅导员，开展心理咨询，开展心理健康专题讲座，并将心理训练纳入民警职工日常教育训练工作，及时疏导他们在工作、家庭、生活和情感上因调适不当而引发的心理不良状况。积极争取卫生主管部门和有关医疗机构的支持，开辟“绿色通道”，为因公负伤、患危重疾病的民警职工实施快速救治。

丰富民警职工文化生活　设立荣誉陈列室、纪念墙等，组建各类文体队和兴趣小组，开辟文化讲坛和网络文化服务平台，为民警职工参与文化活动提供便利条件。积极开展各项文化活动，2013 年 4 月，举办“学习贯彻中共十八大、喜迎建局 40 周年”警营文化活动，通过读书征文、书法、美术、摄影及乒乓球、羽毛球比赛等多种文体形式丰富民警业务生活，有效缓解民警精神压力。在 2013 年全市公安系统“青春杯”警营文化活动中，参赛选手团结拼搏，获得女子羽毛球团体第二、男子乒乓球团体第三的成绩；同时，择优呈送 15 件艺术精品，参加全市“迎‘七一’警民携手创和谐、平安建设谱新篇”书画摄影活动；尤其是参加阳泉市公安局迎新年警营文艺会演，分局自编自演，反映马家坪派出所民警侯明华 26 年照顾辖区 30 多位孤寡老人和困难群众的情景剧《牵挂》，受到市公安局和评委一致好评，赢得最佳表演奖、最佳创作奖和最佳组织奖；2014 年 7 月，分局编排的红色朗诵节目《永恒的誓词》，在全市公安机关获特等奖。

（三）矿区人民法院工会委员会

法院概况　矿区人民法院工会委员会是基层人民法院职工自愿组成的一支工人阶级的群众性组织。经过历届工会组织的努力，工会会员发展较快。2014 年，有会员 66 人，其中，女会员 24 人。工会主席翟根柱，委员 4 人，经费审查委员会 3 人。矿区法院工会有集图书、电子阅览室为一体的“职工书屋”1 个，面积 50 平方米，藏书近万册，电脑 3 台，书籍包含审判、文史、社科、杂志等多个分类，供职工借阅。有集体育、娱乐为一体的综合活动室 1 间，面积近 500 平方米，有乒乓球桌、台球桌、跑步机、麻将桌等文体器材 30 余件，可供全院职工同时开展各种休闲娱乐活动。有职工餐厅 1 个，包含 1 个大厅和多个雅间，供全院职工日常饮食。

主要工作　法院工会以宪法为根本活动准则，按照《工会法》和《中国工会章程》独立自主地开展工作，依法行使权利和履行义务。工会全面履行四项职能，在维护法院职工总体利益的同时，表达和维护法院职工的具体利益和民主政治权利。动员和组织法院职工积极参加法院的建设和发展，围绕审判执行等中心工作，积极开展活动。代表和组织法院职工参与法院民主管理，教育职工不断提高思想道德素质和科学文化素质，建设一支公正文明和谐，有文化、有纪律的职工队伍。

工会深入贯彻法院以审判执行为中心的指导思想，充分发挥工会组织在法院建设发展中的作用，密切联系群众，坚持为职工服务、为审判一线服务，努力履行工会的“维护”“建设”“参与”和“审判执行”四项职能。协同院党支部、团支部积极参与区总工会、共青团等部门组织的各项文体活动，均获得优异成绩。同时，积极组织全院职工对法院困难职工以及辖区困难家庭进行慰问走访，捐款捐物，为他们送去温暖、送去关怀。

（四）矿区人民检察院工会委员会

检察院概况　矿区检察院工会委员会成立于1989年2月。2014年，有职工60人，其中，女职工22人，全部加入工会，干警入会率达100%。建会以来，工会团结带领全体干警会员，立足本职、勤奋工作，取得了显著成绩。区检察院连续7年获得最高人民检察院、检察日报社授予的"全国检察宣传先进单位"称号，区检察院工会多次被矿区总工会评为先进基层工会。

组织沿革　1989年2月，召开矿区人民检察院第一次工会会员大会，选举产生工会主席、副主席、委员，发展工会会员31人。同年2月，经区总工会批复，矿区人民检察院工会委员会正式成立，王银堂任主席，闫长礼任副主席，委员为郭沛霖、李海录、张嘉祯。2002年11月，矿区人民检察院召开第二次会员大会，选举产生第二届工会委员会，赵振华为主席，委员刘晓霞，经审委员郭沛霖。

主要工作　关注困难群体，扶贫解困送温暖。工会每年要开展扶贫解困送温暖活动，向困难群体送钱、送物、帮困解难，慰问困难干警、慰问社区困难居民，把中国共产党的温暖送到困难群众心中，帮助他们解决生活上的困难。

发挥检察职能，突出维权职能，主动接受监督。突出检察职能开展依法维护职工合法权益工作。关注社会困难群体的法律诉求，特别是弱势群体、妇女儿童开展维权工作。注重解决涉检涉法上访事件，充分发挥检察职能作用为群众服务，排忧解难。定期不定期地利用多种形式街头开展法律咨询、答疑释惑，开展法律宣传、检察宣传活动、举报宣传周和法制宣传日等一系列活动，开展阳光检察、阳光检务活动，增进人民群众的了解、理解和加强社会各界对检察工作和检察干警的监督。

组织干警开展健康向上的文体活动。组织干警会员开展健身大赛、乒乓球比赛、篮球比赛、拔河比赛、越野比赛、爬山比赛和娱乐性的文体活动，丰富干警业余生活，以健康向上的活动占领文化阵地。广泛开展劳动竞赛，选、树、学、赶先进蔚然成风。开展办案能手、优秀公诉人大赛、电脑技能大赛、汉字输入比赛、鼓励职工开展自学成才和开展创新活动，比学赶帮超，树先进、学先进、赶先进，选树先进个人和先进集体，弘扬他们的优秀事迹，号召大家向他们学习，扩大先进模范的影响力，形成争优创先氛围。开展学习教育，宣传中国共产党的路线方针政策，宣传检察职能，宣传工会职能，解决群众诉求，关心爱护职工群众，增强凝聚力，充分发挥好中国共产党联系群众的桥梁和纽带作用。

热心参与社会公益活动。每年都要为红十字会捐款捐物，为困难职工捐款捐物，为灾区捐款捐物，献爱心，形成一种良好风气。为全体会员办理大病医疗互助金，工会女职工权益得到保障等，落实国家假日规定，保证干警享有年休假，保证干警休息休假时间。

第三节　教育系统工会联合会

一、概况

矿区教育系统工会联合会是矿区总工会所属系统工会之一，工会联合会办公室设在矿区教育局。有中小学校、幼儿园27所，其中完全中学3所，单办高中1所，单办初中3所，九年一贯制学校1所，小学17所，政府办幼儿园1所，民办幼儿园1所，在校中小学生2.63万余人，幼儿736人，教职工2634人。

二、组织沿革

矿区教育系统工会联合会成立于2009年3月，在此之前，教育局工会、区属的1所中学，1所小学，1所幼儿园归属区总工会直接管辖。2005年1月，阳煤集团移交矿区政府的24所中小学，也归区总工会直接管理。2009年3月，区总工会批准教育系统成立工会联合会后，以上单位的工会组织统归到教育系统工会。截至2014年，区教育系统工会联合会下辖28个基层工会，28个基层工会各设兼职工会主席1人，组宣、民管、女工、文体、劳保等委员3至5人，届期一般为3至5年，在区总工会和系统工会领导下，在学校（园）党政的大力支持下，独立开展工作。

三、会员代表大会

2009年3月，矿区教育系统工会联合会召开首次会员代表大会，参会代表46人，选举翟瑞红兼任工会主席，杨明生、陈喜修任副主席，委员7人。赵全荣任经审委主任，经审委员3人。袁静任女工委主任，女工委员3人。下属28个基层工会，会员2634人。2012年4月，召开第二次会员代表大会，参会代表65人，选举翟瑞红连任工会主席，杨明生、张爱青任副主席，委员7人。赵全荣任经审委主任，经审委员3人。王妮娜任女工委主任，女工委员3人。2014年，工会联合会下辖28个基层工会，有工会会员2521人，其中，女会员1709人。

矿区教育系统工会联合会历届工会主席、副主席名表

表3-6

届　次	姓　名	性别	职　务	任　职　时　间	备　注
第一届工会联合会	翟瑞红	女	主　席	2009.3～2012.3	教育工委副书记
	杨明生	男	副主席	2009.3～2012.3	教育局机关工会主席
	陈喜修	男	副主席	2009.3～2012.3	教　师
第二届工会联合会	翟瑞红	女	主　席	2012.4～	教育工委副书记
	张爱青	女	副主席	2012.4～	教育局人事科科长
	杨明生	男	副主席	2012.4～	教育局机关工会主席

2014 年矿区教育系统工会联合会基层工会组织建设情况一览表

表 3-7

工　会　名　称	建会时间	工会主席	职工人数		会员人数	
			总数（人）	女职工数（人）	总数（人）	女职工数（人）
阳泉市第十二中学校工会委员会	1986.9	刘增军	137	96	137	96
阳泉市第十三中学校工会委员会	1976.8	刑利明	113	63	113	63
阳泉市第十四中学校工会委员会	1984.9	吕翰林	137	67	137	67
阳泉市第十五中学校工会委员会	1958	梁庆梅	331	208	331	208
阳泉市第十六中学校工会委员会	1973	郑巧爱	115	78	115	78
阳泉市第十七中学校工会委员会	1989.9	李俊芳	170	85	170	85
阳泉市第十八中学校工会委员会	1973.9	刘保栓	104	68	104	68
阳泉市外国语学校工会委员会	1984.9	任志刚	69	41	69	41
矿区黄石板小学校工会委员会	1987.9	田慧星	47	29	47	29
矿区红岭湾小学校工会委员会	1985.9	荆变珍	99	76	99	76
矿区沙台小学校工会委员会	1985.4	白林森	104	64	104	64
矿区赛鱼小学校工会委员会	1985.9	贾俊杰	78	53	78	53
矿区南楼小学校工会委员会	1985.8	梁青燕	85	61	85	61
矿区东四尺小学校工会委员会	1988.11	郭万春	60	43	60	43
矿区小南坑小学校工会委员会	1991.9	岳　军	108	89	108	89
矿区桃南路小学校工会委员会	1973.9	张燕琴	35	25	35	25
矿区段家背小学校工会委员会	1985.9	郗慧林	72	48	72	48
矿区刘家垴小学校工会委员会	1951	高素琴	88	68	88	68
矿区马家坪小学校工会委员会	1996.9	袁　静	58	48	58	48
矿区洪城河小学校工会委员会	1973.5	韩雅卿	121	102	121	102
矿区平潭街小学校工会委员会	1949	程利斌	87	75	87	75
矿区大井小学校工会委员会	1986.9	谷志琴	36	25	36	25
矿区桥头小学校工会委员会	1987	张彦红	49	33	49	33
矿区小河滩小学校工会委员会	1985.9	郭冬梅	36	24	36	24
矿区亚美小学校工会委员会	1965.9	冯元智	24	16	24	16
矿区新蕾幼儿园工会委员会	1990.2	杨淑平	24	21	24	21
阳泉市天骄幼儿园工会委员会	2010.12	贾巧林	60	52	60	52
矿区教育局机关工会委员会	1990.9	杨明生	74	51	74	51
合　计	—	—	2521	1709	2521	1709

四、主要工作

2009年建会，在教育系统28个基层工会中，有市四星级职代会4个，区三星级职代会24个。各基层工会把教代会建设作为实现民主决策、科学管理重要举措，定期召开教代会，就有关学校改革方案、发展规划、财务决算等提交教代会审议通过。学校制度、干部选拔、职称评审、奖金发放等涉及教职工利益的重大问题，由教代会统一行使否决权。当年，各校重点就绩效工资发放方案进行审议。

2010年，区教育工会下发《山西省教科文卫体系统事业单位职工代表大会提案工作流程》《山西省科文卫体系统事业单位职工代表大会工作流程》《星级职代会评选标准》，邀请市总工会民管部部长侯泉生和市总工会劳保部副部长史燕飞，对学校、幼儿园工会主席进行培训。区总工会副主席胡朴来深入教育系统基层工会，对15所学校的职代会工作情况进行检查指导，针对各学校的职代会工作情况，从资料的整理、会员的产生、职代会召开的形式程序、职代会的工作职能、工作流程等方面，对学校工会进行指导。2012年，新的《学校教职工代表大会规定》颁发后，在全区教职工中开展学习宣讲活动。截至2014年，区教育系统有市四星级职代会10所，市五星级职代会2所，省四星级职代会2所，小南坑小学被评为山西省民主管理先进学校。

开展“师徒结对”活动，是区教育系统工会多年来促进青年教师成长的重要手段，各校以工会牵头、教务配合的形式，推进该项活动。随着信息技术在教育教学中的应用，提高教师信息技术的操作和应用能力显得尤为重要，为促进教师对信息技术的学习和应用，教育工会和局信息中心联合，于2010年和2013年，分别举办两届中小学教师信息技术应用能力竞赛活动，提高教师信息技术的应用水平。2012年6月，课堂模式改革在全区推广，为推进该项工作，教育工会和教研室联合，于2012年11月，举办“主体型”课堂教学模式赛讲活动，并组织8个集体70名教师参加全市的“主体型”课堂教学模式大赛，矿区获团体总分第二名，阳泉十二中学获初中组第一名，有5名教师获一等奖，6名教师获二等奖，17名教师获三等奖。

教职工文体活动频繁，制定“教职工健身工程”计划，指导中小学、幼儿园开展各种形式体育活动，鼓励学校在职工中成立各种社团，保证活动的经常性和普遍性。多次组织教职工参加全市和矿区职工活动，均取得骄人成绩。其中，参加区总工会组织的第五届职工运动会上，共报田径队23个，篮球队11个，乒乓球队18个，共有24所学校报名参加并取得优异成绩。2012年和2014年，分别组队参加区总工会与文体局组织的职工篮球赛，均取得第一名。在坚持经常性、制度化的同时，注重教职工参与的广泛性。以贯彻《全民健身条例》为契机，将每天运动一小时、每周徒步上班一次作为制度固定下来，推动教职工健身活动持久深入开展。2011年6月，组织新加入中国共产党人员和工会干部举办以“让党旗高高飘扬”为主题的庆祝中国共产党成立90周年登山活动，大家登上狮脑山，参观百团大战纪念馆，新老党员在纪念碑前宣誓，并进行体育小游戏。

各校创建“教职工书屋”，开展多种形式的读书活动，教师撰写论文、抒发感悟，许多优秀论文和文章在《阳泉日报》《教育周刊》《阳泉教育》登载，优秀文章多次参加市总工会、市教育局举办的大型征文和“五一新闻奖”评选活动，先后有数十名中小学教师的作品获得市级以上等级奖。以“教职工之家”为平台，培养教职工的书法、绘画、摄影、剪纸、唱歌、舞蹈等兴趣爱好，定期组织比赛。2009年9月，区教育工会组织以“祖国万岁”为主题的庆祝新中国成立60周年大合唱比赛，获得第一名的南楼小学，代表矿区教育系统参加全市女职工大合唱获得金奖。2011年，区教育系统12所学校参加全区健排舞比赛，分别获得一、二、三等奖。2014年，组织以“同心共筑中国梦”为主题的庆祝第30个教师节师生艺术展演活动，活动有师生书画作品展和师生文艺演出，展示全区的艺术教育成果和师生良好的精神风采，营造尊重知识，尊重人才，尊重教师的舆论氛围。

制定《矿区教育工会维权工作试行方案》，运用法律法规和规定的程序，依法维护教职工的合法权益。健全各级工会向党、政请示汇报工作制度，完善党政工联席会议制度，保证工会主席在维权工作上的源头参与决策到位。建立困难职工网，定期不定期地对困难职工进行慰问，把党、政领导和上级工会对教职工群众的关心落到实处，参与区委、区政府和区总工会组织的各种捐赠活动，为灾区和困难职工送去温暖。在教职工中开展大病医疗互助，发挥职工团结互助的作用，截至2014年，共慰问困难职工300余人。

五、学校工会选介

（一）阳泉市第十二中学校工会委员会

学校概况 阳泉市第十二中学校始建于1968年，原属于阳泉矿务局马家坪学校一部分。1974年，独立建校，被命名为阳泉矿务局七年制学校，1978年，中小学分设，更名为阳泉矿务局西河学校。1984年，设为单办初中，更名为阳泉矿务局第二中学校，1998年，随企业改制又更名为阳煤集团第二中学校，2005年年底，由企业划归政府管理，更名为阳泉市第十二中学校。2008年，学校重新规划，实施改扩建。学校位于矿区西河路东，占地面积1.73万平方米，校舍建筑面积3731平方米。2014年，有教职工125人，其中，高级职称14人，中级职称58人；教学班24个，在校学生近1200人。学校立足教育教学改革，全力推进素质教育。2009年开始，学校整体推进“自主探究——学案导学”课堂教学改革实验，形成具有学校特色的“三段五环节”课堂教学模式，该模式于2013年，被评为全国高效课堂“新九大范式”之一。随着教学改革的推进，学校教育教学成绩和学生整体素质得到了大幅度提升。被评为山西省素质教育示范学校、阳泉市职业道德建设标兵单位、阳泉市教育教学改革先进集体、阳泉市办学质量优质学校。2008年，学校立阳泉市集体二等功；2012年，立阳泉市集体一等功。同年，被确定为全国教育技术“十二五”规划重点课题实验基地学校（2011～2013）、《中国教师报》全国教师培训基地合作校、中国名校共同体理事校。

组织沿革 阳泉十二中工会委员会成立于1986年9月，原隶属于阳泉矿务局教育处工会委员会。2009年，归属矿区教育系统工会联合会。2014年，有会员137人，其中，女会员96人，入会率100%。有工会委员9人，经费审查委员3人，女职工委员3人，工会小组4个，职工活动中心近300平方米，功能室5个。

阳泉市第十二中学校历届工会主席名表

表3-8

届　次	姓 名	性别	职　务	任 职 时 间	备 注
—	陈民书	男	负责人	1986.9～1992.8	教　师
—	栾传书	男	负责人	1992.9～1995.8	教　师
第一届工会委员会	陈民书	男	主　席	1995.9～1998.8	教　师
第二届工会委员会	陈民书	男	主　席	1998.9～2001.8	教　师
第三届工会委员会	陈民书	男	主　席	2001.9～2004.8	教　师
第四届工会委员会	陈民书	男	主　席	2004.9～2009.8	教　师
第五届工会委员会	刘增军	男	主　席	2009.9～2014.1	教　师
第六届工会委员会	刘增军	男	主　席	2014.2～	教　师

主要工作　学校工会坚持教职工代表大会制度，保障职工享有切实的民主权利。在涉及教职工利益的分配制度、评先评优、奖惩方案、工资套改、年度晋级、捐款捐物、会费收缴，以及办学体制、民主评议领导干部等方面，通过教职工代表大会审议和校务公开形式，保障教职工享有民主权利，使学校民主管理和民主监督落到实处。

学校工会建立和健全帮教机制，坚持开展师徒共进的“青蓝工程”活动。围绕学校中心工作，经常性地开展教案、“导学案”评比、课堂教学比赛活动，提高教师的课堂教学技能，促使课堂教学质量和效率不断提升。2012年10月，在市教育局和市总工会联合组织的“主体型”课堂教学创新大赛中，学校8名参赛教师全部获奖，取得大赛团体总分第一，市劳动竞赛委员会为5名教师进行记功表彰。2008年，史克利、郭颖被评为阳泉市教育功臣，冯蕊被记山西省个人二等功。2009年，刘滟被记山西省个人二等功，贾素红获山西省师德标兵称号。

学校工会积极开展形式多样、丰富多彩、寓教于乐的文体活动。在元旦、“三八”妇女节、“五四”青年节、教师节、国庆节等节日期间，组织开展贴近职工、贴近实际、贴近生活的文体活动，2010年、2013年，举办两届“爱国·爱校·爱生活”教职工书画摄影作品展。

学校工会心系教职工的冷暖，坚持做好“金秋助学”、大病救助、组织教职工体检等工作。坚持为教职工做好事、办实事、解难事，坚持探望生病职工，在教职工家中遇到重大事情（如子女结婚、直系亲属去世等）需要帮助的时候，送去关怀与帮助。

2011年，学校政教处被市总工会评为“安康杯”优秀安全健康先进科室，学校工会被矿区总工会授予“职工之家”先进集体、帮扶工作先进集体等荣誉称号；2013年，被评为阳泉市文化阵地达标单位；2014年，被评为阳泉市女职工培训示范单位。

（二）阳泉市第十四中学校工会委员会

学校概况　阳泉市第十四中学校始建于1984年9月，原名为阳泉矿务局二矿中学校。2000 年，在单办初中的基础上申办综合高中。2004 年 4 月，转为普通高中，是一所办学设施基本完善的完全中学。2005 年 12 月，更名为阳泉市第十四中学校。学校占地面积 5.95 万平方米，坐落于狮脑山麓。学校秉承“成功从今天开始”的校训，创设“千教万教，教人求真；千学万学，学做真人”的校风，贯彻“勤于学习，敏于思考，勇于创新，乐于奉献”的教风，追求“好学，勤学，善学，博学”的学风，坚持“初中上质量，高中创特色”的办学思路，初中进一步深化教改，规范办学，面向全体，提高教育教学质量；高中针对生源特点，贯彻“不求人人升学，但求人人成才”的理念，加强德育教育，重视特长培养，为学生终身发展奠定坚实的基础。

组织沿革 阳泉市第十四中学校工会委员会前身为阳泉矿务局二矿中学工会，1984 年 9 月成立，隶属于阳泉矿务局二矿工会。1985 年 9 月，隶属于阳泉矿务局教育处工会。2005 年 12 月，更名为阳泉市第十四中学校工会委员会，2006 年，隶属于矿区总工会，2009 年，隶属于矿区教育系统工会联合会。第五届工会委员由 5 人组成，工会主席为吕翰林，副主席为王建明，委员分别为贾慧斌、李志伟、魏春弟。下设 7 个工会小组，分别为七年级组、八年级组、九年级组、高一年级组、高二年级组、高三年级组、行政后勤组。2014 年，有工会会员 138 人，其中，女会员 66 人。

阳泉市第十四中学校历届工会主席名表

表 3-9

届 次	姓 名	性别	职 务	任 职 时 间	备 注
第一届工会委员会	李一峰	男	主 席	1984.9 ~ 1988.9	教 师
第二届工会委员会	李一峰	男	主 席	1988.9 ~ 1993.9	教 师
第三届工会委员会	李一峰	男	主 席	1993.9 ~ 2003.12	教 师
第四届工会委员会	吕翰林	男	主 席	2003.1 ~ 2008.12	教 师
第五届工会委员会	吕翰林	男	主 席	2008.12 ~	教 师

主要工作 阳泉十四中学工会认真贯彻《工会法》，切实维护教职工合法权益，努力为教职工创造和谐、平等的工作氛围。在构建和谐劳动关系、落实教职工代表大会各项职权、教工之家硬件建设、校园文化建设、扶贫帮困、做好女职工工作、开展文体活动、工会宣传等方面，做了大量工作。

以教职工代表大会为载体，加强学校民主管理与监督，引导、保护和发挥广大教职工参与学校民主管理的积极性。为保证校务公开工作落实到位，成立以学校党支部书记为组长、工会主席为副组长、各职能部门负责人为成员的校务公开工作领导小组。根据学校工作实际，制定校务公开的实施办法，制定各组织机构工作制度，如教代会工作制度、行政会议制度、工会工作制度等。成立一个领导小组，建立一套规章制度，设置一个公开栏，以设置校务、政务公示栏、印发公开资料（主要对学生家长）为主要形式实行校务公开。

为维护教职工权益，学校工会每年都召开职工代表大会，各工会小组先搜集提案，由工会汇总，然后召开教职工大会，请各方面领导和负责人解答提案，促进了学校的民主风气。阳泉十四中学职工代表大会创建于1984年，截至2014年，共选举产生五届工会委员会。第五届职工代表大会有代表42人，占教职工总数的30.2%。一线教师24人，占代表总数的60%。行政管理5人，占代表总数的20%。工人2人，占代表总数20%。女代表13人，占代表总数的20%。工会专门设立调解纠纷领导小组，调解多起教师与领导、教师与教师、教师家庭成员、邻居之间的各类矛盾，维护和谐氛围，保障工作的有序进行。

阳泉市第十四中学校工会活动荣誉一览表

表3-10

荣　誉　称　号	颁　奖　部　门	发奖时间
教职工新广播操比赛一等奖	阳煤集团教育处工会	2003.10
矿区城管杯职工篮球赛第六名	矿区总工会	2006.4
“金麒利”杯矿区职工体育比赛花牌团体第四名	矿区总工会	2007.11
“金麒利”杯矿区职工体育比赛中国象棋团体第一名	矿区总工会	2007.11
“中华魂”读书活动优秀集体奖	市“中华魂”主题教育活动组委会	2008.4
矿区首届教职工篮球赛男子组第一名	矿区教育局	2009.10
矿区第五届职工运动会田径比赛团体第一名	矿区总工会	2009.6
“中华魂”主题教育活动集体优胜奖	市“中华魂”主题教育活动组委会	2009.4.
矿区教育系统庆祝建国60周年合唱大赛优秀组织奖	矿区教育系统工会联合会	2009.9
“中华魂”主题教育读书活动先进集体奖	市“中华魂”主题教育活动组委会	2012.11
矿区中小学“主体型”课堂教学模式创新大赛团体一等奖	矿区教育局	2012.11
“中华魂”主题教育活动先进集体	市“中华魂”主题教育活动组委会	2013.11
矿区庆祝第30个教师节暨师生艺术展演活动歌伴舞《长大后我就成了你》获二等奖	矿区总工会	2014.9
矿区庆祝第30个教师节暨师生艺术展演活动中舞蹈《机械舞》获优秀创作奖	矿区总工会	2014.9
矿区庆祝第30个教师节暨师生艺术展演活动钢琴独奏《肖邦幻想曲》获二等奖	矿区总工会	2014.9

（三）阳泉市第十五中学校工会委员会

学校概况　阳泉市第十五中学校是一所全日制完全中学。学校始建于1958年2月，原名为阳泉矿务局二中，初级中学。1967年，改名为阳泉矿务局红旗二中。1969年，开办高中。1972年，又改名为阳泉矿务局红旗二中。1977年，恢复原名阳泉矿务局二中。1985年，更名为阳泉矿务局三矿中学。1998年，更名阳煤集团三矿中学。2006年，学校由阳煤集团划归矿区政府管理，更名为阳泉市第十五中学校。2014年，学校占地面积2.69万平方米，建筑面积3.35万平方米；初中部为14轨制，高中部为12轨制；教学班78个，在校学生3865人；教职工317人，专职教师285人，其中，高级教师78人，一级教师128人；有功能完备的图书阅览室、多功能报告厅、微机室、标准理化生实验室、音乐教室、美术教室、体育器材室等现代化教学设施，并新建阳泉市首家教学录播室。拥有各类教学仪器(理化生、音体美)14 万多套件,藏书 13 万多册。教室全部装配电子白板,实现班班通。学校办学条件日趋完善。

在长期的办学实践中,学校发扬“团结协作,敬业报国”的精神,秉承“为学生的健康成长导航”的办学理念,围绕“创三晋名校,创全国名校”的目标,形成了“关注细节,注重过程的精细化管理”模式,打造出“师德高尚、业务精湛、团结奋进、作风严谨”的教师队伍,践行“让家长满意,让学生满意,让社会满意”的办学宗旨,形成“学会做人、学会做事、学会学习”的育人目标。2009 年 1 月,学校通过山西省教育厅评估验收,成为省示范高中学校,标志着学校办学水平跨入全省先进行列。

1994 年,文科考生李涛成为山西省文科状元;2008 年,王越成为山西省文科状元。1996 年 ~ 2014 年,学校共有 41 人考入清华、北大。学校先后获得山西省群体工作先进集体、山西省创建“平安校园”先进单位、山西省心理教育工作先进集体、阳泉市十年基础教育课程改革先进集体、阳泉市普通高中教育教学成绩突出奖、“为民服务创先争优”红旗单位、全市关心下一代工作先进集体、阳泉教育名校、矿区先进集体标兵、矿区模范单位、矿区先进党组织、矿区优秀基层工会组织、矿区红旗团委等荣誉称号。

组织沿革 阳泉市第十五中学校工会委员会成立于 1958 年,原隶属于阳泉矿务局教育处工会;2006 年,隶属于矿区总工会;2009 年,隶属于矿区教育系统工会联合会。归属矿区政府后,工会进行重新换届。2010 年 12 月,由全体会员选举产生第二届工会委员会,梁庆梅当选主席。2014 年,有工会主席 1 名,工会委员 3 人,会员 331 人,其中,女会员 208 人。下设经费审查委员会、女职工委员会。根据学校行政区域划分为初中三个年级、高中三个年级、行政总务等共 7 个工会小组。

阳泉市第十五中学校历届工会主席名表

表 3-11

届 次	姓 名	性别	职 务	任 职 时 间	备 注
—	王 晃	男	主 席	1985 ~ 1993	兼 职
—	温和顺	男	主 席	1994 ~ 1997	兼 职
—	张玉文	女	主 席	1997 ~ 2006	兼 职
第一届工会委员会	郭秀玲	女	主 席	2006 ~ 2009	兼 职
第二届工会委员会	梁庆梅	女	主 席	2010 ~	兼 职

说明:1985 年以前的学校工会领导不详

主要工作

教职工代表大会推动学校民主办学的发展 2009 年,划归矿区教育系统工会联合会后,教职工代表大会每学年至少召开一次。职代会先后审议通过《阳泉市第十五中学校教职工代表大会制度》《阳泉市第十五中学校民主管理制度》《阳泉市第十五中学校教代会实施细则》《阳泉市第十五中学校校务公开实施细则》等一系列民主管理制度。每次职代会召开一周之前都要把将要审议的相关方案送交职工代表手中，广泛征求教职工意见。在会上要审议、讨论、表决通过当年度的《阳泉市第十五中学行政工作报告》《阳泉市第十五中学校年度经费使用报告》以及将要出台的规章制度，并对学校中层以上领导进行民主评议。

校务公开加快民主管理进程　学校工会始终把校务公开作为一项重要工作来抓，自觉肩负起民主参与和民主监督的责任，及时了解教职工普遍关注的学校改革发展中的大事及热点、难点问题，就校务公开的内容及重点提出建议并参与组织实施；同时，不断促进校务公开的制度化、规范化，形成工会具体负责，各职能部门主要领导为第一责任人的校务公开工作机制。学校设有校务公开专栏，凡属教职工普遍关心、涉及群众切身利益的热点问题，以及重要校务均进行公开，主要包括以下几个方面的内容：第一，学校的改革和发展的重要规划、实施方案以及重大问题的决策；第二，学校收费依据、项目、标准及支出情况；第三，学校财务年度预决算方案，包括上级拨款、预算外收入、福利及招待费支出等情况（按财会科目公开）；第四，校长任期目标、干部岗位职责及廉政建设实施情况；第五，干部年度考核及教职工民主评议干部情况；第六，教职工绩效工资分配及奖惩情况；第七，教职工、干部聘任、职称评定、晋级晋职、选先选优事项等情况；第八，涉及教职工切身利益的有关事项；第九，涉及学生切身利益的其他事项。通过校务公开，进一步强化学校的民主管理和民主监督，更好地维护教职工的政治权利、经济利益和精神文化权利，最大限度地调动引导教职工投身教育改革的积极性。

师德标兵评选树立标杆　为深入推进师德师风建设，学校工会配合学校办公室坚持于每年3月初～5月底，通过“五推荐（全体教工、全校党员、学生及家长代表、年级处室、学校行政会推荐）、一公示、一表彰”的过程，在全校所有教职工中进行“师德标兵”评选活动。通过五个层面的推荐，确定“师德标兵”候选人，推荐结束后由校级领导组成考察小组，对候选人进行考察，在考察过程中提炼出候选人的感人事迹和闪光点，广泛征求教职工意见。召开全校大会对“师德标兵”进行表彰，并通过召开座谈会、师德标兵宣讲会、制作版面、编印宣传材料等形式在全校师生中广泛宣传“师德标兵”的先进事迹。学校围绕“师德师风”主题，把推荐、评选过程演变为全体教职工自我对照反思、自我教育提高的过程，使师德建设由他律升华为自律。工会监督整个评选过程，保证评选活动的公开、公平、公正。

合理化建议征集集思广益　开展合理化建议活动是新时期工会组织义不容辞的责任和重要任务之一。为集中群众智慧，促进学校发展，真正做到“急群众之所急，想群众之所想，忙群众之所忙”。工会始终注重通过组织“合理化建议”征集活动收集群众建议和意见，充分发挥工会组织自身的凝聚力，引导职工参与到合理化建议活动中来，为学校的改革发展献计献策，发挥聪明才智。工会每年集中组织开展一次合理化建议月活动，活动的主要目的是加强学校民主管理，动员广大教职工积极参政、议政。对收集的建议分类整理，逐条与有关处室研究其可行性，并督促检查各处室落实情况。

文体活动强身健体 为丰富教职工业余生活，陶冶教职工情操，使工会活动常态化、制度化，2010 年，工会启动“每天锻炼一小时，健康工作五十年，幸福生活一辈子”的健康幸福工程，组织户外、篮球、乒乓球、羽毛球、健排舞、志愿者、毽绳、摄影和书法共 9 个体育文化活动协会，教工可根据自己的爱好选择 1 至 2 个协会参与活动，各协会每周在固定的时间开展形式多样的活动，学校给予各协会时间、资金和场地的支持。协会会员代表学校参加矿区举办的比赛和交流活动。同时，7 个工会小组也根据自身的特点分别组织各种有益于教工的文体活动。工会每年组织的常规活动有棋类扑克比赛、教职工篮球赛、乒乓球比赛、跳绳比赛、“三八”妇女节趣味活动等全校性活动。每年组织教工积极参加矿区职工运动会等各种比赛，并取得一定的成绩。每年元旦开展迎新年文艺表演会，增强职工的团队意识和工会的凝聚力。

师徒合同签订携手共进 一流的教师是学校持续发展的保障。教学的创新，既需要老教师精湛的业务和敬业的精神，更需要青年教师开放的思想和先进的理念。师徒培养模式实现教育教学上“以老带新，新老共进”，是学校教师队伍建设的一个特色。1988 年 ~ 2014 年，学校开展师徒合同签订活动，共签订 22 批。学校为每一位青年教师选择一位教研组内具有良好师德和精湛教学能力的老教师作为师傅，每学期初签订师徒合同，让老教师与青年教师“结对子”，帮扶青年教师，让他们“一年上路、三年成熟、五年挑大梁”。学校要求师傅履行好自己的职责，做好“传、帮、带”工作。青年教师虚心向老教师请教，学师德、学技能，仔细研究老教师的讲课技巧，深入把握老教师的讲课思路，尽快熟悉本学科的教学技巧，提高授课水平。学校倡导指导教师对其“徒弟”要做到教案公开、课堂公开，以便于青年教师随时听课学习。青年教师每周至少听指导教师的一节课，师傅也要每月听徒弟一节课，切实做好备课、听课、说课、评课四个环节。每学期期末，学校都要对师傅、徒弟的工作进行考核。合同期满，工会配合教务处进行验收，评选出优秀师徒进行表彰。

帮扶慰问温暖人心 学校工会千方百计帮助教师排忧解难，满腔热情地关心教师，努力改善教师的工作、学习、生活条件，为教师教书育人创造良好的环境。教师节和中国传统节日，学校组织教师集体联欢，重阳节还组织老教师登高赏景或组织座谈会。济困助贫也是学校工会的常规工作之一，并成为一项制度、一种传统。如教职工本人生病，家人生病，谁家有红白事，学校领导就会主动前去慰问或帮助。组织全校教职工积极参与各类爱心捐助活动。每逢春节，工会还组织有关领导看望离退休教职工、患病和困难教职工，给教职工送去慰问和关怀，表达学校的一份温暖、一片心意。

（四）阳泉市第十七中学校工会委员会

学校概况 阳泉市第十七中学校始建于 1985 年 8 月，原名为阳泉矿务局五矿学校。1989 年 8 月，中小学分家后成为完全中学并更名为阳泉矿务局五矿中学。1999 年，随着企业改制更名为阳煤集团五矿中学。2005 年 12 月，划归矿区政府管理后更名为阳泉市第十七中学校。位于矿区最边缘的五矿新区，是全区距市区最远的一所正县级完全中学。全校有教职工 165 人，专职教师 114 人（初中 42 人），在校生 1537 人。

学校轨制设置为高中8轨，初中4轨。2014年，有高中教学班22个，学生1073人，初中教学班12个，学生461人，住校生649人。中学一级教师50人，高级教师25人。历任校长李若銮、刘文俊、崔炜、谢宝金、高瑞斌，历任党支部书记韩好则、王希福、李若銮、崔炜、冯海林。

组织沿革　阳泉市第十七中学校工会成立于1989年9月，原隶属于阳泉矿务局教育处工会。2009年，隶属于矿区教育系统工会联合会。2014年，有工会会员165人，其中，女会员81人。

阳泉市第十七中学校历届工会主席名表

表3-12

届　次	姓　名	性别	职　务	任　职　时　间	备　注
—	卢达山	男	负责人	1989.9～1995.9	总务主任、副校长
第一届工会委员会	史延平	男	主　席	1995.10～1998.9	办公室主任
第二届工会委员会	李俊芳	女	主　席	1998.10～	教　师

主要工作　建立教代会制度、校务公开制度，凡涉及教职工评优评先、晋级、职称晋升、绩效工资等关系到教职工切身利益的事情，都要通过教代会通过，学校每年的财务支出、干部任用、先进评选、收费标准都要在学校公示栏内公示。学校每年组织校运会和校园文化艺术节，组织开展篮球、乒乓球、拔河、华牌、歌咏比赛。建立教职工活动室和乒乓球室并长期开放，每年组织一次教职工体检和女职工专项检查，每期参加职工大病互助人数达95%以上。学校工会建立困难职工档案，适时对困难教职工进行帮扶，通过各种渠道救助困难职工。努力为教职工改善生活工作条件，解决教职工宿舍，改善职工食堂，并定期进行问卷调查和组织面对面座谈会。

2012年，学校被确定为山西省“中美合作公民教育社会实践活动”实验学校。2013年，被记矿区集体一等功。同年，在省教育科学研究院指导下成为全省15所课改核心校之一，成为省“十二五”课题“先学后导、问题评价”百所实验学校之一。2014年5月，被评为矿区模范集体荣誉称号。11月，被省心理普及专业委员会阳泉分会评为2013年～2014年度心理健康教育先进单位。同月，获市教育局2013～2014年度普通高中学校教学成绩优秀奖。12月，被阳泉市劳动竞赛委员会记三等功。

（五）矿区洪城河小学校工会委员会

学校概况　矿区洪城河小学校始建于1950年9月，原名为阳泉矿务局机关职工子弟初级小学校。1953年9月，学校更名为阳泉矿务局职工子弟完全小学。1958年，更名为平潭街第一小学。1959年4月，更名为阳泉矿务局机关小学。1966年8月，更名为红卫小学。1970年，更名为红卫七年制学校。1974年，更名为阳泉矿务局洪城河小学校。2006年1月起，改制为阳泉矿区政府办学，更名为阳泉市矿区洪城河小学校。

组织沿革　1953年，学校成立工会小组，隶属于阳泉矿务局机关工会，工会组长为苗延弼。1966年后，工会组织瘫痪。1973年5月，洪城河小学工会成立，主任委员安鸿兰，隶属于阳泉矿务局机关工会，下设以行政组为单位建立的工会小组。2000年11

月,改选韩雅卿任工会主席。2009年,洪城河小学工会归属矿区教育系统工会联合会。2014年,有工会会员121人,其中,女会员102人。

矿区洪城河小学校历届工会主席名表

表3-13

届　次	姓　名	性别	职　务	任职时间	备　注
第一届工会委员会	安鸿兰	女	主任委员	1973.5 ~ 1984.9	兼　职
第二届工会委员会	张铁汉	男	主　席	1984.9 ~ 1989.9	兼　职
第三届工会委员会	薛兰英	女	主　席	1989.9 ~ 1994.9	兼　职
第四届工会委员会	白晋宁	男	主　席	1994.9 ~ 1999.11	教　师
	李巧荣	女	主　席	1999.11 ~ 2000.8	教　师
第五届工会委员会	韩雅卿	男	主　席	2000.8 ~	教　师

主要工作 1953年~1966年,工会组织成立初期,主要工作是组织教工学理论、学文化、团结互助、发扬共产主义风格。组织教工开展社会主义劳动竞赛,教育教学经验交流,文体比赛,集体观看有意义的电影、话剧,到校外参观、访问,为职工解决特殊困难。工会在配合党政工作,广泛联系群众,维护教工合法权益关心教工生活等方面,充分发挥桥梁和纽带作用,深受广大教工信赖。1978年后,工会配合学校组织教工学习宣传《教师法》《劳动法》,有98%的教职工参加《教师法》知识考试,在广大教工中进行法制教育。开展"敬业爱生铸师魂"活动,学习先进人物的模范事迹,提高教书育人的认识,忠诚党的教育事业,坚定广大教工献身教育事业的信心。工会还建立职工活动室,投资2000多元,购置健身器材(跑步训练器、周林频谱仪、闪光灯、录放像机等),保证职工业余文化生活的开展。1997年,工会与教导处共同举办两期家长学校,共10个班,向家长和社会宣传新教育思想,使家长和学校协调统一,真正实现从应试教育向素质教育的转轨,实现学校、家庭、社会在教育上的同步。为培养青年教师迅速地成长,工会牵头,与教导处共同履行师徒合同的过程管理。有15名青年教师顺利出师,有6名新教师签订师徒合同,确保教师队伍后继有人。1995年,学校工会被评为出席教育处的"模范工会之家"。

进入21世纪,工会组织开展学校民主管理活动,开通征集群众意见和合理化建议的渠道,全校教工提合理化建议26条,体现广大教职工为学校教育改革和发展建言献策的责任感和主人翁精神。学校工会突出维护职能,从关心职工入手,仅2001年就慰问离退休职工51人次,向4名有困难的教职工发放补助款1200元、救灾捐款1180元。

(六)矿区平潭街小学校工会委员会

学校概况 矿区平潭街小学校位于矿区平潭街中区,创建于清朝光绪二十一年(1895年),当时为"义学"。光绪二十六至三十年(1900年至1904年)间,兴办"私塾"。宣统元年(1909年),更名为"学堂"。1913年,改名为平潭街村国立初级学校。1947年阳泉解放后,定名为平潭街小学校。1981年6月,平潭街小学由郊区划归矿区。1982

年～2005年,学校形成“爱国诚实、博学健体”的校风和“勤学多思、求知向上”的学风。1990年～2005年,均为矿区红旗单位和市文明单位。1996年5月,学校成为山西省示范校建设先进单位。1997年6月,成为阳泉市科技教育示范学校。1999年11月,成为阳泉市现代教育技术先进集体。2000年,成为阳泉市现代教育技术实验学校。2008年,获阳泉市心理健康特色校荣誉称号。2010年,被评为阳泉市心理健康教育先进集体。2011年9月,矿区将西河路小学全体教职工和学生合并到平潭街小学,并将原西河路小学的全部财产划归平潭街小学。2014年,学校有24个教学班,在校学生1028人,教职工87人。

组织沿革 矿区平潭街小学工会委员会成立于1951年。2014年,有工会主席1人,工会委员10人,工会会员87人,其中,女会员75人。下设经费审查委员会,女职工委员会,设立4个工会小组。

矿区平潭街小学校历届工会主席名表

表3–14

届　次	姓　名	性别	职　务	任　职　时　间	备　注
第一届工会委员会	吴守恩	男	主　席	1985.8～1994.9	兼　职
第二届工会委员会	任春娥	女	主　席	1994.9～1996.9	兼　职
第三届工会委员会	王万成	男	主　席	1996.9～1998.9	教　师
第四届工会委员会	张秋祥	男	主　席	1998.9～2009.5	教　师
第五届工会委员会	程利斌	男	主　席	2009.5～	教　师

说明:1985年以前的学校工会领导不详

主要工作 平潭街小学工会坚持召开一年一度的教职工代表大会,凡涉及教职工晋级晋职、评优评先、绩效工资等关系到教职工切身利益的事项,都要通过教代会决定;坚持校务公开制度,加强学校民主管理与监督,有关干部任用、评先评优、经费支出、收费标准等都要在学校公示栏内公示,接受群众监督;坚持开展以老带新、师徒共进活动,提升教师素质;坚持开展丰富多彩的文体活动,组织教工社团,如教师快乐之声合唱团、教职工篮球队、教职工健身操队、教职工乒乓球队等,丰富教职工的文化体育生活;坚持关心教职工生活,对困难和生病的教职工进行慰问帮扶;坚持一年两次对全体教职工的问询制度;坚持开展文明办公室创建工作,为教师营造文明和谐的工作环境。

（七）矿区小南坑小学校工会委员会

学校概况 矿区小南坑小学校始建于1953年,是矿区一所规模较大的完全小学。学校位于阳泉市矿区小南坑中心区域,前身为二矿子弟学校,先后历经1984年、1988年两次分校。1988年11月,分校后根据地域名更名为二矿小南坑小学。2006年,小南坑小学由阳煤集团划归矿区政府管理。2014年,有教职工108名,专任教师103名,在校学生1133人,共设30个教学班,实行四六轨制。专任教师中,中级职称及以上的有66人,县级以上优师24人。学校占地面积7870平方米,建筑面积9306

平方米，有 150 米环形跑道。学校设有图书室、阅览室、科学实验室、音乐教室、美术教室等各类专用教室。

学校全面推行“德润人心，文化天下”的博雅教育，倡导“晨读、午练、暮省”的教育生活方式，着力推进博雅教育七大行动，即书香浸润灵魂、文化滋养个性、写字改变形象、反省提升素养、艺术陶冶情操、课堂成就理想、信息畅通明天。学校创建“博雅教育教师博客圈”和“花开的声音学生博客圈”。学校校刊《花开的声音》获全国校刊一等奖；2010 年，学校被授予阳泉市教育博客应用示范学校称号；2012 年，学校被省电化教育馆确立为山西省首批信息技术学科基地学校，被教育部语言文字应用管理司评为国家级规范汉字书写教育特色学校；2013 年，学校被省教育厅评为山西省创建平安校园先进单位，学校少先队被共青团山西省委授予山西省少先队红旗大队称号；2014 年 4 月，学校被市委、市政府授予阳泉市模范单位荣誉称号。

组织沿革 小南坑小学工会委员会成立于 1991 年，原隶属于阳泉矿务局教育处工会委员会。2006 年，隶属于矿区总工会。2009 年后，隶属于矿区教育系统工会联合会。2014 年，有工会主席 1 名，工会委员 3 人，下设经费审查委员会、女职工委员会。有 9 个工会小组，会员 108 人，其中，女会员 89 人。

矿区小南坑小学校历届工会主席名表

表 3–15

届　次	姓　名	性别	职　务	任　职　时　间	备　注
第一届工会委员会	张崇国	男	主　席	1991.9 ~ 1995.1	教　师
第二届工会委员会	李富昌	男	主　席	1995.2 ~ 1998.1	教　师
第三届工会委员会	李富昌	男	主　席	1998.2 ~ 2003.1	教　师
第四届工会委员会	李富昌	男	主　席	2003.2 ~ 2006.6	教　师
第五届工会委员会	岳　军	男	主　席	2006.10 ~ 2013.1	教　师
第六届工会委员会	岳　军	男	主　席	2013.2 ~	教　师

主要工作

教职工代表大会 小南坑小学教职工代表大会成立于 1991 年，下设民主管理、教科研、生活福利、文体活动、提案 5 个工作委员会。教职工代表大会坚持每年至少召开一次，截至 2014 年，已经召开 26 次。教职工代表大会每次召开之前，都要把将要审议的校规、制度、办法等条文逐级下发到校领导、中层领导、教研组长、职工代表和教职工手中征求意见，在会上要审议、讨论、表决通过该年度的《小南坑小学行政工作报告》《小南坑小学经费使用情况的报告》以及将要出台的规章制度，并对学校中层以上领导进行民主评议。教代会先后审议通过《小南坑小学民主管理制度》《小南坑小学教代会实施细则》《小南坑小学校务公开实施细则》等一系列民主管理制度。2013 年 1 月 29 日，学校召开“两会”换届之际，矿区总工会组织矿区机关工委、各学校、街道工会负责人 70 余人组成的观摩团现场观摩会员代表大会和教职工代表大会。市总工会民管部部长侯泉生、矿区人大常委会副主任、总工会主席史豪强等领导参加观摩会。

校务公开　学校党政始终重视校务公开工作，形成工会具体负责，各职能部门主要领导为第一责任人的校务公开工作机制。学校共设有四处校务公开专栏，并于2009年3月，在博雅教育博客上开辟“校务公开”专栏。在公开时效上，学校工会要求各部门常规考核必须在每月5日前予以公示，其他应公开内容必须做到及时公开。在公开形式上，各部门在做好公示栏、教代会、教职工大会公开的同时，充分利用博雅教育博客“校务公开”专栏进行公示。2009年~2014年，通过公开栏共计公示196项次，在博客圈校务公开专栏共计公示140项次，涉及党建、财务、基建、评先、绩效工资考核、福利、教学、培训、工资套改等内容。

合理化建议征集　为集结群众智慧，促进学校发展，真正做到急群众之所急，想群众之所想，忙群众之所忙。工会始终注重通过组织合理化建议征集活动收集群众建议和意见，并及时进行梳理汇总，反馈给相关部门和领导，以便进行相应的整改。2009年~2014年，由党支部牵头，校工会结合深入学习实践科学发展观、创先争优、廉政建设在基层等活动，先后开展8次合理化建议意见征集活动，共征集362条。截至2014年，经各部门落实297条，落实率达82.04%。

文体活动　为让教师们享受课余的闲暇，活跃校园的文化氛围，提高大家的健康意识，工会每年都会举办教工运动会、迎元旦教职工联欢会、“三八”妇女节庆祝活动。自2009年制定实施《小南坑小学文体活动实施办法》以来，坚持每月举办一次诸如托球接力赛、投篮比赛、跳绳比赛、踢毽子比赛、三笔字大赛等全校性的教工文体活动，坚持常年开展教职工健排舞活动，教职工参与率达95%以上，并先后多次参加“六一”文艺演出。

帮扶慰问　学校领导为困难家庭送温暖，为新婚教师送祝福，为生病教师送问候，为离退休教师送关心、办实事，2006年以来，共慰问教职工143人次，慰问品金额共计2.77万余元。2009年~2014年，学校师生积极参与各类捐助活动，每年坚持举行“爱满校园，情暖人间”对贫困学生和外来务工子女的手拉手捐助活动，先后捐献书籍232本、衣服253件、善款4.85万元。

2010年，学校被省总工会评为“山西省四星级职代会”；2011年，学校被省总工会评为“山西省民主管理先进学校”。

（八）矿区红岭湾小学校工会委员会

学校概况　矿区红岭湾小学，始建于1957年。2014年，有教职工104人，其中，女职工79人，教职工代表42人；有38个教学班，在校学生1881人，实行六轨制；学校占地面积9803平方米，建筑面积9268平方米；设有图书室、阅览室、科学实验室2个、电脑室2个、音乐教室、美术教室等各类专用教室；学校教学设施设备全部达标。

组织沿革　红岭湾小学工会委员会成立于1985年9月，原隶属于阳泉矿务局教育处工会委员会。2006年1月，隶属于矿区总工会。2009年3月后，隶属于矿区教育系统工会联合会。2014年，有工会主席1人，工会委员4人，下设经费审查委员会、女职工委员会，工会小组9个，会员104人，其中，女会员79人。

矿区红岭湾小学校历届工会主席名表

表 3–16

届 次	姓 名	性别	职 务	任 职 时 间	备 注
第一届工会委员会	温建华	女	主 席	1985.9 ~ 1989.1	兼 职
第二届工会委员会	王生木	男	主 席	1989.1 ~ 1993.1	兼 职
第三届工会委员会	窦彦荣	女	主 席	1993.1 ~ 1997.1	兼 职
第四届工会委员会	李绪成	男	主 席	1997.1 ~ 2001.1	兼 职
第五届工会委员会	员建国	男	主 席	2001.1 ~ 2004.1	兼 职
	王彦兵	男	主 席	2004.1 ~ 2005.1	兼 职
第六届工会委员会	吕慧萍	女	主 席	2005.1 ~ 2009.1	教 师
第七届工会委员会	吕慧萍	女	主 席	2009.1 ~ 2013.9	教 师
第八届工会委员会	荆变珍	女	主 席	2013.9 ~	教 师

主要工作

参与学校民主管理，建设管理型工会 学校工会自归属矿区工会后，学校教职工代表大会每年至少召开一次，共召开 12 次，收集提案 200 多件，参与职工 300 余人次。教职工代表设议案提案、经费审查、生活福利、评议监督、校务公开等小组。每次教代会之前，先由学校党支部与工会委员会商榷列出教代会讨论的提案主题及要点，给每位代表下发提案表，鼓励代表通过广泛调研提出自己的提案。经整理后，提交党政联席会议讨论，酝酿答复提案意见。随后，在教职工代表大会上，由校长针对部分提案内容给予解释说明。会后，工会督促各部门给予解决和落实。2014 年 1 月，八届一次教代会征集提案 25 件。经过认真审查，立案 17 件，全部予以答复，各部门落实率达 90%。1985 年 ~ 2000 年，学校工会参与讨论教职工住房分配方案、审议学校工作计划和管理制度、学校活动经费使用情况等。2001 年至 2008 年，工会主要参与讨论制定教职工素质攀升工程方案，以及涉及教职工切身利益的事项。2009 年 ~ 2014 年，工会健全教代会制度，讨论制定教师绩效工资方案、校园安全绩效考核方案以及涉及教职工利益的事项。同时，工会牵头每年在全体教职工中开展合理化建议的征集活动。2014 年，共收到合理化建议 36 条。校务公开是学校民主办学的一项主要内容。学校通过教职工大会和开设校务公开栏等形式进行校务公开。公开内容分为党务公开、政务公开和财务公开三大类。党务公开，如党员民主评议、入党积极分子的培养等；政务公开包括教师评优评先、职称考核晋升、职务聘任、参加校本教研、考勤等；财务公开则主要公布学校收费项目、学校经费收入和支出情况、学校专项建设经费使用等。

提升教职工素质，建设学习型工会 协助学校做好教职工政治理论和业务学习，每月抽查一次学习笔记，每学年开展一次师德明星评选，2014 年，开展“寻找最美教师——讲述我身边的师德故事”活动，评出红岭湾小学“十佳师德明星”；协助教务处开展“师徒结对子”活动，举行“师徒结对子”教学赛讲汇报，每三年进行一次“梯队教师”的选拔，每学期进行一次“星级教师”的评比考核，开展数十次的教学基本功比赛，倡导教师多读书、多动笔，在“芳草地”博客圈中进行“优秀博文”征集活动，包括教学设计、教学反思、教学小故事等，帮助青年教师提高教学业务水平，引导教职工争做学习型、知识型、专家型职工，从而提高教师素质。

开展职工文体活动，建设活力型工会　每年“三八”妇女节、教师节、元旦等节庆日，工会都要组织教职工开展文体活动，以工会小组编排文艺节目师生同台联欢，连续举办20多届教师节庆典；举办职工才艺比赛、厨艺大赛；建立图书馆和乒乓球活动室并定期开放。组织教师开展“阳光体育运动”，积极实施“每天锻炼60分钟”健身计划，真正让“每天锻炼一小时，幸福工作50年，健康生活一辈子”的理念深入人心。给每个工会小组购置一些小型体育器材，如羽毛球、乒乓球、毽子、呼啦圈、象棋、跳棋、围棋等，倡导大家利用课间操和下午第二节课后活动时间，走出办公室参加一些自己喜爱的文体活动，并组织象棋比赛、登山比赛、篮球比赛、乒乓球比赛、华牌比赛等。

为教职工排忧解难，建设服务型工会　学校工会从生活上关心教师，切实帮助教师解决实际困难。每年节假日，为教职工发放福利，重阳节慰问离退休教师。建立困难职工动态管理档案，组织教职工连续9期参加阳泉市职工大病医疗互助。2012年～2014年，慰问病、丧假教师及家属40人次，支出慰问金5000余元。通过各种渠道救助困难职工，为困难职工林金梅争取市总工会和区总工会困难补助1万元。2014年10月，组织全校教职工为因病住院职工黄中文募捐1.5万余元，又为其申请区总工会困难补助2000元。2014年，组织全体教职工进行体检。

2010年3月，学校被评为阳泉市“四星级、五星级职工代表大会”和区先进基层工会。2011年，被评为山西省“四星级职代会”。2013年2月，被评为矿区总工会“推进职代会建设先进集体”。2014年1月，被评为市总工会“五星级基层工会”。同年5月，被评为矿区政府模范单位。

（九）矿区小河滩小学校工会委员会

学校概况　矿区小河滩小学位于矿区贵石沟街道小河滩社区内，1985年建校，是一所六年制公办小学。学校占地总面积1.23万平方米，其中，绿化面积846平方米，运动场地面积6329平方米，建筑面积3393平方米，拥有教学楼一幢、办公楼一幢、总务楼一幢。学校现有教职工38人，其中，小学高级教师13人，初级教师18人，管理人员3人，工勤人员4人。学生309人，教学班9个，配备多功能会议室、自然实验室、电脑室、健身室、舞蹈室、美术室等多个专用教室。先后荣获市文明学校、规范化学校、园林绿化达标学校、基础教育课程改革先进集体、办学质量优质学校、平安文明校园，矿区先进集体、资产管理先进集体、文明和谐单位等荣誉称号。

组织沿革　矿区小河滩小学工会成立于1985年9月，原隶属于阳泉矿务局教育处工会。2009年，隶属于区教育系统工会联合会。2014年，有工会会员38人，其中，女会员27人。

矿区小河滩小学校历届工会主席名表

表 3–17

届　次	姓　名	性别	职　务	任　职　时　间	备　注
第一届工会委员会	乔越英	男	主　席	1985.9 ~ 1989.8	—
第二届工会委员会	侯增庆	男	主　席	1989.9 ~ 1997.8	—
第三届工会委员会	王爱籽	女	主　席	1997.9 ~ 1999.8	—
第四届工会委员会	温振青	女	主　席	1999.9 ~ 2009.3	教　师
第五届工会委员会	郭冬梅	女	主　席	2009.4 ~	教　师

主要工作　2009 年 3 月，召开教职工（会员）大会，选举产生新一届工会主席、委员、经审委主任、女工委主任，积极开展各项工作。工会十分重视组织发展工作，每年发展一批新教师入会，在编教职工入会率达 100%，“建家”满意率达 100%。坚持例会制度，每学期不少于 4 次，认真部署工会工作，商讨工会活动，工会台账记载齐全。重视对工会委员的学习培训，先后学习《中华人民共和国工会法》有关章节，了解工会性质及有关依法治校、推行校务公开实施方案方面的知识，提高新一届委员的工作能力。重视教工之家建设，开辟教工之家、温馨之家、开放乒乓活动室、图书阅览室、购置各种活动器械和器材，为全体会员营造温馨的活动环境。在“创建学习型组织，争做知识型职工”活动中，工会积极配合教导处开展以岗位练兵、技能竞赛、校本培训等为主题的教科研活动。开展丰富多彩的工会活动及各类宣传教育活动，活跃教职工生活，受到教职工的好评。

学校有关教职工切身利益的决策、活动，工会都参与源头管理，以召开教代会的形式充分听取教职工意见和建议，使决策更贴近教职工实际。参与学校学校分配制度的改革，通过整体改革思路设计和参与，特别是教师考核办法的修改，各项奖励办法的修订，充分体现教师的职、能、勤、绩。实行“校务公开”，参与制定《校务公开方案》，参与学校重大决策的过程，如学校规划、师德教育、职称评定、合理化建议、评优评先等，加强学校决策的民主化。

学校工会认真履行职能，努力维护教职工的合法权益。每年组织工会活动，组织实施教职工体检、计划生育、困难教职工帮扶、有病住院教职工探望慰问，开展“爱心助学”活动和为教职工办好事、办实事。认真执行教代会制度，每学年初召开一次教代会，积极发挥教代会的作用，做好学校各项制度的制定、修改和评议校长等工作。关心全体教职工，围绕各类传统节日，组织多种有益身心、喜闻乐见的文体活动，活跃身心，陶冶情操。

财务制度健全，有明确的工会财务工作职责，按下达的指标上缴工会经费，有工会资产管理制度并严格执行。经费审查员每年对工会经费的收支进行审查和监督。工会积极鼓励全体会员投身教学改革，抓好“三人行”教研活动，整合学校一切优质教育资源，开展新老教师结对帮扶活动。学校的教学质量和社会影响力逐年提升。

（十）矿区新蕾幼儿园工会委员会

幼儿园概况　矿区新蕾幼儿园，地处矿区平潭街三小区，始建于1984年，是矿区政府唯一一所公办幼儿园，占地面积1487平方米，建筑面积2080平方米。1990年，投资24万元扩建幼儿园，修建能容纳300名幼儿的教学楼2幢，2014年，投资180万元新建疏散通道并进行内部装修。2014年，开设大、中、小共9个班，在园幼儿320人，教职工27人，专职教师18人，其中，有高级职称教师8人、初级职称教师6人；省市级教研员、骨干教师、学科带头人、省市保教能手共10人。保教人员学历合格率达到100%，持证上岗率100%。历任园长赵素英、翟瑞红、杨瑞芬。1988年10月，新蕾幼儿园被市托幼办批准为市一类幼儿园，同年12月，经省检查团验收被确立为阳泉市首批山西省示范幼儿园。2008年，被市托幼机构评定为阳泉市五星级幼儿园。2004年，由省妇女联合会授予"三八"红旗集体；2009年，被授予山西省优秀幼儿园称号；2011年12月，被评为阳泉市中小学、幼儿园安全文化建设先进学校；2013年12月，获中国幼儿教育协会2013年度优秀幼儿园称号，2014年9月，获阳泉市"巾帼文明岗"称号。

组织沿革　新蕾幼儿园工会委员会成立于1990年2月，隶属于矿区总工会。2009年3月，划归矿区教育系统工会联合会。2014年，有工会会员24人，其中，女会员21人。

矿区新蕾幼儿园历届工会主席名表

表3-18

届　次	姓　名	性别	职　务	任　职　时　间	备　注
第一届工会委员会	毕映兰	女	主　席	1990.2～2000.12	兼　职
第二届工会委员会					
第三届工会委员会	张爱青	女	主　席	2001.1～2003.12	兼　职
第四届工会委员会	李晓燕	女	主　席	2004.1～2009.9	兼　职
第五届工会委员会	杨淑平	女	主　席	2009.12～	兼　职

主要工作

教职工代表大会　凡是涉及教职工评先评优、职称晋级、绩效工资考核方案等关系职工切身利益的事情，在职代会召开前，均由各小组提前收集提案，征求教职工意见建议，大会集体讨论通过议案。每年年底，职代会都要听取园长、副园长做全园工作报告和分管工作报告。2009年，建立健全教职工代表大会制度，园领导在制定发展规划、园务公开和涉及教职工利益的事项时，都要吸纳工会参与，听取教职工的意见。

教职工素质提升　协助幼儿园党支部和教研室做好教师师德培训、业务理论学习，每学期抽查一次学习笔记，每2年开展一次保教能手和教师新秀赛评选，教师基本功比武8次。每年元旦、"三八"妇女节，举行丰富多彩的文体活动，组织扑克赛2

次、登山比赛 1 次、拔河比赛 3 次，参加矿区总工会组织的职工运动会、健美操等比赛，图书室、综合活动室长期对教职工开放。

帮扶困难职工　建立困难职工档案，组织教职工连续 10 届参加阳泉市职工大病医疗互助，看望因病住院职工 20 余人次，吊唁职工亲属 30 余人次，通过各种渠道救助困难职工张国良、李淑琴等 6 人。

第二章　街道工会

矿区有沙坪、赛鱼、桥头、平潭街、蔡洼、贵石沟6个街道办事处，桥头街道办事处于1983年6月组建工会，平潭街街道办事处于1986年12月组建工会，沙坪、赛鱼、蔡洼3个街道办事处于1987年7月成立工会，贵石沟街道办事处于1990年12月成立工会。2004年2月，桥头街道工会委员会改设为街道工会联合会；2006年7月，赛鱼、平潭街街道工会委员会改设为街道工会联合会；2007年11月，贵石沟街道工会委员会改设为街道工会联合会；2007年12月，蔡洼街道工会委员会改设为街道工会联合会。2008年12月，根据上级工会"职工在3000人以上的乡镇(街道)成立总工会"的要求，沙坪、赛鱼、桥头、平潭街4个街道分别同时成立街道总工会。2014年，矿区总工会下辖4个街道总工会、2个街道工会联合会，共有工会会员人数1.53万余人，其中，女会员9994人。

第一节　沙坪街道总工会

一、街道概况

沙坪街道办事处位于阳泉市矿区西北部，阳泉解放后，沙坪一带先后隶属于阳泉市二区、一区、庙上乡、赛鱼街道办事处、矿区人民公社、一矿管理区，1981年建制为沙坪街道办事处。辖区东与郊区相邻，西与郊区前庄村接壤，南接赛鱼街道办事处，北临半坡、大村，总面积约1.92平方千米，设社区居委会7个，包括沙沟社区、秋沟社区、黄石板社区、蒙北社区、里沙坪社区、中沙坪社区和桥南园社区。截至2014年年底，辖区户数1.11万户，人口3.25万余人，有驻地单位13家。

二、组织沿革

1987年7月，召开沙坪街道办事处第一次职工代表大会，成立沙坪街道工会委员会。同年，民主选举张全福为工会主席，孟秀英为副主席。1990年7月，街道工会换届，选举单贵明为工会主席。1991年1月，由于街道工作调整，选举乔仁计为工会主席。1993年7月，召开街道工会第三次代表大会，选举马成为工会主席。1999年10月，街道工会换届选举郝毅为工会主席。2001年12月，李军平担任工会主席。2004年7月，由街道党工委副书记邓小琴兼任工会主席。2008年12月18日，根据上级工会"职工在3000人以上的乡镇(街道)成立总工会"的要求，召开沙坪街道总工会成立暨第一次代表大会，51名正式代表参会，会议选举街道党工委副书记刘建为总工会主席，张宏亮、郭晓军为副主席。2012年4月18日，召开第二次代表大会，刘建连任总工会主席，张宏亮、王瑞芳为副主席。2013年2月，由于街道工作调整，王瑞芳调离，至2014年12月，总工会主席由街道党工委副书记兼任，下设副主席1名，工会委员13人，经审委委员5人，女工委委员5人，工会联络员1人，负责工会日常工作。

2014年，沙坪街道总工会下设中沙坪、秋沟、沙沟3个社区工会联合会，桥南园、里沙坪、蒙北、黄石板4个社区工会委员会，1个机关工会委员会，2个企业工会委员会，1个外来务工人员工会委员会，共11个基层工作组织，共发展工会会员3100人，其中，女会员1817人。中沙坪社区工会联合会会员有212人，其中，女会员146人。秋沟社区工会联合会会员516人，其中，女会员390人。沙沟社区工会联合会会员513人，其中，女会员298人。桥南园社区工会会员334人，其中，女会员129人。里沙坪社区工会会员428人，其中，女会员134人。蒙北社区工会会员279人，其中，女会员268人。黄石板社区工会会员378人，其中，女会员349人。机关工会会员21人，其中，女会员15人。企业工会会员104人，其中，女会员97人，外来务工工会会员315人。辖区内一些个体工商户以社区为依托，加入社区联合工会，由社区工会管理。

沙坪街道历届工会主席、副主席名表

表3-19

届　次	姓　名	性别	职　务	任　职　时　间	备　　注
第一届工会委员会	张全福	男	主　席	1987.7～1990.7	街道副主任
	孟秀英	女	副主席	1987.7～1990.7	街道副主任
第二届工会委员会	单贵明	男	主　席	1990.7～1991.7	街道副主任
	乔仁计	男	主　席	1991.7～1993.7	街道副主任
	马　成	男	主　席	1993.7～1999.10	街道副主任
第三届工会委员会	郝　毅	男	主　席	1999.10～2001.12	街道副主任
	李军平	男	主　席	2001.12～2004.7	街道副主任
	邓小琴	女	主　席	2004.7～2008.12	街道党工委副书记
第一届总工会	刘　建	男	主　席	2008.12～2012.4	街道党工委副书记
	张宏亮	男	副主席	2008.12～2012.4	街道副主任
	郭晓军	男	副主席	2008.12～2012.4	工商所所长
第二届总工会	刘　建	男	主　席	2012.4～	街道党工委副书记
	张宏亮	男	副主席	2012.4～	街道副主任
	王瑞芳	女	副主席	2012.4～2013.2	—

2014 年沙坪街道总工会基层工会组织建设情况一览表

表 3-20

工　会　名　称	建会时间	工会主席	职工人数		会员人数	
			总数（人）	女职工数（人）	总数（人）	女职工数（人）
中沙坪社区工会联合会	2004.3	高艳君	212	146	212	146
秋沟社区工会联合会	2007.3	柴志艳	516	381	516	381
沙沟社区工会联合会	2004.3	张便云	513	298	513	298
里沙坪社区工会委员会	2007.4	党美芳	428	134	428	134
桥南园社区工会委员会	2004.3	宇志红	334	129	334	129
蒙北社区工会委员会	2007.7	李晓云	279	268	279	268
黄石板社区工会委员会	2000.7	王馥莹	378	349	378	349
企业工会委员会	2008.8	刘　建	64	57	64	57
机关工会委员会	1987.7	刘　建	21	15	21	15
外来务工工会委员会	2008.7	戴　晏	315	—	315	—
洋嘴巴幼儿园工会委员会	2014.4	田怡娟	40	40	40	40
合　　计	—	—	3100	1817	3100	1817

三、职工代表大会

沙坪街道区域性职工代表大会建制于 2008 年。第一届一次区域性职工代表大会于 2008 年 3 月召开，辖区 25 人以上非公企业 16 家。会上，签订《街道区域性集体合同》《街道区域性工资集体协议》和《街道区域性女职工特殊权益保护专项集体合同》。2009 年 3 月、2010 年 3 月、2011 年 3 月，分别召开街道一届二次、一届三次、一届四次区域性职工代表大会，16 家非公企业续签《街道区域性集体合同》《街道区域性工资集体合同》《街道区域性女职工特殊权益保护专项集体合同》和《街道区域性劳动安全卫生集体合同》。2013 年 3 月，召开街道二届一次区域性职工代表大会，职工代表 61 人，辖区 25 人以上非公企业 34 家，签订或续签《街道区域性集体合同》《街道区域性工资集体合同》《街道区域性女职工特殊权益保护专项集体合同》和《街道区域性劳动安全卫生集体合同》。2014 年 3 月，召开街道二届二次区域性职工代表大会，分别签订《街道区域性工资集体协商专项合同》《街道区域性集体合同》《街道区域性工资集体合同》《街道区域性女职工特殊权益保护专项集体合同》和《街道区域性劳动安全卫生集体合同》，覆盖辖区 25 人以下个体经营商户 40 家。

四、主要工作

工会组织建设　1987 年，街道工会通过加强基础设施建设和工会组织建设，强化基层工会职能。2004 年 3 月，街道工会在辖区相继成立桥南园社区工会委员会、中沙坪社区工会委员会和沙沟社区工会委员会。随着改革开放的不断深入，街道辖区私营企业和个体工商户开始增多，一些个体工商户以社区为依托，加入社区联合工会，由社区工会管理，并于 2007 年，相继成立沙沟社区工会联合会、秋沟社区工会联合会和中沙坪社区工会联合会。辖区另外 4 个社区成立工会委员会。2008 年 12 月，沙坪街道总工会成立后，把加强组织建设作为工作重点，按照区总工会提出的创建星级乡镇（街道）工会标准，相应成立工会经费审查委员会、女职工委员会。2012 年 4 月 18 日，沙坪街道总工会召开第二次会员代表大会，完成换届选举工作，选举产生新的工会领导班子。按照《关于开展会员评议职工之家活动实施意见》的要求，街道总工会结合实际工作情况制定本单位的实施方案，组织 7 个社区基层工会开展会员评议职工之家活动，社区工会的测评，群众满意度都达 90%。2013 年，沙坪街道总工会以社区工会建会和职工入会为工作重点。按照区总工会“组织建设月”活动的安排，根据“广普查，深组建，全覆盖”的要求，街道总工会广泛开展实施工会组织网格化管理工作，加强工会组织和工会会员的实名制登记，组织社区工会对辖区所有私营企业和个体经营摊点逐一进行摸底登记和核实，并将工会组织和会员全部输入计算机，实行动态化管理。2014 年 4 月 3 日，街道总工会吸收辖区新成立的民营企业——阳泉市矿区洋嘴巴幼儿园成立工会委员会，动员 40 名在职员工入会。截至 2014 年 12 月底，沙坪街道总工会共有基层工会 11 个，会员总数达 3100 人，工会入会率 100%。

职工素质提升 2008 年至 2014 年，沙坪街道总工会多次通过选派干部参加省、市、区总工会和相关部门举办的各种短期培训班培训学习，街道总工会也通过以会代训、讲座等形式举办基层工会干部和工会积极分子培训班，提高工会干部的理论水平和业务能力。2012 年 5 月，街道总工会组织 7 个社区基层工会的工会干部 30 余人，在秋沟社区活动室进行知识竞赛，通过知识竞赛的形式，工会干部认真学习《中国工会章程》和《中华人民共和国工会法》等内容。2013 年 4 月，街道总工会选派 1 名优秀基层工会干部参加省总工会在太原举办的集体合同签订的业务培训。同年 9 月，选派 10 名基层工会干部参加区总工会举办的业务知识培训。2013 年，市总工会第十五次代表大会召开以后，街道总工会采取集中学习、个人学习、书写心得体会等形式，组织工会干部认真学习贯彻会议精神。2014 年，在区委开展的“领头雁”培训延伸计划工作中，街道总工会对基层工会所有班子成员和骨干，紧密联系当前工作中心，围绕服务型基层工会组织、社区网格化管理和劳动法等方面知识进行集中培训。在 2014 年“工资集体协商月”活动期间，多次组织基层工会工作人员参加集体合同、工资专项合同签订培训班。

职工权益维护 沙坪街道总工会将维护职工合法权益作为工作重中之重。2013 年，街道总工会把关心职工就业需求，维护职工就业权利，努力促进职工就业作为首要任务。在日常工作中，街道总工会收集整理各类就业招聘信息，下发各基层工会，并张贴到社区的醒目位置，为失业人员，特别是就业困难和零就业家庭提供就业服务。此外，街道总工会还选派无业人员参加区总工会举办的各类就业培训班学习。2013 年，共选派 30 余人次。截至 2014 年，沙坪街道总工会所辖非公企业 40 个，个体工商户 400 余户，流动摊点 80 多个。根据省总工会“依法维权年”活动要求，为切实履行工会基本职能，努力创新维权工作新机制及维权方式，方便职工维权，辖区各基层工会上报维权热线。在街道总工会开展的“平等协商活动月”活动中，依据有关法律、法规，规范和促进集体合同、工资协议和劳动合同的签订和履行，指导和帮助职工签订劳动合同。其间，动员社区工会与辖区企业签订 7 份区域性集体合同，2 个社区工会联合会与 2 家较大的私营企业签订工资专项集体合同。针对 2014 年新成立的洋嘴巴幼儿园工会委员会的实际情况，为切实保证职工工资的足额发放，动员其签订集体合同和工资专项集体合同及女职工权益保护专项集体合同。10 月，沙坪街道总工会洋嘴巴幼儿园的工资集体合同签订工作接受市总工会常务副主席杨日祥带队的督查组的检查指导。

困难职工帮扶　沙坪街道总工会一直把帮扶困难职工作为一项重要的工作职责，每年支出一定的经费用于救助困难职工，同时还建立困难职工档案，掌握特困职工的家庭收入、子女读书、患病就医、下岗再就业和权益保障等方面的实际困难，采取积极措施，给予及时的关心和帮助。每年年初，开展“两节”送温暖活动，为困难职工发放慰问金，送去米、面、油等物资。2014 年春节前，共为 82 人发放物资折合人民币约 4.1 万元；在对全市患癌症尿毒症的困难职工开展的专项救助中，为 1 名患尿毒症的女职工申请 2000 元的救助，同时，申报 1 名省总工会慰问的女职工。8 月，举行“金秋助学”活动，配合区总工会对职工家庭困难子女进行资助，圆梦校园。为提高职工的医疗保障，2004 年 ~2014 年，开展十期职工大病医疗互助活动。在第十期的职工大病医疗互助活动中共有 386 名职工参加互助活动，缴费 1.9 万余元。

职工文化活动　沙坪街道总工会着重从“职工书屋”、职工之家建设和开展文娱体育活动方面，丰富职工文化生活。2010 年，在沙坪街道里沙坪社区和秋沟社区相继建立“职工书屋”，有图书 5200 余册，种类丰富，所有图书实行每天面向职工开放，供职工免费借阅，为广大职工提供学习平台。2012 年 12 月，秋沟社区被市总工会评为“职工书屋”建设先进单位。本着建设职工之家，争当职工之友的理念，沙坪街道总工会在该区开展“创先争优职工之家”活动，各社区基层工会，以创新务实的精神，广泛吸收先进经验，为职工办实事、办好事。在各社区组建健身球队、威风锣鼓队、枫叶秧歌队、激情广场大家唱等活动团队；举办新春联欢会、消夏文艺会演等文艺演出；“三八”妇女节、“五一”劳动节等节假日组织会员参加象棋、乒乓球、拔河、书法、摄影作品展、文艺晚会等各种文明、健康、向上的活动；每月各基层工会还要组织会员及群众到坑口慰问矿工兄弟，增进团结友谊，展示职工精神风貌。

2010 年 12 月，沙坪街道总工会被市总工会评为五星级乡镇（街道）工会；2013 年，被省总工会授予山西省五星级乡镇(街道)工会称号；2013 年 2 月，被矿区总工会评为优秀基层工会组织；2014 年 3 月，被市总工会评为 2012 ~ 2013 年度工会工作先进单位。

第二节 赛鱼街道总工会

一、街道概况

赛鱼街道办事处是矿区人民政府的派出机关，位于矿区西部，东起虎尾沟与原桥头街道办事处相邻，西与郊区官沟接壤，南到小南沟，北至花地沟与郊区前庄村和沙坪街道办事处相接，辖区面积为 4.2 平方千米，常住居民 2.07 万户，共 5.96 万余人。

二、组织沿革

赛鱼街道工会成立于 1980 年，前身为阳泉市红卫公社工会。1987 年 7 月，开始筹备赛鱼街道工会委员会，街道副主任王千锁兼任第一届工会主席；1993 年 7 月，由于人员工作变动，街道副主任王贵平接任工会主席；1998 年 2 月，由于人员岗位调整，街道副主任李志清担任工会主席；2001 年 12 月，由于人员岗位调整，工会主席由街道副主任李新担任；2003 年 10 月，由于人员工作变动，生产副主任张贵军兼任工会主席；2004 年 7 月，由街道党工委副书记张海斌兼任工会主席；2006 年 7 月，召开赛鱼街道工会联合会第一届会员代表大会，会议选举街道党工委副书记、街道人大工委主任韩瑞辉为工会联合会主席，张贵军、李玉宏为副主席，余锁梅为经费审查委员会主任；2008 年 12 月 24 日，根据上级工会“职工在 3000 人以上的乡镇（街道）成立总工会”的要求，召开赛鱼街道总工会成立暨第一届第一次会员代表大会，会议选举街道党工委副书记李素青为总工会主席，李永新、李玉宏为工会副主席，经费审查委员会主任为王金凰；2011 年 1 月，召开赛鱼街道总工会委员工作会议，会议选举李永新为总工会主席，李玉宏为工会副主席，经费审查委员会主任为王金凰；2012 年 5 月 8 日，召开赛鱼街道总工会第二次会员代表大会，产生第二届工会领导班子，街道党工委副书记王永刚当选为总工会主席，张哲峰为工会专职副主席，韩晓华、王军义为副主席，经审委主任为李永新，选举产生工会委员 13 人，经审委员 5 人，女工委员 5 人。

截至 2014 年年底，赛鱼街道总工会有工会会员 3270 人，下辖南楼社区、如意庄社区、麻地巷社区 3 个基层工会委员会，大垴沟社区、赛鱼社区、井沟社区、虎尾沟社区 4 个工会联合会。网格化管理中私营企业数为 115 家，会员共 1419 人，其中，25 人以上单独建立工会委员会的有 7 个。个体工商户 405 户，共 1215 人，帮扶网格管理中困难职工数 323 人。

赛鱼街道历届工会主席、副主席名表

表 3-21

届　次	姓　名	性别	职　务	任　职　时　间	备　　注
第一届工会委员会	王千锁	男	主　席	1987.7～1993.7	街道副主任
	王贵平	男	主　席	1993.7～1998.2	街道副主任、主任
第一届联合工会	李志清	男	主　席	1998.2～2001.12	街道副主任
	李　新	男	主　席	2001.12～2003.8	街道副主任
	张贵军	男	主　席	2003.10～2004.7	街道副主任
	张海斌	男	主　席	2004.7～2006.7	街道党工委副书记
第一届工会联合会	韩瑞辉	男	主　席	2006.7～2008.12	街道党工委副书记、人大工委主任
	张贵军	男	副主席	2006.7～2008.4	街道党工委副书记
	李玉宏	男	副主席	2006.7～2008.12	工商所所长
第一届总工会	李素青	女	主　席	2008.12～2011.1	街道党工委副书记
	李永新	男	副主席 主　席	2008.12～2011.1 2011.1～2012.5	街道副主任
	李玉宏	男	副主席	2008.12～2012.5	工商所所长
第二届总工会	王永刚	男	主　席	2012.5～	街道党工委副书记
	张哲峰	男	专　职 副主席	2012.5～	街道干部
	韩晓华	女	副主席	2012.5～	街道副主任
	王军义	男	副主席	2012.5～	街道副主任

2014 年赛鱼街道总工会基层工会组织建设情况一览表

表 3-22

工　会　名　称	建会时间	工会主席	职工人数		会员人数	
			总数（人）	女职工数（人）	总数（人）	女职工数（人）
大堖沟社区工会联合会	2004.3	史珍林	519	390	519	390
赛鱼社区工会联合会	2004.3	李　洁	581	469	581	469
井沟社区工会联合会	2004.3	何换平	525	388	525	388
虎尾沟社区工会联合会	2004.3	王香孩	516	366	516	366
麻地巷社区工会委员会	2004.3	陈志萍	45	37	45	37
如意庄社区工会委员会	2004.3	赵保花	51	43	51	43
南楼社区工会委员会	2004.3	梁壮凤	47	38	47	38
机关工会委员会	1987.7	王永刚	21	10	21	10
芙蓉酒楼工会委员会	2011.6	弓师海	55	45	55	45
矿区粮贸中心工会委员会	2004.4	李晓光	26	22	26	22

续表 3-22

工　会　名　称	建会时间	工会主席	职工人数		会员人数	
			总数（人）	女职工数（人）	总数（人）	女职工数(人)
新泉公司工会委员会	2006.7	董六菊	53	30	53	30
通达机械工会委员会	2006.7	李志英	50	34	50	34
赛鱼集贸市场工会委员会	2010.2	贺向阳	101	59	101	59
赛鱼(商业街)联合工会	2010.2	李　洁	229	175	229	175
荷仙菇涮锅城工会委员会	2014.12	马　莉	36	25	36	25
大塧沟商业一条街联合工会	2010.2	平刚忠	341	247	341	247
合　计	—	—	2305	1741	2305	1741

三、职工代表大会

赛鱼街道区域性职工代表大会建制于2006年。2006年7月，召开工会联合会第一届一次区域性职工代表大会，会上，与辖区17家私营企业全部签订《街道区域性集体合同》《街道区域性工资集体协议》和《街道区域性女职工特殊权益保护专项集体合同》。2009年3月、2010年3月、2011年3月，分别召开街道总工会一届二次、一届三次、一届四次区域性职工代表大会，25家非公企业，签订或续签《街道区域性集体合同》《街道区域性工资集体合同》《街道区域性女职工特殊权益保护专项集体合同》和《街道区域性劳动安全卫生集体合同》。2012年6月，召开街道总工会二届一次区域性职工代表大会，职工代表56人，辖区25人以上非公企业12家，续签《街道区域性集体合同》《街道区域性工资集体合同》《街道区域性女职工特殊权益保护专项集体合同》和《街道区域性劳动安全卫生集体合同》。2014年6月，召开街道二届二次区域性职工代表大会，分别签订《街道区域性工资集体协商专项合同》《街道区域性集体合同》《街道区域性工资集体合同》《街道区域性女职工特殊权益保护专项集体合同》和《街道区域性劳动安全卫生集体合同》，覆盖辖区25人以下个体经营商户58家。

四、主要工作

工会组织建设　街道工会组建以来，通过加强基础设施建设和工会组织建设，强化基层工会职能，大力开展工会规范化建设。2004年3月，街道工会在辖区相继成立机关工会、赛鱼陶粒砂厂、劳动服务公司、利民服装厂、第三食品厂4个街办企业工会和大塧沟社区、麻地巷社区、赛鱼社区、如意庄社区、井沟社区、南楼社区、虎尾沟社区7个社区工会，街道私营企业联合工会下属私营企业17家。随着改革开放的不断深入，街道辖区私营企业和个体工商户开始增多，一些个体工商户以社区为依托，加入社区联合工会，由社区工会管理。2007年以后，相继成立赛鱼社区工会联合会、大塧沟社区工会联合会、虎尾沟社区工会联合会和井沟社区工会联合会。辖区另外3个社区成立工会委员会。2008年12月，赛鱼街道总工会成立后，把加强组织建设作为工作重点，按照区总工会提出的创建星级乡镇(街道)工会标准，相应成立工会经费审查委员会、女职工委员会，并向党委定期汇报工会工作情况。为不断提升工会组织工作规范化、科学化水平。2012年5月8日，赛鱼街道总工会召开第二次代表大会，完成换届选举工作，选举产生新的工会领导班子。按照《关于开展会员评议职工之家活动实施意见》要求，街道总工会结合实际工作情况制定本单位的实施方案，并组织7个社区基层工会开展会员评议职工之家活动，7个社区工会的测评，群众满意度都达90%以上。2013年，赛鱼街道总工会按照区总工会"工会组建月"活动要求，创新工会组织网格化管理体系，区域工会组织网格按照管辖地域、管辖范围共划分为若干个一级网格和若干个二级网格，一级网格以一个街道（基层）工会为一个网格，二级网格以一个社区（基层单位）为一个网格，形成以区总工会为中心、一级网格工作站为辐射面、工会基层组织为单元的区域工会网格化管理体系。建立7个二级网格、52个社区网格，突破基层工会组织以企业为基本单位的传统，组织体系基本实现对辖区工会组织和人员的全覆盖。对辖区私营企业和个体经营摊点逐一进行摸底登记和核实，并将工会组织和会员全部输入微机，实行动态化管理。2014年，赛鱼街道总工会进一步巩固新工会的组建成果，4月和6月，分别新组建粗粮酷餐饮工会和五谷丰登餐饮工会。使新组建工会逐步建立职工代表大会、集体工资协商、劳动竞赛、职工维权等各项制度。

素质提升　赛鱼街道总工会多次选派干部参加省、市、区总工会和相关部门举办的各种培训班，通过竞赛、讲座等形式举办基层工会干部和工会积极分子培训班，提高工会干部的理论水平和业务能力。经常性地开展学习宣传贯彻《工会法》《劳动合同法》《中华人民共和国物权法》，广大工会干部深刻领会主要精神，以法律为准绳，依法处置各种问题，增强依法维权的意识。2012年6月，开展"安康杯"竞赛活动，向职工普及安全生产知识，增强广大职工的安全意识，规范生产运行操作，为构建安全、和谐企业保驾护航。2013年4月，街道总工会选派1名优秀基层工会干部参加省总工会在太原举办的集体合同签订业务培训。同年9月，举办"中国特色社会主义工会发展道路"专题学习会，工会主席、副主席对来自社区及驻地单位各基层工会组织负责人做专题辅导。2013年6月，市总工会第十五次代表大会召开以后，街道总工会以集中学习、个人学习、书写心得体会等形式，深入学习贯彻会议精神。2014年，街道总工会结合工作中心，围绕服务型基层工会组织、社区网格化管理和劳动法等方面，集中对基层工会所有班子成员和骨干，知识进行专题培训。

职工权益维护　维护职工的合法权益是工会的基本职责，赛鱼街道工会将维护职工的合法权益作为工作重中之重。赛鱼街道总工会于2014年，成立职工维权站，聘请市政协委员、矿区人大代表、律师王志荣作为赛鱼总工会法律援助律师。利用媒体、街头法制宣传，设立女职工维权信箱，开通职工维权热线等多种形式，开展维权宣传工作及维权知识讲座，为其解决工伤、劳资、福利待遇等多方面职工关注的焦点问题。通过学习《工会法》《劳动法》，发放《农民工维权手册》《女职工维权手册》等宣传资料，让农民工、女职工学会运用法律武器来维护自身的合法权益，积极开展工会"维权月"活动，为方便职工维权，辖区各基层工会开通维权热线。在再就业工作中，街道总工会

2014 年 7 月，矿区赛鱼街道总工会举办法律服务周宣传活动

收集整理各类就业招聘信息，为失业人员，特别是就业困难和零就业家庭提供就业服务，通过多方联系、协调、组织培训、介绍推荐再就业。

街道工会根据参与、合作、协商、相互支持的原则和依法享有的参与权、交涉权、监督权的指导思想开展工会工作。充分发挥工会的“桥梁纽带”作用，不断沟通党委、政府与职工群众之间的联系，一方面，通过源头参与把职工的意见和要求反映上来；另一方面，通过教育、宣传等手段，把中国共产党的方针政策及政府的主张及时向职工群众传达和沟通。总工会通过建立平等协商、签订集体合同制度等形式形成稳定协调的劳动关系，维护职工切身利益，并通过职代会、厂务公开等其他形式，组织职工参与单位的民主决策、民主管理和民主监督，充分发挥职工主人翁作用。积极探索劳动争议调解工作新途径，通过网格化管理模式，利用网络信息平台，确实将劳动争议调解工作纳入网格化、规范化、程序化、法制化轨道。同时，工会不断把加强对农民工和女职工合法权益的维护工作。

困难职工帮扶 赛鱼街道总工会一直把帮扶困难职工当作一项重要的工作职责，每年支出一定的经费用于救助慰问困难、生病住院职工，同时还建立困难职工档案，掌握特困职工的家庭收入、子女读书、患病就医、下岗再就业和权益保障等方面的实际困难，采取积极措施，给予及时的关心和帮助。每年年初，开展“两节”送温暖活动，为困难职工发放慰问金，送去米、面、油等物资。2014 年春节前，共为 120 人发放物资，折合人民币约 7.2 万元；8 月，举行“金秋助学”活动，配合区总工会对困难职工家庭子女进行资助，圆梦校园。为提高职工的医疗保障，开展职工大病医疗互助活动，在第十期的职工大病医疗互助活动中共有 361 名职工参加互助活动，缴费 1.8 万余元。

职工文化体育活动 职工文化活动是丰富职工业余文化生活的重要措施，赛鱼街道总工会着重从“职工书屋”、职工之家建设和文娱体育活动丰富职工文化生活。2010 年，街道总工会把“职工书屋”建设作为职工文化建设的一项政治任务来抓，在赛鱼街道虎尾沟社区、赛鱼社区和麻地巷社区相继建立“职工书屋”，共有图书 5000 余册，种类丰富，所有图书面向职工开放，供职工免费借阅，为广大职工提供学习平台。街道总工会在该区开展“创先争优职工之家”活动，率先在办公条件较好的赛鱼社区、麻地巷社区和虎尾沟社区建成职工之家，以创新务实的精神，广泛吸收先进经验，为职工办实事、办好事。开展文娱体育活动，有利于广大职工的身体健康，有利于培养广大职工团结互助、拼搏进取、奋发向上、关心集体、崇尚荣誉的集体主义精神，增进工会的凝聚力和战斗力，促进精神文明建设。在各社区组建健身球队、威风锣鼓队、枫叶秧歌队、激情广场大家唱等活动团队；举办新春联欢会、消夏文艺会演等文艺演出；“三八”妇女节、“五一”劳动节等节假日组织会员参加象棋、乒乓球、拔河、书法、摄影作品展、文艺晚会等各种文明、健康、向上的活动；每月，各基层工会还要组织会员及群众到坑口慰问矿工兄弟，增进团结友谊，展示职工精神风貌。

成绩与荣誉　2011 年 12 月，赛鱼街道总工会被省总工会评为山西省五星级乡镇（街道）工会，2013 年 2 月，被矿区总工会评为优秀基层工会组织。

第三节　桥头街道总工会

一、街道概况

桥头街道办事处地处石卜咀境内，位于东经 113 度 19 分至 113 度，北纬 37 度 54 分至 37 度 55 分 30 秒。属于阳泉市矿区北中部，位于桃河北岸，东与平潭街街道办事处接壤，西与赛鱼街道办事处虎尾沟搭界，南起桃河北岸与蔡洼街道办事处隔河相望，北至四矿二坑与郊区石卜咀、富山、桃林沟等村毗邻，距离市中心约 4 千米，总面积 2.84 平方千米。2014 年年末，辖区常住人口 1.66 万余户，总人口 5.16 万人。2008 年，桥头街道办事处被区劳动竞赛委员会记集体一等功。

二、组织沿革

桥头街道办事处机关和直属企业于 1971 年设工会小组。1983 年 2 月，矿区工会第一届委员会产生以后，桥头街道办事处于同年 6 月，建基层工会组织，荆根红兼任工会主席，在直属企业中建立工会组织发展会员。到 1990 年，已有会员 281 人。2000 年 7 月，居委会改称社区。2004 年 2 月，成立街道工会联合会，郝毅兼任工会主席。2008 年 12 月，成立第一届街道总工会，张少华兼任工会主席。2012 年 4 月，召开第二届街道总工会换届会，张少华连任工会主席。桥头街道总工会有会员 3880 人，女会员占 63%，入会率达 100%。2013 年 6 月 14 日，扁平化管理前，桥头街道办事处下辖 7 个社区，分别是西马家坪社区、段北沟社区、段南沟社区、段西沟社区、刘家垴社区、桥头社区、桥西社区。2014 年 4 月，补选张志军为矿区总工会第六届委员会委员并主持街道总工会工作。截至 2014 年，街道总工会下辖

2008 年 12 月，矿区桥头街道总工会成立暨第一届第一次会员代表大会召开

基层工会9个。其中,4个社区工会联合会,分别是桥头社区工会联合会、桥西社区工会联合会、刘家垴社区工会联合会、段北沟社区工会联合会,1个社区联合工会,即段南沟社区联合工会,1个商业一条街联合工会,2个企业工会,工会小组331个,会员3900人,辖区非公有制中小微企业45个。

桥头街道历届工会主席、副主席名表

表3-23

<table>
<tr><th>届　次</th><th>姓　名</th><th>性别</th><th>职　务</th><th>任　职　时　间</th><th>备　注</th></tr>
<tr><td rowspan="2">第一届工会委员会</td><td>荆根红</td><td>男</td><td>主　席</td><td>1983.6 ~ 1990.8</td><td>街道副主任</td></tr>
<tr><td>张　龙</td><td>男</td><td>主　席</td><td>1990.8 ~ 1993.7</td><td>街道副主任</td></tr>
<tr><td rowspan="2">第二届工会委员会</td><td>武春文</td><td>男</td><td>主　席</td><td>1993.7 ~ 1998.11</td><td>街道副主任</td></tr>
<tr><td>张惠英</td><td>女</td><td>主　席</td><td>1998.11 ~ 2003.10</td><td>街道副主任</td></tr>
<tr><td>第一届工会联合会</td><td>郝　毅</td><td>男</td><td>主　席</td><td>2004.2 ~ 2008.12</td><td>街道党工委副书记</td></tr>
<tr><td rowspan="3">第一届总工会</td><td>张少华</td><td>男</td><td>主　席</td><td>2008.12 ~ 2012.4</td><td>街道党工委副书记</td></tr>
<tr><td>张志军</td><td>男</td><td>副主席</td><td>2008.12 ~ 2012.4</td><td>街道副主任</td></tr>
<tr><td>卫太生</td><td>男</td><td>副主席</td><td>2008.12 ~ 2012.4</td><td>桥头工商所所长</td></tr>
<tr><td rowspan="3">第二届总工会</td><td>张少华</td><td>男</td><td>主　席</td><td>2012.4 ~ 2014.3</td><td>街道副党工委书记</td></tr>
<tr><td>张志军</td><td>男</td><td>副主席</td><td>2012.4 ~</td><td>2013年6月任桥头地区武装部长、桥西社区党工委书记、社会服务管理中心主任。2014年4月主持街道总工会工作</td></tr>
<tr><td>苏禄芬</td><td>女</td><td>副主席</td><td>2012.4 ~</td><td>刘家垴社区委员</td></tr>
</table>

2014年桥头街道总工会基层工会组织建设情况一览表

表3-24

工　会　名　称	建会时间	工会主席	职工人数		会员人数	
			总数（人）	女职工数（人）	总数（人）	女职工数（人）
桥头机关工会委员会	1983.2	张志军	21	12	21	12
桥头社区工会联合会	2004.2	涂庆福	1441	723	1441	723
桥西社区工会联合会	2004.2	李彩英	559	435	559	435
刘家垴社区工会联合会	2004.2	杨　珺	574	222	574	222
段北沟社区工会联合会	2004.2	王淑英	859	699	859	699
段南沟社区联合工会	2004.2	任红梅	317	259	317	259
矿灯厂工会委员会	1985.7	白云峰	56	33	56	33
桥泰商贸一条街联合工会	2004.2	宋润霞	18	13	18	13
安明门窗工会委员会	1984.10	王文彦	55	23	559	23
合　计	—	—	3900	2419	3900	2419

三、职工代表大会

桥头街道区域性职工代表大会建制于2008年。2008年4月，桥头街道总工会召开区域性职工代表大会。街道总工会下属11个基层工会，包括街道机关工会、7个社区工会、3个企业工会，推选出75名职工代表参加会议。会议讨论通过《桥头街道区域性集体合同（草案）》。2008年12月，街道总工会召开一届一次职工代表大会，57名代表参加会议，讨论通过《桥头街道区域性集体合同（草案）》《桥头街道区域性劳动保护安全卫生专项合同（草案）》和《桥头街道区域性女职工特殊保护专项合同（草案）》，并签订上述三个合同。会议确定职工代表大会闭会期间由联席会议处理有关问题。2010年4月和2011年4月，分别召开桥头街道总工会一届二次和一届三次职工代表大会，续签《桥头街道区域性工资集体合同》。2012年4月12日，召开二届一次职工代表大会，101名代表参加会议，签订《桥头街道区域性工资集体协议》《桥头街道区域性劳动保护安全卫生专项合同》和《桥头街道区域性女职工特殊保护专项合同》。2013年4月和2014年4月，分别召开二届二次和二届三次职工代表大会，审议通过《桥头街道区域性工资集体合同协议》，社区与辖区商会代表续签、增签《社区区域性工资集体协议》。

四、主要工作

从1983年开始，桥头街道健全工会组织。桥头街办企业快速发展，矿区钢窗厂、阳泉市泰康食品厂、机械修配综合厂、工矿配件铸造厂相继成立工会委员会，缝纫厂、街道办事处机关成立工会小组。到1990年，街道工会会员发展到269人。1997年开始，街道企业普遍出现减产停产现象，职工开始放假。1998年开始，对街道企业进行改制，街道工会协助企业采取措施对生活困难的职工进行救助，配合政府和有关部门做好街办企业破产改制以及下岗职工生活保障和再就业工作。2000年后，随着改革开放的不断深入，街道辖区私营企业和个体工商户开始增多。2004年，街道工会顺应潮流，在辖区7个社区建立工会委员会。

2008年12月，成立街道总工会，以“组织起来，切实维权”为工作方针，以“服务大局、服务职工”为工作主线，以“工会组建，工资协商”为工作重点，认真贯彻落实有关工会工作的法律、法规和政策方针。按照“党建带工建，工建促党建”的工作思路，切实把工会工作纳入“大党建”格局之中，做到统一组织，统一部署，统一标准，根据工会工作任务和要求分析情况、研究问题、制定措施，结合桥头街道总工会工作的实际，对工会工作进行认真的分析研究，并做出相应的工作安排。通过职代会民主管理，表达员工的愿望和诉求，依法为员工维权提供法律援助，共免费为100余人提供法律帮助，化解争议30余起。广泛开展劳动竞赛，持续推进职工素质工程，培训各类技术技能员工260人次。以资金帮扶、岗位帮扶、助学帮扶、医疗帮扶和结对帮扶为重点的困难职工帮扶网络不断健全，“两节”送温暖126户，为11名贫困学子发放金秋助学金。广泛开展丰富多彩、员工喜闻乐见、健康有益的文体活动。2010年12月，桥头街道总工会被市总工会评为阳泉市五星级乡镇（街道）工会；2011年3月，被区总工会评为先进女职工委员会;2012 年 2 月,被省总工会评为山西省五星级乡镇(街道)工会;2014 年 3 月,被区总工会评为先进女职工委员会。

第四节 平潭街街道总工会

一、街道概况

平潭街街道办事处隶属于阳泉市矿区,所辖地域旧为平潭镇,清代以前曾在此设平潭驿,为山西通往北京的重要驿站,原属于平定县,阳泉解放后划入市区。1981 年 3 月,红旗岗人民公社改设为平潭街街道办事处。街道地处阳泉市西陲,矿区南部,位于西河与桃河交界处的城矿郊结合部。西与桥头街道办事处河神庙相连,东以洪城河为界与城区相邻,北与郊区西河、甘河、龙凤沟等村接壤,南与蔡洼街道办事处隔河相望。2014 年,辖区面积 1.88 平方千米,常住人口 1.5 万余户,共 5.3 万余人。辖区有社区居委会 8 个,机关、企事业单位 60 余个,非公有制经济组织近 200 个,其中,年营业收入超过 100 万元的企业 23 家,个体商业网点 600 余家。

二、组织沿革

平潭街街道工会委员会于 1986 年 12 月开始筹建,由街道党委委派单永贵负责组建。经矿区工会批准,同年 12 月 30 日,召开平潭街街道工会第一次会员代表大会,会员代表 30 人,会议以无记名投票方式,选举产生工会委员会委员 7 人。单永贵兼任主席,李和平、荆喜生任副主席,张艳萍、王事青、李凤莲、王俊明任委员。1991 年 7 月,单贵明兼任工会主席。1993 年 7 月,矿区总工会任命陈宝庆兼任工会主席。1998 年 11 月,召开第二次会员代表大会,选举唐晓东为工会主席,冯瑞英为经审委主任。2004 年 7 月,召开第三次会员代表大会,选举产生工会委员 7 人,经审委员 3 人;杨翠萍为工会主席,郭焕玉为经审委主任。2006 年 7 月,矿区总工会批准平潭街街道工会联合会成立,7 月 13 日,召开平潭街街道工会联合会第一次会员代表大会,选举产生工会联合会委员 7 人,工会经审委员 3 人;杨翠萍为工会联合会主席,胡国生为副主席,委员为张哲慧、王素芬、李丽清、张志、石改珍;杨豫军为经审委主任,经审委员为胡钟英、张秀分。同年 7 月 16 日,成立平潭街街道工会联合会女职工委员会,杨翠萍任女职工委员会主任,下设 3 个小组。2008 年 12 月 4 日,矿区总工会批准成立平潭街街道总工会,12 月 25 日,召开平潭街街道总工会成立暨第一次会员代表大会,会员代表 71 人,大会采取无记名投票方式,选举产生平潭街街道总工会第一届工会委员会委员 13 人,第一届工会经审委员会委员 5 人;经女职工代表选举产生第一届女职工委员会委员 5 人,选举杨晓静为女职委主任;第一届工会委员会和第一届工会经审委员会分别选举出张贵军为总工会主席,刘艳儒、杨晓静为副主席,郭桂荣为经审委主任。2012 年 4 月 1 日,召开第二次代表大会,以无记名投票方式,差额选举产生第二届工会委员会,等额选举产生第二届女职工委员会和第二届经费审查委员会;工会第二届委员会、经费审查委员会和女职工委员会分别召开二届一次全体委员会议，以无记名投票方式，选举产生总工会主席为张贵军，李玉宏、高炜为副主席，范利梅为经审委主任，郭桂荣为女职委主任。2013 年 4 月，郭桂荣因工作调动离职，补选李彦茹为女职委主任。2014 年 4 月，高炜因工作调动离职，补选赵晓平为工会副主席。2008 年开始，街道总工会组织建设进入快速发展时期，到 2014 年年底，街道总工会下辖 5 个社区工会联合会，3 个社区联合工会，2 个商业一条街联合工会，基层工会 43 个，工会小组 368 个、覆盖非公企业 250 家，个体工商户 451 个，有工会会员 3715 人，其中，女会员 2307 人。

平潭街街道历届工会主席、副主席名表

表 3-25

届　　次	姓　名	性别	职　务	任职时间	备　　注
第一届工会委员会	单永贵	男	主　席	1986.12 ~ 1991.7	街道办事处副主任
	李和平	男	副主席	1986.12 ~ 1990.8	街道办事处副主任
	单贵明	男	主　席	1991.7 ~ 1993.7	街道办事处副主任
	陈宝庆	男	主　席	1993.7 ~ 1998.11	街道办事处副主任
第二届工会委员会	唐晓东	男	主　席	1998.11 ~ 2004.8	街道办事处副主任
第三届工会委员会	杨翠萍	女	主　席	2004.8 ~ 2006.7	街道党工委副书记
第一届工会联合会	杨翠萍	女	主　席	2006.7 ~ 2008.12	街道党工委副书记
	胡国生	男	副主席	2006.7 ~ 2008.12	马家坪工商所所长
第一届总工会	张贵军	男	主　席	2008.12 ~ 2012.4	街道党工委副书记
	刘艳儒	女	副主席	2008.12 ~ 2012.4	平东社区副主任
	杨晓静	女	副主席	2008.12 ~ 2012.4	街道办事处副主任
第二届总工会	张贵军	男	主　席	2012.4 ~	街道党工委副书记
	李玉宏	男	副主席	2012.4 ~	马家坪工商所所长
	高　炜	男	副主席	2012.4 ~ 2014.4	平东社区党支部书记
	赵晓平	女	副主席	2013.4 ~	街道办事处科员

2014 年平潭街街道总工会基层工会组织建设情况一览表

表 3-26

工　会　名　称	建会时间	工会主席	职工人数		会员人数	
			总数（人）	女职工数（人）	总数（人）	女职工数（人）
平潭街东社区工会联合会	2004.3	向永碧	1325	906	1325	906
平潭街西社区工会联合会	2004.3	李素英	504	280	504	280
马家坪社区工会联合会	2004.3	高俊峰	504	342	504	342
大院社区联合工会	2004.3	何　新	249	171	249	171
洪城河社区工会联合会	2004.3	李竞枝	255	122	255	122
苹果园社区联合工会	2004.3	穆晓静	259	134	259	134

续表 3-26

工会名称	建会时间	工会主席	职工人数		会员人数	
			总数（人）	女职工数（人）	总数（人）	女职工数（人）
西山社区联合工会	2004.3	王香云	90	53	90	53
东山社区工会联合会	2004.3	荆素俭	504	283	504	283
机关工会委员会	1987.7	张贵军	25	19	25	19
平潭街西社区工会委员会	2004.4	李素英	12	12	12	12
新鑫科技研究所有限责任公司工会委员会	1991.6	杜志刚	3	2	3	2
蓝天环保型煤有限公司工会委员会	2002.6	刘　江	10	3	10	3
洪城河社区工会委员会	2004.2	李竞枝	16	14	16	14
万乾磁性材料工会委员会	2004.2	武序娟	11	4	11	4
晋大九晖工会委员会	2004.2	王桂珍	14	3	14	3
光电电子工会委员会	2004.2	李海波	16	2	16	2
东山社区工会委员会	2004.7	荆素俭	21	20	21	20
大院社区工会委员会	2004.2	何　新	16	14	16	14
金象大药房工会委员会	2007.6	王会明	14	14	14	14
平北集贸市场工会委员会	2007.6	杨蕊华	24	18	24	18
沸腾渔港工会委员会	2007.6	李　佩	16	5	16	5
苹果园社区工会委员会	2004.2	穆晓静	10	9	10	9
外婆家烧烤店工会委员会	2002.4	张鹏刚	28	19	28	19
元承建业工程有限公司工会委员会	2006.10	罗　巍	51	17	51	17
玉明轮胎有限公司工会委员会	2007.10	李文秀	18	6	18	6
马家坪社区工会委员会	2004.3	高俊峰	13	13	13	13
西山社区工会委员会	2004.2	王香云	8	8	8	8
天利购物广场工会委员会	2007.9	李雅妹	527	500	527	500
泉美农家乐工会委员会	2007.9	巩学清	32	22	32	22
矿区房地产开发公司工会委员会	2007.9	邵海红	35	14	35	14
金麒利商务会馆工会委员会	2007.9	李建军	19	11	19	11
红太阳家具城工会委员会	2007.9	赵立臣	26	23	26	23
昌盛招投标有限公司工会委员会	2012.12	岳世芳	22	12	22	12
日潭集贸市场工会委员会	2007.9	李志强	33	26	33	26
世邦再生有限公司工会委员会	2007.10	马二龙	17	15	17	15
麟豪机械有限责任公司工会委员会	2007.6	王海燕	22	5	22	5
芙蓉酒楼工会委员会	2013.10	刘银保	32	19	32	19
合　计	—	—	3715	2307	3715	2307

三、职工代表大会

平潭街街道区域性职工代表大会建制于 2007 年。同年 4 月，街道工会联合会召开区域性职工代表大会。街道工会联合会下属 22 个基层工会组织，包括街道机关工会、8 个社区工会、13 个企业工会，共推选出 50 名职工代表参加会议。会议主要围绕《平潭街街道区域性集体合同（草案）》进行充分讨论，提出修改意见，并表决通过《平潭街街道区域性集体合同（草案）》。2009 年 3 月，街道总工会成立第一届第一次职工代表大会筹备组。按照区域性职工代表大会代表的比例构成和名额分配意见，以社区为单位共划分 8 个选区，32 个基层工会组织，共推选出 71 名代表。4 月 15 日，街道总工会第一届第一次职工代表大会正式召开，会议听取街道办事处主任周拉弟所作的 2008 年度街道工作报告；会议讨论通过《平潭街街道区域性集体合同（草案）》《平潭街街道区域性劳动保护安全卫生专项合同（草案）》和《平潭街街道区域性女职工特殊保护专项合同（草案）》；会议确定职工代表大会闭会期间由联席会议处理有关问题。2010 年 4 月和 2011 年 4 月，分别召开一届二次和一届三次职工代表大会，审议通过《平潭街街道区域性工资集体合同草案》。2012 年 5 月 8 日，召开第二届一次职工代表大会，75 名代表参加会议，会议听取街道办事处主任张志明所做的《街道职代会工作情况报告》；审议通过《平潭街街道区域性工资集体协议（草案）》《平潭街街道区域性劳动保护安全卫生专项合同（草案）》和《平潭街街道区域性女职工特殊保护专项合同（草案）》。世邦再生利用中心工会主席马二龙等企业代表围绕履行集体合同发言，7 个社区与辖区商会代表签订《社区区域性工资集体协议》，8 家企业职工代表现场与企业代表签订《企业工资集体协议》。2013 年 5 月和 2014 年 5 月，分别召开二届二次和二届三次职工代表大会。审议通过《平潭街街道区域性工资集体合同协商（草案）》，社区与辖区商会代表续签《社区区域性工资集体协议》；部分企业现场续签《企业工资集体协议》。从 2012 年开始，按照上级总工会要求，街道总工会开展五星级职代会创建工作，2012 年，平潭街街道总工会被市总评为五星级职代会，2013 年，东山社区工会联合会、平潭街东社区工会联合会，分别被市总工会评为五星级职代会。

2013 年 10 月，矿区平潭街街道总工会向市总工会领导汇报区域性集体合同工作

四、主要工作

工会组织规范化建设　1986 年开始，街道工会按照全国总工会“以四化建设为

中心，为职工说话办事，维护职工合法权益”的工作方针，充分发挥工会作用，从加强职工思想教育、关心职工生活、开展劳动竞赛等方面开展工会工作。平潭街办企业快速发展，矿区建材厂、平潭街建筑安装公司、平潭街食品厂、矿区京联服装厂相继成立工会委员会。理发馆、橡塑厂、办事处机关成立工会小组。到1990年，街道工会会员人数发展到251人。1997年开始，街道企业普遍出现减产停产现象，职工开始放假。1998年开始，对街办企业进行改制，街道工会协助企业采取措施对生活困难的企业职工进行救助，配合政府和有关部门做好街办企业的破产改制以及下岗职工生活保障和再就业工作。

进入2000年后，随着改革开放的不断深入，街道辖区私营企业和个体工商户开始增多。2004年街道工会顺应潮流，在辖区8个社区建立工会委员会。2006年7月，平潭街道工会联合会成立，街道工会联合会按照“组织起来，切实维权”的工作原则，采取多种措施，加大对私营企业工会的组建力度。2007年9月，街道工会批准平潭街东社区、马家坪社区成立工会联合会，同时，成立日潭小区商业一条街联合工会和馨康家园商业一条街联合工会，覆盖11家私营企业和120余家个体工商户。到2007年年底，街道工会下有22个基层工会组织，其中，机关工会1个、社区工会联合会2个、社区工会6个、国有、集体、个体私营企业工会12个、街办企业工会1个，工会会员发展到1581人。

2008年，街道工会按照“扩大覆盖面、增强凝聚力”的工作要求，加大基层工会组建和会员入会力度。确保组建一个工会规范一个，规范一个巩固一个，巩固一个加强一个，一手抓组建、一手抓规范和作用发挥。认真落实“两个普遍”要求，新发展会员1000余人，覆盖16个企业、300余个小型店铺。矿区文化大楼的新东方阳泉学习中心、风向标文化艺术培训学校等非公企业和个体工商户覆盖到社区工会中，基层工会组织发展到43个，会员增加到3715人。同时，加强工会会员的数据库建设，实名制登记明细全部输入微机，实现动态管理。

按照市总工会“一条例五规范”的要求，健全街道工会、社区工会及企业工会“小三级”工会网络。在工作实践中总结出“八个有”，即要求每个基层工会做到有班子、有牌子、有章子、有阵地、有制度、有经费、有活动、有资料；“八个一”，即要求每个基层工会每年有一份切实可行的工会工作计划、至少向同级党政领导班子汇报一次工会工作、至少召开一次职工代表大会或会员大会、至少举办一次有影响的活动、至少为职工办一件实事、培养一批工会工作积极分子、向职工报告一次工会工作、整理好一年的工会工作台账资料）工作法，强力推进工会规范化建设，各社区工会建立工会工作专项档案，包括工会工作组织建设档案、工会会员档案、工会活动档案等。

维护职工合法权益　采取建立平等协商、签订集体合同制度等形式形成稳定协调的劳动关系。街道工会认真落实省总工会“推行职代会八项制度”，大力完善以职代会为载体的厂务公开制度，保护职工群众的知情权、参与权，畅通利益诉求渠道，行使职工民主权力。积极推行会务公开，街道、社区和企业通过设立公开栏、意见箱、召开座谈会等形式让职工了解街道、社区和企业工会的运行情况，拓宽职代会民主参与、民主管理、民主监督的领域。全辖区企业，全面巩固和完善了职代会制度，全辖区 23 家非公有制企业全部建立职代会。按照签订集体合同工作程序，组织基层企业工会选出职工代表与企业主围绕劳动条件、工资待遇、养老保险、医疗卫生等方面问题进行平等协商，召开职工代表大会，经过职工代表讨论表决，各基层工会与辖区企业签订区域性工资集体协议，建立工资集体协商指导员队伍，完善三级数据库网络管理。积极开展工会“维权月”活动。采取悬挂宣传横幅、标语，发放宣传资料，设置专题展板，义务法律咨询等形式走上街头、深入社区，加大工会“维权月”活动的宣传声势。

开展劳动竞赛活动　组织动员广大职工广泛开展轰轰烈烈的“建功立业谋跨越促转型”劳动竞赛活动。以创建“工人先锋号”为抓手，积极推动竞赛活动向非公企业、新兴产业、现代服务业扩展。采取“工会搭台、企业助力、员工唱戏”的方式，由街道、企业和员工三方共同参与，举办一系列劳动竞赛活动。各基层单位结合工作实际，开展不同形式的岗位比武、技术创新、提合理化建议、节能降耗等竞赛活动，千余名职工参加职工群众技术创新活动，有力促进企业科学发展和技术进步。在指导基层工会开展劳动竞赛活动中，街道总工会坚持一个“新”字，即创新劳动竞赛形式，创新经济技术活动，要求企业在新领域、新项目、新产品、新技术上做文章，把促转型作为劳动竞赛的主要内容，切实增强企业的自主创新能力。竞赛活动立足车间，根植一线，赛出声势、赛出水平、赛出实效。

健全困难职工帮扶体系　街道总工会积极推进帮扶体系长效化建设，街道、社区都成立困难职工帮扶站（点），制定完善帮扶站(点)的管理办法、工作职责，开展困难职工摸底调查，建立和完善困难职工档案，随进随帮，实行动态管理。工会向困难职工伸出援助之手，释疑解难、帮困扶贫，提供法律支持和经济救助。每逢春节，街道主要领导走访各个基层工会，了解职工生活情况，并协助区总工会将困难救济金、米、面和油及时送到困难职工手中。关怀劳模生活，每逢过节，走访慰问劳模。2012 年 ~ 2014 年，为 5 名困难职工办理特困职工证。每逢夏季，街道工会组织各基层工会负责人开展“为职工送清凉活动”，走访慰问企业和困难职工，发放茶叶、绿豆、白糖等慰问物品。每年 9 月，组织开展职工大病互助工作，累计 80 余名职工享受大病互助的补偿。

提升职工整体素质　街道工会坚持维护职工的工作、生活、劳动安全和受教育权利，不断改善职工的物质文化生活。紧紧围绕全区工作大局与工会工作全局，以学习宣传中国特色社会主义工会发展道路为主题，着力推进社会主义核心价值体系建设，加强和改进新形势下职工思想政治工作，全面推进职工素质建设，提高工会宣教工作科学化水平。积极推进“创建学习型组织，争做知识型职工”活动，积极开展学习培训，组织职工进行知识竞赛和学习心得演讲比赛，增强广大工会会员的积极参与意识。深入开展“职工书屋”星级竞赛，推进“职工书屋”规范化建设，支持基层工会“职工之家”建设和开展职工文化体育活动。加强对基层工会的指导工作力度，有力地促进基层工会标准化建设。各社区工会结合实际情况落实活动室、图书阅览室，建起职工业余文娱活动组织，以重大节假日为契机开展一系列文化体育活动，如歌咏比赛、健身操比赛、演讲比赛、体育运动会等，通过举办大型活动增强基层工会之间、职工之间的交流和沟通，切实增强基层工会团结协作的能力，活跃职工的文化生活。

平潭街街道总工会先后获山西省乡镇（街道）工会标兵单位、山西省五星级乡镇（街道）工会、山西省推行平等协商集体合同先进单位、阳泉市乡镇（街道）工会标兵单位、阳泉市五星级乡镇（街道）工会、矿区先进基层工会等荣誉称号。

第五节 蔡洼街道工会联合会

一、街道概况

蔡洼街道办事处于 1982 年 12 月由小南坑街道办事处更名而来。东起简子沟与城区接壤，西至赛鱼火车站与矿区赛鱼街道办事处及郊区平潭镇南山村为邻，南靠狮脑山，北临桃河，与桥头街道办事处隔河相望，占地面积为 3 平方千米。人口以汉族为主，并有满族、回族等少数民族。2000 年 7 月，街道办事处由 20 个居民委员会调整为 6 个社区居民委员会。2003 年 12 月，增设南台社区。2014 年，有社区 7 个，驻地单位 91 家，商业网点 218 个，居民住宅楼共 316 栋，1.26 万户，居民 4.23 万余人。

二、组织沿革

蔡洼街道办事处工会委员会于 1987 年 7 月成立，召开蔡洼街道工会第一次会员代表大会，会议选出委员 3 人，由李琪敏担任工会主席。工会成立后，根据街道工业分布，下设一个基层委员会和 6 个直属工会小组。1990 年 7 月，街道工会召开第二次代表大会，选举李和平为工会主席。1993 年 7 月，召开第三次代表大会，选举王前进为工会主席。1998 年 5 月，召开第四次代表大会，选举张海斌为工会主席。2003 年 9 月，召开第五次代表大会，冯丽华被选为工会主席。2007 年 12 月，蔡洼街道工会联合会正式成立，街道工会联合会第一次代表大会选举李志清为工会联合会主席，王军为副主席。2008 年 11 月，由于街道工作调整，补选韩晋明为工会联合会主席。2012 年 6 月，街道工会联合会换届，召开街道工会联合会第二次代表大会，选举韩晋明为工会联合会主席，王盛爱、侯明飞为副主席。2014 年，蔡洼街道工会联合会下辖街道机关工会委员会和 7 个社区工会委员会，共有会员 706 人，其中，女会员 231 人。

蔡洼街道历届工会主席、副主席名表

表 3–27

届　次	姓　名	性别	职　务	任　职　时　间	备　注
第一届工会委员会	李琪敏	男	主　席	1987.7 ~ 1990.7	街道副主任
第二届工会委员会	李和平	男	主　席	1990.7 ~ 1993.7	街道副主任
第三届工会委员会	王前进	男	主　席	1993.7 ~ 1998.5	街道副主任
第四届工会委员会	张海斌	男	主　席	1998.5 ~ 2003.9	街道副主任
第五届工会委员会	冯丽华	女	主　席	2003.9 ~ 2007.12	街道副主任

续表 3-27

届　次	姓　名	性别	职　务	任　职　时　间	备　注
第一届工会联合会	李志清	男	主　席	2007.12 ~ 2008.11	街道党工委副书记
	韩晋明	男	主　席	2008.11 ~ 2012.6	补　　选
	王　军	男	副主席	2007.12 ~ 2012.6	矿区管件厂副厂长
第二届工会联合会	韩晋明	男	主　席	2012.6 ~	街道党工委副书记
	王盛爱	女	副主席	2012.6 ~	工会联络员
	侯明飞	男	副主席	2012.6 ~	工商所所长

2014 年蔡洼街道工会联合会基层工会组织建设情况一览表

表 3-28

工　会　名　称	建会时间	工会主席	职工人数		会员人数	
			总数（人）	女职工数（人）	总数（人）	女职工数（人）
蔡洼街道机关工会委员会	1990.7	韩晋明	23	16	23	16
小南坑社区工会委员会	2004.3	张丽华	138	87	138	87
菜市社区工会委员会	2004.3	王海燕	176	137	176	137
南台社区工会委员会	2004.3	王巧丽	87	56	87	56
东四尺社区工会委员会	2004.3	刘姝红	80	58	80	58
蔡东社区工会委员会	2004.3	彭　晓	65	38	65	38
蔡西社区工会委员会	2004.3	陈　静	64	40	64	40
东窑房社区工会委员会	2004.3	王珍连	67	43	67	43
合　计	—	—	706	231	706	231

三、职工代表大会

蔡洼街道区域性职工代表大会建制于 2008 年。同年 3 月，召开第一届第一次区域性职工代表大会，签订《街道区域性集体合同》《街道区域性工资集体协议》和《街道区域性女职工特殊权益保护专项集体合同》。2009 年 3 月和 2010 年 3 月，分别召开一届二次、一届三次区域性职工代表大会，续签《街道区域性工资集体合同》。2011 年 3 月，召开第二届一次区域性职工代表大会分别签订《街道区域性集体合同》《街道区域性工资集体合同》《街道区域性女职工特殊权益保护专项集体合同》和《街道区域性劳动安全卫生集体合同》，覆盖职工 45 人。2012 年 3 月和 2013 年 3 月，分别召开二届二次、二届三次区域性职工代表大会，续签《街道区域性工资集体合同》。2014 年 3 月，召开第三届一次区域性职工代表大会，分别签订《街道区域性集体合同》《街道区域性工资集体合同》《街道区域性女职工特殊权益保护专项集体合同》和《街道区域性劳动安全卫生集体合同》，签署企业 11 家，覆盖单位 29 家，职工 549 人。

四、主要工作

组织建设　蔡洼街道办事处工会委员会于 1987 年 7 月建立，拥有会员 71 人。2004 年，由于街道辖区内的个体商户增多，劳动关系进一步复杂化，在蔡洼街道工会委员会的领导下，组建 7 个社区基层工会。2007 年 7 月，蔡洼街道工会联合会正式成立，以服务职工为工作核心，以规范街道工会联合会建设为主要任务，通过规范组建标准、完善服务设施、明确工作职责、健全运行机制、加强队伍建设，努力将蔡洼街道工会联合会建设成为覆盖全面、组织健全、服务到位、工作活跃、职工信赖的工会组织。根据工作职责，每年年初，制定年度工作计划，通过开展走访调研、召开座谈会等形式，密切与职工会员的联系，及时了解职工诉求，帮助解决实际问题。制定日常工作制度，包括岗位职责、信息报送、档案管理和考核制度等。与社区网格化社会服务管理平台对接，运用热线电话、调查走访等方式深入基层、贴近职工，实时掌握企业、职工基本状况，对涉及职工权益各类突发事件的早发现、早报告、早介入、早解决。开展工会组织和工会会员的实名制登记工作，对辖区所有个体商户和职工会员的入会情况逐一进行摸底登记和核实。2014 年，蔡洼街道工会联合会的会员人数发展到 706 人。

职工文体活动 蔡洼街道工会联合会不断探索社会化工作手段，充分调动驻社区单位和各类组织的积极性，形成服务职工的整体合力，不断丰富和创新服务职工的项目内容，利用街道单位的活动场所，组织开展经常性的职工文体活动，共同做好服务职工工作。各社区工会建起群众业余文娱活动组织，定期开展多彩多样的寓教于乐、职工群众喜闻乐见的文体活动。蔡西社区工会发挥特点，成立乐器队、戏迷协会，经常参加演出活动，丰富职工业余生活。蔡洼街道工会与二矿工会联合举办“激情广场大家唱”，参与人数达到 400 余人，用多种艺术形式歌唱对中国共产党、祖国和生活的热爱，互相献上祝福。为增强基层工会的活力，2014 年，蔡洼街道工会联合会开展红色电影进社区活动。

困难职工帮扶 建立健全困难职工档案，开展医疗互助、帮扶救助、职业介绍、技能培训等工作。以送温暖为载体，为困难职工办实事。认真开展困难职工摸底调查，对贫困职工的互帮互助活动。2014 年元旦、春节前，蔡洼街道工会与上级工会联系救助困难职工 73 人，送去慰问金累计 4 万余元。为 2 名困难职工办理特困职工证，为 40 名女职工缴纳特病保险，保险金额为 800 元。开展“金秋助学”活动，救助 3 名困难学生。为困难职工捐衣捐物 120 件。

职工素质提升 组织开展职工就业技能培训工作，不断加强职工政治思想、职业道德和文化技术业务素质教育，提升职工素质。组织社区工会干部进行业务知识培训，2014 年，参加培训人数为 25 人。召开工作例会，结合工会工作实际，把区总工会会议及文件精神切实落实到工会工作各个领域、各个方面，深入查找工会组织和工会干部在会议精神方面存在的问题和不足，有针对性地加以改进，把精神转化为维护职工合法权益的能力水平。参加培训班，提高工作业务水平，2014 年 6 月，蔡洼街道工会有 9 人参加矿区举办的工资集体协商培训班。

职工维权服务 维权是工会工作的重中之重，保障职工的知情权、参与权和监督权是工会的重要职能。蔡洼街道工会联合会把解决与职工利益相关的事情作为工会工作的重点，如职工关注的工资等问题，经常深入企业，与老板座谈了解情况，发现侵害职工利益的问题苗头及时进行协商解决。开展职工大病医疗互助活动，2014 年，参加大病医疗互助活动的会员达到 303 人，共计 1.52 万元，帮助蔡西社区患病居民报销大病费用，切实维护职工的权益，推进大病医疗互助工作。蔡洼街道工会组织开展女职工法律法规宣传培训活动，为女职工办实事、办好事、解难事，建立女职工维权热线电话，建立女职工维权信箱，建立女职工法律宣传视窗，建立女职工维权服务站，利用各种阵地，采取多种形式，开展丰富多彩的维权活动，真情服务职工，真情服务基层，最大限度地保护好女职工的合法权益和特殊利益。矿区管件厂企业改制，工会参与谈判并和区政府多次协商，将 14 名职工妥善安排在社区工作，待遇普遍高于原有的工资、福利，又为工人争取每年 500 元的工龄补贴。

主要特色　蔡洼街道工会通过整合利用辖区资源，建立街道综合数据库，以网格化和信息化管理为抓手，推行职能服务为主，组团服务、特色服务并行的“一库二化三服务”工作模式，一库是基础，两化是手段，服务是目的。以服务促管理，以管理强服务。所属 7 个社区划分为 46 个网格，每个网格成立工会小组，加大对企业职工的服务力度。进行信息化管理，街道工会建立信息平台、通信平台、网络平台、服务平台，依托数据库，利用计算机网络等先进信息技术进行现代化办公，实现“手工政务”向“电子政务”的转变。印制网格工会小组负责人的服务区域、联系电话的民情联系卡，送到职工居民家，主动为职工居民提供对接通道。在每栋楼上安装网格温馨提示标牌，职工居民随时随地可以拨打网格工会小组负责人的电话提请服务，整个辖区构建一张反应灵敏、运转高效的信息服务网。组建专业服务团队和志愿者服务团队，广大工会会员积极参与到各个团队。

蔡洼街道工会联合会于 2007 年 3 月，被矿区总工会评为矿区先进基层工会；2009 年 10 月，被省总工会评为山西省乡镇（街道）工会标兵单位；2013 年 11 月，被市总工会评为阳泉市五星级乡镇（街道）工会；2014 年 12 月，被省总工会评为山西省五星级乡镇（街道）工会。

第六节　贵石沟街道工会联合会

一、街道概况

贵石沟街道办事处位于平定县城西南 4 千米的冠山脚下，距市区 20 千米，东邻平定县冠山镇贵石沟村，西壤平定县冶西镇聂家庄村，北靠平定县冠山镇冠山村，南与平定县冶西镇苏村相连，总面积 9.78 平方千米。2014 年，有 4 个社区，包括水滩社区、苏村社区、小河滩社区、枣岭山社区，居民住宅楼 123 栋，常住户数 6950 户，居民 2.34 万人。辖区内有学校 4 所、医院 1 所，驻辖区单位 18 个，各类门店商户 253 个。

二、组织沿革

贵石沟街道工会委员会组建于 1990 年 12 月，第一届工会主席为荆根红。1993 年 4 月，街道工会换届，选举杨宝生为工会主席。1998 年 11 月，补选李新宇为工会主席。2003 年 11 月，由于工作调整，补选韩晋明为工会主席。2005 年 7 月，召开街道工会第三次代表大会，选举王计平为工会主席，后由于工作调整，补选刘新桥为主席。2007年11月，贵石沟街道工会联合会正式成立，会员大会选举刘新桥为工会联合会主席，王媛薇、苏晓转为副主席。2012年6月，召开第二届第一次会员代表大会，刘新桥连任工会联合会主席，史彦彦、杨长安为副主席。

2014年，贵石沟街道工会联合会成立工会经费审查委员会、女职工委员会。下设4个社区基层工会，有会员648人，其中，女会员482人。水滩社区工会会员182人，其中，女会员98人。枣岭山社区工会会员175人，其中，女会员128人；小河滩社区工会会员139人，其中，女会员128人；苏村社区工会会员130人，其中，女会员116人；机关会员22人，其中，女会员12人。辖区内一些个体工商户以社区为依托，加入社区工会，由社区工会管理。

贵石沟街道历届工会主席、副主席名表

表3-29

届　次	姓　名	性别	职　务	任　职　时　间	备　注
第一届工会委员会	荆根红	男	主　席	1990.12 ~ 1993.4	街道副主任
第二届工会委员会	杨宝生	男	主　席	1993.5 ~ 1998.10	街道副主任
	李新宇	男	主　席	1998.11 ~ 2003.10	街道副主任
	韩晋明	男	主　席	2003.11 ~ 2005.7	街道副主任
第三届工会委员会	王计平	男	主　席	2005.7 ~ 2005.10	街道党工委副书记
	刘新桥	男	主　席	2005.11 ~ 2007.11	街道党工委副书记
第一届工会联合会	刘新桥	男	主　席	2007.11 ~ 2012.6	街道党工委副书记
	王媛薇	女	副主席	2007.11 ~ 2012.6	—
	苏晓转	女	副主席	2007.11 ~ 2012.6	—
第二届工会联合会	刘新桥	男	主　席	2012.6 ~	街道党工委副书记
	史彦彦	女	副主席	2012.6 ~	—
	杨长安	男	副主席	2012.6 ~	—

2014年贵石沟街道工会联合会基层工会组织建设情况一览表

表3-30

工　会　名　称	建会时间	工会主席	职工人数		会员人数	
			总数（人）	女职工数（人）	总数（人）	女职工数（人）
贵石沟街道工会联合会	2007.11	刘新桥	648	482	648	482
水滩社区工会委员会	2001.1	张宝娥	182	98	182	98
苏村社区工会委员会	2001.1	翟玉珊	130	116	130	116
小河滩社区工会委员会	2001.1	高晋银	139	128	139	128
枣岭山社区工会委员会	2001.1	郝海丽	175	128	175	128
贵石沟街道机关工会委员会	1990.12	刘新桥	23	12	23	12
合　计	—	—	1297	964	1297	964

三、职工代表大会

贵石沟街道区域性职工代表大会建制于2008年。2008年3月，街道工会以四个社区为重心，召开第一届一次区域性职工代表大会，签订《街道区域性集体合同》《街道区域性工资集体协议》和《街道区域性女职工特殊权益保护专项集体合同》，覆盖辖区内25人以下个体经营商户22家，职工256人。2009年3月和2010年3月，分别召开一届二次、一届三次区域性职工代表大会，续签《街道区域性工资集体合同》。2011年3月，召开第二届一次区域性职工代表大会，有个体经营商户18家，职工代表43人，分别签订《街道区域性集体合同》《街道区域性工资集体合同》《街道区域性女职工特殊权益保护专项集体合同》和《街道区域性劳动安全卫生集体合同》，覆盖职工246人。2012年3月和2013年3月，分别召开二届二次、二届三次区域性职工代表大会，续签《街道区域性工资集体合同》。2014年3月，召开第三届一次区域性职工代表大会，分别签订《街道区域性工资集体协商专项合同》《街道区域性集体合同》《街道区域性工资集体合同》《街道区域性女职工特殊权益保护专项集体合同》和《街道区域性劳动安全卫生集体合同》，覆盖辖区25人以下个体经营商户18家，职工271人。

四、主要工作

组织建设　2001年1月，结合社区内个体经营商户增多，各类职工聚集实际，及时组建社区工会，民主选举产生社区工会委员会4个。2007年11月，成立贵石沟街道工会联合会，按照创建星级乡镇街道工会标准，相应成立工会经费审查委员会、女职工委员会，健全工会各项制度职责和以职工代表大会为基本形式的民主管理制度。工会联合会组建后，按照“实现好、维护好、发展好广大职工群众利益，创造性地开展工会工作”目标，街道工会全面贯彻落实“组织起来，切实维权”工会工作方针，坚持把工会的组建、会员的发展、作用的发挥作为工会的基础性工作来抓，加强工会组织和工会会员的实名制登记工作，社区工会对辖区所有个体私营企业和个体经营摊点的入会情况逐一进行摸底登记和核实。截至2014年，会员达到648人，入会率达100%。成立工会小组92个，建立一级网格1个，二级网格4个，三级网格23个。在此基础上，加强工会会员的数据库建设，实名制登记明细全部输入微机，实现动态化管理。规范化建设做到五有，即有领导班子、有场地（工会办公室和职工活动室）、有娱乐设施、有制度、有名册档案。按照市总工会“一条例四规范”的要求，街道工会对基层工会提出标准和要求，基层工会按要求进行规范，到2014年，各社区工会建立健全组织建设、制度建设、工会台账、会籍管理等工会工作专项档案。

民主管理　根据辖区内企业数量多、规模小、人员少的特点，街道工会联合会从提质扩面上下功夫，开展工资集体协商“三进”活动，即走进社区、走进企业、走进职工，攻克工会组织方热，企业经营方冷的难点。采用“百题知识竞赛”有奖活动、社区自制电子报方式，将工资集体协商的目的和意义、适用范围、遵循法则直观展示在企业法人和职工面前，使劳资双方了解签订《工资集体协商专项合同》是协调企业劳动关系，维护企业和职工双方权益的手段，达到推进工作的效果。在平等协商进程中坚持把好“四关”：一是把好源头控制关，实现起步“两必须”，必须摸清工作底数，必须广泛听取劳资双方意见，协调双方立场，制定《协议草案》，为正式协商做好准备；二是把好过程规范关，制定合同签订流程，在操作上力求细化规范，依法签约；三是把好协商质量关，协商中，抓好“召开会议，平等协商”环节，合同条款围绕企业“劳动用工、劳动报酬、劳动安全”等核心问题进行协商，坚持因企制宜，实现岗位工资标准、工资增长幅度、岗位劳动定额“三具体”；四是把好履约监督关，实现合同履行的评估情况、年终合同履行结果“两公开”，接受职工监督，增加工资集体协商工作透明度，推动工资集体协商工作有效开展。2014 年 3 月，贵石沟街道工会联合会全面贯彻落实矿区总工会“依法维权年”集体合同、工资专项合同协商、签订的工作部署，以一线职工、困难职工等为重点群体，开展工资集体协商专项合同签订工作。3 月，街道工会与辖区内 18 家 25 人以下个体经营商户签订《贵石沟街道工会联合会区域性工资集体协商专项合同》。2014 年 9 月，水滩社区工会《工资集体协商专项合同》签订工作接受市总工会考核验收。

困难职工援助　按照“党政所谋、职工所需、工会所能”的原则，街道工会联合会以推进帮扶体系长效化建设为主要举措，构筑帮扶网络，开展救助工作，千方百计为职工排忧解愁。街道、社区都成立困难职工帮扶站(点)，制定完善帮扶站(点)的管理办法工作职责，认真开展困难职工摸底调查，建立和完善困难职工档案，遂进遂帮，实行动态管理。开展“面对面、心贴心、实打实服务职工在基层”活动，以走访网格内下岗、困难职工家庭形式，了解职工及其子女在工作生活和就学中遇到的实际困难，对职工的所想、所盼、所求认真梳理并记录在册，并建立特困职工档案。进入辖区单位五矿康林超市，听取职工的意见和建议，宣传就业帮扶、大病救助、职工维权等惠民政策，当面解答职工的疑惑。开展“两节”送温暖、“三八”助单亲、“五一”关爱贫困女职工劳模等不断线的帮扶工作。截至 2014 年，为 11 名困难职工家庭申报“金秋助学”，为 724 名困难职工申请困难救助，有 1230 名职工参加大病互助，切实体现工会是职工“温暖的家”。

职工素质提升　街道工会联合会注重对工会干部的培训，每年定期举办培训班，提高工会干部的组织能力、协调能力、创新能力和维权能力。组织女职工会员参加市总工会组织的知识竞赛答题活动，加大对工会工作的动态管理与了解，深入开展“创建学习型组织、争做知识型职工”活动，引导职工利用工作以外时间，通过学习提高整体素质。2010 年 10 月，下辖水滩社区工会建起“职工书屋”，占地面积约 40 平方米，健全各类制度，有专职人员管理，藏书按照《中国图书馆图书分类法》进行分类、上架，计算机管理，做到存取方便、干净整洁，“职工书屋”定期向职工开放，为职工业余学习阅读搭建平台。2011 年 1 月，水滩社区工会建立“女职工培训学校”，以创建“四自”课堂为宗旨，组织女职工学习《工会法》《劳动法》《劳动合同法》《妇女权益保障法》《女职工劳动保护规定》等法律法规，为女职工提供计算机、编织和厨师岗位技能和综合素质培训，全面打造以学习求生存、以作为谋地位、以贡献争平等的新时代女职工形象。

职工文体活动　街道工会始终把提高职工生活质量和健康需求作为工作的出发点和落脚点，采取开设工会大讲堂、红色电影周，举办“读书会”、趣味运动会，丰富职工文化生活。2008 年，开展以“全民健身与奥运同行”为主题的健身操比赛。春节、“三八”妇女节、“五一”劳动节，组织职工开展扑克、烹饪、乒乓球比赛活动。每年盛夏，邀请电影放映队，到 4 个社区巡回播放有教育意义、幽默风趣的电影 16 场。定期开展以“争当首席员工、争创工人先锋号”活动为主要载体的“安康杯”知识竞赛活动。苏村社区组织“和谐之夏”职工文艺会演；水滩社区组织开展“工会杯”乒乓球比赛、书法比赛、“放歌梦世界，展职工风采”职工歌唱比赛；枣岭山社区组织开展职工趣味运动会，增强基层工会的生机与活力。

主要特色　2011 年 7 月，贵石沟街道工会联合会工会工作推行网格化管理。以“地缘”“趣缘”“业缘”为纽带，建立“精细化管理、个性化服务、多元化参与、科学化运转”的工会网格化管理体系和运行机制，以街道为一个区域范围，以社区网格为单位建立工会组织网络，选配网格内热心公益的职工为工会代表，使网格成为上级工会与下级工会之间的“润滑油”、工会与职工之间的“黏合剂”，职工诉求得到及时反映，关心职工贴近实际，实现帮扶工作全方位、广覆盖。2014 年 3 月，水滩社区工会开启“职工之窗”，利用社区网站“网络链接”功能，链接《工会法》《劳动合同法》和工资集体协商等知识到社区网站，为丰富职工文化生活搭建平台，苏村社区开通微信平台，发布各类就业信息、提供各种就业咨询，为有就业需求人员提供就业机会。水滩社区围绕“两个信赖”，创建职工之家，开展“相约星期五，有话大家说”职工畅谈大讲堂，搭建工会和职工之间信息互通、工作顺畅，职工之间相互学习、交流思想的良好平台，实现工会组织网络横向到边，纵向到底，当好职工的“娘家人”，切实履行“第一知情人”“第一报告人”“第一协调人”的职责。总之，围绕服务职工、为职工办实事目标，关心职工疾苦，倾听职工呼声，使工会成为职工温暖的家。

2009 年 10 月，贵石沟街道工会联合会被评为山西省乡镇（街道）工会标兵单位。2013 年，被省总工会授予山西省五星级乡镇（街道）工会称号。

第三章 社区工会

2000 年 7 月,矿区将全区 150 个居民区调整为 39 个社区,2003 年 12 月,增设 1 个社区,成为 40 个社区。2013 年 6 月桥头街道实行综合体制改革试点后,成为 38 个社区。社区全部组建工会组织,其中,沙坪街道有 3 个社区工会联合会、4 个社区工会委员会;赛鱼街道有 4 个社区工会联合会、3 个工会委员会;桥头街道有 4 个社区工会联合会、1 个社区联合工会; 平潭街街道有 5 个社区工会联合会、3 个社区联合工会;蔡洼街道有 7 个社区工会委员会;贵石沟街道有 4 个工会委员会。2014 年,全区各社区共有会员 1.53 万余人,其中,女会员 9994 人。

第一节 沙坪街道秋沟社区工会联合会

一、社区概况

秋沟社区隶属于沙坪街道办事处,于 2000 年 1 月组建。地处矿区西南部,东起矿山路与蒙北社区相临, 南至幼儿园路与里沙坪社区相连, 北隔红岭路与沙沟社区相靠,西与郊区前庄村相交,占地面积约 1 平方千米,社区办公楼建筑面积 461.8 平方米,所辖居民楼 29 栋,居民 1728 户,总人口 4402 人,社区居民委员会干部 8 人。

二、组织沿革

2007 年 3 月 27 日,成立社区工会,会员代表大会选举产生社区工会委员会,工会主席由社区党支部书记、主任吕耀红兼任,副主席为张改云。2010 年 4 月 20 日,社区工会联合会成立,召开第一次会员代表大会,选举吕耀红任工会联合会主席,路鲜萍为副主席,2011 年 4 月,补选张润飞为副主席。2013 年 4 月 23 日,召开第二次会员代表大会,选举社区党支部书记、主任柴志艳兼任工会联合会主席,路鲜萍任副主席。2014 年,有工会会员 516 人,其中,女会员 381 人。

秋沟社区历届工会主席、副主席名表

表 3-31

届　次	姓　名	性别	职　务	任 职 时 间	备　注
第一届工会委员会	吕耀红	女	主　席	2007.3 ~ 2010.4	社区党支部书记、主任
	张改云	女	副主席	2007.3 ~ 2010.4	社区党支部副书记
第一届工会联合会	吕耀红	女	主　席	2010.4 ~ 2013.4	社区党支部书记、主任
	路鲜萍	女	副主席	2010.4 ~ 2011.4	社区委员
	张润飞	女	副主席	2011.4 ~ 2013.4	社区委员
第二届工会联合会	柴志艳	女	主　席	2013.4 ~	社区党支部书记、主任
	路鲜萍	女	副主席	2013.4 ~	社区委员

三、职工代表大会

2010年4月26日，成立区域性职工代表大会。第一届区域性职代会有职工代表25人，会上签订《社区区域性集体合同》《社区区域性工资集体合同》和《社区区域性女职工特殊权益保护专项集体合同》，覆盖非公企业26户，职工60人。2011年至2014年，每年4月，分别对《社区区域性集体合同》《社区区域性工资集体合同》《社区区域性女职工特殊权益保护专项集体合同》进行续签。

四、主要工作

完善档案资料　2007年，建立文件资料、组织建设、换届资料、大病互助等档案。2008年3月，建立会员实名制。2009年，建立特困职工、再就业、职工活动、维权职代会等档案，做到辖区内非公企业和个体户底数清，及时登记、及时入会。及时发展工会组织，建会率和职工入会率均达到100%。工会组织和会员全部输入计算机，实行动态化管理。

困难职工帮扶　2013年，成立社区困难职工帮扶站，通过调查摸底为10名困难职工建立档案资料，慰问关心困难职工。凡是困难职工所需求的，都要积极努力去协调，帮助他们解决实际困难，做好“春送岗位、夏送清凉、秋送助学、冬送温暖”等帮扶救助活动。开展“金秋助学”活动，为4名考上大学的困难职工子女申请助学金，对符合条件的困难职工办理城市最低生活保障。每年春节来临之际，开展慰问困难职工活动，为他们送上米、面、油及慰问金，救助人数96人。2014年，共结对帮扶10户困难职工，慰问品折合人民币5000元。为进一步提高社区职工的医疗保障水平，2004年~2014年，在辖区范围内共开展9期职工大病医疗互助活动，为符合规定条件的职工逐一登记办理。2014年，社区共有51人参加职工大病医疗互助，为1名患病职工办理阳泉市职工大病医疗互助补偿。

职工维权工作　搭建就业平台，将上级反馈的就业岗位信息第一时间发布到社区公示栏，让有就业需求的居民在家门口就能看到就业信息。举办6场职业技能培训，组织下岗失业、无业、待业人员参加就业培训、岗位招聘活动。2014年5月，召开女职工维权行动启动会，真情服务女职工，最大限度地保护好女职工的合法权益和特殊利益，定期开展女职工维权宣传工作及维权知识讲座。2014年6月，免费为1名困难女职工提供法律援助，解决邻里纠纷。

职工文化活动　2010年，秋沟社区工会联合会在社区二楼建立“职工书屋”，总面积约30平方米，共有书柜5组，书桌6张，藏书3000余册，涉及多个种类，为广大职工、提供学习平台。“职工书屋”实行全天候向职工开放，可以方便职工随时免费借阅。2012年12月，被市总工会评为“职工书屋”建设先进单位。开展丰富多彩的文化体育活动，组建健身球队、威风锣鼓队、枫叶秧歌队、激情广场大家唱等活动团队，丰富职工业余文化生活。每年举办新春联欢会、消夏文艺会演等大型文艺演出。2012年4月，健身球队代表矿区参加阳泉市第十一届老年体育运动会获优胜奖。2013年6月，柔力球队获三等奖。2013年9月，锣鼓队获得矿区第十届文化艺术节优秀奖。

第二节 沙坪街道沙沟社区工会联合会

一、社区概况

沙沟社区隶属于沙坪街道办事处，组建于2000年7月，由原有的4个居委会合并而成。地处沙坪地区西北部，占地面积0.38平方千米。2014年，所辖居民住宅楼65栋，常住居民2590户，7771人，有企事业单位7个，商业网点88家；社区干部10人。

二、组织沿革

2004年3月，社区工会成立，会员85人，女会员29人，会员代表大会选举产生社区工会委员会，工会主席由张建萍担任。2007年9月，成立沙沟社区工会联合会，工会联合会由综合市场工会委员会、红岭街联合工会、沙沟街联合工会3个基层工会组成。同年，社区工会联合会召开第一届第一次代表大会，选举社区主任、党支部书记张便云兼任工会联合会主席，张建萍任副主席。2010年4月，召开第二届第一次代表大会，张便云连任工会联合会主席，副主席为张建萍。2013年4月，召开第二届第四次代表大会，选举孟小英为工会副主席。2014年，有会员513人，其中，女会员298人。

沙沟社区历届工会主席、副主席名表

表3-32

届　次	姓　名	性别	职　务	任职时间	备　注
第一届工会委员会	张建萍	女	主　席	2004.3～2007.9	—
第一届工会联合会	张便云	女	主　席	2007.9～2010.4	社区主任、党支部书记
	张建萍	女	副主席	2007.9～2010.4	兼区总工会联络员
第二届工会联合会	张便云	女	主　席	2010.4～	社区主任、党支部书记
	张建萍	女	副主席	2010.4～2013.3	兼区总工会联络员
	孟小英	女	副主席	2013.4～	兼区总工会联络员

三、职工代表大会

社区区域性职工代表大会建制于2010年4月，第一届区域性职工代表大会职工代表41人，职代会上签订《社区区域性集体合同》《社区区域性工资集体合同》，覆盖非公企业6户，职工25人。2011年4月，召开第一届第二次社区区域性职工代表大会，会上与3家企业签订《社区区域性集体合同》《社区区域性工资集体合同》和《社区区域性女职工特殊权益保护专项集体合同》。2012年3月、2013年3月和2014年3月，分别续签《社区区域性工资集体合同》。

四、主要工作

工会组织建设 2007年9月，沙沟社区工会联合会成立后，不断完善工会组织网格，由社区党支部书记担任工会主席，把年轻高学历的大学生纳入工会工作领导小组，充实力量，加强对非公有制企业的管理和服务。设主席1人，副主席1人，委员5人。经费审查委员会设主任1人，委员3人。女职工委员会设主任1人，委员3人。

困难职工帮扶　始终把困难职工的冷暖放在心上，及时掌握社区困难职工的情况，并给予帮扶。每年中秋、春节等节日，社区领导和工会干部一起到困难职工家中走访慰问。2013 年春节，慰问困难职工 12 户，慰问品折合人民币 6000 余元；2014 年春节前夕，慰问困难职工 10 户，折合人民币 5000 元；2014 年金秋时节，为困难职工袁龙霞之女发放 600 元助学资金，帮她圆了上学梦。市总工会开展的女职工关爱行动中，困难女职工庞红英得到 3000 元帮扶资金，实实在在帮助她解决生活上的困难。从 2004 年开始，连续十年开展职工大病医疗互助活动，为 1 名患病职工申报阳泉市职工大病医疗互助补偿，为符合条件的困难职工办理城市最低生活保障，组织社区下岗失业、无业人员参加编织、计算机、美容美发、创业等培训，为女职工开展“两癌”普查。

职工素质提升　开展“创建学习型工会”活动，通过组织会员自学、集中学习、以训代学等多种方式，学习掌握《中华人民共和国工会法》《中华人民共和国劳动法》和《集体合同规定》等法规以及政府有关政策规定，全面提高职工素质。同时，组织工会干部积极参加市、区和街道组织的有关工会组织建设、工资集体协商、经审等专业培训。2013 年 6 月，组织女职工进行《女职工劳动保护特别规定》知识竞赛活动，向广大女职工普及相关法律法规知识，普及率达 85%以上。

文体活动开展　社区工会联合会与社区居委会一起联动，成立健美操队，配置健美操服装，购置照相机，经常深入职工当中慰问演出。每年春节期间，组织工会会员参加社区的街头文艺表演，炎炎夏日开展消夏文艺活动，庆“五一”、迎“七一”等重要节日里引导职工会员参与艺术节活动。2014 年“三八”妇女节期间，组织开展“中国梦·劳动美——女职工在行动”为主题的宣传活动，努力营造有利于女职工发展与进步的良好社会氛围。

第三节　赛鱼街道赛鱼社区工会联合会

一、社区概况

赛鱼社区隶属于赛鱼街道办事处，成立于 2000 年。东至赛鱼口商业银行，西至阳煤集团三矿医院，南至 307 国道，北至三矿文化广场，区域面积 1 平方千米。截至 2014 年 12 月，辖区共有 58 幢住宅楼、2 个自建区，居民 3210 户，总人口 1.31 万余人。

二、组织沿革

赛鱼社区工会工作始于 2004 年，以工会小组的形式开展各项工作，工会正式组建于 2007 年 6 月，初始命名为赛鱼商业一条街工会联合会，除吸纳入原始赛鱼社区工会小组外，还吸纳三矿回收区、赛鱼集贸市场、长兴餐饮、张大侃涮烤坊、赛隆超市、赛鱼百货大楼等多家非公企业成员入会，并召开第一次代表大会，选举赛鱼社区主任王瑞芳兼任第一届工会主席，杨翠平为副主席。2009 年，王瑞芳因工作调离，王艳珍接任赛鱼社区主任并兼任工会主席。2010 年 2 月，召开第二次代表大会，赛鱼商业一条街工会联合会更名为赛鱼社区工会联合会，工会主席由赛鱼社区党支部副书记曹杰梅兼任，副主席为王瑞青。原赛鱼集贸市场、长兴餐饮、张大侃涮烤坊、赛隆超市、赛鱼百货大楼、赛鱼超市、自由空间网吧等多家非公企业成立赛鱼（商业街）联合工会。2013年2月，第三次代表大会选举赛鱼社区党支部副书记李洁为社区工会联合会主席，王瑞青担任副主席，下设经费审查委员会和女职工委员会，并将润萍化妆、滋生堂大药房、天天快递、施常明牙科等非公企业一并吸纳入工会覆盖范围。截至2014年12月，共覆盖企业149家，吸纳会员1021人，其中，女会员477人，占工会会员总数的46.7%。

赛鱼社区历届工会主席、副主席名表

表3-33

届　次	姓　名	性别	职　务	任　职　时　间	备　注
第一届工会联合会	王瑞芳	女	主　席	2007.8 ~ 2009.1	社区主任兼
	王艳珍	女	主　席	2009.1 ~ 2010.2	社区主任兼
	杨翠平	女	副主席	2007.8 ~ 2010.2	社区委员兼
第二届工会联合会	曹杰梅	女	主　席	2010.2 ~ 2013.2	社区党支部副书记兼
	王瑞青	女	副主席	2010.2 ~ 2013.2	社区委员兼
第三届工会联合会	李　洁	女	主　席	2013.2 ~	社区党支部副书记兼
	王瑞青	女	副主席	2013.2 ~	社区委员兼

三、职工代表大会

社区区域性职工代表大会建制于2008年，一般和会员代表大会两会合一，同时召开。第一届区域性职代会有职工代表35人，职代会上签订《社区区域性集体合同》《社区区域性工资集体合同》。2010年2月，召开第二届区域性职工代表大会，签订《社区区域性集体合同》《社区区域性工资集体合同》。2013年2月，召开第三届区域性职工代表大会，签订《社区区域性集体合同》《社区区域性工资集体合同》《社区区域性女职工特殊权益保护专项集体合同》和《社区区域性劳动安全卫生集体合同》。2014年4月，续签《社区区域性工资集体合同》。

四、主要工作

推进思想建设　2007年～2014年，深入学习“三个代表”重要思想、科学发展观，中共十八届三中、四中全会精神和习近平总书记系列重要讲话精神，并组织工会干部撰写学习心得。通过学习，掌握先进的知识文化，提升价值观，学会用辩证的历史的方法看问题，学会用科学的观点分析问题解决问题。

完善规范化建设　社区工会不断加强规范化建设，完善各项工作制度，根据《工会法》等法律和文件的有关规定，对会员大会（会员代表大会）制度、民主选举制度、工会会员帮扶制度、工会委员会的职能与任务、工会主席职责、民主管理制度、工会财务制度、经审制度等进行规范。通过会议文件等形式，对工会组织组建程序、工会主席产生程序、职代会运行程序、党务、居务公开程序、平等协商工作程序等相关内容进行规范，保证工会工作既便于操作，又有法可依，推进工会工作的民主化、法制化进程。积极做好服务职工群众工作，努力为职工群众做好事、办实事、解难事，并努力做好困难职工帮扶和职工就业培训工作。

加强组织建设　严格按照会员代表大会制度和民主选举制度的要求，完成第一、二、三届委员会及经费审查委员会、女职工委员会的换届，换届选举产生工会联合会委员及主席、副主席。遵循“双措并举、二次覆盖”原则，组建专业工会工作队伍，发展非公企业会员，对非公企业的职工进行工会二次覆盖，使工会服务实现“全覆盖、零缝隙”。截至2014年，会员数达到1021人，覆盖辖区非公企业、个体工商户等共149家。

建设职工之家　开展建设职工之家的工作，在社区三楼成立“职工书屋”，书屋内增设电脑室，并在原来社区365活动室的基础上增设乒乓球案、棋牌桌、点歌台、演讲台、健身器材等多项活动设备，为辖区职工，尤其是退休老职工提供活动场所。“职工之家”建立之后，工会联合会多次组织职工活动，组织女职工进行拔河比赛，组织退休老职工成立老年歌友会，组织职工党员进行“七一”党员联欢会，组织残疾职工进行康复训练，组织社区职工参加建设“职工之家”知识竞赛，组织职工代表参与民主测评，满意度达100%。

开展“三双”活动　2013年2月，“双亮”活动普遍开展，工会主席、副主席有桌牌、有胸卡，亮明身份，工会委员、社区职工有服务连心卡，有服务热线，为职工服务提供便捷通道。在星级工会创建活动中，取得优异的成绩，于2013年1月，被市总工会授予“五星级工会”称号。

网格化管理　探索管理创新模式，在社区网格化管理的基础上积极探索工会网格化管理，将辖区划分为10个网格，各网格员对所辖区域内的企业和职工负责，制作出工会网格化管理服务示意图，按照“一单位一档、一网格一册”的模式，建立基层工会组织电子信息档案和文字信息档案，真正实现把工会建在网格上，网格中职工群众的冷暖问题和建议有人负责、有人发现、有人报告、有人解决，通过工会组织网格化管理平台，实现管理区域、管理对象、管理环节和管理时限全覆盖。

推进文化建设　工会与居委会一起联动，搞好社区活动，2008年~2014年，社区工会每年元宵节组织女职工秧歌队参加民间文艺会演，举办女职工职业技能培训。2010年，组织女职工参加三矿女职工篮球联赛和“交警杯”男职工篮球联赛。2012年“三八”妇女节，开展广场文艺活动和拔河比赛。2013年7月，组织辖区企业参加“中国梦?劳动美”征文比赛，组织退休老职工组建老年合唱团。2014年，组织职工学习中国共产党的群众路线教育相关知识，在赛鱼口开展免费法律咨询，组织辖区残疾职工定期来工会职工书屋阅读书籍，并参加康复训练。11月，举办职工趣味运动会，丰富社区居民、企业职工的文化生活。

困难职工帮扶　工会积极做好职工职业技能培训和下岗职工再就业工作，发展社区家政服务业，带动辖区零就业人员就业，切实维护职工的合法权益。2010年，春节慰问困难职工12人，2011年，春节慰问困难职工26人，2012年，春节慰问困难职工32人，2013年，对辖区39名困难职工进行摸底登记，填写困难职工申报表，并加入困难职工帮扶系统。2013年春节，为10户困难职工送去米、面、油等慰问品，为15户困难职工发放300元救助金。2014年春节，慰问困难职工36人；夏季，为41名困难职工发放消暑食品。

第四节 赛鱼街道虎尾沟社区工会联合会

一、社区概况

虎尾沟社区隶属于赛鱼街道办事处，成立于2000年7月。地处矿区赛鱼街道办事处东，辖区面积0.7平方千米，东起桥头街道桥西社区，西至矿山路，南邻桃北西路，北与郊区石卜咀村接壤。社区常住人口4200多户，常住人口1.2万余人，社区共有工作人员20人，辖区有阳泉市公安局西城分局、矿区人民法院、威虎化工等17家单位及16个商业服务网点。

二、组织沿革

2004年7月，社区成立工会委员会，召开第一次代表大会，会员代表16人，选举社区副主任吴智华兼任工会主席。2006年7月，社区召开第二次代表大会，选举社区委员王香孩任工会主席。2006年9月，经赛鱼街道工会联合会批准，虎尾沟社区工会联合会成立暨第一次代表大会召开，会议选举产生工会联合会委员5人，经费审查委员会委员3人，王香孩连任工会联合会主席，董六菊为副主席，任丽生为经审委主任。2009年7月，召开第二次代表大会，选举王香孩连任工会联合会主席，董六菊连任副主席。2013年4月，召开第三次代表大会，王香孩连任工会联合会主席，李燕为副主席。2014年，有工会会员516人，其中，女会员366人。

虎尾沟社区历届工会主席、副主席名表

表3-34

届　次	姓　名	性别	职　务	任职时间	备　注
第一届工会委员会	吴智华	女	主　席	2004.7～2006.6	社区副主任
第二届工会委员会	王香孩	女	主　席	2006.7～2006.9	社区委员
第一届工会联合会	王香孩	女	主　席	2006.9～2009.6	社区委员
	董六菊	女	副主席	2006.9～2009.6	新泉公司副书记
第二届工会联合会	王香孩	女	主　席	2009.7～2013.3	社区委员
	董六菊	女	副主席	2009.7～2013.3	新泉公司副书记
第三届工会联合会	王香孩	女	主　席	2013.4～	社区委员
	李　燕	女	副主席	2013.4～	社区委员

三、职工代表大会

社区区域性职工代表大会建制于2009年1月，同年4月，召开第一届区域性职工代表大会，参会职工代表26人，职工代表审议通过《区域性集体合同（草案）》《区域性女职工特殊权益保护专项集体合同（草案）》和《区域性工资集体专项合同（草案）》。

2013 年 4 月，虎尾沟社区工会联合会召开职工代表大会

职工代表与企业代表签订《区域性集体合同》《区域性工资集体合同》和《区域性女职工特殊权益保护专项集体合同》，覆盖个体工商 8 户，非公企业 2 个，职工 150 人。通达机械有限责任公司职工代表和新泉物流公司职工代表分别与企业代表签订《工资专项合同》《女职工特殊权益保护专项集体合同》和《集体合同》。2010 年 4 月、2011 年 4 月、2012 年 4 月、2013 年 4 月，分别续签《区域性工资集体专项合同》。2013 年 4 月，召开第二届区域性职工代表大会，职工代表审议通过《区域性集体合同(草案)》《区域性女职工特殊权益保护专项集体合同(草案)》和《区域性劳动安全集体合同(草案)》，职工代表与企业代表签订《区域性集体合同》《区域性工资集体合同》和《区域性女职工特殊权益保护专项集体合同》。覆盖个体工商 16 户，职工 52 人，2014 年 4 月，续签《区域性工资集体专项合同》，2014 年 5 月，续签《区域性工资集体协议》。

四、主要工作

健全社区工会工作档案，出台各项规章制度，实现办公场所、活动场所、学习场所“三到位”。成立困难职工帮扶站，为困难职工帮扶解忧，利用网络平台，开办虎尾沟工会联合会 QQ 群、虎尾沟工会联合会网站、网站负责人有工会联合会副主席负责，形成人与网格一体，手机不离身、网格不下线、服务第一线的工作理念。制作网格图，口袋书，制度上墙，发挥网络作用，将工资集体协商工作纳入网格化、规范化、程序化、法制化的轨道。

开展形式多样的帮扶走访活动。走访慰问辖区困难职工，帮助困难职工子女申请助学贷款，成立困难职工帮扶站，逢年过节对困难职工进行物资等帮扶，提供培训平台，帮助下岗失业人员实现再就业，以职工利益为出发点，积极推行工资集体协商，帮助职工与企业签订工资集体合同，成立劳动仲裁委员会，帮助职工维权，成立“职工之家”“职工书屋”，为职工活动和获得知识提供平台。

加强学习，不断探索新思路，开展学习教育活动，不定期邀请专家、讲师、社区律师等为大家讲课，学习各类知识。结合社区实际，整合资源，于 2013 年 3 月，成立“职工之家七彩服务队”。七彩服务队成员来源于社区工会会员和辖区单位的职工队伍，基于自愿报名、综合考量的前提下，挑选出 56 人吸收为服务队队员，立足优化服务队伍，温暖职工，凝聚人心。

开展多种形式的文化体育活动，积极组织社区工会会员参加跳绳、羽毛球比赛、书画作品展等，不定期组织开展工会知识讲堂和知识竞赛等有意义的活动，为会员职工宣传普及《工会法》《劳动权益保护法》等知识，增强会员维权意识和法律知晓率。做大、做实、做活“职工之家”，鼓励、支持居民到网格活动室举办生日庆祝活动，增进会员的团结和友谊，满足会员的精神文化生活需求，增强工会的活力和凝聚力。

第五节　赛鱼街道大垴沟社区工会联合会

一、社区概况

大垴沟社区隶属于赛鱼街道办事处，于2000年7月成立。东以矿山路西为界，南至阳煤集团三矿广场，北至阳煤集团一矿牌楼与前沙坪社区为邻，占地面积1.2平方千米，驻地单位5个，住宅楼89栋，居民5331户，1.2万余人，其中，困难职工家庭23户。有社区居委会干部12人。

二、组织沿革

2008年4月，大垴沟社区工会成立，社区党支部副书记史珍林兼任主席，会员579人，其中，女会员401人，农民工57人。2010年6月，经上级工会批准，大垴沟社区成立沙坪街区域工会联合会，召开第一次代表大会，选举史珍林为工会联合会主席，覆盖社区非公企业和个体工商户155户。2014年，有工会会员519人，其中，女会员390人。

大垴沟社区历届工会主席、副主席名表

表3-35

届　次	姓　名	性别	职　务	任　职　时　间	备　注
第一届工会委员会	史珍林	女	主　席	2008.4～2010.3	社区党支部副书记
	史艳萍	女	副主席	2008.4～2010.3	三矿建安公司
第一届工会联合会	史珍林	女	主　席	2010.2～	社区党支部副书记
	史艳萍	女	副主席	2010.2～2012.12	三矿建安公司
	明改萍	女	副主席	2013.1～	社区委员

三、职工代表大会

社区区域性职工代表大会建制于2008年，一般和会员代表大会一起召开。第一届区域性职代会有职工代表33人，职代会上签订《社区区域性集体合同》《社区区域性工资集体合同》。2010年2月，召开第二届区域性职工代表大会，签订《社区区域性集体合同》《社区区域性工资集体合同》《社区区域性女职工特殊权益保护专项集体合同》和《社区区域性劳动安全卫生集体合同》，覆盖区域性、行业性非公企业7家，职工258人。2014年4月，续签《社区区域性工资集体合同》。

四、主要工作

完善档案资料　以“一条例四规范”为标准，建立文件资料、组织建设、职工活动、特困职工、会员实名制等档案，做到辖区内非公企业和个体户不漏户、不漏职工、对流动性大的商户和职工及时登记、及时入会，利用每年的组织建会攻坚月，组建工会，发展会员，使建会率和会员入会率达到100%。沙坪市场和沙坪街区域工会一条街个体商户采取以行业类别的方式，分别选出工会主席，每年召开区域性职工代表大会，签订《社区区域性集体合同》《社区区域性工资集体合同》《区域性女职工特殊权益保护专项集体合同》等，建立完善《工会组织管理手册》和《工会干部管理手册》，工会组织和会员全部输入微机，实行动态化管理。

就业培训工作　2010年，组织失业人员培训达18多人次，对企业下岗失业人员提供就业岗位1次~2次，办理再就业优惠证2人，提供就业信息300多条，对暂时无法就业的20多人进行摸底登记，符合条件的被纳入低保范围，对下岗失业人员发放低保30人次，安置零就业家庭1人。工会还根据部分有就业培训意向的下岗人员和失业居民进行摸底调查，通过摸底先后有16人报名，分别参加美容、美发、电脑、厨艺等各项技能培训，为找到就业岗位点先行打好技能基础。

困难职工帮扶工作　坚持每年开展慰问困难职工活动。2011年，慰问困难职工5户；2012年，慰问困难职工19户；2013年，慰问困难职工12户；2014年，慰问困难职工17户。慰问金金额累计达1.66万元，使每个困难家庭实实在在得到工会的关爱和温暖。

开展文体活动　通过多种渠道开展健康向上的文化活动，设立爱心职工之家、社区职工学校、离退休职工活动室，组建锣鼓队、秧歌队、乐器队、广场合唱队、太极拳队等，掀起文化娱乐、健身热潮，丰富职工业余文化生活。2012年，组织社区书画协会20名会员，分别参加阳煤集团三矿工会举办的“爱企·廉洁·奉献”书画摄影展，阳煤集团安检局举办的安全生产月全局安全书画巡回展以及“赞歌颂党恩、共筑中国梦”建党93周年职工书画展。2014年，组织社区工会职工举办“社区迎新春书画展”，展出作品60余幅，协会会员还为社区困难职工群众书写春联80多幅，充分体现社区对居民群众的关心，“社区是我家，关爱靠大家”理念在社区得到充分体现。2014年12月，为深入实施女职工提升素质建功立业工程，使之成为社区工会工作的重要组成部分，突出女职工在各项工作中健康发展、快乐工作，充分调动女职工的工作积极性、主动性，开展大垴沟工会女职工提素建功竞赛活动，旨在展示女职工良好的精神风貌和岗位建功的典型事迹。

第六节　赛鱼街道井沟社区工会联合会

一、社区概况

井沟社区隶属于赛鱼街道办事处，于2000年成立。井沟社区与郊区赛鱼村相邻，属于典型的城乡接合部，东至阳煤集团三矿材料科客房，西至西川路，南临太行国际新城，北接郊区赛鱼村，总面积约0.6平方千米。有楼房27栋、排房6排、6个网格、常住居民1561户、常住人口4806人。

二、组织沿革

2008年1月，井沟社区工会委员会成立，社区党支部书记崔荷莲兼任工会主席，会员156人,其中,女会员120人。2011年6月,成立井沟社区工会联合会,第一次代表大会,选举崔荷莲任工会联合会主席。覆盖社区个体工商户85户,职工525人,会员525人,其中,女会员388人。

井沟社区历届工会主席、副主席名表

表3-36

届　次	姓　名	性别	职　务	任　职　时　间	备　注
第一届工会委员会	崔荷莲	女	主　席	2008.4~2011.5	社区党支部书记
	王金凰	女	副主席	2008.4~2011.5	社区副主任
第一届工会联合会	何换平	女	主　席	2011.6~	社区党支部副书记
	弓师海	男	副主席	2011.6~	芙蓉酒楼工会主席

三、职工代表大会

社区区域性职工代表大会建制于2008年,一般和会员代表大会一起召开。第一届区域性职代会有职工代表13人,职代会上签订《社区区域性集体合同》《社区区域性工资集体合同》。2011年6月,召开第二届区域性职工代表大会,签订《社区区域性集体合同》《社区区域性工资集体合同》《社区区域性女职工特殊权益保护专项集体合同》和《社区区域性劳动安全卫生集体合同》,覆盖区域性个体户85家,职工520人。2014年4月,续签《社区区域性工资集体合同》。

四、主要工作

完善档案资料 建立健全文件资料、组织建设、职工活动、困难职工帮扶、会员实名制登记等档案,完善《工会组织管理手册》和《工会干部管理手册》,工会组织和工会会员全部输入计算机,实行动态化管理。

加强组织建设 利用每年开展的建会攻坚月活动,组建工会,发展会员,做到辖区内非公企业和个体户不漏户、不漏职工,对流动性大的商户和职工及时登记、及时发展入会,使建会率和会员入会率达到100%。每年召开区域性职工代表大会,签订《社区区域性集体合同》《社区区域性工资集体合同》和《区域性女职工特殊权益保护专项集体合同》。

困难职工帮扶工作 为关爱困难职工生活,社区基层工会坚持每年开展慰问困难职工活动。2013年,慰问困难职工12户,“金秋助学”对1户困难户进行帮扶。2014年,慰问困难职工14户,工会及时给困难职工送去米、面、油和现金进行帮扶慰问,使每个困难职工家庭感受到工会的关怀和帮助。每年组织职工开展大病医疗互助活动,缴纳大病互助金,进一步减轻患大病职工因病致困的压力。

开展文体活动 每年举行消夏电影演出,使职工在炎炎夏日感受到工会组织的关怀。在一年一度的春节、元宵两节期间,工会组织职工自编文艺节目,不仅在辖区街头为群众演出,还参加阳煤集团三矿广场文艺节目会演,在喜庆的节日,给居民带来欢乐。

第七节 赛鱼街道麻地巷社区工会委员会

一、社区概况

麻地巷社区隶属于赛鱼街道办事处，于2000年7月成立。位于赛鱼街道办事处以北、矿山路以东，南至赛鱼社区、西至大垴沟社区、北至沙坪街道办事处桥南园社区，紧邻阳煤集团三矿广场和东山公园。社区由原来的路中、路北、麻地巷三个居委会合并而成，占地面积0.4平方千米。共有楼房、自建房、公客房居民2873户，共7401人。有社区干部8人。

二、组织沿革

2004年7月，麻地巷社区工会委员会成立，会员代表大会选举产生社区工会委员会，选举社区党支部书记、主任毛凤林兼任工会主席，副主席为梁万花。2007年4月，召开第二次代表大会，毛凤林连任工会主席，梁万花连任副主席，工会会员发展到119人。2010年4月26日，召开第三次代表大会，选举社区党支部副书记唐翠花兼任工会主席，副主席为李媛。2013年1月，因工作需要，补选社区党支部副书记陈志萍为工会主席。2014年，有会员150人，其中，女会员114人。

麻地巷社区历届工会主席、副主席名表

表3-37

届次	姓名	性别	职务	任职时间	备注
第一届工会委员会	毛凤林	女	主席	2004.7～2007.3	社区党支部书记、主任
	梁万花	女	副主席	2004.7～2007.3	社区委员
第二届工会委员会	毛凤林	女	主席	2007.4～2010.1	社区党支部副书记
	梁万花	女	副主席	2007.4～2010.1	社区委员
第三届工会委员会	唐翠花	女	主席	2010.4～2012.12	社区党支部副书记
	陈志萍	女	主席	2013.1～	社区党支部副书记，补选
	李媛	女	副主席	2010.4～	社区委员

三、职工代表大会

社区区域性职工代表大会建制于2008年，一般和会员代表大会一起召开。第一届区域性职代会有职工代表12人，职代会上签订《社区区域性集体合同》《社区区域性工资集体合同》。2010年4月，召开第二届区域性职工代表大会，签订《社区区域性集体合同》《社区区域性工资集体合同》《社区区域性女职工特殊权益保护专项集体合同》和《社区区域性劳动安全卫生集体合同》，覆盖区域性个体工商户2家，职工150人。

四、主要工作

以建设学习型社区为目标，工会确立"学习与工作相结合"的理念。既坚持政治学习、业务学习，传达上级文件精神，引导职工树立正确的人生观、世界观、价值观，又积极参加上级工会组织的业务培训，提高服务意识和技能，为更好地开展工会工作奠定基础。

积极开展送温暖活动，为职工排忧解难。为解决一部分困难职工、居民家庭生产、生活问题，保障他们生活有序，工会从维护社会稳定的角度出发，认真做好摸底、调查、走访困难职工的情况，根据各户的实际情况，社区工会建立档案，实行动态管理，通过多种方式帮助困难职工、居民家庭，针对他们生活和生产中的实际问题，及时给予帮扶。2010 年，慰问困难职工 8 户；2011 年，慰问困难职工 9 户；2012 年，慰问困难职工 19 户；2013 年，慰问困难职工 6 户；2014 年，慰问困难职工 12 户，为 2 名患病职工办理阳泉市职工大病医疗互助补偿。

开展各种活动，加强精神文明建设，开展法律宣传，每年在“三八”妇女节，为切实提高妇女的法律意识和自我依法维权的能力，工会利用特殊日子，组织 60 余人参加宣传活动，通过发放《妇女权益保护法》《婚姻法》《劳动法》等宣传资料 160 余份，引导妇女用法律来维护自己的权益。

积极建设“职工书屋”，丰富职工文化生活。建设社区“职工书屋”占地 15 平方米，配有图书 1 万余册，可以满足不同人群的需求。“职工书屋”各项制度健全，已通过二星级“职工书屋”的验收，社区“职工书屋”树立“读者第一，服务至上”的管理服务理念，职工借书、阅览活动开展正常。每年暑假、寒假，社区图书室都定时向辖区青少年开放，吸引更多的青少年前来借阅书籍，阅读学习，为广大青少年和职工提供一个良好的学习平台。

第八节 赛鱼街道南楼社区工会委员会

一、社区概况

南楼社区隶属于赛鱼街道办事处，于 2000 年 7 月成立，由原来南楼东、南楼西、小南沟三个居委会合并，占地面积 0.3 平方千米，东起菜洼，西与郊区大南沟村相接，石太铁路线贯穿整个社区，截至 2014 年 12 月，辖区共有 21 栋楼，1 个自建区，居民 1296 户，总人口 3493 人。

二、组织沿革

2004 年 1 月，社区工会成立，会员 34 人，其中女会员 12 人，会员大会选举产生社区工会委员会，工会主席由社区党支部副书记王巧花兼任。2006 年 9 月 14 日，社区工会召开第二次会员代表大会，王巧花连任工会主席。2010 年 1 月 2 日，召开第三次会员代表大会，社区党支部副书记梁壮风兼任工会主席，副主席为梁庆梅。2011 年 12 月，召开第四次会员代表大会，梁壮风连任工会主席，副主席为梁庆梅。2014 年，有工会会员 112 人，其中，女会员 91 人。

南楼社区历届工会主席、副主席名表

表 3-38

届　次	姓　名	性别	职　务	任　职　时　间	备　注
第一届工会委员会	王巧花	女	主　席	2004.1 ~ 2006.9	社区党支部副书记
	任清仙	女	副主席	2004.1 ~ 2006.9	社区委员
第二届工会委员会	王巧花	女	主　席	2006.9 ~ 2009.12	社区党支部副书记
	梁壮风	女	副主席	2006.9 ~ 2009.12	社区委员
第三届工会委员会	梁壮风	女	主　席	2010.1 ~ 2011.12	社区党支部副书记
	梁庆梅	女	副主席	2010.1 ~ 2011.12	市十五中学工会主席
第四届工会委员会	梁壮风	女	主　席	2012.1 ~	社区党支部副书记
	梁庆梅	女	副主席	2012.1 ~	市十五中学工会主席

三、职工代表大会

社区区域性职工代表大会建制于 2004 年 1 月。第一届区域性职工代表大会有职工代表 34 人,职代会上签订《社区区域性集体合同》《社区区域性工资集体合同》,覆盖非公企业 1 户,职工 8 人。2007 年 3 月,召开第二届社区区域性职工代表大会,签订《社区区域性集体合同》《社区区域性女职工特殊权益保护专项集体合同》,覆盖非公企业 1 户,职工 8 人。2010 年 3 月、2011 年 3 月,分别续签《社区区域性工资集体合同》。

四、主要工作

完善档案资料　以"一条例四规范"为标准,建立文件资料、组织建设、职工活动、特困职工、会员实名等 6 个档案,做到辖区内非公企业和个体户不漏户。不漏职工、底数清,对流动性大的商户和职工及时登记、及时入会,利用每年的组织建会攻坚月,组建工会,发展会员,使建会率和会员入会达到 100%。每年召开区域性职工代表大会,签订《社区区域性集体合同》《社区区域性工资集体合同》《社区区域性女职工特殊权益保护专项集体合同》等,建立完善《工会组织管理手册》和《工会干部管理手册》。

为职工排忧解难　2004 年,小南沟危房搬迁,社区工会主席以矿区人大代表的身份两次提出议案,几经奔走、多方协调,经过不懈努力,2006 年,针对职工不同层次的需求,实施关心走访到位、帮助扶助到位、培训教育到位、安置就业到位、跟踪服务到位的"五到位服务"。建立以法律咨询、职工介绍、家政服务、工资捐助为内容的"一站式"服务,解决弱势群体的实际困难。参加矿区民营企业招聘会,提供就业岗位,向弱势群体、下岗失业人员、患大病特病职工及其家属、独生子女困难家庭无偿救助米、面、油、衣服、棉被、学习用具,救助人数 36 人。开展"金秋助学月"活动,为 2 名考上大学的困难职工子女申请助学金,为 14 名困难中、小学生申请减免杂费优惠。免费为 1 名下岗职工提供法律援助,解决劳资纠纷。为 2 名患病职工办理阳泉市职工大病医疗互助补偿,对符合条件的困难职工办理城市最低生活保障。

开展文体活动　设立退休职工活动室,组建锣鼓队、秧歌队、广场舞等活动团队,掀起文化娱乐、健身热潮,丰富职工业余文化生活。每年参加街道迎新春联欢会,盛夏，请来电影放映队，播放精彩幽默、有教育意义的电影 2 场，受到职工好评。职工活动室为职工提供活动场所，特别是离退休职工在此欢聚娱乐、颐养天年，让他们感受到工会大家庭的温暖。

第九节　桥头街道桥头社区工会联合会

一、社区概况

桥头社区隶属于桥头街道办事处，于 2000 年 7 月组建。2013 年 6 月桥头街道办事处综合体制改革后，原桥头社区与原西马家坪社区合并，组成新的桥头社区。合并后的桥头社区东起河神庙，西至煤山路，南邻桃北街，北邻刘家垴、西山两个社区，占地面积约 0.5 平方千米，共有 106 栋楼房，41 户排房，60 户窑洞，居民 3712 户，1.23 万人。

二、组织沿革

桥头社区工会组建于 2004 年 2 月，第一届工会主席由社区主任涂庆福兼任，副主席为陈伟。2007 年 9 月，社区工会联合会成立，召开第一次代表大会，选举涂庆福任工会联合会主席，副主席为陈伟、姚汝刚。2010 年 4 月，召开第二次代表大会，涂庆福连任主席，副主席为张志华、陈伟。2013 年 1 月，召开第三次代表大会，涂庆福继续担任主席，副主席为周玉平。至 2013 年 6 月，有会员 907 人，其中，女会员 320 人。2013 年 6 月，与原西马家坪社区工会联合会合并后，会员增至 1436 人，其中，女会员 714 人。

桥头社区历届工会主席、副主席名表

表 3-39

<table>
<tr><th>届　次</th><th>姓　名</th><th>性别</th><th>职　务</th><th>任　职　时　间</th><th>备　注</th></tr>
<tr><td rowspan="2">第一届工会委员会</td><td>涂庆福</td><td>男</td><td>主　席</td><td>2004.2 ~ 2007.8</td><td>社区主任</td></tr>
<tr><td>陈　伟</td><td>男</td><td>副主席</td><td>2004.2 ~ 2007.8</td><td>山西欣通建筑工程有限责任公司工会主席</td></tr>
<tr><td rowspan="3">第一届工会联合会</td><td>涂庆福</td><td>男</td><td>主　席</td><td>2007.9 ~ 2010.3</td><td>社区主任</td></tr>
<tr><td>陈　伟</td><td>男</td><td>副主席</td><td>2007.9 ~ 2010.3</td><td>山西欣通建筑工程有限责任公司工会主席</td></tr>
<tr><td>姚汝刚</td><td>男</td><td>副主席</td><td>2007.9 ~ 2010.3</td><td>矿区鹏翔复印部经理</td></tr>
<tr><td rowspan="3">第二届工会联合会</td><td>涂庆福</td><td>男</td><td>主　席</td><td>2010.4 ~ 2012.12</td><td>社区主任</td></tr>
<tr><td>张志华</td><td>女</td><td>副主席</td><td>2010.4 ~ 2012.12</td><td>社区党支部副书记</td></tr>
<tr><td>陈　伟</td><td>男</td><td>副主席</td><td>2010.4 ~ 2012.12</td><td>山西欣通建筑工程有限责任公司工会主席</td></tr>
<tr><td rowspan="3">第三届工会联合会</td><td>涂庆福</td><td>男</td><td>主　席</td><td>2013.1 ~</td><td>社区主任</td></tr>
<tr><td rowspan="2">周玉平</td><td rowspan="2">女</td><td rowspan="2">副主席</td><td>2013.1 ~ 2013.6</td><td>社区党支部副书记</td></tr>
<tr><td>2013.6 ~</td><td>社区党工委副书记</td></tr>
</table>

三、职工代表大会

社区区域性职工代表大会建制于 2007 年 3 月。第一届区域性职代会有职工代表 53 人，职代会上签订《社区区域性集体合同》《社区区域性女职工特殊权益保护专项集体合同》和《社区区域性劳动安全卫生集体合同》，覆盖非公企业 4 户。2010 年 4 月，召开第二届社区区域性职工代表大会，签订《社区区域性集体合同》《社区区域性女职工特殊权益保护专项集体合同》《社区区域性劳动安全卫生集体合同》和《社区区域性工资专项集体合同》，覆盖非公企业 10 户。2014 年 3 月，合同期满，分别续签 4 项合同。

四、主要工作

完善档案资料　桥头社区工会联合会成立之初，采取“组建方式灵活多样，入会手续简便易行”的方式，将辖区内 229 户的个体工商户组织起来，不断壮大工会队伍，使工会的桥梁和纽带作用得到充分发挥。同时加强会员会籍管理，实行实名制档案管理的规范化和动态化，健全完善工会组织，确保哪里有职工群众，活动就开展到哪里，职工的合法权益就维护到哪里。

为职工排忧解难工作　开展为困难家庭“送温暖、献爱心”为主题的活动，大力实施“关爱工程”，使人文关爱与人本管理有机结合，努力为困难职工提供周到服务。2009 年至 2012 年，社区共救助困难职工 55 人。2013 年，工会救助实行“一卡通”后，共救助困难职工 15 人次，救济金额 8300 元。2008 年，汶川特大地震发生后，工会积极组织会员奉献爱心，会员吴桂武动员会员和社会各界朋友，分 6 次捐款近 7 万元。得知段南沟社区小朋友崔嘉患白血病无钱救治时，社区工会组织会员在矿百音响店前和中国工商银行石卜咀支行门前设立捐款箱，为小崔嘉募捐近 1 万元。2009 年冬，阳泉市遭遇暴雪灾后，工会会员捐款 810 元。工会会员籍爱华，1999 年创办爱华美容美发职业技能培训学校，十多年，学校为学员提供在线服务及实践实习基地，教学采用滚动复式教学和签约式教学方法，免费培训家庭困难学员、免费为社区居民理发。2009 年 9 月，社区办公新址投入使用后，矿区职工教育培训学校和矿区职工就业培训中心在社区成立，社区工会负责培训学校和中心的日常管理。开展美发技能培训两期 140 人。2010 年 3 月，社区工会召开就业培训推介会，在推介会上，手工艺编织专业人员为参会人员传授中国结编织技术，保险公司收展部对本部所需的人员情况进行介绍，就业培训推介会当天各类报名人数 35 人。

“职工书屋”建设　根据市、区、街道工会的文件精神，切实加强“职工书屋”规范化建设，发挥“职工书屋”传播先进文化、普及科技知识、丰富职工精神文化的基础性作用，社区于 2009 年 9 月组建“职工书屋”。“职工书屋”占地面积 40 余平方米，共有各类书籍、报纸杂志 3500 余册，书架 4 个、书柜 4 个，桌子 6 张、椅子 40 把、联网电脑 21 台，配备兼职管理人员 3 人，基本满足广大会员的借阅要求。

开展文体活动　2014 年 6 月，“七一”前夕，为纪念中国共产党成立 93 周年，桥头社区工会组织社区干部和部分老党员到阳泉市爱国主义教育基地平定县巨城镇南庄村进行参观学习。2014 年 8 月,在馨康家园二期 67 号楼前,举办主题为“树文明新风,建和谐家园”的消夏晚会。2014 年 12 月,召开“百姓大舞台,有你更精彩”联欢会。晚会节目有独唱《时间都去哪儿了》,社区干部自编自演三句半《社区联欢三句半》,幼儿舞蹈《快乐宝贝》,互动游戏等,压轴戏为 6 位年过花甲的阿姨表演的舞蹈《万事如意》。

社区工会联合会多次受到省、市、区总的表彰,被评为“先进基层工会”、“优秀工会组织”、“维权先进集体”。2009 年 10 月,在全省乡镇(街道)工会工作会议上获“山西省基层工会联合会标兵单位”称号。

第十节 桥头街道刘家堖社区工会联合会

一、社区概况

刘家堖社区隶属于桥头街道办事处,于 2000 年 7 月组建。地处矿区中心区域,紧临闹市区,西起煤山路,东至王岩沟,北至阳煤集团四矿供应科,南到桥东街市场,占地面积约 0.2 平方千米,地势东北高西南低呈缓坡型。2014 年,共管辖住宅楼 51 幢,住户 1786 户,居民 5230 人。

二、组织沿革

刘家堖社区工会成立于 2004 年 2 月。同年 7 月,召开第一次代表大会,选举社区主任梁春娥兼任工会主席,副主席为苏禄芬。2007 年 1 月,召开社区工会联合会成立暨第一次代表大会,选举社区主任王淑英兼任工会联合会主席,副主席为苏禄芬,同时选举产生经费审查委员会、女职工委员会。2010 年 4 月,召开第二次代表大会,选举社区党支部书记、主任任红梅兼任工会联合会主席,副主席为叶巧芬。2013 年 1 月,召开第三次代表大会,选举社区主任杨珺兼任工会联合会主席,副主席为叶巧芬。2014 年,有工会会员 574 人,其中,女会员 222 人。

刘家堖社区历届工会主席、副主席名表

表 3-40

<table>
<tr><th>届 次</th><th>姓 名</th><th>性别</th><th>职 务</th><th>任 职 时 间</th><th>备 注</th></tr>
<tr><td rowspan="2">第一届工会委员会</td><td>梁春娥</td><td>女</td><td>主 席</td><td>2004.2 ~ 2007.3</td><td>社区党支部书记、主任</td></tr>
<tr><td>苏禄芬</td><td>女</td><td>副主席</td><td>2004.2 ~ 2007.3</td><td>社区党支部副书记</td></tr>
<tr><td rowspan="2">第一届工会联合会</td><td>王淑英</td><td>女</td><td>主 席</td><td>2007.3 ~ 2010.4</td><td>社区党支部书记、主任</td></tr>
<tr><td>苏禄芬</td><td>女</td><td>副主席</td><td>2007.3 ~ 2010.4</td><td>社区党支部副书记</td></tr>
<tr><td rowspan="2">第二届工会联合会</td><td>任红梅</td><td>女</td><td>主 席</td><td>2010.4 ~ 2013.1</td><td>社区党支部书记、主任</td></tr>
<tr><td>叶巧芬</td><td>女</td><td>副主席</td><td>2010.4 ~ 2013.1</td><td>社区党支部副书记</td></tr>
<tr><td rowspan="4">第三届工会联合会</td><td rowspan="2">杨 珺</td><td rowspan="2">女</td><td rowspan="2">主 席</td><td>2013.1 ~ 2013.6</td><td>社区党支部书记、主任</td></tr>
<tr><td>2013.6 ~</td><td>社区主任、党工委副书记</td></tr>
<tr><td rowspan="2">叶巧芬</td><td rowspan="2">女</td><td rowspan="2">副主席</td><td>2013.1 ~ 2013.6</td><td>社区党支部副书记</td></tr>
<tr><td>2013.6 ~</td><td>社区第一党支部书记</td></tr>
</table>

三、职工代表大会

社区区域性职工代表大会建制于2007年3月。第一届区域性职代会有职工代表35人,职代会上签订《社区区域性集体合同》《社区区域性女职工特殊权益保护专项集体合同》和《社区区域性劳动安全卫生集体合同》,覆盖非公企业4户。2010年4月,再次召开社区区域性职工代表大会,签订《社区区域性集体合同》《社区区域性女职工特殊权益保护专项集体合同》《社区区域性劳动安全卫生集体合同》和《社区区域性工资专项集体合同》,覆盖非公企业4户。2014年3月,合同期满,分别续签4项合同。

四、主要工作

面对矿区的转型跨越式发展,结合社区管理创新以及个体、流动人口的不断增加,社区党组织支持协助工会工作,配备兼职工会干部。社区工会联合会建立维权长效机制,维护职工群众的合法权益。建立以职工代表大会为基本形式的企业民主管理制度,建立健全区域性平等协商和集体合同制度。工会联合会组织以党员、居民、职工为骨干的志愿者队伍,与困难职工结对帮扶,开展"助学、助残、助困"等活动,开展职工素质培训和技能培训。与区总工会及人力资源和社会保障部门联合开展就业再就业培训40多人,利用社区宣传栏及进行专项宣传提供就业信息,为下岗职工提供就业帮助。2013年,实行山西省困难职工"一卡通",张鲜娥等12人领取。

在中国共产党成立90周年之际,组织职工参与"第三届邻里艺术节",丰富社区职工的文化和精神生活。在职工家庭中开展"邻里守望活动",使职工家庭之间互帮互助。2007年,建设"职工书屋",藏书量3000册、报刊5种以上。2013年1月,被市总工会评为"五星级社区工会",同年,获矿区总工会"先进单位"称号。2014年,获"五一巾帼标兵岗"荣誉称号。

第十一节　桥头街道桥西社区工会联合会

一、社区概况

桥西社区隶属于桥头街道办事处,于2000年7月组建,由原来的居委会改设为桥西社区。位于桃北西路,东起煤山路,南至桃北西路,西至虎尾沟,北至石卜咀村,辖区面积0.7平方千米,驻地单位7个,住宅楼77栋,有自建东台、西台、北台、老君庙,拥有3689户,居民1.13万人,其中流动人口508人。2013年6月,街道办事处实施扁平化管理后,社区有19人,其中,社区干部11人,社工3人,大学生2人,街道办事处下派干部3人。

二、组织沿革

2004年2月,成立社区工会,会员大会选举产生工会委员会,工会主席由李芝甫担任,副主席由王瑞英担任。2007年5月,召开第二次会员大会,由社区主任李彩英兼任工会主席,副书记苑爱玉兼任副主席,会员增加到11人,其中,女会员11人。2010年4月22日,成立桥西社区工会联合会,召开第一次代表大会,选举社区主任李彩英任工会联合会主席，副主席为曹俊斌，会员增加到 546 人，其中，女会员 431 人；同时，选举产生工会委员会、经审委员会、女职工委员会。2012 年 5 月 20 日，曹俊斌辞职，社区召开代表大会，选举贡俊英接任副主席。2013 年 5 月 28 日，召开第二次代表大会，社区主任李彩英连任工会联合会主席，贡俊英担任副主席，会员增加到 559 人，其中，女会员 435 人。

桥西社区历届工会主席、副主席名表

表 3–41

届　次	姓　名	性别	职　务	任　职　时　间	备　注
第一届工会委员会	李芝甫	女	主　席	2004.2 ~ 2007.5	社区主任
	王瑞英	女	副主席	2004.2 ~ 2007.5	社区党支部副书记
第二届工会委员会	李彩英	女	主　席	2007.5 ~ 2010.4	社区主任
	苑爱玉	女	副主席	2007.5 ~ 2010.4	社区党支部副书记
第一届工会联合会	李彩英	女	主　席	2010.4 ~ 2013.1	社区党支部书记、主任
	曹俊斌	女	副主席	2010.4 ~ 2013.1	社区党支部副书记
第二届工会联合会	李彩英	女	主　席	2013.1 ~ 2013.6	社区主任、党支部书记
				2013.6 ~	社区主任、党工委副书记
	贡俊英	女	副主席	2013.1 ~ 2013.6	社区党支部副书记
				2013.6 ~	社区第一党支部书记

三、职工代表大会

社区区域性职工代表大会建制于 2007 年 3 月。第一届区域性职代会有职工代表 54 人，职代会上签订《社区区域性集体合同》《社区区域性女职工特殊权益保护专项集体合同》和《社区区域性劳动安全卫生集体合同》，覆盖非公企业 4 户。2010 年 4 月，召开第二届社区区域性职工代表大会，签订《社区区域性集体合同》《社区区域性女职工特殊权益保护专项集体合同》《社区区域性劳动安全卫生集体合同》和《社区区域性工资专项集体合同》，覆盖非公企业 10 户。2014 年 3 月，合同期满，分别续签 4 项合同。

四、主要工作

社区工会联合会针对人口较多生活密集的实际，结合社区管理创新，以开展“职工之家”活动为载体，成立职工活动室，多方协调配置乒乓球台、象棋、跳棋、图书等，为职工群众提供开展文体活动场所，增强工会凝聚力。同时，开展学习教育活动，不定期为职工提供学习机会，邀请专家、讲师、社区律师等为大家讲课，学习各类知识，不断提高自身素质，提高服务质量和工作水平。组织会员集中学习 28 次。

配备兼职工会干部，建立维权长效机制，维护职工群众的合法权益，为会员解决生活、生产中的难题 35 余件，深受社会好评。组织职工与困难家庭结对子，开展“助学、助残、助困”等活动，资助大学生 6 户，开展就业再就业培训 60 多人，免费为困难职工提供学习技术，为 22 名下岗困难职工提供就业帮助，帮助解除劳教人员解决实际困难。2013 年，实行山西省困难职工“一卡通”，共有王美林、冯国长等 12 人领取，为他们解了燃眉之急。2014 年,有 112 人参加第 9 期职工大病医疗互助,为 16 名女职工办理特病保险,新增困难职工 6 人。2012 年 4 月和 2014 年 5 月,分别被矿区总工会评为先进集体。

第十二节　桥头街道段南沟社区联合工会

一、社区概况

段南沟社区隶属于桥头街道办事处,于 2000 年 7 月组建。地处煤山路,占地面积约 0.26 平方千米。2014 年,有居民 3300 余户,1 万余人,辖区内有 40 个居民楼院,1 条商业街,7 家驻地单位,其中,阳煤集团四矿小区是阳泉市最大的现代化住宅小区。有阳煤集团物业 1 家、供热中心 1 个、休闲广场 6 处、幼儿园 1 个、地下车库 602 个、商铺 90 个,其中现有小超市、便民店等商铺 40 多个,总面积 1000 多平方米。社区实施网格化管理,共划分 8 个网格。社区办公楼内设置党代表工作室、百姓大舞台、居民大讲堂、老年人日间照料中心、老年活动中心、留守儿童之家等。社区成立残疾人协会、老年协会、人民调解委员会、社区鸿雁艺术团等各类群众组织 10 多个。工作人员 18 人,社区志愿者近 200 人。

二、组织沿革

段南沟社区联合工会成立于 2004 年 2 月,第一届工会联合会主席由社区党支部书记、主任孔拉祥兼任,副主席为靳秀英。2007 年 3 月,召开社区工会联合会第二次代表大会,选举孔拉祥连任工会联合会主席,靳秀英连任副主席。2010 年 4 月,召开第三次代表大会,选举社区党支部书记、主任王淑英兼任工会联合会主席,穆素红任副主席。2013 年 1 月,进行第四届社区联合工会换届工作,工会联合会主席由社区主任任红梅兼任,副主席为刘永梅。同时,成立女职工委员会、经费审查委员会,分别由 3 名委员组成。2014 年,有工会会员 317 人,其中,女会员 259 人。

段南沟社区历届工会主席、副主席名表

表 3-42

届　次	姓　名	性别	职　务	任　职　时　间	备　注
第一届联合工会	孔拉祥	女	主　席	2004.2 ~ 2007.3	社区党支部书记、主任
	靳秀英	女	副主席	2004.2 ~ 2007.3	社区党支部副书记
第二届联合工会	孔拉祥	女	主　席	2007.3 ~ 2010.4	社区党支部书记、主任
	靳秀英	女	副主席	2007.3 ~ 2010.4	社区党支部副书记
第三届联合工会	王淑英	女	主　席	2010.4 ~ 2013.7	社区党支部书记、主任
	穆素红	女	副主席	2010.4 ~ 2013.7	社区党支部副书记
第四届联合工会	任红梅	女	主　席	2013.1 ~ 2013.6	社区党支部书记、主任
				2013.6 ~	社区主任、党工委副书记
	刘永梅	女	副主席	2013.1 ~ 2013.6	社区党支部副书记
				2013.6 ~	社区党工委副书记

三、职工代表大会

社区区域性职工代表大会建制于 2007 年 3 月，第一届区域性职代会有职工代表 45 人，职代会上签订《社区区域性集体合同》《社区区域性女职工特殊权益保护专项集体合同》《社区区域性劳动安全卫生集体合同》，覆盖非公企业 5 户。2010 年 4 月，再次召开社区区域性职工代表大会，签订《社区区域性集体合同》《社区区域性女职工特殊权益保护专项集体合同》《社区区域性劳动安全卫生集体合同》《社区区域性工资专项集体合同》，覆盖非公企业 5 户。截至 2014 年 3 月，合同期满，分别续签 4 项合同。

四、主要工作

健全组织机构 社区党组织重视工会工作，定期研究工会工作重点，决定对工会涉及职工切身利益的事项要通过“四议两公开”决策。社区党组织认真落实上级文件精神，健全社区工会组织机构，配备兼职工会干部。通过区域全覆盖，进一步扩大工会的覆盖率，区域内的工会组建率都达到上级工会的要求。

职工维权工作 建立维权长效机制，维护职工群众的合法权益。认真履行职责，适时提出维护涉及维护职工权益的主张和建议。深化民主制度建设，建立以职工代表大会为基本形式的企业民主管理制度，职工代表大会各项职权落实到位。建立健全区域性平等协商和集体合同制度，集体合同覆盖率和履约率都达到标准。积极做好与劳动部门的协调，依法维护职工的安全合法权益。

“职工书屋”建设 2013 年，在社区三楼建立“职工书屋”，面积约 20 平方米，藏书 800 余册，涉及青少年读物、法律、实用技术、文化、医疗、科普、娱乐等十多类，为广大职工提供学习平台。2014 年，社区五星级“职工之家”建设活动方案通过审批。社区工会共有 12 个职工活动场所，室内 10 处、室外 2 处，约 2000 平方米，其中，室内设有舞台、音响、投影仪、黑板、象棋等，可满足职工各种活动的需求。

扶贫帮困工作 工会组织积极为群众办好事、办实事、解难事，自成立开始，每年定期开展送温暖活动，在春节、元宵节期间，经过摸底排查，登记困难职工 16 人，为 8 人发放工会“晋工龙卡”，救助金额 4000 元。工会组织以党员、居民、职工为骨干的志愿者队伍，与困难职工结对帮扶 26 人，还开展“助学、助残、助困”等活动。截至 2014 年，与区总工会及人力资源和社会保障部门联合开展就业再就业培训 30 多人，利用社区宣传栏及进行专项宣传 10 多次，提供就业信息 120 条，为下岗职工提供就业帮助 3 人。

开展文娱活动 围绕社区中心工作，积极开展经常性的文体活动。组建健身队、合唱队、舞蹈队、腰鼓队等各种团队 120 多人。职工根据自己的空闲时间参加工会组建的各种文艺团队。2013 年夏天，组织职工在阳煤集团四矿广场举办“鸿雁情”消夏晚会；中秋节，组织社区居民和工会职工在社区三层居民大舞台举办“中秋节联欢会”；重阳节，组织职工在阳煤集团四矿广场开展激情广场大家唱活动。2014 年元旦前夕，举办“鸿雁之情”联谊活动，极大提高社区职工的文化和精神生活质量。社区党工委牵头在职工中开展了“鸿雁之星——双角色共进步”活动,鼓励职工党员、工会会员带头认岗承诺,与社区困难会员联合开展公益活动、帮扶结对活动,使工会活动更加丰富多彩。

第十三节 平潭街街道东山社区工会联合会

一、社区概况

东山社区隶属于平潭街街道办事处,组建于2000年7月。东山社区南起北大西街,东至育才路,西到西河路,北临西河村,占地面积0.39平方千米,辖区有11家驻地单位,21家非公企业。2014年,有住宅楼95栋、51间排房,居民4696户,总人口1.5万余人;有社区居委会干部13人,社区工作者3人。

二、组织沿革

2004年3月28日,召开社区工会第一次代表大会,会员代表30人,其中,女会员代表22人,会议选举产生工会委员会,选举社区副主任郭福兰兼任工会主席。2007年3月,经平潭街街道工会联合会批准,成立东山社区工会联合会,3月16日,召开东山社区工会联合会成立暨第一次代表大会,选举产生工会联合会委员会,选举社区主任荆素俭兼任工会联合会主席,副主席为贾秀梅,同时,成立经费审查委员会、女职工委员会。2010年3月28日,召开第二次代表大会,选举荆素俭连任工会联合会主席,邢志芳为副主席。2013年3月26日,召开第三次代表大会,荆素俭再次连任工会联合会主席,邢志芳连任副主席。2014年,有工会会员526人,其中,女会员362人。

东山社区历届工会主席、副主席名表

表3-43

届　次	姓　名	性别	职　务	任 职 时 间	备　注
第一届工会委员会	郭福兰	女	主　席	2002.4 ~ 2007.3	社区副主任
第一届工会联合会	荆素俭	女	主　席	2007.3 ~ 2010.3	社区主任
	贾秀梅	女	副主席	2007.3 ~ 2010.3	社区党支部副书记
第二届工会联合会	荆素俭	女	主　席	2010.3 ~ 2013.3	社区主任
	邢志芳	女	副主任	2010.3 ~ 2013.3	社区委员
第三届工会联合会	荆素俭	女	主　席	2013.3 ~	社区主任
	邢志芳	女	副主任	2013.3 ~	社区委员

三、职工代表大会

社区区域性职工代表大会建制于2007年4月,与会员代表大会两会合一,同时召开,分别进行。第一届区域性职工代表大会,参会职工代表48人,职工代表审议通过《区域性集体合同(草案)》《区域性女职工特殊权益保护专项集体合同(草案)》和《区域性劳动安全卫生集体合同(草案)》。职工代表与企业代表签订《区域性集体合同》《区域性工资集体合同》和《区域性女职工特殊权益保护专项集体合同》,覆盖个体工商46户，非公企业3个，职工524人。广鑫机械有限责任公司职工代表与企业代表签订《工资专项合同》《女职工特殊权益保护专项集体合同》和《劳动安全卫生集体合同》。2009年4月、2010年4月，分别续签东山社区《区域性工资集体合同》。2010年4月和2013年5月，分别召开二届一次区域性职工代表大会和三届一次区域性职工代表大会，职工代表审议通过对东山社区《区域性集体合同（草案）》《区域性女职工特殊权益保护专项集体合同（草案）》和《区域性劳动安全卫生集体合同（草案）》，职工代表与企业代表签订《区域性集体合同》《区域性工资集体合同》和《区域性女职工特殊权益保护专项集体合同》。2014年5月，召开三届二次区域性职工代表大会，审议并续签《区域性工资集体协议》，签订《区域性集体合同》。

四、主要工作

工会工作标准化 2004年，工会组建初期，做了一些工会基本的规范化工作，建立文件资料、组织建设、困难职工、职工活动等基础档案。2007年3月16日，组建工会联合会，成立工会联合会委员会、经审委员会和女职工委员会。按照组织建设标准化要求，实现"四有"，即办公有场所、活动有场地、工作有制度、干事有经费。档案工作逐步实现计算机管理。每年召开区域性职工代表大会，签订《社区区域性集体合同》《社区区域性工资集体合同》和《区域性女职工特殊权益保护专项集体合同》。2014年，在维权工作中重点抓工资集体协商工作，从制定方案、协商谈判、召开工资集体协商职工代表大会和文本合同跟踪四方面做细致工作。获山西省2014年"工资集体协商、提质增效工作"先进单位称号。

服务职工常态化 为广大职工排忧解难是社区工会工作的宗旨，东山小五排的住房属危房，22户居民的安全问题令人担忧。工会积极和阳煤集团协调，22户危房居民于2008年全部得到妥善安置。东山商业局大院的卫生问题，一直是令人头疼的问题，产权单位推诿扯皮，居民怨声载道，要求社区出面尽快帮助解决。2008年9月，工会几番协调，终于解决垃圾定时倾倒问题。社区工会坚持不懈，利用各种渠道呼吁，于2011年，在矿区政府的大力支持下，大院整体得到硬化、绿化。2014年，工会还修建职工活动室，配备各种活动器材。为保持对困难职工的长效帮扶，工会于2008年8月成立帮扶点，备有日常生活、文体用品等30余类物品。工会本着"发现一户 帮扶一户"的原则，累计救助会员达3698人次。2008年，帮助残疾职工李霖的女儿李越越联系就读的学校，圆了她上学的梦想，开展会员"金秋助学"5人，办理会员大病医疗互助320人次。2012年5月，为2户患大病儿童的困难职工家庭捐款1万余元。社区救助困难职工100余人次。

"职工书屋"建设规范化 2009年，社区工会建立藏书达3200余册、各类音像资料齐全的三星级"职工书屋"，为社区职工和农民工提供读书场所。2011年，"职工书屋"扩建，藏书量达到5000余册，被市总工会授予五星级"职工书屋"。2013年，又建起电子阅览室，方便社区居民和青少年上网学习和办事。

文化活动形式多样化 东山社区是个文化型社区，周围有两所中学，一所成人职工大学和一所职业中专。工会利用“文化艺术节”平台，开展丰富多彩的文化活动，主要从以下“四大类”开展群众性文体活动，即书法、美术、摄影、剪纸；舞蹈、歌咏、小品；象棋、扑克、跳棋；跳绳、踢毽、拔河、乒乓球、趣味运动等。2008 年，举办东山社区第一届文化艺术节，吸引 3 家驻地单位和社区的居民参加，收到良好的成效。2009 年，举办更大规模的社区第二届文化艺术节，并邀请市级艺术家担任各项活动的评委，提高活动的文化档次，吸引更多居民和驻地单位参加，从一定程度上提高社区的文化层次和居民的审美观。2010 年，举办社区第三届文化艺术节、谜语大赛，进一步活跃居民文化生活。到 2014 年，共举办七届文化艺术节。社区组建文艺队、威风锣鼓队、书法协会等，吸引越来越多的社区文艺爱好者参加，工会还积极开展以职业道德、家庭美德、社会公德为主题的道德教育，内容包括中共党史、中华民族传统美德孝文化、礼仪培训等，提高居民道德文化素养。

2012 年，东山社区工会联合会获市总工会“职工书屋”建设先进单位、推进职代会先进单位、四星级职工代表大会、五星级社区工会、市十佳社区工会称号；2013 年，被区总工会和区劳动竞赛委员会评为先进集体；2014 年，获区总工会先进集体、山西省 2014 年“工资集体协商、提质增效工作”先进单位称号。

第十四节　平潭街街道马家坪社区工会联合会

一、社区概况

马家坪社区隶属于平潭街街道办事处，于 2000 年 7 月成立。辖区东起西河路，南至北大西街，西至马家坪小学，北至阳煤集团地质处，占地面积为 0.17 平方千米。辖区共有楼房 49 幢，户数 2200 余户，人数突破 6500 人，整个社区绿化面积 5.34 万平方米，绿化率达 35%。有社区居委会干部 9 人。

二、组织沿革

2004 年 3 月 18 日，召开第一次代表大会选举产生第一届社区工会委员会，选举李竞枝为工会主席。2007 年 9 月，平潭街街道工会联合会批准成立马家坪社区工会联合会，同年 9 月 14 日，召开社区工会联合会成立暨第一次代表大会，同时成立馨康家园商业一条街联合工会，大会选举产生第一届社区工会联合会委员会和经费审查委员会，选举裴科婵为工会联合会主席，刘凤英为副主席，经审委主任为高俊峰。2010 年 4 月 10 日，召开第二次代表大会，选举高俊峰为工会联合会主席，副主席为刘桂梅，经审委主任为王静芳。2013 年 4 月 13 日，召开第三次代表大会，选举高俊峰为工会联合会工会主席，副主席为董月英，董月英兼任经审委主。2014 年，有工会会员 504 人，其中，女会员 342 人。

马家坪社区历届工会主席、副主席名表

表 3-44

届 次	姓 名	性别	职 务	任 职 时 间	备 注
第一届工会委员会	李竞枝	女	主 席	2004.3 ~ 2007.9	社区副主任
第一届工会联合会	裴科婵	女	主 席	2007.9 ~ 2010.4	社区主任
	刘凤英	女	副主席	2007.9 ~ 2010.4	社区党支部副书记
第二届工会联合会	高俊峰	女	主 席	2010.4 ~ 2013.4	社区委员
	刘桂梅	女	副主席	2010.4 ~ 2013.4	社区委员
第三届工会联合会	高俊峰	女	主 席	2013.4 ~	社区主任
	董月英	女	副主席	2013.4 ~	社区委员

三、职工代表大会

社区区域性职工代表大会建制于 2007 年 9 月。第一届一次区域性职代会有职工代表 49 人，职工代表审议通过《马家坪社区区域性集体合同(草案)》，职工代表与企业代表签订《区域性工资集体合同》，覆盖非公企业 21 户，职工 98 人。2008 年和 2009 年，分别续签《区域性工资集体合同》。2010 年 4 月，召开第二届一次区域性职工代表大会，审议通过《区域性集体合同(草案)》《区域性女职工特殊权益保护专项集体合同(草案)》和《区域性劳动安全卫生集体合同(草案)》，签订《区域性集体合同》《区域性工资集体合同》《区域性女职工特殊权益保护专项集体合同》和《区域性劳动安全卫生集体合同》，覆盖非公企业 22 户，职工 504 人。2011 年 3 月和 2012 年 4 月，分别续签《区域性工资集体合同》。2013 年 4 月，召开第三届一次区域性职工代表大会，审议通过《区域性集体合同(草案)》《区域性女职工特殊权益保护专项集体合同(草案)》和《区域性劳动安全卫生集体合同(草案)》，签订《区域性集体合同》《区域性工资集体合同》《区域性女职工特殊权益保护专项集体合同》和《区域性劳动安全卫生集体合同》，2014 年 5 月，续签《区域性工资集体合同》。

四、主要工作

完善档案资料 以“一条例四规范”为标准，建立文件资料、组织建设、职工活动、特困职工、会员实名等 8 个档案，做到辖区内非公企业和个体户不漏户、不漏职工、底数清，对流动性大的商户和职工及时登记、及时入会，每年的组织建会攻坚月，组建工会，发展会员，使建会率和会员入会率达到 100%。馨康商业一条街每年召开区域性职工代表大会，签订《社区区域性集体合同》《社区区域性工资集体合同》《区域性女性职工特殊权益保护专项集体合同》等，建立完善《工会组织管理手册》和《工会干部管理手册》，工会组织和会员全部输入计算机，实行动态化管理。

为职工排忧解难 针对不同层次的职工需求，实施关心走访到位、帮助扶助到位、培训教育到位、安置就业到位、跟踪服务到位的“五到位服务”。建立以法律咨询、职业介绍、家政服务、工会捐助为内容的“一站式”服务，解决弱势群体的实际困难。投资 1 万余元，组建职工文化活动站，利用馨康商业一条街的有利条件，解决近 30 名职工的就业问题,2010年,被评为省级充分再就业社区。2012年,在“15分钟便民圈”创建工作中，社区又在商业一条街的基础上新增两个就业圈，为6名职工解决就业问题。向弱势群体、下岗失业人员、患大病特殊职工及家属、独生子女困难家庭无偿救助大米、白面、油、衣服、棉被、学习用具、洗涤用品等,救助人数270余人。开展“金秋助学”活动,为6名考上大学的困难职工子女申请助学金,为12名困难中小学生申请减免杂费优惠。为馨康商业一条街外来务工人员进行免费照像、体检,发放绿豆、白糖等防暑用品。在汶川地震和玉树地震后,组织捐款捐物上万余元。利用劳动保障平台为社区居民牵线搭桥,为更多的无业人员提供再就业信息。为6名患病职工申报阳泉市职工大病医疗互助,对符合条件的困难职工办理城市最低生活保障。

“职工书屋”建设　2006年,建立“职工书屋”,设在社区办公楼一楼,面积约20平米,藏书6000余册,涉及青少年读物、法律、实用技术、文化、医疗、保健等40多个种类,为广大职工和社区青少年提供学习平台。“职工书屋”每天向职工开放,职工不出社区就可以学到相关知识。

开展文体活动　社区工会通过多种形式、多种渠道开展健康向上的文化活动,建设科普大学、社区职工学校、离退休职工活动室;组建秧歌队、羽毛球队、乒乓球队、广场舞队等活动团队,掀起文化娱乐、健身热潮,丰富职工业余文化生活。2005年5月,社区工会获市计生协会优秀节目奖。2014年10月，获矿区佳木斯广场舞集体二等奖。社区工会为职工举办法律知识讲座、健康知识讲座、书法绘画培训等。2014年春节前夕,组织社区书法爱好者为困难职工群众书写春联。每年盛夏,请电影放映队放映电影,受到职工群众的欢迎。依托社区文化广场,经常组织社区工会会员举办拔河、跳绳、歌舞等活动。开通社区博客,建立QQ群,与职工群众建立网络交流平台,使社区工会真正成为职工利益维护的第一知情人、第一报告人和第一维护人。

第十五节　平潭街街道平潭街东社区工会联合会

一、社区概况

平潭街东社区隶属于平潭街街道办事处，组建于2000年7月，原名日潭社区,2006年6月,更名为平潭街东社区。东起阳煤集团总医院西部,西至平潭路,南至桃北中路,北至北大西街,占地面积0.3平方千米,驻地单位17个,私营企业9家,个体工商210家,居民住宅楼53栋,居民2865户,8492人。有社区居委会干部10人,社工5人。

二、组织沿革

社区工会第一次会员大会于2004年2月召开,选举社区党支部副书记石改珍兼任工会主席,经费审查委员会主任为刘艳儒。2007年9月,经平潭街街道工会联合会批准,成立平潭街东社区工会联合会,同时,成立下属日潭小区商业一条街联合工会委员会。同年9月3日,平潭街东社区工会联合会、日潭小区商业一条街联合工会成立暨第一次代表大会召开，会员代表 35 人，选举产生工会联合会委员会、经费审查委员会、女职工委员会，选举社区党支部书记、主任李连兆兼任工会联合会主席，郝翠萍、耿玉娥任副主席。到 2008 年年底，拥有会员 1365 人。2010 年 3 月，召开第二次代表大会，选举社区党支部副书记向永碧兼任工会联合会主席，郝翠萍连任副主席，刘艳儒任经审委主任，郝翠萍任女工委主任，2013 年 4 月，召开第三次代表大会，向永碧连任工会联合会主席，郝翠萍连任副主席，刘艳儒任经审委主任，郝翠萍任女职工委主任。2014 年 6 月，根据平潭街街道总工会安排，对社区 25 人以上企业的工会组织重新组建，2014 年年底，有工会会员 1325 人，其中，女会员 906 人。

平潭街东社区历届工会主席、副主席名表

表 3–45

届　次	姓　名	性别	职　务	任　职　时　间	备　注
第一届工会委员会	石改珍	女	副主席	2004.2 ~ 2006.12	社区党支部副书记
第一届工会联合会	李连兆	男	主　席	2007.9 ~ 2010.1	社区党支部书记、主任
	郝翠萍	女	副主席	2007.9 ~ 2010.1	社区党支部副书记
	耿玉娥	女	副主席	2007.9 ~ 2010.1	社区党支部副书记
第二届工会联合会	向永碧	女	主　席	2010.3 ~ 2013.4	社区党支部书记
	郝翠萍	女	副主席	2010.3 ~ 2013.4	社区党支部副书记
第三届工会联合会	向永碧	女	主　席	2013.4 ~	社区主任
	郝翠萍	女	副主席	2013.4 ~	社区党支部副书记

三、职工代表大会

平潭街东社区区域性职工代表大会建制于 2007 年 9 月，与会员代表大会两会合一，同时召开，分别进行。第一届区域性职工代表大会，职工代表 35 人，职工代表审议通过《社区区域性集体合同（草案）》《区域性女职工特殊权益保护专项集体合同（草案）》和《区域性劳动安全卫生集体合同（草案）》。职工代表与企业代表签订《社区区域性集体合同》《区域性工资集体合同》和《区域性女职工特殊权益保护专项集体合同》，覆盖个体工商 96 户，非公企业 6 个，职工 876 人。日潭小区商业一条街联合工会代表与企业代表签订《日潭红太阳家具城工资专项合同》《口潭红太阳家具城工资专项合同女职工特殊权益保护专项集体合同》和《日潭红太阳家具城劳动安全卫生集体合同》。2009 年 4 月、2010 年 3 月，分别续签《区域性工资集体合同》。2010 年 4 月、2013 年 4 月，分别召开第二届一次区域性职工代表大会和第三届一次区域性职工代表大会，职工代表审议通过《区域性集体合同（草案）》《区域性女职工特殊权益保护专项集体合同（草案）》和《区域性劳动安全卫生集体合同（草案）》。签订《区域性集体合同》《区域性工资集体合同》和《区域性女职工特殊权益保护专项集体合同》。2014 年 4 月，召开三届二次区域性职工代表大会，审议并分别续签 4 项合同。

四、主要工作

完善档案资料　以“一条例四规范”为标准，建立文件资料、组织建设、职工活动、困难帮扶、会员资料、集体合同、大病互助等15个档案，做到辖区内非公企业和个体户不漏户、职工底数清，对流动性大的商户和职工及时登记、及时入会，利用每年的组织建会月，组建工会，发展会员，使建会率和会员入会率达到100%。日潭商业一条街个体工商户联合工会成功采用工会主席直选方式进行。每年召开区域性职工代表大会，签订《社区区域性集体合同》《社区区域性工资集体合同》《社区区域性女职工特殊权益保护专项集体合同》等，建立完善《工会组织管理手册》和《工会干部管理手册》，工会组织和会员全部输入计算机，实行动态化管理。

为职工排忧解难 1997年，旧城改造后，日潭小区路灯照明、地下管网问题一直没有得到解决，给职工生活带来极大不便，社区历届工会主席以人大代表的身份先后5次提出议案，几经奔走、多方协调，经过不懈努力，终于解决路灯照明和地下管网改造工程。社区工会在节日期间，走访慰问辖区4个企业的17名困难职工，分别送去慰问金和慰问品，使他们真正认识到工会组织就是职工的家。“六一”儿童节前夕，社区工会开展“情系花朵、共助成长”庆“六一”活动，社区工会工作人员到康蕾、日潭两家民营幼儿园与孩子们共庆“六一”儿童节，并给孩子们送去文体、学习用品，使孩子们感受到节日的欢乐和社区工会的关爱。2010年7月，举办“颂党恩，夏季就业招聘会”活动，为求职者提供120余个就业岗位，为下岗失业、零就业家庭提供就业信息和岗位。2011年7月，社区工会与日潭医院工会联系，组织辖区女职工进行妇女乳腺疾病筛查，参加筛查的女职工有100余人。2012年7月，与市外国语学校联合举办为期20天的暑期青年社会实践暨创业就业辅导训练营活动，为青年搭建假期实习平台，帮助青年选择与相关的单位与企业、非公企业的帮工、实习、就业等，为参与活动的青年创造实践和就业机会。积极开展“金秋助学”活动，为辖区考上大学的5名困难职工子女，通过各种渠道为每人分别资助4000元助学金。开展大病互助宣传活动，每年都有130余人参加。

建立“职工书屋” 2009年12月，为提高职工群众的文化素质，建立社区“职工书屋”，藏书1万余册，涉及青少年读物、法律、实用技术、文化、医疗、科普、保险等40多个种类，为广大职工和社区青少年提供学习平台，“职工书屋”全天向职工开放。

开展文体活动 通过多种形式、多种渠道开展健康向上的文体活动，设立星光职工之家、社区职工学校、离退休职工活动室，组建锣鼓队、秧歌队、乐器队、山泉合唱团、戏迷剧团等活动团队，掀起文化娱乐、健身热潮，丰富职工业余文化生活。2008年6月，为迎接奥运会，举办“欢天喜地迎奥运，齐心协力促和谐”职工拔河比赛。每年夏季，开展消夏文化系列活动，内容涉及职工法律、安保知识讲座、健康饮食讲座、书法绘画剪纸展览，请电影放映队放映电影。以平潭街传统庙会为契机，开展以就业招聘活动、争矿保矿图板展览、晋剧演唱为主要内容的职工文化艺术节，活跃职工的文化生活。2011年6月，在社区门前举行“颂党恩，跟党走，庆祝建党90周年”红歌演唱会，有合唱、舞蹈、独唱等32个节目参加演出。2014年9月，组织职工参加庆祝国庆65周年文艺会演活动，有5支文体队伍共20个节目演出，为弘扬社会正能量、构建和谐社区奠定良好基础。

平潭街东社区多次受到省、市表彰，曾获市总工会、市劳动竞赛委员会工人先锋号称号；市总工会四星级职工代表大会称号；2010 年 2 月，获市总工会“阳泉市村（社区）工会标兵单位”称号；2012 年 3 月，获市总工会五星级职工代表大会称号；2013 年 3 月，被市总工会女职工委员会评为工会女职工培训示范学校；2014 年 10 月，被市总工会女职工委员会命名为“婚恋服务站”；2010 年 3 月，被矿区总工会评为帮扶先进集体；2013 年 2 月，被矿区总工会评为优秀基层工会组织；2012 年 3 月，被矿区总工会评为先进困难职工帮扶站（点）。平潭街东社区主任向永碧，于 2004 年 4 月 30 日受到省委、省政府表彰，并授予山西省劳动模范称号。

第十六节　平潭街街道平潭街西社区工会联合会

一、社区概况

平潭街西社区隶属于平潭街街道办事处，于 2007 年 10 月组建。地处矿区中心，东起康熙街，与平潭街东社区相接，西至三角线，拥有住户 1397 户，人口 3742 人，住宅楼 37 栋。社区办公楼位于平潭街三小区小花园内，办公楼建筑面积 440.8 平方米，社区内驻地单位 8 个，下设网格 5 个，分别设有 5 个网格长。有社区干部 7 人，社工 2 人，劳动保障协管员 2 人，卫生保洁员 1 人。

二、组织沿革

2004 年 2 月，社区工会召开第一次会员大会，选举产生社区工会委员会，选举郝翠萍为工会主席。2008 年，经平潭街街道工会联合会批准，成立平潭街西社区工会联合会，同年 10 月，召开平潭街西社区工会联合会成立暨第一次代表大会，会议选举产生工会联合会委员会、经费审查委员会，选举向永碧为工会联合会主席，副主席为郝志利，经审委主任为敦士丽。2010 年 3 月，召开第二次代表大会，选举朱爱卿为工会联合会主席，副主席为李素英。2013 年 4 月，召开第三次代表大会，选举李素英为工会联合会主席，副主席为冯香芬。2014 年，有工会会员 504 人，其中，女会员 280 人。

平潭街西社区历届工会主席、副主席名表

表 3-46

届　次	姓　名	性别	职　务	任　职　时　间	备　注
第一届工会委员会	郝翠萍	女	主　席	2004.2 ~ 2008.10	社区党支部副书记
第一届工会联合会	向永碧	女	主　席	2008.10 ~ 2010.3	社区主任
	郝志利	女	副主席	2008.10 ~ 2010.3	社区党支部副书记
	敦士丽	女	副主席	2008.10 ~ 2010.3	社区副主任
第二届工会联合会	朱爱卿	女	主　席	2010.3 ~ 2013.4	社区主任
	李素英	女	副主席	2010.3 ~ 2013.4	社区党支部副书记
第三届工会联合会	李素英	女	主　席	2013.4 ~	社区主任
	冯香芬	女	副主席	2013.4 ~	社区委员

三、职工代表大会

社区区域性职工代表大会建制于2007年6月。第一届区域性职代会有职工代表35人，职工代表审议通过《社区区域性集体合同（草案）》，与企业代表签订《平潭街西社区区域性集体合同》，覆盖非公企业38户，职工150人。2010年3月，召开第二届社区区域性职工代表大会，职工代表审议通过《社区区域性集体合同》《社区区域性工资集体合同》《社区区域性女职工特殊权益保护专项集体合同》和《社区区域性劳动安全卫生集体合同》，签订《社区区域性集体合同》《社区区域性工资集体合同》《社区区域性女职工特殊权益保护专项集体合同》和《社区区域性劳动安全卫生集体合同》，覆盖非公企业22户，职工405人。2013年5月，召开第三届社区区域性职工代表大会，重新审议修订和签订新的《社区区域性集体合同》《社区区域性工资集体合同》《社区区域性女职工特殊权益保护专项集体合同》和《社区区域性劳动安全卫生集体合同》，覆盖非公企业22户，职工505人。2008年、2009年、2011年、2012年3月，分别续签《社区区域性工资集体协议》。

四、主要工作

推进工会工作规范化建设　根据社区实际，广泛宣传、精心组织，把工会工作作为党联系职工群众的桥梁和纽带，指导辖区企业在组建工会、吸纳会员的同时，健全和完善经费审查委员会、女职工委员会、劳动争议调解委员会和劳动保护监督委员会等一系列机构。同时，加强工会内部档案建设和内部设施建设，对工会所有文件、资料进行收集、整理、分类、归档，为社区工会规范化建设奠定坚实的基础。

维护职工合法权益　及时指导基层工会并签订集体合同，要求职工代表积极参与企业的民主管理，参与协调劳动关系，帮助职工维护自己的民主权利。做好推荐职业技能培训和下岗职工再就业工作，坚持实施送温暖工程，及时掌握社区困难职工的情况，对社区困难职工建立档案，完善工作制度，实行动态管理，及时给予帮扶。每年中秋、春节等节日，社区领导和工会干部一起到困难职工家中走访慰问，把党和政府的温暖、工会组织的关心送到困难职工心中。

活跃社区居民文化生活　与社区各个组织一起联动，组织社区文化活动。如："三八"妇女节广场文艺活动，邀请驻地单位文艺骨干为社区居民送节目。进一步健全"职工书屋"、多功能活动室活动制度。

第十七节　蔡洼街道小南坑社区工会委员会

一、社区概况

小南坑社区隶属于蔡洼街道办事处，于2000年6月组建，由东区、中区、西区、南楼4个居民委员会合并组建而成。位于蔡洼街道中心，东至阳煤集团二矿商店，西至阳煤集团二矿办公大楼，南至石太铁路沿线，北至阳泉市桃南中路，占地面积0.103平方千米，2014年，有楼房66栋，常住居民3665户，共1.1万余人。驻地单位12家，大小商铺 143 个。有社区干部 12 人，零就业家庭 3 户。

二、组织沿革

小南坑社区工会组建于 2004 年 3 月，同时，召开社区工会第一次代表大会，选举产生社区工会委员会，选举社区党支部副书记裴风详兼任工会主席、李云梅为副主席。2007 年 9 月，召开社区工会第二次代表大会，选举张素琴为工会主席，田海英为副主席。2010 年 3 月，社区工会第三次代表大会召开，选举工会主席为韩丽萍，副主席为刘淑红。2013 年 4 月，第四次代表大会选举张丽华为工会主席，郭锦霞为副主席。2014 年，有工会会员 138 人，其中，女会员 87 人。

小南坑社区历届工会主席、副主席名录

表 3-47

届　次	姓　名	性别	职　务	任　职　时　间	备　注
第一届工会委员会	裴风详	女	主　席	2004.3 ~ 2007.3	社区党支部副书记
	李云梅	女	副主席	2004.3 ~ 2007.3	社区主任
第二届工会委员会	张素琴	女	主　席	2007.4 ~ 2010.3	社区党支部副书记
	田海英	女	副主席	2007.4 ~ 2010.3	社区主任
第三届工会委员会	韩丽萍	女	主　席	2010.4 ~ 2013.3	社区党支部副书记
	刘淑红	女	副主席	2010.4 ~ 2013.3	社区主任
第四届工会委员会	张丽华	女	主　席	2013.4 ~	社区党支部副书记
	郭锦霞	女	副主席	2013.4 ~	社区主任

三、职工代表大会

社区区域性职工代表大会建制于 2011 年 4 月。小南坑社区第一届职工代表大会，与小南坑福昌酒家、音花网吧等 3 家商户签订《区域性集体合同》《区域性工资集体合同》。2012 年 4 月、2013 年 4 月、2014 年 4 月，分别召开职工代表大会，与福昌酒家、音花网吧、吉祥药店、日化店等商户续签和签订《区域性工资集体合同》《区域性女职工特殊权益保护专项集体合同》。

四、主要工作

组织发展 小南坑社区工会成立初，对辖区内个体商铺进行逐年登记，登记辖区大小商铺 143 家。及时对职工登记入会，发展会员，做好工会队伍建设。同时，加强会员会籍管理，实行实名制档案管理的规范化。健全完善工会组织，确保“哪里有职工群众，活动就开展到哪里，职工的合法权益就维护到哪里”。

为困难职工解决实际困难 2010 年，慰问困难职工 9 户；2011 年，慰问困难职工 2 户；2012 年，慰问困难职工 1 户；2013 年，慰问 5 户；2014 年，慰问 3 户。2012 年，重新对 5 户困难职工档案进行梳理升级，录入电子档案，实施动态化管理。做到困难原因清，经济情况清，生活状况清。在“金秋助学”活动中，为 2 名困难职工子女申请获得 4500 元助学金。为帮助辖区有患重病成员的贫困家庭解决医疗困难，减轻经济负担，开展 26 种大病救助工作宣传，参加大病医疗互助的困难会员职工平均每年有 60 余人。

组织社区“四团”服务　2013年，社区工会组织社区“四团”服务。“为老”服务团队，以一对一帮扶形式进行上门服务，每周不定期到老人家中走访一次，帮他们做些力所能及的事情，陪老人聊天、谈心，陪老人到医院去看病，帮老人与子女们通电话。成立社区广场志愿者服务团队，每季度在阳煤集团二矿广场举办一次广场志愿者服务活动，在小区2个老年活动室为居民理发等。成立社区医疗服务团队，6月，社区工会与卫生服务站医疗志愿者联合，在社区老年活动室开展志愿者服务，免费为辖区职工提供测量血压、测量血糖、健康咨询等服务。2014年10月，组织社区志愿者到职工家中上门服务，为他们量血压、测血糖。组建社区夕阳红文艺志愿服务团队，在节假日，为居民编排和表演有社区特色和居民喜闻乐见的节目。工会组织志愿者服务团队，每月到阳煤集团二矿坑口服务一次，为准备上、下井的矿工缝补衣服、订纽扣、送水。

第十八节　蔡洼街道蔡西社区工会委员会

一、社区概况

蔡西社区隶属于蔡洼街道办事处，于2000年6月组建。位于蔡洼街道办事处最南部，由原来4个居民区组合而成。占地面积约0.3平方千米，南靠狮脑山，西至南台社区，北临东四尺社区，东边和蔡东社区接壤。2014年，有45栋居民楼，93户排房，居民1235户，常住人口4111人。有社区干部及工作人员12人。

二、组织沿革

蔡西社区工会组建于2004年4月，召开社区工会第一次代表大会，选举产生社区工会委员会，选举杨汝红兼任工会主席，张荣翠为副主席。2007年4月，召开第二次代表大会，选举张荣翠任工会主席，冯晋梅任副主席。2010年4月，第三次代表大会召开，选举冯晋梅为工会主席，副主席为张瑞雪。2013年4月，社区工会第四次代表大会选举张瑞雪为工会主席，陈静为副主席。2014年，有工会会员64人，其中女会员40人。

蔡西社区历届工会主席、副主席名录

表3-48

届　次	姓　名	性别	职　务	任　职　时　间	备　注
第一届工会委员会	杨汝红	女	主　席	2004.4～2007.4	社区委员
	张荣翠	女	副主席	2004.4～2007.4	社区主任
第二届工会委员会	张荣翠	女	主　席	2007.4～2010.4	社区主任
	冯晋梅	女	副主席	2007.4～2010.4	社区委员
第三届工会委员会	冯晋梅	女	主　席	2010.4～2013.4	社区党支部副书记
	张瑞雪	女	副主席	2010.4～2013.4	社区主任
第四届工会委员会	张瑞雪	女	主　席	2013.4～	社区党支部副书记
	陈　静	女	副主席	2013.4～	社区主任

三、职工代表大会

社区区域性职工代表大会建制于 2008 年 4 月，第一届区域性职代会有职工代表 25 人，职代会上签订《社区区域性集体合同》《社区区域性工资集体合同》，覆盖个体工商户 12 户。2011 年 4 月，召开第二次社区区域性职工代表大会，签订《社区区域性集体合同》《社区区域性工资集体合同》《社区区域性女职工特殊权益保护专项集体合同》，覆盖个体工商户 13 家。2012 年 4 月、2013 年 4 月分别续签《社区区域性工资集体合同》。2014 年 4 月，召开第二次社区区域性职工代表大会，签订《社区区域性集体合同》《社区区域性工资集体合同》《社区区域性女职工特殊权益保护专项集体合同》，覆盖个体工商户 13 家。

四、主要工作

完善档案资料　建立文件资料、特困职工、会员实名等档案，做到辖区内个体户不漏户、不漏职工、底数清，对流动性大的商户和职工及时登记、及时入会，每年发展会员，使会员入会率达到 100%。如期签订《社区区域性集体合同》《社区区域性工资集体合同》《社区区域性女职工特殊权益保护专项集体合同》等，将工会会员全部输入微机，实行电子化动态管理。

帮贫扶困工作　先后开展党员与贫困户帮扶结对子和志愿者上门服务等多项活动。通过走访调查，登记造册，疏理筛选，确定帮扶对象，根据不同情况，进行多种帮扶。帮扶团队还不定期地向困难职工发放生活物品，米、面、油、衣物等，以解燃眉之急。根据各户的实际情况，对辖区 5 户符合条件的特困职工家庭进入帮扶系统，对 10 名下岗失业人员进行再就业培训，对 5 名下岗失业人员实现再就业，对 6 名特困职工进行一帮一结对帮扶，对社区内婚姻纠纷的问题进行法律援助。

关爱职工健康　为提高社区女职工的健康意识和健康水平，举办“关爱女职工健康美丽伴你行”系列活动，把做健康美丽快乐的新理念展现给每位女职工，以此激发广大女职工参与创建的热情。举办“女职工健康讲堂”，邀请阳煤集团二院医生深入社区为女职工提供生理健康、运动健康、心理健康及保健知识等全方位服务。加大对女职工健康意识的宣传教育力度，侧重点放在外来女职工的教育，进一步提高女职工的健康意识、自我保护意识。为女职工送一本《健康手册》，让女职工学习和掌握健身知识、保健知识、劳动保护知识，提高女职工的自我保护意识，以饱满的热情投入到工作之中。

职工维权工作　为积极给工会会员搭建就业平台，将上级反馈的就业岗位信息第一时间发布到社区公示栏，让有就业需求的居民在家门口就能看到就业信息。举办 6 场职业技能培训，组织下岗失业、无业、待业人员参加就业培训、岗位招聘活动。

开展文体活动　通过多种形式、多种渠道开展健康向上的文化活动，创建职工活动中心，活动中心占地 800 平方米，有 400 平方米的网球场和门球场，可供 20 人同时活动。组建戏迷协会、舞蹈队、威风锣鼓队、业余器乐合奏队、门球队、网球队 6 支文体活动队伍，掀起文化娱乐、健身热潮，丰富职工业余文化生活。由于社区紧临狮脑山，经常组织登山健身活动，参观百团大战纪念馆，了解革命历史，建设生态文明狮脑山，在“五四”青年节时，组织青年职工参观百团大战纪念馆，参观空军雷达基地。

第十九节　贵石沟街道苏村社区工会委员会

一、社区概况

苏村社区隶属于贵石沟街道办事处，于2000年7月组建，由原苏一、苏二、苏三和枣树坡4个正式居委会及大井自建区组成。东起平定苏村，北至建设路，面积3.2平方千米。2014年，有驻地企业6个，居民住宅楼房30栋，排房47处，总户数1893户，总人数5674人，其中，流动人口较多，占辖区总人口的19%。

二、组织沿革

2001年1月，成立社区工会，会员代表大会选举翟玉珊兼任工会主席，副主席为刘桂琴。2004年1月，召开社区工会第二次代表大会，翟玉珊连任工会主席，副主席为刘桂琴。2007年1月，召开社区工会第三次代表大会，选举翟玉珊连任工会主席，刘桂琴连任副主席。2010年1月，召开第四次代表大会，选举翟玉珊再次连任工会主席，陶慧萍为副主席。2013年1月，召开第五次代表大会，翟玉珊再次当选为工会主席，陶慧萍为副主席。2014年，有工会会员130人，其中，女会员116人。

苏村社区历届工会主席、副主席名表

表3-49

届　次	姓　名	性别	职　务	任　职　时　间	备　　注
第一届工会委员会	翟玉珊	女	主　席	2001.1～2003.12	社区委员
	刘桂琴	女	副主席	2001.1～2003.12	社区委员
第二届工会委员会	翟玉珊	女	主　席	2004.1～2006.12	社区副主任
	刘桂琴	女	副主席	2004.1～2006.12	社区党支部副书记
第三届工会委员会	翟玉珊	女	主　席	2007.1～2009.12	社区副主任
	刘桂琴	女	副主席	2007.1～2009.12	社区党支部副书记
第四届工会委员会	翟玉珊	女	主　席	2010.1～2012.12	社区党支部书记、主任
	陶慧萍	女	副主席	2010.1～2012.12	社区委员
第五届工会委员会	翟玉珊	女	主　席	2013.1～	社区党支部书记、主任
	陶慧萍	女	副主席	2013.1～	社区委员

三、职工代表大会

社区区域性职工代表大会建制于2008年3月。第一届区域性职代会有职工代表23人，职代会上，签订《社区区域性集体合同》《社区区域性工资集体合同》，覆盖个体工商户3户。2011年3月，召开第二次社区区域性职工代表大会，签订《社区区域性集体合同》《社区区域性工资集体合同》《社区区域性女职工特殊权益保护专项集体合同》，覆盖个体工商户3家。2012年3月和2013年3月，分别续签《社区区域性工资集体合同》。2014 年 3 月，召开第三次社区区域性职工代表大会，签订《社区区域性集体合同》《社区区域性工资集体合同》《社区区域性女职工特殊权益保护专项集体合同》，覆盖个体工商户 3 家。

四、主要工作

完善档案资料　建立文件资料、特困职工、会员实名等档案，做到辖区内个体户不漏户、不漏职工、底数清，对流动性大的商户和职工及时登记、及时入会，每年发展会员，使会员入会率达到 100%。如期签订《社区区域性集体合同》《社区区域性工资集体合同》《社区区域性女职工特殊权益保护专项集体合同》等，将工会会员全部输入微机，实行电子化动态管理。

亲情帮扶工作　先后开展党员与贫困户帮扶结对子和志愿者上门服务等多项活动。通过走访调查，登记造册，疏理筛选，确定帮扶对象，根据不同情况，进行多种帮扶。帮扶团队还不定期地向困难居民发放生活物品，米、面、油、衣物等，以解燃眉之急。根据各户的实际情况，对辖区 5 户符合条件的特困家庭落实居民最低生活保障，对 19 名下岗失业人员进行再就业培训，帮助 9 名下岗失业人员实现再就业，对 13 名特困职工进行一帮一结对帮扶，对大井的 30 多家住户因噪音问题进行法律援助等，通过不同形式的方式帮助辖区居民、职工解决生活和生产中的实际问题。

社企联动活动　举办各种大型活动，比如春节慰问困难女职工活动，开展乒乓球赛、羽毛球赛及由苏村社区居民共同参与的“包粽子过端午”活动等，不但增强广大职工参与文体活动的兴趣，更激发他们爱企爱家的热情。利用网络微信平台、QQ 群和宣传窗等信息阵地，及时发布苏村区域内的各类就业信息、提供各种就业咨询，为企业减少招聘成本，也为当地群众提供就业机会。此外，还适时对驻地企业职工进行慰问，如夏季开展“送清凉进企业”活动，把熬好的绿豆汤送到阳煤五矿、兆丰铝业，帮助企业职工安全度夏。

关爱职工健康　举办一系列为“关爱女职工健康美丽伴你行”系列活动，把健康美丽快乐的新理念展现给每位女职工，以此来激发女职工参与创建的激情。举办“女职工健康讲堂”，邀请阳煤二院医生到社区为女职工提供生理健康、运动健康、心理健康及保健知识等全方位服务。加大对女职工健康意识的宣传教育力度，将侧重点放在对外来女职工的教育，进一步提高女职工的健康意识、自我保护意识。组织跳广场舞，让女职工在优美的健身环境中，享受健身带给女职工的快乐和美丽，激励大家参与健身，强健体魄。

第二十节　贵石沟街道小河滩社区工会委员会

一、社区概况

小河滩社区隶属于贵石沟街道办事处，于 2000 年 7 月成立。东至平定聂家庄村，西至冶西村，南至大井路，北至红苓村，占地面积 1.1 平方千米。2014 年，有居民住宅楼有39幢，自建区1个，6个驻地单位，总户数2070户，人口5959人。有社区居委会干部8人、社工1人、劳动保障协管员1人。

二、组织沿革

2001年7月，社区工会成立，会员代表大会选举社区党支部书记、主任马喜凤兼任第一届工会主席，程玉花为副主席。2004年1月，召开第二次代表大会，选举马喜凤为工会主席，高晋银为副主席。2007年1月，召开第三次代表大会，选举高晋银任工会主席，王志梅任副主席。2010年1月，召开第四次代表大会，高晋银连任工会主席，王志梅连任副主席。2013年1月，召开第五次代表大会，高晋银连任工会主席，王志梅连任副主席。2014年，有工会会员139人，其中，女会员128人。

小河滩社区历届工会主席、副主席名表

表3-50

届　次	姓　名	性别	职　务	任　职　时　间	备　注
第一届工会委员会	马喜凤	女	主　席	2001.1～2004.1	社区党支部书记、主任
	程玉花	女	副主席	2001.1～2004.1	社区委员
第二届工会委员会	马喜凤	女	主　席	2004.1～2007.1	社区党支部书记、主任
	高晋银	女	副主席	2004.1～2007.1	副主任
第三届工会委员会	高晋银	女	主　席	2007.1～2010.1	社区委员
	王志梅	女	副主席	2007.1～2010.1	社区党支部副书记
第四届工会委员会	高晋银	女	主　席	2010.1～2013.1	社区委员
	王志梅	女	副主席	2010.1～2013.1	社区党支部副书记
第五届工会委员会	高晋银	女	主　席	2013.1～	社区委员
	王志梅	女	副主席	2013.1～	社区党支部副书记

三、职工代表大会

社区区域性职工代表大会建制于2008年3月，第一届区域性职代会代表26人，职代会上，签订《社区区域性集体合同》《社区区域性工资集体合同》，覆盖非公企业5户，职工33人。2011年3月，召开第二次社区区域性职工代表大会，签订《社区区域性集体合同》《社区区域性工资集体合同》和《社区区域性女职工特殊权益保护专项集体合同》，覆盖非公企业5户，职工38人。2012年3月，签订《社区区域性工资集体合同》，2013年3月，签订《社区区域性工资集体合同》。2014年3月，召开第三次社区区域性职工代表大会，签订《社区区域性集体合同》《社区区域性工资集体合同》和《社区区域性女职工特殊权益保护专项集体合同》，覆盖非公企业4户。

四、主要工作

完善档案资料　建立文件资料、组织建设、职工活动、特困职工、会员实名等10个档案，做到辖区内非公企业和个体户不漏户、不漏职工、底数清。每年召开区域性职工代表大会，签订《社区区域性集体合同》《社区区域性工资集体合同》和《区域性女职工特殊权益保护专项集体合同》等，建立完善《工会组织管理手册》，工会组织和会员全部输入微机，实行动态化管理。

为职工排忧解难　针对不同层次的职工需求，建立以法律咨询、职业介绍、家政服务、工会捐助等为内容的“一站式”服务，解决弱势群体的实际困难。组建职工文化活动站、锣鼓队，解决20名职工的就业问题，安置5名下岗失业人员，举办就业培训10次，提供就业岗位30个。向弱势群体、下岗失业人员、患大病特病职工及其家属、独生子女困难家庭无偿救助大米、白面、油等共计1万余元，救助人数122人次。开展“金秋助学”活动，为10名考上大学的困难职工子女申请助学金，为40名职工办理大病医疗互助，对符合条件的困难职工办理城市最低生活保障，使他们体会到工会组织的温暖。

开展文体活动　通过多种形式、多种渠道开展健康向上的文化活动，建立离退休职工活动室。组织女职工成立锣鼓队、秧歌队、太极拳队等活动团队，掀起文化娱乐、健身热潮，丰富职工业余文化生活。进行职工法律知识讲座、健康饮食讲座、老年晋剧团演出活动。举办职工棋牌、乒乓球、跳舞、踢毽子比赛等。每年举办迎新春联欢会，盛夏放映精彩的电影3场，受到职工好评。职工活动室为职工提供活动场所，特别是离退休职工在此欢聚娱乐，创建“友爱互助、文明和谐”邻里关系，建立QQ群，让职工感受到工会大家庭的温暖。

第二十一节　贵石沟街道水滩社区工会委员会

一、社区概况

水滩社区隶属于贵石沟街道办事处，于2000年7月成立。东至苏村路，西至五矿大井，南至建设路，北至中门沙，占地面积1.3平方千米，绿地覆盖率45%。2014年，有驻地单位5个，住宅楼42栋，小2楼3个区，自建房136间，居民2490户，7183人。有社区居委会干部8人。

二、组织沿革

2001年1月，水滩社区成立工会，工会代表大会选举社区党支部书记、主任董月英兼任工会主席，韩丽梅任副主席。2004年1月，社区工会召开第二次代表大会，董月英连任工会主席，韩丽梅连任副主席。2007年1月，召开第三次代表大会，董月英连任工会主席，韩丽梅连任副主席。2010年2月，召开第四次代表大会，工会主席由社区党支部书记、主任赵海芳兼任，张宝娥任副主席。2013年5月，召开第五次代表大会，工会主席由社区党支部副书记张宝娥兼任，郗变华任副主席。2014年，有工会会员182人，其中，女会员98人。

水滩社区历届工会主席、副主席名表

表 3-51

届　　次	姓　名	性别	职　务	任　职　时　间	备　　注
第一届工会委员会	董月英	女	主　席	2001.1～2004.1	社区党支部书记、主任
	韩丽梅	女	副主席	2001.1～2004.1	—
第二届工会委员会	董月英	女	主　席	2004.1～2007.1	社区党支部书记、主任
	韩丽梅	女	副主席	2004.1～2007.1	—
第三届工会委员会	董月英	女	主　席	2007.1～2010.2	社区党支部书记、主任
	韩丽梅	女	副主席	2007.1～2010.2	—
第四届工会委员会	赵海芳	女	主　席	2010.2～2013.5	社区党支部书记、主任
	张宝娥	女	副主席	2010.2～2013.5	—
第五届工会委员会	张宝娥	女	主　席	2013.5～	社区党支部副书记
	郗变华	女	副主席	2013.5～	—

三、职工代表大会

社区区域性职工代表大会建制于 2008 年 4 月。第一届一次区域性职工代表大会有职工代表 24 人，职代会上，签订《社区区域性集体合同》《社区区域性工资集体合同》和《社区区域性女职工特殊权益保护专项集体合同》，覆盖 25 人以下个体经营商户 5 户，职工 48 人。2009 年 3 月、2010 年 3 月，分别召开水滩社区第一届二次、三次社区区域性职工代表大会，续签《社区区域性工资集体合同》。2011 年 3 月，召开第二届一次社区区域性职工代表大会，分别签订《社区区域性集体合同》《社区区域性工资集体合同》和《社区区域性女职工特殊权益保护专项集体合同》，覆盖 25 人以下个体经营商户 5 户，职工 54 人。2012 年 3 月、2013 年 3 月，分别召开第二届二次、二届三次社区区域性职工代表大会，续签《社区区域性工资集体合同》。2014 年 3 月，召开第三届一次社区区域性职工代表大会，签订《社区区域性工资集体协商专项合同》《社区区域性工资集体合同》和《社区区域性女职工特殊权益保护专项集体合同》，覆盖 25 人以下个体经营商户 5 户，职工 51 人。

四、主要工作

组织建设　为全面提升工会规范化建设水平，水滩社区建立“党建引领、工会运作、职工参与、服务为本”的工会工作新格局，将工会工作纳入党建目标管理体系，定期研究解决社区工会工作中的重大问题。按时换届、民主选举产生工会委员会，成立经费审查委员会、女职工委员会，配备专职工会干部。建立健全以职工代表大会为基本形式的民主管理制度。以“一条例四规范”为标准，建立组织建设、制度建设、工会台账、会籍管理等工会档案，工会会员实行实名动态管理，并录入计算机，实现电子化、信息化、科学化管理。截至 2014 年年底，辖区 25 人以下个体经营商户 125 户，职工入会率达 100%。

困难职工帮扶　工会以完善困难职工帮扶机制为突破口，开展“面对面、心贴心、实打实服务职工在基层”活动。一是走访网格内下岗、困难职工家庭，了解职工及其子女在工作生活和就学中遇到的实际困难，对职工的所想、所盼、所求认真梳理并记录在册，建立特困职工档案。二是进入辖区单位五矿康林超市，听取职工的意见和建议，宣传就业帮扶、大病医疗互助、职工维权等惠民政策，当面解答职工的疑惑。三是开展“两节”送温暖、“三八”助单亲、“五一”关爱贫困女职工劳模、“金秋助学”、“职工大病医疗互助”等不断线的帮扶工作。2006 年，工会春节救助困难职工 6 人。2007 年，帮扶困难职工 8 人。截至 2014 年，共帮扶困难职工 112 人，办理职工大病医疗互助 176 人。

职工文体活动 工会把提高职工生活质量和健康需求作为工作的出发点和落脚点。2008 年，开展以“全民健身与奥运同行”为主题的健身操比赛。“三八”妇女节，组织女职工开展“工会杯”乒乓球比赛、书法比赛等活动，丰富职工的业余文化生活。迎“五一”，举办“放歌梦世界，展职工风采”职工歌唱比赛，邀请电影放映队，放映电影 4 场。定期开展“安康杯”知识竞赛活动，以“争当首席员工、争创工人先锋号”活动为主要载体，在职工中广泛开展劳动竞赛、节水节材节能节约资金、技术革新、安全生产等活动，同时掀起“共谋发展，共创和谐”的宣传活动，推动企业提高效益、降低能耗、节约成本、杜绝事故，提升企业内在核心竞争力。

“职工书屋”建设 2010 年 10 月，建立“职工书屋”，占地面积约 40 平方米，配备了书柜 6 个、桌椅 30 套、联网电脑 5 台。共藏书 2145 册，文学类书 1445 册、科普类书 400 册、教育类 1000 册、工具书 300 册，报纸刊物 20 余种。“职工书屋”各类制度健全，有专职人员管理，藏书按照《中国图书馆图书分类法》进行分类、上架，计算机管理，做到存取方便、干净整洁。“职工书屋”定期向职工开放，为职工的业余学习阅读搭建平台。

素质提升工程 2011 年 1 月，建立“女职工培训学校”。培训学校以创建“四自”课堂为宗旨，组织女职工学习《工会法》《劳动法》《劳动合同法》《妇女权益保障法》和《女职工劳动保护规定》等法律法规，为女职工提供计算机、编织、厨师岗位技能和综合素质培训。深入开展“创建学习型组织、争做知识型职工”活动，引导职工利用工作以外时间，通过学习提高整体素质，全面打造以学习求生存、以作为谋地位、以贡献争平等的新时代女职工形象。

工会工作网格化 2011 年 7 月，开展社区管理社会化服务项目，从体制上进行创新，变过去“一个党支部、一个社区居委会”的组成构架为“一委一居一中心”的管理模式，实现党务、居务、政务的相对分开、相互协调的工作格局。工会工作推行网格化管理，建立以社区网格为单位的工会组织网络，选配热心公益的职工为工会代表，使网格成为上级工会与下级工会之间的“润滑油”、工会与职工之间的“黏合剂”，职工诉求得到及时反映，关心职工贴近实际，实现帮扶工作全方位、广覆盖。

工资集体协商 2014 年 3 月，社区工会全面贯彻落实矿区总工会“依法维权年”集体合同、工资专项合同协商、签订的工作部署，以一线职工、困难职工等为重点群体，以劳动报酬和工资分配等为重点领域，开展工资集体协商“三进”活动，即走进社区、走进企业、走进职工。3月27日，遵循“社区工会主动要约，企业行政积极响应”原则，召开第三届一次社区区域性职工代表大会，5家用工个体企业商户负责人、22名职工代表参加会议，经过双方平等协商，按照《劳动法》《工资集体协商试行办法》等有关规定，并对照政府颁布的年度工资指导线，形成5家用工个体企业商户，工资均以一类城市工资标准每人每月1450元按月发放的意见。最终，通过水滩社区《区域性工资专项集体合同》，职工方和企业方首席代表在集体合同上签字盖章，并通过大会决议。社区共与5家用工个体企业商户签订《区域性工资专项集体合同》。同年9月，水滩社区工会《工资集体协商专项合同》签订工作通过市总工会考核验收。

创建职工之家　社区工会围绕“两个信赖”，创建“职工之家”。一是成立创建职工之家工作领导小组。二是以“三抓三促”提高工会干部综合素质和业务能力，使工会干部成为职工心中“德才兼备、有为有位”的“娘家人”。三是健全制度，加强民主管理，发挥职工主人翁作用，开展“相约星期五，有话大家说”职工诉求会议，形成工会和职工之间信息互通、工作顺畅，职工之间相互学习、交流思想的良好平台，实现工会组织网络横向到边、纵向到底。四是制作“连心”服务卡，公开工资集体协商合同签订制度、企业承诺事项，开通投诉电话“7057580”，最大限度畅通职工的诉求渠道，维护职工的合法权益，当好职工的“娘家人”，切实履行“第一知情人”“第一报告人”“第一协调人”的职责。五是深入开展群众路线教育实践活动，围绕服务职工、为职工办实事目标，关心职工疾苦，倾听职工呼声，使工会成为职工温暖的家。六是开展“三双”活动，增加工会工作透明度，促进工会规范化建设，让工会成为职工“信赖”的家。

主要特色　建立“580——我帮您”志愿服务队伍，为困难职工提供帮助。开启“职工之窗”，利用社区网站“网络链接”功能，链接工资集体协商知识到社区网站，让企业负责人和职工通过点击网络，轻松愉快地接受工资集体协商宣传，从而营造全社会关心、理解和支持工资集体协商的浓厚氛围。自制“职工之家”社区工会报，将工会工作动态、职工文化、妇女维权和科学养生等内容直观展示在职工面前，促进职工参与。开通了手机短信服务，让职工通过发送短信，及时传递自己对工资待遇等的需求。搭建QQ群咨询服务平台，让职工可以通过咨询服务，对职工维权有更多了解，能够更好地维护自己的合法权益。

成绩和荣誉　2013年2月，水滩社区工会被矿区总工会评为“职工书屋”建设先进单位；2014年3月，水滩社区工会女职工培训学校被市总工会命名为“阳泉市工会女职工培训示范学校”；2014年3月，被矿区总工会评为“五一巾帼标兵岗”。

第二十二节　贵石沟街道枣岭山社区工会委员会

一、社区概况

枣岭山社区隶属于贵石沟街道办事处，于2000年7月成立。占地面积3.2平方千米，东至平定贵石沟村，西至聂家庄村，南至平冶路，北至冠山村。2014年，有居民住户 1232 户，共 2653 人。有社区居委会干部 6 人，社工 2 人。

二、组织沿革

2001 年 1 月，枣岭山社区工会成立。第一届工会主席由社区主任王建萍兼任，副主席为高玉梅。2004 年 4 月，工会召开第二次代表大会，王建萍连任工会主席，王建丽任副主席。2007 年 4 月，召开第三次代表大会，选举社区主任马喜风兼任工会主席，郝海丽任副主席。2010 年 4 月，召开第四次代表大会，选举社区党支部书记韩丽梅兼任工会主席，霍海娥任副主席。2013 年 4 月，召开第五次代表大会，选举社区主任郝海丽为工会主席，党支部副书记张双兰为副主席，2014 年 6 月，张双兰退休，补选白娟娟为副主席。

枣岭山社区历届工会主席、副主席名表

表 3-52

届　次	姓　名	性别	职　务	任　职　时　间	备　注
第一届工会委员会	王建萍	女	主　席	2001.1 ~ 2003.12	社区主任
	高玉梅	女	副主席	2001.1 ~ 2003.12	社区委员
第二届工会委员会	王建萍	女	主　席	2004.4 ~ 2006.12	社区主任
	王建丽	女	副主席	2004.4 ~ 2006.12	社区副主任
第三届工会委员会	马喜风	女	主　席	2007.4 ~ 2009.12	社区主任
	郝海丽	女	副主席	2007.4 ~ 2009.12	社区副主任
第四届工会委员会	韩丽梅	女	主　席	2010.4 ~ 2012.12	社区党支部书记
	霍海娥	女	副主席	2010.4 ~ 2012.12	社区委员
第五届工会委员会	郝海丽	女	主　席	2013.4 ~	社区主任
	张双兰	女	副主席	2013.1 ~ 2014.5	社区党支部副书记
	白娟娟	女	副主席	2014.6 ~	社区委员（补选）

三、职工代表大会

社区区域性职工代表大会建制于 2001 年 4 月，第一届区域性职代会有职工代表 15 人，职代会上，签订《社区区域性集体合同》《社区区域性工资集体合同》，覆盖非公企业 12 户，职工 73 人。2007 年 4 月，召开第三次社区区域性职工代表大会，签订《社区区域性集体合同》《社区区域性工资集体合同》和《社区区域性女职工特殊权益保护专项集体合同》。自此，每年召开职代会，续签合同。2013 年 4 月，分别续签《社区区域性集体合同》《社区区域性工资集体合同》和《社区区域性女职工特殊权益保护专项集体合同》，覆盖非公企业 6 家，职工 25 人。

四、主要工作

抓组织，强队伍，增强工会凝聚力　按照“组织起来，切实维权”的要求，不断加大工会组建和发展会员工作的力度，最大限度地把职工吸引到工会组织中来。坚持以“党建带工建，工建促党建”的总体目标，按照“非公有制经济发展到哪里，工会组织就建到哪里”的原则，将有文化、懂业务、综合素质高、热心工会工作的人员吸收到工会中来，带动本单位、本行业的职工加入工会。工会干部立足本职，切实为企业和职工解决实际困难和问题。由于组织到位、工作扎实、措施得力，社区基层联合工会组织不断壮大。到2014年，枣岭山社区工会吸收会员共175人，其中，女会员128人。

抓服务，送温暖，促进工会和谐 开展以“民思我想、民困我帮、民求我应、民需我做”为主题的“谈心帮扶”活动。针对辖区内不同情况的居民和困难职工生活问题，工会干部一起到困难职工家中走访慰问，宣传中国共产党的政策，及时解决他们的一些实际困难，改善社区工会与困难职工的关系，实现辖区内的稳定和社会和谐。帮助30名困难职工参加大病医疗保险，帮助无业人员697人参加医疗保险，使他们的就医问题得到改善，确保他们有病看得起。

2014年3月，贵石沟街道枣岭山社区工会组织女职委到五矿慰问矿工

抓维稳，常走访，做好帮扶安置工作 从维护社会稳定的角度出发，结合充分就业社区的创建工作，认真做好摸底、调查、走访和帮扶安置工作，并根据各户的实际情况，对辖区5户符合条件的特困家庭落实居民最低生活保障，对29名下岗失业人员进行再就业培训，对3名下岗失业人员实现再就业，对13名特困居民进行一帮一结对帮扶。2014年春节前夕，社区工会上报区工会10名困难职工，区工会为每人发放600元的春节慰问金。

关心、关爱女职工，呵护女性健康 为解决女职工看病难的问题，每年联系阳煤集团二院，走进社区，为社区女职工看病解难。阳煤集团二院专家为女职工进行量血压、测血糖等内科、普外科、妇科的检查和咨询。女职工看到医院的专家，连连说：“真没想到，医院的专家能亲自到社区来为我们看病，真是太好了。”每年参加检查的女职工都在100多人次，女职工平时忙于工作，根本没时间检查身体。社区工会为她们提供这样的机会，她们非常高兴，医生也针对年轻一族的健康问题给她们提出良好的建议。社区工会做到维护女工权益的同时，呵护她们的身体健康，得到一致好评。

活动经常化，为社区工会开展工作营造良好氛围 积极引导所辖企业工会会员开展“双爱双评”活动，使职工懂得只有自己的努力奉献，才能推动企业的发展，才能有自己的生存空间。使企业经营者懂得只有关爱职工，才能使企业具有竞争。“双爱双评”活动的开展，使职工牢固地树立爱岗敬业的精神，增强职工的主人翁责任感，推动职工整体素质的提高。为满足职工的精神文化需求，还开展形式多样，职工喜闻乐见的文体活动。如在“三八”妇女节，组织女职工进行“才艺”比赛。在“五一”劳动节、国庆节，组织工会会员参加“一封安全家书”征文活动。8月，组织会员参加“全民健身，人人参与”等活动。同时，进一步健全“职工书屋”，做好推荐职业技能培训和下岗职工再就业工作，切实维护职工的合法权益。

附:其余社区工会历届主席、副主席名表

沙坪街道黄石板社区历届工会主席、副主席名录

表 3-53

届　次	姓　名	性别	职　务	任　职　时　间	备　注
第一届工会委员会	王降平	女	主　席	2000.7 ~ 2003.12	社区主任
	张秀芳	女	副主席	2000.7 ~ 2003.12	社区委员
第二届工会委员会	王降平	女	主　席	2003.12 ~ 2006.12	社区主任
	张秀芳	女	副主席	2003.12 ~ 2006.12	社区委员
第三届工会委员会	张秀芳	女	主　席	2006.12 ~ 2009.12	社区主任
	葛艳平	女	副主席	2006.12 ~ 2009.12	社区党支部书记
第四届工会委员会	赵青梅	女	主　席	2009.12 ~ 2010.5	社区主任
	张秀芳	女	副主席	2009.12 ~ 2010.5	社区委员
第五届工会委员会	王馥莹	女	主　席	2013.4 ~	社区主任
	孙海霞	女	副主席	2013.4 ~	社区委员

沙坪街道蒙北社区历届工会主席、副主席名表

表 3-54

届　次	姓　名	性别	职　务	任　职　时　间	备　注
第一届工会委员会	谢爱青	女	主　席	2007.7 ~ 2010.3	社区党支部副书记
第二届工会委员会	柴志艳	女	主　席	2010.4 ~ 2013.3	社区党支部书记、主任
	赵英平	女	副主席	2010.4 ~ 2013.3	社区委员
第三届工会委员会	李晓云	女	主　席	2013.4 ~	社区党支部书记、主任
	冀兰欣	女	副主席	2013.4 ~	社区委员

沙坪街道桥南园社区历届工会主席、副主席名表

表 3-55

届　次	姓　名	性别	职　务	任　职　时　间	备　注
第一届工会委员会	高变华	女	主　席	2000.7 ~ 2006.12	社区党支部书记
第二届工会委员会	穆玉花	女	主　席	2007.1 ~ 2009.12	社区党支部副书记
第三届工会委员会	宇志红	女	主　席	2010.1 ~ 2012.12	社区主任、党支部书记
	刘红娟	女	副主席	2007.1 ~ 2012.12	社区委员
第四届工会委员会	宇志红	女	主　席	2013.1 ~	社区主任、党支部书记
	刘红娟	女	副主席	2013.1 ~	社区委员

沙坪街道里沙坪社区历届工会主席、副主席名录

表3-56

届　次	姓　名	性别	职　务	任职时间	备　注
第一届工会委员会	柴志艳	女	主　席	2007.4~2010.3	社区主任
	张慧敏	女	副主席	2007.4~2010.3	社区委员
第二届工会委员会	党美芳	女	主　席	2010.4~2013.3	社区主任
	卢巧凤	女	副主席	2010.4~2013.3	社区委员
第三届工会委员会	党美芳	女	主　席	2013.4~	社区党支部书记、主任
	葛艳丽	女	副主席	2013.4~	社区委员

沙坪街道中沙坪社区历届工会主席、副主席名表

表3-57

届　次	姓　名	性别	职　务	任职时间	备　注
第一届工会委员会	宇志红	女	主　席	2004.3~2007.2	社区委员
第二届工会委员会	宇志红	女	主　席	2007.3~2008.8	社区委员
第一届工会联合会	高艳君	女	主　席	2008.9~2010.3	社区党支部书记、主任
	宇志红	女	副主席		社区党支部副书记
第二届工会联合会	高艳君	女	主　席	2010.4~2013.3	社区党支部书记、主任
	张海英	女	副主席		社区党支部副书记
第三届工会联合会	高艳君	女	主　席	2013.4~	社区党支部书记、主任
	张海英	女	副主席		社区党支部副书记

赛鱼街道如意庄社区历届工会主席、副主席名表

表3-58

届　次	姓　名	性别	职　务	任职时间	备　注
第一届工会委员会	尹端林	女	主　席	2007.4~2010.1	社区党支部副书记
	张义礼	男	副主席	2007.4~2010.1	如意药店员工
第二届工会委员会	赵保花	女	主　席	2010.4~2013.4	社区党支部副书记
	张义礼	男	副主席	2010.4~2013.4	如意药店员工
第三届工会委员会	赵保花	女	主　席	2013.4~	社区党支部副书记
	张义礼	男	副主席	2013.4~	如意药店员工

桥头街道段北沟社区历届工会主席、副主席名录

表 3-59

届　次	姓　名	性别	职　务	任 职 时 间	备　注
第一届工会委员会	张常娥	女	主　席	2004.2～2007.3	社区党支部书记、主任
	赵纽转	女	副主席	2004.2～2007.3	社区党支部副书记
第一届工会联合会	张常娥	女	主　席	2007.3～2010.4	社区党支部书记、主任
	赵纽转	女	副主席	2007.3～2010.4	社区党支部副书记
第二届工会联合会	张常娥	女	主　席	2010.4～2013.1	社区党支部书记、主任
	刘永梅	女	副主席	2010.4～2013.1	社区党支部副书记
第三届工会联合会	穆素红	女	主　席	2013.1～2013.6	社区主任、党支部书记
	贾变红	女	副主席	2013.1～2013.6	社区党支部副书记

桥头街道段西沟社区历届工会主席、副主席名录

表 3-60

届　次	姓　名	性别	职　务	任 职 时 间	备　注
第一届工会委员会	康海莲	女	主　席	2004.2～2007.3	社区党支部书记、主任
	郗桂花	女	副主席	2004.2～2007.3	社区党支部副书记
第一届工会联合会	白怀升	男	主　席	2007.3～2010.4	社区党支部书记、主任
	李俊英	女	副主席	2007.3～2010.4	社区党支部副书记
第二届工会联合会	白怀升	男	主　席	2010.4～2013.1	社区党支部书记、主任
	石子琳	女	副主席	2010.4～2013.1	社区社工
第三届工会联合会	王淑英	女	主　席	2013.1～2013.6	社区党支部书记、主任
	任素峰	女	副主席	2013.1～2013.6	社区党支部副书记

说明：2013年6月，桥头街道实行管理体制改革试点后，段西沟社区工会与段北沟社区工会合并为段北沟社区工会

桥头街道西马家坪社区历届工会主席、副主席名录

表 3-61

届　次	姓　名	性别	职　务	任 职 时 间	备　注
第一届工会委员会	李景荣	女	主　席	2004.2～2007.3	社区党支部书记、主任
	刘青轩	女	副主席	2004.2～2007.3	社区党支部副书记
第一届工会联合会	李景荣	女	主　席	2007.3～2010.4	社区党支部书记、主任
	刘青轩	女	副主席	2007.3～2010.4	社区党支部副书记
第二届工会联合会	史瑞清	女	主　席	2010.4～2013.1	社区党支部书记、主任
	刘青轩	女	副主席	2010.4～2013.1	社区党支部副书记
第三届工会联合会	史瑞清	女	主　席	2013.1～2013.6	社区主任、党支部书记
	刘青轩	女	副主席	2013.1～2013.6	社区党支部副书记

说明：2013年6月，桥头街道实行管理体制改革试点后，西马家坪社区工会与桥头社区工会合并为桥头社区工会

平潭街街道苹果园社区历届工会主席、副主席名表

表 3-62

届　　次	姓　名	性别	职　务	任　职　时　间	备　　注
第一届工会委员会	刘西珍	女	主　席	2004.2 ~ 2007.4	社区党支部书记、主任
	穆晓静	女	副主席	2004.2 ~ 2007.4	社区党支部副书记
第一届联合工会	穆晓静	女	主　席	2007.4 ~ 2010.4	社区党支部书记、主任
	贾晓梅	女	副主席	2007.4 ~ 2010.4	社区党支部副书记
第二届联合工会	穆晓静	女	主　席	2010.4 ~ 2013.4	社区党支部书记、主任
	贾晓梅	女	副主席	2010.4 ~ 2013.4	社区党支部副书记
第三届联合工会	穆晓静	女	主　席	2013.4 ~	社区党支部书记、主任
	贾晓梅	女	副主席	2013.4 ~	社区党支部副书记

平潭街街道大院社区历届工会主席、副主席名表

表 3-63

届　　次	姓　名	性别	职　务	任　职　时　间	备　　注
第一届工会委员会	张志全	女	主　席	2004.2 ~ 2006.12	社区党支部副书记
	吕秀红	女	副主席	2006.12 ~ 2008.12	—
第一届联合工会	郑芙蓉	女	主　席	2008.12 ~ 2010.3	社区主任
	吕秀红	女	副主席	2008.12. ~ 2010.3	社区委员
第二届联合工会	焦建秀	女	主　席	2010.3 ~ 2011.4	社区主任
	董月英	女		2011.4 ~ 2013.4	社区书记
	董月英	女	副主席	2010.3 ~ 2011.4	社区党支部副书记
	梁　静	女		2011.4 ~ 2013.4	社区党支部副书记
第三届联合工会	何　新	女	主　席	2013.4 ~	社区主任
	鲁国华	女	副主席	2013.4 ~	社区委员

平潭街街道洪城河社区历届工会主席、副主席名表

表 3-64

届　　次	姓　名	性别	职　务	任　职　时　间	备　　注
第一届工会委员会	周慧军	女	主　席	2004.2 ~ 2008.10	社区党支部副书记
第一届工会联合会	周慧军	女	主　席	2008.10 ~ 2010.3	社区主任
	高伟伟	女	副主席	2008.12 ~ 2010.3	社区副主任
第二届工会联合会	李竞枝	女	主　席	2010.3 ~ 2013.4	社区主任
	高伟伟	女	副主席	2010.3 ~ 2013.4	社区委员
第三届工会联合会	李竞枝	女	主　席	2013.4 ~	社区主任
	高伟伟	女	副主席	2013.4 ~	社区委员

平潭街街道西山社区历届工会主席、副主席名表

表 3-65

届　次	姓　名	性别	职　务	任职时间	备　注
第一届工会委员会	王香云	女	主　席	2004.2 ~ 2008.10	社区主任
第一届联合工会	杨选凤	女	主　席	2008.10 ~ 2010.3	—
	王香云	女	副主席	2008.10 ~ 2010.3	社区主任
第二届联合工会	王香云	女	主　席	2010.3 ~ 2013.3	社区主任
	王　芳	女	副主席	2010.3 ~ 2013.3	社区党支部副书记
第三届联合工会	王香云	女	主　席	2013.4 ~	社区主任
	王　芳	女	副主席	2013.4 ~	社区党支部副书记

蔡洼街道菜市社区历届工会主席、副主席名表

表 3-66

届　次	姓　名	性别	职　务	任职时间	备　注
第一届工会委员会	李青梅	女	主　席	2004.1 ~ 2007.1	党支部副书记
	贡俊英	女	副主席	2004.1 ~ 2007.1	社区主任
第二届工会委员会	李喜芬	女	主　席	2007.1 ~ 2010.1	党支部副书记
	赵金仙	女	副主席	2007.1 ~ 2010.1	社区副主任
第三届工会委员会	梁富珍	女	主　席	2010.1 ~ 2013.1	党支部副书记
	侯兰珍	女	副主席	2010.1 ~ 2013.1	社区副主任
第四届工会委员会	王海燕	女	主　席	2013.3 ~	党支部副书记
	赵晓婷	女	副主席	2013.3 ~	社区副主任

蔡洼街道南台社区历届工会主席、副主席名表

表 3-67

届　次	姓　名	性别	职　务	任职时间	备　注
第一届工会委员会	武玉清	女	主　席	2004.1 ~ 2006.12	社区党支部副书记
	梁富珍	女	副主席	2004.1 ~ 2006.12	社区党支部书记、主任
第二届工会委员会	武玉清	女	主　席	2007.1 ~ 2009.12	社区党支部副书记
	赵金仙	女	副主席	2007.1 ~ 2009.12	社区党支部书记、主任
第三届工会委员会	郭玉珍	女	主　席	2010.1 ~ 2012.12	社区党支部副书记
	郭锦霞	女	副主席	2010.1 ~ 2012.12	社区党支部书记、主任
第四届工会委员会	王巧丽	女	主　席	2013.1 ~	社区党支部副书记
	安丽萍	女	副主席	2013.1 ~	社区主任

蔡洼街道东四尺社区历届工会主席、副主席名表

表 3-68

届　次	姓 名	性别	职 务	任 职 时 间	备 注
第一届工会委员会	张荣翠	女	主 席	2004.1 ~ 2006.12	社区主任
	郝豪英	女	副主席	2004.1 ~ 2006.12	社区党支部副书记
第二届工会委员会	武瑞娟	女	主 席	2007.1 ~ 2009.12	社区主任
	尚继平	女	副主席	2007.1 ~ 2009.12	社区党支部副书记
第三届工会委员会	王建丽	女	主 席	2010.1 ~ 2012.12	社区党支部副书记
	武瑞娟	女	副主席	2010.1 ~ 2012.12	社区主任
第四届工会委员会	刘姝红	女	主 席	2013.1 ~	社区党支部专职副书记
	霍金华	女	副主席	2013.1 ~	社区主任

蔡洼街道蔡东社区历届工会主席、副主席名表

表 3-69

届　次	姓 名	性别	职 务	任 职 时 间	备 注
第一届工会委员会	赵怀香	女	主 席	2004.2 ~ 2007.2	社区党支部副书记
	魏慧芬	女	副主席	2004.2 ~ 2007.2	社区书记、主任
第二届工会委员会	赵怀香	女	主 席	2007.3 ~ 2010.3	社区党支部副书记
	魏慧芬	女	副主席	2007.3 ~ 2010.3	社区党支部书记、主任
第三届工会委员会	赵怀香	女	主 席	2010.4 ~ 2013.4	社区党支部副书记
	魏慧芬	女	副主席	2010.4 ~ 2013.4	社区党支部书记、主任
第四届工会委员会	彭 晓	女	主 席	2013.5 ~	社区党支部副书记
	王 丽	女	副主席	2013.5 ~	社区党支部书记、主任

蔡洼街道东窑房社区历届工会主席、副主席名表

表 3-70

届　次	姓 名	性别	职 务	任 职 时 间	备 注
第一届工会委员会	刘姝红	女	主 席	2004.1 ~ 2006.12	社区党支部副书记
	苗巧花	女	副主席	2004.1 ~ 2006.12	社区主任
第二届工会委员会	范爱兰	女	主 席	2007.1 ~ 2009.12	社区党支部副书记
	刘姝红	女	副主席	2007.1 ~ 2009.12	社区书记、主任
第三届工会委员会	杨庆枝	女	主 席	2010.1 ~ 2012.12	社区党支部副书记
	赵跃红	女	副主席	2010.1 ~ 2012.12	社区党支部书记、主任
第四届工会委员会	王珍莲	女	主 席	2013.1 ~	社区党支部副书记
	赵跃红	女	副主席	2013.1 ~	社区主任

第四章 非公有制经济组织工会

改革开放以后，矿区的非公有制经济组织发展迅速，矿区总工会积极推进非公有制经济组织工会建会工作。2014年，全区共有非公有制经济组织313家，其中，25人以上非公有制经济组织建立工会152个，25人以下非公有制经济组织中的职工以社区为依托，加入社区工会组织，全区各类非公有制经济组织共有工会会员7312人，建会率达到100%。

第一节 阳泉市天利集团公司工会委员会

一、企业概况

天利集团公司天利时尚购物广场成立于2003年10月，位于矿区北大西街日潭商业区，主要经营珠宝、化妆品、品牌服饰、皮具、童装及生活用品超市、餐饮等。公司拥有员工760余人。公司秉承“信誉第一，保证质量”的经营理念，坚持“用户至上”的原则，为广大用户提供优质服务。集团工会经过不懈努力，形成过硬的工作作风、健全的管理制度、较强的凝聚力和战斗力，充分调动职工积极性，带领广大职工顽强拼搏，建立和谐稳定的社会营运关系，促进经济效益和社会效益全面发展。

二、组织沿革

2004年4月，天利集团公司工会委员会经矿区总工会批准正式成立。4月19日，召开第一次会员代表大会，选举产生由5名委员组成的第一届工会委员会，由3名委员组成的工会经费审查委员会，选举宋美芳任工会主席。2009年，召开第二次会员代表大会，选举李雅妹为第二届工会主席。2014年，有工会会员584人，会员占到员工总数的76%。

三、主要工作

健全工会组织，促进企业发展 天利集团公司作为阳泉市矿区最大的民营企业，其主要产业是天利时尚购物广场和天利超市。工会建立以后，不断加强组织机构建设，2014年，集团工会共有工会干部16人，工会小组7个。

坚持培训学习，提高职工素质 搞好职工群众的政治思想教育，鼓励和支持职工学习文化知识，钻研业务技术是集团工会每年的重点工作。岗位培训、军事训练、轮岗理论学习等一系列活动，对每位员工的管理水平和业务素质都有很大的帮助和提高。

开展文体活动，丰富文化生活 2004年以来，集团工会每年组织迎“七一”中国共产党的生日，歌颂中国共产党、歌唱社会主义大型歌咏比赛，以此激发每位员工热爱中国共产党、热爱祖国的热情。另外利用商业、零售业淡季，公司及工会组织各职能部门进行拔河比赛、军体操、踢键子、羽毛球比赛等一系列活动，既增强职工的团队精神，又展现企业主人翁的精神面貌。

和谐劳动关系，共享发展成果　为建立和谐的劳动关系，维护职工的合法权益，集团工会履行监督检查职能，营造良好的工作环境，建立平等协商制度，在平等协商的基础上签订《集体劳动合同》《工资集体合同》和《女职工特殊权益保护集体合同》等。天利集团职工的工资普遍高于全市同行业的工资水平，并且从未拖欠员工工资，还为不同岗位的员工缴纳金额不等的意外伤害保险。每年的几大节日公司都要为员工发放福利，使职工感受到构建和谐社会的温暖。

2006 年 5 月，天利集团公司召开职工代表大会，签订《集体劳动合同》《工资集体合同》《职工劳动合同》

坚持平等协商，完善民主管理　根据市、区总工会职工代表大会星级考核评定工作细则和阳泉市企事业单位职工代表大会星级申报要求，公司召开职工代表大会进行逐条地审议自评，自评报为四星级职代会。同时，开展职工代表提案工作，参加提案人数为 70 人，实际提交提案人数为 27 人，占参加提案人数的 39%，提案 23 条，在经营管理、提高职工素质、业务文化、文娱活动、技术培训、养老、医疗保险、福利待遇等方面提出合理化建议。

建立帮扶体系，形成长效机制　根据企业实际情况多次摸底登记，集团工会建立困难职工档案。2006 年 ~2008 年，按照区委、区政府、区总工会关于为困难职工捐款、捐物的通知要求，集团工会积极响应，以工会小组和职能部门进行动员，积极捐款捐物，充分体现员工们的真诚实意，"献爱心、送真情"为困难职工提供生活援助。工会还每年为困难职工进行帮扶，刘变云、马爱民等多名家庭生活困难的员工都得到帮助。

第二节　山西天恒会计师事务所工会委员会

一、企业概况

山西天恒会计师事务所有限公司，原名阳泉欣欣审计事务所，始建于 1998 年，隶属于山西省财政厅，是经山西省财政厅批准成立的具有财务审计、工程造价审计、司法鉴定、资产评估、地价评估及税务咨询 6 种执业资质的综合性社会中介机构。2003 年，企业名称变更为山西天恒会计师事务所有限公司。2014 年，有从业人员 76 人，其中，高中级专业技术人员 51 人，大专以上学历 56 人。2014 年，全所收入 1720 万元，人均收入达到 10.2 万元。

二、组织沿革

山西天恒会计师事务所工会委员会（原阳泉欣欣审计事务所工会委员会）组建于2004 年初，随着企业名称及办公地址的变更而变更。第一任工会主席为商继宏，第二任工会主席为史亚娟，第三任工会主席为张玉珍。2014 年，工会委员会共有 7 名委员组成，下设女职工委员会、经费审查委员会和 6 个工会小组，张玉珍任工会主席，常艳任女职工委员会主任，贾瑞刚任经费审查委员会主任。共有会员 76 人，其中，女会员38 人。

山西天恒会计师事务所历届工会主席名表

表 3–71

届　　次	姓　名	性别	职　务	任　职　时　间	备　　注
第一届工会委员会	商继宏	男	主　席	2004 年 ~ 2006 年	—
第二届工会委员会	史亚娟	女	主　席	2006 年 ~ 2008 年	—
第三届工会委员会	张玉珍	女	主　席	2008 年 ~	—

三、主要工作

推进企业民主化管理　工会坚持把职代会制度建设作为维护员工民主权利和经济利益的重要手段。建立和完善职工代表大会制度，企业在制定各项涉及职工切身利益的规章制度、工资分配制度、工作时间和休息休假等重大决策时，工会总是积极收集员工反映的意见和建议，向企业建言献策。切实有效地落实工会工作的“参与职能、维护职能”，使基层工会充分参与企业的经营、管理、决策、维权等各项工作，充分发挥工会的作用。公司坚持每年召开一次职工大会，审议通过集体合同草案、工资协议草案、参加社会保险等涉及职工权益的有关方案和重要规章制度，切实发挥职代会的重要作用，职工大会的各项职权取得全面落实。2010 年，职工代表大会达到四星级标准。按照管理规范化的要求和企务公开制度的有关规定，建立和健全企务公开制度，确定公开的内容和形式。公开内容主要有：企业的一些重大决策、企业年度计划及完成情况、业务招待费使用情况、集体合同、劳动合同的签订及履行情况、工资分配、奖罚与福利、职工的养老、医疗、失业等社会保障基金缴纳情况及制定的涉及职工利益的各项规章制度等。公开的形式主要采取职工代表大会的形式、公开栏形式、大屏幕形式以及座谈会形式等进行公开，接受员工的监督。同时，依法建立平等协商和集体合同制度。为使职工的利益从根本上得到保障，建设稳定和谐的企业劳动关系，共谋企业的发展，工会促成事务所严格按照《劳动法》等有关法律法规的规定，企业依法与每位职工签订劳动合同，签订率为 100%，并做到认真履行。在矿区总工会的指导下，坚持每年 3 月、4 月职工代表与企业签订《集体劳动合同》和《工资专项合同》。在工会组织的监督下，企业行政、全体职工与工会组织全部履行合同条款，收到很好的效果。未发生重大劳动争议和拖欠工资现象，集体合同履约率达到 100%。

提高职工福利待遇　工会坚持“依靠员工办企业，办好企业为员工”的宗旨，促进企业不断提高职工待遇。2013 年，职工人均收入为 9.1 万元,2014 年，人均收入为 10.2 万元,超额完成年初计划中人均收入增长 10%的目标。让员工享受到企业发展带来的实惠,激发员工关心企业命运的热情。员工的工作积极性提高,企业效益日益增长,真正实现劳资双方的互利双赢,共建共享。在工会的积极推动下,为稳定员工队伍,增强企业的凝聚力和竞争力,于 2014 年建立企业年金制度。同时,工会积极协调企业,落实职工带薪休假等制度,从 2009 年就开始实施带薪年休假,但是,只休假不带薪,2014 年开始,全面落实带薪休假制度。在为职工缴纳“五险一金”的基础上,2014 年,职工“养老保险”缴纳比例,由原来的 60%提高到 80%,解决职工“干有所盼,老有所养”的后顾之忧。与此同时,为职工发放中秋节、春节节日补助;夏季发放防暑用品、冬季发放取暖补助;为每位员工办理上下班乘车月票;提供免费午餐;每个办公室都安装空调、饮水机、床铺等,改善员工的工作环境。使职工感受到企业的温暖,有效地促进员工与企业的和谐劳动关系。

积极开展职工文体活动　工会不但注重平时的各项工作，而且注重平时活动和重大节日活动相结合。针对企业的具体实际,广泛开展职工喜闻乐见并且乐于参与的文体活动。为搞好“职工之家”,舍得投入,购置音响、影视设备,乒乓球台案、麻将桌、象棋等娱乐设施。公司每年拨出大量经费用于组织开展文体活动,如“三八”妇女节、“重阳节”庆祝活动;每年夏秋季组织职工外出旅游等。通过这些活动,极大地鼓舞员工的工作热情,促进企业的精神文明建设。

关心职工生活　关爱职工身体健康,每年坚持组织全体员工进行一次体检;建立困难职工档案,在积极向矿区总工会申请救助的同时,向 3 名困难职工各发放慰问金 1000 元;按照上级工会安排,积极组织职工参加市总工会开展的职工大病医疗互助活动,并有 2 名患病职工得到援助中心的救助补偿。通过这些活动,使每位员工感受到工会组织的关爱,充分发挥工会组织应有的作用。

提高职工专业素质　会计师事务所是一个知识密集型机构，为建设“学习型工会”,提高员工的素质,公司从实际出发,每年投入几万元资金,用于员工外出进行业务学习培训,提高员工的专业知识及业务水平。截至 2014 年,公司共有各类注册资格证的人员 30 多人,其中,一部分人还取得 3 个以上执业资格证书,成为一专多能的复合型人才。同时,企业每年征订一些报纸杂志和专刊供广大员工阅读,极大地丰富职工的精神文化生活。

第三节　阳泉市顺达出租汽车有限公司工会委员会

一、企业概况

阳泉市顺达出租汽车有限公司组建成立于 1995 年 4 月 8 日,是一家规范和初具规模的民营企业,隶属于矿区管辖,办公地址设在阳泉市桃北中街 100 号。公司下设科技开发、泡沫制品、餐饮服务等多个分公司,形成一业为主,多种经营并存的新格局。同时也是市委市政府首批挂牌的“重点保护企业。”截至2014年,拥有职工768人,出租汽车318辆(其中,包括中巴车线路车和自用车)。车辆总数成为全市13家出租汽车行业最大的龙头企业。

二、组织沿革

阳泉市顺达出租汽车有限公司工会委员会,成立于1999年,同年12月28日,召开第一次会员代表大会,选举陆纯亮为第一届工会主席,成为全市非公经济企业率先组织工会组织的民营企业。工会成立初期,入会会员23人。公司按照《工会法》规定和矿区总工会要求,于2009年6月,召开第二次代表大会,选举产生由9名委员组成的第二届工会委员会和3名委员组成的经费审查委员会。公司党支部书记蔡延田当选为工会主席,韩敏、王爱国为副主席,宇文英为经审委主任。2013年8月6日,召开第三次代表大会,蔡延田连任工会主席,韩敏、王爱国连任副主席,宇文英连任经审委主任。

阳泉市顺达出租汽车有限公司历届工会主席、副主席名表

表3-72

届　　次	姓　名	性别	职　务	任　职　时　间	备　　注
第一届工会委员会	陆纯亮	男	主　席	1999.12～2009.6	部门负责人
第二届工会委员会	蔡延田	男	主　席	2009.6～2013.8	党支部书记
	韩　敏	男	副主席	2009.6～2013.8	部门负责人
	王爱国	男	副主席	2009.6～2013.8	公司副经理
第三届工会委员会	蔡延田	男	主　席	2013.8～	党支部书记
	韩　敏	男	副主席	2013.8～	部门负责人
	王爱国	男	副主席	2013.8～	公司副经理

三、主要工作

组织发展与切实维权　2009年,新工会领导班子上任之后,认真学习和全面贯彻落实“组织起来,切实维权”的工会工作方针,积极发展工会会员,经过几年努力,会员由原来的23人发展到2014年的468名会员,入会率达到96.8%。公司工会为职工解决养老保险、医疗保险、失业保险和大病互助保险,为有后顾之忧未能正常办理的21名会员补缴和续缴以上费用,累计金额达到32万余元,养老保险覆盖面由原来的42%提高到89%,医疗保险覆盖面也由原来的42%提升到86%。已经退休的男女职工都享受到“老有所养,老有所医和老有所乐”的待遇。工会领导班子在为职工解决基本保障的前提下,积极为在岗职工解决工资收入偏低的实际问题。从2010年起,执行阳泉市850元、980元和1125元的最低工资标准,结束顺达出租汽车公司长达15年之久最高工资为800元的历史。2014年,公司员工不仅能拿到国家规定最低工资标准,在公司上班15年以上的新老员工的收入都上升到2200元～2800元。每年的冬季烤火费、交通运输费和各项福利费等都形成长效机制,做到按时发放。

开展文体活动与帮扶弱势群体　工会积极组织公司会员及全体员工大力开展“强身健体”和“文化娱乐”活动。工会每年都要为职工进行一次体检,组织参与矿区总工会举办的各项文体活动，并在篮球比赛上取得团体冠军，在登山活动上个人取得第二名。多次参加歌咏比赛，这些都在矿区乃至全市进一步提升和扩大影响。同时，特别重视帮扶弱势群体，每年都要到双胞胎家庭进行慰问，送去面、米、油等生活用品。同时，还要救助社会上的一些弱势群体，到革命老区慰问3位有特殊贡献的抗日老兵。工会成立以来，已支付帮扶资金8.6万元。每年对企业内部的特困职工，企业工会不仅做到自身帮扶，还为他们争取到区、市各级工会的援助，解决特困职工的实际困难和燃眉之急。

所获荣誉　工会成立15年期间，多年来受到省、市、区的表彰。2005年1月，被市总工会、市体育局授予体育道德最佳奖；2005年7月，被市劳动竞赛委员会、市建设局、市公安局、市出租汽车协会授予最佳经营企业称号；2005年9月，被省建设厅授予共产党员文明车队称号；同年，被矿区劳动竞赛委员会记“集体一等功”；2006年，被矿区总工会授予“模范工会”称号；2007年1月，被市总工会授予“模范职工之家”称号；2007年2月，被矿区劳动和社会保障局授予“劳动保障先进集体”称号；2008年1月，被市总工会、市劳动竞赛委员会授予“工人先锋号”称号；2010年2月，被矿区总工会授予“先进职工之家”；2010年11月，被省总工会、省安监局授予“安康杯”优胜企业称号；2011年3月，被矿区总工会授予帮扶先进集体；2011年，被省总工会、省人力资源和社会保障厅、省企业家协会、省工商业联合会授予山西省“模范劳动关系和谐企业”荣誉称号。

第四节　矿区北国芙蓉酒楼工会委员会

一、企业概况

北国芙蓉酒楼位于太行国际新城B区10号楼，地理位置优越，2000余平方米的营业面积，同时可容纳800人就餐，在职员工50人。芙蓉酒楼为广大无业人员、农民工、社会再就业人员广开就业之门，使许多无业、下岗失业人员工作、生活得以保障。北国芙蓉酒楼是以晋菜为主的具有地方特色的餐饮企业。自2010年开业以来，秉承“以人为本、诚信服务”的经营宗旨，以地道浓郁的乡土特色、舒适典雅的就餐环境低廉的价格、亲情的服务，赢得了消费者的广泛赞誉，树立起良好的品牌形象。

二、组织沿革

北国芙蓉酒楼2010年开业后，在赛鱼街道井沟社区工会联合会指导下，积极筹建工会组织，2011年6月，召开工会第一次代表大会，成立矿区北国芙蓉酒楼工会，选举产生第一届工会委员会和女职工委员会、经费审查委员会，弓师海当选为工会主席，程琼为副主席。2013年2月，召开工会第二次代表大会，选举产生第二届工会委员会和女职工委员会、经费审查委员会，弓师海连任工会主席，王维彬为副主席。共有职工50人，会员50人，其中女会员35人。

矿区北国芙蓉酒楼历届工会主席、副主席名表

表 3-73

届　　次	姓　名	性别	职　务	任　职　时　间	备　　注
第一届工会委员会	弓师海	男	主　席	2011.6 ~ 2013.1	芙蓉酒楼员工
	程　琼	女	副主席	2011.6 ~ 2013.1	芙蓉酒楼员工
第二届工会委员会	弓师海	男	主　席	2013.2 ~	芙蓉酒楼员工
	王维彬	男	副主席	2013.2 ~	芙蓉酒楼员工

三、主要工作

2011 年 6 月，矿区北国芙蓉酒楼工会委员会成立后，按照《劳动法》规定，每年与职工代表签订《工资集体合同》《女职工特殊权益保护专项集体合同》《劳动安全卫生集体合同》，积极维护职工的合法权益，保证企业正常运营。

2013 年 10 月，组织职工开展烹饪技术比武，通过技术比武活动，促进职工技术的提升，同时，增进员工的友谊。

每年元旦期间，工会举办职工联谊会，鼓励员工充分展示自己的特长，大家载歌载舞尽情娱乐，给辛辛苦苦忙碌的员工增添节日的气氛，活跃职工的精神文化生活，鼓舞员工的干劲。

工会成立以来，工会切实关心职工生活，把开展“送温暖”活动作为一项经常性工作，做好困难职工帮扶工作，常抓不懈，努力把温暖送给困难职工。

第五节　阳泉市天骄幼儿园工会委员会

一、幼儿园概况

阳泉市天骄幼儿园是一所民办幼儿园，成立于 2007 年 9 月，位于阳泉市北大西街马家坪馨康家园。建筑面积 3000 余平方米，建有三层主教学楼，配有多功能舞蹈室，有配套齐全的食堂、保健室、教研室。设董事会、党支部、工会等职能部门。2014 年，拥有教职工 60 人，在园幼儿 390 人。2010 年，被评为全国民办教育先进集体和阳泉市五星级幼儿园。

二、组织沿革

2010 年 1 月 30 日，召开全体教职工大会，正式成立阳泉市天骄幼儿园工会委员会，选举贾巧林为第一届工会主席。原隶属于矿区平潭街街道总工会，2013 年，隶属于矿区教育系统工会联合会。2014 年，工会会员达到 60 人，其中，女会员 50 人，分为 3 个工会小组。

三、主要工作

工会按照幼儿园发展规划，积极开展工会工作，依法维护教职工的合法权益，依法签订《集体劳动合同》《工资专项合同》《女职工特殊权益保护专项集体合同》。充分发挥工会的职能作用，为教职工谋事、办事，当好教职工的贴心人。

不断完善民主管理体系　工会根据园务规划，全力推进园务公开，促进民主管理，真正做到“以公开促公正，以公正树形象”。通过教职工大会和工会会员代表大会，审议幼儿园工作报告、财务报告，讨论通过各项规章制度、重大决策。设立园务公开栏，公布幼儿园重大规划、各项改革方案、财务收入及大额经费支出、教职工工资奖金分配情况、教师职务晋升、评优评先等内容。开展合理化建议征集活动，真正让教职工参与幼儿园的民主管理。

帮助教职工树立职业理想　工会组织教职工加强学习，强化角色意识，发挥不同岗位的职能作用。开展“倡导职业文明风尚，塑造良好天骄形象”活动，提高师德修养，引导教职工正确对待工作中的得与失、苦与乐。通过谈心等方式及时了解教职工的所思所想，把握教职工的思想动态，及时做好心理疏导工作。

关心和帮助教职工的生活　工会及时了解教职工的实际情况，走访慰问困难职工，看望病假、产假等教职工约30余人次，2013年，慰问病重做手术的教师苗月牙，并为其捐款5000元。做好每年夏季、中秋、教师节、春节等教职工福利发放工作。每年为全体教职工进行体检60余人次，做好教职工生活的“第一知情人”“第一报告人”“第一帮助人”，把幼儿园的关怀和温暖传送到广大教职工之中，为教职工解难。

加强幼儿园园内文化建设　工会积极开展多种形式的文体活动，以增进教职工与幼儿园的情感，为教职工营造家的氛围。每年开展为教职工举行集体宴会、吃长寿面等亲人般的关怀活动，让大家放松心情的同时感受到天骄对教职工的关爱。每年开展教师主题演讲比赛等活动，组织教职工外出旅游，感受大自然，增进友谊。通过活动，引导教职工立足岗位，外树形象，内强素质。仅发放福利、组织活动等每年投入资金近30万元。开展扶危济困活动，2008年，向地震灾区捐款3000多元、捐物100余件，每年向家庭困难、有残疾的家庭以及教职工子女免收幼儿费用计1万元，提高幼儿园的社会声誉。

做好工会档案资料建设等工作　做好工会计划、总结工作；做好会员会费的收缴工作，收好、用好、管好工会资金，并接受经审委员的监督；做好工会台账资料的记录、收集、整理工作；认真做好教职工的来信来访工作。努力为全园教职工营造一个宽松、愉快的工作环境，培育教职工的团队精神、协作精神和竞争意识，充分调动广大教职工的积极性，以更加饱满的热情和健康体魄投身到教育工作中。2012年，幼儿园工会被评为矿区教育系统先进工会组织。

第六节　矿区洋嘴巴幼儿园工会委员会

一、幼儿园概况

阳泉市矿区洋嘴巴幼儿园始建于2013年3月，位于矿区沙坪街道红岭湾商场二层，是阳泉市的优秀企业之一。固定资产约100万元，有一层教学楼，建筑面积1400多平方米，配有幼儿教育教学活动室、舞蹈室、保健室、食堂等设施设备。2014年，拥有教职工 40 人，在园幼儿 200 多人。阳泉市洋嘴巴语言教育中心注册成立于 2006 年，是阳泉市唯一一家拥有聘请外教资格的从事英语教育培训和双语学前教育的机构。旗下有三所英语培训学校和两所幼儿园，矿区洋嘴巴幼儿园是其中一所。阳泉市洋嘴巴语言教育中心创办者员敏燕曾获阳泉市“工会扶持创业促就业优秀带头人”、阳泉市矿区劳动模范等荣誉称号。

二、组织沿革

矿区洋嘴巴幼儿园工会于 2013 年 11 月开始筹备，隶属于矿区沙坪街道总工会。2014 年 4 月 3 日，召开洋嘴巴幼儿园工会委员会成立大会暨第一次会员代表大会，全体职工就民主推荐的候选人进行差额选举，选举田怡娟为工会主席，张美艳为副主席，工会委员会委员 3 人；同时，选举经费审查委员会委员 3 人，设主任 1 人；女职工委员会委员 3 人，设主任 1 人。工会会员 40 人。

三、主要工作

工会委员会成立后，为不断适应新形势，迎接新挑战，开拓新领域，创造新业绩，先后组织进行入会宣誓、女职工维权宣讲等活动，并依法签订《集体劳动合同》《工资专项合同》《女职工特殊权益保护专项合同》。工会主席积极参加全省和全市组织的各种培训活动，为工会工作的顺利进行奠定良好的基础。

建立民主管理、园务公开制度 第一，将教职工大会作为实行园务公开的基本形式，听取幼儿园工作报告、财务报告，讨论通过各项规章制度、重大决策，履行职工大会审议、决议、评议、监督等职权。第二，建立会议通报机制，对幼儿园的各项工作安排、教师职务晋升、评先评优中有关政策、条件、要求等，通过全体教师会议、行政例会等有关会议进行公开通报。第三，在幼儿园内设立园务公开栏，公布幼儿园重大规划、计划、各项改革方案的草案和定稿、财务中各项收入及大额经费支出、幼儿园评优、报优情况、教师工资奖金分配情况等都在园务公开栏内及时公布，并在公示栏进行公示。第四，在保健室门口设立园长信箱和联系电话，接受教师和家长反馈，对幼儿园存在的问题、教师教学情况，家长可以随时通过写信或打电话，向幼儿园领导反映，对家长的来信和来电都进行核实，并给予及时回复，对事件进行及时处理。

建立三种档案资料 分别建立工会工作档案、工资集体协商档案、教师业务培训档案。工会工作档案包括工会各项制度、各项活动的计划、总结等资料。工资集体协商档案包括《集体劳动合同》《工资专项合同》《女职工特殊权益保护专项集体合同》等内容。教师业务培训档案包括培训计划、内容、总结和教师培训案例以及学习心得体会等。

开展女职工工作 女职工委员会主任由幼儿园的教学组长担任，负责女职工工作。组织女职工进行维权宣讲活动，依法保障女职工的劳动权利和劳动保护权利的落实。在“三八”妇女节，工会组织女职工开展丰富多彩的庆祝活动，让每一位女职工感到节日喜悦。女职工委员会坚持不断加强女职工的思想道德建设，带领女职工在参与企业文化建设中发挥积极作用，领导女职工树立正确的世界观、人生观和个人价值观。结合企业实际，积极组织女职工开展“我爱我家美化家园”义务劳动、“爱岗敬业比奉献”主题演讲等形式多样、寓教于乐的各类活动，活跃女职工的文化生活，陶冶女职工的情操。

关心职工工作、生活和身体健康　在日常生活中，真正做到想职工所想，急职工所急，帮职工所需。工会组织会员进行多种培训活动，进一步加强职工的自身建设，每学期组织一次教师课程业务培训，更新教育理念，提高业务技能；对生病教师和家庭困难教师，工会都会组织看望慰问；对全体教职工每年进行一次体检，以保障每个职工的身心健康。

第七节　日潭商业一条街联合工会

一、区域概况

平潭街道平潭街东社区日潭小区商业一条街，于 2000 年 7 月建成。小区商业街主要经营餐饮、日用百货、美容美发、家具、副食等服务业。商业街北至北大西街，南至桃北中路，东至天利购物广场，西至平潭路，占地面积 1 万平方米，私营企业 9 家，个体工商户近 100 家。

二、组织沿革

2007 年 9 月 3 日，平潭街东社区工会联合会日潭小区商业一条街联合工会暨第一次会员代表大会召开，大会代表 35 人，以无记名投票方式选举产生商业一条街联合工会主席，由社区主任李连兆兼任，副主席由红太阳家具城郑文林担任，选举出工会联合会委员 5 人，经审委员会委员 3 人，推选女职工委员会委员 3 人，拥有会员 350 人；2010 年 3 月，召开日潭小区商业一条街第二次会员代表大会，向永碧兼任日潭商业一条街联合工会主席，赵立臣任副主席，拥有会员 334 人；2013 年 1 月，召开第三届会员代表大会，向永碧、赵立臣连任主席、副主席。2014 年，日潭商业一条街联合工会有会员 337 人。

平潭街东社区日潭小区商业一条街联合工会历届主席、副主席名表

表 3-74

届　次	姓　名	性别	职　务	任　职　时　间	备　注
第一届联合工会	李连兆	男	主　席	2007.9 ~ 2010.2	社区主任
	郑文林	男	副主席	2007.9 ~ 2010.2	红太阳家具城工会主席
第二届联合工会	向永碧	女	主　席	2010.3 ~ 2013.4	社区主任
	赵利臣	男	副主席	2010.3 ~ 2013.4	红太阳家具城工会主席
第三届联合工会	向永碧	女	主　席	2013.4 ~	社区主任
	赵利臣	男	副主席	2013.4 ~	红太阳家具城工会主席

三、主要工作

为扩大工会覆盖面，维护人民群众的合法权益，调动和保护个体工商户参与和谐街道、社区建设的积极性和主动性，联合工会积极做好工会各项工作。

工会不断扩大组织覆盖面和工作覆盖面，及时摸清辖区内非公有企业、个体工商户的职工人数及情况，大力宣传，广泛吸收街区企业(商铺)经营者和从业人员加入工会，把不同类型、不同规模、不同性质的经营者和从业者组织起来。重点抓好辖区个体工商户的入会工作，最大限度地把日潭商业街工作的职工吸引到联合工会中，提高职工入会率。

工会为企业服务、为职工服务。积极发动职工会员群众，认真学习《工会法》《劳动法》等涉及职工切身利益的国家法律法规。搞好法律维权服务，为会员提供法律咨询和法律培训，切实维护会员合法权益。建立劳动争议调解委员会，认真贯彻企业集体合同条例和集体合同规定，进行平等协商和集体劳动合同签订、劳动安全卫生集体合同签订、工资专项合同签订、女职工权益保护专项集体合同签订，有效地保护职工的合法权益。通过平等协商，签订集体合同，确保更多职工共享企业发展成果，从而使区域内的劳动关系更趋和谐稳定。

工会加强分类指导，培育好不同类型的先进典型，不断总结、交流、推广典型经验，带动面上工作，促进工会工作整体水平的提高。加强宣传和信息工作，积极为会员单位提供信息发布、经贸洽谈等服务，并对他们的经营业绩和奉献社会的义举进行宣传报道。工会在企业行政和职工之间的桥梁纽带作用得到进一步的强化，职工通过工会掌握企业相关动态、反映自身诉求、提出合理化建议。企业通过工会宣传企业文化、公布分配方案、关心职工生活。真正实现企业与职工的互利共赢，企业的凝聚力得到极大地加强。

工会关心职工的疾苦，倾听和反映职工的呼声和要求，努力帮助职工解决实际困难，积极协调企业与职工的劳动关系，维护职工的合法权益。关心职工的生产生活，帮助企业改善管理，履行社会责任，组织开展职工喜闻乐见、丰富多彩的业余文化活动。紧紧围绕工作中心，组织发动职工开展多种形式的劳动竞赛活动，努力提高职工的业务素质，促进企业各项工作的发展。针对商业街会员们的实际需求，不断拓宽服务领域，完善服务手段，提高服务效果，切实帮助会员及会员单位解决发展中遇到的一些实际问题。针对区域下岗、失业职工多的情况，建立就业基地，积极推动有利于下岗失业再就业职工相关政策的落实，为他们再就业提供机会。

工会组织开展扶贫济困送温暖活动，建立爱心超市、特困职工档案，完善职工生活保障机制。为红太阳家具城、日潭集贸市场等企业中有困难的会员申办困难救助，每逢节假日都对他们进行慰问帮助。组织员工开展以互帮、互学、互济、互爱、互助为主要内容的建设职工之家活动。

第四编 驻区工会组织

矿区区域内最早的工会组织产生于20世纪20年代，即民国十四年(1925年)10月30日成立的保晋公司三矿厂工会(即蒙村工会)。新中国成立后，于1950年6月，中国煤矿工会阳泉矿区筹委会(即矿区工会)成立，统一领导阳泉矿务局和属地其他公私营煤矿的工会组织。1983年2月，矿区工会(1987年改为矿区总工会)成立后，负责领导矿区政府管辖范围内的机关、企事业单位、非公有制经济组织等建立的工会组织，域内其他工会组织同时存在。阳泉煤业(集团)有限责任公司工会是域内最大的工会组织。2010年1月，成立矿区工会发展促进会(原名为矿区区域工会联谊会)，吸纳域内61个其他工会组织参加，增进各工会组织之间的团结协作、共同发展。

第一章 阳煤集团公司工会委员会

阳泉煤业(集团)有限责任公司(简称阳煤集团)是一个以煤炭生产加工为主,集电力、铝业、磁材、化工、建材、装备制造、房地产开发、建筑施工等为一体的特大型企业集团。以工人高度集中、工会组织历史久远、工会工作特色鲜明,在阳泉老工业基地和新型能源重化工基地建设中产生重大而深远的影响。

第一节 企业概况

阳泉煤业(集团)有限责任公司前身为阳泉矿务局,成立于 1950 年 1 月,1997 年 12 月,改制为国有独资公司,为山西省五大煤炭集团之一,是全国最大的无烟煤生产基地。经过 60 多年的发展,已经成为一个以煤炭和煤化工为主导产业,铝电、建筑建材地产、装备制造、贸易服务四大辅助产业强势发展的煤基多元化企业集团。集团拥有阳泉煤业、山西三维、太化股份和阳煤化工 4 个上市公司在内的 502 个分子公司,总资产 1001 亿元,职工 17.6 万人,位列世界 500 强第 409 位,中国企业 500 强第 93 位,中国煤炭企业 100 强第 10 位。2011 年,集团销售收入实现 1187 亿元,完成利润 45 亿元,煤炭产量 5848 万吨,职工人均工资 5.8 万元。阳煤集团以盛产"阳优"牌无烟煤驰名中外,具有得天独厚的巨量资源赋存,交通畅达便利,人文环境优越,装备设施精良,科技实力雄厚。矿区井田规划总面积 1322.28 平方千米,地质储量 1204450.9 万吨,可采储量 633592.1 万吨,是我国最大的无烟煤生产企业。主要产品有块炭、末煤、冶金用末精煤等 5 大品种、20 多个产品,其中多个产品荣获国家、省优质产品称号,是电力、冶金、化工、建材和民用的上好燃料和原料,在全国设有便捷高效的销售网络,产品主要行销国内的大钢厂、大电厂以及化工、建材、化肥企业,并部分出口国外。

自 1990 年起,阳煤集团获多项荣誉称号,包括首届中国煤炭工业"优秀企业奖""煤炭工业优秀奖——金石奖""质量标准化、现代化矿务局""AAA 级信用度企业"、国家级 "守合同重信用企业""国际信用企业""中国企业信息化标杆企业""煤炭工业科技进步十佳企业""山西省优秀企业""山西省经济结构调整突出贡献企业""山西省精神文明建设先进企业"、全国"五一劳动奖状"等。

北京时间 2013 年 7 月 8 日晚,美国《财富》杂志 2013 年世界 500 强排行榜发布,阳煤集团以营业收入 285.787 亿美元位列榜单第 407 位。

第二节　组织沿革

1947年5月2日,阳泉宣告解放。1948年1月,国营阳泉煤矿公司成立;6月,经中共华北局批准,成立国营阳泉煤矿工会,王子林任工会主席;12月,阳泉煤矿公司与河北井陉煤矿公司合并,组建成立井阳煤业公司。1949年6月,井阳煤业公司成立总工会,阳泉各国营煤矿工会组织统一接受公司总工会领导;9月,井阳煤业公司奉命改组为井阳矿务局;10月,井阳矿务局工会委员会成立,于克昌任主席、赵菲任副主席。1950年6月,中国煤矿工会阳泉矿区筹委会成立,统一领导阳泉矿务局和当地其他公私营煤矿工会组织,申梦华任主任;同时,矿区工会创办机关报《阳泉矿工报》,开办有线广播站,配合当时的政治运动和生产活动,开展宣传工作。同年10月10日,召开阳泉矿区工会首次工会代表大会,13日正式选举产生矿区工会委员会,矿务局工会正式成立,申梦华任工会主席,巨茂德任工会副主席,下设办公室、组织部、文教部、劳保部、女工部、生产工资部、青工部、财务科、私营工作委员会。1952年,成立矿务局工会俱乐部。1956年公私合营后,10月,私营工作委员会被撤销,私营煤矿归地方管。1957年6月,《阳泉矿工报》归属局党委宣传部。1958年10月,由于"政企合一",矿务局工会被撤销,大部分干部被调到阳泉市总工会,局属各工会直接由市工会领导。1959年8月,恢复矿务局工会组织,连志忠任主席。同年5月,广播站归属局党委宣传部;同年10月,原工会组织部、文教部合并为组宣部。1960年2月,局工会财务科被撤销。1962年2月,局养老院被市政府收回后,改建为宾馆。

"文化大革命"初期,阳泉矿务局各级工会组织因普遍受到冲击而停止工作。1968年8月,成立阳泉矿务局工代会。1973年5月,阳泉矿务局工会重新恢复,5月,局召开第八次工会会员代表大会。

1976年10月,粉碎江青反革命集团后,特别是中共十一届三中全会以后,国家进入新的发展时期。矿务局各级工会组织认真贯彻执行中共十一届三中全会重新确定的正确路线和中国工会九大、十大、十一大会议精神,解放思想,拨乱反正,不断进行自身的组织整顿、充实和加强,组织机构逐步健全起来,工作逐渐走向正规。1980年8月,阳泉矿务局工会组宣科、劳保科、女工科改为组宣部、劳保部和女工部;1981年4月,撤销组宣部,设立组织部、宣传部和生产部。1983年12月,召开第九次会员代表大会。从1984年下半年到1987年年底,进行全面的整顿建家工作,取得明显的效果。全局有17个基层工会,145个车间工会,474个队分会和3972个工会小组验收合格,达"职工之家"验收标准。阳泉矿务局工会连续三年获省先进职工之家称号。1986年,各级工会组织积极试行工会代表大会和职工代表大会"两会合一会",从而在理顺职代会与工会的关系和理顺中国共产党、政、工的关系上迈出新的步伐。1986年8月,矿、处级工会撤销工会各部,工会工作均由专职委员负责。1983年12月和1986年10月,相继召开局第九次、第十次工会会员代表大会,选举产生新的局工会委员会和领导人。

1991 年至 1996 年，矿务局工会内设机构为六部一室，即组织部、生产部、劳保部、宣传部、文体部、女工部和办公室。

1990 年至 2014 年，阳煤集团（阳泉矿务局）经历改革改制，三年困难时期和企业的做大做强、跨越式发展等几个阶段。在各个发展阶段，工会都紧紧围绕企业中心开展工作，尤其是在企业困难时期，充分发挥工会组织、阵地、经费的优势，积极主动协调劳动关系，组织职工开展学练比、劳动竞赛、文化体育、扶贫帮困送温暖等活动，起到凝聚人心、鼓舞士气的作用，有效地维护企业和职工的合法权益，促进劳动者和经营者的合作，巩固和发展矿山的进一步稳定，调动职工的积极性、创造性，为企业做大做强奠定坚实基础。1997 年，阳泉矿务局改制为阳泉煤业（集团）有限责任公司，工会的部室重组、人员进行精简，将原来的办公室和组织部合并为综合办公室，劳保部和女工部合并为生活女工部，文体部和宣传部合并为宣教文体部，劳保部的保护工作和生产部重组为生产保护部。2001 年 12 月 31 日，阳煤集团工会召开第十一次会员代表大会，选举产生新一届工会委员会和经费审查委员会。2006 年，对内设部室进行重新调整，到 2014 年，工会内设部门：综合工作部、权益保障部、宣教文体部、女职工部和直属工会俱乐部。

第三节 会员代表大会

第一次会员代表大会 阳泉矿务局工会第一次会员代表大会于 1950 年 10 月 10 日 ~ 13 日召开。出席会议的正式代表 94 人，列席代表 46 人。大会听取和审议矿区工会主席申梦华受矿区工会筹委会的委托所做的《矿区筹委会关于九个月工作总结和今后任务》的工作报告；听取和讨论《中国煤矿阳泉矿区工会组织章程草案》和《中国煤矿阳泉矿区会员代表大会选举办法》；采用无记名投票方式选举产生矿区工会第一届委员会和矿区工会第一届经费审查委员会的组成人选；民主选举产生出中国煤矿第一次职工代表大会的代表；民主选举产生矿务局工厂管理委员会的组成人员；13 日下午，大会正式通过《工会工作报告》《中国煤矿阳泉矿区工会组织章程草案》《中国煤矿阳泉矿区会员代表大会选举办法》《劳动条例》。大会上，山西省总工会张成章、中共阳泉工矿区委党委书记王金林、阳泉工矿区总工会巨茂德，矿务局党委书记刘其恒、矿务局团工委书记江风，以及工矿区人们政府劳动科科长王德智等分别讲话。会议选举产生矿区工会第一届委员会领导机构。委员选出后，立即召开临时会议，推举申梦华任阳泉矿区工会委员会主席，巨茂德为副主席。在该次大会召开期间，先后收到全国 30 余个单位发来的贺电、贺幛，以示祝贺。

矿区工会第一届委员会执行委员和候补委员：

执行委员（25 人）：

申梦华　巨茂德　王三才　刘其恒　白猷之　李肥寿　江　风

王四毛	赵万堂	王化勋	白华星	王德智	郭存锁	梅士先
杨作礼	吕　林	郭鸿文	肃发春	王春林	博长春	李新汉
武　忠	石福祥	杜秀臣	张厚之			

候补委员(7人):

史拉玉	赵狗全	荆怀小	鲍喜春	黄树章	曹庆绪	郝武光

矿区工会第一届常务委员会委员(9人):

申梦华	巨茂德	王三才	刘其恒	白猷之	李肥寿	白华星
江　风	梅士先					

矿区工会第一届经费审查委员会委员和候补委员:

委员(7人):

田生强	赵森茂	李　藻	乔柱元	石荣春	金玉林	高柱保

候补委员(3人):

杨绍武	王冠儒	范子州

出席中国煤矿第一次职工代表大会代表和候补代表:

代表(4人):

申梦华	王三才	赵万堂	杜秀臣

候补代表(1人):

郭鸿文

阳泉矿务局工厂管理委员会(13人):

刘其恒	江　风	申梦华	白猷之	王三才	郭存锁	王四毛
吕　林	王春林	赵万堂	李乃宏	薛鸿彬	任富堂	

第二次会员代表大会　阳泉矿务局工会第二次会员代表大会于1954年8月2日~5日召开。出席会议的正式代表95人。大会秘书长:徐家贵,副秘书长:刘宝山、商广济;大会代表资格审查委员会由王政、徐家贵、王庭远、张劲厚4人组成;大会提案审查委员会由陈子万、贾慧生、王庭远、张劲厚、王政、徐家贵、张天祥、贺戊生、连志忠、郭恩田10人组成。大会听取局党委副书记陈子万的报告;听取和审议矿区工会主席王庭远受首届工会委员会委托所做的《矿区工会工作总结及今后工作意见的报告》;听取和审议《关于矿区工会财务工作总结及今后工作意见的报告》;听取和审议《阳泉矿务局1954年上半年工作总结的报告》及《职工提案解答的报告》;民主选举产生矿区工会第二届委员会、常务委员会和矿区工会第二届经费审查委员会的组成人选,民主选举出席阳泉市工会联合会第三届会员代表大会的代表;通过《关于加强劳动纪律教育的决议》;通过《关于拥护全总"开展技术革新运动"的决议》;通过《关于参加厂际竞赛的决议》;通过《关于阳泉矿区养老、残废、休养院改为阳泉矿区养老、残废、疗养院的决定》;听取阳泉市工会副主席张厚之讲话。大会采取等额选举、无记名投票方式,选举产生矿区工会第二届委员会委员25人,候补委员4人;第二届经费审

查委员会委员 5 人。大会共征集职工提案 215 条。

矿区工会第二届委员会委员和候补委员:

委员(25 人):

王庭远	张劲厚	贾慧生	田振宗	任　信	荆子瑞	马　良
徐家贵	刘富春	武金生	贺　生	张天祥	连志忠	郭恩田
荆　三	巨茂德	王　政	陈子万	荣国玉	李胜和	王新民
陈　三	任直生	李来富	张　玉			

候补委员(4 人):

鲍锡纯　刘绍义　贾二波　张贵元

矿区工会第二届经费审查委员会委员(5 人):

王家瑞　王二小　史享朴　李　让　穆克元

第三次会员代表大会　矿务局工会第三次会员代表大会于 1956 年 3 月 13 日～18 日召开。出席大会的正式代表 97 人。大会听取和审议矿区工会主席王庭远所做的《矿区工会 1955 年工作总结报告》《矿区工会财务工作报告》《工会工作 1956、1957 两年规划草案》及《工会 1956 年工作安排意见》,并通过相应的决议;听取和审议由副局长白天所做的《关于 1956 年生产及基本建设工作的报告》,并通过相应的决议;通过《关于贯彻省委积极分子会议精神,开展先进生产者运动,把社会主义竞赛推向新高潮的决议》;民主选举产生阳泉矿区工会第三届委员会和工会第三届经费审查委员会的组成人选。大会采取等额选举办法,以无记名投票方式,选举产生矿区工会第三届委员会委员 21 人,候补委员 4 人;第三届经费审查委员会委员 5 人。

矿区工会第三届委员会委员和候补委员:

委员(21 人):

王庭远	王化勋	王　政	田振宗	李崇义	李来富	邵聚宝
武金全	荣国玉	连志忠	梁三牛	郭二毛	徐家贵	张天祥
张劲厚	程　铎	贾慧生	贾二波	杨午生	阎四保	刘富春

候补委员(4 人):

史明章　张润生　赵风廷　赵芦芦

矿区工会第三届经费审查委员会委员(5 人):

王家瑞　王二小　史享朴　任　信　穆克元

第四次会员代表大会(与第四次职工代表大会合一)　矿务局工会第四次会员代表大会于 1957 年 5 月 8 日～14 日召开。该次大会正式代表 216 人,其中工会会员代表 159 人。大会听取和审议由矿区工会主席王庭远代表第三届工会委员会所做的《阳泉矿区工会 1956 年工会工作总结和 1957 年工作计划》的工会工作报告;听取和审议《阳泉矿区 1956 年财务工作总结报告》; 审议《阳泉矿区工会职工代表大会组织章程》;采用等额选举、无记名投票方式,选举产生阳泉矿区工会第四届委员会委员31人和经费审查委员会委员5人。

原来准备召开第四届工会会员代表大会。3月,各基层都先后召开会员代表大会,改选工会组织,并选出出席矿区代表大会的代表。4月,根据中央在中共"八大"上提出扩大民主,推行职工代表大会制度,正确地处理人们内部矛盾的精神,重新确定会议议题,把会员代表大会改为职工代表大会。同时在该次会议上通过《职工代表大会组织章程》,《章程》第一章第2条规定:根据工会法规定,工会有参加监督企业生产管理的权利和职责。因此,实现在党委领导下的群众监督制推行职工代表大会制度,就可以用现成的群众组织——工会,代表全体职工群众实施权利,不另设组织机构,工会会员代表大会改为职工代表大会。《章程》第3章第10条第6款还规定:职工代表大会不另设专门机构,也不另外专门召开会员代表大会,所以职工代表大会有权选举各级工会委员会和各级经费审查委员会,报请上级工会批准。

矿区工会第四届委员会委员(31人):

王　典	王　政	王　敏	王化勋	王有年	王庭远	白　天
田振宗	石效谦	史贵成	江秀英(女)		邵聚宝	李来福
马　良	袁文华	徐家贵	高保成	张　岐	张　玉	张天祥
张功立	张劲厚	贾慧生	褚广信	杨柄和	杨福华	翟有才
刘富春(女)		刘录清	阎四保	苏景云(女)		

阳泉矿区工会经费审查委员会委员(5人):

王家瑞	史享朴	胡基琦	刘秀文	穆克元

第五次会员代表大会(同第五次职工代表大会合一)　矿务局工会第五次会员代表大会于1959年10月27日~30日召开。大会正式代表168人,列席代表23人。大会听取和审议局工会主席连志忠代表上届工会委员会所做的《四届二次会议以来工会工作总结与今后工作安排的报告》及《局工会财务工作报告》;听取和审议局长王占国所做的《行政工作报告》:审议通过《职工提案解答的报告》《阳泉矿务局对各厂矿调整职工宿舍规划》和《阳泉矿务局大面积高产红旗竞赛评比条件》。会上,全体代表先选举产生29名新的工会委员会委员和5名经费审查委员会委员。该次大会共征集职工提案247条。

第六次会员代表大会(同第六次职工代表大会合一)　矿务局工会第六次会员代表大会于1961年10月23日~29日召开。大会听取和审议局工会主席王典所做的《工会工作报告》以及《关于工会财务工作的报告》;听取和审议《矿务局生活福利工作总结和1961年第四季度工作安排的报告》;听取局党委的政治报告;听取和审议《六届职代会职工提案解答报告》;讨论通过《关于进一步加强组织领导社会主义劳动竞赛工作的方案》《阳泉矿务局关于组织食堂和炊管人员竞赛方案》等10项重大议案。

第七次会员代表大会(同第七次职工代表大会合一)　矿务局工会第七次会员代

表大会于 1964 年 3 月 1 日～4 日召开。正式代表 214 人，特邀代表 2 人，列席代表 12 人。大会听取和审议局工会主席王典代表上届工会委员会所做的《工会工作报告和 1964 年工会工作安排》以及《局工会财务工作报告》；听取和审议局长王占国所做的《行政工作报告》；听取局党委书记田泽仁所做的《关于当前形势与今后任务的报告》；民主选举产生局工会第七届委员会和工会经费审查委员会组成人员。大会采取等额选举、无记名投票方式，选举产生局工会第七届委员会委员 27 人，第七届经费审查委员会委员 7 人。

阳泉矿务局工会第七届委员会委员（27 人）：

任仲元　王　典　习秉聪　赵大经　田振宗　石效谦　尚鸣周
杨　毅　段玉华　乔汉增　邢贵才　赵本智　王　骏　张劲厚
徐　山　孙焕俊　王　敏　张为耘　袁文华　李　英（女）
张瑞科　杨光金　张世祯　吕成道　申迄仙（女）　康喜贵
王华东

阳泉矿务局工会第七届经费审查委员会委员（7 人）：

王家瑞　杨世龄　张子清　李进才　梁东绵　段芝云　王　子

第八次会员代表大会（同第八次职工代表大会合一）　矿务局工会第八次会员代表大会于 1973 年 5 月 11 日～12 日召开。正式代表 390 人，特邀代表 30 人，列席代表 28 人。大会秘书长：吴达；副秘书长：吴文德、王修文、白景明。大会听取和审议局工会主席阎大信所做的题为《阳泉矿务局工会第八次代表大会筹备组关于整顿、健全工会组织的情况和今后工作意见的报告》；听取局党委书记成五江所做的题为《在毛主席革命路线指引下，充分发挥工人阶级的主力军作用》的报告；民主选举产生矿务局工会第八届委员会和出席市工会代表大会的代表并通过大会决议。中共阳泉市委常委、阳泉市革命委员会副主任、市工会筹备组负责人康启光出席大会。会议由贾慧生致闭幕词。大会采取等额选举办法，以无记名投票方式，选举产生局工会第八届委员会委员共 37 人。

阳泉矿务局工会第八届委员会委员（37 人）：

阎大信　张超一　郑更新　荆长贵　周恒康　韩敬礼　徐歧瑞
王金川　王金童　张兰英（女）　朱博祥　袁文华　王国喜
樊生成　魏银亮　张瑞科　王焕英（女）　王玉珍　王鸿章
王来毛　朱海江　黄永松　王景文　荆海计　张桃风（女）
孟宪章　赵存贵　宋乃集　吴素连（女）　吕成录　杨四小
赵秀英（女）　程根锁　王　骏　高　英（女）　武梦华
刘喜珍（女）

第九次会员代表大会（同第九次职工代表大会合一）　矿务局工会第九次会员代

表大会于1983年12月16日~17日召开。正式代表399人,特邀代表7人,列席代表108人。大会听取和审议由局工会主席邵聚宝代表第八届工会委员会所做的题为《认真贯彻全国工会“十大”精神,在两个文明建设中充分发挥工人阶级的主力军作用》的工会工作报告;听取和审议由局工会副主席苏景云所做的《关于局工会第八届委员会财务工作报告》;选举产生局工会第九届委员会和经费审查委员会的组成人选;根据全国工会“十大”精神,结合实际,提出工会工作任务和要求。大会采取等额选举办法,以无记名投票方式,选举产生局工会第九届委员会委员31人,经费审查委员会委员5人,随后又经新一届工会委员会选举产生工会常委9人。

阳泉矿务局工会第九届委员会委员(31人):

门永宽　王　骏　王二保　王炳俊　田黄林　史保春　李忠福
李月铃　李旭成　李淼源　阎来保　苏景云(女)　张兰英(女)
张文铭　张鸿滨　张满洞　邵聚宝　周礼宗　郑更新　金元斌
陈金堂　郝正芝　段裕昌　赵玉田　高增福　耿润昌
商宝珍(女)　甄自荣　葛德林　翟汴良　裴清如

阳泉矿务局工会常委(9人):

邵聚宝　郝正芝　苏景云(女)　李淼源　耿润昌　段裕昌
张文铭　高增福　张兰英(女)

阳泉矿务局工会第九届经费审查委员会委员(5人):

主任委员:葛德林
委　　员:段玉林　董魁忠　夏胜先　葛德林　鄯贵恒

第十次会员代表大会(同第十次职工代表大会合一)　矿务局工会第十次会员代表大会于1986年10月17日~18日召开。正式代表605人,其中工会会员代表581人,特邀代表7人,列席代表181人。大会听取和审议由局工会主席李元苟代表第九届工会委员会所做的题为《坚持改革方向,建设两个文明,为振兴全局经济立新功》的工会工作报告;听取和审议由局工会副主席苏景云所做的《关于局工会第九届委员会财务工作报告》;选举产生局工会第十届委员会和经费审查委员会的组成人员。大会采取等额选举办法,以无记名投票方式,选举产生局工会第十届委员会委员33人;经费审查委员会委员7人。随后又经新一届工会委员会选举产生工会常委9人。

阳泉矿务局工会第十届委员会委员(33人):

门永宽　王　骏　王　锦　王二保　王文贵　王先荣　王德水
史保春　田春华　田栓玉　刘　雄　李元苟　李忠福　李海英
李淼源　杨立业　杨锦辉　张文铭　张鸿滨　张兰英(女)
苏景云(女)　吴克忠　金元斌　苗存祥　郑光荣(女)
郝正芝　段裕昌　赵玉田　耿润昌　高增福　梁继锁　赖　威
蔡华荣

阳泉矿务局工会常委(9 人):

李元苟　郝正芝　苏景云(女)　李淼源　耿润昌　段裕昌
高增福　张文铭　张兰英(女)

阳泉矿务局工会第十届经费审查委员会委员(7 人):

主任委员:王　骏
委　　员:付会元　邢春梅(女)　张昌义　赵清俊　郝韵琴
　　　　　廉　贤

1989 年 2 月 11 日,局工会召开十届九次会议,增补梁继锁、李振锋、赵福锁、白坪、耿前深、马永魁、刘敏、王保福 8 人为局工会十届委员会委员;增补梁继锁、李振锋、赵福锁 3 人为局工会委员会常委。

第十一次会员代表大会　阳煤集团工会第十一次会员代表大会于 2001 年 12 月 31 日召开。正式代表 350 人,特约代表 15 人。大会审议和批准公司工会第十届委员会工作报告; 审议和批准公司工会第十届委员会的经费收支情况报告和经费审查委员会的工作报告;选举产生阳煤集团工会第十一届委员会和经费审查委员会。大会采取差额选举、无记名投票方式,选举产生阳煤集团工会第十一届委员会委员 35 人;以等额选举方式,选举产生工会经费审查委员会委员 7 人。随后经新一届工会委员会选举产生工会常委 7 人。

阳煤集团工会第十一届委员会委员(35 人):

马　强	门春花(女)	王炳俊	王海瑜	王晓蕾(女)	王风明
白瑞勤	冯均亭	邢　军	朱卫保	乔计锁	刘兆祥
刘　镇	闫俊祥	安先武	李树文	李梦旭	李秀山
杨建强	张润为(女)	张跃平	张学俭	张新民	苗存祥
赵老虎	赵林生	赵晓辉	赵昧玉	赵海宏(女)	
郝改莲(女)	姚汝富	秦煜光	高生亮	黄天义	薛国仁

阳煤集团公司工会第十一届常委(7 人):

王炳俊　张润为(女)　高生亮　张新民　王晓蕾(女)　马　强
赵晓辉

阳煤集团工会第十一届经费审查委员会委员(7 人):

主 任 委 员:乔计锁
副主任委员:吴景厚　林泽泉
委　　　员:于占水　刘瑜华　刘小菊(女)　李润花(女)

2002 年 ~ 2014 年,阳煤集团工会委员会未进行换届,但是,每年都召开工会全委(扩大)会议,听取集团公司工会主席做《工作报告》、经费审查委员会主任做《经费审查委员会工作报告》;替补、增补委员、常委;对基层工会落实上年度工作目标责任状情况进行考核通报;签订下一年度工作目标责任状;表彰优秀工会工作者和优秀工会积极分子;听取阳煤集团党委副书记讲话和市总工会领导讲话。截至 2014 年,阳煤集团工会共召开全委(扩大)会议20次,有工会委员会委员41名,常委9名,经费审查委员会委员7名。

2014年阳煤集团工会委员会委员(41名):

张建起 张秀云(女) 孟德玉 王国平 吴 江 王永平
郗慧萍 王晓蕾(女) 门春华(女) 龚晋宝 陈建军 祖占景
史红军 张惠义 韩三彩(女) 张宝元 贾拉昌 蔡廷军
李 泰 许言高 张宝军 高 广 王秀韬 张朝晖
吕利平 郭崇星 阎俊祥 梁 慧 靳 泽 赵志荣
张 智 穆卫平 高岩芳 马军相 韩宝鸿 李 义
张秉椿 王水涛 张宝亮 任国栋 刘丙强

2014年阳煤集团工会常务委员会委员(9人):

张建起 张秀云(女) 孟德玉 王国平 吴 江 王永平
郗慧萍 王晓蕾(女) 门春华(女)

2014年阳煤集团工会经费审查委员会委员(7人):

主任委员:张秀云(女)

委 员:张惠义 贾拉昌 刘瑜华 李建明 张媛媛(女) 霍海丽

阳泉煤业(集团)有限责任公司历届工会主席、副主席名表

表4-1

届 次	姓 名	性别	担任职务	任 职 时 间	备 注
第一届至第四届	申梦华	男	主 席	1950.10~1951.4	—
	巨茂德	男	主 席	1951.4~1952.4	—
	陈玉芳	男	主 席	1952.4~1954.6	—
	王庭远	男	主 席	1954.7~1958.10	第一届至第四届
	连志忠	男	主 席	1959.8~1960.2	第四届、第五届
	巨茂德	男	副主席	1950.10~1951.4	—
	张天祥	男	副主席	1954.7~1958.10	第一届至第四届
	徐家贵	男	副主席	1959.8~1960.2	第四届、第五届
第五届	张 钰	男	主 席	1960.2~1961.4	第五届、第六届
	王 政	男	副主席	1960.2~1961.4	—
第六届	王 典	男	主 席	1961.4~1966.12	第六届、第七届
第七届	杨二保	男	主 席	1966.12~1968.8	代主席
	冯 祥	男	主 任	1968.11~1972.7	工代会主任
	杜堂小	男	副主任	1972.7离职	工代会副主任
第八届	阎大信	男	主 席	1973.6~1981.4	—
	谭廷英	男	副主席	1981.4~1983.3	主持工作
	张超一	男	副主席	1973.6~1978.3	—
	周恒康	男	副主席	1974.10~1978.4	—
	周宗元	男	副主席	1975.8~1978.3	—
	朱博祥	男	副主席	1978.4~1983.1	—
	贾维华	男	副主席	1978.4~1984.11	第八届、第九届

续表 4-1

届 次	姓 名	性别	担任职务	任 职 时 间	备 注
第九届	邵聚宝	男	主 席	1983.3 ~ 1985.3	—
	李元苟	男	主 席	1985.4 ~ 1993.7	第九届、第十届
	苏景云	女	副主席	1982.2 ~ 1990.7	第八届至第十届
	郝正芝	男	副主席	1982.7 ~ 1994.9	第八届至第十届
	谭廷英	男	副主席	1983.3 ~ 1984.1	—
第十届	李家栋	男	主 席	1993.7 ~ 1993.11	主持工作
	王炳俊	男	主 席	1993.12 ~ 2010.3	第十届、第十一届
	梁继锁	男	副主席	1989.3 ~ 1999.9	—
	张润为	女	副主席	1991.1 ~ 2003.3	第十届、第十一届
	高生亮	男	副主席	2000.3 ~ 2009.2	第十届、第十一届
第十一届	张建起	男	主 席	2010.3 ~	—
	李芸香	女	副主席	2003.3 ~ 2010.2	—
	张新民	男	副主席	2004.4 ~	—
	王自学	男	副主席	2009.2 ~ 2010.5	—
	张秀云	女	副主席	2009.10 ~	—
	孟德玉	男	副主席	2010.5 ~	—

第四节 主要工作

一、组织建设

（一）从组建到奠定基础时期（1950 年 ~ 1959 年）

该时期是阳泉矿务局工会从筹备组建到正式成立，各基层工会相继成立，工会组织不断发展壮大，全面奠定基础的十年，可划分为三个阶段。

第一阶段（1950 年 5 月 ~ 10 月），为矿区工会从筹备组建到阳泉矿区工会委员会正式成立阶段。1950 年 1 月 7 日，井阳矿务局奉华北煤矿管理总局命令，分别组建为井陉、阳泉两个矿务局。5 月 19 日，阳泉煤矿工会召开成立“阳泉矿区工会委员会”准备会议，参加会议的有华北煤矿工会、中共阳泉工矿区委员会、阳泉工矿区总工会、煤矿工会、四矿工会、裕公矿工会、修理厂工会、矿务局机关工会、裕华矿工会等单位共 12 人。6 月 1 日，中国煤矿工会阳泉矿区筹委会正式成立，由其统一领导阳泉矿务局和当地其他公私营煤矿工会组织，申梦华任主任，巨德茂任副主任。其间，筹委会创办机关报《阳泉矿工报》，1951 年 6 月 5 日由中共山西省委书记、山西省人民政府主席赖若愚为该报纸题写“阳泉矿工报”报名；开办有线广播站属矿区工会管理；开始反把头运动，改变工会和工人脱节的现象，建立新的民主管理制度；工会组织随着行政组织的整顿进行相应整顿，1950 年 4 月，原井阳煤业公司修理厂阳泉分厂工会委员会改称阳泉矿务局机电修配厂工会委员会；5 月，裕公矿工会改称三矿工会委员会。同年 10 月 5 日，召开首次工会会员代表大会筹备会，10 月 9 日，召开首届工会会员代表大会预备会。10 日，阳泉矿区首届工会会员代表大会隆重开幕，正式代表 94 人。会上讨论通过的《中国煤矿阳泉矿区工会组织章程》共5章22条,《中国煤矿阳泉矿区会员代表大会选举法》共9条。13日,正式选举产生矿区工会第一届委员会、经费审查委员会、矿务局工厂管委会以及出席全国煤矿工会代表。中国煤矿工会阳泉矿区工会委员会(即阳泉矿务局工会委员会)正式成立,申梦华任主席,巨德茂任副主席。

第二阶段(1950年11月~1957年4月),为矿区工会组织建设奠定基础阶段。1950年11月1日,矿区召开第一次工会全委会,正式产生以申梦华、巨德茂、王三才、刘其恒、白猷之、李肥寿、白华星、江风、梅士先共9人为常委组成的矿区工会常委会和第一任领导班子。除申梦华、巨德茂为正副主席外,王三才任组织部长兼生产工资部长,白华星任文教部长,梅士先任劳保部长,江风任青工部长。会议又批准矿区工会干部编制和各矿的工会主席。同时决定成立由6人组成的私营煤矿工作组,王三才任组长。1951年4月1日,矿区召开第四次工会委员会议,决定全面整顿工会组织,审查会员资格,将混入工会组织的不合格会员清除出去。经过整顿基本纯洁工会组织,加强战斗力。其间,局属各矿、厂工会也进行组织整顿。7月,二矿和五矿(1952年12月被撤销)工会委员会正式成立;1952年7月,成立局机关工会委员会;1953年1月,成立建设工程公司工会委员会;1956年6月,成立一矿工会委员会。

1952年4月,正式成立矿务局工会俱乐部。9月,矿务局养老院落成;1956年公私合营后,10月份私营工作委员会被撤销,私营煤矿归地方管理。1954年8月,召开第二届会员代表大会。正式代表95人。1955年,矿区工会建立会员代表大会、执行委员会、扩大干部会议、工会常委会议、工会主席联席会议及劳模座谈会等工作制度。1956年3月,召开第三届会员代表大会,会员队伍逐年壮大,到1957年,已经达到2.13万人,占职工总数的77%。

第三阶段(1957年5月~1959年10月),为矿区工会组织由发展到撤销又到重新恢复阶段。1957年4月,局工会根据中央在中共“八大”上提出的扩大民主、推行职工代表大会制度、正确处理人民内部矛盾的精神,结合本企业实际,重新确定会议议题,把会员代表大会改为职工代表大会,采取两会合一制。5月8日~14日,局工会召开第四届职工代表大会,通过《职工代表大会组织章程》,共8章25条。在此阶段,局工会进一步贯彻集体领导制度,每季度召开1次工会委员会。基层组织及车间工会每月至少要召开1次委员会,讨论研究工会工作;健全工会小组民主生活制度,每月至少召开1~2次小组生活会;重视提倡干部深入基层调查研究和参加劳动,使工会干部树立正确的劳动观点,体贴群众疾苦,密切与职工群众的关系;发挥工会积极分子作用,通过培养培训,大胆使用,召开积极分子代表会议交流经验,关心积极分子生活以及评比奖励等一系列措施,推动工会工作的开展。

1958年10月,由于“政企合一”,阳泉矿务局工会被撤销,大部分工会干部被划归阳泉市总工会,局属各基层工会也由市工会直接领导。1959年8月,恢复阳泉矿务局工会组织。10月27日~30日,局工会召开第五届职工代表大会,选举产生由29名委员组成的第五届工会委员会和5人组成的经费审查委员会,连志忠任工会主席。5

月，工会广播站划归局党委宣传部管理；10 月，局工会原组织部、宣传部合并为组宣部。恢复工会后，全局共有会员 1.87 万余人，共建立 1856 个工会小组，工会积极分子 3110 人。

（二）经受三年困难和十年“文化大革命”严重考验时期（1960 年～1979 年）

1961 年 10 月 23 日～29 日，局工会召开第六届职工代表大会（同六届会员代表大会合一）。1962 年 1 月，矿务局贯彻中共中央关于“调整、巩固、充实、提高”的八字方针，开始在全局有计划有步骤地进行整顿。到 1963 年，工会会员队伍逐步壮大，从 1961 年的 22420 人上升到 24341 人，占职工总数的 80%。1964 年 2 月 1 日～3 日，召开第七届职工代表大会暨 1963 年五好职工代表大会（同七届会员代表大会合一）。

“文化大革命”初期，全局各级工会组织普遍受到冲击而停止工作，工会组织也随之被撤销。1968 年 5 月，根据在北京召开的全国煤炭工业战线抓革命促生产会议精神，矿务局两派实现联合。8 月，局工会被撤销，成立工代会，代行工会职能。9 月 27 日，解放军代表、革命干部和群众代表组成局革命委员会，各矿、处、厂也相应成立革命委员会，随后局属各矿、处、厂也相继成立工代会。到 1973 年年初，全局各级工会组织进行整顿和重新筹建工作，从 4 月 30 日~5 月 8 日，全局所属的 8 个基层工会先后召开工会会员代表大会，选举产生各级工会委员会。5 月 11 日～12 日，召开全局第八届会员代表大会（未召开职工代表大会），选举产生第八届工会委员会。新成立的局工会下设办公室、组宣科、劳保科和女工科。“文化大革命”中后期，各级工会组织相继恢复，团结全局广大职工，坚决抵制江青反革命集团的干扰和破坏，在极其困难的情况下取得煤炭产量翻一番的成绩。

（三）蓬勃发展时期（1980 年～1990 年）

这一时期，矿务局工会在整顿基层组织中不断发展，在建设职工之家中不断提高，在深化企业改革中工会工作全面展开、整体推进。可划分为三个阶段。

第一阶段（1980 年～1984 年上半年），为各级工会组织的恢复性整顿阶段。1980 年至 1981 年，贯彻中共十一届三中全会和全国工会九大精神，清除“文化大革命”造成的遗毒和影响，各级工会组织逐步恢复建立。1980 年 8 月，局党委下发〔1980〕323 号文件，确定局、矿、车间三级工会机构设置和定员配备。局工会重新设立生产、组宣、劳保、女工 4 个部，调整部分局、矿工会主席，配备一些车间工会专职主席。到 1982 年年初，9 个基层工会相继召开会员代表大会，同时，开始组建工会各个群众工作委员会，工会各项工作逐步展开并走上正常轨道。1983 年 8 月 23 日～25 日，局工会召开第二次职代会，表彰工会积极分子 1800 人，广泛调动积极分子参加、支持、开展各项工会活动的积极性。1983 年 10 月 8 日，局工会下发《关于加强自身建设搞好整顿改革的通知》，对工会整顿工作提出具体要求。经过层层整顿建设，以实际行动迎接全国工会十大的召开。10 月，在中国工会第十次全国代表大会上，二矿小南坑一队第三工会小组被全国总工会命名为先进工会小组，葛德林、王骏 2 名工会干部和 7 名工会积极分子受到命名表彰。

第二阶段(1984年5月~1987年年底),为开展“整顿建家”活动验收阶段。1984年7月,局工会召开全委扩大会议,讨论通过“整顿建家”实施方案和细则,并报请局党委以〔1984〕49号文批转各基层党委、工会实施。其后又提出局工会体制改革的初步设想和按照全国煤矿工会七条标准开展“整顿建家”竞赛活动第二个《实施方案》,修订基层工会、车间工会和队工会、工会小组3个《验收细则》,在短期内收到全面起步、整体推进的效果。经过三年整建工作,到1987年年底,全局职工发展到7.59万余人,在固定工、合同工、大集体职工中发展会员7.18万人,工会组织率提高到99.17%;共有17个基层工会、154个车间工会、526个队级工会、4364个工会小组。1986年5月22日~23日,在市总工会召开的1985年度“整顿建家”工作会议上,局工会被授予“整顿建家”竞赛优胜单位称号,局党委书记毛益仁获“特邀工会积极分子”称号。二矿工会代主席葛德林于1985年11月15日因病逝世后,阳泉矿务局党委、阳泉市总工会、山西省总工会和中共阳泉市委都先后做出《向葛德林同志学习的决定》,并组织报告团在北京及全省8个地市、8个矿务局做巡回报告。《山西日报》《工人日报》《中国煤炭报》都发表评论员文章,介绍其先进事迹。三年整顿建家,成就一个符合“四化”建设要求的领导班子和一支热心为煤矿职工服务的工会积极分子队伍,各级工会委员会的年龄、文化知识结构有很大改善。

第三阶段(1988年~1990年),为继续巩固发展三年“整顿建家”成果,向高标准职工之家迈进阶段。其间,局工会围绕深化企业改革,贯彻中共十三大和工会十一大精神,继续抓好基层组织整顿建设,推进工会自身改革。以企业民主管理为重点,积极参政议政,强化维护职能,切实维护职工合法权益,为职工说实话办好事。广泛开展群众性自我教育和文体活动,团结引导职工弘扬时代正气,抵制资产阶级自由化思潮的影响。1988年,局工会被市总工会和省煤矿工会表彰为模范职工之家。1989年,被省总工会表彰为模范职工之家。

1988年2月4日,在市总工会召开的三年“整顿建家”总结表彰会议上,矿务局有8个单位分别被授予模范职工之家和先进职工之家称号;2月10日,在全省煤炭系统“整顿建家”竞赛表彰会上,局工会和3个矿处单位被评为“整顿建家”竞赛模范单位。9月22日~28日,一矿职工家属张继先以特邀代表身份,出席中国工会第十一次代表大会。一矿工会主席史保春被全国总工会授予“优秀工会工作者”称号,二矿通风区工会委员、四队班长李海英被全国总工会授予“优秀工会积极分子”称号。

(四)全面稳步发展时期(1991年~2005年)

2000年,认真落实省总工会《关于进一步加强调查研究工作的意见》要求,大兴调研之风,深入基层,深入群众,对各个方面的工作都写出客观实际的调查报告,促进工会工作的发展。全年有48名专职工会干部参加培训学习。2001年,各级工会组织认真按照全国总工会十三届三次执委会要求,围绕“五突破、一加强”的工作思路,不断加强新建企业工会组建和基层工会组织整建工作,建会率达100%。到年底,直属基层工会组织发展到21个,车间级工会组织204个,队级工会658个,小组4127个,共有会员 7.64 万余人，专职工会干部 244 人，工会积极分子 4000 余人。对一矿等 8 个单位的工会主席进行调整、替补配备。召开集团公司工会第十一次会员代表大会，选举产生新一届工会委员会，王炳俊为主席，张润为、高生亮为副主席。2002 年，完成公司第二届女职工委员会的换届工作，选举产生新一届女职工委员会，张润为任主席。各基层工会的换届选举工作全部完成，基层工会组织达 18 个。2003 年，举办 170 余名专职工会干部参加的培训学习。对划转的单位工会组织状况进行调研，积极协助基层筹备召开首届会员代表大会和首届职工代表大会，为工会工作的开展奠定基础。2004 年，对 160 名专职工会干部进行业务培训，选派 130 名专兼职工会干部外出参加各类工会业务培训学习，对多营总公司和新派塑材公司进行合并，对兆丰铝冶公司和京宇磁材公司划转等 3 个单位工会组织重新组建，召开首届工会会员代表大会，保证建会率 100%。同年，外用工共有 6143 人，有 4256 人入会，入会率达 70%。为加强外用工建会工作，结合实际制定《关于在外来务工人员中组建工会和加强工会工作的试行意见》。2005 年，对多营系统放小企业的工会组织状况进行调研摸底。根据全国总工会“两注一建”要求，各级工会组织实行实名登记制度，纳入微机管理，并全部更换了会员证。150 名专职工会干部培训学习。进一步完善按期换届选举和定期向会员代表大会报告工作制度，健全会员按规定选举、撤换、罢免工会主席制度，强化工会干部的群众观念和职工群众的会员意识。一矿 3 个基层队级工会用直选的方式民主选举出队分会主席，促进工会组织的群众化、民主化进程。承办有 13 个地市产业工会分管主席、女职工部长 100 多人参加的“山西省大中型企业工会女职工工作现场经验交流会”。

（五）取得最辉煌发展成绩时期（2006 年～2014 年）

2006 年，组织 236 人次专兼职工会干部参加上级工会和集团公司工会举办的学习研讨培训；31 个基层工会全部实现职工、会员实名登记制度，纳入微机管理，职工入会率达到 98%以上；8 个二级单位开展基层工会主席直选工作；集团公司工会和一矿工会被全国总工会命名为“模范职工之家”。2007 年，以组织建设为根本的各项基础工作得到加强。集团公司所有单位建会率达 100%，基层工会全部实现“两注一建”计算机管理。全公司共发展会员 9.03 万人，占职工总数的 98.82%。各级工会按照《企业工会工作条例》《山西省基层工会工作规范》，完善基础工作，改进工作方式。在全会系统开展的创建“模范职工之（小）家”竞赛活动，对集团公司所有法人单位建会工作的摸底、对合资企业党工共建工作的专项调研等工作，促进工会组织建设的规范化、制度化。以长沟煤矿为典型的民主直选工会主席工作在 11 个基层分会积极推行。基本完成《阳煤集团工会大事记》年度编纂工作。集团公司、基层两级工会共举办 25 期培训班，437 人次工会干部参加学习培训，包括新任工会主席在内的 139 名工会干部参加上级工会组织的业务培训，有效提高工会干部的业务理论知识和工作水平。2008 年，加强工会组建工作，及时指导帮助重组后的兆丰铝业公司和奥伦胶带分公司建立工会组织，全公司基层工会达到 32 个。基层工会全部实行工会组织和会员实名制登记,进一步健全完善档案资料。根据市总工会要求,全面开展工会组织“三见”活动,对全公司范围的法人单位重新进行工会组织法人资格登记,各项基础工作更加扎实规范。认真执行工会工作年度目标责任状制度,有效保证各项重点工作的完成。深入开展建家竞赛活动,规范达标率不断提高,二矿被全国总工会授予模范职工之家称号。举办工会干部业务培训班,67 名专兼职工会干部参加业务知识学习培训。加强民主直选工作,累计有 58 个车间队组分会开展民主直选工会主席工作。2009 年,各级工会通过开展金融危机对职工队伍影响的专题调研,把握劳动关系和职工队伍稳定面临的矛盾问题,引导广大职工增强主人翁意识。集团公司工会加强对基层工会落实年度工作目标责任状情况的检查、考核通报,保证各项重点工作的完成。指导帮助联营兼并重组企业建会工作,建会率达 97%。完成全国总工会基层组织建设暨县级工会工作会议和省总工会工作观摩现场会阳煤集团参观点的各项工作,得到好评。7 月 ~8 月,组织召开集团公司工会系统工作观摩会和工作推进会,转变工作作风,创新工作方式,促进工会整体工作水平的提高。全年有 132 名工会干部在上级工会和集团公司工会的组织下接受培训学习。2010 年,指导帮助新大地公司、煤炭销售公司、国阳公司和 3 个兼并重组煤矿完成建会工作,全公司二级基层工会达 37 个,职工入会率达 99.24%。全面开展“创建星级基层工会”活动,二级工会达标率达到 64.86%。新景矿工会获“全国模范职工之家”荣誉,开元公司工会被评为全省“十佳基层工会”和“五星级基层工会”。一矿、二矿、三矿、五矿、新景矿、宏厦三建工会被评为市“五星级基层工会”。围绕工会组织建设、兼并重组煤矿建会、职工队伍状况等问题开展一系列工作调研。各级工会共有 62 人次专职工会干部参加上级工会组织的学习培训,273 人次专兼职工会干部参加集团公司工会组织的业务培训。2011 年,指导华鑫公司和孙家沟等 4 个兼并重组煤矿先后组建基层工会和分会组织。坚持开展建家活动,32 个基层工会申报“星级工会”,创建率达 92%,集团公司工会申报省总工会五星级工会通过验收。直属基层工会发展到 36 个,工区车间分会 391 个,队组分会 3746 个;职工入会率达 97%以上。举办工会主席业务培训班,聘请中国劳动关系学院专家教授进行授课,开阔视野、拓宽思路,提高工会业务知识。集团公司工会被省总工会授予山西省工会干部教育培训工作先进集体称号。深入开展工会工作调研,形成调研报告论文 48 篇,坚持工会信息报送考核制度,上报信息突破百篇。组织完成全省企业工会工作第三次观摩点工作任务。2012 年,四大区域公司、地产集团等 8 个单位完成工会组建工作。组织特色工会发展道路、“面心实活动”专题研讨会,举办特色工会发展道路征文比赛,并在《矿工报》整版刊发优秀论文。深入开展“星级工会”创建活动,组织开展“双亮双争双评”活动,扎实推进工会组织规范化建设。开元公司、升华分公司工会被省总工会评为“五星级工会”;9 个基层工会被市总工会授予“五星级工会”;集团公司工会、一矿工会、二矿工会保持“全国模范职工之家”荣誉称号。2013 年,天成公司、国贸公司、化工局、平定泰昌公司先后完成工会组建工作。坚持开展建家活动,明确基层工会“星级工会”创建指标,4 个基层工会被市总工会评定为“五星级工会”,升华分公司工会被全国总工会授予“模范职工之家”称号。引申“双亮双争双评”工作，首次对集团公司工会班子、主席、副主席进行民主测评，满意度达到95%以上。组织召开现场推进会，“三双” 工作在基层工会持续开展。集团公司工会和基层工会举办工会干部培训47期，1329人次参加培训，100%的专兼职工会干部参加培训。组织基层工会主席和财务人员业务培训，开展财务工作达标竞赛活动，推进财务规范化建设。加强工会资产和经费的审查审计监督，集团公司工会财务管理工作被阳泉市总工会评为特等奖。2014年，积极推进依法建会，开展“二告知、二报告、一动员、一宣誓、一上墙”维权宣传活动。组织工会系统80余名领导干部举行“入会宣誓，维权宣讲”启动仪式。各基层工会开展“入会宣誓，维权宣讲”活动434次，4.01万人参加，进一步增强工会组织的凝聚力和吸引力。持续开展建家活动，27个兼并重组的单位中，工会组建率达到96.3%，职工入会率达到95.34%。进一步引申“三双”工作和“星级工会”创建工作，三矿工会获“山西省五星级基层工会”称号；宏厦一建公司工会被市总工会命名为“五星级工会”；华越公司工会、晋东公司工会、晋北公司工会、职教中心工会、总医院工会、平舒公司工会、运输部工会被市总工会命名为“四星级工会”。邀请省总工会专家、教授开展业务培训，67名工会干部参加上级工会组织的学习培训。各级工会采取脱产、半脱产、以会代培等形式，组织3080人次专兼职工会干部参加学习培训。积极推进工会网站建设，集团公司工会网站试开通运行，并逐步受到关注。

二、劳动保护

工会劳动保护工作是工会工作重要的组成部分。加强劳动保护，搞好安全监督，保护职工的安全健康是社会主义规律的客观要求，是党和国家赋予工会的职责，也是工会组织的性质和职能所决定的。它不仅是直接关系到保护和发展生产力的一项政治任务，同时，也是保证企业安全生产建设发展不可缺少的重要方面。回顾历程，总结经验教训，对于不断强化工会劳动保护工作是十分必要的。

（一）新中国成立初期（1950年～1965年）

1950年，阳泉矿务局所属的四矿、裕公矿发动广大工人贯彻保安第一方针，深入开展安全生产竞赛运动，涌现出不少像四矿运搬王双龙小组、回采52组工人王四毛和裕公矿回采72组小组长赵万堂等140位保安全劳动模范。1952年，毛泽东主席在劳动部召开的全国劳动保护会议上提出“生产必须安全，安全为了生产”的安全生产方针，矿务局二矿、三矿、四矿、修理厂、工程公司等单位积极组织，广泛发动工人开展如宣传教育、挑应战、提合理化建议、交流安全生产经验形式等的活动，确保安全生产无事故。1956年，全局拥有劳动保护检查员980人，劳动保护委员148人，他们主动协助行政发现问题、了解问题，针对问题提出解决意见。据统计，仅三矿、四矿和修理厂上半年就提出安全建议960条，已得到解决的787条，有很多事故都是在劳动保护检查员的监督检查下避免的。同年，国家为局职防工作投资近2万元，购置大量化验仪器和200余种化学试剂，为开展尘毒监测工作打下坚实的物质基础。1957年9月，阳泉矿务局、矿区监察局和矿区工会联合会召开第一次劳动保护检查员代表会议。

1958 年 9 月，阳泉四矿制定《整顿与健全劳动保护群众组织方案》。明确工作范围，完善各种制度，使群众性的劳动保护工作较扎实地开展起来。全局均采取政治挂帅，依靠群众的工作方法。根据不同阶段的安全状况，开展三次规模较大的安全鸣放运动，发动职工和职工家属，共贴出安全大字报 1.6 万多张。经过辩论，教育职工，教育领导，统一安全生产思想。特别加强通风瓦斯管理，注意新工人安全训练，并掀起群众性的百日无事故评比运动。在组织红旗竞赛运动中，安全条件占 50%，这对安全工作起到很大作用。全局消灭瓦斯爆炸事故，有 5 个坑口、78 个采掘队组没有发生事故；四矿 3 个坑口全年安全生产，三矿丈八煤二队达到 2400 多天无重大伤亡事故的安全队；全局有 10 个车间、841 个队组、11088 名职工达到百日无事故标准并受到奖励。

（二）计划经济时期（1966 年～1990 年）

1966 年开始的“文化大革命”，使工会群众劳动保护工作也遭到严重的破坏和摧残，使各项工作处于瘫痪状态。1979 年，中国工会第九次代表大会以后，特别是 1980 年召开全国工会第三次劳动保护工作会议以来，全局各级工会的劳动保护工作机构和群众组织才又重新得到恢复和发展。到 1982 年，全局在学习贯彻国务院颁发的《矿山安全条例》和《矿山安全监察条例》的同时，巩固和健全车间以上群众劳动保护工作委员会 64 个，在 1784 个队组中命名劳动保护检查员 2767 人；不少单位还通过颁发证章和劳动保护检查员手册，明确职责，调动群众劳动保护检查员的工作积极性。

1983 年 8 月 25 日，局九届二次职工代表大会通过的《阳泉矿务局〈国营工业企业职工代表大会暂行条例〉的实施细则》第 5 章第 20 条明确规定，局职工代表大会设立安全保护、检查评议干部等专门工作委员会及职责任务，把劳动保护工作列入工会工作的重要议事日程，纳入民主管理的轨道。根据煤炭工业部《关于支持各级煤矿工会建立群众安全监督检查委员会的通知》和全国煤矿地质工会文件精神，将基层和车间工会劳动保护工作委员会改为群众安全监督检查委员会。同时，对各级群监委员会和群监网员普遍进行一次较大的整顿和调整。1984 年 9 月，省、市工会劳动保护工作会议后，为使群监工作深入发展，在全局范围内开展矿与矿、处与处以及地面生产单位的群监工作流动红旗竞赛活动，做到有方案、有考核、有评比、有公布。1985 年～1990 年，是矿务局工会劳动保护工作逐步向制度化、规范化、科学化迈进的 5 年。该时期，不论在组织建设上，还是在宣传教育、监督检查上以及在活动效果上都取得新的进展。受到党政领导和上级工会的好评，多次被省、市、煤矿工会、市政府授予先进集体荣誉称号。

在劳动保护组织建设方面，按照全国总工会颁发的工会劳动保护监督检查三个条例的有关规定，坚持一年一整顿制度，做到“两及时”（及时充实各级群监机构，对调离工作岗位和“挂名”不起作用的网员及时增补和更换），使全局群监组织机构形成上下成线、左右成网的自下而上的群众安全监督检查网络。1986 年 8 月 2 日，制定《阳泉矿务局工会群众安全监督检查工作条例》，5 章 29 条，为开拓全局的工会劳动保护工作奠定良好基础。

在安全宣传教育方面，结合煤矿生产特点，坚持开展目标教育、形象化教育、现身教育、激情教育、安全知识竞赛、征文研讨、结对帮教等多种形式的安全宣传教育活动，取得良好效果。1985年6月和1986年11月，组织群监网员安全技术素质竞赛活动，分别拟出42道和100道思考题下发基层，统一印卷考试，全局5个矿、3个处的1834名群监网员参加竞赛，有57名获一等奖；124名获二等奖；360名获三等奖；816名获鼓励奖。与此同时，还组织全局广大干部、工人积极参加全国煤矿安全知识竞赛，全局共交答卷8177份，其中，获优秀奖7名，受到煤炭部的表彰。从1987年2月开始，用5个多月的时间以"安全为了谁？反三违为了谁？""煤矿工作为什么人人必须遵章守纪？"等为专题，以井区、班组活动为主，进行思想教育先行。据不完全统计，主要生产井区、车间、队组的职工参加安全大讨论人数达4.03万人，占应参加讨论人数的86%。1988年5月，全局组织"安全生产事故案例巡回展览"共展出正反两方面案例27个，展板180余米，图文并茂，先后在机关楼前、各矿、处、厂、工区等9个单位展出24天，直接观看人数达6.92万人次。1990年3月，局工会牵头与安监局、局党委宣传部联合举办"安全在我心中"演讲赛，有五个矿、一处、二处的19名选手参加比赛并分别颁发证书和奖品。之后，组织由二矿医院护士刘风荣、一矿红岭湾小学学生师高峰等7人组成的演讲团深入基层进行巡回演讲11场次，直接听众人数达1.02万人次。

在安全监督检查方面，发挥职代会、群监会的主体作用。运用《处理隐患通知书》6972份，《三违通知书》6141份，建立警钟台207个，群众安全监督信箱161个，共组织各类安全检查855次，消除各种隐患问题1.71万条。1986年4月，一矿北丈八井采煤一队、工程处矿建一工区群监副主任侯峰山、四矿一采区普采四队群监员刘顺来出席全国煤矿地质工会在河南平顶山召开的全国煤矿群众安全监督检查工作经验交流表彰会。1989年9月，在省总工会劳动保护工作表彰会上，四矿工会被授予先进集体荣誉称号，矿务局工会劳保部长张文铭被授予先进个人荣誉称号。1988年10月，三矿裕公井群监员郝怀保在全国煤矿群众安全工作经验交流表彰会上受到表彰。1989年12月，二矿通风区群监员胡宝厚被中国煤矿地质工会和中国统配煤矿总公司授予"先进群监员"称号。

(三)重大变革时期(1991年～2014年)

坚持不懈地开展群众性安全宣传教育工作。1991年，先后举办百日安全教育展览、"我为安全做贡献"演讲比赛、全局群监网员劳动保护知识答题竞赛活动。11月，局工会组织参加阳泉市"保安杯"文艺会演(选送22个节目)，二矿选送的《下井之前》和一矿的《一份忏悔书》两个小品被市政府评为一等奖。先后组织到一、二、三、四、五矿，以及工程处等单位俱乐部进行巡回演出，使万余名职工家属受到教育。1993年针对事故发生的直接原因、易发事故的特点，在职工中广泛开展"三自一正规"(自我教育、自我管理、自我保护和坚持正规操作)教育。同年9月，局工会在山西省工会劳动保护宣传教育工作交流会上，做题为《坚持职工安全宣传教育是促进煤矿安全生产的重要环节》的经验介绍。

1996年7月30日,《阳泉矿务局安全教育挂图》首发式暨安全教育月动员大会在三矿竖井举行。该套《安全教育挂图》是以近年来放炮崩人、掘进冒顶、小巷运输、机械伤人、基建高坠等10个典型事故案例为题材,简要介绍事故的经过、原因及正规操作要点。图文并茂、简明易懂,由局工会主编,安全监察局监制,历经3次修改定稿,共印制1000套,发放各生产队组。同年8月6日,局召开"抓上岗、促尽责、带共管、保安全"动员大会,在全局上下广泛开展以"全煤学阳泉、阳泉怎么办"为主要内容的安全宣传教育月活动。1997年,各级工会组织围绕"双标"(质量标准化、岗位作业标准化)工程,抓安全、上产量,促"双高"百日会战,突出特点,开展活动。公司工会及时翻印煤炭部与全国总工会联合制定的《煤矿工人安全生产的十项权利》和《群监网员的六项职责》小册子共5000本,并发到广大职工中得到广泛学习贯彻。

1998年1月16日,由集团公司党委宣传部、工会、安监局联合举办主要生产单位(五个矿和工程处)参加的"一号文件安全知识竞赛",并将实况在公司闭路电视播放。结合全国第八次安全生产周活动,组织广大员工收看由全国总工会和中央电视台开播的《全国职工安全知识电视培训》等活动,收到较好的效果。11月,集团公司《煤矿安全宣传教育探讨》被中国职工思想讨论研究会第十次年会评为优秀研究成果。之后,以党委宣传部牵头,工会、团委、安监等部门协调配合,对大众传媒、高潮日活动、文艺宣传、家属联保、身心调适、计划考核、"三违"帮教、工会网员活动、青监岗员活动、典型教育、案例教育等12种安全宣传教育内容及考核标准进行修订,坚持季度检查考核,使广大员工的安全意识明显提高。2000年6月,集团公司工会组织参加全国煤炭系统"潞安杯"安全征文活动,8人分获二等奖、三等奖、优秀奖,集团公司获"优秀组织单位"称号。2002年6月,由集团公司工会、安监局、党委宣传部、矿工报社共同举办集团公司万人劳动安全卫生知识答题竞赛活动。竞赛题在《阳泉矿工报》上刊发,参加范围、人数之多,涉及17个单位,共收回答卷1.12万份,对5个优秀组织单位和400名优秀答题者进行表彰奖励。同时,组织员工观看安全教育影片《人命关天》27场次2.8万余人。各矿井下单位还购置《煤矿井下作业人员安全培训的VCD教材》等进行播放,与"十个一"活动有机结合起来,各项活动得到广泛深入开展。

2003年,按照集团公司党政工下发的《安全宣传教育大纲》要求,各级工会主动和有关部门通力协调,大力开展安全理念渗透、事故案例教育、群众性的劳动安全卫生知识技能教育等活动,大力营造企业安全文化氛围。2003年,组织"防非典,保健康"系列特别行动。三矿"8·14"特大瓦斯爆炸事故发生后,集团公司工会立即召开紧急会议,痛定思痛、举一反三、查找漏洞、揭摆问题,多次组织教育活动,进一步夯实安全管理基础。2004年安全宣传教育十二法不断延伸创新。一矿率先推行"手指口述"、要求员工做好对安全操作要领的指述;新景矿推行"十化"管理(员工现场面试制度化、机电培训专业化、运输管理毫米化、材料堆放定置化、设备整定标志化、创建队组正规化、安全质量档案化、安全宣教经常化、现场管理信息化、文化礼仪规范化);一矿、开元公司等单位增建安全教育长廊内容;三矿、五矿等工会印制安全理念、格言、警句扑克发到员工手中，寓教于乐。在全国第三个安全生产月活动期间，设立咨询宣传站，万人安全签名等活动。2005年，紧紧围绕安全质量标准化攻坚战，实施个人安全技能账户考核，推进安全文化建设。集团公司在各矿井下首批推行采煤、开掘、机电、通风、运输等专业43个工种的“手指口述”工作；二矿坚持连办《安全教育》专刊，抓正反两方面教育，“月推十优、年树百星”“算账对比话安全”等活动对员工教育启迪很大；三矿建立《职工培训考核证书》和职业技能素质档案；新景矿在“三日一题、两周一考”的基础上，在井下率先建立职工培训基地。据统计，全公司3.3万余名员工参加72学时的安全技能培训，效果较好。2006年，举办“集团公司2006年遵章守法、关爱生命安全演讲比赛”和“集团公司2006年安全技能素质知识竞赛”对获得安全演讲比赛一等奖的三矿刘转转等3名选手，获得二等奖的亚美建工公司田艳玲等6名选手，获得三等奖的一矿周丽琴等18名选手，获得最佳创意奖的五矿史爱贵，获得安全技能素质知识竞赛优胜单位的新景矿、三矿、五矿及获得一、二、三等奖的240人、鼓励奖的240人，分别给予了通报表彰奖励。

2008年，连续进行3次安全高潮日活动，一矿、三矿、开元公司、天兴公司、新景矿等单位进行安全签名活动；二矿工会出动安全宣传车、散发安全宣传资料5000余份；五矿、宏厦一建、华越公司等工会都组织签订《安全自保互保联保责任书》；兆丰铝冶分公司工会在各车间厂房悬挂安全警句等警示牌。据各单位统计，共悬挂“安全寄语”1.61万幅(条)、举办“三台一栏”(竞赛台、警钟台、亮相台、安全专栏)258期次、发放安康贺年卡3477张、家企联系信6714封、举办安全知识竞赛30场次、安全教育展览42场次、安全演讲43场次、安全文艺演出53场次，受教育人数达3.7万余人。宣传《职业病防治法》，开展“安全科技周”宣传活动。2009年，以“关爱生命，安全发展”为主题，开展全国第八个安全生产月活动。组织各单位广大员工观看全省煤矿重大事故案例和集团公司制作的事故案例动漫警示片。集团公司工会协同安监局等部门随机深入新景矿、二矿、五矿等单位，对班后一小时安全培训教育情况进行督查。集团公司竞赛委、工会、安监局、生产技术部、通风部、新闻信息中心在宏厦一建职工活动中心，联合举办“安全生产科普知识竞赛”。矿井生产、基建10支代表队参加竞赛。2010年6月，突出“安全发展，预防为主”，开展全国第九个安全生产月活动。井下生产单位普遍组织广大员工观看《煤矿瓦斯爆炸事故的预防》《煤矿透水事故的预防》及重大事故安全教育警示片。在集团公司举办的“2010年安全生产科普知识竞赛”中，矿井生产、基建10支代表队参加竞赛，五矿代表队获一等奖，一矿和二矿代表队获二等奖，三矿、新景公司、新大地公司代表队获三等奖。全年共书写安全标语3897条，举办事故案例教育展览136场次、安全演讲109场次，发放安全宣传资料8万余份，安全签名7万余人。全面实施“三网”(安监网、群监网、女工家属安全联保网)联动和“12.60”(12类60种)安全不放心人工作法，各单位“三网”联动帮教共3420人，“三违”重复率为零。2011年，集团公司工会加大“两个三”(即每个员工掌握三条正规操作要领、熟知三个相关的事故案例)宣传教育力度，并积极协同有关部门搞好安全宣传教育十二法、职工素质工程攀升、个人安全技能账户制度和“手指口述”等工作。继续办好“三台一栏”，举办事故案例巡回展。2012年，开展“安康杯”竞赛活动，集团公司所属25个煤与非煤生产单位全部参加竞赛，参赛班组3777个，参赛员工达9.67万人，参赛率均达100%。活动形式多样，贴近实际，效果明显。全年共书写安全标语3658条，举办事故案例教育展览309场次、安全演讲446场次，发放安全宣传资料9万余份，安全签名8万余人。2013年6月，在全国第十二个安全生产月活动中，各基层单位工会开展形式多样的安全宣传教育系列活动，组织广大员工观看《煤矿瓦斯爆炸事故的预防》《煤矿透水事故的预防》及重大事故安全教育警示片。集团公司工会参加全国“班组管理安全卫生知识竞赛”，并将其作为全国安全生产月的一项重要活动，分别组织32个基层单位参加竞赛，答题1万余份，答题率达到100%。在该次竞赛中，集团公司获优胜单位奖，一矿、二矿、三矿、开元矿、新景矿，分别获优秀组织奖。全年共书写安全标语3832条，举办事故案例教育展览339场次、安全演讲436场次，发放安全宣传资料8万余份，安全签名7万余人。各单位“三网”联动帮教共2351人，“三违”重复率为零。2014年6月，各基层单位工会积极开展以“强化红线意识、促进安全发展”为主题的安全生产月活动。利用各种宣传阵地，以黑板报、宣传栏、横幅、标语、宣传挂图等形式大力宣传各种安全知识；开展事故案例教育展览、安全演讲、安全签名、安全文艺演出、安全知识竞赛等活动，组织广大员工观看煤矿安全教育警示片。

群众劳动安全卫生监督检查工作是群众安全工作的重点。局工会从1992年起，在局、矿两级组建群监小分队，逐步延伸到井区车间。1993年，局、矿两级群监小分队共组织安全检查72次，查出安全隐患问题3495条，“三定”处理的2079条，停产整顿队组5个。1996年11月，局第一个群监网员井口接待站在二矿率先建立。1997年，群监网员上岗挂牌，佩戴袖章、徽章上岗，既提高群监网员的知名度，又起到安全警示作用。2001年2月，集团公司工会开展“群监员身边无事故”“争当安全协管好矿嫂”活动。2002年，集团公司工会坚持职工代表巡察制度，强化民主管理和民主监督，将职工劳动安全卫生等重要内容条款写入集体合同，并认真履行各级工会监督检查的职责。2003年，进行群众性安全巡察共678次，查出隐患问题9206条，“三定”（确定整改措施，确定整改时限，确定整改人员）处理的3998条，下达《隐患整改通知书》357份，提出安全合理化建议1821条。2006年起，进一步完善群众安全监督网络体系。实施“三网”（安监网、群监网、女工家属安全联保网）联动工作机制。2008年，集团公司设公司级群监委员会1个、委员11人；矿处级群监委员会22个、委员264人；井区（车间）级群监委员会268个，委员958人；班组群监员共3241人，其中井下群监网员1211人（特聘煤矿安全群众监督员930人），井上地面群监员2030人，形成集团公司、矿（处、厂）、井区（车间）、班组四级群监组织网络体系，为加强群众安全督查工作奠定良好的组织保证。2009年2月24日，集团公司工会召开群众安全监督检查工作会议，工会主席王炳俊提出群众安全监督检查工作10条措施。6月4日，在二矿选煤厂举行阳泉市、阳煤集团职工代表安全专题巡查月活动启动仪式，再次拉开职工代表安全巡察的帷幕。2010 年 11 月，由集团公司工会主席张建起率队，组织 18 名职工代表通过听汇报、座谈和调查问卷等形式，重点深入一矿、宏厦一建、兆丰铝业公司、五矿、奥伦分公司等单位对《集体合同》劳动安全卫生等条款的履行情况进行巡察。全年，各级工会共组织各类群众性安全督查（职代会巡察）1394 次，查处整改隐患 1.33 万条，反“三违”5040 人次。2011 年，集团公司各级工会巩固完善“三网”联网互动工作机制。在总结经验的基础上，修订完善“三网”联网互动工作方案，着力抓“12 类 60 种安全不放心人” 的动态摸排。全年各单位井口群众安全工作站共组织网员上岗 1.41 万次，排查隐患 6674 条。

2012 年 1 月 10 日，在集团公司第十二届九次职代会上，由集团公司工会代表全体职工与企业续签第六轮《集体合同》和《女职工权益保护专项集体合同》。两个合同是在广泛征求职工意见的基础上进行修订完善，并经集团公司工会代表全体职工与企业平等协商达成一致意见后签订的。2012 年，集团公司工会加强“三网”联网互动工作，各单位“三网”联动共排查隐患 6674 条，帮教严重“三违”和安全上不放心人 4304 人。“三违”重复率为零。在创建星级井口群众安全工作站活动中，一矿井口群众安全工作站、开元公司井口群众安全工作站、宏厦一建公司井口群众安全工作站、新大地公司井口群众安全工作站、三矿井口群众安全工作站 5 个单位被评为阳泉市首批四星级煤矿井口群众安全工作站。2013 年，对各级群监网员进行整顿，在整顿的基础上各级工会都采用脱产、半脱产以会代训等各种形式对群监网员进行培训，培训率达到 98.5%。集团公司工会聘请有关专业人士及国家级督导师讲课，对 578 名群监网员分 10 期进行短期培训。全年共查处隐患 1.78 万余人次、反“三违”2237 人次、“帮教”1618 人。2014 年 3 月 25 日，集团公司对 2013 年“安康杯”竞赛和工会群监工作进行总结，对 2013 年度“安康杯”竞赛 10 个优胜单位和 400 名先进个人、工会群监工作 8 个先进集体和 400 名先进群监网员进行表彰。6 月，基层工会共组织群众性安全督察（职代会代表巡察）163 次，查出隐患问题 1632 条，“三定”督促处理 1556 条，反“三违”340 人，提出安全合理化建议 3607 条。全年各矿群监网员共上岗 11.56 万人次，查出隐患 3.07 万起，整改落实 2.74 万条，查处“三违”4813 人次，为集团公司安全生产发挥积极的作用。

按照全国总工会、省总工会、市总工会的要求，集团公司工会始终把班组安全建设工作列为一项“基础工程”来抓。从建立完善班组安全生产管理体系、加强班组长培养使用、加强班组安全教育培训、强化班组现场安全管理等方面，实行目标量化考核。截至 2014 年，已通过市总工会、市安监局 24 批优秀安全班组考核验收，累计创建优秀安全班组 670 个，占全市优秀安全班组总数的 50.51%。一矿综采五队检修班被评为 2011 年度全国“安康杯”竞赛活动优胜班组。

集团公司工会积极参与职业病防治工作。所属企业从事职业病危害作业的员工近 7 万人。集团公司和基层存在职业危害的各单位均成立职业病防治领导组，工会有关领导和有关部门人员进入领导组成员。领导组制定职业病防治责任制和职业病防治计划与实施方案及职业危害事故应急救援预案，完善职业危害告知、申报、职业危害检测与评价、职业卫生培训和职业健康体检等15项职业卫生管理制度，加强职工个体防护用品的规范发放。集团公司存在职业危害的30家单位均建立职业卫生档案，接触职业危害的近7万名从业人员均建立职业健康监护档案，工会每年组织职工代表对企业职业病防治进行巡查。集团公司存在职业危害的单位设立有专人负责的自测队伍，负责本单位的职业危害自测，并保证监测系统处于正常工作状态。职业病防治承担集团公司的职业危害因素的日常监测工作。卫生管理部门每年根据各单位接触职业危害人员的数量、危害因素及体检周期，确定体检人数，严格按照GBZ188～2007标准进行体检，每年体检2万余人。体检结果及时告知员工，有职业禁忌证的及时调离岗位，疑似职业病及时进行职业病诊断。职防所每年收治尘肺病患者约300人次。集团公司投资500余万元在总医院设立尘肺病患者肺灌洗治疗中心，对病情较重者送中国煤矿工人疗养院进行肺灌洗治疗，每年肺灌洗约90多人。2014年，全公司职工总数14.42万余人，井下职工4.62万人，接触职业危害人数4.33万人。其中，一线职工1.84万余人，井下辅助职工2.78万人。尘肺病人建档2758人，其中，Ⅰ期1961人，Ⅱ期624人，Ⅲ期173人。已死亡1077人，存活1681人。工会对尘肺病人都建立完整的病人档案，包括尘肺病诊断情况、工伤认定及鉴定并依法享受国家规定的职业病待遇情况、工作岗位调动安置及定期康复疗养情况等。

三、民主管理

（一）恢复和过渡时期（1950年～1956年）

1950年10月13日，矿区工会成立后，全局职工在中国共产党的领导下，在矿区工会（即矿务局工会）的组织发动下，开展反把头运动、抗美援朝运动、镇压反革命运动、工厂管理委员会建立、“三反”“五反”运动、“肃反”运动、反右派等运动，为企业的振兴和发展做出重大贡献。其间，矿区工会先后召开二届、二届二次、三届工会会员代表大会，围绕全局中心工作，发挥广大职工参与企业、管理企业的作用，把民主管理渗透到全局各项工作中，显示重要作用。

（二）职代会制度从建立到发展时期（1957年～1965年）

1957年5月，矿务局召开第四届职工代表大会。会议揭露企业存在的主要矛盾，解决群众迫切要求的具体问题，使干群关系进一步密切。代表们通过在会上对生产经营、职工福利等情况进行充分讨论，发表意见，真正体现职工民主管理企业。会议通过《阳泉矿务局职工代表大会组织章程》，确定职工代表大会的七项职权范围。6月～7月，全局各单位都先后召开职工代表大会。9年期间，先后召开局五届、六届、七届职工代表大会，主要经历“大跃进”、企业整顿和社会主义教育活动。各级工会通过职代会作用的发挥，充分调动广大职工参加企业管理的积极性，依靠职工搞活企业，使全局的生产、安全及各项工作逐步走上正轨，出现日渐兴旺的好局面。

（三）职代会制度的停滞期（1966年～1981年）

“文化大革命”期间，全局各级工会组织普遍受到冲击，职工代表大会制度被破坏,企业民主管理工作陷于瘫痪。“文化大革命”结束后的两年间,大量冤假错案被平反,提高中国共产党的威信,焕发广大职工的积极性,进一步确立职工的主人翁地位,强化民主意识。工会组织再次进行整顿,各项工作逐步开展起来,为重新恢复职工代表大会制度和企业民主管理创造重要条件。

(四)职代会制度的恢复和发展时期(1982 年～1990 年)

从 1982 年 12 月召开九届一次职代会开始,职代会制度逐步得到恢复和发展,民主管理工作被纳入议事日程,企业重大问题决定权交给职工代表大会审议,使其成为名副其实的权力机构,职工群众真正开始行使当家做主的民主权利。到 1989 年 12 月底,已经召开 9 次大会,各基层单位全部建立职代会制度,并按期召开会议。从局到基层单位的每次职代会都有明确的决议, 从内容到产生的程序都体现职工参与企业管理民主的权利,全部提案均做到件件登记、条条落实。随着经济体制改革的不断深化,民主管理机制日趋健全,尤其是局矿两级职代会通过“整租建家”活动的开展和贯彻“三个条例”,使职代会各项组织制度和工作制度日臻健全配套。

民主管理工作进入经济分配领域, 有效维护职工合法权益。1985 年 10 月 19 日《中国煤炭报》、22 日《人民日报》头版刊登题为《阳泉矿务局建立职工民主管理制度,授权职工监督工资奖金分配,保证工人合法收入不受侵犯》的报道。1988 年以来,各矿、处、厂又扩大对工资、奖金公布的监督范围,分矿、车间两级对车间和矿级领导实行按月、季度公布工资、奖金收入情况,局矿两级承包经营集团成员的工资、奖金也在职代会上公布,增强经济分配的透明度。创造性地开展民主评议干部工作,保证企业重大决策的正确贯彻实施。经过积极探索,总结教训,以点带面,全局推行等阶段,集中时间和精力对全局副总以上 294 名领导干部进行较全面的职工民主评议和考察工作,是认真贯彻中共十三大精神,健全社会主义民主政治、改革人事制度所采取的一个重要举措。全局各单位民主管理多层次、多渠道、多形式广泛开展。各级职代会和民主管理小组,结合煤矿特点,把安全生产和群监工作列入重要议事日程,切实维护职工的最大利益;各级工会把班组工作的难点作为民主管理的重点,全局各矿、处级生产单位的 3438 个班组绝大多数按要求进行整顿;民主管理领域进一步拓宽,开展到诸如分房、调工资、生活福利、职工奖惩等方面。

民主管理近十年的蓬勃发展,为职工队伍整体素质的提高和企业的兴旺,发挥极其重要的作用。到 1990 年年底,全局共建立局、矿、车间职代会机构 93 个,局矿管理委员会 19 个,井区(车间)民主管理领导组 93 个,队民主管理组 292 个,班组民管小组 1755 个,形成上下沟通,纵横交错、全方位立体型的四级民主管理网络体系。

(五)职工民主管理深入发展时期(1991 年～2014 年)

在 1990 年 11 月召开的局十届六次职代会上,全体与会代表听取和审议通过《阳泉矿务局职工住宅分配民主管理程序的规定》,为增强民主管理透明度,杜绝住房分配过程中不正之风,做到有利生产、方便生活、合理分配、企业稳定、职工满意奠定基础。十届七次职代会议,审议通过《阳泉矿务局住房制度改革实施方案》并形成决议。

为适应形势发展需求,积极稳步推进城镇住房制度改革,维护职工长远利益迈出可喜的步伐。十届八次职代会议,审议通过《阳泉矿务局减人提效分流转岗实施方案》并形成大会决议。方案的实施,对解决内部用人多、效率低、效益差,调动和保护广大职工生产工作积极性,实现扭亏增盈起到积极促进作用。十届九次职代会议,审议通过《阳泉矿务局岗位技能工资制试行方案》并形成大会决议。全面推行岗位技能工资制,直接涉及职工的切身利益。加大民主参与、民主管理、民主监督力度,是各级工会组织面临的新课题,为组织职工参与改革、支持改革、投身改革提供难得的发展机遇和新的挑战。十届十次职代会议,审议通过《阳泉矿务局关于全面实行劳动合同制的实施办法》和《阳泉矿务局职工医疗基金统筹试行办法》,并做出决议。两项改革办法都是维护广大职工合法权益和根本利益的措施。

在 1996 年 12 月召开的十一届一次职代会换届会上，全体与会代表审议并通过《阳泉矿务局"九五"计划和 2010 年远景目标纲要》《阳泉矿务局落实"送温暖工程"实施方案试行办法》《阳泉矿务局职工代表大会实施细则》《阳泉矿务局劳动争议调解工作实施办法》和《阳泉矿务局集体合同》等决议。7 月 ~ 9 月,局和所属的 17 个基层单位全部首次向职工代表大会或团(组)长会议报告业务招待费使用情况,进一步拓宽民主管理工作内容。9 月上旬,局职代会代表巡察组对局属 5 个矿职工的工资奖金分配发放、公布和民主管理情况进行专题巡察,及时准确地反映职工群众的意见和呼声,维护广大职工的切身利益。十一届二次职工代表大会议,审议并通过《阳泉煤业(集团)有限责任公司关于全心全意依靠职工办企业的意见》并形成决议。会议还审议通过《阳泉煤业(集团)有限责任公司建立现代企业制度实施方案》《阳泉煤业(集团)有限责任公司章程》《阳泉煤业（集团）有限责任公司产业发展规划（1997 年 ~ 2010 年)》。十一届三次职代会议,审议通过《关于阳煤集团实行企务公开的暂行规定》并形成决议。《暂行规定》对企务公开的原则、主要内容、基本形式、监督和保证机制等做出具体要求。对于扩大企业民主政治建设,加强党风廉政建设,落实中国共产党的依靠方针,调动员工群众积极性,推动公司的改革发展稳定产生重要作用。4 月初,省煤矿工会企务公开工作会在集团公司召开,全省煤炭系统 25 个企业的工会负责人参加会议。十一届四次职代会议,审议通过第二轮《阳泉煤业(集团)有限责任公司集体合同》并形成决议。第二轮集体合同符合集团公司发展实际，更有利于维护员工的合法权益。对于依法规范企业和员工行为,协调劳动关系,维护正常生产工作秩序、调动员工积极性,推动企业改革发展稳定起到积极作用。十一届五次职代会议,审议通过《行政工作报告》并形成决议,听取集团公司《关于 2000 年计划执行情况和 2001 年计划及经济政策、工资分配办法的说明》和《集团公司 2001 年"五项"费用使用情况报告》,公布集团公司经营集团成员 2000 年工资收入兑现情况。十一届六次职代会议,审议通过《行政工作报告》《关于建立阳煤集团企业形象识别系统》《阳煤集团"十五"规划》并形成决议。听取《关于〈阳煤集团员工内部待岗和解除劳动合同的暂行规定〉的说明》。十一届七次职代会议,审议通过第三轮《阳泉煤业(集团)有限责任公司集体合同》《阳煤集团薪酬管理办法》《阳煤集团劳动合同管理办法》并做出相关决议。《薪酬管理办法》涉及全体员工的切身利益,体现效率优先、兼顾公平、按贡献参与分配等原则,对深化分配制度改革,促进人力资源优化配置,增强企业市场竞争力,提高经济效益,增加员工收入,实现企业跨越式发展有着重要现实意义。《劳动合同管理办法》对于维护劳动合同主体双方合法权益,规范用人单位与员工的行为具有内部约束力,是企业依法建立内部管理制度。2002 年 9 月,阳煤集团被山西省厂务公开协调小组办公室授予山西省厂务公开模范单位称号。

在 2003 年 12 月召开的十二届一次职代会换届会上,全体代表审议通过《关于阳泉煤业(集团)有限责任公司职工代表大会实施细则》并形成决议。同时,选举产生阳煤集团十二届职工代表大会劳动安全卫生监督检查工作委员会、生活福利监督检查工作委员会、民主评议工作委员会。自集团公司十一届一次职代会以来,形势发生新的变化,企业经历改革改制和快速跨越式发展,有关法律、法规又相继出台,根据市场经济条件下企业民主管理的新形势、新要求,对原职代会实施细则进行修订完善。十二届二次职代会议,审议通过《行政工作报告》并形成决议。听取《关于 2004 年计划执行情况和 2005 年计划编制情况及经济政策的说明》《集团公司 2004 年"五项费用"使用情况报告》,公布《集团公司经营集团成员 2003 年年薪管兑现情况》。十二届三次职代会议,审议通过《阳煤集团总体发展战略及"十一五"规划》和第四轮《集体合同》,并形成决议。《规划》进一步明确企业使命、战略目标、战略方针和共同愿景,提出企业发展模式及经济增长路径。新的《集体合同》有利于调动和保持广大员工的生产积极性。2004 年 12 月,集团公司职代会被阳泉市总工会授予"五星级职工代表大会"荣誉称号。2006 年 4 月,集团公司在山西省煤炭系统民主管理工作汇报会上做题为《以"三个代表" 重要思想和科学发展观为指导全面提升民主管理工作在企业跨越式发展中的积极作用》的工作汇报,得到与会领导的一致肯定。十二届四次职代会议,审议通过《行政工作报告》并形成大会决议,听取《关于 2006 年计划执行情况和 2007 年计划编制情况及经济政策的说明》和《集团公司 2005 年 1 月 ~ 11 月"五项费用"使用情况报告》,公布《集团公司经营集团成员 2005 年年薪管兑现情况》。2007 年 5 月 18 日,召开集团公司十二届职工代表大会团(组)长和各专门工作委员会负责人联席会议。会议原则通过《阳煤集团深化住房制度改革实施方案(讨论稿)》和《阳煤集团员工住房补贴管理实施细则(讨论稿)》。8 月 7 日,山西省总工会受全国厂务公开协调小组委托,为阳煤集团获"全国厂务公开民主管理先进单位"授牌。

十二届五次职代会议,审议通过《行政工作报告》并形成大会决议,听取审议《集团公司 2008 年煤炭生产经营计划指标、煤炭系统和非煤单位的经济政策》以及《集团公司薪酬管理办法》等,听取《集团公司 2007 年 1 至 11 月"五费"使用情况报告》,公布《集团公司经营集团成员 2006 年年薪管兑现情况》。2008 年 4 月,阳煤集团被省总工会授予山西省"五星级职工代表大会"称号。6 月 3 日,在阳泉市企务公开民主管理工作会议上,集团公司被阳泉市企务公开领导组授予"阳泉市企务公开民主管理工作模范单位”荣誉称号；一矿、天兴公司、五矿、宏厦三建和兆丰铝冶分公司被授予“阳泉市企务公开民主管理工作先进单位”荣誉称号；集团公司党委副书记白英，集团公司工会副主席张新民，开元公司党委书记、董事长刘秀庭，发供电分公司党委副书记、纪委书记王向阳等12人被授予“阳泉市企务公开民主管理先进工作者”荣誉称号。同时，阳煤集团被市总工会授予阳泉市2007年度“五星级职工代表大会”称号。

十二届六次职代会议，审议通过《行政工作报告》并形成大会决议；听取审议集团公司《关于全面推进安全质量标准化建设的决定》《关于开展2009年度矿井高产高进建设的决定》《2009年大中型建设项目指导性投资计划》《关于加强成本管理严肃经营纪律积极用对积极应对经济危机暂行规定》《2009年薪酬管理办法》等；审议通过《集体合同(修正案)》《女职工权益保护专项集体合同(修正案)》并形成大会决议；总经理赵石平代表企业方、工会主席王炳俊代表职工方，续签第五轮《阳煤集团集体合同》和第二轮《阳煤集团女职工权益保护专项集体合同》；公布《集团公司2007年12月至2008年11月五费使用情况》和《集团公司经营集团成员2007年年薪兑现情况》。2009年3月20日，召开集团公司十二届职工代表大会团(组)长和各专门工作委员会负责人联席会议。与会人员在充分酝酿讨论的基础上，表决通过集团公司《关于暂缓缴存职工住房公积金实施意见》的决议(草案)。

十二届七次职代会议，审议通过《行政工作报告》并形成大会决议；审议《集团公司2009年计划执行情况和2010年计划编制情况及经营业绩考核办法》《2010年薪酬管理办法》等文件；公布《集团公司2009年五费使用情况》和《集团公司经营集团成员2008年年薪兑现情况》。2010年，一矿被省厂务公开协调小组授予“全省厂务公开民主管理工作先进单位”荣誉称号。

十二届八次职代会议，审议通过《行政工作报告》并形成大会决议；审议通过《阳煤集团第十二个五年发展规划纲要的建议》并形成大会决议；审议《集团公司2010年计划执行情况和2011年计划编制情况及经营业绩考核办法》《阳煤集团2011年薪酬管理办法》等文件；公布《集团公司2010年五费使用情况》和《集团公司经营集团成员2009年年薪兑现情况》。2011年5月，集团公司工会下发《关于加强企务公开职工代表大会建制工作的通知》，强调2008年以来新建、重组的单位以及建立工会组织的兼并重组煤矿，要根据本单位的实际情况，及时建立职工大会或职工代表大会、企务公开民主管理制度。已建立企务公开、职工代表大会制度的单位，要落实工作责任，创新工作机制，真正把“会议”(职工代表大会)开起来，把“事情”(企务公开民主管理工作)做起来，体现工作效能，发挥工会作用。9月，集团公司工会组织部分职工代表和工会、人力资源部、安全监察局、卫生部、职教部的相关人员，对二矿、新景矿、太行公司、兆丰铝业公司、华越公司和升华公司等6个单位履行集团公司第五轮《集体合同》情况进行巡察。

十二届九次职代会议，审议通过《行政工作报告》、第六轮《阳煤集团集体合同(草案)》和第三轮《阳煤集团女职工权益保护专项集体合同(草案)》并形成大会决议；听取《集团公司关于2011年计划执行情况和2012年计划编制情况及经营业绩考核办法的说明》《关于2012年薪酬管理办法的说明》《关于2011年1月~12月业务招待费、会议费、误餐费、电话费、差旅费使用情况的报告》等文件;公布《集团公司经营集团成员2010年年薪兑现情况》;同时,总经理赵石平代表企业与工会主席张建起代表职工签订第六轮《阳煤集团集体合同》、第三轮《阳煤集团女职工权益保护专项集体合同》。2012年8月22日,省总工会民管部部长杨建荣、省纪委党风室副主任路露带领中央电视台厂务公开民主管理专题摄制组工作人员到一矿现场采访集团公司企务公开民主管理工作开展情况。11月,针对集团公司实施产业规模扩张战略,驻外煤矿企业达到30多个,职工人数近4万人的实际,集团公司工会组织职工代表和有关部门对集团公司在太原地区的南岭煤业公司和晋中地区的石港煤业公司的职工食堂、澡塘、宿舍管理运行情况进行职代会巡察,落实“面对面、心贴心、实打实服务职工在基层”活动,发挥职工代表作用。

在2013年1月召开的十三届一次职工代表大会上,600多名职工代表听取《关于2012年计划执行情况和2013年计划编制情况及经营业绩考核办法的说明》《关于阳煤集团2013年薪酬管理办法的说明》;审议通过《行政工作报告》《阳煤集团2013年薪酬管理办法》;公布《集团公司2012年1月~12月“五项费用”使用情况报告》《阳煤集团集体合同履行情况报告》《集团公司经营集团成员2011年年薪兑现情况》;选举产生阳煤集团第十三届职工代表大会提案工作委员会、民主评议领导人员工作委员会、集体合同与平等协商工作委员会、劳动安全卫生监督检查工作委员会、职工生活福利监督检查工作委员会和阳煤集团劳动争议调解委员会中的职工代表。换届大会的召开,进一步规范、理顺职代会组织机构设置,“五项”职权得到充分发挥。

2013年,三矿矿长吕维赟被省总工会授予“山西省2012年度全心全意依靠职工办企业优秀企业家”称号,被山西省劳动竞赛委员会授予山西省“五一劳动奖章”荣誉。6月,在阳泉市企务公开民主管理特色创新工作成果经验交流会上,二矿的“三公开两公布一审查和工资奖金听证会”、五矿的“民主督察‘三联单’”、发供电分公司的“企务公开网络化运作标准化管理”被评为“2012年度企务公开民主管理特色创新工作成果”;集团公司工会副主席张秀云、集团公司工会职代会专职秘书史红军、二矿工会主席赵锁有、五矿工会主席周海贵、发供电分公司工会副主席郄月霞5人被授予2012年度企务公开民主管理特色创新工作先进个人荣誉称号。2013年,二矿被评为山西省厂务公开民主管理工作先进单位,公司工会职代会专职秘书史红军被评为山西省厂务公开民主管理工作先进个人;二矿和发供电分公司被评为阳泉市企务公开民主管理示范单位。

十三届二次职代会议,近700名职工代表审议集团公司2014年《行政工作报告》《关于2013年计划执行情况和2014年计划编制情况及经营业绩考核办法的说明》《阳煤集团2014年薪酬管理办法(草案)》《“五项费用”使用报告》《2014年工资集体合同(草案)》等,通过上述决议(草案);公布《阳煤集团集体合同履行情况报告》《集团公司经营集团成员 2012 年年薪兑现情况》；总经理裴西平代表企业方与工会主席张建起代表职工方首度签订《阳煤集团 2014 年工资集体合同》。职工代表大会的职权作用得到进一步发挥。2014 年 1 月，二矿被省总工会授予山西省五星级职代会。6 月，在阳泉市企务公开民主管理建制规范提质行动推进会上，集团公司发供电分公司做《推进企务公开网络化，实现民主管理全覆盖》的经验介绍，受到与会领导的肯定和兄弟单位的好评。同时，新景公司、寺家庄公司、发供电分公司被授予"阳泉市企务公开民主管理工作先进单位"荣誉称号；发供电分公司工会副主席郄月霞、二矿工会办公室主任李建明被授予阳泉市企务公开民主管理工作先进个人荣誉称号。11 月上旬，集团公司工会组织部分职工代表及有关部门专业人员，就即将到期的集团公司第六轮《集体合同》、第三轮《女职工权益保护专项集体合同》以及《2014 年度工资专项集体合同》履约情况，深入集团公司所属晋北公司、晋南公司、晋东公司和地产集团等 11 个基层单位进行专项巡察。对于巡察中发现的问题和意见建议向集团公司党政进行报告，得到集团公司党政领导的高度重视，为维护职工合法权益，构建和谐稳定的劳动关系，促进企业改革发展稳定起到重要作用。12 月 19 日，集团公司工会组织企务公开民主管理工作业务培训班，聘请省总工会领导和省总工会干部学校教授授课，120 名职工代表和业务骨干参加培训学习。2014 年，在山西省厂务公开协调小组办公室组织的"山西省优秀职工代表提案、金点子"评定活动中，三矿李雨明、孙燕萍、王晓良申报的《关于选煤厂捡矸女工转岗的建议》等 8 件提案、建议被评为"山西省优秀职工代表提案、金点子"。

四、劳动竞赛

（一）恢复和过渡时期（1950 年～1957 年）

1950 年 6 月，积极响应党中央号召，以安全生产的实际行动支援抗美援朝，在全局掀起爱国主义生产竞赛和增产节约活动。9 月 29 日，召开阳泉国营煤矿第一次保安劳模大会，140 名保安劳模欢聚一堂，交流安全生产和发明创造等先进经验。10 月 17 日，《阳泉矿工报》发表社论，号召全局职工进一步掀起爱国主义安全生产竞赛热潮，以实际行动抗美援朝，保家卫国。到 1951 年，全局参加爱国主义生产竞赛的工人达 7000 多人。同年 2 月 28 日，召开劳模发奖大会，总结全局爱国主义劳动竞赛并交流安全生产工作经验。5 月，阳泉矿区工会委员会（阳泉矿务局工会前身）发出《关于加强培训先进小组与劳动模范的指示》，为加强班组建设、培养劳动模范、保证安全生产，提高生产效率，降低坑木成本，全面完成生产任务制定 5 条具体措施。

（二）"一五"时期（1953 年～1957 年）

全局围绕煤炭生产和矿井建设开展的群众性合理化建议、技术革新、增产节约运动蓬勃兴起。1954 年 3 月，开展以技术革新为内容的增产节约劳动竞赛运动。局工会通过《关于拥护全总开展技术革新的决定的决议》。6 月，为改进管理工作，开展科室同业务竞赛，提出有关安全方面的建议 1068 条，解决 85%。据统计，1955 年中采纳的 85 条建议共创造价值达 20.71 万元，全局有 3914 人参加技术学习，710 对师徒签订师徒合同,参加文化学习的2954人,占职工总数的18%,1140个工会小组有847个制定竞赛计划。在反浪费、搞增产节约运动中,全局4122户家属制定管理家务及厉行节约的计划,占家属总数的77%。1956年,响应京西成子矿等4个单位的倡议,向全省煤矿提出开展友谊竞赛的倡议。在参加全国、全省组织的矿际和同工种竞赛中,四矿、二矿、三矿获得省厂际竞赛优秀单位称号,四矿"八一"采煤队及三矿掘进五组分别获得全国、省模范队组的称号。1957年,全局煤炭生产由1952年的137万吨迅速增长到418万吨。该时期是全局煤炭生产和矿井建设及全体职工开展社会主义劳动竞赛的第一个黄金时代。

(三)大跃进和调整时期(1958年~1965年)

1958年开展比产量、比节约、比安全、比协作、比进度、比质量、比技术、比劳动生产率、比政治工作、比领导方法的"十比"竞赛活动。1959年,全局职工把"红、勤、巧"竞赛运动推向高潮。开展轰轰烈烈的"三高""一低""一保证"群众运动。全年共提出合理化建议6124条,采纳3995条,可计算的164条创造价值18.62万元。1960年5月4日,局建井处一号风井工程,创月成井196.93米的全国最高纪录,并超过美国月进180米的最高建井记录。在1961年10月召开的第六届职工代表大会上,通过《关于进一步加强组织领导社会主义劳动竞赛工作的方案》。1963年,一是组织采掘开队组开展以正规循环为中心的同工种竞赛和以反浪费为中心的劳动竞赛;二是将增产节约指标和措施落实到班组和个人,进行班组竞赛;三是抓技术革新和推广先进经验活动;四是搞"比、学、赶、帮、超"五好竞赛和"四大""四摆"活动。1964年,劳动竞赛坚持政治挂帅,学习解放军,落实"四个第一",抓好政治思想工作,促进职工群众思想革命化前提下,开展大比大学,组织"一帮一""一对红",大练基本功,大搞技术革新和技术协作,实现革新建议780项。1965年5月,举办"双革"展览展出90多种实物和50多张图片,全年百万吨死亡率下降为1.76,是建局以后安全状况最好的年份。

(四)"文化大革命"时期(1966年~1976年)

该时期,工人在社会主义建设和劳动竞赛中表现出的生产积极性和爱国热情遭到打击,劳动模范受到迫害。到1973年5月恢复工会后,全局各级工会组织在局党委领导下,组织全体职工坚定不移地开展各种形式的劳动竞赛。同年,煤炭工业部和省煤管局向阳泉矿务局提出"大干三年,挖掘现有矿井潜力,让煤炭设计能力翻一番"的战略目标。1974年翻番战役打响后,全局上下掀起一个誓夺翻番胜利的竞赛热潮。广大职工提出"宁让汗水漂起船,也要产量翻一番""赶着时间跑,超过地球转,坚决拿下1242万,不到长城非好汉"的豪迈誓言,以忘我的劳动热情,旺盛的革命斗志投入紧张的生产一线。三矿裕公井二队被煤炭部誉为"严细成风的硬骨头采煤二队",树为"十面红旗"之一,创造全国同类煤层单产最好成绩。1975年10月,煤炭工业部在北京召开全国煤炭采掘队长会议期间,党和国家领导人对正在为实现翻番而努力的阳泉矿务局给予亲切鼓励。1976年,又在1.14米厚的薄煤层工作面年产原煤30.4万吨,创全国同煤层年产量的最高纪录。1976年7月,煤炭工业部和省煤管局组成联合工作组到局帮助工作;9月,中共阳泉市委也组织工作组分赴各矿调查研究,解决困难。在各级领导的关怀和全局职工、家属的共同努力下,经过三年奋斗,到1976年年末,实现年产原煤1252万吨的宏伟目标。1974年~1976年,依靠原有的生产矿井,增加煤炭产量416万吨。煤炭工业部和山西省委发来贺电:“排除江青反革命集团干扰破坏,攀登学大庆的高峰,阳泉矿务局实现原煤产量翻一番,一矿变两矿。”12月30日,煤炭工业部副部长邹桐、张超、贾慧生出席阳泉矿务局召开的胜利祝捷大会。31日,《山西日报》以三个版面的篇幅进行报道。

(五)中共十一届三中全会后的新时期(1977年~1990年)

1977年,中国工会第九次全国代表大会做出决定,号召深入组织开展以增产节约运动为中心内容的社会主义劳动竞赛,掀起“比、学、赶、帮、超”的劳动竞赛热潮。随着国民经济调整和经济管理体制改革的开展,阳泉矿务局的社会主义劳动竞赛在改革中不断前进,迅速从单一生产型转入到推进技术进步、提高职工素质和两个文明建设的生产经营型轨道。一是建立健全局、矿(厂、处)两级竞赛工作机构,领导劳动竞赛的开展。二是在生产一线、业务管理、生活后勤、基建工程、班组建设等方面开展以提高经济效益为中心,以“为四化立功”为主,多种形式的社会主义劳动竞赛。三是针对生产技术关键和薄弱环节,组织职工开展合理化建议活动和技术革新活动。四是组织开展岗位练兵技术比武活动。五是建立健全并落实劳模先进人物管理制度。六是对生产一线劳动竞赛办法进行改革,使竞赛有明确奋斗指标和考核尺度。1978年,在全国科技工作会议上,阳泉矿务局参与研究的8项科研成果受到奖励,局总工程师何秉权出席大会并获个人奖。1981年,实现革新项目283项,创造价值756.58万元。在1984年开展的井巷掘进创水平竞赛中,工程处五五队以117.02米的成绩刷新立井月进全国纪录。五七掘进队独头成巷352.7米,折合进尺458.9米,一举取得全国煤炭基建“双上纲”竞赛冠军。1985年4月6日,在省煤管局、省总工会、省煤矿工会召开的山西省煤炭系统1984年度先进集体、劳动模范表彰大会上,阳泉矿务局获先进矿务局称号,三矿、四矿获先进矿称号;30日,在省劳动竞赛委员会、省总工会召开的全省职工改革创新立功表彰会上,局立特等功、局长万宝成立一等功;5月1日,局煤研所副所长金元斌获全国“五一劳动奖章”;11月,在北京召开的全国煤炭工业劳动模范、先进集体代表会暨全国煤炭工作会议上,金元斌又被命名为全国煤炭工业特等劳动模范;四矿高拉贵、三矿董二明、二矿王毛岐、机厂乔来籽、局党委宣传部王洪被命名为全国煤炭工业劳动模范,工程处五七队、一矿北丈八一队被命名为全国煤炭工业先进集体。局长万宝成、党委副书记温泽先等10名参会人员受到党和国家领导人彭真、李鹏、薄一波、王丙乾的接见并合影留念。1986年1月5日,矿务局召开历届劳模联欢会,对加强劳模管理工作提出要求。1987年5月,在山西省“双增双节”立功竞赛表彰大会上,机厂立集体特等功,二矿西四尺副主任王长录和机厂厂长张尚仁分别立个人一等功。1990年4月30日,在省劳动竞赛委员会、省总工会联合举行的庆祝“五一”国际劳动节暨“双增双节”立功表彰电视广播大会上,机厂获全国“五一劳动奖状”,阳泉矿务局、一矿生产技术科、局科技处立集体一等功。四矿运输区王瑞喜在全国煤炭系统青工技术比武中，获得铁道工组第一名，被团中央授予全国新长征突击手称号；一矿北丈八井综采一队张海昌获采煤机司机第一名；三矿电机车司机获该工种第三名。开展采掘进优质顶板管理竞赛为安全生产发挥重要作用，年度顶板事故百万吨死亡率为 0.185，创历史最好水平。1990 年 10 月 1 日，矿务局隆重举行具有历史意义的劳模光荣碑落成揭幕仪式，碑正面雕刻全国人大常委会原委员长彭真题写的“劳动模范光荣”6 个大字。

（六）劳动竞赛广泛深入开展时期（1991 年～2000 年）

其间，局、矿两级竞赛委员会和工会，在全局上下组织开展重点采掘开队“攀高峰、创水平”竞赛，质量标准化、安全创水平竞赛，产、运、销一条龙的高产高效、优质低耗竞赛，增块炭、保市场、扩大外运，加速回款竞赛，“安康杯”竞赛，全员“双增双节”竞赛，小煤窑百日安全杯竞赛，以及顶板管理、双锚支护达标、通风质量标准化、金属支架回收复用、矿山卫生文明工程、供暖供气双保、女职工双文明建功立业、医疗系统提高创伤急救技术水平、整顿医德医风优质服务、矿交车安全正点优质服务百日竞赛等劳动竞赛和技术比武活动，同时还积极组队参加国家、省、市和煤炭系统的各类竞赛比武活动。

1991 年 1 月，局工程处青年工人王惠荣在省首届青工大赛上被授予省青工技术瓦工状元称号。局工会组织 60 名有功人员，分三批赴广州、深圳、珠海参观学习。5 月，在省“五一”表彰大会上，局获全国合理化建议和技改先进集体称号。邢玉明获全国“五一劳动奖章”，温泽先获省优秀思想政治工作者称号，王世忠获省优秀企业家称号，温秉汉获省优秀科技工作者称号，原福庆、梅苟旦获省优秀班组长称号，郑东锁、李素蝉立个人一等功，一矿北丈八七四队、二矿西四尺综三队、三矿竖井综采五队、四矿生产区综采二队立集体特等功，阳泉矿务局、三矿立集体一等功，机厂何秘获全国合理化建议先进个人。6 月，在全国统配煤矿矿际竞赛表彰会上，一矿、二矿、三矿和四矿，被评为 1990 年矿际竞赛先进煤矿。一矿多营总公司工人吴顺天发明的“自动卫生筷笼”获国家专利，并在第六届全国发明成果展览会上获得铜牌奖。9 月，三处马兰生在参加省煤炭系统测量技术比武中，获 10 秒三角网水平角测量第一名；段家背小学校长毕银贵被评为全国优秀教师；矿一中教师程天祥、三矿中学教师郝汝勤被评为山西省优秀教师。全国劳模曹大良作为中国劳模代表团成员，赴朝鲜进行为期一周的参观访问。1993 年，参加阳泉市首届职工技术大赛，获得团体总分第一和 5 项个人金牌，34 名选手获得阳泉市技术能手称号。1994 年，全局参加岗位练兵的职工总数达到 2.98 万人，比武工种达到 100 多个，参赛职工达 1.15 万余人。参加全省青工技术大赛有 9 人分别获得 5 个工种的前 10 名，并被授予省青工技术能手和青年突击手称号。三矿工程区 29 队队长吕玉怀被省煤矿工会命名为首届山西最佳掘进队长。1995 年，全局提出合理化建议 2.01 万余条，其中采纳 6520 条，实施的 954 条创价值 2475 万元，对全局实现扭亏为盈起到积极推动作用。1996 年 9 月，局获得阳泉市第二届职工技术大赛煤炭组比赛 5 个工种的团体第一名及个人金牌。1998 年，阳泉矿务局改制为阳泉煤业（集团）有限责任公司。4 月，集团公司女工委被全国总工会授予先进女职工集体称号。2000 年，一矿工人邢军被授予全国劳动模范称号。2000 年，集团公司百万吨死亡率降到 0.072，创历史最好水平，并实现跨年度百万吨死亡率为零一周年的安全周期。职工参与“学练比”人数达到总数的 80%以上。提出合理化建议 1.15 万条，其中，采纳的 8627 条创造经济效益 2300 万元。

（七）劳动竞赛全新发展时期（2001 年～2011 年）

该时期是劳动竞赛全新发展时期，工会在生产一线、辅助单位、生活后勤和机关部室等不同领域、系统开展高产高效和高进高效创水平竞赛，选煤系统“三达”、装车劳动竞赛和喷粉煤创水平、煤炭质数量竞赛，生产准备、机电、通风、地测及矿井支护等专业竞赛，重点建设工程竞赛，生活后勤流动红旗竞赛，企业上规模、员工上能力、企业增效益、员工增收入专项竞赛，“精一、会二、学三、懂四、五考评”为内容的“五星级”技能等劳动竞赛，组织实施“双万人、双万条”合理化建议、“千方百计降消耗，我为节约做贡献”、创建学习型班组、女职工建功立业工程等一系列活动。2001 年，劳动竞赛工作，突出高标准、高效率、高效益、高水平和创造新管理、开发新产品、推进新技术、拓展新市场的目标。2002 年，群众性学练比活动参与面达 95%；在阳泉市第三届职工技术大赛上，集团公司分别获全市团体第一名和 22 项金牌。同年 5 月，集团公司获建企以来的最高荣誉——全国“五一劳动奖状”；二矿青年知识分子韩贵珠获山西省“五一劳动奖章”，新景矿和公司副总工程师张福喜分别立山西省集体和个人一等功，一矿工程区二队队长李怀林获全国“十佳”掘进队长的称号。2003 年，二矿丈八区主任工程师韩贵珠获山西省“五一劳动奖章”。二矿、一矿年产首次突破 500 万吨大关。三矿工人技师薛国仁获全国“五一劳动奖章”；华越机械公司青年职工杨立斌在全国首届职业技能大赛钳工专业中获个人第六名；16 名劳动模范第一次走出国门荣誉观光休养。2004 年，韩贵珠获全国“五一劳动奖章”。全公司有 12 个采煤队突破百万吨，其中 4 个达到 200 万吨以上水平；有 7 万余人参加学练比活动和“五星级”技术技能竞赛，其中 3 万余人参加不同级别的技术比武。2005 年，二矿原煤产量突破 700 万吨。集团公司组织承办“国阳新能杯”全国矿灯管理工技术大赛，并取得团体第一名和全部个人前三名的成绩，三矿张会芳夺得第一名。在阳泉市第四届职工技术大赛上，集团公司有 12 人获得冠军。全公司有 4 名女职工获得全煤系统技术能手称号，其中，2 人立山西省个人一等功。为公司级以上劳模办 5 件实事，即订一份报纸、一次体检、一期荣誉休养、落实劳模企业年金激励制度、落实劳模一次性奖励及荣誉津贴。2006 年，全公司年产 3542 万吨，实现历史性跨越发展，大企业大集团框架基本成型；二矿原煤产量创下 800 万吨新高，一矿综五队、三矿综五队双双突破 400 万吨大关；五矿、新景矿实现年度百万吨死亡率为零的目标；宏厦一建公司矿建一部 552 队在芦北井下施工中完成成巷进尺 2231 米，再创集团公司普掘开拓大巷年进尺新纪录。国阳新能位列中国上市公司百强第七名。三矿裕公井综采一队工人蔡廷军获“山西省五一劳动奖章”。集团公司职工技术大赛有3500多名职工参加,产生67名技术状元,获由省总工会颁发的山西省新世纪职工素质工程示范单位称号。为弘扬“8·15”抢险救灾精神,对受阳泉辰光电厂粉煤灰溃泻的侵袭、华越公司支柱厂厂房设备被淹没、生产全面瘫痪的抢险救灾中做出突出贡献的29个先进集体和100名先进个人给予105万元的奖励;给予张振福等16人记阳煤集团二等功一次,给予武锁生等84人记阳煤集团三等功一次。2007年,紧紧围绕“十年三百亿”的发展战略目标,组织开展丰富多彩的劳动竞赛活动,本质型安全企业建设取得阶段性成果,二矿、五矿、开元公司等4个单位达到安全高产高效矿井标准。二矿获全国“五一劳动奖状”;阳煤集团获山西省模范单位称号;三矿综采一队工人蔡廷军获山西省特级劳动模范称号;一矿运输工区电检队工人任海平、二矿丈八区综采一队队长杨乃清、五矿开拓一队工人王元富、新景矿副总兼洗煤厂厂长黄山、华越机械公司机械制造厂工人姚润祥、太行公司副总工程师王惠荣、发供电分公司第二热电厂工人高勇获山西省劳动模范称号。推荐产生41名建市60周年阳泉市“劳动功勋”。组织2005年度和2006年度未享受过出国考察的劳模标兵,赴欧洲10国进行荣誉休养。亚美公司薛恩华在省建材行业“狮头杯”技术大赛质量控制工比武中夺得全能第一名。太行公司李占辉在第三届全国算量软件应用大赛中获山西赛区个人全能组第二名。三矿李建明、二矿李国栋在第二届全国煤炭行业职业技能大赛上,分别取得井下液压钻车司机第九名和井下综采维修电工第四名。五矿、二矿丈八区综采一队、太行公司获全国煤炭工业先进集体,三矿通风工区一队工人王三泉、一矿采煤工区副主任朱建华、宏厦一建第一项目部552队队长梁先印、新景矿矿长梁贵生、集团公司党委书记、副董事长石盛奎,获全国煤炭工业系统劳动模范称号。五矿机运区管秀,通风队李海波,采二队马文慧、曹燕涛在北京参加32支代表队同场竞技的全国安全科普知识总决赛,最终以190分的优异成绩夺得第四名,获得三等奖,并获全煤系统参赛单位第一名。

2008年,劳动竞赛活动蓬勃开展,经济效益大幅提升,虽然,该年后3个月受到市场严重冲击,营业收入仍然突破300亿元达到328亿元,提前两年实现“三百亿”目标。一矿再次被评为“全国精神文明单位”;宏厦三建第七项目部被中华全国总工会授予全国“工人先锋号”称号;三矿采煤工区综采一队副队长蔡廷军获全国“五一劳动奖章”;集团公司获山西省“五一劳动奖状”、宏厦一建第一项目部552队获山西省“工人先锋号”称号、一矿运输工区电检队工人任海平和二矿党委书记段千寿获山西省“五一劳动奖章”。6月18日,赶赴四川都江堰市安龙镇慰问宏厦三建抗震救灾援建突击队。集团公司财务部选派的选手左尔兰、任彩婵、史艳芳、聂芳辉、王彩燕在山西省第二届职工珠算比赛中,分别夺得除算第一名、加减算和传票第二名、加减算和除算第三名。总医院选手邓俊峰和王平利获得全国煤矿第二届创伤护理急救技术二等奖。组织蔡廷军、李国栋岗位成才10场先进事迹巡回演讲报告会,同时编印发放以蔡廷军和李国栋先进事迹为主要内容汇编的《优秀岗位技术能手》宣传手册。参加市第五届职工技术大赛,集团公司代表队以14个第一名、9个第二名、10个第三名、4个第四名、7个第五名、5个第六名的优异成绩夺取煤炭专业组、机械专业组和整个职工技术大赛的团体第一名。组织2005年以来三次以上获得集团公司劳动模范和2007年度“劳模标兵”,赴广州等地进行荣誉休养。在福州召开的能源化学技协四届一次会议和工会工作研讨会上,五矿林彦青、宋建军完成的项目“高瓦斯矿井陷落柱密集区松散煤顶板条件下开采技术的研究与应用技术” 获职工技术创新一等奖; 直属机关刘彦斌、张福喜、王群力、程红林、郑栓龙完成的项目“综防工作面初采期瓦斯治理技术研究与实验”、三矿霍建国、张吉林、李修玉、翟福堂、于计明、杨永生完成的项目“HSXC—1型红外线自动洒水喷雾消尘装置的研试”、华越公司任紫亭、石汝峰完成的项目“冷拔油缸及其在液压支架立柱上的应用”、发供电分公司张朝辉、刘义斌、韩志强、李景富完成的项目“Dc35-3.82/13型循环硫化床防磨改进措施”、杜文华、李壮和、李翔宇、王全生完成的项目“DCS+DEH的开发与应用”获职工技术创新三等奖;直属机关谢俊生、刘继勇、周盼东完成的项目“矿井安全监控系统后备保障与监测监控创新”、三矿范富荣、孙建明、张吉林、梁正学、刘志刚、杨守亮完成的项目“YZB—02型综合保护测试台”获职工技术创新优秀奖;郭长征的合理化建议“深孔钻床”获二等奖;三矿谢亚平、崔建军、高彦清、吕玉怀、韩聚民、张羽的合理化建议“改革创新机制,推行项目管理”、五矿李宏的合理化建议“煤矿生产执行系统(DMES)”获优秀奖;授予新景矿机运部三电办组长魏燕梅节能创效标兵。同时,大会还对优秀论文进行表彰,宏厦三建王素芳的论文《浅谈工会工作的创新》,新景矿王树堂、郝志军、李欣合写的论文《当前国有企业工会工作面临的问题及对策研究》,集团公司工会龚晋宝的论文《“两网”互动是煤矿群众安全工作的有效途径》获二等奖;升华分公司张宝亮、杨学东合写的论文《浅谈工会组织在构建社会主义和谐社会中的作用》,集团公司工会龚晋宝的论文《学练比及技术创新活动是深化职工素质工程建设的最佳途径》,煤层气分公司梁爱平的论文《开通职工管理、技术、技能、职业发展通道增强核心能力和内在素质保障企业永续和谐发展》,林业处何明、安永红、张舍元合写的论文《结合企业实际创新工会工作》获三等奖;二矿赵增威的论文《工会在构建社会主义和谐社会中的作用》,宏厦一建王文晋的论文《民主管理是企业工会健康发展的立身之本》,职教中心侯有林的论文《浅谈工会组织在构建和谐企业中的作用》获优秀奖。

2009年,围绕“强煤强化、五年千亿”的发展战略目标,全面开展劳动竞赛活动,实现营业收入418亿元。进入煤炭企业3000万吨行列, 煤炭产量突破5000万吨大关;二矿建成首个千万吨矿,年整合重组77座小煤矿,亿吨级煤炭基地基本形成。本质安全型矿井建设取得明显效果,新景矿、平舒公司等12个煤矿实现安全生产零死亡的目标。新景矿获山西省“五一劳动奖状”;一矿运输工区电检队工人任海平获山西省“五一劳动奖章”;一矿综采五队获山西省“工人先锋号”称号;二矿丈八区综采一队工人李国栋获“全国五一劳动奖章”;宏厦一建矿建工程第一项目部552队获全国“工人先锋号”称号。为充分体现对劳动模范的关心和关爱,9月23日,组织全国劳动模范在市体检中心进行健康体检。一矿宋青红、王俊锡在“兖矿杯”第三届全国煤炭行业职业技能大赛上，分别获得采煤机司机第九名和矿井维修电工第十四名。11 月，组织由李国栋、蔡廷军、白风旭、贾彬丽 4 名劳模组成的劳动模范先进事迹报告团在集团公司进行巡回演讲。

2010 年，集团公司继续深入开展“保增长、促发展”劳动竞赛活动，经营业绩倍增翻番，营业收入达到 750 亿元，总资产达到 910 亿元，净资产达到 271 亿元，利税达到 100 亿元以上，全国企业 500 强排名跃升至 128 位。亿吨基地加速推进，本部产量稳中有升，生产和基建规模达到亿吨以上，继二矿之后，一矿、寿阳公司突破千万吨，先后整合煤矿 73 座、28 个包，新增产能 2760 万吨。化工产业异军突起，完成对太化集团托管，盂县化工重组接近尾声，三维 120 万吨焦化重组完成，16 个化工技改扩能项目完工，实现规模稳定增长。2010 年，销售收入达 142 亿元，利润 7299 万元。辅助产业强势发展，铝电产业步入循环化、高端化道路；建筑建材地产业实施内外市场“双轮驱动”，实现健康发展；装备制造产业大力调整经营策略，步入高速增长期，并形成以贸易服务、物资采购、勘探设计、宾馆旅游为主的贸易服务产业。在全国红十字应急救护大赛中，郝彦芳、刘普、阴继平、张晓峰、王洪澜获得三等奖；在全国交通运输行业机动车检测维修职业技能竞赛山西选拔赛中，李志勇获空调维修项目第一名；在阳煤“药林杯”山西省第五届旅游星级饭店服务技能大赛中，李宁获中式铺床项目第一名、谭海平获第五名，包伟获鸡尾酒调制项目第二名，吴晓获西餐宴会摆台项目第三名；在省第三届职工珠算比赛暨第三十届珠心算比赛中，任彩禅获得第三名；在省建材行业“吉港杯”建材质量控制工岗位技能竞赛中，李咏丽获得第六名；在市“联通杯”导游大赛上，张媛获得第一名；在市 2010 年度消防攻坚组比武竞赛中，宋志光获取全能第一名、李玺珑、邵勇获全能第三名；在市第三届环卫工技术大赛中，王超美获得清扫组二等奖、刘建荣获三等奖，张兰平、石清华获清洗组三等奖。阳煤集团荣获山西省模范单位。一矿、三维集团、丰喜化工设备有限公司分别获山西省“五一劳动奖状”。一矿综采五队获山西省“工人先锋号”称号。一矿开三队工人李忠英、二矿综三队工人毕兵强、三矿机电工区皮带队工人弓俊生、发供电分公司电焊工高勇、华越公司总工程师任紫亭、集团公司技术中心通风与瓦斯研究所副所长赵庆珍、集团公司生产技术部部长付书俊获山西省“五一劳动奖章”。

2011 年，围绕集团公司“强煤强化、五年双千亿”目标，组织开展安全科普知识竞赛、机电系统同工种质量标准化达标竞赛、地测同工种业务竞赛活动、煤炭质数量劳动竞赛活动、高产高效劳动竞赛、保增长促发展劳动竞赛、“三节”期间保供暖优质服务竞赛活动及《特种设备安全监察条例》实施两周年知识竞赛等活动。在省第一届煤炭行业职业技能大赛上，集团公司选派的 18 名选手分别在综采维修电工、支护工、测风工、光干涉甲烷测定器修理工、安全仪器监测工、矿山救护工 6 个工种的比赛中，有 7 名选手进入名次（每个工种取前 10 名），支护工选手二矿张全如、一矿赵彦龙分别获得第二名和第七名；安全仪器监测工选手二矿张忠忠、二矿贾崇荣、三矿翟巨良依次获得第四名、第五名、第九名；测风工选手新大地王庆军获得第十名；救护工选手救护大队王浩获得第十名。在矿山救护应急排水抢险演练项目中，矿山救护大队获团体第二名；集团公司获山西省第一届煤炭行业职工职业技能大赛团体第三名。同时，省劳动竞赛委员会、省煤炭系统劳动竞赛委员会为张全如、张忠忠分别记省劳动竞赛委员会一等功和三等功；为贾崇荣记省煤炭系统劳动竞赛委员会一等功；为赵彦龙、翟巨良、王庆军、王浩记省煤炭系统劳动竞赛委员会三等功。张全如由高级工晋升为技师。在首届全国煤炭行业信息化会计技能大赛上，集团公司5名选手组成的代表队获得团体第三名，丰喜肥业临猗公司吴爱萍、升华分公司李保琴分别获得会计主管第三名和总账会计第三名，化工局刘俊赫获得出纳第四名，发供电分公司王鸿获得成本会计第十名。在第四届全国煤炭行业职业技能大赛上，集团公司选派的8名选手分别在综采维修电工、支护工、安全仪器监测工3个工种的比赛场中，获优秀选手称号，3名选手进入名次（每个工种取前15名），安全仪器监测工选手二矿侯丽娟获得第一名，被授予全国“五一劳动奖章”和全国技术能手称号；二矿魏淑芳获得第十一名；综采维修电工选手一矿姚武江获得第十名。集团公司获第四届全国煤炭行业职业技能竞赛团体第四名。在省安全科普知识竞赛上，集团公司由五矿周志斌、马金红、郝卫东组成的代表队获得三等奖。在省第三届会计电算化应用技能大赛上，化工局刘俊赫获得出纳第二名，发供电分公司王鸿获得成本会计第三名，丰喜肥业临猗公司吴爱萍获得会计主管第四名。刘俊赫获得山西省“五一劳动奖章”，王鸿被记山西省一等功，吴爱萍被记山西省二等功。全年组织节能减排和安全生产合理化专项建议征集活动征集合理化建议达万条。8月26日，表彰94项科技成果和60篇理论成果。参加市“十一五”期间职工优秀科技成果评选活动，报送71条有价值的技术改造、技术革新和合理化建议，有项65项受到了表彰，占表彰总数的1/3多。2011年，产量完成5851万吨，超产521万吨，比2009年增产1442万吨，超额完成保增长计划。品种煤产量完成1247万吨，超产267万吨，比2009年增产268万吨。综合单产12.24万吨/个/月，比2009年提高78吨，全公司36个综采队有21个年产超过百万吨，其中，一矿综五队连续七年排名第一，新元公司综采二队月产原煤20.10万吨，创单一煤层月度最好水平，二矿综采一队月产原煤27.49万吨，创15号煤层月产最好水平，特别是继二矿实现千万吨之后，一矿原煤产量突破千万吨大关，寿阳公司煤炭产量突破1000万吨，形成3个千万级矿和区域，为集团公司打造亿吨级煤炭生产基地搭建架构奠定坚实的基础。化工产业抢抓市场需求旺盛的有力机遇，完成营业收入265亿元，同比增长125亿元。铝电产业持续推进产业链条完善和规模扩大，引资重组已近尾声。建筑地产业优化整合资源，积极调整市场布局，外部市场收入占到35%。装备制造业坚持技术创新，和顺、寿阳检修基地完成前期建设准备。贸易服务业加速拓展业务，国贸公司收入突破218亿元。中小企业集团产业重心向高端化、循环化迈进。战略新兴产业迈出步伐，瓦斯发电二期建成投运，低浓度瓦斯发电示范项目开工建设。全力以赴攀登千亿高地大获成功，企业营业收入提前三年实现2009年提出的“五年千亿”目标，恢复在中国煤炭界的地位和荣耀，实现从区域性企业到四跨集团的重大转变，标志着阳煤集团已经进入中国百强序列，被中国企业联合会誉为最近十年中国“最擅赶超”的25家企业之一。2011年，推荐首次年产突破千万吨的一矿为出席省“百千万立功竞赛活动”标兵企业；华越公司支架制造厂为标兵班组；二矿矿长田根万等12人为标兵个人。4月29日，在阳煤集团“五一”表彰大会上，表彰奖励先进单位15个，模范集体62个，劳模标兵15人，劳动模范100人。在30日召开的山西省“五一”表彰大会上，集团公司获全国“五一劳动奖状”；集团公司党委书记、董事长赵石平、集团公司常务副总经理崔建军等6人获”山西省“五一劳动奖章”；一矿、三矿、三维股份有限公司、丰喜化工设备有限公司，获山西省“五一劳动奖状”；华越机械有限公司支架制造厂、三维股份有限公司有机分厂回收工段甲班、丰喜临猗分公司化工一班，获山西省“工人先锋号”称号。出席省煤炭系统模范集体8个、劳动模范37人。

（八）度危求进、跨越发展阶段（2012年～2014年）

2012年，阳煤集团17万干部职工围绕“保收入、抓投资、促安全、增利润、提效率”五大目标，积极有效地组织开展劳动竞赛活动，团结奋斗，共克时艰，顶住安全生产压力，经受经济危机的历练，取得丰硕成果。营业收入完成1803亿元，同比增加606亿元，以此为标志，有望进入全球企业500强。煤炭产业高产高效竞赛彰显新的活力，产量再创新高达6520万吨，同比增加668万吨，完成营业收入306亿元，同比增长15亿元；化工产业完成425亿元，同比增长155亿元；铝电产业完成212亿元，同比增长101亿元；建筑地产业完成100亿元，同比增长35亿元；装备制造业完成55.5亿元，同比增长24亿元；物流贸易业完成585亿元，同比增长248亿元；服务业完成353.5亿元，同比增长5亿元；中小企业集团完成84亿元，同比增长23亿元。据统计，集团公司参加全员学习练兵活动人数达10万人次。5月，在省首届护理技能大赛上，总医院刘丽丽获三等奖，同时获山西省护理标兵称号。6月，在省第四届职工职业技能大赛上，崔洋获得铣工第二名、康晋获得第三名；胡召阳获得程序设计第五名；范海平获得车工第五名。在省化工行业“中化二建杯”职业技能大赛上，新绛分公司吉泽云获得分析工第二名、氯碱公司杜秀梅获得第三名、新绛分公司武小霞获得第四名、三维集团邓文静获得第六名；阳煤集团获团体二等奖。7月，在省第四届职工职业技能大赛上，张忠忠获得安全仪器监测工第四名。在省第四届职工珠算技术比赛中，一矿左尔兰获得传票算第三名。8月，在“河南煤化杯”第二届煤炭行业信息化会计竞赛中，化工局恒通化工张岩获得出纳岗位第三名。8月，在全国第四届职工职业技能大赛上，华越公司康晋获得第九名。9月，集团公司组队参加省首届煤矿安全生产知识（电视）竞赛，选手郭凯明、郝卫东、马金红进入决赛，获三等奖；阳煤集团获优秀组织奖。集团公司组队参加省煤矿安全培训教师讲课大赛，选手新景矿职工学校杨玉涛获得一等奖；寿阳公司职工教育培训中心李全卫、张小娟、新景矿职工学校王文林、集团公司安全培训中心王俊安、寿阳公司职工教育培训中心谢富强获得二等奖；集团公司安全培训中心魏俊卿获优秀奖；集团公司职工教育管理部获优秀组织奖。完成煤炭、化工、建筑建材、铝电、服务、装备制造6大专业系统，采、掘、开、机、运、通、地质、选煤、安全、分析化验工等 31 个专业的 125 个单项工种项目的技术技能比武，5.78 万余人次参加不同级别的重点工种技术技能比武，共选拔出 4338 名矿处(分公司)级技术能手，756 名集团公司级岗位技术能手和 125 名单项工种项目的首席员工，达到了预期的目标。一矿综采四队工人宋青红、一矿综采五队队长郝海红、二矿通风工区六队工人侯丽娟、三矿综采五队工人吴海斌、五矿副总工程师马德胜、孙家沟公司董事长总经理刘兴和、集团公司生产技术部部长付书俊、齐鲁一化总工程师王燕春、丰喜集团新绛分公司党总支书记总经理刘力源、太行公司临汾分公司经理石爱青、华越公司支架制造厂工人康晋获全国煤炭工业劳动模范称号。三矿矿长吕维赟被评为 2010～2011 年度全国煤炭工业“双十佳”矿长；晋东公司党委书记韩爱德获全国煤矿优秀矿长，三矿和开元公司分别获得全国优秀煤矿称号。

2013 年，阳煤集团所属煤化铝市场形势虽然急转直下，但全体员工在党政的正确领导下，万众一心，勇于进取，开展劳动竞赛，成功化解经济和市场危机的严重冲击，取得良好的经营业绩，大力推进外延扩张和内涵提升，积极打造企业核心竞争力，九大百亿级循环经济园区规划和建设加紧推进，煤炭产业提质扩容，化工产业稳健经营，辅助产业强身健体，体制机制务实创新，职工生活不断改善，成功晋级世界企业 500 强，实现几代矿工的夙愿，具有重要的里程碑意义。群众性素质提升工作成效明显，在省建筑行业技术技能大赛上，宏厦三建王军红和杨建华取得钢筋工第一名和第四名。在省妇幼健康技能竞赛中，总医院王海慧取得儿童保健组个人二等奖。在省第九届救援比赛中，矿山救护大队田东升、陈瑞、张一鹏、李鹏取得理论考试前四名；田东升、张一鹏、袁朝辉取得医疗急救项目第五名；陈瑞取得呼吸器操作项目第六名；李鹏、田东升取得个人全能第九名和第十名；陈瑞取得全国矿山救援技术竞赛呼吸器操作项目第六名。在省化工行业职业技能大赛电焊工比武中，阳煤化机张鹏取得一等奖；阳煤化机赵亚坤、丰喜集团卫国强获二等奖；丰喜集团刘雷山、阳煤化机盛广伟获三等奖。在省化工行业职业技能大赛分析工比武中，太化新材料郭阳阳、王晨燕获三等奖。在全省煤矿安全培训教师讲课大赛上，新景公司杨玉涛取得一等奖，寿阳公司培训中心李全卫获二等奖，寿阳公司培训中心张小娟获三等奖。在全国煤炭行业第三届信息化会计大赛上，二矿郭志平取得财务管理第八名。在市专职消防灭火救援业务比武竞赛中，王栋、毕晓东取得单兵比赛综合成绩第一名和第二名。在“五一”国际劳动节期间，阳煤集团三矿被授予全国“五一劳动奖状”；阳煤集团新景公司采煤工区综采二队被授予全国“工人先锋号”称号；阳煤集团一矿采煤工区郝海红被授予全国“五一劳动奖章”。

2014 年，面对宏观经济持续下行、市场形势极其严峻、企业经营举步艰难等重重压力，阳煤集团万众一心抓安全、降成本、拓市场、调结构，众志成城逆势而上，攻坚克难，为企业运营健康稳定发展付出大量的心血和汗水。尽管煤炭、化工、铝业市场低谷徘徊，全年营业收入仍然略有增加，完成 2046 亿元。群众性素质提升工作稳步推进，在全省煤炭行业第三届职工职业技能大赛上，阳煤集团获优秀组织奖，南煤集团苗奋明、二矿邢建国分别取得采煤机司机第三名和第六名；新元公司吴爱福取得液压支架工第三名；矿山救护大队陈瑞取得救护工第四名。43 个基层单位选定 905 个单项工种项目组织开展 56349 人次参加的技术技能比武活动。167820 人次参加各级组织的技能培训。选定技术带头人 1343 人，师徒结对子 16143 对。创建 27 个职工创新工作室（含劳模创新工作室和高技能人才创新工作室），其中有 3 个全国煤炭工业协会命名的职工创新工作室，有 6 个省级职工创新工作室，有 12 个市级职工创新工作室。华越机械有限公司液压油缸厂在"山西省转型综改试验区"劳动竞赛活动中，被授予全国"工人先锋号"称号，任海平被授予全国"五一劳动奖章"；三矿获山西省模范单位称号，一矿综采五队获山西省模范集体称号；宋青红获山西省特级劳动模范称号，温文文、王军红、张喜才、付书俊获山西省劳动模范称号。煤层气分公司、电解铝分公司获阳泉市模范单位称号；五矿综采一队一组、宏厦总公司第七项目部、天成公司储运工区现场调度、平定乙二醇工程项目部土建组获模范集体称号；李国栋、宋永林、周永成、王浩、王林军、吕世泽、贾彬丽（女）、刘振岗、高勇、韩正华、殷建国、孙贵平、吕维赟、任紫亭、贾常忠、武万华、赵贵生、韩富昌、史宝明、黄钢荣获阳泉市劳动模范称号。阳煤集团新元公司获 2012~2013 年度全煤系统先进煤矿称号，新元公司董事长、总经理管俊才被评为全国优秀矿长。

从 1950 年成立阳泉矿务局，到 1997 年改制为阳泉煤业（集团）有限责任公司，再到 2014 年的 65 年间，企业共涌现出王四毛、苏景云、张世桢、吕成录、何秉权、曹大良、赵宝玉、董海水、邢军、孙自瑾、韩贵珠、杨永善（南煤集团）、李国栋等全国劳动模范；有金元斌、邢玉明、张跃恒、赵芝田、邢军、王亦农、梁璧、杨永善（南煤集团）、薛国仁、韩贵柱、蔡廷军、李国栋、侯丽娟、郝海红、任海平等人获全国"五一劳动奖章"；有 318 人、388 人次获省、部级劳动模范和"五一劳动奖章"称号。

五、文体活动

（一）新中国成立初期（1950 年～1965 年）

1950 年，随着国民经济恢复建设的开始，为满足职工的娱乐要求，二矿、三矿和中国煤矿阳泉矿区工会筹委会，建起各自所属的席帘蓬盖的简易俱乐部，作为职工文化活动的场所。1953 年，中国煤矿阳泉矿区工会举办第一届职工春节文艺会演。同年 10 月，组织的腰鼓队参加阳泉市的国庆庆祝活动。1956 年，青年民歌演员商宝珍在华北煤矿系统选拔演出中入选，继而又参加全国煤炭系统第一届文艺会演，并获得一等奖。

在职工文娱活动开展的同时，中国煤矿阳泉矿区工会于 1957 年 5 月 1 日，首次举办各项球类比赛大会，参加单位有四矿、裕公矿、修理厂、矿务局机关，竞赛项目有篮球、排球、乒乓球和象棋、拔河等。该次比赛大会的召开推动比赛场地的共建和体育活动器材的大量添置。1954 年"五一"劳动节期间，举办阳泉煤矿区首届职工体育运动会，会期为 15 天。参加单位有矿务局二矿、三矿、四矿、工程公司、中央修理厂和地质勘探 119 队、汉河沟煤矿、荫营煤矿、南庄煤矿等 10 余个单位，共 100 余名运动员。此后的三年间，又举办第二届、第三届、第四届职工运动会。运动会的比赛项目逐届增多,规模逐次扩大,进而促进群众性职工体育活动的开展。

1958年后,随着正规的文化娱乐设施的建成,职工的业余文艺活动开始由街头走向舞台。据阳泉矿务局统计,1959年,有俱乐部9所,车间游艺室35个,业余文工团(队)53个,演职人员1857人,业余文艺创作组35个,成员155人,电影队25个,放映点25处;1963年,有39个小型业余文工团,演员有1948人。这一时期,除运用传统形式演出外,还增添话剧、音乐、曲艺和表演唱,表演内容上多是塑造生产建设中的模范人物为对象,尤以二矿工会小南坑的文艺演出队颇为活跃,多次代表阳泉矿务局和阳泉市参加山西省与全国煤炭系统的文艺调演。1958年12月,赴北京出席全国煤矿第二届文艺演出;1959年和1963年,在山西省职工文艺会演中两次获得团体第一名。演出队队长王永顺,成为当时全国有影响的工人作曲家,创作大量反映煤矿工人生活的歌曲,其代表作《煤矿工人最听毛主席的话》和《五好矿工歌》,在全国煤矿广为流传,《石节矿风实在好》于1964年在中央人民广播电台播出,并灌制唱片。1963年春,《人民日报》《工人日报》《中国青年报》都发表文章,介绍王永顺的成长过程和创作实绩。王永顺于1965年出席全国文学创作积极分子代表会议,受到周恩来、朱德等中央和国家领导人的接见。

从1958年起,阳泉矿务局工会连续3年主办第五届、第六届、第七届职工运动会,每届参赛运动员都在500余人,业余体育活动项目陆续增加射击、航模无线电、太极拳和举重,在井区、车间都组建篮球代表队。1960年1月~3月组织万人乒乓球比赛,连老年职工都参加该项活动。1964年5月1日~3日,阳泉矿务局举行第八届职工和学生田径、自行车运动会,参赛的工人和运动员达1000余人,是阳泉矿务局建局以来最大规模的运动会。山西省总工会、山西省体育运动委员会、山西省煤管局于1960年8月,在三矿召开山西省体育先进单位现场会,以推广阳泉矿务局工会开展职工业余体育活动的经验,并将三矿评为出席全国的体育先进单位。

(二)“文化大革命”时期(1966年~1976年)

“文化大革命”前期,职工业余文艺团体都改为“毛泽东思想宣传队”。后期,开始排演革命样板戏。也有一部分反映矿工生活的内容。直到1973年5月1日,阳泉矿务局第九届职工和学生田径、自行车运动会的召开,才使得职工文艺体育活动逐渐得到恢复。

(三)文体活动恢复时期(1977年~2000年)

1976年,粉碎江青反革命集团后,特别是中共十一届三中全会以后,工会文娱体育工作围绕物质文明、精神文明建设,坚持面向基层,服务群众,服务生产的方向,呈现出蓬勃发展的崭新局面。到1985年,阳泉矿务局工会大型文化设施建成,为开展文娱活动提供良好条件。据统计,建成9所大中型俱乐部,94个文化馆,1栋综合性文化楼,8所图书馆,20个图书室,22个游艺室;成立音乐、舞蹈、曲艺、文学、书法、美术、摄影等8个研究会;3个业余晋剧团,1个业余文艺宣传队。经常组织开展各种类型、形式多样、内容丰富、职工群众喜闻乐见的业余文娱活动。文化站活动内容丰富,装备有电视机、图书模具、举办舞会和智力、知识竞赛与技术比武、文化培训、兴趣活动,起到乐园和学校的作用。照例一年一度举行职工业余文艺会演和春节、元宵节花灯展。

体育活动更是兴旺。1984 年 5 月,举办第十届职工和学生田径、自行车运动会。1986 年 4 月,参加全国煤炭系统举办的 11 项体育比赛活动,阳泉矿务局队获得中学生乒乓球赛男子团体第二名。1988 年 9 月,在第二届全国煤矿工人运动会乒乓球比赛中,阳泉矿务局队姚秉寿、张存庆、韩军辉组成的代表队获得男子乒乓球赛团体冠军。正规体育设施大规模建设,到 1989 年,已有一矿、二矿建成体育馆并投入使用,三矿体育馆正在建设中。建成的体育馆设备一流,还承办全国性的大型比赛。此外,四矿和工程处、局机关建起永久性灯光篮球场,以及游泳池、旱冰场。从 1985 年起,举办首届老年人运动会,到 1988 年,连续举办三届老年人运动会。同时,不定期地举办各类单项体育比赛活动,并且不断涌现出新的体育活动积极分子,受到各级有关部门的表彰。1987 年,阳泉矿务局被省总工会、省体育运动委员会授予热心支持体育的先进单位称号。

20 世纪 90 年代,在各类体育竞赛中取得优异成绩。1991 年 3 月,在峰峰矿务局举行的全国煤矿象棋个人赛,阳泉队贾廷辉获得个人赛第三名。1992 年 9 月中旬,举办第五届“乌金杯”男子篮球甲级队比赛,阳泉矿务局队获得第三名。1994 年 6 月,全国煤矿第七届“乌金杯”男子乙级篮球赛在淄博矿务局举行,阳泉矿务局队获得第一名,取得甲级队出线权。8 月中旬,经国家体委考试合格,阳泉矿务局一矿米守业晋升为国家级篮球裁判员,为矿务局第一个国家级篮球裁判员。9 月,全国煤矿第七届“乌金杯”男子篮球甲级比赛在义马举行,矿务局队获得第三名。1995 年 9 月,全国煤矿第八届“乌金杯”男子篮球甲级比赛在新汶矿务局举行,阳泉矿务局队获得第二名。1996 年,第三届全国工人运动会男子篮球比赛于 5 月在四川乐山市举行,阳泉矿务局队代表山西省参赛,获得第六名。1996 年 10 月,全国煤矿第九届“乌金杯”男子篮球甲级比赛在阳泉矿务局举行,共有 12 个队参加比赛,平顶山矿务局队、鸡西矿务局队、阳泉队矿务局获得前三名。1997 年 2 月,应美国火奴鲁鲁体育与文化交流协会的邀请,由时任国家体委群体司城市处处长王度、中国煤矿体育协会秘书长许金山、副秘书长陈建国、阳泉矿务局副局长郭兆龙、工会主席王炳俊为团长和阳泉矿务局职工男子青年篮球队、哈尔滨自来水公司女子篮球队组成的中国职工体育代表团,于 2 月 28 日～3 月 11 日,访问美国。先后在夏威夷与夏威夷州大学生联队、美军驻夏威夷陆军总部队,在洛杉矶市与该市甲组冠军华人联队小马队、亚军绿豆苗食品公司队共进行 4 场篮球比赛。篮球队队员为李树文、张跃文、吴江、文威、霍毅斌、张学军、宋喜增、杨春露、陈大胖、李建平、张建华、康利军。1997 年 8 月,全国煤矿第十届“乌金杯”男子篮球甲级比赛在霍林河矿务局举行,阳泉矿务局队获得第二名。

(四)文体活动繁荣发展时期(2001 年～2014 年)

职工文化活动是丰富职工业余文化生活的重要措施,阳煤集团工会着重从职工文化活动阵地建设和文化体育活动丰富职工生活。

元旦、春节、元宵节“三节”系列文化活动是职工文化活动的重头戏。春节团拜会、晚会每年确定一个主题。晚会演出通过歌舞、曲艺、小品等文艺形式，热情歌颂集团公司改革发展取得的喜人业绩，展示公司员工积极向上的精神面貌。集团公司电视中心进行电视现场直播。2002 年，晚会主题为“搏强之歌”；2003 年，晚会主题为“搏强礼赞”；2004 年，主题为“走向辉煌”；2005 年，主题为“腾飞之歌”；2006 年，主题为“跨越之歌”；2007 年，主题为“和谐之歌”；2008 年，主题为“和谐阳煤”；2009 年，主题为“奋进之歌”；2010 年，主题为“精彩阳煤”。2011 年，以“跨越·发展——奋进阳煤”为主题的春节团拜会，邀请歌手郑莉、郑源、王蓉，俄罗斯莫斯科女孩组合，台湾歌手张镐哲、刘若英，著名相声演员大兵、赵志国，二人台演员张林林，电影演员王珂，北京杂技团《激情爬杆》以及国内外知名文艺演员现场表演，增加晚会的观赏性，受到职工家属的欢迎。2012 年，主题为“千亿阳煤”；2013 年，主题为“美丽阳煤”；2014 年，主题为“众志成城”。

每年一届的职工文艺会演，到 2014 年已经举办 48 届，是“三节”期间持续时间最长的一项活动。每年从农历正月初六到正月十二，每晚在由一矿、二矿、三矿、四矿、五矿 5 个文工团和部分单位的业余文艺骨干组成 5 台或 6 台生动活泼、形式多样的文艺晚会，在一矿、二矿、三矿、五矿、亚美公司等单位俱乐部演出，巡回进行，在 6 天内共演出 20 余场，场场演出观众爆满，每年累计观众达 3 万到 4 万人次。优秀节目会演于正月十二或十三举行，集团公司工会对获得优秀奖的节目和个人分别给予奖励。

元宵节大型灯展是“三节”文化活动的高潮，也是集团公司传统的大型文化活动。每年灯展从农历正月十三到正月十八，一般设一矿、二矿、三矿、天兴公司、五矿、直属机关、太行国际新城 7 个展区。共有近 70 盏大型机制灯分别参加各展区的展出。2009 年，灯展在沿袭传统形式的基础上，对展区进行变革，把 7 个机制灯展区改变为 5 个大型机制灯展区和 2 个工艺灯展区，根据展区特点确定各区机制灯数量，5 个展区机制灯总数为 39 盏，比上年减少 30 盏，在降低整体制作费用的同时又提高个体制作的精美度。在工艺灯展区，大量的职工亲手制作精巧的手工艺灯成另一道别具特色的景致，引得游客观灯猜谜，起到寓教于乐作用。机灯、灯棚、门灯、手工灯、轮廓灯、草坪灯、荧光灯等同时开启，绚丽的灯街与亮丽展区相连形成一体。每年正月十五晚 8 点，一矿、二矿、三矿等单位同时举行焰火晚会，观灯和观看焰火人数超过 20 万人次。

2004 年，集团公司举行第一届“煤海欢歌闹元宵”民间街头艺术表演活动。一矿、二矿、三矿、天兴公司、新景矿、华越公司、多营总公司、国阳公司运输部、升华公司、房地产公司、太行公司 12 个单位制作的彩车和来自各单位组织的秧歌、舞龙、抬阁、舞狮、旱船等 26 支表演队伍参加正月十五下午的表演活动。到 2014 年，已经举行 10 届“煤海欢歌闹元宵”民间街头艺术表演活动，每年的规模略有变化。同时，集团公司工会还要在“五一”劳动节、“八一”建军节、国庆节等节日组织专场文艺演出和慰问职工演出。2009 年 3 月 30 日，在阳泉宾馆组织全国总工会阳泉现场会“咱们工人有力量，咱们工人有作为”专场文艺晚会，中华全国总工会副主席、书记处第一书记孙春兰、山西省人大常委会副主任、省总工会主席郭海亮及来自全国各地市的会议代表500余人观看由阳煤集团公司文艺工作者精心编排的文艺演出。2012年，承办中央电视台《五一七天乐》节目。节目在阳煤集团华越公司组织现场录制，并在央视播出7次。2013年“五一”节前夕，受全国总工会邀请，选派60名演员赴北京，参加由中华全国总工会、中央电视台举办的《追梦中国》——庆祝2013年“五一”国际劳动节文艺晚会的演出，中央电视台现场录制，并于5月1日晚央视一套晚8时黄金时段播出。2014年“七一”前夕，举办集团公司庆祝中国共产党成立93周年“永远跟党走”大型文艺演出。

2008年10月，举办庆祝中华人民共和国成立59周年暨纪念改革开放30周年大型书法、美术、摄影作品展，展出全公司征集的200余幅优秀作品，反映改革开放30年来矿山发生的巨大变化。2009年，在全国“安全在我心中”摄影书画大赛活动中，李建平的摄影作品《安全卫士》获得铜奖；王坚克等3人作品获得优秀奖，集团公司工会获优秀组织奖。2010年，集团公司选送90件作品，参加全省煤炭系统主办的“潞安杯”书法、美术、摄影展览，其中20件作品入展并获最佳作品奖。2013年，阳煤集团工会与阳泉市美术院联合出版《阳泉工人版画作品集》，共收集全市版画代表作品110幅，在全市美术界反响很大。8月，组织参加山西省总工会举办的主题为“中国梦·劳动美”摄影展览，选送作品47幅，获二等奖1名，三等奖1名，优秀奖3名，9月，获奖作品在平遥国际摄影展展出。

繁荣发展时期，各类体育活动丰富多彩。2001年8月，由集团公司工会、体育协会主办，太行建筑安装公司协办的“太行建安杯”职工篮球赛在局大院篮球场举行，全公司27个直属单位报名的40多支代表队参加比赛。以后每年8月在局大院篮球场举行职工篮球比赛。2005年8月，举行2005年“国阳新能杯”职工篮球比赛，全公司27个直属单位报名的64支代表队分别参加领导干部组、青年男子组、女子组的比赛，比赛历时22天，机关领导队获得领导干部甲组第一名；多营总公司领导队获得领导干部乙组第一名；多营公司男队获得青年男子甲级队第一名；兆丰公司男队获得青年男子乙级队第一名；教育处女子队获得青年女子组第一名。2008年8月，举办“勤工实业杯”职工篮球赛，由全公司33个直属单位报名的64支队伍分别参加领导干部组、青年男子组、女子组的比赛。三维集团首次派队参加比赛，比赛历时24天，直接参加人数800余人，观众约2万人次。2014年，职工篮球赛于8月8日开赛，历经25天共171场比赛，共有36个单位组队，61支球队的775名运动员分别参加领导干部甲组、乙组，职工男子甲级队、乙级队、丙级队和女子组的比赛，现场观众人数达10万人次。在此之前，还有19个基层单位组织该单位的比赛，有4000余名职工直接参加比赛活动，形成全民健身运动的良好局面。

每年举行一次职工乒乓球比赛。2002年10月，由集团公司工会、体育协会主办，房地产分公司协办的“洪都杯”职工乒乓球比赛，共有43支代表队分别参加领导干部组、职工男组、女组的比赛。2006年4月，职工乒乓球比赛在一矿体育馆举行，共有60

支乒乓球队分别参加领导干部组、青年男子组和青年女子组的比赛。直属机关领导队、三矿男子队、天兴公司女子队获得团体赛冠军;马德胜、张存庆、杨彦青分获得男、女单打冠军;马金达、梁明珠,乔媛、谢桂芝分获得男、女双打冠军;魏启东、杨彦青获得混合双打冠军。2008 年 4 月,举办“兆丰铝冶杯”职工乒乓球赛,比赛新增设以工作在井下一线的采煤、掘进、开拓生产队职工为参赛单位的组别,又在职工组单项比赛中采取集团公司职工自由报名参赛的办法,扩大参赛范围,年龄最大的选手为 70 岁,该次比赛成为历届比赛中参赛队数和人数最多、比赛持续时间最长的一次。2009 年“五一”劳动节期间,举行职工乒乓球赛,比赛分领导组、青年男子组、女子组和家庭组 4 个组别,分设、团体、单打、双打、混合双打 7 个项目。首次设立家庭组比赛,全家老小齐上阵促进和谐家庭建设,比赛历时 10 天,参加人数达 400 余人。2014 年在“五一”前夕,职工乒乓球比赛在二矿体育馆举行,历时 10 天,设领导干部组、劳动模范组、职工男子、女子组四个组别,设单打和团体项目,共有 400 余名运动员参加不同组别的比赛。

2001 年 2 月,阳煤集团代表队参加山西省企业工委在太原举办“联通杯”省管国有企业乒乓球比赛,获得团体第二名;集团公司纪委书记李彦壁获得领导组单打第五名。2002 年 4 月,集团公司举行“新景杯”职工象棋赛,一矿获得团体冠军,一矿王富平获得个人赛冠军。在山西省第十一届运动会比赛中,阳煤集团公司象棋队、乒乓球队、网球队代表全省煤炭系统参加比赛,其中,由贾廷辉、柳铁汉、王富平组成象棋队获得冠军;乒乓球男队获得团体第三名;乒乓球女队获得团体第二名;网球队获得女子双打第四名。2003 年 11 月, 由山西省棋牌运动中心主办的 2003 年山西省 “魔根杯”象棋棋王赛在省城太原举行。由贾廷辉、柳铁汉、王富平组成的阳煤集团公司代表队获冠军,贾廷辉、柳铁汉、王富平再次代表山西省参加全国象棋锦标赛。2004 年 4 月 ~5 月,集团公司工会、体协组织选手参加由市体育局和阳泉日报社联合主办阳泉市“体育彩票”杯围棋、中国象棋、华牌(拱猪)比赛的全部项目,历经一个月,集团公司选手焦健、李向春、李树文和白志祥分别囊括这 3 项比赛桂冠。集团公司总医院焦健、王宪增、吕瑞平获得围棋赛前三名,三矿王文保获得第五名;总医院李向春、四矿柳铁汉、王虎明分获中国象棋赛第一名、第四名和第七名;二矿李树文和白志祥、直属机关郭岳和郭存堂、张东华和霍志明分获华牌(拱猪)第一名、第二名和第四名。8 月 5 日,阳煤集团体育协会游(冬)泳分会成立。成立大会通过《游(冬)泳分会章程》;选举高生亮为理事会主席、吴江为秘书长。10 月,集团公司工会、体育协会主办“国阳新能杯”首次职工足球赛,共有 10 支代表队参赛,职教中心队、教育处队、直属机关队分获前三名,直属机关队聂志鹏获得最佳射手。集团公司代表队参加山西省国资委主办的第一届“挑战杯”省属企业乒乓球赛,获得男子团体亚军,乔媛获得女子单打第四名。2005 年 4 月,阳煤集团公司代表队参加在成都举行的全国煤矿第十二届“乌金杯”象棋比赛,获得团体第二名。2005 年,全国总工会授予阳煤集团公司“2005 年全国亿万职工‘迎奥运’健身活动月”先进单位称号。中国能源化学工会、中国煤矿体育协会授予高生亮、吴江、郝宝生、邓增义、霍增胜、苗存祥全国煤矿体育先进工作者称号；授予马永魁、王海瑜全国煤矿优秀社会体育指导员称号；授予米守业、刘文广全国煤矿优秀裁判员称号。国家体育总局授予阳煤集团全国群众体育先进单位称号，授予集团公司副总经理、体育协会主席张巨海全国群众体育先进个人称号。

2006 年 5 月 ~ 7 月，集团公司组织 20 个基层单位的 1143 名运动员分别参加阳泉市第五届职工运动会全部项目的比赛。其中，一矿获得中国象棋赛团体冠军；三矿获得乒乓球男子冠军；三矿张存庆获得乒乓球男子冠军；新景矿获得网球比赛团体冠军；三矿获得广播体操金奖；五矿获得大众健身操金奖；五矿、三矿分获得啦啦队金奖。8 月，全国煤炭系统第七期篮球裁判员培训班在阳煤集团举办，来自全国 43 个煤炭企业的 130 余名篮球裁判员参加学习和考试，考试合格者获得国家一级篮球裁判员资格。9 月，集团公司工会、体育协会联合主办首届职工毽球比赛，共有 39 支代表队分别参加男子、女子团体比赛，一矿队获得男子冠军，二矿队获得女子冠军。阳煤集团公司代表队参加省国资委主办的第二届"挑战杯"省属企业乒乓球赛，获得男子团体亚军、女子团体第五名、王瑞斌、杨彦青分获男女单打第五名。2007 年 3 月至 8 月，阳煤集团组团参加全国煤矿第四届职工运动会，130 名运动员分别参加男子篮球、中国象棋、围棋、游泳、乒乓球、田径、钓鱼、门球、桥牌及大众体育项目共 10 个项目的比赛，其中，获得男子乒乓球团体冠军；乒乓球女子单打亚军、女子双打第五名；围棋团体第五名、个人赛获第七名；中国象棋团体第八名；桥牌个人第六名；游泳团体第八名；田径比赛女子团体第九名、男子团体第十一名、女子 100 米第三名。取得奖牌总数第十一名、团体总成绩第十二名的成绩。11 月，阳煤集团公司代表队参加在广州举行的第八届全国少数民族体育运动会 3 个项目的比赛，同时，代表山西省参加开幕式入场式的文艺表演。由五矿组成的代表队参加民运会表演项目民族健身操队和民族舞蹈比赛，获得民族健身操项目金牌；民族舞蹈《草原风》获银牌；一矿男子毽球队获得竞技类项目毽球比赛铜牌。集团公司被命名为山西省民族体育项目训练基地。2008 年 5 月，集团公司代表队参加在黑龙江省牡丹江市举行的全国煤矿第十四届"乌金杯"中国象棋赛，获得团体第五名。6 月，集团公司由贾廷辉、柳铁汉、王富平、杨志富组成的代表队参加在晋中市举行的山西省中国象棋锦标赛，取得团体第二名。10 月，集团公司工会、体协组织 2008 年职工中国象棋、围棋比赛，来自集团公司各单位的 200 名象棋、围棋高手参加为期 6 天、11 轮次的比赛。2009 年 10 月，集团公司工会被国家体育总局授予 2005 年至 2008 年度全国群众体育先进集体称号。

2010 年，组队参加山西省乒乓球超级联赛，男子、女子队成功保级。5 月至 8 月，受山西省煤矿工会委派，由阳煤集团公司组成中国象棋队、男子毽球队代表全省煤炭系统参加山西省第十三届运动会比赛，比赛中，取得男子毽球双人赛冠军、毽球团体赛亚军和中国象棋团体赛第五名。11 月，承办全省第五届"挑战杯"省属企业乒乓球赛，全省 26 个单位的 270 名运动员参加比赛。开幕式当天举办文体演出。在比赛中，集团公司总法律顾问许文珍获厅级组单打第五名；第二医院院长段宝山获处级组单打第三名；职工男子队获得团体第一名和单打第一名、第三名；职工女子队获团体第一名和单打第一名、第二名。2012年6月10日，组队参加全国总工会中国职工文化体育协会主办的全国职工健排舞大赛，获多项荣誉。其中，集团公司获得"2012年全国全健排舞优秀单位推广组织奖，五矿文工团获该次比赛中青年A组规定曲目、自选曲目、大众创编趣味排舞三个一等奖及最佳编排奖和最佳趣味排舞表演奖。王美玲获单人中青年中级组第一名，李健、翟晓倩获双人中青年中级组第二名，贾飞获最佳编导奖。

2014年4月，组队参加全国煤矿首届巧固球国际邀请赛，与新加坡、台北、香港、澳门等代表队进行友谊比赛。在建党93周年前夕，首次举办职工羽毛球赛，近300名选手参赛，推动基层群众体育活动的广泛开展。9月，在参加由中国煤矿体育协会举办的2014年全国煤矿"乌金杯"乒乓球赛中，与来自全国各煤矿集团公司的20支代表队经过5天的比赛，获得职工男子组团体第二名、职工女子组团体第四名和处级领导组团体第三名；新景公司李海鑫获男子单打第三名、总医院张旭亮获第五名；总医院乔媛和机关杨彦清获并列女子单打第五名；副总经理王付云获厅局级单打第三名；许文珍、乔媛获厅局级混合双打第二名，王付云、杨彦清与尹爱、王秀莲获并列第三名。10月，由全国总工会主办的2014全国全健排舞大赛在浙江桐乡举行。共有来自全国20多个省市的70支排舞代表队近1500多位选手参加比赛，集团公司受全国能源化学工会和山西省总工会委派，选派五矿文工团分别代表参加专业组中青A组的规定曲目和串烧曲目的比赛，均获得第一名。同时，又在参加自由创编舞蹈的比赛中，《绢花飞舞》《绽放》两个节目获一等奖。在有着较大影响的阳泉市"市政杯"篮球赛中，选派二矿、三矿和升华公司代表参赛，比赛中升华公司队获得冠军，继续巩固阳煤集团在全市篮球运动的霸主地位。参加阳泉市职工健排舞大赛，公司五矿代表队获第一名。

六、女职工工作

（一）恢复和过渡时期（1950年～1957年）

1950年10月13日，阳泉矿务局工会女职工组织成立。女职工部成立之初，全局女职工有51人。由于女职工人数少，各基层单位的女职工和单位的家属联合成立"工属妇女工作委员会"。1950年8月，四矿成立第一个"工属妇女工作委员会"。根据居住地区将其划分为4个小组，分别选出组长。"工属妇女工作委员会"积极组织妇女参加各种运动。在1950年的抗美援朝中，全局有182名妇女参加慰问中国人民志愿军活动，给志愿军写慰问信、做慰问袋，并在其中装上慰问品，有的还献出金子。

此外，全局还有240名妇女为铁路兵团工友家属捐款捐物，充分表现互助友爱的精神。1951年3月，四矿有143名女工家属参加阳泉工矿区召开的纪念"三八"国际劳动妇女节大会，并参加反对美帝国主义重新武装日本的示威游行。妇女制定爱国公约，以实际行动庆祝"三八"国际劳动妇女节。

随着煤炭工业的发展，全局女职工队伍不断壮大。到1957年年底，女职工人数增加到460人，比1950年增长了8倍多。女职工分布在生产技术、卫生、福利、服务等行业，有些女职工还从事被认为女职工不能胜任的工作。女职工的业务技术水平不断提高，女工程技术人员和技术工作逐渐增加，1957年，全局女职工中有19名技术人员和110名技术工人。为充分调动女职工建设社会主义的积极性、主动性，1957年，局提拔24名女职工担任副部长、科长、技术员等领导职务和技术职务。全局积极响应"让职工吃好、喝好、休息好，保证安全生产好"的号召，主动在家属区实行发挂牌制，街道职工轮流值班，根据职工班次按时叫班，让职工放心休息，涌现出山西省劳动模范、二矿街道干部蔡银花、三矿一号井女采煤队长苏景云等39名女先进生产者。

（二）"大跃进"和调整时期（1958年~1965年）

1958年"大跃进"时期，阳泉矿务局工会女工部与阳泉郊区农村（平定、盂县等地）的妇女组织合并，同归属矿区管辖。1959年，全局女职工人数增加至2397人，是1958年的近5倍，分布在全局的42个工种和辅助单位。

1958年~1959年，全局女工家属围绕"五好一保证"的中心任务开展"红、勤、巧"竞赛活动，是全局女工家属最早开展的社会主义劳动竞赛形式。活动中，女工家属们积极为井下工人送茶送水送饭，给他们献花贺喜生产，帮助职工拆洗被褥，打扫卫生，有的还直接参加夺煤大战。此外，还种地26.7公顷，养鸡养兔万余只，清理垃圾6300担，美化集体宿舍1300余间，在女工家属中形成一种关心生产，勤俭持家、团结互助、讲究卫生的良好风尚。1959年共涌现出"红、勤、巧"六好青年突击手1835名，巧姑娘243名，"五好"积极分子141名。1959年6月，矿务局机关幼儿园被评为全国"三八"红旗先进集体。

1960年，为以实际行动纪念"三八"国际劳动妇女节，全局有6000余名女工家属参加社会劳动，有500多名女工家属参加阳泉矿务局首届妇女体育运动会。其间，机修厂五车间组织女职工开展"三八"技术比武，其中被誉为"巧姑娘"的王彩国等改进铣牙轮装置等4项工具，使工作效率提高1.5倍，这是阳泉矿务局女职工进行的最早的技术革新。随着矿区公社的成立，广大妇女逐渐从家庭事务的束缚中走出来，进入社会集体劳动的行列，积极投身于社会主义建设事业中。全公社10600多名妇女中，有6200人参加社会劳动，占有劳动能力的80%以上，全公社炊事员中60%以上是妇女，妇女已成为社会主义建设大军中不可或缺的重要力量。1960年，全公社共评出先进妇女集体12个，先进个人760人，"七好"家属600余人。1960年~1962年，三年困难时期，矿区公社的家属组织被迫解散，大批妇女重返家庭，部分职工家属因压缩人口而被迁回农村。

1963年，局女工部紧紧围绕全局中心任务，积极组织动员广大女工、家属开展"反浪费、找差距、学先进、赶先进"和以"五好"为内容的增产节约劳动竞赛活动。局女工部还根据上级指示精神进行广泛深入的调查研究工作，并制定《女工特殊保护试行法》共12条，同时各级工会还定期召开女职工座谈会，了解女职工的工作，学习和生活情况，还根据工作实际有计划地调整女工和家属组织，共建立女工委员会31个、家属委员会56个。1964年,局女职工部结合五好家庭竞赛活动,在家属组织中进行整顿工作,除局机关所属家属分会外,各组都进行小组长和分会委员的选举工作。为切实保护妇女儿童健康,1966年4月11日,阳泉矿务局和局工会统一印发《对女职工同志在工作时间哺乳婴儿的统一规定的联合通知》。

(三)"文化大革命"时期(1966年～1976年)

1966年社会主义教育运动后,开始"文化大革命"。1968年,局工会被撤销,成立工代会。女工家属工作被迫停止。1973年年初,局工会工作全面恢复,工会组织相继成立,此时的工会女职工部被改为女工科。当时,全局女职工为2111人,占职工总数的5.7%。1974年,局女职工部恢复"三八"评比表彰工作。同年,全局共评选出女职工先进集体24个,先进个人237人,这标志着一年一度的全局女职工工作评比制度开始建立。随着"文化大革命"后期全局各级工会工作的恢复,全局女职工工作也相应地不断深入发展起来。全局广大女工、家属坚决抵制江青反革命集团的干扰和破坏,与全体职工一道在当时极其困难的条件下并肩作战,为局1976年煤炭产量翻一番做出重要贡献。

(四)恢复和发展时期(1977年～1989年)

随着"文化大革命"的结束,局女职工工作也逐渐恢复,至1977年步入正轨,相应的组织制度建设也继之初步完善。各基层工会都成立女职工委员会,并规定在有30名以上女职工的车间成立女工分会,在有30名以下女职工的车间成立直属小组。1978年,全局共成立8个女职工委员会,4个直属小组。1980年,局工会正式恢复女职工部,随之各基层工会也建立健全女职工组织,一、二、三、四矿和工程处等工会都成立女职工部。1982年,局女职工部组织矿灯工、描图员、打字员、电话员、机工、钳工等11个项目的技术比武,参加人数达550余人。此外,局各基层女工组织每年都要组织女职工开展岗位练兵、技术比武活动,使女职工的业务技术素质得到很大提高。1985年下半年开始,矿务局开始抓安全联保工作,局党委在全局发出"六个轮子一齐转、齐抓共管搞安全"的号召。为此,局工会女职工部和矿区联合发表致全局女工、家属的一封信,号召全局女工、家属行动起来,开展安全生产竞赛,坚决做到,亲人身边无事故、安全生产创水平。并提出具体要求和奋斗目标。另外,局工会女职工部还在全局女工、家属中开展"一保证、二管住、三询问、四嘱咐"活动,并组织召开搞好安全生产的理论研讨会。各基层工会女职工部组织女工、家属每月到坑口为矿工送温暖4次。全局建立10个联保领导组,着重抓5条联保工作线,即女工联保线、长期家属联保线、临时家属联保线、集体宿舍联保线和学校联保线。各矿还设立安全联保分会,配备安全联保员,设置与井下职工签订联保合同的安全联保工作内容。

1980年后,局女职工队伍不断壮大,女职工组织不断健全,女工的思想、文化和业务素质都有很大提高。1985年,全局女职工(长期工)总数为7702人,占全局职工总数的10.13%。其中,女干部1745人,副科级以上的女干部45人。1989年,全局有女职工委员会12个,女工委员111人,车间女职工委员会86个,直属组54个,女工小组 886 个。

1989 年 5 月，在山西省煤矿工会召开的女工工作家属安全防范先进集体和先进个人表彰会上，局女工干部张兰英、张秀英、郝韵琴等 9 人，以及局工会女工部、一矿工会女工部、三矿工会女工部和机厂女职工委员会等 4 个单位受到山西省总工会的表彰。1990 年 3 月，局工会女职工部被山西省煤管局评为安全生产先进集体，一矿安全联保委员会被评为全国煤炭系统先进集体，三矿张桃凤被评为全国联保先进个人，苏景云、张芝兰、郝韵琴、张兰英被评为山西省安全生产先进个人。据统计，1974 年 ~ 1990 年，全局共评出“三八”红旗集体 335 个，“三八”红旗手 3141 个，五好家庭(1982 年开始评比)225 户。1990 年，局工会女工部被阳泉市妇联命名为“三八红旗妇女组织”，并被树为全市妇女组织十面红旗之一，被山西省总工会命名为先进集体。

(五)女职工委员会工作新时期(1990 年 ~ 2014 年)

其间，阳泉矿务局召开两届女职工代表大会。1990 年，阳泉矿务局召开第一次女职工代表大会，选举产生阳泉矿务局第一届女职工委员会。2002 年，阳煤集团召开第二次女职工代表大会，选举产生阳煤集团第二届女职工委员会。

第一届女职工委员会工作期间(1990 年 ~ 2002 年)　1990 年，阳泉矿务局召开第一届女职工代表大会，选举产生第一届女职工委员会主任、副主任及委员。其间，企业发生深刻的变化，经历计划经济向市场经济的转变，完成工厂制向公司制的现代企业管理制度的改革，经受市场经济的挑战和困难的考验，冲出困境，步入快速发展的轨道。1991 年开始，公司工会女职委就围绕企业的安全生产经营实际，在女职工中开展以个人创百元、小组创千元、女工分会创万元为主要内容的“双增双节”的竞赛活动。12 年间，全公司女职工双增双节价值累计达 4867 万元，共提出合理化建议 1.28 万条。公司工会女职委还在女职工比较集中的岗位开展巾帼文明岗竞赛活动。通过选树典型、表彰先进，促进和提高巾帼文明岗创建活动效果。在每年“三八”国际劳动妇女节期间，都要选树和表彰一批巾帼文明岗。阳煤集团工会女职委开展的巾帼建功活动受到全国总工会、省总工会和市总工会及社会各界的肯定和表彰。1993 年，获全国城镇妇女“巾帼建功”活动先进集体称号。1998 年被全国总工会授予“全国工会先进女职工集体”称号。2000 年 3 月，被山西省总工会授予“先进女职工集体”称号。2002 年 3 月，被全国总工会授予“全国工会先进女职工集体”称号。在企业进入快速发展时期，广大女职工面临着挑战与机遇。在这种形势下，公司工会女职委把提高女职工的技术业务素质作为一项重要工作来抓，每年都要根据女职工岗位分布的特点及岗位需要，精心组织开展有针对性的形式多样的学练比竞赛活动。据统计，12 年间，累计有 9.27 万余人次的女职工参加机电、头灯、化验、统计、会计、质检、医护、电焊工、保管员等 10 多个工种的技术大赛，其中，有 1.04 万余人次的女职工获得不同等级的荣誉，分别受到集团公司和矿(处)两级的表彰。1992 年 3 月，公司工会女职委被市总工会评为女职工“学先进、比奉献”先进集体。多年来，公司工会女职委始终把企业的安全生产作为女职工工作的重要任务。特别是在 1998 年 ~ 2000 年，企业遇到前所未有的困难,在职工工资不能按时发放的特殊情况下,集团公司各矿工会女职委利用每月召开的安全联保工作例会,给女工、家属一方面讲企业形势,让大家认识到困难只是暂时的,需要坚定信心,做好职工的思想工作,保持情绪稳定;另一方面,教育女工、家属当好贤内助,合理安排家庭收入,保证井下职工吃好、喝好、休息好,让他们体会到家庭的温暖,以饱满的精神状态投入到井下工作中。据统计,12年间,女工、家属累计做"三违"职工的帮教工作3.6万余人次,为井下矿工钉扣子122.67万余个,送安全手帕1.02万余块,做安全鞋垫3万双。1997年,集团公司工会安全协管会被省煤炭局厅和省煤矿工会联合授予先进集体称号。在2000年全国煤炭地质工会召开的"争当好矿嫂"经验交流会上,集团公司安全联保委员会做经验交流。在2001年全国煤炭系统学习阳煤集团"安全教育十二法"中,女工、家属协管工作得到兄弟单位的一致好评,公司工会女职委始终把维护女职工的合法权益和特殊利益放在重要位置。12年间,公司工会女职委每年都要对基层单位贯彻落实女职工劳动保护和特殊利益的执行情况进行监督检查,利用组织职工代表巡察集体合同的机会,对集体合同中规定的女职工特殊利益的11条内容进行逐一检查;对检查中发现的女职工特殊保护落实中存在的共性问题,运用平等协商的方法,督促行政部门尽快解决。随着企业改制、改革的进行,下岗女职工逐渐增多,公司工会女职委利用座谈、走访、培训等形式从思想上教育、帮助引导下岗女职工树立正确的择业观念。同时,还层层建立下岗女职工和贫困、单亲女职工档案,先后两次进行下岗女职工思想状况调查,全面了解她们的家庭状况、困难原因、技能特长、求职需求等,分别为30余名下岗女职工办起快餐店、理发店、小卖部、幼儿园等,使她们实现再就业的梦想。其中,涌现出胡凤梅、马桂花、张亚平、李兰庭和赵跃珍等为代表的一批再就业明星。2002年,各级工会女职委根据上级安排,开展女职工维权活动,接待女职工的来信来访。各级工会女职委共接待来信来访3832件,处理解决2767件。为不断提高女职工的业余文化生活质量,教育女职工热爱生活,激发她们的"四自"精神,公司工会女职委每年都要组织开展文体娱乐活动。2001年,公司工会女职委举办阳煤集团首届女职工"庆三八"风采大赛,别具一格的比赛形式受到集团公司广大职工、家属的好评。2002年,公司工会女职委举办阳煤集团"欢乐家庭"大赛。

第二届女职工委员会工作时期(2003年~2014年)　2002年11月29日,阳煤集团第二次女职工代表大会召开,选举产生第二届女职工委员会主任、副主任和委员。第二届女职工委员会成立初期,女职工总数为2.2万人,占全公司职工总数的27%。

第二届女职工委员会成立以来,集团公司工会女职工委员会按照"组织健全、维权到位、工作活跃、作用明显、女职工信赖"的工作原则,在全公司女职工中积极开展"五大"工程,团结动员广大女职工为企业的改革、发展和稳定发挥不可替代的"半边天"作用。2004年,公司工会女职委被省总工会授予山西省先进女职工集体称号;2006年,被市总工会授予阳泉市先进女职工组织;被省妇联授予山西省"三八红旗集体"称号;被省总工会授予山西省先进女职工组织;被全国总工会授予全国工会先进女职工集体称号；被中国能源化学工会全国委员会授予全国能源化学系统先进女职工委员会称号；2008 年，获山西省先进女职工组织称号；2009 年，获阳泉市妇女组织先进集体称号；2010 年，被省总工会女职委授予工会女职工工作联系点，并分别获山西省先进女职工组织和山西省先进妇委会称号。2012 年，获山西省先进女职工组织称号。其间，阳煤集团工会女职委主要开展以下工作。

实施女职工组织建设工程。按照“组织起来、切实维权”的工会工作方针，坚持“哪里有女职工，哪里就要建立工会女职工组织”，最广泛地把广大女职工组织起来。2014 年年底，全公司共有女职工 2.4 万余人，公司工会女职委下设矿（处）级女职委 35 个，车间级女职委 225 个，女工小组 819 个。

实施女职工提升素质建功立业工程。以培养和造就“知识型、技能型、创新型、复合型”女职工人才队伍为目标，以“创建学习型组织、争做知识型职工”活动为载体，通过在女职工中深入开展群众性学练比活动，引导女职工学习技术、掌握技能、争做高技能人才。2004 年，为庆祝集团公司抗击“非典”取得“三个零”胜利一周年，公司工会女职委与公司竞赛委联手举办技术比武，经过层层选拔，有 60 多名护士参加比赛。在 2005 年“国阳新能杯”全国煤炭行业矿灯管理工技术大赛中，集团公司 3 名女职工囊括大赛前三名。在 2008 年山西省女职工职业技能大赛中，集团公司 9 名选手凭借扎实的理论功底和过硬的操作技术，最终在由 15 支代表队共计 103 名选手中脱颖而出，分别获得护理专业、矿灯管理和煤质化验 3 个工种的团体第一、二、三名。其中，有 1 名选手获得第一名，2 名选手获得第二名，1 名选手获得第五名，3 名选手获得第六名，2 名选手获技术能手称号。阳煤集团代表队获团体第一名，工会女工部获优秀组织奖。2014 年，集团公司选拔出 3 名安全仪器监测工种的女职工代表阳泉市参加全省女职工技术比武，获得山西省团体第三名。

集团公司工会女职委注重不断完善女职工培训体系，结合广大女职工的培训需求，坚持做到“三个突出”：一是集团公司突出“示范引领”，邀请较高层次的专业人员开设专题讲座、推广基层培训亮点；二是基层单位突出“女性特色”，根据不同年龄段女职工的需求，开展保健常识、子女教育、夫妻关系经营、家庭实用技能的培训；三是车间级或直属女工小组突出“技能业务”，开展有针对性的业务和技能培训、拓宽技术比武范围，以利于优秀女职工脱颖而出。2012 年以来，公司工会女职委相继组织开展“书香三八——幸福中国”征文活动、“学好婚姻法、呵护幸福家”女职工法律讲座“把握心理安全，拥有明天安康”心理学讲座、提高女职工个人素质修养的书法培训和摄影培训等富有特色、深受女职工喜爱的女职工培训。2012 年 ~ 2014 年，三矿工会女职委、升华分公司工会女职委和集团公司工会女职委，分别被省总工会授予“山西省女职工示范学校”称号。一矿、二矿、新景公司、开元公司、晋东公司、发供电分公司、总医院共 7 个工会女职委，分别被市总工会授予阳泉市女职工示范学校称号。

通过大力实施女职工提升素质建功立业工程，2003 年 ~ 2014 年，全公司先后涌现出以获全国“三八”红旗集体称号的新景矿工会女职委，全国女职工建功立业标兵岗称号的亚美建工公司试验中心新厂试验室和三矿机电工区矿灯队竖井灯房，全国能源化学系统女职工建功立业标兵岗称号的二矿维运区矿灯队和获全国女职工建功立业标兵称号的郭丽、张会芳、张美斌，全国能源化学系统女职工建功立业标兵称号的贾彬丽，山西省“五一巾帼标兵”称号的张计梅，山西省“五一巾帼奖”(个人)韩三彩、刘俊赫，山西省“十大”杰出女职工侯丽娟等为代表的一大批女职工先进集体和个人。

实施女职工维权工程。以发展企业和谐劳动关系和维护企业稳定为重点，通过不断建立和完善维权、诉求表达和爱心帮扶“三大”机制，主动、依法、科学维护女职工的合法权益和特殊利益。2006 年 9 月 30 日，公司工会女职委率先在全省国有煤炭企业中签订《阳煤集团女职工权益保护专项集体合同》，使工会女职工维权工作迈上主动、依法、科学维权的轨道。到 2014 年，已签订三轮《阳煤集团女职工权益保护专项集体合同》，签订率达 100%，覆盖 2 万多名女职工。

一直以来，阳煤集团工会女职委将帮助单身职工解决婚恋问题作为事关职工生活幸福及企业和谐稳定的一项重要工作来抓。2012 年 9 月，举办“牵手金秋、相伴一生”职工相亲联谊会，为单身职工寻找人生的另一半搭建相互认识、交流、沟通和交友的平台。来自 30 个基层单位的 548 名单身男女职工报名参加，活动当天就有 44 对男女牵手成功，还有一些单身男女达成交友意愿，该项活动社会反映很好。2014 年，二矿、晋东公司、宏厦三建工会女职委由阳泉市总工会授牌，成立“婚恋服务站”。

实施女工家属安全协管工程。把女工家属安全协管工作作为工会女职工组织服务企业安全生产的一项品牌工程，开展以提高职工安全意识为目标，以亲情安全教育为主题，以女工家属为骨干队伍，以亲情温暖、亲情感化、亲情帮教、亲情现身说法等为主要形式的女工家属安全协管工作，为企业安全发展筑牢二道防线。2007 年，集团公司工会女工部、一矿工会女工部、三矿工会女工部分别被省煤炭工业局、省煤矿安监局和省煤矿工会授予“全省煤炭行业‘安康杯’竞赛模范女工部”荣誉称号；二矿联保委、五矿联保委、新景矿联保委和开元公司联保委分别被授予“模范安全协管会”荣誉称号。2012 年，根据中国能源化学工会有关文件精神，结合集团公司家属协管安全工作的实际，下发《关于进一步加强煤矿家属协管安全工作的通知》。制定家属协管安全员准入条件、工作职责和定员配置指导意见，规范日常培训、管理考核，明确每月 100 元的补贴标准，并为家属协管委员会办理意外伤害保险。各矿按通知要求，对原有家属协管安全员进行调整，符合条件的统一竞聘。择优聘用的人员经培训后，明确其所包队组，破解过去按社区划分，家属协管员负责的职工各工种都有，掌握各工种安全知识的难度较大，难以针对性地开展说服帮教工作的难题。2012 年，一矿女工家属协管会被评为“中国能源化学工会全国委员会先进协管会”，二矿女工家属协管会被全国能源化学工会授予“全煤女工家属协管安全示范站”称号。2014 年，新景公司女工家属协管会获“全煤女工家属协管安全示范站”称号。2012 年，集团公司工会女职工举办以“科学发展、安全发展”为主题的女职工安全小品巡回演出，先后到阳泉埠外的平舒公司等新建矿井演出 7 场，使 2000 余名矿工在寓教于乐中受到安全教育，得到广大职工、家属的好评。

实施“和谐家庭”创建工程。通过在女职工家庭中开展“推进文明理念进家庭，创建和谐之家；推进节能理念进家庭，创建环保之家；推进绿化理念进家庭，创建绿色之家；推进健康理念进家庭，创建卫生之家；推进安全理念进家庭，创建平安之家”为内容的“五进五创”活动，让节水节能节电意识和节能降耗的低碳生活方式走进广大家庭，让健康向上、文明科学的生活方式走进广大家庭，让有利于安全生产的生活习惯和行为方式走进广大家庭，并形成自觉行动，以家庭的平安、健康、幸福推动企业的文明、和谐、稳定。2007 年，集团公司工会女职委和发供电分公司工会女职委分别在阳泉市廉政文化进家庭现场推进会上做经验交流。同时，一矿、二矿、三矿、天兴公司、五矿、新景矿、亚美公司等 7 个工会女职委分别被市妇联和市综治委授予阳泉市平安家庭创建活动先进集体称号。

七、工会俱乐部

（一）历史沿革

1950 年 10 月 13 日，阳泉矿务局工会成立。随之原井（陉）阳（泉）矿务局阳泉矿区电影放映队划归阳泉矿务局工会管理，负责人为延登祥。放映队使用美国福瑞 16 毫米电影放映机，在全局各矿井队巡回放映。该放映队成为阳煤集团工会俱乐部的前身。

1951 年 3 月，阳泉矿务局工会将阳泉地方国营煤矿及私营煤矿缴纳的文教金用于新民剧院的改建，成立阳泉市职工电影院，指定由王子清负责。1952 年，市职工电影院改由市总工会管理。

1952 年，电影放映队由延登祥、延子龙、常伦大三人组成。由矿务局干部和职工共同集资，用篷席、木条板、木凳搭建起简易的电影放映场地，为广大职工群众放映电影。

1956 年，矿区工会在王岩沟口建成矿区工会俱乐部并投入使用，电影放映设备全部更新，拥有 35 毫米的固定电影放映机。同时，又新组建三支流动放映队伍。三支流动放映队的分工是，一队负责矿务局机关、四矿的电影放映工作，队长为延登祥；二队负责机厂、二矿的电影放映工作，队长为李志明；三队负责三矿、一矿、救护队、赛鱼的电影放映工作，队长为李瑞。流动电影队的足迹踏遍一矿、二矿、三矿、四矿、工程处、机厂、医院、水泥厂、局机关大院、乱流石厂等地。同时，俱乐部购置全套的戏剧服装，供基层单位剧团演出使用。

工会俱乐部名称的变更：1952 年 ~ 1958 年，名称为阳泉矿区工会俱乐部；1959 年 ~ 1960 年，名为阳泉第二文化宫；1961 年 ~ 1967 年，又变更为阳泉矿务局工会俱乐部；1998 年，更名为阳煤集团工会俱乐部。

随着时代的发展变化，工会俱乐部与时俱进。从 1961 年使用 35 毫米座机开始，到 1964 年，更新为哈尔滨座机，1989 年，再次更新为珠江座机。1973 年，矿务局对工会俱乐部进行重新整修，1988 年，再次进行全面大修。直至 1990 年，工会俱乐部已经拥有招待所、游泳场、录像厅等经营性质的文化服务设施，各项文化服务工作成绩突出，名列全省前茅，俱乐部被省文化厅授予乙级电影院称号。

1993年4月，矿务局工会为加强俱乐部的管理，提高经济收入，由单一服务型向服务经营型转变，成立阳泉矿务局工会大众娱乐城。经营项目有招待所、剧场、舞场、游泳场、台球厅、商店等。总经理为阎俊祥。

1998年1月，随着国家社会主义市场经济的逐步确立，集团公司转型发展的步伐不断加快，工会俱乐部从集团公司中分流划转出来，实行自主经营，自负盈亏。同时，工会图书馆划归俱乐部管理。该时期，工会俱乐部经历曲折发展拼搏奋斗的历程。主任为王雨来。

2001年，工会俱乐部由副主任王凤明主持工作。集团公司工会对俱乐部工作大力支持，对招待所投资进行改造，对文化场所进行整修，集团公司工会全部采购业务统一由俱乐部承揽。为减轻俱乐部负担，于2004年5月，将工会图书馆划归集团公司工会管理。

2007年3月，祖占景任工会俱乐部主任。根据集团公司统一规划，王岩沟口地区进行集中开发改造，俱乐部的剧场、出租房、游泳场等主要场所被全部拆除。俱乐部全体职工必须在困难中寻找新的出路。

（二）更新理念

为适应集团公司开疆拓土快速发展的需要，2007年，工会俱乐部转变服务理念，拓展服务范围，提出“走遍阳煤工地，放映经典电影，服务公司职工”的指导思想，根据集团公司向寿阳、晋东、晋南、晋北快速发展的实际现状，成立电影轻骑队，购置高清数字电影放映设备一套，商务车一辆，结合偏远地区矿井职工业余文化生活需求的特点，紧紧抓住节假日和消夏日期间组织电影放映。由固定放映变为流动放映，由统一化服务变为个性化服务，使俱乐部的文化活动在流动中更加贴近广大职工。适时抓住时机，抢占阵地，改变观念，创新服务，走出一条以流动放映电影为主要形式的文化活动的新路。从此，阳煤集团工会俱乐部翻开新的一页。

工会俱乐部电影轻骑队为配合集团公司安全教育宣传工作，精心制作各种安全教育宣传片和工会重大活动宣传片，在电影放映前的黄金时段进行放映，形成安全教育宣传和文化教育娱乐捆绑式放映格局。从而把职工安全教育与文化渗透融为一体，激发广大职工的工作积极性。制作的安全教育宣传片主要有：《井下护身六件宝》《安全标识要记牢》《作业之前四当先》《放炮要按规程办》《遇到灾难莫慌张》《井下睡觉很危险》《水灾预兆细观察》《躲避水灾莫乱逃》《瓦斯责任重如山》《瓦斯爆炸三要素》《杜绝火源防爆炸》《掘进通风防瓦斯》《遇爆保命四诀窍》《突出之前看预兆》《地面安全用电》以及《消防安全知识》等。

俱乐部电影轻骑队把一矿、二矿、三矿、五矿俱乐部作为为老区广大职工家属放映电影的主要阵地，把集团公司各个偏远煤矿和建筑工地作为为新区广大职工服务的流动阵地。每年都抓住春节、“五一”“七一”、国庆节等重大节日的时机和夏季节假日，组织运作大强度、高密度的电影放映工作，每年巡回放映电影达150场以上，受到广大职工和家属的欢迎。

电影轻骑队在电影放映工作中坚持做到：第一，年初在对基层单位和广大职工群众进行调查研究的基础上，制定出全年电影放映计划；第二，建立影片资料库，随时组织职工群众喜闻乐见的影片进行放映，观众爱看什么影片，就放什么影片；第三，及时掌握天气情况，选择放映场地，放映前认真检查、调试，保证放映过程中不出差错，放好每一场电影；第四，幕布悬挂横平竖直，干净整洁，画面清晰，声音洪亮，保证放映效果，提高服务质量；第五，会同有关单位做好公共秩序的维持和放映现场的安全保卫工作，确保登高作业和放映用电安全无事故，及时、灵活、果断地处理各种突发问题；第六，积极与市电影公司进行协调，取得政策上的支持、工作上的帮助，选好影片降低成本；第七，把高清晰、高科技、高质量的数字电影送给广大观众，把工会的温暖送给职工和家属群众，丰富广大职工和家属以及新建矿井、公司所属外地企业职工的业余文化生活。

拆迁以后，工会俱乐部从制度建设入手，开展整顿工作作风的活动，一是制定《电影轻骑队安全放映制度》《招待所消防安全制度》《安全驾驶制度》等制度，内强员工素质，外树服务形象，不断提高员工自身职业道德和业务能力；二是履行岗位职责，做事求真务实，讲求质量效率；三是加强工作纪律，不迟到，不早退，狠抓安全工作，杜绝安全责任事故发生；四是完善办公室考勤表和招待所卫生清扫值日表，营造良好的工作环境；五是加强学习，自觉抵制不良风气，树立高度的责任感和强烈的事业心。通过开展作风整顿活动，使俱乐部全体工作人员的自身素质得到很大提高，各项工作有明显改变，逐步形成一个团结协作、拼搏奋斗、蓬勃向上的工作团队。

阳煤集团工会俱乐部各时期经典电影一览表

表 4–2

时　期	经　典　电　影　片　名
1950 年至 1959 年	小二黑结婚、和平保卫者、铁道游击队、平原游击队、新儿女英雄传、刘胡兰、董存瑞、南征北战、智取华山、龙须沟、山间铃响马帮来、天仙配、神秘的旅伴、祝福、家、鸡毛信、上甘岭、渡江侦察记、地下尖兵、永不消逝的电波、羊城暗哨、英雄虎胆、国庆十点钟、女篮五号、柳堡的故事、五朵金花、狼牙山五壮士、红孩子、女驸马、林则徐、战上海、林家铺子、老兵新传、今天我休息、回民支队、乔老爷上轿、青春之歌
1960 年至 1969 年	刘三姐、昆仑铁骑、奇袭、英雄儿女、铁道卫士、甲午风云、51 号兵站、早春二月、暴风骤雨、大李小李和老李、李双双、花为媒、我们村里的年轻人、宝葫芦的秘密、草原英雄小姐妹、东方红、雷锋、阿诗玛、节振国、年青的一代、兵临城下、冰山上的来客、三进山城、霓虹灯下的哨兵、秘密图纸、野火春风斗古城、红日、小兵张嘎、半夜鸡叫、地雷战、地道战、烈火中永生、苦菜花
1970 年至 1979 年	红灯记、智取威虎山、红色娘子军、沙家浜、白毛女、海港、龙江颂、精武门、奇袭白虎团、青松岭、金光大道、艳阳天、战洪图、半篮花生、创业、杜鹃山、钢铁巨人、火红的年代、向阳院的故事、侦察兵、车轮滚滚、春苗、第二个春天、沸腾的群山、闪闪的红星、海霞、激战无名川、渔岛怒潮、征途、我们是八路军、孤城谍影、江姐、风雨历程、七十二家房客、熊迹、吉鸿昌、二泉映月、小花

续表 4-2

时　期	经　典　电　影　片　名
1980 年 至 1989 年	天云山传奇、庐山恋、海之恋、西安事变、大渡河、第二次握手、四渡赤水、牧马人、少林寺、戴手铐的旅客、元帅之死、阿凡提、白蛇传、垂帘听政、盗御马、高山下的花环、屠夫状元、诸葛亮吊孝、知音、今夜有暴风雪、血战台儿庄、大海在呼唤、十六号病房、包氏父子、花园街五号、峨眉飞盗、八百罗汉、孤岛情报站、南北少林、直奉大战、孟姜女、红高粱、北京故事、哭笑不得、康熙大闹五台山、妈妈再爱我一次、女人街、哗变、关东女侠、开国大典
1990 年 至 1999 年	假女真情、舞台姐妹、风雨故园、过年、大红灯笼高高挂、烈火金刚、决战之后、毛泽东和他的儿子、毛泽东的故事、重庆谈判、焦裕禄、霸王别姬、秋菊打官司、阳光灿烂的日子、唐伯虎点秋香、神龙车队、大决战三部曲:辽沈战役、淮海战役、平津战役、铁血昆仑关、七七事变、浴血太行、花季雨季、热带鱼、冒险王、甲方乙方、不见不散、爱情麻辣烫、没完没了、背起爸爸上学、毛泽东与斯诺、横空出世、冲天飞豹、国歌、黄河绝恋
2000 年 至 2014 年	卧虎藏龙、张思德、走出西柏坡、紫日、恰同学少年、美丽的大脚、邓小平、建国大业、太行山上、毛泽东回韶山、湘江北去、冲出亚马逊、许世友出拳、惊涛骇浪、可可西里、龙虎门、无极、天下无贼、非诚勿扰、人在囧途、大上海、叶问、赤壁、百年情书、南风、十二生肖、西游记之大闹天宫、夜袭、风暴、红旗飘飘、蓝调海之恋、毕业那年、沉渔、战国、鸿门宴、毒战、索道医生、敦煌传奇、爱情银行、兰亭、图兰朵、嫂子去那儿、同桌的你、夺樽、爱在旅途

2010 年阳煤集团工会俱乐部电影放映计划表

表 4-3

单　位	一季度	二季度	三季度	四季度	场次合计	放　映　地　点
一　矿	6	1	3	2	12	俱乐部、长沟煤矿、泰安煤矿、清洼煤业
二　矿	6	1	3	2	12	俱乐部、清城煤矿、孙家沟煤矿、同保煤业
三　矿	6	1	3	2	12	俱乐部、坪上煤矿、泰昌煤业、兴裕煤业
五　矿	4	1	3	2	10	俱乐部、石港公司、锦泰煤业、胜浦煤业
新景矿	1	—	2	1	4	古桃园煤业、柳铺煤业、广恒煤炭公司、堡子煤业
寿阳公司	1	1	4	—	6	开元公司、新元公司、平舒煤业、景福煤业
晋东公司	1	1	3	1	6	新大地煤业、运裕公司、寺家庄煤业、坪上煤矿
晋北公司	—	2	4	—	6	保德县、静乐县、宁武县、朔州市、安泽县
晋南公司	—	—	2	—	2	蒲县、翼城县
直属机关	1	—	8	1	10	永兴公司、岩土公司、篮球场
宏厦一建	1	1	4	2	8	温家庄、芦北工地、北茹工地、文化广场
宏厦三建	1	1	5	1	8	郊区、昔阳、和顺、寿阳、晋城、盂县、太原等工地
华越公司	1	—	2	1	4	家属生活区、文化广场
升华公司	1	—	5	1	7	各分公司、文化广场、驻外单位
煤气公司	1	—	1	1	3	家属生活区、篮球场

续表 4-3

单位	一季度	二季度	三季度	四季度	场次合计	放映地点
太行公司	1	—	4	1	6	临汾、寺家庄、赛鱼、开发区、郊区等建筑动地
氯碱公司	1	—	—	1	2	职工宿舍前广场
房地产	1	—	1	1	3	平遥、亚美、马家坪建筑工地
中小企业	1	—	—	1	2	家属生活区、各分公司
总医院	1	—	—	1	3	家属生活区、篮球场
第二医院	1	—	—	1	2	家属生活区
第三医院	1	—	1	1	2	家属生活区
武保部	1	—	1	1	2	篮球场
救护大队	1	—	1	1	3	篮球场、家属生活区
发供电	1	—	—	—	3	职工生活区、篮球场
亚美公司	1	—	—	1	3	家属生活区、篮球场
运输部	1	—	—	1	2	矸山驻地
职教中心	1	—	—	2	3	二校、中心校区
京宇公司	1	—	—	1	2	家属生活区
奥伦公司	1	—	—	1	2	家属生活区
兆丰铝业	1	—	—	1	2	自备电厂、氧化铝
化工局	—	2	5	—	7	三维、丰喜、齐鲁、深圳、恒源、巨力、正元
林业处	—	—	2	1	3	寿阳景尚林场、盂县西烟林场、平定黄统岭林场
场次合计	47	12	68	35	162	—

(三)创新发展

2010年3月,随着市场经营运作的不断推进,俱乐部由拆迁过渡期转为待建期。为更好地发展和稳定工会俱乐部的工作，更好地为广大职工群众的业余文化生活服务,必须创新发展,寻找新的支撑点。经过对市场需求和集团公司内部市场的调查和了解,俱乐部决定在做好数字电影、胶片电影服务的同时,扩大广告经营业务范围,一方面,可以把俱乐部招待所一层闲置两年多的餐厅充分利用起来,另一方面,可以为俱乐部增加收益,为电影放映服务奠定物质基础。

工会俱乐部确立“以创新谋发展,靠服务求生存;以质量树品牌,靠诚信创效益”的服务理念。将广告制作经营业务范围扩大为警示标牌、反光标牌、夜光标牌、舞台装饰、资料装订、电脑刻字、平面设计、条幅会标、奖杯、锦旗、彩旗、绶带、名片、喷绘、铜牌、胸牌、展板、牌板、条幅、彩印等。

第一,在征得集团公司工会领导的协调和支持下,申请办理内保企业政策,承揽集团公司内部各基层工会的各项广告制作，仅条幅一项每年就要印制8000多条，还不算各种展示板和安全警示牌等的制作；第二，在争取内保企业政策的同时，积极拓宽市场。因为内保政策并不是保险箱，市场需要自己去开拓，需要积累经验，做好做强业务，克服一切阻力去争取客户、争取自己的市场；第三，克服周转资金缺少、人才技术缺乏、设备单一等困难，引进有诚信、有设备、有人才的合作伙伴，充实自己的技术力量和生产条件，以谋求团结协作，共同发展。第四，市场的发展与管理是密切相关的，加强自身管理，做到从材料采购、加工制作、销售等方面降低点滴成本，杜绝各个环节的漏洞，以求创造最大的利润。从严格的经营管理制度入手，维护集体利益，杜绝利己主义，从双赢的目标出发，与合作伙伴和谐相处、取长补短，以谋取双方的共同利益。第五，树立精品意识和服务意识，尽心竭力保证产品的高质量，以质量和信誉赢得长期的客户群。

第二章 其他工会

第一节 阳泉市自来水公司工会委员会

一、公司概况

阳泉市自来水公司是国有大型三类工业企业、中型一类城市公用供水企业。承担着全市城市居民、企事业单位以及平定县、郊区和开发区部分村镇的供水任务，具有高扬程、高能耗、高落差、高压力、长距离“四高一长”的供水特点。公司现有职工 1312 人，资产总额 4 亿元，供水面积覆盖 150 平方公里，受益人口 60 万人，供水管网总长 532 公里，管道最大口径 1.6 米，单机最大功率 680 千瓦，总装机容量 1.77 万千瓦。公司现有东线娘子关泉域水和西线桃河浅层地下水以及地表水两个供水水源。东线娘子关供水一期工程设计日供水能力 12.96 万立方米，在建的娘子关供水二期工程全面投产后，东线设计日供水能力可实现翻番，达到 25.92 万立方米。西线桃河水源设计日供水能力 8.44 万立方米，2014 年前，设计日供水能力 21.4 万立方米。日实际供出水量 11 万立方米左右。

2000 年～2014 年，公司先后获得全国精神文明工作先进单位、全国安康杯竞赛优胜单位、全国部门绿化 400 佳单位、山西省劳动保护工作先进单位、山西省模范劳动关系和谐企业、阳泉市集体一等功、阳泉市政风行风评议先进单位等市级以上荣誉 50 多项次。

二、组织沿革

阳泉市自来水公司的前身，是阳泉水电公司营业所的管道组。1947 年 7 月，阳泉发电厂建立工会委员会后，管道组的 8 名工人与该所其他 19 名工人合编为该厂工会下属的一个工会小组，由王和鹏任组长，这是供水职工参加工会组织的开始。1952 年 11 月，管道组划归市政府建筑工业局并在此基础上组建自来水厂，成立阳泉市工会联合会自来水厂委员会，时有会员 20 余名。1964 年 1 月后，又随企业名称的变更改称为阳泉市自来水公司工会。1967 年，有组织的工会活动因“文化大革命”被迫中止，工会的有关工作转由市城建局干部杜继兰临时负责。直到 1973 年 5 月，工会活动才在全国性的工会组织整建工作中得以恢复。1980 年 3 月，工会会员人数随娘子关供水工程人员的并入由 100 余人增至 400 余人，并于 1982 年 1 月，召开改革开放后的公司首届工会会员代表大会。1984 年开展“整组建家”活动后，相继成立劳动保护工作委员会、工会经费审查委员会、工会女职工委员会等专门工作机构，基层分工会工作也步入快速发展时期。1988 年年底，首次采用竞选演讲、无记名投票、差额选举等方式，直接选举产生工会小组长以上的工会各级专兼职干部（1993 年后，工会主席的产生方式改为同级党委提名、会员代表大会等额选举），并开始将工会工作报告、工会财务工作报告和工会经费审查工作报告列为工会会员代表大会的必审范围。1977 年年前，公司工会除接受同级党委的领导外，在组织上一直隶属上级主管局工会领导。1997 年 9 月，始隶属市总工会直接领导，2003 年后隶属市总工会下设的行业工会领导。2002 年 3 月，工会专门工作委员会的组成人员正式列为工会会员代表大会的审议范围，设有劳动保护、组织宣传、民主管理、经济技术、保险福利和女职工共 6 个专门工作委员会。2014 年有工会委员会委员 17 人，其中，主席 1 人、副主席 2 人；工会经费审查委员会有委员 3 人，其中，主任 1 人。工会委员会下设工会办公室，有专职人员 7 人，负责根据工会委员会及其主席的指示承办工会的日常业务，并承担公司计划生育和退休人员的日常管理工作。设 11 个基层分工会，职工入会率为 100%。

阳泉市自来水公司历届工会主席、副主席名表

表 4-4

届　次	姓　名	性别	职　务	任　职　时　间
—	韩　骥	男	主　席	1952 年末 ~ 1955 年初
—	范同义	男	主　席	1955 年初 ~ 1959 年初
—	侯克仁	男	主　席	1959 年初 ~ 1961.10
—	杨立德	男	负责人	1961.10 ~ 1964.9
—	帅万忠	男	主　席	1964.9 ~ 1966.5
—	杜继兰	女	临时负责人	1966.5 ~ 1967.8
—	乔松才	男	负责人	1973.5 ~
—	冯秋常	男	主　席	1980.3 ~ 1984.2
第一届工会委员会	奚进财	男	副主席	1980.7 ~ 1984.2
	孟恒月	男	副主席	1980.7 ~ 1984.2
第二届工会委员会	刘俊科	男	主　席	1984.3 ~ 1988.12
	张　靖	男	副主席	1984.10 ~ 1988.12
第三届工会委员会	张　靖	男	主　席	1988.12 ~ 1993.5
第四届工会委员会	赵富所	男	主　席	1993.5 ~ 1997.9
第五届工会委员会	赵富所	男	主　席	1997.9 ~ 2002.3
第六届工会委员会	张天喜	男	主　席	2002.3 ~ 2009.4
	李国辉	男	主　席	2009.4 ~ 2010.1
	郑巧萍	女	副主席	2002.3 ~ 2005.1
	费志英	男	副主席	2005.1 ~ 2008.1
	孙旭彪	男	副主席	2008.1 ~ 2010.1
	李爱国	男	副主席	2005.1 ~ 2010.1

续表 4–4

届　　次	姓　名	性别	职　务	任　职　时　间
第七届工会委员会	李国辉	男	主　席	2010.1 ~ 2013.1
	孙旭彪	男	副主席	2010.1 ~ 2013.1
	李爱国	男	副主席	2010.1 ~ 2013.1
第八届工会委员会	李国辉	男	主　席	2013.1 ~
	孙旭彪	男	副主席	2013.1 ~ 2013.4
	李爱国	男	副主席	2013.1 ~
	单　月	女	副主席	2013.8 ~

说明：工会 1980 年前的届次无从详考，故将 1982 年 1 月召开的工会会员代表大会视为首届

三、会员代表大会

阳泉市自来水公司工会历届会员代表大会一览表

表 4–5

届　　次	时　间	代表人数	主　　要　　任　　务
第一届第一次	1982.1	52	通过工会委员会委员名单
第二届第一次	1984.12	51	听取工会工作报告；通过工会委员会委员名单
第二届第二次	1986.4	51	听取工会工作报告；工会“整组建家”表彰
第三届第一次	1988.12	64	审议工会工作、经费审查报告；以无记名、差额方式选举工会委员会、经费审查委员会；以竞选演讲、无记名、差额方式选举工会委员会主席
第四届第一次	1993.5	—	审议工会工作、经费审查报告；以无记名、差额方式选举工会委员会、经费审查委员会
第五届第一次	1997.9	81	审议工会工作报告、财务报告、经费审查报告；以无记名、差额方式选举工会委员会、经费审查委员会
第六届第一次	2002.3	117	审议工会工作报告、财务报告、经费审查报告；以无记名、差额方式选举工会委员会、经费审查委员会；通过 7 个工会专门委员会人员名单
第六届第二次	2003.1	118	审议工会工作、财务工作、经费审查报告；通过 6 个工会专门委员会人员名单
第六届第三次	2003.7	118	审议工会工作、财务工作、经费审查报告
第六届第四次	2003.12	118	审议工会工作、财务工作、经费审查报告
第六届第五次	2005.1	114	审议工会工作、财务工作、经费审查报告；补选工会委员、副主席和经审委员、主任；通过 6 个工会专门委员会人员调整名单
第六届第六次	2006.1	114	审议工会工作、财务工作、经费审查报告
第六届第七次	2007.1	113	审议工会工作、财务工作、经费审查报告
第六届第八次	2009.4	112	审议工会工作、财务工作、经费审查报告；以无记名投票方式补选工会委员、以党委提名举手表决方式选举工会主席
第七届第一次	2010.1	165	审议工会工作、经费审查报告；以无记名等额方式选举工会委员会、经费审查委员会；以党委提名举手表决方式选举工会主席；通过 6 个工会专门委员会人员名单
第七届第二次	2011.1	165	审议工会工作、经费审查报告
第七届第三次	2012.1	165	审议工会工作、经费审查报告
第八届第一次	2013.1	167	审议工会工作、经费审查报告；以无记名等额方式选举工会委员会、经费审查委员会；以党委提名举手表决方式选举工会主席；通过 6 个工会专门委员会人员名单
第八届第二次	2014.1	167	审议工会工作、经费审查报告
第八届第三次	2015.2	166	审议工会工作、经费审查报告

四、主要工作

1954 年～1966 年，以组织技术革新、增产节约和组织时政宣传、安全教育、文体活动、职工福利等为工会主要工作内容。因推动劳动竞赛活动的需要先后设立过劳动竞赛委员会、评选劳动模范委员会等专门组织，还于 1955 年开始推行集体合同制度，并先后签订过当年第三、四季度和次年的集体合同。

1980 年～1995 年，工会工作重点主要集中在“整组建家”、文体读书、职工生活、班组安全建设方面，并推动职工技术比武和民主管理方面的工作。其间，建立职工互助储金会；创办职工图书室、游艺室、舞厅、健身房、幼儿园、网球场；成立劳动保护和女职工委员会；举办 3 次由基层单位参加的职工单项技术比武活动；参与同级党委进行的干部考察评议活动，并开始以职工代表团组长会议的形式审议企业有关职工福利方面的方案。先后被省、市总工会授予“先进职工之家”、劳动保护工作先进单位、阳泉市首家“班组安全建设创优企业”等荣誉称号。

2013 年 1 月，阳泉市自来水公司召开第八届职工代表暨工会会员代表大会第一次会议

1996 年～2014 年，在继续抓好职工生活、文体宣传和劳动保护工作的同时，下功夫在加强和完善工会组织建设、职工民主管理、集体合同、劳动保护、经济技术等工作机制方面进行积极的探索并取得突破性的进展。其间，出台《职代会民主监督工作条例》《企务公开工作管理规定》《职工代表巡查制度实施细则》《创建学习型企业实施方案》以及日常工作管理等一系列规章制度。签订六轮集体合同并基本健全平等协商工作规范。随着集体合同工作的深入，签订第四轮集体合同时增加《女职工特殊权益保护专项集体合同》，签订第六轮集体合同时增加《工资专项集体合同》，作为集体合同的两个附件。多次组织进行职工代表巡查活动和对企务公开工作、集体合同工作的民主测评活动。建立并坚持不懈地落实职代会民主评议领导干部制度。组织职工代表审议、修改、通过有关住房出售、工资调整、职工奖惩、职工休假、职工退养、内部改制、医疗保险、困难职工援助、计划生育奖励、试用期员工管理等关乎职工切身利益的议案。创办工会内刊《会员天地》，搭建网络“工宣平台”。组织主办或会同企业行政共同举办技术比武、首席员工考评。连年组织职工文体竞赛竞技等活动。创立职工书屋、职工活动室，成立职工兴趣小组并举办公司首届职工文化艺术节，承办主管单位连续两年交办的“山城水韵”文艺演出。先后获得全国“安康杯”竞赛优胜企业、全国“模范职工小家”、省五星级基层工会、省五星级职代会、省集体合同工作先进单位、省、市劳动

安全先进集体、省、市工会财务工作先进集体、市企务公开模范单位、市总工会“模范职工之家”等多项荣誉称号，连续多年在市“安康杯”竞赛活动中被评为模范单位。

第二节 阳泉市元承建业工程有限公司工会委员会

一、公司概况

阳泉市元承建业工程有限公司是根据国家对建筑业发展与改革的总体要求，由阳泉市建筑工程（集体）总公司工程一处，于 2007 年，经过股份改制资源整合后组建而成。公司具有独立法人资格，是一个具有房建施工总承包二级资质的施工企业，地址位于阳泉市桃北中街 74 号，隶属于阳泉市建筑工程（集体）总公司。

二、组织沿革

1978 年 5 月 20 日，阳泉市委经济工作领导组做出决定，在阳泉市工程公司的基础上建立阳泉市建筑工程局，将原阳泉市建筑工程公司革命委员会第一工程处、第三工程处合并成立阳泉市建筑工程局第一建筑公司。历经 30 年的发展与改革，于 2007 年经过股份改制资源整合后组建而成阳泉市元承建业工程有限公司。阳泉市元承建业工程有限公司工会是以阳泉市元承建业工程有限公司全民职工会员为主体的基层工会组织，具有独立法人资格。隶属阳泉市建筑工程（集体）总公司工会。发展到 2014 年，公司工会下设有 8 个小组，有工会会员 316 人，其中，女会员 102 人。

阳泉市元承建业工程有限公司历届工会主席名表

表 4-6

届　次	姓　名	性别	职　务	任　职　时　间
第一届工会委员会	王博勤	男	工会主任	1981.11 ~ 1982.10
第二届工会委员会	王同顺	男	工会主任	1982.10 ~ 1985.1
第三届工会委员会	郝春明	男	工会主席	1985.1 ~ 1993.2
第四届工会委员会	吴建国	男	工会主席	1993.2 ~ 2002.5
第五届工会委员会	蔡魁众	男	工会主席	2002.5 ~ 2004.3
第六届工会委员会	罗　巍	男	工会主席	2004.3 ~

三、主要工作

公司工会秉承“为企业排忧解难，替职工说话办事”的工作理念，搭建起企业与职工之间的“连心桥”，积极围绕市总工会“十送”要求，开展大量的工作。以“春送岗位、夏送清凉、秋送助学、冬送温暖”系列主题活动唱响“四季歌”。针对建筑企业特征，为更好地维护农民工的合法权益，积极组织“农民工入会”，并以“昼送图书、夜送电影”的方式，进一步提高农民工科学文化素质，丰富农民工的精神文化生活。在帮扶救助工作中，为全面、真实、及时地掌握困难职工家庭的生活状况、贫困原因、困难程度，为每一位困难职工建立档案，实行动态管理，同时与全国总工会开发的“帮扶工作管理系统软件”进行有效衔接。号召大家积极参与“大病医疗互助保险”，弘扬“无病我助人，有病人助我”的团结互助精神，用“困送救助、病送互助”缓解职工生活中遇到的特殊困难，为广大职工抵御大病风险能力筑起一道有力屏障。以“五小”竞赛活动为契机，营造“比、学、赶、帮、超”的浓厚氛围，打造职工成才的“加油站”，让一线职工在“比差距、学经验、赶对手、帮后进、超目标”中实现自我价值，发挥主力军作用。

2014 年 12 月，元承建业举行质量安全知识竞赛活动

元承建业工会积极为职工“维权、帮扶、服务”，坚持做职工的“娘家人”。公司工会被中国海员建设工会授予 2013 年度“先进单位”；被山西省总工会分别授予 2010 年度“工人先锋号”，2012 年度“工人先锋号”，“模范职工小家”；2013 年度“模范职工之家”，“模范职工小家”，“五一劳动奖”；2014 年度“五一”劳动奖；被阳泉市总工会分别授予 2013 年度“工人先锋号”，2014 年度“优秀安全班组”荣誉称号。

第三节　山西广播电视大学阳泉分校工会委员会

一、学校概况

山西广播电视大学阳泉分校前身为山西广播电视大学阳泉工作站，始建于 1979 年 8 月。1984 年 6 月，经阳泉市政府批准更名为山西广播电视大学阳泉分校，正县级单位，隶属阳泉市教育局管理，业务上接受山西广播电视大学指导。学校位于阳泉市桃北中街 92 号。1979 年 11 月～1981 年 9 月，第一任单位负责人为李道林。2000 年 1 月，吉云辉任校长。

二、组织沿革

山西广播电视大学阳泉分校工会于 1985 年 6 月成立，所属上级工会为阳泉市教育工会。根据学校编制情况，工会不设专职人员，所有工会委员均为兼职。

1987 年 6 月 24 日，召开工会第一次会员大会，选举产生第一届工会委员会，工会委员会设主席 1 人，委员 2 人，经费审查委员会主任 1 人，委员 2 人，李平源兼任工会主席。1994 年 10 月 30 日，选举产生第二届工会委员会，工会委员会设主席 1 人，组织委员 1 人，宣传委员兼女工委员 1 人，经费审查委员会主任 1 人，委员 2 人，许福三兼任工会主席。2003 年 3 月 20 日，选举产生第三届工会委员会，工会委员会设主席 1 人，委员 4 人，经费审查委员会主任 1 人，委员 2 人，姜芝书兼任工会主席。2008 年 10 月 13 日，选举产生第四届工会委员会，工会委员会设主席 1 人，副主席 1 人，委员 5 人，经费审查委员会主任 1 人，委员 2 人。程迎冬兼任工会主席。2014 年，工会下设 4 个工会小组，共有会员 52 人，其中，女会员 27 人。

山西广播电视大学阳泉分校历届工会主席名表

表 4–7

届　次	姓　名	性别	职　务	任　职　时　间	备　注
第一届工会委员会	李平源	男	主　席	1987.6 ~ 1994.10	兼　职
第二届工会委员会	许福三	男	主　席	1994.11 ~ 2003.3	兼　职
第三届工会委员会	姜芝书	男	主　席	2003.4 ~ 2008.10	兼　职
第四届工会委员会	程迎冬	男	主　席	2008.11 ~	兼　职

三、主要工作

工会在上级教育工会及校党总支的领导下，紧紧围绕学校的教育、教学工作，真心依靠职工，热诚服务职工，切实履行工会的基本职责，推进学校民主管理和民主监督，维护广大教职工的合法权益，充分调动和发挥教职工的工作积极性和创造性，加强教职工的能力修养，扎扎实实开展专业技能提升活动，关心教职工生活，开展各种有益活动，增强凝聚力，充分调动教职工的积极性，为本校的健康发展提供坚强的保障。

加强组织建设　校工会不断加强组织建设，选举有群众基础和活动能力的会员加入到工会委员会的组织中来，逐步调整、完善工会组织，壮大会员队伍。工会委员已由建会初的 3 名委员，逐步发展到 7 名委员，工会人数由 20 多人，发展到 53 人。

强化民主管理　因学校教职工人员较少，故未建立职工代表大会制度，只建立由全体教职工直接参加的教职工大会制度。校工会积极参与学校全方位的民主管理，积极协助学校组织实施校务公开，同时，组织全体教职工始终参与学校的民主管理，参与学校的决策。凡是关系到学校发展、教职工切身利益的事项，如学校试行的改革方案和制定的各项规章制度都要广泛征求意见，不断修改完善，最后召开全体教职工大会通过后才能实施。

职工素质提升　工会积极开展专业技能培训及竞赛活动，组织教职工学习政治理论和时事政策，注重提高会员的政治觉悟，努力完成不同时期的政治任务。坚持开展“创建学习型组织，争做知识型职工”活动、职工书屋建设、教师教学技能大赛等活动，努力提高职工队伍整体素质，为推进本校发展提供智力支持和人才保障。

开展困难职工帮扶　建立和完善本校困难职工帮扶系统，认真做好本校困难职工的摸底调查工作，职工及其家属遇到疾病、就学、就业等困难时，工会与校党政部门联手积极为困难职工提供及时、方便的帮助，解决其生活上的实际困难。

重视职工文体活动　校工会注重校园文化建设，历年来，组织开展春游、歌咏活动、篮球赛、乒乓球赛、棋牌赛、职工趣味运动会等文体活动及校园文化艺术节、元旦教职工联欢会等文艺活动。内容丰富、形式多样的宣教文体活动，培养和造就高素质职工队伍，激发工会活力，提高工会组织凝聚力。

第四节　阳泉市第十一中学校工会委员会

一、学校概况

阳泉市第十一中学校创办于1958年，原名为阳泉矿务局红旗一中，1961年更名为阳泉矿务局第一中学。1965年省教育厅批准正式招收高中班，成为完全中学。1999年，随企业体制改革学校更名为阳泉煤业集团有限责任公司第一中学。2005年12月，学校以正县级建制划归市教育局直接管理，更名为阳泉市第十一中学校。2007年12月被省教育厅命名为省普通高中示范学校。2013年被市市委、市政府评为"阳泉市名校"，2014年被评为"全国教育系统先进集体"。2014年，学校实行初中10轨、高中12轨办学轨制，有68个教学班，在校学生4310人，专职教师241人。

学校继承"明道重志、修德至诚、科学管理、自强不息"的优良传统，坚持"为学生获取一生的幸福做好准备"的办学理念，精心培育"尚理、崇文、和谐、共赢"的校风，努力践行"求知、修身、勤奋、严谨"的校训，教师以"正德、精业、善导、创新"为己任。大力开展"学生文雅、教师儒雅、校园高雅"的校园文化建设，形成"精细管理、育人于微"的管理特色。按照"有序、有趣、有效"的"三有"教学原则，进行教学创新，为学生的发展奠定良好基础。

二、组织沿革

阳泉十一中工会委员会成立于1958年，原名为阳泉矿务局红旗一中工会委员会，隶属于阳泉矿务局教育处工会。2006年1月，划归市政府管理后，正式更名为阳泉市第十一中学校工会委员会，隶属于阳泉市教育工会。2014年，有工会会员246人，其中，女会员160人。

阳泉市十一中学校历届工会主席名表

表4–8

届　次	姓　名	性别	职　务	任　职　时　间	备　　注
—	贾启智	男	工会主席	？~1984	兼　职
第一届工会委员会 第二届工会委员会	段庚瑶	女	工会主席	1984~1997.1	兼　职
第三届工会委员会 第四届工会委员会	宋红明	男	工会主席	1997.1~2002.9	兼　职
第五届工会委员会 第六届工会委员会	魏　东	男	工会主席	2002.9~	兼　职

说明：1984年前的工会主席不详

三、主要工作

学校工会委员会继承原企业工会的优良传统，并结合自身实际，在学校党委和上级工会的正确领导下，坚持贯彻全心全意依靠广大教职工办学的方针，积极探索新时期学校工会建设的新途径、新思路、新方法，紧紧围绕学校教育教学中心工作，在落实工会组织的 4 项职能、参与学校的改革、建设以及教学科研、教师队伍建设、教师师德建设、开展丰富多彩的文娱体育活动、为教职工办实事等诸多方面，做了大量工作。学校工会先后被评为“市四星级职工代表大会”“阳泉市企务公开民主管理工作先进单位”“山西省职工职业道德建设先进单位”“工会工作模范单位”等荣誉称号。

民主管理，充分发挥教代会作用　阳泉十一中教职工代表大会从 1986 年建制，历经 6 届。近 30 年来发展壮大，制度逐步健全，内容逐步丰富，已经形成每年至少召开一次的定式。在实际工作中，学校重大决策必经职工代表大会讨论通过。同时，就教职工及教代会代表所提意见和建议，向学校及各部门及时予以说明。职工代表的审议建议权、审议通过权、审议决定权以及评议监督权利能够得到很好的行使。教代会成为学校推荐中层后备干部以及现有中层领导干部述职和民主测评的重要形式，民主推荐、管理和监督干部受到良好成效。积极开展一年一度的职工和理化建议征集工作，工会都及时将各种意见和建议传递到学校党政领导和部门、年级，为学校开展各项工作和加强管理提供依据。实践证明，在组织教职工参与学校民主管理、民主监督，维护广大教职工的合法权益，全心全意依靠广大教职工办学，推进教育教学改革，落实教职工的主人翁地位，保障教职工知情权、参与权、监督权，民主评议领导干部及民主推荐后备干部等诸多方面，教职工代表大会发挥着重要作用。

2013 年 7 月，阳泉十一中召开第六次职工代表大会第二次会议

完善程序，严格落实校务公开　以促进学校民主政治建设，建立和谐校园为目标，认真贯彻落实中国共产党的全心全意依靠工人阶级的方针，积极主动地全面推进校务公开制度。完善学校民主管理和科学决策，加强党风廉政建设。在组织建设、制度建设、职责落实、民主监督等方面做深入工作，形成领导重视，组织健全，制度落实，责任明确，党政工齐抓共管，群众积极参与的良好工作格局。校务公开的形式做到应因事而异，灵活多样，形式服从内容，在公开形式、方法的选择上，考虑服从内容的需要，便于群众和教职工参与监督和管理。坚持“重点突出、实事求是、循序渐进、持之以恒”的原则，一方面通过教职工代表大会、教职工大会、年级组会议、政风行风听证对话会、告家长书、家长会、行风监督员、座谈会等形式公开；另一方面通过校务公开栏、领导工作接待日、校园广播、校园网、铭牌制作等形式及时公开；通过多种形式的校务公

开，不断拓宽校务公开的覆盖面，以确保学校校务公开工作持续、健康、有效的开展。

精细管理，切实加强师德建设　加强师德建设是建设高水平学校的一项重要基础工程，是新时期学校精神文明建设的需要。校工会积极配合学校党委，围绕建立良好师生关系、和谐年级建设等核心问题开展交流讨论活动，进一步深刻把握学校人才培养规律和特点，不断深化学校教育教学改革，提高教育教学质量。在大量调查研究的基础上，把构建“和谐师生关系”作为学校师德建设的主题，学校通过党课、教职工理论辅导、自学等形式教育广大教师从把握师生关系的内涵入手改革课堂结构、手段和方法，努力发展和完善科学、民主、能激发学生兴趣、发展学生思想政治素质和解决实际问题能力的独特的教学风格和教学艺术，铸就“真诚、接受、理解、尊重、责任、感恩”的教师品格，不断引导教师顺利攀登学生对教师“认可、认同、喜欢、信任、敬佩”的阶梯，不断增强教师教书育人的积极性和幸福感，不断以个体带整体，促进学校教育质量和教学效果的与时俱进。《阳泉十一中师德建设十项规定》的出台，进一步强化该校师德建设工作，在弘扬和培育新时期教师职业道德精神，塑造一支师德高尚、敬业乐业、知识渊博、精于教书、勤于育人的高素质教师队伍发挥着重要作用。

提高素质，深入开展岗位练兵　长期开展“师徒共进”活动。以自己培养教师为主，选拔引进为辅，发挥老教师、名教师二次创业的精神，大胆启用中青年教师担任实验班班主任及教学任务，在实践中发现培养教师，打破论资排辈的用人办法，能者上，平者让，庸者下。注重对新教师的培养，新教师从走进教研组那天起，就订立师徒合同，使青年教师尽快成才，一年入门基本胜任教学工作，三年出徒能够较好地独立开展教学工作，六年力争成为骨干教师，九年力争当学科带头人。“师徒共进”活动中，老教师与青年教师一起共同进步、共同提高，保持上进热情，发挥集体智慧，争创辉煌业绩。除此之外，通过“示范课”“汇报课”“观摩课”“推门听课”，优秀教师评选、“十佳青年教师”评选、说课评课等多种活动形式，把“学、练、比”活动引向深入。

服务群众，积极发挥组织优势　学校工会把关心教职工生活作为重点工作来抓。工会为学校困难职工建立困难帮扶档案，并根据市总的统一部署，建立特别困难职工电子管理档案，积极通过申领困难补助、师生捐款、结对子帮扶等多种形式为切实困难的职工提供力所能及的帮助。重大节日都要对学校骨干教师、模范人物、困难职工进行慰问活动；工会主动关心教职工婚丧嫁娶，生病住院，为职工所想，急职工所急；关心关注女教职工，为她们分忧解难。关心离退休教职工生活。积极做好春节、重阳节慰问，元旦联欢等工作，主动掌握离退休职工各种信息，切实为离退休职工解决困难。

评先评优，树立教师学习榜样　评先评优工作坚持“三公开”原则，稳步实施，形成制度。学校每年教师节都要表彰奖励一批在教书育人、管理育人、服务育人中涌现出的先进个人，并通过各种渠道宣传他们的先进事迹，引导教育广大教职工向他们学习，推动学校教职工素质的再提高，进一步促进师德建设。在全校上下，形成向身边“优秀教师”“服务标兵”学习的良好氛围。同时激励获奖教职工发挥先进人物在学校中的模范带头作用。在开展评选表彰先进工作过程中，校工会还注重不断完善评选机制，更好地发挥评选表彰先进工作的激励作用，调动广大教职工提高师德修养，勇创佳绩，争当上游的积极性，推动师德建设的进一步开展。

开展活动，努力活跃职工生活 积极开展教职工喜闻乐见的文体活动，丰富教职工课余文化生活。教职工排球赛每年举行，校园文化艺术节由原来的只有学生参加，过渡到现在师生共同参与，书画比赛、摄影作品比赛、文艺节目比赛、粉笔字比赛、简笔画比赛、诗歌创作比赛等吸引众多教职工参赛；职工运动会、室内运动会不定期举行；特定节日特定的比赛，“三八”妇女节女职工“赶猪”比赛，“教师节”拔河赛；元旦联欢会工会小组的合唱比赛等。除此之外，校工会每年为每个工会小组配备跳绳、羽毛球、乒乓球、毽子、软式排球等多种健身器材，鼓励教职工利用业余时间强身健体。学校工会还积极组队参加上级工会组织的各项活动。

第五编　境内工人运动简述

20世纪初，随着正太铁路的开通，英国帝国主义直接插足阳泉，在矿区一带探矿，并一律封禁民众开办煤矿。这种强霸蛮横的行径，激起阳泉人民、山西各界人士、海外留学生以及开明官吏的极大愤慨。一场首发于阳泉，逐渐波及全省乃至全国，震惊海外的轰轰烈烈的保护晋矿运动，历时三年，最终以白银275万两为代价将矿权赎回，取得胜利。

在保护晋矿运动中诞生的山西最大的民族资本企业保晋公司，于光绪三十四年（1908年）成立，在阳泉矿区开办6个矿厂，开采煤炭，标志着近代民族工业在矿区境内的形成，矿区第一批作为真正意义的近代煤矿产业工人诞生。

由于煤矿工人深受帝国主义、封建主义和官僚资本主义三座大山的剥削和压迫，由早期为改善劳动条件和生活条件，维护自身基本生存权利，而不断爆发的自发性的工人反抗斗争，到为求得自身解放、夺取新民主主义革命胜利而进行的有组织、有目标的工人运动，矿区工人阶级谱写出一部英雄史诗。

蒙村工会、“三十六友”工人团体等，是矿区早期自发的工人组织，发生在保晋公司前期和中期的“端账”斗争、保晋公司二矿厂工人冲击“八角楼”、平记煤矿的“三十六友”罢工，是矿区早期自发性的工人反抗斗争。民国16年（1927年）2月阳泉矿区第一个中共党组织——中国共产党阳泉支部成立。3月，组建阳泉煤矿工会。煤矿工会组织保晋公司第三矿厂700余名矿工举行罢工，最后取得胜利。“四一二”反革命政变后，阎锡山进行反共“清党”，中共阳泉党组织遭到破坏，停止活动。直到民国22年（1933年）8月，中共山西省特委派何英才到阳泉矿区重新开展工作，于民国23年（1934年）夏，阳泉矿区总工会正式成立。工会成立后，组织多次工人罢工，显示出矿区工人阶级的强大力量。

抗日战争时期，在中共党组织的领导下，建立阳泉煤矿工人武装抗日游击队，加入八路军的队伍，投入到抗日战争的洪流之中，为中国人民抗日战争的胜利立下不可磨灭的功勋。在日本帝国主义侵占的矿区，工人阶级始终都在进行着主动的抗争，如中共地下党员陈锡义领导的四矿工人罢工斗争、三矿地下工作人员张鹤年组织工人破坏日本侵略者“大出炭”、各矿工人井下惩治日本监工、在百团大战中几乎全部煤矿工人都参加协助八路军破袭正太铁路线的战斗等，体现工人阶级始终是民族解放斗争的主力军。

第一章 矿区工人阶级

光绪三十四年(1908 年),随着反对帝国主义强盗行径的保护晋矿运动的胜利,山西商办全省保晋矿务有限总公司成立,阳泉矿区境内第一批产业工人诞生。由于深受帝国主义、封建主义和官僚资本主义的剥削和压迫,矿区工人阶级政治地位低下,工资收入微薄,劳动环境恶劣,矿工生活悲惨痛苦。于是,造就矿区境内工人阶级自觉的斗争精神、坚决彻底的革命精神、反帝爱国的强烈意志和团结战斗的坚强力量。随着矿区工人阶级队伍的不断发展壮大,逐渐成长为一支代表新型生产力发展方向的中坚力量,为阳泉矿区工人组织和中共党组织的建立奠定阶级基础。

第一节 工人阶级的产生

矿区境内最早出现的工人,当属清朝末年当地血统矿工和小煤矿主从外地雇佣的"矿徒"。真正意义上的近代产业工人产生于光绪三十三年(1907 年)成立的保晋公司阳泉矿区境内 6 个矿厂和其他民族资本家和官僚资本家开办的公司中招收的煤矿工人。

一、早期劳工的出现

矿区辖区原属平定县。据史书推断,最迟在北宋时期,平定地区就已开采煤炭。到元代,煤炭开采有了明确的文字记载。明中叶,煤炭开采已颇为发达。据清光绪《平定州志》记载,当地百姓普遍将煤炭用于炊事。平定城内"酿家尤甚",煤渣倾入嘉河床内,久之,堆积如山,阻塞河道。盛夏,山水骤发,河水猛涨,两岸居民的生命财产受到严重威胁。清代初年,平定地区的煤炭生产得到迅速发展。据清乾隆《平定州志》记载,人们把煤炭用于取暖,平定州所辖的东沟、岭上、西锁簧和石卜咀、平潭等村镇都有火炕。同时,人们在长期的煤炭开采过程中积累丰富的经验,掌握通过观察石脉来判定有无煤炭,"土人每视山上石脉,即知炭之有无,穿地至三四十丈者,其坚者槌之难碎,燃之耐久"。到清末,境内的小煤窑星罗棋布,简直像马蜂窝一般。光绪十年(1884 年)仅蒙村一地,就有炭窑十数座。环居蒙村的居民有 200 余家,其中,"朝而往,暮而来,奔走于窑冶者则十有八九"。小煤矿属地主私人所有,开矿者大多是稍知矿务的富裕村民。他们数人合资,与地主商谈开矿。谈妥之后,或合股做活,或按股抽份。采煤的工人出现两种来源:一是当地血统矿工。煤矿区土地贫瘠,当地乡民在从事农业生产的同时,许多人兼营或转而以开采煤炭为生。于是在长期的采煤生产过程中,这里便出现祖祖辈辈从事挖煤劳动的血统煤矿工人。二是地主自己从外地雇佣的劳力。与平定州毗邻的河北井陉一带的“矿徒”，往往合伙数十人，空手无资，至境内专靠出卖劳动力维持生活。这些当地血统矿工和从外地雇佣的煤矿劳动者便成为境内工人阶级的前身。

二、近代工业的兴起

清道光二十年（1840 年），第一次鸦片战争爆发，英国资本帝国主义的坚船利炮打开中国的大门，随着一系列不平等条约的签订，中国的领土主权、领海主权、司法主权、关税主权和贸易主权逐步开始丧失。西方资本主义国家利用侵略特权，逐渐把中国卷入世界资本主义市场，中国自给自足的封建经济逐步解体。所以，鸦片战争成为中国历史的转折点，标志着中国开始沦为半殖民地半封建社会。到 19 世纪末期，欧美各资本主义国家国内工业生产发展独占金融资本的统治渐次形成，由此进入资本帝国主义阶段。中国在甲午海战中失败后，清政府于光绪二十一年（1895 年）与日本签订丧权辱国的《马关条约》。通过这个条约，日本帝国主义获得在中国自由设厂的特权。此后，帝国主义的侵略势力像洪水一样冲进中国，欧美垄断金融资本已经不能以对中国倾销商品为满足，而要求直接控制中国领土，以保证资本输出的最大利益。

在“洋务运动”影响下，光绪二十四年（1898 年），清政府决定向沙俄政府借款筹备新建正太铁路。光绪二十八年（1902 年），清政府铁路督办大臣盛宣怀与俄国华俄道胜银行签订新的借款合同。光绪三十年（1904 年），日俄战争爆发，沙俄自顾不暇，把借款修筑正太铁路之权转让给法国巴黎银行接办，法国便取得正太铁路的筑路权和经营管理权。光绪三十二年（1906 年）八月，当正太铁路正定至阳泉段竣工通车之际，被帝国主义觊觎已久的阳泉煤炭资源成为他们重点掠夺的目标。

早在光绪二十三年（1897 年），英国福公司就与山西巡抚胡聘之、知府刘鹗密谋签订《请办晋省矿务借款合同》五条和《请办晋省矿务章程》二十条。光绪二十四年（1898 年），又通过英国公使对清政府施压，经清政府直接插手，对所定合同进行修订，由山西商务局与英国福公司签订《山西开矿制铁以及转运各色矿产章程》二十条，规定平定州、盂县、潞安府（长治）、泽州（晋城）与平阳府（临汾）所属煤铁及他处各矿，统由山西省商务局专办，转请福公司办理，限六十年为期，将山西矿权拱手出让。正当福公司紧锣密鼓运作之际，光绪二十六年（1900 年），义和团运动在华北地区蓬勃兴起，福公司派遣人员慌忙撤回江南避难，帝国主义掠夺山西煤炭的行动因此被迫暂时停止。但是，清政府出卖矿权的祸根并没有清除，所以福公司的待机而出也就成为历史的必然。

随着正太铁路阳泉段竣工通车，福公司再次启动阳泉开矿计划。他们没有知会山西巡抚和山西商务局，而是直接派遣工程师带领翻译，持游历执照，来到阳泉，住在平潭村，开始沿正太路两侧勘测矿地，绘制地图。他们在矿区一共勘探到矿地四五十平方英里，在勘测到的矿地周围都插上旗子，旗上大书“福公司”三字，而且还由英国驻华大使照会山西商务局，提出一律查禁民间新开小煤窑的要求。在其要求遭到山西商务局拒绝后，光绪三十一年（1905 年）九月十八日，在福公司的策动下，英国驻华大使向清外务部发出照会,要求清政府饬令山西巡抚,一律禁止平定等府州开办煤矿。这种强霸蛮横的行径和无理要求,激起阳泉人民、山西各界人士和海外留学生以及开明官吏的极大愤慨。人们奋起反抗,一场声势浩大的保护晋矿运动席卷而来。

由于英帝国主义插足阳泉,使阳泉人民直接受害,因此,保矿运动首先发端于阳泉地区。民间小煤窑不顾福公司阻拦,继续组织凿井。平定州观沟村(今阳泉市郊区官沟村)士绅张士林与黄守渊率先发起,联络黄兰溪、池庄、李毓惠、刘焕斗、赵熙庭、廉士昇、蔡蓉田、张诚等爱国绅士,在平定州先后成立"保艾会""固本会""矿产公会",制定十条章程,以抵制福公司对阳泉煤炭的掠夺。

光绪三十一年(1905 年),消息传到省城太原,山西大学堂、中学堂的学生纷纷罢课集会抗议,要求收回矿权。山西大学堂还派人到阳泉实地调查,并带头推举代表,根据万国公法和英人交涉,英人理屈词穷,无言以对。光绪三十一年(1905 年)十一月,福公司总董哲美森专程到太原交涉开矿事宜,山西商务局在其驻地海子边设宴招待。太原学生闻讯后,以山西大学堂为首,组织数千人的游行队伍到海子边示威,抗议英帝国主义掠夺山西煤炭。这一运动在山西学界掀起之后,全省各地各界纷纷响应,许多州县学生罢课,商会罢市,反对福公司在山西开矿。同年十一月二十四日,山西士绅解荣辂、梁善济等 300 多人,会同学生 1000 多人向当局请愿,要求废止与福公司办矿合同。光绪三十二年(1906 年)年初,山西省各界又推举代表李廷扬、刘懋尝等进京交涉。同时,在北京任职的晋籍官员也纷纷向外务部和商部递上呈文,对封闭山西民间煤窑表示不满。各界人士的相互呼应,使这一运动的声势进一步扩大。

慑于山西人民声势浩大的保矿维权运动,福公司以退为进,提出放弃潞安、平阳、泽州、盂县四处的矿产开采权,先办平定一处煤矿,仍然遭到全省人民的反对。在日本的山西留学生致函晋籍京官,指出福公司舍去其他四处而独留平定,是因为正太铁路已经通车,而其余诸地无路可通。如今福公司已在平定勘定矿地五十英里,山西矿产就是一里之微,也不能任外人染指。来函还指出,福公司的让步是山西人民坚持斗争的结果,只要坚持斗争,就会最终实现收矿自办。山西籍的留日学生为激发山西人民的保矿信心,写下长达 5000 余字的公开信,号召山西人民组织起来,依靠自己的力量,从福公司手中夺回矿权。然而,丧权辱国的清政府认为福公司开办山西煤矿已成铁案,一再通过外务部催促山西巡抚发给凭单,准予福公司开办平定煤矿。光绪三十二年(1906 年)农历八月二十六日,得到这一讯息,山西籍留日学生李培仁悲愤交加,投身八重桥下,蹈海而亡。这就是震惊海内外的"李培仁蹈海事件"。留日同乡会同仁在为他殓尸时,从他的遗物中发现一封以身殉矿的绝命书。绝命书"痛晋矿之将亡,伤祖国之不振"。发现绝命书的第二天,山西留日学生同乡会又收到李培仁生前友人寄来他的另一封绝命书。这份绝命书洋洋万言,慷慨激昂,痛斥清政府的丧权辱国,阐明保护晋矿的理由,表达以身殉矿的决心。这两份绝命书公开之后,留日学生群情激愤,豫、晋、秦、陇四省学生在东京神田锦町锦辉馆召开声势浩大的追悼会,李培仁的灵柩运回太原后,爱国人士在文瀛湖畔北楼召开规模盛大的追悼会,随后,在平定城也召开全州各届群众千余人参加的追悼会，悼祭烈士，声泪俱下，众人演说，声讨列强，更加坚定人民群众保矿的决心。10 月 26 日，山西留英学生在伦敦开会研究晋矿问题，痛斥英国福公司的掠矿行径。同时，国内各类报刊纷纷刊载消息、发表评论。使李培仁蹈海事件的发生，激起全省人民空前未有的愤怒，从而把全省保矿运动推向新的高潮。

面对山西人民不可遏止的保矿怒潮，迫使福公司勘矿人员不得不另做打算，公司上层只能通过英国公使加紧胁迫清政府。光绪三十三年（1907 年）春，省内各界有识之士和爱国绅商联名禀请山西巡抚恩寿，要求创办保晋矿务公司，开采全省各种矿产，并推举祁县著名票号商渠本翘为总经理。次年，经农工商部奏准立案，正式成立“山西商办全省保晋矿务有限总公司”，简称保晋公司。保晋公司的成立，使福公司感到强行开采已无可能，就千方百计在赎款上大捞一把。经多次谈判，保晋公司以 275 万两白银赎回矿权。保护晋矿运动取得胜利。

山西保矿运动的胜利，粉碎了英帝国主义掠夺山西矿权的阴谋。山西人民虽然付出巨大的经济代价，但是，给全国收回矿权运动以极大的鼓舞。而这场运动的胜利，使阳泉煤矿进入民族经营的时期，从而揭开矿区近代工业的序幕。

三、工人阶级队伍的产生

保晋公司创办于光绪三十三年（1907 年），被迫歇业于民国 26 年（1937 年），一共走过 30 年历程。在创办初期，总公司又称本店或本号，设于太原海子边。分公司又称支店或分号，分设于平定（即今阳泉市）、晋城、石家庄，后又增加大同、寿阳、天津、北京、保定和上海等分公司。其中，经营采煤兼运销业务的分公司以平定分公司为主。至民国 5 年（1916 年），总公司从太原海子边迁至阳泉火车站西北端，并把平定分公司所辖各矿厂变更为总公司直接管理。至此，阳泉煤矿区的格局基本形成。

开办之初，保晋公司在阳泉境内收买 50 余座小煤窑，以土法经营，临时投产。后随着公司建构逐渐规范，开始仿效西方模式，建筑现代煤矿，以扩大矿井生产能力。经过十几年努力，至民国 8 年（1919 年），在总公司第五次股东会议上，决定将阳泉煤矿区划分为 6 个矿厂（包括 7 个矿区）。民国 6 年（1917 年），保晋铁厂开始筹建，两年后基本建成。至此，保晋公司在阳泉的规模为 6 矿 1 厂，这个规模一直延续到阳泉煤矿区被日本侵略者占领，保晋公司被迫歇业。

保晋公司成立之后，就着手组织生产，并形成和逐步完善管理建构。民族资本家为使自己的企业更加兴旺，在煤矿管理和生产上效仿西方模式和技术。在管理制度上，具有明显的资本主义企业性质，设有股东大会、董事会和总公司。在生产技术上，打破传统小煤窑的土法开采，开始使用机器生产。公司从开办之初，就以蒸汽作为煤矿生产的主要动力，其方式是以锅炉产生蒸汽，推动蒸汽机运转，从而产生动力，以带动绞车、抽风机和水泵等设备进行工作。其使用机械的环节主要有矿井开凿、提升、运输、排水、通风等方面，而在主要的采煤工序上，主要还是依靠人工开采。民国 8 年（1919 年），曾一度在保晋公司二矿厂试用割煤机生产，但未获成功。从民国 7 年

(1918年)起,保晋公司开始使用发电机,从此揭开阳泉煤矿用电的历史。保晋公司在30年的历史中,虽然在机械化程度和生产技术上都是有限度的,但是无论时间上,还是在生产方式上,保晋公司都代表近代的阳泉煤炭工业。受其影响,境内其他煤矿也在一定程度上开始使用机器生产。

保晋时期,矿区境内除保晋公司所辖各矿厂之外,许多矿商也乘正太铁路运输之便,纷纷云集而来,开办数量众多、大小不等的煤矿。当时,阳泉一带的大小矿井多达300余座,如济生矿、庆泰矿、晋祥厚、永兴、平顺、大兴、公裕、阜众、晋昌、宝兴、德厚、义立、中兴、恒丰、亿庆、裕昇、公义、宝华、华昌、同兴、永长等煤矿。其中,具有一定规模的有建昌公司、广懋公司、保晋中孚煤矿公司、富昌公司、平记煤矿、全顺煤矿等。

保晋公司各矿厂在矿区的开办,开启山西民族工业的先河,也为矿区工人阶级的诞生创造条件。规模浩大的保晋公司和众多的大小煤矿,以及由于煤炭生产所带动的其他工业的发展,标志着民族资本主义和官僚资本主义工业在矿区境内形成,作为真正意义上的矿区近代产业工人队伍随之产生。民国7年(1918年),保晋公司阳泉各矿厂矿工总数为792人,民国9年(1920年)为1774人。据《保晋公司报告书》中记载,民国19年(1930年)12月各矿工人统计共有1722人,其中,采煤工1120人,运煤工249人,司机工69人,提水工82人,其他工202人。民国23年(1934年),增加到2291人。日本侵略军侵占阳泉后,为加紧掠夺阳泉煤炭资源,强征大批农民入矿挖煤,工人人数猛增至6000余人。民国35年(1946年)阎锡山接管阳泉煤矿后,矿工人数一直徘徊在2000人左右。建昌公司开办于民国2年(1913年),煤矿井口开凿于蔡洼沟,在保晋公司一矿厂和二矿厂之间。据《中国煤矿》记载,民国17年(1928年)前建昌公司共有矿工230余人,据《全国矿业要览》统计,民国25年(1936年)前,建昌公司矿工总数为380人,到民国26年(1937年)"七七"事变前夕,工人已经增加到800多人。广懋公司共有矿工500多人,保晋中孚公司、富昌煤矿、裕公煤矿、全顺煤矿等用工也都上百人。其他煤矿相对规模较小,但是300余座煤矿的工人相加,也是一个不小数字。

第二节 工人阶级的地位

新中国成立前,阳泉矿区煤矿工人深受帝国主义、封建主义和官僚资本主义三座大山的剥削和压迫,政治地位十分低下,劳动环境极端恶劣,工资收入极其微薄,矿工生活饥寒交迫,终日挣扎在死亡线上。

一、政治上的压迫与奴役

保晋公司时期,各个煤矿的工人都是雇佣来的。他们无权过问煤矿的任何事情,只能在领事和领岔(坑下的工头)的指挥和监督下劳动,如有违规就要给予扣除工资或开除的处罚。保晋公司的《矿工服务细则》中就明文规定:"各矿厂、各种工人于办事人员之指挥,务必服从。"还规定:"至于工作疏忽者,轻者则扣罚工资,重者则开除名额。"为对工人实施监督，保晋公司还设有矿警队，随时惩罚、镇压工人。《矿警规则》规定：“各厂工役如有违章犯法，轻则由矿警酌办，重则备文送行官厅，依法惩办。”显而易见，工人地位低下，只能付出苦力劳动，没有任何话语权，只不过是会说话的工具而已。

日本帝国主义侵占时期，靠欺骗宣传疯狂抓捕劳工。民国29年（1940年）至民国30年（1941年）仅两年时间，日本侵略军就抓捕劳工33219人。被抓捕到阳泉煤矿的工人，更是失去人身自由，过着非人的生活。他们的住处都圈着电网，上工时，由矿警持枪押送；干活时，由监工监视；收工回来，还是矿警押送；渴了喝井下脏水，饿了吃点豆饼，睡觉枕着砖瓦块，四季都批麻袋片。把阳泉煤矿变成一座法西斯兵营。在各矿组织矿警大队，网罗便衣汉奸，拼凑奴役矿工的反动势力，设立在二矿的矿警大队本部亦即“红部”，是日本侵略军在煤矿残害矿工最凶的机关，他们侮辱、殴打矿工成为日常行为，轻则拳打脚踢，重则捆绑吊打，甚至灌凉水、压杠子、钉竹签和放狼狗咬等，手段残忍，无所不用其极，许多矿工被活活打死。三矿电工吕林路过日本矿警队的岗哨时，没有给岗哨行礼，被他们抓到矿警队，用棍棒乱打，几次昏死过去，后来还给他戴上脚镣。三矿工人陈步泰是个测量工。一天，日本侵略军逼他打连班，他坚决不干。两个日军恼羞成怒，便将他从上午一直打到下午，但他还是不干，后来，陈步泰不能动了，两个日军依旧把他强行架到井下。二矿工人刘喜在井下做工得了伤寒症，恰又遇上瓦斯爆炸。矿警强迫他下井抢修巷道，刘喜不愿下井，被日军推进井口加温炉内烧成重伤，抬回家不久，就含恨离开人世。他14岁的儿子在井下推车，被重车撞伤胸脯。日本监工说他故意挡道，用羊角榔头打他的头部，因伤势过重，也含恨死去，父子俩双遭不幸。

由于不能忍受日本侵略者的残酷奴役，有很多工人被迫潜逃。据统计，民国29年（1940年），日本侵略军抓到劳工15290人，但潜逃人数达14789人；民国30年（1941年），抓到17929人，潜逃人数达17048人。

二、经济上的剥削与榨取

保晋公司时期，阳泉煤矿工人付出辛苦的血汗，可是得到的报酬却少得可怜。以工资较其他工种为高的采煤工为例，据统计民国7年（1918年）至民国11年（1922年）5年间，保晋公司阳泉各矿厂采煤工人的日工资徘徊在2角7分5厘至4角1分9厘之间，每月平均收入大致在8元至9元之间，扣除米面费和工具费，每月只剩5元左右，另外，还要被工头克扣。以民国7年（1918年）至民国11年（1922年）5年间的平均物价计算，小米每斤3分8厘，白面每斤5分8厘，麻油每斤1角3分，食盐每斤4分3厘。一个煤矿工人所得的工资，难以养家糊口。中原大战后，晋钞严重贬值，3元钱只能顶过去的1元钱使用。民国19年（1930年），虽然采煤工的日平均工资提高到6角7分5厘，但实际只能顶物价上涨前的2角3分。由于钞票贬值，物价上涨，一个采煤矿工除去维持自身生活外，也只能勉强负担一口人的生活。这仅仅是从账面上计算，实际上由于把头的剥削和米面柜的缺斤短两等等，每年又得从每个人身上刮取5元左右。其他工种比采煤工工资低得更多，如推车工，民国19年（1930年）之后的日工资也只有2角至 2 角 4 分，养活自己都难，更不用说想成家立业。他们被人贬称为“窑黑子”，既无社会地位又无经济能力，一辈子打光棍是十分平常的事。矿工王凤山和王凤岗都是身强力壮的小伙子，哥俩都在四矿厂的井下推车，王凤山的每日工资 2 角 4 分，王凤岗的每日工资 2 角。两人都没有成家，只养活母亲一人，还经常弄得有上顿没下顿。

民国 26 年（1937 年）“七七”事变以前，阳泉地区的粮价是玉米面每斤 5 分，小米每斤 6 分，白面每斤 9 分。日本侵略军侵占后，由于缺粮，粮价连续暴涨，到民国 29 年（1940 年），玉米面涨成每斤 2 角 3 分，小米每斤 2 角 5 分，白面每斤 2 角 8 分，采煤工人的日平均工资为 1 元 2 角。由于粮价上涨 3 倍 ~4 倍，一个采煤工一天的工资，扣除工具费和手续费之后，只剩下 4 角 ~8 角。当时，矿上每天供应采煤工 2 斤半粮食，价格 5 角多，所以矿工连当日的粮食都买不起，养家糊口自然很困难。

民国 29 年（1940 年）以后，日本侵略者将细粮供给军队，把原先供给矿上米面柜的细粮换成黑豆和高粱面，但价格却相差无几。这样，工人花的是细粮钱，吃的却是粗粮。由于矿工极度贫穷，只能靠赊购来领取矿上米面柜的粮食，所以明知剥削也只好忍受。民国 31 年（1942 年）至民国 33 年（1944 年），阳泉地区旱情严重，粮价又涨，市场白面每斤高达 5 角以上，矿工购买粮食更为困难。整个阳泉煤矿区，衣不遮体的饥民成群结队，冻死饿死者触目皆是。二矿工人侯福年和他的两个儿子都在矿上下井，3 个劳动力累死累活，还养活不了一个妻子和两个女儿，只得叫妻子和女儿去讨饭。后来，妻子因饥寒交迫染上疾病，离开人世，11 岁大女儿卖给人家做童养媳。

那时，在阳泉煤矿区曾流传着这样的民谣：“说起矿工惨，两眼泪不干；既流血，又流汗；铺煤层，盖石板；夏穿洋灰纸，冬披麻袋片；无米又无盐，有锅没有饭。”

三、身体上的摧残与折磨

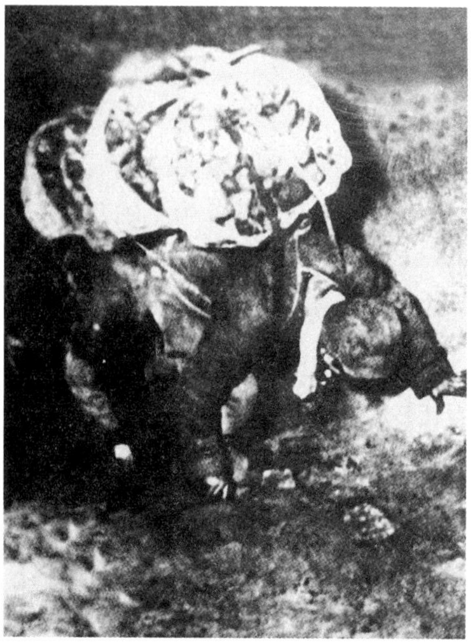

1947 年阳泉解放前煤矿工人在井下挖煤情景

保晋公司时期，阳泉各矿厂井下虽然已经安装了通风机器，如一矿厂和二矿厂曾安装美国进口的西罗哥式鼓风机，但是资本家为节省消耗，时常不准使用，全靠自然通风。由于风量严重不足，井下温度很高，有时竟高达 30 多度。矿工们冒着高温干活，光着膀子，大汗淋漓。井下瓦斯燃烧和爆炸事故经常发生，矿工随时受到死亡的威胁。资本家发给矿工的点灯油是定量的，矿工们为节省灯油，经常两人伙用一盏灯，或者干脆摸黑作业。在那环境十分恶劣的矿井下，几乎没有什么卫生设施和安全设施，疾病和事故经常发生。另外，资本家为节省坑木，就依赖煤柱支护，只有危险地段才使用少量坑木支护，这就导致落顶事故发生频繁。仅民国 10 年（1921 年），保晋公司 6 个矿厂矿工总数为 1136 人，产煤额为 22.57 万吨，死亡 28

人，伤残 29 人。按矿工数计算，年死亡率为 2.46%，年伤残率为 2.55%。按产煤额计算，死亡率为 1.24 人 / 万吨，受伤率为 1.28 人 / 万吨。从民国 7 年（1918 年）至民国 19 年（1930 年）的统计来看，造成死亡的主要原因是炭落，其次是冒顶和煤车撞。造成受伤的主要原因是炭落和瓦斯燃烧，其次是煤车撞。

矿工的劳动强度大，劳动时间长。规模较小的煤矿，矿工采煤时，口啣油鳖灯，手使尖头，有时坐着挖，有时趴着挖，有时跪着挖，体力消耗极度严重。在运输方面，保晋公司初期，煤炭运送出井还都是靠人力和畜力来完成。保晋公司中后期，大多矿井已铺上轻便轨道，但矿车却是靠人力推动的，一车煤炭往坡上推，劳动强度是非常大的，一些小煤矿没有铁道，井下搬运就全靠人抬。另外，煤炭提升也全靠人力畜力，竖井上安装辘轳，数人绞动，将煤炭提升出井。绞辘轳是一种很重的劳动。规模小的煤窑，没有提升设备，当然全靠人力背运煤炭，苦力更重，遭罪更大。长年累月的背炭劳动，使背炭工人脊背都变了形。繁重的体力劳动，致使身强力壮的矿工很早就积劳成疾，未老先衰。保晋公司的工人劳动时间规定为昼夜两班，每班工作 10 小时。实际上，工人早 5 时上班，晚 5 时下班，工作时间长达 12 个小时之多。有的工人为养家糊口，连续下井二十几天不见太阳，眼圈发绿，浑身煞白，不成人样。

日本侵略者统治下的阳泉煤矿更是暗无天日，工人死伤惨重。阳泉三矿附近有个东庄沟，事故中死亡和疾病夺去生命的矿工尸体被扔在其间，横七八竖，惨不忍睹。东庄沟因此被称为“万人坑”“死人沟”。当时这里流传着这样一首歌谣：“来到东庄沟，进了虎狼口；要想把家回，山坡找骨头。”日本侵略者占领阳泉煤矿期间，只顾拼命掠夺煤炭，根本不管矿工的死活。他们为加快采煤速度，在没有支柱保护的情况下，采用高落式残柱采煤法，致使事故不断。一次，三矿发生大冒顶，一下子就砸死矿工十几人。民国 31 年（1942 年）10 月，二矿井下发生一起瓦斯爆炸，死亡矿工 140 余人，一位老工人回忆说，当时一声巨响，冲力极大，井下起火，火苗和热浪迅速朝四面八方冲去，一头毛驴被贴到巷道的墙上，成了肉饼，就连井口四周镶着的铁板也被掀翻，一个看风门的小孩被烧成肉蛋；民国 33 年（1944 年）3 月 19 日，二矿又一次发生瓦斯爆炸，伤亡矿工达 50 余人。事故发生后，日本当局的调查证实，这次瓦斯爆炸是由于已采区回收煤柱时，造成采空区大面积落顶，瓦斯严重喷出所致。爆炸事故发生前，监工的小把头用理研检定器测出巷道的瓦斯浓度达到 4%，有的地点高达 8%，但是，他们仍然不准停产，矿工们冒险作业，最终酿成惨剧。三矿锅炉房有一台四节立式锅炉，由于长期使用，炉体上有的地方已经变薄，爆炸隐患已经凸显，但是，日本侵略者只是忙于“大出煤”，根本不去处理，结果锅炉爆炸，当场炸（烧）死 3 名工人。

第三节　工人阶级的特点

矿区工人阶级同全国工人阶级一样，是近代社会化大生产的产物。比起全国其他地区，矿区资本主义工业起步较迟，产业工人阶级队伍虽然人数不多，但它是新的生产力的代表者。矿区工人阶级由于长期处于水深火热之中，饱受资本主义的剥削、压迫和奴役，因此，逐步展示出工人阶级自觉的斗争精神，在斗争的实践中，逐步成为一支独立的政治力量。矿区工人阶级队伍除了富有组织性、纪律性以及大都来自农村破产农民和手工业者，与广大农民有着天然联系等特点外，还有一些独特的特点：

一、具有坚决彻底的革命精神

矿区工人阶级长期受帝国主义、封建主义和官僚资本主义的三重剥削和压迫，过着极其痛苦悲惨的生活。工人劳动时间很长，一般都超过13个小时，劳动条件极端恶劣，经济地位低下，工资低微，工人连最低限度的生活都很难维持，政治上没有任何权利，帝国主义和资本家拒绝工人的正当要求，工人可以随便被开除、罚款、挨打、扣工资和搜身，资本家和工头甚至可以动用刑具，对工人进行拷打。日本侵略者的矿警队随意侮辱、殴打矿工更是成为家常便饭。因此，造就了矿区工人阶级自觉的斗争精神和坚决彻底的革命性。

二、具有反帝爱国的强烈意志

在日本侵略者统治下的阳泉煤矿中，矿区工人阶级受到殖民主义深重的民族歧视和残酷的民主压迫。日本宪兵、监工以及他们雇佣的把头可以任意辱骂、殴打、开除以至于杀害工人。因此，矿区工人阶级从其诞生之日起，就在反对封建主义、官僚资本主义和反对帝国主义侵略的斗争中，进行英勇的反抗，表现出强烈的民族意识、爱国精神和革命斗争勇气。保晋公司二矿厂和四矿厂工人联合大罢工、四矿工人罢工斗争、井下惩治日本监工、为抗日武装筹集武器弹药、建立煤矿工人抗日武装队伍等反抗斗争，谱写出矿区工人阶级革命斗争的英雄篇章。矿区工人阶级站在反帝、反封建的最前列，形成爱国主义的优良传统。

三、具有团结坚强的战斗力量

矿区近代工业主要分布在保晋公司、建昌公司、广懋公司、保晋中孚煤矿公司、富昌公司、全顺煤矿等规模大小不同的300多座煤矿，因此，形成矿区煤矿工人阶级队伍高度集中局面，不仅有利于整个阶级的宣传发动和团结统一，而且有利于对资本主义和帝国主义开展斗争，在革命斗争中形成一支独立的强大的政治力量。保晋公司第三矿厂700余名矿工举行罢工、阳泉煤矿工人武装抗日游击队的抗日斗争、在百团大战中几乎全部煤矿工人参加协助八路军破袭正太铁路线的战斗等，都显示出矿区工人阶级在自己的统一组织——工会及其先锋队——中国共产党的领导下特别能战斗的强大战斗力。

当然，矿区工人阶级也存在着不可避免的弱点，比如人数较少，年龄较轻，文化水平较低，受传统观念、小生产意识影响较深等等。

第二章　矿区工人组织

矿区产业工人队伍诞生初期，在全国工人运动的影响带动下，工人的斗争觉悟被唤醒，出现自发的工人组织，开展为维护工人自身利益的反抗与斗争。随着矿区工人阶级队伍的成长壮大，产生了工人阶级的核心力量——中共党组织。在中共党组织的领导下成立统一的工会组织以及外围组织，开展代表无产阶级根本利益和要求的有领导、有组织的反对资本主义的罢工运动和反对日本帝国主义侵略者的抗日斗争。

第一节　自发的工人组织

矿区早期的工人组织，出于矿工自发的要求，代表和组织矿工开展为工人争取经济权利和政治权利的斗争。比如，蒙村工会、“三十六友”工人团体等。

一、蒙村工会

保晋公司第三矿厂有一半多的矿工来自矿厂附近的一个较大的村庄——蒙村，而且一大批外地雇佣来的工人也住在蒙村。由于矿厂资本家和把头对工人的剥削压迫，使双方的矛盾日趋尖锐，受铁路工人斗争的启发，保晋公司第三矿厂的工人萌生组织起来进行抗争的念头。而民国 13 年（1924 年）7 月发生的一件事，使工人们组织起来进行斗争的想法第一次成为事实。

当时，保晋公司第三矿厂规定，工人每从井下吊一车碎煤，付给 1 角 2 分工钱。发工钱时，矿方却按 8 分钱算，三分之一的工钱被克扣。一天，义愤填膺的矿工们，去找矿厂领事交涉。领事却振振有词，蛮不讲理，没有把这些矿工放在眼里，矿工雷文正气愤不过，就把一口痰吐在领事脸上。领事恼羞成怒，便把雷文正和另一名矿工李先宝关押起来。矿工们窝了一肚子火，觉得人少太吃亏，当天晚上便去找蒙村村长荆向乾（蒙村村长与第三矿厂厂长有矛盾）商量应对矿厂的办法。正在这时，矿方放回两名被关押的矿工，但听说领事要以矿工雷文正野蛮为借口开除他。至于工钱仍按 8 分钱计算。工人们知道后，便谋划组织工会，他们想人多力量大，只要组织起来就比单干强，如果领事再克扣工人工钱，就和他斗争。消息传到厂长耳朵里，他害怕事情闹大对他不利，就主动去找蒙村村长荆向乾商量，同意矿工雷文正回矿厂照常上班，工钱按原先的规定算。组织起来的斗争取得胜利，工人们看到组织起来的力量，从此，便相互串联筹划成立工会组织。

民国 14 年（1925 年）11 月 30 日，保晋公司第三矿厂 600 多名矿工趁蒙村娘娘庙会赶集、矿工歇工的机会，自发集会，组织成立阳泉煤矿工人的第一个工会组织。会上推选矿工荆山胜为工会主席，乔布领为秘书。因工会成立地点在蒙村，工人习惯称之为蒙村工会。保晋公司第三矿厂蒙村工会成立后，矿工开展斗争就更有力量。一次，工人开采出一块大炭，重量有120多斤，可领事非要按100斤记工。为此，工会决定以罢工来讨回公道。开始，矿上不以为然，但罢工到第三天，领事才发现势头不对，便赶紧找工会向工人道歉，承认自己算错了，请求矿工上工。第一次罢工的胜利，工人们更加体会到团结斗争的力量。民国15年（1926年）12月，因军阀战争煤矿停产，多数工人被迫回到原籍去谋生存，蒙村工会自行解散。

二、"三十六友"工人团体

民国23年（1934年），平记煤矿搬运工人张采年联络裕公井井口至地面劳作的36名搬运工，结拜兄弟，自称"三十六友"。"三十六友"工人团体自发地与资本家开展两次要求提高工资的罢工斗争。

第二节 中共党组织领导下的工人组织

民国12年（1923年）10月，阳泉铁路工人梁永福被吸收加入中国共产党，成为阳泉地区第一名共产党员。民国15年（1926年）1月，中共平定特别支部成立，平定中学学生甄华担任书记。9月，中共党组织就在阳泉地区秘密发展中共党员。民国17年（1928年），由于中共山西省委的左倾盲动错误，使全省的中共党组织连续遭到破坏。直到民国22年（1933年）8月，中共山西省特委派何英才（原名杨高梧）到阳泉矿区重新开展工作。秘密发展中共党员，组建工会组织，领导工人开展多次反对资本家的罢工运动。

一、阳泉煤矿工会

民国15年（1926年）9月，中共太原地方委员会派地下工作人员马林（原名赵秉彝，又名彭令）到阳泉矿区秘密开展革命活动。马林首先与中共党员、保晋公司阳泉铁厂"赤色工会"积极分子侯富山取得联系，在矿区工人中开展工作。在马林的直接领导下，为纪念"二七大罢工"，于民国16年（1927年）2月7日，成立阳泉矿区第一个中共党组织——中国共产党阳泉支部。保晋公司一矿厂的樊琪任支部书记，保晋公司铁厂的侯富山任组织委员，窦玉瑞任宣传委员。党支部成立后，就着手在工人中发展中共党员，发展工会组织和吸收工会会员。民国16年（1927年）3月，阳泉煤矿工会成立。工会成立一个月内共吸收和发展工会会员100余人，工会工作十分活跃。同年3月4日，阳泉煤矿工会组织保晋公司第三矿厂700余名矿工举行罢工，要求矿方还清拖欠工人3个月的工资。罢工进行到第三天，矿方被迫答应工人的要求。民国16年（1927年），国民党蒋介石"四一二"反革命政变前夕，中共阳泉支部和阳泉煤矿工会同时停止活动。

二、阳泉矿区总工会

民国22年（1933年）8月，中共山西省特委为加强对阳泉煤矿区工作的领导，派何英才到阳泉矿区重新开展工作。何英才原名杨高梧，山西洪洞人，民国 14 年（1925 年）7 月加入中国共产党，曾任太原兵工厂特别支部书记、中共山西省委组织部部长。第一次国共合作破裂后，民国 17 年（1928 年），他被捕入狱，经中共党组织营救出狱不久，即恢复组织关系并重新安排工作。何英才初到阳泉矿区时，由于人地生疏，便化装成小贩，以提篮卖花生和饼子为掩护，主动接近煤矿工人。他白天以小贩身份，在矿区内外活动，晚上睡在矿工的简陋小棚里，与工友促膝谈心，宣传革命道理，不断向矿工讲解受压迫、受剥削的原因，宣传中国共产党的革命政策，动员矿工群众组织起来与资本家和把头进行斗争。

何英才到阳泉矿区之后，最先接触的是保晋公司二矿厂工人王凤山（焦岐峰）一家。王凤山性情豪爽，疾恶如仇，路见不平时经常能出手帮助弱小，主持公道。何英才看在眼里，便有意寻找机会接近王凤山，逐渐认识王凤山的母亲张秀坤和弟弟王凤岗，开始向他们传播革命道理，启发他们的阶级觉悟。当年张秀坤已经 56 岁了，由于自小习武，身体十分健朗，而且接受新思想迅速，反过来与何英才一同做儿子的工作。通过交心，王凤山也向何英才讲自己过去的经历。王凤山和何英才同庚，光绪三十一年（1905 年）生于河北高邑县，原名焦岐峰。民国 11 年（1922 年），由于家境贫寒，刚刚 17 岁就随着招兵的人去当兵吃粮。他因自小随母习武，被选入吴佩孚部专设的国术营。民国 13 年（1924 年）直奉大战，转入冯玉祥部。民国 19 年（1930 年）中原大战，由于张学良帮助蒋介石，冯玉祥和阎锡山战败，焦岐峰随高桂滋部客居平定，任国术总教习。民国 20 年（1931 年），他参加中共山西省委发动的平定起义，加入红二十四军。起义失败后，他依照中共党组织的指示，到阳泉建昌煤矿寻找一个名叫王同林的地下党员，但刚刚找到王同林，王同林就在一次井下的“火鸽子”（瓦斯爆炸）中遇难。为生计，他化名王凤山，进入保晋公司二矿厂当一名矿工。之后，他将母亲和弟弟从老家接来，为弟弟改名王凤岗（据王凤岗本人回忆，兄弟二人改名是为以老乡王化勋、王化功亲人的名义以便招工，同时，也是为不暴露王凤山参加平定起义的经历），一家人便开始在煤矿区的生活。

阳泉矿区工人运动领袖、早期中共党员何英才

之后，王凤山的家成为中共党组织在阳泉煤矿区的第一个堡垒户。何英才也伺机进入保晋公司二矿厂，以矿工的身份与工人们打成一片，不断向矿工宣传革命道理，培养革命积极分子。民国 23 年（1934 年）6 月，经何英才介绍，王凤山、张秀坤加入中国共产党，时年 57 岁的张秀坤成为阳泉矿区的第一位女共产党员。三人组成了保晋公司矿区第一个党小组，开始组织发动矿区工人组织和工人运动。

民国 23 年（1934 年）夏，阳泉矿区总工会正式成立，何英才任总工会主席。同年秋天，为进一步发动矿区工人群众，组织工人运动，何英才搞到一台油印机，开始在王凤山弟弟王凤岗的住处——王岩沟一眼破土窑里油印革命传单。晚上油印传单时，为防止光线透出窗外被别人发现，他们用被子蒙严窗户。传单由何英才亲自撰稿，传单内容揭示工人受剥削、受压迫的原因，指出工人阶级只有组织起来，团结一心，才能求得解放的道理，启发矿工走革命的道路。每次散发上千张。天亮前，由张秀坤以拾炭为掩护，秘密散发。东起阳泉火车站，西至赛鱼，整个矿区都能见到宣传革命的传单。传单的散发在矿工中引起强烈反响，也使煤矿当局惊恐万状。驻守在石卜咀区公所附近的阎锡山反动武装——“防共保卫团”到处张贴布告，以报告线索者赏大洋 50 元，活捉者赏大洋 100 元的悬赏，捉拿传单印发者。一天，“防共保卫团”突然袭击，抄王凤岗的家。他们刨坑挖地，大搜一番，幸亏何英才和王凤山一家早有防备，把油印机藏在狗窝里，才使敌人扑空一场。

民国 24 年（1935 年）年初，总工会会员发展到 1000 多人。阳泉矿区总工会在中共党组织的领导下，多次组织发动工人的罢工斗争。民国 26 年（1937 年）7 月初，矿区总工会会员集体参加“山西牺牲救国同盟会（以下简称牺盟会）”。同年 9 月，有 400 多会员参加煤矿工人武装抗日游击队。10 月底，矿区总工会与中共阳泉矿区委员会、煤矿工人武装抗日游击队一道转移至和顺县，矿区总工会随即撤销。矿区总工会在领导工人罢工斗争中起到非常重要的作用。

三、阳泉矿工武术团

矿工武术团于民国 25 年（1936 年）2 月成立，是群众性的工人组织。在中共阳泉矿区支部书记何英才的领导下，共产党员王凤山等人，组织一批爱好武术的矿工参加。矿工武术团最初参加人员有张振安、王凤岗、王化功、邓会成和杜秀荣等 20 余人，王凤山担任团长。矿工武术团以业余表演为名，按照中共党组织的指示进行革命思想宣传。其活动方式主要是在当地庙会赶集矿工集聚的时候，借武术表演进行革命宣传。乘围观矿工多的时候，一边表演，一边演说，动员工人群众，进行革命思想的宣传鼓励。宣传的主要内容是抗日救国、保卫家乡。矿工武术团走遍矿区及其周围的农村，为唤起矿区工人觉醒和革命斗争起到重要作用。民国 26 年（1937 年）春，矿工武术团集体参加山西牺盟会，同年 9 月，其主要成员参加阳泉煤矿工人武装抗日游击队。

四、牺盟会矿区分会

牺盟会的全称为山西牺牲救国同盟会，原先是阎锡山为扩充自己的势力而成立的。民国 25 年（1936 年），中共中央通过多种渠道推进与阎锡山的抗日合作，中共中央北方局先后派出大批优秀干部到山西领导抗日救亡运动。同年 11 月，薄一波回到山西，首先对牺盟会进行改组，调整部分顽固势力，保留和发展进步力量，从而把牺盟会改造成为中国共产党领导下的一种特殊形式的统战组织和抗日团体。改组的同时，牺盟会举办多期军政训练班，培训许多抗日干部。训练结束后，这些抗日干部被分配到全省各地发动群众抗日救亡。

民国 26 年（1937 年）春，山西牺盟会委派毛铎担任牺盟会平定分会特派员，再次到阳泉地区开展工作（民国 21 年，毛铎在太原商专读书时，就被中共山西特委派到阳泉铁路组建中共正太铁路工作委员会，并担任工委书记）。当时，何英才住在保晋公司二矿厂附近的巩窑洼，因阳泉矿区当时属平定县所辖，毛铎常与他联系和商谈工作。由于牺盟会在当时是合法的抗日组织，于是，矿工武术团就集体加入这个组织。同年3月，牺盟会矿区分会正式成立，何英才任特派员。何英才、王凤山等人把牺盟会作为中共党组织的外围组织，大量吸收新会员，并有选择地发展党员。于是，参加牺盟会的人很多，会员发展到500多人，其中保晋公司二矿厂、四矿厂就有300余人。这些人都成为阳泉矿工武装抗日游击队的骨干分子。牺盟会会员胸前佩戴蓝色圆形铜牌，上写"牺盟"两字，表现他们敢于斗争的决心和不怕牺牲的抗日救亡精神。牺盟会以公开合法的组织形式印刷传单、标语，提出"抗日救国、保卫山西"等激动人心的口号，同时利用附近各村赶庙唱戏之机上台宣传，号召民众团结起来，共同抗日。中共保晋公司二矿厂、四矿厂、一矿厂和建昌煤矿支部的党员，也以牺盟会会员的公开合法身份开展抗日救亡运动。其间，为支援二十九路军抗战，矿区牺盟会曾发动人民群众开展每人捐一枚铜板的签名活动。

第二次国共合作以后，民国26年(1937年)5月，中共阳泉矿区委员会以牺盟会的名义选派一批党的骨干分子去太原参加国民军官教导团，以充实中共党组织的力量。被选派的有王凤岗、王化功、聂汉臣、郭权田和杜秀荣等8人。临行前，牺盟会平定分会和矿区分会在平定中学礼堂召开隆重的欢送大会，特派员毛铎讲话并赠送毛巾等礼品。大会还向接受新任务的8个人赠送绣有"冲到东北""还我河山"的两面大旗。这8人到太原军官教导团后，其中，一些人后来转入青年抗日决死纵队。

五、阳泉煤矿工人武装抗日游击队

民国26年(1937年)"七七"事变之后，日本侵略军大举向华北进攻，全国军民在中国共产党的领导下掀起抗日高潮。8月，中共阳泉矿区委员会依据抗日救国的原则和路线，建立煤矿工人护矿队。护矿队由400多人组成，以矿工中的牺盟会会员为骨干，中共党的干部隐蔽在牺盟会中，担任总队和各分队的领导。在通过护矿队把矿工组织起来的同时，中共党组织在护矿队员和广大矿工中大力展开抗战动员，有计划地集中护矿队进行军事训练。9月底，正式成立阳泉煤矿工人武装抗日游击队，游击队以工人护矿队为主，吸收保晋公司二矿厂和四矿厂的部分工人，共有队员500多人。通过牺盟会组织从太原牺盟会总会领到枪支400余支，编为一个大队。王凤山任大队长，何英才任政委，中共党代表有彭涛、毛铎、王孝慈、侯富山和陶希晋等人担任。侯富山后来曾一度担任副大队长。大队下设五个中队，第一中队队长为廖爱考，第二中队队长为张振安、第三中队队长为张庆森，第四中队队长为郭福中，第五中队队长为李肥寿。与此同时，中共正太特委以牺盟会名义组建正太铁路工人游击队，队员近百人，由正太特委书记陶希晋、副书记彭涛、委员王孝慈等率领。10月底，娘子关失守之前，阳泉煤矿工人武装抗日游击队和正太铁路工人游击队与毛铎率领的平定学生游击队汇合，奉中国共产党的命令一并撤离阳泉，转移到和顺县石拐镇，编入平定抗日游击大队，后改编加入八路军129师秦(基伟)赖(际发)支队(又称独立支队)，转战在太行山区，投入到抗日战争的洪流之中，为中国人民抗日战争的胜利立下不朽的功勋。

第三节　阳泉解放初期煤矿的工会组织

从 1947 年 5 月阳泉解放，到 1950 年 3 月，阳泉煤矿区的中共党组织仍处于秘密活动状态，党组织的领导作用是通过工会组织和党员的模范带头以及工人中的积极分子体现的。正太战役结束后，虽然中国人民解放军已经控制正太铁路沿线 300 余里的地区，但是，太原、榆次和石家庄等重要城市仍被国民党军队据守，阳泉还不时受到国民党军队飞机的袭扰。晋察冀军区分析军事形势后，怕阳泉得而复失，便军事接管阳泉煤矿，在中共阳泉市委、阳泉市人民政府协助下，通过工会组织，动员在矿工人用 50 多天的时间向晋察冀和晋冀鲁豫解放区转移大批煤矿设备。刚解放的阳泉煤矿，铁路中断，销路堵塞，短时间内难以恢复生产。中共阳泉市委、阳泉市人民政府和晋察冀军区阳泉工矿交通管理局通过工会组织对其接管的煤矿工人进行经济救济和生产自救。

一、阳泉市职工会一矿、二矿、四矿、五矿、小南坑分会

1947 年 5 月 2 日阳泉解放，4 日，中共阳泉市委、阳泉市人民政府成立，同时组建阳泉市职工会。6 日，市职工会按照市委、市政府工作委员会的指示，派出劳保部部长王子林率领工作队赴简子沟矿（一矿）、燕子沟矿（二矿）、先生沟矿（四矿）、建昌公司矿（五矿）开展工作，清理敌伪物质，整顿社会秩序。同时，发动工人群众，拆迁煤矿设备向解放区转移。到 7 月以后，开始组建工会，先后建立了一矿、二矿、四矿、五矿和小南坑 5 个职工会分会，职工会分会由王子林负责。职工会分会组建后，领导工人群众和矿工家属，进行生产自救，为恢复煤矿生产做准备。1948 年 2 月 4 日 ~ 7 日，阳泉市召开首届工人代表大会，选举产生阳泉市工会委员会，阳泉市煤矿区各工会归其领导。同年 6 月，各职工会分会撤销。

二、阳泉市职工会裕公矿分会

平记煤矿是阳泉地区最大的民族资本家经营的私营煤矿，阳泉解放前夕已经停产，只有几个人看管。1947 年 5 月，阳泉市人民政府成立后不久，即指示第三区派出工会干部到平记煤矿，组织在矿的 183 名工人，以矿方所欠工人的工资作为股金，集股合作生产。5 月 21 日，平记煤矿恢复生产并改为裕公矿。在裕公矿恢复生产的同时，市职工会裕公矿分工会组建成立。到 1948 年 2 月，阳泉市工会委员会成立后，裕公矿分工会改为工会。

三、国营阳泉煤矿工会

1948 年 1 月，国营阳泉煤矿公司成立，3 月，国营阳泉煤矿公司由阳泉市人民政府移交晋察冀边区工业局阳泉办事处领导。由于隶属关系的变更，同年 6 月，经中共华北局批准成立国营阳泉煤矿工会，统一领导国营阳泉煤矿公司的工会组织，王子林任工会主席。随之四矿分工会改称四矿工会。同年 7 月，国营阳泉煤矿公司以边币 5.8 亿元赎买收回裕公矿，并改称国营裕公矿，同时原工会组织也改称国营裕公矿工会，

归国营阳泉煤矿工会领导。9 月，华北人民政府成立。11 月，阳泉办事处划归华北人民政府公营企业部(简称企业部)管辖。12 月，企业部撤销阳泉办事处，指令阳泉煤矿公司与河北省井陉煤矿公司合并，组成井阳煤业公司。1949 年 6 月，井阳煤业公司总工会组建，国营阳泉煤矿工会撤销，原属其领导的国营四矿工会和国营裕公矿工会，成为井阳煤业公司总工会的基层工会。同年 9 月，井阳煤业公司按照华北煤矿管理总局指示改组为井阳矿务局。10 月，井阳矿务局工会委员会成立，于克昌任工会主席、赵菲任副主席。井阳煤业公司总工会撤销，其所属阳泉国营煤矿的基层工会归属井阳矿务局工会委员会领导。

四、中国煤矿工会阳泉矿区委员会

1950 年 1 月，井阳矿务局奉华北煤矿管理总局命令，分组为井陉、阳泉两个矿务局。同月，中国煤矿工会阳泉矿区筹委会成立，统一领导阳泉矿务局和其他公私营煤矿的工会组织，申梦华任主任。同年 10 月 10 日，召开矿区工会首届工人代表大会，13 日，选举产生中国煤矿工会阳泉矿区委员会，申梦华任工会主席，巨茂德任工会副主席。

第三章 矿区工人运动

工人运动是指工人方面通过工会组织的手段而采取联合的、有组织的行动，以改善工人的经济地位和社会地位。矿区早期的工人运动是工人为维护自身的经济利益而进行自发的反抗斗争。比如，保晋公司工人的“端账斗争”、保晋公司二矿厂的冲击“八角楼”斗争、平记煤矿的“三十六友”罢工等。矿区工人阶级的先锋队中共党组织成立后，领导工人阶级开展与帝国主义、资本主义斗争的罢工运动。比如，保晋公司二矿厂和四矿厂工人联合大罢工、保晋公司煤矿工人支援铁厂工人罢工以及与日本侵略者开展的斗争。

第一节 工人阶级自发的反抗斗争

矿区工人阶级从诞生那天起就不断地进行反对剥削和压迫的斗争。20 世纪初，矿区工人阶级，面对帝国主义、封建主义和官僚资本主义的残酷剥削和压迫，不堪忍受牛马不如的生活状况，不能忍受非人的虐待，奋起反抗斗争。他们或采取消极怠工，或暗中破坏机器设备，或直接与资方算账，反对克扣工资和要求提高工资等方式，自发地进行维护自身利益的经济的、政治的反抗斗争。

一、“端账”斗争

光绪三十三年(1907 年)至民国 13 年(1924 年)，是保晋公司的初创阶段和扩展阶段，各煤矿厂雇佣工人一直实行把头制。一个把头通常雇佣几十名工人，他们不劳动，只是通过雇佣剥削，榨取工人的劳动血汗。工人受不了残酷剥削，便联合起来与把头算账，算工人应得工资和实得工资，看中间剥削的严重程度。通过算账对比，工人的反抗情绪越来越大。保晋公司的当权者看到工人抗争的势头不小，继续发展下去，很可能引发工潮，就采取调和措施，不同程度地取消把头制。“端账”斗争是发生在保晋公司前期和中期的工人斗争，是典型的工人自发性的经济斗争。

八角楼(二矿厂办公楼)旧址

二、冲击“八角楼”

民国 17 年(1928 年)2 月，保晋公司二矿厂一名工人被把头无理殴打，工人们实在看不下去，便推举代表到矿上讲理，要求惩办工头，但是矿长偏袒工头说："反正没有打死，就是打死了，还有45块钱抚恤费领着哩！"工人们一听义愤填膺，集合400多人手持镐头、木棒、炭块冲向八角楼（二矿厂办公楼），高喊"火烧八角楼""打死矿长"等口号。保晋公司总柜得知消息后，忙派矿警镇压。警方见矿工人多势众，群情激愤，未敢下手。之后，打人的把头被革职，风波才得到平息。

三、"三十六友"罢工

民国23年（1934年），平记煤矿搬运工人张采年联络裕公井井口至地面劳作的36名搬运工，结拜兄弟，自称"三十六友"。张采年跟大家说，要团结起来同矿方斗争，要求增加工资，得到大伙儿的一致赞同。

平记煤矿是资本家集股开办的，因为他们不懂煤炭开采和管理，委托保晋公司二矿厂厂长谭世勤代管。谭世勤人称"谭结巴"，每月都要到平记煤矿检查一次生产情况。民国23年（1934年）秋天的一天，"谭结巴"来到矿上检查工作，"三十六友"按预先约定集体罢工，举着镢头、扁担，喊着口号，包围平记煤矿的办公地点。"谭结巴"见人多势众，紧闭大门，不敢出来，只好答应"三十六友"提出的给矿工增加工资的要求，使搬运工日工资由0.28元增到0.30元。第二年，"三十六友"又酝酿第二次罢工，仍然采取同样的办法，等"谭结巴"到矿检查生产情况的那一天，罢工的矿工们又一次围攻"谭结巴"，迫使"谭结巴"将工人工资由0.30元提高到0.33元。

第二节　在中共党组织领导下的工人运动

民国16年（1927年）2月，阳泉矿区第一个中共党组织——中国共产党阳泉支部成立。"四一二"反革命政变后，阎锡山进行反共"清党"，阳泉中共党组织遭到破坏，停止活动。民国22年（1933年）8月，在中共山西特委派来的地下工作者何英才的努力下，中共阳泉矿区支部恢复工作。民国25年（1936年）至民国26年（1937年）年初，先后成立中共保晋公司二矿厂党支部、四矿厂党支部、一矿厂党支部、铁厂党支部和建昌煤矿党支部，党员人数发展到40余人。保晋公司二矿厂党支部成立会议由王孝慈主持，选出廖爱考任书记，李肥寿任组织委员，张庆森任宣传委员；四矿厂党支部委员有张振安等；一矿厂党支部、建昌煤矿党支部委员有杨凤岐等。在基层支部相继成立的基础上，民国26年（1937年）4月，经中共山西工委批准，中共阳泉矿区委员会（中共阳泉工人特别委员会）成立，成为阳泉历史上第一个县级党组织，何英才担任第一任党委书记，王凤山任组织部部长，杨凤歧任委员。在中共党组织的领导下，矿区开展有组织、有目标的工人运动和轰轰烈烈的抗日救亡运动。

一、保晋公司二矿厂和四矿厂工人联合大罢工

在多次罢工中，最著名的一次是保晋公司二矿厂和四矿厂工人联合大罢工。民国24年（1935年）3月，为反抗矿主和封建把头对工人的剥削压榨，争取改善工人劳动条件，提高工人生活待遇，在中共党员、阳泉矿区总工会主席何英才和中共党员、

矿区总工会委员王凤山的领导下，保晋公司二矿厂和四矿厂工人举行联合大罢工。罢工前，工会提前做准备，确定罢工时间。由何英才亲自组织和领导二矿厂工人的大罢工，由王凤山亲自发动和组织四矿厂工人的大罢工。罢工那天上午 9 时，四矿厂场面推车工人首先停工，小把头责骂工人让他们上工，矿工们理直气壮地说："我们就是要罢工！不增加工资，我们就不干活！"这时，井下几百名工人全部罢工，使整个矿厂乱作一团。同时，二矿厂矿工在何英才的带领下，拿着木棒、铁锨、镐头等，包围了八角楼（二矿厂办公楼）。在工会提出的基本要求被矿长无理拒绝后，愤怒的矿工捣毁八角楼的门窗玻璃，直冲进去，矿长被吓跑，工人们又把他抓回来。这次罢工参加人员多、声势浩大，在矿工罢工斗争的强大压力下，资方不得不答应工人提出的正当要求，给工人增加工资。四矿厂推车工人工资，上股道由 3 角 2 分增加到 3 角 8 分；中股道由 2 角 2 分增加到 2 角 4 分；下股道由 2 角 4 分增加到 2 角 8 分。

二、保晋公司煤矿工人支援铁厂工人罢工

民国 26 年（1937 年）春，保晋公司铁厂举行要求提高工人待遇的罢工斗争，保晋公司铁厂 300 多人参加该次罢工。由于当时保晋铁厂的中共党组织基础相对较弱，中共煤矿区党组织领导一批煤矿工人 80 多人，前往铁厂支援罢工。保晋公司二矿厂工人李肥寿（中共保晋公司二矿厂支部委员）代表煤矿工人讲话，表示坚决支持铁厂工人的罢工斗争，煤矿工人为铁厂工人撑腰，做后盾。在各方的团结斗争中，这次罢工取得全面胜利。

第三节 抗日战争时期的工人斗争

民国 26 年（1937 年）10 月 30 日，日本侵略军占领阳泉后，随军的日本兴中公司于 11 月 10 日，强行接管山西最大的民族资本企业——阳泉保晋公司和建昌公司，合编为"山西军管理第四厂阳泉煤矿"。民国 27 年（1938 年）1 月，保晋铁厂由日本大仓股份公司强行接管。紧接着，靠近铁路的中孚、富昌等 26 家中小煤矿也被日本侵略军紧紧控制。到民国 34 年（1945 年）8 月，日本侵略军宣告无条件投降，日本侵略者占领阳泉煤矿长达 8 年之久。其间，阳泉矿区的煤矿工人受到非人的奴役和压迫，日本人恣意克扣工人待遇和日本监工随意侮辱殴打矿工，那是司空见惯的事。矿工们恨透那些日本侵略者。

矿区沦陷时期，煤矿工人从始到终都在进行着主动的抗争。但在初期，由于正面冲突只能引起日本侵略军疯狂的血腥镇压，矿工们主要利用消极怠工、制造故障、隐性罢工、巧妙惩治等多种办法，不断地与日本侵略者进行反抗和斗争。

为反抗日本侵略军对煤炭的恣意掠夺，矿工们在井下只要有机会就弄灭油灯，停工休息。斜井提升时，有些搬运工紧紧拽住煤车，使蒸汽绞车不能启动，开绞车的工人则以机器故障为名，停工检修，于是工人们就可趁机休息。矿工们在井下怠工，常常被日本监工发现，因此也常常挨打。为避免挨打，他们也想出很多办法对付监工。比如井口工人看到日本监工来了,便立即通知井下工人。他们传递信号的方法也很巧妙,有的是往井下扔几根高粱秸秆,有的是打几下电铃,还有的把照明电线切断,勾住双头,装在一块小木板上,一遇情况,就把木板活动几下,使照明电灯因接触不良而忽闪起来。井底工人得到信号后,迅速传给全井,工人们便立刻做好应付准备。

一、四矿工人罢工斗争

日本侵略军侵占阳泉煤矿时期,四矿工人在中共地下党员陈锡义的领导下举行罢工斗争。罢工的起因是日本人供给矿工的口粮原来是按三成面粉、四成小米和三成杂粮搭配的,后来很长一段时间全部供应高粱面和豆饼。矿工们对此非常不满。在这种情况下,以运搬小把头身份为掩护的陈锡义秘密联络运搬组、杂工组和石工组的矿工进行罢工斗争。罢工当天早上,运搬组的矿工全部不来上班,井下运输巷无人挂钩,致使全矿停工。日本人着了急,就强行命令杂工组的矿工去挂钩。杂工组的矿工借口不熟悉挂钩技术,故意在操作过程中发生滑车断绳事故,直接导致多天不能恢复生产。日本人气急败坏,把运搬组矿工全部集合起来,排成一队,挨个儿打耳光,并逼问他们这次罢工的主谋是谁,矿工们都说是肚子难受不能上工。陈锡义告诉日本人说,工人们光吃高粱面加豆饼,确实要闹肚子,不能正常干活。矿工们运用巧妙的罢工斗争方式,使日本人没有办法。为尽快出煤,日本人只好答应恢复原来的粮食搭配比例。这次罢工取得胜利。但是因此,日本人对陈锡义产生不满,撤换掉他的小把头职务。

二、张鹤年组织工人破坏日本侵略军“大出炭”

日本侵略军为加紧掠夺阳泉的煤炭资源,经常组织“大出炭”。所谓“大出炭”就是延长工人工作时间,加大工作量,多出煤炭。三矿地下工作人员张鹤年,受中共上级党组织指示,以运搬道临时监工的身份,暗中组织工人破坏“大出炭”。他给工人秘密讲解民族压迫的道理,启发工人自觉起来同日本侵略军做斗争,打乱他们掠夺煤炭的计划。于是,到“大出炭”时,矿工们有的装病不出工,有的经常偷打停车信号,用各种方法造成停车停产,使日本侵略军的预定计划难以实现。

三、井下惩治日本监工

在矿上的日本监工,每人都有一把特制的羊角榔头,榔头是尖嘴的,把子有二尺多长,日本监工下井时拿着它,既当手杖,又当敲帮触顶的工具,还当殴打矿工的凶器。四矿的一个日本监工叫黑田。他下井时,一手拿电筒,一手拄着羊角榔头,动不动就打人,矿工们对他恨之入骨。为惩治黑田,矿工们预先商量好,几个人藏在贯眼(岔道)里,黑田一来,突然甩出煤面,把他眼睛弄迷,然后大家同时扑过去,把他按倒在巷道地下,七手八脚痛打一顿。打完之后,矿工们就趁机四处放风,说井下闹鬼。黑田挨了打,也不知是谁打的,只好忍气吞声。经过几次惩治,他下井后不敢再到工作面,只在大巷道里走上几十米就溜上井去,变得老实多了。后来,又来一个日本监工叫小野寺代替了黑田。小野寺对待矿工比黑田还要凶残。矿工们联合起来用对付黑田的办法来惩治小野寺，经过多次惩治，小野寺也不敢在井下随便撒野。

二矿的日本监工对待矿工更加残忍毒辣，矿工们合计着要收拾他。有一天，在其他矿工的帮助下，两名矿工把日本监工引进落山，然后把他按倒在地上，给他嘴里塞满煤面。趁他还在那里挣扎的功夫，这两名矿工一溜烟跑到矿井上，逃往别处去了。

有一天，三矿东亚坑矿工上夜班，老矿工发现采煤工作面顶板压力很大，大家一起商量，都不进去干活儿，在外边躺下休息。日本监工来后，一看矿工们都不干活儿，不问青红皂白，抡起羊角榔头照着矿工们就狠狠地打。老矿工赶紧说："太君，不要打。工作面的顶板不好，要不信你进去看看。"说着，就引着日本监工走进工作面。老矿工有经验，进去绕个圈子就转了出来。日本监工还没有回过神来，哗啦一声，大顶就塌下来，一块儿大炭把他砸死了。

四、为抗日武装筹集武器弹药

日本侵略军占领阳泉之后，中共党组织开辟的抗日根据地纷纷建立自己的抗日武装，但武器弹药十分缺乏。阳泉煤矿的中共地下党员和工人积极分子根据党的指示，团结依靠煤矿工人，冒着生命危险，想方设法为根据地弄到武器弹药。

民国27年(1938年)春，中共平定(路北)县委成立基干队。基干队了解到，四矿的矿警队在竖井井筒中央的暗室里藏有枪支和子弹，决定设法获取。3月的一天深夜，平定(路北)县委派来的武装人员，出其不意地到四矿，找到矿工张永和等人。张永和等人出谋划策，先把姓乔的伪矿长抓起来，押到西南昇抗日根据地，然后由张永和亲自开动绞车，把人放到井筒中央，取出步枪八九支，手枪七八支，还有子弹两箱。平定(路北)县委用这些枪支和子弹装备区基干队。

民国28年(1939年)11月，平定(路北)县大队决定夜袭日军在阳泉西营盘的军火库，从中搞一批武器弹药。根据上级安排，四矿地下工作人员梁禄銮当向导，带领县大队侦察员到火药库周围进行秘密侦察。根据侦察到的情况，制订行动方案。在一个深夜，县大队派出全副武装的战士数十人，悄悄潜入火药库的附近埋伏起来。梁禄銮和他们在预定地点接头之后，立即按计划行动。他们先在军火库后墙上挖个洞，然后从洞口钻入，扛出大批弹药。临走的时候，战士们串联几个拉雷，等扛弹药的战士走远后，断后的战士便拉动引线，把火药库爆炸。日本侵略军摸不清情况，又集合队伍，又放枪，乱作一团。

五、百团大战中的煤矿工人

民国29年(1940年)，为粉碎日本侵略军的"囚笼政策"，八路军总部决定发动交通破击战，重点破袭正太铁路和同蒲路北段，给日本华北方面军以有力打击。8月20日，晋察冀军区和八路军129师、120师在八路军总部统一指挥下，发动了以破袭正太铁路(石家庄至太原)为重点的战役。战役发起第3天，参战部队已达105个团，故称"百团大战"。百团大战是抗日战争相持阶段八路军在华北地区发动的一次规模最大、持续时间最长的战役。

战役的第一阶段，八路军在正太、同蒲、平汉、津浦等主要交通线发动总攻击，正太路是这次打击的重点。8月20日拂晓，129师385旅首先攻破正太铁路阳泉段南侧制高点狮脑山，控制二矿、平潭街一带的铁路线。当晚，矿区煤矿工人几乎全部参加破袭铁路线行动。他们和煤矿附近成千上万的民兵排在几十里长的铁道旁，在号子声中，大家一齐使劲，把道轨和枕木一同掀翻，堆在桃河滩里，点起熊熊大火，把道轨烧得通红，煤矿的铁锻工和修理工都拿着大锤、撬棍、扳手等工具，把烧红的铁轨拧成"麻花"。娘子关至榆次间的铁路一夜间全部被毁掉。

21日，日本侵略军为夺回狮脑山高地，出动1000余人，在大炮掩护下，轮番发起进攻。23日起，又出动飞机120架次对狮脑山阵地进行狂轰滥炸，继之又施放毒气。恶战持续到29日，驻守阳泉的日本侵略军片山旅团动员全部兵力，并武装全部日侨，纠集2000余人进行增援。八路军阵地上敌机盘旋，炮弹呼啸，工事多处被毁，但战士们始终顽强坚守，凭借有利地形，给敌人以回击。作战期间，淫雨绵绵，山上八路军缺乏给养，山下矿工积极配合八路军，运走煤矿大把头米面柜上的粮食和被褥。他们冒着山洪和枪林弹雨，把弹药、粮食和被褥送到山上，有力地支援八路军的战斗。

29日，八路军完成预定计划撤离阳泉，途经桃河时正遇大雨，洪水猛涨，煤矿工人帮助部队把粮食、弹药运过桃河。许多矿工随即参加八路军，走上抗日前线。

六、惩锄汉奸特务"五条牛"

民国30年(1941年)到民国31年(1942年)期间，日本侵略军在向抗日根据地疯狂"扫荡"的同时，阳泉地区一些卖身投敌的汉奸也十分猖獗地活动起来。他们依仗日本侵略军势力，刺探抗日政府情报，残害革命干部，敲诈矿工百姓，制造白色恐怖，破坏抗日斗争，危害极其严重。民国32年(1943年)，中共党组织决定，依靠矿工群众，坚决镇压那些罪大恶极的汉奸特务分子。于是，在阳泉煤矿区展开锄奸反霸斗争。

官沟村的张大牛、辛兴村的赵歪牛、赛鱼村的姚牛、前庄村的翟牛和石卜咀村的石小牛，号称"五条牛"。是煤矿区五个民愤极大的汉奸特务。这"五条牛"中，有四人都是日本侵略军阳泉宪兵队驻二矿特务班的特务，石小牛还是特务班的班长。他们有分有合地活动在矿区和周围的农村，作恶多端，工人们和老百姓对他们恨之入骨。为锄掉这"五条牛"，中共平定(路北)县五区治安员王治国等人秘密与工人们取得联系，工人们提供"五条牛"活动的重要线索。在前后不长的时间里，王治国和工人们以惊人的胆略和机智先后演出"诱杀歪牛""硬杀姚牛""坐等翟牛"等好戏，锄掉"五条牛"中的四条，只剩下一个石小牛。王治国和工人给他捎信，严厉警告他说："如果继续作恶，只有死路一条。"石小牛害了怕，便主动与工人们联系，说只要保他一条命，以后要啥给啥，再不办坏事。治安员提出先要三支枪和一些子弹，石小牛不敢怠慢，如期送到。镇压汉奸特务的行为产生极大的威慑力，不少汉奸特务主动向抗日政府汇报情况，提供子弹和其他物资；一些秘密潜伏的特务闻讯后也仓皇逃走。

第四节 与阎锡山反动统治的斗争

日本帝国主义无条件投降之后，中国共产党以民族大局为重，面对国民党企图发动内战的阴谋，一方面领导人民军队奋起自卫，粉碎其军事进攻；一方面同国民党积极进行谈判，努力寻求避免内战，实现和平民主团结的全国统一之路。晋察冀和晋冀鲁豫解放区都加强对阳泉的城市工作。中共平定（路北）县委城工部高开元、余静仁和彭勇等人，按照组织分工，深入矿区，直接领导煤矿区的工人斗争。

一、千人大示威

民国34年（1945年）冬，日本帝国主义投降后，阳泉煤矿的日方人员仍在守候和等待阎锡山的派遣人员来接管。当时，日方还欠发工人两个月工资，使得工人、家属和一些小职员的生活更加贫困，愤怒和反抗的情绪弥漫着整个矿区。针对这一形势，平定（路北）县委本着有理有利有节的原则，决定组织工人进行示威斗争。一千多名工人组成的游行队伍，浩浩荡荡地包围日方的首脑机关。工人们高喊"反对克扣工资""鬼子池田站出来"等口号，并派出代表与日方阳泉采炭所所长池田进行交涉。慑于游行队伍的浩大声势，池田只得被迫答应第二天补发工资。

到第二天，矿工游行队伍再次集结到日方首脑机关。情况却发生突变，日军首脑机关四周警卫森严，还架起机枪。一个陌生人走出来，池田洋洋得意地跟在他的身后，原来是刚刚到阳泉的阎锡山方面的接收大员梁上椿。梁上椿恬不知耻，反咬一口说："你们要造反吗？你们替日本人干了八年，不抗日，还向国军要钱？快回去，要不就当汉奸论处！"阎锡山与日军勾结、欺诈矿工的嘴脸暴露无遗。愤怒的游行队伍冲上前去，与日方形成对峙局面。在此形势下，中共的地下工作者为了避免流血牺牲，同时，也是为避免与阎锡山人员形成僵局，影响和平统一的进程，采取克制的态度，动员工人游行队伍撤离现场。

二、四矿工人井口罢工

民国35年（1946年）3月，阎锡山方面接收阳泉煤矿后，经过一段时间筹划，先生沟矿（今四矿）恢复生产。矿工们一连干了几个月，矿方也不给开工资，使工人无法养家糊口。针对此情况，平定（路北）县委为维护工人的切身利益，决定组织一次全矿性的井口罢工。城工部高开元和矿区地下党员黄谨荣、陈锡义等人分别在工人中秘密进行宣传发动。由于工人对矿方早怀不满，因此，一经发动便迅速组织起来。这天早上6时，20多个道岔的井下采煤工全部准时聚集在井口，他们手拿油鳖灯，都不下井。上午9时，矿主任兰子庆到井口，愤怒的工人立刻包围他，要求立即发放所欠工资。兰子庆见势不妙，只好答应矿工提出的条件。这次罢工达到预期的目的。

第五节　阳泉解放初期的反把头运动

1947年5月2日,阳泉解放,5月4日,正式组建中共阳泉市委和阳泉市人民政府。随即晋察冀军分区便指示工矿交通管理委员会成立阳泉工矿交通管理局,接管阳泉煤矿,实行军事管制。1948年1月,正式成立国营阳泉煤矿公司,阳泉煤矿正式由国家经营。在生产组织上实行以大组长为首的包件工务制度,这种制度的具体内容是企业把产量和工资承包给大组长,由其雇佣工人,进行生产,并分配工资;工人只是大组长指挥下的单纯的劳动者,他们和企业不发生关系。由于大组长实权在握,因此便可对工人进行政治压迫和经济剥削。工人必须绝对服从大组长的指挥,否则会随时被解雇。组内工人的工资名义上实行民主评议,而实际上是大组长一人拍板。大组长不参加劳动,但每月可得工分3000分左右,而工人只得1300分左右。工人得到工资后,还必须分给大组长好处。以包车工为例,每得100斤小米,就需付给大组长3斤米的"自动捐"。矿上规定,每出1车煤便给大组长增加1两小米,叫做"津贴费"。这项支出并不算小,仅四矿1个月就需小米7000多斤。除公开剥削,大组长还采用报黑工、挂空牌、吃空名、偷炸药和扣灯油等多种手段进行贪污盗窃活动。所谓的大组长制实质上是封建把头制的残余。事实上,担任大组长的人大多是解放前的煤矿把头。国营四矿的大组长中,解放前的把头占到90%。大组长制剥夺工人的民主权利,压抑工人的积极性,限制生产任务的完成。1949年,计划生产原煤40万吨,实际只完成87%;1950年的头两个月,生产计划继续落空,生产效率低于国家要求。事实表明,残余的封建把头制已经达到非废除不可的地步。

其实,早在1949年9月,华北煤矿管理总局就向各地煤矿提出撤销把头,由工人自己管理生产的要求。只是阳泉煤矿的领导干部错误地认为,阳泉煤矿不存在把头制,大组长的剥削和贪污只是个别的、偶然的现象,因此才没有采取有力措施,以贯彻上级指示。1950年3月21日,《人民日报》头版头条发表记者的调查报告——《阳泉国营煤矿存在严重问题,封建把头制剥削工人,生产计划屡遭失败》。文章发表的同时,中央燃料工业部也发出《关于全国各煤矿废除把头制的通令》,通令全国煤矿,进行民主改革。根据中央确定的指导方针和基本政策,阳泉工矿区于同年4月初,成立反把头运动工作委员会,工矿区区委副书记王金林任主任,阳泉矿务局局长白猷之、工会筹委会主任申梦华任副主任。抽调工会干部和其他干部组成工作组,进驻国营四矿和国营裕公矿,在中共山西省委和中共榆次地委的具体指导下开始反把头运动。

工作组采取分片包干的办法,分别深入到工房、宿舍访贫问苦,充分调查,深入动员,向工人讲解封建把头剥削压迫工人的罪行,发动群众参加反把头斗争。通过动员会、小组讨论会、各方面人员座谈会以及个别谈心等形式,使不少苦大仇深、受尽封建把头剥削的工人纷纷起来揭发、控诉把头欺压工人的罪行。仅一个多月时间,在广泛宣传，深入发动和培训运动骨干的基础上，全局共揭露出 174 个把头。对于这些把头，按照政策规定，依据罪恶大小分别进行处理。对 7 名罪大恶极的把头，送政府法办；对赵九毛等 3 人因解放后工作积极，没有剥削压迫工人的行为，不以把头论处；其余人员，分别给予留用、调用、调训、辞退和开除等处分。与此同时，根据工人需要，经过民主选举，提拔有技术、有经验和有威信的 60 多名工人担任领导职务；局、矿两级还民主选举，分别产生以局、矿长为首的管理委员会。在管理委员会的领导下，逐步建立起一系列的企业管理制度。同年 5 月，反把头运动胜利结束。经过该运动，在矿区沿袭半个多世纪的封建把头制度被彻底推翻，从而使广大工人从旧的生产关系中彻底解放出来，成为企业的主人，他们长期被压抑的热情得到充分的挥洒。当时，《人民日报》《工人日报》等媒体对阳泉的反把头运动进行全面报道。《工人日报》发表评论说，这是“新民主主义企业的管理制度对于封建管理制度残余的一件具有历史意义的革命”。

第六编　人　物

人物编分为人物传略、人物简介、人物名表(录)3个部分,其中,人物传略收录18人,人物简介收录108人。人物传略,坚持生不立传的原则,一是记载已故的矿区工人运动史上的工人运动领袖和先进工人代表;二是记载已故的本区域内曾获得省级以上劳动模范或先进个人的典型人物;三是记载已故的为矿区工会事业做出重要贡献的人物;四是记载已故的为矿区经济建设和社会发展做出突出业绩、有重大影响的代表人物。人物简介,记载的均为本区域内全国、省级劳动模范,省部级以上荣誉称号或科研成果奖获得者以及在工会工作或其他方面做出显著成绩的人物代表。人物名表(录),收录《矿区全国劳动模范、先进人物名表》《矿区全国"五一劳动奖章"人物名表》《矿区省部级劳动模范、先进人物名表》《矿区省部级立功("五一劳动奖章")人物名表》《矿区市级劳动模范、先进生产(工作)者人物名表》《矿区市级立功("五一劳动奖章")人物名表》《矿区区级劳动模范、先进生产(工作)者名表》《矿区区级立功个人名表》等。

人物传略的排序,按人物去世时间的先后排列,人物简介的排序,按人物出生年月的先后排列。

第一章　人物传略

王四毛

王四毛(1894～1954),又名王富万,山西平定黄土岭人。全国劳动模范。

自幼家境贫寒，随母讨饭度日，十几岁就靠打短工维持生活。步入青年后便跟着两个哥哥到阳泉下煤窑,先后在汉河沟、蔡洼等几个煤窑挖煤。1937年10月,日本侵略军侵占阳泉煤矿实施军事管制,不堪忍受欺压返回故里,靠挑贩砂货为生。1947年5月,阳泉解放,54岁时到国营阳泉四矿当采煤工人。四矿当时刚刚恢复生产,采掘方法和技术装备落后,安全设施缺乏,井下伤亡事故较多。一般矿工都迷信,依赖老天爷的保佑。王四毛不信鬼、不信神,用自己的亲身经历和掌握的采煤技术,向工人们讲解“安全要靠自己,要靠大伙的力量”,指导大伙识别台坡、顶掌、合皮等几种地质构造,教给大家如何处理与维护的技术。由于重视安全,宣传安全和经验传授,他所在过的班组,1949年和1950年,两年时从未发生任何事故,而且年年超额完成国家生产任务。

自身的言传身教不仅带动所在采煤组,同时还影响全矿,推动安全教育和生产安全。1950年9月,出席全国工农兵劳动模范代表会议,获得全国劳动模范光荣称号,是阳泉市首位全国劳动模范获得者。1952年,调中国煤矿阳泉矿区工会职工养老院任院长。1954年,因患肺瘤而病逝,终年60岁。

王凤山

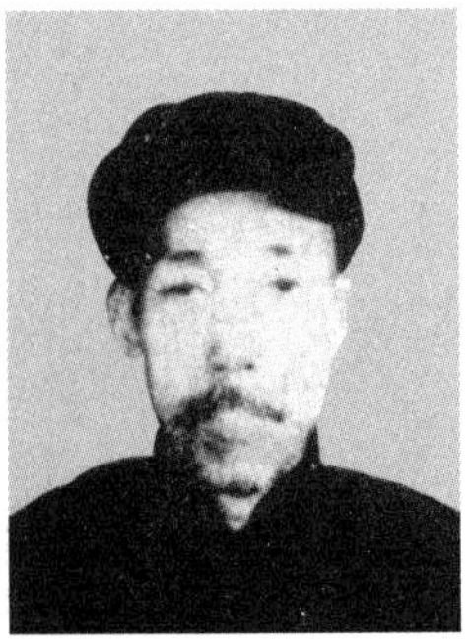

王凤山(1905～1970),原名焦岐峰,河北高邑人。阳泉煤矿工人武装抗日游击队大队长。从小酷爱武术,长拳短打样样精通。1922年,迫于生计离家出走,落脚到直系军阀吴佩孚部当兵。直奉军阀混战时,吴佩孚败北,王凤山所在部队被冯玉祥属部高桂滋收编,任该部武术教官。1930年中原大战后，冯玉祥所部以客军地位驻晋,他随高桂滋部到平定县城。1931年7月4日,中国共产党山西特委组织发动和领导高桂滋部的平定武装起义，起义部队在赴河北阜平县途中,他被派遣到阳泉建昌煤矿与中共地下党联系。此后便在保晋公司第二矿厂当采煤工。

1933年8月,中共山西省特委派何英才到阳泉矿区开展工作。王凤山为人耿直,性格豪爽，常替受把头欺凌的工人打抱不平，受到何英才关注。此后，何英才主动接触他，他也常请何到家里，于是他家便成为工友们的聚会点。1934 年夏，他和母亲张秀坤经何英才介绍加入中国共产党。同时，由他们 3 人组成保晋公司第一个党小组，他的家也就成为中共在阳泉矿区的“堡垒户”。后来，党组织搞到一台小型油印机，在王岩沟一眼破窑洞里油印革命传单。为了安全，油印都在深夜里进行。何英才负责写稿，王凤岗（王凤山的弟弟）刻蜡版，王凤山印刷，王的母亲整理、装订。有时还要派人守候在土窑顶上的荒草中放哨，直到印完才撤岗。他多次参加中共领导的反对矿主和把头的斗争。1935 年 3 月，他和何英才领导保晋公司四矿厂和二矿厂的工人联合大罢工。在矿工团结斗争的强大压力下，矿方不得不答应工人提高工资的正当要求。罢工斗争的胜利，扩大中国共产党在矿工中的影响，极大地鼓舞工人群众的斗志。

1936 年 2 月，为发动群众，宣传抗日救国道理，王凤山根据上级指示，组建党的外围组织阳泉矿工武术团，1937 年，矿工武术团集体加入牺盟会。“七七”事变后，在武术团和护矿队的基础上组建阳泉煤矿工人抗日武装游击大队，他出任大队长。日军占领阳泉（1937 年 10 月 30 日）之前，他和何英才奉命率队撤出阳泉，转移到和顺县石拐镇。后来，这支部队成为八路军 129 师独立支队的一个大队，仍由他任大队长。1943 年，王凤山调离部队，进延安中央党校学习。1945 年，根据组织的安排，赴东北解放区，任东北铁路工作团团长，参加解放区的生产建设恢复工作。1948 年，他的妻子不幸遭土匪暗杀，使他的精神受到很大刺激，性格变得怪僻，常常酗酒，酒后还时有失态之举。后来组织上便安排他到阜新煤矿选煤厂当工人。1970 年，病故于辽宁阜新，终年 65 岁。

何英才

何英才（1905 ~ 1974），原名杨高梧，曾用名杨云集，山西洪洞人。系中共早期工人出身的共产党员，工人运动领袖，为阳泉矿区的工人运动做出重要贡献。出生于贫苦农民家庭，1925 年进太原兵工厂当工人，1926 年加入中国共产党，先后担任中共太原兵工厂特别支部书记、中共山西省委组织部长等职。1928 年 3 月，因叛徒告密在太原被捕。1933 年出狱，8 月，被中共山西特委派到阳泉矿区开展工作。

何英才初到阳泉矿区时，化装成小贩，以提篮卖花生和饼子为名，主动接近煤矿工人。后来进入保晋公司二矿厂，便与工人在一起吃住劳动，秘密宣传革命道理。1934 年夏，发展王凤山及其母亲张秀坤加入中国共产党，并建立保晋公司第一个党小组。接着，先后在保晋公司二矿厂、四矿厂、一矿厂和建昌煤矿建立中共基层支部，发展党员 40 余人。在此基础上，成立阳泉矿区总工会，何英才任总工会主席，1935 年，总工会会员发展到 1000 多人。矿区总工会在中共党组织领导下，多次组织发动工人的罢工斗争。1937 年 7 月初，矿区总工会会员集体参加“山西牺盟会”，同年 9 月，有 400

多会员参加煤矿工人武装抗日游击队。

1934年秋天，何英才搞到一台油印机，在王岩沟一眼破土窑里编印革命传单，宣传革命道理，启发矿工的阶级觉悟，号召矿工们组织起来解放自己。煤矿当局惊恐万状，悬赏捉拿印发传单的人。一天，驻矿防共保卫团突然查抄王凤岗（王凤山之弟）的家，幸亏早有防备，把油印机藏在狗窝里，才使敌人扑空。1935年初~1937年初任中共阳泉矿区支部书记。发动阳泉矿工联合大罢工并取得胜利。1936年2月，领导建立阳泉矿区武术团，在矿区中开展牺牲救国同盟会组织活动。1937年1月~7月，出任中共阳泉矿区委员会书记兼牺盟会阳泉分会特派员。1937年5月，为给部队培养抗日武装骨干力量，何英才把矿工中的8名积极分子（杜秀英、王凤岗、王化勋、聂汗臣等）选送到太原国民军军官教导团学习。临走时，赠送给他们两面大旗，一面写着"冲到东北"；另一面写着"还我河山"。此外，还赠送他们毛巾、手帕、茶缸等。在平定县上城中学召开的欢送会上，何英才勉励他们说："你们都是骨干分子，到那里要好好学习，团结群众，阎锡山是不会和我们长期合作下去的，你们8个人都能当上连长，就能为我们掌握8个连，力争当一个排长，最低也要当上班长。"这8个人后来大部分成为抗日武装的骨干力量。1937年9月，组建500余人的阳泉煤矿工人武装抗日游击大队（矿工游击队），他担任政治委员。10月30日，日本侵略军侵占阳泉前，按照上级指示，率游击队开往太行山区，参加创建抗日根据地，并在作战中负伤。后来，矿工游击队成为129师领导的独立支队的骨干力量。

1937年12月~1940年4月，历任中共冀豫晋省晋东特别区委员会书记，中共冀豫晋省委委员、组织部部长，中共晋冀豫区委委员、组织部部长，中共晋豫区党委书记。后赴延安入中共中央党校学习。1945年4月~6月，作为晋冀鲁豫代表团成员参加中共七大。1945年8月，任中共太行区委太原委员会书记、太行区委城工部部长，中共晋中地委委员，中共太行区委组织部部长。1947年6月，任中共晋冀鲁豫中央局城市工作部部长，随刘邓大军挺进大别山。11月起，任中共鄂豫区委委员、组织部部长。因土改工作需要，担任中共礼山县委书记。后任中原职工会组织部部长、黄石市特区党委书记、大冶矿区党委书记。1948年8月，出席第六次全国劳动代表大会。1949年5月~9月，任华中职工总工会石灰窑工业特区办事处主任、中共湖北黄石石灰窑工业特区委员会书记。

新中国成立后，历任中南区总工会副主任、中华全国总工会执委、全国农林工会主席等职。晚年调回山西任山西省委常委、省政协副主席、全国政协委员等职。"文化大革命"中受到冲击，不幸于1974年8月蒙冤而逝。中共十一届三中全会后得到平反昭雪，并于1979年5月22日，中共山西省委为其举行追悼会，彭真、薄一波等中央领导送了花圈。1985年2月24日，《人民日报》发表毛铎等4人撰写的文章《何英才同志永远活在我们心中》，对其战斗的一生做出高度评价。

蔡银花

蔡银花(1917～1985),女,山西和顺人。出身贫寒,从小就做了童养媳,过着凄苦的生活。抗日战争时期,她响应和顺县抗日民主政府发出的“组织起来,生产自救”号召,用自己省吃俭用攒下的钱买纺车和织布机,积极组织家乡妇女纺线织布,支持前线,多次被评为支前模范。

1951年,随在二矿工作的丈夫到阳泉二矿巩窑洼居住。那时,矿工们大都住在沟沟梁梁的土窑洞和草棚房里,生活条件十分艰苦。但是,由于她与邻为善,勤俭持家,很快便得到居民的信任和称赞,于1953年被选为居委会主任。其间,她积极主动开展工作,出色完成各项工作任务。针对矿工劳动强度大工作面危险的实际,她提出要使矿工不误班,安心安全去生产,就要使工人们“吃好、喝好、休息好”的“三好”建议,得到矿领导的支持和家属们的拥护。为检查“三好”建议的落实情况,她主动了解辖区内每个矿工的上班时间,逐个进行登记,然后制作值班牌,由值班家属挨门挨户轮流交接班。值班时,当班家属须按照每个矿工的班次时间准时呼叫上班。为坚持落实好这一制度,她经常半夜三更地进行检查督促。对于不安心井下工作的工人,她主动登门与之谈心,一次不通,二次再来,并嘱咐其家属协助做思想工作,直到做通为止。矿工有患病的,或是家里有特殊困难的,只要让她知道,都要登门探望,询问情况,设法帮助解决。实在解决不了的,或发动居民互助互济,或向领导及时反映。矿领导多次表扬她说:“全矿生产直线上升,任务年年超额完成,也凝聚着你们居委会和矿工家属的心血!”由于她工作出色,1955年,她被选为市人民陪审员;同年,又被评为山西省劳动模范。1963年,她的家庭被评为出席山西省的五好家庭。1985年病逝,终年68岁。

葛德林

葛德林(1929～1985),山西阳泉郊区人。1952年,到阳泉矿务局二矿当井下工人,同年加入中国共产党。此后,担任过井下调度员、采煤队党支部书记、车间工会主席、二矿工会副主席和代理主席,以及山西省总工会第七届委员会委员、全国总工会第十次代表大会主席团成员等职。

担任工会干部以后,他时刻关心着职工的生活,照顾孤寡残疾。先后走访职工家属6000余户,接待反映情况的群众上万人次,亲自处理伤亡职工善后工作135件。二矿一位矿工因事故死亡,时隔不久其妻也因心脏病去世,留下5个孩子,大的15岁,小的仅4岁。葛德林说“这些孩子是矿工的后代,决不能让他们受罪。”他主动与矿领导研究后,把照顾孩子的事揽到工会。从孩子们的农转非、安排住房到进学校读书,一件件都考虑安排得细致周详,甚至连孩子们平日的吃喝穿戴都记挂在心。每当节假日,他便把孩子们接到自己家中吃团圆饭,让他们享受到家庭的温暖。二矿萝卜台家属区是个干圪梁,近千名职工吃水困难,他及时向领导汇报，取得支持，很快给他们安上自来水管。葛德林一贯反对干部以权谋私，他说“工会干部不许为自己捞便宜，不能干那种往党和工会脸上抹黑的事情。”1973年，他大病一场，矿工会救济他100元，他坚决不领。1983年，他把晋升一级工资领到的补发款100元，捐献给矿幼儿园。1984年，矿务局奖给他100元，他原封不动，缴了党费。儿媳生孩子后，一家三代9口人挤在只有48平方米的家里实住不开了，才提出向矿上要间房子的请求。矿上分给他一间好房，他硬是把好房让给退休职工，自己选一间仅6平方米的“自建房”。他用自己的行动赢得领导的信任与群众的爱戴。多次被评为矿、局、市的劳模标兵，获得模范共产党员和模范工会干部称号。1984年4月，被山西省总工会授予“模范工会干部”荣誉称号。同年10月，作为工会代表出席全国总工会第十次代表大会，被选为主席团成员，并受到全国人大常委会委员长叶剑英的接见，大会授予他“全国优秀工会工作者”称号。

1985年11月14日，葛德林整整忙碌一天。上午，到井下检查淋头水；下午，到山上养老院探望一对老年夫妇；傍晚，觉着不舒服，才拖着疲惫的身子回到家里。到晚上11点左右，突然腹痛难忍，才赶到医院急诊。不料，病情恶化，经抢救无效，于15日凌晨不幸病逝。噩耗传出，矿工们自动为他祭奠7天，因工致伤残截瘫的职工们摇着轮椅成群结队为他送葬。山西省人民政府追授他为“山西省劳动模范”称号。中共阳泉二矿党委、中共阳泉矿务局党委、中共阳泉市委、阳泉市总工会和山西省总工会都先后做出向葛德林同志学习的决定。《阳泉矿工报》《阳泉报》《山西工人报》《山西日报》《工人日报》都以头版头条的位置发表长篇通讯，报道他的先进事迹。

王 体

王　体（1914～1990），曾用名王贵祥，山西平定人，1958年9月，加入中国共产党。他14岁拜师学艺（木工），出师后当木匠以维持生计。早年曾在阳泉煤矿做工，后返回原籍。1947年2月，由平定（路北）县政府介绍到晋察冀第四军分区修械所当木工。1948年3月，转至阳泉矿务局四矿机电木工科当工人。1952年，担任木工组组长，是当时四矿屈指可数的八级技工之一。20世纪60年代，由于技术过硬、干活踏实、工作积极，曾多次被评为局、市、省劳动模范。

“文化大革命”时期，他看到两派工人群众组织武斗，生产遭到严重破坏，痛心疾首。于1968年4月，以老工人代表的身份到北京出席全国煤炭会议，向国务院总理周恩来如实反映情况，促进阳泉问题的快速解决。之后，担任阳泉市革命委员会副主任。1969年，出席中国共产党第九次全国代表大会，被选为中共九届候补中央委员。此后，又先后担任中共山西省核心小组成员、山西省革命委员会副主任、中共阳泉矿务局委员会常委、第二书记。1973年，在中共十次全国代表大会上，他再次当选为候补中央委员。后历任中共山西省委常委、山西省总工会主任。1982年4月，任阳泉矿务局顾问。1985年3月离休。1990年1月病故，享年76岁。

金元斌

金元斌（1926～1998），河南固始人。全国“五一劳动奖章”获得者，享受国务院特殊津贴的优秀专家。1951年，中国矿业学院采煤系毕业，1982年，加入中国共产党。1952年，调任阳泉矿务局四矿通风区技术员，同年，又调阳泉矿务局从事瓦斯研究和治理工作。1984年，出任阳泉矿务局煤炭科学研究所副所长。1988年退休，1989年，晋升为教授级高级工程师。

从20世纪50年代开始，对煤矿瓦斯进行探索试验研究。根据阳泉矿区煤层贮藏状况以及开采煤层瓦斯储存状况，总结出生产过程中瓦斯的重要来源和基本规律，提出先开采解放层即先开采上部四尺煤层解放下部八尺煤层的开采顺序，成功地完成以顶板钻孔、地面钻孔抽放上邻近层瓦斯等试验，解决四尺煤层瓦斯抽放问题，不仅为阳泉，也为全国超级瓦斯矿的综合治理探索新的途径。20世纪70年代，在进一步探索瓦斯抽放技术的基础上，通过大量的试验数据，推导出预测七尺煤层瓦斯突出的计算公式，并进行大直径钻孔预排瓦斯防突的试验研究，取得成果。该项成果获得1978年全国科技大会金奖。20世纪80年代，他与科技人员一道准确地预测出阳泉矿务局15个煤层的瓦斯含量、瓦斯压力，以及邻近层开采瓦斯涌出量的影响范围预测公式等，并进行大规模的通风方式改革试验、顶板岩巷抽放邻近层瓦斯试验、地面垂直钻孔抽放邻近层及采空区瓦斯试验等多项研究，均取得重大科研成果，在国内、国际处于领先地位。1982年，获山西省科技进步一等奖。1985年和1986年，分别获山西省和煤炭工业部特级劳模称号，1985年，获中华全国总工会首次颁发的全国“五一劳动奖章”。1986年，被国家科委、人事部授予“有突出贡献的中青年专家”。1998年，因病去世，终年72岁。

赵芝田

赵芝田（1934～2000），山西平定人，1949年12月参加工作，1955年3月加入中国共产党。初中学历，高级工程师。全国“五一劳动奖章”获得者。

先后在阳泉矿务局三矿测绘股担任测工练习生、技术员、副科长。1956年8月，赴山西省委党校学习。1957年2月后，任阳泉矿务局三矿技术科科长、副矿长，一矿代矿长、革委会副主任等职。1973年2月赴波兰进行综采机械化采煤实习，并担任实习组组长。1974年2月，任阳泉矿务局革委会副主任，1975年8月，任局革委会主任，1978年6月，任阳泉矿务局局长，1985年4月，任阳泉矿务局党委书记。1988年，被评聘为高级工程师、高级政工师。1993年1月，当选为山西省第八届人大常委会委员。1995年10月，担任煤炭部特邀巡视员。

在担任阳泉矿务局主要领导期间，阳泉矿务局实现原煤产量翻番，建成质量标准化、管理现代化矿务局，并晋升为国家二级企业，1992年生产原煤1600万吨，销售收入第一次突破10亿元大关，百万吨死亡率降到0.5。多次被山西省委、阳泉市委评为思想政治工作优秀企业、先进党委、山西省精神文明建设先进企业；1990年，被授予全国优秀思想政治工作者荣誉称号，1993年，获全国“五一劳动奖章”。参加工作近50年，为阳泉煤炭事业的发展贡献毕生的精力。1995年10月离任，1998年6月退休，2000年2月8日，因病去世，享年66岁。

王治国

王治国（1922～2001），曾名占莹，山西平定人。幼年家境贫寒，9岁就给地主放羊，受尽欺凌。18岁时，痛打欺辱自己的地主儿子后，与本村的七八个青年一起参加平定（路北）县武装抗日自卫总队。1941年4月，加入中国共产党。先当通讯员，后调任县公安局班长、特务队长侦查员和治安员。在抗日战争时期，开展逮捕反动分子，铲除汉奸等工作。在县里接受专门训练后，被派往敌占区开展地下斗争。在阳泉火车站附近开一家饭店，暗中搜集情报送往抗日政府。但后来被日本宪兵队发现真实身份，被迫转移。在担任五区（赛鱼、石卜咀一带）治安员期间，与日本侵略者及汉奸特务进行殊死搏斗，积极搜集情报，铲除汉奸。刀斩当汉奸的本家爷爷王国毛，铲除汉奸特务曹昆、荆三牛、荆碰全、史贤臣，惩锄汉奸特务人称“五条牛”的官沟村张大牛、辛兴村赵歪牛、赛鱼村姚牛、前庄村翟牛和石卜咀村石小牛，成为威震一乡的孤胆英雄。1946年10月，调任晋察冀边区四分区公安局警卫队队长。

1950年8月，调到阳泉矿务局，先后任股长、秘书、副科长、副队长、副处长、总调度室主任、新区建设指挥部副总指挥等职。参加“两沟”（蒙村沟、贵石沟）建设，担任运搬路综合工程队队长。建成三矿1号井和2号井，完成桑沟风井，北头咀平峒，黄石板平峒的建设任务，使原煤产量大幅度提高。1956年，到北京参加全国劳模大会，在中南海怀仁堂受到毛泽东主席、周总理的亲切接见并合影留念。1978年7月，任贵石沟新矿区建设指挥部副总指挥，带领广大职工迎难而上，为建设新区做出积极贡献。1983年12月离休，2001年去世。

李肥寿

李肥寿（1918～2001），山西平定人，阳泉工矿区总工会副主席、党组成员。青少年时期，为养家糊口，只身到阳泉。在煤矿当工人期间，他结识党的组织，接受马列主义宣传，秘密参加革命活动，于1936年加入中国共产党。1937年4月，经中共山西省工委批准，成立中共阳泉矿区委员会，下辖一、二、四矿厂3个支部。李肥寿为中共二矿厂支部委员，是阳泉较早的中国共产党组织成员之一。1937年10月，担任阳泉煤矿工人武装抗日游击大队第二中队中队长。

到1947年阳泉解放前夕，他在煤矿和附近山村，以多种形式向群众进行抗日救国的宣传活动，组织工人与日伪开展英勇顽强的斗争。1948年3月，当选为四矿工会主席。他率领全矿3500余名会员，克服重重困难，以实际行动迎接全国的解放。1950年2月，他调任阳泉工矿区总工会任副主席、党组成员。1955年，调山西省地质局，任副处长、处长、副局长等职。1978年离休，2001年7月病故，终年83岁。

张世祯

张世祯（1930～2001），山西平定人，全国先进生产者。1949年10月到国营阳泉裕公矿（今阳煤集团三矿）工作。先为推车工，后来当维修工。1961年至1977年，多次被评为山西省劳动模范。

1952年，正值三矿一号井开凿第一条大巷，受到"形管吹风出滴滴涕药水"的启示，使用旧铁管焊制简易装置，运用压风机的余风量将巷中的积水排出。这一革新的成功，使他走上煤矿生产工具改革的道路，他刻苦学习，勤于钻研。仅1958年，在同行技术人员的配合下，制造出半自动化掘进装煤机、单钩无极绳绞车、11型煤溜机头和机尾、脱水筛等9项重大机械，为提高煤矿的机械化水平和劳动效率做出贡献。被群众誉为革新能手"智多星"。1959年10月25日～11月8日，出席北京召开的全国工业、交通运输、基本建设、财贸方面社会主义建设先进集体和先进生产者代表大会（简称群英会）。被国务院授予全国先进生产者称号。同年，被评为中级技师。

在煤矿工作30余年，革新成功的技术项目有80余项。曾担任过三矿机电科副科长、维运区副区长等职务。1984年4月退休，2001年9月病故，享年71岁。

李富昌

李富昌（1954～2006），男，汉族，阳泉郊区人，中专学历，小学高级教师。1996年加入中国共产党。1976年于阳泉矿务局二矿子弟学校参加工作，历任小南坑小学语文教师、班主任、教研组长、年级组长、德育教导员、党小组长、工会主席等职务。

任职期间，所带班级教学成绩名列阳泉矿务局教育处前茅，曾获教育处先进集体、优秀中队；教研组、年级组曾获阳泉矿务局先进集体；德育工作获得教育处先进集体和德育示范校的称号。他于1993年9月，被评为山西省优秀教师。

在担任学校工会主席期间，尽职尽责，工作贴近实际、贴近教职工，热心为广大教职工办实事、办好事，真心实意为教职工服务，深受教职工的信赖和好评。始终将学校民主管理工作放在工会工作的重要位置，通过学习和借鉴，并结合校情实际先后制定出台《小南坑小学教代会实施细则》《小南坑小学校务公开实施办法》《小南坑小学民主管理实施细则》等一系列民主管理工作的规章制度，为学校民主管理工作扎实有效开展做了大量基础性工作。学校工会工作曾被阳煤集团教育处评为先进集体和阳煤集团模范职工之家。2006 年 7 月 3 日,因病医治无效去世,享年 52 岁。

张跃恒

张跃恒(1928～2008),山西阳泉人,小学文化,1974 年加入中国共产党,1950 年,从部队负伤复员到阳泉矿务局三矿工作,长期担任材料科油脂收发工。1966 年～1986 年,从一点一滴的节约回收做起,千方百计回收复用各种工业用油 29.5 万多公斤,价值达 33.66 万元。还回收复用 1.74 万公斤碎电石、2206 只油桶,修补 2305 只破损油桶。同时,坚持送料到现场,二十多年,共送各种油料、物品 5852 吨,为用料单位节省工作日 1.5 万多个。1986 年 12 月,他退而不休,继续在油脂收发岗位上义务奉献 6 年。不计名利,不计报酬,勤勤恳恳,兢兢业业,用满腔热忱的情和爱,为企业、国家节约财富。1992 年,共回收废油脂 1850 公斤,乳化液 340 公斤,没有一个人能看出他是个编外人员。1978 年～1986 年,连续被评为局、矿劳动模范;1982 年、1992 年,两次被评为山西省劳动模范;1992 年,获全国“五一劳动奖章”。2008 年 5 月病故,享年 80 岁。

陶河川

陶河川(1938～2008),安徽人,中共党员,中专文化。阳泉市矿区总工会第一届、第二届、第三届委员会主席,中共阳泉市矿区第三届、第四届委员会委员。

1955 年 12 月参加工作,在中国人民解放军 586 团参军;1973 年 1 月,在阳泉市“五七”干校工作;1978 年 5 月,在阳泉报社工作;1981 年 4 月,任矿区小南坑街道办事处党支部副书记,主持工作;1982 年 8 月,任矿区小南坑街道办事处党支部书记;1984 年 3 月,任中共阳泉市矿区纪律检查委员会常委;1984 年 12 月至 1998 年 12 月,任矿区总工会主席。为矿区工会事业做出重要贡献。1998 年 12 月退休,2008 年 11 月 17 日因病去世,享年 70 岁。

吕成录

吕成录(1930～2010),河北井陉人,小学学历,1949 年 5 月参加工作,1953 年加入中国共产党,全国先进生产者。

在阳泉矿务局四矿当采煤工时,坚持多出勤、出满勤,工作 32 年中,只休息了 7 天,是采煤队里有名的出勤大王。无论是在井下还是在井上工作,条件如何恶劣,都坚持按操作规程安全生产。他曾数次因公负伤,且患多种疾病,但始终不放弃采煤第一线的工作。他工作扎实，认真负责，无私奉献是他的想法，苦、脏、累、险的活他抢着干，以干好本职工作为目的，从不计较个人得失，被誉为“矿山铁人”。1962 年～1964 年，连续 3 年被山西省政府授予先进生产者称号。1977 年，全国工业学大庆会议上被授予全国先进生产者称号。1981 年 8 月退休。2010 年 1 月病故，享年 80 岁。

周新堂

周新堂（1963～2012），山西阳泉郊区人，1982 年 10 月参军，1985 年 10 月加入中国共产党。大专文化。1990 年 10 月参加公安工作，先后在马家坪派出所、刑警大队、赛鱼派出所工作。

严格执法热情为民服务，经常加班加点办理案件，工作时间长、工作压力大，拖垮身体。2009 年 1 月工作期间，就因突患脑梗被送阳煤集团总医院住院治疗。身体尚未完全康复，他就主动回到岗，坚持在一线工作。2012 年 5 月中旬开始，连续几天昼夜加班加点工作，先后办理多起案件，在侦办一起吸毒治安案件中又连夜蹲守。发病那天上午，依然坚持在工作岗位上，病发前半小时，还在内勤办公室网上调取嫌疑人情况。终于积劳成疾，2012 年 5 月 14 日，在工作岗位突患心肌梗死，经紧急送阳煤集团三矿医院抢救无效，于 15 日因公牺牲，年仅 49 岁。

王炳俊

王炳俊（1952～2013），河北枣强人，中共党员，大专文化。阳煤集团主席。

1968 年 12 月～1975 年 6 月，任阳泉矿务局二矿工人、井口团总支书记；1975 年 7 月～1979 年 1 月，任二矿东四尺采煤二队党支部书记，井口党总支书记；1979 年 2 月～1982 年 3 月，任矿务局二矿团委书记；1982 年 4 月～1984 年 5 月，任矿务局团委副书记、书记；1984 年 6 月～1988 年 1 月，任矿务局党委宣传部副部长；1988 年 2 月～1990 年 2 月，任矿务局四矿安监处副处长；1990 年 3 月～1993 年 12 月，任矿务局一矿党委副书记；1994 年 1 月～1998 年 2 月，任矿务局工会主席；1998 年 2 月，任阳煤集团工会主席。2003 年 9 月，当选阳泉市总工会第十三届委员会副主席。2010 年 2 月，当选为阳泉市矿区工会发展促进会会长。

在阳泉矿务局、阳煤集团工会主席任上，充分调动工人的积极性，维护工人的合法权益，致力打造企业文化品牌，为阳煤集团企业的做大做强做出较大的贡献。曾被选为中国工会十三大、十四大、十五大代表。1997 年，被授予全国优秀工会干部称号，1998 年，被中华全国总工会授予全国模范工会干部称号，2002 年 9 月，被山西省厂务公开协调小组办公室授予全省厂务公开先进个人称号，同年 10 月，被山西省总工会授予全省送温暖工作先进个人称号，2003 年，被山西省总工会授予维护职工合法权益卫士称号,2006 年,被中国能源化学工会授予优秀工会干部称号。2012 年退休,2013 年病逝,享年 61 岁。

赵云平

赵云平(1956 ~ 2014),山西垣曲人,大专文化。1987 年 12 月加入中国共产党,1974 年 8 月参加工作,1976 年 8 月参加公安工作,历任阳泉市公安局矿区分局桥头派出所民警,赛鱼派出所副所长(副科级),红岭湾派出所所长,分局党委委员、局长助理(正科级)。一级警督警衔,全国优秀人民警察获得者。

参加公安工作期间,工作出色。1980 年 11 月,山西省公安厅记个人三等功。2003 年 11 月,阳泉市劳动竞赛委员会记个人一等功。2005 年 4 月,阳泉市劳动竞赛委员会记个人三等功。2005 年,被评为全省公安系统先进个人,同年 8 月,被公安部评为 2003 ~ 2004 年度全国优秀人民警察。

担任矿区红岭湾派出所所长期间,坚持"立警为公、执法为民"的思想,建立新型派出所工作运行机制,派出所各项工作和队伍建设走在全局的前列。2002 年、2003 年,派出所两次立集体三等功,2004 年,被山西省公安厅授予"山西省优秀公安基层单位",同年,被公安部命名为"一级派出所"。2005 年,率领派出所干警打击处理各类违法人员 166 人,其中,逮捕犯罪嫌疑人 5 人,劳动教养违法人员 6 人,强戒吸毒人员 19 人、行政拘留违法人员 16 人,治安罚款处理各类违法人员 120 人,打掉违法犯罪团伙 5 个。2008 年,身患癌症重病后,积极与病魔抗争,仍坚持工作在分管的刑警和信访工作,带领民警侦破一批大要案件,消化处理影响稳定的疑难信访案件,为辖区社会安定做出贡献。2014 年 3 月,因病医治无效病逝,享年 58 岁。

第二章　人物简介

何秉权

何秉权，1928年3月生，河北深泽人，大专文化，地质工程师。1956年加入中国共产党。系全国先进科技工作者、享受国务院特殊津贴的优秀专家。

1947年参加革命工作后，曾任晋察冀军区井陉矿区管理委员会测绘技术员、井（陉）阳（泉）煤业公司工程处测绘组组长。1949年井阳分建后调阳泉，历任阳泉矿务局采煤科测绘股股长，计划处生产计划科科长，生产地质处地质科科长，地质勘察处秘书兼地质科科长、副处长、处长、工程师，地质测量处处长，煤研所所长，矿务局副总工程师兼科研设计室主任。1974年起任矿务局总工程师兼煤研所所长、生产指挥部指挥，党委常委、副局长等职，高级工程师；1985年改任矿务局调研员。1988年离休。系阳泉市政协第一届至第六届委员会委员，第七届委员会常委。曾被煤炭工业部聘为技术顾问委员会顾问、技术委员会委员，中国煤炭学会第一届、第二届理事，第三届名誉理事；山西省煤炭学会常务理事，山西省科协第二届委员会委员；阳泉煤炭学会理事长，阳泉市科协副主席。

20世纪60年代，任阳泉矿务局副总工程师兼科研设计室主任期间，他主持解决了生产中许多关键性技术难题。70年代积极组织试验综采设备，主持编制了以技术改造为主要途径的产量翻番计划，为1976年实现年产原煤1252万吨的翻番目标做出贡献。与中国矿业学院合作，成功地制造出适合本局使用的掩护式液压支架。所撰写的论文《建设阳泉市无烟煤生产基地的规划与设想》被省科协收入《优秀论文汇编》；《泵充护巷新工艺的实践》入编由煤炭学会、金属学会、有色金属学会等8个全国性学会联合出版的《第三次全国采矿学术会议论文集》；《高沼气综采工作面通风方式改革》刊登在《煤炭科学技术》刊物上；《Y型通风科学实验》成果获“山西省科技进步二等奖”；《高沼气回采工作面瓦斯综合治理技术研究》获“国家科技进步二等奖”；《阳泉矿务局瓦斯综合治理技术的研究》获煤炭工业部“特等奖”。

1978年，被评为“对国家科学技术工作做出重大贡献的先进工作者”（全国劳动模范），并出席全国第一次科学技术大会；1985年，获煤炭工业部劳动模范称号；1992年10月起享受国务院批准的政府特殊津贴。

郭佐荣

郭佐荣,1928年5月生,山西盂县人,中共党员。阳泉市矿区工会第一届委员会主席。

1944年5月~1945年10月,任盂县三区通讯员;1945年10月~1946年3月,为盂县新兵团通讯员;1946年3月~1946年8月,任补编晋察冀三旅一团政治处宣传员;1946年9月~1947年8月,在华北野战军四纵队十旅二十八团政治处当通讯员;1947年9月~1958年4月,先后任北京市公安总队警卫员、班长、副排长、排长、副连长;1958年5月~1959年5月,在武汉市第一公安干部学校四连任班长;1959年6月~1962年12月,分配到山西省武装警察总队一大队二中队任队长;1963年1月~1969年3月,调任山西独立师三团连长、营长;1969年3月~1969年12月,转任内蒙古海拉尔市143部队二营营长;1970年1月~1971年9月,改任黑龙江独立二师十团副参谋长;1971年9月~1978年9月,任黑龙江省81676部队参谋长;1978年9月~1981年9月,转业后任阳泉市矿区革命委员会副主任;1982年4月~1984年7月,任阳泉市矿区工会主席;1984年8月~1986年5月,转任矿区政府巡视员;1986年5月~1987年5月,出任矿区政协副主席。

汤纯楠

汤纯楠,1933年8月生,江苏苏州人,大学专科学历,中共党员,小学数学高级教师,曾任阳泉矿务局三矿南楼小学教务主任,中国教育学会小学数学教学专业委员会成员。先后获市、省小学数学教学大奖赛一等奖,1990年,代表山西省参加在南方举办的首届全国小学数学优化课堂教学观摩课交流会获二等奖,1991年,在全国小学数学说课竞赛中获一等奖,并有多篇论文在刊物上发表。从教期间,爱岗敬业,乐于奉献,钻研业务,不断探索,逐步形成"创新、完善、实效"的课堂教学特色,对工作尽职尽责,敢挑重担,以身作则,并用自己的品德言行来教育影响学生,在阳泉矿务局有较高的知名度。到退休年龄仍义务为学校服务5年,带出一批批优秀青年数学教师。1989年9月,被评为山西省优秀教师,1993年9月,被评为全国优秀教师。

苏景云

苏景云,女,1935年5月生,辽宁黑山人,中共党员,中专学历。1955年8月,从抚顺煤矿技术学校毕业分配到阳泉矿务局三矿一号井采煤一队,担任见习技术员,由于成绩突出,提前3个月转正,并担任阳泉矿务局首位女采煤队副队长。之后,她先后担任三矿一号井采煤一队、二队和六队的队长、矿长办公室副主任,1982年2月,任阳泉矿务局工会副主席。1962年,晋升为采煤工程师。

在采煤队工作期间，“手勤、腿勤、脑勤、嘴勤”。工作中遇到难题，总会给领导提出合理化建议。担任采煤队长期间，与工人们同甘共苦，以身作则，重视生产质量、产量，更重视安全生产。在四年多的时间里，所领导的采煤队没有发生过死亡或重伤事故。在采煤六队工作期间，积极革新创造，努力提高采煤工效，试验成功小进度多循环采煤法。1956年，被评为全国煤矿系统先进生产者和全国先进生产者，并两度出席全国代表会议。

曹大良

曹大良，1941年2月生，山西应县人，初小文化，1986年加入中国共产党。全国劳动模范。1959年，在阳泉交通局保修厂当工人，1962年，调入阳泉矿务局四矿开采四队当采煤工。

34年一直奋战在采煤第一线，从未请过病、事假，未休息过一个春节和假日，每年出勤平均350天。无迟到早退，无责任事故，班班完成工作量。坚持“三先三后”：家有大事先生产后家务，遇有小伤小病先上班后看病医治，现场遇有危险自己先处理、保证安全后才让其他人干。34年献义务工1200个，被誉为“矿山顶梁柱”。1989年，被授予山西省特级劳动模范称号，同年，被评为全国劳动模范并参加全国先进工作者和劳动模范表彰大会，1992年，再次获山西省劳动模范称号。1996年4月退休。

邢玉明

邢玉明，1942年3月生，山西昔阳人，中共党员，大专学历，高级经济师。1958年7月，在阳泉矿务局机电修配厂参加工作，1960年后，历任厂团委书记、政工组副组长、宣传教育科科长、党委副书记、革委会主任、厂长、党委书记等职务。1995年10月后，任阳泉矿务局调研员（副局级）、阳煤集团调研员（副总经理级）。

任厂党委书记期间，结合该企业实际，运用系统论、控制论和休息论原理，主持制定《规范化工作法》与具体的231个管理标准、513个工作标准、354个工作程序标准、3867个技术标准和28个领导任职标准，开展职工称之为“二五四”（即双文明车间、五好班组、四有职工）竞赛活动。主持开发改装综采机滚筒、原煤筛、滑移支架超前支护和π型钢梁系列等15个新产品。JFS—三型锅炉烟尘净化器多功能电机车计数器、弦琴筛获得国家专利。铰接顶梁、π型钢梁和氧气3种产品，分别获得山西省与阳泉市优质产品称号。他以“爱厂爱岗做主人，服务煤矿创水平”的思想，对职工进行职业理想教育，提出“唯旗必夺，争创一流”的企业精神，加强精神文明建设。到1990年，矿务局机电修配厂工业总产值达2682.84万元，完成计划147.31%，生产任务完成计划136.99%。在消化各种增资因素的同时，利润达到274万元，实现扭亏增盈8.86万元。多种经营集体经济得到发展。1990年，劳动服务公司安置待业青年 626 人,生产经营总额达 428.83 万元,创利润 25.82 万元。同年,阳泉矿务局机电修配厂全员劳动生产率等 7 项指标名列全省同行业第一名,跻身于国家二级企业行业。1989 年,被评为全国能源工业劳动模范,1991 年,获全国“五一劳动奖章”。2000 年 7 月卸任。2002 年 4 月退休。

王亦农

王亦农,1944 年 7 月生,河北定兴人,中共党员,大学文化,高级工程师。全国“五一劳动奖章”获得者。阳泉煤业(集团)有限责任公司董事长、党委书记。

曾任阳泉矿务局三矿机电科科长、三矿党委副书记、二矿党委副书记、二矿党委书记、局多种经营总公司总经理等职务。1988 年 5 月,任阳泉矿务局副局长,分管多种经营。其间,积极组织贯彻落实中央和煤炭部深化企业改革、转化分流、发展多营三产、搞活企业的精神,率先在全煤系统提出多营三产“431101”发展规划和目标,即到 1996 年投资 4 亿元,分流转岗 3 万人,安置就业 1 万人,经营总额 10 亿元,利税 1 亿元,从而使煤炭企业多营三产发展纳入战略管理的轨道,受到煤炭部的肯定,并在全煤多营系统推广这一做法。阳煤集团多营三产呈现蓬勃发展的新局面,形成 7 大支柱产业群,400 余种新产品,效益显著。继 1996 年全面实现“431101”发展目标后,1997 年,多营三产经营总额又完成 11.75 亿元,实现利润 2090 万元。1995 年 10 月,担任阳泉矿务局党委书记,1997 年 12 月,担任阳煤集团董事长、党委书记。后,坚持“两个文明”一起抓,致力于加强和改进党的建设、班子队伍建设、党风矿风建设、思想政治工作和精神文明建设,尤其注重发挥党组织的政治核心作用,科学部署并强力推进“五双”工程,制定实施六大发展战略,即市场营销、产业发展、全员培训、科技进步、资本经营、开放带动战略。把企业改革、改制、生产、经营、党的建设和思想政治工作融为一体,推动企业“两个文明”建设同步发展。1995 年,全局实现利润 488 万元,结束连续 7 年的亏损局面,1996 年,全局实现利润 2588 万元。1997 年,在煤炭企业普遍经营困难的情况下,仍实现利润 1588 万元。1997 年 5 月,阳泉矿务局被山西省命名为精神文明建设先进企业,到 1997 年年底,阳泉矿务局连续 10 年被评为山西省思想政治工作优秀企业。在 1998 年 ~ 2000 年煤炭市场疲软的特别困难时期,与集团公司领导班子带领干部职工同舟共济渡难关。锐意改革,转换经营机制,实现由计划经济向市场经济、由粗放管理向集约经营的两个根本性转变,大力调整产业结构,使阳煤集团步入煤与非煤并重并举的快速发展时期。1998 年 4 月,获全国“五一劳动奖章”。2004 年 10 月卸任,2009 年 12 月退休。

赵福泉

赵福泉，1944年7月生，山西阳泉郊区人，1966年2月，加入中国共产党。1960年，在阳泉市人民检察院任通讯员；1961年，在原籍任大队会计；1964年，参加解放军，先后在解放军69军、河北省军区独立团、教导队、独立师特务连、侦察连、河北省武警中队任战士、班长、教导员、连长、中队长等职。1979年10月，转业到阳泉市矿区人民检察院，任助理检察员、检察员、刑事检察科科长、控告申诉科科长、税务检察室主任、检察委员会委员、党支部副书记、2002年4月，机构改革离岗。1985年6月，山西省委、省政府授予政法战线先进工作者称号，1989年，被山西省人民检察院评为检察系统先进个人。

孙建荣

孙建荣，1945年生，山西阳泉人，中共党员，中学高级教师。1964年，平定师范学校毕业后分配到阳泉矿务局四矿小学任教师，1971年，任阳泉矿务局四矿中学初中、高中语文教师，其间，参加山西教育学院中文函授进修取得大专学历，1985年，调入阳泉矿务局一中任高中语文教师，1997年，因病提前退休。

多年担任阳泉市教研室兼职教研员，阳泉市中学语文中心教研组副组长，阳泉市中小学语文教学研究会副理事长职务。曾获阳泉市首批中学语文教学能手称号，1984年，代表阳泉市参加山西省教育厅举办的山西省中学教师作文评改竞赛，取得初中教师组第一名，受到省教育厅的嘉奖。1989年9月，被国家教委、人事部、全国教育工会评为全国优秀教师，1991年10月，被评为阳泉市首批有突出成绩的专业技术人才。

赵宝玉

赵宝玉，1946年11月生，山西盂县人，初小文化，全国劳动模范获得者。1971年4月，到阳泉矿务局四矿当工人。1985年～1995年，担任四矿综采二队队长期间，坚持抓好班子和队伍建设，抓管理讲方法，强化机电检修，发挥综采优势，使综采二队的煤炭产量逐年提高。1990年，采用放顶煤新工艺后，连续五年年产量突破百万吨，最高年产量达到135万余吨。连续14年无重大机电设备和人身伤亡事故，百万吨死亡率年年为零，闯出一条减人提效、高产低耗、安全高效的新路子。1990年～1994年，综采二队先后获得中煤总公司百万吨队奖旗和奖杯、山西煤管局百万吨队奖旗、山西省集体一等功和特等功、全国煤炭工业先进集体。1995年，被评为全国煤炭工业劳动模范，同年，获山西省特级劳动模范和全国劳动模范荣誉称号。1998年7月退休。

石永祥

石永祥,1949年1月生，山西平定人,1972年12月加入中国共产党,中专文化。1975年4月参加工作,历任平定县张庄镇党委副书记、平定县南坳乡党委书记。1993年4月参加公安工作,历任平定县公安局党委书记、局长,阳泉市公安局城区分局局长。2001年12月~2006年11月，任阳泉市公安局矿区分局局长（副县)。2006年11月,调任阳泉市公安局正处级侦察员,三级警监警衔。公安战线一等功臣。

长期担任县区公安局局长，带领民警在严打斗争中取得突出成绩，多次立功受奖。在1996年12月全省“打黑扫恶”斗争中,被记山西省个人一等功。任矿区公安分局局长后,带领全局民警积极开展“打黑除恶”“命案侦破”等专项行动,严厉打击各种刑事犯罪活动,积极构筑辖区治安防控体系,强化社会治安管理和防范工作,有效地遏制辖区重大案件、火灾、治安事故和群体性事件的发生,各类刑事案件得到有效控制。2006年,在任矿区公安分局党委书记、局长期间,带领专案组民警侦破公安部挂牌督办的14年久侦未破的矿区马家坪残害妇女系列杀人案后,又再接再厉侦破发生在二矿地区的强奸杀害幼女案件,赢得社会各界的称赞,2006年7月,被公安部记个人一等功。

毕银贵

毕银贵,1950年2月生,山西盂县人,中共党员,专科学历,高级政工师。1968年12月参加工作,1971年9月~1985年8月,任阳泉矿务局四矿小学教师、年级组长、教导主任,1985年9月~1996年1月，任阳泉矿务局四矿段家背小学校长,1996年1月~2010年12月,先后任阳泉矿务局教育处副处长、阳煤集团三矿中学党支部副书记、阳煤集团培训中心副主任等职务。

在教育教学和教育管理中,有思想、有目标、有激情、有作为、有成绩。在任段家背小学校长期间,学校获山西省首批“德育示范学校”,山西省“艺术教育先进学校”,1988年12月,学校少先队大队被全国少工委授予“红旗大队”。多次被评为各级各类先进工作者,1985年5月,被授予阳泉市先进教育工作者称号,1991年9月,被国家教委、人事部评为全国优秀教师。

贾启福

贾启福，1950年5月生，山西平遥人，中共党员，高中文化。阳泉市矿区总工会第四届委员会主席。

1968年2月参加工作，在1880部队任干事；1973年2月～1986年9月，在阳泉矿务局四矿工程区宣传部工作，其间，1977年8月～1978年8月，在山西省委党校第一期理论宣传干部读书班一支部学习；1986年9月～1995年1月，在矿区桥头街道办事处工作，任党支部副书记；1995年1月～1997年8月，任矿区蔡洼街道办事处党支部书记；1997年8月～2002年9月，任矿区总工会主席。曾被评为阳泉矿务局优秀政工干部、矿区优秀共产党员、先进工作者，阳泉市端正党风先进个人等荣誉称号。

梁　璧

梁璧，1950年6月生，山西平定人，中共党员，大学学历，高级工程师。1986年12月～1993年2月任阳泉矿务局四矿纪委书记。1998年2月～2001年11月任阳煤集团兆丰铝冶公司党支部书记、总经理。

在担任兆丰铝冶公司总经理期间，十分注重质量管理，狠抓优质服务，使公司产品全部达国标特级品，并获山西省“重合同守信用”单位。大力加强精神文明建设，完成庭院绿化达标任务，被评为市“红旗文明单位”，同时被直属机关党委确定为模范型安全文明小区。在1998年全国经济普遍不景气的情况下，带领全厂职工同心协力，积极筹措资金，加强管理，克服困难，创下420万元的利税，成为全国铝行业的排头兵，被阳泉市评为纳税贡献大户和模范纳税户，被山西省外贸厅评为优秀外商投资企业。1999年，获全国“五一劳动奖章”。

薛国仁

薛国仁，1950年7月生，山西应县人，中共党员，初中学历，助理工人技师。1974年，到阳泉矿务局三矿当采煤工。在竖井运输队当工人时，勤学好问、刻苦钻研，在工作中，他的问题总是很多，组里无论是年龄比他大的还是比他小的，只要懂技术，都是他请教的对象。1989年，在矿务局职工技术大赛电机车维护工技术比武中，获得第二名，是单位的技术标兵。在技术人员的帮助下，有13项技改项目用于生产实际，并取得明显的效果。特别是所肩负的安装井下采区煤仓限位装置的科技项目，为全局“增块创效”做出显著的贡献。他执着地进行革新发明和技改创新，被人们尊称为“矿山鲁班”。2003年，获全国“五一劳动奖章”。2004年6月退休。

邢 军

邢军,1951年11月出生,河北蠡县人,中共党员,技校学历,工人技师。全国"五一劳动奖章"、全国劳动模范获得者,中共十五大代表。

1969年,到阳泉矿务局一矿北头咀井机电队当工人,在岗35年如一日,自愿放弃调回省城、调到井上和外单位高薪聘用的机会,扎根矿山,爱矿如家,始终奋战在煤海第一线,把自己的青春年华全部奉献给祖国的煤炭事业。以锲而不舍的精神,勤学苦练,虚心请教,认真钻研井下机电维修技术,用3年时间降服变幻无常的"电老虎",被广大职工誉为"技术大拿"。从1975年起,连续4次蝉联矿务局矿井下电钳工技术比武冠军,并先后带出12名生产技术骨干。1991年以来,不但出满勤、干满点,而且常常牺牲节假日,加班苦干,每年奉献义务工达120个。同时完成10多项技术革新项目,节约资金达12.4万元。2000年,仅修旧利废一项,就为所在的综采一队目标成本节约1.2万元。连续多年被评为阳泉矿务局劳模标兵、优秀共产党员标兵,山西省和煤炭部劳动模范;1996年,获全国"五一劳动奖章";1997年,当选为中国共产党第十五次全国代表大会代表;2000年,被评为全国劳动模范;2004年,获全国"十佳职业道德建设模范"。2006年12月退休。

郝明达

郝明达,1952年2月生,河北井陉人,中共党员,高中文化。阳泉市矿区总工会第二届委员会副主席。

1970年12月参军,在解放军第二炮兵服役;1983年1月~1983年8月,阳泉市矿区平潭街街道办事处工作;1984年9月~1987年5月,矿区区委宣传部工作;1987年6月~1990年6月,任矿区总工会副主席;1990年7月~1991年8月,任矿区蔡洼街道办事处主任;1991年9月~1998年11月,任矿区劳动局副局长;1999年9月~2001年9月,任矿区体改办主任;2001年9月,任矿区经贸局副局长。

侯明华

侯明华,1953年8月生,山西平定人,中共党员,阳泉市公安局矿区分局马家坪派出所一级警员,二级警督警衔。

1973年12月参军,1986年12月转业至阳泉市矿区公安分局担任社区民警,2013年退休后继续留任社区民警。从警28年,坚守社区,勤政廉政、爱民奉献,把保一方平安和服务好群众作为自己的工作目标和人生追求,他组织居民巡逻防范,开展侦破案件,严厉打击辖区群众痛恨的“两抢一盗”犯罪，确保社区一方平安。亲临信访群众家中，聆听诉求，联系相关单位尽力解决解信访难题，化解积怨矛盾。照顾辖区30多位孤寡老人和需要帮助的困难群众。2013年，获山西省第四届道德模范提名奖，被山西省劳动竞赛委员会记个人二等功，同年，获全国公安机关深入开展学雷锋活动先进个人。2014年1月，入选感动山西“十大”人物，并被公安部评为全国百姓口碑警察，同年5月，侯明华一家被中华全国妇女联合会评为全国第九届“五好家庭”。

刘和平

刘和平，1953年8月生，河北井陉人，大专学历，中共党员，小学高级教师。1972年3月参加工作，任音乐和美术教师，1994年2月~1996年3月，任阳泉矿务局三矿赛鱼小学党支部副书记，1996年3月~1998年11月，任赛鱼小学副校长（主持工作），1998年11月，任赛鱼小学校长，2004年8月，任赛鱼小学党支部书记，2009年2月，离职。1989年9月，被国家教委、人事部、中国教育工会评为全国优秀教师并授予优秀教师奖章。

主持赛鱼小学工作期间，注重学校特色办学，2000年，创办学校科学宫，开展科技教育活动，开阔学生的视野，提升学校知名度。学校先后被评为全国科技教育活动示范基地、全国防震减灾地震科普基地、全国艺术教育先进学校，山西省德育示范学校等。他获得全国优秀青少年科技活动组织工作者、阳泉市十佳科技教育志愿者等荣誉。他兴趣广泛，积极参加各种社会活动。所作美术作品《矿工的女儿》参加在中国美术馆举办的中国煤矿第二届美术书法展览。1986年，所撰音乐教育论文获山西省二等奖。退居二线后，热心公益活动，先后编创阳泉市地震科普教学片《学校地震科普知识电子课堂》《阳泉市社区地震防御》，在阳泉市矿区、城区、郊区、平定县进行各类防灾减灾科普讲座50多次。退休后，他制订义务拍摄阳泉农村系列纪录片计划，开展“热爱故乡”教育活动。几年来，带着两台家用摄像机，走遍全市的大街小巷和150多个山村，用镜头记录下山城乡村最原汁原味的街巷房屋、人情风物，以“刘可老”的网名上传网络，视频总点击量达240多万次。其中，有十几个村子的视频点击量分别达8000次以上。阳泉电视台、阳泉广播电台、《阳泉日报》都对他的事迹进行采访报道。

潘建平

潘建平，1953年8月生，山西阳泉郊区人，初中文化，1971年1月参加工作，阳泉市矿区环卫处车队职工。2013年退休。

参加工作40多年，凭着对环卫事业的热爱，任劳任怨，埋头苦干，不怕脏和累。默默无闻奉献着，用实际行动实践着一个环卫人不变的承诺。作为车队的老员工，以身作则，在工作中克服困难，迎难而上，坚持“安全第一、服务全局”的理念，做到倾尽所能，多次配合社区突击清理运输“死角”垃圾，整治“三乱”“三不管”地域的脏乱卫生情况，圆满完成垃圾、粪便清运和日常工作。2003 年，被矿区政府授予有突出贡献先进个人荣誉称号，1990 年～2013 年，多次被市政府评为优秀环卫职工、先进工作者，1995 年，被市总工会授予阳泉职业道德岗位标兵称号，1996 年，被山西省劳动竞赛委员会记个人三等功荣誉。

赵计平

赵计平，男，汉族，1954 年 2 月生，山西左权人，1986 年 7 月加入中国共产党，大专文化。1970 年 2 月参加工作，1975 年 7 月参加公安工作，历任阳泉市公安局消防大队民警，阳泉市城区北大街派出所所长，阳泉市公安局行政处处长，阳泉市公安局矿区分局党委书记、局长（副县），2001 年 12 月，调任阳泉市公安局城区分局局长，后任阳泉市公安局副局长，三级警监警衔。2014 年 2 月退休。山西省劳动模范获得者。

参加公安工作 29 年，严格执法，清正廉洁，曾获山西省政法系统先进个人，多次被评为区、市优秀共产党员，先后三次立市个人三等功。担任矿区公安分局局长期间，抓基层固根本，抓培训促提高，“三基”工作取得丰硕成果，民警素质明显提高。抓改革求创新，抓特色求实效，刑侦、派出所改革迈出新步伐。抓科技强意识，抓实施重落实，坚定不移走科技兴警、科技强警之路，实现科技向战斗力转化。抓班子带队伍，抓建设创一流，队伍建设不断迈上新台阶，队伍未发生违法违纪问题。1998 年 3 月，被省委、省政府评为山西省劳动模范。

马兆宝

马兆宝，1954 年 5 月生，山西阳泉郊区人，2001 年 7 月加入中国共产党，中专文化，1977 年 9 月参加工作，1980 年 12 月参加公安工作，阳泉市公安局矿区分局马家坪派出所责任区民警，一级警员、二级警督警衔。全国优秀人民警察获得者。

担任矿区马家坪派出所责任区民警期间，勤奋学习，苦练内功，逐步探索出“一观察、二谈话、三了解、四查对、五积累、六整理”的人口调查管理方法，并做到“四勤”即勤走、勤问、勤思、勤记，在辖区组建严密的群防群治治安巡逻队伍，使辖区社会治安得到稳定，他所负责的居民社区创建为“四无”居民社区。工作踏实、一心为民。十几年如一日像亲人一样，精心照顾半身不遂的老人梁大伯，多次将迷路的幼儿亲自送回父母家中。逢年过节，都要买米买面，前去探望辖区孤寡老人和特困户，为民办的实事、好事，在辖区传为佳话。依法履行职责，严肃查处违法犯罪行为，在辖区内，多次摸出重要逃犯线索并参加抓捕。破获 40 余起刑事案件，多次制止打架斗殴事件，查处和调解 400 多起治安案件、民事纠纷。1998 年，被评为全国优秀人民警察。

郝汝勤

郝汝勤，1955年3月生，山西祁县人，大专学历，中学一级教师。1974年1月参加工作。担任阳泉市第十五中学(原阳泉矿务局三矿中学)初中化学教师、班主任、学科组组长。1991年，评为山西省优秀教师。

在担任初中化学组组长期间，勇挑重担，承担超负荷工作量，从不叫苦叫累。为保证学生的教学时间，多次放弃进修机会。在教学方面，不仅对自己严格要求，钻研教材，自学高等化学；而且积极开展教研活动，带领学科组老师共同提高。在1979年～1996年期间，多次获得矿区初中化学均分、优生率第一名的成绩。多次被评为校、区先进工作者和优秀教师。在班主任工作中，一切从学生出发，关心每一个学生。经常利用课余时间，对学生进行家访，努力帮助班里的每一个学生提高。为提高差生的学生成绩，长年利用节假日，义务为学生补课。由于长期高强度高压力的工作，于1996年，突发脑梗死病倒在讲台上，住院治疗后留下半身不遂的后遗症，不得不提前离开讲台。

曹喜才

曹喜才，1956年6月生，山西襄汾人，1971年加入中国共产党，大学文化，四级高级法官，阳泉市矿区人民法院民事审判一庭庭长。

1974年12月入伍，在武警阳泉消防大队服役。1980年5月，任阳泉消防一中队指导员，1985年，任平定县消防队中队长。1988年转业，10月，任阳泉市矿区人民法院刑事审判庭助理审判员、审判员。1991年3月，任矿区法院桥头法庭副庭长。2005年2月，任矿区法院民事审判一庭庭长。2012年，被省高院评为民事审判工作调解能手，被省劳动竞赛委员会记个人二等功。

邓治国

邓治国，1956年10月生，山西繁峙人，中共党员，大学文化，四级高级法官，阳泉市矿区人民法院民事审判二庭庭长。

1974年12月入伍，在航空兵第20师特设师部队服役。1987年11月，转业至阳泉市矿区人民法院，任助理审判员。1989年4月，任矿区法院副庭长。1989年11月，任矿区法院桥头法庭庭长、行政审判庭庭长、经济审判庭庭长。2005年2月，任矿区法院民事审判二庭庭长。2000年，被山西省高级人民法院评为人民满意的好法官，并省劳动竞赛委员会记个人二等功。

史豪强

史豪强，1957年4月出生，山西阳泉人，中共党员，大学文化。阳泉市矿区总工会第五届、第六届委员会主席；阳泉市矿区第六次、第七次、第八次党代会代表；中共阳泉市矿区第七届、第八届委员会委员；阳泉市矿区第七届、第八届、第九届人大常委会副主任；阳泉市第十一届、十二届政协委员；2014年补选为山西省总工会第十二届委员会委员。

1980年6月参加工作，在郊区燕龛中学任教；1984年9月，郊区李家庄联校教师；1987年9月，阳泉市教委科员；1989年5月～1997年4月，矿区政府行政科科员、副科长、科长；1997年4月，任矿区机关事务管理局局长；1997年7月，任矿区财政局局长；2003年4月，任矿区人大常委会副主任；2003年7月，任矿区人大常委会副主任、总工会主席。1981年7月～1984年7月，参加山西省教育学院数学系在职函授学习，获专科学历；1988年8月～1991年7月，参加北京师范大学数学系基础数学专业学习，获本科学历；1998年8月～2000年12月，参加中央党校经济管理专业学习，获本科学历。2001年12月～2003年7月，参加首都经济贸易大学会计学专业研究生课程班学习，获硕士研究生同等学力。1998年，取得会计师中级职称资格。先后参加清华大学、上海浦东干部学院、浙江大学、全国人大北京培训中心、全国总工会干部轮训班、省财政厅财政局长轮训班、阳泉市委党校第二期县级干部进修班学习。1991年6月，获"桃河抗洪抢险先进个人"称号，2000年7月，被省劳动竞赛委员会记二等功，2000年12月，被评为省"先进会计工作者"，2002年5月，获市财政局"先进工作者"称号。2006年8月，撰写论文获全市工会优秀调研成果、优秀经验材料、优秀论文评选特别奖，2013年1月，被山西省总工会授予山西省"十佳县（区）工会主席"称号，2013年1月，获山西省"五一劳动奖章"，2013年9月，所撰写调研报告获全市工会调研成果二等奖，2014年3月，被省总工会授予"山西省维护女职工权益贡献奖"。在任矿区总工会主席期间，带领全区各级工会干部共同努力，将矿区总工会建设成为全市工会系统的排头兵，取得令人欣喜的成绩。2006年，被市总工会授予模范县（区）工会称号；2009年，获全省五星级困难职工帮扶中心称号；2010年，获全国工会系统及全省工会系统"五五"普法先进单位；2010年，矿区困难职工帮扶中心在参加全省工会帮扶工作人员"三比三看"竞赛活动中，获得先进单位称号；2011年，被评为全省推进女职工权益保护专项集体合同工作先进单位；2011年，获阳泉市"精神文明单位"和矿区"文明和谐单位标兵"称号；2011年，市总工会授予"女职工专项集体合同""女职工组织规范化建设"先进单位称号；2012年，获全国工会职工法律援助维权服务示范单位称号。

王晓林

王晓林，女，1957年4月生，河北井陉人，中共党员，大学文化程度，四级高级法官。阳泉市矿区人民法院行政庭审判员。

1976年1月，阳泉市师范学校任校医，1986年3月，任矿区法院助审员、审判员，2000年9月，任矿区法院行政庭庭长，2009年2月，任矿区法院行政庭审判员。2003年，荣记山西省二等功。

王彦来

王彦来，1957年5月生，河北井陉人，中共党员，大专学历，中学一级教师。1975年11月参加工作，1978年调入阳泉矿务局三矿中学任教，1978年～1995年任初中部物理学科教师，兼任班主任、学科组长，1995年任学校教务副主任兼年级主任。1998年任阳煤集团三矿中学总务主任，2003年任学校分管总务副校长。

在从事初中物理教学的过程中，坚持学习教育教学理论，认真备课，结合学生实际灵活运用教学方法，向45分钟课堂要质量；本着面向全体学生的宗旨，努力做好培优扶差工作，特别重视后进生的进步和成长。担任学科组长、年级组长期间，所在年级连续多年的中考成绩均名列阳泉市前茅。1995年9月，被国家教委、人事部评为全国优秀教师并授予优秀教师奖章。

赵有金

赵有金，1957年8月生，山西屯留人，1987年12月加入中国共产党，高中文化。1974年2月参加工作，1977年9月参加公安工作，历任阳泉市公安局矿区分局刑警队侦察员、矿区蔡洼派出所、赛鱼派出所所长、矿区公安分局副局长（正科），一级警督警衔。全国优秀人民警察获得者。

1996年，在任阳泉市公安局矿区分局蔡洼派出所所长期间，团结带领全所民警，顽强拼搏，努力工作，唯旗誓夺，争创一流。在学习济南交警活动中，提高认识，加大力度，狠抓“三基”建设，使蔡洼派出所和民警形象发生根本变化。1996年，矿区公安分局蔡洼派出所被记市集体三等功。同年，他被评为全国优秀人民警察。

李海录

李海录，1957年9月生，山西盂县人，1991年11月加入中国共产党。1973年毕业于阳泉矿务局三矿中学，1976年5月，在阳泉市汽车修理厂参加工作，1983年9月，借调阳泉市矿区人民法院任书记员，1986年3月，调入阳泉市矿区人民检察院，任代助理检察员、助理检察员、检察员，1991年1月，任矿区检察院刑事检察科科长，1993年9月，任矿区检察院检察委员会委员，1998年7月，任矿区检察院党组成员、副检察长。1990年3月，山西省人民检察院授予1989年度省级优秀公诉人称号。

王子学

王子学，1957年9月生，山西绛县人，中共党员，大学本科学历，小学高级教师。1980年~1995年，担任阳泉矿务局三矿沙台小学语文教师兼班主任，1996年至2002年，任阳煤集团第三工程处小学校长，2002年至2009年，任矿区小南坑小学校长，2009年至2012年，任矿区小南坑小学党支部书记。

在沙台小学任教15年时间里，一直两地生活，以校为家，以教为荣，兢兢业业。从事中高年级语文教学兼班主任工作，往往以落后班为教学起点，而毕业成绩却名列同年级前茅。勤学好问，喜欢读书，潜心教研，积极研究课堂教学结构改革之路，形成富有特色的和谐教学风格。注重发挥学生日记在教书育人过程中的特有作用，坚持每日一批，以期培育学生自我意识、集体意识、社会意识的成长，有效地促进学生语文能力和生活实践能力的提高。由于教育教学成绩突出，得到师生和社会好评，敬业精业精神被阳煤集团教育处归纳为“王子学精神”。多次被阳煤集团教育处、矿区政府评为先进教育工作者及优秀班主任。1995年，被评为“山西省优秀教师”，获阳泉矿务局“十佳教师”称号。

赵泉祥

赵泉祥，1957年9月生，山西昔阳人，1995年加入中国共产党。1979年12月参加工作，1979年~1990年，在阳泉市城区环卫处工作，1990年，调至矿区环卫处工作，2009年，任矿区环卫处清洁中心主任。

勇挑重担，善于创新，积极带领环卫工人克服困难，勇于担当。向有经验的同行学习、改进操作方法，制订维修方案，节约消耗成本，提升工作效率。强化工作纪律，严把工作质量，改进工作技术，各项工作始终走在同行的前列。始终坚守环卫工人“宁愿一人脏，换来万家洁”的精神风貌。参加工作35年,没有休息过一天公休假,从来没有向单位要过加班费。每逢过节期间,让大伙儿轮流休息,而他却一直默默地坚守在岗位上。其先进事迹多次发表在《山西日报》《前进》《阳泉日报》等媒体,被誉为“阳泉的时传祥、山城的美容师”。1991年和1992年,连续两年在“优质服务立功竞赛”中,被阳泉市劳动竞赛委员会记个人三等功。1993年,在社会主义劳动竞赛中被市劳动竞赛委员会记个人三等功。1995年,被省委、省政府授予山西省劳动模范。1997年,在山西省社会主义四化建设评比中立三等功。1997年~2009年,连续13年被阳泉市人民政府授予环卫职工标兵称号。2006年,被省委组织部授予山西省优秀共产党员称号。2010年,被省委、省政府授予山西省特级劳动模范,被省委精神文明建设办公室评为山西省“十大道德模范”。2011年5月,被中华全国总工会授予全国“五一劳动奖章”,同年,在全国第三届道德模范评比活动中获提名奖。在2014年中国小商业企业协会清洁行业分会联合北京保洁商会、山西省城市环境卫生协会等10余家行业协会和多家媒体联合发起的寻找“最美清洁工”评选活动中,被评选为“最美清洁工”荣誉称号。

向永碧

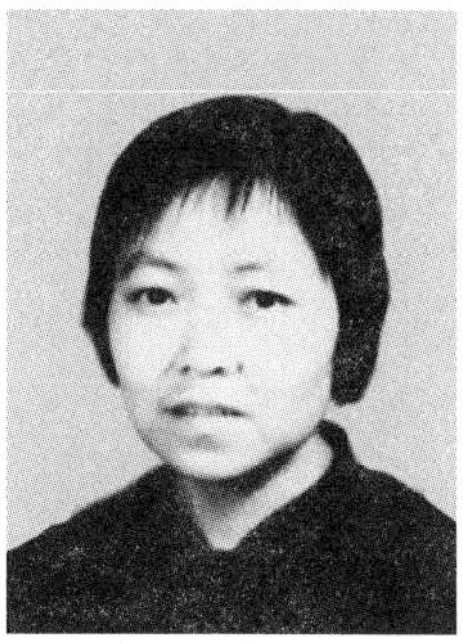

向永碧,女,1957年11月生,重庆人,中共党员,高中文化。1990年1月参加工作,阳泉市矿区平潭街街道平潭街东社区主任,社区第二届、第三届、第四届、第五届工会联合会主席。阳泉市第十三届人大代表、矿区第六届、第七届、第八届人大代表。

在担任社区工会联合会主席期间,全面负责工会的各项工作,完成工会实名登记,成功直选日潭商业一条街个体工商户联合工会,每年组织召开区域性职工代表大会。从2002年起,每年组织开展社区文化艺术节,活跃职工文化生活,建起职工困难帮扶点,帮扶困难职工。建起五星级“职工书屋”和90平方米的职工活动中心。每年与65家非公企业、个体工商户签订《社区区域性集体合同》《社区区域性工资集体合同》《社区区域性女职工特殊权益保护专项集体合同》等,工会组织和会员全部输入计算机,实行电子化动态管理。多次得获市、区工会先进个人。2004年4月30日,受到山西省委、省政府表彰,被授予山西省劳动模范称号。2005年,获山西省“三八红旗手”称号。2006年,获山西省优秀共产党员及阳泉市优秀社区干部标兵。2011年,获阳泉市百名功勋党员称号。2013年,获山西省关心下一代优秀工作者。2014年,获山西省司法优秀调解员称号。

白玉明

白玉明,1958年5月生,山西柳林人。1976年10月加入中国共产党,1981年11月参加工作。先后毕业于山西师范学院阳泉矿务局师专班、山西省教育学院物理系本科班和南开大学商学院,获企业管理硕士学位。中学高级教师,高级企业培训师,山西省煤监局煤矿安全培训专家库专家。

参加工作后，先后任阳泉矿务局一中高中物理教师、教研组长、年级组长、教务副主任、副校长，阳煤集团教育处副处长、处长，阳煤集团职工教育管理部部长，阳煤集团职工教育培训中心（党校）主任（校长）、党委书记等职。在几十年的物理教学和基础教育与职工教育管理中，不懈努力，成绩显著，多次受到上级表彰。1990年，所教学生李海珠因高考物理得满分获美籍物理学家任之恭数理奖，2005年4月，由省教育厅授予"山西省基础教育课程改革先进个人"称号，2010年11月，由中国煤炭工业协会授予"煤炭行业人力资源管理工作先进个人"称号，2015年1月，因在省属企业"干部上讲台，培训到现场"工作中表现突出，被中共山西省国资委委员会评为先进工作者。

张　明

张明，1958年5月生，山西忻州五寨人，中共党员。阳泉市矿区工商个体户，修鞋匠，住四矿段西沟，工会会员，中国志愿者。2009年，被评为山西省援川抗震救灾先进个人，2010年，获山西慈善优秀工作者（志愿者）奖，2010年～2011年度，获得山西省文明和谐家庭荣誉称号，2011年，被评为感动山西"十大杰出人物"，2011年6月，被评为山西省平安家庭示范户。

父亲早逝，母亲改嫁，留其孤身一人，吃百家饭，穿百家衣，受别人帮助和政府的照顾长大，传递爱心接力棒，回报社会是他多年的夙愿。2008年，汶川发生地震时，从电视上看到那些倒塌受损房屋和受灾群众的场面时，本着"一方有难，八方支援"的精神，带着工具箱和修鞋的材料前往汶川地震灾区，为当地受灾群众和抢险救灾人员义务修鞋。2010年，当青海玉树发生地震和山西王家岭煤矿发生透水事故时，仍然义无反顾前往灾区为灾民和矿工义务修鞋补裤。2011年北京发生洪水和2013年四川芦山地震，多次前往灾区为受灾群众和救灾人员义务修鞋。2012年～2015年，为使甘肃省最贫困山村孩子能过一个温暖的冬天，靠自己卖矿泉水的微薄收入捐棉鞋、棉衣和课外书，为灾区和贫困地区的孩子做了不少好事。同时，还利用休息时间不定期地为狮脑山驻军部队、聋哑学校、敬老院、外地煤矿坑口等义务修鞋，作为志愿者为他人义务修补的鞋不计其数，其先进事迹受到中央电视台记者和众多媒体记者的采访报道。

王庭兰

王庭兰，女，1958年8月生，山西长治人，中共党员，中专学历。阳泉市矿区总工会第二届、第三届委员会副主席；中共阳泉市矿区第五届、第六届、第七届委员会候补委员；阳泉市矿区第六届、第七届、第八届人大常委会委员。

1980年9月参加工作，在阳泉市矿区钢木制品厂工作；1982年3月～1990年7

月，矿区总工会干事、科员；1990 年 7 月～1998 年 12 月，任矿区总工会副主席；1998 年 12 月～1999 年 10 月，任矿区沙坪街道办事处主任；1999 年 11 月～2009 年 12 月，任矿区妇女联合会主席。

曾任矿区职工物价监督站站长、矿区第一届职工技术协作委员会主任。

胡朴来

胡朴来，1959 年 5 月生，山西阳泉人，中共党员，大专文化。阳泉市矿区总工会第五届委员会常务副主席。

1980 年 9 月参加工作，在阳泉市郊区三郊中学任初中理化教师，并担任班主任。1985 年 8 月，调入矿区人民政府文教局工作，从事教学研究，1987 年 9 月，任矿区人民政府计划委员会办公室主任。1998 年 10 月，任矿区贵石沟街道办事处党支部副书记。2001 年 9 月，任矿区政协提案委员会主任(正科级)。2006 年 11 月，任矿区总工会常务副主席，协助主席负责工会全面工作。2010 年～2014 年，兼任矿区机关工青妇党支部书记。

任区总工会常务副主席期间，严谨求实，勤奋刻苦，严格要求自己，以饱满的热情扎实工作，并以优异的工作成绩赢得了广大干部职工的普遍好评。2008 年 3 月，被评为全市"十佳"工会主席称号，2012 年，被评为矿区劳动模范。

代新兴

代新兴，1960 年 1 月生，河北临城人，中共党员，阳泉市矿区政府副科督学、矿区教育工委委员、教育工委党群工作部部长。曾任三矿赛鱼小学团支部书记、大队辅导员、政教主任，阳煤集团西河路小学大队辅导员、政教主任。

在学校任大队辅导员期间，组织 60 余次全国、省、市以及学校科技创新活动和科技实践小组活动，所辅导学生有 6 人获中国少年科学院"小院士"称号，5 人次获中国海尔科技奖，有 600 余人获全国、省、市青少年科技创新大赛一、二、三等奖，有 23 人获第三届全国劳技创新大赛金、银、铜奖，有 1 人获第三届青少年科技创新奖。撰写的科技论文、教具发明有 10 次获全国、省、市等次奖。2009 年 5 月，在省第三届科技辅导员科教创新竞赛活动中，作品《清除矿区"牛皮癣"》获方案类一等奖，科技创新竞赛科技发明类项目 5 项中《家用洗衣机甩干桶防漏托水盘》获一等奖，《频闪荧光照明式安全雨伞》《报警荧光频闪式矿工帽》获二等奖，《教师方便圆规》《防假荧光机动车牌》获三等奖，被大会组委会评为省“十佳科技教师”。1996 年 2 月，被团中央、文化部扶贫委员会等评为全国优秀手拉手辅导员。2005 年 8 月，被教育部、科技部等七部委评为优秀科技教师。2007 年 3 月，被省劳动竞赛委员会记二等功。2011 年 4 月，《报警荧光频闪视矿工安全帽》被国家专利局授予新型实用专利。

窦彦荣

窦彦荣，女，1960 年 5 月生，山西平定人，大专学历，中共党员，小学高级教师。历任阳泉矿务局一矿幼儿园教师，阳煤集团红岭湾小学教师、工会主席、办公室主任、党支部副书记、书记，2004 年 9 月，任矿区赛鱼小学校长。

曾获全国“三八红旗手”、山西省先进教育工作者称号，被省劳动竞赛委员会记个人二等功，被教育部教育管理中心授予中国西部教育顾问。

任职期间，理性思考学校的发展之路，准确把握学校的改革进程，结合本校实际，确立以先进文化推动学校发展的思路，提出“在发展中拥有绿色人生”的办学理念，坚持“以德立校、依法治校、民主理校、科技强校”的办学方略，形成了“以育人为校本，以教书为师乐，以成才为校志”的校风，围绕“校风正、内涵深、特色强、创一流”的奋斗目标，带领全校师生改革课堂教学，夯实教学基础，注重科技实践，实现全面发展。十年中，矿区赛鱼小学先后被评为全国科技教育示范基地、全国艺术教育先进集体、山西省九年义务教育示范学校、山西省德育示范学校、山西省科普教育基地、山西省依法治校先进单位、山西省文明学校、山西省十年课改先进集体、阳泉市文明单位、区级平安校园、区级庭园绿化标兵单位。

郭建秀

郭建秀，女，汉族，1960 年 8 月生，山西盂县人，中共党员，大学文化，四级高级法官。阳泉市矿区人民法院执行局副局长。

1980 年 7 月参加工作。曾任阳泉市矿区人民法院书记员、助理审判员、审判员。2009 年 2 月，任阳泉市矿区人民法院执行局副局长。2001 年，被山西省妇联授予“三八红旗手”称号。

原林生

原林生，1961 年 3 月生，山西稷山人，中共党员，大专学历，中学高级教师。1981 年 12 月参加工作，曾任阳泉矿务局二矿中学教务主任、办公室主任、副校长，2000 年 1 月，调任阳煤集团第二中学（阳泉市第十二中学前身）校长，后又兼任党支部副书记。

任职期间，带领教师团队立足教育教学改革，全力推进素质教育，本着以培养和提高学生综合素质为目标，坚持以人为本，追求和谐发展，走出一条适合学校实际的办学之路。2013年3月，阳泉十二中“三段五环节”课堂教学模式被评选为全国高效课堂“新九大范式”，在“新九大范式”的发布会上，组委会对阳泉十二中教学模式的推荐辞是“古有大义英杰集资救国，今有钢铁团队募资救教；它用领导班子的一笔笔捐款吹响课改的号角，它以‘自己选择的路，跪着也要走完’的铮铮誓言撕裂变革的梦魇。如今它带着无数的赞誉屹立在课改的制高点，它撬动学校课改的巍巍高山，搅动起教育变革的万丈狂澜，它是桃河之畔的一株春柳，‘三段’以课为轴，‘五环’以落实为核，将初中课改拂进一个姹紫嫣红的春天”。学校被评为山西省素质教育示范学校、阳泉市职业道德建设标兵单位、阳泉市教育教学改革先进集体、阳泉市办学质量优质学校，2008年，学校被记市集体二等功，2012年，被记市集体一等功。学校还被确定为全国教育技术“十二五”规划重点课题实验基地学校(2011～2013)、中国教师报全国教师培训基地合作校、中国名校共同体理事校。

2005年，被评为山西省课改先进个人；2009年，被评为阳泉市先进教育工作者；2010年12月，被评为山西省十年课改先进个人；2011年4月，被评为山西省首届“三晋名校长”；2012年1月，被中国教师报评为2011年度全国优秀现代校长，同年，被评为全国教育改革优秀教师、矿区劳动模范；2013年，被评阳泉市“主体型”课堂教学创新大赛一等奖，记市个人一等功。

李志林

李志林，1962年5月生，山西昔阳人，1990年7月加入中国共产党，大专文化，一级警督警衔。阳泉市公安局矿区分局政委。

1980年2月参加工作，1983年1月参加公安工作，先后担任阳泉市公安局矿区分局刑警大队副大队长、教导员、大队长，2004年4月8日，任阳泉市公安局矿区分局副局长（正科级），2012年10月，任矿区公安分局政委。参加公安工作30多年，主要战斗在刑侦第一线，先后带领刑警大队民警破获100多起影响大的重特大刑事案件，成为全市刑侦战线上一名破案能手和刑侦队伍的强有力带头人。多次立功受奖，曾被记市个人三等功5次、二等功2次、一等功1次，曾被评为全市政法系统“十佳优秀民警”，全省公安系统百名功臣干警。2006年，在侦破公安部督办的矿区马家坪系列残害12名妇女特大案件中，带领专案组历时1年6个月，成功地破获该起14年的积案，被省公安厅记个人二等功，并被评为2007年度全国优秀人民警察。

陈秉龙

陈秉龙,1962年6月生,阳泉郊区人,中共党员,大学文化。1978年8月参加工作,四级高级法官,阳泉市矿区人民法院党组成员、副院长、审判委员会委员。

1978年8月,任教于阳泉市郊区荫营镇南窑庄学校。1981年8月,任阳泉市硫铁矿职教干部。1985年12月,任平定县人民检察院检察员。1988年9月,任阳泉市矿区人民法院助审员、审判员。2000年9月,任矿区法院办公室主任。2008年10月,任矿区法院副院长、审判委员会委员,矿区第七届政协委员。2007年,被山西省高级人民法院授予全省法院优秀青年卫士。

梁振文

梁振文,1962年6月生,山西榆社人,中共党员,大专文化。阳泉市矿区总工会第五届委员会副主席。

1982年9月,在阳泉市煤管局参加工作;1988年5月~2004年4月,在矿区体委、文体委、文体局工作;2004年4月~2013年5月,任矿区总工会副主席。2004年,获山西省工会经审工作先进个人;2005年,获阳泉市先进工会工作者。

王黎峰

王黎峰,女,1962年6月生,山西武乡人,中共党员,本科学历。1980年参加工作,阳泉市矿区人民检察院控告申诉科科长,四级高级检察官。

参加工作34年,先后在矿区检察院办公室、批捕科(侦查监督科)、公诉科、法纪科(反渎职侵权局)、控申科等部门从事过文印、档案、统计报表、书记员、助理检察员、检察员等工作,办理许多疑难复杂案件,受到领导和上级好评。2001年1月,在山西省检察院2000年评比中,被授予全省检察机关审查批捕"办案能手"称号。2012年3月,被山西省检察院授予全省检察机关"办案能手"称号。

葛宜华

葛宜华,女,1962年11月生,山西阳泉人,中共党员,大学文化,一级法官,阳泉市矿区人民法院审判委员会专职委员、刑事审判庭庭长。

1981年9月,在阳泉市城区北大街小学任教。1989年10月,任阳泉市矿区司法

局司法助理员；1993 年 1 月，任阳泉市矿区法院助审员、审判员；2000 年 9 月，任矿区法院刑事审判庭副庭长；2005 年 2 月，任矿区法院刑事审判庭庭长、审判委员会委员；2013 年 7 月，任矿区法院审判委员会专职委员。2002 年，被山西省高级人民法院授予人民满意的好法官，并被省劳动竞赛委员会记个人二等功。2010 年，被山西省高级人民法院评为先进工作者。

王　泉

王泉，1963 年 5 月生，山东平原人，中共党员，大专文化。阳泉市矿区总工会第三届委员会副主席。

1981 年 11 月参加工作；1986 年 4 月 ~ 1993 年 9 月，在矿区工商行政管理局工作；1993 年 9 月 ~ 1995 年 9 月，任矿区老干局副局长；1995 年 9 月 ~ 1998 年 9 月，任矿区总工会副主席；1998 年 9 月 ~ 1999 年 9 月，任矿区平潭街街道办事处副主任；1999 年 9 月 ~ 2001 年 9 月，任矿区赛鱼街道办事处党支部副书记；2001 年 9 月，任矿区地方志办公室主任。在担任矿区总工会副主席期间，忠于职守，勤奋敬业，尽职尽责，为全区工会工作的开展做出应有的贡献。

韩晋明

韩晋明，1963 年 6 月生，山西盂县人，中共党员，大学学历。阳泉市矿区蔡洼街道办事处党工委副书记、工会联合会主席。

1985 年 7 月 ~ 1992 年 5 月，在盂县中学工作，1992 年 6 月 ~ 2003 年 10 月，在矿区教育局工作，2003 年 10 月 ~ 2008 年 3 月，任矿区贵石沟街道办事处任副主任，2008 年 4 月，任矿区蔡洼街道办事处党工委副书记，2008 年 11 月，兼任矿区蔡洼街道工会联合会主席。

赵振华

赵振华（曾用名赵爱禄），1963 年 8 月生，山西昔阳人，中共党员，本科学历。阳泉市矿区总工会第四届委员会副主席。中共阳泉市矿区第七次、第八次代表大会代表。

1984 年 7 月毕业于晋中地区农业学校农学专业，1984 年 7 月 ~ 1986 年 7 月，昔阳县高级职业中学任教；1986 年 7 月 ~ 1995 年 3 月，矿区文化馆群众文化系列辅导员、摄影专业助理馆员；1995 年 3 月 ~ 1998 年 7 月，矿区总工会科员；1998 年 7 月 ~ 2002

年4月，任矿区总工会副主席；2002年4月，任矿区人民检察院党组成员、纪检组长；2002年7月，任矿区人民检察院党支部书记；2002年11月，当选为矿区检察院工会主席；2008年2月，被矿区人大常委会任命为矿区检察院检察委员会委员。

荆翠萍

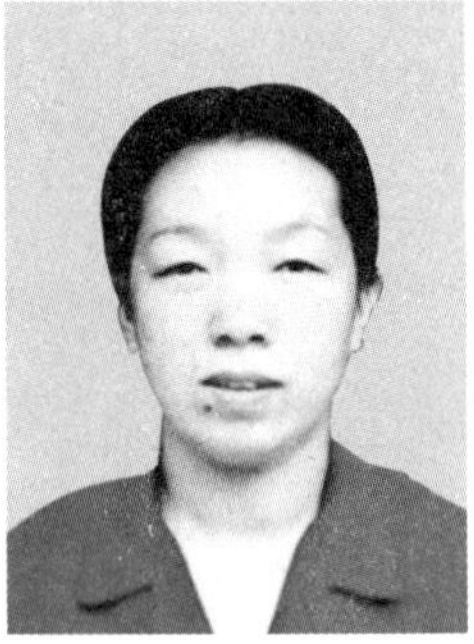

荆翠萍，女，1963年10月生，山西阳泉人，中共党员，大专学历，小学高级教师。阳泉市矿区桃南路小学任语文教师兼班主任、年级组长、教研组长等职。曾被授予山西省模范教师、阳泉市模范教师、阳泉市劳动模范、矿区优秀班主任等荣誉称号。

对事业不懈追求，对业务精益求精，对学生认真负责。所带十多届毕业班的及格率、合格率均达100%。在课堂上，根据教材内容和学生实际采取灵活多变的教学方式，注重现代教学手段和传统教学手段的结合，注重培养学生创新思维，积极探索自主—合作—探究的学习方式，关注学生的个体差异和不同的学习需求。积极组织学生进行研究性学习，注意教给学生学习方法，大力拓宽教学途径，让学生拥有更广阔的语文学习天地，使学生得法于课内，得益于课外。担任班主任，所带班级不仅学习成绩名列前茅，而且均能形成一种民主、和谐、活泼、奋进的班风，受到学生和家长的信任。她撰写的《如何培养学生积累语言的能力》等十余篇论文分别获国家、省、市级奖。

毕均田

毕均田，1963年11月生，山西阳泉郊区人，中共党员。1980年参加工作，1986年，调入平定县人民检察院工作。1988年8月，调入阳泉市矿区人民检察院工作。1990年，任矿区检察院检察员，2000年，任矿区检察院刑事侦查监督科科长，2003年，任矿区检察院检察委员会委员，2004年，任矿区检察院反贪污贿赂局局长，2013年，任矿区检察院党组成员、副检察长，四级高级检察官。1991年，被评为省级优秀公诉人，记省三等功一次。

王继兰

王继兰，女，1964年3月生，山西原平人，中共党员，大专学历，小学高级教师，1982年8月从事音乐教育工作，历任阳泉矿务局四矿段家背小学、阳煤集团马家坪小学、矿区洪城河小学音乐教师，曾任阳泉市中小学音乐教育研究会理事长。

在音乐教育教学中，本着“以情感人、以美育人”的教育理念，培养学生良好的音乐素养，敬业勤奋，取得优异成绩。所训练的音乐兴趣队在市、区比赛活动中多次获奖，所辅导的学生在国家、省、市器乐独奏比赛中分别获得等次奖，所培训的百人军乐队多次在大型场合演出。曾获全国音乐课堂技能大赛三等奖、山西省课堂技能大赛一等奖、阳泉市中小学生艺术教育音乐优质课一等奖，先后被评为市教学能手、市学科带头人、省教学能手、省学科带头人等荣誉。在基础课程改革实践中，勇于承担实验课题，刻苦学习、积极钻研、大胆实践。先后撰写《一年级音乐课堂教学中的“放”与“收”》《如何使课堂教学“活”而不“乱”》《用“情”架起心灵与音乐的桥梁》《让多媒体为音乐课插上想象的翅膀》《音乐“互动式”教学模式的实践和尝试》《让学生在音乐学习中“动”起来》《利用信息技术追求学导教学中的理想合唱》《口风琴教育教学的探究》《让音乐课更贴近生活》《让学生展开飞翔的翅膀》等十多篇教学论文和教学反思。曾被评为山西省模范教师、山西省小学音乐特级教师、山西省学校艺术教育先进个人、三晋名师、阳泉市“十佳标兵教师”、被市劳动竞赛委员会及二等功，获阳煤集团劳动模范、矿区模范教师、矿区“十佳教师标兵”等称号。2011年，当选为中国共产党山西省第十次代表大会代表。

韩贵珠

韩贵珠，1964年5月生，山西阳泉郊区人，中共党员，大专学历，采煤工程师。1983年参加工作，历任阳泉矿务局二矿丈八区主任工程师、阳煤集团孙家沟公司总工程师兼安监处长、阳煤集团孙家沟副总经理、阳煤集团晋北公司生产技术处处长。全国劳动模范、全国“五一劳动奖章”获得者。

1983年，入阳泉矿务局二矿东丈八采一队当技术员。每年在井下组织生产、指挥作业都在300天以上。10年累计奉献义务工达300余个。吃苦谋事，矢志奉献，先后担负46个采掘工作面的生产技术指导，编写审核上千份安全生产技术规程，攻克解决32项应用性生产技术难题，全部做到精确无误，直接和间接创造经济效益4657.43万元。2002年，二矿综一队6206工作面遭遇大水，无法正常开采，连续5个昼夜盯守在事故现场，大胆地提出“煤水分离”的科学解决方案，一举攻克难关，创经济效益276万元，“煤水分离”技术为阳煤集团乃至全国煤炭企业在涌水量大的情况下，组织综采放顶煤工艺摸索出来一条成功经验。从2001年2月~2002年8月，率先试验散煤层条件下应用锚网联合支护技术，经过艰苦探索，成功总结出“阳泉矿区锚网联合支护技术”。该技术广泛应用之后，为阳煤集团创造经济效益近亿元，并获国家煤炭工业协会科学技术一等奖。2003年，提出并实施二矿丈八区采区皮带系统改造，仅450米巷道的改造工程就使原煤年增产68万吨。在工作中积极开展“传、帮、带”，将自己的知识和经验无私地传授给年轻人。10年中，共带出徒弟80余人，其中，有12人已经取得工人技师证书，有35人获得阳煤集团技术能手称号。2001年~2003年，被阳煤集团授予劳动模范称号；2002年和2003年，连续两年获山西省“五一劳动奖章”；2004年，获全国“五一劳动奖章”和山西省煤炭行业劳动模范；2005年，被评为全国劳动模范。

张焕青

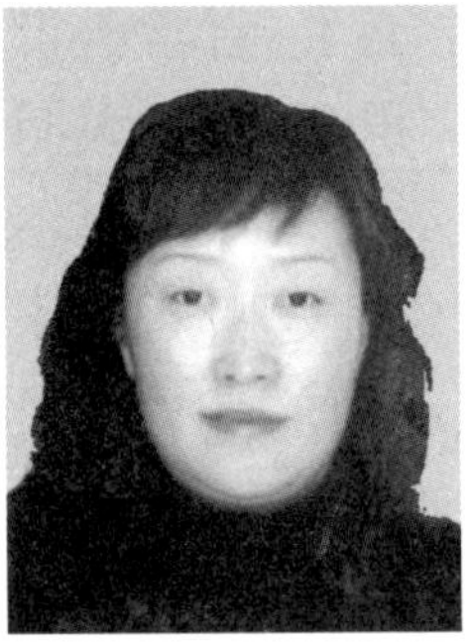

张焕青，女，1964年6月生，山西盂县人，中共党员，大学文化。阳泉市矿区总工会第四届委员会副主席，女职工委员会主任。

1985年7月参加工作，在盂县城关中学任教；1991年3月至1998年10月，在矿区爱卫会工作；1998年10月至2006年10月，任矿区总工会副主席。任区总工会副主席期间，兢兢业业，任劳任怨，为全区基层工会建设以及工会女职工工作的开展做出自己的努力。曾获山西省集体合同签订先进个人和阳泉市模范工会工作者称号。

张凤翔

张凤翔，女，1965年2月生，河北井陉人，1996年7月加入中国共产党，1984年7月参加工作，1984年7月，任阳泉市建筑一公司办公室干事，1986年9月，任阳泉市矿区公证处公证员、副主任、主任，2001年，任矿区司法局副局长（主任科员），2006年6月，任矿区司法局局长、党组书记。

在任矿区司法局局长、党组书记期间，围绕“司法为民促和谐”的宗旨，狠抓社会管理创新，率先在全市建立社区矫正信息化管理系统，建立全省首个安置帮教基地，先进经验在全省推广。深化“六五”普法，不断推进法治矿区建设，在全市率先启动“普法电影大篷车”活动。加强司法所建设，在全市率先完成6个司法所办公用房建设。加大法律服务力度，有效地减少社会对抗，降低诉讼成本。2009年，矿区依法治区工作名列全省119个县区第一名。个人连续多次获得省、市级各项荣誉称号，2009年，被山西省司法厅评为“十佳优秀县（区）司法局长”，2010年，被省委、省政府授予山西省劳动模范荣誉称号，2012年，获山西省“五一劳动奖章”。

张晓荣

张晓荣，女，1965年4月生，山西阳泉人，中共党员，大学文化，一级法官，阳泉市矿区人民法院审判监督庭庭长。

1982年10月，在阳泉市矿区人民政府任职（其间，于1982年12月～1987年12月，在山西省会计函授学校财会专业学习）。1988年10月，任矿区人民法院助审员，后任审判员（其间，于1999年9月在山西省委党校经济管理专业学习，2002年7月毕业）。2000年9月，任矿区法院民事审判庭副庭长。2014年3月，任矿区法院审判监督庭庭长、审判委员会委员。2003年，被山西省高级人民法院评为2002年度先进个人，2003年2月，被山西省高级人民法院记个人二等功。

石炳忠

石炳忠，1965年8月生，山西阳泉郊区人，2003年6月加入中国共产党。四级高级检察官。阳泉市矿区人民检察院反渎职侵权局局长、检察委员会委员。1984年9月～1986年2月，在阳泉市电石厂工作，1986年3月～1989年3月，在阳泉市郊区人民检察院工作，1989年3月，调入矿区人民检察院工作，其间历任公诉科副科长、反贪局副局长。1995年9月～1999年7月，取得山西大学本科学历。

在矿区人民检察院工作期间，负责反渎职侵权局的全面工作。深入到机关、企业等领域，积极发现线索，开拓案源，高度重视受到利益侵害的公民、法人和其他组织的举报和控告，密切关注给国家和人民利益造成损失后果的重大责任事故和重大侵害公民权益事件，以及人民群众反映强烈的热点问题，依法打击给国家和人民造成严重损害的职务犯罪行为，坚持打击与预防并重。工作中多次获得市、区先进个人荣誉称号。1993年12月，被山西省人民检察院授予全省检察系统先进工作者称号，1995年9月，获山西省人民检察院1994年全省刑审检察业务知识竞赛三等奖嘉奖。

高瑞斌

高瑞斌，1965年12月生，山西左权人，本科学历，中共党员，中学高级教师。历任阳泉矿务局二矿中学教师、教务主任、副校长、阳煤集团五矿中学副校长，2012年9月，公选为阳泉市第十七中学校长。

任职期间，注重教育教学理论学习和研究，深入思考普通中学改革发展之路。在《山西教育》《学习报》《教育周刊》《英语周报》以及《阳泉教育》等刊物发表文章十多篇。主持完成《主体·层次·协调教学模式研究》《中学生心理健康教育研究》《“问题引领，多元助推”教学模式在薄弱中学的探索与实践研究》《公民教育研究》和《中学生领导力课程建设》等5项省级课题研究。在办学实践中勇于探索创新，确立阳泉市十七中“夯实基础，发展特色，创建阳泉市特色名校”的奋斗目标，在普通高中开设空乘、空保、民航飞行员后备生培养项目并列入阳泉市中考招生计划，开展艺术体育特长生教育培训等。坚持开设心理健康教育和公民教育课程，积极进行“三·五·四”问题导学模式课堂教学改革实验，2013年，学校被确定为山西省高中课改15所联盟校之一，成为山西省心理教育实验基地，被评为阳泉市高中教育教学成绩优秀奖、高中多元办学特色学校、先进集体等。他先后被授予山西省高中课改先进校长、阳泉市教育系统先进个人、矿区劳动模范等称号。2014年，在阳泉市普通高中新课程课堂教学改革新模式大赛中获校长组第一名。

刘冬花

刘冬花，女，1966年1月生，河北蔚县人，1985年5月加入中国共产党，1985年7月长治幼师毕业，任教于阳泉市矿区小南坑小学，小学高级教师。1990年，取得山西大学汉语言文学大专学历，2004年，取得山西大学教育管理本科学历。2009年2月，调矿区司法局工作，历任矿区沙坪司法所、平潭司法所所长。

从事基层司法行政工作以来，时刻不忘身一名司法所长的工作职责，兢兢业业，恪尽职守。5年里，情系百姓，热爱工作，始终坚持把群众的利益放在第一位。2009年，创建阳泉市司法所首个网站和博客，创编首个法制月报期刊。2009年~2012年，连续三年获市政法系统先进个人称号；2010年，所在司法所被评为山西省规范化司法所和阳泉市唯一的执法规范化示范单位；2011年，被评为山西省群众满意的司法所；2012年，被评为矿区模范单位；2012年5月，获山西省优秀人民调解能手；2012年8月，获全国人民调解能手称号。

程润华

程润华，女，1966年2月生，山西阳泉郊区人，中共党员，本科学历，中学高级教师。1988年9月，阳泉矿务局第一中学任教，2004年9月，任阳煤集团第一中学教务处副主任，2005年8月，任阳煤集团第一中学教研室主任，2012年9月，任阳泉市第十一中学副校长。

参加工作26年，担任班主任工作10年，做了6年年级组长和8年教研室主任。在教育教学中，坚持以人格引领人格，以心灵赢得心灵，以思想点燃思想，以自由呼唤自由，以平等造就平等，以宽容培养宽容的教育理念。工作中注重理论与实践相结合，注意把本学科教学和教育活动的一些心得体会进行整理和总结，写成论文。在教学中，积极参加课程改革，1999年，参加省优质课大赛获二等奖、优秀论文二等奖。2005年，与他人合作编写《政治高考必备》，由中国青年出版社出版，2007年12月，与他人合作论文《中考思想品德复习的几种策略》和《九年级思品综合测试题》在华北优秀期刊《中学课程辅导》总第301期上发表。2003年，获得阳煤集团劳动模范、阳煤集团优秀女职工标兵称号；2004年，获阳泉市劳动模范称号；2009年，获阳泉市模范教师、山西省模范教师、山西省教育系统巾帼建功标兵称号；2010年，获山西省科教文卫系统十佳魅力女性称号、同年，被评为山西省中学特教教师；2011年，获阳泉市功勋党员提名；2013年，获市总工会工人先锋岗位称号。

仇怀俊

仇怀俊，1966年2月生，山西平定人，中共党员，大学文化，一级法官。1989年11月参加工作，阳泉市矿区人民法院贵石沟法庭庭长、审委会委员。

曾任矿区人民法院书记员、助审员、审判员。2009年2月，任矿区法院民事审判三庭副庭长。2014年3月，任矿区法院贵石沟法庭庭长、审判委员会委员。2003年，被省高院评为指导人民调解工作先进个人。2012年，被省高院评为全省优秀法官。

刘文会

刘文会，1966年2月生，山西省盂县人，中共党员，大学本科学历，中学一级教师。1987年6月，就职于阳泉矿务局职业一校，1989年，调入阳煤集团第二中学（阳泉十二中前身）任专职美术教师。一直从事美术教育、研究和创作工作。曾获阳泉市优秀教师、阳泉市美术教师基本功比赛第二名。2007年，被评为阳泉市骨干教师。所辅导的学生多次获得国家、省、市各级各类展览的各项大奖。

兼任阳泉市美术家协会会员，矿区美术家协会副主席兼秘书长，阳泉美术院特聘院外画师。其作品多次参加省、市级展览，主持和参与多项大型展览策划、设计活动。主要作品有：1994年，油画作品《丰碑》，入选“晋煤杯”全国煤矿职工第四届美术、书法、摄影展览。2000年，独立完成阳煤集团企业标识的设计和修改任务。2001年，承担中国交通博览会山西展厅的展览展示设计，赴北京展出。2003年，为阳煤集团设计广告《中国鲁尔》，2003年2月3日，发表于《中国劳动保障报》，第四版整版刊登。2006年，承担阳泉市政府招商引资展览设计，赴香港展出；2006年，承担《阳泉美术院建院20周年作品》画册装帧设计。2007年，独立承担阳泉广播电视总局数字电视公司数字电视开机系列平面设计（阳泉广电CONAX智能卡画面、阳泉数字电视启动画面、阳泉视频导航主页、视频超市、数字电视标识以及用户卡等）。2007年，版画作品《乡韵》入选山西省第十八届版画作品展览，同时，入选山西省“杏花奖”优秀美术作品展览。2009年，版画作品《秋》入选山西省第十五届美术作品展览。同年，获山西煤炭系统职工摄影美术展览十佳作品奖。2014年，版画作品《暖阳》入选全国工业版画第二回年展、获山西省第十六届美术作品展览二等奖。

徐银凤

徐银凤，女，1966年10月生，山西和顺人，中共党员，中师学历，小学高级教师。1988年7月参加工作以来，一直在矿区刘家垴小学担任数学教师。

忠诚于教育事业，爱岗敬业，勤奋努力，在26年教学中带毕业班20多个，所带班

级教学成绩突出，多次名列矿务局或矿区前茅，深受学生爱戴、家长欢迎和社会好评。努力钻研教材，不断总结经验，在教学中，创新思路，灵活采取多种教学方式，营造轻松、活泼、上进的学习氛围。同时，注重师德修养，想学生所想，急学生所急，关心学生，理解学生，做学生的知心朋友。多次被评为阳泉矿务局优秀教师、矿区优秀教师；1995 年，被评为阳泉矿务局“十佳教师”、劳动模范，山西省优秀教师；1996 年，被市劳动竞赛委员会记个人二等功。

乔冠君

乔冠君，1967 年 1 月生，山西阳泉郊区人，2004 年 3 月加入中国共产党，大专文化，二级警督警衔。阳泉市公安局矿区分局桥头派出所教导员（副科）。

1990 年 10 月参加公安工作，历任阳泉市公安局矿区分局派出所民警、刑警队侦察员、禁毒大队副大队长、大队长。从警 24 年，一直工作在与违法犯罪做斗争的第一线。忠于职守，抓逃犯、破大案、深挖犯罪团伙。1995 年 8 月，被山西省公安厅、劳动厅、共青团山西省委授予全省公安系统优秀青年民警荣誉称号。2004 年～2007 年，带领禁毒大队民警坚持“四禁并举、预防为本、严格执法、综合治理”的禁毒工作方针，充分发挥禁毒大队的主力军作用。3 年时间查处、破获各类涉毒违法犯罪案件 227 起，其中办理贩卖毒品案件 116 起，吸食毒品案件 135 起。抓获各类涉毒违法犯罪人员 172 人。对抓获的涉毒违法犯罪人员移送起诉 48 人，强制戒毒 98 人，劳教戒毒 23 人，打击涉毒违法犯罪工作在全市名列第一。2004 年 6 月，被山西省公安厅、共青团山西省委员会评为山西省公安系统“十佳青年卫士”；2005 年 11 月，在第五届山西省杰出（优秀）青年卫士评选活动中获山西省优秀青年卫士称号；2005 年 12 月，被省劳动竞赛委员会记个人二等功一次。

魏慧芬

魏慧芬，女，1967 年 2 月生，山西武乡人，中共党员，中央党校本科毕业。1990 年参加工作。2000 年 7 月，当选为阳泉市矿区蔡洼街道办事处蔡东社区主任、党支部书记。

在担任社区主任、党支部书记期间，从老百姓的生活小事入手开展工作。一是针对辖区下岗失业人员多的实际情况，带领社区一班人，自筹资金，建起社区生产生活服务中心，开办馒头店、面条店、缝纫厂，安排下岗失业人员和残疾人 15 人，解决他们的生活困难。二是组建起一支大型秧歌队、一支大型锣鼓队，丰富了社区居民的文化生活。两支队伍经常参加街道和驻地单位组织的演出比赛活动，多次获得第一名。三是在社区拆迁改造工作中,耐心细致地一户一户地对居民和商户进行动员工作,绿化、美化社区环境。在社区环境营造、社区工会工作、残疾人工作、计划生育工作、文化体育工作等方面做了大量的工作,受到上级领导的肯定和社区居民的欢迎。多次获得市、区表彰的诸多荣誉称号。2006年,被记省个人三等功,2007年,被评为山西省劳动模范。2011年,获阳泉市百名功勋党员称号。

陈肖琳

陈肖琳,女,1967年7月生,山西阳泉郊区人,专科学历,中共党员,小学高级教师,1985年6月阳泉师范毕业后从教,一直在矿区洪城河小学担任语文教师兼班主任,1993年,任年级组长。

在教育教学工作中,关注每位学生的全面发展,并因材施教。组织开展的班队会主题突出,特色鲜明,形式活泼。赏识每个孩子,在班内实行班干部轮换制,将锻炼机会平等地给予每个学生。有意识地对学困生增加感情投入,用“爱”取代“嫌”,采用“四优先”的“倾斜政策”。在课程改革实验过程中,刻苦钻研,勤于探索,甘做领头雁,所讲公开课和观摩课曾受到各级专家好评,所撰论文多次荣获省级、国家级奖项,有的在省级刊物上发表。凡与她签订过“师徒共进”合同的教师,在她的指导和影响下,都成为学校市级、省级教学骨干。2010年10月,被评为山西省骨干教师。曾被评为全国教育系统巾帼建功标兵、山西省模范教师、山西省中小学学科德育渗透教学能手、山西煤炭系统优秀班主任、阳泉市第四届专业技术拔尖人才、阳泉市1518师资培训工程小学语文学科带头人、阳泉市师德先进个人、阳煤集团“十佳教师”等。2009年9月,被人力资源和社会保障部、教育部授予全国模范教师称号。

韩继英

韩继英,女,1967年10月生,山西孝义人,1989年毕业于山西师范大学,阳泉市十一中英语教师。曾获山西省劳动模范、山西省模范教师、山西省师德标兵、阳泉市劳动模范、阳泉市优秀班主任、阳煤集团劳模标兵等荣誉称号。

热爱教育工作,勇于承担重任。由于用嗓过多,得了职业病——声带小结,手术过后没有休息,带着话筒继续上课。2001年,有一位老师突然调走,她不顾自己的身体,勇敢地接起另外一个班教学工作,一个人干着将近两个人的工作量。教学成绩突出,在2004年的高考中,学生蔺茜以680分的总成绩荣获阳泉市理科状元并考取清华大学;2007年高考,阳泉市理科前十名中,第1、3、6、7名,都是她的学生;2012年高考,她班59人中有58人达线,其中达一本线的有49人。在班主任工作中,一切为学生着想。每天下午预备铃后,和学生一起唱歌,一块儿做游戏,给班里开小型运动会;为增加班级的凝聚力,让学生感觉到班级的温暖，每个月都会给当月过生日的学生举办生日 party，使许多学生都流下幸福的眼泪；考试的前一天，会给学生一个一个地打电话，给他们鼓劲，预祝他们成功，让他们感受到老师的关怀；她班里一位新来的学生，思维很敏捷，但天天迟到，为帮助他改掉迟到的坏习惯，坚持每天在车站等候他一块儿上学，风雨无阻，使该学生逐渐改掉迟到的坏习惯，最终考上自己理想的大学。

张汉东

张汉东，1967 年 10 月生，河北井陉人，中共党员，本科学历。1982 年 11 月，在阳泉矿务局新区建设指挥部参加工作，1983 年 11 月 ~ 1986 年 1 月，在国防科工委 20 试验基地 89790 部队服役，1986 年 6 月，担任阳泉市矿区区委机要室机要员，1992 年 11 月，任矿区人民检察院法警队队长，2003 年 12 月，任矿区蔡洼街道办事处党工委副书记，2009 年 12 月，任矿区政法系统党工委副书记、纪检书记，2012 年 5 月，兼任矿区政法系统工会联合会主席。2008 年 6 月，被评为阳泉市铁路护路先进个人；2012 年 6 月，被评为阳泉市优秀党务工作者。

张志明

张志明，1968 年 5 月生，山西盂县人，本科学历，中共党员，小学高级教师。历任阳泉矿务局五矿小学教师、东四尺小学教师、东四尺小学党支部书记、东四尺小学校长、矿区小南坑小学校长、矿区沙台小学校长。曾任山西省小学校长学会常务理事、阳泉市教科研学术委员会委员、阳泉市矿区诗词曲学会副主席。

任职期间，注重学习研究，形成自己的教育思想和办学理念，结合实际大胆创新。在东四尺小学工作期间，适逢新课程改革伊始，研究探索六种校本研修模式，首创阳泉市“教育博客”学校，2006 年，举办阳泉市校本研修现场会。在小南坑小学期间，提出“博雅教育”办学理念，设计学校博雅教育七大行动，学校管理民主科学，学校因博客而改变，教师因博客而幸福，学生因博客而成长，形成独特的“博雅”文化，2010 年，成功举办阳泉市教育博客应用现场会。信息技术应用成果《专注博客，成就博雅》发表于《e 满三晋》一书，代表山西省教育厅在深圳参加全国展演，学校获得多项国家级荣誉。创办校刊《花开的声音》，获得全国校刊一等奖。2012 年 8 月，调任矿区沙台小学校长，在大力改善学校办学环境的同时，特别注重学校文化建设，提出“相信种子，相信岁月”的教育思想，整体提升学校办学品位，2014 年，承办阳泉市校园文化建设现场观摩会。始终注重自身素质的提高，仰读俯思，勤于笔耕。参加国家教育行政学院“基础教育改革动态”专题研修、教育部第 49 期全国小学校长高级研修班等多项培训。居高志远，不断丰富自己的教育思想，提出“晨诵、午练、暮省”的校园生活方式，承担中国教育学会《让种子在内省中成长》的日记课题研究和中央电教馆《基于信息化环境下的高效教学研究》两项研究课题，课改经验多次在全国交流。在《中国教育报》《教育文摘周报》《山西教育》等报刊发表文章200多篇。2012年2月，由山西人民出版社出版教育随笔《且听风吟》一书。先后被评为全国课改治校优秀校长、全国教研工作先进个人、全国课题实验先进个人、全国日记教学名师、山西省百名优秀中小学校长、阳泉市教育功臣和阳泉市劳动模范。

张红梅

张红梅，女，1968年6月生，山西盂县人，中共党员，本科学历。阳泉市矿区总工会第五届、第六届委员会副主席，区直机关工青妇支部宣传委员。

1990年7月毕业于阳泉职业大学，1990年7月~1992年4月待分配，1992年5月参加工作，阳泉市矿区赛鱼街道办事处任科员；1993年7月~2003年9月，矿区政府办公室科员，2003年9月~2008年3月，任矿区蔡洼街道办事处副主任，其间，于2002年8月~2004年12月毕业于中央党校函授学院本科班法律专业；2008年3月，任矿区总工会副主席（2014年1月任矿区总工会主任科员）。任矿区总工会副主席期间，认真履行自己的职责，在工作中求实创新，与时俱进，锐意改革，积极主动抓好所分管的各项工作。2009年，被市妇联评为优秀女干部；2010年，被评为省工会组建月活动先进个人、市先进女职工工作者，获市总工会论文评选一等奖和三等奖；2011年，被评为省总工会帮扶中心建设先进个人，获省总工会“送温暖20年同行”征文比赛二等奖，被评为省工会干部教育培训工作先进个人，同年，被市总工会评为工会组建工作先进个人、区“三八”红旗手；2012年，被评为省总工会先进女职工工作者，获市总工会“中国特色社会主义工会发展道路”征文先进个人奖，2014年，市总工会评为2012~2013年度优秀工会工作者。

赵永军

赵永军，1968年6月生，山西昔阳人，中共党员，本科学历，中学高级教师。从教以来先后在阳煤集团五矿中学、阳泉市第十一中学任语文教师、教研室主任、年级主任。任山西省教育厅中学专业技术职务评审委员会专家组成员。全国“五一劳动奖章”获得者。

在高中新课程改革实验中，积极探索学校推行的“三环七步新课堂”教学模式，在课堂教学实践中取得良好效果。在学校的教学教研工作中，认真组织开展各项校内外的教学研究活动，每学期都要聘请市教研室的专家和兄弟学校老师到学校开展听课评课活动，指导检查每周一次的校内例行教研活动，促进学校内涵式发展。本着“以创新促教育，以教研促教学”的思路，勤奋学习，刻苦钻研，所撰写的《追索理想的教育》等教育教学论文获得省教育厅一等奖。在高中教学第一线，承担着两个班的语文课和精英班的班主任工作以及年级组教育教学管理工作。超负荷的工作量决定他全天候学习、教学、研究、管理一体化的工作状态。累积20多年的高中教学管理经验，形成自己独特的教育理念和管理思想，他蹲点负责的历届高三年级，每次都能创造出学校教育教学的最佳成绩，一批批高中毕业生在他的指导下跨入高等院校名校大门，受到学生、家长和社会的好评。2006年，被评为山西省师德标兵；2008年，被评为阳泉市教育功臣；2011年，获山西省“五一劳动奖章”；2014年，获全国“五一劳动奖章”。

荆素俭

荆素俭，女，1968年7月生，山西阳泉人，山西省行政学院经济管理函授本科毕业。1989年12月参加工作，无党派人士。阳泉市矿区平潭街街道东山社区主任、社区第三届、四届、五届工会联合会主席。山西省第十一届、十二届人大代表，山西省第十一次妇女代表，阳泉市第十三届、十四届人大代表及常委会委员、阳泉市矿区第八届、九届人大代表及九届人大常委会委员。

在担任社区工会联合会主席期间，全面负责工会的各项工作，完成工会实名登记，组建工会联合会，并与民营企业广鑫机械制造有限公司建立长期的合作关系。2008年起，每年组织开展社区文化艺术节，活跃职工文化生活，建起职工困难帮扶点，帮扶困难职工。建立“五星级职工书屋”和90平方米的职工活动中心，与48家用工企业、个体工商户签订《区域性工资集体合同》，其经验在全区推广。多次获市、区工会先进个人称号。2009年4月，被市劳动竞赛委员会记个人二等功。2012年4月，获山西省“五一劳动奖章”。2014年4月，被评为山西省特级劳模。

贾素红

贾素红，女，1969年7月生，山西平定人，大学本科学历，中学一级教师，1991年7月参加工作，阳泉十二中教师。

具有强烈的事业心、责任感、上进心和执着的敬业精神。钻研教学，勇于实践，经常承担课程改革观摩课，示范课的教学，参与山西省《问题解决导学方案》七年级上册第四章《一元一次方程》的编写及修订，撰写《“三段五环节”课堂教学模式下如何进行有效数学教学》等论文获奖。曾被评为阳泉市优秀班主任，2009年11月，被评为山西省优秀班主任；2012年9月，被授予山西省师德标兵荣誉称号；2013年，被市劳动竞赛委员会记个人一等功。

梁　庆

梁庆，1969年10月生，阳泉平定人，中共党员，研究生毕业，四级高级法官，阳泉市矿区人民法院党组书记、院长、审判委员会委员。山西省劳动模范。

1992年7月，毕业于山西大学哲学系，获哲学学士学位。同年7月，任矿区党校助教、区委宣传部干事。1995年2月～2002年1月，任阳泉市中级人民法院书记员、审判员。1997年6月，任研究室副主任。（其间，于1997年9月～1998年4月，作为中共阳泉市委工作队队员，深入二轻系统，推进全市二轻系统企业的股份制改革；1999年9月～2002年7月，参加省委党校在职研究生班学习，取得政法专业研究生毕业证书，获硕士学位。2000年1月～2001年1月，在平定县马山乡木槽村扶贫；2001年9月～2002年5月，借调至中共阳泉市委作风调研领导组办公室，任资料组副组长）2002年1月，任阳泉中院执行局副局长（正科）。2002年7月，任平定县人民法院副院长（挂职）。2003年4月，任阳泉市中级人民法院研究室主任。2011年5月，任阳泉市矿区人民法院党组书记、代院长。6月，当选为矿区人民法院院长。担任研究室主任期间，10余篇调研成果获省级表彰奖励，组织300多人次参加法制节目制作，开展推广普法活动。首创阳泉市审判史上第一份杂志《法槌》。主持编纂《阳泉法院志》。所领导的阳泉中院研究室，2004年被最高法院授予宣传工作先进单位，2006年、2008年，两次被省法院授予全省法院宣传工作先进单位。先后9次被评为全省政法系统、全省法院调研工作先进单位。2001年，被省高院授予全省法院思想宣传工作先进个人；2006年，被省政法委授予全省政法系统调研工作先进个人；2014年，被评为山西省劳动模范。

翟瑞红

翟瑞红，女，1969年12月生，山西和顺人，中共党员，大学本科学历，阳泉市矿区教育工委副书记兼教育系统工会联合会主席。

1990年8月，在矿区新蕾幼儿园任教，2002年8月，担任矿区新蕾幼儿园园长，2009年1月，调任矿区教育工委副书记，2009年3月，当选为矿区教育系统工会联合会主席，2012年4月连任。在担任矿区教育系统工会联合会主席期间，在基层工会的规范管理、职工素质攀升、维护职工权益、帮扶救助、丰富职工文体生活等方面做了大量工作。在学校工会规范化建设方面，积极推进组织体系网络化、服务体系常态化、维权体系立体化、帮扶体系长效化。有两所学校工会被市总工会评为五星级工会。在职工素质攀升方面，重点抓两项工作，一是青蓝工程，二是信息技术在教育教学中的应用。主动参加各学校的签约拜师会、师徒汇报会、表彰师徒会，有力地促进青年教师的成长。从2010年开始，她致力于信息技术在教育教学中的应用，从教职工个人技能素质的培训竞赛开始，到促进教师信息技术与学科教学整合能力的提升，再到促进教师在课堂教学中有效应用微课等优质数字资源，突破重难点的能力，有力地推进应用教育云平台，促进学生自主、个性化学习的课堂改革。为促进学校工会教代会的规范有效运行，多次请市总工会民管部部长侯全生对教育系统基层工会主席进行培训。2013 年，所撰写论文《有效发挥学校工会作用浅谈》被收录《新时期工会工作论文选编》，2010 年、2012 年、2013 年，分别被市总工会评为民主管理先进个人。

刘 滟

刘滟，女，1970 年 3 月生，山西阳泉人，中共党员，本科学历，中学英语一级教师。1990 年 7 参加工作。历任阳泉市第十二中学英语教师、班主任、年级组长、教务主任、副校长。

主要负责教务管理、教学研究和教师培训工作。从教 25 年从未脱离教学第一线。秉承“我是党员，我是旗”的信念，无论在思想上还是在工作上都严格要求自己。工作期间加强教学研究管理，深化课堂教学改革，以全面实施素质教育为根本宗旨，不断提高个人素养和管理能力，始终把学校的发展和师生的幸福放在首位，始终以百倍的信心和热情投入各项工作，在工作中取得了突出的成绩。2009 年 5 月，被省劳动竞赛委员会记个人二等功；2012 年，被评为市“十一五”教科研先进个人。

韩瑞梅

韩瑞梅，女，1970 年 5 月生，山西武乡人，中共党员，大学本科学历，小学高级教师，1988 年 8 月参加教育工作。历任阳泉矿务局一矿红岭湾小学教师、教务主任、副校长，阳煤集团马家坪小学副校长，矿区桃南路小学校长，矿区南楼小学校长。

热爱教育事业，潜心钻研教学，在教育教学中取得优秀成绩，多次受到省、市、区级表彰奖励。1991 年，被评为阳泉市优秀教师表彰，1993 年，被评为山西省优秀教师，1994 年，被评为山西煤管局系统优秀教师、阳泉市优秀教育工作者和阳泉矿务局“十佳教师”。2003 年，所撰写课题研究成果《马家坪小学“小班化教育”实验报告》获阳泉市教育科学研究优秀成果二等奖，2005 年，获阳泉市社会科学事业发展研究课题一等奖。2009 年，担任矿区桃南路小学校长后，带领班子和教职工竭尽全力改善办学条件，通过特色创建、教师论坛、金点子征集等引导教师关注学校、热爱学校、服务学校，为学生营造温馨的成长环境，促使每个孩子全面发展，付出巨大努力，使一所薄弱学校在短期内变得充满生机和活力。2012 年，调任矿区南楼小学校长，带领广大教职工提炼和传承学校精神，提出“每位教师都是专家”的教师观、“每位学生都有美好未来”的学生观，确立“阳光、健康、责任”的校训，坚持国防教育特色，培养学生全面发展。

王利刚

王利刚，1970 年 6 月生，山西昔阳人，中共党员，一级检察官。阳泉市矿区人民检察院党组成员、反贪污贿赂局局长、检察委员会委员。

1993 年于山西电力职工大学热工自动化专业毕业后，在阳泉市河坡电厂参加工作。1996 年 10 月，考入阳泉市矿区人民检察院，历任反贪局书记员、助理检察员、侦查监督科副科长、科长、检察委员会委员、反贪污贿赂局副局长、反贪污贿赂局局长。1999 年 7 月，获中国政法大学法学专业本科学历，2006 年 7 月，获山西大学法律硕士学位。在矿区检察院工作期间，因工作业绩突出，多次受到省、市、区各级机关的表彰。2006 年 6 月，被评为矿区劳动模范，2006 年 12 月，被山西省人民检察院记个人三等功。

郭丽萍

郭丽萍，女，1970 年 7 月生，山西寿阳人，中共党员，大学本科学历，中学高级教师。阳泉市十一中高中英语教师。2014 年，被山西省委、省政府授予山西省劳动模范。

2008 年、2011 年所带班级学生在高考中英语平均成绩高达 130 分，在全市英语单科前 10 名里她所教学生占 6 名，学生张冰洁获矿区文科第二名；2011 年高考学生达线率为 97%。所带学生连续 4 届获得全市英语单科状元及全市前 10 名；在辅导学生英语竞赛中连续 20 年获优秀辅导员，任杰等 40 多名学生在全国中小学素质英语教育知识能力竞赛中取得特等奖及一、二、三等奖，学生潘雪萌在 2007 年中央电视台希望之星英语风采大赛山西赛区获得一等奖，学生张嘉月在“2010 年全国中小学生英语能力电视大赛”中获特等奖。刻苦钻研教学，多次承担课题研究。承担中国教育学会外语教学委员会“十二五”规划 2012 年度课题《中小学英语教学写作有效性研究》，主持阳泉市教育科学“十二五”规划课题《高中学生的认知特点与英语阅读理解学习策略研究》，承担市教育科学规划重点课题《校本课程开发与综合实践活动课程整合策略研究》。所撰写论文《新课程理念下的高中英语合作学习》获全国教育科学“十一五”教育部规划课题一等奖、案例《高中英语教学案例》获全国教育科学“十一五”教育部规划课题一等奖并由北京教育出版社出版，《探究式学习模式在高中英语课堂教学中的有效运用》获全国教育科学“十一五”教育部规划课题二等奖、《新课程理念下的高中英语合作学习与课堂教学的有效性》获全国教育科学“十一五”教育部规划课题二等奖。2012 年，在人民教育出版社“人教杯”全国外语教学设计大赛中获一等奖；2014 年，在“阳泉市普通高中新课程课堂教学改革新模式大赛”中荣获英语学科一等奖；曾获阳泉市优秀班主任、山西省教学能手、山西省学科带头人、全国中小学校优秀教师、阳泉市“五一劳动奖章”。

姚文斌

姚文斌，1970 年 8 月生，山西阳泉郊区人，中共党员，本科学历，中学一级教师。1992 年山西师范大学毕业后到阳泉矿务局三矿中学（今阳泉市十五中学）任教。曾被评为阳泉市教学能手、山西省中小学优秀班主任、山西省模范教师。

1992 年 9 月～2001 年 9 月，在初中部担任语文教师、班主任。所带历届初中班级多次被评为优秀班集体，特别是教学成绩在全校同年级、全矿区、全市的各级各类考试中均名列前茅，为阳泉市的高中学校输送一批又一批优秀的学生，圆满地完成学校下达的管理和教育教学任务。2001 年 9 月，被调到高中部任教。2004 年 6 月，经过不懈努力，所带第一批高中毕业生在 2004 年高考中，有 24 名学生达到全国统考本科院校录取分数线，其中有 6 人达到第一批录取分数线。2005 年，所带高三学生在当年高考中有 35 名学生达到高考第二批录取分数线，其中有 10 人达到第一批录取分数线。2006 年，所带高三（1）班 63 名学生在当年高考中有 60 人达到高考第二批录取分数线，其中有 39 人达到第一批录取分数线；赵九鑫以 661 分位列阳泉市理科第二名，被清华大学计算机系录取。2007 年，所带高三（1）班 71 名学生在当年高考中 71 名学生全都达到高考第二批录取分数线，创造阳泉市第十五中学建校 50 年来一个班在高考中全部达到第二批录取分数线的奇迹。其中，有 52 人达到高考第一批录取分数线；刘涛以 653 分被北京大学录取。

程润霞

程润霞，女，1970 年 9 月生，山西临猗人，1993 年 7 月毕业于淮北煤炭师范学院中文系，阳泉市第十一中学高中语文教师。2014 年，被评为山西省师德建设先进个人。

2003 年～2014 年，担任班主任 11 年，关爱学生，严于律己。经常与学生、家长举行各种形式的座谈交流活动，严拒家长各种形式的送礼及宴请，有 9 年被评为学校先进教师。作为语文教师，在高中新课程改革实验中，积极探索和实践“自主合作探究”教学模式。参与山西省《新课程背景下高中课堂教学文化研究》《经典文化在学校“三雅文化”建设中的研究》两个课题研究，发表《关于高中课堂教学文化建设的思考》《高中课堂教学文化建设应遵循的原则》等论文。作为备课组长，领导本组老师开展互相听课取长补短的教研活动，组织全年级学生开展古典诗歌配乐朗诵比赛、中国梦演讲比赛及各种征文活动。在 2008 年高考中，所带班学生穆珅高考总分名列阳泉市理科第二名，阳泉市语文单科前 10 名中所带学生占 4 名，包括第一名 131 分；2011 年，高考所带班学生王宛婷、刘祎璇高考总分分别获得阳泉市文科状元和第二名；2014 年，高考所带班二本 B 类达线 58 人，刷新学校文科高考历史记录，其中，一本 28 人。

冯　蕊

冯蕊，女，1970 年 10 月生，黑龙江哈尔滨人，中共党员，大学本科学历，中学一级教师。1992 年 6 月参加工作，曾任职于阳泉十三中，2001 年 12 月调入阳泉市第十二中学任政治教师。

钻研教学，工作负责，所带班级成绩一直名列学校前茅，深受家长和学生的爱戴。2007 年，被评为阳泉市第八届中小学教学能手；2008 年 5 月，被省劳动竞赛委员会记个人二等功；2010 年 7 月，被评为阳泉市优秀共产党员。同年 9 月，获矿区模范教师标兵称号；2011 年，获矿区教育局先进德育工作者称号。

刘　建

刘建，1971 年 2 月生，山西宁武人，中共党员。阳泉市矿区沙坪街道办事处党工委副书记、沙坪街道总工会主席。

1990 年 9 月，在山西省太原市工业经济学院学习文秘专业；1992 年 11 月参加工作。1992 年 11 月，任矿区沙坪街道办事处办事员；1993 年 12 月，任矿区区委办机要科办事员；1996 年 12 月，任矿区区委办机要科科员；2003 年 10 月，任矿区沙坪街道办事处党工委副书记；2008 年 3 月，任矿区沙坪街道党工委副书记；2008 年 12 月，兼任沙坪街道总工会主席。在担任沙坪街道总工会主席职务期间，履职尽责，扎实工作，认真完成工会工作的各项任务。沙坪街道总工会于 2010 年 12 月，被市总工会评为五星级乡镇（街道）工会；2013 年 2 月，被矿区总工会评为优秀基层工会组织，同年，被山西省总工会评为山西省五星级乡镇（街道）工会；2014 年 3 月，被市总工会评为 2012 ~ 2013 年度工会工作先进单位。本人于 2009 年，被矿区总工会评为先进工会主席；2011 年，被矿区总工会评为优秀基层工会主席。

郭少娟

郭少娟，女，1971 年5 月生，河北任县人，中共党员，大学本科学历，小学高级教师。历任阳泉矿务局三矿南楼小学教师兼班主任、大队辅导员兼团支部书记、教务主任、矿区赛鱼小学副校长，2012 年 8 月，任矿区小南坑小学校长。

爱岗敬业，苦钻业务，多次参与阳泉市名师送教下乡活动，多篇论文在省、市获奖或发表。曾被评为山西省“三晋名师”、山西省教学能手、阳泉市骨干教师、阳泉市教学能手、阳泉市第三批兼职教育科研员、阳泉市教育功臣、矿区教学能手。2012 年，在阳泉市中小学“主体型”课堂教学模式创新大赛活动中，荣获小学校长一等奖，并被市劳动竞赛委员会记一等功。调任小南坑小学校长后，坚持“在继承中发展，在发展中创新，在创新中提高”的发展思路，提出“促师生成长，创博雅名校”的办学愿景，明确“以课型研讨为载体，以课题研究为引领”的教研思路，通过讲课、评课、研讨、论坛等形式全面推进课程改革，精心塑造“博雅”教育品牌。逐步走出一条“文化强校，博雅兴教”之路。在学校第四届“信息杯”赛讲活动中，两次登台示范作课，为学校课程改革起到推动和引领作用。学校先后被评为山西省首批信息技术学科基地校、山西省防震减灾科普示范校、阳泉市教育信息化先进学校、阳泉市“十一五”教科研先进集体、矿区教育系统先进集体。2014年，学校顺利通过市级、省级标准化学校和国家级均衡教育学校验收，成为全市小学中唯一获阳泉市模范单位学校。

任海平

任海平，1971年7月生，山西阳泉人，中共党员，技校学历，工人技师。1995年入阳泉矿务局一矿当四尺煤掘进工。2010年11月，任阳煤集团一矿运输工区主任助理。

从事载波维护工作，先后参与井下电机车动态距离防追尾报警器的研制；与其他技术人员共同研制开发定量仓南北箕斗手动阀闭锁系统；将井下车场架线改为自动停送电；改进模拟盘机车对位显示协调，增加信号采集和开关量的显示；设计井下语音报警器的触发方式，杜绝因井下潮湿导致的高压窜入，每年节约资金2.5万余元。2006年1月，为弥补电机车动态距离防追尾报警器在井下运输中的缺陷，多次对其进行改进，有效地提高矿井运输的安全系数。2007年，钻研技术，大胆革新，用短短的10天，就对新引进的10台20吨调频机车进行控制程序的改进，为综采五队和全矿完成原煤运输任务起到不可替代的作用。2008年，针对电机车变频器驱动板不断报过流的故障，重新制作控制板，解决专家都束手无策的难题。组建学习小组，并亲自担任教练，讲解“技术攻略”，指导徒弟吴彦龙、耿建新分别获得集团公司技术技能大赛电机车通讯工第一名和第三名。2009年1月，担任运输工区机电队技术副队长，积极熟悉新技术环境，汲取新技术营养，在很短的时间内解决多种工作中遇到的棘手问题。2013年，成立“任海平工作室”，运用导师带徒的新通道，组织运输工区技术骨干开展机电工作培训，有效地提高技术素质，及时地解决安全生产中的挡手问题，先后被全国煤炭协会、省人力资源和社会保障厅、省劳动竞赛委员会和省总工会命名为“煤炭行业技能大师工作室”“任海平技能大师工作室”“山西省劳动模范创新工作室”。2007年，被评为山西省劳动模范；2008年、2009年，连续两年获山西省“五一劳动奖章”；2010年，被评为山西省特级劳动模范；2014年，获全国“五一劳动奖章”。

尚锦榜

尚锦榜，1972 年 1 月生，山西平定人，2004 年 4 月，加入中国共产党，1993 年 7 月，毕业于山西省太原工业大学高分子化工专业，1993 年 7 月，在山西省阳泉晋东化工厂参加工作。1996 年 10 月，考入阳泉市矿区人民检察院，1999 年 3 月，任矿区检察院助理检察员，其间于 1999 年 6 月，毕业于山西大学法律专业。2003 年 9 月，任矿区检察院检察员，2009 年 2 月，任矿区检察院侦查监督科科长，2014 年 8 月，任矿区检察院侦查监督科科长、检察委员会委员。2004 年，获得山西省人民检察院嘉奖。

安计芳

安计芳，女，1972 年 5 月生，山西盂县人，中共党员，大专学历，小学高级教师。阳泉市矿区红岭湾小学教研室主任。曾被评为山西省模范教师、山西省教育系统巾帼建功标兵、山西省教学能手、山西省学科带头人、山西省“三晋名师”、阳泉市教育功臣、阳泉市模范教师、阳泉市第四届拔尖人才、阳泉市教学能手。

认真钻研教学，教学成绩突出，多次在省内外作示范课、支教课。参与山西省教育科学“十一五”规划重点课题《小学生发展性评价与检测实验研究》的研究与编写工作，所撰写的教学论文、教学设计多次在《小学语文教学》《教学设计》《创新作文教学》等杂志发表。2004 年 11 月，参加了由书海出版社出版、全国发行的《新课标小学语文教学实用手册》编写工作。2005 年 4 月，在全国首届“挑战名师”作文教学观摩大赛中获得一等奖第一名，被全国著名小语专家支玉恒收为徒弟，《阳泉教育》2005 年 3 期作为封面人物，并以《安得芬芳香满园》为题做了长篇报道；9 月，被评为阳煤集团“十佳”教师，并赴京参加第三届全国优秀教师（作文）教学风采展示活动；11 月，全国著名小语专家支玉恒、四川特级教师姚嗣芳对其教学实录《学写儿童诗》的点评分别发表在《四川教育》2005 年 7、8 期和《语文教学通讯》2005 年11 期上。

刘新桥

刘新桥，1972 年 9 月生，山西昔阳人，大学文化，阳泉市矿区贵石沟街道工会联合会主席。

1992 年 11 月参加工作，2000 年 1 月加入中国共产党。1992 年，在矿区司法局任科员，2003 年 10 月，任矿区贵石沟街道办事处副主任、武装部长，2008 年 4 月，任矿区贵石沟街道党工委副书记、工会主席。矿区总工会第六届委员会委员。在矿区贵石沟街道工会联合会主席岗位上,扎实工作,认真履职尽责,街道工会联合会于 2013 年,被评为山西省五星级乡镇(街道)工会。2012 年、2014 年,被阳泉市总工会评为优秀工会工作者。

张贵军

张贵军,1973 年 3 月生,山西阳泉郊区人,大学本科学历,中共党员,1999 年于阳泉市矿区平潭街街道办事处参加工作,任主任助理;2003 年 10 月,任矿区赛鱼街道办事处副主任;2008 年 4 月,任矿区平潭街街道党工委副书记,同年 12 月,当选为平潭街街道总工会主席;2012 年 4 月, 再次当选为平潭街街道总工会主席;2013 年 6 月,被选为阳泉市总工会第十五届委员会委员,2013 年 11 月,被选为阳泉市矿区总工会第六届委员会委员。

任街道工会主席期间,围绕街道工作的着力点、把握工会工作与服务全局的结合点、把握维权工作的难点、把握职工关注的热点,坚持做到"话说到、路跑到、心尽到、事办到"。注重加强基层企业和机关工会组织的建设,把在非公企业中组建工会作为工会工作的主战场和突破口,采取强有力措施推进非公企业建会工作。到 2014 年,街道总工会发展到 43 个基层工会委员会,工会小组 344 个,会员人数发展到 3715 人。积极摸索"工会网格化"管理运行机制。不断健全街道工会、社区工会及企业工会"小三级"工会网络。实行街道工会为主建会、社区工会为主管理、会员单位为主活动。把"工会网格化"建设融入社区网格化建设中。针对基层维权工作中的突出问题,通过推行平等协商、集体合同以及职代会制度和送温暖活动,维护职工的合法权益,调动职工的积极性。亲自深入企业参加劳动争议调解 10 多次,先后为基层工会干部组织涉及法律政策、集体合同、劳动争议等不同专题做讲座或培训 13 次,提高工会干部执行政策的能力。实现"促进企业发展、维护职工权益、增强工会活力"的目标。使工会工作在职工中更加有威信,在全局工作中更加有地位有影响。平潭街街道总工会多次被市总工会、区总工会评为先进基层工会。2011 年,平潭街街道总工会被省总工会评为山西省五星级乡镇(街道)工会。他先后多次被区委、区政府评为先进工作者;2009 年,被省总工会评为山西省平等协商签订集体合同先进个人;2011 年, 被省总工会授予山西省"十佳乡镇(街道)工会主席"。

赵海芳

赵海芳,女,1973 年 9 月生,山西阳泉郊区人。2002 年 8 月加入中国共产党。2000 年 7 月参加工作,历任阳泉市矿区贵石沟街道水滩社区副主任,水滩社区党支部书记、主任,兼任水滩社区工会第三届工会主席。

在担任水滩社区工会主席职务期间,围绕"组织起来、切实维权"宗旨,在实践中探索,在创新中完善,推行工会工作网格化管理新机制；提升素质工程，建立“女职工培训学校”，以创建“四自”课堂为宗旨，为女职工提供岗位技能和综合素质培训，打造以学习求生存、以作为谋地位、以贡献争平等的新时代女职工形象。推进送温暖工程，组建“580——我帮您”志愿服务队伍，为困难职工提供帮助。开通手机短信服务、搭建QQ群咨询服务平台，为职工维权创造便利环境。运用科技手段，通过社区网站网络链接功能，促进平等协商制度的推行、推进和谐稳定的劳动关系。2002年，被阳泉市妇女联合会评为“巾帼建功”标兵，同时，被命名为“三八红旗手”；2009年，被矿区劳动竞赛委员会记个人二等功；2010年，被阳泉市老龄工作委员会授予“孝亲敬老之星”称号、被山西省人口和计划生育委员会评为全省“十旗百佳”争创活动“百佳服务标兵”称号；2012年，被中共阳泉市委创先争优活动领导小组评为“时代先锋”；2014年，被矿区总工会授予“十大杰出女职工”荣誉称号，同年，获矿区劳动模范荣誉称号。

郝海红

郝海红，1974年6月生，山西左权人，中共党员，中专学历。2014年5月，任阳煤集团新景矿业公司副总经理。2011年，担任阳煤集团一矿综五队队长，先后制定和完善《职工考勤管理办法》《增减分管理制度》《机电设备事故考核办法》等一系列奖惩考核措施，有效地把住职工的出勤关，调动职工的积极性。严把工程质量关，做到严字当头，违者必究。要求职工在作业过程中做到责任清晰、工序到位、行为规范、操作有序，做到“上标准岗、干标准活”。使工程质量标准化与责任人的计件工资相结合，从而促进全队安全质量标准化工作的顺利进行。带领全队职工认真围绕“高产、高效”工作目标，稳扎稳打，真抓实干、顽强拼搏，克服一个又一个困难，取得一个又一个阶段性胜利，以320万吨商品煤的优异的成绩再次取得集团公司综采煤队组产量第一名，为一矿实现本质安全型千万吨矿井做出积极贡献。2012年，担任采煤工区主任后，团结带领全体员工，迎难而上，再创佳绩，为采煤工区完成商品煤727万吨、块炭156万吨的任务做出新贡献，并创造全年安全零目标的历年最好水平。2012年，被评为全国煤炭工业劳动模范；2013年，获全国“五一劳动奖章”。

王红莲

王红莲，女，1975年4月生，山西榆次人，中共党员，大学本科学历，小学高级教师，1994年～2012年历任矿区红岭湾小学语文教师兼班主任、年级组长、办公室主任，2013年，调任矿区小南坑小学副校长。

勤研善思，厚积薄发。曾获第35届“创新杯”全国教学艺术大赛特等奖、第六届全国信息技术与课程整合教学大赛一等奖、山西省防震知识宣讲第一名；被评为全国中小学写作教育骨干教师、山西省“三晋名师”、山西省信息技术与课程整合教学能手、山西省骨干教师、山西省优秀班主任、阳泉市模范教师；多篇论文发表于《山西教育》《阳泉教育》，著有个人著作《琴荷》。在小南坑小学任德育副校长期间，坚持“创新促德育，习惯促成长”的德育理念，引领师生践行“厚德善思，博学笃志”的德育箴言，注重学生良好习惯兴趣和正确价值观的培养，学校德育活动有声有色，并取得良好成效，首届国旗班成立、家校委员会建成、家校共育德育课题启动、“小雨点”记者站运行、小广播站开播、科技活动有8件作品入围全国赛、学生会工作井然有序、读书活动如火如荼。学校被评为山西省平安校园、山西省防震减灾科普示范校、阳泉市“中华魂”演讲活动优秀组织奖、阳泉市依法治理先进单位、阳泉市科技创新先进单位。

董波洋

董波洋，1975年7月生，山西榆社人，中共党员，大学文化，三级警督。阳泉市矿区人民法院法警兼办公室主任。

1990年3月入伍，在中国人民解放军52940部队服役。1996年2月，在阳泉矿务局二矿公安科任职。1997年8月，任矿区人民法院法警，后任书记员。2005年2月，任矿区法院法警大队副大队长。2009年2月，任矿区法院法警大队大队长。2014年3月，兼任办公室主任。2003年，被市劳动竞赛委员会记个人三等功；2005年，被最高人民法评为全国法院司法警察工作先进个人。

王永刚

王永刚，1976年1月生，山西阳泉人，中共党员，本科学历。阳泉市矿区赛鱼街道党工委副书记兼街道总工会主席；阳泉市矿区第七届、第八届政协委员。

2000年7月，南京陆军指挥学院专科毕业，2002年～2006年，山西大学函授学习，取得本科学历。2001年3月参加工作，矿区平潭街街道办事处任科员；2003年3月，政协阳泉市矿区委员会办公室任科员；2008年1月，任矿区区委统战部副部长；2011年12月，任矿区赛鱼街道党工委副书记兼街道总工会主席。担任街道总工会主席期间，大胆创新，先行先试，街道、社区工会多次获得上级嘉奖。其中，赛鱼虎尾沟社区工会联合会被全国总工会、省总工会评为“工资协商”先进单位，赛鱼社区工会联合会作为“组织建设”典型单位受到市总工会的多次观摩，大垴沟社区工会联合会每年开展的“职工迎新春书画展和为困难群众送春联活动”深受职工群众好评。街道总工会开展为一线采煤、环卫职工“冬送温暖，夏送清凉”活动，具有地方特色，深入人心。

王　颖

王颖，女，1976年8月生，山西平定人，中共党员，大学文化，1997年3月参加工作。阳泉市矿区人民法院党组成员、纪检组长、审判委员会委员、党支部书记。

1998年5月调入阳泉市矿区政府办公室工作。1999年10月，任阳泉市矿区人才开发交流中心主任。1999年11月，任共青团阳泉市矿区委员会副书记。2006年8月，任共青团阳泉市矿区委员会书记。2011年1月，任矿区人民法院纪检组长。2006年，被团省委评为优秀共青团干部，并授予新长征突击手称号。2006年，被评为山西省优秀少先队工作者。

蔡廷军

蔡廷军，1976年11月生，山东高唐人，中共党员，中技学历，高级工人技师。1997年参加工作，先后在阳煤集团三矿裕公井综采三队当工人、班长、副队长，2010年1月，任阳煤集团平定兴裕公司生产技术部部长助理；2012年9月，任阳煤集团平定兴裕公司机电动力部部长。

敬业、精业，刻苦钻研技术，无论什么岗位，立志岗位成才，在2005年9月“西山煤电杯”全国煤炭行业职业技能大赛中获得综采维修电工第四名。对工作认真负责，在技术革新中有突出贡献。2004年~2007年，共完成工作面闭锁电缆保护、生产溜自保线路改造等10项技术革新改造，提出合理化建议38条，为企业创造经济价值1340余万元。2006年，获得阳煤集团建企以来个人技能最高荣誉——全国技术能手称号，2007年，被评为山西省特级劳动模范，2008年，获全国“五一劳动奖章”，2010年，再次被评为山西省劳动模范。

梁彦亭

梁彦亭，女，1977年1月生，山西平定人，中共党员，大专学历，小学一级教师。先后任阳煤集团红岭湾小学语文教师兼班主任、矿区红岭湾小学办公室主任。

低调做人，高调做事，勤奋工作，乐观向上，始终以脸上绽放的笑容面对学生，深受学生喜爱。从教15年，悉心钻研教学，理论联系实际，敢于创新突破。所撰写论文《带差班的感悟》获全国中小学班主任工作论文一等奖；《多媒体在语文教学中的综合应用》获全国小学语文教学改革优秀论文一等奖；带领学生进行的社会实践活动获山西省第25届青少年科技创新大赛一等奖、全国三等奖，被评为优秀科技辅导员；书写作品，获山西省规范汉字书写二等奖；现场讲授的《品德与社会》课《我做交通设计师》获得山西省“三优”工程优质课一等奖；多次承担市级示范课，积极参加全市名师送课下乡活动。曾被评为山西省模范教师、山西省优秀班主任、阳泉市优秀班主任、阳泉市小学信息技术与语文学科课程整合教学能手、矿区劳动模范、矿区优秀德育工作者、矿区优秀大队辅导员，2007年，当选为阳泉市矿区第八届人民代表大会代表，2011年，当选为矿区第九届人民代表大会代表。

刘 会

刘会，1977年4月生，山西和顺人，中共党员，专科学历，小学一级教师。1995年8月从教，任阳泉市矿区沙台小学音乐教师、学校管乐队辅导教师。曾被评为山西省优秀教师、阳泉市模范教师、矿区先进教育工作者。

热爱音乐教育事业，勤奋好学。自学并熟练掌握常见的西洋管乐器演奏方法，根据学生年龄特点和教学计划自编教材，为学生传授乐理知识、笛子和各种管乐器演奏技法；组建学校管乐队，占用大部分节假日进行刻苦训练，取得优异成绩。2006年，学校管乐队的器乐合奏《春节序曲》在中央电视台全国“魅力校园”春节联欢晚会中获一等奖；2009年，管乐合奏《会师陕北》在中央电视台全国“魅力校园”春节联欢晚会中获金奖；2011年，管乐合奏《边防骑兵》在中央电视台全国“魅力校园、和谐乐章”音乐会上获金奖，学校获全国艺术教育先进集体、全国校园文化先进单位。2007年，获山西省第二届艺术展演活动小学组一等奖；2010年，获山西省第三届艺术展演活动小学组一等奖；2013年，获山西省第四届艺术展演活动小学组二等奖。他获全国、省、市优秀辅导员奖和优秀个人奖，连续多年被评为市优秀辅导教师和矿区优秀辅导教师。

靳文亮

靳文亮，1977年10月生，山西阳泉人，大学本科学历，中学二级教师，2001年10月参加工作，阳泉市第十二中学教师。

爱岗敬业，勤奋努力，对本职工作精益求精。注重提高课堂教学效率，善于引导学生主动探究，恰到好处地激发学生讨论的欲望，及时挖掘学生的思维潜力，适应课改理念，极大地培养学生的学习兴趣，逐渐形成自己的教学特色。多次被矿区政府评为先进教育工作者；2010年，在阳泉市中学数学教师说课评比活动中，获初中组一等奖；2010年7月，在山西省教育学会中学数学教育专业委员会组织的山西省第七届“晋阳杯”中学数学青年教师课堂教学评比活动中，获初中组二等奖；2010年11月，在中国教育学会中学数学教学专业委员会组织的“卡西欧杯”第七届全国初中青年数学教师优秀课观摩与评比活动中，获三等奖；2012年，在阳泉市“主体型”课堂教学创新大赛中，被市劳动竞赛委员会记个人三等功。

张志军

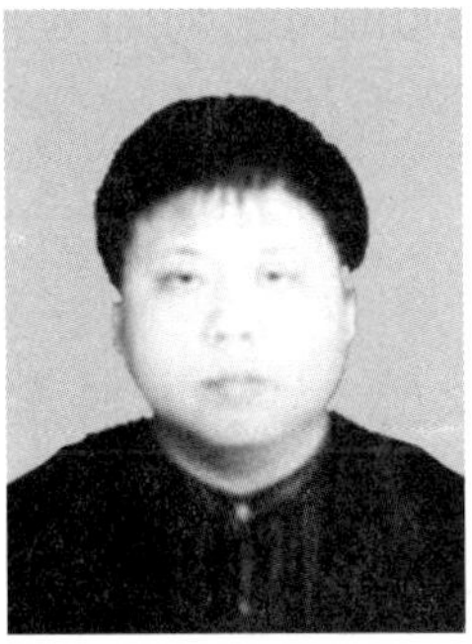

张志军，1978年5月生，山西长治人，中共党员，大学文化，阳泉市矿区桥头街道总工会副主席（主持工作）。

1993年12月~1996年12月，山西省榆次市52940部队服役；1996年12~1997年10月，待业；1997年10月~1999年7月，山西省人民武装学校人民武装专业学习；1999年7月~2000年7月，待业；2000年7月~2008年3月，阳泉市矿区桥头街道办事处科员；2008年3月~2013年6月，任矿区桥头街道办事处副主任、武装部长；2008年12月29日换届选举为矿区桥头街道总工会副主席；2013年6月，任矿区桥头地区武装部长（副科级）、桥西社区党工委书记、社会服务管理中心主任；2014年4月1日，补选为矿区总工会第六届委员会委员，主持桥头街道总工会工作。

聂红海

聂红海，1980年6月生，河北井陉人，大学本科学历。2007年参加工作。阳泉市第十二中学思想品德教师。

严于律己，积极向上，具有良好的职业道德和自身素质。敬业爱岗，关心热爱学生，有强烈的事业心和责任感，最大限度地发挥自己的能力。在学校“三段五环节”课堂教学模式教学实践中，注重每一个环节都从学生实际情况出发，充分尊重学生的发展需求，以学生为主体，注意学生能力的锻炼和提高，从独学到群学，从自主提问、设计问题到小组合作，力争用教师平等、激励的语言让学生在课堂上彰显自我风采。本着做“首席学生”的教学理念，在课堂教学改革中大胆尝试，勇于实践。2011年11月，获得山西省基础教育优质课评选一等奖；2012年，获得阳泉市“主体型”课堂创新大赛一等奖，被市劳动竞赛委员会记个人一等功；2012年8月，在山西省班主任素质展示活动中，获二等奖，被省劳动竞赛委员会记个人二等功；同年12月，被评为山西省优秀班主任。

任叔博

任叔博，1980年8月生，河北保定人，中共党员，大学文化。阳泉市矿区总工会第五届、第六届委员会副主席兼经费审查委员会主任。

2000年7月参加工作，2000年7月~2008年3月，矿区人社局工作；2008年4月~2013年3月，矿区纪检委工作；2013年4月，任矿区总工会副主席兼经审委主任。任矿区总工会副主席兼经审委主任期间，主要分管民管、法工、宣教、劳保、经审、经济技术、非公经济、后勤保障等 8 个部门工作。对工作认真负责，兢兢业业，紧紧围绕区总中心工作，尽职尽责地完成所负责的工作任务。2006 年，被团省委评为优秀团员并授予“新长征突击手”称号；2013 年，所撰写的《基层工会在维护职工权益中遇到的问题与阻力》获全市工会调研成果优秀奖；2014 年，公务员年度考核被区委组织部评为优秀。

王俊英

王俊英，1980 年 9 月生，山西平定人，中共党员，大学本科学历。2002 年 7 月参加工作。2002 年 7 月～2004 年 11 月，在阳泉市矿区审计局工作。2004 年 11 月～2012 年 1 月，在矿区区委组织部工作。2012 年 1 月，任矿区区直机关工委副书记兼区直机关工会联合会主席。

在担任区直机关工会联合会主席期间，全面负责工会各项工作，紧紧围绕区直机关干部职工实际，认真开展困难职工登记工作、困难职工救助工作、金秋助学活动工作，认真开展会员实名制登记工作，组织开展女职工专题讲座，组织开展丰富多样地文体活动，活跃机关干部职工生活，营造良好的区直机关工作氛围。先后多次被后区委、区政府评为先进工作者。

石　涛

石涛，1981 年 3 月生，山西平定人。大学本科学历，工程师。2004 年 3 月大学毕业后分配到山西广播电视大学阳泉分校工作，先后就任于教育技术处、教育资源处、教育技术处工作。

2011 年，参与山西省干部在线平台的研究开发，完成干部选学报名系统的研究开发，完成干部学习档案报表系统的研究开发。2013 年 10 月～2014 年 6 月，担任开发新版阳泉干部在线平台主创人员。2012 年，在第四届全国职工职业技能大赛计算机程序设计员竞赛中，取得优异成绩，获得山西省“五一劳动奖章”。2014 年，获得三晋技术能手称号。

赵慧明

赵慧明，1981 年 9 月生，山西昔阳人。2004 年重庆师范大学毕业后参加工作，担任阳泉市十五中学语文教师、班主任。2014 年，被评为山西省优秀教师。

爱岗敬业，钻研教学。连续多年被评为学校优秀班主任。2009 年，被评为阳泉市语文教学新秀。2012 年 5 月，在第十四届“语文报杯”全国中学生作文大赛中获辅导教师一等奖，同年 7 月，获矿区第三届班主任素质大赛一等奖、市第六届班主任素质大赛二等奖，并被授予矿区“十佳”模范班主任、阳泉市优秀班主任荣誉称号。2013 年，带领阳泉市十五中代表队获矿区第一届汉字听写大赛第一名，阳泉市汉字听写大赛第一名，山西省第二届汉字听写大赛优秀奖。同年4月，获阳泉市十五中学2013年度十大师德标兵称号。2014年，所带文科一班，高考达二本线47人，杨舒皓和王少普分别以608和607的高分位列全省第13名和第14名，双双考入北京大学。注重业务提升，积极参与课题研究和撰写论文。所参与研究的《"三读"与学生写作能力的提升》《中学生常见心理问题及干预策略研究》两个省级课题已经结题。《新课程下的高中语文作文批改技巧》《双课堂教学案例"古典人物颁奖词"》等多篇论文发表在《考试教研》《中国多媒体学报》等国家级核心期刊上。

李国栋

李国栋，1981年12月生，山西平遥人，中共党员，大专学历，机电技师，阳煤集团二矿综采一队工人、副队长。1999年9月，到二矿丈八区综采五队工作，2002年，调入综采一队，成为井下综采电工，2009年，担任副队长。2013年5月，任二矿丈八区副主任。2014年7月，任采煤工作部部长助理。

参加工作15年，一直战斗在采煤一线。凭着自己勤奋好学、刻苦钻研的精神，取得大专学历和综采电工技师。多次参加擂台比武，技术水平不断提高，先后获矿级和集团公司级的技术能手，连续3届获得矿级首席综采维修电工的称号。结合岗位实际不断钻研综采工艺技术，虚心向师傅、工友学习，从书本、网络掌握新知识、新技能，融会贯通操作实践与理论知识的难点疑点。2007年9月，参加全国煤炭行业第二届职工职业技能大赛，与148名综采维修电工同场竞技，取得第四名。2008年，通过刻苦学习、钻研业务、勤于实践，创造出一套独有的"望、闻、问、切"电气故障诊断法，能准确、快捷地找到设备故障，省时省力，大大地提高设备的运转率。排除生产故障，小改小革是强项，近年来共完成变频开关、机组先导启动回路、设备转载溜闭锁系统、315A开关与设备的衔接、回风瓦斯断电故障显示、4×315保护回路装置、馈电开关过流保护、软启动装置等10余项技术改进项目，提合理化建议26条。为解决丈八区十采区使用的开关经常发生故障的问题，经过对设备的内部分析，改进触点，大大减少因为排除故障而耽误的时间，为企业节能创效付出大量的心血和汗水。担任副队长后，更加勤奋努力，志创佳绩，为二矿产量连续两年突破千万吨大关做出贡献。2007年，被授予全国煤炭行业技术能手；2008年，被省劳动竞赛委员会记个人一等功；2010年，获全国劳动模范称号。

侯丽娟

侯丽娟，女，1982年3月生，大专文化，工人技师，阳煤集团二矿通风区六队仪器收发工。

2002年9月，到阳煤集团二矿通风区六队仪器工段工作。勤奋、钻研、努力，不但

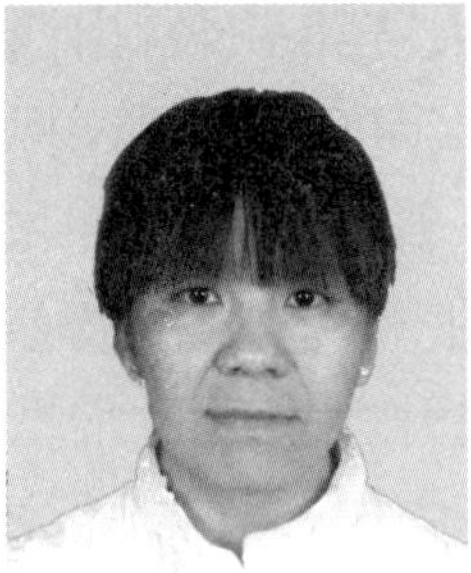

成为一名合格的收发工，而且掌握精湛的维修技能。在 2011 年“晋城煤业杯”第四届全国煤炭行业职工职业技能大赛光干涉甲烷测定器维修工技术比武中取得第一名。一台光干涉甲烷测定器大体由 315 个零件，通过机械、胶合、混合、插接等方法组成 24 个组件，由这些组件构成电路、光路、气路三大系统和辅助部件组合而成。要想快速找到仪器的问题所在，就必须非常清楚每个组件的特点、作用，这就需要经过大量拆装才能实现。她利用一切可以利用的时间进行大量的拆装，从中发现问题并想办法解决。每天平均调校、检修光干涉甲测定仪器 80 台，每年 2 万台次。2012 年 7 月，设立“侯丽娟瓦斯仪器检修校验工作站”，推进导师带徒全员学练比活动。2011 年，获全国“五一劳动奖章”；2012 年，被评为全国煤炭工业劳动模范。

姚　曜

姚曜，女，1982 年 11 月生，山西阳泉矿区人，2012 年 8 月加入中国共产党，2006 年 8 月参加工作，2011 年 9 月，经公开考录成为阳泉市矿区司法局公务员，2012 年 3 月，任矿区司法局沙坪司法所所长。沙坪司法所多次被省、市、区各级单位和部门授予先进集体、群众满意的司法所、阳泉市政法系统“十佳先进集体”、山西省“五好司法所”等光荣称号；个人被授予阳泉市政法工作先进个人、全国模范人民调解员等荣誉称号。

在担任沙坪司法所所长期间，主要负责沙坪街道范围内的社区矫正、人民调解、法律援助、普法依法治理以及刑释解教人员的安置帮教工作。3 年来，在沙坪司法所监管的社区矫正人员中，无一脱管、漏管、重新违法犯罪的现象发生.沙坪司法所调解矛盾纠纷 160 余起，人民调解案件调解率达到 100%，调解成功率达到 99%以上，履行率达到 100%。每年开展大型法律宣传活动不少于 10 次，每年办理法律援助案件不少于 15 件，每年提供法律援助咨询不少于 350 人次。沙坪司法所现共有 5 年内回归的刑释解教人员 109 人，现已成功安置 93 人，安置率达到 85%以上。同时沙坪司法所长致力于阳泉市矿区刑释解教人员过渡性安置帮教基地人员档案的建设工作，已建立各类工作制度 12 项，工作人员职责 3 项，签订劳动合同 37 人次，建立安置帮教人员档案 30 人次。除此之外，沙坪司法所 2012 年、2013 年，连续两年先后将辖区内中沙坪、里沙坪两个社区申报为全市依法治理民主示范先进单位。在“十八大”期间要求矫正人员书写《保证书》的工作方法在全区社区矫正工作中得到推广。多次为贫困的社区矫正人员缴纳定位手机费用，为困难的刑释解教人员寻找就业出路，积极为辖区内患病的社区矫正人员办理城镇居民低保和大病互助帮扶政策等。坚持“以人为本”理念，爱岗敬业、工作热忱，受到广大人民群众的好评。

第三章　人物名表(录)

一、全国劳动模范、先进人物

矿区全国劳动模范、先进人物名表

表 6-1

序号	姓　名	性别	工　作　单　位	荣　誉　称　号	授予年度
1	王四毛	男	阳泉矿务局四矿采煤队	全国劳动模范	1950 年
2	苏景云	女	阳泉矿务局三矿采煤队	全国先进生产者	1956 年
3	张世祯	男	阳泉矿务局三矿机电科	全国先进生产者	1959 年
4	吕成录	男	阳泉矿务局四矿采煤队	全国先进生产者	1977 年
5	何秉权	男	阳泉矿务局总工程师	全国科技先进工作者	1978 年
6	曹大良	男	阳泉矿务局四矿开采四队	全国劳动模范	1989 年
7	赵宝玉	男	阳煤集团四矿综采二队	全国劳动模范	1995 年
8	邢　军	男	阳煤集团一矿北头咀井机电队	全国劳动模范	2000 年
9	韩贵珠	男	阳煤集团二矿丈八区	全国劳动模范	2005 年
10	李国栋	男	阳煤集团二矿丈八区综采一队	全国劳动模范	2010 年

二、全国"五一劳动奖章"人物

矿区全国"五一劳动奖章"人物名表

表 6-2

序号	姓　名	性别	工　作　单　位	荣　誉　称　号	授予年度
1	金元斌	男	阳泉矿务局四矿	全国五一劳动奖章	1985 年
2	邢玉明	男	阳泉矿务局机电修配厂	全国五一劳动奖章	1991 年
3	张跃恒	男	阳泉矿务局三矿	全国五一劳动奖章	1992 年
4	赵芝田	男	阳泉矿务局	全国五一劳动奖章	1993 年
5	邢　军	男	阳泉矿务局一矿	全国五一劳动奖章	1996 年
6	王亦农	男	阳泉矿务局	全国五一劳动奖章	1998 年
7	梁　壁	男	阳煤集团兆丰铝业公司	全国五一劳动奖章	1999 年
8	薛国仁	男	阳煤集团三矿	全国五一劳动奖章	2003 年
9	韩贵珠	男	阳煤集团二矿丈八区	全国五一劳动奖章	2004 年
10	蔡廷军	男	阳煤集团三矿采煤工区综采一队	全国五一劳动奖章	2008 年
11	李国栋	男	阳煤集团二矿丈八区综采一队	全国五一劳动奖章	2009 年
12	侯丽娟	女	阳煤集团二矿通风区六队	全国五一劳动奖章	2011 年
13	赵泉祥	男	矿区环境卫生管理处清掏组		
14	郝海红	男	阳煤集团一矿采煤工区	全国五一劳动奖章	2013 年
15	任海平	男	阳煤集团一矿运输工区电检队	全国五一劳动奖章	2014 年
16	赵永军	男	阳泉市第十一中学		

三、省部级劳动模范、先进人物

矿区省部级劳动模范、先进人物名表

表 6-3

序号	姓 名	性别	工 作 单 位	荣 誉 称 号	授予年度
1	白文昌	男	阳泉矿务局三矿	煤炭工业部劳动模范	1953 年
2	荆子瑞	男	阳泉矿务局四矿		
3	陈 三	男	阳泉矿务局四矿	全国煤矿系统劳动模范	
4	张长庆	男	阳泉矿务局机修厂		
5	李胜和	男	阳泉矿务局二矿		
6	杨五生	男	阳泉矿务局二矿	全国煤矿系统先进生产者	1956 年
7	张福全	男	阳泉矿务局二矿		
8	苏景云	女	阳泉矿务局三矿		
9	张世祯	男	阳泉矿务局三矿		
10	任树亭	男	阳泉矿务局三矿		
11	张晋祥	男	阳泉矿务局四矿		
12	张双贵	男	阳泉矿务局四矿		
13	张宝田	男	阳泉矿务局四矿		
14	李芳鼎	男	阳泉矿务局技术处		
15	王景文	男	阳泉矿务局三矿	煤炭工业部劳动英雄	1978 年
16	白风旭	男	阳泉矿务局一矿	全国煤炭工业劳动模范	
17	王怀荣	男	阳泉矿务局二矿		
18	阎海清	男	阳泉矿务局四矿		
19	张万明	男	阳泉矿务局工程处		
20	丁正明	男	阳泉矿务局机厂		
21	李兰英	女	阳泉矿务局二矿东四尺小学	团中央新长征突击手	1979 年
22	张二捧	女	矿区赛鱼街道办事处	全国三八红旗手	
23	王怀荣	男	阳泉矿务局二矿	全国煤炭工业劳动模范	1982 年
24	王景文	男	阳泉矿务局三矿		
25	葛风云	女	阳泉发电厂	全国总工会优秀女工干部	
26	毛芙菊	女	阳泉矿务局工程处	全国三八红旗手	1983 年
27	窦彦荣	女	阳泉矿务局一矿红岭湾小学		
28	宿振荣	男	阳泉矿务局四矿中学	全国优秀班主任	
29	葛德林	男	阳泉矿务局二矿工会	全国优秀工会工作者	1984 年
30	郎广新	男	阳泉市电石厂	全国化学工业劳动模范	1985 年
31	张翠茹	女	矿区平潭街街道办事处	全国计划生育先进个人	
32	金元斌	男	阳泉矿务局四矿	全国煤炭工业特等劳动模范	
33	王毛歧	男	阳泉矿务局二矿	全国煤炭工业劳动模范	
34	董二明	男	阳泉矿务局三矿		
35	高拉贵	男	阳泉矿务局四矿		
36	乔来籽	男	阳泉矿务局机修厂		
37	王 洪	男	阳泉矿务局党委宣传部		

续表 6-3

序号	姓　名	性别	工　作　单　位	荣　誉　称　号	授予年度
38	史保春	男	阳泉矿务局一矿	全国优秀工会工作者	1988 年
39	李海英	男	阳泉矿务局二矿通风区	全国优秀工会积极分子	
40	曹大良	男	阳泉矿务局四矿	全国能源工业劳动模范	1989 年
41	邢玉明	男	阳泉矿务局机电修配厂		
42	张崇义	男	阳泉矿务局一矿		
43	王观宇	男	阳泉矿务局二矿		
44	范国良	男	阳泉矿务局三矿		
45	孙建荣	男	阳泉矿务局第一中学	全国优秀教师	
46	白晋宁	男	阳泉矿务局洪城河小学		
47	刘和平	男	阳泉矿务局三矿沙台小学		
48	王瑞喜	男	阳泉矿务局四矿运输区	团中央新长征突击手	1990 年
49	赵有瑞	男	阳泉矿务局	全国优秀纪检干部	
50	毕银贵	男	阳泉矿务局四矿段家背小学	全国优秀教师	1991 年
51	孙荣杰	男	阳泉矿务局林业处	全国造林绿化劳动模范	
52	汤纯楠	男	阳泉矿务局三矿南楼小学	全国优秀教师	1993 年
53	邢　军	男	阳泉矿务局一矿	全国煤炭工业劳动模范	1995 年
54	樊玉林	男	阳泉矿务局二矿		
55	王建平	男	阳泉矿务局三矿		
56	赵宝玉	男	阳泉矿务局四矿		
57	荆淑萍	女	阳泉矿务局第一中学		
58	朱文虎	男	阳泉矿务局医院		
59	薛喜炎	男	阳泉矿务局第一中学	全国优秀教师	
60	王彦来	男	阳泉矿务局三矿中学		
61	王炳俊	男	阳泉矿务局工会	全国模范工会干部	1998 年
62	赵昧玉	男	阳煤集团四矿	全国职工自学成才十佳标兵	1999 年
63	荆淑萍	女	阳煤集团第一中学	全国优秀教师	2001 年
				全国师德先进个人	
64	贾江武	男	阳煤集团总医院	全国卫生系统先进工作者	2004 年
				全国优秀医务工作者	
65	朱卫保	男	阳煤集团武保部	全国优秀保卫干部	2005 年
66	朱建华	男	阳煤集团一矿采煤工区	全国煤炭工业劳动模范	2007 年
67	王三泉	男	阳煤集团三矿通风工区一队		
68	梁贵生	男	阳煤集团新景矿业公司		
69	梁先印	男	阳煤集团宏厦一建第一项目部 552 队		
70	石盛奎	男	阳煤集团		
71	董海清	男	阳煤集团林业处	全国绿化奖章	2008 年
72	李彦璧	男	阳煤集团		
73	石晨盛	男	阳煤集团兆丰铝业分公司	全国有色金属行业劳动模范	
74	陈肖琳	女	矿区洪城河小学	全国模范教师	2009 年
75	董海清	男	阳煤集团林业处	全国绿化劳动模范	2011 年

续表 6–3

序号	姓 名	性别	工 作 单 位	荣 誉 称 号	授予年度
76	宋青红	男	阳煤集团一矿综采四队	全国煤炭工业劳动模范	2012 年
77	郝海红	男	阳煤集团一矿综采五队		
78	侯丽娟	女	阳煤集团二矿通风六队		
79	吴海斌	男	阳煤集团三矿综采五队		
80	马德胜	男	阳煤集团五矿		
81	刘兴和	男	阳煤集团二矿孙家沟煤矿		
82	付书俊	男	阳煤集团生产技术处		
83	康 晋	男	阳煤集团华越机械有限公司		
84	王四毛	男	阳泉矿务局四矿	山西省劳动模范	1950 年
85	李乃宏	男	阳泉矿务局二矿		
86	任世昌	男	阳泉国营裕公矿		
87	王双龙	男	阳泉国营四矿		
88	马成林	男	阳泉矿务局工程处	山西省劳动模范	1953 年
89	鲍锡纯	男	阳泉矿务局二矿		
90	刘绍义	男	阳泉矿务局机修厂		
91	郝改善	男	阳泉矿务局四矿	山西省乙等劳动模范	
92	王祥仁	男	阳泉矿务局四矿		
93	王德中	男	阳泉发电厂	山西省乙等劳动模范	1954 年
94	石东澄	男	阳泉发电厂	山西省劳动模范	
95	鲍锡纯	男	阳泉矿务局二矿		
96	刘绍义	男	阳泉矿务局机修厂		
97	李胜和	男	阳泉矿务局二矿		
98	陈 三	男	阳泉矿务局四矿		
99	杨保寿	男	阳泉矿务局二矿		
100	白文昌	男	阳泉矿务局三矿		
101	祁如祥	男	阳泉矿务局工程处		
102	李二进	男	阳泉矿务局建筑工程公司		
103	郭有力	男	阳泉矿务局建筑工程公司		
104	荆子瑞	男	阳泉矿务局四矿		
105	任树亭	男	阳泉矿务局三矿		
106	王永祯	男	阳泉发电厂	山西省乙等劳动模范	1955 年
107	张福全	男	阳泉矿务局二矿	山西省劳动模范	
108	蔡银花	女	阳泉矿务局二矿街道一分会		
109	任树亭	男	阳泉矿务局三矿		
110	贾二波	男	阳泉矿务局四矿		
111	郭有力	男	阳泉矿务局建设工程公司		
112	张二毛	男	阳泉矿务局建设工程公司		

续表 6-3

序号	姓　名	性别	工　作　单　位	荣　誉　称　号	授予年度
113	刘毛小	男	阳泉矿务局二矿	山西省先进工作者	1956 年
114	任树亭	男	阳泉矿务局三矿		
115	荆子瑞	男	阳泉矿务局四矿		
116	贾二波	男	阳泉矿务局四矿		
117	王根柱	男	阳泉矿务局四矿		
118	张晋祥	男	阳泉矿务局四矿		
119	赵芦芦	男	阳泉矿务局建设工程公司		
120	王国臣	男	阳泉矿务局建设工程公司		
121	任树亭	男	阳泉矿务局三矿	山西省先进生产者	1957 年
122	张二毛	男	阳泉矿务局建设工程公司		
123	梁本金	男	阳泉矿务局一矿		
124	苏景云	女	阳泉矿务局三矿		
125	李玉英	男	阳泉矿务局三矿		
126	张子固	男	阳泉矿务局二矿		
127	高万俊	男	阳泉矿务局二矿		
128	梁计庭	男	阳泉矿务局二矿		
129	吕小保	男	阳泉矿务局二矿		
130	杨瑞林	男	阳泉矿务局二矿		
131	赵胖小	男	阳泉矿务局三矿		
132	刘秀庭	男	阳泉矿务局三矿		
133	张双贵	男	阳泉矿务局四矿		
134	梁玉惠	男	阳泉矿务局四矿		
135	张宝田	男	阳泉矿务局四矿		
136	霍玉璞	男	阳泉矿务局机修厂		
137	崔承教	男	阳泉矿务局计划处		
138	梁焕银	男	阳泉矿务局铁路专线建设		
139	张孝明	男	阳泉矿务局医院		
140	李志田	男	阳泉矿务局医院		
141	李贞怀	男	阳泉矿务局建设工程公司		
142	武子原	男	阳泉矿务局煤矿工人		
143	李二富	男	阳泉矿务局三矿		
144	李官祥	男	阳泉矿务局建设工程公司		
145	任树亭	男	阳泉矿务局三矿	山西省先进生产(工作)者	1958 年
146	张二毛	男	阳泉矿务局建设工程公司		
147	李二富	男	阳泉矿务局三矿		
148	李官祥	男	阳泉矿务局建设工程公司		
149	王　伟	男	阳泉矿务局亚美		
150	高会昌	男	阳泉矿务局医院		
151	冯成喜	男	阳泉矿务局建设工程公司		

续表 6-3

序号	姓 名	性别	工 作 单 位	荣 誉 称 号	授予年度
152	张瑞科	男	阳泉矿务局一矿	山西省先进生产(工作)者	1958 年
153	张敦仁	男	阳泉矿务局煤矿工人		
154	乔端阳	男	阳泉矿务局煤矿工人		
155	黄寿仁	男	阳泉矿务局建设工程公司		
156	杨德利	男	阳泉矿务局煤矿采煤队长		
157	商维生	男	阳泉市自来水公司		
158	刘吾茂	男	阳泉市商业局		
159	张世祯	男	阳泉矿务局三矿	山西省个人标兵	1960 年
160	张宗谦	男	阳泉矿务局三矿	山西省先进生产(工作)者	
161	高　芳	男	阳泉矿务局医院		
162	穆桂花	女	阳泉矿务局机关幼儿园		
163	郝文柱	男	阳泉矿务局二矿		
164	李保成	男	阳泉矿务局四矿		
165	高保和	男	阳泉矿务局一矿	山西省先进生产(工作)者	1961 年
166	李润元	男	阳泉矿务局一矿		
167	仇小猪	男	阳泉矿务局二矿		
168	杨光金	男	阳泉矿务局二矿		
169	范垣秀	男	阳泉矿务局二矿		
170	石老虎	男	阳泉矿务局三矿		
171	王生田	男	阳泉矿务局三矿		
172	吕成录	男	阳泉矿务局四矿		
173	廉铁柱	男	阳泉矿务局四矿		
174	李仲冬	女	阳泉矿务局机修厂		
175	冯世英	男	阳泉矿务局机修厂		
176	王虎山	男	阳泉矿务局建设工程公司		
177	王　珍	男	阳泉矿务局建设工程公司		
178	高堂堂	男	阳泉矿务局一矿	山西省先进生产(工作)者	1962 年
179	高保和	男	阳泉矿务局一矿		
180	李润元	男	阳泉矿务局一矿		
181	王洋洋	男	阳泉矿务局一矿		
182	仇小猪	男	阳泉矿务局二矿		
183	杨光金	男	阳泉矿务局二矿		
184	范垣秀	男	阳泉矿务局二矿		
185	李二联	男	阳泉矿务局三矿		
186	张世祯	男	阳泉矿务局三矿		
187	戴银锁	男	阳泉矿务局三矿		
188	石老虎	男	阳泉矿务局三矿		
189	王　体	男	阳泉矿务局四矿		
190	吕成录	男	阳泉矿务局四矿		

续表 6-3

序号	姓　名	性别	工　作　单　位	荣　誉　称　号	授予年度
191	许荣堂	男	阳泉矿务局四矿	山西省先进生产(工作)者	1962 年
192	廉铁柱	男	阳泉矿务局四矿		
193	李国苑	男	阳泉矿务局建设工程公司		
194	张振宗	男	阳泉矿务局建设工程公司		
195	刘素莲	女	阳泉矿务局行政处水电科		
196	穆桂花	女	阳泉矿务局机关幼儿园		
197	姬九奎	男	阳泉矿务局供应处		
198	冯世英	男	阳泉矿务局机修厂		
199	王华东	男	阳泉矿务局医院		
200	冯世英	男	阳泉矿务局机修厂	山西省“五好职工”	1963 年
201	高堂堂	男	阳泉矿务局一矿		
202	高保和	男	阳泉矿务局一矿		
203	杨光金	男	阳泉矿务局二矿		
204	赵义福	男	阳泉矿务局二矿		
205	范垣秀	男	阳泉矿务局二矿		
206	张世祯	男	阳泉矿务局三矿		
207	张美和	男	阳泉矿务局三矿		
208	张贵锁	男	阳泉矿务局三矿		
209	石老虎	男	阳泉矿务局三矿		
210	王　体	男	阳泉矿务局四矿		
211	吕成录	男	阳泉矿务局四矿		
212	张彦秀	男	阳泉矿务局建设工程公司		
213	张振宗	男	阳泉矿务局建设工程公司		
214	王华东	男	阳泉矿务局医院		
215	胡翠花	女	阳泉矿务局工人		
216	刘素莲	女	阳泉矿务局行政处水电科		
217	何秉权	男	阳泉矿务局总工程师	山西省科技工作突出贡献者	1977 年
218	金元斌	男	阳泉矿务局科技处		
219	万宝成	男	阳泉矿务局一矿工程师		
220	匡聚庚	男	阳泉矿务局二矿工程师		
221	张世祯	男	阳泉矿务局三矿		
222	陈树鸿	男	阳泉市建筑一公司	山西省先进工作者	
223	练建云	女	阳泉矿务局一矿小学		
224	匡聚庚	男	阳泉矿务局二矿工程师	山西省学大庆标兵	1978 年
225	王景文	男	阳泉矿务局三矿		
226	王景文	男	阳泉矿务局三矿	山西省先进生产者	1979 年
227	冯成喜	男	阳泉矿务局建设工程公司	山西省劳动模范	1982 年
228	万宝成	男	阳泉矿务局一矿工程师		
229	白风旭	男	阳泉矿务局一矿		
230	王怀荣	男	阳泉矿务局二矿		

续表 6–3

序号	姓　名	性别	工　作　单　位	荣　誉　称　号	授予年度
231	王景文	男	阳泉矿务局三矿		
232	王从益	男	阳泉矿务局四矿		
233	张贵能	男	阳泉矿务局四矿	山西省劳动模范	1982 年
234	丁正明	男	阳泉矿务局机修厂		
235	张建德	男	阳泉发电厂		
236	金元斌	男	阳泉矿务局科技处	山西省特级劳动模范	
237	葛德林	男	阳泉矿务局二矿工会	追授予山西省劳动模范	
238	王毛歧	男	阳泉矿务局二矿		
239	毛芙菊	女	阳泉矿务局工程处		
240	丁正明	男	阳泉矿务局机修厂		
241	刘志英	男	阳泉矿务局医院		1986 年
242	董二明	男	阳泉矿务局三矿	山西省劳动模范	
243	高拉贵	男	阳泉矿务局四矿		
244	张跃恒	男	阳泉矿务局三矿		
245	李智先	男	阳泉市建筑工程总公司一公司		
246	郎广新	男	阳泉市电石厂		
247	曹大良	男	阳泉矿务局四矿	山西省特级劳动模范	
248	周竹堂	男	矿区矿山技术设备研究所		
249	张崇义	男	阳泉矿务局一矿副总工程师		
250	刘建明	男	阳泉矿务局机修厂		
251	邢玉明	男	阳泉矿务局机修厂		
252	王观宇	男	阳泉矿务局二矿		1989 年
253	王　洪	男	阳泉矿务局		
254	张玉田	男	阳泉矿务局一矿	山西省劳动模范	
255	范国良	男	阳泉矿务局三矿		
256	武　启	男	阳泉发电厂		
257	郎广新	男	阳泉市电石厂		
258	杨继春	男	阳泉市物资再生利用总公司		
259	张玉田	男	阳泉矿务局一矿		
260	史星燎	男	阳泉矿务局一矿		
261	逯海青	男	阳泉矿务局二矿		
262	张跃恒	男	阳泉矿务局三矿		
263	范国良	男	阳泉矿务局三矿		
264	贾瑞森	男	阳泉矿务局三矿		
265	曹大良	男	阳泉矿务局四矿	山西省劳动模范	1992 年
266	杨守安	男	阳泉矿务局四矿		
267	宋德堂	男	阳泉矿务局工程处		
268	张海元	男	阳泉矿务局机修厂		
269	靳增录	男	阳泉矿务局医院		
270	周竹堂	男	矿区矿山技术设备研究所		
271	张　军	男	矿区豆制食品厂		
272	杨继春	男	阳泉市物资再生利用总公司		

续表 6-3

序号	姓 名	性别	工 作 单 位	荣 誉 称 号	授予年度
273	赵宝玉	男	阳泉矿务局四矿	山西省特级劳动模范	1995 年
274	邢 军	男	阳泉矿务局一矿	山西省劳动模范	
275	樊玉林	男	阳泉矿务局二矿		
276	王建平	男	阳泉矿务局三矿		
277	张贵来	男	阳泉矿务局五矿多营乙炔厂		
278	梁寅香	女	阳泉矿务局三矿中学		
279	朱文虎	男	阳泉矿务局医院		
280	赵泉祥	男	矿区环境卫生管理处清掏组		
281	邢 军	男	阳泉矿务局一矿	山西省特级劳动模范	1998 年
282	郭兆龙	男	阳泉矿务局	山西省劳动模范	
283	王晓凤	女	阳泉矿务局二矿医院		
284	李金花	女	阳泉矿务局一矿红翎服装厂		
285	刘在康	男	阳泉矿务局二矿		
286	王二牛	男	阳泉矿务局四矿		
287	赵计平	男	阳泉市公安局矿区分局		
288	高瑞祥	男	阳泉市邮政局矿区赛鱼中心支局		
289	薛国仁	男	阳煤集团三矿	山西省特级劳动模范	2001 年
290	王虎牛	男	阳煤集团一矿	山西省劳动模范	
291	赵昧玉	男	阳煤集团四矿		
292	张福喜	男	阳煤集团通风部		
293	刘锦峰	男	阳煤集团总医院		
294	董怀刚	男	阳煤集团氯碱有限责任公司		
295	刘建明	男	阳煤集团机修厂		
296	苏福昌	男	阳煤集团五矿	山西省特级劳动模范	2004 年
297	梁 壁	男	阳煤集团兆丰铝业公司		
298	卢玉忠	男	阳煤集团一矿	山西省劳动模范	
299	陈金堂	男	阳煤集团四矿		
300	杨立斌	男	阳煤集团机修厂		
301	穆非祥	男	阳煤集团新景矿		
302	向永碧	女	矿区平潭街街道办事处日潭社区		
303	蔡廷军	男	阳煤集团三矿综采一队	山西省特级劳动模范	2007 年
304	任海平	男	阳煤集团一矿运输工区电检队	山西省劳动模范	
305	杨乃清	男	阳煤集团二矿丈八区综采一队		
306	王元富	男	阳煤集团五矿开拓一队		
307	黄 山	男	山西新景矿业公司		
308	王惠荣	女	山西太行建设开发公司		
309	高 勇	男	山西国阳新能发供电分公司		
310	姚润祥	男	阳煤集团华越机械公司机械制造厂		
311	韩继英	女	阳泉市第十一中学校		
312	陈贵萍	女	矿区财政局		
313	魏慧芬	女	矿区蔡洼街道办事处蔡东社区		

续表 6-3

序号	姓 名	性别	工 作 单 位	荣 誉 称 号	授予年度
314	任海平	男	阳煤集团一矿运输工区电检队	山西省特级劳动模范	2010 年
315	赵泉祥	男	矿区环境卫生管理处清掏组		
316	蔡廷军	男	阳煤集团三矿综采一队	山西省劳动模范	
317	梁银柱	男	阳煤集团开元矿业公司		
318	宇文军刚	男	山西新景矿业公司综掘五队		
319	贾彬丽	女	山西亚美建筑工程材料有限责任公司		
320	刘红卫	男	山西宏厦三建第七项目部		
321	李爱祥	男	阳煤集团武保部消防大队		
322	卢辉生	男	阳煤集团总经理助理		
323	张凤翔	女	矿区司法局		
324	宋青红	男	阳煤集团一矿综采四队检修班	山西省特级劳动模范	2014 年
325	荆素俭	女	矿区平潭街街道办事处东山社区		
326	温文文	男	山西新景矿业公司机电工区检修队	山西省劳动模范	
327	付书俊	男	阳煤集团公司生产技术部		
328	王军红	男	山西宏厦三建第一项目部钢筋组		
329	郭丽萍	女	阳泉市第十一中学校		
330	张喜才	男	阳煤集团总医院骨一科		
331	梁 庆	男	矿区人民法院		

四、省部级立功(“五一劳动奖章”)人物

矿区省部级立功“五一劳动奖章”人物名表

表 6-4

序号	姓 名	性别	工 作 单 位	荣誉称号(立功等级)	授予年度
1	丁玉生	女	阳泉市商业局	公安部三等功	1989 年
2	石永祥	男	阳泉市公安局矿区分局	公安部一等功	2006 年
3	王怀荣	男	阳泉矿务局二矿	山西省一等功	1984 年
4	葛德林	男	阳泉矿务局二矿		
5	金元斌	男	阳泉矿务局四矿		
6	万宝成	男	阳泉矿务局		
7	张跃恒	男	阳泉矿务局三矿	山西省二等功	
8	王观宇	男	阳泉矿务局二矿		
9	曹大良	男	阳泉矿务局四矿		
10	毛芙菊	女	阳泉矿务局工程处		
11	邢玉明	男	阳泉矿务局机修厂		
12	丁正明	男	阳泉矿务局机修厂		
13	宿振荣	男	阳泉矿务局四矿中学		
14	毕如月	女	矿区平潭街小学		
15	窦彦荣	女	阳泉矿务局一矿幼儿园		

续表 6-4

序号	姓　名	性别	工　作　单　位	荣誉称号(立功等级)	授予年度
16	王毛歧	男	阳泉矿务局二矿	山西省三等功	1984 年
17	郑富娥	女	阳泉矿务局三矿赛鱼小学		
18	王成伍	男	阳泉矿务局三矿赛鱼小学		
19	赵兴旺	男	阳泉矿务局教育处		
20	万宝成	男	阳泉矿务局	山西省一等功	1985 年
21	王长录	男	阳泉矿务局二矿西四尺	山西省一等功	1987 年
22	张尚仁	男	阳泉矿务局机厂		
23	杨继春	男	阳泉市物资再生利用总公司	山西省一等功	1988 年
24	杨继春	男	阳泉市物资再生利用总公司	山西省优秀企业家	1990 年
25	范国良	男	阳泉矿务局三矿	山西省优秀班组长	
26	武　启	男	阳泉发电厂		
27	王毛歧	男	阳泉矿务局二矿	山西省二等功	
28	张跃恒	男	阳泉矿务局三矿		
29	杨继春	男	阳泉市物资再生利用总公司	山西省一等功	1991 年
30	王　洪	男	阳泉矿务局		
31	毕均田	男	矿区人民检察院	山西省三等功	
32	张翠兰	女	矿区个体劳动者协会个体户	山西省三等功	1993 年
33	曹大良	男	阳泉矿务局四矿	山西省优秀工人	1994 年
34	邢　军	男	阳泉矿务局一矿	山西省一等功	
35	张跃恒	男	阳泉矿务局三矿	山西省特等功	1996 年
36	潘建平	男	矿区环境卫生管理处	山西省三等功	
37	邢　军	男	阳泉矿务局一矿	山西省五一劳动奖章	1997 年
38	王二牛	男	阳泉矿务局四矿		
39	赵泉祥	男	矿区环境卫生管理处清掏组	山西省三等功	
40	阎润花	女	矿区招生办公室	山西省二等功	1999 年
41	赵昧玉	男	阳煤集团四矿	山西省二等功	2000 年
42	史豪强	男	矿区财政局		
43	王虎牛	男	阳煤集团一矿	山西省五一劳动奖章	2002 年
44	韩贵珠	男	阳煤集团二矿丈八区		
45	张福喜	男	山西新景矿业公司	山西省一等功	
46	郝丽萍	女	阳泉市外国语学校		
47	杜志刚	男	阳泉新鑫科技研究所	山西省二等功	
48	葛宜华	女	矿区人民法院刑事审判庭		
49	李瑞忠	男	阳泉市外国语学校		
50	赵　玫	女	阳泉市外国语学校	山西省三等功	
51	梁　璧	男	阳煤集团兆丰铝业公司	山西省五一劳动奖章	2003 年
52	韩贵珠	男	阳煤集团二矿丈八区		
53	薛国仁	男	阳煤集团三矿		
54	王晓林	女	矿区人民法院行政审判庭	山西省二等功	
55	王宝新	男	矿区桥头街道办事处	山西省三等功	

续表 6–4

序号	姓　名	性别	工　作　单　位	荣誉称号(立功等级)	授予年度
56	王体轩	男	阳煤集团	山西省五一劳动奖章	2005 年
57	黄　山	男	山西新景矿业公司	山西省二等功	2005 年
58	李瑞忠	男	阳泉市外国语学校	山西省二等功	2005 年
59	赵　芳	女	阳煤集团洪城河小学校	山西省三等功	2005 年
60	蔡廷军	男	阳煤集团三矿裕公井综采一队	山西省五一劳动奖章	2006 年
61	吉云辉	男	山西广播电视大学阳泉分校	山西省二等功	2006 年
62	乔冠军	男	阳泉市公安局矿区分局禁毒大队	山西省二等功	2006 年
63	魏慧芬	女	矿区蔡洼街道办事处蔡东社区	山西省三等功	2006 年
64	代新兴	男	阳煤集团西河路小学	山西省二等功	2007 年
65	任海平	男	阳煤集团一矿运输工区电检队	山西省五一劳动奖章	2008 年
66	段千寿	男	阳煤集团二矿	山西省五一劳动奖章	2008 年
67	李国栋	男	阳煤集团二矿综采一队	山西省一等功	2008 年
68	冯　蕊	女	阳泉市第十二中学校	山西省二等功	2008 年
69	韩慧玲	女	矿区马家坪小学校	山西省二等功	2008 年
70	任海平	男	阳煤集团一矿运输工区电检队	山西省五一劳动奖章	2009 年
71	刘　滟	女	阳泉市第十二中学校	山西省二等功	2009 年
72	李忠英	男	阳煤集团一矿开掘工区开三队检修班	山西省五一劳动奖章	2010 年
73	毕兵强	男	阳煤集团二矿西四尺区综采三队三班	山西省五一劳动奖章	2010 年
74	弓俊生	男	阳煤集团三矿机电工区皮带队	山西省五一劳动奖章	2010 年
75	高　勇	男	山西国阳新能发供电分公司第二热电厂电焊班	山西省五一劳动奖章	2010 年
76	任紫亭	男	阳煤集团华越机械公司	山西省五一劳动奖章	2010 年
77	赵庆珍	男	阳煤集团技术中心通风与瓦斯研究所	山西省五一劳动奖章	2010 年
78	付书俊	男	阳煤集团公司生产技术部	山西省五一劳动奖章	2010 年
79	崔　娜	女	矿区赛鱼小学校	山西省二等功	2010 年
80	赵永军	男	阳泉市第十一中学	山西省五一劳动奖章	2011 年
81	张仝如	男	阳煤集团二矿西四尺区掘进七队	山西省一等功	2011 年
82	杜志刚	男	矿区蓝天科技公司	山西省一等功	2011 年
83	彭桂香	女	阳泉市桥泰商贸有限责任公司	山西省二等功	2011 年
84	张忠忠	男	阳煤集团二矿	山西省三等功	2011 年
85	荆素俭	女	矿区平潭街街道办事处东山社区	山西省五一劳动奖章	2012 年
86	张凤翔	女	矿区司法局	山西省五一劳动奖章	2012 年
87	石　涛	男	山西广播电视大学阳泉分校	山西省五一劳动奖章	2012 年
88	曹喜才	男	矿区人民法院民事审判一庭	山西省二等功	2012 年
89	聂红海	男	阳泉市第十二中学校	山西省二等功	2012 年
90	杨建霞	女	矿区马家坪小学	山西省二等功	2012 年
91	吕维赟	男	阳煤集团三矿	山西省五一劳动奖章	2013 年
92	史豪强	男	矿区总工会	山西省五一劳动奖章	2013 年
93	侯明华	男	阳泉市公安局矿区分局马家坪派出所	山西省二等功	2013 年

五、市级劳动模范、先进生产(工作)者

矿区市级劳动模范、先进生产(工作)者人物名表

表 6-5

序号	姓　名	性别	工　作　单　位	荣　誉　称　号	授予年度
1	白风旭	男	阳泉矿务局一矿	阳泉市劳动模范	1980 年
2	高保和	男	阳泉矿务局一矿		
3	王怀荣	男	阳泉矿务局二矿		
4	王景文	男	阳泉矿务局三矿		
5	张跃恒	男	阳泉矿务局三矿		
6	张贵能	男	阳泉矿务局四矿		
7	吕成录	男	阳泉矿务局四矿		
8	冯成喜	男	阳泉矿务局建设工程公司		
9	丁正明	男	阳泉矿务局机修厂		
10	刘志英	男	阳泉矿务局医院		
11	张瑞科	男	阳泉矿务局一矿	阳泉市先进个人	
12	王毛歧	男	阳泉矿务局二矿		
13	李兰英	女	阳泉矿务局二矿东四尺小学		
14	葛德林	男	阳泉矿务局二矿		
15	石老虎	男	阳泉矿务局三矿		
16	张满哲	男	矿区五金电机修理厂		
17	冯保成	男	矿区钢木制品厂		
18	石友珍	女	矿区弹簧厂		
19	白风旭	男	阳泉矿务局一矿	阳泉市劳动模范	1981 年
20	王怀荣	男	阳泉矿务局二矿		
21	王毛歧	男	阳泉矿务局二矿		
22	王景文	男	阳泉矿务局三矿		
23	石老虎	男	阳泉矿务局三矿		
24	张贵能	男	阳泉矿务局四矿		
25	吕成录	男	阳泉矿务局四矿		
26	冯成喜	男	阳泉矿务局建设工程公司		
27	丁正明	男	阳泉矿务局机修厂		
28	张瑞科	男	阳泉矿务局一矿	阳泉市先进生产(工作)者	
29	高保和	男	阳泉矿务局一矿		
30	毛芙菊	女	阳泉矿务局工程处		
31	张万明	男	阳泉矿务局工程处		
32	石友珍	女	矿区弹簧厂		
33	冯保成	男	矿区钢木制品厂		
34	李　康	男	矿区弹簧厂		
35	王景文	男	阳泉矿务局三矿	阳泉市劳动模范标兵	
36	张贵能	男	阳泉矿务局四矿		

续表 6-5

序号	姓　名	性别	工　作　单　位	荣　誉　称　号	授予年度
37	白风旭	男	阳泉矿务局一矿	阳泉市劳动模范	1982 年
38	万宝成	男	阳泉矿务局		
39	高保和	男	阳泉矿务局一矿		
40	王怀荣	男	阳泉矿务局二矿		
41	张跃恒	男	阳泉矿务局三矿		
42	王从益	男	阳泉矿务局四矿		
43	曹大良	男	阳泉矿务局四矿		
44	毛芙菊	女	阳泉矿务局工程处		
45	冯成喜	男	阳泉矿务局建设工程公司		
46	丁正明	男	阳泉矿务局机修厂		
47	王毛歧	男	阳泉矿务局二矿	阳泉市先进生产(工作)者	
48	石老虎	男	阳泉矿务局三矿		
49	高会昌	男	阳泉矿务局医院		
50	石友珍	女	矿区弹簧厂		
51	冯保成	男	矿区钢木制品厂		
52	万宝成	男	阳泉矿务局	阳泉市劳动模范标兵	1983 年
53	王怀荣	男	阳泉矿务局二矿		
54	葛德林	男	阳泉矿务局二矿		
55	金元斌	男	阳泉矿务局四矿		
56	王观宇	男	阳泉矿务局二矿	阳泉市劳动模范	
57	张跃恒	男	阳泉矿务局三矿		
58	曹大良	男	阳泉矿务局四矿		
59	王从益	男	阳泉矿务局四矿		
60	张贵能	男	阳泉矿务局四矿		
61	毛芙菊	女	阳泉矿务局工程处		
62	丁正明	男	阳泉矿务局机修厂		
63	王玉花	女	矿区里沙坪居委会		
64	高素金	女	矿区弹簧厂		
65	毕如月	女	矿区平潭街小学		
66	王毛歧	男	阳泉矿务局二矿	阳泉市先进生产(工作)者	
67	贾银环	男	阳泉矿务局二矿		
68	王景文	男	阳泉矿务局三矿		
69	范国良	男	阳泉矿务局三矿		
70	郑富娥	女	阳泉矿务局三矿赛鱼小学		
71	冯成喜	男	阳泉矿务局建设工程公司		
72	黄寿仁	男	阳泉矿务局建设工程公司		
73	郎广新	男	阳泉市电石厂		
74	张春花	女	矿区五金电机厂		
75	罗永琴	女	矿区冷饮厂		
76	李义林	男	矿区锻压厂		

续表 6–5

序号	姓　名	性别	工　作　单　位	荣　誉　称　号	授予年度
77	金元斌	男	阳泉矿务局四矿	阳泉市特等劳动模范	1986 年
78	张崇义	男	阳泉矿务局一矿	阳泉市劳动模范	
79	王毛歧	男	阳泉矿务局二矿		
80	葛德林	男	阳泉矿务局二矿		
81	王观宇	男	阳泉矿务局二矿		
82	王怀荣	男	阳泉矿务局二矿		
83	石老虎	男	阳泉矿务局三矿		
84	张跃恒	男	阳泉矿务局三矿		
85	贾瑞森	男	阳泉矿务局三矿		
86	范国良	男	阳泉矿务局三矿		
87	毛芙菊	女	阳泉矿务局工程处		
88	丁正明	男	阳泉矿务局机修厂		
89	王　洪	男	阳泉矿务局		
90	王建平	男	阳泉矿务局三矿		
91	王转荷	女	阳泉矿务局教育处教研室		
92	郎广新	男	阳泉市电石厂		
93	张桂花	女	矿区赛鱼街道办事处南楼西区		
94	宁秀梅	女	矿区平潭街街道办事处洪城河居委会		
95	刘明华	女	矿区平潭街小学		
96	郝银莲	女	矿区小南坑中区		
97	刘双娥	女	矿区百货大楼		
98	张崇义	男	阳泉矿务局一矿副总工程师	阳泉市特等劳动模范	1989 年
99	曹大良	男	阳泉矿务局四矿		
100	周竹堂	男	矿区矿山技术设备研究所		
101	张玉田	男	阳泉矿务局一矿	阳泉市劳动模范	
102	王观宇	男	阳泉矿务局二矿		
103	范国良	男	阳泉矿务局三矿		
104	张跃恒	男	阳泉矿务局三矿		
105	宋德堂	男	阳泉矿务局工程处		
106	丁正明	男	阳泉矿务局机修厂		
107	刘志英	男	阳泉矿务局医院		
108	靳增录	男	阳泉矿务局医院		
109	白晋宁	男	阳泉矿务局洪城河小学		
110	刘和平	男	阳泉矿务局三矿沙台小学		
111	金元斌	男	阳泉矿务局四矿		
112	王　洪	男	阳泉矿务局		
113	武　启	男	阳泉发电厂		
114	杨继春	男	阳泉市物资再生利用总公司		
115	王爱花	女	矿区钢窗厂		

续表 6-5

序号	姓 名	性别	工 作 单 位	荣 誉 称 号	授予年度
116	冯保成	男	矿区钢木制品厂	阳泉市劳动模范	1989 年
117	毕如月	女	矿区平潭街小学		
118	郝银莲	女	矿区小南坑中区		
119	荆效英	女	矿区沙坪街道办事处桥南园居委会		
120	曹大良	男	阳泉矿务局四矿	阳泉市特等劳动模范	1992 年
121	张玉田	男	阳泉矿务局一矿	阳泉市劳动模范	
122	史星燎	男	阳泉矿务局一矿		
123	逯海青	男	阳泉矿务局二矿		
124	王观宇	男	阳泉矿务局二矿		
125	张跃恒	男	阳泉矿务局三矿		
126	范国良	男	阳泉矿务局三矿		
127	贾瑞森	男	阳泉矿务局三矿		
128	王治国	男	阳泉矿务局三矿		
129	宋德堂	男	阳泉矿务局工程处		
130	丁正明	男	阳泉矿务局机修厂		
131	杨继春	男	阳泉市物资再生利用总公司		
132	王海珠	男	矿区钢窗厂		
133	赵鹏英	女	矿区沙坪服装厂		
134	白玉明	男	阳泉矿务局第一中学		
135	李润娥	女	阳泉矿务局第一中学		
136	岳军姿	女	阳泉矿务局机厂小学		
137	朱文虎	男	阳泉矿务局医院		
138	周竹堂	男	矿区矿山技术设备研究所		
139	郝全保	男	矿区工商个体户		
140	张玉田	男	阳泉矿务局一矿	阳泉市劳动模范	1995 年
141	范国良	男	阳泉矿务局三矿		
142	张跃恒	男	阳泉矿务局三矿		
143	曹大良	男	阳泉矿务局四矿		
144	王观宇	男	阳泉矿务局二矿		
145	王海珠	男	矿区钢窗厂		
146	冯保成	男	矿区钢木制品厂		
147	褚青山	男	阳泉矿务局第一中学		
148	冯宏伟	男	矿区公安分局贵石沟派出所		
149	张建国	男	矿区人民法院		
150	王海珠	男	矿区钢窗厂	阳泉市劳动模范	1998 年
151	赵泉祥	男	矿区环卫处		
152	刘林珍	男	矿区人民法院		
153	杜三俗	女	矿区沙坪街道办事处桥南园第一居委会		
154	梁 璧	男	阳泉矿务局兆丰铝业公司		
155	薛 更	男	山西翔达金属复合材料总厂		

续表 6–5

序号	姓　名	性别	工　作　单　位	荣　誉　称　号	授予年度
156	赵泉祥	男	矿区环卫处	阳泉市劳动模范	2001 年
157	韩全生	男	阳泉市顺达出租汽车有限公司		
158	荆淑萍	女	阳泉矿务局第一中学		
159	胡丽雅	女	阳泉市外国语学校		
160	涂庆福	男	矿区桥头街道办事处桥头社区居委会		
161	王艳珍	女	矿区赛鱼街道办事处赛鱼社区居委会		
162	刘会明	男	阳泉市聚力技术中心	阳泉市劳动模范	2004 年
163	韩全生	男	阳泉市顺达出租汽车有限公司		
164	程润华	女	阳煤集团第一中学		
165	张怀栋	男	阳泉市工商行政管理局矿区分局		
166	张　涌	男	阳泉市地方税务局矿区分局		
167	高泉江	男	阳泉市公安局矿区分局赛鱼派出所		
168	张志芳	女	矿区沙坪街道办事处桥南园社区居委会		
169	连秀芳	女	矿区人口和计划生育局	阳泉市劳动模范	2006 年
170	曹　涛	男	阳泉市地方税务局矿区分局		
171	马　燕	女	矿区洪城河小学		
172	杜志刚	男	阳泉市新鑫科技研究所有限责任公司		
173	黄考军	男	矿区长兴商饮服务中心		
174	贾全玉	男	矿区绿化养护大队	阳泉市劳动模范	2010 年
175	张志明	男	矿区小南坑小学		
176	赵计萍	女	矿区会计核算中心		
177	徐生祥	男	山西欣通建设发展有限责任公司		
178	涂庆福	男	矿区桥头街道办事处桥头社区		
179	董润田	男	阳泉市友谊照相馆		
180	徐金林	男	阳泉市顺达出租汽车有限公司	阳泉市劳动模范	2014 年
181	李　英	女	阳泉市天利时尚购物广场财务部		
182	李晓光	男	阳泉市利阳农产品有限公司		
183	刘青松	男	阳泉市第十五中学校		

六、市级立功(“五一劳动奖章”)人物

矿区市级立功“五一劳动奖章”人物名表

表 6–6

序号	姓　名	性别	工　作　单　位	荣誉称号(立功等级)	授予年度
1	万宝成	男	阳泉矿务局	阳泉市优秀厂长(经理)	1989 年
2	邢玉明	男	阳泉矿务局机电修配厂		
3	张崇义	男	阳泉矿务局一矿	阳泉市优秀科技工作者	
4	王观宇	男	阳泉矿务局二矿		
5	范国良	男	阳泉矿务局三矿	阳泉市优秀科技工作者	

续表 6-6

序号	姓　名	性别	工　作　单　位	荣誉称号(立功等级)	授予年度
6	邢玉明	男	阳泉矿务局机电修配厂	阳泉市优秀厂长(经理)	1990年
7	张崇义	男	阳泉矿务局一矿	阳泉市优秀科技工作者	
8	张玉田	男	阳泉矿务局一矿	阳泉市优秀班组长	
9	曹大良	男	阳泉矿务局四矿	阳泉市特等功	
10	宋德堂	男	阳泉矿务局工程处	阳泉市一等功	
11	刘建明	男	阳泉矿务局机修厂		
12	王观宇	男	阳泉矿务局二矿	阳泉市二等功	
13	凌爱宏	男	阳泉矿务局第一中学		
14	蔺润生	男	阳泉矿务局二矿中学	阳泉市三等功	
15	丁正明	男	阳泉矿务局机修厂		
16	孙建荣	男	阳泉矿务局第一中学		
17	田雨玉	男	阳泉矿务局三矿中学		
18	刘和平	男	阳泉矿务局三矿沙台小学		
19	汤纯楠	男	阳泉矿务局三矿南楼小学		
20	朱文虎	男	阳泉矿务局医院		
21	杨继春	男	阳泉市物资再生利用总公司	阳泉市优秀企业家	1991年
22	张崇义	男	阳泉矿务局一矿	阳泉市优秀科技工作者	
23	王观宇	男	阳泉矿务局二矿		
24	张玉田	男	阳泉矿务局一矿	阳泉市优秀班组长	
25	逯海青	男	阳泉矿务局二矿		
26	范国良	男	阳泉矿务局三矿		
27	宋德堂	男	阳泉矿务局工程处		
28	张跃恒	男	阳泉矿务局三矿	阳泉市一等功	
29	曹大良	男	阳泉矿务局四矿综采四队		
30	赵宝玉	男	阳泉矿务局四矿综采二队		
31	刘志英	男	阳泉矿务局医院	阳泉市三等功	
32	杨宝祥	男	阳泉矿务局职教中心		
33	刘改志	男	阳泉矿务局第一中学		
34	毛联友	男	阳泉矿务局三矿中学		
35	王转荷	女	阳泉矿务局教育处教研室		
36	曹大良	男	阳泉矿务局四矿综采四队	阳泉市特等功	1993年
37	邢　军	男	阳泉矿务局一矿	阳泉市一等功	
38	张跃恒	男	阳泉矿务局三矿		
39	李桂珍	女	矿区计生委		
40	王体轩	男	阳泉矿务局	阳泉市二等功	
41	逯海青	男	阳泉矿务局二矿		
42	贾瑞森	男	阳泉矿务局三矿		
43	范国良	男	阳泉矿务局三矿		
44	赵宝玉	男	阳泉矿务局四矿综采二队		
45	王文彦	男	矿区钢窗厂		

续表 6-6

序号	姓　名	性别	工　作　单　位	荣誉称号(立功等级)	授予年度
46	史星燎	男	阳泉矿务局一矿	阳泉市三等功	1993 年
47	裴世祥	男	矿区个体劳动者协会	阳泉市三等功	1993 年
48	许启茂	男	矿区赛鱼街道办事处铸造厂	阳泉市三等功	1993 年
49	王　璟	男	矿区平潭街街道办事处	阳泉市三等功	1993 年
50	张跃恒	男	阳泉矿务局三矿	阳泉市特等功	1994 年
51	张玉田	男	阳泉矿务局一矿	阳泉市一等功	1994 年
52	荆淑萍	女	阳泉矿务局第一中学	阳泉市二等功	1994 年
53	朱文虎	男	阳泉矿务局医院	阳泉市二等功	1994 年
54	范国良	男	阳泉矿务局三矿	阳泉市三等功	1994 年
55	王观宇	男	阳泉矿务局二矿	阳泉市三等功	1994 年
56	李智仙	女	平潭街街道办事处理发店	阳泉市三等功	1994 年
57	赵鹏英	女	矿区沙坪针织服装厂	阳泉市三等功	1994 年
58	赵泉祥	男	矿区环卫处	阳泉市三等功	1994 年
59	王文彦	男	矿区钢窗厂	阳泉市三等功	1994 年
60	王观宇	男	阳泉矿务局二矿	阳泉市一等功	1996 年
61	杨继春	男	阳泉市物资再生利用总公司	阳泉市一等功	1996 年
62	徐银凤	女	阳泉矿务局四矿刘家垴小学	阳泉市二等功	1996 年
63	朱文虎	男	阳泉矿务局医院	阳泉市二等功	1996 年
64	王海珠	男	矿区钢窗厂	阳泉市二等功	1996 年
65	刘林珍	男	矿区人民法院	阳泉市二等功	1996 年
66	史星燎	男	阳泉矿务局一矿	阳泉市三等功	1996 年
67	刘在康	男	阳泉矿务局二矿	阳泉市三等功	1996 年
68	张跃恒	男	阳泉矿务局三矿	阳泉市一等功	1997 年
69	刘在康	男	阳泉矿务局二矿	阳泉市一等功	1997 年
70	郭兆龙	男	阳煤集团	阳泉市一等功	1997 年
71	赵有金	男	阳泉市公安局矿区分局	阳泉市一等功	1997 年
72	杨敬国	男	阳泉矿务局三矿中学	阳泉市二等功	1997 年
73	朱仲敏	男	阳泉市工商局矿区分局	阳泉市二等功	1997 年
74	黄志明	男	矿区聚丰贸易公司	阳泉市三等功	1997 年
75	邢　军	男	阳煤集团一矿	阳泉市五一劳动奖章	1999 年
76	王二牛	男	阳泉矿务局四矿	阳泉市五一劳动奖章	1999 年
77	郑天才	男	阳泉市外国语学校	阳泉市五一劳动奖章	1999 年
78	赵泉祥	男	矿区环卫处	阳泉市一等功	1999 年
79	刘在康	男	阳煤集团二矿	阳泉市一等功	1999 年
80	刘建明	男	阳煤集团机修厂	阳泉市一等功	1999 年
81	胡书来	男	矿区政府拆迁办公室	阳泉市二等功	1999 年
82	王虎牛	男	阳煤集团一矿	阳泉市二等功	1999 年
83	靳培宏	男	阳煤集团实业开发总公司	阳泉市二等功	1999 年
84	王继兰	女	阳煤集团马家坪小学	阳泉市二等功	1999 年
85	韩全生	男	阳泉市顺达出租汽车有限公司	阳泉市三等功	1999 年

续表 6–6

序号	姓 名	性别	工 作 单 位	荣誉称号(立功等级)	授予年度
86	李黎牛	男	阳煤集团第一中学	阳泉市一等功	2000 年
87	赵昧玉	男	阳煤集团四矿		
88	董怀刚	男	阳煤集团氯碱有限责任公司	阳泉市二等功	
89	薛国仁	男	阳煤集团三矿		
90	杨云峰	男	矿区房地产开发公司		
91	刘建明	男	阳煤集团机修厂	阳泉市三等功	
92	赵泉祥	男	矿区环卫处		
93	邓治国	男	矿区人民法院经济审判庭		
94	韩全生	男	阳泉市顺达出租汽车公司		
95	巩光明	男	山西广播电视大学阳泉分校	阳泉市一等功	2001 年
96	陈旭清	男	山西广播电视大学阳泉分校		
97	邢 军	男	阳煤集团一矿	阳泉市五一劳动奖章	2002 年
98	薛国仁	男	阳煤集团三矿		
99	赵昧玉	男	阳煤集团四矿	阳泉市一等功	
100	穆非祥	男	阳煤集团新景矿		
101	冯 璟	男	阳泉光远工贸公司		
102	赵泉祥	男	矿区环卫处		
103	黄 山	男	山西新景矿业公司	阳泉市三等功	
104	刘建明	男	阳煤集团机修厂		
105	付 强	男	矿区平潭街街道办事处东山社区		
106	卢玉忠	男	阳煤集团一矿	阳泉市五一劳动奖章	2003 年
107	赵泉祥	男	矿区环卫处	阳泉市一等功	
108	赵云平	男	矿区公安分局红岭湾派出所		
109	穆非祥	男	阳煤集团新景矿	阳泉市三等功	
110	黄 山	男	山西新景矿业公司		
111	范民轩	男	阳煤集团三矿中学		
112	侯国强	男	阳煤集团五矿中学		
113	高 勇	男	山西国阳新能发供电分公司		
114	董波洋	男	矿区人民法院		
115	张志明	男	阳煤集团二矿小南坑小学		
116	赵云平	男	矿区公安分局红岭湾派出所	阳泉市一等功	2004 年
117	梁 璧	男	阳煤集团兆丰铝业公司	阳泉市五一劳动奖章	2005 年
118	穆非祥	男	阳煤集团新景矿	阳泉市一等功	
119	冯 璟	男	阳泉光远工贸公司		
120	董怀刚	男	阳煤集团氯碱有限责任公司		
121	韩继英	女	阳煤集团第一中学	阳泉市二等功	
122	宋美芳	女	阳泉市天利集团公司	阳泉市三等功	
123	赵云平	男	矿区公安分局红岭湾派出所		

续表 6-6

序号	姓　名	性别	工　作　单　位	荣誉称号(立功等级)	授予年度
124	石永祥	男	阳泉市公安局矿区分局	阳泉市五一劳动奖章	2006 年
125	李志林	男	阳泉市公安局矿区分局	阳泉市一等功	
126	陈贵萍	女	矿区财政局	阳泉市二等功	
127	黄　山	男	山西新景矿业公司	阳泉市三等功	
128	高　勇	男	山西国阳新能发供电分公司		
129	周竹堂	男	矿区矿山设备研究所	阳泉市建市 60 周年劳动功勋奖章	2007 年
130	刘会明	男	阳泉市同达实业有限公司		
131	杜志刚	男	阳泉新鑫科技研究所	阳泉市一等功	2008 年
132	吴学华	男	阳泉市公安局矿区分局	阳泉市二等功	
133	李　锋	男	矿区统计局	阳泉市三等功	
134	张　治	男	矿区金利得商行		
135	申　彪	男	矿区环保局	阳泉市一等功	2009 年
136	荆素俭	女	矿区平潭街街道办事处东山社区	阳泉市二等功	
137	张素敏	女	矿区妇幼保健院	阳泉市三等功	
138	牛志东	男	矿区人民法院		
139	王付花	女	阳泉市第十八中学校	阳泉市五一劳动奖章	2012 年
140	贾全玉	男	矿区绿化养护大队		
141	王希田	男	矿区人口和计划生育局		
142	朱志义	男	矿区宏宝绿化商贸中心		
143	郭少娟	女	矿区小南坑小学校	阳泉市一等功	
144	聂红海	男	阳泉市第十二中学校		
145	靳文亮	男	阳泉市第十二中学校	阳泉市三等功	
146	王希田	男	矿区人口和计划生育局	阳泉市五一劳动奖章	2013 年
147	郭丽萍	女	阳泉市第十一中学校		
148	原林生	男	阳泉市第十二中学校	阳泉市一等功	

七、区级劳动模范、先进生产工作者

1986 年矿区先进生产(工作)者名表

表 6-7

姓　名	性别	工　作　单　位	姓　名	性别	工　作　单　位
张天顺	男	矿区赛鱼街道办事处	罗永琴	女	矿区赛鱼糖果冷饮厂
曹玉英	女	矿区赛鱼糖果冷饮厂	王秀珍	女	矿区赛鱼糖果冷饮厂
梁海根	男	矿区赛鱼糖果冷饮厂	安义仁	男	矿区赛鱼铸造厂
许启茂	男	矿区赛鱼铸造厂	薛明秀	女	矿区赛鱼铸造厂
阎艾莲	女	矿区赛鱼利民服装厂	李惠萍	女	矿区弹簧厂
张桂荣	女	矿区弹簧厂	张海林	男	矿区弹簧厂
高　涛	男	矿区弹簧厂	许富娥	女	矿区弹簧厂
秦春岭	男	矿区弹簧厂	罗树海	女	矿区弹簧厂

续表 6–7

姓 名	性别	工 作 单 位	姓 名	性别	工 作 单 位
汝 杰	男	矿区弹簧厂	付桂林	女	矿区弹簧厂
李和平	男	矿区平潭劳动服务公司	王怀金	男	矿区建材厂
王桂珍	女	矿区服务公司	杨锁成	男	矿区服务公司
范修德	男	矿区服务公司	郗小妮	女	矿区废品收购站
刘兰俊	女	矿区钢木厂	马端文	女	矿区服务公司
牛运林	女	矿区福星楼饭店	王真元	男	矿区社会福利总厂
冯贵廷	男	矿区社会福利总厂食品厂	唐明友	女	矿区预制厂
高吉元	男	矿区钢木厂	黄根富	男	矿区钢木厂
姚惠荣	女	矿区福星食品厂	毕映兰	女	矿区社会福利总厂福星商店
白云峰	男	矿区社会福利总厂	柴生宇	男	矿区机械修配厂
翟富文	女	矿区综合服务部	陈秀芬	女	矿区桥头综合商店
朱锦玉	女	矿区机械修配厂	牛彦军	男	矿区社会福利厂
张爱荣	女	矿区钢木厂	张全生	男	矿区钢木厂
韩玉柱	男	矿区钢木厂	韩翠芬	女	矿区钢木厂
谷桂珍	女	矿区车辆厂	刘培军	男	矿区车辆厂
李彩香	女	矿区预制厂	曹翠花	女	矿区蔡洼理发店
杨素莲	女	矿区蔡洼综合部	康喜存	女	矿区蔡洼锻压制品厂
蔡素珍	女	矿区蔡洼缝纫社	张栋珍	女	矿区蔡洼锻压制品厂
高慧琴	女	矿区施工队	高汉臣	男	矿区施工队
刘云庭	男	矿区工艺制品厂	许 秋	女	矿区工艺制品厂
王爱珍	女	矿区工艺制品厂	李海林	男	矿区钢窗厂
王文彦	男	矿区钢窗厂	王艾花	女	矿区钢窗厂
刘培英	女	矿区钢窗厂	罗银梅	女	矿区桥头缝纫厂
肖改林	女	矿区桥头街道办事处	李荣华	女	矿区桥头办事处
董如秀	女	矿区沙坪锻压厂	宋秀兰	女	矿区沙坪锻压厂
韩玉莲	女	矿区沙坪锻压厂	孟秀英	女	矿区沙坪锻压厂
李来清	女	矿区沙坪社会福利厂	张铁柱	男	矿区桥头办事处
段富梅	女	矿区沙坪缝纫组	王吉香	女	矿区桥头废品收购站
王 嵋	男	矿区建材厂	吴凤兰	女	矿区沙坪缝纫一组
李香花	女	矿区沙坪劳动服务公司理发所	程敬臣	男	矿区赛鱼服务公司
牛堃尧	男	矿区建材厂	任素香	女	矿区沙坪劳动服务公司
桑松才	女	矿区沙坪劳动服务公司	姚素芳	女	矿区赛鱼劳动服务公司
宋晋元	男	矿区经委	李智先	女	矿区平潭街理发馆
王茂德	男	矿区平潭街道办事处	郝改兰	女	矿区平潭街道办事处
郝玉兰	女	矿区平潭街建材厂	张金娥	女	矿区平潭麻绳加工厂
荆兰娥	女	矿区平潭街服装厂	王石长	男	矿区建材厂
孔文保	男	矿区建材厂	王春元	男	矿区建材厂
王忠吉	男	矿区建材厂	李 林	男	矿区建材厂
蔡玉花	女	矿区电机厂	王素梅	女	矿区电机厂

续表 6-6

姓　名	性别	工　作　单　位	姓　名	性别	工　作　单　位
赵桂荣	男	矿区电机厂	赵成文	男	矿区电机厂
韩　伟	男	矿区泰康食品厂	庞荣仙	女	矿区泰康食品厂
马爱龙	男	矿区泰康食品厂	段俊英	女	矿区桥头刘家塥服务部
陈国芬	女	矿区泰康食品厂	贾素娥	女	矿区泰康食品厂
陈翠芳	女	矿区预制厂	何先芝	女	矿区预制厂
武秀忠	女	矿区预制厂	—	—	—

1987 年矿区劳动模范名录

刘改花(女)　李国栋　王海珠　郝俊菊(女)　任新澜　冯延亮
韩玉柱　李义林　张孟莲(女)　魏淑春(女)　张满哲　罗永琴(女)
王　嵋　孟秀英(女)　赵来鱼(女)　张铁柱　谷桂珍(女)

1987 先进生产(工作)者名录

周色珍(女)　王玉田(女)　任素香(女)　许华荣(女)　穆富全　王瑞英(女)
赵银牛　孟存爱(女)　荆孝英(女)　耿振全　程敬臣　王长英
宋桂英(女)　张二捧(女)　荆风英(女)　李换珍(女)　安义仁　赵桂英(女)
杜淑珍(女)　冯占忠　张桂花(女)　聂润录　蔡素珍(女)　葛翠花(女)
刘玉兰(女)　张润平(女)　丁世隆　胡桂珍(女)　杨素莲(女)　许桂珍(女)
宋润生　刘栓良　冯秋花(女)　王万祥(女)　王怀新　李和平
赵秀花(女)　葛堤林(女)　李智先(女)　韩　平(女)　樊墨荣(女)　曹喜鱼(女)
杨振义(女)　高省花(女)　刘培英(女)　王爱花(女)　张永琴(女)　韩　伟
王瑞珍(女)　王长命　张银娥(女)　杨爱香(女)　戎瑞银(女)　毛计英(女)
张秀英(女)　贾秀珍(女)　霍桂兰(女)　姚兆满　孔繁林　姚国珍(女)
石万芳　张盼春　许富娥(女)　张海林　杨翠竹(女)　杨冬花(女)
秦春岭　王玉昌　陈忠俭　张春花(女)　刘　丽(女)　魏保华(女)
刘桂平(女)　宋春英(女)　朱保平(女)　韩清英(女)　武秀忠(女)　胡杏琴(女)
王素娥(女)　常燕萍(女)　李九珍(女)　张爱珍(女)　李永进　杨风英(女)
赵福泉　武恒庆　高元锁　刘连明　杨全武　刘富成
晋丽萍(女)　王锦平　翟建国　郝付平　郭书瑞　王建平
马墨义　张建新　胡会生　白建峰(女)　梁富印　张建玲(女)
赵素英(女)　杨成花(女)　刘建明　辛素燕(女)　张贵萍(女)　李建恩
王素平(女)　秦王全　李在善　周建新　李　林　王先元
郝素珍(女)　宋天有　周瑞珍(女)　刘建斌

1988 年矿区先进工作者名表

表 6-8

姓 名	性别	工 作 单 位	姓 名	性别	工 作 单 位
娄志华	女	矿区区委政研室	杨翠萍	女	矿区区委办公室
聂毓启	男	矿区区委组织部	李荣华	女	矿区人大常委会
屈建国	男	矿区政协	张四海	男	矿区纪检委
王庭兰	女	矿区总工会	王秀荣	女	矿区区机关党委
崔保林	男	矿区行政科	陈贵萍	女	矿区财政局
王永志	男	矿区档案局	王晋杰	男	矿区审计局
武春文	男	矿区科委	韩石润	男	矿区计委
秦王全	男	矿区劳动人事局	赵富锁	男	矿区政府办公室
李 兰	男	矿区卫生局	杨宝生	男	矿区经委
温崇寿	男	矿区城环局	刘泽青	男	阳泉市工商局矿区分局
张建玲	女	矿区税务局	刘建民	男	矿区文化局
李鸿林	男	矿区法院	蒋巨科	男	矿区法院
张建国	男	矿区法院	刘 俭	男	矿区检察院
李海录	男	矿区检察院	郝俊菊	女	矿区检察院
张建国	男	矿区检察院	白四枝	男	矿区人民武装部
王 璟	男	矿区民政局	周建新	男	矿区政法委
麻玉华	男	阳泉市公安局矿区分局	孙占军	男	阳泉市公安局矿区分局
王建平	男	矿区公安分局红岭湾派出所	黄奇伟	男	矿区公安分局赛鱼派出所
晋丽萍	女	矿区公安分局桥头派出所	刘 益	男	矿区公安分局预审科
李志林	男	矿区公安分局刑警队	郝富平	男	矿区公安分局蔡洼派出所
裴建国	男	矿区司法局	李永进	男	矿区律师事务所
张丰功	男	矿区沙坪街道办事处	冯永发	男	矿区沙坪街道办事处
王 敬	男	矿区蔡洼街道办事处	郭小青	男	矿区蔡洼街道办事处
张天顺	男	矿区赛鱼街道办事处	王千锁	男	矿区赛鱼街道办事处
庞香英	女	矿区赛鱼街道办事处	张亚维	男	矿区桥头街道办事处
毛兴旺	男	矿区桥头街道办事处	贾启福	男	矿区桥头街道办事处
李和平	男	矿区平潭街街道办事处	李宝林	男	矿区平潭街街道办事处
王成功	男	矿区贵石沟街道办事处	—	—	—

1988 年矿区先进教育工作者名表

表 6-9

姓 名	性别	工 作 单 位	姓 名	性别	工 作 单 位
石静志	男	矿区中学	王保和	男	矿区中学
王桃鱼	女	矿区中学	周翠梅	女	矿区平潭街小学
崔素英	女	矿区平潭街小学	梁永芳	女	矿区新蕾幼儿园
商佳贤	男	矿区文教局教研室	—	—	—

1988 年矿区先进居民干部名表

表 6-10

姓　名	性别	工　作　单　位	姓　名	性别	工　作　单　位
荆孝英	女	矿区沙坪街道办事处桥南园居委会	任素英	女	矿区沙坪街道办事处秋沟口居委会
王拉梅	女	矿区沙坪街道矿南居委会	张秀娟	女	矿区沙坪街道东区居委会
郝银莲	女	矿区蔡洼街道办事处中区居委会	余　佑	男	矿区蔡洼街道办事处小南坑东区居委会
胡桂珍	女	矿区蔡洼街道办事处南区居委会	孟喜凤	女	矿区蔡洼街道办事处简子沟居委会
丁世隆	男	矿区蔡洼街道办事处菜市居委会	韩兰英	女	矿区蔡洼街道办事处自建三区居委会
赵桂英	女	矿区赛鱼街道办事处外沙坪居委会	张桂花	女	矿区赛鱼街道办事处南楼居委会
孟招玉	男	矿区赛鱼街道办事处前沙坪居委会	杜素珍	女	矿区赛鱼街道办事处大堖沟居委会
张二捧	女	矿区赛鱼街道办事处新建居委会	李秀英	女	矿区赛鱼街道办事处二坑自建房居委会
张秀英	女	矿区桥头街道办事处王岩沟西区居委会	姚兆满	男	矿区桥头街道办事处东坡居委会
白淑玉	女	矿区桥头街道办事处段西沟居委会	李改香	女	矿区桥头街道办事处段北沟居委会
王世芳	女	矿区桥头街道办事处南坡区居委会	韩　平	男	矿区平潭街街道办事处西区居委会
由盛枝	女	矿区平潭街街道办事处东区居委会	郝凤祥	男	矿区平潭街街道办事处新建二区居委会
乔慧兰	女	矿区平潭街街道办事处洪四区居委会	曹喜鱼	男	矿区平潭街街道办事处马西区居委会
郭栓林	男	矿区贵石沟街道办事处枣岭山居委会	—	—	—

1988 年矿区“双增双节”积极分子名表

表 6-11

姓　名	性别	工　作　单　位	姓　名	性别	工　作　单　位
李　康	男	矿区弹簧厂	段国强	男	矿区弹簧厂
冯保成	男	矿区钢木制品厂	石万芳	男	矿区钢木制品厂
王艾珍	女	矿区工艺美术厂	康继成	男	矿区肉类加工厂
张　龙	男	矿区福利总厂	张会荣	男	矿区矿灯厂
胡杏琴	女	矿区预制厂	王瑞英	女	矿区沙坪街道锻压厂
苏玉华	男	矿区沙坪街道服装厂	孟秀英	女	矿区沙坪街道锻压厂
李素琴	女	矿区蔡洼街道办事处	李义林	男	矿区蔡洼街道锻压厂
阎爱莲	女	矿区赛鱼利民服装厂	肖勋淑	男	矿区赛鱼糖果冷饮厂
杨爱香	女	矿区桥头服务商店	王海珠	男	矿区钢窗厂
王长命	男	矿区工矿配件厂	李国栋	男	矿区泰康食品厂
蒋大俊	男	矿区平潭街服装厂	宋润生	男	矿区平潭街食品厂
王玉田	男	矿区沙坪理发所	李佩仙	女	矿区沙坪百货商店
荆凤英	女	矿区赛鱼收废组	赵会明	男	矿区赛鱼劳动服务公司
杨素莲	女	矿区蔡洼日杂店	阎润娥	女	矿区赛鱼百货商店
戎瑞银	男	矿区桥头街道办事处	高省花	女	矿区桥头机械厂
王怀金	男	矿区平潭街建材厂	王香玉	女	矿区平潭街理发馆
杨振玉	男	矿区贵石沟街道新桥商店	宋天有	男	矿区三利商店
曹传新	男	矿区综合服务站	刘浠维	男	矿区基建施工队
贾书章	男	矿区贵石沟街道办事处	—	—	—

1989年矿区劳动模范名表

表6-12

姓 名	性别	工 作 单 位	姓 名	性别	工 作 单 位
谷桂珍	女	矿区肉类加工厂	张杰录	男	矿区钢木加工厂
苏玉花	女	矿区沙坪针织服装厂	尚勋淑	男	矿区糖果冷饮厂
王爱花	女	矿区钢窗厂	安有全	男	矿区建筑工程公司
郝俊菊	女	矿区检察院	晋丽萍	女	阳泉市公安局矿区分局
贾自科	男	阳泉市工商局矿区分局	白建峰	女	矿区税务局
高月明	男	矿区政府行政科	李玉兰	女	矿区平潭街街道办事处洪三区居委会
姚兆满	男	矿区桥头街道东坡居委会	张二捧	女	矿区赛鱼街道新建居委会

1989年矿区先进工作者名表

表6-13

姓 名	性别	工 作 单 位	姓 名	性别	工 作 单 位
刘泽青	男	阳泉市工商局矿区分局	王守纲	男	矿区档案局
左振民	男	矿区人大	史华荣	男	矿区政协
张先来	男	矿区纪检委	李寿增	男	矿区财政局
李桂珍	女	矿区计划生育局	任俊祥	男	矿区文教局
商佳贤	男	矿区文教局教研室	刘建民	男	矿区文化局
毕鹦鹉	男	矿区中学	吕锦花	女	矿区中学
赵素英	女	矿区新蕾幼儿园	刘明华	男	矿区小学
李俊萍	女	矿区体委	周桂琴	女	矿区监察局
翟爱华	女	矿区妇联	王庭兰	女	矿区总工会
裴建国	男	矿区司法局	孙智峰	男	矿区律师事务所
刘慧芳	女	矿区审计局	张素敏	女	矿区防疫站
李 才	男	矿区妇幼站	王变存	男	矿区卫生院
单贵明	男	矿区科委	殷 强	男	矿区经委
赵连鱼	女	矿区统计局	张桂岭	男	矿区计委
尚翠萍	女	矿区物价局	赵瑞芝	男	矿区政府办公室
魏志莲	女	矿区政府办公室	于春珍	女	矿区行政科
李风婵	女	矿区劳动局	李 兰	女	矿区爱卫会
杨玉珍	女	矿区组织部	张瑞铭	男	矿区对台办公室
李晓燕	女	矿区宣传部	李录喜	男	矿区人民武装部
张汉东	男	矿区区委办公室	郭建设	男	矿区人事局
王晋义	男	阳泉市工商局矿区分局	唐 鲁	男	阳泉市工商局矿区分局
郭建敏	男	矿区服务公司	刘志刚	男	矿区税务局
何 江	男	矿区税务局	王冬平	男	矿区税务局
刘连明	男	矿区法院	张建国	男	矿区法院
张勤文	男	矿区法院	冯敦江	男	矿区检察院
高元锁	男	矿区检察院	刘锦彪	男	矿区检察院

续表 6–13

姓　名	性别	工　作　单　位	姓　名	性别	工　作　单　位
郑拉鱼	女	阳泉市公安局矿区分局	王俊本	男	阳泉市公安局矿区分局
田栓寿	男	矿区公安分局蔡洼派出所	陈晓燕	女	矿区公安分局蔡洼派出所
陈玉生	男	矿区公安分局桥头派出所	张仲义	男	矿区公安分局马家坪派出所
弓存义	男	矿区公安分局红岭湾派出所	刘桂萍	女	矿区钢木制品厂
石万芳	男	矿区钢木制品厂	赵风珠	男	矿区钢木制品厂
韩玉柱	男	矿区钢木制品厂	赵卫东	男	矿区钢木制品厂
常艳平	女	矿区矿灯厂	刘来祥	男	矿区矿灯厂
李卫东	男	矿区工艺制品厂	许素珍	女	矿区工艺制品厂
韩清英	女	矿区工艺制品厂	陈　鹏	男	矿区弹簧厂
许富娥	女	矿区弹簧厂	王庆芳	男	矿区　弹簧厂
杨翠竹	女	矿区弹簧厂	段国强	男	矿区弹簧厂
张海林	男	矿区弹簧厂	李忠彬	男	矿区五金电器厂
陈仲俭	男	矿区五金电器厂	李风英	女	矿区五金电器厂
赵桂荣	男	矿区五金电器厂	孙春荣	男	矿区肉类食品加工厂
马玉花	女	矿区肉类食品加工厂	杜冬梅	女	矿区肉类食品加工厂
胡纯昌	男	矿区劳动服务公司	郝素贞	女	矿区木制品厂商店
张福英	男	矿区弹簧厂春光商店	孟计祥	男	矿区劳动服务公司服务站
王瑞萍	女	矿区三连冠商店	杨义林	男	矿区服务公司百货门市部
赵银牛	男	矿区沙坪街道锻压厂	王瑞英	女	矿区沙坪街道办事处
张丰功	男	矿区沙坪街道办事处	王文连	男	矿区沙坪百货商店
荆喜怀	男	矿区沙坪街道办事处	王玉华	女	矿区沙坪街道办事处桥北园居委会
耿翠范	女	矿区沙坪街道办事处矿北居委会	张秀娟	女	矿区沙坪街道办事处中沙坪东区居委会
陈爱祥	男	矿区沙坪街道办事处中沙坪西居委会	李义林	男	矿区蔡洼办事处锻压厂
阎润娥	女	矿区蔡洼商店	杨素莲	女	矿区蔡洼日杂商店
苏云雷	男	矿区蔡洼街道办事处	王存华	男	矿区蔡洼街道办事处
边桂花	女	矿区蔡洼街道第三居委会	丁世隆	男	矿区蔡洼街道菜市居委会
余　佑	男	矿区蔡洼街道小南坑东区居委会	阎爱莲	女	矿区赛鱼利民服装店
庞香英	女	矿区赛鱼街道办事处	王千锁	男	矿区赛鱼街道办事处
张天顺	男	矿区赛鱼街道办事处	冯占忠	男	矿区赛鱼街道河口居委会
王叩林	女	矿区赛鱼街道办事处如意庄居委会	赵桂英	女	矿区赛鱼街道办事处外沙坪居委会
孟招玉	男	矿区赛鱼街道办事处前沙坪居委会	张桂花	女	矿区赛鱼街道办事处南楼西区居委会
刘彦生	男	矿区泰康食品厂	奕进喜	男	矿区泰康食品厂
李海林	男	矿区钢窗厂	王长命	男	矿区桥头铸钢厂
张铁柱	男	矿区桥头街道办事处	巨爱仙	女	矿区桥头服务综合商店
贾启福	男	矿区桥头街道办事处	高秀英	女	矿区桥头街道段西沟居委会
李乃香	女	矿区桥头街道办事处段北沟居委会	李富荣	男	矿区桥头街道办事处东街居委会
张秀英	女	矿区桥头街道办事处王岩沟居委会	霍桂兰	女	矿区桥头街道办事处马南居委会
李智仙	女	矿区平潭街理发馆	许桂珍	女	矿区京联服装厂
李峰山	男	矿区建材厂	王怀金	男	矿区建材厂

续表 6-13

姓　名	性别	工　作　单　位	姓　名	性别	工　作　单　位
宋润生	男	矿区平潭街食品厂	张玉福	男	矿区平潭街街道办事处
王爱莲	女	矿区平潭街道办事处	曹喜鱼	女	矿区平潭街街道办事处马西居委会
李桂莲	女	矿区平潭街街道办事处东区居委会	李凤琴	女	矿区平潭街街道办事处大垴一区居委会
由盛枝	女	矿区平潭街街道办事处西区居委会	郝凤祥	男	矿区平潭街街道办事处新建二区居委会
冯瑞华	女	矿区贵石沟劳动服务公司	冯玉梅	女	矿区贵石沟街道办事处
王三兰	女	矿区贵石沟街道办事处苏村一区居委会	张满哲	男	矿区五金电器厂

1990 年矿区劳动模范名表

表 6-14

姓　名	性别	工　作　单　位	姓　名	性别	工　作　单　位
冯宝成	男	矿区钢木制品厂	张杰录	男	矿区钢木制品厂
李　康	男	矿区弹簧厂	张桂梅	女	矿区五金电器厂
苏玉华	女	矿区沙坪针织服装厂	赵桂芳	女	矿区沙坪百货商店
许启茂	男	矿区赛鱼铸造厂	尚勋淑	男	矿区赛鱼糖果冷饮厂
韩　伟	男	矿区泰康食品厂	刘培英	女	矿区钢窗厂
王海珠	男	矿区钢窗厂	赵文平	男	矿区铸造厂
阎润娥	女	矿区蔡洼百货商店	李智仙	女	矿区平潭街理发馆
李峰山	男	矿区平潭界建材厂	贾自科	男	阳泉市工商局矿区分局
张建玲	女	矿区税务局	吕锦花	女	矿区中学
赵子钧	男	阳泉市公安局矿区分局	郝俊菊	女	矿区检察院
张建国	男	矿区法院	—	—	—

1990 年矿区先进工作者名表

表 6-15

姓　名	性别	工　作　单　位	姓　名	性别	工　作　单　位
张丰功	男	矿区沙坪街道办事处	梁海根	男	矿区沙坪橡胶厂
王瑞英	女	矿区沙坪街道办事处	王丽华	女	矿区沙坪百货门市部
赵银牛	男	矿区沙坪锻压厂	张天顺	男	矿区赛鱼街道办事处
张爱军	男	矿区赛鱼劳动服务公司	孙启旺	男	矿区赛鱼日用品厂
阎爱莲	女	矿区赛鱼利民服装厂	陈国芬	女	矿区赛鱼钢丝切丸厂
庞香英	女	矿区赛鱼街道办事处	郭小青	女	矿区蔡洼街道办事处
尹风梅	女	矿区蔡洼街道办事处	房玉英	女	矿区蔡洼街道办事处
苏云雷	男	矿区蔡洼街道办事处	王存华	男	矿区蔡洼街道服务公司
张铁柱	男	矿区桥头街道办事处	贾启福	男	矿区桥头街道办事处
荆秀英	女	矿区桥头工矿配件厂	刘俊英	女	矿区桥头服务公司商店
王文彦	男	矿区钢窗厂	栾进喜	男	矿区泰康食品厂
周晓东	男	矿区桥头废品收购站	单永贵	男	矿区平潭街街道办事处
张双巧	女	矿区平潭街街道办事处	王怀金	男	矿区平潭街建材厂
魏秀琴	女	矿区平潭街理发馆	冀　红	男	矿区综合服务公司

续表 6-15

姓　名	性别	工　作　单　位	姓　名	性别	工　作　单　位
蒋大俊	男	矿区京联服装厂	冯瑞华	女	矿区贵石沟劳动服务公司
赵桃莲	女	矿区造纸厂	刘艾云	男	矿区弹簧厂
秦春岭	男	矿区弹簧厂	郝喜兰	女	矿区弹簧厂
高　涛	男	矿区弹簧厂	刘秀平	男	矿区弹簧厂
杨翠珍	女	矿区弹簧厂	付雪花	女	矿区五金电器厂
李凤英	女	矿区五金电器厂	曹先爱	男	矿区五金电器厂
刘桂珍	女	矿区五金电器厂	许素珍	女	矿区工艺制品厂
李卫东	男	矿区工艺制品厂	刘贵平	女	矿区钢木制品厂
赵凤珠	男	矿区钢木制品厂	张清连	男	矿区钢木制品厂
石万芳	女	矿区钢木制品厂	徐建设	男	矿区钢木制品厂
张建国	男	矿区肉类加工厂	张国玉	男	矿区肉类加工厂
申建光	男	矿区肉类加工厂	王庆祥	男	矿区木器加工厂
王瑞萍	女	矿区劳动服务公司三连冠商店	李建兵	男	矿区建筑公司
郭永恒	男	矿区建筑公司	张秉寿	男	矿区劳动服务公司
郭建敏	男	矿区劳动服务公司	张福英	男	矿区弹簧厂春光商店
杨坤菊	女	矿区综合服务公司	孟计香	女	矿区综合服务公司
王怀银	男	矿区矿灯厂	张会荣	男	矿区矿灯厂
高建平	男	矿区矿灯厂	冯延亮	男	阳泉市公安局矿区分局
宋凤元	男	矿区公安分局刑警队	常建忠	男	矿区公安分局蔡洼派出所
耿俊明	男	矿区公安分局赛鱼派出所	曹棉友	男	矿区公安分局马家坪派出所
荆国喜	男	矿区公安分局桥头派出所	白乃伟	男	矿区公安分局红岭湾派出所
冯宏伟	男	矿区公安分局贵石沟派出所	王金川	男	矿区检察院
郭沛霖	男	矿区检察院	姚汝峰	男	矿区法院
李新华	男	矿区法院	邓治国	男	矿区法院
张新建	男	矿区司法局	阎思水	男	矿区司法局
李建全	男	矿区税务局	张瑞华	男	矿区税务局
陈向阳	男	矿区税务局	郭富华	男	矿区税务局
石　宪	男	阳泉市工商局矿区分局	朱富维	男	阳泉市工商局矿区分局
王　泉	男	阳泉市工商局矿区分局	卢非柱	男	阳泉市工商局矿区分局
梁　瑛	男	矿区平潭街小学	岳润生	男	矿区教育局教研室
赵振华	男	矿区文化局	弓全丽	女	矿区中学
范修民	男	矿区平潭街小学	赵素英	女	矿区新蕾幼儿园
梁永芳	女	矿区新蕾幼儿园	王寿士	男	矿区文教局
胡玉林	男	矿区区委办公室	聂毓启	男	矿区区委组织部
白瑞斌	男	矿区区委组织部	彭　平	男	矿区区委机要科
白铁明	男	矿区宣传部	裴建国	男	矿区政法委
刘　斌	男	矿区纪检委	戴玉萍	女	矿区政协
牛翠枝	女	矿区人大	马　成	男	矿区总工会
田建亮	男	矿区团委	李树生	男	矿区人民武装部

续表 6–15

姓 名	性别	工 作 单 位	姓 名	性别	工 作 单 位
乔锁才	男	矿区卫生局	周荷莲	女	矿区卫生局
李 才	男	卫生局	孙 伟	男	矿区监察局
石富科	男	矿区财政局	张金梅	女	矿区审计局
关 勇	男	矿区标准计量局	苗长青	男	矿区地方志
胡朴来	男	矿区计委	刘素芳	女	矿区统计局
温存寿	男	矿区城环局	丁立人	男	矿区行政科
樊改花	女	矿区劳动局	高 勇	男	矿区政府办公室
赵金香	女	矿区人事局	韩玉龙	男	矿区民政局
王会全	男	矿区档案局	殷 强	男	矿区经委
武春文	男	矿区科委	王晓龙	男	矿区物价局
李俊平	男	矿区体委	荆玉堂	男	矿区爱委会
刘瑞芳	女	矿区计生委	荆孝英	女	矿区沙坪街道办事处桥南园居委会
江泽兰	女	矿区沙坪街道办事处沙沟一区居委会	任桂卿	男	矿区赛鱼街道办事处大楼居委会
张二捧	女	矿区赛鱼街道办事处新建居委会	任仙孩	女	矿区赛鱼街道办事处河口一区居委会
胡桂珍	女	矿区蔡洼街道办事处小南坑南区居委会	史艳坤	女	矿区蔡洼街道办事处四区居委会
李富荣	男	矿区桥头街道办事处桥东街居委会	孔拉祥	女	矿区桥头街道办事处段南沟居委会
张富寿	男	矿区桥头街道办事处水泉沟居委会	李芬清	女	矿区平潭街街道办事处大垴一区居委会
曹喜鱼	女	矿区平街街道办事处马家坪西区居委会	董桂兰	女	矿区平潭街街道办事处新建三区居委会
王三兰	女	矿区贵石沟街道办事处水滩居委会	—	—	—

1991 年矿区劳动模范名表

表 6–16

姓 名	性别	工 作 单 位	姓 名	性别	工 作 单 位
苏玉华	女	矿区沙坪针织服装厂	赵桂芳	女	矿区沙坪百货商店
杨素莲	女	矿区蔡洼日杂店	许启茂	男	矿区赛鱼铸造厂
罗永琴	女	矿区第三食品厂	韩 伟	男	矿区泰康食品厂
王海珠	男	矿区钢窗厂	李智仙	女	矿区平潭街理发馆
李峰山	男	矿区建材厂	邢存江	男	矿区造纸厂
李 康	男	矿区弹簧厂	冯宝成	男	矿区钢木制品厂
孟旭辉	男	矿区矿灯厂	赵富泉	男	矿区检察院
张建国	男	矿区法院	王冬平	女	矿区税务局
王绍庆	男	阳泉市工商局矿区分局	赵素英	女	矿区新蕾幼儿园
赵泉祥	男	矿区环卫处	郝素珍	女	矿区钢木制品厂门市部
杨振彬	男	矿区人民武装部	冯宏伟	男	阳泉市公安局矿区分局

1991年矿区先进工作(生产)者名表

表6-17

姓　名	性别	工　作　单　位	姓　名	性别	工　作　单　位
李佩仙	女	矿区沙坪街道办事处	王丽华	女	矿区沙坪综合商店
张瑞珍	女	矿区沙坪街道办事处	王瑞英	女	矿区沙坪街道办事处
赵银牛	男	矿区沙坪锻压厂	梁海根	男	矿区沙坪橡胶厂
高玉英	女	矿区蔡洼洗衣组	张淑花	女	矿区蔡洼理发社
王巨平	男	矿区蔡洼锻压厂	苏云雷	男	蔡洼街道办事处
阎润娥	女	矿区蔡洼百货商店	庞香英	女	矿区赛鱼街道办事处
张爱军	男	矿区赛鱼陶粒砂厂	李　华	男	矿区赛鱼服务公司煤乡饭店
阎爱莲	女	矿区赛鱼利民服装厂	陈国芬	女	矿区第三食品厂
崔新明	男	矿区第三食品厂	曹　东	男	矿区蓄电池厂
董和平	男	矿区泰康食品厂	王文彦	男	矿区钢窗厂
肖改玲	女	矿区桥头街道办事处	张亚维	男	矿区桥头街道办事处
琚红梅	女	矿区桥头街道办事处	贾启福	男	矿区桥头街道办事处
宋润生	男	矿区平潭街食品厂	杨秀娥	女	矿区平潭街升平饭店
牛启福	男	矿区平潭街道综合厂	郭收田	男	矿区平潭街橡胶厂
蒋大俊	男	矿区平潭街京联服装厂	张玉福	男	矿区平潭街道办事处
段　治	男	矿区通达服务公司	刘建兵	男	矿区建筑安装公司
冯瑞华	女	矿区贵石沟街道劳务站	刘世平	男	矿区贵石沟街道办事处
郭拉梅	女	矿区弹簧厂	郝玉龙	男	矿区弹簧厂
郭红英	女	矿区弹簧厂	许东来	男	矿区弹簧厂
刘艾荣	男	矿区弹簧厂	付雪花	女	矿区五金电器厂
李凤英	女	矿区五金电器厂	石转英	女	矿区五金电器厂
杨梅玲	女	矿区工艺制品厂	许素珍	女	矿区工艺制品厂
刘来祥	男	矿区矿灯厂	张慧荣	女	矿区矿灯厂
何跃庆	男	矿区矿灯厂	贺小青	男	矿区钢木制品厂
郭英芝	男	矿区钢木制品厂	张杰录	男	矿区钢木制品厂
石万芳	女	矿区钢木制品厂	谷桂珍	女	矿区肉类加工厂
任鲜富	男	矿区肉类加工厂	袁小梅	女	矿区肉类加工厂
王庆祥	男	矿区木器厂	王吉昌	男	矿区公安分局桥头派出所
李明堂	男	矿区公安分局赛鱼派出所	李占民	男	矿区公安分局马家坪派出所
晋丽萍	女	矿区公安分局蔡洼派出所	侯　海	男	矿区公安分局贵石沟派出所
王建平	男	矿区公安分局红岭湾派出所	李志林	男	阳泉市公安局矿区分局
郝俊菊	女	矿区检察院	王银堂	男	矿区检察院
刘锦彪	男	矿区检察院	张勤文	男	矿区法院
邵丽颖	女	矿区法院	高　惠	男	矿区法院
李建全	男	税务局	陈向阳	男	矿区税务局
李国文	男	矿区税务局	赵捷敏	男	矿区税务局
卢非柱	男	阳泉市工商局矿区分局	樊丽萍	女	阳泉市工商局矿区分局
陈京楼	男	阳泉市工商局矿区分局	杨天伟	男	阳泉市工商局矿区分局

续表 6–17

姓 名	性别	工 作 单 位	姓 名	性别	工 作 单 位
史林华	男	矿区中学	吕广田	男	矿区中学
岳海生	男	矿区文教局	姬冬梅	女	矿区文化局
任俊祥	男	矿区文教局	荆金娥	女	矿区平潭街小学
崔如华	女	矿区妇幼站	张沿祯	男	矿区卫生局
温 霞	女	矿区卫生防疫站	马长林	男	矿区区委办公室
梁兰芳	女	矿区机关党委	张瑞铭	男	矿区对台办公事
康银柱	男	矿区组织部	乔金堂	男	矿区老干局
彭 平	男	矿区机要科	段宙耀	男	矿区党校
任志强	男	矿区城环局	贾慧聪	男	矿区城环局
荆志强	男	矿区审计局	张金良	男	矿区行政科
任建玲	女	矿区物价局	李俊萍	女	矿区体委
张栗平	男	矿区人事局	张惠英	女	矿区标准计量局
冀 翀	男	矿区监察局	王晓萍	女	矿区民政局
石付科	男	矿区财政局	郝 毅	男	矿区经委
韩石润	男	矿区计委	王文明	男	矿区政府办公室
周立卿	男	矿区计生委	郑满柱	男	矿区统计局
苗长青	男	矿区地方志	郭文双	男	矿区档案局
李风婵	女	矿区劳动局	李 兰	女	矿区爱委会
姚传杰	男	矿区人大常委会	崔学东	男	矿区纪检委
翟爱华	女	矿区妇联	刘美蓉	女	矿区司法局
荆建文	男	矿区司法局	付宝红	男	矿区司法局
陈德淑	女	矿区新型复合包装厂	郭建敏	男	矿区劳动服务公司
韩秀花	女	矿区劳动服务公司	胡纯昌	男	矿区劳动服务公司
张福英	男	矿区弹簧厂春光商店	兰文中	男	矿区建筑公司
安有全	男	矿区建筑公司	刘凤英	女	矿区建筑公司
曹传珍	男	矿区综合服务公司	屈建国	男	矿区政协
江泽兰	女	矿区沙坪街道办事处沙沟一区居委会	张秀娟	女	矿区沙坪街道办事处中沙沟东区居委会
荆效英	男	矿区沙坪街道办事处桥南园居委会	邢利霞	女	矿区蔡洼街道办事处二区居委会
丁世隆	男	矿区蔡洼街道菜市居委会	余 佑	男	矿区蔡洼街道东区居委会
任仙孩	女	矿区赛鱼街道办事处河口一区居委会	任桂卿	男	矿区赛鱼街道办事处大楼居委会
张二捧	女	矿区赛鱼街道办事处新建居委会	石玉林	男	矿区赛鱼街道办事处虎尾沟居委会
张秀英	女	矿区桥头街道办事处王岩沟西区居委会	姜三梅	女	矿区桥头街道办事处桥北街居委会
李富荣	男	矿区桥头街道办事处东街居委会	郭淑君	女	矿区桥头街道办事处段西沟二区居委会
晋桂兰	女	矿区平潭街道西山居委会	李俊莲	女	矿区平潭街道西区居委会
宋兰花	女	矿区平潭街道办事处平潭中区居委会	由盛枝	女	矿区平潭街道办事处西区居委会
杨绿棠	男	矿区贵石沟街道办事处小河滩居委会	—	—	—

1992年矿区劳动模范名表

表6-18

姓名	性别	工作单位	姓名	性别	工作单位
石万芳	男	矿区钢木制品厂	王海珠	男	矿区钢窗厂
李　康	男	矿区弹簧厂	赵鹏英	女	矿区沙坪街道针织服装厂
赵泉祥	男	矿区环卫处	贾红旗	男	矿区公安分局红岭湾派出所
孟计香	女	矿区劳动服务公司综合服务站	高月明	男	矿区区委政法委
白建峰	男	矿区税务局	荆金娥	女	矿区平潭街小学
解淑珍	女	矿区蔡洼街道办事处小南坑居委会	—	—	—

1992年矿区先进工作(生产)者名表

表6-19

姓名	性别	工作单位	姓名	性别	工作单位
李佩仙	女	矿区沙坪街道办事处	乔仁计	男	矿区沙坪街道办事处
赵桂芳	女	矿区沙坪百货商店	李云云	女	矿区沙坪锻压厂
赵银牛	男	矿区沙坪街道锻压厂	梁海根	男	矿区沙坪橡胶福利制品厂
赵林花	女	矿区沙坪废品收购站	赵存生	男	矿区沙坪街道办事处沙沟二区居委会
江泽兰	女	矿区沙坪街道办事处沙沟一区居委会	耿翠范	女	矿区沙坪街道办事处矿山路第二居委会
李琪敏	男	矿区蔡洼街道办事处	李义林	男	矿区蔡洼锻压厂
杨瑞敏	女	矿区蔡洼街道日杂店	刘素英	女	矿区蔡洼缝纫社
南　翔	男	矿区蔡洼街道百货商店	李永梅	女	矿区蔡洼街道办事处东四尺居委会
翟美荣	女	矿区蔡洼街道办事处七股道居委会	张丰功	男	矿区赛鱼街道办事处
王千锁	男	矿区赛鱼街道办事处	阎爱莲	女	矿区赛鱼利民服装厂
任福梅	女	矿区钢丝切丸厂	智志伟	男	矿区赛鱼街道劳动服务公司
许启茂	男	矿区赛鱼铸造厂	陈国芬	女	矿区第三食品厂
张爱军	男	矿区赛鱼陶粒砂厂	冯桂英	女	矿区赛鱼街道办事处水泥厂居委会
张二捧	女	矿区赛鱼街道办事处新建居委会	任仙孩	女	矿区赛鱼街道办事处河口一区居委会
贾启福	男	矿区桥头街道办事处	连秀芳	女	矿区桥头街道办事处
肖改玲	女	矿区桥头街道办事处	王文彦	男	矿区钢窗厂
李海林	男	矿区钢窗厂	吕宝堂	男	矿区蓄电池厂
高　明	男	矿区泰康食品厂	余秋红	男	矿区泰康食品厂
刘　蔚	男	矿区桥头废品收购站	郭淑君	女	矿区桥头街道办事处段西沟居委会
孙玉莲	女	矿区桥头街道南坡居委会	刘宪德	男	矿区桥头街道桥西居委会
王素花	女	矿区平潭街道办事处	王　嵋	男	矿区平潭街建材厂
冯秋花	女	矿区平潭街道建材厂	刘栓良	男	矿区平潭街建材厂
李智仙	女	矿区平潭街理发馆	韩瑞林	男	矿区橡胶厂
单永贵	男	矿区平潭街道办事处	吕万明	男	矿区平潭街升平饭店
蒋大俊	男	矿区京联服装厂	晋桂兰	女	矿区平潭街道西山居委会
郝风祥	男	矿区平潭街道办事处新建第三区居委会	谢惠英	女	矿区平潭街道办事处洪城河五区居委会
由盛枝	女	矿区平潭街西区居委会	荆根红	男	矿区贵石沟街道办事处

续表 6–19

姓 名	性别	工 作 单 位	姓 名	性别	工 作 单 位
邢存江	男	矿区贵石沟造纸厂	冯瑞华	女	矿区贵石沟劳动就业服务站
王三兰	女	矿区贵石沟街道办事处水滩一区居委会	翟爱华	女	矿区妇联
文武全	男	矿区纪检委	李晓燕	女	矿区宣传部
兰凤琴	女	矿区政协	田新路	男	矿区统战部
胡玉林	男	矿区区委办公室	李录喜	男	矿区人民武装部
姚传杰	男	矿区人大	陈来周	男	矿区组织部
陈宝庆	男	矿区标准计量局	韩秀花	女	矿区劳动服务公司
刘 恒	男	矿区计委	孙海芬	女	矿区财政局
王晋杰	男	矿区财政局	赵新春	男	矿区妇幼
周荷莲	女	矿区卫生局	乔锁才	男	矿区卫生局
翟文斌	男	矿区税务局	王冬平	男	矿区税务局
卢非柱	男	阳泉市工商局矿区分局	赵太平	男	阳泉市工商局矿区分局
王绍庆	男	阳泉市工商局矿区分局	高秀英	女	矿区政府办公室
吴爱明	男	矿区政府办公室	梁晋云	男	矿区档案局
李瑞珍	女	矿区物价局	李 兰	女	矿区爱委会
杨玉珍	女	矿区体协办	孙 伟	男	矿区监察局
耿 莉	女	矿区地方志	王正昌	男	矿区计生委
阎宏荣	男	矿区城环局	唐晓东	男	矿区人事局
郭秀峰	男	矿区经委	王晓萍	女	矿区民政局
梁振文	男	矿区体委	孟禄文	男	矿区安委会
崔宝林	男	矿区政府行政科	荆志强	男	矿区审计局
刘步新	男	矿区残联	牛旭平	男	矿区文教局
胡风江	男	矿区劳动局	武春文	男	矿区科委
郭玉田	男	矿区统计局	姚季莲	女	矿区木器厂
周 佩	男	矿区豆制品厂	韩清英	女	矿区豆制品厂
于建庭	男	矿区豆制品厂	贺小琴	女	矿区钢木制品厂
冯宝成	男	矿区钢木制品厂	祁英芝	男	矿区钢木制品厂
赵卫东	男	矿区钢木制品厂	李忠彬	男	矿区五金电器厂
王千牛	男	矿区五金电器厂	李秀海	男	矿区五金电器厂
付雪花	女	矿区五金电器厂	梁月亮	男	矿区复合包装厂
于兰英	女	矿区复合包装厂	李彩香	女	矿区复合包装厂
许东来	男	矿区弹簧厂	荆桂莲	女	矿区弹簧厂
张 平	男	矿区弹簧厂	崔 红	男	矿区弹簧厂
高 涛	男	矿区弹簧厂	杨风金	男	矿区肉类加工厂
张国玉	男	矿区肉类加工厂	张会荣	男	矿区矿灯厂
王怀英	男	矿区矿灯厂	张茂荣	男	矿区矿灯厂

续表 6-19

姓　名	性别	工　作　单　位	姓　名	性别	工　作　单　位
郑玉英	女	矿区复春商店	郝淑萍	女	矿区钢木加工厂门市部
刘凤英	女	矿区建筑公司	赵巧兰	女	矿区矿灯厂商店
吴学华	男	阳泉市公安局矿区分局	刘吉祥	男	阳泉市公安局矿区分局
陈玉生	男	阳泉市公安局矿区分局预审科	董军雁	男	阳泉市公安局矿区分局刑警队
王亚林	男	阳泉市公安局矿区分局刑警队	陈晓燕	女	矿区公安分局赛鱼派出所
常建忠	男	矿区公安分局蔡洼派出所	仇　韦	男	矿区公安分局桥头派出所
李占明	男	矿区公安分局马家坪派出所	甄华军	男	矿区公安分局贵石沟派出所
史俊毛	男	矿区检察院	王银堂	男	矿区检察院
郭富强	男	矿区检察院	张建国	男	矿区法院
邓治国	男	矿区法院	高　惠	男	矿区法院
梁双云	男	矿区司法局	刘美蓉	女	矿区司法局
姬冬梅	女	矿区文化局	张彦玲	女	矿区新蕾幼儿园
史林华	男	矿区中学	毕鹦鹉	男	矿区中学
刘希英	男	矿区平潭街小学	—	—	—

1993 年矿区劳动模范名表

表 6-20

姓　名	性别	工　作　单　位	姓　名	性别	工　作　单　位
李　康	男	矿区弹簧厂	高　涛	男	矿区弹簧厂
冯保成	男	矿区钢木制品厂	王翠花	女	矿区钢木制品厂
赵文平	男	矿区钢木制品厂	郭建斌	男	矿区废金属回收公司
王　嵋	男	矿区平潭街建材厂	蒋大俊	男	矿区平潭街京联服装厂
曹　东	男	矿区桥头蓄电池厂	王海珠	男	矿区桥头钢窗厂
王继广	男	矿区桥头钢窗厂	赵鹏英	女	矿区沙坪针织服装厂
赵银牛	男	矿区沙坪锻压厂	闫爱莲	女	矿区赛鱼利民服装厂
许启茂	男	矿区赛鱼铸造厂	李　华	男	矿区赛鱼煤乡饭店
韩秀英	女	矿区蔡洼管件厂	赵泉祥	男	矿区环卫处
张翠兰	女	矿区个体协会	孟计香	女	矿区服务公司综合服务部
张海珠	男	阳泉市工商局矿区分局	白建峰	男	矿区税务局第二税务局
李海录	男	矿区检察院刑事审判检察科	陈晓燕	女	矿区公安分局赛鱼派出所
许　俭	男	阳泉市公安局矿区分局	乔泉生	男	矿区法院刑事审判庭
赵素英	女	矿区新蕾幼儿园	王治国	男	矿区技术经济顾问组

1993 年矿区先进工作(生产)者名表

表 6-21

姓　名	性别	工　作　单　位	姓　名	性别	工　作　单　位
王瑞英	女	矿区沙坪街道办事处	陈爱鲜	男	矿区沙坪街道中沙坪西居委会
李海珠	男	矿区沙坪街道办事处桥南园第一居委会	王晓燕	女	矿区沙坪橡胶厂
张素珍	女	矿区沙坪桥南收购站	段玉梅	女	矿区沙坪综合商店
赵桂芳	女	矿区沙坪百货商店	冯瑞华	女	矿区贵石沟街道劳务站
李翠萍	女	矿区贵石沟街道办事处	李金凤	女	矿区贵石沟造纸厂
张天顺	男	矿区桥头街道办事处	刘俊英	女	矿区桥头服务商店
刘　蔚	男	矿区桥头街道废品收购站	王文彦	男	矿区桥头钢窗厂
刘培英	女	矿区桥头钢窗厂	曹锦友	男	矿区桥头街道办事处
武春文	男	矿区桥头街道办事处	孟存良	男	矿区桥头钢窗厂
张亚军	男	矿区桥头泰康食品厂	李长命	男	矿区桥头蓄电池厂
刘仙德	男	矿区桥头街道桥西居委会	李富荣	男	矿区桥头街道桥东居委会
宋焕兰	女	矿区桥头街道办事处王岩沟西居委会	史俊梅	女	矿区蔡洼丑小鸭服装厂
王存华	男	矿区蔡洼街道办事处	王润鱼	女	矿区蔡洼街道办事处东窑房区居委会
魏兆庭	男	矿区赛鱼街道办事处	石玉林	男	矿区赛鱼街道办事处虎尾沟居委会
王叩林	女	矿区赛鱼街道办事处如意庄一区居委	任贵清	男	矿区赛鱼街道办事处大楼居委会
张二捧	女	矿区赛鱼街道新建居委会	任福梅	女	矿区赛鱼切丸厂
王长英	男	矿区赛鱼陶粒沙厂	张爱军	男	矿区赛鱼陶粒沙厂
尹俊兰	女	矿区赛鱼食品厂	甄国芹	女	矿区赛鱼煤乡饭店
王千锁	男	矿区赛鱼街道办事处	任有兰	男	矿区赛鱼街道办事处
冯秋花	女	矿区平潭建材厂	王峰义	男	矿区平潭建材厂
杜志林	男	矿区平潭建材厂	荆秋生	男	矿区平潭京联服装厂
曹银巧	女	矿区平潭街道办事处苹果园第二居委会	王　璟	男	矿区平潭街道办事处
吕万明	男	矿区平潭街升平饭店	李智仙	女	矿区平潭街理发馆
刘忠文	男	矿区平潭街汽修厂	梁秀兰	女	矿区平潭街道办事处局大院东居委会
曹喜鱼	女	矿区平潭街道办事处马家坪西居委会	晋桂兰	女	矿区平潭街道西山居委会
苏存和	男	矿区平潭街道办事处新四区居委会	李玉兰	女	矿区平潭街道办事处洪三区居委会
荆桂连	男	矿区弹簧厂	赵永顺	男	矿区弹簧厂
许东来	男	矿区弹簧厂	翟陶惠	男	矿区弹簧厂
王建魁	男	矿区弹簧厂	冯玉瑾	男	矿区弹簧厂
崔　红	男	矿区弹簧厂	张新莲	女	矿区复合包装厂
梁月亮	男	矿区复合包装厂	谢素荣	男	矿区复合包装厂
武焕菊	女	矿区复合包装厂	胡建中	男	矿区金属材料公司
张华义	男	矿区金属材料公司	李仲彬	男	矿区五金电器厂
李秀海	男	矿区五金电器厂	郑忠海	男	矿区五金电器厂
付雪花	女	矿区五金电器厂	郗久明	男	矿区肉类加工厂
袁小梅	女	矿区肉类加工厂	张杰录	男	矿区钢木制品厂
祁英芝	女	矿区钢木制品厂	赵卫东	男	矿区钢木制品厂

续表 6-21

姓　名	性别	工　作　单　位	姓　名	性别	工　作　单　位
石万芳	男	矿区钢木制品厂	赵小燕	女	矿区钢木制品厂
王怀银	男	矿区矿灯厂	张茂荣	男	矿区矿灯厂
郝树凯	男	矿区矿灯厂	贾巧生	男	矿区矿灯厂
周　佩	男	矿区豆制品厂	于建庭	男	矿区豆制品厂
吴秀梅	女	矿区豆制品厂	许素珍	女	矿区豆制品厂
赵志祥	男	矿区豆制品厂	张先来	男	矿区计委
姚传杰	男	矿区人大	王孝本	男	矿区政协
王祥泉	男	矿区区委通讯组	高少非	男	矿区区委组织部
任文祥	男	矿区总工会	翟爱华	女	矿区妇联
乔金堂	男	矿区区委老干局	聂为朋	男	矿区综合治理办公室
李录喜	男	矿区人民武装部	闫宏荣	女	矿区城环局
高海明	男	矿区人事局	韩秀花	女	矿区劳动服务公司
任立萍	女	矿区劳动服务公司	刘步新	男	矿区残联
陈秀川	男	矿区计生委	吴爱民	男	矿区政府办公室
梁建新	男	矿区政府办公室	耿　莉	女	矿区地方志
许计亭	男	矿区民政局	关　勇	男	矿区标准计量局
陶中华	男	矿区信访局	张颖慧	女	矿区审计局
姚汝恩	男	矿区体委	李宝林	男	矿区爱委会
丁伟高	男	矿区科委	路希琳	女	矿区档案局
栾进喜	男	矿区经委	郭秀峰	男	矿区经委
刘计皂	男	矿区经委	赵新春	男	矿区妇幼站
杨子华	男	矿区防疫站	陈贵萍	女	矿区财政局
张润怀	男	矿区监察局	王晓龙	男	矿区物价局
韩守国	男	矿区城环局	郭亚洲	男	矿区统计局
冯树平	男	矿区政府行政科	李风婵	女	矿区劳动局
郭建敏	男	矿区安委会	胡朴来	男	矿区计委
田春友	男	阳泉市工商局矿区分局	毛志平	男	阳泉市工商局矿区分局蔡洼工商所
余志明	男	矿区税务局	王冬萍	女	矿区税务局税政科
李健全	男	矿区税务局第二税务科	王寿士	男	矿区文教局
高建平	男	矿区文教局	毕鹦鹉	男	矿区中学
姬冬梅	女	矿区文化局	刘希英	男	矿区平潭街小学
翟维珍	男	矿区平潭街小学	毕映兰	女	矿区新蕾幼儿园
张　勤	男	矿区检察院控申科	郝俊菊	女	矿区检察院
贾兰英	女	矿区检察院批捕科	冯宏伟	男	矿区公安分局贵石沟派出所
常建中	男	矿区公安分局马家坪派出所	高泉江	男	矿区公安分局桥头派出所
王建设	男	矿区公安分局蔡洼派出所	荆艾文	男	阳泉市公安局矿区分局刑警队

续表 6–21

姓 名	性别	工 作 单 位	姓 名	性别	工 作 单 位
吴玉成	男	阳泉市公安局矿区分局刑警队	何巧英	女	阳泉市公安局矿区分局政工科
黄奇伟	男	阳泉市公安局矿区分局	尹富端	男	矿区区委政法委
高 惠	男	矿区法院	邓治国	男	矿区法院桥头法庭
陈秉龙	男	矿区法院刑事审判庭	冯卫珍	男	矿区司法局
张全福	男	矿区蔡洼街道办事处	—	—	—

1994 年矿区劳动模范名表

表 6–22

姓 名	性别	工 作 单 位	姓 名	性别	工 作 单 位
王治国	男	矿区技术经济顾问组	余志明	男	矿区税务局
冯保成	男	矿区钢木制品厂	王海珠	男	矿区桥头钢窗厂
蒋大俊	男	矿区平潭街京联服装厂	李智仙	女	矿区平潭街理发馆
赵鹏英	女	矿区沙坪针织服装厂	韩秀英	女	矿区蔡洼管件厂
许启茂	男	矿区赛鱼铸造厂	张爱军	男	矿区赛鱼陶粒砂厂
曹 东	男	矿区桥头商场	刘 蔚	男	矿区桥头废品收购站
吕彦军	男	矿区钢木制品厂	郭建斌	男	矿区物资公司
孟计香	女	矿区服务公司综合服务部	李海录	男	矿区检察院刑事审判检察科
陈秉龙	男	矿区法院刑事审判庭	朱仲敏	男	矿区桥头工商所
赵泉祥	男	矿区环卫处	李志林	男	矿区公安分局刑警队
赵云平	男	矿区公安分局赛鱼派出所	—	—	—

1994 年矿区先进工作者名表

表 6–23

姓 名	性别	工 作 单 位	姓 名	性别	工 作 单 位
王 璟	男	矿区平潭街道办事处	荆秋生	男	矿区平潭街京联服装厂
赵俊清	男	矿区平潭街汽修厂	荆冬梅	女	矿区建材厂
冯秋花	女	矿区建材厂	陈宝庆	男	矿区平潭街道办事处
陶颂君	男	矿区平潭街升平饭店	张爱仙	女	矿区平潭街街道西河路东居委会
苏秀英	女	矿区平潭街新建三区居委会	梁秀兰	女	矿区平潭街街道局大院东居委会
刘志军	男	矿区平潭街街道苹果园第二居委会	刘丽萍	女	矿区平潭街理发馆
赵美华	女	矿区沙坪街道办事处	王瑞英	女	矿区沙坪街道办事处
周色珍	女	矿区沙坪街道办事处	李海珠	男	矿区沙坪街道桥南园一区居委会
段玉梅	女	矿区沙坪综合商店	张素珍	女	矿区沙坪街道桥南收购站
宋金梅	女	矿区蔡洼街道办事处	李慧茹	女	矿区蔡洼街道办事处蔡一区居委会
杨素莲	女	矿区蔡洼食品日杂店	张全福	男	矿区赛鱼街道办事处
李五全	男	矿区赛鱼陶粒砂厂	阎爱莲	女	矿区赛鱼利民服装厂
史丑花	女	矿区赛鱼街道办事处	任有兰	男	矿区赛鱼街道办事处
杨连香	女	矿区赛鱼街道办事处	石玉林	男	矿区赛鱼街道办事处虎尾沟居委会

续表 6-23

姓 名	性别	工 作 单 位	姓 名	性别	工 作 单 位
王叩林	女	矿区赛鱼街道办事处虎尾沟居委会	翟 荣	男	矿区赛鱼街道办事处南楼西区居委会
智志伟	男	矿区赛鱼街道劳动服务公司	曹万北	男	矿区桥头街道办事处
张巧先	女	矿区桥头泰康食品厂	李海林	男	矿区桥头钢窗厂
王文彦	男	矿区桥头钢窗厂	李晋伟	男	矿区桥头桥头商场
琚红梅	女	矿区桥头街道办事处	宋焕兰	女	矿区桥头街道办事处王岩沟西居委会
孔拉祥	女	矿区桥头街道办事处段南沟居委会	刘宪德	男	矿区桥头街道办事处桥西居委会
王三兰	女	矿区贵石沟街道办事处水滩一居委会	赵锁昌	男	矿区贵石沟街道金鑫轧材厂
王会庆	男	矿区贵石沟新桥商场	高 涛	男	矿区弹簧厂
弓润有	男	矿区弹簧厂	赵永顺	男	矿区弹簧厂
郝玉龙	男	矿区弹簧厂	毕秀花	女	矿区五金电器厂
刘彦明	男	矿区五金电器厂	张清亮	男	矿区钢木制品厂
刘阳娥	女	矿区钢木制品厂	张清连	男	矿区钢木制品厂
许素珍	女	矿区豆制食品厂	于建庭	男	矿区豆制食品厂
蔡正平	男	矿区复合包装厂	张茂荣	男	矿区矿灯厂
郝树凯	男	矿区矿灯厂	吕慧芳	女	矿区华厦实业公司
耿永林	男	矿区华厦实业公司	张兵新	男	矿区金属复合材料厂
黄唐田	男	矿区房地产开发公司	王 丽	女	矿区房地产开发公司
任海梅	女	矿区房地产开发公司	董建盛	女	矿区物资公司
李维庆	男	矿区物资公司	史宝生	男	矿区木材公司
张素芳	女	矿区中学	葛 玉	男	矿区平潭街小学校
苏春喜	男	矿区新蕾幼儿园	高月明	男	矿区政法委办公室
阎思水	男	矿区公证处	付宝红	男	矿区公证处
范宝庭	男	矿区公证处	毕均田	男	矿区检察院经济监察科
张瑞龙	男	矿区检察院政工科	周永文	男	矿区检察院办公室
张存久	男	矿区法院办公室	刘林珍	男	矿区法院办公室
杨永隆	男	矿区法院沙坪法庭	侯明华	男	矿区公安分局马家坪派出所
夏永生	男	矿区公安分局桥头派出所	潘敬华	男	矿区公安分局蔡洼派出所
乔国杰	男	矿区公安分局红岭湾派出所	张德庆	男	阳泉市公安局矿区分局
黄金富	男	阳泉市公安局矿区分局法制科	毛志平	男	阳泉市工商局矿区分局
张翠兰	女	矿区个体协会	张振贵	男	矿区个体协会
梁富印	男	矿区税务局	王冬萍	女	矿区税务局
唐 鲁	男	矿区区委办公室	姚传杰	男	矿区人大人
戴玉萍	女	矿区政协	王祥泉	男	区委通讯组
郭喜恒	男	矿区纪检委办公室	刘学会	男	矿区武装部军事科
王雁芳	男	矿区总工会	王 卓	男	矿区机关党委
赵翠鱼	女	矿区区委组织部	翟爱萍	女	矿区区委宣传部

续表 6-23

姓 名	性别	工 作 单 位	姓 名	性别	工 作 单 位
丁伟高	男	矿区科委	樊改花	女	矿区老龄委办公室
潘喜云	男	矿区审计局	赵计萍	女	矿区财政局
李树珍	男	矿区文教局	张敬泽	男	矿区档案局
韩秀花	女	矿区劳动服务公司	张金良	男	矿区行政科
阎宏荣	女	矿区城环局	李俊萍	女	矿区体委
王静文	男	矿区物价局	潘永生	男	矿区政府办公室
武书香	女	矿区政府办公室	赵贵军	男	地方志办公室
周香兰	女	矿区经委	张润怀	男	矿区监察委员会监察室
王变存	男	矿区医院	刘华玲	女	矿区计生服务站
郑满珠	男	矿区统计局	张贵岭	男	矿区计委
高海明	男	矿区人事局	张焕青	女	矿区爱卫会
冯秀玲	女	矿区标准计量局	段存梅	女	矿区残联

1995 年矿区劳动模范名表

表 6-24

姓 名	性别	工 作 单 位	姓 名	性别	工 作 单 位
张瑞铭	男	矿区委党史办公室	王冬平	男	矿区国税局
李建全	男	矿区地税局	高银平	男	阳泉市工商局矿区分局经济检查中队
高 贵	男	矿区环卫处	张德良	男	矿区宝祥饭店
赵有金	男	矿区公安分局蔡洼派出所	刘文华	男	矿区公安分局赛鱼派出所
刘林珍	男	矿区法院行政审判庭	李智仙	女	矿区平潭街理发馆
刘志军	男	矿区平潭街道办事处苹果园第二居委会	张爱军	男	矿区赛鱼陶粒砂厂
张二捧	女	矿区赛鱼街道新建居委会	赵鹏英	女	矿区沙坪针织服装厂
王文彦	男	矿区桥头钢窗厂	曹 东	男	矿区桥头桥泰公司
孟计香	女	矿区服务公司综合服务站	张忠玉	男	矿区翔达金属复合材料公司
冯保成	男	矿区钢木制品厂	高秀英	女	矿区中学

1995 年矿区先进生产(工作)者名表

表 6-25

姓 名	性别	工 作 单 位	姓 名	性别	工 作 单 位
张文华	男	矿区国税局第二税务所	梁变妮	女	矿区第三产业办公室
马建华	男	矿区标准计量局	胡新政	男	矿区体改委
翟文斌	男	矿区地税局赛鱼税务所	张金良	男	矿区行政科
周荷莲	女	矿区卫生局	张焕青	女	矿区爱卫会
吕巧娣	女	矿区新蕾幼儿园	葛丽萍	女	矿区财政局
耿银芳	男	矿区文教局	安德茂	男	矿区文教局
李俊平	男	矿区体委	刘淑芳	女	矿区统计局
陶中华	男	矿区信访局	黄唐田	男	矿区房地产开发公司

续表 6–25

姓 名	性别	工 作 单 位	姓 名	性别	工 作 单 位
李建平	男	矿区物价局	刘 恒	男	矿区计委
孟禄文	男	矿区安全委员会	张俊英	男	矿区地税局桥头税务所
闫有为	男	矿区环卫处	石 宪	男	阳泉市工商局矿区分局贵石沟工商所
张栗平	男	矿区政府办公室	刘桂兰	女	矿区审计局
王希田	男	矿区计生委	高玉贤	男	矿区经济技术顾问组
高秀春	男	矿区经委	魏志莲	女	矿区人事局
黄志明	男	矿区聚丰贸易公司	任秀兰	女	矿区服务公司
张占伟	男	矿区经贸公司	韩守国	男	矿区城环局
王生荣	男	矿区档案局	杨福祥	男	矿区个协雅士装璜公司
田泉花	女	矿区个协玉泉酒家	莫素红	男	个体协会江苏驻阳泉矿区汽修厂
李根义	男	矿区个体协会	闫思水	男	矿区公证处
勾燕玲	女	矿区司法局	郗君华	男	矿区司法局
常建忠	男	矿区公安分局马家坪派出所	潘敬华	男	矿区公安分局蔡洼派出所
韩林平	男	阳泉市公安局矿区分局	兰国才	男	阳泉市公安局矿区分局
荆国喜	男	矿区公安分局桥头派出所	高月明	男	矿区区委政法委办公室
周永文	男	矿区检察院	吕军凯	男	矿区检察院
张翠凤	女	矿区检察院	史俊毛	男	矿区检察院
陈秉龙	男	矿区法院	张勤文	男	矿区法院
王小琳	男	矿区法院	李秋何	男	矿区武装部
姚传杰	男	矿区人大	王孝本	男	矿区政协
翟爱华	女	矿区妇联	任文祥	男	矿区总工会
张谡明	男	矿区区委办公室	续 敏	男	矿区通讯组
刘 建	男	矿区机要科	杨素莲	女	矿区蔡洼日杂店
胡桂珍	女	矿区蔡洼街道南区居委会	苏云雷	男	矿区蔡洼街道办事处
梁秀兰	女	矿区平潭街街道办事处局大院东居委会	曹喜鱼	女	矿区平潭街街道办事处马家坪西区居委会
苏秀英	女	矿区平潭街街道办事处新建三区居委会	张爱仙	女	矿区平潭街街道办事处西河路东居委会
荆秋生	男	矿区平潭京联服装厂	李树银	男	矿区平潭街汽修厂
王峰义	男	矿区平潭街建材厂	葛提林	女	矿区平潭街鸿宾酒家
刘丽平	女	矿区平潭理发馆	冯瑞英	女	矿区平潭街街道办事处
赵富才	男	矿区赛鱼街道办事处	曹喜生	男	矿区赛鱼街道办事处
杨连香	女	矿区赛鱼街道办事处	崔保成	男	矿区赛鱼街道办事处
王贵平	男	矿区赛鱼街道办事处	王长英	男	矿区赛鱼陶粒砂厂
任福祥	男	矿区赛鱼服务公司	张亚杰	男	矿区赛鱼切丸厂
许启茂	男	矿区赛鱼铸造厂	王叩林	女	矿区赛鱼街道办事处如意庄一居委会
籍林祥	男	矿区沙坪街道办事处	陈爱鲜	女	矿区沙坪街道中西居委会
李海珠	男	矿区沙坪街道办事处桥南一区居委会	赵美华	女	矿区沙坪街道办事处

续表 6-25

姓 名	性别	工 作 单 位	姓 名	性别	工 作 单 位
段玉梅	女	矿区沙坪百货商店	张全福	男	矿区桥头街道办事处
连秀芳	女	矿区桥头街道办事处	曹俊萍	女	矿区桥头商店
刘 蔚	男	矿区桥头废品收购站	杨利军	男	矿区桥头铸钢厂
刘培英	女	矿区钢窗厂	张巧仙	女	矿区桥头桥泰公司
梁玉英	女	矿区桥头桥泰公司	李海林	男	矿区桥头钢窗厂
王玉兰	女	矿区贵石沟街道办事处水滩一居委会	郑培花	女	矿区贵石沟胶合板厂
张素珍	女	矿区沙坪桥南收购站	甄国芹	女	矿区赛鱼煤乡饭店
吕继莲	女	矿区贵石沟新桥商店	胡秀莲	女	矿区桥头劳务站
郝素珍	女	矿区钢木厂商店	张茂荣	男	矿区矿灯厂商店
赵和平	男	矿区建材公司	路丽萍	女	矿区金属回收公司
郭建斌	男	矿区物资公司	郝树凯	男	矿区矿灯厂
郭梅香	女	矿区矿灯厂	孟广田	男	矿区翔达金属复合材料公司
张兵新	男	矿区翔达金属复合材料公司	李桂英	女	矿区复合包装厂
马玉花	女	矿区华厦实业公司	毕秀花	女	矿区五金电器厂
王水堂	男	矿区弹簧厂	张桂梅	女	矿区弹簧厂
荆桂莲	女	矿区弹簧厂	赵永顺	男	矿区弹簧厂
汝 杰	男	矿区弹簧厂	许素珍	女	矿区豆制品厂
王艾平	男	矿区豆制品厂	张杰录	男	矿区钢木厂
张美蕊	女	矿区钢木厂	王翠英	女	矿区钢木厂
郭仙琴	女	矿区钢木厂	李美红	女	矿区钢木厂

1997 年矿区劳动模范名表

表 6-26

姓 名	性别	工 作 单 位	姓 名	性别	工 作 单 位
李健全	男	矿区地税局	荆春来	男	矿区国税局
冯宏伟	男	阳泉市公安局矿区分局贵石沟派出所	邓治国	男	矿区法院行政审判庭
赵剑锐	男	矿区翔达复合材料有限公司	黄志明	男	矿区聚丰贸易公司
彭桂香	女	矿区桥头商场	李智仙	女	矿区平潭街理发馆
赵鹏英	女	矿区沙坪针织服装厂	石秀鸿	女	矿区赛鱼矿山路中居委会

1997 年矿区先进工作(生产)者名表

表 6-27

姓 名	性别	工 作 单 位	姓 名	性别	工 作 单 位
马 成	男	矿区沙坪街道办事处	王淑华	女	矿区沙坪理发馆
段玉梅	女	矿区沙坪商场	付兰英	女	矿区沙坪街道办事处
杜三俗	女	矿区沙坪街道办事处桥南园第一居委会	王贵平	男	矿区赛鱼街道办事处
崔保成	男	矿区赛鱼街道办事处	张爱军	男	矿区赛鱼陶粒砂厂
闫爱莲	女	矿区赛鱼利民服装厂	王叩林	女	矿区赛鱼街道办事处如意新区居委会

续表 6–27

姓　名	性别	工　作　单　位	姓　名	性别	工　作　单　位
任青仙	女	矿区赛鱼街道办事处南楼东区居委会	王前进	男	矿区蔡洼街道办事处
宋海平	男	矿区蔡洼街道办事处	檀秀川	男	矿区蔡洼街道办事处
郭秀花	女	矿区蔡洼理发馆	胡桂珍	女	矿区蔡洼街道南区居委会
孟喜风	女	矿区蔡洼街道办事处简子沟居委会	张连云	男	矿区桥头街道办事处
张巧先	女	矿区桥头泰康食品厂	董素琴	女	矿区桥头商场
张爱琴	女	矿区桥头街道办事处桥北居委会	侯变连	女	矿区桥头街道办事处向阳东居委会
崔润华	女	矿区桥头街道办事处桥东第一居委会	陈玉英	女	矿区桥头街道办事处立新居委会
冯瑞英	女	矿区平潭街街道办事处	蒋大俊	男	矿区平潭街京联服装厂
郭荣升	男	矿区平潭街建材厂	梁玉珍	女	矿区平潭街汽修厂
史继堂	男	矿区平潭街北方机电公司	张立朝	男	矿区平潭街街道办事处新建一区居
张艾仙	女	矿区平潭街街道办事处路东居委会	李新宇	男	矿区贵石沟街道办事处
高便云	女	矿区贵石沟胶合板厂	冯保成	男	矿区钢木制品厂
赵卫东	男	矿区钢木制品厂	马宝明	男	矿区化工矿产品运销部
梁新宏	男	矿区化工矿产品运销部	王文彦	男	矿区钢窗厂
花善琴	女	矿区钢窗厂	张　军	男	矿区得必发饮料食品厂
孟广田	男	矿区翔达复合材料公司	徐东来	男	矿区弹簧厂
徐世远	男	矿区弹簧厂	高　倩	男	矿区第三产业办公室
杨云峰	男	矿区房地产开发公司	姚庆芳	男	矿区经贸公司
曹传珍	男	矿区服务公司劳务站	余锁梅	女	矿区华厦公司
乔　卿	男	矿区聚丰贸易公司	刘建民	男	矿区教委
陆秀荣	女	矿区平潭街小学校	申瑞芳	女	矿区中学
李新明	男	矿区中学	胡新生	男	矿区卫生局
李　才	男	矿区医院	崔如花	女	矿区妇幼站
张素敏	女	矿区防疫站	史华荣	男	矿区统战部
荆玉堂	男	矿区机关工委	张谡明	男	矿区区委办公室
冯海堂	男	矿区区委办公室	王树森	男	矿区区委组织部
常树红	女	矿区妇联	高月明	男	矿区政法委办公室
李海芳	女	矿区区委通讯组	姚传杰	男	矿区人大
王孝本	男	矿区政协	赵春华	男	矿区纪监委
吉云翔	男	矿区纪监委	丁伟高	男	矿区科委
王千锁	男	矿区环卫处	田卫东	男	矿区国税局
王家骥	男	矿区城环局	张志明	男	矿区政府办公室
赵计萍	女	矿区财政局	陈海军	男	矿区行政科
于春珍	女	矿区行政科	赵红英	男	矿区标准计量局
程立科	男	矿区交安委	蒋文平	男	矿区统计局
贺志强	男	矿区民政局	李翠英	女	矿区爱卫会
潘喜云	男	矿区审计局	苏永祥	男	阳泉市工商局矿区分局

续表 6-27

姓 名	性别	工 作 单 位	姓 名	性别	工 作 单 位
任建玲	女	矿区物价局	王会全	男	矿区档案局
胡朴来	男	矿区计委	魏志莲	女	矿区人事局
张东巧	女	矿区经委	梁振文	男	矿区体委
何 江	男	矿区地税局	翟明富	男	矿区人民武装部
赵有生	男	矿区工商联合会	—	—	—

1998 年矿区劳动模范名表

表 6-28

姓 名	性别	工 作 单 位	姓 名	性别	工 作 单 位
李健全	男	矿区地税局	王冬萍	女	矿区国税局
郝富平	男	阳泉市公安局矿区分局	刘连明	男	矿区法院
吕锦花	女	矿区中学	冯保成	男	矿区钢木制品厂
高 贵	男	矿区环卫处	彭桂香	女	矿区桥头商场
赵鹏英	女	矿区沙坪针织服装厂	李智仙	女	矿区平潭街理发馆

1998 年矿区先进生产（工作）者名表

表 6-29

姓 名	性别	工 作 单 位	姓 名	性别	工 作 单 位
王瑞英	女	矿区沙坪街道企业办公室	白铁明	男	矿区沙坪街道办事处
江泽兰	男	矿区沙坪街道办事处沙沟一区居委会	段玉梅	女	矿区沙坪百货商场
王降平	男	矿区沙坪街道山顶居委会	张爱军	男	矿区赛鱼陶粒砂厂
闫爱莲	女	矿区赛鱼利民服装厂	石秀鸿	年	矿区赛鱼街道矿山路中居委会
张二捧	女	矿区赛鱼街道办事处新建居委会	武烈英	男	矿区赛鱼街道办事处南楼西区居委会
崔保成	男	矿区赛鱼街道办事处	李风婵	女	矿区赛鱼街道办事处
杨建军	男	矿区蔡洼街道办事处	申 彪	男	矿区蔡洼街道办事处
王军峰	男	矿区蔡洼化工制品厂	李俊婵	女	矿区蔡洼街道南楼居委会
杨汝红	女	矿区蔡洼街道办事处蔡西四居委会	史俊梅	女	矿区蔡洼街道办事处
李彦华	男	矿区桥头街道办事处	李芝甫	男	矿区桥头街道办事处黄水沟居委会
韩桂香	女	矿区桥头街道办事处东自建居委会	康海莲	女	矿区桥头街道办事处段西沟一区居委会
陈玉英	女	矿区桥头街道办事处立新居委会	李燕敏	女	矿区桥头街道办事处桥北街居委会
董树琴	女	矿区桥头商场	刘兰群	男	矿区平潭街街道办事处大垴第二居委会
刘秀珍	女	矿区平潭街街道办事处苹果园第二居委会	武爱萍	女	矿区红楼批发中心
刘 宏	男	矿区平潭街街道办事处	林桂芬	女	矿区平潭街街道办事处
史继堂	男	矿区北方机电安装公司	王峰义	男	矿区建材厂
郑培花	女	矿区贵石沟胶合板厂	王翠荷	女	矿区贵石沟街道办事处苏村楼第二居委会
李国权	男	矿区翔达复合材料总厂	王 平	男	矿区翔达复合材料总厂
杨计元	男	矿区聚丰贸易公司	余锁梅	女	矿区华厦实业公司
赵卫东	男	矿区钢木制品厂	杨云峰	男	矿区房地产开发公司

续表 6-29

姓　名	性别	工　作　单　位	姓　名	性别	工　作　单　位
刘建丽	女	矿区房地产开发公司	韩文荷	女	矿区化工矿产运销部
刘培英	女	矿区钢窗厂	王文彦	男	矿区钢窗厂
赵小龙	男	矿区弹簧厂	张树琴	女	矿区弹簧厂
兰爱琴	女	矿区新蕾幼儿园	陈维维	男	矿区平潭街小学
郭月琴	女	矿区教委	孙竹屏	男	矿区卫生局
崔如华	女	矿区妇幼站	周连生	男	矿区医院
高保林	男	矿区防疫站	王　卓	男	矿区机关工委
杨彦青	男	矿区区委办公室	张　勇	男	矿区区委办公室
胡　涛	男	矿区区委办公室	王振杰	男	矿区区委宣传部
赵振华	男	矿区总工会	高海明	男	矿区团委
刘锦萍	女	矿区妇联	王祥泉	男	矿区区委通讯组
姚传杰	男	矿区人大	郝改兰	女	矿区人大
曹喜生	男	矿区平潭旧区危房改造指挥部	闫　昌	男	矿区平潭旧区危房改造指挥部
胡书来	男	矿区拆迁办	翟喜云	男	矿区拆迁办
蒋　宝	男	矿区拆迁办	张　刚	男	矿区人事局
路希琳	女	矿区档案局	姬素萍	女	矿区民政局
郭桂荣	男	矿区物价局	刘桂兰	女	矿区审计局
王晋杰	男	矿区财政局	张双喜	男	矿区国税局
胡新政	男	矿区机关事务管理局	于春珍	女	矿区机关事务管理局
梁建新	男	矿区政府办公室	王建华	男	矿区政府办公室
朱福生	男	矿区科委	李天祥	男	矿区统计局
郑满柱	男	矿区统计局	王希田	男	矿区计生委
姚汝恩	男	矿区文体局	张孝勇	男	矿区环保监测站
任秀兰	女	矿区劳动局	张惠英	女	矿区经贸委
王千琐	男	矿区环卫处	刘润林	男	矿区地税局赛鱼所
聂月明	男	阳泉市工商局矿区分局	张焕青	女	矿区爱卫会
韩守国	男	矿区建设管理局	陈　静	女	矿区计委
陈玉花	女	矿区文化馆	翟国军	男	矿区政协办公室
郭喜恒	男	矿区纪检委	翟明富	男	矿区人民武装部
王所成	男	矿区永盛五金电料经销部	—	—	—

1999 年矿区劳动模范名表

表 6-30

姓　名	性别	工　作　单　位	姓　名	性别	工　作　单　位
冯俊明	男	矿区国税局	仇慧琴	女	矿区地税局
张继寿	男	阳泉市工商局矿区分局	兰国才	男	阳泉市公安局矿区分局
郝俊菊	女	矿区人民检察院	陈秉龙	男	矿区人民法院
王海珠	男	矿区钢窗厂	李善生	男	矿区房地产开发公司
高　贵	男	矿区环卫处	赵鹏英	女	矿区沙坪服装厂

1999 年矿区先进生产(工作)者名表

表 6-31

姓　名	性别	工　作　单　位	姓　名	性别	工　作　单　位
王淑华	女	矿区沙坪理发店	马　成	男	矿区沙坪街道办事处
杜三俗	女	矿区沙坪街道办事处桥南园第一居委会	李爱珍	女	矿区沙坪街道办事处沙沟三区居委会
黄喜红	女	矿区沙坪街道办事处	聂莉英	女	矿区赛鱼劳动服务公司
李瑞珍	女	矿区赛鱼街道办事处	石秀鸿	女	矿区赛鱼街道办事处
郭小妮	女	矿区赛鱼街道悬窑沟二区	程存锁	男	矿区赛鱼街道办事处
任青仙	女	矿区赛鱼办事处南楼东区	张爱军	男	矿区赛鱼陶粒砂厂
刘文燕	女	矿区蔡洼街道办事处	樊计青	男	矿区蔡洼街道办事处
李俊婵	女	矿区蔡洼街道南楼居委会	孟玉兰	女	矿区蔡洼街道西台居委会
王军峰	男	矿区蔡洼化工厂	刘先德	男	矿区桥头街道办事处桥西街居委会
郑玉英	女	矿区桥头街道办事处向阳西居委会	张秀峰	男	矿区桥头街道办事处
李彦华	男	矿区桥头街道办事处	刘　蔚	男	矿区桥头收购站
宋润霞	女	矿区桥头商场	康海莲	女	矿区桥头段西一区
毛荣欣	男	矿区平潭街街道办事处路东居委会	裴科婵	女	矿区平潭街街道办事处马北区居委会
李智仙	女	矿区平潭街理发馆	张福祥	男	矿区平潭街街道办事处
刘秀珍	女	矿区平潭街街道办事处苹果园二区居	赵小平	男	矿区平潭街街道办事处
王峰义	男	矿区平潭街建材厂	蒋大俊	男	矿区平潭街恒丰股份制衣厂
李素青	女	矿区贵石沟街道办事处	胡守卿	男	矿区贵石沟街道办事处苏村二区居委会
韩丽梅	女	矿区贵石沟街道办事处水滩二区居委	赵卫东	男	矿区钢木制品厂
韩文荷	女	矿区化工矿产运销部	余锁梅	女	矿区华厦股份合作公司
王文彦	男	矿区钢窗厂	孟广田	男	矿区翔达总厂
杨纪元	男	矿区聚丰股份合作公司	李小军	男	矿区房地产开发公司
王变玲	女	矿区弹簧厂	毕秀花	女	矿区电器厂
马建英	女	矿区平潭街小学校	张素芳	女	矿区中学
阎润花	女	矿区招生办公室	马丽娟	女	矿区新蕾幼儿园
周连生	男	矿区医院	张素敏	女	矿区防疫站
赵新春	男	矿区妇幼保健站	马长林	男	矿区区委办公室
高学文	男	矿区区委办公室	张焕青	女	矿区总工会
高海明	男	矿区团委	刘锦萍	女	矿区妇联
乔金堂	男	矿区老干局	续　敏	男	矿区区委通讯组
高秀英	女	矿区机关工委	史润才	男	矿区党史研究室
翟国军	男	矿区政协	曹喜生	男	矿区平潭旧区危房改造指挥部
王世林	男	矿区平潭旧区危房改造指挥部	胡书来	男	矿区政府拆迁办
孙　伟	男	矿区纪委	刘　斌	年	矿区纪委、监委
白祥月	男	矿区人民武装部	黄考军	男	矿区商饮中心
郗君华	男	矿区政府办公室	刘　恒	男	矿区计委
郝　毅	男	矿区经贸委	赵全荣	女	矿区教委
胡春英	女	矿区科委	王晓萍	女	矿区民政局
杨广元	年	矿区财政局	史胜明	男	矿区劳动局

续表 6-31

姓　名	性别	工　作　单　位	姓　名	性别	工　作　单　位
杨承权	男	矿区建设局	王成刚	男	矿区环保局
郝冀晖	年	矿区卫生局	刘华玲	女	矿区计生委
郭丽萍	女	矿区审计局	蒋文平	男	矿区统计局
高建平	男	矿区文体局	任建玲	女	矿区物价局
张金良	男	矿区机关事务管理局	胡新政	男	矿区机关事务管理局
赵贵军	男	矿区地方志	赵红英	女	矿区人事局
王生荣	男	矿区档案局	段存梅	女	矿区残联
王冬萍	女	矿区国税局	翟文斌	男	矿区地税局
张亚维	男	矿区劳动服务公司	马玉明	男	矿区政府办
王素萍	女	矿区人大	—	—	—

2000 年矿区劳动模范名表

表 6-32

姓　名	性别	工　作　单　位	姓　名	性别	工　作　单　位
张继寿	男	阳泉市工商局矿区分局	宋坤亮	男	矿区科委
王冬平	女	矿区国税局	高　贵	男	矿区环卫处业务科
吕军凯	男	矿区检察院反贪局	弓素英	女	矿区区委组织部
马兆宝	男	阳泉市公安局矿区分局马家坪派出所	冯　瑾	男	阳煤集团多营总公司光远股份合作公司
王海珠	男	矿区钢窗厂	李芝甫	男	矿区桥头街道办事处黄水沟居委会

2000 年矿区先进生产(工作)者名表

表 6-33

姓　名	性别	工　作　单　位	姓　名	性别	工　作　单　位
武书香	女	矿区沙坪街道办事处党委	赵鹏英	女	矿区沙坪劳保服装厂
韩莲芝	女	矿区沙坪里东居委会	王降平	男	矿区沙坪街道山顶居委会
杜三俗	女	矿区沙坪桥南第一居委会	许朋林	男	矿区沙坪百货商店
王晓燕	女	矿区沙坪街道办事处	王贵平	男	矿区赛鱼街道办事处
武烈英	女	矿区赛鱼街道办事处南楼西区居委会	乔存祥	男	矿区赛鱼街道办事处前沙坪居委会
刘金梅	女	矿区赛鱼悬窑沟一居委会	刘新桥	男	矿区赛鱼街道办事处
周拉弟	女	矿区赛鱼街道办事处	张爱军	男	矿区赛鱼陶粒砂厂
李爱琴	女	矿区蔡洼街道办事处	王存华	男	矿区蔡洼街道办事处
胡桂珍	女	矿区蔡洼街道南区居委会	王　军	男	矿区管件厂
苗巧花	女	矿区蔡洼街道办事处蔡洼东一区居委	刘世平	男	矿区贵石沟街道办事处党委
胡桂花	女	矿区贵石沟街道办事处水一区居委会	王慧绒	女	矿区贵石沟街道办事处
郭栓林	男	矿区贵石沟枣岭山居委会	陈树民	男	矿区桥头街道办事处
李锦荣	男	矿区桥头向阳区居委会	康海莲	女	矿区桥头段西一区居委会
蔚有环	男	矿区桥头街道办事处段北二区居委会	刘先德	男	矿区桥头街道办事处桥西居委会
梁玉英	女	矿区桥头商场	李香莲	女	矿区平潭理发馆
蒋大俊	男	矿区平潭恒丰制衣厂	张子华	男	矿区平潭北方机电安装公司

续表 6-33

姓 名	性别	工 作 单 位	姓 名	性别	工 作 单 位
刘西珍	男	矿区平潭街街道办事处二区居委会	冯瑞英	女	矿区平潭街街道办事处
连清文	男	矿区平潭街街道办事处	李智仙	女	矿区平潭理发馆
高秀英	女	矿区机关工委	郭少勇	男	矿区区委督查室
张 勇	男	矿区区委办	耿 莉	女	矿区区委统战部
王庭兰	女	矿区妇联	史润才	男	矿区区委党史研究室
王文静	女	矿区区委宣传部	张晓丽	女	矿区区委通讯组
郝改兰	女	矿区人大常委会	王生荣	男	矿区档案局
贾 慧	女	矿区经贸委	杨海林	男	矿区统计局综调队
程立军	男	矿区劳动局	谢宝婉	女	矿区环保局
郭爱萍	女	矿区科委	郭维民	男	矿区计生委
刘 恒	男	矿区计委科员	丁立人	男	矿区机关事务局
刘春海	男	矿区车管中心	魏志莲	女	矿区人事局
胡铁军	男	矿区地税局	刘桂兰	女	矿区审计局
贾慧聪	男	矿区会计核算中心	陈贵萍	女	矿区财政局行政股
荆燕梅	女	矿区文化馆	王家骥	男	矿区建设管理局
贾 录	男	矿区计委	曹万北	男	矿区劳动局
蒋文平	男	矿区政府办公室	籍梅兰	女	矿区民政局
赵秀杰	男	矿区经贸委	张立君	男	矿区建设局
郭玉田	男	矿区统计局	杨明生	男	矿区教委办公室
段转林	女	矿区中学	刘英希	女	矿区平潭街小学校
兰爱琴	女	矿区新蕾幼儿园	赵晓琴	女	矿区卫生局
王翠娥	女	矿区医院	李变玲	女	矿区妇幼保健院
马 嵘	男	矿区防疫站	翟国军	男	矿区政协办公室
彭 平	男	矿区纪委监察室	周金华	男	矿区纪委监委
王勇升	男	矿区人民武装部	赵志坚	男	阳泉市公安局矿区分局
李 勇	男	矿区公安分局桥头派出所	李卫国	男	阳泉市公安局矿区分局治安科
赵巧珍	女	矿区公安分局刑警大队	刘广斌	男	矿区公安分局赛鱼派出所
史建平	男	矿区公安分局马家坪派出所	刘 毅	男	阳泉市公安局矿区分局
侯 海	男	矿区公安分局贵石沟派出所	荆艾文	男	矿区公安分局刑警大队
郭莉清	女	阳泉市公安局矿区分局内保科	文晋喜	男	矿区法院执行庭
郗凤萍	女	矿区法院	龚景泉	男	矿区法院
闫全武	男	矿区法院	李立峰	男	矿区检察院政工科
尚锦榜	男	矿区检察院	张瑞龙	男	矿区检察院检审科
梁 译	男	矿区政法委	段玉林	男	矿区司法局
张素仙	女	矿区司法局办公室	赵瑞杰	男	矿区司法局司法
王世林	男	矿区平潭旧区改造指挥部	李小军	男	矿区房地产开发公司工程
杨计元	男	矿区聚丰贸易公司	张红庆	男	矿区华厦公司
黄田明	男	晋宝化工矿产有限责任公司货站	史建国	男	矿区经贸公司

续表 6-33

姓　名	性别	工　作　单　位	姓　名	性别	工　作　单　位
黄田明	男	晋宝化工矿产有限责任公司货站	史建国	男	矿区经贸公司
杜宜忠	男	矿区中旭电子有限公司	郭增元	男	阳煤集团二矿多种经营总公司
闫吉林	男	阳煤集团一矿多种经营盛德公司	靳培宏	男	阳煤集团实业开发总公司
刘　军	男	阳煤集团太行建安总公司	梁　璧	男	阳煤集团兆丰铝冶有限公司
赵素文	男	阳煤集团三矿丰源化工制品厂	孙润明	男	阳煤集团四矿多营华润煤炭公司
张素明	男	阳煤集团五矿玉林公司选煤厂	李智瑛	女	阳煤集团宏宇实业总公司服装厂

2002 年矿区劳动模范名表

表 6-34

姓　名	性别	工　作　单　位	姓　名	性别	工　作　单　位
王艳强	男	矿区国税局	周藻如	男	矿区地税局桥头税务所
高　贵	男	矿区环卫处	刘秀美	女	矿区中学
郑玉英	女	矿区桥头街道办事处西马家坪社区居委会	冯宏伟	男	矿区公安分局赛鱼派出所
吕军凯	男	矿区检察院反贪局	张卫东	男	山西兆丰铝冶公司
闫吉林	男	阳泉盛德工矿用品总厂	韩全生	男	阳泉市顺达出租汽车有限公司

2002 年矿区先进生产(工作)者名表

表 6-35

姓　名	性别	工　作　单　位	姓　名	性别	工　作　单　位
崔荷莲	女	矿区赛鱼街道办事处井沟社区居委会	刘金梅	女	矿区赛鱼街道办事处如意庄社区居委会
王小玲	女	矿区赛鱼街道办事处虎尾沟社区居委会	张俊华	女	矿区赛鱼街道办事处
黄洁瑞	女	矿区赛鱼街道办事处	张爱军	男	矿区赛鱼陶粒砂厂
郝志利	男	矿区平潭街街道办事处平潭社区居委会	刘凤英	女	矿区平潭街街道办事处马家坪社区居委会
张贵军	男	矿区平潭街街道办事处	刘维林	男	矿区平潭街街道办事处洪城河社区居委会
王丽娟	女	矿区平潭街街道办事处西山社区居委会	李金仙	女	矿区平潭理发馆
韩桂香	女	矿区桥头街道办事处刘家垴社区居委会	孔拉祥	女	矿区桥头街道办事处段南沟社区居委会
康海莲	女	矿区桥头街道办事处段西沟社区居委会	赵亚琴	女	矿区桥头街道办事处
宋润霞	女	矿区桥头商场	王晓燕	女	矿区沙坪街道办
李淑英	女	矿区沙坪街道办事处沙沟社区居委会	尤秀萍	女	矿区沙坪街道办事处里沙坪社区居委会
李小妮	女	矿区沙坪街道办事处中沙坪社区居委会	葛艳平	女	矿区沙坪街道办事处黄石板社区居委会
许捧林	女	矿区沙坪百货商店	武拉娣	女	矿区蔡洼街道办事处蔡西社区居委会
李云梅	女	矿区蔡洼街道办事处菜市社区居委会	王润鱼	女	矿区蔡洼街道办事处东窑房社区居委会
王存华	男	矿区蔡洼街道办事处	张海斌	男	矿区蔡洼街道办事处
封瑞祥	男	矿区管件厂	马喜凤	女	矿区贵石沟街道办事处小河滩社区居委会
董月英	女	矿区贵石沟街道办事处水滩社区居委会	苗翠娥	女	矿区贵石沟街道办事处
赵振华	男	矿区总工会	杨　燕	女	矿区区委党史研究室
王树森	男	矿区精神文明办	刘　灵	女	矿区妇联
姚培瑞	男	矿区区委统战部	马长林	男	矿区区委办公室
冯兰芳	女	矿区弹簧厂	李小军	男	矿区房地产开发公司

续表 6-35

姓　名	性别	工　作　单　位	姓　名	性别	工　作　单　位
潘燕萍	女	矿区聚丰贸易公司	晋利萍	女	阳泉市公安局矿区分局政工科
张德庆	男	阳泉市公安局矿区分局治安科	郑拉鱼	女	阳泉市公安局矿区分局政保科
史利文	男	矿区公安分局刑警大队	荆国喜	男	矿区公安分局红岭湾派出所
侯明华	男	矿区公安分局马家坪派出所	刘喜亭	男	矿区公安分局贵石沟派出所
尚锦榜	男	矿区检察院	文进喜	男	矿区法院执行庭
郭建秀	男	矿区法院	张晓荣	男	矿区法院
李海芳	男	矿区司法局	袁晋梅	女	矿区区委政法委
赵春华	男	矿区纪检委办公室	葛丽萍	女	矿区财政局
郑满柱	男	矿区统计局	贾　慧	男	矿区经贸局
杨豫军	男	矿区会计核算中心	史　宏	男	矿区平潭街小学
张敬泽	男	矿区档案局	张继寿	男	阳泉市工商局矿区分局
王希田	男	矿区计生局	杨秀红	女	矿区环保局排污监督管理所
赵亚林	男	矿区妇幼保健院	张德鹏	男	矿区机关事务管理局
李建平	男	矿区机关事务管理局	张金良	男	矿区机关事务管理局
牛国林	男	矿区政府办公室	韩守国	男	矿区民政局
张红梅	女	矿区政府办公室	王淑娥	女	矿区建设局
胡春英	女	矿区科技局	郝冀晖	男	矿区卫生局
刘秀英	女	矿区残联	任晓静	女	矿区文化馆
王　洋	男	矿区劳动和社会保障局	梁振文	男	矿区文体局
盛金萍	女	矿区人大办公室	翟国军	男	矿区政协办公室
王勇升	男	矿区人民武装部	杜宜忠	男	矿区中旭电子有限公司
董喜贵	男	阳煤集团多种经营总公司	王华梅	女	阳煤集团多种经营总公司审计部
毛彦庭	男	阳煤集团多种经营	邢拴义	男	阳煤集团多种经营总公司服务队
段日雄	男	阳煤集团多种经营五矿乙炔厂	李国庆	男	阳煤三矿金法矿山支护厂
陈京利	男	阳煤三矿金法矿山支护厂	穆聪明	男	阳泉华茂截齿公司
张文才	男	阳煤一矿多种经营	张立青	男	阳泉华越机械多种经营
王　新	男	阳泉矿山化工总厂	冯　璟	男	阳泉光远工贸公司
王根民	男	阳泉市宏通实业总公司	马志刚	男	阳泉市宏通实业总公司
毛宝琪	男	山西新派塑胶有限公司	高彬彦	男	阳泉煤业集团恒轩机械厂
石建仓	男	阳煤集团二矿建筑安装公司	陈海明	男	新派新型建材总公司
张翠兰	女	矿区沙坪个体工商户	张雅萍	女	矿区平潭街爱心美容院
刘振祥	男	矿区赛鱼集贸市场个体工商户	石成俊	男	矿区桥头个体工商户
马桂花	女	矿区蔡洼个体工商户	—	—	—

2004年矿区劳动模范名表

表6-36

姓　名	性别	工　作　单　位	姓　名	性别	工　作　单　位
高　贵	男	矿区环卫处	白姝芳	女	工商银行阳泉分行北大街支行
武锁生	男	阳煤一矿鹏飞建筑安装有限公司	段义锁	男	矿区国税局
田建亮	男	矿区贵石沟街道办事处	李云梅	女	矿区蔡洼街道小南坑社区
马建英	女	矿区平潭街小学	梁美爱	女	矿区新蕾幼儿园
郑明亚	男	阳泉市亚昊经贸有限公司	赵贵生	男	山西太行建筑安装有限公司
赵素文	男	矿区丰源化工制品厂	赵　锐	男	矿区公安分局桥头派出所
张志忠	男	阳泉市工商局矿区分局	郭千明	男	矿区法院民事审判二庭
张伟荣	男	矿区检察院	—	—	—

2004年矿区先进生产(工作)者名表

表6-37

姓　名	性别	工　作　单　位	姓　名	性别	工　作　单　位
武书香	女	矿区沙坪街道办事处	杨平生	男	矿区沙坪街道办事处
许捧林	女	矿区沙坪百货商店	李素青	女	矿区赛鱼街道办事处
李　军	男	矿区赛鱼街道办事处	王建萍	女	矿区赛鱼街道大垴沟社区
刘金梅	女	矿区赛鱼街道如意庄社区	田海英	女	矿区蔡洼街道办事处
冯丽华	女	矿区蔡洼街道办事处	樊计青	男	矿区蔡洼街道办事处
武春文	年	矿区桥头街道办事处	孔拉香	女	矿区桥头街道段南沟社区
涂庆福	男	矿区桥头街道桥头社区	张哲慧	男	矿区平潭街街道办事处
史阳花	女	矿区平潭街街道办事处大院社区	马喜凤	女	矿区贵石沟街道办事处小河滩社区
王计平	男	矿区贵石沟街道办事处	王锋意	男	矿区恒中汽车运输中心
王海珠	男	矿区钢窗厂	余锁梅	女	矿区华夏实业公司
韩文荷	女	阳泉市晋宝化工矿产有限责任公司	冯保成	男	阳泉市华宝机电有限责任公司
王新民	男	阳泉市麟豪机械制造有限责任公司	杨慧萍	女	阳泉市丰华商夏有限公司
余晓斌	男	阳泉市中兴贸易公司	袁晋梅	女	矿区政法委
刘　陆	男	阳泉市蓝天环保型煤有限公司	陈天洁	女	阳泉市天利房地产开发有限公司购物广场
宇文英	女	阳泉市顺达出租汽车公司	冯胜利	男	阳泉市亚昊经贸有限公司物流贸易部
杜志刚	男	阳泉市新鑫科技研究所有限责任公司	杨秉军	男	山西省通信公司阳泉市矿区分公司
刘振祥	男	矿区德利百货部	逄建中	男	矿区山城老火锅
王宪义	男	矿区四矿阳春饭店	高帮龙	男	矿区一矿沙坪商店
李建林	男	阳煤集团二矿多营公司	高彦军	男	阳煤集团二矿多营回收区
许志霞	女	阳煤集团四矿多营总公司	赵沛刚	男	阳煤集团广远工贸公司
毕海祥	男	阳泉天开电器有限公司	邢拴文	男	阳煤集团五矿多营卫生队
李玉明	男	阳泉鑫盛托辊厂	李锁明	男	阳煤集团多营总公司安监处
申柏平	男	阳煤集团多营总公司劳人部	杨彦斌	男	阳煤集团多营总公司计财部
郭有慧	男	阳煤集团多营总公司办公室	陈京利	男	阳泉市金法矿山支护厂
李　航	男	阳煤集团太行物业公司	史金全	男	阳煤集团三矿新泉运输公司

续表 6–37

姓　名	性别	工　作　单　位	姓　名	性别	工　作　单　位
冯延亮	男	矿区综合治理办公室	梁　译	男	矿区司法局
董向东	男	矿区公安分局红岭湾派出所	王晓卫	年	阳泉市公安局矿区分局信访科
毋维明	男	阳泉市公安局矿区分局政工科	郑拉鱼	女	矿区公安分局国保大队
秦　峰	男	矿区地税局	陶中华	男	矿区纪委、监委信访室
王颖喆	女	矿区人民武装部	刘春明	男	矿区环卫处办公室
任　明	男	矿区城市管理行政执法大队	董爱斌	男	矿区城市管理行政执法大队办公室
孙竹屏	男	矿区审计局	任建玲	女	矿区财政局
何　勇	男	矿区建设局	任计明	男	矿区卫生局
周向荣	男	矿区人才交流服务中心	王生荣	男	矿区档案局
李　锋	男	矿区综合调查队	代广隆	男	矿区发展计划局经济信息中心
孙玉平	男	矿区质量技术监督局	王　卓	男	矿区人大办公室
周拉弟	女	矿区编办	郝　鹏	男	矿区会计核算中心
贾　慧	男	矿区经济贸易局	胡春英	女	矿区科技局
马丽娟	女	矿区政府办公室	丁立人	男	矿区机关事务管理局
韩守国	男	矿区民政局	程立科	男	矿区劳动和社会保障局
王春生	男	矿区教育局教研室	任润生	男	阳泉市外国语学校
唐　华	男	矿区计划生育局	杨秀红	女	矿区排污监督管理所
段　练	男	矿区文体局文化市场稽查队	任俊祥	男	矿区政协
王祥泉	男	矿区区委宣传部	王海丽	女	矿区总工会
苗翠娥	女	矿区区委办公室	张素林	男	矿区区委党校
贾志萍	女	矿区党史研究室	郝晓栋	男	矿区工商联合会
陈来周	男	矿区老干局	—	—	—

2005 年矿区先进个人名表

表 6–38

姓　名	性别	工　作　单　位	姓　名	性别	工　作　单　位
李业君	年	矿区沙坪街道办事处	李军平	男	矿区沙坪街道办事处
崔保成	男	矿区赛鱼街道办事处	王建萍	女	矿区赛鱼街道大垴沟社区
聂旗东	男	矿区蔡洼街道办事处	张瑞雪	女	矿区蔡洼街道蔡西社区
杨选风	男	矿区平潭街街道办事处西山社区	裴科婵	女	矿区平潭街街道办事处马家坪社区
康海莲	女	矿区桥头街道段西沟社区	张常娥	女	矿区桥头街道段北沟社区
任建平	男	矿区人大办公室	袁晋梅	女	矿区政法委
付宝红	男	矿区纪检委宣教室	段玉林	男	矿区司法局办公室
耿　莉	女	矿区区委统战部	刘秀英	女	矿区残联
崔学东	男	矿区科协	李树珍	女	矿区文教卫生工委
王　颖	女	矿区团委	文　洁	女	矿区文联
周拉弟	女	矿区编办	石贺梅	女	矿区区委党校

续表 6-38

姓　名	性别	工　作　单　位	姓　名	性别	工　作　单　位
王向红	女	矿区总工会	牛春杰	男	矿区政府办
孔　玮	男	矿区人事局	郭桂荣	男	矿区发改局
胡春英	女	矿区科技局	吕正丽	女	矿区社保所
武　扬	男	矿区方志办	张宏亮	男	矿区统计局
韩守国	男	矿区民政局	张金良	男	矿区机关事务局
刘红旭	男	矿区计生局	张爱青	男	矿区教育局
安德茂	男	矿区文体局	李存芳	女	矿区防疫站
冯秀玲	女	矿区财政局	姚兴华	男	矿区审计局
王秀军	男	矿区商务局	丁　丽	女	矿区会计核算中心
刘　军	男	矿区环卫处	檀秀川	男	矿区环保局
袁喜生	男	矿区人民武装部	杨　晨	男	阳泉市公安局矿区分局
吴计明	男	阳泉市外国语学校	韩文荷	女	阳泉市晋宝化工矿产有限责任公司
李建英	男	阳泉市安明门窗有限责任公司	郗　佩	男	山西天恒会计师事务所
徐生郎	男	山西欣通建筑工程有限责任公司	李庆忠	男	山西欣通建筑工程有限责任公司
张星云	男	阳泉天开电器有限公司	陈京利	男	阳泉市金法矿山支护厂
郭有慧	男	阳煤集团多种经营总公司	穆聪明	男	阳泉新华茂截齿有限公司
冯　璟	男	阳煤集团光远工贸公司	王　新	男	阳泉矿山化工有限责任公司
聂素平	男	上海大众汽车阳泉销售维修服务有限公司	申柏平	男	阳煤集团多种经营总公司人力资源部
郭文斌	男	阳煤集团多种经营总公司	贾成明	男	阳煤集团五矿华旺建筑安装工程公司
李　航	男	阳煤集团多种经营总公司燃化部	金　虎	男	阳泉市金虎电石有限公司
李道林	男	矿区北方大业建安公司	石魁云	男	阳泉华盛科技有限公司
钟　亮	男	矿区太子龙加盟店	黄金风	女	矿区金得利商行
姚汝刚	男	矿区鹏翔电脑个体户	—	—	—

2006年矿区劳动模范名表

表 6-39

姓　名	性别	工　作　单　位	姓　名	性别	工　作　单　位
李志林	男	矿区公安分局刑警大队	梁种田	男	矿区公安分局桥头派出所
王利刚	男	矿区人民检察院批捕科	葛宜华	男	矿区人民法院刑事审判庭
韩德文	男	矿区纪检委	丁春斌	男	阳泉市天利集团公司
杜　成	男	山西兆丰铝业公司	王海瑜	男	阳煤集团多种经营总公司
李建林	男	阳煤集团二矿多种经营总公司	武锁生	男	阳煤集团一矿鹏飞建筑安装有限责任公司
史金全	男	阳泉市新泉公司	李　慧	男	矿区华鑫变压器有限责任公司
杜志刚	男	矿区新鑫科技研究所	张慧光	男	矿区地税局
杨素生	男	矿区国税局计划征收科	任　明	男	矿区城市管理行政执法大队
李玉荣		矿区环卫处	涂庆福	男	矿区桥头街道桥头社区
高喜春	男	阳泉市第十六中学	梁彦亭	男	矿区红岭湾小学校

2006 年矿区先进生产(工作)者名表

表 6-40

姓　名	性别	工　作　单　位	姓　名	性别	工　作　单　位
刘海斌	男	矿区信访局	刘　灵	女	矿区妇联
彭　平	男	矿区纪检委	张丰田	男	阳泉市工商局矿区分局
任计明	男	矿区卫生局	赵红英	女	矿区人事局
韩守国	男	矿区民政局	翟爱萍	女	矿区科技局
张建瑾	男	矿区环境监测站	聂为朋	男	矿区综合治理办公室
程迎秋	男	矿区公安分局刑警大队	郭智先	男	矿区公安分局红岭湾派出所
荆国喜	男	矿区公安分局马家坪派出所	郗虎银	男	矿区公安分局刑警大队
马红喜	男	矿区公安分局指挥中心	周永文	男	矿区检察院法警队
张耀文	男	矿区检察院公诉科	韩克文	男	矿区法院法警大队
李　云	女	矿区区委办公室	王俊英	女	矿区区委组织部
韩彤春	男	矿区区委宣传部	焦　健	男	矿区政府办公室
王永刚	男	矿区政协	张忠玉	男	矿区审计局
芦锁宝	男	矿区商务局	孙惠玲	女	矿区计划生育服务站
王生云	男	矿区档案局	郭桂荣	男	矿区发展和改革局
张燕军	男	矿区建设局	李存芳	女	矿区卫生防疫站办公室
周连生	男	矿区医院	王丽芳	女	矿区残疾人服务所
王水英	女	矿区会计核算管理中心	段　练	男	矿区文化市场稽查队
王振贵	男	矿区机关事务管理局	商继雷	男	矿区人民武装部
张便云	女	矿区沙坪街道沙沟社区	周泽蓉	女	矿区赛鱼街道南楼社区
邓小琴	女	矿区沙坪街道办事处工会	王艳珍	女	矿区赛鱼街道赛鱼社区
孙明华	男	矿区蔡洼街道办事处	李秀红	女	矿区桥头街道办事处
康海连	男	矿区桥头街道段西沟社区	郝翠萍	女	矿区平潭街街道平潭社区
马桂兰	女	矿区平潭街街道东山社区	耿　林	男	矿区贵石沟街道
马喜凤	女	矿区贵石沟街道办事处小河滩社区	王爱平	男	阳泉市第十二中学
冯翠红	女	阳泉市第十三中学	韩东德	男	阳泉市第十四中学
韩海平	男	阳泉市第十五中学	高瑞斌	男	阳泉市第十六中学
吴建敏	男	阳泉市第十八中学	师润龙	男	阳泉市外国语学校
李虹华	男	矿区平潭街小学	田慧星	男	矿区黄石板小学
张志明	男	矿区东四尺小学	李兆婷	女	矿区小南坑小学
孔爱华	女	矿区南楼小学	宋翠兰	女	矿区赛鱼小学
常亚敏	男	矿区沙台小学	岳雪玲	女	矿区刘家垴小学
李远志	男	矿区段家背小学	张日平	男	矿区大井小学
常晓青	男	矿区桥头小学	李瑞梅	女	矿区小河滩小学
冯　晶	女	矿区洪城河小学	高振国	男	矿区桃南路小学
冯元智	男	矿区亚美小学	袁　静	女	矿区马家坪小学
王仲平	男	矿区西河路小学	张彦玲	女	矿区新蕾幼儿园
余锁梅	女	阳泉市华夏鑫源经贸有限责任公司	朱润和	男	阳煤集团国泰运输处

续表 6-40

姓　名	性别	工　作　单　位	姓　名	性别	工　作　单　位
冯　璟	男	阳煤集团光远工贸公司	赵　程	男	阳泉市宏通实业总公司
李　航	男	阳煤集团多种经营总公司燃化部	郭文斌	男	阳煤集团多种经营总公司企业管理
王　新	男	矿山化工有限责任公司	陈京利	男	阳泉市金法支护有限责任公司
张平平	女	阳泉市红烨服装厂	粟晋国	男	阳煤集团通越运输有限责任公司
何　香	女	阳泉市亚昊经贸有限责任公司	张　治	男	阳泉市金利得商行
翟利军	男	阳泉市顺达出租汽车有限责任公司	—	—	—

2007 年矿区先进个人名表

表 6-41

姓　名	性别	工　作　单　位	姓　名	性别	工　作　单　位
王俊瑞	男	矿区沙坪街道办事处	吕耀红	男	矿区沙坪街道秋沟社区
张贵军	男	矿区赛鱼街道办事处	周泽蓉	女	矿区赛鱼街道南楼社区
聂旗东	男	矿区蔡洼街道办事处	李晓芳	女	矿区桥头街道办事处
李丽清	女	矿区平潭街街道办事处	刘西珍	女	矿区平潭街街道办事处苹果园社区
贾秀梅	女	矿区平潭街街道东山社区	荆越泰	男	矿区黄石板小学校
董桢芳	女	矿区红岭湾小学校	陈雪花	女	矿区赛鱼小学校
辛冬花	女	矿区沙台小学校	靖　涛	男	矿区南楼小学校
连张艳	女	矿区东四尺小学校	郭志芳	女	矿区段家背小学校
姚金环	女	矿区刘家垴小学校	荆翠萍	女	矿区桃南路小学校
刘慧敏	女	矿区马家坪小学校	张文姬	女	女矿区西河路小学校
张晓琴	女	矿区亚美小学校	李保国	男	矿区小河滩小学校
王文娟	女	矿区大井小学校	祁维庆	男	阳泉市第十三中学校
贾慧彬	男	阳泉市第十四中学校	姚文斌	男	阳泉市第十五中学校
何丽红	女	阳泉市第十六中学校	周卫民	男	阳泉市第十八中学校
师润龙	男	阳泉市外国语学校	许秀春	女	矿区新蕾幼儿园
李　勇	男	矿区公安分局马家坪派出所	葛玉贞	女	阳泉市公安局矿区分局
郭富强	男	矿区检察院	冯　兵	男	矿区法院
李晓玲	女	矿区司法局	霍绘莉	女	矿区区委文明办
贾志萍	女	矿区区委党史研究室	聂为朋	男	矿区区委综治办
姚培瑞	男	矿区区委统战部	乔　勇	男	矿区区委办公室
石贺梅	女	矿区区委党校	潘喜云	男	矿区人大
赵俊峰	男	矿区政府办公室	张金良	男	矿区政府机关事务局
张晓琴	女	矿区卫生局	吴志坚	男	矿区财政局
王秀军	男	矿区商务局	任立萍	女	矿区统计局
李俊萍	女	矿区建设局拆迁办公室	李小梅	女	矿区人口和计划生育局
安德茂	男	矿区文体局	刘克勤	男	矿区食品药品监督管理局
贾丽赟	女	矿区物价所	张小英	女	矿区政协办公室
李清亮	男	阳泉市工商局矿区分局	赵泉祥	男	矿区环卫处

续表 6–41

姓　名	性别	工　作　单　位	姓　名	性别	工　作　单　位
孔繁亮	男	阳煤集团多种经营总公司	李建林	男	阳煤集团二矿多营总公司
朱润和	男	阳煤集团多种经营总公司国泰运输处	张星云	男	阳泉天开电器有限公司
陈京俐	男	阳泉市金法支护有限公司	何祖华	男	阳泉市宏通实业总公司
穆聪明	男	阳泉新华茂截齿有限公司	栗晋国	男	阳泉通越运输有限公司
史金全	男	阳泉市新泉运输有限公司	蔡亚琴	女	阳泉市天利购物广场
李满红	男	矿区管件厂	李晓光	男	矿区粮贸中心

2008 年矿区劳动模范名表

表 6–42

姓　名	性别	工　作　单　位	姓　名	性别	工　作　单　位
王建平	男	矿区赛鱼街道大垴沟社区	李秀红	女	矿区桥头街道办事处
陈宝庆	男	矿区平潭街街道办事处	李志伟	男	阳泉市第十四中学校
高瑞斌	男	阳泉市第十七中学校	康秀萍	女	矿区沙台小学校
冯海堂	男	矿区区委组织部	付宝红	男	矿区纪检委
张燕军	男	矿区建设局	胡新政	男	矿区机关事务管理局
贾慧聪	男	矿区会计核算中心	荆升文	男	矿区新闻办
董向东	男	矿区公安分局红岭湾派出所	高　英	男	矿区检察院
贾凤武	男	矿区人民法院后勤服务中心	白建峰	男	矿区地税局会计科
刘华玲	女	矿区医院	闫　月	女	阳煤集团多种经营总公司
朱德恒	男	阳煤集团五矿多种经营总公司	李　慧	男	山西华鑫变压器有限公司

2008 年矿区先进个人名表

表 6–43

姓　名	性别	工　作　单　位	姓　名	性别	工　作　单　位
张宏亮	男	矿区沙坪街道办事处	张便云	女	矿区沙坪街道沙沟社区
刘　建	男	矿区沙坪街道办事处	王晋明	男	矿区赛鱼街道办事处
张哲峰	男	矿区赛鱼街道办事处	涂庆福	男	矿区桥头街道桥头社区
张青山	男	矿区桥头街道办事处	刘姝红	女	矿区蔡洼街道东窑房社区
武瑞娟	女	矿区蔡洼街道东四尺社区	杨晓静	女	矿区平潭街街道办事处
周慧军	男	矿区平潭街街道办事处洪城河社区	郑芙蓉	女	矿区平潭街街道大院社区
陶迎文	男	矿区平潭街街道办事处	胡守卿	女	矿区贵石沟街道苏村社区
祁维庆	男	阳泉市第十三中学校	梁庆梅	女	阳泉市第十五中学校
杨建平	男	阳泉市第十六中学校	唐海斌	男	阳泉市第十八中学校
郝国亮	男	阳泉市外国语学校	张晓娟	女	矿区黄石板小学校
王红莲	女	矿区红岭湾小学校	赵秀平	女	矿区赛鱼小学校
谷荣林	女	矿区南楼小学校	郭慧芳	女	矿区刘家垴小学校
刘海萍	女	矿区段家背小学校	张建英	女	矿区小南坑小学校
李素萍	女	矿区东四尺小学校	郭志芳	女	矿区桃南路小学校
李鲜花	女	矿区马家坪小学校	陈艳红	女	矿区洪城河小学校

续表 6-43

姓 名	性别	工 作 单 位	姓 名	性别	工 作 单 位
高如月	女	矿区平潭街小学校	王仲平	男	矿区西河路小学校
李秀兰	女	矿区亚美小学校	李 帅	男	矿区小河滩小学校
甄国保	男	矿区桥头小学校	王海燕	女	矿区大井小学校
陆守花	女	矿区新蕾幼儿园	聂为朋	男	矿区综治委办公室
王永刚	男	矿区区委统战部	王颖喆	女	矿区人民武装部
乔 勇	男	矿区区委办公室	任建平	男	矿区人大办公室
史锦丽	女	矿区总工会	张忠玉	男	矿区审计局
李恩明	男	矿区教育局	曹彦青	男	矿区建设局
李永满	男	矿区拆迁办公室	高建平	男	矿区文体局
贾希平	男	矿区文联	杨连香	女	矿区劳动和社会保障局
杨丽琴	女	矿区环境卫生管理处	王润萍	女	矿区民政局
高 倩	女	矿区城市管理行政执法局	王国庆	男	矿区城市管理行政执法大队四中队
王秀军	男	矿区商务局	李小梅	女	矿区人口和计划生育局
赵亚琴	女	矿区行政审批服务中心	韩永军	男	矿区公安分局刑警大队
刘晓霞	女	矿区检察院	曹喜才	男	矿区法院
张艳芳	女	矿区法院	张素仙	女	矿区司法局
续展霞	女	阳泉市工商局矿区分局	李 强	男	矿区国税局
刘润林	男	矿区地税局	王宏芳	女	矿区医院
刘克勤	男	矿区食品药品监督管理局	李海清	男	阳泉市公安局交警支队一大队
藏长旺	男	阳泉市公安局交警支队一大队	常卫权	男	中国人寿保险矿务局支公司
吴叶青	男	中国财产保险矿区支公司	单文卉	女	中国人民银行阳泉市矿区支行
贾志新	男	中国农业银行阳泉市矿区支行	李 艳	女	中国建设银行阳泉市西城支行
郭晓晔	男	阳泉市通信公司矿区分公司	张大东	男	矿区张大东诊所
陈京俐	男	阳泉市金法支护有限责任公司	孔繁亮	男	阳煤集团多营总公司
赵应生	男	阳煤集团一矿多营总公司	李建林	男	阳煤集团二矿多营总公司
张旭升	男	阳煤集团三矿多营总公司	葛永林	男	阳煤集团五矿华旺公司
韩书北	男	阳煤集团二矿多营总公司回收区	李满红	男	矿区管件厂

2009 年矿区先进个人名表

表 6-44

姓 名	性别	工 作 单 位	姓 名	性别	工 作 单 位
吕耀红	男	矿区沙坪街道秋沟社区	许捧林	女	矿区沙坪百货商店
李 军	男	矿区赛鱼街道办事处	庞香英	女	矿区赛鱼街道如意庄社区
史金全	男	阳泉市新泉运输有限责任公司	邵改翠	女	矿区赛鱼街道办事处麻地巷社区
涂庆福	男	矿区桥头街道桥头社区	张少华	男	矿区桥头街道办事处
荆 智	男	矿区平潭街街道办事处	李竞枝	男	矿区平潭街街道办事处马家坪社区
郑文林	男	矿区日潭红太阳家具城	李雅妹	女	阳泉市天利购物广场

续表 6–44

姓　名	性别	工　作　单　位	姓　名	性别	工　作　单　位
李珍双	男	矿区蔡洼街道办事处	张瑞雪	女	矿区蔡洼街道蔡西社区
刘姝红	女	矿区蔡洼街道办事处东窑房社区	马喜凤	女	矿区贵石沟街道办事处枣岭山社区
王媛薇	女	矿区贵石沟街道办事处	张慧光	男	矿区地税局
石贺梅	女	矿区区委党校	赵爱平	男	矿区行政执法大队
周向荣	男	矿区人才交流服务中心	殷瑞莲	女	矿区社保所
任俊祥	男	矿区政协	冯　浩	男	矿区政府行政审批中心
孟葆春	男	矿区综合调查队	王　卓	男	矿区人大
檀秀川	男	矿区环保局	胡春英	女	矿区科技局
杨光秀	男	矿区环卫处	王生云	男	矿区档案局
连俊鸿	男	矿区政府办公室	魏黎红	男	矿区会计核算中心
史俊梅	女	矿区政府机关事务管理局	卫太生	男	阳泉市工商局矿区分局
贾丽赟	女	矿区发展和改革局	翟爱华	女	矿区机关工委
张怀栋	男	阳泉市工商局矿区分局	王　鹏	男	矿区老区建设促进会
刘秀英	女	矿区残疾人联合会	闫　康	男	阳泉市春语药店
梁　译	男	矿区司法局	邓治国	男	矿区法院
李建勋	男	矿区检察院	藏长旺	男	阳泉市公安局交警支队一大队二中队
邵　亮	男	阳泉市公安局西城分局	程立军	男	矿区纪检委
王　华	男	阳泉市公安局矿区分局	史利文	男	矿区公安分局刑警三中队
秦宝金	男	矿区东四尺小学校	高秀芬	女	矿区红岭湾小学校
李宝德	男	矿区西河路小学校	谢宝金	男	阳泉市第十七中学校
郭俊花	女	阳泉市第十八中学校	郝亚峰	男	矿区桃南路小学校
马　嵩	女	阳泉市外国语学校	陈晓芳	女	矿区小河滩小学校
姚金环	女	矿区刘家垴小学校	王锦花	女	矿区黄石板小学校
常晓青	男	矿区桥头小学校	任玉庆	男	阳泉市第十三中学校
岳维祥	男	阳泉市第十四中学校	赵军华	男	阳泉市第十五中学校
赵继英	女	阳泉市第十六中学校	李淑琴	女	矿区新蕾幼儿园
郗慧林	女	矿区段家背小学校	王先锋	男	矿区沙台小学校
郝金柱	男	矿区亚美小学校	李润忠	男	矿区平潭街小学校
郝辉英	男	矿区南楼小学校	耿惠芳	女	矿区大井小学校
王晨莲	女	矿区马家坪小学校	董建华	男	矿区赛鱼小学校
翟文娟	女	阳泉市矿区教育局	陈肖琳	女	矿区洪城河小学校
吕秀梅	女	矿区小南坑小学校	葛永林	男	阳煤五矿华旺建筑安装工程公司
王海忠	男	山西光远工贸有限公司	张江雄	男	阳泉北艺装潢有限责任公司
郭文斌	男	阳煤中小企业集团公司	李建林	男	阳煤集团二矿多种经营总公司
赵应生	男	阳煤一矿多种经营总公司	闫　月	女	阳煤中小企业集团

2010 年矿区劳动模范名表

表 6-45

姓　名	性别	工　作　单　位	姓　名	性别	工　作　单　位
张青山	男	矿区区委组织部	张慧珠	女	矿区党校
李雅妹	女	阳泉市天利购物广场	黄丽娜	女	矿区洪城河小学
韩全生	男	阳泉市顺达出租汽车有限公司	籍爱花	女	爱花美容美发职业培训学校
曹彦青	男	矿区住房保障和城乡建设管理局	荆素俭	男	矿区平潭街街道办事处东山社区
龚景泉	男	矿区法院	武万华	男	山西国阳新能国际贸易公司
荆升文	男	矿区新闻办	任　英	男	矿区疾病预防控制中心

2010 年矿区先进个人名表

表 6-46

姓　名	性别	工　作　单　位	姓　名	性别	工　作　单　位
张　鹏	男	矿区团委	段　鑫	男	矿区区委办公室
陶　华	男	矿区法院庭	闫小玲	女	矿区法院
许捧林	女	矿区沙坪百货商店	高艳君	女	矿区沙坪街道中沙坪社区
芦锁宝	男	矿区沙坪办事处	张凤萍	女	矿区日潭红太阳家具城
邵　亮	男	阳泉市公安局西城分局	梁旭明	男	阳泉市西城分局刑警大队
张伟荣	男	矿区检察院	李海录	男	矿区检察院
赵巧珍	女	阳泉市公安局矿区分局	郭俊青	男	阳泉市公安局矿区分局
勾燕玲	女	矿区政法委	宋　博	男	矿区教育局
张日平	男	矿区教育局	杨瑞芬	女	矿区新蕾幼儿园
刘建东	男	阳泉市第十三中学校	何丽红	女	阳泉市第十六中学校
智俊芳	女	阳泉市第十五中学校	蔡文君	女	矿区马家坪小学校
方建萍	女	矿区南楼小学校	任志刚	男	阳泉市外国语学校
杨慧琴	女	矿区红岭湾小学校	粟壮明	男	矿区大井小学校
王素平	男	阳泉市第十四中学校	郭永金	男	阳泉市第十七中学校
冯保义	男	矿区赛鱼小学校	杨晋华	男	矿区沙台小学校
李有娥	女	矿区亚美小学校	张爱民	男	矿区西河路小学校
张　鹏	男	矿区桥头小学校	王素芳	女	矿区东四尺小学校
王海霞	女	矿区段家背小学校	荆翠萍	女	矿区桃南路小学校
荆秀玲	女	矿区黄石板小学校	高润梅	女	矿区刘家垴小学校
郭小良	男	阳泉市第十八中学校	张素珍	女	矿区平潭街小学校
高晓兰	女	矿区小河滩小学校	张志芳	女	矿区贵石沟街道水滩社区
张双兰	女	矿区贵石沟街道办事处小河滩社区	徐　双	男	矿区贵石沟街道办事处
程　伟	男	矿区蔡洼街道办事处	赵岳红	男	矿区蔡洼街道东窑房社区
李素青	男	矿区赛鱼街道办事处	王小玲	女	矿区赛鱼街道大垴沟社区
张慧萍	女	阳泉市广鑫机械制造有限公司	李晓东	男	矿区平潭街街道办事处
裴科婵	女	矿区平潭街街道办事处马家坪社区	冯双玉	男	矿区困难职工帮扶中心
李海荣	男	矿区政府办公室	马玮玮	男	矿区事业单位登记管理局
姚江涛	男	矿区地方税务局	孙　旺	男	矿区地税局稽查局

续表 6-46

姓　名	性别	工　作　单　位	姓　名	性别	工　作　单　位
任海军	男	矿区任海军诊所	李贵宝	男	矿区住房保障和城乡建设管理局
郗　佩	男	山西天恒会计师事务所	王俊燕	男	矿区综合调查队
苏云雷	男	矿区残疾人联合会	王建国	男	矿区人社局
李慧建	男	矿区社会劳动保险事业所	孔　玮	男	矿区人才交流服务中心
王　鹏	男	矿区政协	孙燕平	男	矿区地方志办公室
刘晓霞	女	矿区文化体育旅游局	马　成	男	矿区人大
陈向阳	男	矿区国税局税征一科	史金锋	男	矿区国家税务局稽查局
赵　璟	男	矿区区委统战部	赵太平	男	矿区执法大队
李翠萍	女	矿区经济商务信息化局	王亚奇	男	矿区环境保护局管理股
李瑞琴	女	矿区计划生育协会	王前进	男	矿区民政局
张文玉	男	矿区食品药品监督管理局	贾晓荣	男	矿区机关事务管理局
孟　彦	男	矿区桥头街道	彭桂香	女	阳泉市桥泰商贸有限公司
闫吉林	男	阳泉市盛德矿业物资有限公司	王　新	男	阳泉市矿山化工有限责任公司
韩晋海	男	阳泉煤业集团二矿	赵素文	男	阳泉市丰源矿山化工有限公司
韩永文	男	阳泉市鑫源机电修造有限责任公司	闫　月	女	阳煤中小企业集团
穆聪明	男	阳泉市新华茂截齿有限公司	卫　英	男	矿区审计局
黄洁瑞	男	矿区财政局	何　勇	男	矿区贵石沟街道办事处
宋海鸥	男	阳泉市工商局矿区分局桥头工商所	蔡志斌	男	阳泉市公安局交警一大队
王　军	男	矿区管件厂	李素鱼	女	矿区劳动服务公司
黄喜红	男	矿区案件检查室	王文杰	男	阳泉市第十二中学
白建峰	男	矿区地税局	史金全	男	阳泉市新泉运输有限责任公司
王勇升	男	矿区人民武装部	贾俊铭	男	阳泉市酷车地带汽车专业装饰养护中心

2011 年矿区先进个人名表

表 6-47

姓　名	性别	工　作　单　位	姓　名	性别	工　作　单　位
郝爱清	女	矿区桃南路小学校	郭桂荣	女	矿区平潭街街道办事处
范利梅	女	矿区平潭街街道办事处	刘桂梅	女	矿区平潭街街道办事处马家坪社区
黄栓计	男	阳泉蓝天环保型煤有限公司	史瑞清	男	矿区桥头街道办事处西马家坪社区
杨梅芳	女	矿区桥头街道办事处	许　霖	女	矿区沙坪街道办事处
赵清梅	女	矿区沙坪街道黄石板社区	李　娜	女	矿区贵石沟街道水滩社区
王慧芳	女	矿区贵石沟街道办事处	王艳丽	女	矿区贵石沟街道办事处
赵荣荣	男	矿区法院	梁贵福	男	矿区富鑫联运站
郝丽丽	女	矿区蔡洼街道菜市社区	聂为朋	男	矿区区委政法委综治办
董军雁	男	矿区公安分局刑警大队	王爱平	男	阳泉市公安局西城分局刑侦大队
王利刚	男	矿区检察院反贪污贿赂局	藏长旺	男	阳泉市公安局交警支队一大队
段玉林	男	矿区司法局	张丽红	女	矿区南楼小学

续表 6–47

姓　名	性别	工　作　单　位	姓　名	性别	工　作　单　位
胡瑞青	男	矿区洪城河小学	白林森	男	矿区沙台小学
郝成娥	女	矿区桥头小学	李艳丽	女	矿区段家背小学
郭月琴	女	矿区教育局	尹风萍	女	矿区西河路小学
杨建霞	女	矿区马家坪小学	贾俊杰	男	矿区赛鱼小学
王效林	男	矿区大井小学	李瑞梅	女	矿区小河滩小学
荆秀玲	女	矿区黄石板小学	高红勇	男	矿区亚美小学
刘金花	女	矿区红岭湾小学	曹左青	女	矿区新蕾幼儿园
陈新丽	女	矿区东四尺小学	周玉君	男	阳泉市第十二中学
李　帅	男	阳泉市第十三中学	麻春仙	女	阳泉市第十四中学
吴兰捧	女	阳泉市第十五中学	赵秋萍	女	阳泉市外国语学校
崔　炜	男	阳泉市第十七中学	王芳娥	女	矿区赛鱼街道办事处
贺向阳	男	矿区赛鱼集贸市场	王香孩	男	矿区虎尾沟社区
韩晋海	男	阳煤集团中小企业集团二公司	闫吉林	男	阳泉市盛德矿业物资有限公司
赵素文	男	阳泉市丰源矿山化工有限公司	戴柱君	男	阳煤中小企业集团公司
葛永林	男	阳煤集团五矿华旺建筑安装工程公司	郝　鹏	男	矿区会计核算中心
李建华	男	矿区公安消防大队	刘晋岳	男	矿区食品药品监督管理局
刘军峰	男	矿区科技局	李国文	男	矿区国家税务局
张慧光	男	矿区地方税务局	胡新政	男	矿区机关事务管理局
曹彦青	男	矿区住建局	李存芳	女	矿区疾控中心办公室
石翠千	女	矿区区委办公室	苏晨曦	男	矿区政府办公室
魏　巍	男	矿区人才中心	王俊英	女	矿区区委组织部
郝君华	男	矿区人大	胡丽雅	女	矿区政协办公室
陈　静	年	矿区发展和改革局	史润才	男	矿区党史研究室
吕正丽	女	矿区治超办	赵　璟	男	矿区统战部
刘晓芳	女	矿区文体体育旅游局	牛贵福	男	矿区老区建设促进会
石崇珍	男	矿区文体体育旅游局	翟爱华	女	矿区机关工委
贾志刚	男	矿区纪检委	王秀军	男	矿区安全生产监督管理局
秦双贵	男	社会个体医疗秦双贵诊所	许捧林	女	矿区沙坪百货商店

2012 年矿区劳动模范名表

表 6–48

姓　名	性别	工　作　单　位	姓　名	性别	工　作　单　位
高　炜	男	矿区平潭街街道平东社区	董月英	女	矿区平潭街街道大院社区
张哲峰	男	矿区赛鱼街道办事处	任三青	男	矿区红岭湾小学校
原林生	男	阳泉市第十二中学	韩慧中	男	阳泉市第十四中学
郭俊青	男	矿区公安分局经侦大队	仇怀俊	男	阳泉市矿区法院民事三庭
张慧光	男	矿区地方税务局	阎宏荣	女	矿区妇女联合会

续表 6-48

姓　名	性别	工　作　单　位	姓　名	性别	工　作　单　位
张青山	男	矿区区委办	石富科	男	矿区财政局
胡朴来	男	矿区总工会	彭桂香	女	矿区桥泰商贸公司
蔡延田	男	阳泉市顺达出租汽车有限公司	李金柱	男	矿区蔡洼街道蔡东社区
张　明	男	矿区个体工商户	马萍萍	女	矿区鑫越工艺美术厂
张燕军	男	矿区住房保障和城乡管理建设局	赵应生	男	阳煤中小企业投资管理集团第一有限公司
赵玉军	女	山西肇文美术工艺品有限公司（煤雕）	丁春斌	男	阳泉市天利时尚购物广场有限公司

2012 年矿区先进个人名表

表 6-49

姓　名	性别	工　作　单　位	姓　名	性别	工　作　单　位
党美芳	女	矿区沙坪街道办事处里沙坪社区	李　丽	女	矿区沙坪街道办事处社区服务中心
杨红云	女	矿区赛鱼街道办事处如意庄社区	王生香	男	矿区桥头亨嘉商贸有限公司
杨　珺	男	矿区桥头街道刘家垴社区	李秀红	男	矿区桥头街道办事处
荆素剑	女	矿区平潭街街道办事处桥东山社区	张黎芳	女	矿区蔡洼街道办事处
郭锦霞	女	矿区蔡洼街道南台社区	商守强	男	矿区贵石沟街道办事处
张双兰	女	矿区贵石沟街道办事处小河滩社区	韩瑞丽	女	矿区贵石沟街道办事处水滩社区姐
吴永明	男	矿区新蕾幼儿园	尹玉梅	女	矿区赛鱼小学校
康秀萍	女	矿区沙台小学校	赵艳蓉	女	矿区小南坑小学校
王海霞	女	矿区段家背小学校	张丽娜	女	矿区大井小学校
冯　晶	女	矿区洪城河小学校	王兆娟	女	矿区桥头小学校
王宝琴	女	矿区亚美小学校	张保香	女	矿区黄石板小学校
徐银风	女	矿区刘家垴小学校	杨瑞峰	男	矿区平潭街小学校
秦宝金	男	矿区东四尺小学校	郑爱云	女	矿区马家坪小学校
胡伟伟	男	矿区小河滩小学校	郝金柱	男	矿区南楼小学校
韩瑞梅	女	矿区桃南路小学校	张素芳	女	阳泉市外国语学校
刘文会	男	阳泉市第十二中学校	贾素红	女	阳泉市第十二中学校
范双友	男	阳泉市第十三中学校	张延明	男	阳泉市第十五中学校
岳玉翠	女	阳泉市第十六中学校	张毅军	男	阳泉市第十七中学校
张　弛	男	矿区司法局	高永山	男	矿区法院
郝崇禄	男	矿区公安分局桥头派出所	张建国	男	阳泉市公安局交警一大队
张双福	男	矿区公安分局刑警大队	梁旭明	男	阳泉市公安局西城分局刑侦大队
张贵平	男	矿区区委政法委	石　磊	男	矿区区委党校
聂旗东	男	矿区区委宣传部	魏香云	女	矿区人力资源和社会保障局
杨晓玲	女	矿区发展和改革局	李丽清	女	矿区机关工委
张伟娜	女	矿区档案局	王林启	男	矿区城市管理执法大队
刘　军	男	矿区机关事务管理局	高运晨	男	矿区团委
于　敏	男	矿区行政审批服务中心	王秀珍	年	矿区审计局
杨素生	女	矿区国家税务局	冯　伟	男	矿区卫生局
苗春莲	女	山西天恒会计师事务所	张海峰	男	矿区环境保护监测站

续表 6-49

姓　名	性别	工　作　单　位	姓　名	性别	工　作　单　位
贾志萍	女	矿区区委党史研究室	张晓丽	女	《阳泉矿区》编辑部
任戎祥	男	矿区新闻中心	王俊燕	女	矿区统计局综合调查队
王永明	男	矿区区委 610 办公室	李杰阳	男	矿区关工委办公室
李红梅	女	矿区老年大学	赵俊峰	男	矿区政府办公室
赵　璟	男	矿区区委统战部	李　涛	男	矿区总工会
刘军峰	男	矿区科技局	贾志刚	男	矿区纪检委
王勇升	男	矿区人民武装部	赵国文	男	矿区老区建设促进会
董彦伟	男	矿区工商业联合会	程立军	男	矿区政府拆迁办
王颖喆	女	矿区地震局	郝志杰	男	阳泉市工商局矿区分局
王丽芳	女	矿区残疾人劳动服务所	任颖慧	女	矿区治超办
张爱青	女	矿区教育局	翟文娟	女	矿区教育局
尚锦榜	男	矿区检察院	李雅妹	年	阳泉市天利时尚购物广场
杨占文	男	阳煤集团二矿多种经营总公司丰鑫丰工贸中心	李晓光	男	矿区粮贸中心
闫　月	女	阳煤中小企业集团	郑碧虎	男	阳泉华越机械机电技术实业公司
刘万江	男	山西城正建设监理咨询有限公司	涂庆福	男	阳泉市亨嘉商贸有限公司
翟春青	男	阳煤集团天兴分公司	王玉明	男	阳煤集团财务有限责任公司
韩晋海	男	阳煤中小企业投资管理第二有限公司	高永杰		阳煤中小企业集团三公司
郑艳双	男	阳煤中小企业集团六公司	—	—	—

2013 年矿区先进个人名表

表 6-50

姓　名	性别	工　作　单　位	姓　名	性别	工　作　单　位
戴桂君	男	阳煤中小企业集团	杜　天	男	阳煤中小企业集团
岳　峰	男	阳煤中小企业集团	韩晋海	男	阳煤中小企业集团二公司
赵树文	男	阳泉市丰源矿山化工有限公司	李玉锁	男	阳煤中小企业集团六公司
赵保刚	男	阳煤中小企业集团一公司	姚兴华	男	矿区审计局
蔡志英	男	矿区编办	王军义	男	阳泉市工商局矿区分局
李　亭	男	矿区食品药品监督管理局	贾志萍	女	矿区党史研究室
刘智鹏	男	矿区医保中心	张　瑜	男	矿区统计局
张　静	女	矿区统战部	王　璐	女	矿区安全生产监督管理局
王　鑫	男	矿区治超办	荆升文	男	矿区新闻中心
张海峰	男	矿区环境保护监测站	龚兴业	男	矿区纪检委
刘军峰	男	矿区科技局	李连博	男	矿区住房保障和城乡建设局
冯秀玲	女	矿区文明办	李海蓉	年	矿区政协
王志国	男	矿区民政局	郗　佩	男	山西天恒会计师事务所
王丽芳	男	矿区残疾人劳动服务所	苗欣亮	男	矿区政府办公室
段　鑫	男	矿区区委办公室	高运晨	男	矿区团委
高晓峰	男	矿区发展和改革局	李秋何	男	矿区人民武装部
王　新	男	阳泉矿山化工有限公司	李　伟	男	阳煤中小企业集团七公司
聂素平	男	山西众晟达汽车贸易有限公司	勾燕玲	女	矿区区委政法委
和靖亮	男	阳泉市公安局交警一大队	赵丽军	女	矿区检察院
胡志芳	女	矿区法院	范东青	男	阳泉市公安局西城分局

续表 6-50

姓　名	性别	工　作　单　位	姓　名	性别	工　作　单　位
王劲松	男	阳泉市公安局矿区分局	宋风元	男	矿区公安分局桥头派出所
张慧林	男	矿区司法局	赵利臣	男	矿区日潭家具城
向永碧	女	矿区平潭街街道东社区	马　宁	男	矿区平潭街街道办事处
范利梅	男	矿区平潭街街道办事处	刘成明	男	矿区教育局教研室
杨翠萍	女	矿区教育局招生办公室	杨淑平	女	矿区新蕾幼儿园
李鲜花	女	矿区马家坪小学校	谷荣林	女	矿区南楼小学校
白改平	男	矿区红岭湾小学校	史慧平	男	矿区大井小学校
贾俊杰	男	矿区赛鱼小学校	毛海林	男	矿区沙台小学校
刘建斌	男	矿区亚美小学校	苏润萍	女	矿区平潭街小学校
苏　丽	女	矿区桥头小学校	郭艾清	女	矿区东四尺小学校
苏亚乐	男	矿区段家背小学校	赵艳丽	女	矿区桃南路小学校
张彩凤	女	矿区黄石板小学校	温振青	男	矿区小河滩小学校
岳　军	男	矿区小南坑小学校	张果萍	女	矿区洪城河小学校
郝志新	男	阳泉市第十三中学校	荆建忠	男	阳泉市第十四中学校
白　峰	男	阳泉市第十五中学校	许润兰	年	阳泉市第十六中学校
霍绍周	男	阳泉市第十七中学校	赵　玫	女	阳泉市第十八中学校
冯静红	女	阳泉市外国语学校	翟玉珊	女	阳矿区贵石沟街道苏村社区
岳君芳	女	矿区贵石沟街道办事处	郝海丽	女	矿区贵石沟街道枣岭山社区
孙明华	男	矿区蔡洼街道办事处	杨占文	男	矿区二矿多种经营总公司丰鑫丰工贸中心
李晓光	男	矿区粮贸中心	王金凰	女	矿区赛鱼街道井沟社区
宇志红	女	矿区沙坪街道桥南园社区	王建梅	女	矿区沙坪百货商店
李　茹	男	矿区沙坪街道办事处	刘晓芳	女	矿区桥头街道办事处
朱爱卿	男	矿区桥头街道办事处	周玉平	男	矿区桥头街道桥头社区
王瑞英	女	矿区桥头街道办事处桥西社区	史瑞清	男	矿区桥头街道办事处西马家坪社区

2014 年矿区劳动模范名表

表 6-51

姓　名	性别	工　作　单　位	姓　名	性别	工　作　单　位
侯明华	男	矿区公安分局马家坪派出所	王瑞华	女	矿区法院
刘华玲	女	矿区医院	高艳君	女	矿区沙坪街道中沙坪社区
赵海芳	女	矿区贵石沟街道办事处水滩社区	员敏燕	女	阳泉市洋嘴巴语言教育中心
张　驰	男	矿区司法局	孔祥华	男	阳泉市公安局矿区分局
田志福	女	阳泉市公安局交警大队一大队	张青山	男	矿区《新矿区》编辑部
魏素林	女	矿区机关事务管理局	李　峰	女	矿区统计局
杨爱茹	女	阳泉市宏望商贸有限公司	王　新	男	阳煤中小企业投资管理集团第一有限公司
王　军	男	阳煤集团房地产管理公司	闫守成	男	阳煤集团房地产开发公司
张巧林	女	阳煤集团有限责任公司供应处	马业锦	男	阳泉信达通矿山工程有限公司
李雅妹	女	阳泉市天利时尚购物广场	高风梅	女	阳泉市第十三中学
巨翠霞	女	矿区赛鱼小学校	杨守亮	男	阳煤集团升华实业分公司

2014 年矿区先进个人名表

表 6-52

姓　名	性别	工　作　单　位	姓　名	性别	工　作　单　位
党美芳	女	矿区沙坪街道里沙坪社区	向永碧	女	矿区平潭街街道平东社区
李彦茹	女	矿区平潭街道办事处	杨承慧	女	矿区沙坪街道办事处
胡素英	女	矿区贵石沟街道办事处	田秀清	女	矿区贵石沟街道苏村社区
赵芝华	女	矿区桥头社区服务中心	苏禄芬	女	矿区刘家垴社区
王建萍	女	矿区赛鱼街道办事处	杨红云	女	矿区赛鱼街道大垴沟社区
孙明华	男	矿区蔡洼街道办事处	刘　佳	女	矿区蔡洼街道小南坑社区
霍绘莉	女	矿区政法委	尚锦榜	男	矿区检察院
李　军	男	矿区法院	仇怀俊	男	矿区法院
安健强	男	阳泉市公安局西城分局	康　佩	男	阳泉市公安局交警支队一大队
李　云	男	矿区新闻中心	高运晨	男	矿区团委
陈树民	男	矿区区委办公室	穆志强	男	矿区人大
杨美红	女	矿区政协	张明华	男	矿区食品药品监督管理局
陈　欣	男	矿区国家税务局	王军义	男	阳泉市工商局矿区分局
吕正丽	女	矿区治超办	石贺梅	女	矿区区委党校
李丽清	女	矿区安全生产监督管理局	康爱祥	男	矿区党员电化教育中心
白明宏	男	矿区城市管理行政执法大队	郗久慧	女	矿区机关事务管理局
韩全生	男	阳泉市顺达出租汽车公司	闫　月	女	阳煤中小企业集团
毛鹏广	男	阳煤中小企业集团	刘维东	男	阳泉明达工贸有限公司
穆聪明	男	阳泉新华茂截齿有限公司	赵宝刚	男	阳煤中小企业集团一公司
韩晋海	男	阳煤中小企业集团二公司	米志伟	男	阳煤中小企业集团二公司
孔繁亮	男	阳煤中小企业集团三公司	陈京俐	男	金法支护有限责任公司
代明远	男	阳煤集团公司供应处	王变兰	女	阳泉鑫源机电修造有限公司
李　慧	男	山西华鑫电气有限公司	刘爱更	男	阳泉市盛德矿业物资有限公司
龚俊强	男	山西大正伟业农牧有限公司	杨占文	男	阳泉市丰鑫丰工贸公司
靳文亮	男	阳泉市第十二中学校	刘　军	男	阳泉市第十四中学校
李旭光	男	阳泉市第十五中学校	岳玉翠	女	阳泉市第十六中学校
安　敏	男	阳泉市第十七中学校	石光峰	男	阳泉市第十八中学校
王春红	女	阳泉市外国语学校	杨　芳	女	矿区黄石板小学校
韩振芳	女	矿区红岭湾小学校	陈彦林	男	矿区沙台小学校
梁青艳	女	矿区南楼小学校	李立萍	女	矿区东四尺小学校
梅玉成	男	矿区小南坑小学校	常冬梅	女	矿区桃南路小学校
何玉芳	女	矿区洪城河小学校	厉文红	女	矿区平潭街小学校
刘　峤	男	矿区大井小学校	刘慧敏	女	矿区马家坪小学校
王建亮	男	矿区段家背小学校	黄建芳	女	矿区刘家垴小学校
王新丽	女	矿区桥头小学校	陈晓芳	女	矿区小河滩小学校
王翠萍	女	矿区亚美小学校	李润清	女	矿区新蕾幼儿园
弓忠明	男	矿区教育局督导室	梁永芳	女	矿区教育局
郭月琴	女	矿区教育局	—	—	—

八、区级立功个人

2005年矿区区级立功个人名表

表 6-53

姓名	性别	工作单位	姓名	性别	工作单位
一等功					
赵泉祥	男	矿区环卫处	向永碧	女	矿区平潭街街道办事处平潭东社区
赵云平	男	矿区公安分局红岭湾派出所	尚锦榜	男	矿区检察院
仇怀俊	男	矿区人民法院	张　涌	男	矿区地税局
荆春来	男	矿区国税局	闫　月	女	阳煤集团多种经营总公司
韩全生	男	阳泉市顺达出租汽车有限公司	董中华	男	中国农业银行阳泉市矿区支行
二等功					
张东巧	女	矿区赛鱼街道办事处	李珍双	男	矿区蔡洼街道办事处
冯爱华	女	矿区平潭街街道办事处洪城河社区	付兰英	女	矿区桥头街道办事处
韩莲枝	女	矿区沙坪街道办事处里沙坪社区	王建萍	女	矿区贵石沟街道办事处枣岭山社区
陈贵萍	女	矿区财政局	雷保海	男	矿区公安分局刑警大队
陶中华	男	矿区纪检委	任　明	男	矿区城管执法大队
任俊文	男	阳煤集团一矿多营总公司	李建林	男	阳煤集团二矿多营总公司
杨彦斌	男	阳煤集团多种经营总公司	白姝芳	女	工商银行北大街支行
杨秉军	男	山西省通讯公司阳泉市矿区分公司	郑明亚	男	阳泉市亚昊经贸有限公司
王海瑜	男	阳煤集团多种经营总公司	杜志刚	男	阳泉新鑫科技研究所
刘振祥	男	矿区赛鱼市场个体户	张晓丽	女	矿区区委通讯组

2007年矿区区级立功个人名表

表 6-54

姓名	性别	工作单位	姓名	性别	工作单位
一等功					
涂庆福	男	矿区桥头街道桥头社区	王超美	女	阳泉市第十二中学校
续雅红	女	矿区小南坑小学校	余利民	男	矿区国税局
翟文斌	男	矿区地方税务局	闫永红	男	阳泉市工商局矿区分局
赵金柱	男	阳泉市公安局矿区分局	穆计明	男	矿区人民检察院
荆构祥	男	矿区残联	闫　月	女	阳煤集团多种经营总公司
二等功					
王建萍	女	矿区赛鱼街道大垴沟社区	郭永金	男	阳泉市第十七中学校
陆秀荣	女	女矿区平潭街小学校	冯仙荣	女	矿区妇幼保健院
蔺存义	男	矿区济民诊所	张　治	男	矿区金利得商行
王增铁	男	矿区公安分局刑警大队	杨志业	男	矿区人民法院执行局
高　倩	女	矿区城市管理行政执法分局	赵素文	男	阳泉市丰源矿山化工有限公司

2009 年矿区区级立功个人名表

表 6-55

姓　名	性别	工　作　单　位	姓　名	性别	工　作　单　位
一　等　功					
王保银	男	矿区沙坪街道办事处	王铁锁	男	矿区公安分局赛鱼派出所
王红莲	女	矿区红岭湾小学校	李满红	男	矿区管件厂
张忠玉	男	矿区审计局	范海萍	女	矿区平潭街卫生服务中心
李硕富	男	矿区李硕富诊所	穆聪明	男	阳泉新华茂截齿有限公司
李景荣	男	矿区桥头街道办事处西马家坪社区	王建青	男	矿区检察院
二　等　功					
杨素生	男	矿区国税局	刘世平	男	矿区贵石沟街道办事处
赵海芳	女	矿区贵石沟街道水滩社区	曹彦青	男	矿区建设局
袁晋梅	女	矿区区委政法委	乔　勇	男	矿区区委办公室
冯秀玲	女	矿区财政局	陆纯亮	男	阳泉市顺达出租汽车公司
赵素文	男	阳泉市丰源矿山化工有限公司	徐生郎	男	山西欣通建筑工程有限责任公司

2011 年矿区区级立功个人名表

表 6-56

姓　名	性别	工　作　单　位	姓　名	性别	工　作　单　位
一　等　功					
彭桂香	女	阳泉市桥泰商贸有限责任公司	王希田	男	矿区人口和计划生育局
王六九	男	矿区公安分局赛鱼派出所	贾权玉	男	矿区绿化养护大队
康晋慧	女	阳泉市第十八中学	王丽红	女	矿区刘家垴小学
穆聪明	男	阳泉市新华茂截齿有限公司	张海军	男	阳泉市工商局矿区分局经侦检大队
张惠英	女	矿区环境卫生管理处	王林启	男	矿区城市管理行政执法大队
二　等　功					
李兆婷	女	矿区小南坑小学	王海丽	女	矿区蔡洼街道办事处
焦　健	男	矿区政府办公室	张旭华	女	矿区平潭街小学
李金莲	女	阳泉市第十六中学	张晓丽	女	《阳泉矿区》编辑部
高爱英	女	矿区卫生局卫生监督所	张谡明	男	矿区统计局
韩丽峰	男	矿区经济商务信息化局	孙竹屏	男	矿区审计局

2013 年矿区区级立功个人名表

表 6–57

姓　名	性别	工　作　单　位	姓　名	性别	工　作　单　位
一　等　功					
刘海明	男	矿区机关事务管理局	韩全生	男	阳泉市顺达出租汽车有限公司
贾完根	男	矿区地税局	辛红兵	男	矿区人大常委会
张素林	男	矿区区委党校	王旭东	男	阳泉丛鑫橡胶制品有限责任公司
刘继芳	女	矿区刘家垴小学校	张亚平	女	阳泉市第十二中学
王　丽	女	矿区蔡洼街道菜东社区	王建萍	女	矿区赛鱼街道办事处

附　　录

附录收入五部分内容。第一部分《模范立功单位(集体)名录》,收入矿区全国、省、市、区各级模范单位(集体)和立功集体名录。第二部分《重要文件辑存》,收入矿区区委、区政府、阳泉市总工会、矿区总工会历年来有关工会工作具有重要历史意义的文件15件。第三部分《报告讲话选编》,收入矿区总工会历次代表大会工作报告和有关领导讲话14件。第四部分《典型经验选录》,收入有关集体典型经验介绍和个人事迹报道4件。第五部分《阳泉工人画简介》,收入介绍具有历史意义的“阳泉工人画”的文章4篇。

一、模范立功单位(集体)名录

(一)模范单位(集体)名录

1.山西省模范单位(集体)名录

1982 年

阳泉矿务局工程处、阳泉矿务局一矿通风区、阳泉矿务局一矿北丈八采煤一队、阳泉矿务局二矿西四尺综采二队、阳泉矿务局三矿一号井采煤二队、阳泉矿务局工程处建井三工区五七队、阳泉矿务局二矿集体所有制管理科、商业局四矿桥头蔬菜商店

1986 年

阳泉矿务局一矿北丈八一队、阳泉矿务局工程处五七掘进队、阳泉矿务局机厂综合服务公司

1989 年

阳泉矿务局、阳泉矿务局工程处五七掘进队

1992 年

阳泉矿务局机电修配厂、阳泉矿务局四矿生产区综采二队、阳泉矿务局工程处矿建工区五七队一班、矿区计划生育委员会

1995 年

阳泉矿务局二矿多营总公司恒轩机械厂、阳泉矿务局四矿综采二队、阳泉矿务局一矿工程区二队一班

1998 年

阳煤集团四矿、阳泉市自来水公司、阳泉矿务局二矿西丈八区

2001 年

阳煤集团一矿、山西兆丰铝业有限公司、阳泉市公安局矿区分局

2004 年

阳煤集团一矿

2007 年

阳泉煤业(集团)有限责任公司

2010 年

阳泉煤业(集团)有限责任公司

2014 年

阳泉煤业(集团)有限责任公司三矿、阳泉煤业(集团)有限责任公司一矿综采五队

2.阳泉市模范单位(先进集体)名录

1980年

模范集体 阳泉矿务局一矿、矿务局水泥支架厂、矿区弹簧厂、一矿北头咀井、一矿北四尺采煤三队、一矿选煤厂选煤队、一矿通风区三队、二矿小南坑一队、二矿西四尺井采煤二队、二矿东四尺井采煤三队、二矿工程区三队、三矿一号井采煤四队、三矿工程区三九队、三矿二号井食堂、三矿材料科修旧利废队、四矿二井三队、四矿通风区一队、矿务局工程处运输队、矿务局工程处五七掘进队、矿务局机修厂电修车间、矿务局机关董存瑞幼儿园、饮食公司二矿饭店、食品厂赛鱼酿造车间、粮食局矿区二矿粮店

先进集体 矿务局化工厂、矿务局石厂、一矿黄石板井、一矿北四尺井、一矿通风区、一矿选煤厂、一矿生产技术科、一矿计划科、一矿供应科、一矿中学、一矿黄石板井采煤一队、一矿北丈八井采煤四队、一矿北头咀井采煤一队、一矿北头咀井采煤二队、一矿北头咀井采煤三队、一矿北四尺井采煤一队、一矿工程区二队、一矿工程区四队、一矿工程区五队、一矿北头咀掘进队一组、一矿黄石板井运输队、一矿工程区运输队、一矿选煤厂运输队、一矿北四尺机电队、一矿工程区机电队、一矿机电科机械化队、一矿选煤厂装车队、一矿通风区一队、一矿通风区二队、一矿北四尺井食堂、一矿工程区食堂、一矿材料供应科仓库管理组、一矿综合利用科矸石砖厂、一矿总务科托幼园、二矿东四尺井、二矿计统科、二矿农林场、二矿西四尺井采煤五队、二矿东四尺井掘进队、二矿基建区机电队、二矿运销科卸矸队、二矿东四尺井运销队、二矿食堂、二矿总务科福利组新澡塘、二矿供应科搬卸中心组、二矿总务科托儿组、三矿工程区、三矿二号井一队、三矿竖井采煤六队、三矿工程区三四队、三矿工程区运输队、三矿一号井机电队、三矿工程区机电队、三矿机电科修配队、三矿机电科维运队、三矿选煤厂检质队、三矿通风区四队、三矿一号井食堂、三矿四尺煤食堂、三矿综合科砖厂、三矿一号井维护队、三矿农林场、四矿二井、四矿综采区二队、四矿二井掘进队、四矿运销科检质队、四矿运销科四队、四矿二井基建队、四矿总务科大食堂、四矿供应科修旧工段、四矿土建队、四矿工程区六七队、四矿一井掘进二组、矿务局工程处土建队、矿务局工程处五五队、矿务局工程处矿建工区七四二队、矿务局工程处矿建工区机运一队、矿务局过程机电队水暖二组、矿务局工程处机电队变电二组、矿务局工程处机电队铆工组、矿务局工程处土建队食堂、矿务局工程处机电队材料科、矿务局工程处供应科电锯组、矿务局工程处辅属队预制组、矿务局工程处土建队架工组、矿务局工程处学校一二三年级教研组、矿务局机修厂锻铆车间、矿务局机修厂动力科制氧组、矿务局机修厂木铸车间电炉组、矿务局机修厂联合车间三组、矿务局机修厂锻铆车间锚链组、矿务局机修厂工具车间热处理组、矿务局机修厂检查科化验室、矿务局机修厂农林场、矿务局生产处运输科、矿务局保卫处治安科、矿务局洪城河小学校、矿务局节约修配厂电工组、矿务局总务科公路工程队、矿务局矿山救护队、矿务局化工厂值勤班、四矿运销科二队、四矿运销科三队、矿务局医院小儿科、矿务局医院妇产科、自来水公司发水三班、蔬菜公司四矿坑口门市部、食品公司矿区商店一矿门市部、粮食局矿区管理所

1981 年

模范集体 阳泉矿务局、矿区弹簧厂、矿务局一矿、矿务局工程处、矿务局通风处、一矿北头咀井、一矿工程处、一矿机电科、一矿材料供应科、一矿北丈八井采煤一队、一矿北头咀井采煤四队、一矿通风区一队、二矿运输科、二矿西四尺井采煤三队、三矿一号井、三矿裕公井硬骨头采煤二队、三矿工程区二九队、三矿一号井机电队、三矿二号井食堂、四矿二采区掘进队、四矿二采区采煤三队、四矿通风区一队、矿务局工程处矿建三区五七队、矿务局机修厂电修车间、饮食公司二矿饭店

先进集体 一矿北四尺井、一矿通风区、一矿选煤厂、一矿综合利用科、一矿保卫科、一矿煤质科、一矿生产技术科、一矿地质科、一矿北头咀井采煤三队、一矿北头咀井掘进一队、一矿北头咀井运输队、一矿北四尺井采煤二队、一矿北四尺井掘进二队、一矿北四尺井食堂、一矿北四尺井机电队、一矿北丈八井采煤五队、一矿北丈八井掘进队、一矿工程区二队、一矿工程区四队、一矿工程区五队、一矿通风区二队、一矿机电科修配队、一矿机电科机械化检修队、一矿选煤厂装车队、一矿选煤厂运输队、一矿总务科幼儿园、一矿基本建设科、综合服务公司一矿管理科、一矿北丈八井基建队、二矿西四尺井、二矿小南坑、二矿工程区、二矿基建区、二矿通风区、二矿生产科、二矿基建科、二矿保卫科、二矿计统科、二矿管理科、二矿西四尺井采煤一队、二矿基建区机电队、二矿选煤厂选煤队、二矿总务科新澡塘、三矿工程区、三矿裕公井、三矿材料科、三矿生产技术科、三矿裕公井运输队、三矿一号井采煤四队、三矿一号井掘进队、三矿一号井食堂、三矿裕公井掘进队、三矿竖井采煤六队、三矿通风区二队、三矿运输科下料队、三矿机电科供电队、三矿材料科修旧队、三矿基建科土建队、三矿财务科、四矿一采区、四矿安全监察站、四矿总务科大食堂、四矿总务科茶炉组、四矿运销科四队、四矿工程区机电科、四矿工程区六七队、四矿一采区采煤三队、四矿机电科、矿务局工程处预制厂、预制组、矿务局工程处矿建二工区机电队铁工组、矿务局工程处机电工区送电一组、矿务局工程处材料科电锯组、矿务局工程处运输队汽车一小队、矿务局工程处建筑工区食堂、矿务局工程处建筑工区马金才瓦工组、矿务局工程处矿建一工区头灯房、矿务局工程处矿建一工区五六队、矿务局工程处机电工区铆工组、矿务局工程处建筑工区、矿务局工程处矿建三工区、矿务局工程处运输队、矿务局工程处安全质量检查科、矿务局工程处矿建二工区、矿务局机修厂木铸车间电炉组、矿务局机修厂铸工五组、矿务局机修厂联合车间一组、矿务局机修厂动力科制氧组、矿务局机修厂检查科化验室、矿务局机修厂工具车间热处理组、矿务局机修厂液压车间二组、矿务局机修厂锻工车间二组、矿务局水泥厂粉磨车间、矿务局水泥厂煤成车立窑二组、矿务局石厂一工区五组、矿务局石厂二工区、矿务局石厂二工区七组、矿务局化工厂生产车间、矿务局节约修配厂铁工组、矿务局节约修配厂加工车间、矿务局砖厂机电组、矿务局砖厂制坯二组、矿务局医院小儿科、矿务局医院内科三组、矿务局机关董存瑞幼儿园、矿务局救护队、矿务局一中初中语文组、矿务局保卫处治安科、矿务局机关五七科

1982年

十三面红旗 一矿北丈八井采煤一队、二矿西四尺井综采二队、三矿一号井采煤二队、三矿二号井食堂、矿务局工程处矿建五七队、二矿集体所有制管理科

模范集体 矿务局四矿、矿务局工程处、一矿通风区、一矿工程区五队、一矿北头咀井通风队、二矿选煤厂、二矿小南坑采煤一队、三矿一号井、三矿二号井综采二队、三矿一号井掘进五组、四矿二采区二队、矿务局工程处运输队、矿务局通风处、饮食公司二矿饭店、蔬菜公司桥头商店、矿区弹簧厂

先进集体 矿务局一矿、一矿工程区、一矿北丈八井、一矿北头咀井机采队、一矿北头咀井采煤四队、一矿北四尺井采煤一队、一矿北四尺井采煤二队、一矿北四尺井采煤三队、一矿工程区四队、一矿北丈八井运输队、一矿煤质科、一矿维运区、一矿四尺煤食堂、一矿中学、矿务局二矿、二矿小南坑、二矿西四尺井、二矿工程区、二矿小南坑采煤三队、二矿西四尺井掘进二组、二矿工程区二队、二矿通风区二队、二矿运输科、二矿维运区修配队、二矿基建科、二矿托幼园、矿务局三矿、三矿二号井、三矿竖井、三矿裕公井、三矿工程区、三矿财务科、三矿工程区三二队、三矿一号井采煤四队、三矿工程区二七队、三矿工程区三〇队、三矿通风区二队、三矿一号井运输队、三矿选煤厂检质队、三矿一号井机电队、三矿材料科、三矿四尺煤集体宿舍楼服务组、四矿通风区、四矿运输区二队、四矿工程区机电队、四矿选煤厂装车队、四矿总务科班中餐食堂、四矿科技科、矿务局工程处矿建一工区、矿务局工程处矿建二工区七一队、矿务局企业处水泥预制厂、矿务局企业处节约修配厂、矿务局企业处石厂、矿务局机电修配厂电修车间、矿务局机电修配厂联合车间、矿务局机电修配厂管理科、矿务局医院小儿科、商业局医院、粮食局二矿粮店、矿区五金厂、矿区钢木制品厂制架组、矿区赛鱼街道办事处新建居委会

1983年

模范集体十面红旗 一矿北丈八井采煤一队、一矿北头咀井采煤一队、三矿一号井采煤二队、三矿二号井食堂

模范集体 一矿北头咀井、一矿北头咀井机电队、一矿工程区、一矿工程区五队、一矿工程区二队、一矿通风区三队、一矿选煤厂、一矿选煤厂选煤队一矿选煤厂装车队、一矿北四尺井食堂、一矿总务科班中餐食堂、二矿小南坑、二矿小南坑采煤一队二矿工程区、二矿基建区五六队、二矿新澡塘、二矿托幼园、三矿一号井采煤四队、三矿裕公井采煤二队、三矿一号井掘进队五组、三矿裕公井、三矿一号井采煤三队、三矿工程区三二队、三矿工程区、三矿材料科修旧利废队、三矿二号井标准化宿舍、矿务局工程处矿建一工区、四矿科技科、矿务局机电修配厂金工车间、矿务局节约修配厂锻铆车间、矿务局救护队、阳泉发电厂、蔬菜公司桥头商店、饮食公司二矿饭店、粮食局二矿粮店、矿区桥头小五金厂、矿区弹簧厂缠簧组、二矿综合服务公司

先进集体 一矿北四尺井一队、一矿北四尺井采煤二队、一矿北头咀井采煤四队、一矿工程区三队、一矿北丈八井掘进队、一矿机电科机械化队、一矿北头咀井运输

队、二矿西四尺井采煤一队、二矿西四尺井、二矿通风区二队、二矿运输科五队、二矿小南坑采煤二队、二矿维运区修配队、三矿二号井采煤一队、三矿竖井机电队、三矿竖井采煤一队、三矿竖井采煤四队、三矿选煤厂装车队、三矿一号井机电队、三矿运输科运输三队、三矿通风区四队、三矿小学、三矿总务科二号井澡塘、三矿材料供应科、三矿工程区二九队、三矿维运区供电队、三矿团委会、四矿一区采煤三队、四矿工程区、四矿安全科、四矿通风区、四矿选煤厂、矿务局工程处矿建三工区五七队、矿务局工程处农管对、矿务局工程处机电工区安装工段、矿务局工程处建筑工区食堂、矿务局工程处运输队汽运小二队、矿务局机电修配厂工具车间、矿务局企业处节约修配厂、矿务局企业处水泥厂、矿务局企业处水泥厂汽车队、矿务局医院结核科、矿务局一中物理教研组、矿务局运输处生产二队、矿区赛鱼街道办事处新工房居委会、矿区沙坪街道办事处综合厂橡胶制品组、矿务局一矿综合服务公司、矿务局三矿服务公司、矿务局机电修配厂管理科

1986 年

先进集体标兵 矿务局工程处五七掘进队、一矿北丈八井综采一队、矿务局机厂综合服务公司

先进企业 矿务局二矿、四矿、矿务局第三工程处、矿务局机电修配厂、阳泉发电厂、电石厂、矿区钢窗厂

先进集体 一矿北丈八井、一矿北头咀井采煤三队、一矿通风区四队、一矿工程区二队、一矿总务科班中餐食堂、一矿北四尺井采煤一队、一矿机电科机械化队、一矿矸石砖厂、二矿西四尺井、二矿工程区、二矿通风区、二矿运输科、二矿选煤厂、二矿西四尺井综采三队、二矿西四尺井综掘队、二矿小南坑采煤四队、二矿总务科托幼园、三矿竖井、三矿裕公井、三矿机电科、三矿一号井采煤三队、三矿一号井机电管理组、三矿一号井运输队、三矿二号井采煤一队、三矿竖井采煤四队、三矿裕公井采煤二队、三矿工程区二八队、三矿通风区竖井通风队、四矿一区综采三队、四矿机电科、四矿安监处、四矿总调度室、四矿通风处、四矿综采一队、四矿二采区、四矿选煤厂、五矿公安科、五矿通风区、矿务局工程处七五掘进队、矿务局工程处机电工区、矿务局工程处财务科、矿务局工程处地测科、矿务局第二工程处矿建工区三队、矿务局第二工程处矿建工区三二队、矿务局第二工程处机电工区安装队、矿务局第三工程处矿建五队、矿务局第三工程处机电科、矿务局机场工具车间、矿务局机厂金工车间、矿务局机厂支柱装配车间、矿务局企业处化工厂生产车间、矿务局企业处水泥厂回转窑车间、矿务局企业处节修厂锻铆车间、矿务局总调度室、矿务局救护队、矿务局劳动工资处、矿务局党委宣传部、矿务局基本建设处、矿务局财务处生产财务科、四矿段家背小学校、矿务局一中、矿务局公安处、蔬菜公司二矿商店、饮食服务公司二矿饭店、矿区沙坪街道办事处矿南居委会

1989 年

模范集体标杆 阳泉矿务局、阳泉电石厂、矿务局工程处矿建工区五七队

模范企业(单位) 矿务局二矿、矿务局第二工程处、矿务局机电修配厂、矿务局工会、矿区钢窗厂、矿区钢木制品厂

模范集体 一矿选煤厂、一矿工程区二队、一矿北丈八井二队、一矿北四尺二队、一矿工会、一矿计划生育办公室、一矿调度室、一矿维运区头灯队、一矿幼托园、一矿通风区四队、一矿北头咀井运输队、二矿计划统计科、二矿工会、二矿西四尺井、二矿工程区、二矿建筑工区、二矿西四尺综采三队、二矿东丈八三队、二矿西丈八综掘队、二矿通风区三队一班、三矿竖井、三矿通风区、三矿选煤厂、三矿总务科、三矿材料供应科、三矿一号井采煤四队、三矿二号井综采二队、三矿竖井四队、三矿竖井五队、三矿裕公井采煤二队、三矿裕公井采煤三队、三矿工程区二九队、三矿工程区三五队、四矿生产区综采二队、四矿工程区、四矿生产区综采一队一班、四矿工会、四矿通风区、四矿安监处、五矿劳资科、五矿六号层采煤二队、五矿安监处、矿务局工程处矿建工区、矿务局工程处材料科、矿务局工程处矿建工区七五掘进队、矿务局工程处机电工区外钳二组、矿务局工程处矿建一工区、矿务局第二工程处二工区三队、矿务局第三工程处直属土建二队、矿务局第三工程处机电工区安装队、矿务局机电修配厂液压车间、矿务局企业处砖厂、矿务局企业处水泥厂回转窑车间、矿务局医院内科、矿务局教师进修学校、矿务局生产技术处、矿务局通风处、矿务局选煤运销处、矿务局林业处、矿务局矿山救护队、电石厂电炉车间、蔬菜公司二矿综合商店、矿区粮油供应公司二矿粮店、四矿劳动服务公司截齿厂、矿务局机厂综合服务公司、矿区平潭街街道办事处洪一区居委会

1992 年

模范集体标杆 四矿生产区综采二队、矿区计划生育委员会

模范企业(单位) 矿务局一矿、二矿、四矿、矿务局机电修配厂、矿务局工程处、矿区钢窗厂

模范集体 一矿选煤厂、一矿北四尺井、一矿北丈八井七四队、一矿工程区二队、二矿运输科、二矿西四尺综掘一队、二矿西四尺综采三队、二矿西丈八综采四队、三矿材料供应科、三矿裕公井采煤一队、三矿工程区二九队、三矿竖井五队一班、四矿通风区、四矿高档一队、四矿生产区综采二队检修班、五矿小井采煤二队、矿务局工程处矿建工区五七掘进队、矿务局工程处二工区五五队、矿务局第二工程处矿建二工区、矿务局第三工程处土建四队、蔬菜公司二矿综合商店、四矿段家背小学校、三矿综合服务公司、四矿综合服务公司截齿厂、市金融系统印刷厂

1995 年

模范集体 阳泉发电厂锅炉检修回转班、矿务局机电总厂、矿务局第三工程处、矿务局综合工程公司、矿务局交通运输总公司客运公司、四矿华茂截齿有限公司、一矿工程区二队、一矿北丈八井综采四队检修班、二矿东丈八区综采六队、二矿西丈八区综采四队四班、三矿工程区六队、三矿竖井综采五队三班、四矿高档队三班、五矿小井三队四班、矿务局工程处矿建二工区五五掘进队、阳泉物资再生利用总公司、矿区钢窗厂、矿区百货大楼鞋业化妆品专营商场、蔬菜公司矿区菜市场综合组、四矿段家

背小学校、矿务局医院内科、二矿多种经营总公司、阳泉发电厂劳动服务公司运输班

1998 年

模范单位 阳煤集团二矿、阳煤集团第三工程处、阳煤集团机电总厂、阳煤集团多种经营总公司、阳泉电石有限责任公司、物资再生利用总公司、矿区钢窗厂

模范集体 阳煤集团教育处、一矿北头咀井、二矿西丈八区综四队、三矿通风区、四矿安监处、五矿生活服务公司

2001 年

模范单位(集体) 阳煤集团一矿、新景矿、阳泉华越机械有限责任公司、阳煤集团发供电总公司、山西太行建筑安装有限公司、二矿丈八区综采六队、四矿综采二队、新景矿综掘一队、阳泉电器厂有限责任公司销售公司、物资再生利用总公司沙江酒家、工商银行阳泉分行石卜咀办事处、阳煤集团三矿中学、矿区沙坪街道办事处桥南园社区居委会、矿区平潭街街道办事处苹果园社区居委会

2004 年

模范单位 阳煤集团二矿、阳煤集团发供电分公司、一矿工程区二队、一矿北丈八井综采五队、二矿西四尺区、三矿机电科、四矿华鑫机电分公司、山西宏厦建筑工程公司第三有限公司杨洪良项目部、新景矿洗煤厂、阳泉华越机械有限责任公司机械制造厂、矿区国家税务局计会股、矿区蔡洼街道办事处蔡东社区居委会

2007 年

模范单位(集体) 矿区桥头小学校、矿区城市管理行政执法大队、阳泉市公安局矿区分局禁毒大队

2010 年

模范单位(集体) 阳煤集团华越机械有限公司、阳煤集团煤层气开发利用分公司、阳煤集团寿阳开元矿业有限责任公司、矿区环境保护局、阳煤集团一矿采煤工区综采五队、阳煤集团二矿丈八区、阳煤集团三矿总调度室、山西新景矿煤业有限责任公司综掘二队、山西平舒煤业有限公司综采一队、阳煤集团有限责任公司生产技术部、阳煤集团矿山救护大队三中队、山西三来食品有限公司全粉厂三车间、阳泉市公安局矿区分局蔡洼派出所

2014 年

模范单位 矿区小南坑小学校

3.矿区模范单位(集体)名录

1987 年(42 个)

模范集体 矿区桥头街道办事处、矿区公安分局、矿区钢木制品厂、矿区税务局、矿区平潭街小学校、矿区钢窗厂、矿区赛鱼办事处劳动服务公司、矿区沙坪办事处锻压厂、矿区平潭街办事处洪城河一区居委会、矿区蔡洼办事处小南坑中区居委会

先进集体 矿区党委办公室、矿区经济委员会、矿区财政局、矿区法律顾问处、矿

区公安分局刑警队技术组、矿区公安分局桥头派出所、矿区检察院刑事检察科、矿区法院刑事审判庭、矿区税务局桥头税务所、矿区福利公司食品厂面包组、矿区弹簧厂弹簧车间、矿区五金电器厂技术科、矿区矿灯厂供销科、矿区沙坪办事处、矿区沙坪办事处百货商店、矿区沙坪办事处桥南园居委会、矿区赛鱼办事处利民服装厂、矿区赛鱼办事处糖果冷饮厂生产车间甲班、矿区赛鱼办事处南楼西居委会、矿区赛鱼街道办事处新工房居委会、矿区赛鱼办事处服务公司卫生队、矿区蔡洼办事处锻压厂、矿区蔡洼办事处百货商店、矿区蔡洼办事处简子沟居委会、矿区桥头办事处泰康食品厂、矿区桥头办事处桥东居委会、矿区桥头办事处向阳南居委会、矿区桥头办事处服务公司综合商店、矿区平潭街办事处洪城河三区居委会、矿区平潭街办事处食品厂、矿区平潭街办事处砖厂制坯车间、矿区平潭街办事处服务公司综合服务站

1988年(39个)

先进集体 矿区人民武装部、矿区区委办公室、矿区区委宣传部、矿区纪律检查委员会办公室、矿区妇女联合会、矿区体育运动委员会、矿区物价局、矿区劳动服务公司、矿区爱国卫生运动委员会办公室、矿区税务局、矿区工商行政管理局、矿区计划生育委员会、矿区文化馆、矿区律师事务所、矿区检察院刑事检查科、矿区法院民事审判庭、矿区公安分局刑警队、矿区公安分局红岭湾派出所、矿区公安分局桥头派出所、矿区桥头街道办事处

"双增双节"先进集体 矿区钢木制品厂、矿区矿灯厂组装组、矿区蔡洼锻压厂、矿区工矿配件铸锻厂、矿区钢窗厂、矿区钢木厂门市部、矿区赛鱼服务公司收废组

先进居民委员会 矿区沙坪办事处中沙坪东区居民委员会、矿区沙坪办事处桥南园居民委员会、矿区沙坪办事处沙沟东坡居民委员会、矿区蔡洼办事处东区居民委员会、矿区蔡洼办事处中区居民委员会、矿区赛鱼办事处南楼西区居民委员会、矿区赛鱼办事处前沙坪居民委员会、矿区桥头办事处马南居民委员会、矿区桥头办事处桥东区居民委员会、矿区平潭街办事处洪城河三区居民委员会、矿区平潭街办事处洪城河一区居民委员会、矿区贵石沟办事处小河滩居民委员会

1989年(42个)

先进集体 矿区区委组织部、矿区总工会、矿区财政局、矿区工商局、矿区税务局、矿区公安分局、矿区城环局、矿区计划生育委员会、矿区劳动服务公司、矿区桥头办事处、矿区公安分局红岭湾派出所、矿区公安分局蔡洼派出所、矿区律师事务所、矿区法院民事审判庭、矿区新蕾幼儿园、矿区检察院刑事检察科、矿区钢木制品厂、矿区工商局赛鱼市场管理所、矿区钢窗厂、矿区泰康食品厂、矿区建筑工程公司、矿区钢木制品厂制架车间、矿区综合服务站、矿区五金电器厂五金组、矿区肉类加工厂旅店、矿区赛鱼利民服装厂、矿区平坦服务站、矿区蔡洼服务公司日杂商店、矿区沙坪针织服装厂、矿区卫生防疫站、矿区贵石沟新桥综合商店门市部、矿区沙坪办事处中沙坪东居委会、矿区沙坪办事处桥南园第一居委会、矿区贵石沟办事处小河滩居委会、矿区桥头办事处马南居委会、矿区桥头办事处段西沟居委会、矿区蔡洼办事处南区居委

会、矿区蔡洼办事处东四尺居委会、矿区平潭街办事处洪城河三区居委会、矿区平潭街办事处洪城河一区居委会、矿区赛鱼办事处新建居委会、矿区赛鱼办事处前沙坪居委会

1990 年（43 个）

先进集体 矿区沙坪办事处、矿区桥头办事处、矿区钢木制品厂、矿区公安分局、矿区税务局、矿区工商行政管理局、矿区区委宣传部、矿区经委、矿区档案局、矿区财政局、矿区计划生育委员会、矿区妇女联合会、矿区劳动服务公司、矿区赛鱼利民服装厂、矿区法院刑事审判庭、矿区武装部军事科、矿区检察院刑事审判检察科、矿区防疫站、矿区钢窗厂、矿区泰康食品厂、矿区新蕾幼儿园、矿区公安分局政保科、矿区律师事务所、矿区沙坪针织服装厂、矿区贵石沟劳动服务公司、矿区工商局赛鱼市场管理所、矿区平潭街综合服务站、矿区蔡洼街道办事处日杂商店、矿区弹簧厂销售科、矿区五金电器厂供销科、矿区肉类加工厂卫生所、矿区钢木制品厂门市部、矿区沙坪街道办事处桥南一居委会、矿区沙坪街道办事处沙沟一居委会、矿区赛鱼街道办事处大楼居委会、矿区赛鱼街道办事处河口一区居委会、矿区蔡洼街道办事处蔡洼二区居委会、矿区蔡洼街道办事处小南坑居委会、矿区桥头街道办事处向阳南区居委会、矿区桥头办事处段西沟居委会、矿区平潭街街道办事处洪一区居委会、矿区平潭街街道办事处西山居委会、矿区贵石沟街道办事处枣岭山居委会

1991 年（44 个）

红旗单位 矿区弹簧厂、矿区钢窗厂、矿区沙坪街道办事处、矿区公安分局马家坪派出所、矿区统计局、矿区税务局、矿区平潭街小学、矿区平潭街街道办事处洪城河三区居委会

先进集体 矿区沙坪街道办事处针织服装厂、矿区蔡洼街道办事处缝洗组、矿区赛鱼街道办事处利民服装厂、矿区泰康食品厂、矿区建材厂、矿区造纸厂、矿区工艺制品厂缝纫车间、矿区矿灯厂组装车间、矿区钢木制品厂、矿区肉类加工厂旅店、矿区检察院刑事审判检察科、矿区检察院经济检察科、矿区法院刑事审判庭、矿区税务局桥头税务所、矿区工商行政管理局、矿区卫生院、矿区区委政法委员会、矿区人民武装部、矿区总工会、矿区司法局、矿区公安分局赛鱼派出所、矿区政府办公室、矿区计划生育委员会办公室、矿区经济委员会、矿区劳动服务公司、矿区沙坪街道办事处劳动就业服务站、矿区沙坪街道办事处桥南园一区居委会、矿区沙坪街道办事处中沙坪西区居委会、矿区蔡洼街道办事处小南坑南区居委会、矿区蔡洼街道办事处蔡洼二区居委会、矿区赛鱼街道办事处新建居委会、矿区赛鱼街道办事处河口一区居委会、矿区桥头街道办事处王岩沟西区居委会、矿区桥头街道办事处桥东街居委会、矿区平坦街街道办事处洪城河一区居委会、矿区贵石沟街道办事处枣岭山居委会

1992 年（53 个）

红旗单位 矿区钢木制品厂、矿区钢窗厂、矿区赛鱼街道办事处、矿区计划生育委员会、矿区税务局、矿区公安分局红岭湾派出所、矿区工商局赛鱼工商行政管理所、矿

区新蕾幼儿园、矿区劳动服务公司综合服务站、矿区平潭街办事处洪城河三区居委会

先进集体 矿区沙坪街道办事处、矿区沙坪针织服装厂、矿区沙坪百货商店、矿区沙坪街道办事处桥南园一区居委会、矿区沙坪街道办事处中沙坪西区居委会、矿区蔡洼锻压厂、矿区蔡洼街道办事处一区居委会、矿区蔡洼街道办事处南区居委会、矿区赛鱼街道办事处利民服装厂、矿区赛鱼第三食品厂、矿区赛鱼街道办事处前沙坪居委会、矿区赛鱼街道办事处虎尾沟居委会、矿区桥头街道办事处废品收购站、矿区桥头街道办事处桥西区居委会、矿区桥头街道办事处段西沟二区居委会、矿区平潭街理发馆、矿区平潭街街道办事处马西区居委会、矿区平潭街街道办事处苹果园二区居委会、矿区贵石沟街道办事处劳动就业服务站、矿区贵石沟街道办事处苏村楼二区居委会、矿区总工会、矿区武装部民兵装备仓库、矿区人大办公室、矿区政协工作组活动协调委员会、矿区纪律检查委员会办公室、矿区区委组织部、矿区经委、矿区科委、矿区审计局、矿区工商局、矿区工商局红岭湾管理所、矿区卫生防疫站、矿区公安分局办公室、矿区公安分局赛鱼派出所、矿区检察院刑事检察科、矿区法院刑事审判庭、矿区司法局、矿区弹簧厂、矿区五金电器厂、矿区复合包装厂、矿区豆制品厂缝纫组、矿区弹簧厂弹簧车间、矿区矿灯厂总装车间

1993 年(55 个)

红旗单位 矿区钢窗厂、矿区弹簧厂、矿区赛鱼劳动服务公司、矿区税务局、矿区工商局赛鱼管理所、矿区计划生育委员会、矿区平潭街小学校、矿区公安分局蔡洼派出所、矿区沙坪街道办事处桥南园一区居委会、矿区平潭街街道办事处

特别贡献奖 矿区技术经济顾问组

先进集体 矿区桥头街道办事处、矿区桥头街道办事处桥西居委会、矿区桥头街道办事处段西沟二区居委会、矿区赛鱼街道办事处、矿区赛鱼铸造厂、矿区赛鱼街道办事处如意庄居委会、矿区蔡洼街道办事处、矿区蔡洼管件厂、矿区蔡洼街道办事处六股道居委会、矿区沙坪百货商店、矿区沙坪针织服装厂二车间、矿区平潭街京联服装厂、矿区平潭街建材厂、矿区平潭街理发馆、矿区平潭街街道办事处新建三居委会、矿区贵石沟办事处小河滩一居委会、矿区弹簧厂机电车间、矿区钢木制品厂、矿区钢木制品厂制架车间、矿区复合包装厂、矿区五金电器厂五金车间、矿区豆制品厂豆制车间、矿区区委办公室、矿区区委宣传部、矿区团委、矿区区委通讯组、矿区纪律检查委员会检查室、矿区人大办公室、矿区政协办公室、矿区政府办公室、矿区武装部军事科、矿区司法局、矿区工商局、矿区监察局监察室、矿区残疾人联合会、矿区劳动服务公司、矿区卫生院、矿区统计局、矿区税务局第二税务所、矿区税务局计会股、矿区检察院刑事审判检察科、矿区法院刑事审判庭、矿区公安分局预审科、矿区公安分局政工科

1994 年(47 个)

红旗单位 矿区国税局、矿区工商局经济检查中队、矿区平潭街街道办事处、矿区钢木制品厂、矿区钢窗厂、矿区公安分局赛鱼派出所、矿区妇幼保健站、矿区桥头商

场、矿区沙坪街道办事处桥南园第一居委会

先进集体　矿区桥头街道办事处、矿区桥头废品收购站、矿区桥头街道办事处黄水沟居委会、矿区平潭建材厂、矿区平潭理发馆、矿区平潭京联服装厂、矿区平潭街街道办事处平西路居委会、矿区平潭街街道办事处苹果园第二居委会、矿区赛鱼街道办事处、矿区赛鱼铸造厂、矿区赛鱼陶粒砂厂、矿区赛鱼街道办事处虎尾沟居委会、矿区沙坪百货商店、矿区蔡洼管件厂、矿区蔡洼街道办事处六区居委会、矿区贵石沟劳动就业服务所、矿区华厦实业公司、矿区豆制食品厂工艺车间、矿区弹簧厂销售科、矿区废金属回收公司、矿区区委办公室、矿区人大常委会办公室、矿区政协经济科技委员会、矿区纪检信访室、矿区人民武装部办公室、矿区区委统战部、矿区财政局、矿区审计局、矿区卫生局、矿区经委、矿区科委、矿区工商局、矿区计生委、矿区环卫处、矿区新蕾幼儿园、矿区司法局宣教股、矿区法院沙坪法庭、矿区检察院刑事侦查检察科

1995 年(56 个)

红旗单位　矿区国税局、矿区地税局、矿区公安分局、矿区钢木制品厂、矿区钢窗厂、矿区赛鱼办事处、矿区沙坪办事处劳务站、矿区妇幼站、矿区赛鱼工商所、矿区沙坪办事处桥南园第一居委会

先进集体　矿区人大常委会办公室、矿区政协办公室、矿区区委办公室、矿区政府办公室、矿区区委组织部、矿区区委政法委员会、矿区区直机关党委、矿区桥头街道办事处、矿区沙坪街道办事处、矿区公安分局贵石沟派出所、矿区检察院法纪监察科、矿区法院刑事审判庭、矿区司法局宣教科、矿区武装部军事科、矿区工商局、矿区地税局马家坪税务所、矿区国税局第一税务所、矿区经委、矿区财政局、矿区卫生局、矿区科委、矿区三产办公室、矿区中学、矿区翔达金属复合材料有限公司、矿区豆制食品厂、矿区金属回收公司、矿区弹簧厂销售科、矿区聚丰贸易公司、矿区个体劳动者协会、矿区个体劳动者协会蔡洼分会、矿区平潭理发馆、矿区平潭汽修厂、矿区平潭街道办事处苹果园第二居委会、矿区平潭街街道办事处西河路东居委会、矿区平潭街道办事处新建一区居委会、矿区沙坪百货商店、矿区沙坪针织服装厂、矿区蔡洼理发社、矿区蔡洼日杂店、矿区蔡洼街道办事处六股道居委会、矿区赛鱼陶粒砂厂、矿区赛鱼街道办事处如意庄第一居委会、矿区赛鱼街道办事处新建居委会、矿区桥头街道办事处黄水沟居委会、矿区桥头街道王岩沟西居委会、矿区贵石沟街道水滩一居委会

1996 年

(缺)

1997 年(41 个)

红旗单位　矿区财政局、矿区地税局、矿区蔡洼街道办事处、矿区公安分局蔡洼派出所、矿区检察院审查起诉科、矿区钢木制品厂、矿区房地产开发公司、矿区沙坪百货商场、矿区平潭街办事处苹果园二区居委会、矿区沙坪办事处桥南园第一居委会

先进集体　矿区赛鱼街道办事处、矿区区委宣传部、矿区老干局、矿区总工会、矿区人大办公室、矿区政府办公室、矿区政协办公室、矿区城环局、矿区计生委、矿区国

税局、矿区纪委监委监督室、矿区文化馆、矿区新蕾幼儿园、矿区防疫站、矿区武装部民兵装备库、矿区体委、矿区翔达复合材料公司、矿区钢窗厂、矿区化工矿产品经销部、矿区沙坪理发店、矿区沙坪针织服装厂、矿区赛鱼陶粒砂厂、矿区赛鱼街道办事处南楼东居委会、矿区蔡洼管件厂、矿区蔡洼街道办事处东台居委会、矿区桥头商场、矿区桥头街道办事处段北一区居委会、矿区平潭理发馆、矿区平潭街街道办事处马西居委会、矿区贵石沟街道办事处枣岭山居委会、江苏驻矿区汽修厂

1998 年(43 个)

红旗单位　矿区国税局、矿区地税局、矿区赛鱼街道办事处、矿区公安分局蔡洼派出所、矿区检察院刑事审判检察科、矿区钢窗厂、矿区拆迁办公室、矿区聚丰贸易公司、矿区蔡洼街道办事处社区服务中心、矿区沙坪街道办事处桥南园第一居委会

先进集体　矿区平潭街街道办事处、矿区区委组织部、矿区区委统战部、矿区人大常委会办公室、矿区政协办公室、矿区区委政法委员会、矿区纪委宣教室、矿区财政局、矿区民政局、矿区计划生育委员会、矿区工商分局、矿区审计局、矿区体改委、矿区待业职工管理所、矿区人民武装部民兵装备库、矿区卫生防疫站、矿区平潭旧区危房改造指挥部办公室、矿区翔达复合材料总厂、矿区钢木制品厂、矿区化工矿产运销部、矿区房地产开发公司、矿区平潭理发馆、矿区平潭街街道办事处路东居委会、矿区赛鱼陶粒砂厂、矿区赛鱼街道办事处矿山路中居委会、矿区桥头商场、矿区蔡洼管件厂、矿区蔡洼街道办事处蔡东三居委会、矿区贵石沟街道办事处苏村楼第一居委会、阳泉市顺达出租汽车有限公司、矿区桥头街道办事处王岩沟西居委会、矿区新蕾幼儿园、矿区沙坪针织服装厂

1999 年(43 个)

红旗单位　矿区区委组织部、矿区国家税务局、矿区计划生育委员会、矿区公安分局、矿区司法局基层工作股、矿区桥头街道办事处、矿区赛鱼街道办事处、矿区平潭街道大院西居委会、矿区聚丰股份合作公司、阳煤集团化工矿产运销部

先进集体　矿区蔡洼街道办事处、矿区区委宣传部、矿区人大常委会办公室、矿区政协经济科技委员会、矿区计委监委信访室(举报中心)、矿区人民武装部民兵装备库、矿区财政局、矿区统计局、矿区信访局、矿区档案局、矿区环保局、矿区建设管理局、矿区地税局、阳泉市工商局矿区分局、矿区科委、矿区卫生局、矿区平潭旧区危房改造指挥部办公室、矿区北方机电安装公司、矿区沙坪山顶居委会、矿区沙坪劳保服装厂、矿区赛鱼路中居委会、矿区赛鱼陶粒砂厂、矿区桥头街道桥西居委会、矿区蔡洼街道六股道居委会、矿区管件厂、矿区贵石沟街道小河滩二居委会、矿区新蕾幼儿园、矿区平潭街小学校、矿区钢窗厂、矿区桥泰实业公司、矿区华厦实业股份合作公司、矿区医院、阳泉市顺达出租汽车有限公司

2000 年(37 个)

红旗单位　矿区区委办公室、矿区地税局、矿区计划生育委员会、矿区环境保护局、矿区蔡洼街道办事处、阳泉市公安局矿区分局、矿区人民法院执行庭、山西兆丰铝

冶有限公司、矿区房地产开发公司、矿区沙坪街道办事处桥南园第一居委会

先进集体 矿区区委组织部、矿区区委通讯组、矿区政府办公室、矿区劳动局、矿区文体委、矿区赛鱼街道办事处、矿区桥头街道办事处、矿区蔡洼街道办事处蔡洼社区服务中心、矿区贵石沟街道办事处苏村三区居委会、矿区赛鱼陶粒砂厂、矿区沙坪劳保服装厂、矿区桥头商场、矿区平潭街新建三区居委会、矿区平潭理发馆、矿区人大常委会办公室、矿区政协文教法制委员会、矿区纪委办公室、矿区人民武装部民兵武器库、矿区平潭旧区危房改造指挥部办公室、矿区新蕾幼儿园、矿区妇幼保健院、矿区司法局基层工作科、矿区检察院审查起诉科、矿区晋宝化工矿产有限责任公司、矿区国税局征收一股、矿区环卫处清掏组、阳泉市顺达出租汽车有限公司

2001 年

（缺）

2002 年（41 个）

红旗单位 矿区区委组织部、矿区沙坪街道办事处、矿区财政局、矿区审计局、矿区统计局、矿区公安分局、矿区蔡洼街道办事处小南坑社区居委会、矿区医院、阳泉市金法矿山支护厂、阳泉新华茂截齿有限公司

先进集体 矿区赛鱼街道办事处、矿区蔡洼街道办事处、矿区区委通讯组、矿区人大办公室、矿区人事局、矿区经济贸易局、矿区工商分局、矿区建设局、矿区平潭街小学校、矿区文化馆、矿区政协文教法制委员会、矿区纪委党风监督室、矿区人民武装部政工科、矿区检察院审查起诉科、矿区人民法院办公室、矿区司法局办公室、矿区沙坪街道办事处秋沟社区居委会、矿区沙坪街道办事处桥南园社区居委会、矿区赛鱼街道办事处南楼社区居委会、矿区赛鱼街道办事处大垴沟社区居委会、矿区桥头街道办事处桥头社区居委会、矿区桥头街道办事处桥西社区居委会、矿区平潭街街道办事处日潭社区居委会、矿区平潭街街道办事处大院社区居委会、矿区贵石沟街道办事处苏村社区居委会、矿区钢窗厂钢窗车间、阳泉市正达彩色印刷有限责任公司、矿区华盛电脑公司、山西新派塑胶有限公司、阳泉市宏通实业总公司、阳煤集团一矿多种经营总公司

2003 年

（缺）

2004 年（50 个）

红旗单位 矿区赛鱼街道办事处、矿区沙坪街道办事处桥南园社区、阳泉市天利房地产开发有限责任公司、阳泉新华茂截齿有限公司、阳煤集团多营公司燃化部、矿区法院刑事审判庭、阳泉市公安局矿区分局红岭湾派出所、矿区计划生育局、矿区卫生局、矿区地税局

先进集体 矿区蔡洼街道办事处、矿区平潭街街道办事处、矿区沙坪街道办事处蒙北社区、矿区沙坪街道办事处黄石板社区、矿区蔡洼街道办事处蔡西社区、矿区赛鱼街道办事处南楼社区、矿区桥头街道办事处刘家垴社区、矿区桥头街道办事处段南

沟社区、矿区平潭街街道办事处马家坪社区、矿区平潭街街道办事处苹果园社区、矿区贵石沟街道办事处水滩社区、阳泉市华宝机电有限责任公司、阳泉市矿区管件厂、阳泉市泉美餐饮服务有限公司、阳泉市顺达出租汽车有限公司、阳泉市亚昊经贸有限公司物流部、阳泉华盛科技有限公司、中国农业银行阳泉市矿区支行营业部、上海大众汽车阳泉销售服务有限公司、山西兆丰铝冶有限公司、山西太行建筑安装有限公司、阳泉煤业集团光远工贸公司、阳泉煤业集团五矿华旺建筑安装工程公司、阳泉市金法矿山支护厂、阳煤集团一矿回收区、矿区区委组织部、矿区区委宣传部、矿区区委监委宣传教育室、矿区人民政府办公室、矿区人大常委会办公室、矿区政协学习联络委员会、矿区妇女联合会、矿区城市管理行政执法大队、阳泉市工商行政管理局矿区分局、矿区劳动和社会保障局、矿区经济贸易局、矿区财政局、矿区国税局、矿区检察院反贪局、矿区人民武装部军事科

2005年(30个)

先进集体 矿区沙坪街道办事处中沙坪社区、矿区沙坪街道办事处沙沟社区、矿区赛鱼街道办事处虎尾沟社区、矿区赛鱼街道办事处麻地巷社区、矿区蔡洼街道办事处蔡东社区、矿区蔡洼街道办事处东窑房社区、矿区桥头街道办事处计划生育办公室、矿区平潭街街道办事处苹果园社区、矿区平潭街街道办事处平潭社区、矿区贵石沟街道办事处、矿区贵石沟街道办事处水滩社区、矿区区委组织部、矿区区委宣传部、矿区区委办公室、矿区机关工委、矿区人大教科文委工委、矿区政协办公室、矿区计生局、矿区发改局、矿区审计局、矿区公安分局刑警大队、矿区公证处、矿区人武部政工科、矿区文化馆、矿区环卫处、阳泉天开电器有限公司、阳煤集团二矿多种经营总公司、阳泉新华茂截齿有限公司、阳煤集团五矿华旺建筑安装工程公司、阳泉市金法矿山支护厂

2006年(35个)

红旗单位 阳泉市公安局矿区分局、矿区城市管理行政执法大队、阳煤集团一矿多种经营总公司、矿区人口和计划生育局、矿区财政局、矿区统计局、矿区平潭街街道办事处、矿区蔡洼街道办事处小南坑社区、阳泉市第十五中学校、矿区沙台小学校

先进集体 矿区卫生局、矿区国家税务局稽查局、矿区区委党校、矿区人民检察院办公室、矿区人大办公室、阳泉市工商局矿区分局登记注册股、矿区人民法院刑事审判庭、矿区会计核算中心、阳泉市第十七中学校、矿区洪城河小学校、矿区沙坪街道办事处黄石板社区、矿区赛鱼街道办事处大垴沟社区、矿区桥头街道办事处段北沟社区、矿区平潭街街道办事处西山社区、矿区贵石沟街道办事处苏村社区、矿区环卫处生产科、矿区劳动局职业介绍服务中心、矿区卫生防疫站、阳泉市顺达出租汽车公司共产党员车队、阳煤集团二矿多种经营总公司、阳煤集团通越运输有限责任公司、阳煤集团光远工贸公司、阳泉美业印刷有限责任公司、阳泉市金法支护有限责任公司、阳泉新华茂截齿有限责任公司

2007年(21个)

先进单位 矿区蔡洼街道办事处蔡东社区、矿区桥头办事处西马家坪社区、矿区

平潭街街道办事处马家坪社区、矿区红岭湾小学校、矿区马家坪小学校、矿区小河滩小学校、矿区洪城河小学校、阳泉市第十二中学校、阳泉市第十六中学校、阳泉市第十七中学校、矿区公安分局办公室、矿区人民检察院办公室、矿区人事局、矿区审计局、矿区环境保护局矿区社会劳动保险事业所、阳泉市金法支护有限责任公司、阳泉市盛德矿业物资有限公司、山西光远工贸有限公司、上海大众汽车阳泉销售服务有限公司、阳煤集团二矿多种经营总公司回收区

2008 年(46 个)

模范单位　矿区平潭街街道办事处、矿区蔡洼街道办事处蔡东社区、阳泉市第十六中学校、矿区刘家垴小学校、矿区区委党校、矿区财政局、矿区国税局、矿区地税局、矿区人民法院执行局、阳泉煤业集团多种经营总公司

先进集体　矿区沙坪街道办事处秋沟社区、矿区赛鱼街道办事处赛鱼社区、矿区桥头街道办事处桥头社区、矿区平潭街街道办事处平潭东社区、矿区贵石沟街道办事处小河滩社区、阳泉市第十二中学、阳泉市第十七中学、矿区洪城河小学校、矿区东四尺小学校、矿区沙台小学校、矿区纪律检查委员会、矿区妇女联合会、矿区人民检察院侦察监督科、公安局矿区分局法制科、公安局矿区分局贵石沟派出所、矿区人事局、矿区发展和改革局、矿区统计局、矿区卫生局、矿区信访局、矿区建设局、矿区环境保护局、矿区劳动和社会保障局、矿区会计核算中心、矿区环卫处洪城河管理站、矿区档案局(馆)、矿区城市管理行政执法大队六中队、矿区《阳泉矿区》编辑部、矿区交通征费稽查所、阳泉市公安局交警大队一大队二中队、阳泉市顺达出租汽车有限公司、阳煤集团二矿多种经营总公司、阳煤集团五矿多种经营总公司、阳泉矿山化工有限责任公司、山西鑫源电线电缆有限责任公司、阳煤集团国泰运输处

2009 年(32 个)

先进集体　矿区赛鱼街道办事处麻地巷社区、矿区桥头街道办事处刘家垴社区、矿区蔡洼街道办事处东四尺社区、矿区蔡洼街道办事处蔡东社区、矿区平潭街街道办事处平潭街西社区、矿区平潭街街道办事处平潭街东社区、阳泉恒汇液压设备有限责任公司、矿区贵石沟街道办事处、共青团阳泉市矿区委员会、矿区文化体育局、矿区委员会机要保密局、矿区民政局、矿区劳动和社会保障局、矿区区委组织部、矿区商务局、矿区财政局、矿区地税局、工商行政管理局矿区分局赛鱼工商所、矿区人民法院刑事审判庭、阳泉市公安局矿区分局刑警大队三中队、矿区赛鱼司法所、矿区人民检察院、矿区洪城河小学校、阳泉市第十二中学、阳泉市第十五中学、阳泉矿山化工有限责任公司、上海大众汽车阳泉销售服务有限公司、山西鑫源电线电缆有限责任公司、阳煤集团二矿回收区、阳煤集团三矿多营总公司、阳煤集团五矿多营总公司、阳泉鹏飞建筑安装有限公司

2010 年(46 个)

模范单位　矿区地税局第五税务所、矿区环卫处清掏组、山西肇文美术工艺品有限公司、矿区公安分局、阳泉市交警一大队事故科、矿区赛鱼街道办事处、矿区红岭湾

小学校、矿区贵石沟街道办事处水滩社区、阳泉市第十七中学、阳泉市新鑫科技研究所有限责任公司、矿区残疾人联合会、矿区粮贸中心

先进集体 矿区司法局宣教科、阳泉市公安局西城分局矿山路派出所、矿区蔡洼街道东窑房社区、阳泉市公安局西城分局刑侦大队、矿区沙坪街道秋沟社区、矿区沙坪街道沙沟社区、矿区工商分局马家坪工商所、矿区人民法院司法警察大队、矿区教育局、矿区桃南路小学校、阳泉市第十二中学、矿区洪城河小学校、阳泉市佰益粮油贸易有限公司、矿区平潭街街道东山社区工会、矿区政府采购中心、矿区科学技术局、矿区妇女联合会、矿区区直机关工作委员会、矿区档案局、矿区桥头街道桥西社区、矿区桥头街道段西沟社区、阳煤中小企业投资管理集团第一有限公司、阳煤中小企业投资管理集团第五有限公司、阳煤集团三矿多种经营总公司、阳泉市北艺装潢有限责任公司、矿区人民政府办公室、矿区统计局、矿区人口和计划生育局、矿区财政局、矿区人民检察院反贪局、矿区国税局稽查局、阳泉市金法支护有限责任公司、山西鑫源电线电缆有限责任公司、矿区文明办

2011 年(20 个)

先进集体 阳泉市公安局矿区分局巡警大队、阳泉市公安局西城分局经侦大队、矿区教育局、阳泉市金融系统印刷厂、山西省欣通建设发展有限责任公司、阳泉市第十五中学、阳泉华盛矿用设备厂有限公司、阳泉丛鑫橡胶塑制品有限责任公司、阳煤中小企业投资管理集团第三有限公司、阳泉市工商局矿区分局桥头工商所、矿区平潭街道东社区、矿区沙坪街道里沙坪社区、矿区法院民一庭、矿区人民检察院侦查监督科、矿区老年大学、矿区卫生局、矿区国税局、矿区人口和计划生育局、矿区统计局、矿区环境保护局

2012 年(58 个)

模范单位 矿区赛鱼街道虎尾沟社区、矿区平潭街街道办事处、矿区教育局教学研究室、矿区平潭街小学校、阳泉市第十五中学校、矿区沙坪司法所、矿区区委办公室、矿区人大常务委员会办公室、矿区区委组织部、矿区困难职工帮扶中心、矿区法院、矿区国税局、矿区地税局、阳泉市公安局矿区分局、矿区人口和计划生育局、阳泉市工商行政管理局矿区分局、矿区人民检察院反贪污贿赂局、阳泉市泉美农家乐饭店、山西国辰建设工程勘察设计有限公司、阳煤集团发展计划部、上海大众汽车阳泉销售服务有限公司、阳煤集团物资经销有限责任公司

先进集体 矿区沙坪街道办事处中沙坪社区、矿区沙坪街道办事处秋沟社区、矿区蔡洼街道办事处蔡西社区、矿区贵石沟街道办事处枣岭山社区、矿区桥头街道办事处桥西社区工会联合会、阳泉市第十二中学、矿区小河滩小学校、矿区洪城河小学校、矿区文化体育旅游局矿区环卫处桥东管理站、矿区人力资源和社会保障局、矿区民政局、矿区政协办公室、矿区人民政府办公室、矿区政府采购中心、矿区食品药品监督管理局、矿区安全生产监督管理局、阳泉市交警一中队、阳泉市西城公安分局治安大队、阳泉市公安局矿区分局指挥中心、矿区芙蓉酒楼、矿区一品茗茶店、阳泉新华茂截齿

有限公司、矿区羊上树迎宾楼、阳泉市新泉运输有限责任公司、矿区日潭红太阳家具城、山西鑫源电线电缆有限责任公司、阳泉市江东智能电子科技开发有限公司、阳泉煤业太行地产投资管理有限公司、阳煤集团卫生管理部、阳煤集团武装部保卫部、阳煤集团国际贸易有限公司、阳煤集团升华实业分公司、阳煤集团绿化委员会办公室、阳煤中小企业投资管理(集团)第一有限公司、阳煤中小企业投资管理(集团)第二有限公司

2013 年(32 个)

先进集体 阳煤中小企业集团第一公司回收区、阳煤集团二矿建筑安装公司、阳泉市新泉运输有限责任公司、阳泉润德工贸有限责任公司、山西鑫源电线电缆有限责任公司、矿区绿化养护大队、矿区平潭街街道东山社区、矿区财政国库集中支付中心、矿区城市管理行政执法大队六中队、矿区人力资源和社会保障局、矿区区直机关工委、矿区机关事务管理局、矿区《新矿区》编辑部、矿区环境卫生管理处桃北管理站、矿区教育局幼教科、矿区区委组织部、矿区人民法院未成年人案件综合审判庭、阳泉市公安局交通警察支队一大队二中队、矿区司法局基层科、阳泉市公安局矿区分局马家坪派出所、矿区人民检察院、阳泉市公安局西城分局刑侦大队、矿区赛鱼街道虎尾沟社区、矿区沙坪街道沙沟社区、矿区桥头街道桥头社区、山西昌盛招标有限公司、矿区贵石沟街道小河滩社区、矿区蔡洼街道菜市社区、矿区赛鱼街道赛鱼社区、阳泉市第十五中学校、矿区马家坪小学校、矿区桥头小学校

2014 年(51 个)

模范单位 矿区人民法院、矿区地方税务局、阳泉日报社、矿区新闻中心、矿区蔡洼街道办事处、阳煤集团国际贸易有限公司、阳煤集团供应处、阳煤中小企业投资管理(集团)有限责任公司、阳煤集团财务有限责任公司、阳泉市第十七中学校、矿区红岭湾小学校

模范集体 阳泉市公安局矿区分局治安大队、矿区人民检察院职务犯罪预防科、阳泉市公安局交警支队一大队三中队、阳煤集团发展计划部、矿区消防大队、矿区社会服务管理指导中心、矿区医院社区药物维持治疗门诊、矿区工商分局经济检查大队、矿区段南沟社区联合工会、矿区沙坪街道里沙坪社区

先进集体 矿区国税局纳税科、矿区地方税务局第五税务所、矿区质监局特种设备安全监察股、矿区司法局办公室、矿区区委办公室、矿区人民政府办公室党支部、矿区监察局、矿区人口和计划生育局、矿区教育局、矿区财政局预算股、矿区文化馆、矿区绿化养护大队、矿区环境卫生管理处清掏组、阳泉市第十五中学校、阳泉市公安局西城分局洪桥派出所、矿区贵石沟街道枣岭山社区、矿区桥西社区工会联合会、矿区赛鱼街道虎尾沟社区、矿区蔡洼街道南台社区、矿区沙坪街道桥南园社区、矿区平潭街道东山社区、阳泉市新泉物流有限责任公司、山西昌盛招投标有限公司、山西天恒会计师事务所有限公司、阳煤中小企业投资管理集团第一有限公司、阳煤中小企业投资管理集团第二有限公司、阳煤中小企业投资管理集团第三有限公司、阳煤集团财务部、山西诚正建设管理咨询有限公司、山西太行建设开发有限公司

(二)立功集体名录

1.全国“五一”劳动奖状

1990 年:阳泉矿务局机电修配厂

2001 年:阳煤集团一矿北丈八井综采五队

2007 年:阳煤集团二矿

2011 年:阳泉煤业(集团)有限责任公司

2013 年:阳煤集团三矿

2.全国工人先锋号

2008 年:山西宏厦三建第七项目部

2009 年:阳煤集团宏厦一建工程第一项目部 552 掘进队

2012 年:阳煤集团一矿采煤工区综采五队

2014 年:阳煤集团华越机械有限公司液压油缸厂

3.山西省“五一”表彰名录

1984 年

省一等功“五一”立功表彰 矿务局一矿北丈八采煤一队

省一等功国庆立功表彰 矿务局机电修配厂职教科

省二等功“五一”立功表彰 矿务局一矿工程区开拓五队、一矿工程区开拓二队、一矿北头咀采煤一队、一矿北四尺采煤三队、一矿工程区开拓六队、二矿西四尺综掘二组、二矿小南坑采煤一队、二矿小南坑采煤一队第三工会小组、三矿裕公井采煤二队、三矿工程区二八队、三矿二号井食堂、矿务局机修厂、矿务局工程处矿建二工区七一队、矿务局林业处、阳泉发电厂汽机运行二班、阳泉发电厂锅炉运行二班、阳泉发电厂、矿区弹簧厂、市蔬菜公司桥头蔬菜商店、市饮食公司二矿饭店、二矿综合服务公司

省二等功国庆立功表彰 矿务局三矿工程区四三队、三矿工程区二八队、三矿工程区二七队、三矿一号井采煤六队、三矿工程区五一队、四矿生产技术部、矿务局机电修配厂液压车间、矿务局机厂服务公司

省三等功“五一”表彰 矿务局一矿选煤厂 QC 小组、一矿计划生育委员会、二矿选煤厂、三矿绿化委员会、三矿总务科四尺煤标准化楼、三矿总务科新澡塘、三矿小学、四矿、矿务局工程处运输队、矿务局工程处工会俱乐部、矿务局西烟林场、矿区桥头街道办事处五金厂、矿区钢木家具厂喷漆组、矿区沙坪办事处锻压厂橡胶组、三矿综合服务公司、矿区蔡洼办事处知青综合服务部

省三等功国庆立功表彰 矿务局一矿选煤厂、一矿选煤厂生产技术组、二矿运输科、三矿总务科二号井澡塘、三矿总务科二号井标化楼、三矿工会体协、三矿二号井自动化办公室、四矿机电科四矿通风区技革小组、矿务局工程处五五队、矿务局机修厂动力科制氧小组、矿务局企业处预制厂、矿务局党委宣传部、矿务局科技处、市饮食公

司二矿饭店、市蔬菜公司桥头商店二矿门市部、市蔬菜公司桥头蔬菜商店、矿务局机厂服务公司电控组

1985 年

省特等功　阳泉矿务局

省一等功　矿务局机电修配厂、矿务局救护队、阳泉发电厂

省二等功　一矿选煤厂、二矿选煤厂、三矿选煤厂、矿务局第一工程处、矿务局金属支柱厂、矿务局机电处、矿务局总调度室、矿务局劳资处、矿务局机厂服务公司电控厂、矿区通信办公室

1986 年

省一等功　矿务局一矿快硬膨胀水泥锚杆试验组、一矿选煤厂计划生育领导组、矿务局机修厂支柱铸造 QC 小组、矿务局机修厂电修车间 QC 组、矿务局生产技术处、矿务局科技处、矿务局煤研所

省二等功　三矿一号井三队、矿务局生产处采煤科、矿区五金电器厂

省三等功　矿务局一矿选煤厂洗煤 QC 领导组、三矿司法办公室、三矿、四矿、矿务局机厂铆焊车间、顶梁 QC 小组、矿务局机厂机动车间机床 QC 小组、矿务局总调度室

1987 年

省特等功　矿务局机电修配厂

省一等功　矿务局二矿选煤厂、阳泉发电厂

省二等功　矿务局二矿财务科、矿务局机修厂机动车间制氧小组、矿务局工程处五七队孙根弟班、矿务局科技处综合利用室、矿务局地质处测量科、市粮食局二矿粮店

省三等功　矿务局二矿通风区三队一班、四矿一区综采三队三班、矿务局机修厂供销科、矿务局工程处机电工区安装队变电四组、阳泉电石厂

1988 年

省特等功　矿务局三矿一号井采煤四队

省二等功　矿务局一矿选煤厂、一矿煤质科 QC 小组、一矿班中餐食堂、二矿选煤厂、矿区沙坪街道办事处锻压厂

省三等功　矿务局三矿一号井采煤二队、矿务局科技处计算机室、阳泉发电厂汽暖改水暖工程组

1989 年

省二等功　矿区粮油公司二矿粮店

1990 年

省一等功　阳泉矿务局、一矿生产技术科、矿务局科技处、矿区粮油公司二矿粮店

省二等功　矿务局一矿北丈八井机采队、一矿北丈八井机采队二班、一矿工程区二队一班、三矿工程区二九队三班、矿务局总调度室、市蔬菜公司二矿综合商店

省三等功　矿务局一矿工程区二队、四矿生产区综采二队、四矿生产区综采二队

三班、矿务局工程处矿建二工区五五队三小班

1991年

省特等功 阳泉电石厂、矿务局一矿北丈八井七四队、二矿西四尺井综采三队、三矿竖井综采五队、四矿综采二队

省一等功 阳泉矿务局、矿务局三矿

省二等功 矿区粮油公司二矿粮店

1993年

省一等功 矿务局四矿综采二队

省二等功 矿务局三矿竖井五队、一矿工程区二队

省三等功 矿务局一矿北丈八井综采四队、三矿工程区二九队、矿区计划生育委员会

1994年

省一等功 矿务局三矿竖井综采五队

省二等功 矿务局四矿综采二队

1996年

省一等功 矿务局三矿

省三等功 阳泉发电厂燃料输煤检修班

1997年

省"五一"劳动奖状 矿务局二矿、阳泉电石企业集团公司

省二等功 矿务局一矿北丈八井综四队

1999年

省特等功 阳煤集团一矿

省一等功 阳泉电石有限公司

省三等功 阳泉市公安局矿区分局

2000年

省"五一"劳动奖状 阳煤集团一矿

省三等功 阳泉电石有限公司、矿区公安分局

2002年

省一等功 阳煤集团新景矿

省三等功 阳泉日报社

2003年

省"五一"劳动奖状 阳煤集团新景矿

省一等功 山西广播电视大学阳泉分校

2005年

省"五一"劳动奖状 阳煤集团三矿

省三等功 阳煤集团一矿工程区二队

2006 年

省“五一”劳动奖状　阳煤集团二矿

省三等功　阳煤集团一矿综采五队

2008 年

省“五一”劳动奖状　阳泉煤业(集团)有限责任公司

省工人先锋号　山西宏厦一建第一项目部五五二队

2009 年

省“五一”劳动奖状　阳煤集团新景矿公司

省工人先锋号　阳煤集团一矿综采五队

2010 年

省“五一”劳动奖状　阳煤集团一矿

省工人先锋号　阳煤集团一矿综采五队、阳泉市元承建业工程有限公司

2011 年

省“五一”劳动奖状　阳煤集团一矿、阳煤集团三矿、山西三维股份有限公司、丰喜化工设备有限公司

省工人先锋号　阳煤集团华越机械有限公司支架制造厂、山西三维股份有限公司有机分厂回收工段甲班、丰喜集团临猗分公司化工一班

2012 年

省工人先锋号　阳泉市元承建业工程有限公司

2013 年

省“五一”劳动奖状　阳泉市元承建业工程有限公司

省工人先锋号　丰喜集团新绛分公司汽水车间、忻通机械制造公司铆焊车间冲压组

省一等功　矿区治超领导组

2014 年

省“五一”劳动奖状　阳泉市元承建业工程有限公司

4.阳泉市“五一”表彰名录

1987 年

市一等功　市粮食局二矿粮店

市二等功　市蔬菜公司二矿综合商店、一矿商店红岭湾门市部、工商银行阳泉市支行石卜嘴办事处、矿区百货大楼

市三等功　矿区工商局赛鱼市场管理所、市自来水公司供水处、石卜咀邮局支局城乡投递处、矿区工商局赛鱼市场管理所

1988 年

市红旗单位　市蔬菜公司桥头综合商店、市粮食局二矿粮店、工商银行阳泉市支行石卜嘴办事处

市先进单位 市蔬菜公司二矿综合商店、市食品公司三矿商店沙坪门市部矿务局医院、矿务局综合服务部

1989 年

市三连冠优胜单位 市粮食局二矿粮店、工商银行阳泉市支行石卜咀办事处

市优胜单位 市蔬菜公司二矿综合商店、市百货公司红岭湾商店矿区工商局个体股、矿务局医院、矿区卫生防疫站、市自来水公司营业处、四矿综合服务公司阳春饭店、矿区沙坪办事处百货商店

1990 年

市优秀企业 阳泉矿务局、一矿、四矿、阳泉发电厂、市电石厂

市四连冠优胜单位 矿区粮油公司二矿粮店、工商银行阳泉市支行石卜嘴办事处

市一等功 矿务局二矿、二矿供应科修旧利废组、三矿工程区三一队第二小班、四矿生产区高档一队三班、四矿机电科、矿务局工程处、矿务局第二工程处、矿务局生产技术处

市二等功 一矿供应科、一矿运输科修车队中修组、一矿北四尺井采煤二队一班、一矿选煤厂 QC 小组、一矿劳动工资科管理统计组、二矿工程区旅馆化楼服务组、二矿通风区三队、三矿竖井掘进二队、三矿工程区 35 队、三矿选煤厂、三矿通风区五队钻机组、三矿二号井准备队二班、三矿一号井修护队工程一班、三矿竖井五队一班、四矿机电科检修队采机组、四矿选煤厂技术组、四矿工程区 65 队二班、四矿生产区掘进二队六组、四矿生产区高档一队、五矿机运区检修工段、五矿选煤厂煤质化验组、矿务局五矿、矿务局工程处机电工区安装队送电二组、矿务局工程处建筑二队架工组、矿务局工程处矿建工区机电队电修组、矿务局工程处矿建工区 832 掘进队二小班、矿务局工程处建筑四队机修组、矿务局工程处矿建工区五七掘进队、矿务局第二工程处工会、矿务局企业处节约修配厂支柱修复组、矿务局钢窗厂、矿务局综合处、矿务局医院

市三等功 一矿北丈八井采煤三队、一矿选煤厂选煤二队、一矿北四尺井采煤一队、一矿工程区、一矿北头咀下料队、一矿服务公司炮泥房、一矿总务科班中餐食堂、一矿多种经营公司砖厂、一矿机电科三电办、一矿生产技术科坑代组、二矿运输科卸矸队二班、二矿东丈八区掘进三组、二矿选煤厂提升队二班、二矿建筑工区维修一组、二矿西四尺机掘一队、二矿西四尺综采二队、二矿维运区竖井队、二矿西四尺综采三队、二矿西丈八区综采四队、二矿西丈八区、二矿西四尺区、二矿服务公司、二矿计划统计科、二矿园林处、三矿一号井、三矿二号井一队、三矿裕公井二队、三矿裕公井运输队、三矿总调度室、三矿总务科裕公井食堂、三矿材料供应科、三矿工程区三五队第二班、三矿一号井掘进队五三班、三矿二号井综掘一队一班、三矿竖井掘进二队一班、三矿裕公井掘进二队三组、三矿裕公井四三一班、四矿生产区、四矿通风区、四矿工程区六三队、四矿总务科大食堂、四矿安监队、四矿运输区四队钉道组、四矿工程区六二队三班、四矿选煤厂大皮带队丙班、五矿安监处、五矿六号层采煤一队、五矿六号层采煤二队一班、五矿丈八采煤二队三班、五矿丈八掘进队一组一班、矿务局工程处矿建

工区七四二掘进队、矿务局工程处矿建二工区五五队、矿务局第二工程处矿建一工区三队孟春禄班、矿务局第二工程处矿建二工区三二队、矿务局第二工程处材料科木场、矿务局第二工程处医院、矿务局第二工程处矿建一工区五队、矿务局第二工程处矿建一工区、矿务局第二工程处矿建二工区、矿务局第二工程处矿建二工区五六队王五奎班、矿务局第三工程处土建一队、矿务局第三工程处党委宣传部、矿务局第三工程处土建四队机电组、矿务局第三工程处机电队安装一组、矿务局第三工程处土建三队材料组、矿务局第三工程处土建二队瓦工一组、矿务局机电修配厂装配车间、矿务局机电修配厂液压车间、矿务局机电修配厂电修车间、矿务局机电修配厂铆焊车间铆焊二组、矿务局机电修配厂机动车间制氧组、矿务局企业处服务公司、矿务局企业处电石厂机电组、矿务局化工厂、矿务局水泥厂、矿务局医院药材科、矿务局财务科、矿务局劳动工资科、矿务局机电处、矿务局审计处、矿务局工程处托幼园、矿区弹簧厂弹簧车间修簧二组、矿区税务局、矿区钢木制品厂、市自来水公司营业处

1991 年

市模范企业 矿务局一矿、矿务局机电修配厂

市五连冠优胜集体 矿区粮油公司二矿粮店、工商银行阳泉市支行石卜嘴办事处

市一等功 市甘河硫铁矿、一矿丈八井、二矿西四尺井、三矿竖井、四矿生产区、四矿高档一队、矿务局工程处矿建二工区五五队

市二等功 矿务局第二工程处、一矿选煤厂、一矿北四尺井、一矿工程区、三矿一号井、四矿通风区、一矿工程区二队、二矿西丈八井综四队、二矿西四尺井综掘一队、三矿裕公井二队、三矿一号井四队、三矿一号井二队、矿务局工程处矿建工区五七队、矿务局救护队、二矿运输科、四矿机电科、矿务局机电修配厂开发科、矿务局总调度室、矿务局安监局、矿务局内部银行、一矿北丈八井七四队三班、市蔬菜公司二矿综合商店

市三等功 矿区钢窗厂、矿区钢木制品厂、矿区沙坪橡胶制品社会福利厂、矿区弹簧厂、一矿通风区、三矿选煤厂、四矿选煤厂、五矿选煤厂、矿务局工程处矿建二工区、矿务局工程处机电工区、矿务局第二工程处矿建二工区、电石厂电炉车间一号炉、一矿北四尺井综采一队、一矿选煤厂二队、三矿工程区三五队、四矿运输科四队、四矿工程区机电队、矿务局第三工程处土建二队、一矿生产技术科、二矿财务科、三矿机电科、三矿总务科、三矿总调度室、四矿总调度室、一矿工会、矿务局第二工程处工会、矿务局计统处、矿务局党委宣传部、矿务局财务处管理科、矿务局总务处福利科、一矿总务科班中餐食堂、二矿总务科福利楼、二矿工程区职工宿舍楼、三矿裕公井食堂、矿务局第一中学、二矿选煤厂 QC 小组、二矿机电科机电 QC 小组、三矿一号井四队二班、矿务局机电修配厂机动车间制氧组、甘河硫铁矿采矿二队二组、矿区邮电局城乡投递组

1992 年

市一等功 工商银行阳泉市支行石卜咀办事处

市二等功 矿区粮油供应公司二矿粮店、市自来水公司营业管理处、阳泉日报社

编辑部

市三等功 市蔬菜公司矿区菜市场、市食品公司矿区商店矿务局门市部、矿区工商行政管理局、矿务局医院、矿务局机关综合服务公司洪桥商场

1993 年

市一等功 矿务局四矿、四矿高档一队、二矿西四尺综掘一队、二矿选煤厂、工商银行阳泉市支行石卜咀办事处

市二等功 矿务局三矿、矿务局工程处五七掘进队、矿务局第三工程处土建四队、矿务局选煤运销处、矿区弹簧厂、矿区区委区政府

市三等功 一矿丈八井四队、二矿运输科、三矿裕公井、五矿小井、矿务局机电总厂电气设备修造分厂、矿务局工程处机电工区、市自来水公司管道处维修一班、市粮食局二矿粮店、矿区钢窗厂

1994 年

市一等功 矿务局一矿北头咀井、三矿裕公井、市电石厂机电车间、市蔬菜公司赛鱼商店、市物资再生利用公司

市二等功 矿务局一矿选煤厂跳汰队、三矿工程区三五队二班、五矿小井采煤一队、矿务局工程处矿建二工区、工商银行阳泉市支行石卜咀办事处、矿区废金属回收站

市三等功 阳泉发电厂粉煤灰开发公司、一矿工程区、一矿北四尺井综采一队、一矿通风区三队、二矿选煤厂跳汰队、二矿运输科、三矿工程区二九队、三矿通风区、四矿选煤厂、四矿高档队、四矿多营公司、矿务局第三工程处土建四队、矿务局交通运输总公司客运公司、矿务局实业开发公司洪桥商场、矿业公司赛鱼货运站、矿务局实业开发公司综合工程公司、市公安局交警支队一大队、矿区钢木制品厂

1996 年

市特等功 矿务局一矿北丈八综五队

市一等功 矿务局一矿、四矿高档队、阳泉电石企业集团公司电炉车间、工商银行阳泉市支行石卜咀办事处、阳泉电石企业集团公司财务处

市二等功 矿务局四矿、矿务局机电总厂、矿务局第三工程处、一矿选煤厂、二矿东丈八区综六队、阳泉日报社、矿区钢窗厂钢窗车间

市三等功 四矿华茂截齿有限公司、五矿热电厂、矿区钢木制品厂、一矿工程区、二矿西丈八区、二矿通风区、二矿西丈八区综四队、三矿竖井、三矿竖井综采五队、四矿综采二队、四矿安全监察处、矿务局工程处矿建二工区七一队、矿务局第三工程处土建三队

1997 年

市一等功 矿务局一矿、市自来水公司、二矿丈八井综四队、矿务局煤炭销售公司、建设银行矿务局专业支行一矿储蓄所、阳泉日报社、矿区房地产开发公司

市二等功 矿务局四矿、矿务局第三工程处、矿务局一矿北丈八综五队、矿务局二矿西丈八区、矿务局四矿综二队、阳泉矿务局

市三等功 矿务局机电总厂、矿务局实业开发公司、矿务局化工厂、一矿选煤厂、二矿东丈八区综六队、三矿通风区、三矿竖井综六队、五矿大井综二队、矿务局工程处项目施工公司、矿务局教育处、矿务局有线电视台、阳泉发电厂汽机运行五班、矿区钢窗厂钢窗车间

1999 年

市“五一”劳动奖状 阳煤集团四矿、山西兆丰铝业有限公司、市自来水公司、一矿丈八井综采四队、阳泉日报社

市一等功 阳煤集团机电总厂、山西宏厦建筑工程第一有限公司、四矿综采二队

市二等功 阳煤集团二矿西丈八区综采四队、阳煤集团驻四矿安监处、市建筑设计院设计一所、矿区房地产开发公司工程科

市三等功 阳煤集团实业开发总公司、一矿北丈八井、二矿西丈八区、三矿选煤厂、阳煤集团运销处青岛区域公司、阳煤集团教育处、矿区沙坪百货商场

2000 年

市“五一”劳动奖状 阳煤集团一矿、山西兆丰铝业有限公司、市电石有限公司

市一等功 阳煤集团二矿东丈八区综采六队、阳煤集团一矿

市二等功 阳煤集团四矿、阳煤集团机电总厂、一矿丈八井综采四队、一矿丈八井综采五队、阳煤集团教育处

市三等功 阳煤集团五矿、山西宏厦建筑工程第一有限公司、山西宏厦建筑工程第三有限公司、山西宏厦建筑工程第四有限公司、阳煤集团发电总公司、阳煤集团实业开发总公司、阳煤集团升华实业总公司、市矿山建筑安装工程公司

2001 年

市三等功 矿区赛鱼街道办事处

2002 年

市“五一”劳动奖状 阳煤集团一矿北丈八井综五队

市一等功 阳煤集团一矿、山西奥伦胶带有限责任公司、阳煤集团选煤运销处、矿山救护专业技术比赛领导组、阳泉日报社

市二等功 阳煤集团三矿、二矿丈八区综采六队、五矿综采一队、新景矿综采二队

市三等功 阳煤集团发供电分公司、四矿开元煤矿、三矿赛鱼小学、阳泉华越机械有限责任公司制造厂铆焊车间、沙江酒家、矿区人民法院执行庭

2003 年

市“五一”劳动奖状 阳煤集团一矿、市自来水公司

市一等功 阳煤集团三矿、山西广播电视大学阳泉分校、一矿北丈八井综五队、阳泉华越机械有限责任公司、阳泉市公安局矿区分局

市二等功 山西太行建筑安装有限公司、阳煤集团发供电分公司、阳煤集团选煤运销处、一矿工程区二队、阳煤集团第一中学校、市公安局矿区分局

市三等功 二矿工程区、四矿综采二队、五矿选煤厂、阳泉华越机械有限责任公

司铆焊车间、山西奥伦胶带有限责任公司输送带厂、妇产(商业)医院妇产科、矿区人民检察院侦查监督科

2004 年

市“五一”劳动奖状 阳煤集团有限责任公司

2005 年

市“五一”劳动奖状 阳煤集团一矿

市一等功 阳泉日报社、新景矿洗煤厂、二矿丈八区综一队

市二等功 矿区地方税务局、矿区人口和计划生育局、山西太行建设开发有限公司、阳煤集团开元公司掘四队、农业银行阳泉市矿区支行

市三等功 中国银行阳泉市矿区支行、山西亚美建筑工程材料有限责任公司实验中心、五矿计划财务部、阳煤集团生产技术部

2006 年

市“五一”劳动奖状 阳煤集团宏厦建筑一公司、阳煤集团有限责任公司

市一等功 阳泉市公安局矿区分局、阳煤集团发展计划统计科

市二等功 矿区地方税务局、矿区公安分局刑警大队、二矿丈八区综一队、三矿通风工区三队

市三等功 新景矿洗煤厂、山西宏厦建筑工程第三有限公司第二项目分公司、阳泉华越机械有限责任公司奥伦输送带厂、阳煤集团升华实业分公司供电中心

2008 年

市“五一”劳动奖状 阳泉市第十五中学校

市工人先锋号 阳泉市顺达出租汽车公司共产党员车队

市集体二等功 阳泉市天利购物广场

市集体三等功 阳泉市工商局矿区工商分局马家坪工商所、阳泉市顺达出租汽车公司共产党员车队

2009 年

市工人先锋号 阳泉市天利购物广场经营二部

市二等功 阳泉市矿区统计局

市三等功 阳泉市矿区审计局基建审计股

2012 年

市“五一”劳动奖状 矿区财政局、矿区平潭街街道办事处东社区

2013 年

市工人先锋号 阳泉市天利时尚购物广场有限公司女装部

5.矿区立功集体名录

2005 年度(15 个)

集体一等功 矿区平潭街街道办事处、矿区纪律检查委员会、矿区人事局、阳煤集团多种经营总公司、阳泉市顺达出租汽车有限公司

集体二等功　矿区蔡洼街道办事处、矿区桥头街道办事处西马家坪社区、矿区财政局、矿区环保局、矿区公安分局禁毒大队、矿区检察院、矿区法院法警大队、阳泉市天利购物广场、阳泉市新泉运输有限公司、阳煤一矿多种经营总公司

2007 年度(20 个)

集体一等功　矿区平潭街街道办事处、矿区沙坪街道办事处沙沟社区、矿区公安分局赛鱼派出所、矿区人民检察院公诉科、矿区国家税务局计划征收科、矿区地方税务局稽查局、矿区人口和计划生育局、中共阳泉市矿区纪律检查委员会纪委监委办公室、阳泉煤业集团二矿多种经营总公司、矿区环卫处

集体二等功　矿区赛鱼街道办事处麻地巷社区、阳泉市第十五中学校、矿区工商分局马家坪工商所、矿区民政局、矿区卫生局、矿区教育局、中共阳泉市矿区区委党校、矿区城市管理行政执法大队六中队、阳泉煤业集团一矿多种经营总公司、阳泉市顺达出租汽车有限公司

2009 年度(20 个)

集体一等功　矿区沙坪街道办事处秋沟社区、阳泉市新泉运输有限责任公司、矿区西河路小学校、公安局矿区分局马家坪派出所、矿区地方税务局直属分局、矿区人口和计划生育局、矿区困难职工帮扶中心、矿区区委党校、矿区桥头街道办事处、矿区环卫处日潭环卫管理站

集体二等功　矿区新闻办公室、矿区国家税务局稽查局、矿区人民检察院办公室、阳泉市交警支队一大队二中队、矿区平潭街街道办事处、矿区行政执法大队一中队、阳泉市公安局西城分局经侦大队、山西省天恒会计师事务所有限公司、矿区会计核算中心、矿区教育局

2011 年度(20 个)

集体一等功　矿区平潭街街道办事处、矿区司法局、阳泉市第十二中学校、矿区政府采购中心、矿区洪城河小学校、矿区贵石沟街道水滩社区、矿区地方税务局第四税务所、矿区执法大队严管中队、矿区残疾人联合会、阳煤中小企业投资管理集团第一有限公司

集体二等功　矿区民政局、矿区国库集中支付中心、阳泉市交警一大队二中队、阳泉市矿山化工有限责任公司、山西鑫源电线电缆有限责任公司、矿区蔡洼街道办事处东窑房社区、矿区赛鱼街道赛鱼社区、矿区环境卫生管理处清运中心、矿区关心下一代工作委员会、阳煤中小企业二公司建筑安装公司

2013 年度(10 个)

集体一等功　矿区贵石沟街道水滩社区、矿区人口和计划生育局、矿区国家税务局纳税服务科、矿区卫生局、矿区检察院职务犯罪预审科、矿区沙坪街道中沙坪社区、山西嘉盛招标代理有限公司、阳泉市第十七中学校、矿区平潭街小学校、矿区桥头街道段北沟社区

二、重要文件辑存

阳泉市总工会关于转发矿区工会《关于在城镇街道集体企业建立工会组织的工作方案》的通知

阳工发〔1984〕56号

各县、区、局、公司工会、市直各基层工会：

矿区工会根据市总工会转发省总工会关于在城镇集体企业、事业单位建立工会组织的通知(阳工发〔1984〕8号文件)精神，结合本区实际情况，提出了《关于在城镇街道集体企业建立工会组织的工作方案》。这个方案已经矿区党委常委会研究同意批转全区各级党组织执行。从他们在桥头街道办事处的小五金厂和平潭街街道办事处的综合厂试建工会组织的情况来看，他们的工作方案是可行的。

为了更好地贯彻落实省总工会召开的全省、县、镇工会工作万荣现场会议精神，在我市的两县、三区的乡镇企业、街道企业以及国营企业、事业单位办的小集体企业中，有计划、有步骤地普遍建立工会组织，充分发挥工会在这些企业中的重要作用，现将矿区工会的方案印发给你们，请参照执行。

在工作中遇到有新的情况、新问题，望及时告知我们。

附：矿区工会《关于在城镇街道集体企业建立工会组织的工作方案》

阳泉市总工会

一九八四年十一月五日

阳泉市矿区工会关于在城镇街道集体企业建立工会组织的工作方案

根据市总工会〔1984〕8号文件，转发省总工会关于在城镇集体企事业单位，建立工会组织的通知要求，结合我区实际，分期分批的在一些厂房条件比较好，工人比较固定，生产搞的较好，一般能完成上级下达的产值、税利计划的单位，先发展会员，建立工会组织。现制订方案如下：

一、国营企事业单位举办的小集体和城市街道集体企事业单位都是社会主义经济的组成部分，这些单位职工是工人阶级的一部分，为了进一步加强对职工的思想政治教育和文化技术教育，充分发挥广大职工的社会主义积极性，保障职工的民主权利。按工会章程规定，在这些单位应该建立工会组织，发展工会会员。

二、在组建工会时，要分期分批进行。先抓好试点，待取得经验后再向面上推广。组建工会的单位是：平潭办事处的综合厂、桥头办事处的小五金厂。试点以后，普遍建立工会组织的单位是：蔡洼办事处的锻压厂、赛鱼办事处的铸造厂和冰糕厂、沙坪办事处的锻压厂、区属车辆厂、中学。

三、组建工会的单位成立筹备组，由厂领导、财务人员和工人等3~5人组成，受同级党组织和区工会的领导。

四、筹备组要首先集中一段时间向广大职工进行宣传教育，内容主要是工会章程的总纲部分，即工会的性质、地位、作用、方针和任务，什么人可以加入工会，会员的权利和义务等。

五、集体企、事业单位的正式职工以及学徒工、合同工和半年以上临时工在自愿的原则下个人写出入会申请，经筹备组审查同意后，填写会员登记表，办理正式入会手续均可成为工会会员。筹备组并向全体职工公布名单。职工离厂时要办理会员关系接转手续。

六、工会委员会候选人的产生，可由党支部和筹备组协商推荐，也可由会员提名，最后确定正式候选人，采取“等额选举”的办法，进行投票选举。工会委员会成员都属于兼任职务，委员一般有3~5人组成，工会委员会选举主席、副主席各一人。为了便于开展工作，主席应有一名相当厂党政副职的领导担任，但也可以选他人。

七、发展会员25人以上者，在上级工会和党支部及办事处党委的领导下，筹备组主持召开会员大会，以无记名投票方式，选举产生工会委员会和工会经费审查委员会，有选举出的工会基层委员会和工会经费审查委员会在明确分工的基础上报区工会批准。

八、职工入会后要发会员证、会费证，每人准备证件上相片一张，基层要建立会员花名册，并上报区工会一份。

九、建立工会以后，会员的劳保待遇一般暂不变动，但经济基础好的，或随生产的发展，经济效益的提高，产值税利完成较好，而且有提高，职工收入有增加，集体积累有增长，工会会员可参照国营企业执行。

十、在工会组织筹建期间，所需经费由各单位负责解决，工会成立后，行政方面按职工工资总额的百分之二按月拨交工会经费。基层工会留60%，上交区工会40%。工会会员每月按本人工资的百分之零点五交纳会费，基层工会留用。

十一、建立基层工会后，经费应单独管理。结合企业实际由行政财务代管，另立工会账户，在当地银行办理开户手续，经费的管理使用权在工会。

十二、工会经费要使用合理。大项开支都要经委员会讨论确定。经费管理做到收好、管好、用好。

十三、经费的使用范围：主要用于工会办公用品的购置，开展职工文化娱乐活动，书、报刊物订阅及宣传教育等。

一九八四年八月十日

中共阳泉市矿区区委办公室
转发区总工会《关于基层工会参与全区企业改制工作的意见》的通知

阳矿党办发〔1997〕74号

各街道办事处党委、区委各部委、区级机关各党委或党组、区直各单位党支部,各人民团体:

中共阳泉市矿区委员会同意《关于基层工会参与全区企业改制工作的意见》,现转发给你们,望结合实际,认真贯彻执行。

中共阳泉市矿区区委办公室
一九九七年十二月十八日

关于基层工会参与全区企业改制工作的意见

各基层工会:

当前,我区上下认真贯彻中共十五大精神,贯彻落实区委、区政府加快企业改革的实施意见,对全区所有企业采取改组、联合、兼并、租赁、承包经营和股份合作制、出售等形式,加快放开搞活企业的步伐。为了在全区企业改制中进一步贯彻党的全心全意依靠工人阶级的指导方针,充分发挥工会组织的作用,调动广大职工群众支持改革、参与改革的积极性,以主人翁的精神推进改革。根据全区企业改革工作会议精神和上级工会的有关要求,提出以下意见。

一、提高认识,更新观念,高度重视企业改制

进一步深化国有企业改革,放开搞活国有小企业,是贯彻落实党的十五大精神的一项重要内容,在贯彻十五大精神的过程中,区委提出了思想要大解放,经济要大发展。决定以放开搞活为突破口,推动全区企业改革向纵深发展。放开搞活国有小企业,不仅给企业带来了发展的机遇,也给工会工作提出了新任务和新要求,各基层工会组织和广大工会干部一定要高举邓小平理论伟大旗帜,认真学习贯彻党的十五大精神,深刻理解和把握关于建立社会主义市场经济体制的正确方向和目标,以“三个有利于”作为决定各项改革措施取舍和检验其得失的根本标准。要从我区的区情出发,充分认识企业改制在全局中的重要地位和作用,加深理解区委、区政府加快企业改革的正确决策,充分认识工会组织在企业改革中所肩负的重要责任。要把企业改革摆到工会工作的议事日程,及时解决改革中的有关问题。工会干部要进一步解放思想,更新观念,大胆探索,发挥优势,以高度的革命事业心和责任感,做好企业改革中的工会工作,组织和带领广大职工积极参与改革,支持改革,推动改革健康发展。

二、积极参与、支持和推进企业改革

1.要参与企业改革决策和实施的全过程。

企业工会组织要参加企业改革领导机构，参与改制方案的制定和实施，参与资产评估、产权界定和股权处理，对广大职工群众反映的意见和建议，通过加强源头参与，推动企业认真贯彻落实全心全意依靠工人阶级的指导方针，在改革中尊重群众的实践，尊重群众的意愿，尊重群众的选择，更好地体现“三个有利于”。

2.要参与改制的宣传教育，有针对性的做好职工的思想工作。

各基层工会和广大工会干部不仅要认真学习和提高对企业改革的认识，还要认真地组织广大职工学习党的十五大精神，学习区委、区政府有关企业改制的方针、政策，向广大职工宣传企业改制的重要性和必要性，企业改制的具体方案和办法，即要讲改制的目的意义，也要讲改制中出现的困难和问题，即要切实维护职工的合法权益，积极反映职工群众的意见、建议、愿望和要求，又要及时掌握职工的思想动态，有针对性地做好职工的思想教育工作，使广大职工清楚企业面临的艰难局面；清楚全国、全省、全市、全区改革的形势和发展机遇；清楚为什么要放开，为什么要实行股份制以及其他改制形式；清楚产权改革的意义。打消职工的思想顾虑，使职工真正明白改革是唯一出路，从而变要改革为我要改革，自觉投身到改革实践中，形成万众一心促改革的局面。

3.要参与企业股权设置，从企业实际出发，做好职工认股购股工作。

各基层工会组织对职工投资入股既要积极引导，又要坚持自愿的原则，在自愿的基础上鼓励企业职工人人入股，也允许少数职工暂时不入股，未入股的职工可以在企业增资时及时入股。股份合作制企业实行民主管理，职工享有平等权利，没有及时认购股份的职工，除不参加按职工个人入股分红以外，同其他职工享有同样的权利。特别是对没有能力入股的困难职工，不能用行政手段强迫他们入股，不能因他们不按规定入股和交纳股金而进行惩处或解雇、除名，不能把他们当雇工看待，歧视他们，侵犯他们的合法权益，企业要在政治上关心他们，经济上帮助他们。

4.要加强调查研究，及时总结新模式。

企业改革没有统一模式，改革中的工作也没有现成的经验。因此，改制后的企业工会要善于总结工作中的做法，善于发现问题，提出问题，不断改进完善，及时协调解决改革中出现的新问题，特别是要认真研究在股份合作制企业和被私人买断的国有企业中，工会、职代会的地位、作用问题，职工权益保障问题，离退休职工的生活保障等问题，要积极探索解决的办法，及时总结经验。

三、企业改革必须保障职工的合法权益

1.必须坚持和完善企业民主管理制度。

企业实行转制，全心全意依靠工人阶级的根本指导方针不能动摇，职工主人翁地位不能改变。无论采取什么形式转制，都必须建立和完善以职工代表大会为基本形式的民主管理制度，确保职工民主管理企业的各种权利，企业改制应取得职工代表大会、出资人和主管部门同意。企业清产核资、资产评估和产权界定，要有职工代表参加。企业改制采取什么形式，企业改制方案和公司章程必须经职工代表大会（职工大会)审议通过。由于股份合作制企业职工既是企业的劳动者,又是企业资产的所有者。因此,企业职工不仅有权决定与自己切身权益有关的问题,而且有权民主决定包括企业生产经营在内的有关企业重大问题。企业法人代表、董事会成员和监事会成员必须民主选举产生,这是股份合作制企业的性质决定的。各基层工会要充分认识和适应股份合作制企业职工民主管理制度的这一重要变化。

2.必须坚持建立平等协商和签订集体合同制度。

平等协商和签订集体合同制度,是协调企业劳动关系,维护职工合法权益的有效机制,也是建立现代企业制度的客观要求。企业改制以后,都必须坚持实行平等协商和签订集体合同制度。股份合作制企业仍然存在劳动关系问题,需要按照劳动法规定,由企业工会代表职工与企业法定代表人通过平等协商,签订集体合同规范和调整劳动关系,维护职工的合法权益。实行股份合作制的企业,工会要注意保护职工入股后依法享有的股权、监督权和分红权。

3.必须坚持实行职工董事会和监事会制度。

根据公司法和省委、省政府《关于全心全意依靠职工群众搞好企业若干问题的意见》的有关规定,企业董事会和监事会中,要有一定数量的职工代表,职工董事、职工监事由工会组织民主选举产生,不需要再经股东大会表决认可。工会是职工利益的代表者,工会主席和一名副主席应经过民主程序以职工代表身份依法进入董事会和监事会。职工董事、职工监事在任职期间,享有与其他董事、监事同等的权利和义务,在参与决策时充分表达职工群众的意见。

随着企业内部职工持股的迅速发展,企业工会要负责组建和主持好职工持股会,维护持股职工的合法权益,从事内部职工股的管理,代表职工股东行使权利,充分发挥职工股东在股份制企业中的作用。

4.必须坚持建立健全“送温暖工程”机制。

企业改制后,仍然要坚持实施“送温暖工程”,使“送温暖工程”经常化、制度化、社会化。要大力办好职工消费合作社,职工互助保险合作社等互助共济合作事业。要积极帮助政府和企业开展职工技能培训,做好下岗再就业和富余职工的分流与安置工作。

四、企业改革必须确保工会组织的健全

企业无论采取什么形式改制,都要依靠《中华人民共和国工会法》和《中国工会章程》建立健全工会组织,保障工会组织依照国家法律法规和工会章程独立自主地开展工作。任何组织和个人都不能随意把工会组织撤销或合并于其他部门,不得占用或处置工会组织拥有的办公设施,活动场所及其所属财产。企业改制重组的同时,要及时调整或组织新的工会组织,并完善各项工作制度。改制企业的工会组织需要调整或重新组建时,要及时报告区总工会,以便于指导和支持。根据工会法等法律、法规,企业改组、改制中,工会经费和财产属于工会所有,由工会研究处理。企业破产、出售时,属于工会的经费和财产由上级工会负责处理。企业必须每月按职工工资的2%向工会拨交工会经费。实行承包、租赁等方式改制的企业,要将拨交工会经费列入承包、租赁合同中,为了有利于基层工会开展工作,经上级工会批准,小型企业工会可就近按行业或地区建立基层工会联合会。基层工会联合会的主要任务是:指导、协调小企业工会工作;帮助小企业协调劳动关系;协助小企业工会与行政方签订集体合同;吸引和团结职工群众,推进企业改革和发展,努力把工会办成"职工之家"。基层工会联合会主席应从所属小企业中工作能力较强的工会主席中选举产生。

一九九七年十二月十二日

中共阳泉市矿区区委　阳泉市矿区人民政府
关于进一步加强新建企业工会组建工作的实施意见

阳矿党发〔2000〕11 号

(二〇〇〇年十一月七日)

随着改革的深入,我区新建企业迅速发展,已成为我区国民经济的重要组成部分。为了认真贯彻落实党的十五大精神和"三个代表"的重要思想,落实省委、市委《关于进一步加强新建企业工会组建工作的意见》,促进我区新建企业的健康发展,现就进一步加强新建企业工会组建工作提出如下意见。

一、充分认识加强新建企业工会组建工作的重要性

(一)新建企业组建工会是依法治国,维护法律尊严的必然要求。我国工会法明确规定:在中国境内的企业、事业、机关单位中以工资收入为主要来源的体力和脑力劳动者,不分民族、性别、职业、宗教、信仰、教育程度都有依法参加和组织工会的权利。劳动法、公司法、城镇集体企业条例、乡镇企业法、山西省私营企业工会条例等法律、法规都对建立工会和开展工会工作有明确规定。新建企业不管是什么所有制性质都要依法办事,切实尊重和落实广大职工参加和组织工会的权利。

(二)新建企业组建工会是贯彻"三个代表"重要思想的必然要求。"三个代表"重要思想,从党的性质、根本宗旨、基本任务的高度,深刻地阐述了在建设有中国特色的社会主义的整个历史进程中,必须始终不渝地全心全意依靠工人阶级,必须把切实维护和发展最广大人民群众的利益作为我们最大、最重要的政治问题来看待。工人阶级是先进生产力和生产关系的代表,是党的阶级基础。新建企业的职工是工人阶级的一部分。加快新建企业工会组建步伐,扩大工会组织的覆盖面,是认真贯彻落实党的十五大精神和"三个代表"重要思想,坚定不移地贯彻落实党的全心全意依靠工人阶级的根本指导方针,团结动员职工群众共同推进多种所有制经济健康发展的迫切需要;是巩固和加强党的阶级基础的组织保证,是建立协调稳定的劳动关系,维护职工合法权益,保持政治稳定和社会安定的重要措施。因此,各级党委、政府和有关部门要进一步增强主动性和紧迫感,切实加强领导,加大工作力度,最大限度地把新建企业的职工组织到工会组织中来。

二、全面推进新建企业工会的组建工作

（一）新建企业组建工会工作的指导思想：以邓小平理论和党的十五大精神为指导，解放思想、开拓进取，坚持党的基本路线，认真贯彻“三个代表”的重要思想和全心全意依靠工人阶级的指导方针，以促进新建企业的健康发展为目的，以维护职工的合法权益，建立协调稳定的劳动关系，促进劳动者和企业经营者合作共事，促进企业发展为宗旨，为我区新建企业发展营造良好的社会环境。

（二）新建企业组建工会工作遵循的原则：

1.坚持党的领导的原则，中国工会是中国共产党领导的职工自愿结合的工人阶级群众组织，在新建企业组建工会是党建工作的重要组成部分，必须自始至终坚持党的领导，把广大职工群众紧密地团结在党的周围，牢牢把握新建企业工会组建工作的政治方向，争取各方面支持，使组建工会工作得以健康发展。

2.坚持依法建会的原则。依照《中华人民共和国工会法》《中华人民共和国劳动法》《中国工会章程》《山西省私营企业工会条例》等法律法规，积极稳妥地推进新建企业工会组建工作，做到“那里有职工，哪里有企业，哪里就必须建立工会组织”。

3.坚持开拓创新的原则。要认真分析和研究新建企业工会组建工作中出现的新情况、新问题、解放思想、更新观念，创造性地开展工作，不搞一刀切，不搞固定模式，以有利于企业经济发展、有利于维护职工合法权益、有利于工会组织发展壮大为标准，积极有效地开展工作。

4.坚持促进企业发展的原则，要充分调动企业职工和经营者的积极性，建立和谐稳定的劳动关系，增强企业凝聚力，促进企业经济发展。

（三）新建企业组建工会工作的目标：

1.2000年12月底前，全区新建企业工会组建率达到70%；职工入会率达到80%。

2.2000年12月底前，凡职工人数在25人以上的新建企业都要组建工会组织。

3.2000年12月底前，各街道办事处要建立起私营企业联合工会。

4.2001年12月底前，全区新建企业工会组建率达到100%，职工入会率达到90%。

三、新建企业工会组织的基本任务

（一）新建企业工会要支持企业依法经营管理。要教育职工尊重投资者合法权益，与企业经营者合作共事；教育职工爱岗敬业；遵守企业规章制度，遵守劳动安全卫生规程，围绕企业生产经营各个环节，组织职工开展“经济技术创新工程”为主题的“一基四本”劳动竞赛活动和合理化建议，技术革新、发明创造活动，提高企业的经济效益；会同企业做好职工业务技术培训工作，提高职工的技术水平。

（二）引导和组织职工依法参与企业管理，建立健全职工代表大会制度。企业在讨论发展生产经营和规章制度等方面的重大事项时，工会代表应参加或列席会议，反映职工的意见和建议，企业在研究决定有关职工奖惩，工资分配、生活福利、劳动保护、社会保险等涉及职工切身利益问题时，必须充分听取工会意见。

（三）依法维护职工合法权益。工会应指导和帮助职工与企业签订劳动合同，按照

《中华人民共和国劳动法》等有关法律法规和政策，建立平等协商和集体合同制度，并监督合同的兑现。

（四）积极参与协调劳动关系和调解劳动争议。新建企业要设立劳动争议调解委员会，调解委员会由职工代表、企业代表、企业工会代表组成，企业代表的人数不得超过调解委员会成员总数的三分之一，调解委员会主任由工会代表担任；要建立劳动保护监督检查委员会，维护职工在劳动中的安全与健康，依法对企业遵守劳动法律、法规的情况进行监督。

（五）努力提高职工素质。新建企业工会是积极开展企业爱职工、职工爱企业，评选爱企业的职工和爱职工的经营者的“双爱双评”活动；教育和引导职工学习党和国家的有关法律、政策，以国家主人翁精神对待劳动，遵纪守法，爱岗敬业，努力完成生产任务；教育激励企业经营者模范地遵守国家各项法律、法规、尊重职工主人翁地位和合法利益，为保障工会组织依法独立地开展工作提供必要的活动条件。

四、新建企业组建工会工作的方法及要求

（一）采取多种形式推进工会组建工作。新建企业组建工会要坚持“整体推进、不留空白、不留死角”的工作方法。凡依法登记注册、取得营业执照并已投产开业的新建企业，必须依法建立工会组织，会员人数在25人以上的企业要建立工会委员会和经费审查委员会；不足25人的要按照属地管理的原则，按所辖区域各街道办事处成立私营企业联合工会。基层工会组织的建立应当报上一级工会批准。基层工会所在的企业终止或者被撤销，该工会组织相应撤销，并报上一级工会备案。新建企业女职工在25人以上的，工会应当建立女职工委员会，不足25人的设女职工委员1人。

（二）严格按照法律法规、认真履行民主程序。新建企业工会委员会、工会经费审查委员会要严格按照《中华人民共和国工会法》和《中国工会章程》的有关规定，由会员大会或会员代表大会选举产生，每届任期3~5年。工会主席、副主席一般由会员（代表）大会直接选举产生；职工人数较多、规模较大的企业可由工会委员会选举产生。工会委员会、经费审查委员会及主席、副主席的选举结果须报上级工会批准。工会委员会对会员大会或会员代表大会负责，并报告工作，接受监督。工会会员大会或会员代表大会有权撤换或者罢免其选举的主席、副主席、委员。新建企业工会主席、副主席不得由企业经营者及亲属担任。

（三）建立健全工会组织领导机制。加快新建企业工会组建步伐，就必须加快工会

组织领导体制的建立，要积极推进“先搭台、后充实、再完善、逐步规范”的建会方法，把自下而上建会与自上而下建会结合起来，形成适应新建企业发展要求的工会组织领导体制和工作网络。2000年年底前，各街道都要建立私营企业联合工会；从事第三产业的个体职工相对集中的社区、行业要分别建立社区、行业工会联合会。街道工会及各种联合会一级工会组织具有地方工会和基层工会的双重职能，工会联合会要指导和帮助新建企业建立工会、发展会员、开展工作，依法代表和维护新建企业工会和职工的合法权益，协调劳动关系；要教育并引导职工提高自身素质，与企业合作共事，共同推进企业健康发展。

（四）做好发展会员和会员管理工作。凡是以工资收入为主要生活来源，承认《中国工会章程》，在企业连续工作三个月以上的新建企业职工，均可自愿加入工会组织，任何单位和个人不得干涉和阻挠。工会联合会和企业工会要帮助和指导职工参加工会组织，要加强会员管理。会员关系随劳动关系流动，其劳动关系确定在哪里，会员关系同时跟到哪里。要依照《中国工会章程》的有关规定，认真履行会员入会手续，劳动关系变化后可凭有关证件在新就业企业工会进行会员登记，企业工会要及时做好注销会员关系或接收新会员的登记工作。

（五）加强改制企业工会工作。凡是国有企业改制为新建企业的，必须坚持做到“企业改制到哪里，就把工会组织重建到哪里”。对改制企业工会的结构设置、人员配备、组建程序要坚持标准，严把质量关，使改制企业工会整顿、重建工作上档次、不走样，工会工作不涣散，会员和工会财产不流失。

（六）加强工会经费拨缴和管理工作。凡是建立工会的企业，都要按照工会法规定，每月按本企业全部职工工资总额的2%向工会拨缴经费。工会经费必须按照中华全国总工会统一制定的工会财务管理办法支配和使用，并接受工会会员、经费审查委员会和上级工会的监督。

五、加强领导，通力合作，形成党政工齐抓共建的工作格局

工会工作是党的群众工作的重要组成部分。加强新建企业工会的组建工作，不仅需要工会自身的努力，而且更需要党政的支持和社会各方面的支持。各级党委一定要提高认识，端正态度，切实加强领导，政府要大力支持，各有关部门要明确职责，积极配合，真正形成“党委领导，政府支持，工会运作，各方配合”的新建企业组建工会工作格局。区新建企业组建工会领导组，负责对全区新建企业工会组建工作进行全面部署和总体安排，研究解决工作中的重大问题，协调有关方面做好建会工作。各街道办事处要立即制定实施办法，组建新建企业工会组织工作领导组，承担起所辖区域内新建企业组建工会的任务。

（一）各街道党委要加强领导。把新建企业工会组建率、职工入会率纳入党建目标考核体系，作为各级党委党建工作的重要内容，要明确目标，在布置检查党建工作的同时，布置检查工会组建工作，同时建立健全督查通报制度，以党建带工建。宣传部门和新闻单位要加大对新建企业工会工作的宣传报道力度，尤其要集中报道先进典型和先进经验，正确引导新建企业工会开展工作，为新建企业组建工会工作大造声势，创造良好的舆论氛围。

（二）区政府各部门要重视和支持新建企业工会组建工作。要采取行政、法律、经济手段，把所有对新建企业有联系、有影响、有制约力的部门组织起来，积极与工会加强合作，一方面要积极支持工会搞好组建工作，另一方面要吸收工会组织参加各部门的年度检查和审核工作，研究解决相关问题，各有关部门要在各自的职责范围内积极支持新建企业建会工作。经贸委、劳动局、工商等部门，要立足全面，充分发挥各自职能作用，加大监督力度。新建企业要坚持在注册登记前把建立工会组织写入企业章程中，在企业筹建的同时，筹建工会组织，在企业开业的同时建立工会组织。

工商和个体私营经济协会要充分利用各种机会，进行组建工会的宣传，促进工会的组建，要协助街道和工会摸清底数，做好深入细致的工作，全面负责全区私营企业工会的组建工作。

经贸委要把是否建立工会作为评选先进企业的重要条件之一，全面负责区直集体企业，改制企业工会的组建工作。

劳动部门要将组建工会和签订集体合同列入劳动年检和劳动监察范围，督促新建企业组建工会；要会同有关方面做好新建企业组建工会的宣传教育工作；要支持工会与企业依法签订集体合同并提供法律咨询和服务。

人大、政协要积极推动有关法律和政策的实施，并加强对实施过程的监督检查，推动新建企业职工参加和组织工会权利的落实。

工商联要充分发挥职能优势，配合有关部门做好私营企业经营者的思想政治工作，教育引导其会员单位尽快组建工会。

（三）党政各部门要加强对新建企业工会工作的关心和支持。在评选各种先进企业、先进经营者时，应把企业是否依法组建工会、是否依法支持工会、企业劳动关系是否稳定协调作为重要条件。

（四）工会要承担起新建企业组建工会的重要任务。在区委的领导下，与各部门通力合作，密切配合，积极主动的开展工作，加强督促检查、建立制度、严格管理，把新建企业工会组建工作作为考核业绩的重要内容。要建立专门工作机构，加强调研，摸清底数，制订计划，明确目标，有计划、有步骤的加以推进，要抓重点、攻难点，及时发现问题，有针对性地加以解决。要深入到企业和职工当中，加强指导，做好具体的组织实施工作。要勇于创新。大胆实践，抓好典型，总结经验。要适应新形势的特点，改进工作方式和工作作风，充当基层工会和工会干部、职工群众的忠实代表者，维护他们的合法权益。要尽快建立起组织健全、渠道畅通、责任清晰、机制灵活的新建企业工会工作网络体系，使新建企业工会工作有大的突破和进展。

二〇〇〇年十一月七日

中共阳泉市矿区委员会
关于进一步加强工会工作的意见

阳矿党发〔2004〕23号

（二〇〇四年六月二十五日）

为认真贯彻中共十六大、十六届三中全会和中国工会十四大精神，按照“三个代表”重要思想的要求，全面贯彻党的全心全意依靠工人阶级的根本指导方针，切实加强党对工会工作的领导，充分发挥工会组织在促进我区改革、发展和稳定中的重要作用,特制定如下意见。

一、充分认识新时期加强工会工作的重要意义

(一)新时期工会组织的作用更加重要。工会作为党领导的职工自愿结合的工人阶级群众组织,是党联系职工群众的桥梁和纽带,是国家政权的重要社会支柱,是职工合法权益的代表者和维护者,在改革开放和现代化建设中发挥着不可替代的作用。当前,我国正处在一个加速发展的重要战略机遇期,面对在发展社会主义市场经济过程中劳动关系的深刻变化及经济全球化、加入世贸组织等带来的机遇和挑战,工会的任务更加重大,地位日益突出,广大职工要求工会组织维护他们合法权益的愿望更加迫切,党和政府更需要工会组织进一步发挥职能作用,协调劳动关系,及时反映职工的意愿和呼声,教育引导职工识大体、顾大局、为改革、发展、稳定做出贡献。

(二)工会工作是党的工作的重要组成部分。各级党组织一定要从贯彻"三个代表"重要思想的高度,从坚持以人为本和实践党的根本宗旨的高度,从贯彻党的全心全意依靠工人阶级根本方针的高度,从维护改革、发展、稳定大局的高度,从巩固党的执政地位和群众基础的高度,进一步提高对工会组织的地位、职能和新形势下开展工会工作重要性的认识,把工会工作纳入各级党组织工作的重要议事日程,经常研究工会工作,及时解决工会工作中遇到的困难和涉及职工切身利益的重大问题,促进全社会共同关心和支持工会工作,努力为工会工作创造有利的环境和条件。

二、充分发挥工会在改革和建设中的积极作用

(三)认真贯彻落实工会法,坚持依法治会。修改后的工会法明确规定,维护职工合法权益是工会组织的基本职能。同时对工会组织的性质、地位、作用、组织形式、活动方式和法律责任等做了具体而明确的规定,是工会工作强大的法律武器。各级党组织要认真贯彻工会法及《山西省实施(中华人民共和国工会法)办法》、支持工会依法治会,依法履行职责,依法发挥作用。各级行政部门要认真贯彻市人大常委会《关于贯彻执行(工会法)的决议》,把贯彻工会法纳入依法治区的重要内容。区人大常委会要加强工会法的执法检查,及时发现和纠正执法中存在的问题,督促有关机关依法追究违法行为人的法律责任,并积极支持工会依法开展工作。

(四)各级工会要坚持"三个最大限度",做到"三个了如指掌",提高"四个维权"实效。各级工会要坚持以邓小平理论和"三个代表"重要思想为指导,解放思想、实事求是、与时俱进,坚持"三个最大限度",即最大限度地把广大职工特别是进城务工人员组织到工会中来,最大限度地维护广大职工尤其是农民工的合法权益,最大限度地保护、调动和发挥广大职工的积极性、创造性。同时要做到"三个了如指掌",即基层工会干部要对本单位每个职工的生产、生活状况了如指掌,街道工会干部要对所辖企事业单位工会工作情况和职工"低保"等情况了如指掌,区总工会要对所辖工会和较大企业的生产、生活和劳动关系状况了如指掌。认真履行好维护职责,提高"四个维权"实效,即提高维护职工劳动权益的实效,提高维护职工经济效益的实效,提高维护职工民主政治权益的实效,提高维护职工精神文化权益的实效,积极参与、支持我区的各项改革和建设事业，充分发挥工会组织在维护改革发展和稳定大局中的独特优势和积极作用。

（五）大力支持工会开展经济技术工作。各级各部门要紧紧围绕发展这一“第一要务”，大力支持和帮助工会广泛开展群众性经济技术创新活动，采取有效措施，保证职工的主人翁地位，努力调动广大职工投身改革开放与现代化建设的积极性和创造性，激发他们全面建设小康社会的热情。积极支持工会以实施职工经济技术创新工程为载体，开展多种形式的建功立业竞赛和“创新示范岗”、“创新能手”、职工创新成果等评选表彰活动，努力引导职工学习新知识、掌握新技能、创造新成果，不断提高职工的创新能力，进一步推动技术进步和经济发展。各级党组织要认真贯彻全国人才工作会议精神，大力实施人才兴会战略，支持工会开展“创建学习型组织、争做知识型职工”活动，努力创造用事业造就人才，用环境凝聚人才、用机制激励人才、用法律保障人才成长的良好外部条件，不断推进职工整体素质的提高。

（六）支持工会认真做好劳模管理工作。要保护好、引导好、发挥好广大职工的劳动积极性和创造精神，必须切实加强对劳动模范和先进人物的培养、教育、宣传和表彰工作。区总工会承担着同级劳动竞赛委员会的日常工作，党委要支持工会及时总结、广泛宣传各行各业先进模范人物的崇高思想和精神风貌，以召开劳模大会为契机，用榜样的力量教育和激励职工以高度的主人翁责任感和历史使命感，热情关心和支持改革，积极投身企业生产经营活动，立足本职、爱岗敬业，学先进、比贡献、创一流、增效益。要关心劳模的各种和生活，积极帮助劳模解决工作上、生活上的困难，努力在全社会营造一种尊重、关心、爱护和学赶劳模的良好风尚。把大力宣传劳模先进事迹与建立劳模激励机制、解决劳模生活困难与弘扬劳模精神结合起来，进一步探索和完善培养劳模、选树劳模、表彰劳模、关心劳模的机制，营造学习劳模、尊重劳模、关爱劳模、争当劳模的社会氛围。

三、充分发挥工会在协调劳动关系中的积极作用

（七）支持工会深入推行平等协商和集体合同制度，维护企业职工的劳动权益。各级党组织要把推行平等协商和集体合同制度纳入重要议事日程，支持工会依照中华人民共和国劳动和社会保障部令 22 号颁布的《集体合同规定》，督促指导企业建立平等协商、集体合同制度以及做好国有、集体企业集体合同的重签与续签工作，不断解决生产过程中出现的新情况、新问题。同时，各级党组织要把保障集体合同制度的落实作为发挥党组织监督作用的重要内容，抓紧抓实，真正实行制度维权。区总工会要按照《阳泉市非公有制企业工资集体协商试行办法》，广泛向辖区内的非公有制企业推行工资集体协商制度，稳步推进区域性工资集体合同的续签工作，督促企业严格执行中华人民共和国劳动和社会保障部令 21 号颁布的《最低工资规定》，坚决制止无故克扣和拖欠职工尤其是进城务工人员的工资及随意降低工资待遇现象的发生。各街道工会要把工作重点放在建立劳动关系三方协商机制和维权法律援助机制上，做好源头维护。积极探索建立行业性平等协商机制，签订行业性集体合同或工资集体商议。加强对辖区内下岗失业人员及进城务工人员的维权工作，建立起有效的维权机制，增强工作的针对性和实效性。

（八）支持工会加强职工代表大会和其他形式的民主管理制度建设。建立职工代表大会制度是维护企业职工民主权利的重要途径，各级工会要在实践中不断推进这一制度在各类企业中的建立和完善，各级党组织要给予政策上的大力支持，进一步加强监督，确保职工代表大会制度的贯彻落实，充分发挥民主管理制度在企业中的维权作用。同时要支持工会探索在非公有制企业中推行职代会制度的民主管理途径，认真抓好试点，发挥典型作用，努力实行非公有制企业民主管理工作的新突破。切实推行企务公开制度的落实。各级党组织及有关部门和工会组织要认真落实中办、国办《关于在国有企业、集体企业及其控股企业深入实行厂务公开制度的通知》和阳发〔2002〕47号文件精神，明确目标，强化责任，有组织、有计划、有步骤地推动企务公开深入健康地发展。

（九）积极推进工会与劳动保障行政部门、企业代表组织三方协商机制的建设。要支持工会发挥协商劳动关系的积极作用，促进我区三方协商机制的建立，共同研究解决劳动关系方面的重大问题。要建立起工会劳动保障法律监督制度，发挥企业工会劳动保障法律监督的作用，把监督检查机制同履约责任机制结合起来，坚决纠正和依法处理集体合同违约问题，保证集体合同的严格性和权威性。要积极推行三方协商机制向街道一级延伸，形成多层次的三方协商机制。

四、切实为职工群众办实事，努力维护职工队伍和社会政治的稳定

（十）大力支持工会深入开展各种服务维权活动。工会要以“送温暖”活动为载体，大力实施服务维权。各级党组织要切实加强对送温暖活动的领导，积极为工会开展送温暖活动创造条件。充分发挥区总工会特困职工援助中心的作用，为困难职工提供信访接待、法律援助、生活救助、就业帮助等服务，重点把进城务工人员列入帮扶的范围，及时受理进城务工人员的维权要求。加强对《援助特困职工长效捐赠机制意见》的贯彻实施，努力推动送温暖活动朝着经常化、制度化、社会化的方向发展。认真贯彻落实全国再就业工作会议精神，利用特困职工援助中心解决好困难职工的就业问题。各级工会要在加强维权建设、创新维权机制的同时，强化服务意识，建立和完善服务机制，把维权的重点向非公有制、混合所有制等经济单位和街道、社区等基层延伸，着力解决好关心职工群众切身权益的突出问题，努力在推动改革、促进发展、积极参与、大力帮扶的过程中，表达和维护职工群众的合法权益，为党和政府分忧，为职工群众解难，真正成为广大职工的贴心人。

（十一）积极维护职工的劳动安全卫生权利。要按照“安全第一、预防为主、群防群治、依法监督”的原则，开展多种形式的安全生产监督检查活动，督促企业认真执行国家有关劳动保护的法律法规和政策，落实安全生产责任制，不断改善职工劳动安全卫生条件，坚持把劳动保护措施落实到企业生产经营的各个环节中去，切实做到防患于未然，支持工会参与职工因公伤亡事故和其他严重危害职工健康问题的调查处理，依法保护职工的生命健康权。支持工会加强对劳动法、工会法、职业病防治法、安全生产法、工会劳动保护三个条例等法律法规的宣传，增强企业职工的安全生产意识、自我保护意识和遵章守纪意识，确保职工队伍和社会政治的稳定。

五、进一步加强工会自身建设

（十二）切实加强工会组织建设。各级党组织要把工会组织建设作为党建工作的重要内容，切实抓紧抓实。继续加大工会组建力度，努力构筑“党委重视、政府支持、工会运作、各方配合”的工作格局。要重视机关、事业单位工会作用的发挥，积极推进机关工会组织建设。各街道工会组织都要规范为街道工会委员会和工会联合会两种组织形式，积极探索进城务工人员工会的组建模式，试建各种形式的进城务工人员工会联合会。特别要加强工会组建工作，采取有力有效措施，提高建会率，扩大覆盖率、增加入会率，把进城务工人员入会率作为一项主要考核指标，列入工会工作创建合格“职工之家”的考核内容之中，最大限度地把职工尤其是进城务工人员组织到工会中来，真正实行“组织起来、切实维权”的目的。要加强行业性、区域性等各种类型的基层工会联合会以及社区工会的建设，不断完善与组建工会要求相适应的工会组织网络。加强会籍管理，对流动会员实行会员关系随劳动关系流动而接转的办法，职工的劳动关系在那里，会员关系就要接转到那里，确保在任何情况下，会员的会籍关系都有确定的单位来管理。各级工会要广泛深入开展“五创建”活动，即创建“模范县工会”“示范街道工会”“示范社区工会”“模范职工之家”“模范职工小家”竞赛活动。

（十三）加强工会领导班子建设。各级党组织要高度重视各级工会领导班子建设，要建立健全工会干部“问责制”和工会干部联系基层制度，配齐配强工会干部，纠正基层工会干部兼职过多的现象。尤其要高度重视各街道工会领导班子队伍建设，严格按照《山西省实施（中华人民共和国工会法）办法》第十四条规定和阳发〔2002〕36 号《中共阳泉市委关于进一步加强工会工作意见》的精神，由街道党工委副书记兼任工会主席并配备一名工会专职工作人员。系统工会和机关事业单位工会要配备一名专（兼）职工会主席，并给予同级副职待遇。严格按照《工会法》的要求，职工在 200 人以上的私营企业设专职工会主席，实行私营企业工会主席直选，对一些私营企业一时没有合格工会主席候选人的，由上级工会委派工会主席候选人。在私营企业工会，工会主席要保持相对稳定，工会主席。副主席任期未到的不得随意调动其工作，非经会员大会全体会员或者大会全体代表过半数通过，不得随意罢免。根据阳政办发〔2003〕48 号和阳编办字〔2004〕8 号文件精神的要求，区工会特困职工援助中心配备主任一名，可享受副科级待遇。根据阳组通字〔2001〕21 号《关于在机构改革中县（区）总工会主席进班子的紧急通知》要求，区总工会要配备一名常务副主席（享受正科待遇）和一名经费审查委员会主任（享受正科待遇）。要坚持党管干部的原则，支持工会做好协助管理工会干部的工作。在工会领导班子的配备上，由工会协助同级党委考察、协商确定候选人，经工会法定程序民主选举产生。

（十四）加强工会干部队伍建设。各级党组织要不断加强工会干部队伍的教育培训力度,广泛开展“创建学习型工会、争当知识型干部”活动,组织工会干部加强对党的十六大、十六届三中全会精神以及工会义务理论知识的学习,不断提高工会干部的政治素质和工作能力,努力把工会干部培养成为具有较高的判断形势能力、适应市场能力、应对复杂局面能力、服务大局能力、依法办事能力的政治家、社会活动家和协调劳动关系专家。强化工会干部的思想和作风建设,教育工会干部坚持深入基层,加强调查研究,增强工会干部的政治意识、大局意识、服务意识和群众意识。要关心工会干部的思想、工作和生活,积极帮助他们解决工作上、生活上的困难和问题。

(十五)支持工会依法收缴好工会经费。促进工会工作的稳定发展。工会经费主要用于为职工服务和工会活动,是工会生存和发展的经济基础。各级党组织要支持工会采取有力措施,按照《中华人民共和国工会法》和《山西省实施(中华人民共和国工会法)办法》的有关规定,认真落实山西省财政厅与山西省总工会联合下发的晋财字〔2003〕15号《关于行政事业单位工会经费由财政统一划拨的通知》和阳发〔2002〕36号《中共阳泉市委关于进一步加强工会工作意见》的精神,帮助工会抓好工会经费的收缴、管理和使用。私营、民营企业上解的工会经费由区国税局、地税局代征。要重视和发挥工会经费审查委员会的作用,加强对工会经费拨缴情况的审计监督。对拒拨、欠拨或截留工会经费的单位,在评选劳动模范、五一劳动奖章、模范职工之家等各类先进时,实行“一票否决制”。企业、事业单位无正当理由拖延或者拒不交纳工会经费的,可由人民法院下达支付令强制执行。

六、切实加强和改善党对工会工作的领导

(十六)建立健全党委对工会工作的领导制度。加强和完善党委对工会工作的领导,是做好工会工作的根本保证。各级党组织要坚持党组织主要负责同志分管工会工作制度。要把工会工作列入重要议事日程,建立党组织定期专题研究工会工作的制度,各级党组织每年至少要听取一次同级工会工作的全面汇报,对工会工作遇到的重要问题要及时研究解决,并根据各个时期的中心工作向工会提出明确的任务和要求,不定期地进行检查和考核。要依照《工会法》和《中国工会章程》的规定,支持工会独立自主地开展工作,发挥工会在管理国家社会事务中的民主参与和民主监督作用。

(十七)要坚持各级行政与同级工会的联席会议制度。联席会议是加强政府(行政)与工会相互联系的主要形式。各级行政要高度重视与各级工会的联席会议制度,认真抓好落实,协商研究解决当前职工群众特别是困难职工群众关心的热点、难点问题,要努力推动这一制度朝着规范化和经常化的方向发展。联席会议原则上每年举行一至两次,如遇紧急情况和重要问题时,经过协商可随时举行。

(十八)努力为工会工作营造良好的社会环境。各级党组织要积极协调工会与行政的关系,帮助工会解决工作中的实际问题。各级党组织和行政部门要支持工会搞好涉及职工劳动工资、生活福利、生活保障等方面的工作。对工会开展的重要工作和重大活动,要高度重视,并给予人力、财力上的大力支持。人大、政协也要从执法检查、民主协商、民主监督等方面帮助和支持工会开展工作。

中共阳泉市矿区区委办公室 阳泉市矿区人民政府办公室 关于印发《矿区劳动模范管理办法》的通知

阳矿党办发〔2004〕31号

各街道办事处、区委各部委、区级机关各部门、区直各单位(企业)、驻区各单位、各人民团体:

《矿区劳动模范管理办法》已经区委、区政府同意,现印发给你们,请遵照执行。劳动模范是社会主义物质文明、政治文明、精神文明建设中涌现出来的先进典型,是推进改革开放、经济建设和社会进步的中坚力量。各单位要站在贯彻"三个代表"重要思想的高度,重视劳动模范管理工作,积极推崇先进,大力弘扬正气,在全社会营造尊重劳动模范,善待劳动模范,学习劳动模范,争当劳动模范的良好氛围,加快全面建设小康社会进程。

中共阳泉市矿区区委办公室
阳泉市矿区人民政府办公室
二〇〇四年六月二十五日

阳泉市矿区劳动模范管理办法

第一章 总 则

第一条 为了规范和加强全区劳动模范管理工作,更好地发挥劳动模范在社会主义物质文明、精神文明和政治文明建设中的模范带头作用,根据国家宪法、法律和有关政策规定,依据《山西省劳动模范管理办法》和《阳泉市劳动模范管理办法》的有关规定,结合我区实际,特制定本办法。

第二条 本办法所称劳动模范,是指在全区社会主义物质文明、精神文明和政治文明建设中做出突出贡献的,经区劳动竞赛委员会、区总工会评选推荐的,以区委、区政府、市委、市政府、省委、省政府和国务院名义命名表彰的模范个人和模范集体。

第三条 全区劳动模范管理工作在区委区政府的领导下,由区劳动竞赛委员会、区总工会具体负责,区劳动竞赛委员会由区委办、政府办、纪委、组织部、宣传部、政法委、总工会、人大办、政协办、人事局、劳动局、经贸局、计生局组成,办公室设在区总工会。

第四条 区劳动竞赛委员会要做好劳动模范的评选、表彰、宣传以及日常管理工作,维护劳动模范的合法权益。区总工会、人事、组织、宣传等部门要尽职尽责,密切配合,共同做好劳动模范的评选、表彰和管理工作。

第二章　评选原则和程序

第五条　评选劳动模范必须坚持公开、公正和群众公认的原则，坚持先进性标准,突出时代精神。区劳动模范一般从区劳动竞赛委员会表彰的先进个人、先进集体中评选产生;市劳动模范一般从区级劳动模范中评选推荐;省劳动模范一般从市级劳动模范中推荐;全国劳动模范(全国先进工作者)一般从省(部)级劳动模范中推荐。

第六条　被推荐的模范单位(集体)和劳动模范,必须经本人所在单位职工代表大会(职工大会)或本人所在社区居民代表大会(居民大会)三分之二以上成员讨论通过,基层工会审查推荐,各级党政研究同意。尔后按规定通过新闻媒体向社会公示,充分征求社会各界意见,在此基础上报区委常委会审定。

第三章　命名表彰

第七条　矿区劳动模范表彰命名设2种荣誉称号，即:“矿区红旗单位”“矿区劳动模范”,分别授予做出突出贡献的先进单位(集体)和先进个人。

第八条　“矿区劳动模范”和“矿区红旗单位(集体)”荣誉称号以区委、区政府名义授予。

第九条　矿区劳动模范表彰大会每2年召开一次。因特殊情况需要随时表彰时,由区劳动竞赛委员会提出意见,报区委、区政府审定。

第十条　矿区劳动模范表彰大会和劳动模范日常管理经费,由区财政核拨。

第四章　奖励和待遇

第十一条　劳动模范的奖励和待遇坚持精神鼓励和与物质奖励相结合的原则,除命名表彰时给予一次性奖励外,还应在政治和物质生活方面,享受相应的待遇。
未按本办法第二条评选的各个部门(系统)、各条战线、各种类型的先进个人,不享受本办法规定的劳模待遇。

第十二条　矿区劳动模范从被命名之日起到下次劳动模范大会召开前享受荣誉津贴,时间以2年为限。连续被评为区劳动模范的连续享受。区劳动模范荣誉津贴的标准为每月40元,原则上由劳模所在单位解决。属企业的区劳动模范,其荣誉津贴由企业工会、劳资部门负责,列入企业工资总额中支出;属机关、事业单位及街道、社区的区劳动模范,其荣誉津贴由本单位工会、人事部门报本级财政拨付。矿区劳动模范的荣誉津贴随工资按月发放。

第十三条　全国劳动模范(先进个人)、省级劳动模范(含特级劳模)、市劳动模范的荣誉津贴,按《山西省劳动模范管理办法》和《阳泉市劳动模范管理办法》的有关规定执行。同时具备全国劳动模范(先进工作者)、省劳动模范(含特级劳模)或市劳动模范、区劳动模范荣誉称号的,只享受最高一级荣誉津贴。

第十四条　生活困难的区级劳动模范(包括已离退休的劳动模范),每人每年发给一次性生活补助费。属机关、事业单位的困难劳模，其生活补助费由同级财政解决；属盈利企业的困难劳模，其生活补助费由本企业解决；属亏损企业和社区困难劳模，其生活补助费由区财政解决。

困难劳模的具体标准按照省劳动竞赛委员会制定的标准执行。各基层工会要认真做好困难劳动模范摸底、排查工作，做到不错报、不漏报。困难劳模的确定要做到标准、程序、结果"三公开"。

第十五条　各级党、政及有关单位和工会组织要定期或不定期地对离退休劳动模范进行慰问救济，及时解决他们的生活困难。

第十六条　劳动模范退休后享受的其他待遇，按国家有关规定执行。机关、团体、企事业单位要为劳动模范办理补充养老保险。

第十七条　劳动模范所在单位要定期组织劳动模范进行体检，特别是对 50 岁以上的劳动模范每年要体检一次。职工劳动模范的体检费用由所在单位支付；社区劳动模范的体检费用由所在街道财政解决，如有困难，由区财政给予补贴。

第十八条　定期组织安排劳动模范疗（休）养，疗（休）养期间工资福利待遇不变。

第十九条　劳动模范在晋级、评定技术职称时应优先考虑。

第二十条　劳动模范由于医疗费开支过大，造成家庭生活困难的，由其所在单位给予适当补助。

第二十一条　劳动模范一般不安排下岗，如遇特殊情况下岗的，在安排就业时应优先考虑。

第二十二条　本办法规定的奖励和待遇标准低于国家和省、市规定时，执行上一级规定。

第五章　日常管理

第二十三条　劳动模范的管理工作以基层管理为主。基层工会、区总工会要建立健全劳动模范档案资料，及时掌握劳动模范的动态情况。劳动模范工作变动、晋升、离退休、去世，要及时上报区劳动竞赛委员会备案。

第二十四条　各级宣传、新闻出版部门要把对劳动模范的宣传作为一项经常性任务，大力弘扬劳动模范的崇高和时代精神，努力营造学赶劳模、争当先进的良好社会氛围。

第二十五条　要加强对劳动模范的培养教育工作，有计划地组织劳模学习深造，不断提高劳动模范的思想道德素质和科学文化素质，进一步发挥劳动模范的骨干、带头和桥梁作用。

第二十六条　要组织劳动模范开展参观、考察、座谈、访问、经验交流等活动。

第二十七条　认真做好劳动模范来信来访工作，帮助劳动模范解决工作和生活中遇到的困难和问题。

第二十八条　依法维护劳动模范的合法权益，对歧视、压制、打击报复劳动模范的，所在单位或上级主管部门要给予批评和制止，情节严重的给予行政处分，构成犯罪的，依法追究刑事责任。

第二十九条　劳动模范有下列情况之一者，取消其荣誉称号。

（一）主要事迹是伪造的；

（二）受到行政撤职、开除公职留党察看及以上处分的；

（三）触犯刑律的。

第三十条　取消荣誉称号，应按照劳动模范评选程序，逐级申报，由授予部门审核批准，同时收回其奖章、证书，取消其相应待遇。

第六章　附　则

第三十一条　本办法自下发之日起执行。

阳泉市矿区总工会
关于机关建立工会的方法与步骤

阳矿工发〔1988〕8号

机关建立工会是广大机关工作人员的愿望，根据各地机关工会经验，机关工会的任务主要有：一、努力提高机关工作人员的政治思想素质和科学文化水平。二、不断完善机关的民主制度，活跃机关民主生活，保障机关的民主生活，保障机关工作人员的民主权利，评议监督领导干部。三、关心机关工作人员的生活，为机关工作人员办好事、实事，解除他们的后顾之忧。四、开展丰富多彩的适合机关特点的文体活动，活跃机关的文化生活，增进机关工作人员的身心健康。

机关建立工会主要做好以下几方面的工作：

第一，要积极主动取得党委、行政领导的支持，妥善地解决筹建工会工作中的机构设置、工会办公和会员活动场所及工会活动时间等问题。

第二，申请所属上级工会审查批准。党政机关筹建工会时须先成立筹备组并将工会筹备小组成员名单及筹建工会工作计划一并报请区总工会，经审查批准后即可按照工会章程进行筹建工会的各项工作。筹备组设组长一人，副组长一至二人，负责工会筹备期间的具体工作。在工会委员会选举产生之前代行工会委员会职责。

第三，做好建立工会的宣传工作。在党委和行政的支持下，集中一定的时间向机关工作人员进行工会性质作用、任务及会员的权利、义务等宣传教育，使机关工作人员进一步了解工会工作和工会组织。

第四，发展会员，对曾加入过工会的机关工作人员进行登记，核实其会籍。可凭原会员证（或原单位证明或两人以上证明材料）更换新的会员证。对新要求入会的同志，可填写《中华人民共和国工会入会申请书》经工会筹备组审查批准，最后张榜公布会员名单。发展会员时要坚持入会自愿，退会自由的原则。

第五，根据中国工会章程，党政机关人数较多的部门可建立部门工会或分会组织，25人以上的可建立基层委员会，人数较少的部门可建立工会小组，民主选举工会小组长。

第六，民主选举机关工会委员会。在筹备工作基本就绪，会员发展到半数以上后，筹备组就要积极准备召开机关会员代表大会或会员大会，按民主集中制的原则，以无记名投票方式，采取预选或差额选举的办法选举产生机关工会委员会，同时选举产生经费审查委员会。代表名额由筹备组根据本单位情况自行确定，一般为职工或会员的三分之一，人员较少的可召开会员大会。

机关工会干部应具备以下条件：符合四化要求，热心为群众服务，作风正派，办事公道，组织领导能力强。机关工会主席应选配同级机关党委副职的干部担任。

第七，履行报批手续。召开代表大会前应将筹备工作和两个委员会及正副主席候选人名单分别报同级党委和上一级工会审查同意。代表大会后将选举结果分别报同级党委和上一级工会审批。

第八，建立工会委员会。机关工会可以实际出发设立组织、宣传、劳保、女工等委员，并选举相应的工会委员组成工会委员会。

工会组织建立健全后可开展工会的各项工作，建立“职工之家”，围绕机关的中心工作，发扬工会的特色，全面发挥工会作用，建设机关的民主制度，活跃机关的民主生活。

一九八八年十一月二十二日

阳泉市矿区职工技协工作条例（试行）

（矿区职工技协第一次会员大会一九九一年十月十九日通过）

根据《中国职工技协组织章程》、全国总工会工总技字〔1991〕7号《关于加强工会基层职工技协工作的通知》和《阳泉市基层职工技术协作组织试行条例》、阳泉市总工会阳工发〔1990〕18号文件《关于阳泉市职工技术协作开展有偿服务实施细则》，制定本条例。

第一章　总　则

第一条　矿区职工技协是区总工会领导的职工自愿结合开展群众性技术活动的群众组织，接受上级技协的指导并积极主动的开展工作。

第二条　矿区职工技协的宗旨是：在党的路线、方针、政策指导下，发扬工人阶级主人翁精神和共产主义风格，团结组织会员，吸引广大职工，开展群众性的技术协作活动，促进技术进步，为建设社会主义物质文明和精神文明贡献力量。

第三条　职工技协开展有偿技术服务不以营利为目的，要把发扬无私奉献的精神和执行有偿服务的现行经济政策结合起来,做到有偿不唯偿,有偿补无偿,奉献多提倡。

第二章 任 务

第四条 职工技协坚持为群众服务,为生产服务的指导思想,围绕生产建设这个中心,以提高企业经济效益,提高职工技术素质为目标。基层技协的主要任务:

1.开展技术攻关、技术革新、合理化建议活动。

2.推广新技术、新工艺、新材料、新设备。

3.开展群众性科研活动,激励发明创新,研制开发新产品、新技术。

4.开展技术协作、技术扶贫和帮困扭亏活动。

5.组织技术练兵、技术比武、技术交流、技术培训等活动。

6.参加市场活动,加速科技成果的转化与应用。

7.参加引进技术的消化、吸收与创新工作。

8.参与技术民主管理,参加技术论证与评议。

9.维护职工技协会员和职工群众的合法技术权益。

第三章 组 织

第五条 技协的组织原则是民主集中制,技协的权力机关是会员大会或会员代表大会。选举产生技协委员会,委员会设主任一名,副主任一至二人。企业技协由企业工会批准。区技协由区总工会批准。报请上级技协备案,每届任期二年。

第六条 区技协办公室负责处理日常工作,基层技协由基层工会设兼职人员负责日常工作。

第七条 企业技协可根据需要设若干专业队(组)开展活动。

第八条 会员大会或会员代表大会每二年召开一次。其职责:

1.决定工作方针和任务。

2.审查工作报告。

3.选举新的委员会。

第九条 技协委员会实行集体领导与分工负责相结合的原则,重要问题民主讨论决定。主任负责召集委员会议,主持日常工作,副主任协助主任搞好工作,委员要关心整体工作,维护集体领导,执行决议,做好分管的工作。

第十条 基层技协要有例会制度,每月至少召开一次会议,讨论研究企业改革中出现的新情况、新问题,确定任务,总结工作,交流经验。

第四章 会 员

第十一条 凡自愿参加技术协作活动的职工,包括工人、工程师技术人员、管理人员、领导干部、离退休职工,经本人申请,基层技协批准,即为基层职工技协会员。经基层技协同意,区技协批准即为区职工技协会员,区技协也可直接吸收会员,基层技协为区技协的团体会员。

第十二条　会员的权利和义务：

会员权利：

1.有表决权、选举权和被选举权。

2.对技术协作工作有讨论建议和批评的权力。

3.有权参加本组织举办的科学技术教育活动。

4.有权享受技协规定提供的各项福利待遇。

会员义务：

1.执行技协决议，遵守技协章程。

2.积极参加技协组织的有关技协活动，完成技协交办的各项任务。

3.努力学习科学知识和职业技术，不断提高科技水平。

4. 团体会员应向区技协报告工作，接受指导。

第五章　活动原则

第十三条　坚持业余为主，充分利用工余时间，重视发挥离退休职工技协会员的作用。

第十四条　坚持以内为主，内外结合，立足本单位，把重点放在为生产技术服务，为提高职工技术素质服务上，同时积极参加各行业、单位间的技术协作和上级技协的各种活动。

第十五条　坚持群专结合，职工技协要同专业技术部门，专业科技队伍的工作相结合，坚持工人、技术人员和领导干部、科研部门相结合，提倡巧干加实干。

第十六条　发扬无私奉献、团结协作、艰苦奋斗的传统，配合行政发动与组织广大职工积极开展合理化建议、技术革新、技术练兵、技术比武等公益性群众活动。

第六章　财务与管理

第十七条　经费来源：

1.工会拨款。

2.事业收入。

3.政府有关部门和企业的资助。

第十八条　加强技协财务管理，严格执行财政法规和财务制度，接受财务审计部门监督检查。

第十九条　职工技协开展有偿技术服务，必须经市技协办公室审批，持批准证明向当地工商行政管理局办理手续，领取营业执照。

第七章　附　则

第二十条　本章程自通过之日起试行。

第二十一条　本章程解释权所属区职工技协。

一九九一年十月十九日

阳泉市矿区总工会
关于在我区企业改制中加强职工思想政治工作的通知

阳矿工发〔1997〕8号

各街道办事处、区直各企事业单位工会：

为了贯彻党的十五大精神，进一步解放思想，深化改革，区委四届七次全委（扩大）会议出台了《阳泉市矿区加强企业改革的实施意见》。这个《意见》是我区抓住机遇，利用机遇，对我区企业进行全面改革，加快经济上新台阶步伐的重要举措。为了激励广大职工的主人翁精神，充分调动广大职工的主动性、积极性和创造性，充分发挥广大职工在企业改革中的主力军作用，保证我区企业改革的顺利进行，全区各基层工会要从全区的大局出发，按照区委的部署，认真抓好企业改革中职工的思想政治工作。

一、加强职工政治学习，教育职工提高认识，转变观念，企业改革是时代的要求，是发展社会主义市场经济新形势的需要。我们必须以全新的观念看问题，实现思想认识上的根本转变。各单位要组织职工认真学习十五大文献，教育职工以高举邓小平理论的伟大旗帜，紧紧团结在以江泽民为核心的党中央周围，把建设有中国特色社会主义事业全面推向21世纪为主题。把企业改革提高到经济体制改革和经济增长方式根本转变的高度来认识。积极搞好培训，提高工人阶级的自身素质。各单位除要积极发动和组织职工参加全区的企业改制培训外，还要各自开展职工岗位培训和下岗职工的再就业培训。加强职工队伍建设，提高职工的整体素质，适应我区企业改革的需要，使职工能更好地肩负起改革的历史使命，发挥主人翁作用。

二、关心困难职工、下岗职工生活，开辟再就业新路。各单位要深入调查了解，掌握困难职工的生活、工作情况，一方面帮助他们解决生活上的问题，一方面要帮助他们再就业，千方百计，人尽其用，发挥他们自身的优势，帮助他们走出一条再就业路来，稳定职工的情绪，特别要消除改制中职工下岗对稳定带来的消极影响，为维护全区稳定这个大局努力工作。

三、在企业改制中，充分发挥工会组织作用和工人阶级主力军作用，基层工会要发动职工积极投入到企业改革工作中，从企业实际出发，主动配合全区中心工作，发挥工会组织应有的作用，积极参与到企业改革中的资产评估清产核资等项工作中。在企业改革中，各基层工会要充分发挥自身的作用，特别是在各种经济纠纷案件中要以工会法、劳动法等法律为准绳，依法办事，突出维护职能，发挥职工的主人翁作用。企业的事就是职工的事，企业的每一项重大变革，都要召开职代会和职工大会进行充分民主的讨论通过，把维护广大职工的合法权益落到实处。

四、开展多种形式的劳动竞赛，出成果，增效益。后两个月，是完成区委、区政府年初提出的各项经济指标的冲刺阶段，各单位要乘企业改革的东风，继续深入开展各种形式的劳动竞赛活动。组织广大职工开展“一基四本”为主要内容的劳动竞赛。赛人本管理,提高职工整体素质,增强忧患意识,竞争上岗。赛质本管理,提高产品质量。赛成本管理,提高经济效益。赛资本管理,增加科技含量,确保资产保质增值。以搞好企业和促进困难企业扭亏为盈为重点,把主要精力投入到企业的改制中来。按照区委四届七次全委(扩大)会议的部署,同心同德,扎扎实实地搞好各项工作,圆满完成今年的各项任务。

一九九七年十月三十日

阳泉市矿区劳动和社会保障局 阳泉市矿区总工会关于实行平等协商签订集体合同、续签集体合同的实施意见

阳矿工发〔2002〕28 号

各街道办事处、区直各企业、各基层工会:

平等协商、集体合同制度是市场经济条件下协调企业劳动关系的重要机制和有效途径,从 1996 年以来我区大力推行平等协商、集体合同制度,在维护职工合法权益,协调企业劳动关系,调动职工与企业经营者共谋发展的积极性,促进全区改革发展稳定大局等方面发挥了积极的作用,但是,这项工作在全区发展很不平衡,一些企业存在平等协商流于形式, 集体合同实效性不强, 一些新建企业还没有建立这项制度。为了进一步适应发展社会主义市场经济和建立现代企业制度的需要,推行平等协商和集体合同制度,促进劳动关系的和谐稳定,维护职工和企业双方的合法权益,根据劳动法、新修改的工会法有关集体合同规定,《山西省企业集体合同条例》等法律法规以及山西省劳动和社会保障厅,山西省总工会最近出台的《关于进一步推行平等协商和集体合同制度的意见》精神,现对我区企业实行平等协商签订集体合同工作,集体合同到期续签工作,提出以下实施意见:

一、各级领导要按照“三个代表”重要思想,高度重视这项工作,要充分认识推行平等协商和集体合同制度的重要性,切实加强领导。工会组织,企业代表要在所在单位党组织的领导下,通力协作,密切配合,共同做好这项工作。

二、我区各类企业(包括实行企业化管理的事业单位)都应依照法律法规,无一例外地建立平等协商机制,并在此基础上签订集体合同,集体合同到期的要进行续签工作。劳动关系双方当事人(用人单位和相应的工会组织)任何一方提出平等协商的要求,另一方无正当理由不得拒绝。

三、参加平等协商会议人员由企业行政方代表和职工方代表构成。双方代表人数相等,一般为 3 至 10 人,双方可指定一名记录员,记录员不得由协商代表承担。

企业方代表：

1.由企业法定代表人和中层以上企业行政人员组成。

2.企业法定代表人为企业方首席代表，因故不能出席的，应委托其他管理人员担任，并签署委托书。

3.企业临时借调，聘用人员及担任工会职务的人员，不得作为协商代表

职工方代表：

1.由工会和职工代表组成。

2.工会主席（或主持工会工作的副主席）担任职工方首席代表，因故不能出席，应委托职工协商代表担任，并签署委托书。

3.职工方代表应由职代会（职工大会）选举产生。职工方代表中至少要有一名女职工代表。

四、参加协商的双方代表人员名单要向全体职工公布，并保持相对稳定。除个人有严重过错外，不得轻易变动。

五、平等协商会议由党支部书记或副书记主持，双方也可以按议定的议程轮流主持。

六、协商会议至少半年召开一次，如果双方认为必要时，可约定随时召开。

七、平等协商必须坚持合法，平等合作，协商一致，兼顾各方利益，维护正常生产秩序五项原则。

八、平等协商的内容、程序，参照山西省劳动和社会保障厅、山西省总工会《关于进一步推行平等协商和集体合同制度的意见》第三条。主要内容一般是：1.因签订集体合同而进行协商的内容；2.因履行集体合同发生争议时，需要协商的内容；3.就工会和职工代表的有关生产、经营及人事、培训等方面的合理化建议相互交换的意见；4.就企业内规章制度条款变更及其他事项而进行协商的内容。其程序是：1.确立议题。根据需要或职工要求，企业一方或职工一方都有权拟定协商议题、并以书面形式告知对方，经协商取得一致意见后，向本企业职工公告。2.组建队伍。平等协商会议的双方根据事先议定、依法各自组建本方成员，并将组建情况通知对方。3.起草议案。平等协商的议案可由一方提出并起草，也可由双方提出共同起草。一方起草的议案应在协商会议召开前十五天内以书面形式交付对方。职工一方起草的议案，应在交付对方前发给职工代表团（组）或全体职工讨论，并根据职工的意见加以修改完善。4.召开协商会议；（1）参加协商会议的首席代表作本方提出议案及议案说明的报告；（2）双方以良好的合作态度对议案进行讨论；（3）双方都有权邀请各自的法律顾问参加协商会议，其具体事物和费用由行政负责；（4）双方首席代表有权对本方的意见做最后的陈述；（5）形成会议纪要或决议。

九、签订集体合同要坚持实事求是的原则，符合本企业实际，内容必须符合劳动法及其配套法规所规定的主要劳动标准，并按照《山西省企业集体合同条例》和山西省劳动和社会保障厅、山西省总工会《关于进一步推行平等协商和集体合同制度的意

见》进行补充，做到定性条款要准确，定量条款要细化。

十、签订集体合同的内容，主要包括 1.劳动报酬；2.工作时间；3.休息休假；4.保险福利；5.劳动安全与卫生；6.合同期限；7.变更、解除终止集体合同的权利和义务；8.双方履行集体合同的权利和义务；9.履行集体合同发生争议时协商处理的约定；10.违反集体合同的责任；11.双方认为应当协商约定的其他内容。

十一、签订集体合同的程序：1.提出建议。根据职工的意愿和要求，工会或企业行政任何一方都有权提出签订集体合同的建议，对方应予考虑并努力取得一致意见。2.起草合同文本。由企业行政、工会共同草拟或一方草拟合同文本草案。草拟前应收集职工和企业有关部门的意见。3.平等协商。根据双方各自拟定或共同拟定的集体合同草案召开协商会议，双方代表对等参加，进行平等协商。4.报上级工会初审。企业工会与企业双方协商一致，形成集体合同草案后，区属企业的工会组织应在职代会审议之前，报区总工会初审；区总工会和街道办事处工会对企业工会对企业工会报送的集体合同实行联审制度，具体由区总工会会同劳动和社会保障局协商执行。5.审议通过。经双方平等协商确定的集体合同文本草案提交职工代表大会审议，企业行政和工会分别就集体合同草案产生的过程，以及双方各自承担的权利和义务做出说明，由职代会审议并进行表决。6.双方签字。集体合同草案文本经职工代表大会或职工大会审议通过后、由企业法定代表人代表企业、工会主席代表全体职工在合同文本上签字。7.登记备案。集体合同签字后，在报送区劳动和社会保障局的同时，企业工会应于七日内将集体合同文本、附件及说明报送上一级工会，进行复审登记、上一级工会对报送的集体合同文本如有异议、应将意见通知企业工会、并会同区劳动和社会保障局协商处理。区劳动和社会保障局自收到合同之日起十五日内未提出异议，合同即行生效。合同生效后，十五日内向全体职工公布。

二〇〇二年九月五日

阳泉市矿区总工会
关于印发《阳泉市矿区总工会工作规范实施细则》的通知

阳矿工发〔2003〕10 号

各基层工会：

现将区总工会制定的《阳泉市矿区总工会工作规范实施细则》印发给你们，请结合实际，认真贯彻落实，创造性开展工作，全面提高基层工会工作水平。

二〇〇三年九月一日

阳泉市矿区总工会工作规范实施细则

第一条　为了进一步加强和规范各基层工会工作，依据《中华人民共和国工会法》、《山西省实施〈中华人民共和国工会法〉办法》和《中国工会章程》，根据《山西省县总工会工作规范》，结合我区工会工作的实际，制定本实施细则。

第二条　各基层工会接受区总工会的领导，代表所辖范围内职工的利益，指导广大职工开展工作，协调社会各方面关系，为广大职工群众服务，依法维护职工的合法权益。

第三条　基层工会要以马列主义、毛泽东思想、邓小平理论和“三个代表”重要思想为行动指南，解放思想，实事求是，与时俱进，最大限度地把广大职工组织到工会中来，最大限度地维护广大职工的合法权益，最大限度地保护、调动，发挥广大职工的积极性、创造性，在推动改革发展稳定、全面建设小康社会中充分发挥工人阶级的主力军作用。

第四条　积极参与区委、区政府及其有关部门涉及职工切身利益政策、措施的制定，监督涉及职工利益法律法规和政策的贯彻落实。

第五条　推动党的全心全意依靠工人阶级的指导方针的贯彻落实，突出和履行工会的维护职能，促进企业平等协商、签订集体合同和职工代表大会等维权机制的建立。

第六条　积极实施送温暖工程，为职工特别是困难职工办好事、实事，推动下岗失业人员再就业，履行工会第一知情人、第一报告人、第一帮助人的职责。

第七条　开展群众性经济技术活动，实施“新世纪职工素质工程”，加强职工思想政治工作。做好“双先”劳动模范的评选、表彰、管理工作。

第八条　加强工会组织建设，健全组织网络，协助党委管理基层工会干部，创建学习型工会，加强工会干部和积极分子队伍建设，不断发展壮大工会组织。

第九条　按照法律和政策规定，收好、管好、用好工会经费，加强经费审查监督工作。

第十条　完成区委和上级工会组织交付的其他工作。

第十一条　建立通畅的源头参与渠道。要发挥好工会与政府联席会议制度的作用；要积极与区委职能部门和区政府职能部门建立联系制度。及时了解区委和区政府的重大工作部署，反映职工群众的愿望和要求，反映工会自身难以解决的问题，参与涉及职工利益的法规和政策、措施、制度的制定，研究解决劳动就业再就业、工资、劳动安全卫生、社会保障等涉及职工切身利益方面的问题。

第十二条　搞好民主监督。积极参加人大、政协组织开展的有关视察、执法检查活动。重点监督五项政策的落实情况，即下岗职工出“中心”各项政策的落实情况；下岗职工再就业各项优惠政策落实情况；困难职工社会保障政策的落实情况；职工获得劳动报酬权利的落实情况；劳动安全卫生法律法规和政策措施的落实情况。

第十三条　推动建立健全由劳动行政部门代表政府、工会代表职工和企业方面的代表组成的劳动关系三方协商机制。就劳动政策和措施的制定、劳动保护政策法规的执行情况、集体劳动争议和职工突发事件处理等劳动关系方面的重大问题进行研究,提出解决办法。

第十四条 支持和参与劳动保障行政部门按照三方原则建立健全劳动争议仲裁机构,及时有效地调处劳动争议尤其是集体劳动争议,防止和减少群体事件的发生。区总工会兼职劳动仲裁员要积极参与仲裁办案工作。

第十五条 对侵犯职工合法权益重大事件进行调查并提出处理意见;监督企业贯彻执行国家劳动保护的法规和标准,参与职工伤亡事故的调查处理,并提出处理意见。

第十六条 推进政府和行政部门建立并不断完善职工教育培训制度,建立政府、工会、企业、社会四方结合的多元化、开放式的职工教育培训体系。建立并完善推进"职工素质工程"的激励机制,建立或协助政府建立"职工素质工程"专项基金,建立职工人才库。

第十七条 搞好调查研究,掌握企业、职工的第一手资料;熟悉政策、法律,做到有理有据,增强参与力度;不拘形式,注重参与实效,扩大工会组织影响。

第十八条 认真贯彻落实区工会代表大会和区总工会委员会确定的工会工作指导思想和任务目标,指导所辖范围内工会工作。

第十九条 依法督促、帮助、指导企业、事业单位和机关建立工会组织,并同时组建经费审查委员会和女职工委员会,工会组织覆盖所有基层单位,工会会员占到职工总数的95%以上。工会组织组建要合法有序,所有基层工会组织要由区总工会统一审核、批复,统一建档,统一管理。

第二十条 加强工会组织建设。积极开展建设"模范职工之家"活动和"双爱双评"活动,创建学习型工会组织,制定考核标准,每年检查验收一次。培养树立先进典型,形成典型群体,推动建设"职工之家"活动不断发展。

第二十一条 帮助、指导、监督、检查基层工会与企业建立平等协商机制和签订集体合同,开展工资集体协商,签订工资集体协议,并建立档案,积极协助劳动行政部门依法处理因签订和履行集体合同发生的争议。

第二十二条 在国有企业、集体企业及国有、集体控股企业和事业单位全面规范职工代表大会制度。认真落实《山西省职工代表大会工作制度》,规范职代会工作。每年对企事业单位职代会召开情况进行一次检查。

所有企事业单位都要实行厂务公开。在非公有制企业积极推行职工代表大会制度,建立民主恳谈制度,积极探索非公有制企业民主管理工作。

第二十三条 指导企业建立劳动争议调解委员会,帮助企业培训劳动争议调解人员在街道办事处和企业集中的地方设立区域性劳动争议调解指导委员会。

第二十四条 建立困难职工援助中心,指导企业开展帮扶困难职工活动,深入实施"送温暖工程"。建立困难职工档案并实行动态管理;建立领导干部联系困难企业和困难职工制度;面向市场、面向职工开展再就业服务,帮助下岗失业人员进行职业培训、职业介绍和就业安置。

第二十五条　建立劳动关系预警机制。每个企事业单位工会都要设立信息员，明确职责。涉及劳动关系的重大问题及突发性事件，基层工会要及时向上级工会报告。

第二十六条　指导基层搞好对劳动模范和先进生产（工作）者的评选、表彰和管理工作，开展群众性经济技术活动，实施“新世纪职工素质工程”，加强职工职业道德建设，提高职工素质，建设“四有”职工队伍。督促企业建立职工教育监督保障机制。

第二十七条　为职工提供法律服务，在职工中广泛开展法制宣传教育。

第二十八条　基层工会领导班子建设的标准：基层工会领导班子按法定程序产生；坚定不移地贯彻党的路线、方针和政策；自觉坚持民主集中制原则，密切合作，团结奋进；善于把握大局，与时俱进，开拓创新；密切联系群众，勤政廉洁。

第二十九条　各基层工会按照工会法和《中国工会章程》规定，每三至五年换届选举产生新的工会委员会和经费审查委员会。任何组织和个人不得以任何理由拖延或阻挠换届选举工作。在特殊情况下，由基层工会委员会提议，经区总工会批准，可以提前或延期举行，但延期不得超过一年。

各基层工会要建立健全女职工委员会。

第三十条　基层工会的领导班子成员由区委组织部和区总工会协商推荐，共同考察，必须经过民主选举产生，选举结果报区总工会批准，报区委组织部备案。

第三十一条　基层工会主席、副主席、经审会主任，在上岗一年内必须进行上岗资格学习培训。

第三十二条　基层工会领导班子实行集体领导和分工负责相结合制度，对工会工作的重大事项、工作计划、总结、工会经费的年度预决算等，都要经过主席办公会集体讨论决定。其中工会经费的年度预（决）算要由同级工会经费审查委员会审查（审计）通过。基层工会主席离任要由上级工会经审会组织进行审计。

第三十三条　基层工会委员会和经费审查委员会，每年必须至少召开一次全委会，向全体委员做工会工作报告、经费审查工作报告，接受监督。全委会要对基层工会工作进行评议。

第三十四条　建立健全系统工会、街道办事处工会、私营企业工会联合会等组织，配备工会专职工作人员，并由区总工会统一制定职责、任务和考核标准，加强考核管理。

第三十五条　加强基层工会干部的管理。充分发挥协管作用，参与各级工会干部的选配工作，实现工会干部选择主动权；建立竞争激励机制，制定目标责任，定期考核，严格奖惩；关心工会干部，建立工会干部保障机制，维护工会干部的合法权益。

第三十六条　规范工会干部培训。新到任的基层工会主席必须进行上岗资格培训；每年要安排工会干部的轮训，重点工作进行专项培训；每年要进行工会专门人才（法律、工资谈判、劳动争议调解、劳动法律监督、社会保障等）的培训。

第三十七条　不断发展壮大工会积极分子队伍。依靠积极分子开展多种活动，广泛联络社会各方面人员，直辖市社会各方面关系，为工会工作创造良好的环境，实现工会工作社会化。

第三十八条 加强对职工的宣传和教育培训，加大对工人阶级和工会工作的宣传力度。利用各种新闻媒体宣传工人阶级和工会工作，宣传劳动模范的事迹。每年都要利用“五一”等节日搞一至两次主题鲜明、影响广泛的活动。

第三十九条 基层工会机关管理规范标准：办公场所整洁，档案齐全规范，工作制度健全，目标责任明确，考核奖惩严格，职工精神振奋，工作实绩突出。

第四十条 区总工会要根据机关工会干部编制、机关职工人数等实际情况，设置职能部门，并制定工作职责和任务。

第四十一条 按照“企业注册、职工注名、工会建档”的要求，规范工会工作档案，实行动态管理，每季度向上级工会组织呈报综合情况，并逐步实行微机管理。

第四十二条 加强区总工会机关工作、学习、后勤等制度建设，规范干部职工的工作行为，保证区总工会机关的正常高效工作秩序。创建学习型机关，提高区总工会工作人员素质。

第四十三条 加强机关作风建设。增强服务意识，建立来信、来访制度和职工群众接待日制度，对职工群众反映的问题，要虚心听取、及时反映，积极协调有关方面办理。机关工作人员要经常深入基层、深入群众调查研究，为职工说话办事，每年下基层时间不得少于四个月。

第四十四条 加强基层工会财务、财产管理。工会的财产、经费和政府拨给工会使用的不动产，任何组织和个人不得侵占、挪用和任意调拨，凡涉及工会财产变更或变动必须经上级工会组织批准。工会的动产和不动产要逐物建账，严格管理。基层工会要按时足额上解工会经费，严禁截留、挪用工会经费。

第四十五条 区总工会是基层工会的直接领导机关，要加强对基层工会工作的领导，根据本实施细则，搞好对基层工会工作的考核和管理。每年对基层工会考核一次。考核情况要向市总工会汇报，同时向区委通报。

第四十六条 区总工会每三年评选一次“模范基层工会”，对工作成绩突出的基层工会进行表彰奖励。市总工会每年对模范工会进行复查验收，对不合格的，取消其称号。

第四十七条 区总工会对工作成绩突出、但工作开展有困难的基层工会要实施帮扶，帮助其改善办公环境和设施；对工作落后的基层工会，要分析情况，采取措施予以整顿、帮扶。对成绩突出各方面条件成熟的基层工会干部，向区委组织部门推荐，提出使用意见。

第四十八条 本实施细则从发文之日起实施。望各基层工会要按照本实施细则落实。

阳泉市矿区总工会
关于在社区组建工会和加强工会建设的意见

阳矿工发〔2004〕6号

随着国有企业改革进一步深化和社会主义市场经济体制逐步建立，以及城市管理重心不断向社区转移，个体工商户、非公有制企业职工、国有企业职工以及外来务工人员等社区各类劳动者的管理问题日益突出。为了适应社区建设的新形势，拓展工会工作的新领域，更好地发挥工会组织在社区两个文明建设中的重要作用，根据工会法、劳动法等法律法规和《中共阳泉市委、阳泉市人民政府关于进一步加强新建企业工会组建工作的意见（试行）》文件精神，结合我区实际，现就进一步加强我区社区工会工作提出如下意见：

一、指导思想

以邓小平理论和“三个代表”重要思想为指导，按照全总提出的“哪里有职工，哪里就要组建工会组织”的原则要求，通过建立社区工会，把社区内的各类劳动者吸引到工会组织中来，拓展工会工作领域，健全工会组织网络，最大限度地履行工会在社会主义市场经济中的各项职能，参与社区建设，补充社区功能，完善社区服务，推动社区管理共创文明社区。

二、社区组建工会基本原则

1.坚持党的领导的原则。中国工会是中国共产党领导的职工自愿结合的工人阶级群众组织，在社区组建工会是党建工作的重要组成部分，必须自始至终坚持党的领导。社区工会建设要与党组织的领导体制相适应，牢牢把握社区工会组建工作的政治方向，争取各方面支持，推动社区工会工作在党的领导下健康有序地发展。

2.坚持最大限度地吸引职工入会的原则。依照工会法、劳动法、《中国工会章程》等法律法规，积极稳妥地推进社区工会组建工作，不断扩大社区工会覆盖面，提高社区职工入会率。社区工会组织要覆盖社区所有从业人员和群体，吸收不同类型的劳动者加入工会。

3.坚持工会组织形式多样的原则。坚持从实际出发，实事求是，因地制宜，不搞一刀切，不搞固定模式，建立灵活多样的社区工会组织形式，依法保护劳动者的合法权益，协调劳动关系，稳定社区秩序。

三、社区组建工会的方法和要求

1.采取多种形式推进社区工会组建工作。各街道办事处要坚持“整体推进，不留空白，不留死角”的工作方法，按照属地管理的原则，抓好所辖区域社区工会组建工作，建立健全工会组织网络。

2.按照法律法规，健全工会组织机构。根据社区实际，按照代表制的原则，建立社区工会。社区工会主席由党支部副书记或副主任兼任。社区工会统一名称为 XX 街道 XX 社区工会。社区工会设在社区。

3.社区工会具有地方工会和基层工会双重职能，主要承担基层工会的职能，接受社区党组织和街道工会的双重领导，以社区党组织领导为主，社区工会实行条块结合、以块为主的管理体制。对辖区内无主管上级的基层工会实行直接领导，驻辖区基层工会仍以行业管理为主，社区工会采取建立联谊会制度的办法，加强与辖区企事业工会之间的联系，共同开展职工喜闻乐见、形式多样的活动，实行资源共享、社区共建。

4.做好发展会员和会籍管理工作。社区工会入会的主要对象是：以劳动工资收入为主要生活来源的尚未加入工会组织或已离开原单位工会组织的社区劳动者。没有与原单位解除劳动关系的下岗职工，可在原企业保留会籍，免交会费，在社区工会建立临时会员关系，待与原单位劳动关系正式解除后，再转入社区工会。外埠施工单位和从事各种劳动的外来务工人员都应入会，个体经营者作为自食其力的劳动者也可吸收入会。

5.到 2004 年 3 月底前，全区社区工会组建率要达到 100%，职工入会率达到 95% 以上。

四、社区工会的主要任务

1.加强社区工会组织建设，加大社区内各类经济组织的工会组建工作，健全各项工作制度，建立工会各种工作档案，规范社区工会工作，完善社区工会运行机制。

2.建立社区特困职工档案，实行动态管理，协助党委和政府做好“两个确保”和推进城镇居民最低生活保障工作。

3.协助有关部门落实下岗失业职工的基本生活保障，把特困职工群体纳入“低保线”实施救助。关心并积极反映已经纳入居民生活最低保障线困难职工情况，动员社会力量，协助有关部门和单位做好职工的排忧解难工作。

4.做好扶贫帮困送温暖工作，发动组织工会会员广泛开展结对子帮扶献爱心活动。

5.协助建立社区再就业服务网络，为下岗失业人员提供政策指导、技能培训、信息帮助，努力为下岗职工再就业提供服务。

6.协助政府建立劳动争议调解组织，做好各类经济组织及其就业人员之间的劳动争议调解工作，依法维护就业人员的合法权益。

7.建立劳动法规监督组织，配合劳动行政部门对社区各类经济组织进行遵守劳动纪律、法规情况的监督检查，规范其用工行为，保护劳动者的合法权益。

8.加强社区工会会员的教育和管理，围绕社区党的中心工作，对工会会员进行职业道德、社会公德、科学文化知识和法律知识教育，提高社区工会会员的综合素质。

9.协助党组织建设完善社区文化宣传阵地和文体活动场所，开展形式多样的活动，丰富劳动者的精神生活。动员组织工会会员参加社区公益活动，为社区建设做贡献。

10.积极主动地争取党组织的领导和政府的支持。各社区工会组织要主动向同级党组织汇报工作,向同级行政组织通报社区情况,取得关心和支持。要依靠党的组织的力量,推动社区重点工作的开展,进一步营造工会组织依法按章、独立自主、卓有成效地开展工作的良好氛围。

11.认真做好会费的收缴工作。

五、加强领导、齐抓共管,全面完成建会工作任务

社区工会建设是工会工作的新领域,是党的群众工作的重要组成部分。加强社区工会组建工作,不仅需要工会自身的努力,而且更需要党政的高度重视和社会各方面的大力支持。各街道党委要站在讲政治的高度,把社区工会的组建率和职工入会率纳入党建目标考核体系,作为党建工作的主要内容,党政一把手要亲自部署,加强领导,严格按照社区工会组建总体目标,由党委牵头制定方案,采取措施,在布置检查党建工作的同时,布置检查社区工会组建工作,以党建带工建,以工建促党建,从政策上、制度上为社区组建工会营造良好的外部环境,确保工会组建目标的顺利实现,使我区社区工会工作有一个大的突破和进展。

二〇〇四年二月十日

阳泉市矿区区域职代会办法(试行)

阳矿工发〔2004〕98号

第一章　总　则

第一条　为了认真贯彻落实党的全心全意依靠工人阶级的指导方针,最大限度地保障小企业职工的民主管理权利,协调劳动关系,维护职工的合法权益,保护和调动广大小企业职工的积极性和创造性,促进企业健康发展,根据《宪法》、劳动法、工会法和《山西省实施〈中华人民共和国工会法〉办法》、《阳泉市区域、行业职代会工会规范(试行)》等有关法律法规,结合我区实际,制定本办法。

第二条　区域职工代表大会(以下简称职代会)是指本区域20人以下的企业,通过以区域职代会这种民主管理的基本形式,就本区域职工民主管理的共性问题,共商、共议、共决。以街道为单位分为六个区域。

第三条　街道工会联合会是本区域街办企业和私营企业区域职代会的工作机构,负责承担区域职代会的组织工作。

第四条　区总工会负责指导街道工会联合会组织建立区域职代会工作,并对本办法执行情况进行监督检查。

第五条　区域职代会遵循民主集中制的原则。

第二章　职工代表

第六条　依法与企业建立劳动关系的职工、外来务工人员均可当选为区域职代会代表。企业工会负责人作为职代会代表候选人,通过选举参加职代会。

第七条　区域职代会代表名额的确定要比例适当、结构合理。20 人的企业,代表数为 20%;10 至 20 人的企业,代表数为 25%;10 人以下的企业,代表数不少于 1 人。区域职代会的职工代表总数最低不得少于 30 人。

第八条　区域职代会代表中,一线职(员)工要达到 50%以上;技术人员、管理人员、后勤人员一般不超过 30%;青年职工和女职工应占适当比例。

第九条　企业高级行政管理人员可通过民主选举当选为职工代表, 但人数不得超过本届职工代表总数的 20%,他们也可作为特邀代表列席区域职代会。

第十条　职工代表必须由所在企业职工民主选举产生,实行常任制和替补制,任期与职代会届期一致,可以连选连任。

第十一条　职工代表对选举单位的职工负责, 选举单位职工有权监督和罢免本单位的职工代表。

第十二条　职工代表的权利和义务:

(一)认真学习党的路线、方针、政策,模范遵守国家的法律法规和企业规章制度,做好本职工作。

(二)有权参加区域职代会及其组织的活动;在职代会上有选举权、被选举权和表决权。

(三)密切联系群众,反映本企业情况,代表和维护职工的合法权益。认真执行职代会决议,做好职代会交给的各项任务。

(四)对本企业的经营状况、发展规划、涉及职工切身利益以及劳动关系等重大问题有知情权, 闭会期间可以对本企业执行区域职代会的决议和提案落实情况进行监督检查。

(五)职工代表因参加职代会及工作机构组织的民主管理活动而占用生产或工作时间,有权按照正常出勤享受应有待遇。

(六)区域职工代表依法行使民主管理权利,任何企业和个人不得对其压制、阻挠。

第三章　组织制度

第十三条　每个街道建立一个区域职代会,包括街办企业、社区个体私营企业,称为 XX 街道职工代表大会。

第十四条　区域职代会每届任期与所在地方(区域)工会任期相一致,可实行两会合一。每年至少召开一次会议,必须在每年的 3 月底以前召开,每次会议必须有 2/3 以上的职工代表参加方为有效。在召开职代会一周前,应将会议的有关文件、材料发至各个职工代表,广泛征求意见。

第十五条　区域职代会选举3~5人组成职代会主席团,推举执行主席一人。主席团人选一般从企业人数较多的职工代表中推荐,会前进行确认。执行主席在会议期间主持会议。

第十六条　街道工会联合会负责召开区域职代会的筹备和组织工作,监督职代会决议的执行情况,向职代会报告工作。根据1/3以上职工代表的决议,可决定召开临时会议。

第十七条　区域职代会在进行选举和通过涉及职工切身利益的重大事项时,应采取无记名投票表决方式,并须经全体职工代表过半数通过才能实施。一般事项可采取其他表决方式。

第四章　职代会职权

第十八条　区域职代会行使以下职权:

(一)听取讨论区域内企业的重大经营方针、发展规划、规章制度、职工培训等情况,提出意见和建议。

(二)讨论通过区域集体合同、工资集体协议草案、安全生产与卫生、职工参加社会保险等涉及职工切身利益的重要规章制度。

(三)检查区域集体合同履行情况;监督区域内企业劳动合同签订和劳动法律法规的执行。

(四)法律法规和地方性政策规定的其他职权。

第五章　工会组织

第十九条　街道工会联合会代表全体企业工会(或企业职工)与企业方代表签订集体合同和工资集体协议。

第二十条　街道工会联合会带领企业工会发动职工落实区域职代会决议,检查督促决议的执行情况,征集职工代表的建议,受理职工代表的申诉,维护职工代表的合法权益。

第二十一条　街道工会联合会负责推动企业开展职工民主管理的其他工作。

第二十二条　企业工会或企业工会小组每年应组织召开职工大会,传达区域职代会会议情况,研究有关决议的落实措施,与行政签订贯彻区域职代会审议通过的集体合同和工资集体协议的履行协议。负责推荐、选举、考核、撤换本单位的职工代表。

第二十三条　企业工会或企业工会小组应当督促企业认真贯彻区域职代会在其职责范围内做出的决议和通过的事项,落实本企业的履行协议,不得自行修改或拒绝执行。

第二十四条　企业工会或企业工会小组除处理本企业职工民主管理的日常工作外,每年至少组织一次关于执行区域职代会决议等事项的情况检查,并将检查情况报上一级工会。

第六章 附 则

第二十五条 区域内 20 人 ~100 人的企业原则上单独建立职工大会制度，101~200 人的企业单独建立职工大会制度或者职工代表大会制度，有特殊情况的是否纳入区域职代会，由地方（区域）工会视具体情况确定。企业无论是否参与区域职代会，都要建立与之相适应的民主管理制度。

第二十六条 行业工会联合会和基层工会联合会建立职代会制度的参照本工作规范执行。

第二十七条 本工作规范自下发之日起执行。

第二十八条 本工作规范由阳泉市矿区总工会负责解释。

矿区总工会
二〇〇六年六月二十日

阳泉市矿区总工会
关于全区企事业单位工会经费由区地税部门代收的实施办法

阳矿工发〔2005〕10 号

各基层工会、各企业、各有关单位：

为加大新形势下工会经费的保障力度，进一步夯实工会工作的物质基础，确保工会履行好维权等各项社会职能，依据《中华人民共和国工会法》和《山西省实施〈中华人民共和国工会法〉办法》中有关经费问题的规定以及国家税务总局《关于工会经费税前扣除问题的通知》和《中华人民共和国民法通则》第三十六条规定，根据上级有关部门要求，决定对矿区范围内各类企事业单位所应上缴区总工会的工会经费全部由区地税局代收。具体实施办法如下：

一、代收范围

矿区范围内建立工会组织的各类企事业单位（包括各条管单位），其应上缴区总工会的工会经费均由区地税局代收。

各类企业单位应建立工会组织而未建立的，其应上缴的工会筹备金也均由区地税局代收。

二、代收方法

（一）基数确定

企业单位以其全部职工工资总额的 2%按月计提工会经费。

全部职工是指在企业单位工作，取得工资或其他形式的劳动报酬的全部人员，包括正式职工、集体职工、合同制职工、临时工、聘用工等。

工资总额包括:计时工资、计件工资、奖金、津贴和补贴、加班加点工资和其他工资。

(二)收取比例

已建立工会组织的各级各类企业单位，按其应提工会经费的总额全部上缴区总工会,待经费到账后,返还基层工会50%。

在规定期限内(开业或者设立之日起6个月内)应建立工会组织而未建立的企业单位,按其全部职工工资总额的2%收取应上缴的工会筹备金。待其建立工会组织后由区总工会返还50%。

对历年来累计拖欠工会经费的一并清理。

(三)收缴期限

地税部门对工会经费实行按季收缴,收缴期限为每季终了后10日内,每季收缴期限结束后5日内将所收工会经费按隶属关系和规定程序,分别划解到区总工会。

(四)收缴票据

为规范管理,在矿区范围内凡委托地税部门代收的工会经费,均根据隶属关系统一使用加盖区总工会财务专用章的《工会经费拨缴款专用收据》。

(五)委托代征

根据相关法律规定,区总工会同区地税局办理委托代征手续。

三、征管规定

1.根据工会法和《山西省实施〈中华人民共和国工会法〉办法》的相关规定,缴费人应按月提取工会经费,并于每季终了后10日内(四季度为12月10日前)向当地地税机关填报《企业单位上缴工会经费季度申报表》(另行印发),同时以货币资金缴纳全部应上缴的工会经费。

2.根据《山西省实施〈中华人民共和国工会法〉办法》的有关规定,企业单位逾期未缴或者少缴工会经费的按欠缴金额每日加收5‰的滞纳金。

3.根据《中华人民共和国工会法》第四十三条规定:“企业、事业单位无正当理由拖延或者拒不拨缴工会经费的，基层工会或者上级工会可以向当地人民法院申请支付令;拒不执行支付令的,工会可以依法申请人民法院强制执行。”

4.根据企业所得税相关规定,纳税人提取工会经费必须附工会组织出具的《工会经费拨缴款专用收据》,否则,其所提取的工会经费不得在企业所得税前扣除。

四、具体要求

(一)为了切实加强工会经费代收工作,组织、协调和解决征收工作中出现的各种情况和问题,区总工会决定成立全区工会经费代收工作领导组:

组　长:史豪强　　阳泉市矿区总工会主席

副组长:张　涌　　阳泉市矿区地税局局长

成　员:梁振文　　阳泉市矿区总工会副主席

曹 涛 阳泉市矿区地税局副局长
边进龙 阳泉市矿区地税局第四税务所所长
王海丽 阳泉市矿区总工会会计

（二）全区各级工会组织、各企事业单位工会要积极为地税部门代收工会经费提供服务及相关资料，搞好配合协调工作，认真做好工会经费的申报工作，努力完成工会经费的上缴任务。

（三）代收工会经费所需的申报表由地税局统一印制。

矿区总工会
二〇〇五年四月十日

阳泉市矿区总工会
关于印发《关于推行基层工会干部职业化、社会化工作的意见》的通知

阳矿工发〔2010〕57号

各基层工会：

现将《关于推行基层工会干部职业化、社会化工作的意见》的通知印发给你们，请结合实际，认真贯彻执行。

附件：1.关于推行基层工会干部职业化、社会化工作的意见
2.阳泉市矿区基层职业化、社会化工会干部管理办法（试行）

阳泉市矿区总工会
二〇一〇年一月三日

附件一：关于推行基层工会干部职业化、社会化工作的意见

随着职工队伍的不断壮大，工会工作任务重与工会工作人员少的矛盾十分突出，为了建设和培育一支高素质的工会干部队伍，加快工会组织社会化、专业化进程，切实加强工会基层组织建设，充实街道和基层工会组织力量，促进工会重点工作在基层的落实，区总工会决定，在全区推行基层工会干部职业化、社会化工作。

一、指导思想

坚持以邓小平理论、“三个代表”重要思想为指导，认真贯彻落实科学发展观，按照“组织起来、切实维权”的工作方针，充分发挥工会组织桥梁纽带、服务保障作用，全

面提升工会基层干部的维权能力和整体素质，进一步加强基层组织建设，促进工运事业健康发展，更好地为矿区经济和社会发展服务。

二、总体思路

按照工会法、《中国工会章程》要求，坚持“组织起来，切实维权”的工作方针和“双措并举、二次覆盖”的原则，通过面向社会公开招聘、考试选拔等形式聘用工会专职干部，民主选举非公企业工会联合会主席，建立一支覆盖全区的职业化、社会化基层工会干部队伍，夯实基层工会组织，增强基层工会的凝聚力和战斗力。

三、时间和步骤

推行时间：根据我区实际，2010 年正式启动，并力争实现全区覆盖，以解决区域性、行业性基层工会联合会、小型非公企业比较集中的街道、社区、行业工会专职干部缺乏的问题。通过争取公益岗位、大学生志愿者、招聘社会工作者等多种途径，采取有力措施，逐渐壮大基层工会职业化、社会化干部队伍。

聘用步骤：一是公开招聘，通过刊登广告等方式，面向社会公开聘用条件、名额及方案。考试分笔试和面试两个步骤进行，笔试后按实际录用人员 1:3 的比例安排面试。招聘工作由区总工会、街道工会负责组织实施，面试评委可邀请上级工会组织人事部门、所在地区党委组织及有关方面的负责人担任，笔试、面试成绩进行公布，对初步人选由所在由街道党委组织人事部门进行政审把关，各基层根据考试、考核结果确定人选。二是试用选举，对入选人员及时进行岗前培训，取得上岗资格后给予两个月的试用期。试用期内，赋予他们协助街道、社区等工会推进区域内非公企业工会组建和发展会员工作及党建方面的具体工作任务。试用期满经考核合格后，可以正式聘用为工会专职干部，符合条件的可以作为本区域非公企业工会联合会主席人选，经会员(代表)大会民主选举为工会主席，并可以兼任街道、社区等工会及党组织的有关职务，积极履行“一岗双责”的职能。

四、聘用对象和条件

职业化、社会化基层工会干部人选聘用对象主要以大学毕业生、下岗失业职工、退休工会干部、机关企事业单位离岗待退等人员为主；一般应当是中共党员，具有高中以上学历，对曾在企事业单位从事过工会、政工和劳工人事工作的下岗失业人员优先考虑，并适当放宽年龄和学历要求，坚持“三个代表”重要思想，政治思想好，热爱工会工作，处事公道，作风正派，身体健康，并有一定的实际工作经历和组织协调能力。

五、聘用干部职责

积极推进非公企业和区域性、行业性工会组建和发展会员的工作，吸引辖区内包括农民工在内的广大职工加入工会；积极开展职工(农民工)维权工作，认真做好下岗、失业、困难职工和农民工的登记建档和帮扶工作，建立健全区域性、行业性平等协商和集体合同制度，大力开展再就业培训；完成上级工会及党组织交办的各项工作任务。

六、人员管理考核

按照“谁使用、谁负责”的原则，聘用的职业化、社会化基层工会干部实行属地化管理。

为督促聘用的工会干部认真履行职责，根据区总拟定的“阳泉市矿区基层职业化、社会化工会干部管理办法（试行）”的要求，对他们进行年度工作量化考核。考核工作由区总工会负责，按照考核细则重点从德、能、勤、绩四个方面考核。考核分为称职（90分以上）、基本称职（80~89分）、不称职（79分以下）三个档次。经考核，不称职的予以免职，不再续聘(按《中国工会章程》办理)，对工作成绩突出或有特殊贡献的予以奖励。

七、经费保障

1.经费来源。职业化、社会化基层工会干部的工资补助由省、市总工会和区总工会共同承担。工会办公场所由所在工会协商提供。

2.工资标准。力争为职业化、社会化基层工会干部办理并缴纳有关社会保险费用。工资标准不低于当地最低工资标准。对工作成绩突出、经考核优秀者年终予以奖励，同时要建立正常的职业化、社会化基层工会干部工资增长机制。

八、组织领导

为了加强对全区推行基层工会干部职业化、社会化工作的领导，成立矿区总工会推行基层工会干部职业化、社会化工作领导小组。

组　长：史豪强　区人大常委会副主任、区总工会主席
副组长：张红梅　区总工会副主席
成　员：杨翠萍　区直机关工会联合会主席
张秀科　区政法系统工会联合会主席
翟瑞红　区教育系统工会联合会主席
刘　建　沙坪街道总工会主席
李永新　赛鱼街道总工会主席
张少华　桥头街道总工会主席
张贵军　平潭街街道总工会主席
韩晋明　蔡洼街道工会联合会主席
刘新桥　贵石沟街道工会联合会主席
李晓燕　区总工会组织部部长
张秋祥　区总工会法律与民管部部长
史锦丽　区总工会财务部部长

领导小组下设办公室，办公室设在区总工会组织部，李晓燕兼任办公室主任，领导小组办公室负责推行基层工会干部职业化、社会化具体工作。

矿区总工会

二〇一〇年一月三日

附件二：阳泉市矿区基层职业化、社会化工会干部管理办法（试行）

第一条　为加强对基层职业化、社会化工会干部的管理，规范基层工会干部队伍建设，为工会事业发展提供有力的人才保证，根据工会法、《中国工会章程》精神，制定本办法。

第二条　本办法适用于我区各级工会组织通过公开招聘的基层职业化、社会化工会干部。

第三条　按照“谁使用、谁负责”的原则，基层职业化、社会化工会干部实行属地化管理。

第四条　基层职业化、社会化工会干部应与区总工会签订劳动合同，合同期限以三年为宜，与任期相一致。

第五条　基层职业化、社会化工会干部党组织关系应转到所在街道、社区等，接受所在地区党组织的领导，参加乡镇、街道、社区等党组织的活动。

第六条　基层职业化、社会化工会干部以工会工作为主，每年从事工会工作的时间不少于90%，各部不得抽调职业化、社会化工会干部从事本级工会工作或其他工作。除街道、社区等工会职务外，基层职业化、社会化工会干部可以兼任所在地区党组织职务，协助开展党的工作。

第七条　区总工会每年对基层职业化、社会化工会干部提出工作任务和要求，与其签订工会工作目标责任书，明确其工作职责与任务，制定工作考核办法。

第八条　基层职业化、社会化工会干部每季度向所在基层、街道、社区等工会和党组织汇报一次工作，每半年向区总工会以书面形式汇报一次工作。

第九条　区总工会、基层、街道、社区每年对基层职业化、社会化工会干部从德、能、勤、绩四个方面进行考核，重点考核工作实绩。考核结果分为优秀、称职、基本称职、不称职四个等次，考核为优秀的由上级工会给予适当奖励；考核为不称职的，经2个月整改仍不称职的，按照有关程序予以免职。

第十条　区总工会、办事处对基层职业化、社会化工会干部工作情况及基层工会干部待遇落实情况进行不定期检查，检查结果作为年终考核、拨付有关资金的依据之一。

第十一条　区总工会将应承担的工资部分及时划拨到各基层工会，由各基层工会每月按时支付基层职业化、社会化工会干部工资（含基层工会承担部分）。

第十二条　基层职业化、社会化工会干部应建立正常的工资增长机制。

第十三条　区总工会、办事处应建立基层职业化、社会化工会干部后备人才库。基层职业化、社会化工会干部岗位出现空缺时，可从后备人才库中选聘。

第十四条　各基层工会要支持职业化、社会化工会干部的工作，组织他们进行培训学习，每年至少培训一次，培训时间不少于10天。

第十五条　各基层工会要关心基层职业化、社会化工会干部的生活，为他们积极创造良好的工作环境和条件。职业化、社会化工会干部应享受国家规定的休息休假，并享受有关福利待遇。

第十六条　本办法自发布之日起实施。

第十七条　本办法由区总工会负责解释。

矿区总工会

二〇一〇年一月三日

三、报告讲话选编

加强工会建设　团结全区职工
为开创矿区社会主义现代化建设新局面做贡献

——在阳泉市矿区工会第一次代表大会上的报告

郭佐荣

（1983 年 2 月 3 日）

各位代表：

现在，我受阳泉市矿区工会筹备领导组的委托，向大会做工作报告，请代表们审议。

我们这次代表大会是在全区人民为实现党的十二大提出的宏伟目标和全国五届人大五次会议提出的光荣任务而努力奋斗的大好形势下召开的。大会的任务，就是要以党的十二大精神为指针，回顾过去的工作，确定今后的任务，进一步加强矿区的工会建设，动员和组织全区职工，同心同德，艰苦奋斗，为开创我区社会主义现代化建设新局面贡献力量。

一、区工会筹建工作情况的回顾

为了适应社会主义现代化建设的需要，更好地发挥全区广大职工的主人翁责任感和积极性，进一步密切党同职工群众的联系，发展安定团结的大好局面，经区党委研究和市总工会批准，于 1982 年 4 月建立了矿区工会筹备领导组，着手筹建矿区的工会组织。近一年来，区工会筹备领导组主要抓了以下工作：

（一）搞好宣传教育，提高职工认识。我区区属各厂以前都没有建立过工会组织，广大职工对工会缺乏足够的认识和了解。平潭街小学原有的工会组织在 1981 年移交矿区后，因系统领导中断，加之原先基础比较薄弱，也基本处于工作停顿状态。针对这种情况，我们首先从宣传教育入手，在各有关单位的支持帮助下，组织职工认真学习了工会章程，同时利用板报、专栏等各种形式广泛宣传，使广大职工懂得了工会的性质和任务、工会会员的条件、权利和义务等工会基本知识，澄清了原先存在的一些模糊观念，提高了认识，从而使工会筹建工作有了一个良好的开端。在这期间，区属各厂先后建立了工会筹备小组，开始基层工会的筹建工作。

（二）发展会员，建立组织。区属各厂广大职工在提高思想认识的基础保护上，纷纷报名申请，积极要求参加工会，我们按照关于发展工会会员的有关规定，坚持会员条件，认真履行入会手续，先后发展了 259 名工会会员。截至目前，区属三个厂和平潭街小学 78%的职工加入了工会，我区的工会队伍已基本形成。现在，发展会员的工作仍在继续进行。

（三）召开会员大会，建立基层工会领导机构。发展工会会员工作进行一段后，区属各厂陆续召开了会员大会，经过会员们的充分酝酿，民主协商，以差额选举办法，无记名投票方式，选举产生了基层工会委员会。通过选举，把那些坚持党的路线、方针、政策，坚持社会主义道路，年富力强，受群众欢迎的同志选入了工会领导班子。4 个基层工会领导班子的 14 名成员平均年龄 42 岁，其中有党员 5 人，团员 2 人，有妇女 8 人，反映了我区职工队伍的面貌，基本符合革命化、年轻化、知识化、专业化的要求。

各基层工会委员会建立之后，逐步建立健全了各项制度，工作秩序逐渐走上正轨，工会组织在职工中的威信也在不断提高。在党组织的领导下，各基层工会围绕党的中心工作积极开展活动，在完成生产和各项工作任务中发挥了重要作用。

应该看到，我们的工作还刚刚开始，同目前形势的要求还有相当距离，有待于在今后做更大努力。回顾一年来的工作，我们深深感到我们的每一个成绩和进步，都是在区党委和各基层党组织的领导和帮助下取得的，这充分体现了党对全体职工的关怀。近一年来，我们的工作得到了各方面的支持和配合。在这里，我代表区工会筹备领导组向关心支持工会工作的各有关部门、团体，向热心工会工作的积极分子，向全区广大职工，致以崇高的敬礼！

二、今后的工作任务

同志们！党的十二大提出了建设现代化的高度文明，高度民主的社会主义国家的奋斗纲领和一系列正确的方针、政策、步骤，提出了全面开创社会主义现代化建设新局面，争取在今后五年内实现国家财政经济状况、社会风气和党风三个根本好转的重大任务。工人阶级是我国的领导阶级，是国家的支柱，在社会主义现代化建设中起着极为重要的主要作用。工会作为党联结工人群众的纽带，肩负着十分光荣而艰巨的任务。在党的十二大精神指引下，我们要认真搞好我区的工会建设，充分发挥工会组织的重要作用，动员和组织全区职工，提高政治自觉性，以主人翁的姿态，英勇地站到各条战线的最前列，为在今后五年内实现三个根本好转，为全面开创社会主义现代化建设新局面做出应有的贡献。

（一）加强和改进职工思想政治工作，提高职工的共产主义思想觉悟。

党的十二大把建设社会主义的精神文明，作为社会主义社会的一个重要特征。十二大报告指出，是否坚持这一点将关系到社会主义的兴衰和成败。工人阶级不仅是建设社会主义物质文明的主力军，而且应该是社会主义精神文明的带头人。社会主义精神文明的核心是共产主义思想。因此，工会组织必须把提高职工的共产主义思想作为自己的头等任务。

工会要组织职工学习马列主义、毛泽东思想的基本理论，学习党的路线、方针、政策，学习时事政治。当前，要继续组织职工深入学习党的十二大文件，学习新宪法，深入开展五讲四美活动，普及共产主义理想、道德和纪律教育。要通过各种形式，不断地向职工系统地灌输共产主义的思想。通过系统灌输,动之以情,喻之以理,从根本上提高广大职工的阶级觉悟和阶级尊严, 有效地抵制资产阶级思想和其他非工人阶级思想的侵蚀。

进行热爱党、热爱祖国、热爱社会主义的“三热爱”教育,是向职工进行共产主义思想教育的一种有效形式。要向职工宣传中国近代史、中国革命史、党史,宣传建国以来所取得的伟大成就,宣传党的领导是我们的事业胜利的根本保证,宣传党的十一届三中全会以来的路线、方针、政策,统一对形势的认识,振奋精神,献身四化,同一切诋毁、反对四项基本原则的错误言行作斗争。

工会组织要在职工中普遍开展职业道德、职工纪律的教育,教育职工发扬中国工人阶级的优良传统。教育职工遵纪守法,服从调动,听从指挥,加强组织纪律观念。要注意在实际承包经济责任制后出现的新情况、新问题,教育职工克服损人利己、唯利是图,“一切向钱看”的资产阶级腐朽思想。

社会主义企业的职工不仅必须提高思想觉悟, 而且必须掌握现代科学文化知识和经营管理方法。工会组织要会同各有关方面,积极组织职工学习科学文化知识,搞好各种技术培训。

工会思想政治工作的要点,要放在青工教育上。青工一进厂,就要进行入厂教育。要发动青工制定“青工守则”,签订师徒合同,要广泛开展家庭访问和个别谈心活动,使老一代工人的革命性和优良品质在他们身上得到继承和发扬, 使我们的社会主义事业后继有人。思想政治工作要为经济工作服务,要结合经济工作来做。就是说,要通过思想政治工作,保证企业的社会主义性质和发展方向,保证在企业中正确地贯彻执行党和国家的方针、政策,保证企业生产任务的完成和经济效益的提高,保证广大职工逐步成为有理想、有道德、有文化、有纪律的劳动者。思想工作要坚持理论联系实际,有的放矢,发扬民主,表扬和批评相结合,以表扬为主的方法,提高职工的思想水平。同时,要关心职工生活中的实际问题。

工会要积极组织开展文娱、体育、科技等各种有益的活动,努力把思想政治工作同职工丰富多彩的业余文化生活结合起来,寓教育于活动之中,促进广大职工的思想觉悟、道德情操和科学智慧的全面提高。

(二)深入开展“创三先”“争两优”的劳动竞赛活动,激发广大职工的社会主义积极性。

为了充分发挥工人阶级在社会主义现代化建设中的主力军作用, 工会组织要把开展职工群众的社会主义劳动竞赛作为自己的一个工作重点,要广泛、深入地开展以创先进区工会、先进基层工会、先进工会小组,争当优秀工会干部、优秀工会积极分子为内容的“创三先”、“争两优”的活动。

各基层工会要结合单位实际,组织职工开展技术革新、技术协作、提合理化建议,协助行政改善经营管理,做好管理的基础工作。要发动职工群众努力提高产品质量,增加花色品种,降低原材料消耗,节约能源,提高劳动效率,提高经济效益。要积极主动地配合行政，研究和解决生产中出现的问题，发动群众出主意，想办法，广开门路，拾遗补阙，生产人民群众需要的对路产品。要积极协助行政，认真实行和逐步完善各种形式的经济承包责任制。

在发动群众开展学先进、赶先进的劳动竞赛和为四化立功活动中，要注意培养、树立、爱护先进典型，大力表彰他们的先进事迹，发挥他们的模范作用。要坚决批评、有效制止那种孤立和打击先进分子的歪风邪气。要在职工中大力提倡国家主人翁和集体主义思想，提倡全心全意为人民服务的献身精神和共产主义的劳动态度，使劳动竞赛活动不断健康、深入发展。

（三）维护职工的民主权利和切身利益，进一步密切同职工群众的联系。

群众是我们一切力量的源泉，群众路线和群众观点是我们的传家宝。工会组织、工会干部必须同群众打成一片，使广大工人感到工会确实是工人自己的组织，是工人信得过、能替工人说话、替工人办事的组织。工会要在维护国家利益、集体利益的前提下，把维护职工的民主权利和切身利益当作大事来办。

工会要关心群众，逐步改善职工的生活和生产条件，坚决批评和纠正各种脱离群众、对群众疾苦不闻不问的错误现象。要从调查研究入手，摸清职工的生活情况，摸清职工最关心、最迫切需要解决的问题，根据现有条件，量力而行，分别轻重缓急，认真加以解决。对于群众生活中应该解决而目前还没有条件解决的问题，要把道理向群众讲清楚，取得群众谅解。工会要组织和发动群众，发扬互助互爱精神，开展群众性的经济互助、生活互助、劳力互助等互助互济活动，解决群众中个人解决不了的困难。

工会组织要开展"上为国家着想，下为群众服务""层层办好事，人人树新风"活动，把对党负责对群众负责结合起来，把维护国家利益、集体利益同维护职工的民主权利、物质利益结合起来，把发展生产同改善生活结合起来，把服从党的领导同为工人说话、替工人办事结合起来，把解决群众的生活问题同提高群众的政治觉悟结合起来。

各基层工会还要配合党政领导，摸索经验，逐步使职工代表大会和全体职工代表大会成为企业的权力机构。

（四）坚持在党的领导下，围绕党的中心工作开展工会工作。

工会是工人阶级的自愿结合的群众组织，是党联系工人群众的纽带。只有在党的领导下，工人阶级才能实现自己的伟大历史使命，做好工会工作也才有根本保证。坚持党对工会的领导，把工会置于党的领导之下，这是一条不容动摇的原则。每一个有党性的工会干部、每一个有阶级觉悟的工人，对于任何企图削弱、摆脱、反对党的领导的倾向，必须进行说服、教育、批评以至有力的斗争。

工会组织必须坚决执行党的路线、方针、政策，要积极主动争取党组织的领导，要围绕党的中心工作开展工会工作。工会要及时向组织反映群众的思想情况、劳动情况和生活情况，反映广大职工的意见和要求，并提出切实可行的建议。凡属工会工作中的重大问题和需要各方面协同进行的工作，要请示党组织讨论决定。

党对工会的领导，主要是路线、方针、政策的领导，并通过党员在工会活动中发挥模范作用来体现。在党组织的领导下,工会组织要独立负责地做好自己的日常业务工作。党组织已经讨论决定的有关工会工作的重大问题,工会要坚决地放手大胆地去做。只要工作做好了,就会取得党组织的重视,行政的支持,群众的拥护。

(五)大力加强工会自身建设,更好地发挥工会组织的重要作用。

加强工会基层组织建设的关键,是把领导班子建设好。要在民主选举的基础上建立健全基层领导班子。目前,我区各基层工会的干部都是兼职,这些同志一定要提高做好工会工作的光荣感和责任感,克服无能为力、无所作为的思想,鼓起勇气,敢于负责,积极努力,多做工作,绝不辜负党组织和职工群众的信任。

认真执行民主集中制的领导原则。各基层工会委员会至少要每年召开一次会员代表大会或会员大会,认真向会员报告工作和经费收支情况,听取会员的批评和建议,把工会基层委员会的工作,严格置于群众监督之下。要充分发挥工会委员会集体领导作用,重大问题必须经委员会讨论决定,防止少数工会干部包办和工会主席说了算的倾向。

依靠广大积极分子,这是做好工会工作的一个重要问题。工会要认真做好积极分子工作,不断提高他们的政治思想和业务水平,要表彰和奖励他们全心全意为群众服务的可贵精神,总结他们的工作经验,关心解决他们的思想问题和实际困难。

要做好工会的基础工作,下功夫把工会小组工作抓好,建立健全工会小组民主生活制度,把工会小组工作活跃起来。

要加强工会的财务管理工作。目前,我区工会财务工作都是行政财务监管的。监管工会财务的同志要加强责任心,严格遵守工会经费的有关规定,做到收好管好用好。

工会组织要注意不断改进工作作风。区工会要把工作重点放在基层,减少会议和文件,加强调查研究,面向基层,深入基层,服务基层,支持基层,加强对基层工会的领导。基层工会干部要接触群众,联系群众,倾听群众呼声,关心群众疾苦,支持群众的合理化建议,帮助群众解放思想和实际问题,成为群众的热心人、知心人、贴心人,使工会的一切活动都扎根于群众之中。

同志们!矿区工会第一次代表大会的召开,是全区职工政治生活中的一件大事,它标志着我区的工会工作将进入一个新的阶段。大力加强工会工作,是形势和任务的要求,是职工群众和各级党组织的共同希望。工会工作是大有可为的。我们一定要满怀信心地奋发工作,努力把我区各级工会办成真正的"工人之家",努力使我区的职工队伍成为一支政治素质好、思想觉悟高和掌握先进科学技术的强大力量,努力把我区的工会工作推向新水平。

全区职工团结起来,同心同德,艰苦奋斗,努力开创我区社会主义现代化建设的新局面!

全区工人阶级动员起来　为四化立功　当改革主力
为建设安定团结文明优美的新矿区而奋斗

——在阳泉市矿区工会第二次代表大会上的工作报告

陶河川

（1987 年 7 月 8 日）

各位代表：

在全党、全国人民认真学习党的十二届六中全会通过的《中共中央关于社会主义精神文明建设指导方针的决议》和按照党中央的部署，开展坚持四项基本原则，反对资产阶级自由化正面教育，开展“双增双节”运动，进一步巩固和发展安定团结的大好局面，改革、开放向纵深发展的大好形势下，我区工会第二次代表大会召开了。我受区第一届工会委员会的委托，向大会做工作报告，请代表们审议。

对上届工会工作的回顾

自 1983 年 2 月我区召开第一次工会会员代表大会至今已经四年多了。四年多来，区工会在区委和市总工会的正确领导下，认真贯彻党的十一届三中全会以来的路线、方针、政策和全总十届四次执委会会议精神，结合我区工会工作的实际，紧紧围绕改革和四化建设这个中心，团结带领全区工人阶级深入、持久地开展社会主义劳动竞赛，创建“职工之家”，争做“四有”职工，当改革主力，为四化立功的活动，积极开展多种形式的工作。全区工人阶级艰苦奋斗，勇于创新，努力生产，埋头苦干，为我区的经济体制改革、经济建设和其他事业的发展做出了巨大贡献。四年多来，我区工会工作取得了可喜的成绩。下面我从四个方面，来回顾一下四年多来的工作。

一、认真抓好基础工作，加强工会组织建设

我区工会是 1983 年开始组建的，当时的状况是“人员新（区工会只有两个人，都没干过工会工作）、没经验（区工会刚刚组建，究竟怎么干没有一点经验）、队伍少（当时只有四个基层工会组织，全区会员只有二百多人，基层工会主席又都是兼职的）。”针对这种状况，区工会采取了一系列措施和办法，使工会干部素质不断提高，工会队伍不断壮大（现有工会 15 个，现有会员 1456 人），并初步积累了工会工作经验。

1.认真抓了现有工会干部的培训工作。

为了解决基层工会干部“人员新、素质差”的困难，区工会专门抽出一部分经费，购买了一部分有关工会方面的书籍及刊物，并对所属基层工会干部举办了二次短期培训。通过培训，使他们提高对工会工作的认识和本身的素质，明确了任务，增强了干好工会工作的决心和信心。参加培训的同志一致认为，搞好工会工作也是为了促进生产的发展，提高经济利益，积极参政、议政，发扬工人阶级主人翁精神，维护职工的合法权益，是我们工会组织义不容辞的责任。几年来，通过全体工会干部的辛勤工作，我区工会工作出现了四大变化：一是广大工会干部和职工普遍感到方向明确，精神振奋了；二是工会组织为工人说话办事的自觉性和主动性增强了；三是工会工作得到了各级党组织的重视和支持；四是工会干部深入基层联系群众的作风增强了。

2.认真抓了办事处街道企业建立工会组织的工作。

党的十一届三中全会以来，街道企业发展的速度很快，已成为我区经济建设的一支重要力量。近几年来，在区委、区政府的正确领导下，产值利润逐年上升，据有关部门统计，截至目前，全区已有街道企业54个（含区劳动服务公司管辖的38个）。共有职工1200多人，年产值占全区工业总产值一半以上，区工会根据《中国工会章程》的有关规定和区委的安排，首先在桥头钢窗厂，平坦建材厂抓了街道企业建立工会的试点工作。通过征求意见，广大职工对在街道企业建立工会组织一致反映较好。大家说：在街道企业建立工会，充分体现了党对我们街道企业职工的关心和爱护，充分体现了我们是国家的主人翁，而不是被遗忘的角落。市总工会还及时转发了我区工会《关于在街道企业建立工会组织的试行方案》，并对此给予很高的评价。尔后，区工会又向区委提出了《关于在办事处一级建立工会组织的请示报告》，区委对此极为重视，及时批转了区工会的请示报告，并要求各街道办事处认真做出安排，切实把这项工作落到实处。区工会又拟定了“街道办事处一级组建工会的方法和步骤”。截止七月四日，桥头、平坦、沙坪、赛鱼、蔡洼五个办事处都相继建立了工会组织。目前，我区基层工会组织已经建立15个，初步形成了全区工会组织网络。

3.狠抓了基层工会的整顿工作。

基层工会组织是联系群众开展各项工作的基础，是开创工会工作新局面的重要组织保证。整顿基层工会是工会组织的一项基本建设，而建立“职工之家”则是工会工作的一个创举。根据市总工会的安排，我们分别于1985年下半年和1986年上半年首先对基层工会组织进行了整顿，并取得了显著的成绩。我们还注意选拔了一些德才兼备、年富力强、群众拥护、热心工会工作的同志走上了工会领导岗位，各基层工会的领导班子的年龄结构和知识结构得到了改善，使基层工会领导班子得到了加强，工会干部的政治、业务素质有了较大提高。据统计，平均年龄由上届的48岁下降到36岁，文化程度初高中以上由原来的8名增加到36名。

其次，对班组建设也进行了整顿和调整。如区社会福利厂，在刚建立工会时，为了走形式，全厂123名职工中只发展了33名会员，通过整顿，该厂工会干部端正了思想，积极主动地开展工作，不怕碰硬，并对个别不称职的委员和小组长进行了调整，使该工会工作有了新的起色，到目前为止，已由原来的33名会员发展到104名。

4.认真抓了对“职工之家”的验收工作。

根据市总工会的安排，区工会成立了“验收组”，对全区的“职工之家”按照“六条标准”进行了验收。1985年底，区五金电器厂、钢窗厂、平坦街小学按照市总工会的要求，验收全部合格，总分都在800分以上，但仅占区属企业、学校的30%。为了加快步伐，区工会制定了一套整顿验收“职工之家”竞赛奖励办法，并专门召开会议布置安排，在明确任务的基础上又抓了职代会的完善工作，促进了这项工作的顺利开展。1986年10月、11月，又有弹簧厂、工艺美术厂等五个单位的“职工之家”验收合格，总数占应建单位的80%(不包括办事处)，五金电器厂工会还被评为“市先进职工之家”。

在验收过程中，我们坚持开展了“一听(听工作汇报)、二看(看车间，看职工之家活动场地)、两查(查记录，查档案)、一评(验收组评议)”活动，使我们清楚地看到工会工作带来的三大变化：一是有相当一部分党政领导对“整组建家”重视支持，亲自挂帅，经常过问具体工作，给予指导，从而形成党、政、工同唱一台戏，同建一个家的生动局面。电器厂厂长贾昌义同志在“整组建家”活动中，亲自坐镇，在厂里厂房拥挤、简陋的条件下，想方设法腾出一间房子，整修后作为“职工之家”活动室，方便了职工的业余文化生活，受到了大家的好评，被市总工会授予“特邀工会积极分子”光荣称号，并颁发了荣誉证书。二是通过“整组建家”，为职工办了大量好事和实事。矿区钢窗厂，由于厂地小，仅50余名职工，一时解决不了职工的洗澡问题，厂领导及时拿出2000元为全厂每个职工买了一个洗澡盆。钢木厂由于路途远，职工中午带饭，为了使职工吃上热饭，专门办起小食堂，安排专人为职工热饭，真正为职工解决了后顾之忧。三是通过“整组建家”，推动了整个工会的工作。“整组建家”是工会工作的一项基本建设，是综合治理的系统工程，检查验收的六条标准，包括了基层工会的所有工作。所以，通过“整组建家”，对企业的民主管理、劳动竞赛、宣传教育、生活后勤、劳动保护、女工、财务、文体等活动，都有了相应的发展。

几年来，区工会积极进行了工会的组织建设，抓了基础工作，取得了一定的成绩。到目前为止，区属企业组建工会达到100%，街道企业达到95%，教育系统占100%，共发展会员1456名，占到职工总数的85%以上。

二、深入开展劳动竞赛，发挥了工人阶级在生产和工作中主力军作用

随着城市经济体制改革的深入发展和安定团结的政治局面的进一步巩固，我区的社会主义劳动竞赛也从理论到实践有了新的发展。竞赛的内容由只重视物质生产转向两个文明建设一起抓；由过去的包、保、超转向创先、创新、创优，把评先进与立功、表彰挂起钩来，有力地推动了各项工作的开展。竞赛的组织领导由党政领导亲自挂帅，工会与其他部门具体抓，从而加强了组织力量。区工会根据自己的实际情况，制定了劳动竞赛方案，百分评比法，进行半年总结，年终评比表彰的办法，逐步建立健全了竞赛的形式和内容，在全区范围内形成了一个有人抓，有制度，有措施，形式多样，有声有色的社会主义劳动竞赛热潮。区五金电器厂、钢窗厂、弹簧厂三个集体和张满哲等五位同志受到省、市的表彰。1985年，全区表彰工业企业，商业、服务行业先进集体18个，先进个人119名；1986年，表彰全区各条战线先进集体42个，先进个人135名。这些先进集体和先进生产(工作)者、劳动模范，在促改革，创水平，争一流，全面完成各项经济指标和任务，在两个文明建设中做出了显著成绩。

我们在抓劳动竞赛的同时，也不放松职工劳动保护工作。各基层工会把劳动保护工作当作一项重要工作来抓，较好地发挥了群众监督、检查作用，在认真贯彻劳动保护三个条例和十五项权利，以预防为主的方针，积极督促各企业在劳动保护工作方面做了大量的工作，对我区安全生产起到了积极监督作用。各基层工会组织职工学习了劳动保护三个条例，并把条例分发到各车间、班组，根据各单位的实际情况，利用业余时间进行学习宣传，据不完全统计，出黑板报、宣传栏42次，集中学习25次，基本上做到了让广大职工了解十五项权利，并知道怎样使用。各基层班组的劳动保护监督员都由基层进行培训，没有成立工会组织的街道企业，也相应地制订了措施。我们主要做了以下几个方面的工作；一是健全组织机构。各基层工会都建立了劳动保护委员会和劳动保护检查员，自上而下基本上形成了一个安全生产监督网。二是建立健全岗位责任制，制定了行之有效的措施。三是开展劳动保护竞赛活动，把这项工作列为年终考核、总结、评比、表彰的重要内容。四是各基层工会对本单位的劳保委员、群监网员进行了培训。

去年以来，区工会还同区安委会、经委等部门组成了劳动保护安全检查组，对全区25个单位先后进行了五次大检查，通过“一听、二看、三查、四定”的方法，共查出安全隐患55处，制度不健全、违章作业24处，尘毒危害较严重的2处。针对这些问题，检查组进行认真的分析，对较大隐患部位立即采取了措施。即定项目，定措施，定时间，定负责人。对制度不健全、违章作业等给予了严肃的批评和纠正，通过全体干部职工的共同努力，消除了隐患，去年以来对全区下发隐患通知书5份，提出意见9条，已经处理的5条。从总体看，大多数单位都能认真贯彻上级有关劳动保护、安全生产的指示精神，领导重视，措施得力，有效地保证了我区劳动保护工作的顺利进行。各单位还加强了女工工作，不断向女工进行自尊、自爱、自重、自强教育，并协同有关部门开展了城、矿两区女职工会计比武，弹簧厂女工李慧平同志获得了全能第一名。关心女职工的切身利益，敢于同歧视虐待女职工的现象做斗争，保护了女职工的合法权益。

三、建立健全职代会，加强企业的民主管理

在建设“职工之家”的同时，各基层单位普遍健全了职工代表大会制度，单位较小的因地制宜建立“职代组”。我区所属15个基层单位，已建职代会8个，占全区应建数的50%，在已建的单位中，基本上做到了制度健全，能够定期召开会议。多数厂的重大事情，违犯厂纪厂规的处罚，计划生育等方面的问题，都要经过职工代表讨论决定，较好地发挥了职代会参政议政的作用。

各基层工会还把职工生活福利列为工会的一项重要内容。在各级领导的大力支持下，我区的职工生活福利事业逐步有了改善。现在，全区所属各单位建有3个职工食堂，有条件的单位，积极开办了浴池、托儿所、更衣室、休息室、存车棚、厕所等集体福利事业。各基层还积极组织互助互济活动，对伤、老、病，残职工和确有特殊困难的职工，给予经济帮助。1986年，全区给予经济帮助的职工达12人，支付现金540元，看望病伤残职工24人。到目前为止，全区共建立储金会8个，储金总额3250元，参加储金会的职工数达到了1242人。

为了维护职工的消费利益，区工会还积极组织了业余职工物价监督站。去年9月份以来,共集体活动 18 次,检查摊点 157 个,没收不合格称 14 杆,罚没款 2400 元,受到了广大消费者的好评,并评为出席市的“先进职工物价监督站”,有五名业余物价监督员受到了市物价监督总站的表彰。市物价监督总站并推荐我区职工物价监督站为出席省的先进单位。

工会财务工作是工会建设的一个重要组成部分,同工会其他工作一样,也是一项群众工作,各基层工会收缴工会经费基本上做到了“收好、管好、用好”,使我区工会财务工作有了明显好转,1986 年被评为出席市总工会财务工作先进集体二等奖。

四、积极开展思想和文化教育,进一步提高了职工队伍的素质

在抓企业的物质文明建设的同时,我们还通过各种渠道向广大职工进行政治思想工作,为了进一步提高职工的思想觉悟和文化素质,我们首先抓了读书活动。基层工会共开展读书活动的职工达 520 人次。各单位对青工进行《近代史》《科学社会主义》和《工人阶级常识》及其他书籍的学习,收到了比较好的效果,为了进一步总结经验,表彰先进,我们及时进行了讲评,被评为出席市的先进读书小组 1 个,自学成才 1 名,读书活动积极分子 2 名。其次是搞了职工的“双补”工作。多数单位领导重视建立了机构,制定了规章制度,使“双补”工作顺利进行。弹簧厂领导把职工文化技术素质的提高看成事关企业生死存亡的高度来认识,舍得投资,花大力气去抓,采用“送出去、请进来”的方法培训职工,共送出去学习的职工 4 人。请进教师讲课 20 多个课时,培训青工共 46 人,有力地促进了“创优”活动的深入发展。直至目前,全区文化补课应补人数为 180 人,领取合格证书 121 人,占应补总数的 70%。再次是大搞了群众性文体活动,区工会同有关部门,在各级领导和工会组织的支持下,积极举办了各种形式的文体活动。几年来,春冬季越野赛、职工篮球赛、乒乓球赛、拔河赛、老年人运动会、象棋赛、阶段性文艺会演、教师节歌咏比赛等活动,大大活跃了职工的文化生活。

各位代表,回顾上一届工会委员会的工作,我们认为,我区工会工作成绩是肯定的,可以说初步开创了工会工作的新局面,但我们必须清醒地看到,工作中还存在的差距和不足:一是民主管理工作不够完善;二是工会干部的素质还亟待提高;三是有些单位“职代会”参政议政的问题尚待进一步开展;四是工会财务制度还需进一步完善。这些问题需要各基层工会的同志们引起足够的重视,有些需要探索解决,有些有待于我们在今后的工作中努力克服,促使我们的工作更有起色。

今后工作的安排意见

当前,随着我国经济和政治体制改革的深入发展,党中央明确指出,今年要抓好两件大事,也就是要求我们今后的工作中要做到的。一是在政治思想领域中,坚持四项基本原则,开展反对资产阶级自由化的正面教育;二是在经济领域中,在坚持改革、开放、搞活的同时,开展增产节约、增收节支运动。这两件大事都关系到国家的全局,相辅相成,互相促进,统一于建设中国特色的社会主义的整体之中。根据矿区第二次党代会精神及市总工会的要求,今后我们工作的指导思想是:以经济建设为中心,坚持四项基本原则，加强职工思想政治工作，努力发扬工会特色，动员和组织全区职工积极推进深化企业改革，广泛深入地开展增产节约、增收节支运动，为实现我区经济目标而努力奋斗。具体讲，要求各基层主要做好以下四个方面的工作。

一、开展坚持四项基本原则，反对资产阶级自由化的正面教育，加强职工思想政治工作，不断提高职工队伍的素质

目前，全区反对资产阶级自由化的正面教育，正按照党中央确定的方针和区委部署逐步展开。各基层工会要在党委的领导下，在广大职工中开展各种形式的坚持四项基本原则的宣传教育活动。使广大职工树立正确的人生观和世界观，认识工人阶级的历史使命，充分发挥广大职工在两个文明建设中的作用，为实现党风和社会风气的好转，保证改革的成功和四化建设的胜利做出自己的贡献。因此，我们要做到五点；一是要通过继续开展职工读书自学活动，组织职工结合改革实践认真学习《建设有中国特色的社会主义》《坚持四项基本原则，反对资产阶级自由化》这两本书。深刻理解十一届三中全会以来党的路线、方针、政策，当前特别要弄清三中全会路线的两个基本点。二是要在职工中广泛宣传全国人大常委会《关于加强法制教育，维护安定团结的决定》，使广大职工增强法制观念和公民意识，自觉维护安定团结。三是要结合职工思想实际，针对性地组织职工开展社会调查，民主讨论，举办报告会等，从而达到群众自己教育自己的目的。四是要通过职代会等多种渠道，认真听取群众的意见和建议，改进企业工作，同时要认真解决职工群众的实际问题。五是要切实加强各基层工会的思想文化阵地的领导。结合实际，认真抓好图书阅览室、职工游艺活动室，吸引职工参加各种文体活动。

职业道德建设是精神文明建设的一项重点工程。加强职业道德，以自我教育、正面教育为主，广泛、深入、持久地开展下去。各基层工会组织要致力于新思想、新道德、新风尚的建设，坚持吸引、教育、疏导的方法，扎扎实实、长期不懈地把职业道德教育抓好。在这方面要注意以下四点：第一，从教育入手。职业道德是历史范畴的观念形态，不是凭空产生的。所以，职业道德不能靠行政命令立竿见影，应该采取教育诱导的方法去强化人们的观念。各基层单位要针对各种不同实际，通过各种方式，帮助职工顾大局，识大体，爱国、爱厂、爱岗，以主人翁的姿态投身改革，投身四化建设。第二，从制度上保证。职业道德建设是一项长期的思想建设，必须做到常抓不懈。因此，要求各基层工会要建立健全一套行之有效的工作制度。既要教育职工自觉遵守，又要严格考核，奖惩分明；既要防止滥施惩罚，又要通过职代会支持行政领导严格执行规章制度。第三，从技能上提高。各基层工会要同有关部门举办针对性、实用性较强的多种形式培训，进一步开展群众性岗位练兵，技术比武，技术表演和互帮互教活动，努力提高广大职工的业务水平和技术水平。第四，从自身表率上做起。各基层工会干部要严于律己，以自己的模范行为影响职工，像模范干部葛德林同志那样，忠诚积极，公正廉洁，争当职工之友，提高办事效率，多为职工办好事、实事，才能提高思想政治工作的说服力。教育者必须首先受教育，要教育别人有理想，首先自己必须有理想，要求别人守纪律,首先自己必须守纪律,要求别人端正党风,首先自己要抵制不正之风。从而增强对职工的说服力和感染力,对群众提出的问题才能说得清,讲得明,做得好。

二、广泛深入地开展增产节约、增收节支运动,动员和组织全区职工充分发挥主力军作用

最近,国务院做出了关于压缩经济工作中的膨胀空气,广泛开展增产节约、增收节支运动的重大决策,区委、区政府,市总工会也都先后发出了通知,号召全市、全区广泛深入持久地开展增产节约、增收节支运动,各基层工会要做好宣传工作和组织工作,迅速掀起群众性的增产节约、增收节支的热潮。为此,我们要立即动手做好以下工作。

(一)要对全体职工广泛深入地进行艰苦奋斗、勤俭建国、勤俭办企业的教育,发扬节约一分钟、一分钱、一度电、一滴水、一滴油、一个螺丝钉、一两煤,一团棉丝,一块砖瓦,一张纸的光荣传统,在全区广泛形成增产节约光荣,铺张浪费可耻的浓厚空气,通过扎实细致的思想政治工作和严密的组织措施,把广大职工的主人翁积极性充分调动起来,努力为增产节约、增收节支竭智尽力,多做贡献。

(二)要广泛深入地开展增产节约、增收节支的劳动竞赛。开展"双增双节"活动,要以提高经济效益为中心,增产适销对路产品,提高质量,降低成本,节省各项开支。各基层工会要充分发挥主人翁责任感,协助行政制定和落实好增产节约、增收节支的奋斗目标和具体措施,针对性地开展技术攻关、合理化建议活动,推进技术进步,挖掘企业潜力,为推动改革和搞好企业做出应有的贡献。在开展"双增双节"运动时,各基层工会一定要精心组织,精心指导,做到季度检查、半年评比、年终总结,针对"双增双节"运动中做出贡献的个人与集体,根据贡献大小呈报上级竞赛委员会,分别给予表彰、奖励和记功。

(三)在"双增双节"的同时,我们还要深入开展班组升级竞赛,切实加强班组的基础工作。班组是企业组织生产经营活动的基础组织,是两个文明建设的前沿阵地,也是企业升级,增强企业活力的基础。因此,各基层工会一定要自觉地加强对班组工作的领导,继续深入开展"合格班组""信得过班组""先进班组"的升级竞赛,把提高劳动生产率,提高经济效益的具体指标,切切实实地落实到班组,努力提高班组的建设水平。

三、继续加强基层工会工作,积极参政议政

工会要继续坚持以经济建设为中心,参与改革,进一步发挥在改革中的积极作用。从目前情况看,我们的工作还不适应改革形势的迅速发展,参政议政的能力亟待于提高。随着政治体制改革的酝酿和展开,工会还要研究如何组织和代表人民群众的社会监督作用等等,这就要求我们所有从事工会工作的同志们必须清醒地认识到,对一些新情况、新问题,不是想不想研究,愿不愿意管的事,而是形势对我们的客观要求,也是党交给工会的光荣任务,同时也是广大职工对我们工会的殷切期望。因此,工会的自身改革也迫在眉睫,今年要在进一步疏通参政议政渠道时,希望各基层工会干部进一步加强学习,掌握政策,调查研究,进一步确立领导就是服务的思想,确立工作重点在基层的思想,确立一切为了群众,一切依靠群众的思想,提倡深入实际,调查研究，注重为群众办实事，解决实际问题，反对走形式，做表面文章。工会在重大决策上发挥作用的大小，是衡量工会工作水平的重要标志。工会是国家政治体制中重要的社会政治团体，工会动员和组织职工参政议政，才能代表工人阶级利益，体现工人阶级主人翁地位和作用，为加强基层工会工作，提高企业经济利益和社会效益做出更大贡献。

四、继续开展“整组建家”，抓好工会各项工作的落实

今年是“整组建家”三年规划的最后一年。我区“整组建家”的指导思想是：全面推进，打牢基础，突出重点，完善提高，夺取整组建家工作的全面胜利。在建家活动中，既要坚持高标准，又要实事求是讲实效。全总提出的“六个标准”是对每个基层工会的基本要求，各单位可根据自己不同的情况，采取不同的措施，选择不同的突破口，但绝不能降低标准，要以改革的精神严肃认真地抓好整顿，建设“职工之家”，并得到企业党政领导尤其是广大职工群众的承认。从数量上看，现在我区还有20%的任务需要努力完成，今后的任务是十分艰巨的。被验收合格的单位，一般基础是比较好的，建成“职工之家”这是工会组织最根本的要求，不是作为最高标准，更不是到了顶点，还需努力才能达到“模范职工之家”的要求。因此，对验收合格的单位，要认真发动职工，对照“六条标准”进行对照查看，发扬成绩，找出差距，希望各基层工会从指导思想、工作部署到组织措施，对“整组建家”工作都不能有丝毫的放松，我们要在保证质量的前提下，加快建家的步伐，力争在1987年年底全区合格“职工之家”达到应建总数的95%（街道办事处新建工会不含在内）。“整组建家”任务繁重，需要做大量的艰苦细致的工作。罗干同志讲的好，一是要有开创工会工作新局面的强烈愿望和高度的责任感；二是要有为四化建设建功立业的雄心和奋斗争先的进取精神；三是要有勤奋学习，刻苦钻研，掌握马克思主义基本理论，学好工会业务和现代科学文化知识的精神；四是要有全心全意为职工群众服务的思想作风。只要我们有个好的精神状态，工会工作就一定能够打开新局面，取得新成绩，使自己成为工人群众的贴心人。

工会的工作涉及方方面面，千头万绪，许多工作需要我们常抓不懈，如加强企业民主管理、劳动竞赛、班组建设、劳动保护监督检查，职工生活福利；群众来信来访；工会经费的收好、管好、用好；女工工作等等，希望我们把各项工作真正落实到基层，落实到群众中去，掌握一套科学的工作方法，善于从繁杂的工作中理出头绪来，紧紧围绕改革和经济建设这个中心，抓住主要矛盾，解决主要问题，带动其他工作，扎扎实实地抓出成效来。

同志们，我区工会第二次代表大会的召开，是全区工人阶级生活的大事，通过这次大会，将对我区工会各项工作产生深远的影响，希望全体同志们团结一致，努力工作，为这次代表大会的圆满成功而努力。

同志们，工会是党领导下的群众组织，在四化建设中肩负着重大责任，我们要在区委、市总工会的领导下，坚持四项基本原则，站在改革前列，站在“双增双节”的前列，发挥自己的聪明才智，创造出更加光辉灿烂的业绩。

贯彻党的方针　依据法律精神　动员全区职工　争当改革主人　为繁荣矿区经济　实现“八五”计划而努力奋斗

——在阳泉市矿区总工会第三次代表大会上的工作报告

矿区总工会主席　陶河川

（1992年6月29日）

各位代表、同志们：

今天，我区工会第三次代表大会胜利召开了。这次大会是在我国改革开放出现新高潮、全国人民正在认真学习贯彻邓小平同志的视察南方讲话及中共中央2号文件精神和新《工会法》之际召开的，对我区广大工会干部和全区职工统一思想、坚定信心、明确今后任务，促进我区经济改革、胜利完成工会今后一个时期的各项任务，具有十分重要的意义。这次大会的主要任务是：总结回顾二届工会委员会工作，研究确定三届工会委员会的指导方针和任务，选举产生区总工会第三届工会委员会和经费审查委员会。现在，我代表矿区总工会第二届委员会向大会做工会报告，请各位代表审议。

对二届工会工作的回顾

自1987年7月矿区总工会第二次代表大会至今，将近五年了，在这五年中，我区工会组织不断发展壮大，各项工作取得了突破性的进展，我区各级工会组织在区委和市总工会的领导下，认真贯彻党的十三届三中全会以来的路线、方针、政策和全国总工会十一届十二次主席团会议精神，结合我区实际，带领全区职工积极投身改革，紧紧围绕经济建设这个中心，认真落实全心全意依靠工人阶级的指导方针，深入持久地开展了社会主义劳动竞赛，努力建设一支“四有”职工队伍，积极加强工会自身建设，增强基层活力，切实维护了职工的合法权益，工会的各项职能得到了进一步发挥，工会工作的整体水平跃上了一个新的台阶，较好地完成了二届工会的各项任务，为我区深化改革、繁荣经济、稳定社会做出了积极的贡献。

一、做好职工的思想政治工作，充分发挥工会教育职能，提高职工素质，建设“四有”职工队伍

五年来，我区各级工会组织认真贯彻中共中央〔1989〕12号文件，中办发〔1991〕6号文件，以及江泽民总书记的国庆讲话，积极开展了“双基”教育和“三热爱”教育，坚持了全心全意依靠工人阶级的指导思想，围绕党的各个时期的中心工作，开展了深入细致的思想政治工作，及时宣传党中央的指示精神，用党的十三届三中全会以来的一系列路线、方针、政策和中国工会十一大精神统一职工思想，稳定了职工队伍，充分发挥了工会的桥梁和纽带作用。在1989年春夏之交北京发生的政治风波期间，我区各级工会积极主动的做好职工的思想政治工作，及时传达中央文件精神，组织职工学习人民日报“4·26”社论和邓小平等中央领导的重要讲话，帮助职工提高认识，明辨是非，充分利用工会的宣传阵地，宣传党的路线、方针、政策，使职工及时认清了形势，从思想上、政治上、行动上和党中央保持了高度一致，经受住了严峻的考验，站稳了立场，坚守了工作岗位，为我区的政治安定，经济发展做出了应有的贡献。

为了配合党的中心工作，教育职工树立热爱党、热爱祖国、热爱社会主义的思想，我们会同区委宣传部、区团委、区妇联等单位组织大型歌咏比赛两次，共有38个代表队，1940余人参加，其中有5个代表队代表我区参加了市庆“五一”、庆“七一”、迎国庆歌咏比赛。五年来各级工会共出墙报、板报1254期，标语1130条，召开座谈会、报告会、职工大会等各种会议395次。在开展爱党、爱祖国、爱社会主义的“三热爱”活动和基本国情、基本国策的“双基”教育中，我区各级工会组织积极配合各级党政开展形势政策教育，爱国主义教育和双基教育，取得了明显效果，全区共培训理论骨干150名，开展“三热爱”和“双基”·教育演讲赛等20多场，参加培训的职工达到1650人次，80%的职工受到了一次深刻的社会主义教育。通过各项活动的开展，使广大职工更加自觉地坚持党的基本路线，坚定了社会主义信念，提高了政治思想觉悟，稳定了我区政治形势。政法战线的广大职工，秉公办事，不徇私情，为经济建设保驾护航，做出了突出成绩。教育战线的辛勤园丁在“为人师表”和“三育人”活动中，为积极培养后一代作出了积极的贡献。

五年来，据不完全统计，我区各级工会组织开展了丰富多彩的文体活动，组织职工开展了篮球比赛、乒乓球赛、拔河赛、象棋、扑克比赛、中老年迪斯科、元旦联欢会等各种文体活动30余次，参加人数达5000多人次，有效的丰富了广大职工的文化生活，提高了职工的文化素质。

二、围绕经济建设中心，发挥群众生产工作优势，广泛开展各种形式的社会主义劳动竞赛

五年来，我区各级工会组织，以经济建设为中心，组织动员广大职工积极开展各种形式的劳动竞赛，促进了我区的生产发展，推动了技术进步，提高了企业的经济效益，为我区的经济建设做出了重要贡献。

1.开展劳动竞赛和“双增双节”活动。五年来，我区各级工会组织广泛开展了“双增双节”并重，以节约促生产和“十个一”节约活动，开展了“质量、品种、效益、安全、管理”为主要内容的“奉献杯”社会主义劳动竞赛，开展了创先、创新、创优、创汇、创最佳经济效益，为四化立功竞赛，服务行业开展了“十城市、十行业、十大员”优质服务立功竞赛。通过开展竞赛，有效地提高了企业劳动生产率，促进了新产品开发，提高了产品质量和企业经济效益，取得了显著成绩。据不完全统计，五年来全区共实现“双增双节”总价值487.55万元，其中双增353万元，双节134.55万元。

2.广泛开展合理化建议和技术革新活动。各级工会把开展技术革新技术比武和合理化建议活动列入重要议事议程，取得了令人满意的成绩，五年来共组织了车工、焊工、喷漆等工种的技术比武、技术练兵活动32次，参加人数达1260余人，全区共提合理化建议1358条，采纳实施851条，创造价值达80余万元。

3.注重总结经验，表彰先进。各级工会组织在开展劳动竞赛的同时，注重了树立先进典型，表彰先进模范人物，五年来，共召开各种表彰会50余次，表彰区级先进集体190个，先进模范人物697人，并有24人获得省、市劳动模范称号，5个集体受到省市表彰，通过宣传他们的先进事迹，推广他们的先进经验，促进了竞赛工作的开展，推动了我区改革和建设事业。

4.推行双保合同制度。为了建立企业利益共同体，保证广大职工的主人翁地位，发挥工人阶级主力军作用，充分调动广大职工的生产积极性，根据市总安排，我们首先在钢木制品厂、弹簧厂、五金电器厂、钢窗厂、泰康食品厂等单位进行了摸底，并在钢木制品厂和泰康食品厂搞了试点。双保合同制度使工会工作和完成生产相结合，使工会工作和维护职工利益、改善职工劳动条件、提高职工生活福利相结合，因此受到党政领导的支持和广大职工的拥护，在泰康食品厂召开现场会后，双保合同制度很快在全区推广，目前已有15个单位分别签订了为期1–3年的双保合同。

三、加强工会自身建设，推动工会自身改革

五年来，在区委、上级工会领导和关怀下，在区政府及有关部门支持配合下，我区工会组织进一步建立健全，工会自身建设取得了实质性的进展，形成了全方位的工会组织，建立了网络化工会机构，培养和造就了一大批工会积极分子和骨干队伍，为进一步发挥工会的作用打下了坚实的基础。

1.加强了工会的组织建设。五年来，我们先后在税务局、工商局、法院、检察院、司法局、人武部、卫生局、贵石沟办事处、环卫处、区机关等单位建立了工会组织，使基层工会数由上届的15个，增加到现在的26个，会员由上届的1456人，发展到现在的2069人。机关工会建立后，为党政机关的广大职工开展了多项活动，做了大量的工作，充实了机关职工的物质文化生活。为了维护女职工的特殊利益和合法权益，我们先后在各基层建立健全了女职工委员会，并建立了区女职工委员会。在庆祝技协成立三十周年之际，我区成立了区职工技协，为促进我区的科技进步，推动我区的经济发展增添了一支生力军。

2.“职工之家”的建设进一步深化。五年来，我们对已建成的八个“职工之家”进行了整顿验收，并新验收了平潭办事处、泰康食品厂等“职工之家”，使我区的“职工之家”不断发展壮大。在开展整顿组织，深化建家活动中，我们根据市总的建家六条标准，制定了我区“建小家”实施细则，组织开展了“建小家、保大家”活动。首先在弹簧厂进行试点，取得了经验，召开了“建小家”经验交流现场会，在全区推广。弹簧厂的“建小家”经验受到了市区领导的好评，并在市总召开的“深化建家，搞活基层”经验交流会上做了介绍。“建小家”活动在全区也取得了较好的效果，钢窗厂、五金电器厂等单位的“建小家”活动也搞得有声有色。

3.工会干部队伍建设进一步加强。五年来，我们认真抓了工会干部队伍建设，通过组织培训，以会代训等形式，对工会干部进行培训，提高了广大工会干部的工作能力，增强其责任心和使命感，从1987年起，我们实行了由区总工会、区委组织部共同考察、任命管理基层工会干部，基层工会主席由基层会员代表大会或会员大会直接差额选举的办法，为了提高他们的政治地位，区委还做出了明确规定：凡经选举产生的工会主席，在任职期间享受同级党政副职待遇。我区由会员直接选举产生基层工会主席，属于超前探索性工作，我们的这一工作受到省市领导充分肯定和好评，市总在我区召开了工会直接民主选举基层工会主席经验交流会。几年来，区委组织部同区总工会一直是共同管理、共同考察、共同任免。区直企业由会员直接民主选举的专、兼职工会主席全部享受党政副职待遇，基层工会主席的平均年龄由原来的48.5岁降到了42岁，文化程度由过去的初中以上占65%提高到了93%。

4.抓了工会信息工作。为了及时宣传党的路线、方针、政策，反映群众呼声，沟通信息，交流经验，我们于1990年创立了《工运信息》，不定期的印发，报道各种活动，介绍经验，宣传先进及上级工会精神，起到了良好的作用，共印发29期，报道各种信息44条。

四、加强企业民主管理，落实职代会的五项职权，贯彻全心全意依靠工人阶级的指导思想

随着改革的不断深入，我区各级工会的监督保证作用得到进一步发挥，广大工会干部、工会积极分子、职工代表的参政议政能力得到进一步提高，职代会的五项职权逐步得到落实，多数单位都做到了坚持定期召开职代会或职工大会制度，关系到企业生产经营、劳保福利、奖惩制度等重大问题的决策都经过职代会或职工大会通过，落实了全心全意依靠工人阶级的指导思想，充分发挥了工人阶级主力军作用，调动了职工的生产积极性。

1.加强了职代会（职工大会）建设。五年来，我区各企业工会组织认真落实企业法，和参照《全民所有制工业企业职代会条例》，切实落实职代会的五项职权，积极参政议政。到目前为止，已有80%的企业建立健全了职代会或职工大会制度。为了提高职工代表的参政议政能力，根据市总安排，我们于去年组织了职工代表培训，分别在平潭街街道办事处、弹簧厂举办了培训班，有一个街道办事处、四个直属单位的80多名职工代表参加了培训，并经考核，统一颁发了职工代表证书。

2.开展民主评议承包人工作。89年初，我们制定了民主评议办法，先后对弹簧厂、矿灯厂、五金电器厂、建筑公司等单位承包人进行了民主评议。通过民主评议，对职工反映强烈、民主意识差、企业亏损大的原矿灯厂、弹簧厂承包人在征得区委区政府同意后解除了合同，使承包人和广大职工受到了一次深刻的主人翁教育，增强了企业的凝聚力，密切了承包人与职工的关系。我们的民主评议工作在全市民主管理经验交流会上介绍了经验，受到市委、市政府和有关部门的肯定，为企业实行承包经营责任制，更好的发挥职代会的评议监督权带了个好头。

3.积极参与企业承包与兑现。我区各级工会组织积极参与了企业的承包兑现工作和第二轮承包的考察、论证签字工作，根据区委〔1992〕2号文件，关于进一步搞活集体企业的若干规定要求，各基层工会针对本单位实际情况分别对企业承包方案、企业经营者的选定以及企业内部分配等重大问题，组织召开职代会审议，充分听取群众意见，基本上做到了凡不经过职代会或职工大会审议，不最后拍板，凡不经过职代会审查同意，不轻易表决，职代会提出的合理化建议优先采纳，职代会否决的方案重新修订，职代会通过的决议认真执行，充分发挥了职代会的作用。

五、发挥维护和监督职能，加强劳动保护，搞好安全生产

1.加强劳动保护，促进安全生产。五年来，我区各级工会组织建立健全了劳动保护群监网络，积极开展了“安健杯”劳动保护竞赛，加强班组安全管理，查处事故隐患，制止“三违”。区工会配合区安委、经委进行安全大检查20余次，共查处隐患363项，现场解决194项，限期处理189项，进一步强化了职工的安全意识，促进了安全生产。区工会还制定了《女职工劳动保护细则》。

2.抓好职工物价监督工作，积极维护广大消费者的利益。五年来，我们对职工物价监督队伍进行了多次调整，使我区职工物价监督员的素质得到了提高。广大职工物价监督员注重宣传党的物价政策，不吃请、不收礼、坚持文明检查，不徇私情。五年来共出动1516人次，检查集体、个体1463家，罚没款14412.8元，全部上交了区财政，有效地发挥了社会监督职能。

总之，过去的几年中，我区广大工会干部和广大工会积极分子团结一致，共同努力，取得了令人鼓舞的成绩，这是区委、上级工会领导关怀的结果，是区政府及有关部门有力支持大力配合的结果，也是与广大工会干部和积极分子的辛勤工作分不开的。在此，我代表矿区总工会二届委员会向关怀支持工会工作的领导和同志们致以最崇高的敬意。

在肯定成绩的同时我们还应看到我们的工作仍有不足的地方，主要表现在我区工会工作发展还不平衡，工会干部的素质还有待于提高，劳动竞赛工作还有待于进一步深入，工会自身改革还应积极探索等等。这就要求我们要认真总结经验，发扬成绩，克服缺点，在今后的工作中，把我区的工会工作搞得更好。

三届委员会的工作任务

今年以来，改革的春风吹遍了中华大地，邓小平同志视察南方时的讲话把我国的改革开放推向了一个新的高潮。当前我国已进入全面深化改革的重要时期，我们面临着把经济搞上去和反对“和平演变”两个历史任务。能否引深企业内部改革，顺利转换企业经营机制，搞活企业，把经济搞上去，关系到社会主义制度的盛衰成败，关系到国家和民族的前途命运，各级工会要在区委和各级党组织的领导下，坚定不移地贯彻执行党的基本路线，坚持“两手抓”的方针，正确处理改革和稳定的关系，充分发挥我区各级工会组织的积极作用，团结和带领全区职工沿着有中国特色的社会主义道理继续前进。

为此,今后一个时期我区工会工作的指导思想是:坚持党的基本路线,以新工会法为武器,以经济建设为中心,以搞活企业为重点,继续抓住全心全意依靠工人阶级这条主线,加强社会主义思想教育,推进深化改革,促进科技进步,加强工会自身建设,充分发挥工人阶级主力军作用。动员全区职工为实现我区"八五"计划而努力奋斗。

根据全总、省总、市总安排和区委三届四次全委会议精神,结合我区实际,今后一个时期我们要抓好以下几项工作:

一、认真贯彻中央2号文件精神和新工会法,全心全意依靠工人阶级,解放思想和加快改革开放步伐

要坚定不移地贯彻中共中央2号文件精神,进一步解放思想,抓住当前有利时机,加快改革开放步伐,集中精力把经济工作搞上去。坚持党的基本路线,一百年不动摇。要教育职工充分认识当前加快改革,深化改革的重要性,认识到改革是社会主义制度的自我完善;改革的目的是要破除束缚生产力发展的制约因素。是为了解放生产力,激发广大职工的积极性和主人翁责任感,增强企业活力,提高经济效益。改革代表着工人阶级的根本利益。各级工会要进一步解放思想,在区委和各级党组织的领导下,围绕经济建设这个中心,充分发挥工人阶级主力军作用,团结和带领广大职工做"四有"新人,当改革主力,为四化立功,为振兴我区经济做出贡献。

要认真学习宣传、贯彻新工会法,新工会法的颁布标志着我国工会工作进入了新阶段,它以宪法为依据,坚持党的基本路线,贯彻党的全心全意依靠工人阶级的指导思想,反映了工人阶级作为国家领导阶级的主人翁地位,明确了工会工作在新时期的任务,体现了具有中国特色的社会主义工人运动和工会工作的基本特点。在活动准则上,坚持党对工会的统一领导与工会依照法律和章程独立自主,创造性地开展工作;在主要任务上,坚持维护建设、参与、教育等任务的完整性和有机结合;在工会指导思想上,坚持维护全国人民的总体利益的同时,维护职工的合法权益;在组织原则上,坚持民主集中制,保证了工人阶级队伍和工会组织的团结和统一;在工会与行政的关系上,坚持在根本利益一致的基础上互相尊重、互相支持。新工会法适应新的历史条件,以法律形式确定了工会性质、地位、任务、作用、权利、和义务,使工会工作在改革开放的社会环境中有了更加完备的法律依据,为工会在国家政治、经济和社会生活中更好地发挥作用,创造了良好的社会环境,也给工会工作提出了新的要求,各基层工会要联系实际,真正掌握新工会法的基本内容和精神实质,自觉地运用法律规范自己的行为,切实行使权力,履行义务,把工会工作纳入法律轨道。

要在职工中普遍开展一次社会主义思想教育,教育职工坚定社会主义信念,全面理解和落实党的基本路线,反对和抵制国内外敌对势力在我国搞和平演变的企图。从马克思主义的基本原理出发,认识社会主义必将代替资本主义的客观规律和中国选择社会主义的历史必然性。要把开展社会主义教育与做好经常性职工思想政治工作结合起来,把工作重点放在基层,切实发挥广大工会积极分子的作用努力做好职工的思想政治工作。

二、围绕经济建设中心，发挥工会群众生产工作优势，广泛开展多种形式的社会主义劳动竞赛

大力发展生产力，提高经济效益，努力开发新产品，搞活企业，仍是我区各级工会今后一个时期的工作重心。各级工会组织要密切配合行政，做好群众生产工作，充分调动广大职工的积极性，发挥主力军作用，努力把我区经济搞上去。为此，要做好以下几项工作：

1.广泛发动职工，继续深入开展以"质量、品种、效益、安全、管理"为主要内容的"奉献杯"社会主义劳动竞赛，开展"双增双节"活动和"岗位创一流、班组创先进、企业创效益"竞赛。服务行业要继续开展"三个十"优质服务立功竞赛。各单位要结合各自实际，制定竞赛目标，逐级分解落实到车间、班组、个人头上，使竞赛活动具体化，把"奉献杯"竞赛扎实有效的开展起来。

2.广泛开展合理化建议和技术革新活动，充分调动广大职工的主人翁积极性和创造性，发挥他们的聪明才智，围绕企业的重点和难点，开展"我为厂长献一计，帮助企业解难题"活动。各级工会组织要加强对合理化建议，发明创造，技术革新工作的组织领导，建立健全必要的管理制度，奖励制度。通过群众性的合理化建议和技术革新活动的开展，帮助企业挖掘潜力，提高经济效益。

3.广泛开展技术协作，促进技术进步。各级工会要加强基层技协的组织建设，把推进技术进步和提高职工的技术素质摆到突出位置上来，依靠广大技协会员和技协积极分子，广泛开展技术协作，技术交流，技术攻关活动，帮助企业开发新产品，攻克技术难关，提高产品质量。并通过推广创造学，开展岗位练兵，技术比武等活动，提高职工的技术义务素质。

4.继续推行双保合同制度。实行双保合同制度，调动了广大职工的生产积极性、建立了企业利益共同体。实践证明，它为深化企业改革、推动经济建设和民主建设发挥了积极作用，各级工会要把推行双保合同制度化，抓好双保合同的落实与兑现。

5.抓好班组升级竞赛工作。班组工作是我们各项工作的基础。要继续开展班组升级竞赛工作，今后五年内力争使先进班组达到10%，信得过班组达到30%，合格班组达到60%。

6.继续开展"安健杯"竞赛活动，切实加强劳动保护工作，认真落实"安全第一，预防为主"的方针，加强对职工的安全教育，强化职工的安全意识，发挥广大劳动保护群众监督员的作用，积极配合行政，搞好安全生产，认真落实女职工劳动保护的有关规定，保护女职工的安全与健康。

三、加强企业民主管理，发挥工会的监督保证作用，全心全意依靠工人阶级搞好企业

全心全意依靠工人阶级是我们党的一贯指导思想，确保工人阶级的主人翁地位，强化企业民主管理，发挥职工代表大会的作用，是把党的全心全意依靠工人阶级指导思想落实到企业的制度保证和根本措施，也是我们工会的突出重点，尤其在集体企

业,职工代表大会或职工大会是企业的最高权力机构,加强企业民主管理工作尤为重要。因此,我们要在以下几方面做好工作:

1.认真贯彻《中华人民共和国城镇集体所有制企业条例》,结合各自的实际,认真组织职工、职工代表学习《条例》,坚持职代会(职工大会)的例会制度,落实职代会(职工大会)的各项职权,重视职工代表(职工)的提案、建议的落实与实施,保障职工的民主权利和主人翁地位。

2.加强职工代表的培训工作,提高职工代表的素质。根据市总工会的安排,今年要在去年培训职工代表的基础上,把职工代表全部进行一次培训。没有建立职代会的单位要争取在一至两年的时间内组织职工认真学习企业法"三个条例"和《中华人民共和国城镇集体企业条例》等,提高职工代表(职工)的参政议政能力。

3.加强车间、班组民主管理工作,完善车间、班组民主管理的内容,严格民主管理制度,吸收更多的职工参政议政,发挥主人翁作用,扩大民主监督的范围。做到组织健全、制度完善,议事规范,发挥工会在民主管理中的重要作用,把民主管理提高到一个新的水平。

4.加强职工物价监督工作,物价改革关系到职工的切身利益,广大职工物价监督员要注重宣传党的物价政策,加强监督检查,发挥工会的社会监督职能,保证广大消费的利益,在物价逐步放开的今天,尤其要加强职工物价监督工作,保证国家的各项物价政策的顺利实施。

四、进一步加强工会自身的改革和建设,努力提高工会工作的整体水平

加强工会组织的自身建设,增强基层工会活力,直接关系到工会的职能和作用发挥的好坏。各级工会组织要认真贯彻中共〔1989〕12号文件精神和新工会法,加快工会自身的改革与建设,加强"整租建家"工作,提高工会工作的整体水平。

1.抓好"职工之家"的建设。增强基层工会活力,是一项长期的战略任务,是工会工作的综合反映,各级工会要根据市总建家六条标准和区总工会"建小家"实施细则,做好"建小家、保大家、建大家、促小家"工作。继续开展"七好"县(区)工会,"六好"基层工会,"五好"工会小组的建家竞赛活动。力争在今后五年内80%的单位建成"职工之家",其中50%的单位建好"职工小家",30%的单位建成"信赖职工之家",为建成我区的"职工大家"打好基础。

2.加强工会干部队伍建设,建设一支活跃的工会积极分子队伍。加强工会自身建设,首要的是加强工会干部队伍建设和工会积极分子队伍建设,努力提高自身素质。各级工会干部要认真学习马列主义基本理论,坚决执行党的各项路线、方针、政策,认真宣传、贯彻中共中央〔1989〕12号文件精神,〔1992〕2号文件精神和新工会法,努力学习业务知识,提高自身素质,要用更多的时间深入基层,深入车间、班组、深入到职工中去,依靠广大工会积极分子,把基层各项工作搞活搞好。

3.加强女职工工作。鉴于我区女职工多的特点,各级工会要认真贯彻执行《女职工劳动保护条例》,建立健全各级女职工委员会,切实加强女职工的特殊保护,维护女职工的特殊利益和合法权益。

4.加强工会信息工作。各级工会要切实加强信息工作，深入群众，深入实际，开展调查研究，准确及时的反映职工群众的呼声和要求，总结先进经验，宣传党的路线、方针、政策及上级工会精神，推动工会工作的开展。

同志们，90 年代将是我国国家振兴，经济发展的时代，改革的春风已扑面而来，前进的号角已经吹响，光荣而艰巨的任务摆在我们面前。我们一定要解放思想，认清形势，振奋精神，坚定信息，在区委和市总工会的领导下，认真贯彻党的〔1992〕2 号文件精神，以新《工会法》为武器，团结和带领全区职工，谦虚谨慎，戒骄戒躁，艰苦奋斗，埋头苦干，充分发挥工人阶级主力军作用，为振兴我区经济，实现我区“八五”计划和“51811”工程而努力奋斗，以实际行动迎接党的“十四大”胜利召开。

围绕经济中心　发挥主力作用
为实现矿区“八五计划”建功立业

——在阳泉市矿区总工会第三次代表大会上的讲话

矿区区委副书记　刘昌珍

（1992 年 6 月 29 日）

各位代表、同志们：

正当全区人民认真学习贯彻邓小平同志视察南方重要讲话和江泽民总书记在中央党校的重要讲话、认真贯彻中央 2 号文件精神，以优异的成绩纪念党的 71 周年生日之际，矿区总工会第三次代表大会胜利召开了。这次代表大会，对于动员和组织全区广大职工认真贯彻中央政治局全体会议精神和区委三届代表会议精神，对于进一步解放思想，加快改革步伐，巩固和发展我区安定团结的政治局面，圆满完成我区“八五”计划各项任务都具有十分重要的意义。在此，我首先代表区委、区政府、向大会表示热烈祝贺，向参加大会的全体代表，并通过你们向战斗在各条战线的广大职工和工会工作者致以亲切慰问和崇高的敬意！

五年了，我区各级工会组织和广大职工在区委和市总工会的领导下，认真贯彻中共十一届三中全会以来的路线、方针、政策，坚持党的基本路线，认真贯彻落实中共中央〔1989〕12 号文件精神，始终坚持全心全意依靠工人阶级的指导思想，努力加强职工的思想政治工作，积极组织广大职工开展以“双增双节”为主要内容的社会主义劳动竞赛和技术革新活动，为全区两个文明建设、为促进全区社会稳定做出了显著成绩。在改革和生产过程中，各级工会组织建设、工会干部队伍建设和活动阵地建设等方面都有了一定的加强。大量的事实说明，工会作为党组织领导下的群众性组织，联系群众的桥梁和纽带作用发挥的愈来愈大，反映广大职工主人翁精神的积极性和创造力，发挥的愈来愈好，工会的威望在逐渐提高，区委对工会的工作是充分肯定和满意的。

我区工会第三次代表大会，将听取和讨论上届工会委员会的工作报告，将讨论研究区工会面临的新形势、新任务、新措施，还要选举产生新的一届工会委员会。区委期望本次代表大会开得顺利圆满，也希望各级工会和广大职工在新的历史时期做出新的贡献。借召开代表大会之际，下面，我就工会今后的工作讲几点意见。

一、必须坚定不移地贯彻全心全意依靠工人阶级的思想

全心全意依靠工人阶级，这是我们党的性质和国家的性质决定的。工人阶级是我们国家的领导阶级，是我们党的阶级基础，是先进生产力和生产关系的代表，是推动改革开放最基本的社会动力。在当前发展经济、深化企业内部改革中如果脱离了广大工人阶级，改革就会走上歧路，经济就搞不上去。我们的企业是社会主义的企业，工人是企业的主人。因此，全心全意依靠工人阶级，充分发挥广大职工的积极性和创造力，对于巩固我们的社会主义制度，维护国家和社会的稳定，顺利实现第二部战略目标，都具有十分重要的政治意义。几十年来，我国社会主义现代化建设事业之所以取得了举世公认的成就，其根本原因之一就是因为我们坚持了这一点，当前，我们正处在一个非常重要的发展时期，国际国内的形势要求我们，必须坚定不移地贯彻全心全意依靠工人阶级的方针。各级工会组织和广大工会干部要认真做好职工的思想政治工作，组织和动员广大职工积极投身于社会主义建设事业中来，要在维护全国人民总体利益的同时，更好地维护职工的具体利益，要敢于为大多数职工办事、说话，更有成效的为职工办好事、办实事，把党的全心全意依靠工人阶级的思想落在实处，落实到基层。

二、认真贯彻执行工会法，工会要依法独立自主的开展工作

新工会法的颁布，不仅是工人阶级政治生活中的一件大事，也是全党和全社会的一件大事。它标志着我国社会主义民主法制建设的进一步完善，标志着我国的工会工作进入了一个新的阶段，新工会法，以宪法为根本依据，坚持党的基本路线，贯彻党的全心全意依靠工人阶级的指导方针，充分反映了工人阶级作为国家领导阶级的主人翁地位，明确了工会组织在新时期的基本任务，体现了具有中国特色社会主义工人运动和工会的基本特征。新工会法的颁布，它以法律形式确立了工会在国家和社会生活中的地位，明确了工会的主要任务和权利、义务，把工会工作纳入了法制建设轨道，使工会工作在改革开放的社会环境中有了更完备的法律依据。各级工会组织和工会干部要认真学习宣传贯彻好新工会法，使工会工作以宪法为准则，依照工会法章程独立自主地开展工作。在贯彻落实新的工会法过程中，一方面要同学习贯彻宪法、企业法等各项法律条例结合起来，紧紧抓住经济建设这个中心不放，为发展经济做出新的贡献。另一方面，工会要在各级党组织的领导下，独立自主地开展好工作，工会要善于将党的主张同职工群众对工会的要求正确地结合起来，更好地将广大职工团结在党的周围。

三、加强党对工会工作的领导，努力搞好工会的基础建设和干部队伍建设

工会是党组织领导下的群众组织，是全部工作中的一个重要组成部分。加强党对工会工作的领导是摆在各级党组织面前的一个极其严肃而又至关重要的大课题。全区各级党组织要在思想上高度重视,组织上热情关怀,工作上积极支持工会工作,使工会作用发挥得更好。要搞好工会工作,就要把工会的基础工作抓好,抓扎实。要继续建好"职工之家""职工小家",突出抓好民主管理这个重点,充分发挥职代会作用,落实职代会的各项职权,使职工的主人翁地位和权力在企业得到切实的保障;要进一步加强工会干部队伍建设和积极分子队伍建设。各级工会干部要努力学习马列主义、毛泽东思想,学习党的各项路线、方针、政策。在当前,就是要认真学习邓小平同志视察南方讲话和江泽民总书记在中央党校的重要讲话,以进一步增强党的观念,增强群众观念,增强政治责任心,努力提高自身素质。要努力培养和造就一大批有理想、有道德、有文化、有纪律的"四有"职工队伍,把工会建设成为党领导的独立自主、充分民主、职工相互信赖的工人阶级群众组织,推动我区改革和建设事业的继续发展。

各位代表、同志们,90年代是我国经济腾飞的年代。面对风云变幻的国际形势和国内繁重的建设任务,我们重任在肩,任重而道远。只要我们紧密团结在以江泽民同志为核心的党中央周围,认真贯彻党的基本路线,坚持改革开放,不断开拓进取,我国经济发展的第二步战略目标就一定能实现。我们要在区委的领导下,充分发挥党联系群众的桥梁和纽带作用,紧跟时代步伐,解放思想,更新观念,抓住机遇,埋头苦干,为实现我区"八五"计划建功立业,以优异的成绩向党的"十四大"献厚礼。

预祝大会圆满成功!

高举邓小平理论伟大旗帜　落实全总十三大精神 努力开创矿区工会工作的新局面

——在阳泉市矿区总工会第四次代表大会上的工作报告

贾启福

(1998年12月15日)

各位代表、同志们:

在全国人民深入贯彻党的十五大精神,进一步掀起学习邓小平理论热潮,认真落实区五次党代会精神,为实现跨世纪宏伟目标团结拼搏,建功立业的大好形势下,矿区工会第四次代表大会隆重召开了。这次大会的主题是:高举邓小平理论伟大旗帜,落实全区十三大精神,努力开创矿区工会工作的新局面。现在,我受矿区总工会第三届委员会的委托向大会做工作报告,请予审议。

一、过去六年工作的回顾和总结

从1992年6月召开阳泉市矿区工会第三次代表大会至今,已经六年了。这六年,是我区改革不断深化,开放逐步扩大,经济持续快速增长,各项社会事业全面进步的一个时期,也是我区工会发展史上很不寻常的一个时期。我区工人阶级在党的十四大、十五大精神的指引下，在区委和市总的正确领导下，以高度的主人翁责任感和历史使命感，解放思想，艰苦奋斗，开拓进取，为推进我区的改革开放和现代化建设做出了重要贡献。全区广大职工始终以主人翁的姿态站在各项改革事业的最前列，坚定不移地拥护和参与改革，发挥了工人阶级在改革开放中的动力作用；全区广大职工积极投身经济建设，为胜利完成我区“八五”计划和全面实施“九五”计划贡献了聪明才智和创造力，发挥了工人阶级在经济建设中的主力军作用；全区广大职工识大体，顾大局，胸怀全局，为国分忧，克服困难，正确处理国家集体和个人三者的利益，正确对待改革中出现的各种矛盾和问题，表现了工人阶级的宽阔胸怀和高贵品质，发挥了工人阶级在维护社会稳定中的中流砥柱作用。全区广大职工继承和发扬工人阶级的光荣传统，弘扬时代精神，大力维护社会公德，展示了良好的道德风范，用工人阶级的先进思想和模范行为影响和带动了社会进步、促进了物质文明和精神文明协调发展，发挥了工人阶级在社会主义精神文明建设中的主导作用。

六年的实践证明，我区工人阶级是一支特别能战斗的队伍，不愧是改革开放的社会动力，不愧是把建设有中国特色社会主义事业全面推向21世纪的强大动力，不愧是社会主义现代化建设的主力军。

六年来，全区各级工会组织自觉地接受党的领导，高举邓小平理论伟大旗帜，认真贯彻落实工会法和工会工作的总体思路，全面履行四项职能，积极主动、独立自主、扎实有效，创造性地开展工作，有力地促进了党的全心全意依靠工人阶级方针的贯彻落实，工人领域进一步扩大，社会作用进一步增强，与职工群众的联系进一步密切，较好地完成了区工会第三次代表大会确定了重要作用，为深化改革，扩大开放，促进发展，保持稳定做出了积极地贡献。

——坚持以经济建设为中心，广泛开展以“一基四本”为主要内容的社会主义劳动竞赛，为加快我区的经济发展做出了积极的贡献。

六年来，我们面对改革开放和建立社会主义市场经济体制的新形势，始终把推动矿区经济上新台阶放在中心位置，服从大局，从提高劳动者素质入手，先后开展了“学双良，赶大良，当主人，比贡献”活动；以人为本，降低成本的双本竞赛和“一基四本”（基础管理、人本、成本、质本、资本）为主要内容的竞赛以及“奉献杯”“安健杯”等竞赛活动，开展了合理化建议、技术协作、技术比武活动。参加职工每年达800余人，全区各个行业涌现出技术能手240名，1992年至1997年，全区“双本”竞赛成果345万元，先后有1109名职工提合理化建议2860条，创造经济价值314万元，累计双增双节总价值408万元，“一基四本”竞赛价值263万元。在阳泉市“奉献杯”劳动竞赛中，成绩突出，获单项奖和组织奖，在市第二届职工技术大赛中，我区派出五个队参赛，获得两个团体第二名，一个团体第三名的好成绩。六年来，我区各行各业涌现出了一大批先进集体和模范人物，受到市以上表彰的先进集体8个，先进个人25名，其中，省劳模2人、市劳模9人、市竞赛委立功表彰的先进集体7个、个人10名。矿区计生委被省竞赛委荣记三等功，环卫处工人赵泉祥、潘建平和钢窗厂厂长王海珠、矿区个协张翠兰被荣记三等功。立功竞赛活动的开展和表彰树立先进集体和模范人物，在各个行业树立了一大批典型，有效地激发和调动了广大职工的主人翁精神，促进了我区的经济发展。

——积极支持改革、参与改革、加强民主管理，努力落实全心全意依靠工人阶级指导方针、充分发挥了党和政府联系职工群众的民主渠道作用。

六年来，各级工会组织把推进改革发展视为己任，积极参与各项改革工作，就改革和建设中的一些重大问题深入调查研究，积极参与涉及职工切身利益的重大决策，表达职工群众的意愿和要求，向区委和政府提出许多建设性意见，较好地发挥了主渠道作用。通过贯彻《劳动法》《工会法》《企业法》《教师法》，各企业事业单位建立和完善了职工代表大会，职工大会制度，是职代会的“五项职权”较好的得到落实，进一步推动了民主管理工作，促进全心全意依靠工人阶级指导方针的落实。各级工会在积极参与制定企业生产经营目标，参与企业的改制，制定各项重大决策，以及职工福利方面都发挥了积极有效的作用。党的十五大以后，改革进入攻坚阶段，为加快我区企业改制的步伐，我们及时出台了《在我区企业改制中加强职工思想政治工作的意见》紧随其后，区委办公室又转发了区总工会《关于基层工会参与全区企业改制工作的意见》，为促进我区企业改革健康发展发挥了积极作用。同时，我们还积极开展了职代会评干和职工代表巡察活动，建立起厂长经理业务招待费向职代会报告制度，健全了内部政策机制。开展了评选依靠职工办企业优秀党政工干部和好厂长、好经理、好书记、好工会主席活动，完善了争先创优的内部激励机制。从而规范了“依靠机制”的顺畅运转，保护和调动了广大职工参与管理、参与改革的主动性和积极性。

——关心职工生活，维护职工权益，积极实施“送温暖工程”，推行平等协商和集体合同制度，在维护我区的稳定中发挥了积极作用。

六年来，我区各级工会在教育和引导职工维护总体利益的同时，努力维护职工群众的具体利益，密切关注困难企业和特困企业的具体状况、积极提出解决问题的意见和建议，建立了困难职工档案，使 20 名特困职工享受到了定期定额困难补贴，先后与 7 个困难企业和 40 名困难职工结成帮扶对象。每年元旦、春节期间，在区委和政府的关心支持下，各级工会都坚持开展“进万家门、知万家情、解万家难、暖万家心”的送温暖活动。把党的温暖送到职工的心坎上。区政府拿出 2.8 万元，解决特困企业和特困职工的困难，区总工会也多方筹集资金 4.34 万元，慰问职工 63 人次，对 110 户职工进行了集中救助。《劳动法》颁布之后，我们会同区劳动局开展宣传活动，采取答卷知识竞赛等形式进行了学习贯彻。1996 年，我们在区委的领导下，把平等协商鉴定集体合同工作作为全年工作的“重中之重”，领导挂帅、分片包干、超额完成了市领导组下达的指标，受到市领导组的表彰。集体合同的签订，有效地维护了职工的合法权益，截至 1997 年年底，区签订集体合同的企业 l9 家，签订率达 95%，完成了市下达数的 150%，随着企业的改制，合同内容不断地得到了补充和完善。全区 19 个签订集体合同的单位有 14 个企业能够全面履行或大多数条款得以履行，占到总数的 73.6%。同时，区总工会还与区政府有关部门合作对企业的劳动保险、劳动保护、安全生产中的安全与健康、女职工的劳动保护规定进一步贯彻，特殊利益保护进一步加强。工会劳动法律监督、劳动争议处理进一步开展。几年来，区总工会接待职工来访160多人次，妥善地处理了一些问题，在维护职工合法权益，参与社会治安综合治理，维护社会稳定，协调社会矛盾方面，发挥了重要的作用，区总工连续三年被评为社会治安综合治理先进单位。

——深入开展职工思想政治工作，以职业道德建设为主要内容，加强科学文化技术教育，努力建设"四有"职工队伍。

六年来，我区各级工会紧紧围绕提高职工队伍整体素质，建设四有职工队伍，发挥工会的教育职能，坚持不懈地对广大职工进行邓小平建设有中国特色社会主义理论的教育；开展以"爱国主义，集体主义，社会主义"为主要内容的"三热爱"主题系列活动，开展了"心系祖国、奉献在岗"活动，开展了以思想道德建设和文化建设为重点的讲文明树新风活动，特别是在迎香港回归和党的十五大召开期间，组织职工开展唱革命歌曲，参加美术书法、作品画展等庆祝活动，激发了职工热爱党、热爱社会主义的热情。通过这些活动，涌现出了一些爱岗敬业、乐于奉献的先进职工，受到省、市、区表彰的有16人，其中，矿区法院的刘林珍被省政府、省高院授予"全省政法先进个人"并荣记三等功、市劳动竞赛委员会荣记二等功、区人大常委会命名为"人民的好法官"。平潭街小学的陆秀荣、区党史办的张瑞铭、新蕾幼儿园的赵素英被评为市职业道德岗位标兵。为了适应改革和现代化建设的需要、我们从提高职工的文化技术入手，开展了职工读书自学活动，全区涌现出一大批自学成才的职工。我们还会同有关部门组织职工进行了"三五"普法教育，举办了工会法培训班，有2000余名职工参加了工会法知识答卷活动，进一步扩大了工会的影响，同时，我们还订阅200余本工会杂志、报纸，供职工学习，在加强职工思想教育、推动工会工作方面，发挥了重要作用。

——以增强基层工会活动为中心环节，深入开展建设"职工之家"活动，工会的自身改革和建设在探索中不断深入。

市场经济逐步确立，给工会工作带来了新情况、新问题。我区各级工会始终把增强基层工会活力作为搞好工会自身改革建设的中心环节来抓，以建家活动为载体，深入开展了创建"五好工会小组""六好基层工会""七好县区工会"的建设职工之家活动。目前，全区基层工会组织从上届的26个发展到33个，会员由2069人增加到2137人，全区已有工会小组142个，工会职工积极分子由452名发展到627名。全区的企业、事业、机关学校和街道都依法建立了工会组织，目前工会组织已向私营企业延伸。"职工之家""职工小家"的建设进一步深化，合格的职工之家已达到19个，被省、市命名的"模范职工之家""职工小家"3个，工会的干部队伍建设进一步加强。几年来，区委组织部同区总工会一直实行了对工会干部的共同考察、共同任免、共同管理、通过组织培训，以会代训等形式加强了对工会干部的培养教育，素质有了明显的提高。各级工会不断改进工作作风，大兴调查研究之风，工会干部的敬业勤业，全心全意为职工群众服务的公仆意识、宗旨意识、责任意识、奉献意识大大增强。工会财务和经审工作进一步加强，工会经费收缴工作逐年好转，女职工工作日益活跃，通过开展“巾帼建功”“巾帼双贡献”等活动为提高女工素质、促进下岗女工再就业、建设文明家庭等方面做出了新的贡献。

各位代表、同志们，过去的六年，是我区基层工会组织进一步发展壮大，工人阶级队伍进一步走向成熟，工会工作进一步开拓创新的六年，这些成绩的取得离不开区委和上级工会的正确领导，离不开区政府和社会各界的大力支持。这些成绩的取得凝聚了全区工会干部和工会积极分子的艰辛努力，凝聚了广大职工和职工家属同志们的辛勤汗水。在此，我代表区总工会第三届委员会，向全区职工、工会干部、工会积极分子表示亲切的慰问，向一贯关心和支持工会工作的区五大班子的领导及各基层单位的党政领导、兄弟团体表示衷心的感谢！

六年来的实践和探索使我们进一步体会到，工会工作要在全局中发挥作用，要赢得职工的信赖，必须做到以下几点：

1.必须自觉接受党的领导，用邓小平理论指导工作，在政治上、思想上、行动上同党中央保持一致；同时要把党对工会的要求和职工群众对工会的要求有机地结合起来，必须按照法律和章程的规定，积极主动、创造性地，依法独立开展工作，把党的主张和方针任务变为职工群众的自觉行动。

2.必须坚定不移地坚持党的基本路线，坚持服从、服务于全党的大局，投入中心，在全局中把握工会工作在全局中发挥其应有的作用。

3.必须认真落实党的全心全意依靠工人阶级的指导方针，只有在政治上保障职工群众的主人翁地位，制度上落实职工当家作主的各项权利，提高职工队伍的整体素质，才能真正维护职工的合法权益，发挥职工群众在改革开放和现代化建设中的主力军作用。

4.必须认真落实新时期工会工作的总体思路，从“三个有利于”出发，坚持在维护总体利益的同时，更好地代表和维护职工群众的合法权益，特别是在深化改革、建立社会主义市场经济体制过程中，只有把工作着力点放在做好人的工作上，进一步保护和调动职工的积极性，才能赢得职工群众的信赖和拥护，才能维护社会的稳定，才能发挥党和政府联系职工群众的桥梁纽带作用。

5.必须坚持解放思想、实事求是的思想路线。解放思想、更新观念，既要继承优良传统，又要不断创新发展，积极探索适应社会主义市场经济体制需要的工会工作的新路子。

6.必须把工会工作重点放在基层，以增强基层工会活动为中心环节，不断改革自身、完善自身、充分发挥工会会员和积极分子的作用，发挥工会组织的基本职能。

在全面总结六年来所取得成绩和经验同时，也必须清醒地看到，我们的思想观念还不太适应新形势的要求；区总工会机关的工作作风和活动方式还有待于进一步改进；工会干部的整体素质还有待于进一步提高，全区工会贯彻总体思路与履行职能的力度还不够，工会经费收缴工作困难还比较大，基层工会工作的开展还不平衡，这些问题都需要我们高度重视，并在今后的工作中认真加以解决。

二、今后工会工作的指导方针和任务目标

我们正处在世纪之交的伟大时代，今后五年，是新世纪交替、新旧体制转换、全面完成"九五"计划的重要时期，也是改革进入攻坚，发展进入关键的非常时期。前不久召开的区五次党代会，以十五大精神为指针、高举邓小平理论伟大旗帜、指出了加快我区特色区域发展的总体思路、奋斗目标、指导思想和主要措施。区委要求我们以邓小平理论武装头脑，认真贯彻落实党的十五大精神，解放思想，实事求是，调动一切积极因素，为矿区特色区域发展和各项事业发展励精图治，同心同德，以满腔的热情，扎实的工作，弘扬"团结拼搏，艰苦创业，敢为人先，振兴矿区"为在世纪之交实施"三个目标"而努力奋斗。面对新的形式和任务，根据全总十三大会议精神和省总、市总贯彻工会工作指导方针的要求，我区工会工作今后五年的指导方针是：坚持中国共产党的领导，高举邓小平理论伟大旗帜，全面贯彻党的十五大和全总十三大精神，坚持党的基本路线和基本纲领，坚定不移地推动全心全意依靠工人阶级方针的落实，依法履行工会的维护职能，充分发挥民主参与、民主监督的社会调节作用，不断加强工会的群众化、民主化、法制化建设，更好地为职工群众服务，全面调动职工的积极性和创造性，团结、带领全区职工为实现我区第五次党代会提出的"三个目标"和跨世纪的赶超目标努力奋斗！从这一指导方针出发，按照区委对我们开拓工会新局面的要求，今后我区工会工作要努力实现以下目标任务。

（一）认真学习邓小平理论，坚定不移地用邓小平理论指导工会运动。

邓小平理论是对毛泽东思想的继承和发展，是当代中国的马克思主义，是马克思主义在中国发展的新阶段，是党的十五大的灵魂，是我们党的指导思想，也是工会工作的指导思想，深入学习邓小平理论，把思想和行动统一到十五大精神上来，把广大职工的智慧和力量凝聚到加快我区区域经济发展，实现"三个目标"的伟大实践中来，把建设有中国特色社会主义事业全面推向二十一世纪，有着深远的历史意义和伟大的现实意义。各级工会组织和广大工会干部要认真学习，深刻领会，进一步增强学习的自觉性，坚持把这一理论作为我们观察世界，发展自己的强大思想武器，作为统揽全局、贯穿各项工作的灵魂。紧紧抓住解放思想，实事求是这个精髓，全面正确地理解和把握中央《通知》和中央学习邓小平理论工作会议精神，特别要落实江总书记重要讲话精神，把工会工作自觉地置身于全党全国的大局中，努力创造认真学习的风气，积极探索的风气，求真务实的风气，理论联系实际，把工会工作推上一个新台阶。

学习邓小平理论，要在全面正确地领会和掌握邓小平理论的科学体系和精神实质的基础上，深入学习邓小平关于工人阶级和工会的理论。这一理论其内容十分丰富、深刻，其中心思想就是强调要全心全意依靠工人阶级，工人阶级要为实现社会主义现代化做出贡献，工会要自觉接受党的领导，更好地代表和维护职工群众的利益。学习运用这一理论，有很强的现实针对性和指导作用，特别是在当前深化企业改革，工会工作遇到许多新情况和新问题,肩负着新的历史使命,只有通过对邓小平理论和党的十五大精神的深刻领会和把握,才能使我们在改革发展稳定的大局中,坚定不移地推动党的全心全意依靠工人阶级方针的贯彻落实,才能依法维护职工的合法权益,才能使我们更好地密切联系群众,做好职工群众的思想政治工作。当前,我们要在区委的统一领导和部署下,进一步掀起学习邓小平理论和党的十五大的新高潮,坚持用邓小平理论武装头脑,牢固树立正确的世界观,人生观、价值观,进一步统一职工思想,正视当前困难,坚定改革信心,充分发挥工人阶级在社会主义现代化建设中的主动性、积极性、创造性和主力军作用。

(二)坚定不移地贯彻党的依靠方针,充分发挥工人阶级的主人翁作用,为深化改革经济发展做贡献。

全心全意依靠工人阶级是我党一贯坚持的根本指导方针。以江泽民同志为核心的党中央高度重视工人运动和工会工作,坚持和发展了邓小平关于工人阶级和工会理论,特别是在依靠工人阶级的问题上,做出了一系列极为重要的指示,江泽民总书记反复强调,全心全意依靠工人阶级是我们党一贯坚持的基本方针,任何时候任何情况下都不能有丝毫的含糊和动摇。并对贯彻这一方针强调指出,依靠工人阶级就是要在政治上保证,制度上落实,素质上提高,权益上维护。还强调工会要在管理国家和社会事务中发挥民主参与和民主监督作用,成为党联系广大职工群众的桥梁和纽带,这充分说明党中央高度重视工人阶级在改革、发展、稳定大局中的作用。各级工会要认真研究,积极探索新形势下出现的新情况、新问题、进一步把这一方针落到实处。

要认真贯彻落实中央、省、市关于全心全意依靠工人阶级办好企业的有关文件精神,牢固树立全心全意依靠工人阶级办好企业的思想。首先要建设好全心全意依靠职工群众办好企业的领导班子。实践证明,有了一个好的领导班子,才能依靠职工办好企业,因此,各级工会要加强对企业领导干部的民主评议和民主监督。其次,要重视工会组织对企业重大决策的源头参与,特别是在企业改革过程中,要积极参与各项改革政策的制定和实施,凡涉及职工利益的各项改革,都必须始终坚持民主决策,把广大职工参与改革的积极性保护好,引导好、发挥好。第三要引导职工当好主人,充分发挥主人翁作用。权利与义务是一致的,“依靠”与“当好”是统一的,各级工会在推动全心全意依靠职工办好企业的同时,要教育和引导广大职工深刻理解和坚决贯彻党中央做出的重大决策,充分认识改革的必要性、重要性,自觉地站在改革的前列,自觉地继承和发扬工人阶级的光荣传统,发扬顾全大局和无私奉献精神,正确处理国家、集体和个人三者利益关系,做到个人利益服从国家和集体利益,眼前利益服从长远利益,局部利益服从整体利益,坚定信心,振奋精神,勤奋劳动,扎实工作,讲究职业道德,努力提高自身素质,想主人事,干主人活,尽主人责,做合格的主人,以主人翁的姿态为深化改革、搞好企业改制献计出力。第四,要建立以职工代表大会为基本形式的民主管理制度、职工董事和职工监事制度、职代会民主评议企业领导干部制度、企业业务招待费向职代会报告制度,职工代表巡查制度、劳动争议调解制度,组织职工参与改革和管理，要在全区80%以上企业制定规范性的全心全意依靠职工群众办企业的办法。股份合作制企业要坚持股东代表大会制度、实行一人一票的表决方式。非公有制企事业的职工，是以国家主人的身份在其中工作的，他们的劳动必须受到尊重，合法权益必须受到保护。

（三）深入贯彻全总十三大精神，切实提高工会维护职能的水平和实效，开创我区工会工作的新局面。

中国工会第十三次全国代表大会，是在全党全国各族人民高举邓小平理论伟大旗帜，全面贯彻党的十五大精神，充满信心迈向新世纪之际召开的，是我国工运史上的一件大事。这次大会以邓小平理论为指导，认真贯彻党的十五大精神，总结中国工会十二大以来的成绩和经验，明确工人阶级面向21世纪的神圣使命，提出工运事业跨世纪发展的指导方针，这次大会对于进一步激发工人阶级投身改革开放和社会主义现代化建设的积极性，对于团结动员全国各族职工为实现我国跨世纪宏伟目标而奋斗、具有重大而深远的影响，全区各级工会要组织广大工会干部和职工群众认真学习十三大精神，使大家对十三大精神有一个全面认识和了解，同时要运用新闻舆论手段和主办板报、专栏的形式，面向社会、广泛宣传十三大精神，做到家喻户晓，人人皆知。基层工会要有计划地组织好职工群众的学习，特别是工会干部要带头学习，广泛宣传，充分认识中国工会十三大的历史意义现实意义，增强贯彻大会精神的自觉性和创造性。更重要的是要领会精神实质，融会贯通，制定目标，真抓实干，开创工会工作新局面。

在深化改革，建立社会主义市场经济体制进程中、社会利益格局和劳动关系将不断发生深刻变化，协调处理好各种利益关系和矛盾，引导、保护和发挥好广大职工的积极性和创造性，维护职工队伍稳定，维护社会稳定，是工会适应社会主义市场经济要求所必须强化的社会作用，也是职工群众对工会组织的迫切要求和期盼。全总主席尉健行同志把这种企盼非常准确的概括为“四多四少”。即多一些理解，了解和关心，少一些指责、埋怨和不满；多一些立法和政策参与上的服务，少一些具体活动的布置和评比检查；多一些解决职工“热点”“难点”问题的思路、典型、实事和措施，少一些一般性会议、文件和报表；多一些在工会干部配备、班子建设和重点工作开展等方面与党政领导的沟通，少一些与党政领导“送来送往”等场面上的一般性来往。这“四多四少”一针见血地指出了工会工作所要解决的问题和努力的方向。因此，我们必须在维护总体利益的同时，更好地维护职工群众的具体利益，否则，工会就会脱离群众。

目前，我区大多数企业已建立起平等协商和签订集体合同制度，维护职工的合法权益在法律上得到了保障，但随着企业的改制，出现了一些合同不完善和不能完全履行的情况，针对这些情况，今后，我们要在集体合同全面实际履行上做文章，下功夫，企业改制中有关职工的切身利益的问题涉及到哪里，平等协商和集体合同的内容就应该相应扩大到哪里，要加强对集体合同的监督检查和动态管理，发现问题及时与企业行政协商解决，并定期向职代会（职工大会）报告，加强监督，以保证集体合同条款的兑现，力争经过几年的努力，真正发挥其在协调稳定劳动关系，维护职工的合法权益方面的作用。

同时要发挥劳动争议调解委员会的作用，积极参与劳动争议的调解和仲裁，加强劳动保护监督检查。高度重视下岗职工再就业，继续推进“送温暖工程”，更多地关心下岗职工和离退休职工的生活，积极做好下岗职工的思想工作，帮助职工转变就业和择业观念。工会干部要深入到下岗和困难职工中去，关心她们的疾苦，倾听他们的呼声，反映她们的意见和要求，要对职工动真情、献爱心，送温暖，办实事，时刻把职工的冷暖放在心上，给他们应有的鼓励，使他们振奋精神，抓住机遇，提高素质，掌握再就业的主动权。同时要树立下岗职工再就业的典型；在全社会形成一个关心、帮助下岗职工再就业的良好氛围。要切实保障女职工的合法权益，进一步增强工会凝聚力和吸引力。

（四）大力开展社会主义劳动竞赛活动，努力建设跨世纪“四有”职工队伍，推动我区社会主义精神文明建设的发展。

依靠主力军，首先要建设主力军。全总十三大报告指出“培养有理想、有道德、有文化、有纪律”的四有职工队伍，是推进社会主义精神文明及建设的根本任务。实现这一根本任务，是改革开放和发展社会主义市场经济的宏观需要，是建设有中国特色社会主义文化、实施科教兴国战略的必然要求，也是有中国特色社会主义工会工作的一个鲜明特征。所以，为实现区五次党代会提出的“三个”目标，要坚持用邓小平理论武装广大职工，使之成为职工的精神支柱和行动指南；深入开展爱国主义、集体主义、社会主义和艰苦创业精神教育，大力弘扬伟大的抗洪精神，帮助和引导职工树立正确的世界观、人生观、价值观并进一步加强职工的思想道德建设，大力提倡“爱岗敬业、诚实守信、办事公道、服务群众、奉献社会”的良好职业风尚，动员和组织全区职工群众积极开展“为实现跨世纪目标建功立业”的社会主义劳动竞赛活动，组织开展以“一基四本”为主要内容合理化建议和岗位练兵、技术比武活动，以及开展以职业道德为重点的“行业树新风、岗位当明星活动”。引导职工把良好的职业道德规范变为自觉的行动，要加强职业培训和教育，增强职工抗御失业风险的能力，要鼓励职工立足窗口，自学成才，不断提高广大职工的政治素质和思想道德素质。同时要认真抓好工会文化体育阵地建设，不断丰富职工群众的业余文化生活，建立一支有理想、有道德、有文化、有纪律的“四有”职工队伍，发挥工人阶级在社会主义现代化建设中的主力军作用，使之成为促进我区社会主义精神文明建设的强大力量。

（五）加强工会自身改革和建设，进一步增强基层工会的活力，建立一支坚强有力的工会干部队伍。

为实现今后一个时期我区工会工作的各项任务，担负起历史赋予工会组织的神圣使命，以新的姿态迎接新世纪的到来，必须坚持不懈地推进工会的自身改革和建设，努力提高工会工作的整体水平，把各级工会组织建设成为中国共产党领导的，用邓小平理论武装的、能够带领职工群众为实现党的任务英勇奋斗的，思想上政治上组织上坚强的、独立自主，充分发扬民主、充满活力的，深受广大职工依赖的工人阶级群众组织。

第一,加强工会思想建设。各级工会干部要坚持用马克思列宁主义、毛泽东思想特别是邓小平理论武装头脑,以江泽民总书记对工会组织提出的殷切希望和全总主席尉健行对工会领导干部提出的三条要求作为行动的指南。带头认真学习邓小平理论,提高贯彻党的十五大精神的自觉性和坚定性,始终保持坚定正确的政治方向,充分认识党的社会主义初级阶段的基本路线和基本纲领赋予工会的历史使命,进一步解放思想,更新观念,适应市场经济体制对工会工作提出新的更高的要求;紧密联系思想和工作实际,提高运用邓小平理论解决实际问题的能力,不断提高参政议政和为职工群众服务的能力和水平。

第二,加强工会的组织建设。按照《工会法》和《中国工会章程》,本着"哪里有职工,哪里就必须建立工会组织"的原则,我区的各街道、企业、事业、机关、学校与单位都必须建立工会组织,保证会员入会率在95%以上。今后工会的组织建设,要深刻领会全总十三大精神,积极建立企业集团工会,抓紧中小企业工会组织的巩固,整顿和重建,加快新建经济组织工会的组建步伐,特别是重视私营企业工会的组建。因为基层工会直接联系着广大群众,是工会全部工作的基础,只有基层工会组织健全,充满生机和活力,工会组织才能真正实现群众化、民主化,工人队伍才能保持团结、稳定。各基层工会要重视自身的民主建设,努力健全各项民主制度;工会领导班子要按照民主程序,由会员群众民主选举,时刻接受会员群众的监督,充分发挥工会积极分子的作用,依靠会员群众办好工会。

第三,加强工会的作风建设。要进一步建立代表参与,联系协调,调查研究,指导服务和激励监督的制度,改进工作作风,坚持实事求是,一切从实际出发,克服形式主义和官僚主义,做到关系畅通、工作有序,运转灵活,服务高效。并要深入实际、贴近群众,关心群众疾苦,努力做到工会代表职工,上级代表下级、领导机关为基层和职工群众服务,充分发挥桥梁纽带作用。

第四,加强工会干部队伍建设。这是工会改革和建设的关键。按照干部"四化"和德才兼备的原则,把政治素质好,有较高政策理论水平和工作能力、热心工会工作的优秀年轻干部提拔到工会领导岗位上来,努力把工会领导班子建设成为政治坚定,结构合理,业务精通,勤政廉洁,作风务实,团结协作,密切联系群众的坚强战斗集体。同时还要加强工会干部的教育工作,搞好工会干部培训,建设一支坚持党的基本路线,热心群众工作,熟悉本职业务,深受职工信任的工会干部。

第五,加强基层工会建设。增强基层工会活力是推进工会改革和建设的中心。我们要进一步加强对基层工会工作的指导和服务,为基层工会开展工作创造条件。要不断巩固建设"职工之家"成果,进一步完善建设"职工之家"活动,推动"建家"活动深入发展,通过建小家活动,加强车间工会和班组,科室工会小组建设;要继续开展"五好工会小组""六好基层工会"活动,全面推动基层工会建设,增强工会的吸引力、凝聚力、战斗力,增强工会的光荣感、责任感、使命感。

各位代表,同志们,党的十五大为我国社会主义现代化建设绘制了宏伟蓝图,全总十三大为我们今后工会工作提出了奋斗目标,在新的形势和任务面前,机遇与挑战并存,希望与困难同在,展望未来,工运事业方兴未艾,任重道远,让我们高举邓小平理论伟大旗帜,全面贯彻落实党的十五大和全总十三大精神,在区委、上级工会的正确领导和支持下,团结带领全区职工肩负历史使命,勇挑时代重担,同心同德,艰苦奋斗,为实现新的目标,同创佳绩再铸辉煌,争取做出新的更大的贡献。

在阳泉市矿区总工会第四次代表大会上的祝词

矿区区委常委、区纪委书记 王梦贺

(1998 年 12 月 15 日)

各位代表、同志们:

阳泉市矿区工会第四次代表大会今天隆重开幕了，这是在全区人民深入贯彻落实党的十五大精神,为胜利实现区委五次党代会提出的“三个目标”不断开拓进取的形势下召开的一次盛会。这次大会的召开,必将对我区的政治、经济和工运事业产生深远而巨大的影响。借此机会,我谨代表中共阳泉市矿区区委、区人民政府向大会的召开表示热烈祝贺：向各位代表并通过你们向辛勤劳动在全区各条战线上的广大职工同志们表示亲切的慰问和崇高的敬意，向莅临我区指导工作的市总工会领导和兄弟县区总工会领导表示诚挚的欢迎。

阳泉市矿区总工会第三次代表大会以来，区总工会和各基层工会组织在区委和市总工会的正确领导下，团结带领全区广大职工群众坚持以邓小平理论和党的基本路线为指针,紧紧围绕党的中心工作和区委的总体部署,解放思想,实事求是,同心同德,开拓创新,为促进我区物质文明和精神文明建设做出了积极贡献,全区工会工作充满了生机和活力。五年来的实践充分证明在推动我区改革开放和社会主义现代化建设事业伟大进程中,我区工人阶级队伍的主人翁地位日益巩固,主力军作用得到充分发挥,可以说,我区工人阶级队伍是推动全区改革开放的根本动力,是维护社会稳定的中坚群体,是社会主义精神文明建设的主导力量。

当前,我们正处在一个承前启后、继往开来的关键时期,如何做好新形势的工会工作,对于我们贯彻落实十五大精神,加快特色区域发展步伐,把矿区的改革开放和现代化建设事业全面推向新世纪具有极为重要的意义。在这里,我讲几点意见：
要始终坚持用邓小平理论指导工会工作。高举邓小平理论伟大旗帜是党的十五大的灵魂,也是我们贯彻党的十五大精神的首要任务。邓小平理论是毛泽东思想的继承和发展,是指导中国人民在改革开放中胜利实现社会主义现代化的正确理论,是当代中国的马克思主义,是马克思主义在中国发展的新阶段。全区工会干部一定要高举邓小平理论的伟大旗帜,全面准确地把握邓小平理论的运用,着眼于新的实践,坚持用邓小平理论指导工会工作实践。我区第五次党代会确定了矿区跨世纪发展的兴区富民战略，提出了五届区委任期内的“三个目标”，我们要紧紧围绕这个大局，自觉服从和服务于大局，切实把工会工作摆到这个大局中去思考、去安排、去部署。充分调动广大职工的积极性和创造性，为把矿区建设成为全省工矿区中的经济强区而努力奋斗。要进一步拓宽思想政治工作渠道，创新思想政治工作形式，坚持以企业党政工团为主体，充分发挥职代会和新闻舆论部门的作用，认真做好广大职工特别是青工的思想政治工作。要教育广大职工理解改革、支持改革、参与改革，要以强烈的主人翁责任感，正确对待改革进程中的利益调整。全区广大职工群众要继续发扬爱岗敬业、埋头苦干、勇于创新、无私奉献的优良传统，以高昂的劳动热情、努力做好本职工作，踊跃参加劳动竞赛、提合理化建议、技术革新和安全生产等活动，大力弘扬伟大的抗洪精神，勤俭节约、增收节支，以一流的业绩，影响和带动社会的全面进步。

要切实维护工人阶级利益。全心全意依靠工人阶级，是我们党和国家一贯坚持的根本方针。当前，首要任务就是要坚持做好下岗职工基本生活保障和再就业工作。这是深化企业改革面临的最突出的问题。我们要全区齐动员，党政工齐动手，全社会齐出力，立足当前，考虑长远，广开就业门路，以兴办社区服务为重点，建立全方位、多渠道、多领域的再就业体系，开辟新的就业渠道，妥善安排好下岗职工。各级工会组织要把维护职工合法权益放在突出位置，积极创造条件，尽快建立和完善以职代会为具体形式的职工民主管理和民主监督机制，以平等协商签订集体合同为基本形式的协调劳动关系机制，以“送温暖工程”为基本形式的职工生活补充保障机制，以培训为基本形式的职工教育机制，以“一基四本”竞赛为基本形式的职工积极性凝聚机制，真正使工会维护职工合法权益工作规范有序，努力推进工会工作法制化建设的进程。下岗职工要坚定信心，转变观念，增长技能，自强不息，在区委、区政府和企业以及社会各方面帮助下，努力克服暂时的困难，在再就业和再创业过程中做出新贡献。

要全面提高自身素质，不断增强工作技能。当今世界科技进步日新月异，知识经济已见端倪，广大职工一定要自觉加强学习，不断提高自身素质，成为有理想，有道德，有文化、有纪律的社会主义建设者。要进一步确立科技是第一生产力的思想，结合生产和工作实际，努力学习文化知识和科学技术，自觉提高社会化大生产严格管理的训练，争当本职工作的行家能手，加快工人队伍知识化进程。各行各业的劳动模范和先进工作者是全区人民的宝贵财富，是现代化建设的重要骨干力量，你们一定要在各方面起表率作用，带头实践为人民服务的思想，以中国工会第十三次代表大会为契机，自觉遵守爱岗敬业，诚实守法，办事公正，服务群众，奉献社会的职业道德，弘扬行业文明新风，纠正行业不正之风，使更多的文明岗位，文明窗口从各行业涌现出来，带动更多的职工共同进步。

要不断加强党对工会工作的领导。工会工作是党的现代化建设的伟大事业中，工人阶级肩负着光荣而神圣的历史使命。让我们更加紧密地团结在以江泽民同志为核心的党中央周围，万众一心，众志成城，以辛勤的劳动，崭新的风貌，一流的业绩，在跨世纪的发展征途上，为把矿区建成全省经济强区谱写新的历史篇章。

扩大覆盖面 增强凝聚力
为构建和谐矿区努力奋斗

——在阳泉市矿区工会第五次代表大会上的工作报告

史豪强

（2006 年 11 月 17 日）

各位代表、同志们：

现在，我代表矿区总工会第四届委员会向大会做工作报告，请予审议。

一、过去工作回顾

过去几年，我区经济发展，改革深化，社会稳定，呈现出良好的发展局面。全区各级工会组织在市总、区委、区政府的领导和支持下，高举邓小平理论伟大旗帜，以“三个代表”重要思想为指导，全面贯彻党的十六大和十六届五中全会精神，认真履行各项社会职能，突出维护职能，正视各种挑战，在探索中前进，在创新中发展，在竞争中拼搏，工会工作和工运事业取得了全面发展，在维护我区改革发展稳定的大局中发挥了重要作用。

（一）发展模式，勇于开拓，组织建设巩固提升

几年来，全区各基层工会贯彻“组织起来，切实维权”工作方针，把组建工会、发展会员作为确保工人阶级团结统一，巩固党的阶级基础的一项战略任务，倾全会之力推进，形成了党委重视、政府支持、工会运作、各方配合的工会组建工作的良好局面。在具体工作中通过广泛调查摸底，进一步澄清了企业、职工和工会组织的底数，规范了组建工作；坚持从实际出发，积极探索适应新形势、新要求的工会组织体制、活动方式和会员管理制度，提高了组建工作实效，激发了基层组织活力；实施会员优惠政策，激发职工入会的内在积极性。

在做好国有、集体企业改制后工会组织整顿工作的同时，重点加快了街道工会和非公有制企业工会的组建步伐。我区工会组织不断发展壮大，本着“哪里有职工，哪里就有工会组织”的原则，加大了私营企业工会、改制企业工会、机关事业单位工会和社区工会的组建力度，在全市率先成立了街道工会联合会。以街道办事处为依托，以联合会为形式，广泛吸纳私营企业、个体工商户、社区的职工入会，组建了药品经营企业联合工会和社会私营医疗卫生联合工会，从而进一步扩大了工会的群众基础。全区 5 个街道联合工会覆盖国有、私营企业，个体工商户 518 家（其中单独建会企业 14 家，新建社区工会 40 家），覆盖职工 2175 人，会员 2100 人职工入会率达 96%；2 个行业工会覆盖个体经济组织 42 家，职工 117 人，职工入会率达 100%；机关、事业单位工会组织 42 家，覆盖职工 3886 人，职工入会率达 100%。到目前为止，全区工会组织达到 103 个，会员突破 5000 人。几年来新增会员 3000 余人，实现了历史性的发展。

(二)创建机制,提升“五力”,素质工程百家齐鸣

几年来,全区各级工会组织以经济建设为中心,紧紧围绕矿区经济结构调整的大局,深入持久地开展了群众性经济技术创新活动。以“一基四本”“一基五本”劳动竞赛为载体,组织职工深入开展合理化建议、技术革新、技术协作、发明创造、岗位练兵和技术比武活动。使广大职工的业务素质、创新能力不断提高。

1.创建职工培训新机制,提升职工的学习力。全区广泛开展了“创建学习型班组,争当知识型职工”活动,大力推广技术技能培训,不断提高广大职工的创新能力和技术素质,打造了一支新型“四有”职工队伍。几年来区总工会争取到区政府职工继续教育经费5万元,各基层工会用于职工培训资金达4万余元,从而为职工培训工作奠定了坚实的物质基础。全区共举办各类培训200多期,受培训人数累计5000余人次,大大提高了广大职工的自身素质。

2.创建技能比赛新机制,提升职工的竞争力。在全市开展的“大练兵、大培训、大比武”活动中,各基层单位以班组(科室)为单位制订了岗位练兵计划,组织职工进行岗位练兵、岗位比武、岗位创新,极大地提高了职工素质。全区各单位共举办各种比赛80余场,参赛职工3000余人,评选各类技术尖子150余名。积极组织职工参加了市第三届、第四届职工技术大赛,有10人分别获市二、三等功和“技术能手”称号,区总工会获得优秀组织奖和团体优胜奖。我区新鑫科技研究所有限责任公司2003年推出的“矿物防坠损装置”,该技术项目填补了我市一项生产中的技术空白。

3.创建技术推广新机制,提升职工的影响力。为使先进技术得到最广泛的推广和应用,我们积极创建技术推广新机制,在各单位开展了“传、帮、带”活动,有力地促进了学先进、当先进的氛围。如教育工会开展“向教学能手看齐”活动,激发教师提高教学能力的积极性。

4.创建文体活动新载体,提升文化的感染力。为满足广大职工精神文化生活需求,经常性举办各类喜闻乐见的群众文化体育活动,增强了工会组织的凝聚力和吸引力。组织了篮球、乒乓球、华牌、卡拉OK等比赛;组织参加全市“南煤杯”乒乓球职工大赛,并获单项奖、团体奖;各街道社区工会组织了“元旦、元宵节街头文艺演出”“八一拥军文艺演出”等活动;组织参加全市首届职工文化艺术节、全市首届非公有制经济文化活动周活动,参赛项目包括职工书法绘画摄影、健美操、职工风采大赛和职业装展示四大项目,参赛选手达50余名。经过比赛,职业装展示荣获二等奖,健美操比赛获三等奖,书法、绘画、摄影个人参赛获二、三等奖的好成绩。区总工会获优秀组织奖,充分展示了我区广大职工蓬勃向上的精神风貌。

5.创建劳模管理新机制,提升劳模的感召力。区总按照区委、区政府制定出台的《阳泉市矿区劳动模范管理办法》,发放了省、市、区各级劳模津贴29760元。对困难劳模进行了慰问,组织了劳模体检,并为两名省级劳模办理了养老保险,在全区形成了“关爱劳模、学习劳模”的氛围。几年来,全区涌现出出席省、市、区的先进模范集体190个、赵泉祥等先进模范个人、先进生产工作者1000余名。区总通过报刊媒体等手

段，大张旗鼓地宣传他们的先进事迹，弘扬我区广大职工的时代风采和主人翁精神，极大地激发了广大职工投身改革开放和经济建设的积极性，在全区形成了学先进、赶先进、争先进的良好氛围。

（三）突出重点，分类指导，维权机制有力推进

1.突出职代会在国有集体企业中的职能。在全区 8 个区直企业改制过程中，区总工会积极参与成立了企业破产改制领导组，督促企业严格按照规定的程序召开职代会，最大限度地维护职工的合法权益。同时，督促企业做到“三必须”即：集体合同（工资协议）必须经过集体协商、必须经过职代会审议、履行情况必须向职代会报告。正常生产经营的企业都相继续签了集体合同，并相继开展了工资集体协商工作，签订了工资协商集体合同。职工养老保险问题达成协议，深受职工好评。

2.私营企业民主管理制度逐步走向规范化。我们根据私营企业的特点，广泛推行民主恳谈会制度和区域性、行业性职工代表大会制度，并结合实际，建立平等协商集体合同制度，将涉及面广的“大合同”转化为针对性较强的“小合同”，突出维护职工获得劳动报酬的权益，指导企业主与工会主席或联合工会主席签订（区域性）工资集体合同。同时根据私营企业职工人数的多少、规模的大小分类建立多种形式的职工代表大会制度。具体为，各街道工会和各街道私营企业工会建立区域性职代会制度，街办企业区域性职代会建立平等协商制度，签订集体合同，街道私营企业联合工会建立平等协商制度，签订区域性工资集体合同。区总工会在各基层单位中继续大力实施《矿区区域性职代会（试行）办法》，对区域性职代会的工作机构、职责职权、组织制度等方面认真督促检查，并制定下发了职代会实施细则。区总工会有关领导专门深入到街道私营企业工会联合会进行检查指导，及时发现纠正存在的不足。截至目前，我区共有各类企业 124 家，区域性集体合同覆盖企业 119 家，签订工资专项协议的企业 78 家，签约率为 80%以上，履行率为 70% ~ 90%，达到最低工资标准（520 元 / 月）的职工数约占 60%。

3.维护职工的安全健康权益，广泛开展“安康杯”“安健杯”竞赛活动，建立健全工会劳动保护监管检查网络，在全区各企业营造出人人讲安全、人人要安全、人人懂安全、人人保安全的企业安全文化氛围。

过去几年，在两个机制建设推进中，形成了以天利集团工会、顺达出租汽车公司工会、外国语学校工会、赛鱼街道办事处工会等为代表的特色典型。通过区域性职代会制度的推行，区域性集体合同的签订，在众多小企业中有利地维护了职工的合法权益，提升了工会的地位，增强了企业经营者对职工的民主意识，协调稳定了企业劳动关系，实现了企业经营者与职工的“双赢”。经过严格考评，我区有 5 个基层工会达到了三星级职代会标准、2 个基层工会达到了四星级职代会标准。

（四）创新机制，加强帮扶，援助工作长足发展

1.生活救助机制得到了创新和完善。几年来，区总工会为 1218 名困难职工和困难劳模发放救济金 20.6 万元，帮助 160　名特困职工申请办理了低保，先后对 24 名

遇到大病、子女上大学等问题的特困职工实施了救助。在严格标准、规范程序、认真审核的基础上，帮助162名特困职工申报了市级特困职工证，使他们按时足额领到了扶贫济困救助金，享受到市有关部门提供的水、电、气、暖、医以及子女上学等方面的减免政策。同时积极组织动员全区职工参加大病医疗互助活动。2005年，全区1352名职工缴纳互助金48948元，11名大病职工享受到互助金11万余元，返还率达200%；2006年，全区4444名职工缴纳互助金155507元，从而提高了职工抵御大病重病的能力。

2.救助体系日益完善。为拓展救助职能，扩大救助范围，建立了区特困职工援助中心、并设立了援助大厅，建立了相关援助制度，从而使特困职工援助工作经常化、规范化。针对困难职工生活难及其子女上大学难的问题，区总工会大力实施救助，在资金筹措方面，建立了政府支持、社会捐助、经费补充的资金保障长效机制，形成了市、区、街(社区)联合救助网络，有力解决了这一"两难"问题。建立困难职工援助长效捐赠机制，几年来，共筹集援助资金14万余元。其中，职工献爱心捐款共4万余元，财政拨付援助基金10万余元，捐物4000余件，为困难职工援助工作奠定了坚实基础。

3.就业帮扶机制得到了创新。针对我区下岗失业人员较多、就业空间偏小的状况，区总工会积极与市总工会和区劳动保障机构联系，掌握就业信息，在街道社区举办就业招聘活动，几年来，共帮助47名下岗失业职工寻找到再就业岗位。街道社区工会加强与兄弟工会间的联系，利用各自的优势资源，加以互补，为弱势群体大力拓展再就业渠道，最大限度地维护他们的劳动就业权。

(五)注重引导，强化教育，思想道德长抓不懈

几年来，我区各级工会认真学习贯彻党的路线方针政策和"三个代表"的理论学习、宣传教育工作。深入企业、车间、班组进行宣讲，在全区职工中掀起了学习宣传"三个代表"重要思想的高潮；组织开展了邓小平理论和党的十六大知识竞赛，加深广大职工对"三个代表"重要思想的认识理解；开展对工会法和中国工会十四大精神学习宣传，进一步激发了广大职工投身全面建设小康社会伟大事业的主人翁积极性。开展了职工思想状况专项调查和职业道德标兵"双十佳"创建活动，实施"心系祖国，奉献在岗"主题教育活动。全区涌现出一批先进职工，顺达出租汽车公司成立的"共产党员车队"，通过优质热情的服务，评选出"形象大使"四个，"服务标兵"六个，增强了职工爱岗敬业的服务意识，提升了企业形象。

(六)狠抓建设、与时俱进，能力水平明显提高

过去的几年，通过深入开展"三个代表"重要思想学习教育和保持共产党员先进性教育活动，用科学发展观和党建理论指导工会理论创新，从工会在党和国家工作大局中的职能定位，从劳动关系和工人阶级队伍的发展变化及科技进步的新要求中，研究探索工会的发展道路，工会的思想建设、组织建设、作风建设得到加强。一是积极取得党委和政府的重视和支持，努力为工会工作营造良好工作环境。在市总工会和区委的重视下，2003年区总工会主席进入了区人大领导班子。2004年6月区委专门召开工会工作会议，出台了《关于进一步加强工会工作的意见》。并且每年召开区总工会与

区政府联席会议,研究工会的发展,解决实际问题。为工会的组织建设、思想建设、作风建设提供了有力保障。二是区总工会通过组织工会干部参加各级各类培训,使广大工会干部的业务素质不断提高，强有力的工会组织网络基本形成。涌现出一批善组织、善管理的工会干部。此外,工会财务和经审工作取得新的进展,区总工会与区地税局通过协商,2006年开始实施由地税统一代征工会经费,经费收入大幅增长。工会信息工作、女工工作等进一步加强。2005年被市总工会授予"模范县区工会"荣誉称号。回顾几年来的工作,我们深深体会到,要履行好工会工作的职责,发挥好工会组织的作用,就必须依靠党的领导,用正确的理论指导工会工作;必须依靠法律,维护职工合法权益,要按照"组织起来、切实维权"的工作方针,健全维权机制,创新维权载体,依法维护职工的劳动权益、经济利益、民主权益和精神文化权益,协调劳动关系,推动社会主义和谐社会建设;必须营造工作环境,尽最大限度形成社会合力,善于沟通,取得社会各界支持,引导社会各界尊重工人阶级,理解支持工会工作。必须改革创新,不断探索新形势下工会工作的新路子,改进工会工作的方式方法,拓展工作领域,丰富工作内容,增强工会工作的实效性。过去几年,工会工作成绩的取得,是市总工会和区委坚强领导、高度重视、大力支持的结果;是全区各级工会干部和工会积极分子勇于探索、开拓创新、求真务实的结果;是全区社会各界对工会工作积极配合、鼎力相助的结果。在此,我代表区总工会第四届委员会,向对工会工作给予关心、支持的各级党政领导及社会各界表示衷心的感谢！向全区职工、工会干部、工会积极分子表示亲切的问候和崇高的敬意!

在肯定成绩的同时,我们也必须清醒地看到,矿区工会工作还存在许多不足和问题,如在多种经济成分并存的社会主义市场经济条件下,在蓬勃发展的民营经济中,工会干部的思想还跟不上新时期的发展要求,工作思路、工作方法还不能完全适应新形势、新任务的要求,服务职工、服务基层的工作作风还需进一步改进,表达和维护职工合法权益的力度还有待进一步加大。对于这些问题,我们必须高度重视,加以解决。

二、今后五年的主要任务

党的十六大和十六届五中全会,提出了全面建设小康社会的战略任务,中国工会第十四次全国代表大会，为工会工作提出了明确的目标和任务。新的机遇与挑战并存,工会工作任重而道远。在新时期新阶段,我们要紧紧围绕我区改革开放发展的大局,以求真务实,不断创新的工作作风;勇挑重担,奋发进取的工作精神;突出维权,服务大局的工作思路；充分发挥工会组织应有的作用，将工会工作推向新的更高的层面。今后五年,我区工会工作总的指导思想是:高举邓小平理论伟大旗帜,全面贯彻"三个代表"重要思想,深入学习贯彻党的十六届六中全会、中国工会十四大、市总工会十三大和区委第七次党代会精神,坚持以人为本,全面落实科学发展观,坚持体制机制创新,坚定不移地走中国特色社会主义工会发展道路,坚持"组织起来,切实维权"工作方针,努力扩大工会工作覆盖面,增强工会组织凝聚力,团结动员广大职工,为实现"十一五"规划,构建和谐矿区建功立业。

(一)切实加强基层工会组织建设,扩大工会覆盖面,增强工会凝聚力

加大建会力度,加快建会步伐,充分发挥基层工会组织的作用,是进一步密切工会与职工群众的联系,增强党的阶级基础、扩大党的群众基础和巩固党的执政地位的必然要求。

要遵循"哪里有职工,哪里就有工会组织"的原则,最大限度地把职工组织到工会中来;要推动形成"党委重视、政府支持、工会运作、各方配合"的工会组建工作新格局,快速推进工会组建工作;针对多营企业改制劳动关系发生变化的情况,认真抓好工会组织的巩固、恢复和重建;要按照中国工会十四大"加强街道、社区工会组织建设,充分发挥其在工会组建中的重要作用"的精神,加大社区工会的组建力度,加大改制企业,外来务工人员的工会组建力度。继续加强联合工会建设,贵石沟街道工会要积极创造条件成立街道工会联合会,大力推进工会组建步伐。坚持做到"三同步""四到位",即工会组建与企业兴建同步、工会组建与企业改制同步、工会组建与社区建设同步;依法组建到位、基本要求到位、相应组织建设到位、工作制度到位,确保工会组织的建会率、入会率,扩大工会组织的覆盖率,最大限度地把职工组织到工会中来。

(二)切实维护职工合法权益,加强协调劳动关系,努力推动社会主义和谐社会建设

各基层工会要紧紧围绕职工应当享有的劳动就业、劳动报酬、社会保障、安全卫生、民主管理、精神文化等各项权益,积极探索更有效的维权载体。积极开展维权工作是工会组织的重要工作任务,特别在构建社会主义和谐社会的重要时期,职工的劳动权利问题仍然十分突出。因此,要下大力搞好源头参与,认真贯彻落实省总工会、省司法厅、省劳动和社会保障厅联合下发的《关于加强职工法律援助工作推动构建和谐劳动关系的意见》文件精神,积极创造条件,搭建职工法律援助平台,创建职工法律援助工作站。加强三方协调机制建设,强化劳动法律联合监督检查,完善劳动关系预警和劳动争议调解仲裁制度;建立对进城务工人员和困难职工的帮扶救助机制和职工互助互济保障机制,实行社会化运作一体化服务,抓好就业指导、技能培训、讨要欠薪、生活帮助、法律援助、医疗救助、金秋助学、送温暖八项工程。要在全社会形成一个广覆盖、多层次、系统化、立体化的维权网络,使维权工作更加有力、有序、有效。

要进一步拓宽和疏通参与渠道。各级工会组织要密切关注社会利益关系和经济关系的发展变化,建立和完善与政府和有关部门的联席(联系)会议制度,劳动关系三方协调机制,就涉及职工切身利益的问题,加强沟通协调,研究解决问题的办法和措施。

要坚持和完善以职代会为基本形式的职工民主管理制度,不断完善组织体系、创新运行机制、调整职权内容,使之更加符合企事业的需要。要进一步深化企务公开工作,逐步实现各类公开制度的规范化、制度化和程序化,保证职工民主监督的权利。

要建立健全平等协商、签订集体合同制度。坚持由工会代表职工就有关分配事项与企业平等协商,签订工资协议,实现职工工资收入与企业效益的同步增长,尽快在全区的各类型企业中全部建立起工资集体协商制度,确保职工的切身利益得到保障。

（三）切实提高职工队伍素质，建设小康社会要有新作为

提高广大职工的整体素质，不断发展工人阶级的先进性，造就一支具有先进阶级思想，社会主义道德，现代化科学知识和严格组织纪律的强大工人阶级队伍，是全面建设小康社会的必要条件和内在要求。各级工会组织要把提高职工队伍素质，组织职工促进经济发展和社会事业全面进步发挥作用作为重要任务来抓。

大力实施职工素质工程，鼓励职工要有新建树。坚持把提高职工整体素质作为长期的战略任务来抓，努力发挥工会组织作为职工群众“大学校”的作用。深入开展“心系祖国、奉献在岗”铸魂工程，强化职工的职业道德素质，用科学的理论武装职工的头脑。不断强化业务学习培训，引导职工树立起与社会主义市场经济相适应的思想观念，切实提高职工科学文化、技术技能、业务素质，增强职工的综合能力，不断提高广大职工的思想道德素质、科学文化素质和劳动技能素质。继续实施群众性经济技术创新工程，大力开展“创建学习型班组、争当知识化职工”活动，多头推进“一基五本”劳动竞赛活动，组织职工开展岗位练兵、技术比武、技术攻关、技术协作和合理化建议等系列活动，让职工在学习交流和具体实践中提高素质，团结动员广大职工立足本职、学赶先进、争创一流，为我区的改革和发展再做新贡献。

大力弘扬劳模精神，发挥劳模的示范和导向作用。劳动模范是工人阶级的杰出代表，他们的创业热情、奉献精神、高尚情操充分体现了时代特征。各级工会组织要积极探索和完善培养劳模、选树劳模、表彰劳模、关心劳模的有效机制，努力培养一批具有较高科技水平、创造能力的知识型、管理型和专家型的新劳模，要加大宣传力度，让劳模的感人事迹、突出贡献、精神风貌和优秀品格在职工群众中生根发芽、开花结果，努力营造一种学习劳模、尊重劳模、关爱劳模、崇尚劳模、争当劳模的社会环境，更好地鼓励、支持和引导广大职工群众为建设和谐矿区建功立业。

（四）切实抓好帮扶工作，送温暖活动要上新台阶

帮扶工作是工会维护职工利益直接的具体的表现，各级工会组织要从自身的特点和优势出发，引深送温暖活动，真心实意为职工群众办实事，做好事。要以特困职工援助中心为载体，对特困群众实施有效地救助和援助。深入调查研究，掌握特困职工的基本情况，健全困难职工“二级”档案管理，对困难职工生产生活状况进行动态跟踪。协助政府全面落实“两个确保”和“低保”政策，尽快把所有符合条件的困难职工纳入“低保”范围。认真研究未参加养老保险而又无能力交纳的集体企业退休人员的生活问题，积极协助党委、政府和有关部门，共同把问题解决好，切实保障他们的基本生活。

积极协助党委、政府做好劳动和就业服务工作。充分发挥工会的特点和优势，开展再就业援助行动，宣传自食其力的就业观念，让困难职工实现自救，做到彻底摆脱贫困。深入开展送温暖活动，确保职工队伍和社会的稳定。继续引深“十送”“十助”活动，持续开展“结对子”帮扶活动，推动活动经常化、制度化、社会化。要充分发挥职业培训、职业介绍、职业指导的作用，进一步建立和完善各种形式的困难职工帮扶职能，增强工会为职工办实事的机制和能力。

（五）切实搞好自身建设，整体工作水平要有新飞跃

中国工会十四大对工会工作提出了新的要求，不断增强自身建设，兴建学习型、创新型、活力型、服务型、实力型工会，真正把工会建设成为坚持党的领导、实践“三个代表”、服务工作大局、切实履行职责、职工群众信赖的工人阶级群众组织。

教育广大工会干部树立“终身学习”的理念，广泛开展创建学习型工会，争当知识型干部活动，不断强化政治、业务、法律等知识的培训和学习，使广大工会干部成为政治素质高，业务素质精，责任意识强、群众意识浓的新型工会干部。创新工会工作的评判机制；创新调查研究机制；创新民主管理制度，进一步增强工会工作的创新力。以系统工会和基层工会为主导，积极开展以突出维护基本职能为根本、以不断增强工会活力为中心、以促进企事业单位的改革发展稳定为目标的建设职工之家活动；积极创造条件，筹措资金，筹建矿区职工文化娱乐活动中心，开展丰富多彩的职工文体活动，增强工会组织的凝聚力和活力；努力协调改善基层工会干部的地位、待遇和工作条件，保护和调动他们从事工会工作的积极性，充分发挥他们在团结组织职工、宣传动员职工、开展各项工作、焕发工会活力中的积极作用。增强服务意识，重心下移，多为基层和职工着想，多为基层和职工说话，多为基层和职工办事，切实解决职工群众关心的热点、难点问题，有效地维护职工群众的眼前利益和长远利益，真正做到情为职工所系，权为职工所用，利为职工所谋。

各位代表，同志们！新的时代为我们提供了新的舞台，同时也赋予了我们新的重任。让我们紧密团结在以胡锦涛同志为总书记的党中央周围，在“三个代表”重要思想和党的十六届六中全会精神的指引下，在市总和区委的正确领导和鼎力支持下，认真贯彻落实中国工会十四大和市工会十三大精神，围绕中心，与时俱进，坚定信心，开拓创新，团结动员全区广大职工为实施我区第七次党代会提出的赶超发展战略，为把我区建设成为充满活力、富裕殷实、文明和谐、山川秀美的新矿区而努力奋斗！

在阳泉市矿区工会第五次代表大会上的讲话

矿区区委副书记　黄俊德

（2006年11月17日）

各位代表、同志们：

正当全区上下深入贯彻党的十六届六中全会精神，朝着区七次党代会提出的建设全市“经济发展的首富之区、社会和谐的首善之区、资源转型的首创之区”的宏伟目标奋力开拓之际，矿区工会第五次代表大会今天隆重开幕了，这是全区人民政治生活中的一件大事。此次大会的召开，必将对我区的政治建设、经济建设、文化建设和和谐社会建设产生深远和巨大的影响。在此，我谨代表区四套班子向大会的召开表示热烈祝贺！向各位代表、特邀人员、列席人员并通过你们向辛勤工作在全区各条战线上的全体

职工及家属表示亲切的慰问并致以崇高的敬意！向莅临我区并对我区工会工作给予关怀支持帮助的市总工会领导和兄弟县区总工会领导表示热烈的欢迎和衷心的感谢！

矿区工会第四次代表大会召开以来，区总工会和各基层工会组织在区委和市总工会的正确领导下，认真贯彻党和国家的各项方针政策，以《工会法》为指导，坚持全心全意依靠工人阶级的方针，紧密结合矿区实际，认真履行职责，团结带领全区职工以邓小平理论和“三个代表”重要思想为指针，紧紧围绕党的中心工作和区委的总体部署，开拓进取，求真务实，坚定不移、满腔热情地维护职工的合法权益，为我区的“三个文明”建设做出了积极的贡献，有力地推动了我区工运事业的进一步发展，工人阶级的主人翁地位得到巩固发展，主力军作用得到充分发挥。

当前和今后较长的一段时期，构建社会主义和谐社会是中国特色社会主义的本质属性，是国家富强、民族振兴、人民幸福的重要保证，是推进全面建设小康社会的重要目标，完成这一重大历史任务，就必须要在党的领导下，凝聚方方面面的力量，团结带领人民群众共同建设、共同享有。其中，各级工会的作用不仅不可替代，而且大有作为。因此，希望全区各级工会组织要发挥联系群众的桥梁和纽带作用。广泛动员工人阶级投身到我区政治建设、经济建设、文化建设和和谐社会建设中去。借此机会，我讲三个方面的意见。

一、要坚持党的领导，走中国特色工会组织的发展道路

中国特色的社会主义需要建设中国特色的工会组织。全区各级工会组织要在各级党组织和上级工会的领导下，依照法律和章程独立自主地开展工作，充分发挥工会联系职工的桥梁和纽带作用。要以邓小平理论、“三个代表”重要思想和党的十六大、十六届六中全会精神为指导，坚持全心全意依靠工人阶级的方针，贯彻落实全国工会十四大精神，按照“组织起来，切实维权”，“扩大覆盖面，增强凝聚力”的要求，充分履行工会组织的四项基本职能，进一步拓宽工作思路，创新工作方法，教育全区职工与党中央保持一致，以强烈的主人翁责任感，勤奋工作，勇于创新，乐于奉献，更好地发挥工人阶级在和谐社会建设进程中的主力军作用。

二、要创新工作机制，维护职工的合法权益

全心全意依靠工人阶级是党和国家一贯坚持的根本方针。当前，随着资源型城市转型和改革攻坚任务的推进，就业、再就业问题就成为摆在区委、区政府，同时也是各级工会组织面前的突出问题。对此，全区上下要高度重视，形成党政工齐抓共管，全社会齐努力的工作格局，要立足当前，着眼长远，广开就业门路，以完善社区服务为重点，以第三产业为突破口，建立健全全方位、多渠道、多领域的再就业体系，开辟新的就业渠道。与此同时，各级工会组织要把维护职工合法权益摆在首要位置，努力创造条件，建立和完善以职代会为具体形式的职工民主管理和民主监督机制，以平等协商签订集体合同为基本形式的协调劳动关系机制，以“送温暖工程”为基本形式的职工生活补充保障机制，以各项培训为基本形式的职工教育机制，以“一基五本”竞赛为基本形式的凝聚职工机制。真正使工会维权规范有序，不断加大和提高维护职工合法权益的力度和质量。

三、要加强工会建设，更好担负起联系职工桥梁纽带的职责

全区各级党组织要站在提高基层党组织执政能力的高度，站在维护稳定大局、构建和谐矿区的高度，切实加强对工会工作的领导，一如继往地重视支持工会工作，充分调动发挥工会组织的作用，使全区职工同心同德地为实现区委确定的奋斗目标做出积极的贡献。区政府及有关部门要更加自觉加强与各级工会组织的联系，积极主动为工会开展工作提供多方面的支持与帮助，尽心竭力地为工会解决实际困难，从而使工会工作更加贴近全区的工作中心与大局。与此同时，各级工会工作者也要更加自觉加强政治理论和业务知识学习，提高政治素质和业务水平，要抱着对职工满腔热忱的态度，不断创新机制、创新方法，全身心地投入到工会工作中去，做知民情、顺民意、解民难、聚民心，职工信赖的工会干部，从而打造一支政治强、作风硬、业务精的工会队伍。

各位代表、同志们，我坚信：在区委和市总工会的正确领导下，我区各级工会组织一定能够履行职责，不辱使命，团结带领全区职工发奋图强，勇于进取，为和谐矿区建设和工运事业发展做出新的更大的贡献。

最后，预祝大会圆满成功！

在阳泉市矿区工会第五次代表大会上的讲话

市人大常委会副主任、市总工会主席　王七孩

（2006年11月16日）

各位代表、同志们：

正当全市广大职工认真学习贯彻党的十六届六中全会和市第十次党代会精神，紧紧围绕全面建设小康社会的目标，努力实现在全省争先发展，在全国中部同等城市率先崛起的“两先”目标的大好形势下，矿区工会第五次代表大会今天隆重召开了。这不仅是矿区全体职工政治生活中的一件喜事，同时，也是我市工运事业上的一件大事。在此，我代表市总工会向与会的全体代表表示热烈的祝贺！并通过你们向辛勤工作在各条战线上的广大职工和工会工作者致以亲切的问候！

自矿区工会第四次代表大会以来，矿区总工会紧紧围绕市总工会的总体工作思路和工作部署，按照“组织起来，切实维权”的工作方针，攻坚克难，开拓进取，大力推进工会工作规范化建设，着力提高工会组织的维权能力，在加强职工思想政治工作和职工素质工程建设，推进民主管理、强化民主监督，建立帮扶困难职工长效机制等方面，进行了大胆的探索和卓有成效的实践，各项工作均取得了可喜的成绩，为稳定矿区职工队伍，促进经济建设和发展的顺利进行，发挥了积极的作用。这些成绩的取得离不开区委的正确领导和区政府的大力支持，在此，我代表市总工会向一贯重视和支持工会工作的矿区党政领导表示诚挚的感谢！为了把矿区工会工作继续推向前进，借

此机会，我就如何进一步发挥工会组织作用，抓住机遇，迎接挑战，努力完成好工会面临的各项任务谈几点意见：

一、以全新理念倡导和谐，切实把党的十六届六中全会精神作为工会工作的行动指南

党的十六届六中全会，是在我国进入全面建设小康社会的关键时期召开的一次重要会议。会议审议通过的《决定》，明确了构建社会主义和谐社会的指导思想、目标任务、工作原则和重大部署，同时对我们工会和工人阶级提出了非常具体而且明确的要求，主要有四个方面：一是坚持全心全意依靠工人阶级的方针，发挥包括知识分子在内的工人阶级、广大农民推动经济社会发展根本力量的作用。二是维护劳动者特别是农民工的合法权益。三是对与工会相关的工作也作了全面表述，比如基层民主建设、厂务公开、劳动合同、集体协商、劳动争议调处仲裁等等。这些既是工会工作的抓手，也是对工会工作的要求。四是对包括工会在内的人民团体的作用作了深刻阐述。六中全会不仅是惠及广大人民群众特别是工人阶级的会议，也对工会工作提出了新要求，营造了新环境，提供了新机遇，搭建了新平台。因此在当前及今后一个时期内，摆在全市各级工会组织和广大工会干部面前的一项重要任务，就是要深入学习贯彻六中全会精神。把学习贯彻工作列入重要日程，宣传、发动工人阶级和劳动群众，既要当好经济建设、文化建设的主力军，也要当好和谐社会建设的主力军。要组织和引导他们坚持以参与改革促进和谐，以加快发展巩固和谐，以维护稳定保障和谐，以提高素质推动和谐。

二、以参与改革促进和谐，从政策措施上保障公平正义

公平正义是社会和谐的基本条件。工人阶级和广大劳动群众既是改革和发展的主力军，也必须是改革和发展成果的享有者。要高度关注"四个多样化"趋势给经济社会生活和思想领域带来的新情况，高度关注推进改革发展中由于利益关系调整所引发的深层次矛盾，高度关注经济发展中高平均数字下面掩盖着的不平衡状态，高度关注困难群体的生产生活，自觉地把改革的力度、发展的速度和社会可承受的程度统一起来，把共谋大计、共创大业与共享成果统一起来，把发展是硬道理、享受成果也是硬道理统一起来，努力使广大职工在经济和社会发展中得到更多的实惠和实实在在的利益。决不能以牺牲职工群众的正当的民主权利和应得利益为代价，去换取所谓的"企业改制"；决不能以不给职工涨工资、上保险为代价，去换取所谓的"企业发展"；决不能以牺牲职工的生命、安全、健康为代价，去换取所谓的"经济效益"；决不能以牺牲党的阶级基础和群众基础为代价，去换取所谓的"宽松环境"。要始终着眼于速度和效益的统一，着眼于经济和文化的良性互动，着眼于人与自然的和谐发展，着眼于人的素质的提高和全面发展。切实做到经济发展不欠生活水平提高的帐，社会进步不欠协调发展的账，增加群众收入不欠提高文化品位的账。

三、以健全机制保障和谐，充分发挥工会"联系群众、服务群众、教育群众、维护群众合法权益"的作用

发展和谐劳动关系，是党的六中对工会工作的新要求，也是我市工会十三届四次全委(扩大)会议所确定的工作思路,也是我们建立稳定和谐的劳动关系、维护职工合法权益是工会服务和推进构建和谐社会的重要平台。胡锦涛总书记在党的十六届六中全会专门提到了“平等协商”,我们要把平等协商作为提升工会法律地位、彰显工会作用的抓手,以保障职工劳动权益为目标,以工资集体协商为切入点,合理调整和严格执行最低工资制度,推动制定实施最低小时工资标准,逐步建立职工工资与企业效益同步同比例增长的新型工资增长机制,大力推进“和谐劳动关系企业”建设,逐步形成劳动过程合作、劳动成果共享的企业“双赢”的局面;要把突出维护职工的劳动就业权、收入分配权、安全休息权、民主政治权和学习发展权,作为工会维权的一项重要工作贯穿于推动改革、促进发展、积极参与、大力帮扶的全过程,促进劳动关系的和谐稳定。

四、以组织建设巩固和谐,加强工人阶级队伍的团结统一

加强工人阶级内部团结、加强工人阶级队伍团结统一是构建和谐社会的题中应有之义,也是必然要求。工会的一个重大政治任务,就是最大限度地把职工群众、非公企业员工、进城务工人员组织到工会中来,使工人阶级队伍不断壮大,使党的执政基础更加坚实。当前,大批进城务工人员、大部分非公有制企业的职工、大量的新兴行业从业人员还没有组织到工会中来,相当部分下岗失业人员从工会组织中流失。工人阶级队伍的这部分成员,已成为国内外敌对势力与我们党在工运领域争夺的主要对象,工会组织建设的任务非常紧迫和艰巨。因此,各级工会必须坚持“哪里有职工,哪里就要建立工会组织”和“依法组建”的原则,坚持“党委领导、政府支持、工会运作、各方配合”的工作格局,进一步加强工会组织体系的网络化建设,要着重做好建筑、煤炭、出租车等重点行业和进城务工人员、企事业单位临聘人员、“四高”群体等重点人群的入会工作。确保工会组建与不断变化的企业状况相适应,工会会员发展与职工队伍的发展壮大相一致,工会组织体制与不断加快的工业化、城市化进程相协调。

五、以加快发展推动和谐,动员和引导广大职工在和谐社会建设中当好主力军

社会要和谐,首先要发展。工人阶级既是全面建设小康社会的主力军,也是和谐社会建设的主力军。各级工会要紧紧围绕构建社会主义和谐社会这个当代工人运动的主题,广泛开展“创建学习型组织、争做知识型职工”活动和多种形式的群众性精神文明创建活动,坚定职工建设中国特色社会主义理想信念,树立正确的世界观、人生观、价值观和社会主义荣辱观,用丰富的科学文化知识充实自己,努力掌握各种新知识新技能,提高自身的思想道德和科学文化技术素质,不断发展工人阶级的先进性,努力用工人阶级的先进思想和模范行为影响带动全社会, 引导职工顺应时代发展要求,争当学习型、知识型、技能型、专家型的职工,造就高素质职工队伍;要深入开展以技术创新、素质达标为重点内容的职工素质攀升工程,引导职工立足本职,学赶先进,争创一流,为我市的“两先”目标的实现做贡献。

六、以真情实感和卓有成效的工作维护和谐,加强工会干部队伍建设

构建社会主义和谐社会是一项长期艰巨的系统工程, 需要全党全社会的共同努力。各级工会要把推动和谐社会建设放在更加突出的位置,切实担负起领导责任。一是提高工会干部推动构建和谐社会的本领。各级工会组织和领导干部要通过学习,进一步坚定走中国特色社会主义工会发展道路的信心和决心;要加强社会建设理论和社会政策的学习研究,不断提高激发职工创造活力、参与管理社会事务、协调劳动关系和社会利益关系、维护职工队伍和社会政治稳定的本领;要增强政治敏锐性,经常分析职工队伍和劳动关系变化状况,不断认识和把握新形势下和谐社会建设与劳动关系发展的特点和规律,提出具有较强针对性和实效性的对策措施,及时解决影响职工队伍团结与社会政治稳定的突出问题;要创新工会干部管理机制,培养、选用熟悉社会建设和管理的优秀干部,造就一支结构合理、素质优良的工会工作者队伍,不断提高工会参与构建和谐社会的水平。二是要夯实和谐社会建设的群众基础。各级工会组织和广大工会干部要牢固树立全心全意为职工服务的思想和真心实意对职工负责的精神,转变思想作风和工作作风,深入基层、深入职工,调查研究、了解情况,求真务实、真抓实干,带着深厚的感情和满腔的热情,关心职工的疾苦,反映职工的呼声,为职工群众诚心诚意办实事,尽心竭力解难事,坚持不懈做好事,努力当好职工群众合法权益的第一知情人、第一报告人、第一帮扶人、第一监督人,为构建和谐社会奠定坚实的群众基础。三是形成推动和谐社会建设的社会化格局。要适应社会管理体制的建设和创新,不断扩大视野,拓展工作思路,围绕和谐社会建设的重大问题,按照提供服务、反映诉求、规范行为的要求,积极建言献策,发挥应有作用;加强与有关部门的沟通、协调,善于利用社会资源,借助社会力量,协调内外关系,把工会工作的活动空间向社会领域拓展,扩大社会影响;要认真总结协调劳动关系的经验,适应新的形势任务要求,大胆探索、开拓进取,不断创新工会工作的机制、手段和途径,在推动构建和谐社会进程中有更大的作为。

各位代表、同志们,时代赋予我们艰巨而光荣的历史使命,让我们以邓小平理论和“三个代表”重要思想为指导,以党的十六届六中全会重要精神为动力,团结和带领全区广大职工,围绕中心、服务大局、共创发展、共建和谐,为推动我市工运事业的发展,为振兴阳泉经济,为实现我市全面建设小康社会的宏伟目标做出新的更大的贡献。

谢谢大家!

在阳泉市矿区工会第六次代表大会上的工作报告

胡朴来

(2013 年 5 月 17 日)

各位代表、同志们:

现在,我代表矿区总工会第五届委员会向大会做工作报告,请予审议。

本次代表大会的主要任务是认真学习贯彻党的十八大和全总十五届七次执委会精神,全面落实科学发展观,总结第五次代表大会以来的工作成就和经验,选举产生新一届区总工会领导班子,研究部署今后五年的工作,团结动员全区广大职工群众,为推动矿区经济转型跨越和社会事业又好又快发展而努力奋斗。

工作回顾

矿区工会第五次代表大会以来,在区委、区政府和市总的领导下,以科学发展观统领工作全局,按照"组织起来、切实维权"的工作方针,紧紧围绕打造阳泉市"经济发展首富之区、社会和谐首善之区、资源转型首创之区"的宏伟目标,充分发挥工会桥梁和纽带作用,以解决职工群众最关心、最直接、最现实的利益问题为重点,注重加强基层组织建设,注重提升职工技能素质,注重维护职工合法权益,注重活跃职工文化生活,有效地激发了全区广大职工的劳动热情和创造活力,增强了工会组织的凝聚力和向心力,为推进矿区经济、社会事业又好又快发展发挥了积极作用。

一、积极探索,全面推进工会组织工作

坚持"组织起来、切实维权"的工作方针,建立和完善了工会组织三级网络,大力推进基层工会规范化建设,进一步扩大了工会组织覆盖面,增强了工会组织的感召力和凝聚力。几年来,按照"扩大覆盖面,增强凝聚力"的要求,探索组建新路子,实现组建新突破。全区各级工会组织深入贯彻落实"组织起来、切实维权"的工作方针,按照"哪里有职工,工会组织就建到哪里"的原则,通过开展"工会组建攻坚月"活动,工会组建和会员入会取得重大进展。先后成立了街道总工会 4 家,街道工会联合会 2 家,机关、政法、教育 3 个系统工会联合会,药品经营、社会个体医疗 2 个行业联合工会,社区工会组织 40 家, 商业一条街联合工会 4 家, 会员人数由 6061 人增加到 19706 人,逐步编织起了一个区、街道、社区三级工会组织网络,实现了工会组织全覆盖。2011 年 2012 年连续两年区总工会在全省"工会组建月"活动中荣获优胜县(区)总工会称号。按照"一条例五规范"标准要求,累计投入 10 多万元,为 9 个基层工会和社区工会配备了电脑、电脑桌、档案柜、文件柜、牌匾、文件夹、档案盒等办公设施。努力创建星级工会,对基层工会工作实行了目标考核,每年年初制定《工会工作目标及考核评分标准》,在全委会上与基层工会签订目标责任状,年底结合基层工会工作资料、档案、数据等相关内容对基层工会进行量化考核,推动了基层工会工作的扎实开展;深入开展"创星级工会、建职工之家"活动,桥头街道总工会、赛鱼街道总工会、平潭街道总工会、沙坪街道总工会、贵石沟街道工会联合会被评为山西省五星级乡镇(街道)工会。

根据区委、区政府提出的发展总部经济工作思路,与阳煤集团工会以及驻区工会组织经积极沟通协商,于 2010 年成立了阳泉市矿区工会发展促进会,共有成员单位 61 家。几年来促进会在会长、副会长的领导下,在各成员单位的高度重视和大力支持下,完善了组织建设并开展了形式多样的活动,邀请全国著名教授前来讲解新时期工会工作、组织成员单位外出学习考察、举办论文征集活动,进一步加强了成员单位间的感情交流与沟通,实现了"资源共享、优势互补、互利共赢、共同发展"的目标。

二、切实维权，发挥工会在构建和谐矿区中的作用

把建立和谐稳定的社会主义新型劳动关系作为促进“三区”建设的切入点，大力营造和谐稳定的劳动关系。为不断提高工会干部的整体素质，先后选派100多名工会干部和职工代表参加全总、省总、市总工会组织的平等协商、签订集体合同等专业培训学习，为推进集体合同和劳动合同协商签订工作的深入开展奠定了更好的基础。通过“建制扩面提质年”活动的开展，工资集体协商签订工作取得突破性进展，工资集体协商签订在全区实现了动态全覆盖，共签订40份区域性工资集体协议，覆盖企业1254家，职工13700人，25人以上的18家企业单独签订了工资集体协议，覆盖职工1478人。不断推进女职工专项集体合同，重点抓行业性、区域性女职工权益专项集体合同工作，签订女职工专项集体合同78份，其中企事业单位签订专项合同58份，覆盖女职工3982人，签订区域性专项合同18份，覆盖女职工7103人，签订行业性专项合同2份，涵盖女职工56人，共覆盖女职工人数11141人。组织全区企事业单位积极开展创建劳动关系和谐企业活动，先后有阳泉市顺达出租汽车有限公司、阳泉市天恒会计师事务所荣获山西省模范劳动关系和谐企业称号；新泉公司、桥头街道办事处、沙坪街道秋沟社区荣获市创建劳动关系和谐模范单位称号。

为贯彻落实“安全第一、预防为主”的方针，积极开展“安康杯”竞赛活动。几年来，参赛职工人数由原来的576人增加到12098人(次)，参赛单位由20多个逐步增加到272个，参赛单位由企业扩大到事业单位。先后有阳泉市顺达出租汽车有限公司共产党员车队、小南坑小学政教处、交警支队一大队二中队荣获市优秀安全班组称号；刘家垴小学和桥头羊上树餐厅荣获全市“安康杯”竞赛先进集体称号。

大力开展星级职代会竞赛活动。不断建立、完善职代会制度，规范职代会工作程序，提高职代会工作质量。通过职代会竞赛活动的开展，进一步增强了企业经营者的民主意识。经市总对我区基层工会职代会工作情况进行考核，小南坑小学校、红岭湾小学校荣获市五星级职代会，省四星级职代会称号，荣获市四星级职代会6家，荣获市三星级职代会20家。

三、深化帮扶，切实为职工办实事、解难事

充分发挥帮扶中心桥梁和纽带作用，建立了完整、规范的困难职工电子档案，步入了制度化、规范化、社会化的轨道。依托帮扶中心，深入开展“春送岗位、夏送清凉、秋送助学、冬送温暖”等帮扶救助活动。几年来共救助困难职工、农民工、困难劳模等3800多人(次)，发放慰问金、慰问品价值累计133.1万余元；“金秋助学”活动救助困难职工子女59人，发放助学金累计23.6万元；开展了“每人捐赠一本书，一件衣服，10元钱”的“三个一”献爱心捐赠活动，共收到捐赠图书8563本，衣服8876件，捐款9.45万元；开展了抗震救灾献爱心活动，为四川灾区献爱心活动，共捐款75986元；开展了职工大病医疗互助活动，累计39435人(次)参加了活动，共缴纳互助金140.9万元，受益368人(次)，受益金额132.2万元。

建立再就业培训基地，为解决职工再就业提供服务。2009年组建了阳泉市矿区职工就业培训中心和职工素质教育学校,至今共免费开办美容美发、餐饮服务、电脑培训班7期,累计培训人数达643人。联合区人社部门多次举办再就业招聘活动,提供招聘岗位信息3650余条,帮助困难职工实现就业再就业572人(次),为15名下岗职工送去了价值5万元的再就业帮扶用具,为他们走上创业就业道路创造了条件。

按照全国总工会、省总工会、市总工会关于开展“面对面、心贴心、实打实服务职工在基层”活动的统一部署和要求,成立了领导组,出台了《实施办法》,编制了《活动手册》,扎实推进活动。深入所联系企业进行了解、沟通52人(次),努力为企业和职工协调解决生产、生活困难,并取得了一定效果。积极帮助困难企业丰鑫丰工贸中心解决融资难问题;抓住春分时节帮助顺达出租汽车有限责任公司下属科技开发公司上山植树造林;为困难企业送去慰问金1万元,并组织在基层工会召开了职工代表座谈会。

四、搭建平台,提升职工整体素质

组织辖区企事业单位开展多种多样竞赛活动。以开展“争创工人先锋号,争当首席员工”活动和职工技术“大培训、大练兵、大比武、大创新、大竞赛”活动作为工会参与和投身经济建设的着力点,积极引导和组织广大职工通过技能比赛、劳动竞赛、岗位练兵、技术比武等活动,不断提高广大职工的业务能力。组织区环卫处开展百日技能竞赛活动,并参加了阳泉市环卫行业技能比武大赛,取得了团体总分第一的好成绩,并在个人清扫、清洗项目中,获得一等奖2名、二等奖2名、三等奖1名;参加省级环卫工人技能大赛,1名职工荣获省级“城市美容师”称号,1名职工荣记省劳动竞赛二等功,区环卫处清掏组荣记省三等功;联合区教育局开展了“主体型课堂教学模式”大赛,全区25所中、小学校的2400名教师参加了比赛,有2名校长、9名教师荣获市级记功表彰,阳泉市第十二中学荣获中学组集体一等功;参加市总工会组织的教学演讲、教师计算机应用技能大赛等活动,3名职工被市劳动竞赛委员会荣记二等功;组织开展了社区卫生服务技能比武活动,共有30名基层医护工作人员报名参加比赛,通过比赛进一步提高了全区社区卫生服务机构医护人员的综合素质,增强了服务技能,提升了职业素养。

大力弘扬新时期劳模精神,提升劳模感召力。几年来,共召开“劳模”表彰大会三次、“记功”表彰大会三次,推荐荣获”全国五一劳动奖章”1名、省特级劳模1名、省市级劳模14名,表彰区级模范单位96个、区级劳模74名、先进集体158个、先进个人557人(次),先后为省、市、区劳模发放津贴66720元;充分利用新闻媒体、事迹报告会等多种形式宣传、弘扬劳模的时代风采和主人翁精神,激发了广大职工投身改革开放和经济建设的积极性,在全区形成了学先进、赶先进、争做先进的浓厚氛围。

努力创造良好学习氛围,提升广大职工素质。在全区开展“职工书屋”创建和星级竞赛活动。全区创建“职工书屋”21家,有7家达到市三星级标准,14家达到市二星级标准;区总工会创建了面积约60平方米,内设图书室、阅览室,共藏书6000余册,价值10万余元,涉及26类图书的区级“职工书屋”,并达到了市三星级标准;积极为广大职工开展各类培训180期,受训职工5700余人(次),通过培训提高了企业职工和农民工的整体素质。

组织开展丰富多彩的文体活动，繁荣职工精神文化生活。几年来，相继举办了全区第五届职工运动会、篮球赛、职工卡拉 OK 歌手大赛和第八套广播体操比赛、拔河、象棋、扑克等不同形式的文体活动，全区累计有 158 家单位参加活动，2540 余人（次）参赛；举办职工游泳培训班 13 期，参加人数达 1500 人（次）；参加市总工会组织的女职工全健排舞比赛、“阳泉市首届女职工之歌合唱节”比赛、矿区首届“全健排舞”大赛和女职工节能减排“三个一”活动；组织参加了市总开展的书法、美术、摄影作品展和读书征文活动，共选送书法、美术、摄影作品 111 份，报送征文 179 篇，参赛作品获市二等奖 3 名、三等奖 5 名、优秀奖 4 名、优秀组织者 1 名，区总工会获得优秀组织单位；每年开展“百场电影进社区”活动，并配合区计生局、司法局放映计划，为广大职工免费放映电影和计划生育、法律法规等知识宣教片 320 部。

五、开拓创新，完善工会自身建设

加强工会经费收缴、审查力度，规范管理使用。完善地税代收与财政划拨相结合的工会经费收缴机制，经费收缴难的局面得到改善，建立健全了工会经费收缴管理台账，实行电算化管理、制定了电算化会计制度；加强对基层工会经费审查审计力度，对审查审计中发现的问题及时给予纠正，促进基层工会经费的合理使用；区总工会经审会顺利通过省总经审检查组检查验收并得到了高度评价，荣获了 2011 年度全市工会优秀审计项目一等奖；积极探索集中支付工作模式，制定下发了工会集中支付中心财务管理制度。新的支出方式不仅满足工作需要，保证工会经费的合理使用，还简化了手续，节省了费用，为基层工会组织开展各项活动提供了保障；每年召开财会工作先进表彰会，对区地税系统、区财政、核算中心系统和基层工会系统的先进个人进行表彰。

加强工会队伍自身建设，打造工会高效团队。不断完善机关工会内部管理制度，建立部门考核激励制度和学习制度。几年来坚持“每周一下午集中学习，每月一次学习交流活动”，累计组织集中学习 150 余（次），撰写学习心得体会 70 余篇，通过学习使全体工会干部的政治素质，理论素质和业务素质普遍得到了提高，有 3 名同志提拔到了新的工作岗位。

几年来，在全区各级工会干部的共同努力下，我们取得了令人欣喜的成绩。2006 年荣获市模范县（区）工会称号；2009 年荣获全省五星级困难职工帮扶中心称号；2010 年荣获全国工会系统“五五”普法先进单位；荣获全省工会帮扶工作人员“三比三看” 先进单位称号；2011 年荣获全省推进女职工权益保护专项集体合同工作先进单位；阳泉市“精神文明单位”称号；2012 年荣获全国职工法律援助维权服务示范单位称号；全省“关爱职工、实现双赢”活动先进单位称号；全省工资集体协商“建制扩面提质年”先进单位称号。这些成绩的取得，是区委、市总正确领导，区政府大力支持的结果，是全区广大职工和工会干部团结协作、共同努力的结果。值此，我谨代表矿区总工会第五届委员会，向各位代表，向关心支持工会工作的各级领导和社会各界表示衷心的感谢！向全区各条战线的广大职工，向全区广大工会干部、工会积极分子和历任工会的老领导、老同志致以崇高的敬意！

回顾过去的工作，我们在充分肯定成绩的同时，也要清醒地看到工作中存在的问题和不足。主要是：随着经济社会的转型发展，工会组织特别是非公企业的工会组织需要进一步加强规范化建设；工会干部工作能力、素质都需要进一步得到提高和充实；基层工会组织活力不足，作用发挥不够，工会干部不专职等问题亟待解决，我们一定要正视面临的问题、困难和挑战，不断研究新情况，总结新经验，探索新课题，开展新实践，努力推进我区工会工作再上一个新台阶。

今后五年的工作思路

今后五年我们将紧紧围绕区委、区政府和市总中心工作部署，开拓创新，团结动员全区职工，扎实推进工会各项工作，面对新的形势和任务，工作的总体思路是：认真学习贯彻落实党的十八大精神，以邓小平理论、“三个代表”重要思想、科学发展观为指导，坚持走中国特色社会主义工会发展道路，紧紧围绕“三区”建设目标，以服务“转型综改试验区”为重点，团结动员全区广大职工为推进我区经济转型跨越发展做出新贡献。

一、加强组织建设，不断提高新形势下工会工作的吸引力和凝聚力

要进一步完善“以党建带工建，以工建服务党建”的组建方针，坚持依法建会、依靠职工建会的理念，以服务总部经济为中心，第三产业组建工会为发展方向，整体推进工会组建工作，扩大覆盖面，增强凝聚力。

各基层工会要认真总结“双措并举、二次覆盖”的工作经验，继续开展“工会组建月”活动，最大限度地把包括农民工在内的广大职工组织到工会中来。

按照“一条例五规范”的要求，继续以“星级工会”竞赛活动为载体，深入开展创建“模范职工之家”“双爱双评”等活动。

二、开展劳动竞赛，弘扬劳模精神，发挥工人阶级主力军作用

进一步调动和激发广大职工的积极性和创造性，深入推进“当好科学发展主力军、打好转型攻坚战”主题实践活动。

积极开展以“比学习、比作风、提效率”为主要内容的“争先创优”劳动竞赛和以创建“工人先锋号”为载体的创先争优活动；开展职工素质攀升工程活动，积极组织职工参加省、市组织的职工技能大赛，进一步促进全区职工业务素质的提升，为服务转型跨越发展做出贡献。

以召开全区劳模表彰大会为契机，扎实做好全国、省、市“五一”表彰的推荐评选工作；精心组织好“工人阶级宣传月”活动，营造学习劳模、尊重劳模、爱护劳模的良好风尚。各级工会要认真学习习近平总书记在全国劳模代表座谈会上的讲话精神，用习总书记重要讲话激励鼓舞全区广大职工，凝聚实现中国梦的强大合力。

三、积极筹建职工活动服务中心，提升帮扶服务水平

紧紧围绕区委、区政府提出的创新社会管理、构建和谐矿区的重要任务，组织开展各项工作。

积极筹建阳泉市矿区职工活动服务中心，更好地履行组织、引导、服务和维护职工合法权益等职能。积极为困难职工提供多方面、系列化的服务，巩固老品牌，打造新品牌，不断提升帮扶工作的社会效果；深入开展“春送岗位、夏送清凉、秋送助学、冬送温暖”等帮扶救助活动，不断提升以“倾情解难事、温暖进万家”为主题的送温暖活动，深入开展“大病医疗互助”活动，不断拓展活动参与面，进一步提高互助能力和水平。

进一步完善再就业培训基地建设，举办更符合就业人群需求培训班，为就业人员提供更好的服务；开展职工就业招聘活动，努力为下岗职工（农民工）拓宽就业渠道，完善健全工会就业咨询、创业指导、技能培训、职业介绍一条龙服务机制，为就业职工进行就业辅导、引导，帮助更多的职工有活干、有钱挣，真正为失业人员做好事，做实事。

不断加强职工文化生活建设，开展形式多样的职工文体活动。坚持重大节日期间开展形式多样、内容丰富、健康向上的文体活动，丰富全区广大职工的业余文化生活，提高职工队伍的整体素质。

四、采取不同形式开展职工培训，提高职工整体素质

继续深入开展“创建学习型组织，争做知识型职工”活动，牢固树立终身学习、终身教育的理念，树立工作学习化、学习工作化的思想，不断提高职工的学习能力、创新能力、竞争能力和创新能力，培养造就一大批知识型、创新型的高素质职工队伍。

积极开展“职工书屋”星级竞赛活动，逐步形成阅读条件完备、管理制度健全、广泛覆盖职工群众的工会读书网络，提高规范化管理水平，丰富图书内容，使“职工书屋”不断升级。广泛开展“读书月”、知识竞赛、主题征文等活动，引导职工多读书、读好书，提高职工队伍的文化素质。

加大工会干部社会化的力度，重点抓好较大非公企业选派工会干部工作；积极组织基层工会干部和职工代表参加全总、省总、市总组织的各种专业培训学习活动，着力打造一支“政治上靠得住、维权上有本事、作风上过得硬、职工群众信得过”的高素质工会干部队伍。

五、切实加强工会维权机制建设，促进劳动关系和谐稳定

劳动关系和谐是社会和谐的基础。各级工会要更加主动自觉地维护职工群众合法权益，以更大的力度构建和谐稳定劳动关系，让广大职工共建共享改革发展成果。

深入开展“平等协商集体合同”和“工资集体协商月”活动，在非公企业、中小企业集聚的地域和行业，加大推进区域性和行业性工资集体协商签订合同的力度，实现工资集体协商签订合同的全覆盖；推动企业建立健全职工工资协商公决机制、正常增长机制和支付保障机制，提高一线职工特别是困难职工、农民工、劳务派遣工等低收入群体的劳动报酬。

进一步维护职工民主政治权益。认真贯彻落实《企业主管理规定》，开展职代会专项行动，充分发挥职代会在畅通诉求渠道、反映社情民意、维护职工权益中的积极作用；积极开展基层工会星级职代会竞赛活动，争取更多基层工会获得省、市级星级职代会。

进一步维护职工安全健康权益。继续开展"安康杯"竞赛活动，把"安康杯"竞赛活动拓展到更多的非公有制企业中去，拓展到企、事业班组中去；全面推进《女职工劳动保护特别规定》在基层的落实，推动改善女职工劳动环境和保护条件；积极开展"《职业病防治法》宣传周"、"安全生产月"活动，营造"关爱生命，关注安全"的社会氛围。

各位代表、同志们，推动转型发展，促进社会和谐，工会肩负着重大的责任，使命光荣。让我们以高度的责任心和使命感，紧密团结起来，在区委、区政府和市总的正确领导下，动员全区广大职工立足岗位建功立业，为推进我区经济转型跨越发展积极贡献智慧和力量，忠诚履行工会维护职工合法权益的基本职责，不断促进社会主义和谐劳动关系，加强工会自身建设，在加快矿区转型跨越发展的实践中更好地发挥工会组织作用，为实现"三区"建设的宏伟目标，做出更大贡献！

在阳泉市矿区总工会第二次工会积极分子代表大会上的讲话

陶和川

（1992 年 5 月 9 日）

同志们：

今天，我区第二次工会积极分子代表大会胜利召开了。这是我区三年来工会工作的一次总结表彰大会，是我区广大工会工作者的一次盛大聚会。是对我区三年来工会工作的一次大检阅，它将鼓励我区广大工会干部、工会积极分子在今后的工作中奋发进取积极创新，充分发挥自身优势，为实现我区"八五"规划而奋勇拼搏，为我区的两个文明建设活动做出新的贡献。

在过去的三年中，我区广大工会干部和广大工会积极分子在区委和各级党组织的领导下，认真学习贯彻党中央路线、方针、政策、围绕党的中心工作，坚持"一个中心，两个基本点"，进一步落实了全心全意依靠工人阶级的指导思想，在稳定职工队伍，维护职工的合法权利，建设"职工之家"，广泛开展社会主义劳动竞赛，推动生产力发展，增强企业活力等方面做了大量工作，为我区的政治稳定，社会稳定，经济繁荣做出了积极的贡献。

一、加强职工的思想政治工作，活跃职工的文化生活，职工的思想素质进一步得到提高

三年来，我区各级工会组织认真贯彻党的路线、方针、政策，坚持了全心全意依靠工人阶级的指导思想，围绕党的中心工作，开展了深入细致的思想政治工作，及时宣传党中央的指示精神，用党的十三届四中、五中、六中、七中全会和中国工会十一大精神统一职工的思想，稳定了职工队伍，充分发挥了工会组织的桥梁和纽带作用。三年来共组织大型歌咏比赛 2 次，38 个代表队参加人数达 1940 余人，共有 5 个代表队参加了庆"五一"、庆"七一"、迎国庆歌咏比赛。共出墙报、板报 164 期，标语 63 条，召开座谈会、报告会、职工大会等各种会议 105 次。在开展爱党、爱祖国、爱社区主义的三热爱活动和基本国情、基本国策的“双基”教育中，我区各级工会组织和广大工会积极分子积极开展形势政策教育，爱国主义教育和社会主义教育，取得了明显的效果。全区共开展三热爱和双基教育 20 多场，参加活动的职工 1650 人次，30%的职工受到了一次深刻的教育。通过各项活动的广泛开展，使广大职工更加自觉的坚持了党的基本路线，坚定了社会主义信念，稳定了我区的政治形势。

二、广泛开展社会主义劳动竞赛，群众生产工作进一步得到加强

三年来，我区各级工会组织，围绕经济建设这个中心，广泛发动群众，深入开展增产节约、增收节支活动，开展以“质量、品种、效益、安全、管理”为重点的“奉献杯”竞赛和以创先、创新、创优、创汇、创最佳经济效益的为“四化”立功的竞赛，服务行业开展“三个十”优质服务竞赛，有力地推动了我区经济的发展。三年来，共实现“双增双节”总价值 397.55 万元，其中，双增 293 万元，双节 104.55 万元。开展技术比武，岗位练兵 1260 余人次，提合理化建议 858 条，创造价值 59 万元。

为了保证广大职工的主人翁地位发挥工人阶级主力军作用，充分调动广大职工的生产积极性。我区在泰康食品厂、钢木制品厂试行“双保合同”制度的基础上，在全区企业推行“双保合同”制度。取得了很好的效果。目前已有区直、街道企业 15 家签订了为期 1 至 3 年的双保合同。

三、加强了工会自身建设，工会组织进一步健全

三年来，在区委领导的关怀下，我区工会组织进一步建立健全，工会自身建设取得了突破性的进展，形成了全方位的工会组织。建立了网络化的工会机构，为进一步发挥工会的作用打下了坚实的基础，培养和造就了一大批工会积极分子和骨干队伍。三年来，我区先后在税务局、工商局、法院、检察院、司法局、人武部、卫生局，区机关建立了工会组织，基层工会增加到现在的 26 个，会员发展到现在的 2069 名。机关工会组织的建立，为党政机关的广大职工开展了多项活动，做了大量工作，充实了机关职工的物质文化生活。为了维护女职工的特殊利益和合法权益，我们先后在基层工会组织建立健全了女职工委员会，并建立了区女职工委员会。在庆祝技协成立 30 周年之际，我区成立了职工技协，为促进我区的科技进步，推动我区经济发展增添了一支生力军。职工之家的建设也进一步深化，我区新验收了平坦办事处和泰康食品厂两个“职工之家”，使我们的“职工之家”达到 10 个，去年我区在“整组建家”过程中又开展“建小家、保大家”活动，并在弹簧厂先行试点取得经验，召开了现场会，在全区得到推广。他们的“建小家”经验并在市总工会召开的“深化建家搞活基层”经验交流会上做了介绍。1990 年在市总工会召开的全市工会积极分子表彰会上，我区钢窗厂荣获“模范职工之家”光荣称号，弹簧厂机加工车间工会小组获得“先进工会小组”光荣称号。

四、加强了工会的监督保证作用，参政能力进一步得到提高

随着改革的不断深入，我区各级工会的监督保证作用得到进一步发挥，广大工会干部、工会积极分子，职工代表的参政议政能力得到进一步提高，职代会的五权逐步得到落实，大部分单位都做到了坚持定期召开职代会或职工大会制度，关系到企业生产经营、劳保福利、奖惩制度等重大问题的决策都经过职代会通过，充分发挥了工人阶级主人翁作用，调动了职工的生产积极性。1989年我们开始了民主评议干部工作，矿灯厂、弹簧厂的原承包人被解除了合同，使承包人和广大职工受到了一次主人翁教育。去年，我们对80多名职工代表进行了培训，提高了职工代表的参政意识和能力。在劳动保护和生活保障等方面，也充分发挥了工会干部、积极分子和广大工会劳动保护群众监督员的作用。积极配合安委、各级行政开展了安全监督工作，并做到了有关劳动保护，生活保险的重大决策提交职代会通过，参与了安全制度的制定、实施的全过程，确保了安全生产。物价监督工作也取得了显著地成绩，三年来共出动1216人次，检查集体和个人1163家，罚没款收入12412.88元，全部上解区财政，有效地发挥了社会监督职能。

总之，几年来我区广大工会干部和工会积极分子在区委和各级党组织的正确领导下，在政府和各级行政部门的支持下，取得了很大的成绩。使我区的工会工作打开了一个新局面，迈上了一个新台阶。

出席这次代表大会的先进集体和个人是我区两千多名会员的优秀代表，是我区工会工作的骨干力量。是一支活跃的主力军。你们不怕苦、不怕累、不图名、不为利。全心全意为职工群众服务，做了大量艰苦细致的工作赢得了广大职工的尊敬。是我区各级工会干部，积极分子和广大会员学习的榜样。你们的模范事迹和先进思想，反映了全区职工当家做主的高尚品质和工人阶级的优良传统，体现了工人阶级新时期的新风貌。主要表现在以下几个方面：

一是主人翁姿态，积极投身改革。出席这次会议的许多代表，积极站在改革的前列，充分发挥了模范带头作用，成为我区两个文明建设的一支活跃的骨干力量，以自己的实际行动支持了改革。泰康食品厂工会积极筹备建立了职工之家，并在89年率先签订了集体合同，使工会工作和完成生产任务相结合，也使工会工作和维护职工利益、改善职工劳动条件、提高职工的生活福利相结合，充分调动了职工的生产积极性。当年完成任务的160%，双保合同的各项指标也都完成。在第二轮承包中，我区各级工会在各级党组织的领导下，积极参与企业第二轮承包，区直企业的工会主席全部参与了承包赛鱼街道办事处的六个企业。在签订承包合同的同时，全部签订了集体合同。沙坪办事处、蔡洼办事处、桥头办事处等单位都在承包中签订了有关集体合同的条款。

二是两个文明一起抓，两个效益一齐要。出席这次代表大会的许多集体和个人，再抓物质文明的同时注意抓了精神文明建设，取得了可嘉的效果。去年，沙坪办事处在全处工商企业中开展了“四讲四化”的社会主义劳动竞赛活动。即讲精神文明，比思想奉献；讲计划任务，比经济效益：讲遵章守纪，比安全生产：讲职业道德，比优质服务：即抓了物质文明，又抓了精神文明，全办事处提前10天完成了生产任务。桥头办事处、弹簧厂等许多单位也制订了双百分考核办法。机关工会税务局等单位，在搞好本职工作的同时，积极组织职工开展了丰富多彩的文体活动，活跃了职工的文化活动。

三是密切联系群众，热心为群众服务。许多工会工作者和工会积极分子，长年累月，默默地为职工办好事，服好务，有许多非常感人的事迹。弹簧厂锻压车间职工陈三元家属有病住院，可他家境贫寒，工会小组长得知这一情况后及时向厂里反映，厂工会立即写出了捐资启示，在两天的时间里有 114 人捐款 335 元和粮票 191 斤，充分体现了职工之家的温暖。钢木制品厂工会主席刘计花身兼数职，他在做好本职工作的同时，经常深入群众了解情况，坚持过年过节到生病和退休的职工家中慰问，被评为出席市"模范工会积极分子"。矿灯厂工会主席张茂荣始终把职工的疾苦放在心上，多次受到市区表彰。

四是党、政、工齐心协力，唱好一台戏。许多单位正确处理党、政、工三者关系，相互支持，密切配合，齐心协力同唱一台戏。许多党政领导，热心支持工会工作，把工会工作放在重要位置，使工会工作得以顺利开展，今天出席这次代表大会的 7 名同志就是他们的优秀代表。

今年以来，改革的春风吹遍了中华大地，邓小平同志的视察南方讲话把改革推向了一个新的高潮。面对当前国际国内形势，我们要做好以下几项工作：

一、要坚定不移地贯彻中央 2 号文件精神，进一步解放思想，抓住当前有利时机，加快改革开放步伐，集中精力把经济工作搞上去。坚持执行党的基本路线，一百年不动摇。要教育职工充分认识到当前加快改革、深化改革的重要性，认识到改革是社会主义制度的自我完善，改革的目的是要破除束缚生产力发展的制约因素，是为了解放和发展生产力。激发广大职工的积极性和主人翁责任感，增强企业活力，提高经济效益。改革代表着工人阶级的根本利益，各级工会要进一步解放思想，在区委和各级党组织的领导下，围绕经济建设这个中心，充分发挥工人阶级主力军作用，团结和带领广大职工做"四有"新人，当改革主力，为四化立功，为振兴我区经济做出贡献。

二、要认真学习、宣传、贯彻新工会法。新工会法的颁布标志着我国工会工作进入了新阶段。它以宪法为依据，坚持党的基本路线，贯彻党的全心全意依靠工人阶级的指导方针，反映了工人阶级作为国家领导阶级的主人翁地位，明确了工会工作在新时期的任务，体现了具有中国特色的社会主义工人运动和工会工作的基本特点。在活动准则上，坚持党对工会的统一领导与工会依照法律和章程独立自主、创造性地开展工作；在主要任务上，坚持维护、建设、参与、教育等任务的完整性和有机结合；在工会指导思想上，坚持维护全国人民的总体利益的同时，维护职工的合法权益；在组织原则上，坚持在根本利益一致的基础上相互尊重、相互支持。我们要迅速掀起一个学习、宣传、贯彻新工会法的热潮。一是学习要深，联系实际，真正掌握工会法的基本内容和精神实质。二是宣传要广，采取多种形式、多层次、多渠道的向职工宣传。三是贯彻要实，要自觉地用法律规范自己的行为，切实行使权力，履行义务，使工会工作纳入法律规道。

三、要认真做好工会的各项工作：1.要做好职工的思想政治工作，广泛开展社会主义教育，结合本单位实际，组织职工学文化、学技术、建设一支"四有"职工队伍。2.要坚持"一个中心、两个维护"的原则，积极参与改革、支持改革，在维护国家总体利益的同时，更好地维护职工的具体利益。3.要围绕经济建设中心，发挥工会群众生产工作优势，广泛开展社会主义劳动竞赛。重视和发挥职工技协作用，组织职工开展技术比武，技术交流活动，帮助企业解决技术难题。4.要加强工会自身建设。加强企业民主管理完善职代会制度，继续深化建家工作，推广弹簧厂“建小家”经验，增强基层活力，建立一支广泛的积极分子队伍。

同志们，90年代将是我国改革突飞猛进，经济迅速发展的时代。任务光荣而艰巨，任重而道远。让我们在党的领导下，谦虚谨慎，戒骄戒躁，振奋精神，埋头苦干，团结和带领全区广大职工，充分发挥工人阶级主力军作用，为振兴我区经济，实现“八五”计划再立新功。

肩负重任　奋力拼搏
充分发挥工人阶级在经济建设中的主力军作用

——在阳泉市矿区第二次工会积极分子代表会议上的讲话

矿区区委副书记　刘昌珍

（1992年5月9日）

各位代表、同志们：

正当全区人民认真学习邓小平同志重要讲话。全面贯彻落实中央2号文件和中央政治局全体会议精神以及区委常委（扩大）会议精神之际，区总工会今天召开了第二次工会积极分子代表大会。刚才，河川同志就工会工作作了讲话，又对近三年来在工会工作战线上涌现出的先进集体和先进个人进行了表彰奖励。这次会议开得适时，非常重要，它既是推动全区广大职工以新的姿态，在经济建设中发挥主力军作用的一次动员会，也是全区广大工会会员群众认真学习新颁布的《工会法》，进一步解放思想，明确目标，团结一致，搞好工会工作的誓师会。值此之际，我代表区委、区政府向战斗在工会战线上的广大工会工作者，工会积极分子以及全体会员同志们表示亲切的问候！

三年来，区总工会和各基层工会组织在区委和各级党组织的领导下，认真贯彻党的基本路线，坚持工会工作的正确方向，全面履行了工会的各项职能，团结和带领全区广大职工认真贯彻党的基本路线，始终以经济建设为中心，发扬工人阶级的优良传统和特别能战斗的精神，从而在各方面均取得了显著的成绩。区总工会连续三年被评为区先进集体。区委对工会工作是肯定和满意。

今年是我国全面贯彻中央2号文件和中央政治局全体会议精神，动员全区人民解放思想，更新观念，抓住机遇，发展自己的一年，是全面贯彻落实党的十三届八中全会精神，进一步深化企业内部改革，转换经营机制的关键一年，是全面落实区委三届会议精神的关键一年。下面，我就以经济建设为中心，在深化企业改革中充分发挥工人阶级主力军作用，努力做好工会工作讲几点意见。

一、明确认识工人阶级是贯彻党的基本路线的主力军

党的基本路线是建设有中国特色社会主义的生命线、胜利线。十多年来,我国社会主义现代化建设事业之所以能取得举世公认的成就,其根本原因就在于我们制定和坚定不移地贯彻了这条路线。而作为我国人民领导阶级的工人阶级,是贯彻党的基本路线的主力军。基本路线代表了工人阶级的意志,基本路线的贯彻执行,极大地调动了广大工人阶级的生产积极性和创造力。正因为如此,在当前,抓住机遇,发展自己的新形势下,我们必须充分认识只有沿着党的基本路线前进,中国才大有希望,大有前途。只有充分发挥工人阶级在贯彻党的基本路线中的主力军作用,才能最大限度地解放和发展生产力,才能把各项事业办好,才能把经济搞上去。全区工会干部和广大职工,一定要充分认识在实现第二步战略目标,建设有中国特色社会主义千秋大业中我们所处地位的重要和肩上的重任。在新形势下,做解放思想的带头人,做深化改革,振兴经济的排头兵,工人阶级在发展经济,深化改革,稳定大局中要充分发挥主力军作用。

二、高度重视在深化改革中的思想政治工作

如何充分调动广大职工的积极性,把中央和各级党委的要求部署变为广大职工的自觉行动。一个十分重要的问题就是要改进和加强思想政治工作。改进和加强思想政治工作是我们党的政治优势,越是发展经济,越是深化改革,越要改进和加强思想政治工作。各级工会组织要通过卓有成效的宣传教育,使广大职工清楚地认识到,改革开放,深化改革,是为了发展社会的生产力,是为了增强我国的综合国力,是为了提高广大人民的生活水平。国家利益、集体利益、个人利益是一致的,我们的目的是使生产力较快地发展起来,最终使全体劳动者生活水平都得到提高。只要把道理讲清了,广大干部、职工是会理解,支持改革的。在思想教育中,我们一方面要有计划地、有针对性地开展"双基"教育、"四职"教育和"三热爱"教育,把各个教育有机结合起来。另一方面在教育中,一定要发扬实事求是、理论联系实际的作风,把握职工的思想情绪,摸准职工的思想脉搏。特别是在当前深化改革中,尤其要加强宣传教育工作,针对性地解决好职工中存在的各种疑虑和片面认识,从而使职工自觉投身于深化改革中,努力为稳定队伍,稳定社会,发展经济做出积极的贡献。

三、学习贯彻好新的工会法,全面加强我区工会建设

新的工会法颁布,不仅是工人阶级政治生活中的一件大事,也是全党和全社会的一件大事。它标志着我国的工会工作进入了一个新的阶段,充分反映了工人阶级作为国家领导阶级的主人翁地位,明确了工会组织在新时期内的基本任务,体现了具有中国特色的社会主义运动和工会工作的基本特征,把工会工作纳入了法制轨道。新的工会法制定,对于进一步加强党对工会工作的领导,密切党和政府同职工群众的联系,更好地发挥工会在深化改革和经济建设中的作用,有着重大的现实意义。各基层工会组织,工会干部,广大工会积极分子,要以最大的热情,在各级党组织的领导下,采取多种形式,认真学习,大力宣传工会法,力求做到家喻户晓,深入人心,使社会各界真正进一步了解工会、支持工会，为新《工会法》的深入贯彻和工会工作的进一步发展，创造良好的社会环境。当前，企业内部改革，经营机制转换，必将涉及到利益的调整，也难免出现一些侵犯职工合法权益的问题。因此，在学习宣传工会法中，要联系本单位实际，深入调查研究，及时反映职工的意见和要求，用法指导工作，协调工作，使工会工作逐步走向法制化轨道。广大工会干部特别是各级工会领导干部，要不断提高自身素质，在学习工会法的基础上，依法行使权利，认真履行义务，规范自己的行为，从而把工会工作提高到一个新的水平。

各位代表同志们，伟大的时代赋予我们神圣的使命，不管道路怎样曲折，前途总是光明的，建设有中国特色的社会主义，任重而道远，让我们在党的基本路线指引下，全心全意依靠工人阶级在经济建设中的主力军作用，同心同德，埋头苦干，为顺利完成各项经济任务指标，为全面加强工会建设而努力奋斗。

在阳泉市矿区总工会第二次女职工代表大会上的讲话

矿区区委副书记　董仙桃

（1999年10月28日）

各位代表、同志们：

在全区广大职工满怀信心、顽强拼搏，为实现“三个目标”奋力拼搏、开拓进取之际，阳泉市矿区工会第二次女职工代表大会隆重召开了。这是我区女职工政治生活中的一件大事，在此，我谨代表区委向大会表示热烈的祝贺！向各位代表，并通过你们向奋战在全区各条战线上的广大女职工表示亲切的问候和崇高的敬意！向亲临大会指导工作的市领导表示诚挚的欢迎！

矿区工会第一次女职工代表大会以来，区总工会女职工委员会和各基层工会女职工委员会，在区委和上级工会的正确领导下，团结带领全区女职工，坚持以邓小平理论和党的基本路线为指导，紧紧围绕党的中心工作和区委的总体部署，同心同德，开拓进取，为促进我区的两个文明建设做出了突出贡献。各级工会女职工委员会广泛深入地开展了争当“业务女状元”“技术排头兵”“五个一”和“一基四本”的劳动竞赛活动，开展以“爱岗敬业、学习成才、姐妹互助、文明家庭”为主要内容的“巾帼双奉献”活动，大力维护女职工的合法权益和特殊利益，得到了广大女职工的赞誉和信赖。广大女职工发扬自尊、自信、自主、自强的精神，以主人翁姿态，投身我区改革和建设，在各项事业中，表现出了良好的精神风貌和勤勉敬业的品格，成为推动物质文明和精神文明的一支重要力量，涌现出了一批女劳模、女先进工作者。与此同时，在各条战线上，一批德才兼备的优秀女职工干部脱颖而出，走上了领导岗位，她们以显著的政绩展示了女职工参与管理的智慧和才干，矿区女职工是全区广大妇女的骄傲，也是矿区20万人民的骄傲。

当前,我们正处在一个承前启后、继往开来的历史发展时期。机遇与挑战并存,希望与困难同在,做好新形势下的工会女职工工作,具有十分重要的意义。实现我区跨世纪宏伟目标,离不开全区女职工的参与和支持,为此,我们必须进一步加强工会女职工工作,充分挖掘蕴藏在女职工的聪明才智和劳动热情,团结和动员全区女职工为实现矿区的经济腾飞而奋斗。

下面,我讲两点希望与要求。

一、加强女职工工作,首先要提高对女职工工作重要性的认识

女职工工作是整个工人运动的一个重要组成部分,其工作有三个特点:一是综合性;二是特殊性;三是相对独立性。所谓综合性,就是女职工工作不仅仅是一个部门的事,它渗透在各行各业、各个部门,哪里有女职工,哪里就有女职工工作。所谓特殊性,是讲女职工除了男职工一样是物质财富和精神财富的创造者以外, 还承担着人类自身繁衍的特殊使命,由于受几千年来男尊女卑的封建残余思想影响,在相当一部分人中仍然不同程度地存在着轻视妇女的思想。这就决定了女职工工作难度更大一些。所谓相对独立性,是讲由于女职工心理上、生理上和社会历史原因造成的特殊性,需要有一个相对独立的机构来为女职工说话,替女职工办事,维护女职工的合法权益和特殊利益。以上三个特点,中央一些领导同志和全国总工会的领导曾多次从不同角度强调过,各级领导干部要切实认识女职工工作的重要性,把这项工作摆上重要议事日程。要认真研究本单位、本部门的女职工工作问题,支持女职工委员会依照法律和章程独立自主地开展工作。要积极为女职工参与经济建设创造条件,努力改善妇女的经济政治地位。当前、要特别重视保障妇女的就业权利,积极开展适合妇女就业的领域,妥善安置下岗女职工,要按照《中国妇女发展纲要》和《山西妇女发展“九五”规划》提出的目标,积极培养选拔女干部,逐步提高我区妇女参政的比例,使各级领导班子中特别是女职工集体中的企业和单位,都有一定比例的女领导干部。

二、加强女职工工作,要注重发挥女职工委员会的作用

工会女职工委员会是工会领导下的, 团结带领广大女职工参加社会主义现代化建设,维护女职工特殊利益和合法权益的组织。随着社会主义市场经济体制的建立和发展,工会女职工委员会的任务日益繁重。当前要做好以下四项工作。

一是要站在讲政治的高度,加强理论学习,引导广大女职工提高政治素养,特别是认真学习邓小平理论和党的十五大精神,学习马克思主义的妇女解放理论,以及党和国家有关妇女工作的法律、文件、政策等,用正确的理论来指导工作实践,开动脑筋,勤于思考,权于革新,更好地适应新情况,解决新问题。

二是要重视发挥妇女在推动社会主义两个文明建设中的作用。妇女在家庭和社会中的特殊地位,决定她们不仅是社会物质财富的创造者,而且在社会主义精神文明建设中也发挥着独特的作用。我区工会女职工委员会开展的“巾帼双奉献”活动和“讲究社会公德,在社会作好公民;讲究职业道德,在岗位做好职工;讲究家庭美德,在家庭做好成员”的“三好”活动,既体现了社会主义精神文明建设的要求,是贯彻党的基本理论和基本路线、贯彻党的十五大精神,两个文明一起抓的好举措,要继续发扬,在全区抓出成效。

三是要努力维护女职工的合法权益和特殊利益。

四是要加强“四有”“四自”教育。各级工会女职工委员会要积极帮助女职工树立自立自强、艰苦创业精神,增强市场意识、竞争意识、机遇意识和风险意识,鼓励她们发奋学习、刻苦钻研,提高女性的文化素质和就业能力。总之要拓宽视眼,疏通渠道,赢得各级党委和行政部门对女职工工作的支持。主动争取社会各方面的支持和配合,特别是要与各级妇联组织携起手来,相互支持,共同把女职工工作搞好。

我相信,在区委、区政府和市总工会的正确领导、大力支持下,全区各级工会女职工组织和广大女职工,一定会充分发挥主力军作用,积极投身到矿区跨世纪宏伟目标的伟大社会实践中,为振兴经济谱写出工运史上女职工工作更加辉煌,更加雄伟的新篇章。

各位代表、同志们,在全面推进改革开放和社会主义现代化建设事业的伟大实践中,我们女职工肩负着光荣而神圣的历史使命,让我们更加紧密地团结在以江泽民同志为核心的党中央周围,高举邓小平理论的伟大旗帜,把全区广大女职工的力量凝聚到落实十五大精神和实现我区“三个目标”上来,以饱满的热情、必胜的信念、务实的态度、创新的精神,同心同德、振奋精神、抓住机遇、开拓进取,为矿区经济上新台阶再立新功。

祝各位代表工作顺利,身体健康!

在全区工会干部培训班上的讲话

矿区人大常委会副主任、总工会主席　史豪强

(2013 年 9 月 24 日)

同志们:

为认真贯彻落实《阳泉市 2011~2015 年工会干部教育培训规划》,切实提高工会干部履职能力,今天我们在这里举办全区工会干部知识培训班,举办这期培训班主要是为了加强全区各级工会干部队伍建设,提高工会干部政治理论和业务水平,共同探讨新形势下的工会工作。在座的各位,都是来自基层一线的工会干部,在艰苦的基层工作中,表现出了艰苦奋斗,无私奉献,勤勤恳恳,开拓创新的精神风貌,并为职工群众提供了扎扎实实的服务,为推进全区工会工作和“三区”建设付出了辛勤的汗水,做出了积极的贡献。借此机会,我谨代表区总工会向你们表示最亲切的慰问和最真诚的感谢!

为了举办这次培训班,区总工会做了大量细致的准备工作,特别邀请到市总工会常委、生活保障部毛湘宁部长、市总工会常委、女工部葛玉琴部长、市总工会组织人事

部史雪松副部长为大家做培训，为了检验培训班学习效果，在培训结束后我们还将组织进行知识考试，希望广大工会干部认真学习，将学习内容真正运用到实际工作中去，推动基层工会工作再上新台阶。借此机会，我就加强学习培训，如何当好一名合格的工会干部，讲几点意见：

一、工会干部要热爱工会工作

中国工会是中国共产党领导的职工自愿结合的工人阶级群众组织，是党联系职工群众的桥梁和纽带，是国家政权的重要社会支柱，其职责是代表和维护职工的合法权益。在新的历史条件下，我们作为一名工会干部承担着光荣而艰巨的任务，每个工会干部都要从内心深处热爱工会这份神圣而崇高的职业，在实际工作中，做到爱岗敬业、勤奋学习、刻苦钻研，干一行、爱一行、钻一行、精一行，权为职工所用，情为职工所系，利为职工所谋，心里时刻装着广大职工，动真感情、倾尽全力积极为职工办实事、解难题，真正把党和政府的关怀与温暖真真切切地送到广大职工中。

二、工会干部要重视学习工会知识

希望大家通过这次培训活动，自觉养成一种勤奋学习、钻研理论的良好习惯，形成一种工作学习化、学习工作化的机制。不但要努力在实践中运用所学到的理论知识，而且还要不断地在学习中接受新观念、理解新知识，掌握新技术，收集新信息，消化新理论，形成新水平。作为基层工会干部，参与实践的机会是多的，关键的环节就是要在实践中做到有心、留心、用心。有心，就是在工作实践中有运用新理论、新知识的心思，不能满足于做好一般性工作、应付好上级工会的检查就行了。只有当好了一个有心人，工作才会得到不断创新，不断进步。留心，实际上就是留心观察、留心总结、留心改进。新的知识是改进工作、衡量工作实践的新标准，用所学习到的新知识观察、改进过去的工作，就是我们进行学习的目的。用心，就是用心去学习新知识，在学习中不是应付，不是敷衍，不是浅尝辄止，而是结合自己的工作实践，用心理解，用心推敲，切实运用。

三、工会干部要抓实工会重点工作

各级工会组织按照“组织起来，切实维权”的工会工作方针，一要在组织建设上，以“深组建、创星级、树典型、大培训”为主线，以“工会组建月”和“三双”活动为抓手，努力在提高工会组建质量，推进基层工会组织规范化建设，提升工会干部履职能力，激发基层工会活力上取得新成效。二要在维权工作上，注重源头参与，通过职代会、签订集体合同，工资协商协议等适应非公企业特点的活动，切实维护好广大职工的政治权益、经济权益和文化权益，并把职工群众的生命安全和健康权益作为维权工作的重点；深入开展“四季”帮扶救助活动，不断提升以“倾情解难事、温暖进万家”为主题的送温暖活动，不断拓展活动参与面，进一步提高互助能力和水平；深入贯彻落实《女职工劳动保护特别规定》，以“集体合同平等协商月”为契机，做好女职工权益保护专项集体合同签订工作，深化女职工“关爱行动”，建立健全服务女职工长效机制，不断推动女职工工作创新发展。三要强化工会建功立业上，继续以职工技术技能大赛活动为载体，努力提高职工技术技能素质，实施人才强区战略，要继续开展职工之家、劳动模范、“工人先锋号”、节能减排、岗位练兵、技能比武、职工培训、文体活动等竞赛活动，充分发挥广大职工在矿区经济社会发展中的主力军作用，努力发展和谐劳动关系、夯实促进社会和谐、维护社会稳定。四要在民主管理上，进一步加大企务公开、职工代表大会建制工作力度，在巩固企事业单位企务公开、职代会建制率100%的基础上，依托街道、社区、行业工会，大力推行区域（行业）职工代表大会制度和企务公开制度。五要在宣传调研上，一方面充分利用各种新闻媒体和工会信息、网站等，大力宣传在工会工作中涌现出来的先进典型和先进经验，弘扬正气，树立典型；另一方面按照省总、市总工会统一部署，深入开展“调查研究年”工会大调研活动，经常性的深入基层工会及广大职工中，了解职工在想什么、需要什么，热心为职工群众办好事、做实事、解难题，并积极探讨新形势下工会工作的方式方法。六要在领导班子建设上，按照“革命化、年轻化、知识化、专业化”标准，把各级工会领导班子建设成为全心全意为职工群众服务，具有领导社会主义市场经济条件下工会工作能力的团结合作、清正廉洁、想干事、能干事的坚强领导集体。以高度的政治责任感和严谨的工作作风，扎实工作，圆满完成各项任务，向区委、向全区职工群众交上一份满意的答卷。

同志们，学习知识的机会难得，学习新知识、新观念、新思路的机会更难得。希望大家共同珍惜这次机会，争取在较短的时间内，促使自己的知识结构有一个新的变化，思想认识有一个新的飞跃，综合素质有一个新的改善，工作能力有一个新的提升。希望大家珍惜机会，认真听讲，勤记笔记，把老师的讲课消化好，吸收好，在今后的工作中，学以致用，干出成绩，为我区的工会事业再做新贡献，为把我区工会打造成全国一流县区工会而努力。最后，祝愿本次培训班圆满成功！祝大家学有所获！

四、典型经验选录

一枝一叶总关情
——阳泉市矿区总工会致力于锻造品牌工会的探索实践

张廷壮

开篇语

职代会制度暨集体合同培训班；美容美发培训班；就业再就业招聘会；“女职工爱心健康知识讲座”；不断升级助学内容、逐渐扩大资助范围的“金秋助学”活动……近年来，阳泉市矿区总工会致力于打造工会品牌，推出了一系列有矿区特色的工会活动，深受广大职工的好评，赢得了广大职工的信赖，工会由此扩大了社会影响。

一个特色工会、有为工会、品牌工会渐渐在阳泉市乃至全身、全国声誉鹊起。

有着多年工会工作经验的阳泉市矿区人大常委会副主任、矿区总工会主席史豪强，对工会组织的理解就是不仅要“主动作为、积极作为、依法作为”，而且要“敢于作为、善于作为、乐于作为”，只有如此才能搞好工会工作。

一枝一叶总关情。考察阳泉市矿区工会的作为之路，正是一条扎实的进取、踏实的做事、务实的奉献之路。对品牌工会的不懈追求，也构成了矿区总工会工作的主动内涵……

结合实际、措施有力的职业追求——
努力锻造一个敢于作为、依法作为的品牌工会

【敢于作为的典范】 家住阳泉一矿的聂萍萍，丈夫因为与人发生口角被人伤害身亡。丈夫是家里的顶梁柱，她本人没有工作，生活陷入窘境。得知这一情况后，矿区总工会与法律援助中心积极联系，为她找到一名律师代理此案，最终通过法律程序，为她赢得了近8万元的赔偿金，被告也得到了应有的法律惩罚。

家住阳泉小南坑的李红英，再一次宣传活动中向矿区工会的工作人员进行了法律咨询，倾诉了她的遭遇。原来，李某的丈夫十年前去世之后，一直是由她领取丈夫的抚恤金，后丈夫原单位无故中断了这项费用，致使李红英生活更加困难。随后，矿区总工会在多次出面同企业协调无进展的情况下，通过法律援助将该企业诉至人民法院，维护了李红英的合法权益。

敢于维权是根本，依法维权是关键。在涉及企业职工合法权益的维护上，工会要敢于维权、善于维权，旗帜要更鲜明，声音要更响亮，措施要更有力，努力帮助职工群众解决实际问题。阳泉市矿区总工会维护职工合法权益，正是其多年来敢于作为、依法作为的生动写照。

阳泉市矿区是一个典型的工矿型城市去，由于历史原因和人员构成原因，辖区居民整体法律素质偏低，并且吸毒人员、刑释解教人员以及家庭困难人员等特殊人群人数众多。近年来，阳泉市矿区总工会毫无畏惧，迎难而上，坚持以市总工会工作精神为指导，从矿区实际出发，提供法律援助受理职工来信来访等，不断拓展工会工作领域和工作范围，打造了有矿区维权特色的品牌工会。

维权特色之一：夯基础抓建设，确保维权服务机构健全。

加强阵地建设是开展好法律宣传、援助的关键和基础。矿区总工会充分发挥自身资源优势，加大资金投入，积极拓宽普法阵地建设，让普法“大篷车”随时开进社区，来到居民身边。这些举措都为扎实开展职工普法工作提供了坚实保障。

加强队伍建设是抓好普法宣传工作的关键。为此，矿区总工会把培养造就一支高素质的普法队伍作为重中之重，积极借助各种社会资源参与普法宣传和法律援助，不断加大这类型人才的培养培训力度，累计培训工会干部和普法骨干 200 人次。同时，矿区总工会进一步加强同司法部门的沟通协调，建立了以律师、大学生、专家学者为主体的工会法律服务志愿者队伍，专门聘请法律专家为其授课 20 余次，进一步增强了工会干部的法律意识。

矿区总工会不仅重视抓好经常性的宣传工作，而且十分重视利用国家法定宣传日、重要会议或者针对特定人群开展各类大型的宣传活动，使职工群众运用法律武器维护自己合法权益的意识越来越强，

维权特色之二：增强法律维权意识，做好法律维权工作。

矿区总工会注重“普法”与“维权”的有机结合，在方方面面体现法制意识和维权意识，将法制宣传教育与劳动争议调处工作相结合，利用处理劳动纠纷的有利时机，用以案说法的形式向当事人宣讲法律知识，既帮助当事人解决了纠纷，又提高了当事人的法律知识水平。近年来，矿区总工会为工会会员提供法律援助 100 余次。

维权特色之三：注重维权效果，确保维权工作落到实处。

让法律的阳光照亮每个角落，温暖每个心灵。在矿区各级工会组织的共同努力下，矿区总工会的法律宣传和法律援助工作得到了社会各界的广泛认可，先后多次被评为出席市、区法律维权先进单位，2010 年荣获全国、省工会系统“五五”普法先进单位称号，2012 年被中华全国总工会命名为“全国工会职工法律援助维权服务示范单位”。

从市、区先进典型，到省级荣誉称号，再到全国性的示范单位，阳泉市矿区总工会走了品牌工会之路，保持了与时俱进的品质，充满了探索实践精神。“阳泉市模范县（区）工会”、“全省五星级困难职工帮扶中心”、全国工会系统“五五”普法先进单位、全省工会帮扶工作人员“三比三看”先进单位、全省推进女职工权益保护专项集体合同

工作先进单位、阳泉市“精神文明单位”、全国职工法律援助维权服务示范单位、全省“关爱职工、实现双赢”活动先进单位、全省工资集体协商“建制扩面提质年”先进单位……一系列荣誉称号见证了矿区总工会锻造品牌工会的征程,谱写了一曲敢于作为、善于作为、乐于作为的壮美诗篇和壮丽凯歌。

敢于担当,勇于作为;大胆探索,勇于实践,阳泉市矿区总工会维权经历,塑造了一个“公道正派、清正廉洁、甘于奉献”的品牌工会形象。

2011 年 7 月,阳泉市矿区总工会在全省首创与驻区工会组织成立工会发展促进会,加强了与驻区单位工会组织的联谊活动。促进会开展论文征集活动、举办工会培训班、为基层工会主席送生日蛋糕、摸底调研基层工会状况……展示了矿区总工会的创新精神和时代风貌,实现了“资源共享、优势互补、互利共赢、共同发展”的目标。

脚踏实地、寻求突破的职业追求——努力锻造一个积极作为、善于作为的品牌工会

【善于作为的典范】 矿区总工会以敢为天下先的精神,在全市率先成立了街道工会联合会。

以街道办事处为依托,以联合会为形式,广泛吸纳私营企业、个体工商户、社区的职工入会,组建了药品经营企业联合工会和社会私营医疗卫生联合工会,从而进一步扩大了工会的群众基础。

这是矿区总工会在新形势下进行的有益尝试。从此,一个区、街道、社区工会三级网络形成了,进一步理顺了管理体制。

积极作为、善于作为,展示的是矿区总工会的科学精神和敬业态度。

矿区是阳泉市的县级建制区,是全国最大的无烟煤生产基地,煤炭、铝业、磁材为区域三大支柱产业,文化、教育、卫生等社会事业较为发达。区域经济总量及人均财力排位均处于全市前列,在全省属于中上位置。近几年来,区委、区政府带领全区人民励精图治,奋力赶超,与时俱进,矿区经济和社会事业取得长足发展,先后获得了国家级科技先进城区、国家级妇儿“两纲”示范区、省级文化先进区、省级卫生先进区、升级双优模范区等荣誉;相继被确定为国家级社区建设实验区、全省首批素质教育实验区。地处这样天时、地利、人和的独特氛围,矿区总工会积极作为、善于作为、彰显了工会工作者的时代担当和职业追求。

矿区总工会深化民主管理、民主监督工作,促进劳动关系的和谐稳定,做了大量卓有成效的工作,保持了一种“坚持不懈”的发展态势。

坚持职工代表大会制度。在矿区总工会的努力下,全区凡成立工会的单位都建立了职工代表大会或职工大会制度，这些单位的职代会在企事业单位重大问题的决策上,行使了职代会的职权,即重大决策不经过职代会不出台;重大改革方案不经过职代会不实施;职工工资、福利、住房、保险等方案不经过职代会制度不出台;各项规章

制度、奖惩办法不经过职代会审议不生效。特别是企业改制，方案和具体事宜必须经过职代会表决通过，以充分体现职工的民主权利。

坚持平等协商、签订集体合同矿区总工会在全区建立了平等协商签订集体合同制度，逐步对集体合同进行了充实、完善、提高，并根据新的形势和深化改革的需要，一方面做好平等协商前的充分准备，另一方面充实、细化集体合同的内容，严格履行程序，指导签订合同。去年全区有 28 家企业新签或续签了集体合同，签订集体合同的企业认真履行合同中的有关条款，维护了职工的合法权益。

坚持全面推行区域性职工代表大会制度。2013 年，矿区总工会在阳泉市又率先探索区域性职代会制度，从而规范了小型及街道企业的职代会制度，还以联合工会的形式建立了个体工商户联合工会组织，拓宽了建会渠道，扩大了工会组织的覆盖面。矿区总工会的主要做法一是突出了职代会在国有集体企业中的职能；二是推动私营企业民主管理制度走向规范化；三是继续推行星级竞赛活动，促使职代会制度进一步完善；四是奠定了维护职工合法权益、协调劳动关系的基础；五是积极组织开展集体合同和平等协商月宣传活动。一个显著的例子是：矿区总工会把全区以 6 个街道为单位划分为 6 个区域，使 7312 名小企业的职工通过区域性职代会这种形式实行了民主管理，实现了矿区小型私营企业民主管理工作的新突破。

为了规范区域性职代会工作，矿区总工会还建立了“三个制度”，即职工代表巡视检查制度、集体合同履约情况报告制度、区域性职工代表大会决议落实情况工作考核制度。其目的就是要通过区域性职工代表大会制度的推行、区域性集体合同的签订，在众多小企业中有力地维护职工的合法权益，提升工会的地位，增强老板和职工的民主意识。事实证明，这一做法协调稳定了企业劳动关系，促进了企业管理加强和生产发展，实现了老板和职工的“双赢”。

几年来，矿区总工会按照“扩大覆盖面，增强凝聚力”的要求，探索工会组建新路子，实现了组建新突破。全区各级工会组织按照“哪里有职工，工会组织就建到哪里”的原则，通过开展“工会组建攻坚月”活动，先后成立了街道总工会 4 家，街道工会联合会两家，机关、政法、教育 3 个系统工会联合会，药品经营、社会个体医疗两个行业工会联合会，社区工会组织 40 家，商业一条街联合工会 4 家，会员人数由 6061 人增加到 19706 人，逐步编织起了一个区、街道、社区三级工会组织网络，实现了工会组织全覆盖。2011 年、2012 年连续两年矿区总工会在全省“工会组建月”活动中荣获优胜县（区）总工会称号。按照“一条例五规范”标准要求，矿区总工会累计投入十万余元，为 9 个基层工会和社区工会配备了电脑、电脑桌、档案柜、文件柜、牌匾、文件夹、档案盒等办公设施，一个创建星级工会的高潮在矿区兴起，涌现出桥头街道总工会、赛鱼街道总工会、平潭街道总工会、沙坪街道总工会、贵石沟街道工会联合会 5 个“山西省五星级乡镇（街道）工会”。

积极作为、善于作为的阳泉市矿区总工会，能够不断实现工作上的突破，主要得益于工会干部的敢于担当、吃苦奉献的职业追求。

突出特色、展示风采的职业追求——努力锻造一个主动作为、乐于作为的品牌工会

【乐于作为的典范】 举办矿区“城管杯”职工篮球赛；举办矿区首届职工卡拉 ok 歌手大赛；举办游泳培训班；开展“大练兵、大培训、大比武”活动；举办矿区职工乒乓球、华牌、象棋比赛；举办“庆三八、促和谐、展风采演讲”比赛；元旦、元宵节街头大型文艺演出活动；组建了一支 40 余人的业余晋剧艺术团……一个主动作为、乐于作为的品牌工会正在扩大工会的社会影响力。

对矿区基层工会主席、社区工会干部进行业务培训；对工会财务人员进行财务知识培训……一个主动作为、乐于作为的品牌工会逐步走入世人的视野

文化活动有力量。近年来，主动作为、乐于作为是阳泉市矿区总工会的显著特征，特别是该区总积极组织开展丰富多彩的文体活动，活跃职工的精神文化生活，更是获得广泛好评。矿区总工会举办的全区职工运动会、篮球赛、职工卡拉 ok 歌手大赛和第八套广播体操比赛、拔河、象棋、扑克等不同形式的文体活动，全区累计有 158 家单位参加活动，2540 余人次参赛；举办职工游泳培训班 13 期，参加人数达 1500 人次；参加市总组织的女职工全健排舞比赛、“阳泉市首届女职工之歌合唱节”比赛、矿区首届“全健排舞”大赛和女职工节能减排“三个一”互动；组织参加市总开展的书法、美术、摄影作品展和读书征文活动，被评为优秀组织单位；每年开展“百场电影进社区”活动，累计为广大职工免费放映电影和计划生育、法律法规等知识宣教片 320 部。

阳泉市矿区总工会开展的文化活动所体现的现实意义，在于无论是企业文化建设，还是职工文化建设，都显示了矿区总工会立足于职工主体地位的决心，坚持和体现以人为本，扎根于企业的土壤，深入职工之心，努力推动企业文化、职工文化成为职工的行为指导乃至自觉意识，在促进企业和职工共同发展中彰显“软实力”的力量和作用。

提升素质有平台。阳泉市矿区总工会还为提升职工整体素质搭建了多种平台，这也是该区总工会的一大特色。

一是组织辖区企事业单位开展多种多样的竞赛活动。矿区总工会以开展“争创工人先锋号，争当首席员工”活动和职工技术“大培训、大练兵、大比武、大创新、大竞赛”活动作为工会参与和投身经济建设的着力点，积极引导和组织广大职工通过技能比赛、劳动竞赛、岗位练兵、技术比武等活动，不断提高广大职工的义务能力；组织区环卫处开展百日技能竞赛活动，并参加了阳泉市环卫行业技能比武大赛，赢得了团体总分第一的好成绩；参加省级环卫工人技能大赛，1 名职工荣获省级“城市美容师”称号，1 名职工荣立省劳动竞赛二等功，区环卫处清掏组荣立省三等功；联合区教育局开展了“主体型课堂教学模式”大赛，全区 25 所中、小学的 2400 名教师参加了比赛；参加市总组织的教学演讲、教师计算机应用技能大赛等活动，3 名职工荣立市劳动竞

赛委员会二等功;组织开展了社区卫生服务技能比武活动,共有30名基层医护工作人员参加了比赛。

二是大力弘扬新时期劳模精神,增强劳模的感召力。几年来,矿区总工会召开劳模表彰大会三次、记功表彰大会三次,选拔推荐"全国五一劳动奖章"获得者1名、省特级劳模1名、省市级劳模14名;充分利用新闻媒体、实际报告会等多种形式宣传、弘扬劳模的时代风采和主人翁精神,调动了广大职工投身改革开放和经济建设的积极性,在全区形成了学先进、赶先进、争做先进的浓厚氛围。

三是努力营造良好的学习氛围,提升广大职工的素质。矿区总工会在全区开展了"职工书屋"创建和星级竞赛活动,全区创建"职工书屋"21家,有7家达到市三星级标准,14家达到市二星级标准;创建了面积约60平方米的区级"职工书屋",并达到了市三星级标准;积极对广大职工开展各类培训180期,受训职工5700余人次,提高了企业职工和农民工的整体素质。

深化帮扶有力度。矿区总工会充分发挥帮扶中心桥梁和纽带作用,建立了完整、规范的困难职工电子档案,使帮扶工作走上了制度化、规范化、社会化的轨道。矿区总工会还依托帮扶中心,深入开展"春送岗位、夏送清凉、秋送助学、冬送温暖"等帮扶救助活动,叫响了工会工作的一个又一个品牌。

2009年,矿区总工会组建了阳泉市矿区职工就业培训中心和职工素质教育学校,已免费开办美容美发、餐饮服务、电脑培训班7期,累计培训人数达643人;还联合区劳动部门多次举办再就业招聘活动,为困难职工走上创业就业道路创造了条件。在"面对面、心贴心、实打实服务职工在基层"活动中,矿区总工会同样大有作为,积极帮助困难企业丰鑫丰工贸中心解决融资难问题;抓住春分时节帮助顺达出租汽车有限责任公司下属科技开发公司上山植树造林;为困难企业送去慰问金,并组织基层工会召开职工代表座谈会……

有活动、有特色、有活力,阳泉市矿区总工会的朝气从何而来?他们以生动的探索实践给出了答案:从他们的职业理想中来,从他们的职业追求中来,从他们的职业精神中来。

他们叫响了一个又一个工会品牌,而工会品牌构成的一个品牌工会正在悄然崛起……

采访后记

采访阳泉市矿区总工会,给笔者最突出的感觉就是该区总能够从新时期创新工会工作的高度着眼、坚持以理论创新推动工会工作创新;能够结合矿区的实际,立志建设特色工会、有为工会、品牌工会,这就是其职业理想和职业追求,这也给该区总做好今后的工会工作提出了更新、更高、更强的工作目标。

从阳泉市矿区总工会的社会知名度和影响力来看,该区总锻造品牌工会的努力已经初见成效,比如其首创的工会发展促进会,比如其探索的区域性职代会制度,比如其开展的特色鲜明的劳动竞赛，都在矿区广大职工中打出了知名度，在社会上也产生了深刻反响，构成了阳泉市矿区工会工作的知名品牌。用阳泉市矿区人大常委会副主任、矿区总工会主席史豪强的话说，这归功于上级的领导，归功于各级党政的大力支持，归功于广大职工群众的参与，归功于各级工会干部的努力付出。

谈及品牌工会，史豪强主席充满信心，但他认为，要打造一个品牌，非一朝一夕之功，需要几代工会人的艰苦努力，需要从体制机制上、工作载体上、工作方式方法上勇于创新。

品牌要在社会、企业和职工群众心目中有地位，工会组织本身更要有所作为。结合阳泉市矿区总工会的探索实践，我们得出一个结论：要打造工会工作品牌，必须发挥工会组织作用，以创新发展的理念和思维，突出重点，整体推进，把工会的主要职能转化表现为工作品牌的影响力优势。阳泉市矿区总工会正是在企业最需要、工会最能使上劲的结合点上叫响了工会工作品牌，正是在职工群众最需要工会发挥作用的地方叫响了工会工作品牌，正是在造势借力、彰显形象、扩大社会影响上叫响了工会工作品牌。

矿区工会工作之所以有声有色，品牌迭出，重要的一条是组织实施每一项工作都紧贴了矿区“工业强区、三产活区、民营兴区、招商引资促发展”这个区域经济总体发展思路。

由此我们不难看出，对阳泉市矿区的改革、稳定和发展，矿区总工会功不可没。

（原载《山西工人报》2013 年 9 月 19 日）

慷慨歌未央

——阳泉市矿区总工会服务发展、服务职工工作纪实

张廷壮

大江流日夜，慷慨歌未央。在新旧年交接之际，笔者走进了阳泉市矿区总工会，看到了他们服务发展之气魄、服务职工之情怀，看到了他们在梦想奔跑的土地上甘当助梦人，全力展现工运事业风起帆张、助梦崛起的生动画卷。

助梦理想：不停步、不懈怠，同心共筑发展魂

自古以来阳泉就是一座有梦的城市，阳泉工人运动因梦而生，逐梦而来。阳泉是煤铁之乡、中国共产党创建的第一座城市，阳泉矿区的工人始终孕育着助梦的理想。而今，通过矿区总工会一系列富有成效的建功立业，这个梦想正逐渐升腾为工会服务发展的春潮。

——去年 5 月，矿区劳动模范表彰大会隆重召开，11 个模范单位，10 个模范集

体，22名劳动模范和30个先进集体，75名先进个人的先进事迹，在全区广大干部群众中广泛唱响。

——去年7月，矿区总工会联合卫生局、计生局举办了“2014年矿区妇幼健康技能竞赛”，聘请市级专家从笔试、现场操作、知识竞答等环节层层把关，确保了竞赛公平公正举办。竞赛中，20余名妇幼保健专业技术人员组成的7支代表队，分别参加“儿童保健”“妇女保健”“围产保健”三个项目的竞赛，展示了劳动者的最美姿态。

——创建了省特级劳模荆素俭为带头人的劳模创新工作室，积极引领广大职工建功立业。

迎着科学发展的春风，矿区总工会坚持敢为、能为、有为，争先进、创一流、走前头，紧密围绕党委、政府提出的经济社会发展目标和上级工会部署开展工作。

过去一年里，矿区总工会以“工人先锋号”和技能大赛为统领，推动劳动竞赛、技术比武、名师带徒、职工经济技术创新等建功立业活动蓬勃开展，团结动员广大职工在全区发展大潮中勇立潮头、高歌猛进。

在助梦发展，追求卓越的道路上，矿区工会人的脚步并未就此停歇。转变理念是推动劳动竞赛“脱胎换骨”的核心动力。在这里，竞赛范围向着更多行业，更多职工覆盖，立足岗位，在岗竞赛也成为一种“常态”，同时竞赛资源也得到高度整合……这一切让劳动成果实实在在地转化成推动发展的力量，使得发展梦与职工梦同频共振。

助梦担当：做实事、解难事，实干托举职工梦

有圆发展梦的使命，更要有助职工梦的担当。矿区工会人将服务职工的工会情怀深藏于心，用实干之精神让“共建共享”的职工梦愈发真纯。且看——

助梦情怀让职工维权更有力。

开展“农民工有困难找工会，拿不到工资找工会”专项行动，是省总工会2014年“依法维权年”活动的一项重要安排。矿区总工会积极响应，主动向党委汇报有关精神，推动区政府拨付10万元资金，建立了农民工工资应急周转资金，同时，挂牌成立了农民工维权服务站，设立了专门投诉举报接待室，推出了公布工会24小时值班电话，地址和指派专人负责接待劳动者投诉、举报等一列举措，开展好这次专项行动。

在依法治国，治会的大背景下，矿区总工会聘请了两名专职律师，为职工群众、农民工提供法律宣传、法律咨询、法律调查以及法律援助服务进一步提升了工会依法履职依法维权的能力。

助梦情怀让职工利益更给力

工资是职工最关心最直接最核心最现实的利益问题，矿区总工会将工资集体协商工作紧紧抓在手上，领导组成员由工会、工商、税务、经信、工商联等部门的负责人员和律师承担，并建立了区、街道、社区工资集体协商三级工作网络，共聘任了6名工资集体协商指导员，43名工资集体协商工作具体操作员。同时，该区总还制订出台学习培训制度，工资集体协商专（兼）职指导员、具体操作员检查督促、目标考核、等级管理工作台账等措施制度，为工资集体协商工作规范化、科学化建设奠定了基础。

在具体开展这项工作的过程中，矿区总工会一边深入基层对指导员，操作员进行协商指导，一边到基层开展调查研究，同企业负责人进行沟通，走访一线职工，听取了解工资发放情况以及对工资集体协商，签订工资专项合同的认识和看法，排除干扰，消除误解。2014 年，全区 487 家企业，共有 409 家通过工资集体协商，签订了工作专项合同，覆盖职工 3394 人，签订率为 84%，新签订企业数为 71 家。

助梦情怀让四季帮扶更实在

职工有所呼，工会有所应。“春送岗位、夏送清凉、金秋助学、冬送温暖”工会四季帮扶品牌深入人心。矿区工会人坚持在“实”字上下功夫，促使职工服务进入务实发展的新阶段。去年 1 月，为 742 名困难职工发放了价值 40 万余元的慰问金和慰问品；3 月、4 月、9 月，举办了 3 场就业招聘会活动，提供岗位 600 余个；7 月，看望慰问了烈日下奋战在一线的环卫处、建筑工地、绿化作业处、交警一队的室外高温作业人员，为其送去了防暑用品；8 月，举行“金秋助学”助学金发放仪式，为 16 名困难职工的子女发放助学金 2.32 万元；9 月，开展困难职工癌症，尿毒症患者专项救助活动，18 名癌症患者、尿毒症患者得到救助……

工会助梦，让每一名职工的梦想都能在矿区“栖息”。在新的一年中，矿区工会计划推出就业咨询、创业指导、技能培训、职业介绍一条龙服务机制，举办更符合就业人群需求的培训班，还有女职工“关爱行动”、鹊桥联谊等活动……矿区工会人，将继续保持“职工情怀”的实干与韧劲，在服务职工的助梦道路上踏浪前行。

助梦思维：走基层、改作风，打造筑梦升级版

把工会建设成为真正的职工之家，让工会干部成为真正的职工之友，矿区总工会始终在前进。在党的群众路线教育实践活动带领下，全区工运事业崛起壮大之势呼之欲出。

活动期间，矿区总工会班子带领部门负责人深入基层调研 6 次，召开座谈会 4 次，参加人数共计 40 余人次，征求意见建议 18 条，上报各类简报信息 9 期。对征求到的意见建议进行梳理后，工会班子逐条严格对照检查，建起了问题台账，明确了责任人和时限，对存在问题的原因进行了深层次的剖析，提出了具体的整改措施和努力方向。

助梦思维，从“一线工作法”开始。去年 6 月，矿区总工会召开主席办公会议，研究决定建立区总工会召开主席办公会议，研究决定建立区总工会领导接待来访制度，规定每月第二个星期二的上午，在困难职工帮扶中心，直接听取职工群众的意愿和呼声。

随即，一系列深受职工群众欢迎的工会活动不断开展；区困难职工帮扶中心设立矿区职工心理咨询辅导站，聘请两名心理咨询保健师；投入资金 40 万余元将矿区职工文体活动中心修缮一新，设有两个羽毛球场地、两个乒乓球场地和各种棋牌娱乐设施；举办矿区机关职工篮球比赛，共有 16 支队伍参加；举办“三八”健康专题讲座，全区女职工 156 余人听课；开展“女职工特病保险”活动，参保人数达到 166 人，投保 171 份。

一年来，阳泉市矿区工会收获过荣耀、经历着成长，也滋生着新的激情和梦想。拼搏之、实干之、开放之、创新之。在新一年的征程中，矿区工会人必将催生新的助梦故事

（原载《山西工人报》2014年12月）

秉承博雅教育新理念　开辟民主管理新领地

阳泉市矿区小南坑小学校工会

近年来，随着现代学校的转型和跨越式发展，小南坑小学逐渐认识到，学校管理已经逐渐由过去的“金字塔式”转变为如今的“扁平式”管理即民主管理。围绕学校的中心工作，学校校务公开民主管理工作以星级职代会竞赛为抓手，以博客为载体，着力推进学校民主建设，在校务公开民主管理方面走出了一条新的探索之路，使学校校务公开民主管理工作焕发出勃勃生机。学校先后荣获阳泉市“五星级职工代表大会”、“五星级基层工会”、山西省“四星级职工代表大会”、“山西省民主管理先进学校”称号。

一、让职代会成为温馨的桥梁和纽带

小南坑小学职工代表大会创建于1991年，截至目前，共选举产生六届工会委员会。第六届职工代表大会有代表41人，占教职工总数的33.1%；一线教师36人，占代表总数的87.8%；行政管理5人，占代表总数的12.2%；工人1人，占代表总数2.4%；党员代表24人，占代表总数的58.5%；女代表32人，占代表总数的78%。

在学校里，教师一般都只关心自己的教学，除了在教代会上提提意见，平时很少有机会能行使自己的民主权利。因此，好多教师习惯于“两耳不闻窗外事”，养成了按部就班地完成学校交办任务的习惯，对学校的管理事务漠不关心。针对这一现状，在实践民主管理的进程中，结合学校的性质和特点，且行且思，不断探索新的管理思路和途径。2009年2月，学校建起了“博雅教育博客圈”，教育博客的应用为民主管理开辟了一条新路。博客赋予教师话语权，让教师有了一个自由发表意见的地方，也成了推进学校民主进程的重要手段。教师在博客中可以隐藏自己的真实姓名，这样，教师就能在上面说一些在会上不好意思或不敢说的话。在博客上，几乎每周都有谈论的话题，涉及教学、管理、生活、科研等各个方面。在讨论中教师各抒己见，充分表达自己的意见和建议，学校领导广泛听取大家的心声，从而使学校的管理决策更加合理，更加科学。

教育博客促进了教育管理方式的调整、变革，增强了教师参与教育教学管理工作的积极性，“放大了”教师的“声音”，也为教育决策提供了更多基础数据。教育博客的建立使学校领导在第一时间掌握了来自基层最广泛的真实信息，真正实现了人本管理。有位老师深有感触地说：博客，使我萌生体验，倾诉出自己的心声，那是一种让人感动、让人奋进的感召力。博客为老师学校营造了一种广泛参与、互相支持、畅所欲言

的平台，成为一个名副其实的“网络会客厅”。

师生因博客而改变，因博客而文化，因博客而幸福，因博客而成长。与此同时，民主管理也在博客中真实绽放。学校在每次开教代会之前都要把将要审议的校规、制度、办法等条文公示于博客内，倡导教职工积极跟帖提出建议和看法，以期完善和改进。许多校规、制度、办法等条文从起草开始就多次在论坛中征求意见，如 2011 年 1 月 22 日学校在召开小南坑小学五届四次教工代表大会之前，就将《小南坑小学奖励性绩效工资考核办法》讨论稿发于博客上，悉心收集教职工的意见。《小南坑小学奖励性绩效工资考核办法》是学校行政根据上级文件精神，按照多劳多得，优绩优酬，倾斜一线，差距适当，突出重点，力戒烦琐的原则而制订的。将其发于博客圈后，许多老师积极发表看法和自己认为不合理的地方，学校领导在博客中与教职工积极沟通，针对广大教师的意见建议耐心解释、说明，随后根据广大教职工博客中的合理建议学校先后六次修改了《小南坑小学奖励性绩效工资考核办法》，最终在教代会上顺利通过。

2012 年，学校召开了五届五次教工代表大会，本次教代会征集提案 34 件，经过教代会提案工作委员会认真审查，根据合理性与可行性并重的原则，26 件提案予以立案。随后，学校将予以立案的 26 件提案全部发到博客圈里，并督促办理部门及时将办理情况在博客圈中向全体教职工反馈，让全体教职工及时了解目前学校发展中，大家最关心的事，和各个提案的办理情况。大会选举产生了小南坑小学教代会各专门委员会，这是学校教代会工作中向着规范性迈出的重要一步，从组织机构、制度建设上保证了学校教代会的规范运行，尤其是对教代会闭会期间工作相对滞后的现状有了一个比较大的改进，同时也为学校今后的民主管理工作指向了更高的努力目标。

2013 年 1 月 29 日，学校召开“两会”换届之际，矿区总工会组织矿区机关工委、各学校、街道工会负责人 70 余人组成的观摩团在学校现场观摩了会员代表大会和教工代表大会。市总工会民管部部长侯泉生、区人大常委会副主任、总工会主席史豪强等领导参加了观摩会。观摩会的召开充分体现了学校建立和完善教代会制度，利用博客圈进行学校民主管理，实现了学校民主管理水平的全面提升。

二、让校务公开成为阳光使者

校务公开是学校民主管理的重要部分，学校党政始终重视校务公开工作，形成了工会具体负责，各职能部门主要领导为第一责任人的校务公开工作机制。公开形式上，学校在做好公示栏、教代会、教职工大会公开的同时，利用信息化快速、方便的优势，自 2009 年 3 月学校“博雅教育博客圈”创办伊始，学校就在博雅教育博客上开辟“校务公开”专栏。

学校工作细致而烦琐，老师由于每天要完成上课、备课、教研、管理辅导学生、组织学生活动等大量工作，大家的时间都很宝贵，也很难有一个合适的时间将大家集中到一起，“校务公开”专栏开辟后，这些问题就得到了很好的解决，教职工就可以在有电脑的地方随时随地知晓学校的重大决策、通知、主要活动和绩效考核等自己想了解的情况，使学校管理真正做到了透明的民主管理。

以前，老师即使有些好的意见和想法，但由于种种原因，也不愿意和领导面对面地进行交流、沟通。自博客圈建立后，大家就可以在圈里以匿名的方式，随时发表自己的意见和建议，学校领导也可以了解到大家最真实的想法，并根据大家反映的情况与教职工在博客中进行沟通和互动，就大家的疑问或不理解之处予以解释说明，快速、及时地解开大家的疑惑和不解之处，对于好的建议也可在最短时间予以实施。目前，由于种种原因，在学校的"博雅教育博客圈"无法使用的情况下，学校继续坚持在"善来善去"的博客中开办"校务公开"专栏。

自2009年以来，学校在做好常规公开工作的基础上，还在博客圈公开140项次，涉及党建、财务、基建、评先、绩效工资考核、福利、教学、培训、工资套改等所有教工关心的方方面面，使校务公开真正成为阳光使者，亮堂了每一个人的心。

三、让合理化建议成为智慧锦囊

为了集结群众智慧，促进学校发展，真正做到"急群众之所急，想群众之所想，忙群众之所忙"。学校工会始终注重通过组织"合理化建议"征集活动收集群众建议和意见，并及时进行梳理汇总，反馈给相关部门和领导，以便进行相应的整改。2009年以来，学校工会结合"深入学习实践科学发展观"、"创先争优"、"廉政建设在基层"等活动，先后开展了八次"合理化建议"征集活动。

学校要求，每次合理化建议征集活动，所有教职工均可对学校班子成员、各职能部门，根据学校实情提出自己的好建议、好意见，也可将自己的建议、意见发到专门的博客论坛里。对收集到的合理建议由学校党支部牵头召开各部门联席会，就大家反映集中的问题责成有关部门拿出解决方案，限期落实办理，对个别暂时无法解决的要做好解释工作。

学校工会注重随时随地收集广大教职工的建议和诉求，并第一时间向学校党政领导反应，以求将不利于学校发展的不满情绪发现、消除在萌芽状态。有教师反应2013年暑期部分老师加班后，学校既没有在绩效工资中体现，也不能兑换病事假。经过工会向校长反应后，郭校长先后两次分别在教代会和全体教工大会上进行了解释说明，并已经在2014年的绩效考核中兑现。

2012年9月，学校新领导班子上任伊始，便结合创先争优活动，在全体教职工中开展合理化建议的征集活动。此次活动，共征集合理化建议表85份，388人次提出合理化建议78项，内容涉及学校的方方面面。随后，由学校党支部牵头多次召开各部门联席会，就大家反映较多的问题责成有关部门拿出解决方案，加紧落实办理，对个别暂时无法解决的要做好解释工作。截至目前，已落实建议55项，落实率达70.5%，特别是总务处，在本次活动中，针对教职工提出的建议意见，行动快，落实率高，因此被评为"校级博雅优秀科室"。

小南坑小学在学校民主管理中进行了一些积极的工作，特别是学校利用校园博客进行民主管理的方式，受到了省市区各级工会领导的充分肯定，先后在2011年12月"山西省学校民主管理现场推进会"、2012年11月30日"阳泉市企务公开民主管理示范单位活动推进会”、2013 年 6 月 6 日“阳泉市企务公开民主管理特色创新工作成果经验交流会”。《新矿区》《阳泉日报》《山西工人报》《全国厂务公开网》等新闻媒体都对学校在民主管理工作中的创新做法予以报道，并以案例形式编入 2014 年 4 月由中国言实出版社最新出版的《怎样做好职工民主管理工作——新编职工民主管理工作培训教材》一书。

2013 年 11 月 6 日下午，由市总工会王振国主席带队的“市总工会典型培育和重点工作进展情况观摩组”一行 20 多人对学校的民主管理工作进行调研。王主席对学校工会工作给予了充分肯定。他说，小南坑小学作为一个事业单位，能把民主管理工作做出特色和实效，名副其实，值得在全区乃至全市进行经验推广。

博客，并不新鲜，是小南坑小学的师生赋予了博客新的内涵。这样的学校管理，是以信息化来推动学校民主管理的进程，使全校教师参与进来了，全校学生动起来了，这是传统文化与现代传媒的结合，形成了新的学校精神。在强大的民主力量的推动下，学校博雅教育工作快速发展，在 2014 年的“五一”劳模表彰大会上被市委、市政府评为“模范单位”。

（此文为 2014 年 6 月 12 日“阳泉市企务公开民主管理建制规范提质行动推进会”经验交流材料，后被收入《阳泉市企务公开民主管理建制规范提质行动推进会资料汇编》）

山城有个“时传祥”

——记阳泉市优秀共产党员、山西省劳动模范、阳泉市矿区环卫处工人 赵泉祥

人们往往把环卫工人比作城市“美容师”，而掏粪工人则是“美容师”中的特殊工种。他们的酸甜苦辣，合上是一本书，打开是一个个鲜为人知的故事。

——题记

他是一名普通的环卫工人，他是一名普通的共产党员，他长相朴实、工作普通，但他却在朴实中体现出了不平凡，却在普通中树起了一面共产党员一心为民的旗帜。他用汗水浇铸出了一位掏粪工人甘于奉献的崇高情怀。

他是谁呀？他就是阳泉市优秀共产党员、山西省劳动模范、阳泉市矿区环卫处的掏粪工人赵泉祥。他是阳泉的时传祥。

赵泉祥，男，53 岁，初中文化，中共党员，阳泉市矿区环境卫生管理处清掏组组长。

岁月的河流一直默默地流淌，时而风平浪静，时而惊涛裂岸。但是，大浪掏沙，方显英雄本色。从参加工作至今，赵泉祥在环卫一线一干就是 32 年。他“宁愿一人脏，换

来万家洁”“宁愿一人苦，换来万人康”。他以特别肯出力，特别能吃苦，特别能吃亏，特别能受委屈，而受到众人的好评。

从1990年至今，赵泉祥没有休息过一个节假日。1991年至1993年，赵泉祥被评为阳泉市矿区劳动模范；1991年、1992年、2004年，赵泉祥荣获阳泉市劳动竞赛三等功；1999年、2002年，赵泉祥荣获阳泉市劳动竞赛一等功；1995年，赵泉祥被评为山西省劳动模范；1997年，赵泉祥荣获山西省劳动竞赛三等功；1998年、2001年，赵泉祥被评为阳泉市劳动模范；1998年，赵泉祥被山西省委、省组织部授予优秀党员的光荣称号；2001年，赵泉祥在阳泉市“三个一百”评选活动中被评为“为人民服务的好公仆”。1997年至今，赵泉祥连续10年被评为阳泉市优秀环卫职工，2009年被评为阳泉市矿区十大道德模范之一。

这一串串的荣誉后面，凝聚着赵泉祥32年如一日，辛勤工作的心血和汗水，折射出了一位普通的共产党员爱岗敬业的高尚情操。

“越是累的工作，越需要不怕吃苦”

“越是累的工作，越需要不怕吃苦。”这是赵泉祥经常挂在嘴边的话。清掏组只有4个人，平均每天要清掏3至5个旱厕，疏通化粪池2至3个，身为组长，也是清掏组唯一的正式在编人员，赵泉祥和大家一起劳动，毫无怨言。2007年至今，他带领大家清掏厕所1080余次，清运粪便3240余吨。

我们且让时光倒转，返回到20世纪的1979年。那一年，饱经“文化大革命”之苦的阳泉市面向社会大招工。赵泉祥成了一名环卫工人。在3个月的试用期里，同来的40多名工友，有30多名工友先后离开了这又臭、又脏、又累、又受人“下眼观”的工作岗位，但是赵泉祥早出晚归，舍不得休息一天。由于赵泉祥工作表现最好，出勤率最高。最后，他和10名坚持下来的工友留了下来。

按理说，赵泉祥当时20岁出头，正是龙腾虎跃、活力四射的时候，但因为他长得又瘦又小，一张小铁锹别人端在手里轻而易举，他端在手里却似有千斤之重。那时候，清运垃圾的车辆是人装人卸的平板车，一个环卫工人平均一天装卸几十吨垃圾是平常事。为了不被人小看、不落人后，赵泉祥常常咬着牙逞英雄。一般情况下，每天刚开始工作，赵泉祥还能像体力健壮的工友一样正常工作，工作时间长了，赵泉祥由于体力不支，双手就不听使唤了。那张只有十斤左右的铁锹，在他手里似乎有千斤之重。挥不动铁锹，赵泉祥就把铁锹把顶在小腹上，借助肚子的“顶力”装垃圾。自从“发明”了这种“借力法”，赵泉祥几乎每一件工作服上，都有一个圆圆的破洞。圆圆的破洞犹如一个个圆圆的眼睛，犹如一个个圆圆的窗口，见证着赵泉祥的付出和辛苦。

当时，有许多人都在背后说老赵家的小六子真傻，每天装垃圾、掏粪根还乐呵呵地认为找了个好营生。说实话，赵泉祥一点也不“傻”，坐在垃圾车上，他无数次看着同龄人穿得干眉净眼地带着女朋友“压马路”，看着同龄人骑着车子体体面面的上下班，而他却穿着有破洞的衣服装运垃圾，一天没有个干净不说，姑娘们连正眼都不瞧他一眼。他的心里难受呀！为什么别人都能干体面的工作，我为什么要干这脏兮兮、臭烘烘的工作，赵泉祥不止一次这样问自己。但是，每一次看着一堆堆让人起鸡皮疙瘩的垃圾，被自己和工友们清理干净，每一次看着被垃圾滋润的庄稼长势喜人，每一次闻着粮食的芳香，一种无法言喻的幸福和自豪感就会袭击他打退堂鼓的想法。无数次，赵泉祥抚摸着工作衣上的破洞这样想——这活总得有人干。

和赵泉祥一起工作了十几年的冯师傅说："老赵这个人呀，拿公家的工作，纯粹当自己的光景过！"

2001 年，矿区日潭环卫所成立。日潭社区当时新楼林立，正处于入住的住户装修房子的高峰期，由于各种复杂的原因，日潭社区到处都是建筑垃圾。赵泉祥他们进驻以后，虽然确定了几个固定的临时垃圾点，但总有一些不自觉的人到处乱倒垃圾。

遇上这样的户主，赵泉祥先做思想工作。思想工作不顶事，他就一次次地将乱倒的垃圾自己动手清理掉。建筑垃圾不同于生活垃圾，清理一次至少也得几千斤啊！精诚所至，金石为开。难缠的户主终于被感动了，唉，干什么工作也不容易啊！人家也是为了咱好。他们主动将垃圾运到了指定地点，有的户主还帮他们将垃圾装进车子。

有人劝赵泉祥，说这又不是你家，你累死累活图个啥？有人说，户主又不是你家亲戚，你一让再让为了啥？

图个啥？为了啥？老赵嘴上不说，但他的心里有杆秤，因为他是一名中共党员啊！在他的心里，党员就应该吃苦在先。

赵泉祥忘不了 1992 年 2 月 21 日自己在党旗下的宣誓："我志愿加入中国共产党，拥护党的纲领，遵守党的章程，履行党的义务，执行党的决定，严守党的纪律，保守党的秘密，对党忠诚，积极工作，为共产主义奋斗终生，随时准备为党和人民牺牲一切，永不叛党。"入了党就不能怕吃苦，入了党就不能怕吃亏，入了党就应该无怨无悔地为党工作，入了党就应该全心全意地为人民服务，入了党就不能给亲爱的党丢脸。

有人说赵泉祥长着一双齐天大圣的火眼金睛，再隐蔽的垃圾也逃不脱他的眼睛。日潭商业区华龙分店等地方的死角落，堆放着数十吨建筑垃圾。由于这些垃圾堆放"隐蔽"，一般人根本看不见，但却逃不脱赵泉祥这个"卫生家长"的火眼金睛。他亲自执锹，带领工友们把垃圾清理了个干干净净。车子进不去，他们就一锹一锹地往出端。有的地方清运完垃圾后，还有污水，赵泉祥就和工友们拉来干净、干燥的黄土垫进去，黄土把污水吸干后，再把黄土一锹一锹地运出来。

赵泉祥和工友们的行动，感动了居住在日潭的住户。一位年过七旬的老大娘颠着三寸金莲，为他们送来了开水，把家里最好的茶叶给他们放进了杯子里。老大娘逢人就夸："这伙人可真是不赖呀！拾掇集体的卫生，比咱拾掇家里的卫生还操心。尤其那个姓赵的师傅，个头不高，干起活来可真欢、真舍得出力气……看他们累的，快让他们坐下歇歇喝口水吧！"在赵泉祥身先士卒的带动下，日潭商业区的环境卫生焕然一新。优美的环境，促进了商业的发展，日潭商业区成了矿区乃至阳泉市屈指可数的重要商业繁华区之一，成了阳泉市的"西单"。赵泉祥，终于可以放松放松了。

和赵泉祥一起工作的贾师傅说:“胖瘦不能怨父母,命苦不能怪政府。赵泉祥是个闲不住的人,他一看日潭那儿没有多少活可干了,又主动回到环卫处,管上了清运全区环境卫生的活。”

赵泉祥虽然不在日潭蹲点了,但日潭社区的许多居民都认识他,他们评价赵泉祥就一句话,“老赵这个人呀！就是能干。”

在环卫战线30余年的工作,使赵泉祥浑身毛病。吃不上正顿饭,得了十二指肠胃溃疡;常年干活时一身汗,往垃圾场送垃圾时一身风,赵泉祥得了关节炎……赵泉祥说真是奇怪,天天干活,饭食也很简单,还沾上了高血压、高血糖等“富贵病”。其实,老赵的这些“富贵病”也是一种职业病。是呀!天天呼吸粪池的沼气和各种垃圾散发出的成分复杂的气体,不得病才怪。

有一次,赵泉祥冒雨清理马家坪供电处的突击倒出来的炉渣。为了避免白天车辆多,垃圾车出入不方便,他硬是和工友们一晚上清理了60多吨炉渣。结果,老赵感冒了,但他第二天依然照常上班。赵泉祥说感冒不算病,干点活出身汗就好了,这叫“绿色治疗法”。

为了为商品经营户创造良好的经营环境,矿区决定突击清理四矿菜市场附近,本不属于矿区环卫部门清理的死角垃圾。赵泉祥当时胃病发作,脸色黑青,豆大的汗珠子扑簌簌地往下落,工友们心疼他,劝他回去休息休息,但他只是喝了点药片,喝了杯水,就又拿起了铁锹。那天干完活一回家,赵泉祥就用枕头顶住肚子睡着了,妻子心疼得直掉眼泪,“老赵呀,老赵,现在哪里还有像你这么傻的人呀!环卫工人、共产党员又不是就你一个,你不心疼自己,你也应该为我们娘仨考虑考虑呀！”

“越是节假日,环卫工人越要保洁”

环卫工作有一个特点,那就是别人越闲,环卫工人越忙;越是节假日,环卫工作越紧。自从上世纪80年代开始,中央电视台有了春节文艺会演,赵泉祥没有正点看过一次春节文艺会演。每年的年三十晚上,他都带领工友们连夜清运垃圾,用他的话说就是决不能把今年的垃圾留给明年。

30余年来,赵泉祥的大年初一都是在工作点度过的,清掏组的工友赵宝炬开玩笑说:“和赵泉祥干,年三十晚上连祖宗都请不回来。但是俺心里服,老赵是俺的班长,班长都不过年,班长干的活比咱还多,咱没有说的。”节假日厕所使用量比平时大,化粪池也更容易堵,清理和疏通工作跟不上,群众有怨言,老赵也不答应。2008年从大年初一到初五,他在日潭整整清理了5天化粪池。2007年以来,赵泉祥没有休息过一天公休假,3年等于多干了1年的活,却从来没有向单位要过加班费。“越是节假日,环卫工人越要保洁。”赵泉祥憨实地说。

其实,赵泉祥何尝不想在大年三十晚上和假日团团圆圆,何尝不想欣赏明星荟萃、精品迭出的中央电视台的春节文艺晚会,但是,他为了广大居民大年初一能够有一个好的环境,他只能牺牲自己了。每年春节期间,他让活计们轮流休息,只有他自己一直在岗。

赵泉祥的女儿对此“意见”最大,她说:“每年的大年三十晚上,家家户户都团团圆圆的吃饺子、看电视节目、放花炮,唯有俺家的‘月亮’不圆。俺爸爸总是在别人欢歌笑语的喜庆声中,将一堆堆、一车车的垃圾清运到垃圾场去。”

有一年的年三十晚上,也不知道是怎么回事,那个晚上的垃圾特别多,一晚上赵泉祥他们倒了 32 车。阳泉市环卫处的周处长大年初一起来出去散步,发现赵泉祥他们还在工作,忙问他们吃过饭了没有。当他知道他们还没有吃饭时,周处长的眼当时就湿了。周处长立刻返回家里扛了一袋白面,送到了环卫处的食堂,叫来厨师吩咐说:“老赵他们过年不休息不说,连饺子也吃不上,一定要让他们吃上饺子。”那顿饺子,是他们吃得最香的一顿饺子。

2007 年的年三十晚上,天空下着大雪,赵泉祥和矿区环卫处的领导们连夜在公路上撒融雪剂。第二天是大年初一,赵泉祥又到了公路上铲雪。大年初二,阳泉市矿区区委通讯组的一位记者去丈人家拜年时,见赵泉祥正在四矿口刨积冰,急忙对他妻子说:“瞧!那才是真正的劳模,他就是我采访过的赵泉祥。”妻子说:“那你应该过去给赵师傅拜个年呀!”记者没有过去。事后,记者说:“真的,我真的不能过去,我怕和赵师傅一说话,就会流出泪来。”

2008 年的大年三十,赵泉祥在日潭小区疏通下水管道,从早晨 8 时一直干到大年初一早晨才完工,居民孟广献激动地说:“别人在家里合家团圆,你们在这里干着又臭又累的活,你们真是一群好人啊!”他在三十夜将四个凉菜和一瓶高粱白、几个馒头送到了他们手中。赵泉祥祖籍晋中市昔阳县,昔阳的黄土喂养了他的列祖列宗,也在他的身上沉淀下了昔阳人的吃苦耐劳和敦厚朴实。昔阳县塑造出了举世闻名的大寨精神,赵泉祥的血脉中也有一种精神在不断地生根、发芽、开花、结果,那就是环卫工人的奉献精神。

岂止是年三十晚上回不了家,每年的正月间,赵泉祥都奋战在环卫一线。2007 年元宵节期间,矿区要在天利购物广场举办大型街头表演,赵泉祥带头一镐一镐地刨街面上的残冰。有的过路群众见他实在辛苦,就说面积不大的薄冰就不用刨了。赵泉祥却说:“不行,不行,万一把来看热闹的老大爷、老大娘滑倒就不好了。”一位环卫处的老工人说:“老赵就是这么个人,心里装的全是老百姓。”

“越是脏的地方,越需要认真工作”

环境卫生是城市的脸面,2007 年以来,赵泉祥曾经担任日潭环卫所所长,由他负责的桃北西路卫生清扫 24 小时保洁,改造后的桃北西街加上干净的街面,成了矿区乃至阳泉市的样板街。粪坑底部总有一些沉淀物需要人下去掏挖,2007 年以来他亲自下到厕所粪坑里清挖粪根至少 110 余次。

赵泉祥曾经负责矿区环卫处工作范围的清掏、清运、清扫三大任务。当时全区 38 个公共厕所、86 个垃圾点、52 个环卫工人的工作,全由他这个不是干部的干部管理着。但是他从来不嫌官小,从来不嫌活多,一直身先士卒奋战在环卫一线,无怨无悔。用他妻子的话说就是:“生命在于运动,老赵生就受罪的命,一闲下来,他就浑身难受。”有一次,赵泉祥和三名清掏工一起给外单位清掏化粪池,当时的天气正是三伏天,在这样的高温下,不用说在化粪池里一桶一桶地干,就是在外面站着不动也是满头大汗。打开化粪池的盖子,臭气、沼气扑鼻而来……在那样艰苦的条件下,他和工友们二话不说,排放掉杀人的沼气,换下衣服就干,硬是一桶一桶地把十多立方的粪根清理得干干净净。当时在场的工作人员和领导们都很受感动,现在还有长期工干这工作真是太令人感动了,大家主动从家里拿出好茶叶来,说塌天也要让他们喝口开水。2003年春夏之交,一场突如其来的“非典”疫情大军压境,隐身恶魔随时威胁着广大人民群众的生命安全。矿区区委、区政府全员总动员,号召全区上下要齐心协力抗非典,齐心协力保家园。特别是矿区在阳煤集团四矿建立了发热病人留验观察站后,许多人都不愿去那里清理垃圾,是呀,生命对于每个人都只有一次,环卫工人那么多,凭什么要我上去冒风险。养兵千日,用兵一时。在这个性命攸关的关键时刻,赵泉祥毫不退缩、主动请命,勇挑重担,他主动担负起了这一艰巨的任务。他带领同组的三个工人,组成了“四大金刚”昼夜奋战,一方面突击清理多年积累的不属于矿区环卫范围的垃圾;一方面随时待命,准备清理那些有“疑问”的问题垃圾。有人问他,“别人都怕得非典,你不怕?”赵泉祥笑着说,“怕啊,我也是人,还有老婆和孩子,咋不怕。可是,这项工作总得有人干啊,咱是环卫工人,咱不干谁干。”

2005年的年三十晚上,积雪未消,陈冰尚存的阳泉市,一夜之间,又降瑞雪。雪花由小到大,由缓到急,不一会儿就将年味浓厚的山城包裹了个严严实实。雪情就是命令,这一夜,矿区环卫处全体总动员到公路上过大年。正在和工友们清理垃圾的赵泉祥也加入到了这个行列中,他们恨不能让雪花全下农村的田地里去,最起码也不要下到道路上,好让山城的父老乡亲们顺顺利利、高高兴兴地去拜年,去访亲串友。

融雪剂的腐蚀性很强,赵泉祥一伙由于干活太泼辣,好几次,他们都把融雪剂掉在了衣服上、鞋子上、衣服上,这些地方立刻就布满了小小的密密的破洞。

“越是公家的东西,越要注意节约”

环卫工人的工作量大,笤帚、簸箕、铁锹工具的磨损度也大,支出费用也高。你不要以为赵泉祥和工友们打交道时乐乐呵呵不计较个人得失,但是,在对待公家的财产上他却是个出了名的财迷精,他最怕公家吃亏。赵泉祥工闲时,就将这些退役下来的工具仔细整理。对残缺磨损的笤帚,能两把并一把用的,就两把合并一把用;对簸箕能修补的,他就修补修补继续用,不能修补的他就制作成“锄头”,挖粪根时用;对铁锹前半截磨损较重的,他就想办法截去破损部位,打磨平整继续用……他甚至用由发电公司的垃圾堆捡出的过滤网自制耙子,用从阳煤集团垃圾堆捡来报废的安全帽制作掏粪的勺子。时间一长,赵泉祥都快成了集铁匠、条帚制作工等诸多工种为一体的“赵全才”了。

现在矿区范围的370个果皮箱和270个垃圾箱，日常的安装和维修都属于赵泉祥管。箱子有了毛病，他总是舍不得更换，每年的维修次数都在270次以上。1个箱子价值300元以上，2007年以来节约费用近25万元。

对赵泉祥的这种行为，有人感动，也有人嗤之以鼻，暗地里骂赵泉祥是个财迷精、破烂王，尽给工人阶级丢脸，尽给环卫工人抹黑……对此，赵泉祥淡然一笑。他总是觉得省下的就是挣下的，别人说啥无所谓，更重要的是不能浪费了国家的东西。赵泉祥是苦娃子出身啊！他忘不了小时候那食不裹腹的日子，一想起过去那贫穷的日子，赵泉祥就想动感情，就想抱住家门口的老槐树大哭一场。人，不能忘了本啊！那时候，赵泉祥身上穿着的是哥哥姐姐们穿旧的补丁摞补丁的衣服，吃的是高粱面窝窝头。那时候的白面比现在的奶粉还稀缺，只有逢年过节才能吃到。为了不放过每一次吃好饭吃白面的机会，赵泉祥将爸爸妈妈、哥哥姐姐们的生日，牢牢地记在了心里。以便到时候借祝贺之名，行“口福”之实。

有好事者粗粗算了一下，赵泉祥参加工作以来，仅废旧利新一项，就为集体省下了近40万元。在赵泉祥的影响和带动下，环卫处的许多员工都逐渐养成了艰苦朴素、缝缝补补的习惯。1992年，组织上批准他加入了党组织。赵泉祥的世界观、人生观、价值观也得到了进一步的升华。赵泉祥认识到，作为一名共产党员，无论在什么岗位，无论做什么工作，都应该努力做到尽职尽责，让人民群众满意。这不仅是作为一名共产党员高尚的精神追求，也应该是一名普通职工应具备的起码职业道德。“越是公家的东西，越要注意节约”，赵泉祥掏心掏肺地说。

“越是缺少理解，环卫工人越要不怕受委屈”

环卫工人工作再仔细，再辛苦，也总有不尽人意的时候。因为大街上行人多，各种垃圾随时会在公路上出现。有一次，一个生得膀阔腰圆、横眉立眼的年青人推着自行车找到了赵泉祥他们。这个年轻人一见到环卫工人，就粗声粗气地开始发泄不满。那语音卷祖宗日爹娘，要多难听有多难听。赵泉祥听了半天，才晓得是公路边刚才散落下了些玻璃碴，扎破了男青年的自行车后轮的轮胎。男青年大骂环卫工人不负责任，要求环卫工人为他补车胎。面对这样的无理要求，许多工友都面露怒容，有的年轻的男工友甚至悄悄地握紧了拳头。咋，你别以为俺环卫工人都是稀面团子，谁想捏摆个啥样子就捏摆个啥样子，谁想骂祖宗就骂祖宗……局势剑拔弩张。

这时候，赵泉祥默默地走向了这位不友好的路人，他不卑不亢地说：“年轻人，对不起，虽然那堆玻璃碴是刚掉到路上的，但我们没有及时发现，及时清理，这是我们的不对，在这里我向你道歉。你要是不嫌我笨的话，来，车胎我给你补。”说罢。赵泉祥七凑八凑找齐工具，为年轻人补好了车胎。事实上，赵泉祥从来也没有修理过自行车，补内胎更是门外汉，他的车子出了毛病，都要推到修车铺去找专职师傅修。但令他高兴的是，他首次“接活”，就大功告成，算是又多了一门手艺。

一次，阳泉市广播电视大学请赵泉祥等人为他们清理化粪池，他二话没说就答应了。为了让电大职工尽快用上干净的厕所,他和工友们不分白天黑夜地干活。晚上夜深了,他们仍然在清运垃圾。没想到清运车启动的声音打扰了在厕所附近居住的居民,一个酒瓶从窗户借着夜色的掩护“嗖”地飞了出来,差点砸破赵泉祥的脑袋。当时,工友们义愤填膺,我们为他们清理粪便,他们却这样对待我们,太不够朋友了,几名工友非要上去找他们说个子丑寅卯。赵泉祥心平气和地解劝工友们说,“这事咱们也有不对的地方,影响人家休息了嘛。人家发脾气,扔瓶子,也许不是故意的。咱们尽量动静小点干,早点干完活大家都早点休息,就谁也没有意见了。”

赵泉祥的肚量很大,能装下许多人装不下的委屈。到现在为止,像他这样从事掏粪工作的在编环卫职工全市也只有他一个人。

赵泉祥是一个实在人。熟悉赵泉祥的人都知道,他有一个最明显的特点,就是干活不偷懒、不耍奸。他从未因自己是正式工,又是一个党员干部,而放松对自己的要求。清掏粪池是一项很艰苦的工作,既危险又受罪,对人体危害最大,做过环卫工的人,最害怕干这活。可是,每次外出清掏粪池,他总是抢着下到粪池中作业。夏天作业,浑身是汗,又穿着不透气透水的水衣水裤,汗水无法向外边蒸发,弄得他浑身是湿疹。湿症一出现,往往又疼又痒,那个难受劲,简直无法用语言来形容;冬天作业,又臭又硬的粪根刨一镐只能掉下饺子来大个块。许多关心他的人都说,“老赵啊!你这是何苦呢?这活又脏又臭,你现在是正式工,别傻干了,让临时工干就行了。”赵泉祥无言以对,他说不出什么上纲上线的大道理来,但是他知道自己应该怎样干。

赵泉祥是一个坚强的人,但他却因为工作流过四次泪。

第一次流泪是在一个粪坑里。按照惯例,环卫人员在粪坑里作业时,是不允许外人进入的。只是森林大了什么鸟都有,有个男青年却硬是闯了进去。赵泉祥当时正在下边铲粪根,没有发现上边有人,无意之中,污物溅到了男青年的裤子上。男青年骂骂咧咧不说,还对从粪坑上来向他道歉的赵泉祥拳打脚踢,扬言要赵泉祥赔他300块钱。当时围观的人很多,无端受此污辱,赵泉祥有一种想流泪的感觉,但他忍住了。当围观群众知道事情真相后,纷纷指责男青年:“人家是人,你也是人,你影响了人家的工作,还反过来找茬,真是太不像话了……”一句“人家也是人”让赵泉祥百感交集,他的泪刷就落下来了。有这么多群众理解他,有这么多群众支持他,他没有理由不尽职尽责。

第二次流泪还是在粪坑里。那次,赵泉祥和工友们在矿区平潭街西苑商场背后的公厕作业。当时,赵泉祥也是正在粪坑中挖粪根,一个男青年不顾有关人员的劝阻,闯进厕所就小便,尿液不偏不斜正好冲着赵泉祥兜头浇下。尽管赵泉祥感到头顶不对劲,急忙躲闪,尿液还是顺着他的头发顺着他的脸顺着他的脖子流了下来。工友们不让这理,和男青年评理,赵泉祥却从粪坑下传上话来,说:“算了,算了,继续工作吧!”一位工友被他的宽容感动得流下了泪水,说:“赵师傅,你真是个好人呀!”其实,赵泉祥也有人格,赵泉祥也有尊严,此时,他的眼里早已蓄满了委屈的泪水,只是他将这种委屈深深地压在了心底,他的心里只有一个念头,那就是早点干完活,早点让人民群众正常如厕。

第三次流泪是在一个垃圾清运点。那是在一个初春的正午，暖风中还带着些许的凉意，狮脑山上还残留着去年的冰雪，刚刚解冬的桃河摆脱了冰的束缚，正伸展着纤嫩的腰肢向东开拔。当时，赵泉祥正和工友们装垃圾。这时，从正南方娉娉婷婷走过来一位身材婀娜、相貌俊美、衣着时尚、气质高雅的女人来。这女人大约三十岁上下，浑身上下放射着成熟少妇的魅力。女人左手提着一个鳄鱼牌时尚棕色手提包，右手牵着一个年龄七八岁的小女孩。小女孩眉清目秀，一看就是集中了她妈妈的所有优点，少妇在他们身边站了下来，一股玫瑰味道的香水立刻俘虏了周围的空气。漂亮妈妈轻启玉齿，和蔼可亲地问小女孩："宝贝，垃圾臭不臭呀？"女孩稚声稚气地回答："臭！"漂亮妈妈又和蔼可亲地问："宝贝，装垃圾的人累不累呀？"女孩稚声稚气地回答："累！"赵泉祥他们闹不清这位漂亮的少妇的用意，当时还觉得挺感动。没想到那少妇话锋忽然一转，一脸严肃地说道："所以，宝贝你一定要好好读书，只有好好读书将来才能考上大学，才能找下好工作，才能当上大干部，才能一辈子舒舒服服地享福……如果你不好好读书的话，将来只能像他们一样装垃圾。"赵泉祥当时眼里就有泪水在打转，心说这是一个什么样的家长呀！应该说，赵泉祥上学时，他的学习成绩还是很好的，但家里太穷了，穷到连每学期三块钱的学费都交不起、需要靠学校的助学金解决的地步。赵泉祥家里兄妹六人，爸爸妈妈微薄的工薪收入，能让他们吃饱穿暖就不错了，哪来的钱供应他们兄妹六人考高等学府呀！再加上赵泉祥是个孝子，初中毕业以后，他就主动辍学，成了家里的经济支柱之一。不止一个人这样拿他们做"教材"，教育儿女们好好学习。时间一长，赵泉祥就很看淡这样的事情了。他说："孩子们好好学习，说不准将来会发明一种垃圾自动处理机，这样环卫工人就解放了。"

第四次流泪是在家里。1990 年，阳泉市城区和矿区的环卫处单设，赵泉祥被分配到矿区环卫处工作。一次，赵泉祥在平潭街清掏厕所时，被放学回家的大女儿和她的同学看见了，个别同学讥笑他的女儿有个掏大粪的爸爸。大女儿受不了这冤枉气，她不止一次地流着眼泪央求赵泉祥："爸爸，别人的爸爸都能干其他工作，你为什么就不能换个工作呀！同学们都笑话你是掏大粪的，闹得我在同学们面前抬不起头来，我真不想去学校了。"女儿是他的心头肉，听着女儿的哭诉，赵泉祥的眼里也有了泪水。是呀！他为什么不能换个体面的工作呢？起码来讲，他是一个长期工，为什么不能像别的长期工一样，光动嘴皮指挥别人不动手呢？思忖半晌，赵泉祥终于找到了理由："妮啊！爸爸不能换工作，因为爸爸是共产党员呀！共产党员连死都不害怕，还怕别人笑话吗？爸爸一不偷，二不抢，挣的是血汗钱，有什么可羞的？如果大家都撂了挑子，谁也不干这话，垃圾谁来倒？茅坑谁来掏？妮呀！要想不被人小看，你只有好好学习，学习成绩好，团结同学好，那才能在同学们面前扬眉吐气。你看爸爸，每天只有把垃圾清运干净了，把粪池掏干净了，回家饭才吃得香，觉才睡得踏实。"女儿牢牢地记住了他的话，此后，再也没有以有一个掏粪的爸爸感到"没有面子"。她发愤学习，终于考上了一所大学，算是为爸爸争了一口气。

“越是在平凡岗位,党员越要以公为重”

参加工作这么多年来,赵泉祥对于家庭的欠账太多。但是,他最感到对不住的人不是妻子也不是女儿,而是自己的妈妈。那一次,赵泉祥的妈妈生病住了医院。当时,赵泉祥正和工友们掏平潭工艺美术厂旁边的一个厕所。虽然妈妈就住在近在咫尺的阳煤集团总医院,但赵泉祥还是没有离开工作场地。他打电话叫姐姐先去医院伺候妈妈,自己却在粪坑下享“清闲”。不是赵泉祥不爱自己的妈妈,妈妈含辛茹苦把他们姐弟六个拉扯大不容易啊!看着妈妈从少妇走向老妪,看着妈妈的头发从乌黑走向黄白,看着妈妈的身体由健壮走向体力不支,赵泉祥真是看在眼里、疼在心上啊!但是,此时此刻,赵泉祥却一步也不能离开工地。环卫工人掏粪根如同和阎王爷叫板,如同和牛头马面较劲,稍有不慎,在粪坑下作业的弟兄们就会被沼气夺去生命。赵泉祥清楚地记着在商业局医院厕所的那次遇险,那次遇险让他至今想起来都有一种后怕的感觉。当时他刚从粪坑下上来,工友冯师傅跳下去接着干。冯师傅干着干着,猛地听见粪坑下“嘭”一声闷响,职业的敏感性和经验告诉他隐藏的沼气哇呀呀地杀出来了。沼气一出来就要吃人肉,冯师傅赶紧往粪坑口跑,赶紧往粪坑上爬。赵泉祥他们也发现了险情,他们一边急呼工友的名字,一边弯下腰身伸手去抓工友的手。好险啊,赵泉祥刚抓住冯师傅的手,冯师傅就被沼气呛得什么也不知道了,身体软得像没有了骨头般让人心惊。此次事件虽是有惊无险,但冯师傅却落下一闻到沼气味眼睛就发胀、生疼、流泪乃至暂时失明的后遗症。赵泉祥则记住了这次教训,只要是掏粪营生,他说塌天也不离开半步。

自古忠孝难以两全,在他的天平中,妈妈的生命重要,工友们的生命也同样重于泰山。有人传过话来,说医院已经为赵泉祥的妈妈下了病危通知书,老人随时都会有生命危险。工友们立即把这个消息传给在粪坑下工作的赵泉祥,赵师傅,快点上来吧!你妈妈想你呀!汗水、粪水、泪水交织在赵泉祥的脸上,如果不是在粪坑下工作,他早就请假休息去医院了。医院的病床上躺着的是自己的亲亲的妈妈啊!他化悲痛为力量,越发加快了进度。妈妈病危,有哥哥、姐姐们照顾,掏厕工地他走开,不放心呀!掏完这个厕所的粪根,已经是晚上十来点了,赵泉祥简单洗涮了一下,直奔医院。望着病床上的妈妈,赵泉祥满心愧疚,满脸泪水,妈妈呀,亲爱的妈妈,环卫工人入厕掏粪根,如同战士上战场,儿作为一名指挥员和战斗员,不敢有丝毫懈怠呀!

第二天上班,赵泉祥刚跳进另一个厕所的粪坑,哥哥、姐姐又来叫他。姐姐带着哭腔说:“泉祥啊,妈妈又不对劲,这次恐怕真不行了,你快点上来吧!妈妈觉得咱们兄妹六个最对不住的就是你,因为没有给你找个好工作,妈妈想见见你呀!”

天忽然阴了,还刮起了黑乎乎的风。

赵泉祥感谢母亲让他学会了坚强和奉献,让他成了一名光荣的环卫工人,一名光荣的中国共产党党员。妈妈教育赵泉祥最常说的话就是:“孩子啊!世界上没有那样工作吊儿郎当能干好。俺孩子干什么都要勤勤谨谨、认认真真,不能前脚刚走,脊梁骨就被人指着骂啊！”

母亲下葬那天，赵泉祥在母亲坟前长跪不起。他掬起坟前的一抔黄土，暖在胸前，如同将母亲深情地拥在怀里。

赵泉祥对于妻子和女儿的欠账，即使被轧铁机压缩成高密度的方块，也能拉好几火车皮。说起赵泉祥来，他的妻子冯爱萍一肚子“怨气”。她说，赵泉祥每天只惦记着他的“一扫（扫大街）、二拉（运垃圾）、三掏（掏粪池）”；出了外边，他生龙活虎啥也能干，像个“英雄”，回了家累得什么活也不想干，简直就是个“懒熊”。笔者知道，冯爱萍说的全是气话，丈夫那么辛苦，她怎么舍得让丈夫再干家务活呢。

年轻的时候，冯爱萍正是看准了赵泉祥人品好、能吃苦的精神，她才顶着亲朋好友的“炮火”嫁给赵泉祥的。知夫莫如妻。她理解赵泉祥的工作，丈夫为了工作，掉了满头乌发，掉了满嘴白牙，失去了色泽白嫩的皮肤，这些她都能接受；丈夫不能像别人的丈夫一样陪她上街，丈夫不能帮她照料孩子，她又当“爸爸”又当妈妈，这些委屈她能忍受。她最不能忍受的是，个别人对环卫工人的歧视。冯爱萍说，她今生最正确的选择就是嫁给了赵泉祥，她最感激的就是党和政府对环卫工人的关心，环卫工人也能当先进、当劳模，她为自己的丈夫是环卫战线的劳动模范而自豪。

令妻子冯爱萍气愤的事情还有一件。那年家里搞装潢，因为装潢材料没有购买齐全，施工人员开不了张。妻子气力小买不回材料来，赵泉祥却正在四矿菜市场附近倒垃圾，打了好几个电话也请不会这个“活祖宗”来。冯爱萍气得咬牙切齿，愤怒出诗人，冯爱萍的话有了哲理高度：“赵泉祥，我提醒你，我不反对你为公家做贡献，但是这个家不是我一个人的家，是咱俩人共同的家。平时你为公家‘冒傻气’我不管，但是今天是星期天，星期天你总该为咱家也做点贡献吧！咱家也是人民中的成员，你为人民服务总不能厚此薄彼吧！告诉你，你要再不回来，我就把装潢人员赶走，你不怕别人笑话咱家脏就不要回来。”

听完“直属领导”的批评，赵泉祥笑了。他和工友们开玩笑说，这婆姨，早知道她这么凶，当年我可不敢娶她。

事实上，赵泉祥也是嘴上说说而已，妻子冯爱萍当年是大阳泉村的村花，他们之间虽然是红娘牵线，但见面之后，赵泉祥也是整整追了十万八千公里，才将大阳泉的村花搞到手。赵泉祥早就知道冯爱萍，这个头上戴着“农业学大寨”的草帽，脸上戴着口罩的农村美眉，虽然衣衫朴实，却也青春四溢；虽然藏而不露，却也秀气逼人。当时，赵泉祥也爱戴一顶草帽，所不同的是，赵泉祥的草帽上写的是“工业学大庆”，赵泉祥和冯爱萍的结合，算得上是工农联唱的一个典范。

作为一名环卫工人的妻子，冯爱萍付出得太多了。有一次，赵泉祥掏粪根，一连干了 20 多个小时，累得连工作服也没有换就回了家。一边为丈夫洗工作服，冯爱萍一边流泪，不用说下粪坑干活，别人恐怕见了这身衣服都会呕吐三天。尤其那大粪味，一次带回来，简直是“余‘味’绕梁，三日不绝”。记得刚结婚那时候，冯爱萍闻不惯大粪味，常常莫名其妙地想呕吐，婆婆却以为她有了喜，发生了妊娠反应。咳，这事情说出来就羞得不行。每当感到委屈的时候，冯爱萍就这样想，谁让咱嫁给环卫工人呢？谁让咱的丈夫是共产党员呢？共产党员就应该以公为重，就应该为公家办事。

无数个夜晚，冯爱萍将饭菜凉了又热，热了又凉，好不容易等“懒熊”回来了，“懒熊”却困得一头睡着了。记得有一顿晚饭，饭菜热了五次，赵泉祥有胃病，不能吃冷饭啊！冯爱萍知道，丈夫在外边从来都是站在野外吃饭，饭店嫌他“臭”不让进去，只好给他端出来让他在野外吃。所以，冯爱萍对丈夫在“家里”吃饭看得很重，只要丈夫回来，她总是为他备好热乎乎的饭菜。冯爱萍说，丈夫管的是外边的“大家”，我管的是四口人的“小家”，俺这叫“男主外，女主内”。

一个成功男人的背后，总是站着一个贤慧的女人。赵泉祥是一个成功的男人，冯爱萍是一个贤惠的女人。“越是在平凡岗位，党员越要以公为重。”一次面对一位作家的采访，赵泉祥说了这样一句话。

赵泉祥就这样年复一年地在环卫舞台上，塑造着一位共产党员的形象，在平凡的岗位上弹奏着一曲不平凡的乐章。

五、阳泉工人画介绍

1955年,阳泉市首先崛起工人漫画与中国画。1971年,为了纪念毛泽东《在延安文艺座谈会上的讲话》发表30周年,阳泉矿务局、铁路、阳钢、铝矾土矿、市直17个单位,分别组织工人美术爱好者进行创作,评选出90件作品参加纪念《讲话》发表30周年阳泉市工农兵美术摄影展览,其中29件入选"山西省美术展览",18件入选"山西省写生画展览"。1973年,市文化馆的美术工作者又先后深入到二矿、四矿、山南水库举办工人美术创作班,创作了反映矿工生活与供水工程的中国画、版画、连环画、年画及剪纸、写生画等作品439件,择优举办了4次美术展览。上述活动得到了省及全国的重视与好评。42件作品入选山西省中国画展览和庆祝建国24周年美术展览。1974年3月,山西人民出版社出版了《阳泉工人画选》。《山西日报》以整版发表《赞阳泉煤矿工人的画》的评论文章和作品选页,全国美术创作经验交流会特邀阳泉代表出席会议。1974年1月,阳泉市委在二矿召开美术创作座谈会,总结推广矿务局、二矿、四矿及市农机厂开展工人美术创作活动的经验,进一步推动工人美术创作活动。市及主要局、矿相继建立工人美术创作领导组或工人美术组,工人创作队伍迅速壮大。市直属单位及矿务局、一、二、三、四矿举办6期工人美术创作班,参与创作的工人作者达127人,省美术创作组、省文化馆及人民美术出版社的美术工作者先后深入到创作班协助辅导,共完成绘画作品215件,除市级展出外,"山西省工人画展览"展出了110件。1974年10月,文化部举办"上海、阳泉、旅大工人画展览",阳泉工人画入选33件46幅。北京展览后,1975年1月~7月,先后赴南昌、桂林、长沙、西安、太原、沈阳等地巡回展出。阳泉工人画的影响扩及全国,获得广泛的声誉,并得到法、英、日等国际友人的好评。展览期间,共接待观众149.2万人。国家收藏阳泉工人画18件35幅,国家出版社出版阳泉工人画集5册、选集6册,连同单幅画共计338件455幅次,省以上报刊、通讯社发表阳泉工人作品111幅次,评介文章125篇,制片厂和电视台摄制阳泉工人画的纪录片1部、电视片2部。

"阳泉工人画"享誉海内外

阳泉素有美术创作的传统,历史上不乏绘画佳作和称着一方的丹青妙手。1972年,为了纪念毛泽东《在延安文艺座谈会上的讲话》发表30周年,阳泉矿务局、阳泉铁路地区、阳泉钢铁厂、阳泉铝矾土矿和市直机关等17个单位分别组织职工美术爱好者开展创作活动，有95名作者创作了一批绘画和民间美术草图。在此基础上，市文化馆举办创作班集中对72名作者的120余件草图进行辅导，从中选出90件作品参加纪念《讲话》发表30周年的阳泉市工农兵美术摄影展览；其中，29件作品入选山西省美术展览，12件入选山西省写生画展览。1973年，市文化馆的美术工作者又先后深入到煤矿和大型水库通过举办工人美术创作班，创作出439件反映矿工生活与供水工程的中国画、版画、连环画、年画、写生画及剪纸等作品，经筛选后，举办4次美术展览。其中，连环画《煤海新歌》（杨建国、郭礼成、王远明绘，许元上文）入选全国连环画、中国画展览，后被选送港、澳地区和美国等地展出，并被人民出版社收入全国连环画选集。另外，有42件作品入选山西省中国画展览和庆祝建国24周年美术展览，山西人民出版社出版了《阳泉工人画选》专辑，《山西日报》以整版的篇幅发表了题为《赞阳泉煤矿工人画》的评论文章，并刊登了作品选页。

1974年1月，中共阳泉市委在矿务局二矿召开美术创作座谈会，总结推广矿务局及其二矿、四矿与市农机厂开展工人美术创作活动的经验，进一步推动了工人美术创作活动的开展。之后，市及各主要局、矿相继建立工人美术创作领导组或工人美术组，创作队伍迅速壮大。市直属单位及矿务局各矿先后举办6期工人美术创作班，有127人参加学习，先后完成绘画作品215件，除在本市展出外，有110件还在山西省工人画展览中参展。1974年10月，文化部在北京举办《上海、阳泉、旅大工人画展览》，阳泉工人画入选33件46幅。1975年1月~7月，这些作品先后在南昌、桂林、长沙、西安、太原、沈阳等一些大城市巡回展出，从而使阳泉工人画的影响扩大到全国并受到法国、英国、日本、澳大利亚等国际友人的好评。1974年~1975年，国家收藏阳泉工人画共18件35幅，国家出版社出版阳泉工人画集5册、选集6册，连同单幅画共计338件455幅次；省以上报刊、通讯社发表阳泉工人的美术作品111幅次，评介文章125篇；电影制片厂和电视台摄制阳泉工人画的纪录片1部、电视片2部。

“文化大革命”结束后，广大美术创作者积极贯彻中共十一届三中全会决议，进行拨乱反正，正本清源，端正创作思想，注重美术基础的培训和技艺水平的提高，使阳泉的美术创作走上更加健康繁荣的轨道。到2005年，阳泉市美术界已有7人参加全国美协，68人参加省美协，199人成为市美协会员。他们中有的通过上大学深造，到了异地或国外发展；有的成为本市美术院的专职画师或各有关单位的美术骨干，为阳泉的美术事业奉献着自己的力量，为“阳泉工人画”谱写着新的光彩。在阳泉工人画起步、发展、繁荣的过程中，美术界的许多同志付出大量心血，特别是阳泉美术院原院长、阳泉市美术协会主席杨建国，是阳泉工人画的最早组织者和导师，他30年如一日，为繁荣阳泉美术操劳、奔忙，堪称是阳泉美术的功勋。

（摘自孟宏儒著《阳泉史话》2007年3月中共党史出版社出版）

阳泉工人画的发展历程

杨建国

阳泉工人画启蒙于20世纪50年代初期，萌芽于50年代中期，停滞于60年代后半期，崛起于70年代中期，振兴于70年代后期至80年代。

启　蒙

50年代初期是阳泉工人画的启蒙阶段。1947年5月，阳泉解放后，人民政府迅速恢复在旧社会遭到破坏的国民经济，同时，顺利地开展第一个五年计划的经济建设，对旧的文化事业也进行了卓有成效的改造。1949年5月，设立阳泉市民众教育馆（1952年4月改名为阳泉市人民文化馆），1951年，兴建阳泉市职工俱乐部。广大工人不仅从政治上、经济上翻了身，做了国家的主人，同时也成为新文化建设的主力军。群众性的黑板报、墙报、喜报、竞赛台，如雨后春笋般地矗立起来，一些美术爱好者利用业余时间自愿画报头，绘插图，宣传党的中心工作，活跃了职工的文化生活。随着经济建设的发展，工人群众对物质文化生活的需求日益提高，工人队伍中年龄与文化结构也发生了较大变化，各种群众喜闻乐见的新的美术普及形式应运而生。幻灯、壁画、宣传栏、流动展览等生动地反映了新旧矿山深刻变化，描绘了工业建设的壮丽图景，歌颂了生产战线的英雄模范，从而鼓舞了广大工人的生产热情，促进了工业生产的发展。

萌　芽

50年代中期是阳泉工人画的萌芽阶段。也是阳泉工人画创作从无到有，由普及趋向提高的时期。基础培训工作开始起步，美术展览活动随之出现，工人美术作品相继问世，群众美术组织应运而生。

1955年～1958年阳泉市人民文化馆和工人俱乐部共同开办了“阳泉市职工业余艺术学校”，内设戏剧、音乐、美术、舞蹈等四个专业班，每期学制半年，首期美术班培训工人学员24人。1956年阳泉市人民文化馆协助阳泉矿务局工程处又举办了工人业余美术学习班，三个月时间共培训学员25人。另外，结合矿务局调整矿工宿舍展览和阳泉市建国10周年成就展览、技术革新展览、社会主义教育运动展览组织工人作者编绘插图、制作图表、书写版面文字和出外参观学习，使大家得到实际锻炼，为从事绘画创作奠定了基础。

1955年，阳泉煤矿工人刘建功创作的漫画作品在《工人日报》发表后，1956年，阳泉钢铁厂职工刘佩已创作的中国画相继入选“山西省第一届职工美术展览会”和“全国第二届中国画展览”、“全国工人业余美术作品展览”。之后，阳泉职工的连环画、版画、年画、宣传画、剪纸创作活动相继开展起来。1957年至1964年举办的市级四届美术展览中，展出了职工业余作者的各类绘画作品320余件，其中，工人作者的作品135件。工人作者在四届美展中由1957年的12人增加到1964年的32人。此外，自

1955年~1966年5月,有18名职工作者的34件作品分别由全国及省级展览、出版社、报刊先后展出、出版与发表。其中,入选全国专业性与群众性美术展览的3件;国家出版与中央报刊发表的5件:省级报刊发表的11件。

工人绘画作品的问世为群众文艺组织的成立和艺术交流活动的起步创造了条件。1962年3月,阳泉市正式成立了以工人为主的文艺组织~~"阳泉市文学艺术研究会"(由王柏青任主任,李士倜任副主任),美术组由谢光耀、张蕴基、朱西白、叶克新、王惟中、刘海宽、郭树人、刘建功、龚满仑、杨谦祥、李士倜等11人组成。他们定期开展业务学习与艺术交流。

纵观这11年的历史,由于贯彻执行了党中央1956年提出的"百花齐放,百家争鸣"方针和文化工作政策以及在调整国民经济时期制定的文化工作的一系列条例,阳泉工人美术事业的发展基本是健康的。然而,由于党在处理政治与艺术的关系问题上有过失误,特别是1964在意识形态领域对一些文艺作品、学术观点和代表人物的过火批判,致使"左"的思想自1957年以后在美术创作领域有所抬头,对于处在萌芽状态的工人画创作思想也产生了一定影响。

停 滞

60年代后半期始,是阳泉工人画创作活动处于停滞阶段。"文化大革命"开始后,党的各级组织普遍受到冲击,各级领导干部遭到批判和斗争,派性活动和武斗事件愈演愈烈,工业生产极不景气,给国家和群众带来严重灾难。工人美术作者有的被卷入运动,有的持观望态度,有的则被牵连遭到批判,正在兴起的业余创作活动遭到破坏,基本处于停滞状态。

1968年5月全国煤炭会议后,中央派人民解放军部队对阳泉实行了军管,煤炭生产出现回升势头。但是,由于林彪、江青的干扰破坏,社会上极"左"思潮仍然甚嚣尘上,支"左"形成支派,担负群众美术组织辅导的专业人员被送进"五七"干校接受审查和改造,工人作者在基层完全为当时的政治宣传服务,成为错误路线的舆论工具。

崛 起

70年代前期,是阳泉工人画迅猛崛起的阶段。1971年9月林彪反革命武装政变被粉碎后,同全国各项事业一样,阳泉工人美术创作活动有了转机,美术组织辅导工作者也陆续自"五七"干校返回工作岗位。同年末,国务院文化组和省革委文化局下文开始筹备纪念毛主席《在延安文艺座谈会上的讲话》发表30周年全国与全省美术展览。为此,在阳泉市革委政工组文化办公室统一部署下,阳泉矿务局、铁路、阳钢、铝矾土矿以及市直17个厂矿企业分别组织工人美术爱好者进行业余创作,涌现出95名中青年工人美术爱好者创作的一批绘画及民间美术草图。在此基础上,市人民文化馆杨建国、孟玉玺,季邦军、张登魁、余志壮于翌年3月参加了由市政工组文化办公室举办的美术创作班,对72名工人作者的120余件草图集中进行辅导,加工制作完成了90件作品,并于1972年5月举办了《纪念毛主席〈在延安文艺座谈会上的讲话〉发表30周年阳泉市工农兵美术摄影展览》。其中有29件作品入选山西省纪念《讲话》发表

30周年美术展览，还有18件作品入选山西省写生画展览。1973年，市文化馆的专业人员又深入到阳泉二矿、四矿与山南水库工地，举办了3期工人美术创作班，省美术创作组画家董其中亲临四矿指导，这些创作班创作了反应煤矿生活与供水工程的中国画、版画、连环画、年画、宣传画、剪纸、写生画作品439件，择优举办了四次美术展览。上述活动与作品先后得到省与全国的重视与好评。连环画选页《煤海新歌》入选《全国连环画中国画展览》，并由人民美术出版社辑入《全国连环画选集》。中国画、版画等42件作品入选《山西省中国画展览》与《庆祝建国24周年山西省美术展览》。为此，《山西日报》发表了《赞阳泉煤矿工人的画》评论文章和阳泉工人的中国画作品专版。当年11月国务院文化组在京召开全国美术创作经验交流会，大会印发了阳泉市文化馆《业余创作必须为三大革命服务——组织工人业余美术创作的体会》和阳泉四矿工人美术组《立足矿山，面向矿工，创作连环画〈煤海新歌〉》等经验交流材料。

1974年1月，中共阳泉市委和市革委在阳泉二矿召开了美术创作座谈会，总结与推广了阳泉矿务局党委、阳泉二矿、四矿和市农机厂开展工人美术创作活动经验，省美术创作组画家杨立舟、王迎春到会示范作画，从而进一步推动了工人美术创作活动的迅猛开展。会后，市及主要局、矿相继建立了美术创作领导组和工人美术组，工人创作队伍迅速壮大，创作活动更加广泛深入，阳泉矿务局一、二、三、四矿与市文化局分别举办了6期工人美术创作班，参与创作的工人作者达129人，人民美术出版社、省美术创作组、省文化馆应邀分别派出王角、孙荃、姚天沐、赵荆等专家与阳泉市文化馆杨建国、张登魁、余志壮、季邦军、马洪琪、张四春共同担负了这些创作班的辅导任务。经过反复加工，共完成各类绘画作品215件，除市级展览展出外，还在山西省文化局举办的《山西省工人画展览》展出了110件。当年10月，国务院文化组在北京举办了《上海阳泉旅大工人画展览》，阳泉工人画入选展出33件46幅，观众达73.2万人，外宾1300人。

1975年1月~7月，根据国务院安排，三市工人画展览先后赴全国六大区的南昌、桂林、长沙、西安、太原、沈阳巡回展出。各展区分别成立了展览领导组和办公室，印制了海报、目录、参观券，编印了三市工人画宣传材料、会议简报、评论文集，举办了经验交流会。中央和各省、市、自治区、和大军区报纸发表了展览开幕与闭幕消息、参观巡礼及作品与评论专版，各级出版社出版了三市工人画选页，中央新闻电影制片厂与各地电视台、幻灯厂还摄制了电影电视纪录片与幻灯片，一些美术刊物选发了三市工人画作品。各省、市、自治区及部队参观团在各展区还出刊了墙报、画刊，书写了观感、评论、诗歌，召开了座谈会、经验交流会、美术工作会、群众美术会、草图观摩会。从而，在全国范围掀起了学习三市工人画的热潮，阳泉工人画的影响由省内扩及到全国，获得了广泛的声誉，并通过新闻、期刊、影视、出版物等媒体向国外进行了介绍，得到朝鲜、美国、法国、英国、日本、澳大利亚等国际友人的好评。三市工人画展览共接待32个省市自治区、大军区参观团和各界观众149.20万人。据笔者手头资料统计，两年内国家出版社出版阳泉工人画专集5册，选集6册，连同单幅画共出版338件(次)

455幅(次);中央与各省报刊、通讯社发表阳泉工人作品94件(次)111幅(次),发表阳泉工人画评介文章125篇;电影制片厂、电视台摄制阳泉工人画电影纪录片一部,电视片两部。

三市工人画所取得的轰动效应虽然是历史机遇的产物,也是广大工人美术作者和群众美术工作者在各级党的组织关怀下辛勤耕耘的成果。在那“横扫一切”的年月,时运把工农兵推向占领社会主义浩大文艺舞台的显赫地位,名义上是依靠群众,实际上是脱离了广大群众。那个“全国美展办公室”在阳泉工人画取得一定成果后,一面利用其粉饰“文化大革命”。一面又派人来阳泉调查,并严厉警告市文化馆美术负责人:“怎么你们还在办素描班?你们走的路是专家的路”,“不要再请那些修正主义专家来阳泉毒害工人了”。于是,素描训练班被迫停办了,希腊石膏教具被迫废止了,邀请专家示范讲学活动更加受到限制,实践证明行之有效的经验被彻底否定,取而代之的是以政治代替艺术,以创作代替基础和专业训练,破坏了政治和艺术的正常关系,否定了艺术教育的系统性和规律性。如之什么“三突出”“红、光、亮”以及“主题先行”等清规戒律的束缚,致使阳泉工人画在江青反革命集团文化专制主义政策的破坏与影响下遭受了严重的伤害。1976年“批邓反击右倾翻案风”运动开始后,那个全国美展办公室和省、市有关《通知》明确提出“这次创作的重点是与走资派做斗争的作品”。那一年,山西省选送全国美术展览评选会的29件阳泉作品中有10件是属于表现与“走资派”做斗争的,国家出版社和全国报刊出版发表的阳泉105件作品中有40件是属于宣传“学习无产阶级专政理论”“办好十件事”及“反击右倾翻案风”的。这些作品在全国及社会上造成不良的影响,这是阳泉工人画发展历程应记取的沉痛历史教训。

1976年4月间,在全国范围内掀起了以“天安门事件”为代表的悼念周总理,反对江青反革命集团的强大抗议运动,阳泉工人美术作者深恶痛绝江青反革命集团镇压革命群众的法西斯行径,从中识破了江青反革命集团的反动实质与狰狞面目,坚持创作反映工业建设及其整顿后可喜景象的作品,有的作者在自己的速写日记上用画笔表达了对周总理的无限敬意与怀念,还有些作者合作了连环画《吕后篡权覆灭记》,借古典题材寓意表达对江青反革命集团篡党夺权阴谋的愤慨之情,至今依然是受到社会公认的作品。

振　兴

70年代后期~80年代中期,是阳泉工人画的振兴阶段。这个阶段是阳泉工人画清除“左”倾错误影响与“四人帮”文化专制主义政策流毒,贯彻执行党的“二为”方向与“双百”方针,沿着艺术规律取得创作繁荣的时期。其特点是注重了生活深度的挖掘,端正了创作与习作、创作与生活、客观与主观、内容与形式的关系,使艺术形式和风格趋向多样化。

1976年10月,粉碎江青反革命集团之后,阳泉工人画开始步入一个新的历史发展时期。从这时开始到党的十一届三中全会召开的两年中,共举办创作班14期,创作工人画245件,作者177人。这些作品除纪念《讲话》发表35周年市美术展览展出

184件外，入选省级美展6件，入选全国美展5件，国家出版社出版画册3本，省以上报刊发表15件。

1977年底~1978年8月，正当全国开展真理标准问题和工人作者创作热情旺盛之际，一场“左”的风波骤然从省里向阳泉袭来，借清查江青反革命集团帮派体系之名重新煽起派性，一大批党政干部被整，就连美术辅导人员和工人作者也不能幸免，成为替罪羊。于是，许多工人作者洗手不干了，一些有才干的作者离开阳泉另谋生路去了，专业辅导人员有的闭门思过，有的考研，有的一头扎进个人创作中，组织辅导工作一度陷入瘫痪，工人画创作活动随之沉寂下去。值得庆幸的是胡耀邦同志及时发现并指出阳泉存在问题的严重性，市委在纠正清查扩大化错误中很快为阳泉工人画正了名，并给受株连的工人作者和专业辅导人员平了反，在政治思想上为工人画创作活动的健康发展扫清了障碍。

阳泉工人画几经挫折与伤害之后，辅导工作者在规律中觅路子，奋起医治历史的创伤，重新组织队伍，培养新生力量，开创以煤矿工人版画为中心的创作新格局。1979年4月始，阳泉市人民文化馆为适应新时期美术创作形势的需要，下决心彻底清除极“左”路线在艺术创作领域的流毒，提高辅导人员和工人创作队伍的思想水平和艺术素质，实事求是地从解决群众美术的薄弱环节出发，开办了一所业余美术学校，招收学员132人，分别设立了一年制基础班三个，二年制专业班三个，半年制基础进修班一个。结合教学，邀请京晋有关专家来阳泉讲学，还引入中央美院版画研究生和中国画研究生两个班的习作展览供学员观摩。之后，与矿务局、工人文化宫、市美协一起，又相继开办了中国画、版画、年画、油粉画及综合画种创作班12期，美术史论学习班1期，作者达291人次，创作各类作品729件。通过系统的基础与专业教学和创作实践，提高了学员的造型能力、专业技巧和理论水平，开阔了艺术视野，增长了见识，初步懂得了艺术的自身规律。

在辅导工作中，十分注意业余作者不同艺术风格的自由发展，引导他们表达生活的真情实感，提高对生活本质的挖掘能力，探索各种新的艺术表现形式和表现技法，从而改变了以往陈旧的僵化面目，使作品的形式与风格趋于丰富多彩，展示出煤矿题材版画创作的新局面。1982年中国煤矿美术书法作品展览中，阳泉煤矿工人作品入选数量名列全国煤炭系统前茅，获奖作品约占山西省煤炭系统获奖作品的一半，得到煤炭部、中国美协和山西省美协好评，著名美术家江丰、苏光、力群对阳泉煤矿工人版画创作寄予热情的赞许与期望。《山西日报》《晋阳文艺》《太原日报》分别选登了阳泉煤矿工人的版画作品，《山西美术》杂志分期发表了《阳泉煤矿工人画的创作道路》《阳泉煤矿工人的版画》等专文以及工人作者撰写的创作经验体会与版画作品。1985年山西电视台还拍摄播放了介绍阳泉煤矿工人版画创作的电视片《钟灵毓秀》。1986年《人民日报》和《山西日报》分别设阳泉矿工版画专栏发表矿工版画作品，有些作品还远赴美国交流。

为了提升工人作者的艺术素质，市文化局和市文联坚持每年组织工人作者分赴京晋参观中外美术展览，兴办各类学术活动；市群众艺术馆（1980年由人民文化馆改名）、市美协会同阳泉矿务局、工人文化宫、工艺美术学会先后邀请省内外画家与学者赵球、周建夫、朱维民、董其中、张俊、史济红、张顺清、仝献普、刘海明、苏高礼等开办了各类专业美术班与学术讲座，使这个阶段的活动呈现既扎扎实实又生机盎然的兴旺景象。

1979年至1985年，围绕工人画振兴活动，市群众艺术馆与工人文化宫共举办工人画展览和京晋画家作品邀请展22期（其中工人画展19期），共展出作品2880余件。美术展览活动呈现出空前繁荣的新局面。

群众性美术团体的建立成为新形势下工人画创作与艺术振兴活动的必然产物。1981年12月，阳泉市美术工作者协会正式成立，四年内先后发展四批会员共176人。市美协第一次会员代表大会选举产生了第一届理事会和以理事长杨建国、副理事长刘佩乙、李士倜、张四春、郑恩田、张登魁、葛思海、程同义组成的主席团，并任命了由秘书长张登魁（兼）、副秘书长李廷惠、刘继德、王桂英、余志壮、郭九鳞、张建基组成的日常工作班子。

随着厂矿工人美术作者的增多，一些大型企业也先后成立了工人美术团体。1983年5月，“神剑文学艺术学会晋东化工厂支会”首先建立，下设书法美术组，美术会员10人；1984年6月，“阳泉矿务局美术研究会”成立，会员30余人；1985年9月，“山西省阳泉钢铁厂文学艺术联合会”美术书法摄影组建成，会员12人；同年10月，“山西省冶金文学艺术联合会阳泉铝矾土矿分会美术协会”成立，会员24人。这些群众美术团体经常组织会员开展学习、创作、观摩与研究活动，参与本系统的展出与评奖工作，为振兴阳泉工人画事业做出了可贵的贡献。

总之，党的十一届三中全会以来，阳泉工人画蒸蒸日上，取得了重要的成果，尽管还面临着许多困难，还需要付出更多的艰辛与努力，但是社会主义文艺的春天已经到来，胜利前进的航道已经开通，阳泉工人画一定能够在这万紫千红的春天里竞相成长，争奇斗艳。

（2012年11月28日，作者系阳泉市美术院原院长、一级美术师）

阳泉煤矿工人版画巡礼

原作：段永东　　2011年11月7日修改

曾几何时，阳煤矿工是阳泉工人画的主力军，他们用绘画艺术热情歌颂那个热火朝天的时代；曾几何时，阳煤集团是阳泉煤矿工人版画创作队伍的基地，依托阳煤，我们的矿工画家让这一黑白艺术风生水起，登上中国美术馆的神圣殿堂。37年来，阳煤矿工，不仅奉献出了亮闪闪的乌金，更创造了属于阳泉煤矿的文化艺术。当历史的脚步进入2011年10月19日，上海、大连、阳泉三地37年后再度牵手阳泉，阳泉煤矿工人版画再度进入大众的视野——

37年，沧海桑田，山河巨变，我们的祖国以强大的国力屹立在世界的东方。37年，我们的煤矿，从当初简陋的生产发展到现在具有国际水准的现代化规模生产，当你翻开阳泉煤矿矿工的历史，你会发现这是一部充满奋斗的历史，是一部有着光荣传统的历史，是一部与时俱进的历史。当我们的目光随着时间的隧道回到那难以忘怀的岁月，一种久远的亲切感便会扑面而来，因为阳煤矿工，不仅仅向世人奉献出亮闪闪的乌金，更创造了属于阳煤矿工的文化艺术——阳煤矿工版画。

这是远隔37年之后的一次艺术重逢；这是穿越历史时空的再度牵手；这是三地画家联袂重振工人画艺术魅力的集中展示。2011年10月19日，阳泉市展览馆迎来阳泉美术界又一次盛典。《脊梁——上海、大连、阳泉工人画展》在市展览馆展出。

——题记

版画的记忆

煤矿，一个沉甸甸的词。

煤矿，一个亮晶晶的词。

当你身在煤矿的时候，你能感受到的不仅仅是春潮般的生活，你更能感受到矿工跳动的心脉和太阳般炽热的胸怀。

一、岁月流金

当你翻开阳泉煤矿矿工的历史，你会发现这是一部充满奋斗的历史，是一部有着光荣革命传统的历史，是一部与时俱进的历史。当我们的目光随着时间的隧道回到那难以忘怀的岁月，一种久远的亲切感便会扑面而来，因为阳煤矿工，不仅仅向世人奉献出亮闪闪的乌金，更创造了属于阳煤矿工的文化艺术——阳煤矿工版画。

王雨来，山西省美术家协会副主席，阳泉美术家协会主席，阳泉美术院院长，阳泉市政协委员。1972年~1984年参加了工人画创作。先后创作版画作品20余幅，书法作品30余幅，代表作有《新旧社会两重天》《搏》《引进》《矿工生活组画》等，作品参加山西省、全国煤炭系统展览，并被各大媒体转载，其中版画《搏》应邀到美国展出。他长期以来浸淫于古今丹青妙笔之中，形成了自己独特的艺术风格。他的版画，生活气息浓郁，刀法流利，黑白关系处理到位，艺术风格独树一帜。作为阳泉矿务局煤矿培养出的市美术院院长，见证了煤矿工人版画近30年的发展历程。

阳泉煤矿工人的版画兴起于70年代初，当时，在各级党委的重视下，群众性的文化活动如黑板报、宣传栏、竞赛台、墙报如雨后春笋般发展起来，王雨来和一群热爱版画的热血青年用他们握惯了大锤和铁锨的手，在班后拿起画笔编墙报，画插图，宣传党的中心任务，鼓舞广大职工的生产热情。特别是在纪念《在延安文艺座谈会上的讲话》发表30年前后，阳煤集团（原阳泉矿务局）曾先后与阳泉市群艺馆举办了工人美术创作班，对职工业余美术爱好者进行活动创作辅导，矿务局出现一批美术佳作，在阳泉市产生了很大的影响。

艺术总是离不开当时的历史观照。尽管受当时左的文艺方针的影响，但从总体看，阳泉煤矿工人版画队伍的总体发展是健康的。从 1974 年 ~ 1976 年，为了弥补国家计划中煤炭生产的“缺口”，阳泉矿务局想国家所想，急国家所急，顶着“四人帮”的干扰和破坏，掀起了鼓干劲，闹翻番的热潮。这期间，阳泉市革委会在二矿召开美术创作座谈会，总结推广了阳泉矿务局党委、二矿、四矿开展工人美术创作活动经验；一、二、三、四矿和市文化局还分别举办了六期工人美术学习班，省美术创作组、省文化馆和市群艺馆画家担任辅导，这些有力推进了阳煤矿工队伍的发展壮大和美术创作。广大业余美术工作者克服基础薄弱，技巧缺乏等困难，坚持在实践中学习，在实践中提高，先后创作出各类绘画作品 215 件。代表人物有：赵荣纪、葛四海、王永惠、叶欣、郭礼成，李智新、王远明、刘继德、王玉生等，其中版画代表作有反映矿山体育活动《矿山篮球赛》，反映机械化进程的《液压支架进矿山》系列组图，有反映技术革新的《攀登新高峰》《革命竞赛对手》和反映矿山新貌的《五月的矿山》等，这些作品紧密配合了当时阳泉矿务局三年迈三大步的设想，实现了翻番的目标，并参加了上海、阳泉、旅顺、大连四城市联展和中国美术馆的展出。并通过新闻、期刊、影视，介绍到美国、法国、英国、朝鲜、日本等，在国内国际产生了广泛影响。

二、艺术之春

中国是木刻版画的发源地，早在一千多年前就诞生了，主要是画家用木刻刀和其他工具在木版等材料上采用刻、切、铲、刮、凿、划等手段来表现形象，其特点是以刀代笔，放刀直刻。具有明快、单纯、质朴和强烈对比艺术效果。在 70 年代初期，阳泉煤矿的业余美术工作者从众多绘画种类中找到了版画这门最适合表现煤矿工人生活的艺术语言，凭着充实的生活基础，凭着对煤矿的热爱，煤矿版画艺术家纷纷行进在充满艰辛的艺术道路上。

小憩（版画）　　阳泉二矿王永惠作

1979 年党的十一届三中全会召开后，煤矿美术业余工作者迎来了艺术的春天，许多青年加入了创作队伍。他们认真反思过去的经验教训，逐步形成了以适合表现煤矿题材的版画为主要艺术表现形式，他们深入井下，厂队，描绘矿山火热的生活。1982 年煤炭部向全国煤矿征集书法美术作品，阳泉矿务局有 20 多名 150 多件作品参赛，不仅获奖人数多，还被评为优秀组织奖。这时期有薛连生的《风雪上太行》、任春林的《矿山晨曲》,王雨来的《引进》《搏》,葛思海的《矿山节奏》,王建华的《节日礼物》,郭贵明、侯玉生联合创作的《臂》等这些作品,除参加省市的展览外,还继续参加了上海、阳泉、旅送、大连四城市联展和中国美术馆的展览,影响进一步扩大。

翻阅记录着阳泉美术成就的画册,就犹如翻开了阳泉美术的历史,那一幅幅或华丽或凝重,或质朴或剽悍的画卷见证了历史发展的脚步,那凝固的时空,那鲜活逼真的人物,可以用“唯美”一词来概括,那是一种原始的美,率真的美,可以让心灵感动的美。

1984 年,为庆祝中华人民共和国成立 35 周年,曾举行过《太原、大同、阳泉、长治版画联展》,王永惠的《小憩》给大家留下深刻的影响。两个在坑道中稍事休息的矿工将灌在雨鞋中的黑水倒出来,他们没有因为灌水而不好受,反而不以为然,笑容可掬,情节看似简单,实则内容深刻,表现了矿工以苦为乐,和对社会主义生产事业的真诚和负责。这幅作品获得《庆祝中国共产党诞辰 60 周年山西省美术展》和《纪念鲁迅诞辰 100 周年山西省美术展》一等奖。还有一幅作品是由王惟中创作的《她怕俺下井受风寒》,描绘了矿工们在洗澡时发现工友穿着红色漂亮的红肚兜,立刻引起大家的惊奇,于是我们仿佛听到他说“她怕俺下井受风寒”,其艺术构思精巧,生活气息浓郁,博得好评,1982 年理所当然地参加了《中国煤矿美术书法展览》。《新来的炊事员》由王晋生创作,描绘了一位可爱的姑娘被前来打饭的矿工惊喜和欣赏的情景,那矿工的笑声和姑娘的羞涩跃然眼前。正如山西美术界泰斗力群先生说:这样以矿工们的切身经历而描写美的木刻画,绝不是我们专业美术家所能够相象出来的,这幅木刻黑白处理得好,其中的人物刻画的非常生动,不论矿工们不论姑娘们好像都是富有生命的。到 2005 年,阳泉市美术界已有 7 人参加了全国美协,68 人参加了省美协,199 人成为市美协会员。他们中有的通过上大学深造,到了异地或国外发展;有的成为本市美术院的专职画师或各有关单位的美术骨干,为阳泉的美术事业奉献着自己的力量,为“阳泉工人画”谱写着新的光彩。

三、版画里的人生

煤矿版画艺术家一旦找到了释放自己情怀的一种方式,他们变会以一种虔诚信徒的姿态,匍匐在寻找精神家园的山路上。他们把自己的青春年华奉献给了版画艺术,他们一生不求名,不求利,用自己的画笔和刀镌刻着自己的版画人生。

已故二矿工人画家王永惠心地善良,性情率真,两袖清风,一生都在为煤矿版画艺术所忙碌。现在每当同仁回忆起他,心中别有一番滋味。宏厦一建的薛连生,原为宏厦一建机电工区工会干事,政工师,兼阳泉美院画师,山西美术家协会会员,现在已退休,他一辈子默默工作,可以说他把自己的才华奉献给了企业,不管干什么,都是兢兢业业,毫无怨言,至今还一直钟爱于版画艺术,经常深入生产一线采风。1994 年,不仅是他版画创作的一个亮点,也是阳泉矿工的又一个丰收年。他创作的水印版画《大合唱》与王永惠创作《赛》、李元滨创作的《月夜》、侯玉生创作的《转战南北》一起参加了全国第八届美术展,其中李元滨的水印版画《煤城的星星》获纳斯拉夫卢布尔雅那国际版画展。他是这支队伍里的苦行僧,坚守,突破,创新,伴随着平淡平常又有声色的生活，让自己的人生充满了思考和凝练。

现任阳泉美院院长王雨来，过去在矿务局长期从事煤矿工会的文化宣传工作，他热爱版画，也潜修书法。现在，虽然他的时间大部分用在了美院的管理和运作上，但是他的人生体现在了阳泉市的整个美术事业的进步与发展上。当我们观看那个时代的版画原作底稿时，他说他珍藏的不仅仅是版画绝品，而且是那段珍贵的历史和温馨的记忆。

刘继德，阳泉矿区乃至我市版画家的杰出代表，创作成就颇丰，并且还工于藏书票创作。2007 年 10 月出版《刘继德版画作品选》。他长期生活在矿区，当过电工，矿区中学美术教师。上世纪 70 年代，成为阳泉工人画的代表人物之一。版画《五月的矿山》曾参加全国美术作品展览，并由人民美术出版社出版单张发行。《液压支架进矿山》被中国美术馆和上海博物馆收藏。改革开放以来，他把创作眼光投向了矿山的巨大变化，先后创作了《家在绿树丛中》《和煦的煤乡》《矿区之夜》《晨光》等作品，其中《家在绿树丛中》被中国美术家协会收藏。如今刘继德已年过花甲，精神矍铄，过着平和温馨晚年生活，他的人生殷实而丰满。

还有，阳煤集团退休职工、国家一级美术师、中国文艺家书画院副院长巩毛牛先生，晨曦作画几十载。《佐罗》1981 年获得全国电影宣传画展览一等奖。国画《俺师傅》《矿山茶木工》等 600 余幅作品在省级以上报刊发表和获奖，并出版《毛牛版画集》。创作足迹遍及山西、北京、河北、江西等地。他的许多作品被政要界、文化艺术界人士和各大收藏馆珍藏，有的作品被作为访问礼品赠送外国友人。本人被中国中外名人文化研究会艺术委员会授予杰出贡献奖。传略收入《当代书画篆刻大词典》《中国美术名人录》《20 世纪国际美术精品荟萃》。丰富的人生经历给予他生活创作的源泉，也养成了他乐观向上，不断进取的人格素养，他积极参加各种社会活动，艺术创作和个人影响甚大。他的人生是多姿多彩，快乐幸福的。

纵观他们的人生境遇，有的顺境，有的逆境，有的贫穷，有的事业有成，有的成为美术界、艺术界的专家、领导……尽管他们人生结局各异，尽管他们的生命有短长，但是，对于版画艺术，那些曾经凝聚了版画创作者的情志，也附含了他们对社会，对人生，对艺术独到理解的作品，永远载入阳泉美术发展的史册，并将成为后继者追随和热捧的航标。

四、打造城市名片

当时间的指针指向 2005 年，阳泉市美术界已有 7 人参加了全国美协，68 人参加了省美协，199 人成为市美协会员。他们中有的通过上大学深造，到了异地或国外发展；有的成为本市美术院的专职画师或各有关单位的美术骨干，为阳泉的美术事业奉献着自己的力量，为"阳泉工人画"谱写着新的光彩。同年，市委常委，市委宣传部部长高全怀也曾在阳泉矿区美术家协会成立时，勉励矿区的美术工作者要继承"阳泉工人画"的优秀品质，深入生活，反映时代，多出精品，精心打造阳泉美术界走向全国的一张名片，精心打造阳泉市走向全国的一张文化名片。从 2005 年到现在，矿区区委区政府、阳煤集团以及各矿基层单位给予大力支持，多次举办了版画创作培训班，邀请山西著名版画家董其中等省级国家级专家现场授课，阳泉矿区的版画创作方兴未艾，大量新人不断涌现，以崔群为代表的中青年创作群体让我们更加看到版画艺术的新未来。

崔群，1959 年生，山西省美协会员，全国煤矿美协理事，现供职于阳煤集团职工教育培训中心。他以火热的矿工生活为创作源泉，创作了大量反映矿山生活和阳泉山水风土人情的版画。作品多次参加全国、省部级美术展览，版画和油画作品在全国美术展览中获奖。特别是在中央美院周建夫教授等人的悉心指导下，他的绘画水平提高很快，作品受到了专家和业内人士的瞩目和称赞。版画作品《龙，我们的骄傲》是他和唐拥军、胡晶浩合作的一组反映奥运的大型版画作品。这幅作品从 2005 年就开始筹备，他们通过报纸、网络、杂志，并多次前往北京国家体育中心搜集资料，用了近一年的时间搜集版画人物原型，近半年时间才制作完成。作品先后入选省文化厅主办的第十届“群星杯”选拔赛、省政府主办的第十一届《杏花奖(第一届美术作品展)》、省《第八届版画展》，并分获金奖；入选文化部第八届中国艺术节《全国第十四届群星奖评奖活动优秀美术作品展览》优秀美术作品展览；入选《第二届中国职工艺术节美术书法作品展》并获金奖。《新时代》、《新矿工》分别入选全国第十七届、第十八届版画展览。马淑荣是女职工从事版画创作的屈指可数的女性之一。2000 年毕业于阳泉工业学校工艺美术专业，现为阳煤集团升华一中心幼儿园教师。2002 年工作以来利用业余时间，以矿工、矿山为描摹对象，创作了不少煤矿题材的版画。多次参加省市和集团公司，以及矿上的书画展览，其中，版画《茶香》入选 2007 年“中国首届煤博会”艺术展。2008 年，版画《同年的记忆》入选山西省煤炭系统职工“喜迎百年奥运再铸煤炭辉煌”艺术展，2010 年，国画《矿工》获阳泉市“五一”职工文化节一等奖。

转型发展，跨越发展，时代的强音给版画创作带来无限的激情；和谐矿山，人文矿山，让更多人的享用文化的大餐。2011 年 10 月 19 日，市展览馆迎来阳泉美术界又一次盛典，《脊梁——上海、大连、阳泉工人画展》在市展览馆展出。这是远隔 37 年之后的一次艺术重逢，这是穿越历史时空的再度牵手，这是三地画家联袂重振工人画艺术魅力的集中展示。在这次画展中，三个城市的画作艺术风格呈现多样性，包容性，以及鲜明的时代性。我们注意到，阳泉作品区域中，版画这一艺术形式得到了强化和重视，在展区中间，众多矿工版画家群星闪耀，崔群的《深谷幽探》、刘继德的《建设者的礼花》、王雨来的《风雨之行》、任春林的《力》、薛连生的《大合唱》、侯玉生的《大黄河》等作品在众多艺术奇葩中分外夺目。在回顾阳泉煤矿工人版画时，阳泉市美院院长王雨来深情地说，煤矿工人的版画凝结了一代矿工的艺术追求，是矿工艺术品位的一次大提升大展示。煤矿工人的版画艺术能与阳泉其他版画家一道影响至今仍为中国美术界所赞誉并被载入中国美术史史册，这是一个奇迹。在未来的艺术征途中，我们将把版画艺术作为珍贵的文化遗产传承下去。

阳泉煤矿工人版画到今天已经走过 37 年的历程，这 37 年可以说是与煤矿建设风雨相伴的 37 年，是与我市经济发展相伴的 37 年。我们检视那些历史就是为了更好地总结过去，去开创更美好的未来。我们坚信：通过矿区文化事业的进一步引深，一个文明的矿山，艺术的矿山、富实的矿山正在变为现实。一个提高文化自觉，增强文化自信的阳泉正在我们这一代崛起！

（原注：本文曾发表于2005年5月《山西日报　黄河文化周刊》头版头条。10月22日，贵报刊登了《脊梁——上海、大连、阳泉工人画展》在市展览馆展出的新闻，笔者参观画展，见到好多熟悉的名字和朋友，心情十分激动。对文章进行了改写和充实，以配合画展展出，让人们更多地了解阳泉煤矿工人版画的发展历程。改写时参阅了一些资料，在此向各位作者表示感谢和敬意。）

作者介绍：段永东，宏厦三建党委工作部部长助理，原阳煤有线台记者编导，阳泉市矿区诗词曲学会秘书长，阳泉市作家协会会员，中国煤矿作家协会会员。

编纂始末

阳泉市矿区是老工业基地，工人运动历史悠久，工会事业成就辉煌。为保存矿区工会的历史资料，总结矿区工会的历史经验，2013年年初，矿区总工会就开始筹划编纂《阳泉市矿区工会志》，并聘用2名老同志着手收集相关资料。2015年3月，正式成立《阳泉市矿区工会志》编纂委员会，矿区人大常委会副主任、矿区总工会主席史豪强亲自担任主任，矿区总工会副主席张红梅、任叔博和阳煤集团工会副主席孟德玉担任副主任。聘请宋崇魁担任主编，韩利敏担任副主编，李云霄、胡志坚担任编辑，并在矿区困难职工帮扶中心设置办公室。随后，又聘请市地方志办公室原主任、编审孟宏儒，市地方志办公室主任、副编审任佟苏为顾问。3月16日，召开第一次修志工作专题会议安排修志工作。矿区人大常委会副主任、矿区总工会主席史豪强强调编史修志工作的重要性，并对修志工作提出明确要求。随后，由主编宋崇魁拟定《〈阳泉市矿区工会志〉编目纲要》、编制《〈阳泉市矿区工会志〉编纂工作方案》、确定《〈阳泉市矿区工会志〉编纂工作任务分工》。4月2日，矿区总工会以阳矿工发〔2015〕6号文件《关于启动〈阳泉市矿区工会志〉编修工作的通知》下发各基层工会、工会发展促进会及驻区工会，并召开《阳泉市矿区工会志》编纂工作动员暨培训会议。矿区总工会机关全体人员、基层工会主席和工作人员以及相关单位工作人员100余人参加会议。会上，矿区人大常委会副主任、总工会主席、编纂委员会主任史豪强做动员讲话，要求各级工会领导和相关人员，要高度重视，做到认识到位；要精心组织，做到责任到位；要保证质量，做到措施到位。主编宋崇魁做具体培训：一是对《地方志工作条例》《地方志书质量规定》《山西省地方志工作条例》《山西省地方志审查验收工作暂行规定》《山西省第二轮修志行文规定》等法规和政策的主要精神进行认真解读；二是对修志指导思想、志书体例、行文规范、数字格式等内容进行细心讲解；三是对编纂工作进程、任务分工及要求等进行明确安排；四是对征集资料的要求、基层工会组织简介、人物传记、人物简介的撰写等进行精心指导。副主编韩利敏进行补充说明。矿区总工会副主席、编纂委员会副主任张红梅主持会议并做会议总结。

全面掌握资料是编纂志书的重要基础。按照《编纂工作方案》和工作进程要求，4月~5月，是集中征集资料阶段。征集资料采取通过多种途径同时进行的办法：一是通过有关方志、图书资料、报纸刊物、文件档案等搜集历史文献资料；二是发动基层工会包括系统工会、街道工会、社区工会等组织按照相关要求提供资料；三是向驻区单位印发《关于征集〈阳泉市矿区工会志〉相关资料的函》，并通过矿区工会发展促进会渠道，由苗存祥、胡朴来专程上门联系征集；四是走访知情人获取口碑资料；五是通过网络建立矿区工会志编纂公共邮箱，向社会广泛征集。编纂人员以先内后外、先易后难、统一收集、分别使用的方法，包括从2013年开始两位老同志收集的资料在内，共查阅档案资料上百卷、调查走访知情人50余人次、搜集到各类文字资料200余万字，为志书初稿的编纂奠定坚实的基础。当然，征集、核实、补充完善资料始终贯穿于整个编纂志书的全过程中。5月29日，在基层工会主席会议上，又专题研究资料征集工作，主编宋崇魁汇报资料征集的进展情况，并提出需要补充资料的具体要求。矿区人大常委会副主任、总工会主席、编纂委员会主任史豪强要求要高度重视资料征集工作，本着对历史负责、对工会负责、对后代负责的精神，完成好资料征集任务。

在资料核实和初稿编纂阶段，矿区总工会办公室主任徐双、财务部部长史锦丽、综合一部部长李晓燕、综合二部部长石华、综合三部部长李涛，分别对相关资料进行认真核实。编辑人员分工合作，共享资料。在初稿编纂过程中，继续征集资料，坚持拾遗补阙，填充和核实资料，力求做到去伪存真，尽力减少差错。编辑人员夙兴夜寐、不辞劳苦、呕心沥血、倾力编纂。在此过程中，坚持每月至少召开一次修志工作专题会议，共召开13次会议，有时矿区人大常委会副主任、总工会主席、编纂委员会主任史豪强亲自主持会议，多数时间由矿区总工会副主席、编委会副主任任叔博主持。会上，编纂人员相互交流，共同讨论，研究解决修志工作中遇到的具体问题，为修志工作的顺利进行提供有力的保证。同时，主编宋崇魁多次向本志顾问孟宏儒、任佟苏请教修志中遇到的重要问题，两位专家每次都给予精心指导。

8月3日，主编宋崇魁向编委会领导和主要成员进行汇报，汇报内容包括：编辑部的主要工作、编纂进展情况和需要解决的具体问题。矿区人大常委会副主任、总工会主席、编纂委员会主任史豪强对编纂人员的工作给予充分肯定，同时，对志书编纂质量提出更高的要求，并对需要处理解决的具体问题，要求矿区总工会两位副主席、编委会副主任张红梅和任叔博，分工负责，予以协调解决。经过大家的同心协力、艰辛努力，到9月底，编辑人员基本完成志书初稿。

志书总纂阶段，由主编宋崇魁统审全稿，总纂合成。在统审志稿的过程中始终遵循六个原则：一是审观点，体现其政治性；二是审结构，体现其完整性；三是审内容，体现其真实性；四是审文字，体现其客观性；五是审格式，体现其规范性；六是审系统，体现其逻辑性。经过统审梳理，对观点上存在偏差的地方，针对性地予以纠正；对结构中出现缺漏的地方，根据实际情况加以补充完善；对史实内容存疑的地方，反复考证资料并与基层工会负责人和相关人员多次核实校正予以增删，消除硬伤；对文字表述不够准确或模糊的地方，尽心竭力进行修正，明确语义；对体例、纪年、数字用法、格式书写、表格等不符合要求的地方，一一予以规范，努力做到一个不漏；对存在前后矛盾、交错重复、表述混乱等逻辑性错误的地方，给予明确清楚的匡正。

11月初，终于完成50余万字的《阳泉市矿区工会志(征求意见稿)》。11月10日，召开编委会成员等人参加的初审研讨会。主编宋崇魁汇报志稿的编纂进程和总纂原则以及存在的问题，与会人员对主要问题进行认真讨论，并提出一些具体修改意见。

根据大家的反馈意见，编辑和主编再次进行修改、加工、补充和完善。调整部分内容，增加部分必要的史实，充实大事记，增加9位在工会工作中做出显著成绩的基层工会主席的人物简介。使志稿由50余万字增加到约70万字。到2016年1月份，五改编目、四易其稿、体例和风格相对一致的《阳泉市矿区工会志(送审稿)》终于完成，呈送有关部门和编委会成员、修志专家、工会系统老干部等进行评审。本志顾问市地方志办公室原主任、编审孟宏儒，市地方志办公室主任、副编审任佟苏认真审读志稿后，对志稿给予较高评价，并提出具体的修改意见和建议。孟宏儒先生在评审意见中说："志稿内容丰富，资料充实，编排有序，语言也较通达，显然是下了功夫的，基本达到了出版水平。"编纂人员根据大家的评审意见，在区总工会领导和工作人员集中审核的基础上，再次对志稿进行细致全面的修改加工。2月底，送方志出版社出版。5月，按照出版社的评审意见，再次进行精心修改加工，直至付印。

本志书编纂人员任务分工为：宋崇魁负责总体策划、编制编目纲要、制定编纂方案、安排任务分工、编排目录，并编写凡例、编纂始末和第五编、第四编第一章，以及负责全书统审总纂；韩利敏负责编写概述、第三编、第四编第二章、第六编第一章第二章，并协助统审志稿；李云霄负责编写大事记、第一编、第二编、第六编第三章，并协助整理附录内容；胡志坚负责选编附录内容，并负责资料收集等编务工作。

《阳泉市矿区工会志》内容主要包括概述、大事记、组织机构、主要工作、基层工会、驻区工会组织、境内工人运动简述、人物、附录等共6编22章，约100多万字。内容丰富、资料翔实、记述全面。时间从1840年鸦片战争起，到2014年，跨度174年。是矿区有史以来第一部记述工人运动、工会组织和工会工作的专业志书。本志书的编辑出版将填补矿区地方志工会志书的空白，为今后工会工作提供宝贵的历史经验和史料依据。

《阳泉市矿区工会志》的编纂是一项浩大的系统的历史文化工程，始终受到矿区区委、区政府和区总工会领导的高度重视，矿区人大常委会副主任、总工会主席、编纂委员会主任史豪强亲自为志书撰写序言，总工会副主席张红梅、任叔博积极协调编写工作中的诸多事宜；同时得到区总工会机关各部门和基层工会组织以及阳煤集团工会、阳泉市自来水公司工会、阳泉市元承建业工程有限公司工会、山西广播电视大学阳泉分校工会、阳泉市第十一中学工会等单位的积极配合和协助；并得到区地方志办公室、区人大、区政协、区委组织部、区档案馆等单位的大力支持和帮助。市地方志办公室原主任、编审孟宏儒，现主任、副编审任佟苏对志书的编纂给予悉心指导。在此一并致谢！

由于我们经验不足，水平和精力所限，加之时间仓促、资料考证困难等诸多因素，所编志书中仍有许多心有余而力不足的地方，疏漏、缺陷和错误在所难免，敬请工会系统同仁和关心、支持工运事业与工会工作的社会各界人士不吝赐教，批评指正。

2016年5月